NIELS MAGSAAM

Mehrheit entscheidet

Schriften zum Öffentlichen Recht

Band 1280

Mehrheit entscheidet

Ausgestaltung und Anwendung des Majoritätsprinzips im Verfassungsrecht des Bundes und der Länder

Von

Niels Magsaam

Duncker & Humblot · Berlin

Die Juristische Fakultät
der Julius-Maximilians-Universität Würzburg
hat diese Arbeit im Jahre 2012
als Dissertation angenommen.

Bibliografische Information der Deutschen Nationalbibliothek

Die Deutsche Nationalbibliothek verzeichnet diese Publikation in der Deutschen Nationalbibliografie; detaillierte bibliografische Daten sind im Internet über http://dnb.d-nb.de abrufbar.

Fremddatenübernahme: L101 Mediengestaltung, Berlin
Druck: CPI buchbücher.de, Birkach
Printed in Germany

ISSN 0582-0200
ISBN 978-3-428-14207-1 (Print)
ISBN 978-3-428-54207-9 (E-Book)
ISBN 978-3-428-84207-0 (Print & E-Book)

Gedruckt auf alterungsbeständigem (säurefreiem) Papier
entsprechend ISO 9706 ♾

Internet: http://www.duncker-humblot.de

Vorwort

Die vorliegende Arbeit ist im Sommersemester 2012 von der Juristischen Fakultät der Julius-Maximilians-Universität Würzburg als Dissertationsschrift angenommen worden. Sämtliche Nachweise befinden sich auf dem Stand vom Frühsommer 2012; teilweise konnten noch neuere Entwicklungen wie beispielsweise die Ergebnisse der Bundestagswahl 2013 eingearbeitet werden.

Tiefempfundenen Dank schulde ich allen voran Herrn Professor Dr. Horst Dreier. Zunächst natürlich dafür, dass er die vorliegende Arbeit von Anbeginn an wohlwollend begleitet hat, stets erhebliche Freiräume für die Fortentwicklung des Themas, aber auch Geduld und großes Verständnis für die Phasen langsameren Vorankommens aufgebracht hat. Während der elf Jahre an seinem Lehrstuhl, am Anfang als studentische Hilfskraft, am Ende als Akademischer Rat, habe ich durch ihn Wissen, Fertigkeiten und Erfahrungen mit auf den Weg bekommen, die weit über die Erstellung der vorliegenden Arbeit hinaus hilfreich sind.

Für die zügige Erstellung des Zweitgutachtens und den auch in diesem Rahmen gegebenen Denkanstößen danke ich ferner Herrn Professor Dr. Kyrill-A. Schwarz.

Die nicht gerade dankbare Arbeit des Korrekturlesens hat Herr Dr. Klaus Jünemann auf sich genommen. Hierfür sowie für wertvolle Diskussionen und Denkanstöße, aber auch die Freundschaft während der langjährigen gemeinsamen Lehrstuhlzeit, gebührt ihm mein besonderer Dank.

Bei der Korrektur wurde er von meiner Ehefrau Dr. Annika Magsaam unterstützt, die zum Gelingen der Arbeit zuvorderst auf einer anderen Ebene durch Begleitung, Aufmunterung und Nachsicht jahrelang ganz erheblich beigetragen hat. Für all dies sei ihr von ganzem Herzen gedankt.

Großen Dank schulde ich schließlich meinen Eltern Ellen und Günter Magsaam. Sie haben mir jede erdenkliche Unterstützung für Studium und Referendariat gewährt und von Anbeginn an der Arbeit gleichsam stolz und freudig Anteil genommen. Es war ihnen nicht vergönnt, das nun fertige Werk in die Hand nehmen zu können. Ihnen ist die Arbeit gewidmet.

Büdingen, im Juni 2014 *Niels Magsaam*

Inhaltsübersicht

1. Teil

Grundlagen und Begriffsbestimmungen 37

2. Teil

Das Mehrheitsprinzip im Grundgesetz 107

4. Teil

Anwendungsfallbezogene Gegenüberstellung der Mehrheitserfordernisse auf Bundes- und Landesebene 522

5. Teil

Variationsbreite der Mehrheitsformen 568

6. Teil

Zusammenfassender Überblick 582

Inhaltsverzeichnis

1. Teil

3. Teil

Das Mehrheitsprinzip in den Landesverfassungen 376

Abkürzungsverzeichnis

a. A.	anderer Ansicht
a. E.	am Ende
a. F.	alte Fassung
AbgG	Gesetz über die Rechtsverhältnisse der Mitglieder des Deutschen Bundestages (Abgeordnetengesetz)
Abs.	Absatz
AbstG	Gesetz über Volksinitiative, Volksbegehren und Volksentscheid
AcP	Archiv für die civilistische Praxis
AK-GG	Kommentar zum Grundgesetz für die Bundesrepublik Deutschland (Reihe Alternativkommentare), herausgegeben von Erhard Denninger, Wolfgang Hoffmann-Riem, Hans-Peter Schneider und Ekkehart Stein, 3 Bde., 3. Aufl., Neuwied 2001 ff.
Alt.	Alternative
ÄndG	Änderungsgesetz
Anm.	Anmerkung
AöR	Archiv des öffentlichen Rechts
ARSP	Archiv für Rechts- und Sozialphilosophie
Art.	Artikel
Aufl.	Auflage
BayLT	Bayerischer Landtag
BayVerf.	Verfassung des Landes Bayern
BayVerfGH	Bayerischer Verfassungsgerichtshof
BayVerfGHG	Gesetz über den Bayerischen Verfassungsgerichtshof
BayVGH	Bayerischer Verwaltungsgerichtshof
Bd.	Band
Bde.	Bände
BezO	Bezirksordnung
BGB	Bürgerliches Gesetzbuch
BGBl.	Bundesgesetzblatt
BGH	Bundesgerichtshof
BGHZ	Entscheidungen des Bundesgerichtshofs in Zivilsachen
BK-GG	Bonner Kommentar zum Grundgesetz, herausgegeben von Rudolf Dolzer, Wolfgang Kahl, Christian Waldhoff und Karin Graßhof, 17 Bde., Hamburg 1950–1983, Heidelberg 1989 ff.; Stand: 145. Lieferung April 2010
BP-WahlG	Gesetz über die Wahl des Bundespräsidenten

BRat	Bundesrat
BReg	Bundesregierung
bspw.	beispielsweise
BT	Bundestag
BT-Drs.	Bundestagsdrucksache
BVerfG	Bundesverfassungsgericht
BVerfGE	Entscheidungen des Bundesverfassungsgerichts
BVerfGG	Gesetz über das Bundesverfassungsgericht
BVerwG	Bundesverwaltungsgericht
BWahlG	Bundeswahlgesetz
BWahlO	Bundeswahlordnung
BWahlprüfG	Wahlprüfungsgesetz des Bundes
bzw.	beziehungsweise
can.	Canon
CDU	Christlich-demokratische Union
CIC	Codex Iuris Canonici
CSU	Christlich-soziale Union
d.h.	das heißt
ders.	derselbe
DÖV	Die öffentliche Verwaltung
DRiG	Deutsches Richtergesetz
DVBl.	Deutsches Verwaltungsblatt
DVP	Deutsche Verwaltungspraxis
DZPhil.	Deutsche Zeitschrift für Philosophie
E	Entscheidung
e. V.	eingetragener Verein
ebd.	ebenda
ESVGH	Entscheidungssammlung des Hessischen Verwaltungsgerichtshofs und des Verwaltungsgerichtshofs Baden-Württemberg mit Entscheidungen der Staatsgerichtshöfe beider Länder
EU	Europäische Union
EuParl	Europäisches Parlament
EUV	Vertrag über die Europäische Union (Maastricht-Vertrag) vom 7.2.1992
f.	folgende(r)
FDP	Freie Demokratische Partei
ff.	fortfolgende
FGG	Gesetz über die Angelegenheiten der freiwilligen Gerichtsbarkeit
Fn.	Fußnote
G	Gesetz
GA	Gemeinsamer Ausschuß von Bundesrat und Bundestag
GG	Grundgesetz

ggf.	gegebenenfalls
GO	Geschäftsordnung
GO-VermA	Gemeinsame Geschäftsordnung des Bundestages und des Bundesrates
GVBl.	Gesetz- und Verordnungsblatt
GVG	Gerichtsverfassungsgesetz
h. M.	herrschende Meinung
HChE	Entwurf des Verfassungskonvents von Herrenchiemsee
HessGüV	Gesetz über Volksabstimmung (Hessen)
HessHochschulG	Hessisches Hochschulgesetz
HGB	Handelsgesetzbuch
Hrsg.	Herausgeber
hrsgg.	herausgegeben
Hs.	Halbsatz
HStR	Handbuch des Staatsrechts der Bundesrepublik Deutschland, herausgegeben von Josef Isensee und Paul Kirchhof, 2. Aufl., Heidelberg 1995 ff.
$HStR^3$	Handbuch des Staatsrechts der Bundesrepublik Deutschland, herausgegeben von Josef Isensee und Paul Kirchhof, 3. Aufl., Heidelberg 2003 ff.
i. d. F.	in der Fassung
i. E.	im Erscheinen; im Ergebnis
i. O.	im Original
i. ü.	im übrigen
i. V. m.	in Verbindung mit
insb.	insbesondere
IPbpR	Internationaler Pakt über bürgerliche und politische Rechte vom 19. Dezember 1966
JA	Juristische Ausbildung
JfR	Journal für Rechtspolitik
JöR	Jahrbuch des öffentlichen Rechts
JuS	Juristische Schulung
JZ	Juristenzeitung
Kap.	Kapitel
KritV	Kritische Vierteljahresschrift für Gesetzgebung und Rechtswissenschaft
KWahlG	Kommunalwahlgesetz
LAbgG	Landesabgeordnetengesetz
lit.	Buchstabe
LKrO	Landkreisordnung
LKRZ	Zeitschrift für Landes- und Kommunalrecht Hessen/Rheinland-Pfalz/Saarland
LReg	Landesregierung

LT	Landtag
LVerfG	Landesverfassungsgericht
LVerfGE	Entscheidungen des Landesverfassungsgerichts
LWahlG	Landeswahlgesetz
LWahlO	Landeswahlordnung
m.	mit
m. E.	meines Erachtens
m. w. N.	mit weiteren Nachweisen
MDR	Monatsschrift für Deutsches Recht
Mio.	Million
MPK	Ministerpräsidentenkonferenz
n. F.	neue Fassung
NATO	North Atlantic Treaty Organization, Organisation des Nordatlantikvertrags
ND	Neudruck
NdsVBl.	Niedersächsische Verwaltungsblätter
NJW	Neue Juristische Wochenschrift
NordÖR	Zeitschrift für öffentliches Recht in Norddeutschland
NVwZ	Neue Zeitschrift für Verwaltungsrecht
NVwZ-RR	Neue Zeitschrift für Verwaltungsrecht, Rechtsprechungsreport
NWVBl.	Nordrhein-Westfälische Verwaltungsblätter
o.	ohne; oder
OVG	Oberverwaltungsgericht
Parl. Rat	Der Parlamentarische Rat 1948–1949. Akten und Protokolle, herausgegeben vom Deutschen Bundestag und dem Bundesarchiv, Boppard am Rhein, Bd. 2: Der Verfassungskonvent auf Herrenchiemsee, bearbeitet von Peter Bucher, 1981; Bd. 14/1: Hauptausschuß, bearbeitet von Michael F. Feldkamp, 2009
PKGG	Gesetzes zur parlamentarischen Kontrolle der Staatsregierung hinsichtlich der Maßnahmen nach Art. 13 Abs. 3 bis 5 des Grundgesetzes sowie der Tätigkeit des Landesamts für Verfassungsschutz (Bayern)
PreußLTag	Preußischer Landtag
Prot.	Protokoll(e)
PUAG	Gesetz zur Regelung des Rechts der Untersuchungsausschüsse des Deutschen Bundestages
resp.	respektive
Rn.	Randnummer
RT	Reichstag
RuP	Recht und Politik
s.	siehe
S.	Satz; Seite
sog.	sogenannt(e/er)

Sp.	Spalte
SPD	Sozialdemokratische Partei Deutschlands
Sten.Prot.	Stenographisches Protokoll
StGH	Staatsgerichtshof
StGHE	Entscheidungen des Staatsgerichtshofs
StGHG	Gesetz über den Staatsgerichtshof
StPO	Strafprozeßordnung
ThürVBl.	Thüringer Verwaltungsblätter
u.	und
u. a.	unter anderem; und andere
u. a. m.	und andere(s) mehr
UN-Charta	Charta der Vereinten Nationen vom 26.6.1945
Urt.	Urteil
USA	Vereinigte Staaten von Amerika
v.	von
VAbstG	Gesetz über Volksinitiative, Volksbegehren und Volksentscheid/ Volksabstimmungsgesetz
Var.	Variante
Verf.	Verfassung
VerfGH	Verfassungsgerichtshof
VerfGHG	Gesetz über den Verfassungsgerichtshof
VerwArch.	Verwaltungsarchiv
VGHG	Gesetz über den Verwaltungsgerichtshof
vgl.	vergleiche
VR	Verwaltungsrundschau
VVDStRL	Veröffentlichungen der Vereinigung der Deutschen Staatsrechtslehrer
WahlprüfG	Wahlprüfungsgesetz
WRV	Weimarer Reichsverfassung
z. B.	zum Beispiel
ZevKR	Zeitschrift für evangelisches Kirchenrecht
ZfP	Zeitschrift für Politik
Ziff.	Ziffer
ZJS	Zeitschrift für das juristische Studium
ZParl.	Zeitschrift für Parlamentsfragen
ZPO	Zivilprozeßordnung
ZPol.	Zeitschrift für Politikwissenschaft
ZRP	Zeitschrift für Rechtspolitik
ZSE	Zeitschrift für Staats- und Europawissenschaften

1. Teil

Grundlagen und Begriffsbestimmungen

Kaum ein Bereich des alltäglichen Lebens kommt ohne Entscheidungsfindungsprozesse aus. Ob es um unternehmerische Fragen geht, die in Geschäftsführungs- oder Aufsichtsgremien getroffen werden (müssen), um die Sanierung eines in Wohnungseigentümergemeinschaft verwalteten Anwesens oder die Frage, wohin der nächste Familienurlaub geht – stets bedient man sich eines Modus zur gemeinschaftlichen Klärung der Fragestellung. Im Fokus der vorliegenden Arbeit steht selbstverständlich die Anwendung der Mehrheitsregel in der juristischen Disziplin und dabei wiederum – trotz mannigfaltiger Anwendungsbereiche beispielsweise im Handels- und Gesellschaftsrecht[1] wie auch dem spannungsgeladenen und bislang weitgehend von Einstimmigkeitsentscheidungen geprägten Recht der Wohnungseigentümergemeinschaften[2] – nicht im Zivil-, sondern im Öffentlichen Recht im Allgemeinen und dem Verfassungs- und angeschlossenen Verwaltungsrecht im Besonderen.

In diesem Rahmen werden eine Vielzahl von Kollegialorganen[3], die sich aufgrund ihrer inneren Struktur einer Entscheidungsregel bedienen, ebenso Erwähnung finden wie die Formen der Ausübung der Staatsgewalt durch das Volk. In beiden Fällen bedarf es zur Feststellung des Organ- oder Volkswil-

---

1 Ein Blick in das BGB und das HGB eröffnet das breite Spektrum an Mehrheitsentscheidungen insbesondere im Gesellschafts- (bspw. Stichentscheid im Aufsichtsrat von Aktiengesellschaften) und Vereinsrecht (Dreiviertelmehrheit für Satzungsänderungen im Vereinsrecht, § 33 Abs. 1 S. 1 BGB). Gerade im Vereinsrecht bestehen parallele Probleme mit Unklarheiten und Unstimmigkeiten, die auch die vorliegende Arbeit zutage fördern wird, so daß sich beispielsweise der BGH in BGHZ 83, 35 ff. mit den Mehrheitserfordernissen im Rahmen von § 32 BGB und der Behandlung von Enthaltungen zu beschäftigen hatte. Eine Besprechung der Entscheidung liefert *H. T. Conring*, Mehrheit und Verantwortung: die Entscheidungsverwurzelung im Gremium – Zugleich eine Besprechung von BGHZ 83, 35–37, in: ZevKR 54 (2009), S. 76 ff. – S. zuletzt BGH, JuS 2009, 474 ff. zu Mehrheitserfordernissen bei Stimmrechtskonsortien (§§ 705, 709 Abs. 2 BGB) mit Besprechung von K. Schmidt.

2 Monographisch für das Recht der Wohnungseigentümergemeinschaften: *C. Carstens*, Satzungsrecht und Mehrheitsprinzip in der Wohnungseigentümergemeinschaft, 2010.

3 Zum Begriff ausführlich *M. Schneider*, Die Beschlussfähigkeit und Beschlussfassung von Kollegialorganen, 2000, S. 10 ff., 13 ff., 25 f.

lens eines Verfahrens verbindlicher Entscheidungsfindung, das in demokratisch verfaßten Staaten nicht anders als durch Rückgriff auf das Mehrheitsprinzip erfolgen kann. Schließlich ist es den Entscheidungsträgern aufgrund ihrer pluralistischen Zusammensetzung nur so möglich, die Fragestellungen einer adäquaten Lösung zuzuführen, ohne einerseits die Entscheidungsakzeptanz, andererseits die Entscheidungsfindung selbst zu riskieren. Vielleicht vermag die vorliegende Untersuchung durch die Exemplifizierung der gängigen und weniger sichtbaren Anwendungsfelder im Verfassungsrecht einen Beitrag dazu zu leisten, daß der „Dornröschenschlaf"[4], in den das Majoritätsprinzip nach einigen Haussen um die 1960er, -70er und -80er Jahre in der öffentlichen Wahrnehmung regelmäßig zurückgekehrt ist, abermals eine kleine Unterbrechung erfährt. Zu wünschen wäre es nicht zuletzt aufgrund der sich im Zusammenhang mit den bedeutungsvoller werdenden direktdemokratischen Verfahren eröffnenden, neuen Problemstellungen.

Bemerkenswerterweise findet sich der Terminus „Mehrheitsprinzip" normtextlich an keiner Stelle im Grundgesetz der Bundesrepublik Deutschland; allenfalls taucht er in den gängigen Textsammlungen[5] als nichtamtliche Überschrift zu Art. 42 der Verfassung auf. Auch eine Norm, die wenigstens inhaltlich dieses Prinzip ausdrücklich zur Grundmethode der Beschlußfindung in staatlichen Gremien erklärt, sucht man vergebens. Und dennoch bleibt festzuhalten, daß zumindest in den letzten beiden Jahrzehnten[6] niemand ernsthaft die Geltung der Mehrheitsregel als grundlegendes Prinzip der Entscheidungsfindung in Zweifel gezogen hat. Steht damit das grundsätzliche Postulat, daß die Mehrheit entscheidet, außer Frage, wird die fol-

---

[4] *P. Häberle,* Das Mehrheitsprinzip als Strukturelement der freiheitlich-demokratischen Grundordnung, in: JZ 1977, S. 241 (241); neben „Dornröschenschlaf" spricht er ebd., S. 241, auch von einem „Tiefschlaf". Beide Begriffe passen bestens auch auf den derzeitigen Rezeptionsumfang.

[5] s. nur Sartorius, Verfassungs- und Verwaltungsgesetze, Stand: 105. Lfg. August 2013; H. Dreier/F. Wittreck (Hrsg.), Grundgesetz, 8. Aufl. 2013; P. Kirchhof/C. Kreuter-Kirchhof (Hrsg.), Staats- und Verwaltungsrecht Bundesrepublik Deutschland, 52. Aufl. 2014.

[6] Zu der verstärkten Debatte, wenn nicht gar teilweisen Infragestellung des Mehrheitsprinzips in den 60er, 70er und 80er Jahren s. *T. O. Hüglin*, Tyrannei der Mehrheit, 1977, S. 259 ff.; *B. Guggenberger*, An den Grenzen der Mehrheitsdemokratie, in: B. Guggenberger/C. Offe (Hrsg.), An den Grenzen der Mehrheitsdemokratie, 1984, S. 184 ff.; *N. Bobbio*, Die Mehrheitsregel: Grenzen und Aporien, in: Guggenberger/Offe, Grenzen (ebd.), S. 108 ff.; *W. Steffani*, Mehrheitsentscheidungen und Minderheiten in der pluralistischen Verfassungsdemokratie, in: ZParl. 17 (1986), S. 569 ff., jeweils m. w. N. – Andererseits betont *M. Kopp*, Die Geltung des Mehrheitsprinzips in eidgenössischen Angelegenheiten vom 13. Jahrhundert bis 1848 in seiner Bedeutung für die alte Eidgenossenschaft, 1959, S. 11, bereits in den fünfziger Jahren die Bedeutung des Mehrheitsprinzips und läßt keine Zweifel an seiner Geltung aufkommen.

gende Untersuchung doch zeigen, daß in vielen Situationen Auffälligkeiten, Unklarheiten und Widersprüche bei dessen Anwendung bestehen. Hierfür bietet die Arbeit eine breite Darstellung der Normen des Verfassungsrechts des Bundes und der Länder, die – gewissermaßen als Einstieg in die Untersuchung und zur Verdeutlichung der theoretischen Grundlagen des Mehrheitsprinzips – mit einigen Vorbemerkungen zu Inhalt und Bedeutung (A.) und den rechtlichen Voraussetzungen des Majoritätsgrundsatzes (B.) sowie den einschlägigen Begrifflichkeiten (C.) eingeleitet wird.

Der den Schwerpunkt der Arbeit bildende Abschnitt mit der Betrachtung der Anwendungsgebiete des Mehrheitsprinzips unterteilt sich in die Untersuchung des Grundgesetzes (Teil 2) und der Länderverfassungen (Teil 3). Auf eine umfangreiche Untersuchung von Entstehungsgeschichte, philosophischen Grundlagen und der Rechtfertigungsansätze des Majoritätsgrundsatzes wurde indes bewußt verzichtet, existieren doch bereits detailreiche Abhandlungen[7]. Was den letzten Aspekt der Legitimierung angeht, schien das Prinzip bereits Anfang der 80er Jahre zumindest „auf den ersten Blick (...) keiner irgendwie gearteten Rechtfertigung“[8] mehr zu bedürfen, die „Frage nach seiner Rechtfertigung (erscheint gar) überflüssig“[9]. Da diese

---

[7] Zur Entstehungsgeschichte des Mehrheitsprinzips vgl. die material- und quellenreichen Untersuchungen von *O. v. Gierke,* Über die Geschichte des Mehrheitsprinzips, in: Schmollers Jahrbuch 39 (1915), S. 565 ff.; *U. Scheuner,* Das Mehrheitsprinzip in der Demokratie, 1973, S. 13 ff., 35 ff.; *W. Heun*, Das Mehrheitsprinzip in der Demokratie, 1983, S. 41 ff.; *H. Höpker*, Grundlagen, Entwicklung und Problematik des Mehrheitsprinzips und seine Stellung in der Demokratie, 1957, S. 26 ff.; *H. Hattenhauer*, Zur Geschichte von Konsens- und Mehrheitsprinzip, in: H. Hattenhauer/W. Kaltefleiter (Hrsg.), Mehrheitsprinzip, Konsens und Verfassung, 1986, S. 1 ff.; *K. Kemmler*, Die Abstimmungsmethode des Deutschen Bundestages, 1969, S. 28 ff., 71 ff.; *W. Jäger*, Art. Mehrheit, Minderheit, Majorität, Minorität, in: O. Brunner/W. Conze/R. Koselleck (Hrsg.), Geschichtliche Grundbegriffe. Historisches Lexikon zur politisch-sozialen Sprache in Deutschland, 1974 ff., Bd. III, Sp. 1021 (1023 ff.); s. auch *R. Zippelius*, Zur Rechtfertigung des Mehrheitsprinzips in der Demokratie, 1987; eine umfängliche historische Bestandsaufnahme liefert *E. Flaig*, Die Mehrheitsentscheidung. Entstehung und kulturelle Dynamik, 2013.

[8] *Heun*, Mehrheitsprinzip (Fn. 7), S. 79; ebd., S. 79 ff. auch ausführlich zu allen Rechtfertigungsansätzen; diese Stelle (S. 79) zitiert auch Benda, bemerkenswerterweise fehlen indes die Worte „auf den ersten Blick“, vgl. *E. Benda*, Konsens und Mehrheitsprinzip im Grundgesetz und in der Rechtsprechung des Bundesverfassungsgerichts, in: Hattenhauer/Kaltefleiter, Mehrheitsprinzip (Fn. 7), S. 61 (61 f.). S. i. ü. *Zippelius*, Rechtfertigung (Fn. 7). Ähnlich *H. J. Varain*, Die Bedeutung des Mehrheitsprinzips im Rahmen unserer politischen Ordnung, in: ZfP 11 (1964), S. 239 (239), der es mit seiner einfachen Gegenfrage „Was sonst?“ auf die Spitze treibt.

[9] *Benda*, Konsens (Fn. 8), S. 61 f. (Zitat); ähnlich *Jäger*, Mehrheit (Fn. 7), S. 1021: Das Mehrheitsprinzip gehöre zu den „selbstverständlichsten Techniken des

Methode der Entscheidungsfindung heutzutage zu Recht von nicht einem Einzigen ernsthaft mehr von Grund auf in Frage gestellt wird, sie vielmehr „in der gesamten westlichen Welt alternativlos zu gelten“[10] und auch im islamischen Recht anerkannt zu sein[11] scheint, kann der Schwerpunkt der vorliegenden Arbeit auf die bisher in der einschlägigen Literatur eher vernachlässigte Untersuchung der konkreten Anwendung der Mehrheitsentscheidungen im Verfassungsrecht des Bundes und der Länder gelegt werden. Abgerundet wird die Bestandsaufnahme durch eine Gegenüberstellung der zur Anwendung kommenden Mehrheiten, zunächst unter dem Blickwinkel spezifischer Entscheidungskonstellationen (Teil 4), sodann unter Fokussierung auf die Mehrheitserfordernisse (Teil 5). Im 6. und letzten Teil erfolgt eine Zusammenstellung der gewonnenen Ergebnisse.

A. Inhalt und Bedeutung des Mehrheitsprinzips

Wenn vom Mehrheitsprinzip[12] die Rede ist, ist zumeist der Vorgang der Entscheidungsfindung durch Mehrheitsbeschlüsse gemeint. Das Prinzip beschreibt also eine „technische kollektive Entscheidungsregel“[13], eine „Entscheidungstechnik kollegialer Beschlußkörper“, deren Anwendung keinesfalls nur auf demokratisch aufgebaute Gemeinwesen beschränkt ist, sondern sich auch auf oligarchische oder aristokratische Regime erstrecken kann und selbst bei der Papstwahl Anwendung findet[14]. Die Entscheidungsregel

---

neuzeitlichen Verfassungsstaates“. Bereits früh *v. Gierke,* Geschichte (Fn. 7), S. 565: „etwas *Selbstverständliches*“ (Hervorhebung i. O., N. M.), der daher seine Betrachtungen ausweislich der Einleitung nicht auf den Geltungsgrund sondern die Entstehungsgeschichte fokussiert, die er zur Begründung des Geltungsbereichs heranziehen möchte (S. 587).

[10] *D. Hildebrand*, Und wenn nein, wie viele?, in: Frankfurter Allgemeine Zeitung Nr. 120 v. 27.5.2010, S. 32.

[11] s. die ausführliche Untersuchung von *E. Sinanovic*, The Majority Principle in Islamic Legal and Political Thought, in: Islam and Christian-Muslim Relations 15 (2004), S. 237 ff.

[12] Zur Herkunfts- und Entwicklungsgeschichte des Begriffs „Mehrheit“ bzw. des „Mehrheitsprinzips“ selbst s. *Höpker*, Grundlagen (Fn. 7), S. 1 ff.; *Heun*, Mehrheitsprinzip (Fn. 7), S. 39 f. sowie *Jäger*, Mehrheit (Fn. 7), S. 1022.

[13] *W. Heun*, Art. Mehrheitsprinzip, Mehrheit, in: W. Heun/M. Honecker/M. Morlok/J. Wieland (Hrsg.), Evangelisches Staatslexikon, Neuausgabe, 2006, Sp. 1506 ff. (1506); skeptisch *Häberle*, Mehrheitsprinzip (Fn. 4), S. 242, 244.

[14] *H. Hofmann/H. Dreier*, Repräsentation, Mehrheitsprinzip und Minderheitenschutz, in: H.-P. Schneider/W. Zeh (Hrsg.), Parlamentsrecht und Parlamentspraxis des Deutschen Bundestages, 1989, § 5 Rn. 48, dort auch das Zitat; ausführliche Darstellung bei *Höpker*, Grundlagen (Fn. 7), S. 64 ff. (Monarchie), 69 ff. (Aristokratie); s. auch *N. Achterberg*, Die parlamentarische Verhandlung, 1979, S. 40; *Jäger*, Mehrheit (Fn. 7), S. 1021 und *Scheuner,* Mehrheitsprinzip (Fn. 7), S. 13 f. –

steht mithin den verschiedenen Staats- und Regierungsformen neutral gegenüber, wobei für sie einerseits in rein despotischen, diktatorischen Regimen kein Platz neben dem nicht an Recht und Gesetz gebundenen Herrscher bestehen wird und andererseits eine Fremdheit zwischen Monarchie bzw. Oligarchie und Mehrheit besteht[15]. Einzig die Herrschaftsform der Demokratie weist eine natürliche Nähe zu Mehrheitsentscheidungen auf, sie sei „das Ordnungsprinzip zur Verwirklichung des Mehrheitsprinzips“[16], wobei letzteres andererseits nicht mit dem Demokratieprinzip gleichgesetzt werden darf[17] und umgekehrt[18]. Damit sind „Majoritätsbeschlüsse ohne

---

Unzutreffend daher *J. Krüper*, Das Glück der größten Zahl. Zum Mehrheitsprinzip als Funktionsregel im Verfassungsstaat, in: ZJS 2009, S. 477 (479: Abschluß eines Prozesses demokratischer Willensbildung).

[15] Zum Vorstehenden *Höpker*, Grundlagen (Fn. 7), S. 65, 67, 78 f.

[16] *W. Kaltefleiter,* Die Grenzen der Demokratie, in: Hattenhauer/Kaltefleiter, Mehrheitsprinzip (Fn. 7), S. 137 (139 [Zitat]); *Scheuner,* Mehrheitsprinzip (Fn. 7), S. 42; Gleichsetzung aber bei *B. Guggenberger/C. Offe*, Politik aus der Basis – Herausforderung der parlamentarischen Demokratie, in: Guggenberger/Offe, Grenzen (Fn. 6), S. 8 (10: „Synonym für Demokratie schlechthin“). – Obwohl nicht ausdrücklich im Grundgesetz festgeschrieben, genießt das Mehrheitsprinzip als (ein) Teil des Demokratieprinzips den höchstmöglichen Schutz durch die Unabänderlichkeitsklausel des Art. 79 Abs. 3 i.V.m. Art. 20 Abs. 1 Alt. 1, Abs. 2 S. 1 GG: *Benda*, Konsens (Fn. 8), S. 61. Diese Absicherung durch Art. 79 Abs. 3 GG wird von *Kaltefleiter* verkannt: „Genauso ist es denkbar, daß mit Hilfe dieser Mehrheitsentscheidung das Ordnungsprinzip selbst aufgehoben oder unwirksam gemacht wird“ (ebd., S. 139).

[17] Das Bundesverfassungsgericht zählt es zu den „fundamentalen Prinzipien der Demokratie“, s. BVerfGE 29, 154 (165) unter (nicht nachvollziehbarer) Bezugnahme auf E 1, 299 (315). Gerade diese Gleichsetzung aber konstatiert *Hüglin*, Tyrannei (Fn. 6), S. 36, für den gesamten Bereich der Politikwissenschaft. – Ausführlich zum Demokratieprinzip die (im Einzelfall voneinander abweichenden) Darstellungen von *H. Dreier*, in: ders. (Hrsg.), Grundgesetz-Kommentar, Bd. 1, 2. Aufl. 2004; Bd. 2, 2. Aufl. 2006; Supplementum zu Bd. 2, 2007; Bd. 3, 2. Aufl. 2008; Supplementum zur 2. Aufl., 2010, Art. 20 (Demokratie), Rn. 67, 72 ff. sowie *dems.*, Das Demokratieprinzip des Grundgesetzes, in: Jura 1997, S. 249 (249); ferner *M. Morlok*, Demokratie und Wahlen, in: P. Badura/H. Dreier (Hrsg.), Festschrift 50 Jahre Bundesverfassungsgericht, 2001, Bd. 2, S. 559 (560 ff.), *Benda*, Konsens (Fn. 8), S. 66, sowie (äußerst kompakt) *H. Maurer*, Staatsrecht I. Grundlagen, Verfassungsorgane, Staatsfunktionen, 6. Aufl. 2010, § 7 Rn. 13; *B. Pieroth*, Das Demokratieprinzip des Grundgesetzes, in: JuS 2010, S. 473 ff. Aus dem Blickwinkel der Untersuchung des Mehrheitsprinzips: *Höpker*, Grundlagen (Fn. 7), S. 89 ff.

[18] Demokratie sei nicht allein als Herrschaft der Mehrheit zu verstehen: *K. Stern*, Das Staatsrecht der Bundesrepublik Deutschland, Bd. I: Grundbegriffe und Grundlagen des Staatsrechts, Strukturprinzipien der Verfassung, 2. Aufl. 1984, S. 611; *R. Herzog*, in: T. Maunz/G. Dürig u. a. (Hrsg.), Grundgesetz, 6 Bde., 1962 ff. (Stand: 61. Ergänzungslieferung Januar 2011), Art. 20 Abs. 2 (1978), Rn. 14; *Kemmler*, Abstimmungsmethode (Fn. 7), S. 117; ebenfalls kritisch *A. Greifeld*, Volksentscheid durch Parlamente, 1983, S. 29: „Volksherrschaft bedeutet mehr als Mehrheitsherrschaft, nämlich größtmöglicher Einfluß der Bürger auf die staatliche Entscheidung“. – An-

Volksherrschaft", aber „keine Demokratie ohne Mehrheitsentscheidung möglich"[19]. Dies zeigen letztlich schon die geschichtlichen Überblicke, die die Nutzung der Mehrheitregel schon viele Jahrhunderte vor der demokratischen Bewegung belegen[20].

Kein Raum besteht für die Mehrheitsregel, wenn Entscheidungen autonom und außerhalb von Gemeinschaften durch Individuen getroffen werden[21]. Soll indes in einem Gemeinwesen eine Entscheidung gefaßt werden, wird regelmäßig zunächst der Modus zur Entscheidungsfindung festzulegen sein[22]. Wird die Anwendung des Mehrheitsprinzips gewählt, sind die Anzahl der abgegebenen Stimmen für die jeweiligen Alternativen durch einfaches Addieren festzustellen und mit einer Bezugsgröße in Relation zu setzen[23]. Mehrheit ist also eine „eindeutige Verhältnisbestimmung zwischen Zahlengruppen"[24], einem größeren und einem kleineren Zahlenwert, wobei aufgrund des „in-Relation-Setzens" wenigstens zwei aber auch deutlich mehr Zahlenwerte möglich sind, die ihrerseits verglichen werden können. Bei Erreichen der erforderlichen Mehrheit und Beachtung gegebenenfalls bestehender Beteiligungsquoren ist ein Abstimmungsergebnis seitens des zahlenmäßig größeren Teiles für das gesamte abstimmende Kollektiv (und nicht nur für die die Entscheidung tragende Mehrheit) gefaßt: „Wer auch immer entscheidet, entscheidet für *alle*"[25]. Diese Erzeugung eines einheit-

---

ders, eine deutliche Betonung auf die Herrschaft der Mehrheit legend, *Höpker*, Grundlagen (Fn. 7), S. 89 f.; Hinweise auf eine entsprechende Gleichsetzung auch bei *U. Müller-Plantenberg*, Mehrheit und Minderheiten zwischen Macht und Markt (1982), in: Guggenberger/Offe, Grenzen (Fn. 6), S. 297 (300 f. m.w.N.).

[19] *Hofmann/Dreier*, Repräsentation (Fn. 14), § 5 Rn. 48 (beide Zitate). Ähnlich schon früh *L. Weber*, Die Beschlußfassung der Volksvertretung, 1951, S. 22 sowie *Kemmler*, Abstimmungsmethode (Fn. 7), S. 117 f. und *C. Gusy*, Das Mehrheitsprinzip im demokratischen Staat, in: AöR 106 (1981), S. 329 (329).

[20] s. hierzu die Nachweise in Fn. 7.

[21] *Gusy*, Mehrheitsprinzip (Fn. 19), S. 329.

[22] *C. Offe*, Politische Legitimation durch Mehrheitsentscheidung?, in: Guggenberger/Offe, Grenzen (Fn. 6), S. 150 (150 f.).

[23] Vormals, insbesondere im Antiken Rom, vollzog sich der Prozeß der Mehrheitsermittlung nicht immer durch Auszählen der Stimmen, sondern zumeist durch bloßes Abschätzen der auseinander tretenden oder sich umsetzenden Menge, vgl. *Hattenhauer*, Geschichte (Fn. 7), S. 1 f.

[24] *Varain*, Bedeutung (Fn. 8), S. 242 (Zitat); ähnlich *Höpker*, Grundlagen (Fn. 7), S. 2.

[25] Zitat: *G. Sartori*, Selbstzerstörung der Demokratie? (1975), in: Guggenberger/Offe, Grenzen (Fn. 6), S. 83 (83; Hervorhebung i.O., N.M.); s. darüber hinaus BVerfGE 44, 125 (142: „Entscheidung der Mehrheit bei Ausübung von Staatsgewalt als Wille der Gesamtheit"); dieser Grundsatz klingt banal, wird jedoch selten kompakt dargestellt, und galt bereits in Athen und Rom: *H.-J. Becker*, Art. Mehrheitsprinzip, in: A. Erler/E. Kaufmann/D. Werkmüller (Hrsg.), Handwörterbuch zur Deutschen Rechtsgeschichte, 1971 ff., Bd. III, Sp. 431 (432); s. ferner *Heun*, Mehr-

lichen Willens unter Rückgriff auf Stimmenmehrheiten ist das eigentliche Ziel der Anwendung des Mehrheitsprinzips.

B. Grundvoraussetzungen für demokratische Mehrheitsentscheidungen

„Nur wenn die Mehrheit aus einem freien, offenen, regelmäßig zu erneuernden Meinungsbildungsprozeß und Willensbildungsprozeß, an dem grundsätzlich alle wahlmündigen Bürger zu gleichen Rechten teilhaben können, hervorgegangen ist, wenn sie bei ihren Entscheidungen das [...] Gemeinwohl im Auge hat, insbesondere auch die Rechte der Minderheit beachtet und ihre Interessen mitberücksichtigt, ihr zumal nicht die rechtliche Chance nimmt oder verkürzt, zur Mehrheit von morgen zu werden, kann die Entscheidung der Mehrheit bei Ausübung von Staatsgewalt als Wille der Gesamtheit gelten und nach der Idee der freien Selbstbestimmung aller Bürger Verpflichtungskraft für alle entfalten“[26]. In jener Entscheidung aus Band 44 hat das Bundesverfassungsgericht wesentliche Elemente für Mehrheitsentscheidungen aufgeführt; diese und einige mehr werden im folgenden näher beleuchtet.

I. Verfaßtheit des Entscheidungskörpers

Das Mehrheitsprinzip kann nur in einer zu einer Einheit verfaßten Gemeinschaft gelten, denn nur auf diese Weise wird verhindert, daß der Beschlußkörper in die obsiegende Mehrheit und die unterlegene Minderheit zerfällt[27]. Dabei ist es unerheblich, ob als Beschlußkörper die Vertretungs-

heitsprinzip (Fn. 7), S. 39 f.; *Achterberg*, Verhandlung (Fn. 14), S. 40 und *W. Jäger*, Art. Mehrheit, Mehrheitsprinzip, in: Staatslexikon. Recht-Wirtschaft-Gesellschaft, herausgegeben von der Görres-Gesellschaft, 7. Aufl. 1985 ff., Bd. III, Sp. 1082 (1082).

[26] BVerfGE 44, 125 (142). Inhaltlich entsprechend die Literatur: s. beispielsweise *Zippelius*, Rechtfertigung (Fn. 7), S. 24; *Morlok*, Demokratie (Fn. 17), S. 561, 568 f., 574 f.; speziell mit Blick auf die Wahlrechtsgrundsätze für die Bundestagswahl *C. Burkiczak*, Die verfassungsrechtlichen Grundlagen der Wahl des Deutschen Bundestages, in: JuS 2009, S. 805 (806 ff.).

[27] Instruktiv insofern das Verhalten der Erynnien, die in den Eumeniden des Aischylos gegen den aus der Stimmengleichheit resultierenden Freispruch Orestes rebellieren und sich nur durch versöhnliche Gesten in die Eumeniden verwandeln und so auf die Ausschüttung schweren Hasses über das Land verzichten; vgl. knapp und aufgrund der Stimmengleichheit nicht ganz zutreffend *M. Kaufmann*, Mehrheitsregel und Minderheitenschutz, in: S. Nour (Hrsg.), The Minority Issue: Law and the Crisis of Representation, Berlin 2009, S. 343 (343), da er es als Beispiel für die Minderheitenproblematik anführt.

körperschaften des Volkes oder die Bürgerschaft selbst fungieren. Gerade aber die Verfaßtheit stellt sicher, daß die Akzeptanz der Entscheidung seitens der Minderheit gewährleistet ist und die Bindungskräfte der Gemeinschaft jedem Mitglied die Unterordnung unter den Mehrheitswillen gebieten[28] – ein Grundsatz, den bereits Richard Thoma in seinen Ausführungen zum Reich als Demokratie betonte: „Und notwendig und selbstverständlich muß bei der Wahl von Repräsentanten oder Staatsoberhäuptern, sowie bei Wahlen oder Abstimmungen in der Repräsentativversammlung oder Abstimmungen der Bürger selbst, allemal die Entscheidung der *Mehrheit* für die Minderheit bindend sein“[29]. Gleich im ersten Band der Entscheidungssammlung hat das Bundesverfassungsgericht (jedoch) die Verfaßtheit für die Bundesländer in ihrer Gesamtheit abgelehnt[30].

Diese Akzeptanz muß indes nicht soweit gehen, daß die Minderheit anerkennt, einem fundamentalen Irrtum erlegen zu sein, denn andersherum bietet auch die mit höchster Mehrheit getroffene Entscheidung keine Gewähr inhaltlicher Richtigkeit; es wäre ein Fehler zu glauben, daß „toute loi faite par un pouvoir légitime est juste“[31] (Condorcet). Stellte man diese Verknüpfung her, wäre dies „la théorie de l'égalité appliquée aux intelligences“[32] (de Tocqueville), also die Theorie der Gleichheit auf den Verstand angewandt und damit ein großer Fehler. Allerdings muß die Minderheit die Entscheidung der Mehrheit respektieren, egal ob sie dies in der Hoffnung tut,

---

[28] BVerfGE 1, 299 (314 f.); *Offe*, Legitimation (Fn. 22), S. 160 f., 170 f.; *Varain*, Bedeutung (Fn. 8), S. 244 f.; *Guggenberger/Offe*, Politik (Fn. 16), S. 10 ff., mit zusätzlichem Hinweis auf die schon bei John Locke anzutreffende Verfaßtheit der Gesellschaft; s. auch *Scheuner*, Mehrheitsprinzip (Fn. 7), S. 22, 54, 62; *Höpker*, Grundlagen (Fn. 7), S. 17 ff., der m.w.N. auch auf das Phänomen der Anziehung des Einzelnen durch die Gruppe hinweist (S. 19), später aber unter Hinweis auf Kierkegaard und Gracian das „unbequeme Widersprechen“ bzw. die „Feigheit“ des Einzelnen in der Gruppe als Gründe nennt (S. 20). s. auch *G. Simmel*, Exkurs über die Übereinstimmung (1908), in: Guggenberger/Offe, Grenzen (Fn. 6), S. 39 ff. (42 ff.) sowie *Gusy*, Mehrheitsprinzip (Fn. 19), S. 329, 333: „Bewußtsein von der Notwendigkeit oder doch dem Nutzen der Organisation“ (333). – Die Einsicht der Dissentierenden ist dabei nicht erforderlich: *Krüper*, Glück (Fn. 14), S. 479.

[29] *R. Thoma*, Das Reich als Demokratie (1930), in: R. Thoma, Rechtsstaat – Demokratie – Grundrechte. Ausgewählte Abhandlungen aus fünf Jahrzehnten, hrsgg. v.H. Dreier, 2008, S. 282 (287), was jedoch „*höchstens* dann als ethisch zulässig erscheint, wenn das der Wille der Mehrheit ist“: *R. Thoma*, Das Mehrheitsprinzip, in: Deutsche Literaturzeitung 40 (1919), Sp. 761 ff. (765).

[30] BVerfGE 1, 299 (314 f.).

[31] *Condorcet*, Vie de M. Turgot (1786), in: ders., Œuvres de Condorcet, hrsg. v. M. F. Arago/A. Condorcet O'Connor, Bd. 5, 1847 (ND 1968), S. 1 (181). – Ebenso *B. Guggenberger*, Die neue Macht der Minderheit, in: Guggenberger/Offe, Grenzen (Fn. 6), S. 207 (220).

[32] *A. de Tocqueville*, De la Démocratie en Amérique, Bd. 2, 5. Aufl. 1848, S. 130; s. auch *Höpker*, Grundlagen (Fn. 7), S. 102 f.

bei der nächsten Wahlentscheidung zu obsiegen oder weil sie die Funktionsfähigkeit der kollektiven Gemeinschaft anerkennt[33].

Weniger problematisch ist die Verfaßtheit bei der Beschlußfassung in kleineren Einheiten, sogenannten Kollegialorganen. Unter Kollegialorganen werden rechtlich verfaßte, mehrgliedrige Gremien verstanden, die ihren Willen durch Entscheidungen idealerweise gleichberechtigter Mitglieder äußern, die regelmäßig der Körperschaft zugerechnet werden[34]. In diesen Gremien sind die gerade in Gesellschaften entscheidenden Aspekte wie die politische, soziale und kulturelle Homogenität[35] weniger von Bedeutung als die grundlegende Anerkennung eines durch Abstimmung getroffenen Beschlusses. Je größer diese Einheitlichkeit und allgemeine Anerkennung da wie dort ausgeprägt sind, desto unproblematischer ist die Anwendung des Mehrheitsprinzips[36].

II. Abstimmungsgegenstand und Entscheidungsalternativen

Eine Abstimmung kann nur dann sinnvoll durchgeführt werden, wenn sich alle zur Entscheidung Berufenen – auch hier können im Einzelfall Fragen und Konflikte aufkommen[37] – über den exakten Gegenstand gewahr sind. Dies klingt zunächst banal, dennoch kann es in der Praxis des Gesetzgebungsverfahrens bisweilen zu Unklarheiten kommen: bei einer Abstimmung über mehrere Gegenstände steht es nämlich beispielsweise im Bundestag den Abgeordneten selbst frei, ob über die Gegenstände insgesamt, jeden Punkt einzeln oder teils teils abgestimmt wird[38]. Im Extremfall kann die Abstimmung auch über einzelne Passagen, Paragraphen oder Sätze einer Vorlage separat durchzuführen sein[39].

---

33 *Offe*, Legitimation (Fn. 22), S. 170 f.

34 Eine allseits anerkannte Definition existiert nicht. Ausführlich zu den verschiedenen Elementen *Schneider*, Beschlussfähigkeit (Fn. 3), S. 10 ff., 13 ff., 25 f. m. w. N. Vgl. auch *T. Würtenberger*, Art. Organ, in: Staatslexikon (Fn. 25), Bd. IV, Sp. 195 ff.

35 *Varain*, Bedeutung (Fn. 8), S. 244.

36 *Jäger*, Art. Mehrheit (Fn. 25), Sp. 1082; *Achterberg*, Verhandlung (Fn. 14), S. 40.

37 Vgl. *Gusy*, Mehrheitsprinzip (Fn. 19), S. 332 f.

38 Der Abstimmungsmodus wird durch einen der sachlichen Abstimmung vorausgehenden Beschluß festgelegt. Eine Teilung der Vorlagen ist bei Gegenständen, die aus dem Vermittlungsausschuß kommen, nicht vorgesehen, § 10 GO-VermA.

39 Beispiele aus dem Bundestag finden sich bei *G. Straßberger*, Abstimmungsrechtspraxis und Abstimmungsrechtsgrundsätze in der Bundesrepublik Deutschland, 1967, S. 71 ff.

Daneben ist es zwingend erforderlich, daß der Abstimmende die Wahl hat zwischen zumindest zwei Alternativen, um die Entscheidung nicht zur bloßen Farce verkommen zu lassen. Hierbei ist unbeachtlich, ob das Wahlrecht in der Beantwortung der zur Abstimmung gestellten Frage mit Ja oder Nein, oder in wenigstens zwei konkurrierenden Entscheidungsvorschlägen besteht. In letzterem Fall kann über Personen oder Sachfragen abgestimmt werden. Fehlt es indes an Entscheidungsalternativen (d.h. stehen weder verschiedene Personen noch sachlich verschiedene Programme zur Abstimmung), so entfällt mit der Auswahl- die Entschließungsfreiheit, was die Wahl oder Abstimmung zur unfreien werden läßt[40].

Den Entscheidungsvorschlägen muß prinzipiell, jedenfalls von Seiten des Abstimmungsverfahrens, Chancengleichheit eingeräumt werden. Keine der Alternativen – schon gar nicht die obsiegende – darf für sich einen Wahrheits- oder Absolutheitsanspruch annehmen[41], denn nur so ist gewährleistet, daß die aktuelle Minderheit eine Chance hat, zukünftig, vielleicht als Mehrheit, zur Geltung zu kommen[42] und getroffene Sachentscheidungen zu revidieren[43]. Andererseits dürfen Abstimmungen auch nicht mit zu vielen Gegenständen „überfrachtet" werden[44]. Eine Lösung kann die Aufteilung in mehrere nacheinander stattfindende Wahlgänge sein.

Die Existenz von Entscheidungsalternativen setzt in einem Vorstadium die Pluralität von Meinungen voraus, aus denen sich im Rahmen des durch

---

[40] *Gusy*, Mehrheitsprinzip (Fn. 19), S. 344 f.; *W. Schreiber*, Kommentar zum Bundeswahlgesetz, 8. Aufl. 2009, § 1 Rn. 25 („Denn Wählen heißt auswählen."). Worin der Grund für das Fehlen von Alternativen liegt, ist für dieses Ergebnis unbeachtlich. Gleiches hat selbstverständlich dann zu gelten, wenn auf andere Weise Einfluß auf die Entscheidung – sei es nun im Vorfeld oder beim Wahlakt selbst – genommen wird: *Offe*, Legitimation (Fn. 22), S. 172 f.

[41] *Höpker*, Grundlagen (Fn. 7), S. 102 f.; instruktiv Schiller im „Demetrius" (Fürst Sapieha: „Die Mehrheit? Was ist die Mehrheit? Mehrheit ist der Unsinn. Verstand ist stets bei wen'gen nur gewesen.") sowie *de Tocqueville* in seiner Démocratie en Amérique (Fn. 32), S. 130: wäre „la théorie de l'égalité appliquée aux intelligences", also die Theorie der Gleichheit auf den Verstand angewandt, würde man der mit Mehrheit getroffenen Entscheidung inhaltliche Richtigkeit zumessen.

[42] BVerfGE 5, 85 (199); *Benda*, Konsens (Fn. 8), S. 64 f.; *Zippelius*, Rechtfertigung (Fn. 7), S. 14; *Höpker*, Grundlagen (Fn. 7), S. 103, 107, 166 f.; *Hüglin*, Tyrannei (Fn. 6), S. 267 ff.; *Schreiber*, Bundeswahlgesetz (Fn. 40), § 1 Rn. 25.

[43] Statt vieler *B. Guggenberger*, Die neue Macht der Minderheit, in: Guggenberger/Offe, Grenzen (Fn. 6), S. 207 (211 ff.); *ders.*, Grenzen (Fn. 6), S. 189 f.; s. auch die spezielle Diskussion technologischer (Neu-)Entwicklungen wie die Frage der Energieerzeugung durch Kernkraftwerke und die Altlastenproblematik in Fn. 1770, die heute noch immer nicht gelöst scheint und neben die sich weitere Fragen wie beispielsweise die der gentechnischen Veränderung von Tier- und Pflanzengut nahtlos einreihen ließen.

[44] Ausführlich zum Vorstehenden *Heun*, Mehrheitsprinzip (Fn. 7), S. 130 ff.

die Parteien gesteuerten öffentlichen Meinungsbildungsprozesses die gegeneinander antretenden Auffassungen herauskristallisieren[45]. Dies wiederum erfordert nach allgemeinem Verständnis Meinungsfreiheit, freien Informationsfluß, freie funktionsfähige Medien, eine ebensolche parlamentarische Opposition und die auf die politische Willensbildung gerichtete Arbeit von Parteien[46].

III. Allgemeines Abstimmungs-/Wahlrecht und Gleichheit der Stimmen

Freilich kann – trotz gleichsam namhafter wie eindrucksvoller Gegenstimmen in der deutschen Literatur[47] – ein Mehrheitsentscheid nur dann den Anspruch erheben, gesamtgesellschaftlich akzeptiert zu werden, wenn tatsächlich auch alle das Recht haben, an der Abstimmung in gleichem Maße zu partizipieren[48]. Spezielle Ausgestaltung finden die Grundsätze der

---

[45] Den Parteien fällt im Verfassungsgefüge die Aufgabe zu, politische Konzepte zu entwickeln und diesen mit Hilfe politischer Eliten zum Erfolg zu verhelfen. Aus Sicht des Mehrheitsprinzips ganz wesentlich und neben der Herausbildung politischer Eliten vielfach vernachlässigt ist die inhaltliche Auswahlfunktion, die politische Parteien durch Wahlprogramme treffen und die Mehrheitsentscheidungen durch Reduzierung von (Wahl-)Alternativen erst sinnvoll durchführbar werden läßt, vgl. *Heun*, Art. Mehrheitsprinzip (Fn. 13), Sp. 1508. Sie tragen also zur Verwirklichung des Mehrheitsprinzips bei, indem sie „die Ausübung des individuellen Wahlrechts zu Mehrheitsentscheidungen kanalisieren" (*Kaltefleiter*, Grenzen [Fn. 16], S. 141).

[46] BVerfGE 5, 85 (198 f.; 199: „In die schließlich erreichte Mehrheitsentscheidung ist immer auch die geistige Arbeit und die Kritik der oppositionellen Minderheit eingegangen"); 44, 125 (142); *Benda*, Konsens (Fn. 8), S. 65, 70; *Höpker*, Grundlagen (Fn. 7), S. 115 ff., 143 ff.; *Varain*, Bedeutung (Fn. 8), S. 246 f.; *Hüglin*, Tyrannei (Fn. 6), S. 299 ff.; *Greifeld*, Volksentscheid (Fn. 18), S. 35 f.; *Schneider*, Beschlussfähigkeit (Fn. 3), S. 24 f.; *Jäger*, Art. Mehrheit (Fn. 25), Sp. 1082.

[47] So bspw. Goethe und Schiller: „Die Mehrheit? Was ist die Mehrheit? Mehrheit ist der Unsinn. Verstand ist stets bei wen'gen nur gewesen." (*Schiller,* Demetrius – Fragment, 1805, *Demetrius/Fürst Sapieha.* Und wenige Zeilen später: „Man soll die Stimmen wägen und nicht zählen. Der Staat muß untergehn, früh oder spät, wo Mehrheit siegt und Unverstand entscheidet." sowie „Der Feigen waren mehr, denn der Streitbaren, der Dummen mehr, denn der Klugen – Mehrheit setzte durch." (*Schiller,* Die Verschwörung des Fiesco zu Genua, 1783, II, 5, *Fiesco*). – „Nichts ist widerwärtiger als die Majorität; denn sie besteht aus wenigen kräftigen Vorgängern, aus Schelmen, die sich akkomodieren, aus Schwachen, die sich assimilieren, und der Masse, die nachrollt, ohne nur mindestens zu wissen, was sie will". (*Goethe*, Maximen und Reflexionen, 1833, Naturwissenschaften, XIV., 923).

[48] Insofern überschneiden sich Demokratie- und Mehrheitsprinzip und dient der Gleichheitsaspekt als ein wesentliches Rechtfertigungsmoment für die Geltung der Mehrheitsregel: *Heun*, Mehrheitsprinzip (Fn. 7), S. 93 ff., 109 ff. – Innerhalb der Gemeinschaft darf der Kreis der Stimmberechtigten weder durch Zufall noch durch Willkür bestimmt werden, vielmehr sind grundsätzlich alle „erwachsenen Vollbür-

Allgemeinheit und Gleichheit für die Bundestagswahlen in Art. 38 Abs. 1 S. 1 GG. Über diesen Gegenstandsbereich hinaus fehlen jedoch ausdrückliche gesetzliche Bestimmungen, so daß auf den allgemeinen Gleichheitsgrundsatz des Art. 3 Abs. 1 GG zurückgegriffen wird[49]. Daß das Wahlrecht in Gesellschaften ohne Wahlpflicht oftmals nur unzureichend in Anspruch genommen wird, kann dem Mehrheitsprinzip unterdessen nicht vorgehalten werden. Allerdings können Ergebnisse völlig konträr ausfallen, je nachdem ob sie auf die Gesamtstimmberechtigten oder auf die Gruppe der sich Beteiligenden bezogen werden.

1. Zählwertgleichheit

Das Gleichheitserfordernis der Stimmen betrifft zweierlei Komponenten: zunächst muß allen Wahlberechtigten die gleiche Anzahl an Stimmen zugebilligt werden. Hierbei ist völlig unerheblich, ob nach dem Grundsatz „one man, one vote"[50] jeder Stimmberechtigte nur eine Stimme abgeben kann oder allen eine Mehrzahl von Stimmen – auf kommunaler Ebene haben sich mit dem Kumulieren und Panaschieren[51] von Stimmen bereits neuere Abstimmungsformen durchgesetzt – zugeteilt wird; einzig die Anzahl der Stimmen pro Stimmberechtigtem, der Zählwert, muß für den Wahlgang identisch sein[52]. Sämtlichen Differenzierungen nach Besitz, Einkommen, Steuerleistung, Geschlecht, Bildung, Religion u. a. m. ist damit grundsätzlich ein Riegel vorgeschoben, während beispielsweise Staatsbürgerschaft, Lebensalter und Wohnsitz allgemein als Unterscheidungsmerkmale anerkannt sind.

Verläßt man indes den Bereich des Wahlrechts, stößt man sehr wohl auf Konstellationen, in denen den Entscheidungsträgern eine unterschiedliche

---

ger" zur Entscheidung berufen: *Höpker*, Grundlagen (Fn. 7), S. 90, 106; *Varain*, Bedeutung (Fn. 8), S. 244; *Jäger*, Art. Mehrheit (Fn. 25), Sp. 1082. Der Begriff der „erwachsenen Vollbürger" findet sich bereits bei *R. Thoma*, Über Wesen und Erscheinungsformen der modernen Demokratie (1948), in: Thoma, Rechtsstaat (Fn. 29), S. 406 (406). – A.A. hinsichtlich der Möglichkeit, durch Los Abstimmungsberechtigte zu ermitteln, *H. Buchstein*, Bausteine für eine aleatorische Demokratietheorie, in: Leviathan 37 (2009), S. 327 (332 ff., 346 ff.).

[49] *Straßberger*, Abstimmungsrechtspraxis (Fn. 39), S. 54; vgl. auch *Heun*, Mehrheitsprinzip (Fn. 7), S. 116 ff., 120 ff.

[50] *F. Rittner*, Demokratie als Problem: Abschied vom Parlamentarismus?, in: JZ 2003, S. 641 (643); *Greifeld*, Volksentscheid (Fn. 18), S. 43 hält diesen Grundsatz für ein demokratisches Prinzip, das aufgrund seiner Grundsätzlichkeit kaum mehr gerechtfertigt werden müsse.

[51] Unter Kumulieren ist die Vergabe mehrerer Stimmen auf einen Kandidaten zu verstehen; im Gegensatz hierzu meint Panaschieren die Aufteilung mehrerer Stimmen auf verschiedene Kandidaten. s. nur *F.-L. Knemeyer*, Bayerisches Kommunalrecht, 12. Aufl. 2007, S. 201 f., 210 f.

[52] *D. Nohlen*, Wahlsysteme der Welt, 1978, S. 43 f.

Anzahl an Stimmen zusteht. Diese „verwerfliche[n] Verfälschungen des Gesamtwillens“[53] widersprechen dann nicht den Grundsätzen gleichen Stimmenwertes, wenn hierfür ein sachliches Unterscheidungsmerkmal vorliegt, beispielsweise also ein Bundesland mit mehr als sechs Millionen Einwohnern in der Länderkammer über fünf Stimmen, ein Land mit mehr als sieben Millionen Einwohnern über sechs Stimmen verfügt. Einzig maßgeblich ist in diesen Fällen, daß die jeweils zu vergebende einzelne Stimme den identischen Stimmenwert aufweist.

2. Erfolgswertgleichheit

Mit der Gewährleistung von Zählwertgleichheit ist noch nichts darüber gesagt, daß die in gleicher Anzahl verteilten Stimmen auch im Rahmen der Abstimmung den gleichen Erfolg erzielen können. Sogar innerhalb der Wahlen zum Bundestag – gleiches gilt selbstverständlich für die Länderparlamente – mußte der Grundsatz der Erfolgswertgleichheit bereits seitens des Bundesverfassungsgerichts eingeschränkt werden. Nicht zuletzt die Anordnung der Fünf-Prozent-Sperrklausel, die die politische Zersplitterung des Parlaments verhindern und damit dessen Arbeitsfähigkeit bewahren soll, verträgt sich nicht mit der geforderten Erfolgswertgleichheit. Zudem finden alle Stimmen, die auf die Parteien entfallen, die nicht das im Wahlkreis zu vergebende Direktmandat erreichen, keine Berücksichtigung im Erststimmenverfahren. Damit erzielen sie nicht denselben Erfolg, wie die auf den Wahlkreisgewinner vereinigten Stimmen. Das Bundesverfassungsgericht stellte hierzu fest, daß der Grundsatz der Stimmengleichheit in Wahlverfahren, die auf Mehrheitswahlkomponenten zurückgreifen, „notwendig eine abgewandelte Bedeutung“ erfahre; es könne „nach dem System dieser Wahl [...] keinen gleichen Erfolgswert für alle Stimmen geben“, entscheidend sei aber vielmehr, daß „nicht aus Gründen, die in der Person des einzelnen Wählers liegen, die Wähler einen verschieden starken Einfluß auf das Wahlergebnis haben“[54].

IV. Verfahrensablauf, insbesondere Entscheidungsfreiheit und Entscheidungsgeheimheit

In aller Regel hat die Abstimmung gleichzeitig – Auffassungen unterliegen schließlich einem stetigen Wandel – und in einem geordneten Verfahren abzulaufen und zwar unabhängig davon, ob es sich um ein gemein-

[53] *v. Gierke,* Geschichte (Fn. 7), S. 587.

[54] BVerfGE 1, 208 (244).

schaftlich tagendes Kollegialorgan handelt oder das gesamte Volk zu einer Parlamentswahl aufgerufen ist. Im Zeitraum zwischen Beginn der Abstimmung durch die entsprechende Aufforderung und dem Ende bzw. der Verkündung des Abstimmungsergebnisses findet im Parlament keine Aussprache statt. Neue Anträge oder Kandidaten werden nicht mehr zugelassen[55].

Der geordnete Verfahrensablauf erstreckt sich aber auch auf die Stimmabgabe. Um wirkliche Entscheidungsfreiheit sicherzustellen, müssen die Abstimmenden ihr Votum ohne jegliche Einschränkung abgeben können, also ohne im Vorfeld Beeinflussung zu erfahren, ohne Kontrolle oder Offenlegung des Wahlaktes und ohne spätere Repressalien befürchten zu müssen. Insofern sind die Freiheit und Geheimheit der Abstimmung zwei miteinander eng verbundene Aspekte[56]. Was die Abstimmungsordnung indes nicht durch ein geordnetes und geheimes Verfahren gewährleisten kann, ist die Entscheidungsbereitschaft und der Entscheidungswille, ohne die es nicht zu befriedigenden Mehrheitsergebnissen kommen kann und die von einer Vielzahl Faktoren abhängen[57].

V. Bezugsgröße und Mehrheitserfordernis

Instinktiv drängt sich die Frage „Mehrheit, wovon eigentlich?“ auf. Genau dieses „wovon“ beschreibt den Bezugspunkt der Mehrheitsbestimmung. Denn um eine Mehrheit ermitteln zu können, bedarf es einer Größe, auf die sich die Mehrheit bezieht, mit der sie verknüpft wird. Alternativ ist das Addieren der Stimmen zu einer Mehrheit und einer Minderheit – das eine geht nie ohne das andere – möglich[58]. Für die einem Entscheidungsträger vorgelegte Frage, die die Wahl zwischen wenigstens zwei, gegebenenfalls auch mehr Alternativen läßt, sind insofern mehrere Bezugspunkte, darunter beispielsweise die Zahl der Gesamtmitglieder oder die der Abstimmenden, denkbar. Ausführlich werden sie und die weiteren möglichen Bezugszahlen

---

[55] *Weber*, Beschlußfassung (Fn. 19), S. 73: Dies entspräche „altem Herkommen“.

[56] BVerfGE 7, 63 (69); *Heun*, Mehrheitsprinzip (Fn. 7), S. 166 f.; *Nohlen*, Wahlsysteme (Fn. 52), S. 44 f., 46.

[57] Vgl. *Heun*, Mehrheitsprinzip (Fn. 7), S. 120 ff.; besonders relevant sind der Zeit- und Kostenaufwand, die vorgelegte Abstimmungsfrage inklusive der Alternativen, eine allgemeine politische Unzufriedenheit, Desinteresse aber auch so etwas banales wie das Wetter am Tag der Abstimmung.

[58] *Gusy*, Mehrheitsprinzip (Fn. 19), S. 329; *Varain*, Bedeutung (Fn. 8), S. 242; *Heun*, Mehrheitsprinzip (Fn. 7), S. 106, 130; daß die Minderheit die Kehrseite der Mehrheit ist, das eine das andere voraussetzt, hat bereits *H. Kelsen*, Vom Wesen und Wert der Demokratie, 2. Aufl. 1929 (ND 1963), S. 53, beschrieben: „die Majorität setzt ihrem Begriff nach die Existenz einer *Minorität* und es setzt somit das *Recht der Majorität* die Existenz*berechtigung* einer Minorität voraus“ (Hervorhebung i. O., N. M.).

unter C. V. 2. besprochen. Genauso wie Abstimmungsgegenstand und die sonstigen Verfahrensmodalitäten vor Beginn der Abstimmung feststehen müssen, gilt dies auch für das Mehrheitsquorum[59].

Die Berechnung der Mehrheit selbst vollzieht sich durch einfaches Addieren der abgegebenen Stimmen für und gegen die Fragestellung. Je nachdem welches Mehrheitserfordernis bei der Abstimmung Anwendung findet, bringt bereits allein die Gegenüberstellung der Anzahl von Ja- und Nein-Stimmen, andernfalls die Bezugnahme auf ein Mehrheitsquorum das Abstimmungsergebnis. Zuletzt ist das Resultat unter ausdrücklicher Feststellung, daß die jeweils erforderliche Mehrheit erreicht wurde, zu verkünden[60].

C. Begriffsbestimmungen

„Die Vorschläge, die ich zu Art. 42 der Bundesverfassung zu machen hatte, deuten an, daß wir sogar in der Bezeichnung der verschiedenen Mehrheiten noch ohne Zucht und Ordnung sind.“[61], so Walter Jellinek am Ende seines Berichts auf der 1949 in Heidelberg stattfindenden 8. Sitzung der Vereinigung der Deutschen Staatsrechtslehrer. Deutlich eingeschränkt, im Kern aber nicht minder zutreffend, gilt das Gesagte auch noch mehr als sechzig Jahre später. Da eine Untersuchung der Mehrheitskonstellationen jedoch nur dann sinnvoll vonstatten gehen kann, wenn zuvor die Begrifflichkeiten geklärt wurden, ist eine Aufstellung und Definition an dieser Stelle angezeigt.

I. Wahlen und Abstimmungen

Die Begriffe der Wahlen und Abstimmungen finden sich mit unterschiedlicher inhaltlicher Bedeutung an mehreren Stellen im Grundgesetz. Der Gehalt, der ihnen in Art. 20 Abs. 2 S. 2 GG im Rahmen der Bestimmung zur Ausübung der Staatsgewalt durch das deutsche Volk zugestanden wird, ist hierbei deutlich enger gefaßt[62] als die allgemeine Bedeutung, die den Be-

---

59 *Gusy*, Mehrheitsprinzip (Fn. 19), S. 336.

60 *Weber*, Beschlußfassung (Fn. 19), S. 111.

61 *W. Jellinek*, Kabinettsfrage und Gesetzgebungsnotstand nach dem Bonner Grundgesetz, in: VVDStRL 8 (1950), S. 3 (7, 18 [Zitat]): Er schlug die Begrifflichkeiten „volle absolute Mehrheit“, „schlichte absolute Mehrheit“ und „gesteigerte absolute Mehrheit“ vor. Zur Bedeutung s. C. V. 3. c) aa) (1) m. Fn. 167. – Eine unzureichende Verständigung beklagt auch *H.-D. Horn*, Mehrheit im Plebiszit. Zur Voraussetzung eines Zustimmungsquorums bei Volks- und Bürgerentscheiden, in: Der Staat 38 (1999), S. 399 (401 f.).

62 In Art. 20 Abs. 2 S. 2 GG sind unter dem Begriff der Wahlen zuvörderst diejenigen zum Deutschen Bundestag gemeint. Auf gleicher Stufe ermöglicht das

griffen in staatsrechtlicher Hinsicht zukommt (und wie diese auch in der vorliegenden Untersuchung verstanden werden). In Art. 42 Abs. 2 GG setzt sich die Differenzierung zwischen Wahlen und Abstimmungen fort.

Unter Wahlen versteht man im verfassungsrechtlichen Kontext einen Auslesevorgang bei der Entscheidung einer Personalfrage, nämlich „die Berufung einer Person aus einer Vielzahl von Bewerbern durch eine Mehrheit Berufender“[63], zumeist zur Bestellung von Organwaltern in Vertretungskörperschaften[64]. Hierunter fallen zuvörderst die in Ausübung der Staatsgewalt liegenden Wahlen des Volkes auf Bundes- und Länderebene. Aus der parlamentarischen Praxis stechen die teils direkten, teils mittelbaren oder auch nur kooperativen Besetzungen der höchsten Staatsämter wie die Wahl des Bundespräsidenten und der Regierungschefs, aber auch die Besetzung von Richterwahlausschüssen, die ihrerseits über die Berufung von Richtern an den obersten Gerichtshöfen des Bundes entscheiden, heraus. Regelmäßig liegt im Wahlakt die Verleihung demokratischer Legitimation[65]; sei es, daß die Volksvertreter durch den Wahlakt der Stimmberechtigten unmittelbare Legitimation erfahren, sei es, daß diese im Sinne der von Böckenförde begründeten und in die Rechtsprechung des Bundesverfassungsgerichts übernommenen Legitimationskette an andere Staatsorgane durch Wahl vermittelt wird. Nicht vorgesehen sind auf Bundesebene indes Direktwahlen durch das Volk, wie sie für Bundespräsident und Bundeskanzler schon vielfach erwogen wurden[66].

Grundgesetz auch die Durchführung von Abstimmungen, wobei es um Elemente direkter Demokratie in Form von Sachentscheidungen der Aktivbürgerschaft geht. Vgl. hierzu und zum Streit, ob derzeit auf Ebene des Grundgesetzes Anwendungsfälle für Abstimmungen i.S.v. Art. 20 Abs. 2 S. 2 GG bestehen, was aufgrund der Mitwirkung nur kleiner Teile des Staatsvolks bezweifelt wird, *Dreier* (Fn. 17), Art. 20 (Demokratie), Rn. 98 ff., 103 ff. sowie *dens.*, Demokratieprinzip (Fn. 17), S. 251 jeweils m.w.N. zur a.A., die in den Territorialplebisziten des Grundgesetzes (Art. 29, 118, 118a GG) Anwendungsfälle erblickt.

[63] *Straßberger*, Abstimmungsrechtspraxis (Fn. 39), S. 2 (Zitat). – Flapsig und, jedenfalls für Fälle, in denen die ergebniserzielende Auflösung einer Stimmengleichheit nicht vorgesehen ist, ungenau *Weber*, Beschlußfassung (Fn. 19), S. 27: „Hier (bei Wahlen, N.M.) muß es zu einer Entscheidung kommen, da man nur einen gebrauchen kann“. Im Ergebnis besteht indes Einigkeit: statt aller *H. H. Klein*, in: Maunz/Dürig, GG (Fn. 18), Art. 42 (2001), Rn. 92 sowie *Dreier* (Fn. 17), Art. 20 (Demokratie), Rn. 99, jeweils m.w.N.

[64] *Gusy*, Mehrheitsprinzip (Fn. 19), S. 344.

[65] *Heun*, Mehrheitsprinzip (Fn. 7), S. 152.

[66] s. beispielsweise *T. Oppermann*, Das parlamentarische Regierungssystem des Grundgesetzes, in: VVDStRL 33 (1975), S. 7 (47 ff.); *H. Dichgans*, Vom Grundgesetz zur Verfassung, 1970, S. 60 ff. (mit entsprechendem Eintritt für die Einführung einer solchen Direktwahl; andererseits [S. 35 f., 63 ff.] aber dezidiertes Veto gegen die Schaffung eines direkten Mitspracherechts des Volkes in Sachfragen auf Bundes-

Ist von Abstimmungen die Rede, wird hierunter die Herbeiführung von Entscheidungen zu Sachfragen verstanden[67]. In durch Repräsentativorgane geprägten Staaten wie der Bundesrepublik, wie auch in den Bundesländern finden Abstimmungen vorrangig in den Repräsentativkörperschaften statt, in herausgehobenen Konstellationen bestehen jedoch auch direktdemokratische Elemente[68]. Während im Rahmen der Ausübung der Mehrheitsentscheidung in Abweichung vom sonst bestehenden grundsätzlichen Verbot die geheime Stimmabgabe bei Wahlen vorgesehen oder zumindest zugelassen wird, ist dies bei Abstimmungen in aller Regel nicht der Fall[69]: hierdurch soll dem im Vergleich zu Sachentscheidungen für höher gehaltenen Geschlossenheitsdruck begegnet werden[70].

Das Vorstehende darf alles in allem nicht darüber hinwegtäuschen, daß die Trennlinie zwischen Wahlen und Abstimmungen nicht immer scharf zu ziehen ist[71] und sich die gezwungene Einordnung in eine der beiden Kategorien im Ergebnis als wenig fruchtbar erweist. So können Sachfragen auch im Rahmen von Wahlen Bedeutung erlangen, beispielsweise wenn trotz durchzuführender Personalentscheidung aufgrund der engen Verknüpfung der Wahlwerber mit (konträren) inhaltlichen Aussagen eigentlich eine (eben mittelbare) Sachentscheidung getroffen wird, die der jeweilige Kandidat repräsentiert[72].

---

ebene); aus jüngerer Zeit beispielsweise *J. Kühling*, Volksgesetzgebung und Grundgesetz – „Mehr direkte Demokratie wagen"?, in: JuS 2009, S. 777 ff.

[67] *Dreier* (Fn. 17), Art. 20 (Demokratie), Rn. 103; *Straßberger*, Abstimmungsrechtspraxis (Fn. 39), S. 3; *Weber*, Beschlußfassung (Fn. 19), S. 282.

[68] *Heun*, Mehrheitsprinzip (Fn. 7), S. 147 f.; im Grundgesetz ist die Suche nach Volksabstimmungen freilich vergebens: *H. Dreier/F. Wittreck*, Repräsentative und direkte Demokratie im Grundgesetz, in: L. P. Feld u. a. (Hrsg.), Jahrbuch direkte Demokratie 2009, 2010, S. 11 (19). – Die Konstellationen direkter Demokratie wird die vorliegende Arbeit in den Kapiteln 2 und 3 eingehend beleuchten.

[69] Die entsprechenden Regelungen finden sich ausnahmslos in der GO-BT: § 2 Abs. 1 S. 1 (Wahl des Bundestagspräsidiums), § 4 S. 1 (Wahl des Bundeskanzlers), § 97 Abs. 2 S. 1 (Neuwahl des Bundeskanzlers im Rahmen des konstruktiven Mißtrauensvotums), § 113 (Wahl des Wehrbeauftragten).

[70] *M. Morlok*, in: Dreier, GG (Fn. 17), Art. 42 Rn. 23; *C. Lambrecht*, Die Stimmenthaltung bei Abstimmungen und die Nein-Stimme bei Wahlen, 1988, S. 199.

[71] *Lambrecht*, Stimmenthaltung (Fn. 70), S. 202; *Heun*, Mehrheitsprinzip (Fn. 7), S. 147, 152 ff., insb. S. 158 ff.; kritisch zu diesem Verständnis von Wahlen und Abstimmungen *K.-H. Rothaug*, Die Leitungskompetenz des Bundestagspräsidenten, 1979, S. 135, vor allem unter Hinweis auf vom Bundestag vorzunehmende „Sachwahlen" wie den Sitz einer Bundesbehörde.

[72] Zu denken wäre hier an inhaltlich an entscheidenden Stellen stark differierende Wahlprogramme, die, beispielsweise im Falle fehlender persönlicher Präferenzen hinsichtlich des Wahlwerbers, den Ausschlag auf Seiten der Wahlberechtigten geben; vgl. *Straßberger*, Abstimmungsrechtspraxis (Fn. 39), S. 2.

Dies gilt umso mehr, als beiden Entscheidungsverfahren wesentliche Merkmale gemein sind. Gerade aus dem für diese Arbeit gewählten Blickwinkel sind die in den Verfahrensarten bestehenden Parallelen evident: beide Verfahren schließen einen Entscheidungsbildungsprozeß durch die Sammlung und Auswertung verbindlicher Willenserklärung der Abstimmenden ab[73]. Ferner fassen beide Verfahren diesen Beschluß grundsätzlich unter Anerkennung und unter Zuhilfenahme des Mehrheitsprinzips.

II. Mehrheitswahlen und Verhältniswahlen

Zur Umrechnung von erzielten Wählerstimmen in Mandate für die Parteien stehen in parlamentarischen Systemen im wesentlichen zwei Wahlverfahren zur Verfügung und sich aufgrund nicht unbeträchtlicher Unterschiede in ihren Auswirkungen auch gegenüber[74]. Es sind dies die Mehrheits- (1.) und die Verhältniswahl (2.).

1. Merkmale des Mehrheitswahlsystems

Findet das im Vergleich zur Verhältniswahl ältere System der Mehrheitswahl Anwendung, ist derjenige gewählt, der im zuvor eingeteilten Wahlkreis die meisten Stimmen auf sich vereinigen konnte. Hierbei ist sowohl denkbar, daß das Wahlrecht die relativ meisten Stimmen genügen läßt, als auch, daß eine absolute Stimmenmehrheit – mit der dann nicht ausgeschlossenen Folge von Nach- oder Stichwahlen – vom Bewerber erreicht werden muß. Die Stimmen, die auf den oder die unterlegenen Wahlwerber entfallen, haben auf die Sitzverteilung keinerlei Auswirkung und insofern auch keinerlei Erfolgswert: ein unausweichliches und verfassungsgerichtlich nicht beanstandetes Merkmal der Mehrheitswahl, im Rahmen derer sich daher die Wahlrechtsgleichheit auf die Gewährleistung eines gleichen Zählwertes beschränkt[75].

---

[73] *Weber*, Beschlußfassung (Fn. 19), S. 82.

[74] Eine Gegenüberstellung mit unterschiedlichen Schwerpunkten bieten beispielsweise *H. Meyer*, Demokratische Wahl und Wahlsystem, in: J. Isensee/P. Kirchhof (Hrsg.), Handbuch des Staatsrechts der Bundesrepublik Deutschland, Bd. 3, 3. Aufl. 2005, § 45 Rn. 25 ff. sowie *G. Genßler*, Das d'Hondtsche und andere Sitzverteilungsverfahren aus mathematischer und verfassungsrechtlicher Sicht, 1984, S. 11 ff. – Ausführliche, getrennte Darstellungen liefern einerseits *H. H. v. Arnim*, Mehrheitswahl und Partizipation, in: ZPol. 19 (2009), Sonderheft Wahlsystemreform, S. 183 ff., andererseits *L. Cronqvist/U. Jun*, Verhältniswahl und Partizipation, ebd., S. 211 ff.

[75] St. Rspr. seit BVerfGE 1, 208 (244); zuletzt, allerdings in seiner damaligen Funktion als Verfassungsgericht des Landes Schleswig-Holstein, bestätigt in E 120, 82 (102 f.); zuletzt *M. Groß*, Direktwahl ohne Stichwahl? – Einige Anmerkungen zur demokratischen Legitimation kommunaler Wahlbeamter, in: LKRZ 2010, S. 93 (95, auch resultierendes taktisches Wählerverhalten); aus der Kommentarliteratur s.

Für den Fall, daß die erforderliche Mehrheit nicht erreicht wird, können weitere Wahlgänge angeschlossen werden, für die dann nur noch die im Vorwahlgang erfolgreichsten Alternativen zugelassen werden oder zumindest eine, wenn nicht mehrere der am wenigsten unterstützten Vorschläge ausscheiden. Abgesehen vom Ausnahmefall der Stimmengleichheit (dazu unter C. V. 5.) wird spätestens eine Stichwahl zwischen den aussichtsreichsten Kandidaten einen mit absoluter Mehrheit unterstützten Wahlsieger hervorbringen. Genügt die relative Mehrheit, wird sich regelmäßig schon im ersten Wahlgang ein Sieger ermitteln lassen.

Das Mehrheitswahlsystem bedient sich somit des Mehrheitsprinzips, das in verschiedenen Ausprägungen (einfache bzw. relative oder absolute Mehrheit) angeordnet sein kann.

2. Merkmale des Verhältniswahlsystems

Bei der Verhältniswahl werden die zu vergebenden Mandate proportional gemäß der zugrundeliegenden Stimmenanteile verteilt. Sie kann daher als Einschränkung[76] oder Alternative eines unter strenger Anwendung der Mehrheitsregel funktionierenden Wahlsystems angesehen werden. Die Verhältniswahl ist das ideale Mittel zur möglichst spiegelbildlichen Wiedergabe der zugrundeliegenden Stärkeverhältnisse. Die Stimmenverteilung selbst erfolgt anhand im Vorhinein feststehender Wahllisten, auf denen die Kandidatenreihenfolge durch die Listenverantwortlichen festgeschrieben wird und für die Wähler zumeist (Ausnahme: Gemeinderatswahlen aufgrund des Panaschierens und Kumulierens) unbeeinflußbar ist. Daß auch bei der Verteilung durch Auf- und Abrundungen leichte Verschiebungen der Stärkeverhältnisse entstehen können, läßt sich indes nicht vermeiden, will man nicht Abgeordnete mit unterschiedlicher Stimmkraft entsenden[77].

Hauptunterschied zur Mehrheitswahl ist in aller Regel der Entfall von Stimmkreisen und damit einhergehend die Behandlung der nicht auf den

---

nur *M. Morlok*, in: Dreier, GG (Fn. 17), Art. 38 Rn. 97 m. w. N., der die Reduzierung der Wahlrechtsgleichheit nur auf den gleichen Zählwert indes für problematisch hält. Einen Wechsel zum Mehrheitswahlsystem unter der Geltung des Grundgesetzes halten für problematisch *Dreier,* Demokratieprinzip (Fn. 17), S. 253 f. sowie *R. Bakker*, Verfassungswidrigkeit des Mehrheitswahlrechts, in: ZRP 1994, S. 457 (457 ff.), jeweils m. w. N.

[76] *M. Schmitz,* Mehrheitsprinzip und Berechnung qualifizierter Mehrheiten gemäß der Gemeindeordnung Nordrhein-Westfalen, in: VR 2008, S. 413 (415).

[77] Ausführlich zur Zuteilung verschiedener Stimmenkraft – statt vollen Stimmrechts beispielsweise nur 0,62 Stimmen für einen Abgeordneten, für einen anderen indes 1,15 Stimmen – *F. Edinger*, Wahl und Besetzung parlamentarischer Gremien, 1992, S. 323 ff.

Stimmkreissieger abgegebenen Stimmen: die insgesamt auf die Wahlalternative entfallenden Stimmen werden im ganzen Wahlgebiet[78] zusammengerechnet und zur Gesamtzahl der abgegebenen Stimmen in Verhältnis gesetzt. Dieses Verhältnis wird auf die zu verteilenden Sitze in der Körperschaft übertragen[79]. Erzielt eine Wahlalternative also 53% der Stimmen, so stehen ihr proportional dazu auch 53% der Sitze (und nicht wie bei der Mehrheitswahl alle) in der Vertretungskörperschaft zu; entsprechendes gilt für die unterliegenden Parteien, auch ihnen stehen spiegelbildlich so viele Sitze zu, wie sie prozentuale Stimmenanteile der Wahlberechtigten erreichen konnten. Die Besetzung der Mandate selbst erfolgt anhand der im Vorfeld der Wahl aufgestellten Listen[80].

Die Rolle, die das Mehrheitsprinzip für die Mehrheitswahl spielt, nämlich eine Entscheidung unter mehreren Wahlvorschlägen herbeizuführen, übernimmt bei Verhältniswahlen folglich der Proporz[81]. Größtmögliche Übereinstimmung von Wählerwillen und Zusammensetzung des Beschlußkörpers bietet das Verhältniswahlsystem nur in seiner Reinform. In der Praxis wird die Spiegelbildlichkeit aufgrund ungewollter Folgen wie der möglichen Zersplitterung des Parlaments in Kleinstgruppen von unter Umständen jeweils nur einem Delegierten teilweise aufgeweicht. Mit Hilfe von Sperrklauseln soll gewährleistet werden, daß nur Gruppen von gewisser entscheidungspolitischer Relevanz Einzug in die jeweilige Interessenvertretung erhalten, um auf diese Weise deren Funktionsfähigkeit sicherzustellen[82].

III. Volksinitiative, Volksbefragung, Volksreferendum, Volksbegehren und Volksentscheid

Auch und gerade im Gegenstandsbereich um die direktdemokratischen Elemente, die im deutschen Verfassungsrecht heute Anwendung finden, be-

---

[78] Gelingt es nicht, eine landeseinheitliche Wahlliste für das gesamte Wahlgebiet aufzustellen, ist zumindest eine Begrenzung der Aufteilung auf ein Minimum an Wahlkreisen wünschenswert.

[79] BVerfGE 1, 208 (244); *Meyer*, Wahl (Fn. 74), § 45 Rn. 26; *Genßler*, Sitzverteilungsverfahren (Fn. 74), S. 101 ff.

[80] Hierbei sind auch Vefahren mit nicht feststehenden Listen denkbar: vgl. *Genßler*, Sitzverteilungsverfahren (Fn. 74), S. 20 ff.

[81] Gelegentlich wird daher auch vom Proporzprinzip oder der entscheidenden Proportionalität gesprochen: vgl. *Meyer*, Wahl (Fn. 74), § 45 Rn. 26.

[82] Die Einschränkung, die Sperrklauseln im Hinblick auf die Erfolgswertgleichheit der Wählerstimmen mit sich bringen, wurde vom Bundesverfassungsgericht gebilligt: BVerfGE 1, 208 (246 ff.); auffällig deutlich verweist das Gericht hierbei zur Argumentation auf die Gebräuchlichkeit entsprechender Sperrklauseln in anderen (Landes-)Verfassungen. – In jüngster Zeit bestehen Gegentendenzen, so bei den Wahlen zum Europäischen Parlament und auf Kommunalebene.

steht vor der inhaltlichen Darstellung zunächst terminologischer Klärungsbedarf[83]. Dieser ist nicht zuletzt einer unterschiedlichen Nomenklatur zwischen Politik- und Rechtswissenschaft einerseits sowie zwischen den Verfassungstexten der Länder andererseits geschuldet[84]. Mangels Direktwahlmöglichkeit der führenden Amtsträger auf Bundes- wie Landesebene sind in der vorliegenden Arbeit einzig die direktdemokratischen Sachvoten von Interesse. Unter diesen sind zunächst Volksbefragung und Volksreferendum (2.) auf der einen und Volksbegehren sowie Volksentscheid (3.) auf der anderen Seite auseinanderzuhalten, wobei die Differenzierung keinerlei Bezug zum eigentlichen Gegenstand der Abstimmung aufweist. Eine Sonderstellung nehmen Volksinitiativen gleich aus mehreren Gründen ein (1.).

1. Volksinitiative

Die Volksinitiative ist die schwächste Form direktdemokratischer Beteiligung. Durch sie haben die Bürger die Möglichkeit, den Gesetzgeber mit bestimmten Inhalten der politischen Willensbildung zu befassen. Sie ist ergo „reine(s) Thematisierungsinstrument"[85], eine „Art qualifizierte (kollektive) Sammelpetition"[86]. Teilweise bildet die Volksinitiative auch zwingend die erste Stufe eines dann dreistufig angelegten, direktdemokratischen Gesetzgebungsverfahrens. Erst nachdem der Landtag die begehrte Gesetzgebung abgelehnt hat, kann sich auf Antrag des Vertretungsberechtigten ein Volksbegehren und bei dessen Erfolg wiederum ein Volksentscheid anschließen.

2. Volksbefragung und Volksreferendum

Unter einer Volksbefragung oder einem Volksreferendum versteht man eine von offizieller Seite, im Wege allgemeiner Abstimmung und auf Initiative oder zumindest infolge einer Entscheidung zumeist der gesetzgebenden

---

[83] Dementsprechend stellen eine Begriffsklärung ihrer Untersuchung ebenfalls voran *Dreier/Wittreck,* Demokratie (Fn. 68), S. 14 ff.

[84] *K. Bugiel*, Volkswille und repräsentative Entscheidung, 1991, S. 71 ff. (uneinheitliche Nutzung im Schrifttum), 74 f. (Bedeutung im allgemeinen Sprachgebrauch), 75 ff. (Lösungsvorschlag). – Der Vorschlag, wegen terminologischer Differenzen gänzlich auf eine Fixierung zu verzichten (vgl. *K. G. Troitzsch*, Volksbegehren und Volksentscheid, 1979, S. 24 ff.), hat sich (zum Glück) nicht durchgesetzt und die begriffliche Angleichung findet mehr und mehr statt – Eine entsprechende Vielfalt besteht hinsichtlich der Begriffe der direkten, unmittelbaren bzw. plebiszitären Demokratie, vgl. *Bugiel,* ebd., S. 72.

[85] *T. Gruß*, Direkte Demokratie in Sachsen-Anhalt, in: A Kost (Hrsg.), Direkte Demokratie in den deutschen Ländern. Eine Einführung, 2005, S. 264 (273).

[86] *U. Berlit*, Soll das Volk abstimmen? Zur Debatte über direktdemokratische Elemente im Grundgesetz, in: KritV 76 (1993), S. 318 (329).

Körperschaft durchgeführte Befragung des Volkes. Während die Befragung als Plebiszit im engeren Sinne eine Befragung des Volks zu einer vorbeschlossene Einzelfallentscheidung betrifft, ist das Referendum die nachträgliche Volksabstimmung über eine parlamentarische Vorlage[87]. Die Volksbefragung dient der Ermittlung des Volkswillens in der vorgelegten Angelegenheit[88] und erfüllt auf diese Weise in ihrer Reinform eine informatorische Aufgabe: die Staatsorgane erfahren, wie die öffentliche Meinung die anstehende Frage beurteilt bzw. welche Lösungsmöglichkeiten seitens der Abstimmenden präferiert werden. Aus welchem Motiv auch immer die gesetzgebende Körperschaft vor der eigenen Regelung zurückschreckt, ohne zuvor das Meinungsbild der Bevölkerung eingeholt zu haben, kann dabei dahinstehen[89]; Pflichten zur Durchführung von Volksentscheiden oder Bindungen der Legislative an die Ergebnisse zum gegenwärtigen oder einem späteren Zeitpunkt löst die Konsultation jedenfalls nicht aus[90]. Allerdings kann die Fragestellung im Ergebnis auch dazu führen, daß das Volk schiedsrichterliche Aufgaben zwischen politischen Richtungen oder Kräften wahrnimmt[91].

Wird die Beteiligung des Volkes indes durch einen Gesetzesbeschluß des Parlaments zwingend ausgelöst, der nur dann Rechtswirkungen entfaltet, wenn die Wählerschaft zustimmt, handelt es sich um obligatorische (Volks-) Referenden[92]. Fakultativ sind sie wiederum, wenn sie entweder zur Verhinderung des Inkrafttretens parlamentarisch beschlossener Gesetze (gewissermaßen „in letzter Minute") oder in der genau umgekehrten Situation einer parlamentarischen Blockade zur Schaffung neuen Rechts eingesetzt werden[93].

3. Volksbegehren und Volksentscheid

Der weitaus größte Anwendungsbereich direktdemokratischer Elemente entfällt auf Volksbegehren und Volksentscheid. Grundgesetzlich weitgehend stiefmütterlich behandelt, finden diese direktdemokratischen Instrumente

---

87 Überblicksmäßig *Dreier/Wittreck,* Demokratie (Fn. 68), S. 14 f.

88 *J. Rux,* Direkte Demokratie in Deutschland. Rechtsgrundlagen und Rechtswirklichkeit der unmittelbaren Demokratie in der Bundesrepublik Deutschland und ihren Ländern, 2008, S. 40, 42 f.

89 *K. Stern,* Das Staatsrecht der Bundesrepublik Deutschland, Bd. II: Staatsorgane, Staatsfunktionen, Finanz- und Haushaltsverfassung, Notstandsverfassung, 1980, S. 15 f.; *Bugiel,* Volkswille (Fn. 83), S. 76.

90 *D.-D. Hartmann,* Volksinitiativen, 1976, S. 9; *Bugiel,* Volkswille (Fn. 83), S. 76.

91 *Berlit,* Volk (Fn. 86), S. 330 f.

92 *Rux,* Demokratie (Fn. 88), S. 42 f.

93 Dies sind die Konstellationen des Art. 60 Abs. 2 bzw. Abs. 3 Verf. Baden-Württemberg, s. im 3. Teil unter D. I. 3.

auf Länder- und als Bürgerbegehren und Bürgerentscheide auf kommunaler Ebene vielfach Anwendung[94].

Dem Volksentscheid regelmäßig vorgelagert ist das Volksbegehren. Es ist der Antrag des Volks auf Durchführung eines Volksentscheides. Bereits im Antrag selbst ist zumeist eine Mindestzahl an Unterstützungsunterschriften nachzuweisen. Somit soll es nur dann zu einem Volksentscheid kommen, wenn die vorgelegte Angelegenheit hinreichendes Interesse im Kreis der Wahlberechtigten findet und damit den mit einem Volksgesetzgebungsverfahren einhergehenden Aufwand rechtfertigt[95]. Daher wird der zwingend einzureichende, fertige (Gesetzes-)Entwurf, der bereits eine Zulässigkeitsprüfung durchlaufen hat, mit der vorformulierten Fragestellung zur Sammlung von Unterschriften ausgelegt[96]. Die (erneute – sofern ein Initiativverfahren schon zu durchlaufen war) Sammlung von Unterschriften kann je nach Vorgaben durch ausliegende Gemeindelisten, aber auch freie Sammlung erfolgen[97].

Ist das Zulassungsverfahren in formeller wie auch materieller Hinsicht erfolgreich durchlaufen, wurden also insbesondere die nötigen Unterstützungsunterschriften gesammelt, schließt sich der Volksentscheid an. Bereits jetzt entfaltet das Volksbegehren Bindungswirkung hinsichtlich des determinierten Gegenstandes, der zwar (falls vorgesehen) auch unter Vorwegnahme des Volksentscheids von den gesetzgebenden Organen in den eigenen Willen aufgenommen werden kann, aber nur dann obsolet wird, wenn eine deckungsgleiche Umsetzung erfolgt. Ist dies nicht der Fall bzw. besteht diese Option nicht, kommt es zwingend zum Volksentscheid[98].

Inhaltlich handelt es sich hierbei um Abstimmungen des Volkes über Sachfragen, insbesondere über Gesetzesentwürfe[99], die zu verbindlichen Entscheidungen führen. Diese müssen im Erfolgsfall entweder durch die bestehenden Legislativorgane unverändert in Gesetze umgesetzt werden oder entfalten von sich aus Gesetzeskraft. Zumeist obliegen dem Volk Gestaltungs- und

[94] Überblick über die Regelungen in Ländern und Kommunen bei *B. J. Hartmann*, Volksgesetzgebung in Ländern und Kommunen – Eine Synopse der rechtlichen Grundlagen plebiszitärer Sachentscheidungen, in: DVBl. 2001, S. 776 (776 f. m. Fn. 9 f.).

[95] Statt aller: *Rux*, Demokratie (Fn. 88), S. 41 f.

[96] Auch eine intensive Untersuchung des Verfahrensganges findet sich bei *B. J. Hartmann*, Volksgesetzgebung (Fn. 94), S. 780 ff.

[97] Vgl. *Rux*, Demokratie (Fn. 88), S. 307 f.

[98] *B. J. Hartmann*, Volksgesetzgebung (Fn. 94), S. 783.

[99] *Stern*, Staatsrecht II (Fn. 89), S. 15; *Bugiel*, Volkswille (Fn. 83), S. 76; *T. Hüller*, Herrschaft des Quorums? Ein Vorschlag zur Lösung eines Problems direkter Demokratie, in: ZParl. 37 (2006), S. 823 (824).

Entscheidungskompetenz, allenfalls zusätzlich wird den Parlamenten das Recht zur unveränderten Übernahme des Volkswillens eingeräumt[100]. Volksentscheide sind daher die „stärkste Form direkter Demokratie"[101].

IV. Beschlußfähigkeitsregelungen

Selbst in den Fällen, in denen nur eine Minderheit der zur Entscheidung Berufenen abgestimmt hat, entfaltet das Abstimmungsergebnis auch für die Fehlenden als der (Gesamt-)Wille des Entscheidungsgremiums Rechtsverbindlichkeit. Um Mißbräuchen vorzubeugen und doch eine Mindestrepräsentation zu garantieren und so letztlich die dauerhafte Funktionsfähigkeit des demokratischen Entscheidungsverfahrens zu gewährleisten, können daher Beschlußfähigkeitsregelungen aufgestellt werden[102].

1. Die Beschlußfähigkeit

Von den Regelungen über die Beschlußfassung, also aus dem hiesigen Blickwinkel zuvörderst den erforderlichen Mehrheiten, sind dementsprechend die Vorschriften zur Beschlußfähigkeit zu unterscheiden. Während erstere das Ziel der Verhinderung einer zu geringen Akzeptanz für das Abstimmungsergebnis verfolgen, dienen die Beschlußfähigkeitsregelungen der Absicherung einer hinreichend breiten Basis des Entscheidungsprozesses in seiner Gesamtheit, wenngleich sie vielfach nur im Moment der Entscheidungsfassung geprüft werden[103]. Sowohl im Rahmen von Wahlen und Abstimmungen der Organe des Verfassungs- und Verwaltungsrechts als auch im Rahmen direktdemokratischer Abstimmungen besitzen Beschlußfähigkeitsregelungen eine zentrale Bedeutung. Sie sind es vorrangig, die eine zu geringe Rückkoppelung und damit Legitimation des gesamten Entscheidungsprozesses, im besonderen natürlich der gefaßten Entscheidung, an das gesamte Gremium verhindern, indem sie zunächst Mindestbeteiligungsschwellen aufstellen[104]. Diese bilden dann im Zusammenspiel mit dem angeordneten Mehrheitserfordernis die für einen Beschluß nötige Mindeststimmenzahl und durch die maximal mögliche Einstimmigkeit bei vollständiger

---

[100] *C. Degenhart*, Direkte Demokratie in den Ländern – Impulse für das Grundgesetz?, in: Der Staat 31 (1992), S. 77 (80 f.).

[101] *Degenhart*, Demokratie (Fn. 100), S. 80.

[102] Sehr treffend und kompakt dargestellt von *Gusy*, Mehrheitsprinzip (Fn. 19), S. 333.

[103] *Schneider*, Beschlussfähigkeit (Fn. 3), S. 134 f.

[104] Zum Vorstehenden *Schneider*, Beschlussfähigkeit (Fn. 3), S. 48; einen kompakten Überblick liefert auch *W. Hoffmann-Riem*, Hilfsbeschlußfähigkeit von Kollegialorganen, in: NJW 1978, S. 393 (393 f.).

Anwesenheit einen Spielraum, innerhalb dessen abhängig von der Beteiligung ein Beschluß gefaßt werden kann. Gleichzeitig wird auf diese Weise schon im Vorfeld von Entscheidungen sichergestellt, daß nicht eine zu geringe Minderheit die Beschlußfassung durch Fernbleiben vom Entscheidungsort unterminiert oder etwa eine Minderheitengruppe überproportional vertreten ist[105]. Beschlußfähigkeitsquoren dienen mithin gleichermaßen dem Minderheitenschutz wie dem Schutz der Mehrheit[106].

Unbeachtlich ist, ob die Beschlußfähigkeit an einen vom-Hundert-Satz geknüpft ist oder eine absolute Zahl vorgegeben wird – beide wiederum können sich auf eine Gesamtmitgliederzahl oder Gesamtstimmenzahl beziehen und zwar korrespondierend mit der für die Zusammensetzung und Ermittlung der Mehrheiten dienenden Größe. Das Beschlußfähigkeitsquorum bezieht sich stets auf eine bestimmte Anzahl der anwesenden Stimmberechtigten oder repräsentierten Stimmen[107]. Insoweit muß zwischen Beschlußfähigkeits- und Beschlußfassungsregelung kein Gleichlauf bestehen, als sich erstere auf die Zahl der anwesenden Mitglieder des Gremiums, letztere beispielsweise im Falle einfacher (Abstimmungs-)Mehrheit auf die Anzahl abgegebener Stimmen beziehen kann[108].

Den Beschlußfassungsregelungen entsprechen letztlich die Mindestbeteiligungserfordernisse im Rahmen von Volksbegehren und Volksentscheiden. Während die Beschlußfähigkeit in Gremien vielfach bei hälftiger Anwesenheit angesetzt wird, liegt die Mindestbeteiligung im Falle direktdemokratischer Verfahren tendenziell deutlich darunter.

2. Die Hilfsbeschlußfähigkeit

Stets besteht die Möglichkeit, zur Sicherstellung der Handlungsfähigkeit von Gremien selbst im Fall offiziell festgestellter Beschlußunfähigkeit einen Modus bereitzuhalten, nach dem dennoch – sei es nun nach mehrfacher Beschlußunfähigkeit, sei es in besonders dringlichen Angelegenheiten – eine Entscheidung durch die Verbliebenen herbeigeführt werden kann[109]. Hierbei bietet es sich an, die Beschlußfähigkeit in bestimmten Konstellationen

---

105 *Schneider*, Beschlussfähigkeit (Fn. 3), S. 48 f.; vgl. auch *N. Achterberg*, Parlamentsrecht, 1984, S. 583.

106 *Hoffmann-Riem*, Hilfsbeschlußfähigkeit (Fn. 104), S. 394 hält sogar den Schutz der Mehrheit für den vorrangigen Schutzzweck.

107 *Lambrecht*, Stimmenthaltung (Fn. 70), S. 8.

108 *Hoffmann-Riem*, Hilfsbeschlußfähigkeit (Fn. 104), S. 394.

109 So beispielsweise Art. 47 Abs. 3 S. 1 BayGO: „Wird der Gemeinderat zum zweiten Mal zur Verhandlung über denselben Gegenstand zusammengerufen, so ist er ohne Rücksicht auf die Zahl der Erschienenen beschlußfähig.“ Inhaltsgleich §§ 53 Abs. 2 GO Hessen; 46 Abs. 2 GO Niedersachsen; 49 Abs. 2 GO Nordrhein-

nochmals abzusenken oder alternativ die Entscheidungsberechtigung auf eine andere Instanz zu übertragen[110].

3. Die Auswirkung der Beschlußfähigkeitsregelungen

Die Mehrheitserfordernisse lassen sich vielfach nur abschließend beurteilen, wenn auch die korrespondierenden Regelungen zur Beschlußfähigkeit mit ins Kalkül gezogen werden. Freilich: bedient man sich absoluter oder qualifizierter Mehrheiten, tritt die Frage der Beschlußfähigkeit in aller Regel in den Hintergrund, da sie zumeist bei hälftiger Anwesenheit angesetzt sein wird und das Erreichen der durch den Qualifizierungskoeffizienten vorgegebenen Mehrheit bei Verfehlen der Beschlußfähigkeitsgrenze mithin aussichtslos ist. Anders stellt sich die Situation dar, wenn einfache oder relative Mehrheiten ausreichen. Dann nämlich wären gemäß der aufgezeigten Charakteristika Entscheidungen allein mit der Mehrheit von einer Stimme gegenüber der oder den Entscheidungsalternativen möglich. Um nun zu verhindern, daß die Entscheidung mit nur zwei gegen eine Stimme fallen kann, ist das Ansetzen einer Mindestbeschlußfähigkeit notwendig und wünschenswert. Natürlich bedeutet die Festlegung einer Hürde von beispielsweise hälftiger Anwesenheit nicht zwangsläufig, daß auch die die Entscheidung tragende Mehrheit einen hohen Wert erreicht. Es läßt sich jedoch feststellen, daß mit der Statuierung von Beschlußfähigkeitsregeln eine Erhöhung der absolut erforderlichen Zustimmung einhergeht: im Falle zweier Entscheidungsoptionen und 50%-iger Anwesenheit wären bei Ausbleiben von Enthaltungen mehr als 25% der Stimmen der Gesamtmitglieder für ein Obsiegen vonnöten. Die Frage der Beschlußfähigkeit wird damit von einer scheinbar rein verfahrensrechtlichen Vorfrage im Falle einfacher und relativer Mehrheiten zu einer Größe, die die absolut nötige Stimmenzahl direkt beeinflußt. In diesem Fall ist die Beschlußfähigkeitsregelung Mehrheiten-

---

Westfalen. – Vgl. insgesamt zu Fragen der Hilfsbeschlußfähigkeit *Hoffmann-Riem*, Hilfsbeschlußfähigkeit (Fn. 104), S. 394 ff.

[110] Vgl. zunächst § 39 Abs. 1 S. 1 GO Rheinland-Pfalz, der keine abweichende Regelung zu den bereits erwähnten Gemeindeordnungen enthält, dann aber in S. 2 eine Mindestanwesenheit festlegt („Wird der Gemeinderat wegen Beschlußunfähigkeit zum zweiten Male zur Verhandlung über denselben Gegenstand eingeladen, so ist der Gemeinderat beschlußfähig, wenn mindestens drei Mitglieder anwesend sind; bei der zweiten Einladung ist hierauf ausdrücklich hinzuweisen."); in Abs. 2 wird parallel das Erfordernis im Falle von Ausschließungsgründen reduziert: „Können Ratsmitglieder gemäß § 22 an der Beratung und Abstimmung nicht teilnehmen, so ist der Gemeinderat abweichend von Absatz 1 beschlußfähig, wenn mindestens ein Drittel der gesetzlichen Zahl der Ratsmitglieder anwesend ist; andernfalls entscheidet der Bürgermeister nach Anhörung der nicht ausgeschlossenen anwesenden Ratsmitglieder anstelle des Gemeinderats." Sehr ähnlich: § 38 GO Schleswig-Holstein.

schutz und verhindert, daß sich eine Minderheit – aufgrund woraus auch immer resultierender Abwesenheit einer Vielzahl von Delegierten – zur Mehrheit aufschwingt.

V. Die verschiedenen Formen des Mehrheitsprinzips

Mehrheit ist nicht gleich Mehrheit. Und so ist es zunächst erforderlich, die verschiedenen „Ausgestaltungsformen"[111] des Mehrheitsprinzips darund gleichzeitig gegenüberzustellen, um eine Grundlage für die folgende Untersuchung zu schaffen. Nach einigen Vorüberlegungen (1.) werden denkbare Bezugszahlen (2.) und Stimmenquoten (3.) als Differenzierungsmerkmale zwischen den Mehrheiten aufgezeigt. Danach schließen sich mit den doppelt qualifizierten Mehrheiten (4.) und der Stimmengleichheit (5.) Spezialkonstellationen an, zu denen auch ein kurzer Ausblick auf Einstimmigkeitsentscheidungen (6.) gehört.

1. Einige Vorüberlegungen zu den verschiedenen Mehrheitsbegriffen

a) Die Behandlung ungültiger Stimmen

Mannigfaltige Sachlagen können die Ungültigkeit der Stimmabgabe zur Folge haben: denkbar sind insbesondere Probleme bei der Einordnung der Stimme in die zulässigen Kategorien der Willensäußerung, beispielsweise infolge Mißverständlichkeit. Hiermit in engem Zusammenhang steht die Nichtermittelbarkeit des Inhalts der Willensäußerung oder die Anfügung unzulässiger Zusätze an dieselbe, sei es bei schriftlichen oder auch mündlichen Abstimmungen[112]. Keine Unklarheiten bestehen hinsichtlich der Behandlung ungültiger Stimmen; als nicht gültig abgegebene Stimmen sind sie bei der Ermittlung eines Abstimmungsergebnisses keiner Mehrheit zuzuschlagen[113]. Dies gilt jedenfalls insoweit, als die gesetzlichen Grundlagen nicht die ausdrückliche Anordnung eines bestimmten, von dieser Grundbehandlung abweichenden Umgangs mit ungültigen Stimmen vorsehen. In

---

[111] *N. Achterberg*, Die Grundsätze der parlamentarischen Verhandlung, in: DVBl. 1980, S. 512 (518).

[112] Vgl. *Lambrecht*, Stimmenthaltung (Fn. 70), S. 116, der allerdings unverständlicherweise die Möglichkeit der Anfügung unzulässiger Zusätze nur bei schriftlichen Willensäußerungen für möglich hält.

[113] *W. Höfling/C. M. Burkiczak*, Das Mehrheitsprinzip im deutschen Staatsrecht, in: Jura 2007, S. 561 (562); *Klein* (Fn. 63), Art. 42 Rn. 84; *Morlok* (Fn. 70), Art. 42 Rn. 34.

diesen wenigen Ausnahmen wird zumeist dahingehend abgewichen, daß ungültigen Stimmen ausdrücklich die Wertung als Neinstimme zukommt[114].

b) *Die Behandlung von Stimmenthaltungen*

Das Recht, sich der Stimme zu enthalten, gehört für die Abgeordneten des Bundestages zu dem durch Art. 38 Abs. 1 S. 2 GG garantierten Schutzbereich des freien Mandats, wie die inhaltliche Entscheidung selbst. Schließlich wird „nicht jeder Abgeordnete (...) auf jede Frage eine Antwort finden können“[115]. Aber auch die stimmberechtigten Bürger sind im Rahmen von Wahlen und Abstimmungen nicht verpflichtet, ihre Stimme abzugeben[116].

Im Zusammenhang mit Stimmenthaltungen sind mehrere Konstellationen zu unterscheiden. Kaum Unklarheiten bestehen auch hier naturgemäß in den Fällen, in denen die einschlägigen Vorschriften explizit den Umgang mit diesem Abstimmungsverhalten regeln. Dabei ist zunächst denkbar, daß Stimmenthaltungen über eine gesetzliche Anordnung ausdrücklich die Behandlung als Neinstimme zuteil wird[117]; soweit ersichtlich, findet sich der umgekehrte Fall der Einstufung von Enthaltungen als Ja-Stimmen indes nicht. Auch kann die Stimmenthaltung selbst explizit für unzulässig erklärt werden[118]. Durch eine – den (Nicht-)Abstimmenden bekannte – Fiktion wird ein erhöhter Druck ausgeübt, sich bewußt für oder gegen die Fragestellung zu entscheiden, anstatt die eine oder andere Folge über den Umweg der Stimmenthaltung indirekt mit herbeizuführen.

---

[114] So § 11 Abs. 2 S. 2 HessHochschulG: „Stimmenthaltungen und ungültige Stimmen gelten als Neinstimmen“.

[115] *Weber*, Beschlußfassung (Fn. 19), S. 21. Diese Form der Beteiligung an einer Abstimmung sei daher zu trennen von der „obstruktiven Abstinenz“, der auf die Herbeiführung von Beschlußunfähigkeit gerichteten Stimmenthaltung einer Minderheit durch das Verlassen des Saales und die anschließende Anzweiflung der Beschlußfähigkeit durch einen letzten verbliebenen Delegierten (ebd.).

[116] Freilich stünden der Einführung einer Wahlpflicht keine ernsthaften Bedenken gegenüber: *Dreier*, Demokratieprinzip (Fn. 17), S. 254 m.w.N. – A.A. *Morlok* (Fn. 17), Art. 38 Rn. 83, ebenfalls m.w.N. zur Gegenauffassung und unzutreffendem Hinweis auf H. Dreier.

[117] § 10 Abs. 3 BWahlprüfG: „Bei der Schlußentscheidung gilt Stimmenthaltung als Ablehnung.“; § 11 Abs. 2 S. 2 HessHochschulG: „Stimmenthaltungen und ungültige Stimmen gelten als Neinstimmen“. Ein entsprechender Regelungsinhalt fand sich in § 37 Abs. 6 S. 3 der Gemeindeordnung Baden-Württembergs i.d.F. bis 1975; vgl. *Lambrecht*, Stimmenthaltung (Fn. 70), S. 7; dort (S. 9 ff.) findet sich auch eine umfassende Untersuchung der deutschen Verfassungen seit 1848 auf den Umgang mit Stimmenthaltungen.

[118] Beispielsweise ist den Mitgliedern des Bayerischen Verfassungsgerichtshofs die Stimmenthaltung über Art. 24 Abs. 2 S. 4 BayVerfGHG gänzlich untersagt.

Fehlt wie meist eine gesetzliche Regelung, liegt es nahe, die Stimmenthaltung weder als Zustimmung noch als Ablehnung zu werten, wurde doch weder ausdrücklich für noch gegen etwas votiert[119], obwohl der Abstimmende bei der Abstimmung zugegen war und eine Stimmabgabe möglich gewesen wäre. Vor diesem Hintergrund macht es auch keinen Unterschied, ob die Stimmenthaltung während der Abstimmung erfolgt oder der Delegierte gar nicht erst erscheint[120]. Durch diese Handhabung wird auch verhindert, daß durch zahlreiche Enthaltungen – und damit „ohne sich in der Sache festzulegen" – ein Zustimmungsbeschluß nicht zustande kommt, da andernfalls Nein-Stimmen zuzüglich Enthaltungen von den Ja-Stimmen übertroffen werden müßten[121]. Dasselbe gilt bei Bezugnahme auf die Gesamtstimmenzahl: hier würde durch die Erhöhung auf diese Bezugszahl das Erreichen eines Mehrheitserfordernisses aufgrund von Stimmenthaltungen ebenfalls erschwert.

Auch wenn vielfach keine ausdrückliche Anordnung der Behandlung von Stimmenthaltungen existiert, kann manchenfalls aufgrund des Umgangs mit Enthaltungen auf deren Unbeachtlichkeit geschlossen werden; so etwa wenn die Anzahl der Enthaltungen bei der Ergebnisermittlung einer Abstimmung überhaupt nicht oder nur auf ausdrücklichen Wunsch hin erhoben wird[122].

---

119 So die ganz h. M.: *Morlok* (Fn. 70), Art. 42 Rn. 34; *Maurer*, Staatsrecht I (Fn. 17), § 13 Rn. 115; *B. Pieroth*, in: H. D. Jarass/B. Pieroth, Grundgesetz für die Bundesrepublik Deutschland. Kommentar, 11. Aufl. 2011, Art. 42 Rn. 4; *N. Achterberg/M. Schulte*, in: H. v. Mangoldt/F. Klein/C. Starck (Hrsg.), Das Bonner Grundgesetz, 3 Bde., 5. Aufl., 2005, Art. 42 Rn. 38; *W. Zeh*, Parlamentarisches Verfahren, in: HStR^3 III (Fn. 74), § 53 Rn. 48; *S. Magiera*, in: M. Sachs (Hrsg.), Grundgesetz. Kommentar, 5. Aufl. 2009, Art. 42 Rn. 10 (dies gelte „nach herkömmlichem Verständnis"); *Heun*, Mehrheitsprinzip (Fn. 7), S. 107; wohl auch *G. Kretschmer*, in: B. Schmidt-Bleibtreu/H. Hofmann/A. Hopfauf (Hrsg.), Kommentar zum Grundgesetz, 12. Aufl. 2011, Art. 42 Rn. 10. – Hierbei ist unerheblich, ob die Begründung in der Nichtabgabe einer Meinung liegt (s. nur *Morlok*, ebd.) oder ob der sich Enthaltende eben nur nicht mit ‚nein' stimmen wollte (so *Achterberg/Schulte*, ebd.).

120 Zu einer denkbaren Trennung der Stimmenthaltung durch Fernbleiben (dann sei dem Wahlberechtigten der Wahlausgang A oder B egal) und der Abgabe eines leeren Stimmzettels (hier will er weder A noch B) und unter Hinweis darauf, daß an dieser Frage fast die Entstehung der italienischen Republik gescheitert wäre, da einmal der leere Zettel als abgegebene Stimme zählte, das andere Mal die Enthaltung aber nicht: *Bobbio*, Mehrheitsregel (Fn. 6), S. 126 ff. Erst eine Entscheidung des sofort eingerufenen Kassationshofs brachte die in Juristenkreisen zuvor anders gesehene Gleichsetzung beider Stimmenhaltungen.

121 *Zeh*, Verfahren (Fn. 119), § 53 Rn. 48.

122 s. beispielsweise § 57 Abs. 1 S. 4 der Geschäftsordnung der Bremischen Bürgerschaft, der die Feststellung von Stimmenthaltungen nur auf Verlangen eines Abgeordneten vorsieht.

Dennoch finden sich auch für den Fall der Stimmenthaltung Vertreter, die diesem Abstimmungsverhalten eine Tendenz zum „Ja, aber“ bzw. „Nein, aber“ entnehmen wollen[123]: so spricht sich L.-A. Versteyl unter Hinweis darauf, daß „in der Nichtbekundung [...] zumindest auch der Wille zum Ausdruck [kommt], nicht *für* den betreffenden Antrag zu stimmen“, dezidiert für eine Wertung als Neinstimme aus; C. Lambrecht erkennt zumindest eine entsprechende Tendenz[124]. N. Bobbio differenziert nach dem Entscheidungsgegenstand: ginge es um die Aussprache von Vertrauen, stehe eine Enthaltung einer Nein-Stimme gleich, für den gegenteiligen Fall der Aussprache von Mißtrauen gilt sie als Ja-Stimme[125].

Von der hier beschriebenen Konstellation ist die Frage zu trennen, ob Stimmenthaltungen wenn schon nicht mit einer inhaltlichen Festlegung, so doch wenigstens als überhaupt abgegebene Stimme gewertet werden können (vgl. A. III. 1. b)).

c) Nichtteilnahme

Grundsätzlich ist von der Stimmenthaltung die Nichtteilnahme an einer Abstimmung abzugrenzen. Aufgrund des weitgehenden Konsens über die Unbeachtlichkeit von Stimmenthaltungen – also der Nichtäußerung einer Meinung trotz Anwesenheit – im Abstimmungsergebnis spielt es im Rahmen einfacher Mehrheitsentscheidungen indes keine Rolle, ob eine Enthaltung in der Abstimmung erfolgt oder der Delegierte ganz der Abstimmung fernbleibt. Nichts anderes gilt für die Bezugszahl der Gesamtmitglieder- resp. Gesamtstimmenzahl. Einzig für die Vorfrage der Beschlußfähigkeit des Gremiums besitzt der Unterschied zwischen Stimmenthaltung und Fernbleiben besondere Relevanz, so daß bei vielen Enthaltungen regelmäßig die Beschlußfähigkeit gegeben ist, während mehrheitliche Abwesenheit von einer Abstimmung die Beschlußfähigkeit entfallen lassen kann[126].

---

[123] s. *Lambrecht*, Stimmenthaltung (Fn. 70), S. 116; *L.-A. Versteyl*, in: I. v. Münch/P. Kunig (Hrsg.), Grundgesetz-Kommentar, Bd. 1, 5. Aufl. 2000, Bd. 2, 4./5. Aufl. 2001, Bd. 3, 4./5. Aufl. 2002, Art. 42 Rn. 21.

[124] *Versteyl* (Fn. 123), Art. 42 Rn. 21 (Hervorhebung durch N. M.); leichte Tendenzen zu dieser Ansicht zeigt auch *Lambrecht*, Stimmenthaltung (Fn. 70), S. 116: „Bereits aus dem Wortsinn [ergibt sich], daß Stimmenthaltung nicht vorbehaltloses Ja oder Nein bedeuten kann“ und bereits zuvor: „Trotzdem [ist es] in der Regel so, daß die Stimmenthaltung mehr in Richtung Nein-Stimme im Sinne von ‚Nein, aber‘ einzuordnen ist“.

[125] *Bobbio*, Mehrheitsregel (Fn. 6), S. 129.

[126] Vgl. *C. Thiele*, Regeln und Verfahren der Entscheidungsfindung innerhalb von Staaten und Staatenverbindungen, 2008, S. 461 ff., 466 f. sowie *Versteyl* (Fn. 123), Art. 42 Rn. 21.

2. Die Bezugszahl als Differenzierungsmerkmal

Zweidrittelmehrheit ist nicht gleich Zweidrittelmehrheit: welche Bedeutung einer auf den ersten Blick so unüberwindbar scheinenden Hürde tatsächlich zuteil wird, hängt ganz entscheidend davon ab, auf welche Grundmenge sich die angeordnete Quote bezieht[127]. „Der Begriff der Mehrheit als solcher ist sinnvariabel und diffus. Erst durch die Hinzufügung der Bezugsgröße erfährt er Identität und Valenz“[128]. Beide Größen, die Bezugszahl und die Stimmenquote, werden vom Mehrheitsprinzip selbst nicht vorgegeben[129], bedürfen jedoch einer Rechtfertigung und lassen sich als Variable gewissermaßen frei miteinander kombinieren. Unter Bezugszahl ist demnach die Personen- oder Stimmengruppe zu verstehen, die als Grundlage für die Bemessung der jeweiligen Mehrheit dient[130]. Mit zunehmender Größe dieser Bezugsmenge wächst bei gleichbleibender Quote auch die nominell zu erreichende Stimmenzahl und mit ihr wiederum die Legitimationsgrundlage, andererseits ist die Herstellung eines „Staatswillens umso leichter, mit je weniger anderen Individualwillen eine Uebereinstimmung notwendig ist“[131]: Eine Hürde von zwei Dritteln der Gesamtmitglieder (a)) ist höher als eine von zwei Dritteln der Anwesenden (b)) und diese wiederum übersteigt (jedenfalls wenn Enthaltungen und ungültige Stimmen anfallen) diejenige von zwei Dritteln der Abstimmenden (c)). Eine Sonderstellung nehmen die Gegenstimmen als Bezugszahl ein (d)).

a) Gesamtmitglieder als Bezugszahl

Die höchstmögliche Legitimation wird naturgemäß dann erreicht, wenn die erforderliche Quote an eine breite Basis Abstimmender anknüpft. Die größtmögliche Bezugszahl ist hier die Gesamtheit des abstimmenden Gremiums. Dies kann einerseits bei mitgliederbezogenen Organen – zu denken wäre beispielsweise an den Bundestag – die Gesamtzahl der Mitglieder sein[132]; bei

---

[127] Freilich ist trotz verschiedener Bezugszahlen das Zusammenfallen beider Mehrheiten im Ergebnis möglich.

[128] *Horn*, Mehrheit (Fn. 61), S. 403.

[129] *M. Sachs*, in: Sachs, GG (Fn. 119), Art. 20 Rn. 24; *Höfling/Burkiczak*, Mehrheitsprinzip (Fn. 113), S. 562.

[130] Vgl. *R. Herzog*, Art. Mehrheitsprinzip, in: R. Herzog/H. Kunst/K. Schlaich/W. Schneemelcher (Hrsg.), Evangelisches Staatslexikon, 3. Aufl. 1987, Bd. 1, Sp. 2108 (2109 f.); *Varain*, Bedeutung (Fn. 8), S. 242, der jedoch ebd. fälschlicherweise die Mehrheit der Abstimmenden und die der Anwesenden gleichsetzt.

[131] *Kelsen*, Wesen (Fn. 58), S. 10.

[132] So zum Beispiel, wenn in Abweichung von der Regelmehrheit nach Art. 42 Abs. 2 S. 1 GG die Mehrheit der Mitglieder des Bundestages, also die Mehrheit seiner gesetzlichen Mitgliederzahl nach Art. 121 Alt. 1 GG, Anwendung findet.

Organen, in denen Repräsentanten typischerweise verschieden starkes Gewicht bei der Abstimmung haben – Musterbeispiel hier: der Bundesrat –, die Gesamtstimmenzahl[133].

Unabhängig davon, mit welchem Qualifizierungskoeffizienten die Mitgliedermehrheit verknüpft wird, wirken sich alle Verhaltensweisen außer einem Zustimmungsvotum wie eine Ablehnung aus. Für Nein-Stimmen ist dies evident, aber auch für die im Zusammenhang mit anderen Bezugsgrößen als unbeachtlich eingestuften Stimmenthaltungen und ungültigen Stimmen gilt diese Folge. Grund ist die bei Mitgliedermehrheiten für einen Zustimmungsbeschluß von Anfang an feststehende Mindestanzahl an Ja-Stimmen[134]; dabei stehen die Enthaltungen als Ja-Stimmen ebenso wenig zur Verfügung wie ungültig abgegebene oder aufgrund von Abwesenheit gar nicht abgegebene Stimmen.

b) Anwesende Stimmberechtigte als Bezugszahl

Im Vergleich zur Bezugszahl „Gesamtmitglieder“ wirkt es sich im Allgemeinen entscheidungserleichternd aus, wenn im Abstimmungsverfahren auf die anwesenden Stimmberechtigten abgestellt wird. Zugleich werden mögliche Lähmungen des Beschlußorgans durch bewußtes Fernbleiben von Stimmberechtigten und Provozieren von Beschlußunfähigkeit verhindert[135].

Da die Anzahl der Anwesenden anders als bei der Bezugsgröße der gesetzlichen Mitgliederzahl oder der der abgegebenen Stimmen nicht von vornherein gesetzlich feststeht bzw. im Rahmen des Abstimmungsaktes selbst ermittelt wird, bedarf es eines festgelegten Verfahrens, insbesondere auch eines definierten Zeitpunktes zur Ermittlung der Anwesenheit[136]: erfolgt diese nicht im Rahmen der Abstimmung selbst (untauglich wäre dies dann, wenn die Enthaltungen überhaupt nicht registriert würden), empfiehlt sich jedenfalls ein enger Zeitrahmen um die Abstimmung. Eine Differenzierung zwischen Anwesenheit und Teilnahme an der Abstimmung wäre unter

133 Die Stimmenzahl ist aufgrund der verschiedenen Gewichtung der einzelnen Bundesländer nach Art. 51 Abs. 2 GG im Bundesratsverfahren die relevante Bezugsgröße, Art. 52 Abs. 3 S. 1 GG, vgl. unter B. I. 1. im 2. Teil.

134 *Lambrecht*, Stimmenthaltung (Fn. 70), S. 130.

135 Dies gilt freilich vorbehaltlich gesetzlich angeordneter Beschlußfähigkeitsgrenzen, die eine Mindestanwesenheit erforderlich machen: vgl. beispielsweise § 45 GO-BT, dazu im 2. Teil unter A. III. 1. b).

136 Vor diesem Hintergrund plädiert *H. Troßmann*, Parlamentsrecht des Deutschen Bundestages, 1967, S. 174, für eine Abschaffung der Anwesenheitsmehrheiten. – Ausführlich zu denkbaren Zeitpunkten *Lambrecht*, Stimmenthaltung (Fn. 70), S. 133 ff. Er hält nur den Beginn der Abstimmung für einen sinnvollen Moment (ebd., S. 135).

diesen Umständen dann auch entbehrlich. Statt dessen entfalten bei dieser Bezugsgröße gerade sowohl die Enthaltungen wie auch die ungültigen Stimmen – beide Gruppen sind schließlich anwesend – entscheidungsverschärfende Wirkung[137], während diejenigen, die der Abstimmung fernbleiben, keinerlei Einfluß auf das Stimmerfordernis nehmen.

c) Tatsächlich Abstimmende als Bezugszahl

Zuletzt kann als Bezugszahl die tatsächliche Zahl der Abstimmenden bzw. der abgegebenen Stimmen zugrunde gelegt werden. Wird ohne nähere Präzisierung von einer Mehrheit gesprochen, ist hierunter regelmäßig die Mehrheit der Abstimmenden, auch Stimmenmehrheit genannt, zu verstehen[138]. Die Gesamtmitgliederzahl ist damit für die Berechnung der Stimmenquote ebenso unbeachtlich wie die Zahl der Anwesenden. Berücksichtigung finden weder ungültige Stimmen noch Stimmenenthaltungen. Damit besteht die Gelegenheit der Nichtteilnahme an einer Abstimmung trotz Anwesenheit; sie bietet dem Delegierten die Möglichkeit, der Abgabe einer eigenen Stellungnahme trotz Teilnahme an der Sitzung auszuweichen. Im Bundestag führte das Sich-Enthalten von einer Abstimmung bei gleichzeitiger Anwesenheit vielfach zu Unklarheiten seitens des für die Auszählung verantwortlichen Präsidiums[139].

d) Die Gegenstimmen als Bezugszahl

Den bisher dargestellten Bezugsgrößen war gemein, daß sie sich allesamt auf eine bereits vor (Gesamtmitglieder/Anwesende) oder zumindest während der Abstimmung (Abstimmende) feststehende resp. ermittelbare Gesamtheit bezogen. Ist indes nicht das Erzielen einer bestimmten Stimmenquote bezogen auf eine dieser Bezugsgrößen obligat, können auch allein Angebot und Gegenentwurf bzw. Ja- und Nein-Stimmen in Relation zueinander gesetzt werden, die naturgemäß erst nach Ermittlung des Abstimmungsergebnisses feststeht. Diese Gegenüberstellung geht einher mit der Unbeachtlichkeit der tatsächlichen Anwesenheit, der Beteiligung und der Enthaltungen. Zählt ausschließlich das Verhältnis zwischen zwei oder mehr Variablen zueinander, muß eine Koppelung an qualifizierte Mehrheitserfor-

---

137 *Maurer*, Staatsrecht I (Fn. 17), S. 208; *Thiele*, Entscheidungsfindung (Fn. 126), S. 335.

138 *Varain*, Bedeutung (Fn. 8), S. 242 f.

139 Vgl. m.w.N., auch von Beispielen aus den Sitzungsprotokollen, *Straßberger*, Abstimmungsrechtspraxis (Fn. 39), S. 68 f. – Eine Gleichsetzung von Anwesenheits- und Abstimmungsmehrheit unternimmt *Varain*, Bedeutung (Fn. 8), S. 242.

dernisse ausscheiden: es ist gerade ein Charakteristikum dieser Bezugsgröße, daß einzig und allein die auf die konkurrierenden Vorschläge entfallenden Stimmen zum Vergleich herangezogen werden und hier ein Stimmenvorsprung von nur einer Stimme zu der oder den Alternative(n) genügt. Im Falle von Stimmengleichheit ist demgemäß eine Entscheidung zwischen den Wahlmöglichkeiten nicht gefallen, die Koppelung von einer Frage an einfache resp. relative Mehrheit führt indes stets zu einem eindeutigen Ergebnis.

3. Die Stimmenquote als Differenzierungsmerkmal

Obgleich neben die zu erreichende Stimmenquote weitere Stellräder – wie die zuvor angeführten Bezugsmengen für die jeweilige Mehrheit – treten und sich daher erst nach Betrachtung aller Variablen beurteilen läßt, ob eine Mehrheit eher leicht zu erreichen ist oder eine größere Hürde darstellt, ist die Stimmenquote doch eine der, wenn nicht sogar die bedeutsamste und auf den ersten Blick am leichtesten zu bewertende Größe. Hierbei finden im wesentlichen vier verschiedene Stimmenquoten Anwendung. Dies sind – aufsteigend nach wachsender Anforderung an die Entscheidungsfindung – die einfache (a)) und relative (b)) Mehrheit, die absolute (c)) sowie die qualifizierte (d)) Mehrheit, die nachfolgend zunächst abstrakt vorgestellt werden sollen.

a) Die einfache Mehrheit

Das Prinzip der einfachen Mehrheit stellt vergleichsweise die geringsten Anforderungen an die Entscheidungsfindung.

aa) Merkmale einfacher Mehrheit

Die einfache Mehrheit ist erzielt, wenn bei einer Abstimmung mehr Stimmen für die gestellte Abstimmungsfrage – also ein „Ja" – als gegen sie – ein „Nein" – abgegeben werden, beziehungsweise eine Entscheidungsalternative mehr Stimmen erreicht als die andere[140]. Die Resultatermittlung

[140] Statt aller: *Morlok* (Fn. 70), Art. 42 Rn. 34. – Zu den mathematischen Aspekten der verschiedenen Wahlverfahren und Mehrheiten: *W. Fach*, Demokratie und Mehrheitsprinzip, ARSP 61 (1975), S. 201 ff.; *Genßler*, Sitzverteilungsverfahren (Fn. 74); *K. Kopfermann*, Mathematische Aspekte der Wahlverfahren, 1991, sowie *F. Hermsdorf*, Demokratieprinzip versus Erfolgswertgleichheit. Verfahren der Mehrheitstreue bei Parlamentswahlen, in: ZParl. 40 (2009), S. 86 ff. – Speziell zum neuen, für die Bundestagswahl 2009 erstmals angewandten Auszählungsverfahren nach Sainte-Laguë/Schepers s. *F. Pukelsheim*, Bundeswahlgesetz – Nächste Etappe,

erfolgt durch einfaches Addieren der jeweils abgegebenen Stimmen; ungültige Stimmen[141] bleiben – jedenfalls wenn man der ganz h. M. folgt – ebenso unberücksichtigt wie Enthaltungen[142], da man letzteren ansonsten durch Zuzählung auf der einen wie der anderen Seite einen Erklärungsinhalt zusprechen würde, den der sich Enthaltende gerade nicht äußern wollte. Das Vorstehende gilt jedenfalls für die Fälle, in denen gesetzliche Regelungen nicht eine andere Behandlung von Stimmenthaltungen und ungültigen Stimmen vorsehen[143].

Bereits eine Mehrheit von nur einer Stimme genügt. Bei Stimmengleichheit ist die Entscheidung mittels Los[144] genauso denkbar wie eine Wiederholung der Entscheidung[145] oder die Ergebnisermittlung aufgrund anderer hinzuzuziehender Kriterien wie – bei Personalentscheidungen – beispielsweise Alter oder Würdigkeit der Kandidaten. Daneben kann auch auf eine Auflösung der Stimmengleichheit verzichtet und die Abstimmungsfrage als verneint angesehen werden.

Deutlich wird hiermit, daß die Abstimmung in Form einfacher Mehrheitsentscheidung stets nur eine Entscheidung zwischen zwei zur Wahl gestellten Alternativen herbeiführen kann. Bei mehr als zwei Entscheidungsmöglichkeiten kann das Ergebnis durch Rückgriff auf eine relative Mehrheit oder die Abhaltung mehrerer Wahlgänge hintereinander ermittelt werden, wobei in letzterem Fall die jeweilige im Wege einfacher Mehrheit hervorgegangene Alternative in einem neuen Wahlgang gegen eine andere antritt.

Aufgrund dieser Ausrichtung auf zwei miteinander konkurrierende Wahlvorschläge sind einfache Mehrheiten stets nur mit der Bezugsgröße der Abstimmenden (und nicht der Anwesenden oder der Gesamtmitgliederzahl) denkbar[146]. Da die einfache Mehrheit also eine einfache *Abstimmungs*mehr-

---

in: DVBl. 2008, S. 889 (890 ff.) sowie zur mittlerweile vollzogenen Reform aufgrund des negativen Stimmengewichts *F. Pukelsheim/M. Rossi*, Wahlsystemnahe Optionen zur Vermeidung negativer Stimmgewichte, in: JZ 2010, S. 922 ff.

141 Siehe zur Behandlung ungültiger Stimmen oben C. V. 1. a).

142 Die Behandlung von Enthaltungen findet sich unter C. V. 1. b).

143 Dazu ebenfalls unter C. V. 1. a) sowie C. V. 1. b).

144 Vgl. *Kopfermann*, Aspekte (Fn. 140), S. 13. Vertiefende Hinweise zur Entscheidung mittels Losentscheids, auch und gerade im Falle von Stimmengleichheit, unter C. V. 5. c) dd).

145 Zur Problematik der Wiederholung von Abstimmungen *Achterberg*, Verhandlung (Fn. 14), S. 116, 119 ff. m. w. N.

146 *Heun*, Mehrheitsprinzip (Fn. 7), S. 127 m. Fn. 134. Würde man als Bezugsgröße die Gesamtmitgliederzahl oder die Anzahl der Anwesenden nehmen, entspräche die einfache Mehrheit bei ausbleibenden Enthaltungen der absoluten Mehrheit, wären doch wenigstens 50% der Stimmen zuzüglich einer Stimme erforderlich. Im Falle von Enthaltungen ergibt sich aufgrund deren Irrelevanz (nach h. M.) für das

heit ist, wird vielfach offenbar der klarstellende Zusatz für entbehrlich gehalten und weggelassen[147], was zu verfehlten Gleichsetzungen und Unklarheiten führt[148].

bb) Erläuternde Beispiele einfacher Mehrheiten

Zur Verdeutlichung die folgenden zwei Beispiele bei zwei zur Wahl gestellten Alternativen A und B und insgesamt zwanzig zu verteilenden Stimmen. Beispiel eins: Die Wahlalternative A erreicht fünf, die Alternative B vier Stimmen bei Abwesenheit von elf Delegierten.

In diesem Fall erreicht A die einfache Mehrheit, da sie eine Stimme mehr als die Alternativentscheidung B erzielen konnte. Obwohl sich mehr Abstimmungsberechtigte von der Abstimmung fern gehalten haben als nicht nur die obsiegende Wahlalternative erreicht hat, sondern auch beide Alternativen zusammen, ist die einfache Mehrheit erreicht. In dieser Konstellation kommen Beschlußfähigkeitsregelungen eine besondere Bedeutung zu. Wie sich im Vergleich zur Abwesenheit die Stimmenthaltung auswirkt, zeigt das Beispiel zwei:

Trotz zwanzig Delegierten entfallen auf die Wahlalternativen nur drei Stimmen, auf die Alternative A zwei und auf B eine. Die übrigen Delegierten enthalten sich. Die Alternative A erreicht den erforderlichen Vorsprung von einer Stimme gegenüber der Option B. Daß die Mehrheit der Gesamtstimmenzahl (siebzehn von zwanzig) letztlich auf keine der beiden Abstimmungsmöglichkeiten entfielen, ist unbeachtlich. Da Enthaltungen mit der überzeugenden Auffassung neutral zu werten sind, haben sie keinerlei Einfluß auf das Wahlergebnis.

cc) Besonderheiten einfacher Mehrheiten

Der obligatorische Bezug der einfachen Mehrheit auf die Zahl der Abstimmenden kann es mit sich bringen, daß die obsiegende Wahlalternative wie in Beispiel zwei nur einen Bruchteil der zu vergebenden Stimmen auf sich vereint. Bei einfachen Mehrheitsentscheidungen ist das Erreichen einer

---

Abstimmungsergebnis keinerlei Auswirkung auf das Korrelationsverhältnis von Ja- und Nein-Stimmen.

[147] s. beispielsweise *Klein* (Fn. 63), Art. 42 Rn. 86. Eine klarstellende Gleichstellung von einfacher Mehrheit und Abstimmungsmehrheit unternimmt *Morlok* (Fn. 70), Art. 42 Rn. 34.

[148] So werden beispielsweise von *A. Tebben*, in: R. Litten/M. Wallerath (Hrsg.), Verfassung des Landes Mecklenburg-Vorpommern, 2007, Art. 32 Rn. 3, die Abstimmungs- und Anwesenheitsmehrheit fälschlicherweise gleichgesetzt.

Mehrheit für eine der zur Wahl gestellten Alternativen demnach bedeutend leichter als das Erreichen eines Ergebnisses über bestimmte Quoren wie bei den im folgenden erläuterten Ausprägungen des Mehrheitsprinzips, insbesondere bei der absoluten oder qualifizierten Mehrheit. Andererseits kann es bei einfachen Mehrheitsentscheidungen dazu kommen, daß weit mehr Enthaltungen zu zählen sind, als Stimmen auf die siegende Wahlalternative entfallen. Im Extremfall übersteigt die Anzahl der Enthaltungen gar die Summe der auf die Wahlmöglichkeiten abgegebenen Stimmen. All dies hat auf die Gültigkeit der Abstimmung und das aus ihr hervorgegangene Ergebnis grundsätzlich keine Auswirkung, sondern ist der Entscheidungsfindung mittels einfacher Mehrheit immanent und kann nur durch Rückgriff auf gesteigerte Mehrheitserfordernisse verhindert werden. Mit diesen ginge dann aber eine Verkomplizierung und damit auch eine zeitliche Verzögerung und Kostenintensivierung des Entscheidungsfindungsprozesses einher.

Wie in den obigen Ausführungen, namentlich Beispiel eins, verdeutlicht, ist die Problematik der Beschlußfassung streng von der der Beschlußfähigkeit zu trennen. Bestehen keine Mindestbeschlußfähigkeitsregelungen, kann auch bei Abwesenheit einer überwiegenden Anzahl von Mitgliedern ein Beschluß durch die übrigen gefaßt werden.

b) Die relative Mehrheit

Stehen mehr als zwei Alternativen zur Wahl und soll die Entscheidung in einem einzigen Wahlgang herbeigeführt werden, bleibt nur der Rückgriff auf eine relative Mehrheit.

aa) Merkmale relativer Mehrheit

Das charakteristische Merkmal der relativen Mehrheit ist die Auswahlmöglichkeit zwischen mehr als zwei Alternativen[149]; im Falle nur zweier Alternativen entsprechen sich einfache und relative Mehrheit[150]. Von mehreren zur Abstimmung gestellten Alternativen gilt diejenige als beschlossen, die vergleichsweise, eben relativ, die meisten Stimmen auf sich vereinigen konnte. Irrelevant für das Abstimmungsergebnis ist, mit welchem Vorsprung resp. welchem vom Hundert-Satz die Entscheidung fällt[151]: ein Stimmenvorsprung von wenigstens einer Stimme reicht aus, die Stimmen der ande-

---

[149] *Heun*, Mehrheitsprinzip (Fn. 7), S. 124.

[150] *Klein* (Fn. 63), Art. 42 Rn. 83.

[151] Speziell zu den mathematischen Aspekten, die mit den relativen Mehrheitsentscheidungen einhergehen, *Kopfermann*, Aspekte (Fn. 140), S. 45 ff.

ren Positionen werden hierbei nicht addiert[152]. Die Knüpfung der relativen Mehrheit an andere Bezugsgrößen als die Anzahl der Abstimmenden ist – wie ebenso bei der einfachen Mehrheit – aufgrund des allein auf das Stimmenverhältnis der einzelnen Wahlalternativen zueinander gerichteten Fokus ausgeschlossen[153].

bb) Erläuterndes Beispiel relativer Mehrheiten

Zur Verdeutlichung erneut ein Beispiel bei diesmal vier zur Wahl stehenden Alternativen (A, B, C und D) und insgesamt zwanzig zu verteilenden Stimmen: A erzielt sechs, B fünf, C vier und D drei Stimmen bei zwei Enthaltungen. A erzielt die relative Mehrheit, da er zu den Alternativen B, C und D jeweils mindestens eine Stimme Vorsprung nachweisen kann.

cc) Besonderheiten relativer Mehrheiten

Angesichts der zugrundeliegenden Forderung eines Vorsprungs von mindestens einer Stimme unter beliebig vielen Abstimmungsalternativen wird die Gültigkeit der getroffenen Entscheidung auch durch ein denkbar knappes Ergebnis nicht geschmälert. Wie im Beispiel verdeutlicht, ergibt sich leicht die Situation, daß auf den Wahlsieger nur ein geringer Stimmenanteil entfällt, während die Gegenvorschläge bzw. -kandidaten in der Summe deutlich mehr als die Hälfte der Gesamtstimmenanzahl erhalten. Daraus jedoch zu schließen, daß eine Mehrheit ausdrücklich gegen den obsiegenden Wahlwerber gestimmt hat und die relative Mehrheit daher keine ausreichende Legitimation vermittele, ist dennoch zu weitgehend[154]. Im Gegenteil: daß die auf die Alternativen vereinten Stimmen (hier: zwölf) zahlenmäßig über der siegreichen relativen Mehrheit liegen (im Beispiel: sechs) ist ein immanenter Aspekt dieser Entscheidungsform, weshalb die relative Mehrheit teils auch nicht als hinreichend legitimationsstiftend empfunden wird[155]. Aus der Präferenz für den einen Kandidaten läßt sich weiterhin keinesfalls auf eine uneingeschränkte Ablehnung aller anderen Wahloptio-

---

152 *Höfling/Burkiczak*, Mehrheitsprinzip (Fn. 113), S. 563.

153 *Heun*, Mehrheitsprinzip (Fn. 7), S. 127 m. Fn. 133; siehe zur parallelen Konstellation bei der einfachen Mehrheit oben C. V. 3. a) aa) m. Fn. 146.

154 So aber *H. Holste*, Alternativ-Stimme statt Stichwahl! Ein Ausweg aus dem kommunalen Direktwahl-Dilemma, in: ZRP 2007, S. 94 (95 f.); ihm folgend *J. Seybold*, Die Stichwahl des Hauptverwaltungsbeamten – Abschaffung oder Beibehaltung?, in: DVP 2010, S. 411 u. 453 (412); diese Auslegung ablehnend *Groß*, Direktwahl (Fn. 17), S. 94.

155 *Heun*, Mehrheitsprinzip (Fn. 7), S. 129: absolute Mehrheit als eigentliche demokratische Mehrheit. Zustimmend *Holste*, Alternativ-Stimme (Fn. 154), S. 95.

nen schließen; es ist unschwer vorstellbar, daß eine Auswahl zwischen zwei Alternativen erst nach langer innerer Unentschlossenheit erfolgte und unter Umständen auch anders hätte ausfallen können. Somit wird deutlich, daß im Rahmen relativer Mehrheitsentscheidungen keine Aussage darüber möglich ist, wie der Abstimmende zu den übrigen Kandidaten steht[156], ob nämlich keiner der anderen eine Wahlalternative darstellt, oder ob einzelne oder gar alle Wahlwerber als Alternative aus Sicht der Wählerschaft gleichfalls denkbar wären. Klärung bietet hier nur eine Stichwahl zwischen den erfolgreichsten Kandidaten in einem zweiten Wahlgang[157], in dem dann aber aufgrund des geringeren Wählerinteresses absolut betrachtet zumeist keine höhere, sondern eher eine niedrigere Legitimation vermittelt wird[158].

Würde die siegende Alternative die anderen Optionen in ihrer Gesamtheit übertreffen, wäre dies aus Sicht des Wahlsiegers zwar wünschenswert (und entspräche zugleich einer absoluten Abstimmungsmehrheit), für die Erfüllung des relativen Mehrheitserfordernisses jedoch unbedeutend.

Im Hinblick auf das verhältnismäßig leichte Erreichen einer Mehrheit im Wege relativer Abstimmungsverfahren schrieb Leo Weber in seiner 1951 erschienenen Würzburger Dissertation: „Es gibt aber eine Mehrheit, die niemals fehlt, die relative“[159] – wenngleich er den Fall der Stimmengleichheit übersieht. Dennoch spiegelt diese Sentenz wider, daß die relative Mehrheit von allen Entscheidungsmehrheiten die geringsten Anforderungen aufstellt. Sie genügt dennoch, um eine hinreichende Legitimation zu vermitteln, selbst in den Fällen, in denen sie nicht nur als Hilfsmechanismus nach dem Scheitern höherer Mehrheitserfordernisse, sondern von Anfang an für Wahlen vorgesehen wird[160]. Auch hat der Wähler bei mehreren Alternativen

---

[156] *J. Krüper*, Kommunale Stichwahlen als demokratisches Wettbewerbsverbot. Zugleich eine Anmerkung zum Urteil des Verfassungsgerichtshofs Nordrhein-Westfalen vom 26. Mai 2009 (02/09), in: DÖV 2009, S. 758 (763 f.; zu weitgehend indes seine Behauptungen, der Wähler werde „genötigt“ präferenzunabhängig einem Kandidaten seine Stimme zu geben, dessen Wahl am wahrscheinlichsten ist, mit der Folge einer Verletzung der Chancengleichheit der kleineren Parteien. M.E. gilt dies bei Geltung absoluter Mehrheit in gleichem, wenn nicht noch größerem Maße, da hier das Erreichen der absoluten Mehrheit für die kleine Partei ohnehin ausgeschlossen ist, was bei relativer Mehrheit nicht so eindeutig zu konstatieren ist.). Passagen des Aufsatzes weisen eine auffällige Nähe zu *Holste*, Alternativ-Stimme (Fn. 154), S. 95 f. auf, ohne daß letzterer eher zu überzeugen vermag; s. auch *Groß*, Direktwahl (Fn. 17), S. 94. – Die Problematik führt zum sog. Condorcet-Paradoxon; hierzu *Heun*, Mehrheitsprinzip (Fn. 7), S. 130 ff. m. w. N.

[157] Vgl. *Heun*, Mehrheitsprinzip (Fn. 7), S. 129, 134 f.

[158] Daher kritisch *Holste*, Alternativ-Stimme (Fn. 154), S. 95 f., der dies an Beispielen aus niedersächsischen Kommunalwahlen eindrucksvoll belegt.

[159] *Weber*, Beschlußfassung (Fn. 19), S. 85.

[160] So für die Ermittlung der Wahlkreiskandidaten bei der Bundestagswahl BVerfGE 41, 399 (423); 95, 335 (355); deckungsgleich für die Direktwahl der Bür-

bessere Vergleichsmöglichkeiten und eine höhere Chance, sich mit einer der zur Wahl stehenden Alternativen zu identifizieren. Andererseits kommt es im Rahmen relativer Mehrheitsentscheidungen – wie eingangs bereits angeführt – häufig zu einem Ergebnis, bei dem die Mehrzahl der Abstimmenden für die anderen Wahlalternativen und damit nicht für die siegende Wahlalternative votieren. Es bleibt festzuhalten, daß das o. g. Beispiel genauso wenig den Regelfall wie ein Extrem darstellt, erhält doch bei Kommunalwahlen der obsiegende Kandidat mitunter eine Zustimmung von weniger als 30% der Abstimmenden[161]. Dieses Phänomen verstärkt sich mit zunehmender Anzahl von Wahlalternativen und ließe sich allein durch Festlegung eines Mindestquorums der zu erreichenden Stimmen verhindern. Ein ebensolches beispielsweise in Höhe von 40% scheint erforderlich zur Sicherstellung einer hinreichenden Legitimation, zugleich aber noch nicht zu hoch, um jegliches Erreichen dieses Quorums insbesondere bei wenigen Wahlalternativen unmöglich werden zu lassen.

Ein weiterer Schwachpunkt der relativen Mehrheitsentscheidung tritt bei Stimmengleichheit zwischen allen oder zumindest den zwei meist gewählten Alternativen auf; hier führt die Wahl im Wege der relativen Mehrheit zu keinem Ergebnis, da kein Vorschlag allein die relativ meisten Stimmen erzielen konnte. Folgewahlgänge oder die Inkaufnahme des Verfehlens der Mehrheit sind die Konsequenz.

c) Die absolute Mehrheit

„Nur wer staatliche oder staatsähnliche Gewalt ausübt, ohne die 51-prozentige Mehrheit auf seiner Seite zu haben“, heißt es bei Carl Schmitt, „ist illegal und ein ‚Tyrann‘. Wer diese Mehrheit hat, würde nicht mehr Unrecht tun, sondern alles, was er tut, in Recht und Legalität verwandeln.“[162] Kelsen sieht in der absoluten Mehrheit die zwar erforderliche, aber eben auch die „tatsächlich [...] oberste Grenze [um zu verhindern], daß eine Minderheit den Staatswillen [...] im Widerspruch zu einer Mehrheit zu bestimmen vermag“, was der Fall wäre, wenn darüber hinausgehende, qualifizierte Mehrheiten Anwendung fänden[163]. Im Rahmen der Arbeit wird die absolute Mehrheit nicht den qualifizierten Mehrheiten im engeren Sinn zugerechnet.

germeister und Landräte in Nordrhein-Westfalen und den Wegfall der vormals vorgesehenen Stichwahlen in § 46c Abs. 2 S. 2 KWahlG Nordrhein-Westfalen i. d. F. vom 9.10.2007 VerfGH Nordrhein-Westfalen, NWVBl. 2009, S. 304 (306).

161 *Seybold*, Stichwahl (Fn. 154), S. 413 m. w. N.

162 *C. Schmitt*, Legalität und Legitimität, 1928, S. 33.

163 *Kelsen*, Wesen (Fn. 58), S. 7 ff., Zitat: S. 10. Zugleich böte das Mehrheitserfordernis damit die größte Annäherung an die rechtfertigende Idee der Freiheit der Bürger.

aa) Merkmale absoluter Mehrheit

Bei einer Abstimmung mit absoluter Mehrheit ist diejenige Alternative gewählt, die mindestens eine Stimme mehr als die Hälfte der zugrundeliegenden Bezugsgröße erreicht hat[164], im Falle einer ungeraden Anzahl an Gesamtstimmen genügt bereits die Aufrundung auf die nächste ganze Zahl nach Halbierung[165]. Beide Konstellationen werden erfaßt, definiert man die absolute Mehrheit als den Teil, der die Hälfte des zugrundeliegenden Zahlenganzen um eins übersteigt. Als Bezugsgröße sind mehrere Gesamtheiten denkbar: zunächst die der maximalen Mitglieder- oder Stimmenanzahl (absolute Mitglieder-/Stimmenmehrheit, (1)), des weiteren die der tatsächlich abgegebenen Stimmen (absolute Abstimmungsmehrheit, (2)) und zuletzt die der anwesenden Abgeordneten oder repräsentierten Stimmen (absolute Anwesenheitsmehrheit, (3)). Unabhängig von der Bezugszahl hat weder eine andere Wahlalternative allein noch alle anderen Optionen zusammengezählt soviel Zustimmung erfahren wie die Position, die die absolute Mehrheit hinter sich weiß: die Summe der Gegenstimmen erreicht im Falle des Erzielens einer absoluten Mehrheit folglich nie deren Höhe. Es ist daher gerechtfertigt, sie als die „eigentlich demokratische Mehrheit", den „Grundtypus aller Mehrheiten"[166] einzustufen.

(1) Absolute Mitglieder-/Stimmenmehrheit

Die absolute Mitglieder- oder Stimmenmehrheit ist erreicht, wenn von der jeweiligen Gesamtzahl des Gremiums mehr als die Hälfte für den Antrag stimmt. Stimmenthaltungen haben keinen Einfluß auf die Bezugsgröße der Gesamtmitgliederzahl, entfalten also die Wirkung von Gegenstimmen, indem sie nicht für ein positives Votum zur Verfügung stehen. Die vormals von W. Jellinek für diese Konstellation vorgeschlagene Terminologie der „vollen absoluten Mehrheit"[167] hat sich nicht durchsetzen können.

---

164 *Thiele*, Entscheidungsfindung (Fn. 126), S. 314 unter Bezugnahme auf *Heun*, Mehrheitsprinzip (Fn. 7), S. 125.

165 Statt Aufrundung des Quotienten schlägt *Heun*, Mehrheitsprinzip (Fn. 7), S. 125 Fn. 120, im Falle ungerader Gesamtstimmenzahl die Formel (n+1):2 zur Ermittlung der erforderlichen absoluten Stimmenmehrheit vor, wobei n die Variable für die Anzahl der Gesamtstimmen ist. Für die Bestimmung bei gerader Gesamtstimmenzahl lautet die Formel (n:2)+1.

166 *Heun*, Mehrheitsprinzip (Fn. 7), S. 124 bzw. 102.

167 *W. Jellinek*, Kabinettsfrage und Gesetzgebungsnotstand nach dem Bonner Grundgesetz, in: DÖV 1949, S. 381. Diese sei von der schlichten absoluten Mehrheit (Bezugspunkt ist nicht die Mitgliederzahl, sondern sind allein die abgegebenen Stimmen) und der gesteigerten absoluten Mehrheit abzugrenzen (Gesamtzahl der Abstimmenden einschließlich Enthaltungen).

(2) Absolute Abstimmungsmehrheit

Die absolute Abstimmungsmehrheit legt für die Ermittlung des Ergebnisses nur die Zahl der Delegierten zugrunde, die sich tatsächlich an der Abstimmung beteiligt haben; gesetzliche Mitgliederzahl und insbesondere Anwesenheit spielen keine Rolle. Folgt man der h. M., zählen im Rahmen von Abstimmungsmehrheiten Stimmenthaltungen nicht als abgegebene Stimmen. Für die absolute Abstimmungsmehrheit war der Begriff der „schlichten absoluten Mehrheit" in Erwägung gezogen worden[168].

(3) Absolute Anwesenheitsmehrheit

Die absolute Anwesenheitsmehrheit bezieht alle anwesenden Stimmberechtigten in die Bezugsgröße ein. Die Mehrheit unterscheidet sich damit von der Abstimmungsmehrheit durch die Berücksichtigung der Enthaltungen. Auch der sich Enthaltende ist schließlich anwesend, selbst wenn er sich nicht im engeren Sinne an der Abstimmung beteiligt. Die Ausweitung der Bezugsgröße brachte ihr die Bezeichnung als „gesteigerte absolute Mehrheit"[169] ein.

bb) Erläuternde Beispiele absoluter Mehrheiten

(1) Absolute Mitglieder-/Stimmenmehrheit

Dem folgenden Beispiel liegen erneut zwanzig Stimmen bei diesmal drei Wahlalternativen (A bis C) zugrunde; die Stimmverteilung ist wie folgt: Bei drei Stimmenthaltungen erreicht A acht, B sieben, C zwei Stimmen. Zugrundeliegende Bezugsgröße ist die maximal mögliche Stimmenanzahl von zwanzig Stimmen. In diesem Fall erhielt A zwar die relativ höchste Zustimmung, die erforderliche absolute Mehrheit von elf Stimmen wurde jedoch von keiner der drei Wahlalternativen erreicht.

(2) Absolute Abstimmungsmehrheit

Sind alle zwanzig Delegierten bei der Abstimmung anwesend und läßt man mit der h. M. Enthaltungen nicht als abgegebene Stimmen einstufen, ergibt sich bei fünf Enthaltungen, acht Ja- und sieben Nein-Stimmen fol-

---

168 *W. Jellinek*, Kabinettsfrage 1949 (Fn. 167), S. 381, i. O. gesperrt.

169 *W. Jellinek*, Kabinettsfrage 1949 (Fn. 167), S. 381, i. O. gesperrt. Für einen solchen Fall hielt er bemerkenswerterweise Art. 42 Abs. 2 GG und äußerte zugleich Skepsis ob dieser Bestimmung.

gendes Ergebnis: aufgrund der Herausrechnung der fünf Enthaltungen sind nur fünfzehn Stimmen abgegeben worden. Die erforderliche absolute Mehrheit der Abstimmenden liegt damit bei acht Stimmen und ist durch die Befürworter der Alternative A erreicht worden.

Anders verhielte sich die Lage, wenn die Enthaltungen insofern Berücksichtigung fänden, als sie der Menge der abgegebenen Stimmen zugerechnet würden. Mit dieser erhöhte sich dann auch die zu erreichende Grenze absoluter Stimmenmehrheit wie im vorherigen Beispiel auf elf Stimmen und wäre folglich wiederum von allen Alternativen verfehlt worden.

(3) Absolute Anwesenheitsmehrheit

Von den im Kollegialorgan repräsentierten zwanzig Vertretern sind zur Abstimmung nur fünfzehn anwesend. Bei fünf Enthaltungen entfallen acht Stimmen auf den Antrag, nur zwei Abstimmende sprechen sich gegen ihn aus. Trotz der augenscheinlich sehr breiten Unterstützung (acht Ja- zu zwei Nein-Stimmen), ist das Erfordernis absoluter Anwesenheitsmehrheit im vorliegenden Fall erst mit acht Stimmen erreicht, da die Enthaltungen den ablehnenden Stimmen hinzugerechnet werden müssen. Im Ergebnis steht es demnach acht zu sieben (Nein-Stimmen zuzüglich Enthaltungen) mit nur mehr minimalem Stimmenvorsprung für den Antrag.

cc) Besonderheiten absoluter Mehrheiten

Nach alledem wird ersichtlich, daß sich die Mehrheitsfindung bei Anwendung des absoluten Mehrheitsprinzips deutlich komplizierter darstellt, was umso mehr gilt, je zahlenmäßig umfangreicher die zugrundeliegende Bezugsgröße ist. Das Erreichen einer Zustimmung von mehr als 50% der Stimmen ist bei der Grundmenge „abgegebene Stimmen" wiederum einfacher als bei der Bezugsgröße der Anwesenden resp. der Gesamtmitgliederzahl. Andererseits vermögen die absolute und die sogleich folgenden qualifizierten Mehrheiten eine höhere Legitimation zu vermitteln, bergen aber zugleich auch das Risiko, daß keiner der aufgestellten Kandidaten die ambitionierte Mehrheit erreicht. Um dem zu begegnen, sind zumeist Folgewahlgänge vorgesehen, im Rahmen derer neben der fortlaufenden Wiederholung nach demselben Prozedere verschiedene Einschränkungen zur Vereinfachung der Entscheidungsfindung zur Anwendung kommen: eine Stichwahl zwischen den beiden Bestplazierten[170] ist genauso denkbar wie die Absenkung des Stimmenquorums. Die Sammlung von Alternativstimmen schon

[170] Ausführlich (und kritisch) zur Stichwahl bei Verfehlen absoluter Mehrheiten *Holste*, Alternativ-Stimme (Fn. 154), S. 95 f.

im ersten Wahlgang[171] bildet indes keinen gangbaren Weg, da auch so das Erreichen einer absoluten Mehrheit nur wahrscheinlicher, nicht jedoch sichergestellt wird[172]. Gleichzeitig ist bei nur zwei Entscheidungsalternativen und der Bezugszahl der Abstimmenden das Erzielen einer absoluten Mehrheit (vorbehaltlich des Eintretens von Stimmengleichheit) stets gewährleistet, wohingegen mit ansteigender Zahl von Wahlvorschlägen das Erreichen des Quorums häufig nur durch Absprachen im Vorfeld möglich bleibt.

Lediglich unter der Prämisse, daß Enthaltungen das Ergebnis unbeeinflußt lassen, kann die absolute Abstimmungsmehrheit eigenständige Bedeutung entwickeln. Zählte man nämlich andererseits die Enthaltungen zu den abgegebenen Stimmen, entspräche – wie im Beispiel verdeutlicht – die absolute Abstimmungs- stets der absoluten Anwesenheitsmehrheit[173]. Auf ein dekkungsgleiches Ergebnis laufen alle drei absoluten Mehrheiten dann hinaus, wenn sich alle gesetzlichen Mitglieder an der Abstimmung beteiligen[174].

d) Die qualifizierte Mehrheit

Die qualifizierte Mehrheit stellt durch das Erfordernis einer im Vorhinein festgelegten Mindestzustimmung in Höhe des angeordneten Quorums die umfangreichsten Anforderungen an die Entscheidungsfindung. Teils werden qualifizierte Mehrheiten als Einschränkung des Mehrheitsprinzips oder sogar als Schwächung desselben[175], teils als rechtfertigungsbedürftige Abweichung von dieser Maxime eingestuft[176]. Betont man die einfache oder abso-

---

[171] *Holste*, Alternativ-Stimme (Fn. 154), S. 96; *Seybold*, Stichwahl (Fn. 154), S. 413, 455 f.; für eine Stichwahl spricht sich aus *J. L. Backmann*, Direktwahl der Ministerpräsidenten als Kern einer Reform der Landesverfassungen, 2006, S. 345.

[172] *Groß*, Direktwahl (Fn. 17), S. 97.

[173] Siehe dazu das Rechenbeispiel unter C. V. 3. c) bb) (2). Insoweit – vielleicht auch aufgrund der doppelten Verneinung – unklar *Heun*, Mehrheitsprinzip (Fn. 7), S. 128 Fn. 135, der die absolute Abstimmungsmehrheit nur „dann für bedeutsam hält, wenn Stimmenthaltungen nicht fiktiv so angesehen werden, als ob keine Stimmabgabe stattgefunden hätte". Wie das Beispiel zeigt, ist genau das Gegenteil der Fall.

[174] Bei zwanzig Abstimmungsberechtigten, voller Anwesenheit und fünf Enthaltungen liegt die absolute Mitgliedermehrheit bei elf Stimmen (11/20 Mitgliedern, da Enthaltungen irrelevant), die absolute Anwesenheitsmehrheit bei elf Stimmen (11/20 Anwesenden, da die sich Enthaltenden anwesend sind, auch wenn sie nicht abstimmen) und auch die absolute Abstimmungsmehrheit bei elf Stimmen (11/20, sofern die Enthaltungen als abgegeben Stimmen gewertet werden; ansonsten 8/15 [zwanzig Anwesende abzgl. fünf Enthaltungen]).

[175] „Eine Begrenzung des Majoritätsprinzips liegt in den Bestimmungen, nach denen es zu gewissen Beschlüssen einer verstärkten oder qualifizierten Mehrheit oder gar der Einstimmigkeit bedarf.": *v. Gierke*, Geschichte (Fn. 7), S. 587; s. auch *Benda*, Konsens (Fn. 8), S. 71; *Schmitz*, Mehrheitsprinzip (Fn. 76), S. 413.

lute Mehrheit als den Prototyp des Mehrheitsprinzips, mag dies verständlich sein. Konsequenzen und weiterführende Erkenntnisse ergeben sich hieraus jedoch nicht.

Mit ansteigendem Qualifizierungskoeffizienten nähert sich die Mehrheit der Einstimmigkeit an und wirkt auf diese Weise dem Auftreten von Zufallsmehrheiten entgegen. Regelmäßig werden so früher gefaßte Grundentscheidungen, wie die Verfassungsgarantien, unter einen besonderen Schutz gestellt, der nicht durch mutmaßlich leichtfertig handelnde (einfache) Abstimmungsmehrheiten umgangen werden können soll – mutmaßlich hatte sich die bestehende Regelung ja zumindest eine Zeit lang bewährt. Zuletzt soll der mit qualifizierter Mehrheit entscheidenden Legislative die besondere Bedeutung der Angelegenheit vor Augen geführt werden.

aa) Merkmale qualifizierter Mehrheiten

Das deutsche Verfassungsrecht beschränkt sich fast ausschließlich auf das Erzielen von zwei Dritteln der Stimmen als Qualifizierungskoeffizient; genauso denkbar – und zuletzt im Hinblick auf die diskutierte Einführung eines Selbstauflösungsrechts des Deutschen Bundestags ins Spiel gebracht – sind Dreiviertel- oder Dreifünftel-Mehrheiten[177], die bisher allerdings noch keine Umsetzung gefunden haben. Läßt man die absolute Mehrheit nicht dem Bereich qualifizierter Mehrheiten unterfallen, sind als Qualifizierungsquotienten nur Zahlenwerte jenseits von 50% tauglich.

Traditionell finden die qualifizierten Mehrheitsbeschlüsse daher bei bedeutenden Entscheidungen wie beispielsweise der Verfassungsänderung Anwendung (Art. 79 Abs. 2 GG, dazu unten), da diese Form der Mehrheitsentscheidung einen erhöhten Bestandsschutz für den status quo gewährleistet, zugleich aber auch dem Minderheitenschutz einen besonderen Stellenwert einräumt, da zumindest Teile der (oppositionellen) Minderheit den Vorschlag mittragen müssen[178]. Bereits Kelsen sah in der „*Zweidrittel- oder Dreiviertel-Majorität* (...) die typische Form, durch die man Verfassungsgesetze gegenüber einfachen Gesetzen qualifiziert“[179]. Knappen, gegebenen-

[176] *B. Grzeszick*, in: Maunz/Dürig, GG (Fn. 18), Art. 20 Abs. 2 (2010), Rn. 43 m.w.N. auch zur Gegenauffassung.

[177] s. hierzu den Vorschlag der Gemeinsamen Verfassungskommission 1993; vgl. in Fn. 407.

[178] *E.-W. Böckenförde*, Demokratie als Verfassungsprinzip, in: J. Isensee/P. Kirchhof (Hrsg.), Handbuch des Staatsrechts der Bundesrepublik Deutschland, Bd. 2: Verfassungsstaat, 3. Aufl. 2004, § 24 Rn. 53; *Benda*, Konsens (Fn. 8), S. 71.

[179] *Kelsen*, Wesen (Fn. 58), S. 54 (Hervorhebung i.O. gesperrt, N.M.). Zugleich erkennt er, ebd., S. 55, die „gewisse Tendenz zur *Einstimmigkeit*“ bei qualifizierten Mehrheiten.

falls sogar wechselnden einfachen Mehrheiten ist ein Eingriff in die für besonders wichtig erachteten und daher durch Einführung des herausgehobenen Mehrheitserfordernisses geschützten Bereiche verwehrt. Vielmehr wird die Entscheidung durch die Festlegung eines Zweidrittelquorums deutlich näher an eine Einstimmigkeitsentscheidung gerückt, wobei zu einer wahren Konsensentscheidung noch ein Unterschied von immerhin maximal 33 % besteht. Zugleich ist Carl Schmitt zuzugeben, daß die Erhöhung des absoluten Mehrheitserfordernisses um 15 % kaum eine höhere Wahrscheinlichkeit für die Richtigkeit der Entscheidung mit sich bringt[180]. Andererseits aber sind Koalitionen und Kompromisse in der politischen Praxis nötig. Sie verhelfen, sofern alle Beteiligten ihre Interessen hinreichend repräsentiert sehen, auch bei zukünftigen Mehrheitsverschiebungen zu Verfassungskontinuität und bilden möglichst den gesellschaftlichen Grundkonsens ab. Je umfangreicher bei der Kompromißbildung die Beteiligung der Minderheiten ausfällt – dies ist mit steigender Qualifizierung ja gerade der Fall –, desto eher rechtfertigt sich die der Abstimmung entspringende Mehrheitsentscheidung[181]. Andersherum ist eine Mitberücksichtigung der Standpunkte der Opposition (ergo die Anordnung einer qualifizierten Mehrheit) dann „um so eher geboten, je weittragender irreversible Entscheidungen über die Dauer der Legislaturperiode hinausreichen“, je eher also die Minderheit von heute als potentielle Mehrheit von morgen auch aus faktischen Gründen an diese Entscheidungen gebunden sein wird[182].

Hätte der Grundgesetzgeber innerhalb der Verfassung Qualifizierungen jenseits der Zweidrittelmehrheit angeordnet, so wäre nicht auszuschließen, daß angesichts der in diesem Fall leichter zu erzielenden verfassungsändernden Mehrheit das Quorum in einem ersten Schritt abgesenkt werden könnte, um den entsprechenden Beschluß dann in einem zweiten Schritt aufgrund des reduzierten Mehrheitserfordernisses fassen zu können. Hier könnten dann nur noch politische Hemmungen oder materiell-rechtliche Hemmnisse ein solches Vorgehen verhindern. Qualifizierungen in einfachen Gesetzen drohte dasselbe Schicksal, nur unter erleichterten Rahmenbedingungen, da für ihre Abänderung bereits einfache Parlamentsmehrheiten genügen.

In der Regel wird auf das Erfordernis einer qualifizierten Mehrheit nur im Rahmen von Abstimmungen in Gremien[183] und nicht etwa bei direkten

---

[180] *Schmitt*, Legalität (Fn. 162), S. 40 ff.

[181] Vgl. zum Vorstehenden m. w. N. *H. Schulze-Fielitz*, Theorie und Praxis parlamentarischer Gesetzgebung – besonders des 9. Deutschen Bundestages (1980–1983), 1988, S. 435 f., 437 f., 445.

[182] *E. Wienholtz*, Verfassung und Technologie, in: DÖV 1985, S. 136 (137 f., unter dem Eindruck damals aktueller Fragen der Atompolitik); *Schulze-Fielitz*, Theorie (Fn. 181), S. 445 (Zitat). – Dies gilt nicht per se für jegliche Grundgesetzänderung, vgl. unten bei der Untersuchung von Art. 79 Abs. 2 GG.

Präsidentschafts- oder Parlamentswahlen rekurriert. Für den Fall, daß keiner der aufgestellten Kandidaten die erforderliche qualifizierte Mehrheit erreicht, sind weitere Wahlgänge notwendig. Hierbei können jedoch neben der fortlaufenden Wiederholung nach demselben Verfahren verschiedene Einschränkungen zur Vereinfachung der Entscheidungsfindung Anwendung finden: eine Stichwahl zwischen den beiden Kandidaten, die die meisten Stimmen auf sich vereinen konnten, ist genauso denkbar wie die Absenkung des Stimmenquorums beispielsweise auf das Erfordernis absoluter Mehrheit. Bei Sachentscheidungen hingegen verbieten es Sinn und Zweck beim Nichterreichen die Mehrheit in Folgewahlgängen abzusenken.

Qualifizierte Mehrheiten sind wie die absolute Mehrheit in den Ausgestaltungsformen der qualifizierten Mitglieder-/Stimmenmehrheit, Anwesenheitsmehrheit oder Abstimmungsmehrheit möglich.

bb) Erläuternde Beispiele qualifizierter Mehrheiten

Den folgenden Beispielen liegt folgende Konstellation zugrunde: In einem aus zwanzig Mitgliedern bestehenden Gremium ist als Qualifizierungskoeffizient eine Zweidrittelmehrheit angeordnet. Die Abstimmung ergeht mit einem Ergebnis von dreizehn Stimmen für die Alternative A und drei für die Alternative B bei vier Enthaltungen.

(1) Qualifizierte Mitglieder-/Stimmenmehrheit

Die qualifizierte Mitgliedermehrheit liegt bei vierzehn Stimmen (von zwanzig), da sie sich an der gesetzlichen Mitglieder- oder Stimmenzahl des Gremiums orientiert. Sie ist unabhängig davon zu erreichen, wie viele Stimmberechtigte abwesend sind, mit Nein stimmen oder sich enthalten. Der Beschluß kam im obigen Beispiel mithin nicht zustande.

(2) Qualifizierte Abstimmungsmehrheit

Nunmehr ist der Bezugspunkt ein anderer. Nicht mehr die zwanzig Stimmen dienen als Bezugsgröße sondern die abgegebenen Stimmen. Mit der h. M. erhöhen die Enthaltungen diese Bezugsgröße nicht, so daß sich hier die Zweidrittelmehrheit auf die Gesamtheit der abgegebenen Ja- und Nein-Stimmen bezieht. Die Zweidrittelmehrheit wurde damit erreicht, da elf Stimmen (von sechzehn) bereits genügen.

---

[183] *D. Nohlen,* Wahlrecht und Parteiensystem. Zur Theorie und Empirie der Wahlsysteme, 6. Aufl. 2009, S. 468.

(3) Qualifizierte Anwesenheitsmehrheit

Bei wiederum identischer Stimmverteilung spielen die Enthaltungen auch in die Bezugsgröße und folglich das Abstimmungsergebnis hinein. Auch der sich Enthaltende ist anwesend. Da sämtliche Mitglieder des Gremiums somit repräsentiert waren, wird das Quorum an der Gesamtstimmenzahl von zwanzig ausgerichtet und die Mehrheit abermals verfehlt.

cc) Besonderheiten qualifizierter Mehrheiten

Unabhängig davon, welche Bezugsgröße für das Quorum herangezogen wird, ist im Rahmen der Abstimmung stets ein schon vor (bei Mitglieder- oder Stimmenmehrheit) oder unter der Abstimmung (bei Abstimmungs- oder Anwesenheitsmehrheit) feststehender vom Hundert-Satz zu erreichen. Hierbei sind die absolut erforderlichen Stimmen durch Aufrundung der Prozentsätze oder Brüche auf das nächsthöhere Ganze zu ermitteln.

Hauptzweck der Anordnung qualifizierter Mehrheiten ist die Verbreiterung der Basis, die die Entscheidung inhaltlich trägt. Zugleich sind qualifizierte Minderheiten davor bewahrt, durch eine ansonsten ausreichende einfache Mehrheit überstimmt zu werden: während eine 40%-ige Minderheit bei Anwendung einfacher oder absoluter Mehrheit keine Vetomöglichkeit hätte, kann sie bei einem Qualifizierungskoeffizienten von zwei Dritteln die Entscheidung verhindern.

Mit der Bezugszahl der Gesamtmitglieder oder Gesamtstimmenzahl des Beschlußgremiums ist andererseits sichergestellt, daß auch eine Minderheit einen qualifizierten Mehrheitsbeschluß nicht herbeiführen kann. Dies klingt zunächst evident, ist es aber nicht ganz, wenn man den Blick auf die beiden anderen Bezugszahlen schwenkt. Bei geringer Anwesenheit bzw. geringer Beteiligung an der Abstimmung kann eine Zweidrittelmehrheit der Anwesenden oder Abstimmenden sehr wohl und gerade durch eine geschlossen auftretende Minderheit des Gesamtorgans erreicht werden, sofern die Mehrheitsfraktionen nicht hinreichend repräsentiert sind. Nichtteilnahme und Enthaltung wirken auch im Rahmen qualifizierter Mehrheiten in gleichem Maße wie Nein-Stimmen grundsätzlich gegen eine positive Entscheidung.

Sind demgegenüber alle Stimmberechtigten anwesend und beteiligen sich auch an der Abstimmung, fallen die Mehrheitsquoren trotz der drei verschiedenen Bezugszahlen der Mitgliederzahl, der Abstimmenden und der Anwesenden zusammen. Die Gewähr dafür, daß eine qualifizierte Mehrheit stets hinter dem Entschluß steht, bietet freilich nur die Bezugszahl der Gesamtmitglieder. Zugleich kann in diesem Fall die qualifizierte Minderheit durch sämtliche Verhaltensweisen den Beschluß verhindern: ein Fernbleiben der Abstimmung wirkt sich in gleichem Maße negativ auf das Resultat aus wie eine entsprechende Anzahl an Enthaltungen oder Nein-Stimmen, fehlen sie doch alle zum Erreichen der nötigen Mindestzahl an Ja-Stimmen. Angesichts dessen ist ein Konsens innerhalb der Opposition nicht zwingend vonnöten. Anders kann dies sein, mithin eine Kompromißfindung nötig werden, wenn doppelt qualifizierte Mehrheiten Anwendung finden, weil dort Mehrheitserfordernisse zunächst mit verschiedenen Bezugszahlen und dann wiederum miteinander kombiniert werden.

4. Doppelt qualifizierte Mehrheiten

Es wurde bereits aufgezeigt, daß insbesondere durch die Erhöhung der Stimmenquote und die Verbreiterung der Bezugsgröße das Mehrheitserfordernis verschärft werden kann, was einerseits die Beschlußfassung erschwert, andererseits aber der getroffenen Entscheidung eine höhere Legitimation verleiht. Alternativ oder kumulativ zur Verschärfung von Stimmenquote oder Bezugsgröße besteht die Möglichkeit, Mehrheitsentscheidungen mit Zustimmungs- oder Beteiligungsquoren zu kombinieren.

a) Merkmale doppelt qualifizierter Mehrheiten

Von einer doppelt qualifizierten (oder doppelt konstituierten[184]) Mehrheit kann nur dann die Rede sein, wenn beide Mehrheitsanforderungen auseinander fallen, zum Erreichen der Mehrheit aber dennoch beide überschritten werden müssen[185]; ansonsten wäre die qualifizierte Mehrheit immer auch als doppelt qualifizierte Mehrheit einzustufen, da zugleich auch immer die Abstimmendenmehrheit erreicht ist[186]. Eine doppelt qualifizierte Mehrheit ist also nach hiesigem Verständnis nicht schon bei einer Zweidrittelmehrheit der gesetzlichen Mitgliederzahl – als Qualifizierung einerseits der Bezugszahl, andererseits des Mehrheitserfordernisses gegenüber einfacher Abstimmendenmehrheit – gegeben[187]. Folglich müssen nicht in erster Linie die Quoren, sondern die Bezugszahlen differieren. Gängig ist daher die Verknüpfung von qualifizierter Abstimmungs- und qualifizierter Mitgliedermehrheit, zum Beispiel als Zweidrittelmehrheit der Abstimmenden, wobei diese Gruppe zugleich die absolute Mehrheit der Gesamtmitglieder reprä-

---

[184] Alternativbegriff bei *Horn*, Mehrheit (Fn. 61), S. 406.

[185] *Achterberg*, Verhandlung (Fn. 14), S. 44.

[186] *Horn*, Mehrheit (Fn. 61), S. 406.

[187] So aber *K. Heinig*, Das Selbstauflösungsrecht des Sächsischen Landtages, 2008, S. 308.

sentieren muß[188]. Aber auch eine einfache Mehrheit der Abstimmenden, die für sich keine Mindestbeteiligung voraussetzt, läßt sich hervorragend mit Beteiligungs- oder Zustimmungsvoraussetzungen kombinieren[189]. Wenngleich sie vielfach kontraproduktive Wirkungen entfalten, erlangen die Quoren besondere Bedeutung im Rahmen direktdemokratischer Verfahren, da hier (vermeintlich) eine unzureichende Beteiligung mit überproportionaler Gewichtung von Partikularinteressen nicht-repräsentativer Wählergruppen droht[190]. In beiden Konstellationen sollte die Verknüpfung nicht mit einer absoluten Zahl der Teilnehmenden oder der Zustimmenden, sondern mit einem prozentualen Quorum hergestellt werden; nur auf diese Weise kann das Verhältnis auch bei numerischen Schwankungen der Bezugszahl konstant gehalten werden[191].

aa) Kombination von Mehrheitserfordernis und Beteiligungsquorum

Beteiligungsquoren verfolgen das Ziel, eine Mindestpartizipation der Stimmberechtigten sicherzustellen. Sie bilden im direktdemokratischen Bereich mithin ein Korrelat zur Beschlußfähigkeit in Kollegialorganen. Die Abstimmung erlangt nur dann Gültigkeit, wenn die zuvor feststehende Anzahl an Wahlberechtigten resp. Repräsentanten an der Abstimmung teilgenommen hat[192]. Deren Abstimmungsverhalten, die Entscheidungsrichtung, ist irrelevant: sie können für oder auch gegen den Vorschlag votieren[193]. Gleichzeitig ist freilich das Mehrheitserfordernis zu wahren. Durch die Einhaltung der Mindestbeteiligung wird nur indirekt eine Erhöhung der Legitimation der Entscheidung erreicht. Zwar wird die zur Entscheidungsfindung berufene Basis verbreitert, der daraus resultierende Legitimationsgewinn fällt jedoch vergleichsweise gering aus, da sich die hinzukommenden Wähler zwischen den Alternativen aufteilen werden. Beteiligungsquoren sind

---

[188] Wenn auch unter Verwendung eines anderen Wortlautes, findet sich diese Konstellation in Art. 77 Abs. 4 S. 2 GG.

[189] Vgl. den kompakten Überblick bei *Achterberg/Schulte* (Fn. 119), Art. 42 Rn. 42; nicht überzeugend *Versteyl* (Fn. 123), Art. 42 Rn. 23, der hier die Mehrheit von zwei Dritteln der Abstimmenden bereits als doppelt qualifizierte Abstimmungsmehrheit bezeichnet, nicht bedenkend, daß die von ihm als (einfache) qualifizierte Mitgliedermehrheit eingestufte Zweidrittelmehrheit ja sogar höhere Anforderungen an einen Entscheidungserfolg knüpft.

[190] s. hierzu auch *Hüller,* Herrschaft (Fn. 99), S. 823 ff., 829 f.

[191] Die Problematik tritt insbesondere in direktdemokratischen Verfahren auf, wenn auf absolute Zahlen zurückgegriffen wird, die sich durch Bevölkerungsströme in beide Richtungen verändern können, vgl. speziell für Sachsen *W. J. Patzelt*, Direkte Demokratie in Sachsen, in: Kost, Demokratie (Fn. 85), S. 246 (255).

[192] *Hüller*, Herrschaft (Fn. 99), S. 829.

[193] *Horn*, Mehrheit (Fn. 61), S. 406 f.

damit keine Mehrheitserfordernisse im engeren Sinn, letztere bleiben mit und ohne Beteiligungsquorum der abstrakten Höhe nach gleich. Somit handelt es sich bei Beteiligungsquoren streng genommen auch nicht um Qualifizierungen der Mehrheit, sondern um Voraussetzungen der Mehrheitsgeltung[194]. Dennoch läßt die zumindest auf indirektem Wege die Anforderungen an einen Beschluß erhöhende Hürde einer Mindestbeteiligung die Einstufung als qualifiziertes Mehrheitserfordernis zu[195].

Ein Nachteil definierter Mindestpartizipation ist die relativ hohe Anfälligkeit für Boykottaufrufe von Gegnern, zu der Beteiligungsquoren geradezu einladen[196]. Im Falle eines erfolgreichen Boykotts kann allein dadurch, daß die nötige Beteiligung verfehlt wird, ein Beschluß verhindert werden: selbst und gerade wenn sie nicht über eine Mehrheit verfügen, können Gegner so mangels hinreichender Beteiligung eine Entscheidung blockieren. Vielzitiertes Paradebeispiel einer gelungenen Blockadekampagne war der Volksentscheid über die entschädigungslose Enteignung der ehemals regierenden Familien („Fürstenvermögen") vom 20. Juni 1926, der trotz ungefähr 15 Millionen Ja-Stimmen und weniger als einer Million Gegenstimmen am 50%-igen Beteiligungsquorum der Weimarer Reichsverfassung scheiterte[197]. Dies muß für die Verantwortlichen des Volksentscheids umso schmerzlicher gewesen sein, als bei diesem Ergebnis in einer Wahl die absolute Mehrheit der Reichstagsmandate erzielt worden wäre. Und dennoch ist dieses Verfahren kein Einzelfall, vielmehr gehörten Boykotttaktiken „zum kleinen politischen Einmaleins in Weimar"[198].

Andererseits macht das Fernbleiben von Abstimmungen nur dann Sinn, wenn das Beteiligungsquorum verhältnismäßig hoch angesetzt wird; liegt es indes deutlich unter hälftiger Mindestbeteiligung der Stimmberechtigten, sinkt auch das Risiko des Mißbrauchs, da dann bereits die Gruppe der Befürworter, die an der Abstimmung teilnimmt, das Quorum selbst erreichen kann. Aber auch losgelöst von der Störanfälligkeit können Beteiligungsquoren paradoxe Züge annehmen, wie das folgende Beispiel verdeutlichen soll: wird die erforderliche Mehrheit mit 56% der Abstimmenden erreicht und scheitert der Beschluß nur am Verfehlen der hälftigen Mindestbeteiligung,

---

194 Abermals *Horn*, Mehrheit (Fn. 61), S. 407 f.

195 Wie hier *C. Schultes*, Die verfassungsändernde Volksgesetzgebung in Bayern. Eine Untersuchung zur Revision der Bayerischen Verfassung durch Volksbegehren und Volksentscheid, 2006, S. 131; wohl auch *Heun*, Mehrheitsprinzip (Fn. 7), S. 127 m. Fn. 129.

196 Statt aller: BayVerfGH 52, 104 (133 f.); *Schultes*, Volksgesetzgebung (Fn. 195), S. 169 f., jeweils m. w. N.

197 Vgl. den Hinweis hierauf bei BayVerfGH 52, 104 (133 f.).

198 *O. Jung*, Grundsatzfragen der direkten Demokratie, in: Kost, Demokratie (Fn. 85), S. 312 (327 [Zitat]; 328 [Hinweis auf die Größe der Aktivbürgerschaft]).

weil lediglich 46% der Wahlberechtigten zur Abstimmung gegangen sind, so hätte es dem Entscheid genutzt und zum Erfolg verholfen, wenn sich weitere fünf Prozent beteiligt und gegen (!) die Abstimmungsfrage votiert hätten. Nunmehr wäre das Quorum mit 51% übertroffen, das Mehrheitserfordernis auf 50,5% abgesunken und der Vorschlag mit geringerer prozentualer Zustimmung angenommen worden.

Ein Vorteil des Beteiligungsquorums liegt insbesondere im Rahmen von Volksentscheiden in der Verhinderung der Majorisierung der passiven oder teilnahmslosen Mehrheit. Ist die Gruppe derjenigen, die aus welchen Gründen auch immer nicht zur Abstimmung gehen, hinreichend groß, können unter Geltung von Beteiligungsquoren aktive Minderheiten keine Gesetzesänderungen durchsetzen. Hierin kann – unabhängig davon, ob man ein solches für nötig hält – ein stabilisierendes Moment gesehen werden[199]. Inwieweit dieser Aspekt aber rechtfertigt, denjenigen, die nicht zur Wahl gehen eine inhaltlich ablehnende Haltung in der Frage des Volksentscheids zu unterstellen – diese Wirkung entfaltet ja gerade das Beteiligungsquorum –, statt sie einfach als indifferent einzustufen, ist kritisch zu hinterfragen[200]. Daß die Sicherung des status quo gerade im Bereich der Volksgesetzgebung nicht zwingend (hoher) Beteiligungsquoren bedarf, da auch eine vormals passive Mehrheit aus dem Tiefschlaf erwachen wird, wenn mehrfach interessenwidrige (aber stets korrigierbare!) Entscheidungen ergangen sind, ist demgegenüber plausibler. Zudem darf nicht aus den Augen verloren werden, daß die passive Bevölkerung weniger schutzwürdig ist, hätte sie doch die Chance der Einflußnahme nicht ungenutzt verstreichen lassen müssen.

Durch eine festgelegte Mindestpartizipation ein möglichst repräsentatives Abbild der Wählerinteressen zu generieren, scheint aufgrund der tendentiell niedrigen Beteiligung überdies unrealistisch[201]. Um die Nachteile eines Beteiligungsquorums auszugleichen, dessen Ziele zugleich aber nicht zu vernachlässigen, ist der Vorschlag einer variablen, anti-proportionalen Mindestbeteiligung gemacht worden[202]. Das brächte zwar eine praktisch kompli-

---

199 *J. Isensee*, Volksgesetzgebung – Vitalisierung oder Störung der parlamentarischen Demokratie?, in: DVBl. 2001, S. 1161 (1169).

200 Überzeugend *Berlit*, Volk (Fn. 86), S. 356; *Rux*, Demokratie (Fn. 88), S. 97 f., 249 f.

201 Vgl. *Hüller*, Herrschaft (Fn. 99), S. 824.

202 Ausführlich mit entsprechender Grafik einer anti-proportionalen Gerade mit einem vorgeschlagenen (aber flexibel anzusetzenden) Beteiligungsquorum von 60% bei hälftiger Zustimmung als Anfangspunkt und nur 20% Beteiligung bei Einstimmigkeit als Endpunkt: *Hüller*, Herrschaft (Fn. 99), S. 831 f.; ebd. S. 833 selbstkritisch hinsichtlich der höheren Komplexität im Vergleich zu einem absoluten Quorum. In diese Richtung, wenn auch nur mit einer Rückausnahme vom Zustimmungsquorum bei hoher Zustimmung der Abstimmenden, *Berlit*, Volk (Fn. 86), S. 357.

ziertere Ausgestaltung als ein starres Quorum mit sich, wäre im Ergebnis aber zielführend. Der Gedanke ist dabei, daß bei größerer Zustimmung weniger Wahlberechtigte an der Abstimmung teilnehmen müssen, während bei knappem Ausgang eine höhere Beteiligung verlangt wird.

bb) Kombination von Mehrheitserfordernis und Zustimmungsquorum

Während die Verknüpfung von Mehrheitserfordernis und Beteiligungsquorum eine hinreichende Partizipation der Wahlberechtigten gewährleisten kann, ist dies bei Zustimmungsquoren nur bedingt der Fall. Sichergestellt ist eine Mindestbeteiligung in Höhe des Zustimmungsquorums, in der Praxis dürfte sie jedoch, da kaum derart eindeutige Ergebnisse zu erwarten sind, merklich höher liegen. Dennoch ist gerade dies zu gewährleisten nicht das vorrangige Ziel von Regelungen der Mindestzustimmung. Sie vermögen vielmehr das Legitimationsniveau der getroffenen Mehrheitsentscheidung der Höhe des Quorums entsprechend mehr oder minder deutlich zu verbessern, indem sie eine unmittelbare Qualifizierung der erforderlichen Mehrheit vornehmen. Beschlüsse kommen unter Geltung eines Mehrheitserfordernisses in Kombination mit einer Mindestzustimmung nur dann zustande, wenn ersteres in der angeordneten Höhe erreicht wird und die Gruppe der Zustimmenden zugleich eine Mindestzahl der Stimmberechtigten repräsentiert[203]. Die „Stoßrichtung" der Abstimmungsvorlage auf Veränderung der Rechtslage ist dabei nicht zwingend[204]: einer Unterscheidung in Zustimmungs- und Ablehnungsquorum bedarf es mithin nicht. In aller Regel wird sich das Mehrheitserfordernis als einfache Abstimmendenmehrheit festgeschrieben finden, alternativlos ist dies indes nicht[205], kann doch auch eine Zweidrittelmehrheit der Anwesenden oder Abstimmenden verlangt werden, die zugleich eine qualifizierte Mehrheit der Stimmberechtigten umfassen muß. In letzterem Fall ist durch die Bezugsgröße der Anwesenden zugleich

---

[203] *Horn*, Mehrheit (Fn. 61), S. 406 f.

[204] A. A. *Horn*, Mehrheit (Fn. 61), S. 406 f., der von einem Zustimmungsquorum nur dann reden möchte, wenn es bei Annahme der Vorlage zur Veränderung der bestehenden Rechtslage kommt. Im umgekehrten Fall liege ein Ablehnungsquorum vor. Unabhängig davon, daß die Unterscheidung nicht weiter führt, gibt es mit Art. 60 Abs. 2 Verf. Baden-Württemberg auch in Deutschland einen Anwendungsfall eines solchen negativen Mehrheitsentscheides, anders als der genannte Verfasser es ebd., S. 407, darstellt.

[205] s. beispielsweise Art. 10 Abs. 2 S. 2 Verf. Niedersachsen: Zweidrittelmehrheit der Anwesenden, die zugleich eine absolute Mehrheit der gesetzlichen Mitgliederzahl betragen muß. – Unklar daher, warum *Schultes,* Volksgesetzgebung (Fn. 195), S. 34, stets eine einfache Abstimmendenmehrheit als Mehrheitserfordernis zugrunde legen möchte.

erreicht, daß auch die Gegner der Vorlage ein Interesse haben, bei der Entscheidung nicht zu fehlen, da ihre Präsenz die absolut zu erreichende Anzahl an Zustimmenden und damit zugleich das Legitimationsniveau erhöht. Andersherum würde Abwesenheit insbesondere der Gegner den Befürwortern zugute kommen.

Ein weiterer Vorteil definierter Mindestzustimmung liegt in der geringeren Empfindlichkeit gegenüber Boykottaufrufen, da das Fehlen von gegnerischen Stimmen keine unmittelbar negative Auswirkung auf die Gruppe der Befürworter und damit das zu überwindende Zustimmungsquorum zeitigt. Fernbleiben von Abstimmungen ist so für die Gegner in aller Regel ebenso wenig sinnvoll wie Boykottaufrufe. Letztere fördern sogar eher das Zustandekommen, da die zugrundeliegende einfache Mehrheit der Abstimmenden so kaum noch eine Hürde darstellt[206], während sich am Zustimmungsquorum nichts ändert. Mittelbare Auswirkungen sind ausschließlich durch erhöhten Sozialdruck denkbar, der daraus resultieren könnte, daß das Abstimmungsgeheimnis de facto aufgehoben wird, wenn es gelänge, die Boykottstrategie umzusetzen: der Abstimmungsteilnehmer macht sich „öffentlich ‚verdächtig', Befürworter zu sein"[207]. Davon, daß dies in Gänze gelingt, ist jedoch nicht auszugehen, so daß keine zwingenden Rückschlüsse auf ein Wählerverhalten gezogen werden könnten – noch dazu müßte eine Beobachtung der Abstimmungsorte stattfinden.

b) *Erläuternde Beispiele doppelt qualifizierter Mehrheiten*

aa) Beteiligungsquoren und qualifizierte Abstimmungsmehrheit

Kombinieren läßt sich die Mindestbeteiligung mit einer qualifizierten Abstimmungsmehrheit, zum Beispiel in Höhe von zwei Dritteln. Spielt man die Konstellation mit doppelter Zweidrittelmehrheit und einem Gremium von 180 Mitgliedern durch, hätte dies zur Folge, daß sich mindestens 120 Delegierte an der Abstimmung beteiligen müßten, von denen wiederum mindestens 80 Stimmen zur knappen Verwirklichung des doppelten Mehrheitserfordernisses vonnöten wären.

---

206 *Schultes*, Volksgesetzgebung (Fn. 195), S. 170. Vgl. auch BayVerfGH 52, 104 (133).

207 *Jung*, Grundsatzfragen (Fn. 198), S. 328, der ebd., S. 329, dieses Risiko in Deutschland für gering hält; etwas nebulöser, i. E. aber ebenso *Gruß*, Direkte Demokratie (Fn. 85), S. 280. – Das Zitat entstammt *Horn*, Mehrheit (Fn. 61), S. 409, der jedoch gerade im Rahmen von Zustimmungsquoren keine Relevanz erkennt und daher Boykottstrategien auch aus Sicht der Gegner für stets unsinnvoll erachtet.

bb) Zustimmungsquoren und qualifizierte Abstimmungsmehrheit

Gängig ist die Verknüpfung einer einfachen Abstimmungsmehrheit mit einem Zustimmungsquorum der Gesamtmitglieder, beispielsweise in Höhe der absoluten Mehrheit. Stimmen bei 90 Delegierten 46 für und 30 gegen die Vorlage (bei 14 Enthaltungen), ist die einfache Abstimmungsmehrheit deutlich erreicht. Da jedoch zugleich eine hälftige Mindestzustimmung zu erreichen war (46 Stimmen bezogen auf die Gesamtmitgliederzahl), ist der Beschluß aufgrund dieses zweiten Erfordernisses nur denkbar knapp ergangen.

Beteiligen sich an einer Abstimmung demgegenüber 92% der Berechtigten, von denen sich 53% für die vorgelegte Frage aussprechen, so ist doch ein hälftiges Zustimmungsquorum verfehlt, das sich stets auf die Gesamtzahl der Stimmberechtigten bezieht und im fiktiven Fall nur bei knapp 49% liegt[208].

c) Besonderheiten doppelt qualifizierter Mehrheiten

Weit mehr als bei (einfach) qualifizierten Mehrheiten, wo Abwesenheit, Enthaltung und Ablehnung einer qualifizierten Minderheit gleichermaßen negative Auswirkungen auf das Abstimmungsergebnis zeitigen, sind entsprechende Verhaltensweisen im Falle doppelt qualifizierter Mehrheiten für den Ausgang der Entscheidung beachtlich.

aa) Beteiligungsquoren und qualifizierte Abstimmungsmehrheit

Findet ein Mindestbeteiligungsquorum Anwendung, ist es der Höhe nach flexibel ausgestaltbar. In den Fällen, in denen eine hinreichende Teilnahme der Abstimmungsberechtigten gerade nicht sicher ist – wie häufig im Rahmen direktdemokratischer Verfahren –, kann die Mindestbeteiligungsziffer diesem Umstand entsprechend angepaßt und niedriger, beispielsweise bei hälftiger Mindestbeteiligung, angesetzt werden. Anders bei kleineren Gremien: hier kann eine Beteiligung von zwei Dritteln oder drei Vierteln der Mitglieder erwartet werden.

Bleiben im oben aufgeführten Beispiel einer Mindestbeteiligung der Hälfte der Mitglieder (bei 90 mindestens 45 Delegierte) aber 46 Abgeordnete der Abstimmung fern, scheitert sie bereits an diesem ersten Erfordernis. Verhalten sich die selben 46 Delegierten aber verschieden, nehmen also

208 Das Beispiel entstammt *Hüller*, Herrschaft (Fn. 99), S. 830.

beispielsweise fünf nicht teil, während 41 in der Abstimmung gegen die Vorlage votieren, sind beide Mehrheitserfordernisse deutlich verwirklicht: die Beteiligung läge mit 85 Delegierten über der Mindestgrenze und die Abstimmungsmehrheit (bei 41 Gegenstimmen mindestens 42) wäre mit 44 Stimmen ebenfalls erreicht. Dies zeigt, daß doppelt qualifizierte Mehrheiten aus oppositioneller Sicht eine vorherige Abstimmung des gemeinsamen Vorgehens nötig machen, um größtmöglichen Einfluß zu gewährleisten, da eine in sich zerstrittene Opposition durch unkoordiniertes Verhalten der Mehrheit in die Hände spielen könnte.

Die Qualifizierungskoeffizienten können selbstverständlich auch verschieden hoch angesetzt werden; so kann ein 50%-iges Beteiligungsquorum um eine Zweidrittelmehrheit der Abstimmenden erweitert oder eine Dreiviertelmehrheit der Abstimmenden mit einem Zustimmungsquorum von zwei Dritteln kombiniert werden. Jede Anhebung des Beteiligungsquorums führt dabei unmittelbar zu einer Erhöhung der Mindestvoraussetzungen für eine Abstimmung und, damit einhergehend, deren Legitimierung. Die Kehrseite dieser Verbreiterung der Mindestzustimmung liegt in der Vereitelung eines ertragreichen Ausgangs, indem trotz Erreichens einer Abstimmungsmehrheit das an der Anzahl der Zustimmenden ausgerichtete Quorum verfehlt werden kann.

bb) Zustimmungsquoren und qualifizierte Abstimmungsmehrheit

Auch im Rahmen von Zustimmungsquoren gilt, daß das Quorum zugleich eine untere Mindestbeteiligungsschwelle definiert. Sind weniger als zwei Drittel der Abgeordneten bei einer in dieser Höhe angesetzten Mindestzustimmung überhaupt anwesend, ist der Beschluß bereits ohne Abstimmung in der Sache gescheitert, da die Zustimmung selbst bei Einstimmigkeit unerreichbar ist. Gleiches gilt natürlich, wenn in der Sachabstimmung die qualifizierte Abstimmungsmehrheit verfehlt wird.

Während sich am ersten Beispiel verdeutlicht, welche schwerwiegenden Folgen die Kombination einer einfachen Abstimmungsmehrheit mit einem qualifizierten Zustimmungsquorum mit sich bringt – dies ist schließlich die gewünschte Konsequenz aus der Sicherstellung einer hinreichenden Legitimierung der Entscheidung –, zeigt das zweite Beispiel, daß auch Zustimmungsquoren zu paradoxen Ergebnissen führen können. In der beschriebenen Konstellation kann kaum ernsthaft von unzureichender Beteiligung und fehlender Legitimierung die Rede sein. Somit könnte in diesem Kontext ebenfalls der Vorschlag einer anti-proportionalen Ausgestaltung von Quoren helfen[209].

---

[209] s. Fn. 202.

5. Die Stimmengleichheit

Während die Anwendung der Mehrheitsregel in den allermeisten Fällen Garant für den ertragreichen Abschluß eines Entscheidungsverfahrens ist, das Mehrheitsprinzip gar für „äusserst robust" gehalten wird, „da es zwangsweise fast immer zu einem Entscheid"[210] führe, stößt es im Falle der Stimmengleichheit an seine Grenzen – es führt eben nur *fast* immer zu einem Ergebnis. Statt der Vorteile der Mehrheitsentscheidung können sich in der Pattsituation „die Nachteile dieser Entscheidungsregel [...] frei entfalten"[211].

Von Stimmengleichheit spricht man, wenn bei einer Entscheidung – sei es über Personen oder Sachfragen – mit wenigstens zwei Alternativen die zwei oder mehr Bestplazierten die gleiche Anzahl von Stimmen auf sich vereinen[212]. Einzig für den Fall, daß nur eine Wahlalternative zum Zuge kommen kann, sind weitere Verfahrensschritte zur Entscheidungsfindung erforderlich, denn: „Bei Gleichheit ist weder Mehrheit noch Minderheit möglich."[213]. Naturgemäß tritt die Problematik der Stimmengleichheit nur bei einfachen und relativen Mehrheiten auf; im Falle absoluter und qualifizierter Mehrheiten, deren Quoren bei größer 50% liegen, wären bei Stimmengleichheit die entsprechenden Zustimmungsraten rein rechnerisch verfehlt bzw. durch Quorenüberschreitung das Erzielen einer Stimmengleichheit ohnehin ausgeschlossen.

a) Abschlägige Verbescheidung des Antrags als Regelfall

Während auffällig viele Verfahrensordnungen das Auftreten von Stimmengleichheit schon im Vorfeld einer Entscheidung wenn nicht ausschließen, so doch zumindest vermeiden möchten[214] – auf der Hand liegt etwa

---

210 *S. Kraut*, Das Mehrheitsprinzip, in: Democracy in Politics and Social Life, 1997, Rn. 9.1.

211 *T. I. Schmidt*, Die Entscheidung trotz Stimmengleichheit, in: JZ 2003, S. 133 (134).

212 Insoweit zutreffend *T. I. Schmidt*, Entscheidung (Fn. 211), S. 134. Nicht überzeugend ist jedoch, daß nach Schmidt ein Merkmal der Definition von Stimmengleichheit darin bestehen soll, daß nur eine Wahlalternative zum Zuge kommen kann; dies gehört gerade nicht zur Definition, sondern beschreibt allein die Situation, in der Stimmengleichheit nicht die angestrebte Entscheidung herbeizuführen vermag. Stünden nämlich beispielsweise zwei Stellen zur Verfügung, wäre trotz des Eintritts von Stimmengleichheit das Entscheidungsverfahren erfolgreich beendet.

213 *Höpker*, Grundlagen (Fn. 7), S. 2.

214 s. ausführlich zu möglichen, aus seiner Sicht erstrebenswerten „Vermeidungsstrategien" *T. I. Schmidt*, Entscheidung (Fn. 211), S. 134 f.; denkbar sind: ungerade

ein mit einer ungeraden Anzahl an Mitgliedern besetztes Gremium[215] –, interessiert hier eher die Frage, wie nun mit der vielfach unerwünschten Ausnahmesituation der Stimmengleichheit umzugehen ist. Sie kann unterschiedlich beantwortet werden: Zunächst ist zu konstatieren, daß in diesem Fall im engeren Wortsinn keine Mehrheit zustande gekommen ist. Es liegt daher nahe, den Antrag als abgelehnt bzw. die gestellte Frage als verneint anzusehen[216] und den Entscheidungsfindungsprozeß mit der Feststellung von Stimmengleichheit somit für abgeschlossen zu erklären. Die abschlägige Verbescheidung erscheint in diesem Kontext gemeinhin zwar folgerichtig und plausibel, dennoch darf die Relevanz der Antragsformulierung für den Abstimmungsausgang nicht von der Hand gewiesen werden, obschon dieses Problem in der Praxis weniger bedeutsam ist als zuweilen in der Literatur beschrieben[217].

b) Erfolg des Antrags als Ausnahmefall

Äußerst rar sind die gesetzlich vorgesehenen Fälle, in denen die zu entscheidende Frage bei Stimmengleichheit positiv verbeschieden wird. Be-

---

Stimmenanzahl, Vergrößerung des Entscheidungsgremiums und dadurch rechnerisch sinkende Wahrscheinlichkeit einer Stimmengleichheit sowie Erhöhung des Mehrheitserfordernisses auf die absolute Mehrheit oder darüber. Für eine Vergrößerung des Entscheidungsgremiums auf eine ungerade Mitgliederzahl sprechen sich auch aus *F. Pukelsheim/S. Maier*, Parlamentsvergrößerung als Problemlösung für Überhangmandate, Pattsituationen und Mehrheitsklauseln, in: ZParl. 39 (2008), S. 312 (316 f.).

[215] Das Bundesland Hamburg hat aus der Befürchtung eines vermehrten Eintritts von Pattsituationen die Mitgliederzahl der Bürgerschaft von den verfassungstextlich vorgegebenen mindestens 120 im angegliederten Wahlgesetz auf 121 erhöht: vgl. *K. David*, Verfassung der Freien und Hansestadt Hamburg, 2. Aufl. 2004, Art. 6 Rn. 39.

[216] Allgemein *Thiele*, Entscheidungsfindung (Fn. 126), S. 340; *T. I. Schmidt*, Entscheidung (Fn. 211), S. 135; speziell auf Art. 42 Abs. 2 GG bezogen *Morlok* (Fn. 70), Art. 42 Rn. 34 m.w.N.

[217] Vgl. *H. Brox*, Rechtsprobleme der Abstimmung beim Bundesverfassungsgericht, in: T. Ritterspach/W. Geiger (Hrsg.), Festschrift für Gebhard Müller, 1970, S. 1 (15 f.); widersprüchlich (im Text „Schwierigkeiten“ erkennend, in der Fußnote Brox aber entkräftend) *T. I. Schmidt*, Entscheidung (Fn. 211), S. 135 f.; das Entkräftungsargument Schmidts greift insoweit nicht, als ein abstraktes Normenkontrollverfahren nach § 76 BVerfGG sowohl auf die Gültigkeit als auch die Ungültigkeit einer Norm gerichtet sein kann, vgl. *K. Schlaich/S. Korioth*, Das Bundesverfassungsgericht. Stellung, Verfahren, Entscheidungen, 8. Aufl. 2010, Rn. 123, 130, 133. s. auch *Rothaug*, Leitungskompetenz (Fn. 62), S. 139 f., der vor dem beschriebenen Hintergrund und auf das Abstimmungsverfahren im Bundestag bezogen die Rolle des Bundestagspräsidenten herausstellt, der eine wie auch immer geartete Beeinflussung des Ergebnisses verhindern müsse.

fremdlich wirkt diese vorgegebene Folge, weil entgegen den dargelegten Grundsätzen ein Ergebnis zustande kommt, das sich keiner Mehrheit im Entscheidungsgremium gewahr sein kann. Betrachtet man allerdings die betreffenden Konstellationen, wird augenscheinlich, daß die Annahme des Antrags allein prospektiven Aspekten geschuldet ist: Art. 153 Nr. 2 GO-EuParl sieht sie für die Abstimmung über die Tagesordnung oder das Protokoll vor und möchte so – insbesondere im ersteren Fall – dem abstimmenden Gremium eine konstruktive Weiterarbeit ermöglichen. Vor diesem Hintergrund wird eine derartige Regelung für hinnehmbar gehalten, für Sachentscheidungen allerdings abgelehnt[218]. Dennoch findet sich in Art. 153 Nr. 2 GO-EuParl in einer eng umschriebenen Konstellation auch die der Annahme eines Textes als inhaltliche Entscheidung[219].

c) Alternative: Verlagerung der Entscheidung auf ein Folgeverfahren

Akzeptiert man die für das Abstimmungsergebnis typischerweise negative Folge einer Pattsituation nicht, können gesetzlich weitere Möglichkeiten zur Entscheidungsfindung angeordnet werden. Eine Entscheidung im Rahmen dieses ersten Abstimmungsverfahrens wird so zunächst vermieden und bleibt einem nachgelagerten Verfahren vorbehalten[220]; diese Verlagerung eröffnet von Neuem die Möglichkeit eines positiven Ausgangs des Entscheidungsprozesses. Im Anschlußverfahren ist zunächst die Anordnung der Stimmführerschaft eines Vorsitzenden, dessen Stimme ohne weitere Abstimmungshandlungen den Ausschlag gibt, denkbar (aa)). In diesen Kontext gehören auch Stichentscheid und Stimmrechtsentfall. Nicht weit entfernt von einer derartigen Auflösungsmethode liegt die Anordnung des Wahlerfolgs des älteren Kandidaten (bb)). Des weiteren ist die erneute Durchführung des Ausgangswahlakts (cc)) möglich und zuletzt bleibt noch „die Kunst, das Los zu werfen“[221] (dd)).

---

[218] *T. I. Schmidt*, Entscheidung (Fn. 211), S. 136.

[219] Die genannte Konstellation betrifft Texte, die aufgrund verschiedener Regelungsmaterien auf Antrag nach Art. 157 Nr. 1 GO-EuParl in mehrere Abstimmungsgegenstände aufgespalten werden. Tritt bei der Einzelabstimmung eine Pattsituation auf, soll dies dem (Gesamt-)Text nicht zum Nachteil gereichen, Art. 153 Nr. 2 a. E. GO-EuParl. Dem liegt erneut der Gedanke der Vorwärtsgewandtheit zugrunde, da dem gesamten Text zum Inkrafttreten verholfen wird.

[220] Vgl. *T. I. Schmidt*, Entscheidung (Fn. 211), S. 135.

[221] So der gleichnamige Titel des Aufsatzes von *R. Zuck*, in: NJW 1997, S. 297 ff.

aa) Stichentscheid und Stimmführerschaft versus Stimmrechtsentfall

Die Stimmführerschaft des Vorsitzenden[222], Alterspräsidenten oder einer ähnlichen, sich von den übrigen Mitgliedern des Gremiums aufgrund Alters, Dauer der Organzugehörigkeit oder anders abgeleiteter Anciennität abhebenden Person ist theoretisch in zwei Ausgestaltungsvarianten – mit oder ohne die Stimmabgabe des Vorsitzenden in der eigentlichen Abstimmung – denkbar[223]. Zunächst kann auf jegliche weitere Abstimmung verzichtet und der Stimme des Vorsitzenden nach Feststellung der Pattsituation – bis zu der allen Stimmen, inklusive der nun hervorgehobenen, der gleiche Stimmwert zugebilligt wurde – ein höheres Gewicht verliehen werden. Alternativ wäre dem Vorsitzenden eine „ganze" zusätzliche Stimme zu erteilen[224]. In beiden Fällen spricht man von einem Stichentscheid durch den Vorsitzenden[225]. Unverkennbar geht damit einher, daß „eine Stimme, welche aus einer Gleichheit eine Mehrheit zu bilden vermag, [...] nicht nur materiell mehr an Gewicht" hat, sondern „auch formell einer Doppelstimme" gleichkommt[226]. Die Stimmenzählung wird also im Falle von Stimmengleichheit durch ein kleines Moment der Stimmenwägung ergänzt.

Im deutschen Staats- und Verwaltungsrecht hingegen nicht anzutreffen ist das Vorgehen, den Stimmführer erst nach erfolgter Erstabstimmung und Auftreten der Stimmengleichheit überhaupt in Erscheinung treten zu lassen. Im Rahmen der Ausgangsabstimmung noch völlig unbeteiligt, wird ihm nun die Rolle des buchstäblichen Züngleins an der Waage zuteil: er entscheidet, ob der Antrag angenommen oder abgelehnt wird[227].

---

222 Aus dem Kirchenrecht – außerhalb von Wahlen – Can. 119 § 2 CIC 1983: „[...] wenn jedoch nach zwei Abstimmungen Stimmengleichheit besteht, kann der Vorsitzende mit seiner Stimme den Ausschlag geben". Vgl. zu kirchenrechtlichen Regelungen von Wahlen Fn. 229.

223 *C. Starck*, Die Begründung mit Stimmengleichheit erlassener Entscheidungen des Bundesverfassungsgerichts, in: W. Fiedler/G. Ress (Hrsg.), Verfassungsrecht und Völkerrecht, 1989, S. 789 (799).

224 So beispielsweise § 31 Verfassungsgerichtshofsgesetz Österreich: „Die Beschlüsse werden mit unbedingter Stimmenmehrheit gefaßt. Der Vorsitzende stimmt nicht mit. Hat aber von mehreren Meinungen wenigstens eine die Hälfte aller Stimmen auf sich vereinigt, ist auch der Vorsitzende verpflichtet, seine Stimme abzugeben. Tritt er in diesem Fall einer Meinung bei, die die Hälfte der Stimmen auf sich vereinigt hat, ist sie zum Beschluß erhoben."; vgl. auch *Weber*, Beschlußfassung (Fn. 19), S. 26 f.

225 *Thiele*, Entscheidungsfindung (Fn. 126), S. 342 f.

226 *Weber*, Beschlußfassung (Fn. 19), S. 26 f.

227 Entsprechende Regelungen finden sich vielfach in ausländischen, zumeist englischsprachigen Verfassungsurkunden, so beispielsweise in England, den USA, Australien, aber auch der Schweiz: s. hierzu *Thiele*, Entscheidungsfindung (Fn. 126),

Ebensowenig findet sich im nationalen Recht der Anwendungsfall, anstelle der Heraushebung des Vorsitzenden gewissermaßen auf der „anderen Seite“ des Gremiums dem „schwächsten“ Glied das Stimmrecht zu nehmen. Eine derartige Selektion wird zumeist anhand der Dauer der Zugehörigkeit zu der abstimmenden Körperschaft bestimmt, wobei alternativ oder in Zweifelsfällen zusätzlich auch das tatsächliche Lebensalter herangezogen wird. Die Entbehrlichkeit der Stimme des Dienstjüngsten wird hierbei aus seiner im Vergleich zu den übrigen Delegierten geringeren fachlichen Erfahrung abgeleitet[228].

bb) Wahlerfolg des älteren Kandidaten

Die Vermutung höherer Qualifikation aufgrund längerer Lebenserfahrung ist es auch, die es rechtfertigen soll, im Falle von Stimmengleichheit dem älteren Bewerber den Vorzug zu geben. Sie ist neben Anwendungsfällen im Kirchenrecht[229] auch in der Geschäftsordnung des Europäischen Parlaments u.a. bei der Wahl seines Präsidenten (Art. 13 Nr. 1 a.E.) und der Ausschußvorsitzenden (Art. 182 Nr. 2 a.E.)[230] gängig. Augenfällig ist, daß sich diese Auflösungsmöglichkeit einer Pattsituation nur bei Wahlen, also Personenentscheidungen ergibt; bei Abstimmungen (über Sachfragen) kommt sie nicht in Betracht.

S. 343. – Einen Mittelweg geht Österreich mit § 31 VerfGHG (Text s. Fn. 224): Hier tritt der Präsident erst dann mit einer Stimmabgabe in Erscheinung, wenn zumindest eine „Meinung“ 50% der Stimmen erzielt. Er ist es auch, der im Falle einer Pattsituation durch seine Stimme die Entscheidung herbeiführt.

[228] Vgl. hierzu umfassend *T. I. Schmidt*, Entscheidung (Fn. 211), S. 137; daß eine Korrelation zwischen zeitlicher Zugehörigkeit zu einem Gremium und Diensterfahrung gezogen wird, vermag noch zu überzeugen. Daß diese jedoch konkludent mit fachlicher Qualifikation einhergehen soll, scheint zumindest angreifbar. Vermutlich aus diesem Grund hat sich der Wegfall einer Stimme nicht bewährt und dementsprechend ein solches Entscheidungsprinzip auch nicht aufrecht erhalten lassen.

[229] Can. 119 § 1 CIC 1983 geht hier sogar zweistufig vor: „[...] nach zwei erfolglosen Wahlgängen findet eine Stichwahl statt zwischen den beiden Kandidaten, die den größeren Stimmenanteil erhalten haben, oder, wenn es mehrere sind, zwischen den beiden, die dem Lebensalter nach die älteren sind; wenn es nach dem dritten Wahlgang bei Stimmengleichheit bleibt, gilt der als gewählt, der dem Lebensalter nach der ältere ist“. – In Art. 27 der französischen Verfassung von 1793 wurde der Vorrang des Älteren bei Stimmengleichheit mit dem Losentscheid im Falle gleichen Alters kombiniert.

[230] Weitere Fälle bilden die Wahl der Vizepräsidenten (Art. 14 Nr. 1 a.E. GO-EuParl) und des Bürgerbeauftragten (Art. 195 Nr. 5 a.E. GO-EuParl).

cc) Wiederholung des Ausgangswahlakts

Die Wiederholung des Ausgangswahlakts ist nur unter zwei Prämissen sinnvoll: zunächst, wenn angesichts des Ausgangs der Abstimmung zu erwarten ist, daß die Stimmverteilung bei erneuter Durchführung ein abweichendes Ergebnis hervorbringt. Gründe hierfür können in dem unerwarteten Resultat der Erstabstimmung liegen, das bei dem einen oder anderen Entscheidungsträger zu einem Umdenken oder dem Ablegen eines bewußten Protestwahlverhaltens aus dem ersten Wahlgang führt. Spielten diese beiden Aspekte ursprünglich keine Rolle, ist ein weiterer Wahlgang höchstens mit einem gewissen zeitlichen Abstand sinnvoll – der zur inhaltlichen Diskussion und Umstimmung von Stimmberechtigten genutzt werden kann – bzw. wenn sich die Zusammensetzung des Gremiums zwischenzeitlich geändert hat. Freilich ist hier zu bedenken, daß die „Überläufer-Prozesse“ in beide Richtungen ablaufen und sich im Ergebnis sogar ausgleichen können[231]. Erst wenn auch ein zweiter Wahlgang – teils ist vor der Abstimmung eine erneute Beratung vorgesehen – wiederum zu einer Pattsituation führt, sind weitere Wiederholungswahlgänge oftmals gesetzlich ausgeschlossen und der Antrag gilt als endgültig abgelehnt[232]; ein entsprechender Grundsatz der Rechtmäßigkeit nur einmaliger Wiederholung existiert indes nicht[233]. Es ist aber evident, daß schon vor dem Hintergrund einer Lähmung des Kollegialorgans nicht unendlich viele Wahlgänge angesetzt werden sollten, bis – vielleicht allein zur Beendigung unbefriedigender Zustände – auch nur ein Delegierter nachgibt. Insofern ist es nicht unzweckmäßig, den Antrag in einer entsprechenden (Wiederholungs-)Konstellation als endgültig abgelehnt anzusehen[234].

dd) Losentscheid

Zumindest auf den ersten Blick ist dem deutschen Recht die Entscheidungsherbeiführung mit Hilfe des Loses fremd[235], sie ist gleichermaßen bei

---

231 *T. I. Schmidt*, Entscheidung (Fn. 211), S. 135.

232 Übereinstimmende Regelungen enthalten beispielsweise Art. 67 S. 2 der Verfassung Griechenlands und, aus dem deutschen Verwaltungsrecht, § 64 Abs. 2 S. 2 Hs. 2 SGB IV. Dem deutschen Verfassungsrecht ist eine entsprechende Regelung fremd.

233 So aber wenig überzeugend und ohne jegliche Begründung *Thiele* (Entscheidungsfindung [Fn. 126], S. 345, die mäandernd noch in demselben Absatz – ebenfalls ohne Erklärung – eine „Wiederholung der Abstimmung [...] bei mehrfacher Stimmengleichheit“ empfiehlt).

234 *Thiele*, Entscheidungsfindung (Fn. 126), S. 345.

235 Anderes gilt beispielsweise für Japan, in dessen Abstimmungskultur das Losverfahren weit verbreitet ist: *Hildebrand*, Und wenn nein (Fn. 10), S. 32.

Politiktheoretikern wie Philosophen, aber auch in der juristischen Disziplin geradezu verpönt[236].

Das Losen selbst ist zu verstehen als ein „neutraler, treffsicherer und verfahrensautonomer Zufallsmechanismus“[237] zur Herbeiführung eines Resultats. Ernsthaft kann ein derartiger Zufallsentscheid nur für Konstellationen in Betracht kommen, in denen das Mehrheitsprinzip systembedingt an seine Grenzen stößt, namentlich also Situationen der Stimmengleichheit zwischen zwei oder mehr Varianten[238]. Anstelle von mehrheitlich getroffenen Sach- oder Personalentscheidungen kann das Losverfahren trotz einiger handfester Argumente der Befürworter[239] und eines gewissen Charmes der Einfach- und Klarheit – ohne den Anspruch der „Offenbarung eines göttlichen Willens“[240] – nach heutiger Auffassung nicht zur Anwendung kommen[241].

In diesem Kontext wird eine einfache Mehrheit in Abstimmungen des Bundestages nach Art. 42 Abs. 2 S. 1 GG gemeinhin als nicht zustande gekommen angesehen, wenn genauso viele Abgeordnete für wie gegen den Gesetzesvorschlag stimmen. Doch auch dieser Ausgang wird nicht überall für zwingend gehalten; so wird bspw. in Schweden in entsprechenden Konstellationen das Los herangezogen und zwar mit der Begründung, daß eine ablehnende Entscheidung die Gegner zu Unrecht bevorzugen würde, da auch diese schließlich nicht in der Mehrzahl waren[242].

---

236 *Buchstein*, Bausteine (Fn. 48), S. 327 m. w. N., konzentriert sich auf die ersten beiden Personengruppen, die den Losentscheid als „Armutszeugnis“ und „Verdammungsurteil“ zugleich ansehen; selbiges gilt ausweislich der gesichteten juristischen Literatur auch für die Vertreter dieser Disziplin, s. beispielsweise *Versteyl* (Fn. 123), Art. 42 Rn. 26.

237 So *Buchstein*, Bausteine (Fn. 48), S. 331.

238 A. A. *Buchstein*, Bausteine (Fn. 48), S. 343 ff., 346 f., der die Möglichkeit beispielsweise für die Gremienbesetzung heranziehen will und hierfür aus einer Gruppe die Mitglieder auslost. Ebd., S. 331, auch das Zitat.

239 Genannt seien exemplarisch die absolute Egalität, die Gerechtigkeit, die Nachvollziehbarkeit der Entscheidung und der Schutz vor Korruption

240 *P. Vogt*, Das wäre Ihr Amt gewesen, in: Süddeutsche Zeitung Nr. 133 v. 14.6.2010, S. 14, über die Nutzung des Loses im alten Griechenland.

241 Für die Nutzung des Loses auch bei Sachentscheidungen spricht sich aus *Buchstein*, Bausteine (Fn. 48), S. 329 ff., 343 ff., 346 f. – Kritisch *Vogt*, Amt (Fn. 240), S. 14.

242 In den 70er Jahren wurden im schwedischen Parlament sogar Sachfragen im Falle von Stimmengleichheit durch das Los entschieden; die Rede war daher vom „Lotterie-Reichstag“, vgl. *O. Depenheuer*, Zufall als Rechtsprinzip?, in: JZ 1993, S. 171 (174 m. Fn. 38). Zu den Anwendungsfällen in der Geschichte von Athen bis zu ihrem Verschwinden im 19. Jahrhundert s. ausführlich *H. Buchstein*, Demokratie und Lotterie, 2009, S. 17 ff., 61 ff., 110 ff., 191 ff.; Hinweise auf Schweden auf S. 400 f. – Für eine Erweiterung des bisherigen Anwendungsbereichs auch und gerade auf Sachentscheidungen spricht sich aus *Buchstein*, Bausteine (Fn. 48), S. 329 ff., 343 ff.,

Unter der Bedingung, daß das Losverfahren frei von jeglicher Manipulation abläuft und die Ergebniswahrscheinlichkeit für jede der beiden Alternativen strikt egalitär ist, kann es im Ausnahmefall der Auflösung einer Pattsituation trotzdem als adäquates Mittel zur Entscheidungsfindung dienen[243]. Hierbei wird zur Durchführung des Losverfahrens entweder auf einen Amtsvorgänger, den Wahlvorsteher oder eine sich sonst aus der Gruppe der Wahlberechtigten heraushebende Persönlichkeit abgestellt[244]. Die Kritiker, denen vor allem die Manipulationsgefahr und die generelle Unerwünschtheit von Zufallsentscheidungen in Entscheidungsverfahren vor Augen stehen und die das Losverfahren deswegen für „eine törichte Methode" halten[245], betonen zu wenig die uneingeschränkte Fähigkeit des Losentscheids zur Auflösung einer das Mehrheitsprinzip gewissermaßen „überfordernden" Situation – welcher andere Ausweg sollte denn alternativ beschritten werden? Daß die Auslosung „zum Ausschluß der Verlierer" führt, kann ihr nur schwerlich vorgehalten werden[246]; auch ist nicht der Losentscheid der

346 f., der ebd. S. 331 f. eine ganze Reihe von Vorteilen wie beispielsweise die strikte Egalität, aber auch die Entlastung von Entscheidungsträgern ausmacht.

243 So wie hier BayVGH, NJW 1991, S. 2306 sowie BayVGH, BayVBl. 1991, S. 630 f.; *W. Berg*, Die Verwaltung des Mangels, in: Der Staat 15 (1976), S. 1 (22 f.); *Zuck*, Sekundärtugenden (Fn. 221), S. 298 f.; *T. I. Schmidt*, Entscheidung (Fn. 211), S. 137; *Weber*, Beschlußfassung (Fn. 19), S. 110; *Magiera* (Fn. 119), Art. 42 Rn. 15; *Schreiber*, Bundeswahlgesetz (Fn. 40), § 5 Rn. 3; vgl. auch BVerfGE 84, 9 (24 – Zulosung der Reihenfolge bei Doppelnamen); differenzierend, das Verfahren unter diesen Bedingungen aber billigend, *Depenheuer*, Zufall (Fn. 242), S. 172 ff., der darüber hinaus beklagt, die Problematik werde vielfach „mit eisigem Schweigen übergangen" (ebd., S. 172). – Die hier vertretene Anerkennung des Losentscheids zur Auflösung von Pattsituationen läßt sich nicht vorbehaltlos auf alle möglichen Anwendungsbereiche übertragen. So ist bereits die Güterverteilung vermittels Losentscheids problematischer, während Gerechtigkeitsaspekte das Losverfahren u. U. gänzlich ausschließen, da ein jeder gewisse Rechtsansprüche hat, die gerade nicht dem Zufall unterliegen dürfen.; s. hierzu mit weiterführenden Hinweisen *Depenheuer*, Zufall (Fn. 242), S. 172 ff.

244 Amtsvorgänger bei der Wahl des Bundestagspräsidenten: § 2 Abs. 2 S. 4 GO-BT; Bürgermeister bei der Wahl seiner Stellvertreter: § 67 Abs. 2 S. 4 Hs. 2 GO Nordrhein-Westfalen.

245 Knapp aber dezidiert ablehnend: *H. Kelsen*, Die Illusion der Gerechtigkeit, hrsgg. v. K. Ringhofer u. R. Walter, 1985, S. 347 (Zitat) sowie *Benda*, Konsens (Fn. 8), S. 62, unter Betonung des Zufälligkeitscharakters: „Zufälligkeitsentscheidungen, etwa aufgrund eines Losverfahrens, scheiden erst recht [zur Entscheidungsfindung, N.M.] aus". Für ein im Vergleich zur Mehrheitsentscheidung „noch schlechteres Extrem" hält den Losentscheid *Stern*, Staatsrecht I (Fn. 18), S. 611; auf den Losentscheid im damaligen Wehrpflichtrecht bezogen und ihn wegen Verstoßes gegen Wehrgerechtigkeitsaspekte ablehnend *G. Dürig*, in: Maunz/Dürig, GG (Fn. 18), Art. 3 (1973), Rn. 231a. – A.A. *Zuck*, Sekundärtugenden (Fn. 221), S. 298, der der Manipulationsgefahr durch eine „Los-Ordnung" begegnen will.

246 *Berg*, Verwaltung (Fn. 243), S. 22, dort insbesondere aus dem Blickwinkel der Verteilungsgerechtigkeit.

Grund für eine Kapitulation beider Willen[247], sondern es kapitulierte zuvor das Mehrheitsprinzip angesichts der Stimmengleichheit. Der Manipulationsgefahr ist selbstverständlich durch hinreichende Transparenz und wirksame Kontrolle zu begegnen, weshalb in der Praxis nicht alle Ausgestaltungsformen zugelassen werden: während das Streichholzziehen wie auch das Würfeln wegen zu großer Undurchsichtigkeit ausgeschlossen sind, bleiben Zettel in Briefumschlägen oder in (bei Bürgermeisterstichentscheiden regelmäßig genutzten) „Überraschungseier"-Plastikschalen und der klassische Münzwurf zulässig – letzteres jedenfalls dann, wenn „die Münze genügend hochgeworfen wurde und durch ihr Auftreffen auf einer harten Unterlage in mehrfache Umdrehung versetzt worden ist"[248]. Manipulationsrisiken bedrohen daher den Losentscheid nicht weniger, aber, und das ist das Entscheidende, auch nicht mehr als andere Entscheidungsverfahren.

Aus dem Blickfeld darf zuletzt auch nicht geraten, daß bereits die Drohung mit dem Los in sich abzeichnenden Konstellationen zu einer erhöhten Kompromißbereitschaft führt, weil es beiden Seiten unerwünscht erscheint[249]. Der Zufall als ein „Fremdkörper"[250] im demokratischen System – außerhalb politischer Entscheidungen hat er sich schließlich zu einem sehr beliebten Mechanismus entwickelt[251] – bietet keinesfalls einen Ersatz, sondern nur im Ausnahmefall des Scheiterns der Mehrheitsregel und Fehlens anderer sachbezogener Entscheidungskriterien eine Möglichkeit der Auflösung dieser „prekären Lage"[252]. Als ultima ratio – und damit aus Gründen der und nicht wider die Vernunft – bringt das Los eben keine Entscheidung zwischen zwei Ungewollten, „kein[en] Ausdruck von Resignation", sondern vielmehr zwischen zwei als gleichwertig empfundenen Alternativen, belegt dadurch, daß beide nur denkbar knapp die Mehrheit verfehlt

[247] *Höpker*, Grundlagen (Fn. 7), S. 175.

[248] BVerwGE 88, 183 (188 ff.): Ausschluß des Streichholzziehens; OVG Nordrhein-Westfalen, Beschluß v. 06.07.1987, Az.: CB 30/85: Unzulässigkeit des Würfelns; BayVGH, NJW 1991, S. 2306 (Zitat: S. 2306, Leitsatz): Zulässigkeit des Münzwurfs unter o. g. Bedingungen. Vgl. *Buchstein*, Demokratie (Fn. 242), S. 399, zur Nutzung der „Überraschungseier"-Hüllen.

[249] *Buchstein*, Demokratie (Fn. 242), S. 401 ff. m. w. N.

[250] So *T. I. Schmidt*, Entscheidung (Fn. 211), S. 137.

[251] Die Beispiele sind insbesondere im gesellschaftlichen Leben mannigfach: von der klassischen Lotterie, über die shuffle-Funktion an Musikwiedergabegeräten, Stichproben bei Dopingtests und Steuererklärungen, bis hin zur Samenspende bei Frauen mit Kinderwunsch. Diese und andere Anwendungsfälle finden sich bei *Buchstein*, Bausteine (Fn. 48), S. 329.

[252] „Armutszeugnis", „ultima ratio" und „praktikable Alternative" zugleich: *Zuck*, Sekundärtugenden (Fn. 221), S. 298 f.; s. auch *Berg*, Verwaltung (Fn. 243), S. 22. Das Zitat im Text findet sich bei *Depenheuer*, Zufall (Fn. 242), S. 176, stammt aber ursprünglich von Hermann Lübbe.

haben[253]. Im übrigen ist der Losentscheid weltweit in fast allen Parlamenten vorgesehen, kann also schwerlich als völliger Fremdkörper bewertet werden[254]. Allerdings werden die Kritiker in durch Los getroffenen Entscheidungen stets eher Willkürentscheidungen sehen[255] und die zur Rechtfertigung des Mehrheitsprinzips herangezogenen Begründungen[256] wie das Freiheitsargument[257] für nicht gewahrt ansehen. Tatsächlich müssen im Falle von Stimmengleichheit genauso viele Menschen in Übereinstimmung mit ihrem wie gegen ihren Willen leben. Im Vergleich zu anderen Auflösungsmöglichkeiten wie bspw. dem Stichentscheid und dessen immanenten Konflikten mit Art. 3 Abs. 1 GG wirken die genannten Kritikpunkte allerdings mehr als vernachlässigbar. Einer der Hauptrechtfertigungsansätze des Mehrheitsprinzips, die Revisibilität der Entscheidung, ist doch gerade bei knappen Entscheidungen viel wahrscheinlicher, als in mit überragender Mehrheit ergangenen[258].

6. Einstimmigkeitsentscheidungen

Ob man nun das Mehrheitsprinzip als aus dem Einstimmigkeitsprinzip entwickelt ansieht[259], die Mehrheitsentscheidung als „Surrogat der selten er-

---

[253] Dies wird oft verkannt, wenn zwar die prinzipielle Revisibilität angesprochen wird, aufgrund der ausgeglichenen Stimmenverteilung aber deren hohe tatsächliche Wahrscheinlichkeit unerwähnt bleibt; vgl. *Buchstein*, Bausteine (Fn. 48), S. 348 (Zitat); *T. I. Schmidt*, Entscheidung (Fn. 211), S. 137.

[254] Zu Beispielen außerhalb der Bundesrepublik siehe nur *B. E. Rasch*, Parliamentary Voting Procedures, in: H. Döhring (Hrsg.), Parliaments and Majority Rule in Western Europe, 1995, S. 488 ff., insb. S. 500. Anwendungsfälle jenseits des öffentlichen Rechts nennt *Depenheuer*, Zufall (Fn. 242), S. 173; zur weltweiten Verbreitung im Parlamentsbereich: *Buchstein*, Bausteine (Fn. 48), S. 331.

[255] *Benda*, Konsens (Fn. 8), S. 62; *Weber*, Beschlußfassung (Fn. 19), S. 27, spricht zusätzlich die aus seiner Sicht abzulehnende Möglichkeit an, durch „eine Stelle außerhalb der Volksvertretung (zum Beispiel Bundesregierung)" eine Entscheidung herbeizuführen, legt jedoch nicht dar, ob dieses Verfahren irgendwo in Beschlußkörpern Anwendung findet oder zumindest erwogen wurde.

[256] Die verschiedenen Ansätze sind dargestellt bei *Dreier* (Fn. 17), Art. 20 (Demokratie), Rn. 74 ff., 78 f. m.w.N. – s. auch die Darstellungen bei *Zippelius*, Rechtfertigung (Fn. 7); *Heun*, Mehrheitsprinzip (Fn. 7), S. 79 ff. und *Bobbio*, Mehrheitsregel (Fn. 6), S. 110 ff.

[257] Möglichst viele Menschen sollen frei sein, das heißt nicht „mit ihrem Willen in Widerspruch zu dem allgemeinen Willen der sozialen Ordnung" geraten; so gelinge die „relativ größte Annäherung an die Idee der Freiheit": so *Kelsen*, Wesen (Fn. 58), S. 9 f., 55. – Kritisch *Bobbio*, Mehrheitsregel (Fn. 6), S. 114: „Der Mehrheitsregel dennoch die Fähigkeit zur Maximierung von Freiheit zuzuschreiben heißt ihr eine Kraft zuschreiben, die ihr nicht zukommt."

[258] A. A. *T. I. Schmidt*, Entscheidung (Fn. 211), S. 134.

[259] *Lambrecht*, Stimmenthaltung (Fn. 70), S. 48, unter Hinweis auf die geschichtliche Entwicklung und m.w.N. hierzu. Ausführlich zum Einstimmigkeitsprinzip be-

zielbaren Einstimmigkeit"[260] bezeichnet oder sie mit der „Ablehnung der Einhelligkeit"[261] begründet – es wird gleichermaßen deutlich, daß das Mehrheitsprinzip einen alternativen Modus bereitstellt, „eine Sachentscheidung gegebenenfalls auch ohne Einigung"[262] zu ermöglichen. Natürlich stellen Einstimmigkeitsentscheidungen auf den ersten Blick „die allein angemessene Entscheidungsform zwischen Gleichen und Freien"[263] dar, da auf diese Weise keinem der Wille der Mehrheit aufgezwungen wird. Alle sind an der Entscheidung beteiligt, alle tragen sie mit. Dennoch scheinen auch Einstimmigkeitsentscheidungen nicht unbedenklich: „Wenn das Mehrheitsprinzip die Gefahr einer *Diktatur der Mehrheit über die Minderheit* in sich birgt, dann das Konsens- bzw. Dissensprinzip die Gefahr der *Diktatur der Minderheit über die Mehrheit*"[264]. Obschon dieser Ausspruch einen Patt der Vor- und Nachteile beider Entscheidungsformen suggeriert, sind konsensuale Entscheidungen den größeren Körperschaften in Demokratien, insbesondere den Legislativorganen, grundsätzlich fremd, während das Prinzip

---

reits *Simmel*, Exkurs (Fn. 28), S. 39 ff. – Unabhängig davon, ob man eine Entwicklungslinie nachzeichnen möchte, wurde schon im alten Griechenland ausführlich über den Konsens nachgedacht (*Cicero*, Tusculanae disputationes, Buch I, § 35: „Die Übereinstimmung aller ist die Stimme der Natur. An das, was alle denken, müsse man sich anschließen."; praktisch blieb es bei einem gedanklichen Erörtern des Konsenses, vgl. *Hattenhauer*, Geschichte [Fn. 23], S. 1 f.). Die Einstimmigkeitsentscheidung fand nach entsprechender Anwendung in den Urgemeinden auch Einzug ins Kirchenrecht: „Quod omnes tangit, ab omnibus debet approbari" heißt es im Liber Sextus (Liber Sextus 5, 12, 29 [dt.: Was alle berührt, muß von allen gebilligt werden]), was in der frühen Auslegung weniger der heute so verstandenen gemeinsamen Entscheidungsfindung als einer Herstellung von Einmütigkeit durch die Befragung Gottes und das Fehlen von weltlichem Protest entsprach (hierzu, dem Folgenden und zu weiteren Konstellationen der Verwendung des Kirchenkonsenses *Hattenhauer*, Geschichte [Fn. 23], S. 2 ff.; zur Anwendung des Mehrheitsprinzips im Kirchenrecht siehe auch *Heun*, Mehrheitsprinzip [Fn. 7], S. 49 ff.). Es dauerte noch lange, bis die Kirche von der Entscheidungsfindung mittels Einstimmigkeit zu Mehrheitsentscheidungen überging; bereits die Existenz eines (umständlichen) Verfahrens zum Ausgleich fehlender Einstimmigkeit mit Hilfe der verständigeren Entscheidungsgruppe der „sanior pars" zeigte jedoch die (Einigungs-)Probleme, die das Festhalten am Konsens mit sich bringt, und führte im 12. Jahrhundert zur Gleichsetzung von „maior pars" und „sanior pars".

260 *Achterberg*, Grundsätze (Fn. 111), S. 518.

261 *A. Somek*, Das Mehrheitsprinzip in der Demokratie, in: DZPhil 49 (2001), S. 397 (415).

262 *K. Hesse*, Grundzüge des Verfassungsrechts der Bundesrepublik Deutschland, 20. Aufl. 1995, Rn. 142, der unter Einigung Einstimmigkeit versteht; s. auch *Achterberg*, Verhandlung (Fn. 14), S. 40. Ähnlich *Schulze-Fielitz*, Theorie (Fn. 181), S. 443, der von „praktischer Unmöglichkeit" spricht.

263 *Varain*, Bedeutung (Fn. 8), S. 249.

264 *W. Sternstein*, Keine Macht für niemand!, in: Guggenberger/Offe, Grenzen (Fn. 6), S. 282 (291, Hervorhebung i.O., N.M.).

der Einstimmigkeit in supra- und internationalen Organisationen[265] und Gerichten[266] weiterhin Anwendung findet. Aufgrund der Vetomöglichkeit jedes einzelnen Abstimmungsberechtigten zeigt sich hier aber auch die Gefahr einer Lähmung des Beschlußkörpers und damit im schlimmsten Fall der Gesetzgebung: verlangte man Einstimmigkeit, müßte sich die Mehrheit stets jeder noch so kleinen Minderheit beugen. Einstimmigkeit kann „zur Diktatur des einen führen, der sich verweigert, zur Erstarrung und Unfreiheit, letztlich zur Katastrophe oder Revolution“[267], hatte bereits John Locke erkannt, als er anmahnte, daß eine Verfassung, die Einstimmigkeit verlangt, dem Leviathan eine kürzere Lebensdauer geben würde[268]. Obschon das Mehrheitsprinzip in seiner Geltung immer wieder in Frage gestellt wurde, erscheint es weitaus überzeugender, daß vor dem Hintergrund einer „Tyrannei der Minderheit“ letzterer keinesfalls das Recht zur Entscheidung durch Opposition eingeräumt[269] und ihr auch nicht der Weg der Erpressung durch Verknüpfung der Zustimmung mit anderen, unter Umständen gar sachfremden Zugeständnissen gewiesen werden sollte[270]. Selbst wenn der Bestand des Gemeinwesens nicht in Frage stünde, käme eine Einstimmigkeitsentscheidung aufgrund des beschriebenen Effekts stets einer Bevorzugung der Ausgangssituation gleich[271]. Insofern wäre sogar einer Diktatur der Minderheit eine solche der Mehrheit vorzuziehen.

Finden Einstimmigkeitsentscheidungen dennoch Anwendung, muß der Arbeitsstil und das Miteinander von gegenseitigem Respekt, Kollegialität und vor allem von Kompromißbereitschaft geprägt sein, damit ein ertragreicher Abschluß durch allseitiges Nachgeben möglich wird[272].

---

[265] So beispielsweise für Beschlüsse des Europäischen Rates (Art. 23 Abs. 1 S. 1 EUV) und der NATO (Art. 10 S. 1 Nordatlantikvertrag).

[266] Nach Art. 6 Abs. 1 der Satzung des Europäischen Gerichtshofs für Menschenrechte entscheidet allein das Plenum durch einstimmigen Beschluß über die Abwahl eines Richters; vgl. zu den einzelnen in Betracht kommenden Pflichtverletzungen (dies sind insbesondere Verletzungen richterlicher Amtsausübungsregeln und -pflichten) *F. Wittreck*, Die Verwaltung der Dritten Gewalt, 2006, S. 247 m. w. N.

[267] *H. Hattenhauer/W. Kaltefleiter*, Vorwort, in: dies., Mehrheitsprinzip (Fn. 7), S. V (VI). Ähnlich *Jäger*, Art. Mehrheit (Fn. 25), Sp. 1082. – Dies hält für ein „Mißverständnis“ *R. Vaubel*, Konsenspflicht aus ökonomischer Sicht: Die liberale Alternative, in: Hattenhauer/Kaltefleiter, Mehrheitsprinzip (Fn. 7), S. 115 (123 ff.), begründet wohl anhand des ökonomischen Ansatzes: das Veto sei nicht offensiv, sondern defensiv; ebd. S. 123.

[268] *J. Locke*, Zwei Abhandlungen über die Regierung (1690), hrsgg. u. eingeleitet v. W. Euchner, 6. Aufl. 1995, II § 98.

[269] Das Zitat geht auf Giovanni Sartori zurück: zitiert nach *Somek*, Mehrheitsprinzip (Fn. 261), S. 415 Fn. 37; s. auch *Benda*, Konsens (Fn. 8), S. 62.

[270] Auf diese Gefahr weist *Dichgans*, Grundgesetz (Fn. 66), S. 128, hin.

[271] *Somek*, Mehrheitsprinzip (Fn. 261), S. 415.

Schlußendlich kann auch ein allgemeiner Konsens nicht Gewähr für die Verfassungsgemäßheit der Entscheidung oder gar inhaltliche Richtigkeit bieten. So läßt bereits Schiller im „Demetrius“ den Fürsten Sapieha an der Richtigkeit von Mehrheitsentscheidungen zweifeln: „Die Mehrheit? Was ist die Mehrheit? Mehrheit ist der Unsinn. Verstand ist stets bei wen'gen nur gewesen.“[273] Diesbezüglich fühlte sich auch das Bundesverfassungsgericht im Volkszählungsurteil aus dem Jahr 1983 nicht daran gehindert, Teile des Volkszählungsgesetzes für verfassungswidrig und nichtig einzustufen[274], obwohl es zuvor im Gesetzgebungsverfahren durch einstimmigen Bundestags- und Bundesratsbeschluß[275] (!) verabschiedet worden war.

Obgleich damit klar ist, daß der Rückgriff auf die Einstimmigkeit im Regelfall keine Option darstellt, darf keinesfalls in der Mehrheitsregel nur eine Not- oder „Verlegenheitslösung“ gesehen werden[276], jedenfalls wenn man diesen Begriff negativ konnotiert.

VI. Zwischenergebnis

Bereits die bloße, nur durch einige Beispiele angereicherte Darstellung der Begrifflichkeiten zeigt die vielgestaltigen Möglichkeiten der Entschei-

---

[272] Vgl. m. w. N. und konkret bezogen auf den Ältestenrat *Rothaug*, Leitungskompetenz (Fn. 62), S. 163. – Diesen positiven Punkt der größeren Berücksichtigung der Interessen von Minderheiten betont *Sternstein*, Macht (Fn. 264), S. 291 f. („Konsensprinzip [...] grundsätzlich bewährt“ [291]). Ausführlich zur Bedeutung des Kompromisses *Schulze-Fielitz*, Theorie (Fn. 181), S. 432 f., 444 ff.

[273] Demetrius, Erster Akt, Erster Auftritt, Vers 468 ff.; dem Mehrheitsprinzip stand Goethe nicht weniger skeptisch gegenüber: vgl. *Höpker*, Grundlagen (Fn. 7), S. 206 ff.

[274] BVerfGE 65, 1 (38 ff.). – Diese Konstellation des Hinwegsetzens des Verfassungsgerichts über den eindeutigen, im Ausnahmefall sogar einstimmig gefaßten politischen Mehrheitswillen kann zu Diskussionen führen. – Zum Spannungsverhältnis zwischen Bundesverfassungsgericht und Politik: *R. Häußler*, Der Konflikt zwischen Bundesverfassungsgericht und politischer Führung. Ein Beitrag zu Geschichte und Rechtsstellung des Bundesverfassungsgerichts, 1994. *Benda* hält diese die Politik begrenzende Funktion aufgrund der hohen Vertrauensquote, die das Bundesverfassungsgericht genießt, sowie dessen Rolle als Impulsgeber einer- und regulierendes Moment andererseits für gerechtfertigt, jedenfalls sofern die grundsätzliche gesetzgeberische Gestaltungsfreiheit nicht in Frage gestellt wird (Konsens [Fn. 8], S. 71 ff.).

[275] s. zur gesamten Entstehungsgeschichte die Zusammenfassung des Bundesverfassungsgerichts im entsprechenden Urteil: BVerfGE 65, 1 (4 ff.; 16 [hier der Hinweis auf die Mehrheiten]).

[276] *N. Luhmann*, Legitimation durch Verfahren, 1969, S. 176, insb. S. 196; kritisch zur Einstufung als bloße Verlegenheitstechnik *Häberle*, Mehrheitsprinzip (Fn. 4), S. 245.

dungsfindung mit Hilfe des Mehrheitsprinzips. Und sie offenbart ein Weiteres: Das, was Achterberg die „Systemfunktionalität seiner Ausgestaltungsformen“[277] nennt, nämlich die Verknüpfung der einzelnen Faktoren Stimmenquote und Bezugszahl, teils noch ergänzt um Mindestquoren, zu einem zu erzielenden Mehrheitserfordernis, läßt erst am Ende die Beurteilung zu, welche Hürde eine zu erzielende Mehrheit für den Beschlußkörper tatsächlich darstellt. Auch die Rolle der Beschlußfähigkeit darf, wie gesehen, zumindest bei den einfachen Mehrheiten nicht unterbewertet werden. Hierbei tragen Mitglieder- und Anwesenheitsmehrheit von vornherein den Bezugspunkt zur Mehrheitsberechnung in sich, da schon vor Abstimmungsbeginn feststeht, welche Mehrheit erreicht werden muß. Insoweit unterscheiden sie sich von der Abstimmungsmehrheit, bei der erst nach dem Wahlakt mit Ermittlung der Enthaltungen die tatsächliche Bezugsgröße feststeht.

Durch die separate Darstellung der einzelnen Kriterien von Mehrheitsentscheidungen wurde aufgezeigt, welche reichhaltige Fülle an Kombinationsmöglichkeiten zumindest theoretisch existiert. Die vielfältigen, unter Anwendung des Mehrheitsprinzips zustande kommenden (Gremien-)Entscheidungen des Verfassungsrechts in ihrem inhaltlichen Kontext darzustellen, ist Aufgabe der Kapitel 2 (Grundgesetz) und 3 (Landesverfassungsrecht).

---

[277] *Achterberg*, Grundsätze (Fn. 111), S. 518, im Original hervorgehoben.

2. Teil

Das Mehrheitsprinzip im Grundgesetz

Schon Otto v. Gierke hatte erkannt, daß der Wert des Mehrheitsprinzips „nicht absolut bestimmt [ist], sondern nur nach seiner jeweiligen Wirkungsweise im organischen Leben der Gemeinwesen bemessen werden" kann[278]. Die vorliegende Arbeit möchte dieses organische Leben des Gemeinwesens im Hinblick auf das Mehrheitsprinzip untersuchen und bietet dafür eine Zusammenstellung der Vorschriften im Verfassungs- und dem korrespondierenden Verwaltungsrecht auf Bundesebene, die Entscheidungen unter Rückgriff auf das Mehrheitsprinzip zu finden suchen. Hierbei kann im Hinblick auf den Umfang der Arbeit einerseits nur auf die in der Praxis besonders relevanten Vorschriften eingegangen werden. Andererseits sollen trotz geringerer Bedeutung im (Verfassungs-)Alltag auch inhaltlich auffällige Normen dargestellt werden, ohne selbstverständlich in beiden Bereichen den Anspruch auf eine abschließende Darstellung zu erheben. Am Ende jedes Unterabschnitts erfolgt im Rahmen einer Zusammenfassung eine eigene Stellungnahme zu den Regelungen, die sich auch mit eventuellen Reformbestrebungen auseinandersetzt. Selbstverständlich kann die Bewertung der Norm nicht allein aufgrund der zur Anwendung kommenden Mehrheit erfolgen, sondern ist im Zusammenspiel mit dem inhaltlichen Kontext vorzunehmen, in den die Mehrheitsentscheidung eingebettet ist.

Der Darstellung nach den einzelnen Institutionen wurde gegenüber der Darstellung nach inhaltlichen Komplexen der Vorrang eingeräumt, um eine höhere Übersichtlichkeit aufgrund der thematischen Zusammenstellung zu erreichen und auf diese Weise auch besser die Intention des Gesetzgebers für die jeweiligen Ausgestaltungen innerhalb des Entscheidungsgremiums beleuchten zu können. Organintern beginnt die Darstellung stets mit der des Regelbeschlusses des jeweiligen Gremiums, gefolgt von den ansteigenden Mehrheitserfordernissen. Gesetzliche Reihenfolge und tatsächliche Relevanz spielen dabei für die Darstellungsreihenfolge keine Rolle.

Begonnen wird die Untersuchung mit den Mehrheitsregelungen, die die Wahl und Arbeit des Bundestages betreffen (A.), da hier am plastischsten ein Querschnitt wesentlicher Facetten des Mehrheitsprinzips auftaucht. An-

[278] *v. Gierke*, Geschichte (Fn. 12), S. 587.

schließend wird unter (B.) auf den Bundesrat, das Bundesverfassungsgericht (C.), die Bundesversammlung (D.) und die Bundesregierung (E.) eingegangen. Zuletzt finden die Ministerpräsidentenkonferenz (F.) sowie sämtliche im Grundgesetz mit Bürgerbeteiligung ergehende Entscheidungen (G.) Erwähnung.

A. Der Bundestag

In einer parlamentarischen Demokratie ist die Volksvertretung stets das für die politische Willensbildung und Entscheidungsfindung bedeutsamste Organ. Diese herausragende Stellung hat auch der Deutsche Bundestag inne, dem, neben der wichtigen Rolle bei Personalentscheidungen (II.), bedeutende Sachentscheidungen (III.) wie die Beteiligung an der Gesetzgebung zukommt. Abseits der Bedeutung im Gesetzgebungsverfahren wird auch auf weniger im Vordergrund stehende Beschlüsse einzugehen sein, die teils rein organintern wirken, teils aufgrund von Spezialkonstellationen kaum Anwendung finden, dennoch aber angesichts der Besonderheiten im Rahmen der Abstimmung im allgemeinen und dem Mehrheitserfordernis im besonderen nicht ausgespart werden sollen.

Zu Beginn wirkt sich die besondere Stellung des Bundestages als einziges zentralstaatliches Verfassungsorgan, das unmittelbar durch das Volk legitimiert wird, aus und macht eine Darstellung des Wahlverfahrens selbst unter Berücksichtigung der Komponenten des Mehrheitsprinzips erforderlich.

I. Das Mehrheitsprinzip bei der Wahl der Abgeordneten des Bundestages

Nach Art. 20 Abs. 2 S. 1 u. 2 GG wird die Staatsgewalt vom Volke in Wahlen und Abstimmungen ausgeübt. Die in Art. 20 GG enthaltene Grundentscheidung des Verfassunggebers für die freiheitliche demokratische Staatsform und die parlamentarisch-repräsentative Demokratie[279] erfährt unter anderem durch Art. 38 GG dahingehende Ausgestaltung, daß die Abgeordneten des Deutschen Bundestages in allgemeiner, unmittelbarer, freier, gleicher und geheimer Wahl gewählt werden. Der Bundestag ist mithin das einzige Bundesorgan, dessen Vertreter unmittelbar durch das Volk legitimiert werden. Abgesehen von der aktiven und passiven Wahlberechtigung

[279] Vgl. BVerfGE 44, 125 (138); 47, 253 (271 f.). Aus der Kommentarliteratur siehe nur *Dreier* (Fn. 17), Art. 20 (Demokratie), Rn. 66 ff.; *Morlok* (Fn. 17), Art. 38 Rn. 28, jeweils m. w. N.

(Abs. 2) enthält Art. 38 GG zur Wahl im allgemeinen und zur Ausgestaltung des Wahlverfahrens im besonderen keinerlei weitere Bestimmungen. Art. 39 Abs. 1 S. 1 GG legt die Wahlperiode auf vier Jahre fest und konkretisiert insoweit den für die Legitimierung von Mehrheitsentscheidungen erforderlichen Rhythmus zur Ermöglichung eines potentiellen Wechsels der Mehrheiten.

Über Art. 38 Abs. 3 GG wird dem Bundesgesetzgeber im Rahmen der verfassungsrechtlichen Vorgaben eine Ermächtigung – und gleichzeitige Verpflichtung[280] – zu bundesgesetzlicher Regelung der Einzelheiten des Wahlrechts zum Deutschen Bundestag erteilt. Obgleich hier insbesondere die Wahlrechtsgrundsätze des Art. 38 Abs. 1 S. 1 GG und das demokratische Prinzip (Art. 20 Abs. 1 GG) Restriktionen ziehen, verbleibt dennoch ein weiter Gestaltungsspielraum bezüglich des Wahlverfahrens zum Bundestag[281]. Die Verabschiedung des Wahlgesetzes selbst erfolgt mangels anderer Anordnung vermittels einfachen Mehrheitsbeschlusses nach Art. 42 Abs. 2 S. 1 GG[282]. Dem Verfassungsauftrag kam der Gesetzgeber durch Verabschiedung des Bundeswahlgesetzes (BWahlG) vom 7. Mai 1956[283] nach.

1. Zum Hintergrund: Zusammenspiel von Grundgesetz und Bundeswahlgesetz

Doch wie vollzieht sich nun der „Grundakt demokratischer Legitimation, die Wahl der Abgeordneten der Volksvertretung“, wie es das Bundesverfassungsgericht umschreibt[284]? Wie wird der Wählerwillen möglichst spiegel-

280 BVerfGE 95, 335 (366: „Gesetzgebungsauftrag“); *H. H. Klein*, in: Maunz/Dürig, GG (Fn. 18), Art. 38 (2007), Rn. 164; *S. Magiera*, in: Sachs, GG (Fn. 119), Art. 38 Rn. 114.

281 Vgl. BVerfGE 59, 119 (124 f.); w.N. bei *Burkiczak*, Grundlagen (Fn. 26), S. 806.

282 Diese Selbstverständlichkeit findet sich ausdrücklich kommentiert nur bei *Klein* (Fn. 280), Art. 38 Rn. 164. – Dies war in Weimar noch anders, wo Art. 22 WRV das Wahlsystem in der Verfassung verankerte und damit vor Alteration durch einfache Mehrheiten schützte; vgl. *F. A. Hermens*, Verfassungslehre, 2. Aufl. 1968, S. 387 f.

283 BGBl. I S. 383; vgl. zur Entwicklung des BWahlG, insb. den 4 Änderungsgesetzen, die Zusammenstellung bei *Schreiber*, Bundeswahlgesetz (Fn. 40), Teil I Rn. 60. Bereits zuvor bestanden zwei Bundeswahlgesetze, die allerdings nur Geltung für die Bundestagswahl 1949 bzw. 1953 entfalteten: *Schreiber*, ebd., Rn. 58 u. 59.

284 BVerfGE 44, 125 (140). – Eine Übersicht über die weltweit zur Anwendung kommenden Wahlsysteme liefert *Nohlen*, Wahlsysteme (Fn. 52), S. 93 ff., 155 ff.; ausführlich zum deutschen Wahlsystem und seinen offenen und tieferliegenden „Bruchstellen“ *S.-C. Lenski*, Paradoxien der personalisierten Verhältniswahl, in: AöR 134 (2009), S. 473 (475 ff., 482 ff., 496 ff.).

bildlich im Parlament abgebildet? Der Bundesgesetzgeber hat sich weder zugunsten eines reinen Mehrheitswahlsystems noch zugunsten eines reinen Verhältniswahlsystems entschieden, sondern, nicht zuletzt zur Umgehung der jeweiligen systemimmanenten Schwächen[285], mit dem „personalisierten Verhältniswahlsystem“[286] eine Mischform beider Verfahren gewählt[287]: so ordnet § 1 Abs. 1 S. 2 BWahlG a. E. die Wahl der Abgeordneten „nach den Grundsätzen einer mit der Personenwahl verbundenen Verhältniswahl“ an. Dies ist nach der Auffassung des Bundesverfassungsgerichts möglich, da das Grundgesetz kein bestimmtes Wahlsystem vorschreibe[288]. Demgegenüber wird mittlerweile vielfach und im Ergebnis zu recht angenommen, daß einem Wechsel zu einem reinen (absoluten wie relativen) Mehrheitswahlverfahren „schwerwiegende Bedenken“ entgegenstehen[289]. Das Bundesverfassungsgericht kann die Alternativität beider Systeme nur deshalb begründen, weil es das Erzielen von Wahlrechtsgleichheit nur innerhalb des jewei-

---

[285] Zu Merkmalen, Vor- und vor allem Nachteilen beider Systeme in ihrer Reinform s. *C. Starck*, Wahlen im demokratischen Verfassungsstaat, in: H. Haller/C. Kopetzki/R. Novak u. a. (Hrsg.), Staat und Recht. Festschrift für Günther Winkler, 1997, S. 1099 (1099 ff., mit einem Blick nach Deutschland auf den S. 1106 ff.); *Maurer*, Staatsrecht I (Fn. 17), § 13 Rn. 20 ff., insb. 23 ff. sowie *Stern*, Staatsrecht I (Fn. 18), S. 295 ff.

[286] Dieser vielleicht etwas unpräzise, aber dennoch gebräuchliche Terminus ist deutlich leichter zu handhaben, als die normtextliche Fassung einer Wahl „nach den Grundsätzen einer mit der Personenwahl verbundenen Verhältniswahl“, § 1 Abs. 1 S. 2 BWahlG a. E.; zu weiteren Kombinationsmöglichkeiten von Komponenten beider Wahlverfahren siehe *Genßler*, Sitzverteilungsverfahren (Fn. 74), S. 24 ff.

[287] Zu den mathematischen Aspekten der Personen- und Listenabstimmung *Kopfermann*, Aspekte (Fn. 140), S. 45 ff., 93 ff., 231 ff. sowie *Genßler*, Sitzverteilungsverfahren (Fn. 74), S. 123 ff. – s. auch *Pukelsheim/Rossi*, Optionen (Fn. 140), S. 923 ff., die ebd., S. 928, deutlich die Auswirkungen der Verhältniswahlkomponente aufzeigen, die darin bestehen, daß aus manchen Wahlkreisen statt einem Mehrheitswahlkandidaten fünf Vertreter entsandt werden.

[288] So bereits früh das Bundesverfassungsgericht in E 6, 104 (111), bezüglich eventueller Pflichten, die das Grundgesetz dem Landesgesetzgeber für dortige Wahlen auferlegt; s. auch E 51, 222 (237 f.); 95, 408 (420); 97, 317 (328) zum Ermessensspielraum des Gesetzgebers bei der Ausgestaltung des Wahlsystems.

[289] *Dreier* (Fn. 17), Art. 20 (Demokratie), Rn. 101 (Zitat); *H. Nicolaus*, Demokratie, Verhältniswahl & Überhangmandate, 1995, S. 19 f.; *Morlok*, Demokratie (Fn. 17), S. 595 ff., jeweils m. w. N. – Die a. A. stellt zumeist eine Offenheit des Grundgesetzes für beide Systeme, das der Mehrheits- und das der Verhältniswahl, fest: *Stern*, Staatsrecht I (Fn. 18), S. 299 ff.; jüngst *Burkiczak*, Grundlagen (Fn. 26), S. 806. Die Stimmen, die sich dezidiert für einen Wechsel zum reinen Mehrheitssystem ausgesprochen haben (u. a. *Hermens*, Verfassungslehre [Fn. 282], S. 387 ff. [kritische Auseinandersetzung mit dem Weimarer Wahlsystem], 436 ff. [Appell für die Einführung des Mehrheitswahlsystems]; zuletzt wohl *B. Ziemske*, Ein Plädoyer für das Mehrheitswahlrecht, in: ZRP 1993, S. 369 ff. und *T. Langheid*, Das qualifizierte Mehrheitswahlrecht, in: ZRP 1995, S. 94 ff., der ein qualifiziertes Mehrheitswahlrecht vorschlägt), sind weitgehend verstummt.

ligen Systems untersucht, ohne einen unmittelbaren Vergleich von Mehrheits- und Verhältniswahl anzustellen[290]. Nicht zuletzt spricht auch der internationale Vorbildcharakter, den gerade diese weltweit älteste Kombination zweier Systeme heute einnimmt, und ihre mehrfache Kopie[291] gegen entsprechende Änderungen.

In der Praxis führt die Anwendung des gemischten Systems zu einer Zweiteilung des Verfahrens. Die Wahl der 598[292] Mitglieder des Bundestages (§ 1 Abs. 1 S. 1 BWahlG) unterfällt in die Ermittlung von 299 Abgeordneten nach Kreiswahlvorschlägen in den Wahlkreisen (§ 1 Abs. 2 Alt. 1, Abs. 5 BWahlG) und die Bestimmung der zweiten Hälfte der Bundestagsmandate nach Landeswahlvorschlägen oder Landeslisten (§ 1 Abs. 2 Alt. 2, Abs. 6 BWahlG). Dementsprechend verfügt jeder Wähler gemäß § 4 BWahlG über zwei Stimmen: die Erststimme zur Wahl des Wahlkreisabgeordneten, die Zweitstimme zur Wahl der Kandidaten der Landesliste.

2. Die Wahl der Bundestagsabgeordneten in den Wahlkreisen

Im Zweistimmen-Wahlsystem dient die Erststimme gemäß § 4 Alt. 1 BWahlG der Wahl eines Wahlkreisabgeordneten – sie hat somit den Charakter einer Personenwahl. Zum Zwecke der Ermittlung der 299 Wahlkreisabgeordneten wurde das Wahlgebiet in ebenso viele Wahlkreise eingeteilt, vgl. §§ 1 Abs. 1, 2 Abs. 1 u. 2, 3 BWahlG. Die Wahl in den Wahlkreisen vollzieht sich nach dem in § 5 BWahlG geregelten Verfahren: jeder Wahlkreis entsendet einen Abgeordneten in den Bundestag („Einerwahlkreis"), § 5 S. 1 BWahlG.

---

[290] *M. Morlok*, Wahlrecht auf dem Prüfstand der Verfassungsgerichtsbarkeit: Zwei Entscheidungen des LVerfG Schleswig-Holstein, in: JZ 2011, S. 234 (236); vom „besonderen Anliegen", das das Bundesverfassungsgericht dem personalisierten Verhältniswahlsystem im Rahmen der verfassungsrechtlichen Überprüfung zugute hält, spricht auch *Lenski*, Paradoxien (Fn. 284), S. 478. – Ein Vergleich beider Systeme untereinander würde freilich im Hinblick auf Art. 3 Abs. 1 GG Schwächen insbesondere beim Mehrheitswahlsystem offenbaren.

[291] Mittlerweile finden sich zweigeteilte Wahlsysteme auch in Ungarn, Italien, Israel, Japan und Neuseeland. Siehe hierzu *M. S. Shugart/M. P. Wattenberg*, Conclusion: Are Mixed-Member Systems the Best of Both Worlds?, in: dies. (Hrsg.), Mixed-Member Electoral Systems, 2005, S. 571 (583 ff.); *Pukelsheim*, Bundeswahlgesetz (Fn. 140), S. 897.

[292] Zu den teils erheblichen Schwankungen bezüglich dieser Festlegung (minimal waren es „mindestens 400" [§ 8 BWahlG i.d.F. v. 1949], maximal nach der Wiedervereinigung 656) vgl. nur *Schreiber*, Bundeswahlgesetz (Fn. 40), § 1 Rn. 1.

a) Das Mehrheitserfordernis

Gewählt ist gemäß § 5 S. 2 BWahlG derjenige Bewerber, der im entsprechenden Wahlkreis die meisten (Erst-)Stimmen auf sich vereinigt. Für die Wahl zum Wahlkreisabgeordneten genügt also das Erreichen der einfachen Mehrheit – jedenfalls im Falle nur zweier konkurrierender Wahlkreiskandidaten. In der Praxis ist, da auch kleinere Parteien nicht auf die Aufstellung eines eigenen Wahlkreiskandidaten verzichten[293], regelmäßig eine relative Mehrheit zu erreichen. Gleichzeitig führt das Erfordernis relativer Stimmenmehrheit mit ansteigender Bewerberzahl – der bundesweite „Trend" geht ja zur weiteren Zersplitterung der Parteienlandschaft – zum Absinken der für einen Einzug in die Volksvertretung erforderlichen Stimmen im Wahlkreis[294]. Andererseits ist auf diese Weise selbst bei noch so vielen (bzw. wenigen) Kandidaten – vorbehaltlich der Stimmengleichheit, b) – sichergestellt, daß es zur Ermittlung eines Wahlkreisabgeordneten kommt. Durch die Anrechnung der Direktmandate auf die der Partei über die Zweitstimme verhältnismäßig zustehenden Mandate wird mit § 6 Abs. 4 BWahlG überdies eine Verzerrung abgemildert.

Freilich: in der Praxis stehen die Parteiinteressen dem Fall entgegen, daß sich im Wahlkreis kein Gegenkandidat findet; im übrigen wäre eine Wahl (oder treffender: Ernennung) eines ohne Gegner antretenden Bewerbers verfassungsrechtlich problematisch. Dies folgt bereits aus den im ersten Teil (B. II.) dargelegten allgemeinen Grundsätzen: eine Wahl setzt schon begrifflich eine Auswahlmöglichkeit zwischen wenigstens zwei Kandidaten voraus. Andernfalls ist die Entschließungsfreiheit so weit verengt, daß nicht mehr von einer Wahl gesprochen werden kann und ein Verstoß gegen Art. 38 GG mithin festzustellen ist[295].

b) Der Fall der Stimmengleichheit im Rahmen der Erststimmenauszählung

Die Entscheidung mittels einfacher oder relativer Mehrheit versagt immer dann, wenn zwei oder mehr Kandidaten gleich viele Stimmen auf sich vereinigen können (da kein Bewerber auch nur eine Stimme mehr erzielt als

---

[293] So hat beispielsweise die Partei Bündnis 90/Die Grünen mit Ausnahme eines Wahlkreises in Bayern stets eigene Kandidaten für die Direktwahl aufgestellt: vgl. zuletzt http://www.gruene-niederbayern.de/wahlen/by-direkt2009.html (Mai 2011).

[294] Vgl. diesbezüglich die Beispiele in der Einführung oben, Teil 1, C. V. 3. b) bb).

[295] *Schreiber*, Bundeswahlgesetz (Fn. 40), § 5 Rn. 2 und § 1 Rn. 25 jeweils m. w. N.

der oder die andere[n]). Die Lösung für diesen Fall bietet § 5 S. 3 BWahlG, der im Falle von Stimmengleichheit im Sinne einer Beschleunigung der Feststellung des Wahlergebnisses auf einen gesonderten Stichentscheid durch die Wahlberechtigten verzichtet und ein vom Kreiswahlleiter zu ziehendes Los entscheiden läßt[296]. Der Losentscheid wird an dieser Stelle für unbedenklich gehalten, da er ein sachgerechtes Instrument darstelle, um einem Wahlwerber das Direktmandat zuzuteilen[297].

3. Die Wahl der Bundestagsabgeordneten über die Landeslisten

a) Verhältniswahl

Die andere Hälfte der 598 Mandate wird im Wege des Verhältniswahlsystems vergeben, § 1 Abs. 2 Alt. 2, § 6 BWahlG. Das im einzelnen in den Absätzen des § 6 BWahlG genau beschriebene Prozedere ist nicht zuletzt aufgrund der mathematischen Komponenten äußerst komplex und bedarf im Hinblick auf das Thema der Arbeit keiner intensiveren Beleuchtung. Nur soviel sei der Vollständigkeit halber dargestellt[298]: dem Gesetz nach werden die verbleibenden 299 Parlamentssitze im Verhältnis der von den Parteien bundesweit errungenen Zweitstimmenanteile auf die jeweilige Landesliste verteilt. Tatsächlich aber werden die 598 Sitze insgesamt nach dem Verhältnis der Zweitstimmen unter Anrechnung der bereits im Zuge der Auszählung der Wahlkreise errungenen Mandate vergeben[299], so daß der Landeslistenwahl der Charakter einer „Verhältnisausgleichswahl“[300] zukommt. Dies hat zur Folge, daß trotz der Mehrheitswahlkomponente die Sitzverteilung im Bundestag, abgesehen von Rundungsdifferenzen und vorbehaltlich der Fünf-Prozent-Klausel sowie der Überhangmandate[301], dem

[296] Das Los wird im Rahmen der Sitzung des Kreiswahlausschusses zur Feststellung des Wahlergebnisses durch den Kreiswahlleiter gezogen, vgl. zum Verfahren § 41 BWahlG, § 76 Abs. 6 BWahlO i. V. m. Anlage 32 zur BWahlO.

[297] Abermals *Schreiber*, Bundeswahlgesetz (Fn. 40), § 5 Rn. 3 m. w. N.

[298] Zu den Einzelheiten der Berechnung der Sitzverteilung vgl. zunächst § 6 BWahlG selbst. Erläutert wird dessen Regelungsgehalt ausführlich bei *Schreiber*, Bundeswahlgesetz (Fn. 40), § 6 Rn. 3 ff.

[299] Es ist eben kein „Grabenwahlsystem“. Rechnerisch seien daher 897 Sitze zu verteilen (299 Direktmandate plus die 598 Listenmandate), wobei die errungenen Direktmandate erst im zweiten Schritt von der Gesamtzahl abzuziehen seien: *Lenski*, Paradoxien (Fn. 284), S. 506.

[300] *Schreiber*, Bundeswahlgesetz (Fn. 40), § 6 Rn. 2 (i. O. hervorgehoben).

[301] s. überblicksmäßig zunächst *Lenski,* Paradoxien (Fn. 284), S. 483 ff., 486 ff.; zu Rundungsdifferenzen nur *Nohlen*, Wahlsysteme (Fn. 52), S. 49 f., der daher von einer Annäherung des Erfolgswerts der Stimmen an den Zählwert spricht. – Zu

Verhältnis der Zweitstimmen zueinander entspricht[302]. Dies wird nunmehr durch die Schaffung von Ausgleichsmandaten (§ 6 Abs. 5–7 BWahlG) mehr denn je erreicht und so gewährleistet, daß sämtliche Mehrheitsentscheidungen im Parlament auch auf eine Mehrheit im Volk zurückgeführt werden können[303].

Überhangmandaten kommt es, wenn einer Partei über die Direktmandate in den Wahlkreisen bereits mehr Parlamentssitze zustehen, als dies nach Auszählung der Zweitstimmen der Fall wäre. Die über die Erststimme erlangten Wahlkreismandate verbleiben den jeweiligen Parteien dann und führen zur Erhöhung der Gesamtmitgliederzahl des Bundestages; der 17. Deutsche Bundestag bestand aus 620 Parlamentariern; es wurden 24 Mandate erzielt, von denen alle auf die CDU/CSU-Fraktion entfielen; zwei Mandatsträger mit Überhangmandaten schieden aus. Vgl. http://www.bundestag.de/dokumente/textarchiv/2009/27390718_kw40_bundeswahlleiter/index.html (August 2011); zur Zusammensetzung seit 09.06.2011: http://www.bundestag.de/bundestag/plenum/sitzverteilung.html (Mai 2012). Der 18. Deutsche Bundestag besteht aus 631 Mitgliedern. Dabei bestehen nach dem neuen Wahlrecht vier Überhangmandaten für die CDU, die zu einer Mindestsitzzahl bei der Wahl 2013 von 602 Mandaten führen, und 29 Ausgleichsmandate (dreizehn CDU, zehn SPD, vier Die Linke und zwei Bündnis 90/Die Grünen). Lediglich die CSU blieb ohne Ausgleichsmandat: http://www.bundestag.de/bundestag/wahlen/abg_wahl.html (November 2013) – Vgl. allgemein zu der Problematik der Überhangmandate BVerfGE 95, 335 (348 ff.); aus der Literatur m. w. N. *Nicolaus*, Demokratie (Fn. 289), S. 1 ff., der die Überhangmandate wegen Verstoßes gegen die verfassungsgemäß auszulegenden §§ 6 und 7 BWahlG für rechtswidrig hält; kritisch aus jüngerer Zeit auch *O. Fürnberg/D. Knothe*, Wahlsiege ohne Stimmenmehrheit: Auswirkungen von verstärktem „Lagersplitting" auf Mandatsverteilung und Koalitionsoptionen, in: ZParl. 40 (2009), S. 56 (58 ff., 73 f.; auf S. 63 ff. mehrere Szenarien zur Untermauerung der Verzerrung); s. ferner *R. Schmidt*, Überhangmandate – Ist ein Ausgleich verfassungsrechtlich geboten?, in: ZRP 1995, S. 91 ff. sowie *Pukelsheim*, Bundeswahlgesetz (Fn. 140), S. 889 ff.

[302] Zu einer Verzerrung kann es in begrenztem Umfang auch aufgrund des gewählten Auzählungsmechanismusses kommen. Die Auszählung der Zweitstimmen erfolgte von 1985 bis 2004 gemäß dem durch das 10. ÄndG neu gefaßten § 6 Abs. 2 BWahlG nach dem mathematischen Proportionsverfahren nach Hare/Niemeyer; zuvor, d.h. bei der Wahl des 10. Deutschen Bundestages, wurde mithilfe des Höchstzahlverfahrens nach d'Hondt das Wahlergebnis ermittelt (vertiefend zur Verfassungsmäßigkeit beider Auszählungsverfahren s. BVerfGE 79, 169 [170 f.]). Seit 2008 bzw. erstmals bei der Wahl zum 17. Bundestag 2009 fand das Verfahren Sainte-Laguë/Schepers Anwendung, vgl. *Schreiber*, Bundeswahlgesetz (Fn. 42), § 6 Rn. 2, 6, 17 ff.; *Pukelsheim*, Bundeswahlgesetz (Fn. 140), S. 890 ff. sowie *Pukelsheim/Rossi,* Optionen (Fn. 140), S. 922 ff. – Zum mittlerweile vom Bundesverfassungsgericht [2 BvC 11/04 v. 9.2.2009] für verfassungswidrig erklärten Phänomen eines negativen Stimmengewichts detailliert *Lenski*, Paradoxien (Fn. 284), S. 490 ff.

[303] BVerfG, Urteil des Zweiten Senats vom 30. Juni 2009 – 2 BvE 2/08, 2 BvE 5/08, 2 BvR 1010/08, 2 BvR 1022/08, 2 BvR 1259/08, 2 BvR 182/09 – Rn. 214. Das Gericht spricht zusätzlich von einer „möglichst proportional(en)" Abbildung des Wählerwillens in der Sitzverteilung. Daher wirkt die diesbezügliche Kritik *C. D. Classens* (Legitime Stärkung des Bundestages oder verfassungsrechtliches Prokrustesbett?, in: JZ 2009, S. 881 [882]) etwas gekünstelt. – Ähnliche Problematiken

b) Die Mehrheitsklausel des § 6 Abs. 3 BWahlG

§ 6 Abs. 3 BWahlG spricht aus, was eigentlich selbstverständlich sein sollte, nämlich daß derjenigen Landesliste, die die Hälfte der Gesamtzahl der auf Landeslisten entfallenden Zweitstimmen erhält, auch die absolute Mehrheit der Sitze im Bundestag zusteht. Dennoch ist dies aufgrund der Auszählungsverfahren generell und unter Anwendung des neuen Auszählungsverfahrens im besonderen nicht unzweifelhaft sichergestellt[304]. § 6 Abs. 3 BWahlG reagiert auf diesen, auf mathematische Gründe zurückzuführenden Mißstand und korrigiert das ungewollte Ergebnis durch die Zuteilung weiterer Mandate, Abs. 3 S. 1 u. 2 i.V.m. Abs. 2 S. 4 u. 5.

c) Der Fall der Stimmengleichheit im Rahmen der Zweitstimmenauszählung

Die verhältnisgemäße Abbildung des Wählerwillens kann ebenfalls dazu führen, daß am Ende des Berechnungsverfahrens zur Verteilung der Sitze auf die Landeslisten nach § 6 Abs. 2 BWahlG ein uneindeutiges Ergebnis steht. In Parallele zum Erststimmenverfahren und dem dortigen Umgang mit der Konstellation der Stimmengleichheit ordnen § 6 Abs. 2 S. 4 Hs. 2 bzw. Abs. 3 S. 2 i.V.m. Abs. 2 S. 4 Hs. 2 BWahlG im Falle gleicher Zahlenbruchteile die Klärung durch Losentscheid an. Die einzige Divergenz liegt in der Person, die das Los zu ziehen hat: war es im Rahmen der Erststimmen der Kreiswahlleiter, ist nun der Bundeswahlleiter autorisiert.

4. Stellungnahme

Bereits im Rahmen der Darstellung dürfte offenbar geworden sein, daß die Mehrheitsregel nur bei der Besetzung der 299 Wahlkreismandate Anwendung findet; hier hat die einfache oder relative Mehrheit gegebenenfalls den Wegfall einer nicht unbedeutenden Anzahl von Erststimmen zur Folge, die der oder die Gegenkandidat(en) auf sich vereinigen konnte(n). Korrigiert wird diese aufgrund der Anwendung des reinen Mehrheitsprinzips eintretende Verzerrung durch die für die endgültige Sitzverteilung bedeutenderen Zweitstimmen, deren Stimmenverhältnis (abgesehen von der Fünf-Prozent-Klausel und ihrer Einschränkung in § 6 Abs. 4 BWahlG, Über-

---

stellte auch das Landesverfassungsgericht Schleswig-Holstein in zwei Parallelverfahren fest. Eine Besprechung beider Entscheidungen liefert *Morlok*, Wahlrecht (Fn. 290), S. 234 ff. Die Entscheidungen sind ebd., S. 254 ff. und 261 ff., abgedruckt.

[304] s. abermals *Pukelsheim*, Bundeswahlgesetz (Fn. 140), S. 896 f.

hangmandaten und Rundungsdifferenzen), spätestens auf der Ebene der neu geschaffenen Ausgleichsmandate spiegelbildlich auf die Sitzverteilung im Bundestag übertragen wird. Die bereits vergebenen Direktmandate werden hierbei angerechnet; nur gewonnene Direktmandate, die einer Partei dem Zweitstimmen-Ergebnis nach nicht zustehen, darf sie als Überhangmandate (§ 6 Abs. 4 BWahlG) behalten. Ausgleichsmandate sind die Folge, § 6 Abs. 5–7 BWahlG).

Im Ergebnis wirkt sich die Systemkomponente der Mehrheitswahl einerseits insofern aus, als besagte Überhangmandate entstehen können. Andererseits – und dies ist der gewichtigere, weil beabsichtigte Aspekt – wird auf diese Weise unmittelbar durch den Wähler über die Person des Wahlkreisabgeordneten entschieden. Hieran verdeutlicht sich, warum der Begriff des personalisierten Verhältniswahlrechts gebraucht wird. Die negative Komponente des reinen Mehrheitswahlsystems in Form der Nichtberücksichtigung einer bedeutenden Anzahl von unterlegenen Wählerstimmen wird durch die Kombination mit der Verhältniswahl relativiert. Nur die Verhältniswahl ermöglicht letztlich die annähernd ideale, weil (erfolgswert-)gleiche Berücksichtigung aller Wählerstimmen im Wahlergebnis. Inhaltlich darf die auf die Mehrheitskomponente zurückgehende Personalentscheidung darüber hinaus nicht überbewertet werden, setzen die Parteien ihre meist publikumswirksamen Direktkandidaten doch auf die Plätze der Landesliste, die beim zu erwartenden Wahlausgang ein „sicheres" Einrücken in den Bundestag gewährleisten („Listensicherheit")[305]. Aus Sicht der Zusammensetzung des Bundestages rückt daher die Bedeutung der Erststimme und mithin die Bedeutung der Mehrheitswahlkomponente in den Hintergrund[306]. Dies ist jedoch vorwiegend parteitaktischen Überlegungen geschuldet und nicht etwa eine unbefriedigende Begleiterscheinung der Mehrheitswahl im engeren Sinne. Im Gegenteil: durch die Kombination mit der Verhältniswahlkomponente kann das Mehrheitsprinzip auch bei der Wahl der Abgeordneten des Bundestages überzeugen; ohne den Ausgleich indes wirkte ein reines Mehrheitswahlsystem befremdlich und aufgrund des weit verbreiteten Konsenses über die möglichst spiegelbildliche Repräsentation des Wählerwillens im Parlament kaum mehr zeitgemäß.

Die beiden Fallkonstellationen im Rahmen der Erst- und Zweitstimmenauszählung verdeutlichen die Effektivität des Losentscheids im Falle von

---

305 Vgl. *H. H. v. Arnim*, Wahlgesetze: Entscheidungen des Parlaments in eigener Sache, in: JZ 2009, S. 813 (818 f.); *Schreiber*, Bundeswahlgesetz (Fn. 40), § 5 Rn. 2, § 20 Rn. 2. Ausführliche Untersuchung bei *P. Manow/M. Nistor*, Wann ist ein Listenplatz sicher? Eine Untersuchung der Bundestagswahlen 1953 bis 2002, in: ZParl. 40 (2009), S. 603 ff. – Zitat aus *Oppermann*, Regierungssystem (Fn. 66), S. 46.

306 *v. Arnim*, Wahlgesetze (Fn. 305), S. 819: Es werde „der Eindruck einer Persönlichkeitswahl erweckt, auch wenn dies gar nicht der Fall ist".

Stimmengleichheit. Das Auftreten eines Patts kann beim Rückgriff auf die einfache oder relative Mehrheit nicht mit hinreichender Sicherheit vermieden werden. Andere Auflösungsmechanismen scheinen nicht in Frage zu kommen, da ein Ergebnis umgehend feststehen soll, ein Vorrangverhältnis sachlich nicht zu begründen sein wird und auch ein Wahlleiter kaum überzeugend den Gewinner festlegen kann, ohne sich dem Vorwurf politischer Voreingenommenheit oder Einflußnahme ausgesetzt zu sehen.

II. Ausgewählte Personalentscheidungen des Bundestages: Wahlen, Abwahlen und Anklageverfahren

Wie bereits dargelegt, ist für einen Beschluß des Bundestages im allgemeinen die (einfache) Mehrheit der abgegebenen Stimmen nötig, sofern das Grundgesetz selbst nichts anderes bestimmt, Art. 42 Abs. 2 S. 1 GG. Sämtliche in der Folge dargelegten Anwendungsfälle des Mehrheitsprinzips stellen Abweichungen von der einfachen Abstimmungsmehrheit dar. Auch wenn es sich um Wahlen im technischen Sinn handelt, betreffen die Abweichungen keinen Fall von Art. 42 Abs. 2 S. 2 GG, sondern von S. 1 Alt. 2, der insoweit vorrangig ist[307].

Die Darstellung beginnt mit den Vorschriften des VI. Abschnitts des Grundgesetzes, die die Wahl des Bundeskanzlers (1.), das gegen ihn laufende Mißtrauensvotum (2.) und die Vertrauensfrage (3.) umfassen, und endet mit der Anklagemöglichkeit des Bundespräsidenten (4.).

1. Die Wahl des Bundeskanzlers

Art. 63 GG betrifft mit den Regelungen zur Wahl des Bundeskanzlers durch den Bundestag das „Herzstück des parlamentarischen Regierungssystems“[308]. Sein Gegenstandsbereich erstreckt sich auf die Wahl und Ernennung des Bundeskanzlers nach Rücktritt, Amtsunfähigkeit und Tod des bisherigen Amtsinhabers[309], während die im Anschluß (2. und 3.) zu untersu-

[307] Zum Verhältnis beider Abweichungen von der einfachen (Regel-)Mehrheit siehe unten A. III. 1. e).

[308] *Stern*, Staatsrecht I (Fn. 18), § 22 II 2; dezidiert zustimmend *M. Schröder*, Das parlamentarische Regierungssystem, in: Jura 1982, S. 449 (449 f.); ähnlich („Kernstück seines Regierungssystems“) *B. Paudtke*, Das mehrheitsunfähige Parlament im Verfassungssystem des Grundgesetzes, 2005, S. 33.

[309] *M. Oldiges*, in: Sachs, GG (Fn. 119), Art. 63 Rn. 2; *A. Uhle*, in: Schmidt-Bleibtreu/Hofmann/Hopfauf, GG (Fn. 119), Art. 63 Rn. 3; *K.-U. Meyn*, in: v. Münch/Kunig, GG (Fn. 123), Art. 63 Rn. 1; *W.-R. Schenke*, in: R. Dolzer/W. Kahl/C. Waldhoff/K. Graßhof (Hrsg.), Bonner Kommentar zum Grundgesetz, 17 Bde., 1989 ff. (Stand: 145. Lieferung April 2010), Art. 63 (1977), Rn. 10.

chenden Art. 67 Abs. 1 S. 1 GG und 68 Abs. 1 S. 2 GG Sonderkonstellationen die Ablösung eines amtierenden Bundeskanzlers aufgrund fremder im ersten resp. eigener Initiative des Regierungschefs im zweiten Fall betreffen. Den weitaus häufigsten Anwendungsfall des Art. 63 GG bilden aufgrund der Synchronisation von Legislaturperiode des Bundestages und Amtsperiode des Bundeskanzlers nach Art. 69 Abs. 2 GG selbstverständlich die Neuwahl des Bundeskanzlers nach Zusammentritt eines frisch konstituierten Bundestages[310]. Innerhalb von Art. 63 GG sind verschiedene Mehrheitserfordernisse zu unterscheiden, die jedoch nur im Ausnahmefall einer mehrstufigen Kanzlerwahl zur Anwendung gelangen. Abs. 2 stellt hier die höchsten Anforderungen auf, die gewissermaßen umgekehrt proportional mit steigender Absatzzahl abfallen.

a) Die Wahl des Bundeskanzlers im ersten Wahlgang

aa) Vorschlag des Bundespräsidenten

Art. 63 Abs. 1 i. V. m. Abs. 2 S. 1 GG betreffen den ersten Wahlgang zur Bestellung des Bundeskanzlers, der – anders als es noch Art. 87 Abs. 1 S. 1 HChE vorsah[311] – durch einen Wahlvorschlag des Staatsoberhauptes eingeleitet wird. Im Regelfall, wenn also ein zumeist durch vorherige Koalitionsbildung[312] mehrheitsfähiger Bundestag vom Bundespräsidenten den Mehrheitskandidaten vorgeschlagen bekommt[313], wird es nicht zuletzt auf-

---

[310] Freilich ist die Synchronisation nur eine einseitige: mit dem Rücktritt des Bundeskanzlers endet nicht automatisch zugleich die Legislaturperiode des Parlaments. Hierauf weist besonders hin *Paudtke*, Parlament (Fn. 308), S. 33. S. i. ü. auch *Oldiges* (Fn. 309), Art. 63 Rn. 2.

[311] Interessanterweise ging Art. 87 Abs. 1 S. 1 HChE noch vom umgekehrten Fall, nämlich der Benennung des Bundeskanzlers durch den Bundestag gegenüber dem Bundespräsidenten, aus; s. JöR 1, S. 426 f.

[312] Zur Bedeutung und Rechtsnatur von Koalitionsvereinbarungen s. nur *W.-R. Schenke*, Die Bildung der Bundesregierung, in: Jura 1982, S. 57 (57 ff.); *M. Schröder*, Bildung, Bestand und parlamentarische Verantwortung der Bundesregierung, in: HStR[3] III (Fn. 74), § 65 Rn. 1 sowie *H.-P. Schneider/W. Zeh*, Koalitionen, Kanzlerwahl und Kabinettsbildung, in: Schneider/Zeh, Parlamentsrecht (Fn. 14), § 48 Rn. 6 ff., 38 ff.

[313] Vgl. ausführlich zu Problemen, die mit dem Vorschlag selbst und einer Vorschlagspflicht des Bundespräsidenten in Zusammenhang stehen, jeweils m. w. N.: *W. Jellinek.*, Kabinettsfrage 1950 (Fn. 61), S. 9; *H. Rein*, Die verfassungsrechtlichen Kompetenzen des Bundespräsidenten bei der Bildung der Bundesregierung, in: JZ 1969, S. 573 (573); *G. Hermes*, in: Dreier, GG (Fn. 17), Art. 63 Rn. 17 ff.; *R. Herzog*, in: Maunz/Dürig, GG (Fn. 18), Art. 63 (2008), Rn. 15 ff.; *Paudtke*, Parlament (Fn. 308), S. 39 ff. sowie *H.-P. Schneider*, in: E. Denninger/W. Hoffmann-Riem/ H.-P. Schneider/E. Stein (Hrsg.), Kommentar zum Grundgesetz für die Bundesrepu-

grund umfassender Vorbereitung der Kanzlerwahl in Vorgesprächen oder den Koalitionsverhandlungen und der damit einhergehenden „Gleichschaltung der die Regierung und die Parlamentsmehrheit tragenden politischen Kräfte“[314] zur Wahl des Kandidaten im ersten Wahlgang kommen. Ein anderer Kandidat jedenfalls ist aufgrund des Vorschlagserfordernisses – und dem Bundespräsidenten steht nun einmal nur ein einziger Vorschlag zu – in der ersten Wahlphase nicht wählbar[315].

In praxi wird der Bundespräsident freilich den von den Koalitionsspitzen empfohlenen Kandidaten vorschlagen, der aufgrund frühzeitiger Nominierung und des Zuschnitts der (Bundestags-)Wahlkampagne speziell auf die Person des Kanzlerkandidaten seit geraumer Zeit feststeht[316]. Ist die Wahl des angebotenen Kandidaten aufgrund klarer Mehrheitsverhältnisse im Bundestag bereits im ersten Wahlgang höchstwahrscheinlich, reduziert sich das politische Ermessen des Bundespräsidenten nämlich auf diesen Vorschlag[317]. Die Wahl bildet insofern eben nur den „Schlußstein vorangegangener politischer Verhandlungen“[318]; eine eigenständige Rolle spielt das Vorschlagsrecht des Bundespräsidenten mithin nicht[319].

---

blik Deutschland (Reihe Alternativkommentare), 3. Aufl. 2001 ff., Art. 63 (2002), Rn. 2 ff. – Eine Vorschlagspflicht wird soweit ersichtlich nur abgelehnt von *H. Schneider*, Die Regierungsbildung nach dem Bonner Grundgesetz, in: NJW 1953, S. 1330 (1331) mit noch dazu unzutreffendem Hinweis auf *W. Jellinek*.

314 So plastisch *R. Pietzner*, Grundgedanken, Entwicklung und Gegenwartsprobleme des parlamentarischen Regierungssystems in Deutschland, in: JA 1972, S. 453 (462).

315 Allg. Auffassung: siehe nur *B. Pieroth*, in: Jarass/Pieroth, GG (Fn. 119), Art. 63 Rn. 2; *W.-R. Schenke*, Bildung (Fn. 312), S. 59; *Meyn* (Fn. 309), Art. 63 Rn. 12; *M. Schröder*, in: v. Mangoldt/Klein/Starck, GG (Fn. 119), Art. 63 Rn. 32 sowie *Hermes* (Fn. 313), Art. 63 Rn. 23. – In der ersten Wahlphase (Art. 63 Abs. 2 GG) hat der Bundespräsident das Vorschlagsrecht. Es bleibt ihm jedoch unbenommen, auch in den sich anschließenden Phasen beratend tätig zu werden; mangels eigenen Vorschlagsrechts ist der Bundespräsident dann aber auf die Übernahme und Einbringung durch die nunmehr vorschlagsberechtigten Parlamentarier angewiesen: s. *Hermes* (Fn. 313), Art. 63 Rn. 19 und (für das weitere Verfahren) 30.

316 Hierauf rekurrieren die teilweise für die Bundestagswahl verwandten Termini „Kanzlerwahl“ bzw. „Kanzlerplebiszit“: vgl. *Schneider* (Fn. 313), Art. 63 Rn. 3; *J. Ipsen*, Staatsrecht I. Staatsorganisationsrecht, 16. Aufl. 2004, Rn. 418 a.E. sowie *Oldiges* (Fn. 309), Art. 63 Rn. 13 f. – Hierzu sei er sogar verpflichtet: *W.-R. Schenke*, Bildung (Fn. 312), S. 59; in diese Richtung geht wohl auch *F. Münch*, Die Bundesregierung, 1954, S. 130 f.; *Paudtke*, Parlament (Fn. 308), S. 34, hält es für „politischen Selbstmord“, wenn eine Mehrheitsfraktion nicht eine sogenannte „‚Wahllokomotive‘“ aufstelle.

317 *Schneider/Zeh*, Koalitionen (Fn. 312), § 48 Rn. 41; *C. Burkiczak*, Kanzlerwahl, Misstrauensvotum und Vertrauensfrage, in: Jura 2002, S. 465 (466); *Rein*, Kompetenzen (Fn. 313), S. 573 f., leitet dies aus dem ansonsten für den Bundespräsidenten drohenden Ansehensverlust ab. – A. A. *Paudtke*, Parlament (Fn. 308), S. 42 m. w. N.

Was im Falle von Untätigkeit des Bundespräsidenten in der ersten Wahlphase zu gelten hat – vielleicht, weil es ihm aufgrund von nicht gegebener Mehrheitsfähigkeit des Bundestages gar nicht möglich ist, einen aussichtsreichen Vorschlag zu unterbreiten –, ist durch die Verfassung nicht geklärt; dem Bundestag jedenfalls liegt in dieser Konstellation ein abstimmungsfähiger Vorschlag nicht vor und er ist selbst angehalten, entsprechend der Art. 63 Abs. 3 oder Abs. 4 GG mit eigenen Vorschlägen tätig zu werden[320] oder verfassungsgerichtliche Schritte gegen den Bundespräsidenten einzuleiten[321].

bb) Ablauf der Abstimmung nach Art. 63 Abs. 2 S. 1 GG

Die Wahl selbst ist aufgrund des zuvor erfolgten Vorschlags des Bundespräsidenten eigentlich eine Abstimmung im rechtstechnischen Sinn, da allein über den „zur Wahl" gestellten Kandidaten abgestimmt wird[322]. Daher

---

[318] *Stern*, Staatsrecht I (Fn. 18), S. 980 (Zitat): Die Verhandlungen zwischen Parteien und Fraktionen gehen einher mit Gesprächen mit dem Bundespräsidenten; *H. Schneider*, Regierungsbildung (Fn. 313), S. 1330 f.

[319] Wenn das Vorschlagsrecht dennoch nicht ausschließlich als eine Verkümmerung des Ernennungsrechts des Kanzlers durch den Reichspräsidenten in Weimar angesehen wird, hat dies rein politische Gründe; derartige Einschätzungen sind als eher realitätsfern einzustufen. So auch *Meyn* (Fn. 309), Art. 63 Rn. 31; *J. Ipsen*, Staatsrecht I (Fn. 316), Rn. 418. – Ganz anders und die Rolle des Bundespräsidenten zweifelsohne (wohl zeitgenössisch bedingt) zu enthusiastisch betrachtend *O. Klemmert*, Die Bildung und Veränderung der Bundesregierung nach dem Bonner Grundgesetz, 1952, S. 69: „(Das Initiativrecht des Bundespräsidenten ist) eines der politisch bedeutungsvollsten".

[320] *W. Jellinek* (Kabinettsfrage 1950 [Fn. 61], S. 9) und ihm im wesentlichen folgend *Klemmert* (Bundesregierung [Fn. 319], S. 73 f.) schlagen eine entsprechende Fristsetzung des Bundestages gegenüber dem Bundespräsidenten für die Unterbreitung eines Vorschlags vor, nach deren Verstreichen das Vorschlagsrecht ipso jure auf den Bundestag übergeht. – Die heutige Kommentarliteratur zieht eine entsprechende Anwendung der Art. 63 Abs. 3, ggf. auch Abs. 4 GG vor: *Schröder* (Fn. 315), Art. 63 Rn. 25; *Hermes* (Fn. 313), Art. 63 Rn. 18 (keine entsprechende Anwendung von Art. 63 Abs. 3 GG, sondern gleich Übergang in die zweite Phase der Kanzlerwahl); *Meyn* (Fn. 309), Art. 63 Rn. 2. Die Vorfrage freilich, ob den Bundespräsidenten überhaupt eine Pflicht trifft (und nicht nur ein solches Recht besteht: in diesem Sinne nämlich *K. Schlaich*, Die Funktion des Bundespräsidenten im Verfassungsgefüge, in: J. Isensee/P. Kirchhof [Hrsg.], Handbuch des Staatsrechts der Bundesrepublik Deutschland, Bd. 2: Demokratische Willensbildung – Die Staatsorgane des Bundes, 2. Aufl. 1987, § 49 Rn. 14 m.w.N.) scheint heute in Richtung der Obliegenheit entschieden: ohne jeglichen Hinweis auf die Vorauflage *M. Nettesheim*, Die Aufgaben des Bundespräsidenten, in: HStR^3 III (Fn. 74), § 62 Rn. 4. Vgl. die w.N. bei *Uhle* (Fn. 309), Art. 63 Rn. 10.

[321] Vgl. m.w.N. *Paudtke*, Parlament (Fn. 308), S. 34 f.; *Rein*, Kompetenzen (Fn. 313), S. 573: Anklage nach Art. 61 GG.

rührt auch das mit der Wahl verbundene Verbot einer Aussprache (Art. 63 Abs. 1 GG a. E.), die inhaltlich die Gefahr in sich trüge, auf eine Personal- oder Sachdebatte hinauszulaufen und auf diese Weise dem Schutz sowohl des Kandidaten als auch der Autorität des Bundespräsidenten unzuträglich wäre[323]. Den Parlamentariern bleibt insofern nur die Möglichkeit, für oder gegen den Vorschlag zu stimmen bzw. sich zu enthalten[324]. Die Abstimmung selbst findet unter Verwendung verdeckter Stimmzettel statt, §§ 4 S. 1, 49 GO-BT, wobei ein darauf vermerktes „Ja" genauso wie der Name des Vorgeschlagenen einer Zustimmung zum Kandidaten entspricht, während ein „Nein" bzw. (mangels zulässiger Wahlalternative im ersten Wahlgang) ein anderer Name das Gegenteil zum Ausdruck bringt[325]. Selbst wenn dieser „Alternativkandidat" im ersten Wahlgang die erforderliche ab-

---

[322] Terminologisch richtiger wäre es insofern, von einer Abstimmung über den vorgeschlagenen Kanzlerkandidaten, denn von einer Wahl des Bundeskanzlers zu sprechen: *W. Jellinek*, Kabinettsfrage 1949 (Fn. 167), S. 382; *ders.*, Kabinettsfrage 1950 (Fn. 61), S. 8 und *Klemmert*, Bundesregierung (Fn. 319), S. 76 ff.; s. ferner *T. Puhl*, Die Minderheitsregierung nach dem Grundgesetz, 1986, S. 32 m. Fn. 2; *Oldiges* (Fn. 309), Art. 63 Rn. 21; *Hermes* (Fn. 313), Art. 63 Rn. 23; *Meyn* (Fn. 309), Art. 63 Rn. 12. – Vgl. zur Terminologie die allgemeinen Erläuterungen im 1. Teil der Arbeit unter C. I.

[323] Die Schwerpunkte werden hier zumeist entweder auf den Schutz des Kandidaten oder den des Bundespräsidenten gesetzt: vgl. zunächst den Überblick bei *Uhle* (Fn. 309), Art. 63 Rn. 17 m. w. N.; darüber hinaus *Schlaich*, Funktion (Fn. 320), § 49 Rn. 14; *Stern*, Staatsrecht I (Fn. 18), § 22 III 2 a) c; *Hermes* (Fn. 313), Art. 63 Rn. 24 sowie *Münch*, Bundesregierung (Fn. 316), S. 136. – Erfolgt dennoch eine Aussprache, stellt diese einen für die Gültigkeit der Wahl unbeachtlichen Verfassungsverstoß dar, vgl. *Schröder*, Bildung (Fn. 312), § 65 Rn. 15. Je nachdem welche Schutzfunktion des Ausspracheverbots betont wird, läßt sich eine entsprechende Anwendung des Verbotes in den folgenden Wahlgängen auch ablehnen, wenn man nur den Bundespräsidenten als schutzwürdig ansieht, der aber in den folgenden Phasen keinen Vorschlag mehr unterbreitet, vgl. *W.-R. Schenke*, Bildung (Fn. 312), S. 60.

[324] Statt aller: *Schröder*, Bildung (Fn. 312), § 65 Rn. 15 sowie *Hermes* (Fn. 313), Art. 63 Rn. 23.

[325] So überzeugend *W. Jellinek* (Kabinettsfrage 1949 [Fn. 167], S. 382; Kabinettsfrage 1950 [Fn. 61], S. 8 f.) und *Klemmert* (Bundesregierung [Fn. 319], S. 77 f.) jeweils unter Hinweis auf die Praktik des Deutschen Bundestages bei der Wahl Adenauers, bei der drei Stimmzettel mit dem Namen „Adenauer" nach „einmütiger" Auffassung des Plenums gültig sein sollten (*Klemmert*, ebd., S. 77 a. E.); ebenso *Herzog* (Fn. 313), Art. 63 Rn. 26; und wohl auch *H. Steiger*, Organisatorische Grundlagen des parlamentarischen Regierungssystems, 1973, S. 246. *Münch*, Bundesregierung (Fn. 316), S. 137, hält vor dem Eindruck der Adenauer-Wahl nur die ausdrückliche Nennung des Kandidatennamens für zulässig, nicht jedoch möchte er den Namen eines Gegenkandidaten als Nein-Stimme werten. – Generell zur Frage der Zulässigkeit und Auswirkung von Nein-Stimmen bei Wahlen *Lambrecht*, Stimmenthaltung (Fn. 70), S. 222 ff.: sie entfalten die Wirkung eines fiktiven oder „Quasikandidat[ens]", ebd., S. 229 f.

solute Mehrheit erreichte, entspricht er nicht dem Vorgeschlagenen, dessen Wahl bzw. Nichtwahl allein möglich war; ein neuer Bundeskanzler ist daher nicht gewählt[326]. Teilweise wird die für einen anderen als den zur Wahl stehenden Kandidaten abgegebene Stimme auch für ungültig[327], teilweise für nicht zulässig gehalten[328]. Da jedoch ungültige Stimmen und Enthaltungen durch die Koppelung an die Mitgliederanzahl ebenfalls die Wirkung von ablehnenden Stimmen entfalten – sie stehen gerade nicht für die Kanzlermehrheit zur Verfügung –, spielt die Behandlung der auf eine andere Person entfallenden Stimmen zumindest im ersten Wahlgang nur eine untergeordnete Bedeutung.

cc) Das Mehrheitserfordernis nach Art. 63 Abs. 2 S. 1 GG

Gemäß Art. 63 Abs. 2 S. 1 GG ist als Bundeskanzler gewählt, wer die Stimmen der Mehrheit der Mitglieder des Bundestages auf sich vereinigt. Der Wortlaut der Norm ist insofern verunglückt, als man ihn dahingehend (miß-)verstehen könnte, daß mehrere Kandidaten zur Wahl aufgestellt werden (können). Diese Lesart ist jedoch im Hinblick auf Art. 63 Abs. 1 GG und die daraus gefolgerte Unzulässigkeit von Alternativvorschlägen seitens des Bundespräsidenten ausgeschlossen[329]. Gewählt ist also im ersten Wahlgang, wer gemäß Art. 121 GG die Mehrheit der gesetzlichen Mitgliederzahl des Bundestages erzielt, nicht die der anwesenden Abgeordneten. In der aktuellen 18. Wahlperiode liegt sie derzeit aufgrund der Gesamtmitgliederzahl von 631 Abgeordneten bei 316 Abgeordneten[330].

Der Verfassunggeber wollte durch die Festschreibung der sog. Kanzlermehrheit das Erreichen einer stets mehrheitsfähigen und damit stabilen Regierung durch Verhinderung eines Minderheitenkanzlers sicherstellen[331].

---

326 Ganz h.M., s. nur *Herzog* (Fn. 313), Art. 63 Rn. 26 m.w.N.; a.A. soweit ersichtlich nur *Münch*, Bundesregierung (Fn. 316), S. 134.

327 *Münch*, Bundesregierung (Fn. 316), S. 137; *Schneider* (Fn. 313), Art. 63 Rn. 6; *Hermes* (Fn. 313), Art. 63 Rn. 23 a.E.; *Schneider/Zeh*, Koalitionen (Fn. 312), § 48 Rn. 42.

328 *Schröder*, Bildung (Fn. 312), § 65 Rn. 16: „Andere Namen als den des vorgeschlagenen Kandidaten dürfen die Stimmzettel nicht enthalten". Die diesbezügliche Berufung auf *Herzog* ([Fn. 313], Art. 63 Rn. 26) ist jedoch völlig mißglückt, da dieser gerade bezüglich der Nennung eines anderen Namens das Gegenteil (nämlich die Wertung als Nein-Stimme) vertritt (vgl. Fn. 325 a.E.). Wie *Schröder* indes *Uhle* (Fn. 309), Art. 63 Rn. 17.

329 *Herzog* ([Fn. 313], Art. 63 Rn. 29) schlägt daher überzeugend die folgende Lesart vor: „Der vom Bundespräsidenten nach Abs. 1 Vorgeschlagene ist gewählt, wenn der Vorschlag die Zustimmung der Mehrheit der Mitglieder des Bundestages findet."

330 Vgl. in Fn. 301.

Dies gelingt jedenfalls in dieser ersten Wahlphase: Erzielt der Vorgeschlagene nicht die Kanzlermehrheit, worunter auch der Fall der Stimmengleichheit fällt[332] (auch hier ist eine Mehrheit schließlich nicht erreicht), vollzieht sich das weitere Verfahren nach den Abs. 3 und 4 des Art. 63 GG. Das Vorschlagsrecht des Bundespräsidenten nach Art. 63 Abs. 1 GG ist mit der gescheiterten ersten Wahlphase jedenfalls hinfällig und die Verantwortung geht nun in Gänze auf den Bundestag über[333].

b) Die Wahl des Bundeskanzlers in der zweiten Wahlphase

Hat das Verfahren nach Art. 63 Abs. 2 GG nicht zur Wahl eines Bundeskanzlers mit absoluter Mehrheit der Mitglieder des Bundestages geführt, richtet sich das weitere Prozedere nach Abs. 3. Der Verfassunggeber sieht nun einen Zeitraum von vierzehn Tagen vor[334], binnen dem unbegrenzt Wahlgänge stattfinden können, bis ein Kandidat die erforderliche Mehrheit erreicht[335]; richtiger ist daher nicht von einem zweiten Wahlgang, sondern einer zweiten Wahlperiode oder Wahlphase zu sprechen[336]. Auch können die vierzehn Tage verstreichen, ohne daß überhaupt ein einziger Wahlgang stattgefunden hat, da die Abgeordneten zwar zu entsprechenden Anstrengungen verpflichtet sind, Wahlvorschläge der Fraktionen aber nicht erzwungen werden können[337]. Praktische Bedeutung erlangte diese zweite Stufe

---

331 Vgl. JöR 1, S. 427 f.: „Grundgedanken des Herrenchiemseer Vorschlags" (S. 428); *C. Degenhart*, Staatsrecht I: Staatsorganisationsrecht, 27. Aufl. 2011, Rn. 601; *Hermes* (Fn. 313), Art. 63 Rn. 26.

332 Dies ist aufgrund allgemeiner Grundsätze und dem eindeutigen Wortlaut der Norm unstreitig; ausdrücklich findet sich die Feststellung aber nur bei *Herzog* (Fn. 313), Art. 63 Rn. 29 a.E.

333 *Stern*, Staatsrecht I (Fn. 18), S. 982; *Schröder* (Fn. 315), Art. 63 Rn. 34.

334 Die Berechnung der Frist erfolgt entsprechend der Regelungen der §§ 187 Abs. 1, 188 Abs. 1 BGB: Beginn: der Tag nach der gescheiterten Kanzlerwahl, Ende: mit Ablauf des 14. Tages; fragwürdig insofern *Schneider* (Fn. 313), Art. 63 Rn. 7 und *Meyn* (Fn. 309), Art. 63 Rn. 20, die trotz einer *Tages*frist das Fristende entsprechend § 188 Abs. 2 BGB berechnen wollen. Von den meisten anderen Grundgesetzkommentatoren wird die Problematik der Fristberechnung nicht angesprochen, *Hermes* ([Fn. 313], Art. 63 Rn. 29 m. Fn. 127) vermeidet eine Festlegung auf den einschlägigen Absatz des § 188 BGB.

335 s. *W. Jellinek*, Kabinettsfrage 1950 (Fn. 61), S. 9; *Schröder*, Bildung (Fn. 312), § 65 Rn. 18; *Oldiges* (Fn. 309), Art. 63 Rn. 29.

336 *Steiger*, Grundlagen (Fn. 325), S. 347; *Oldiges* (Fn. 309), Art. 63 Rn. 27; *Herzog* (Fn. 313), Art. 63 Rn. 32 f.; *Hermes* (Fn. 313), Art. 63 Rn. 11.

337 Vgl. nur *Münch*, Bundesregierung (Fn. 316), S. 139; *Herzog* (Fn. 313), Art. 63 Rn. 33; *Hermes* (Fn. 313), Art. 63 Rn. 34; *Oldiges* (Fn. 309), Art. 63 Rn. 29 jeweils m.w.N. – Auf die fehlende Handhabe, Abgeordnete zu Vorschlägen zu zwingen, weist zutreffend hin *Schröder* (Fn. 315), Art. 63 Rn. 35.

bislang nicht, da sämtliche späteren Regierungschefs die erforderliche Mehrheit nach Art. 63 Abs. 2 S. 1 GG bereits im ersten Anlauf erzielten[338].

aa) Vorschlag aus der Mitte des Bundestages

In Wahlphase zwei geht das Vorschlagsrecht vom Bundespräsidenten auf den Bundestag über; dem Bundespräsidenten bleibt es indes unbenommen, weiterhin eine beratende oder vermittelnde Rolle zu übernehmen – er ist dann jedoch auf die Übernahme und Einbringung des eigenen Vorschlags durch Bundestagsabgeordnete angewiesen[339]. Bezüglich des Vorschlags aus der Mitte des Bundestages ist § 4 S. 2 GO-BT zu beachten. Nach der Norm aus der Geschäftsordnung ist der Vorschlag von mindestens einem Viertel der Mitglieder des Bundestages zu unterzeichnen bzw. von einer Fraktion, die mindestens ein Viertel der Mitglieder des Bundestages repräsentiert, einzubringen.

Eine Auffassung sieht in § 4 S. 2 GO-BT eine zulässige Konkretisierung des Art. 63 Abs. 3 GG[340]. Argumentiert wird vor allem damit, daß während der Wahlphase des Art. 63 Abs. 3 GG das Mehrheitserfordernis genau wie in der vorhergehenden bei einer absoluten Mitgliedermehrheit liegt und Wahlvorschläge ausgeschlossen werden sollen, denen „das Siegel der *Aussichtslosigkeit* oder gar das der *mangelnden Ernsthaftigkeit* gewissermaßen schon auf der Stirn" steht[341]. Die Gegner dieser Ansicht akzeptieren diese Begründung, es sei sowieso eine absolute Mehrheit für die anschließende Abstimmung erforderlich, nicht; das Mehrheitserfordernis sei keine Rechtfertigung für das Vorschlagsquorum, vielmehr werde andersherum das Vorschlagsrecht des einzelnen Abgeordneten (bzw. jedenfalls einer Fraktion oder fünf vom Hundert der Mitglieder des Bundestages i. S. v. § 76 Abs. 1 GO-BT) in unzulässiger Weise eingeschränkt[342].

---

338 Die Wahl Helmut Kohls in der 9. Wahlperiode nach Art. 67 GG stellt insofern einen Sonderfall dar; vgl. die Auflistung bei *Meyn* (Fn. 309), Art. 63 GG a. E. (dort auch statistische Angaben).

339 *Rein*, Kompetenzen (Fn. 313), S. 574; *Hermes* (Fn. 313), Art. 63 Rn. 19, 30; *Oldiges* (Fn. 309), Art. 63 Rn. 25.

340 *Uhle* (Fn. 309), Art. 63 Rn. 24; *Pieroth* (Fn. 315), Art. 63 Rn. 3; *Schneider* (Fn. 313), Art. 63 Rn. 7 („Verfassungsmäßigkeit [...] steht [...] außer Zweifel"); *Oldiges* (Fn. 309), Art. 63 Rn. 28; in diesem Sinne wohl auch *Schröder*, Bildung (Fn. 312), § 65 Rn. 18 und *Stern*, Staatsrecht I (Fn. 18), S. 982; zur Vorgängerregelung *Münch*, Bundesregierung (Fn. 316), S. 138 f.

341 *Herzog* (Fn. 313), Art. 63 Rn. 35 (Zitat; Hervorhebung i. O.), s. jedoch auch Rn. 43; *Schneider* (Fn. 313), Art. 63 Rn. 7.

342 *Puhl*, Minderheitsregierung (Fn. 322), S. 34 ff. (falsch indes sein Hinweis auf S. 34 in Fn. 12 auf *Schneider* [Fn. 313], Art. 63 Rn. 8, der sich für die Verfassungsgemäßheit von § 4 S. 2 GO-BT ausspricht [Rn. 7] und die Frage gerade nicht offen

Das Abgeordnetenviertel entsprach im 17. Deutschen Bundestag bei 620 Mitgliedern 155 Parlamentariern. Von den seinerzeit fünf Fraktionen erfüllte nur die Fraktion der CDU/CSU (238 Sitze) die Mindestgröße[343]; in der 16. Legislaturperiode war das Bild noch insofern anders, als auch die SPD praktisch gleich stark im Plenum repräsentiert war[344]. Im 18. Deutschen Bundestag mit 631 Mitgliedern und einem Viertel von 158 Parlamentariern erreicht auch die SPD mit 193 Abgeordneten wieder dieses Quorum[345].

bb) Ablauf der Abstimmung und Mehrheitserfordernis nach Art. 63 Abs. 3 GG

Im Vergleich zur Abstimmung nach Art. 63 Abs. 1 und 2 GG bestehen in der zweiten Wahlphase nach Abs. 3, was den Ablauf betrifft, keine Unterschiede; insoweit kann auf die entsprechenden Ausführungen verwiesen werden. Auch bezüglich des Mehrheitserfordernisses wurde in der zweiten Wahlphase durch den Verfassunggeber noch am Erfordernis des Erreichens der Mehrheit der Stimmen der Mitglieder des Bundestages, mithin einer absoluten Mitgliedermehrheit, festgehalten, vgl. Art. 63 Abs. 3 GG i. V. m. Art. 121 GG.

c) Die Wahl des Bundeskanzlers in der dritten Wahlphase

Voraussetzung für die Wahl nach Art. 63 Abs. 4 GG ist das abermalige Scheitern der Wahl auch in der zweiten Phase nach Abs. 3 (Abs. 4 S. 1 Hs. 1), für die ja ihrerseits der negative Ausgang des ersten Wahlgangs nach Abs. 2 erforderlich war (Abs. 3 Hs. 1). Wie im Folgenden darzustellen sein wird, unterscheidet sich das Verfahren nach Abs. 4, insbesondere die nun erforderlichen Mehrheiten, erheblich vom bisherigen Prozedere.

---

läßt); *Hermes* (Fn. 313), Art. 63 Rn. 30; *Herzog* ([Fn. 313], Art. 63 Rn. 43) für den Fall, daß kein dem § 4 S. 2 GO-BT entsprechender Vorschlag zustande kam.

343 Im 17. Deutschen Bundestag sah die Sitzverteilung wie folgt aus: CDU/CSU: 238; SPD: 146; FDP: 93; Die Linke: 76; BÜNDNIS 90/DIE GRÜNEN: 68. (Quelle: http://www.bundestag.de/bundestag/plenum/sitzverteilung.html [Mai 2012]).

344 Im 16. Deutschen Bundestag gab es fünf Fraktionen und drei fraktionslose Abgeordnete: Zuletzt war die CDU/CSU-Fraktion mit 222 Sitzen die stärkste Fraktion, gefolgt von der SPD-Fraktion mit 221 Sitzen, der FDP-Fraktion mit 61 Sitzen, der Fraktion Die Linke mit 53 Sitzen und der Fraktion BÜNDNIS 90/DIE GRÜNEN mit 51 Sitzen. (Quelle: http://www.bundestag.de/dokumente/datenhandbuch/01/01_06/01_06_04.html [Mai 2011]).

345 Im 18. Deutschen Bundestag besteht folgende Sitzverteilung: CDU/CSU: 311; SPD: 193; Die Linke: 64; BÜNDNIS 90/DIE GRÜNEN: 63, http://www.bundestag.de/bundestag/plenum/sitzverteilung18.html (November 2013).

aa) Vorschlag aus der Mitte des Bundestags

Bezüglich des für die Wahl erforderlichen Vorschlags eines Kandidaten gilt zunächst das bereits zu der zweiten Wahlphase Gesagte: der Bundespräsident ist abgesehen von Beratungs- oder Vermittlungstätigkeit nicht mehr vorschlagsberechtigt; allerdings ist auch das Vorschlagserfordernis der Bundestagsmitglieder im Rahmen von Art. 63 Abs. 4 GG modifiziert: entgegen dem eigentlich eindeutigen Wortlaut des § 4 S. 2 GO-BT nimmt die ganz h. M.[346] an, daß das Vorschlagsquorum von einem Viertel der Mitglieder des Bundestages nun nicht mehr gilt; wegen Widerspruchs zur verfassungsrechtlich nunmehr einfacheren Wahl in der dritten Wahlphase könne die Geschäftsordnung keine die Wahl selbst unter Umständen vereitelnden Vorschlagsquoren festsetzen und ist daher unanwendbar. Die Gegenansicht[347] betont, daß bei Unterschreiten des Ein-Viertel-Quorums aus § 4 S. 2 GO-BT bereits bei der Unterzeichnung des Kandidatenvorschlags aller Voraussicht nach keine funktionsfähige Regierung zustande gebracht werden könne, wenn sich eben nicht einmal eine 25%-ige Minderheit zusammenfände. In diesem Fall sei der Bundespräsident mithin gehalten, den Kandidaten nicht zu ernennen, sondern den Bundestag aufzulösen. Ein Wahlvorschlag, der die Unterstützung des Quorums nicht erreiche, sei nicht ernsthaft als solcher anzuerkennen.

bb) Ablauf der Abstimmung

Ist die Phase zwei der Kanzlerwahl ergebnislos abgeschlossen, schließt sich gemäß Abs. 4 S. 1 unverzüglich die dritte und letzte Wahlphase an. Unverzüglich meint im Sinne von § 121 BGB ohne schuldhaftes Zögern, was sich sowohl auf die Einberufung durch den Bundestagspräsidenten, als auch die Wahl selbst bezieht, indem den Parlamentariern u. a. die Absetzung von der Tagesordnung verwehrt wird[348]. Zu diesem Zweck soll auch

[346] *Puhl*, Minderheitsregierung (Fn. 322), S. 35; *Meyn* (Fn. 309), Art. 63 Rn. 19; *Schröder*, Bildung (Fn. 312), § 65 Rn. 21; *Herzog* (Fn. 313), Art. 63 Rn. 43 (jedenfalls für den Fall, daß das Quorum trotz ernsthafter Vorschläge nicht erreicht wird); *Hermes* (Fn. 313), Art. 63 Rn. 35; *Uhle* (Fn. 309), Art. 63 Rn. 24; wohl auch *Steiger*, Grundlagen (Fn. 325), S. 247, der diese Konstellation für „keine sinnvolle Vorstellung" hält.

[347] So *W.-R. Schenke* (Fn. 309), Art. 63 Rn. 88, der diesbezüglich selbst nicht gerade überzeugt auftritt (Man wird die Regelung „noch als *verfassungsrechtlich zulässig* betrachten müssen"; Hervorhebung i. O.), sowie *Schneider/Zeh*, Koalitionen (Fn. 312), § 48 Rn. 45, die dann aber bei Verfehlen des Vorschlagsquorums in analoger Anwendung des Art. 63 Abs. 4 GG dem Bundespräsidenten ein sofortiges Parlamentsauflösungsrecht einräumen möchten. Mäandernd *Steiger*, Grundlagen (Fn. 325), S. 247.

die Nichtanwendung des Beschlußquorums aus § 45 GO-BT gerechtfertigt sein: ansonsten bestünde die Gefahr, daß die (in sich überdies uneinige) Bundestagsmehrheit nun durch konsensuales Fernbleiben die wegen Unverzüglichkeit erforderliche kurzfristige Einberufung des Bundestages torpedieren und die Wahl eines anderen Kandidaten verhindern könnte[349].

cc) Das Mehrheitserfordernis nach Art. 63 Abs. 4 GG

In der dritten Wahlphase sind zwei Konstellationen, die des Art. 63 Abs. 4 S. 1 und des S. 2 GG, zu unterscheiden, die zu unterschiedlichen Konsequenzen führen. Beide Regelungen betreffen jedoch gleichermaßen den neuen Wahlgang nach Scheitern der zweiten Wahlphase.

(1) Art. 63 Abs. 4 S. 2 GG

Die Schaffung einer stabilen Regierung hatte der Verfassunggeber selbst in der letzten Wahlphase zum Ziel, was sich daran ablesen läßt, daß er immer noch das Erreichen der Stimmen der Mehrheit der Mitglieder des Bundestages für möglich hielt – dies immerhin nach mutmaßlich einer Reihe von Fehlversuchen in den Phasen eins und zwei. Nach Art. 63 Abs. 4 S. 2 i. V. m. Art. 121 GG ist also auch im dritten Wahlgang zum Bundeskanzler gewählt, wer die absolute Mehrheit der gesetzlichen Mitgliederzahl erzielt. Der Gewählte ist durch den Bundespräsidenten binnen sieben Tagen zu ernennen[350].

(2) Art. 63 Abs. 4 S. 1 i. V. m. S. 3 GG

Wird indes auch im dritten Wahlgang von keinem der Kandidaten die absolute Mitgliedermehrheit erreicht, ist gemäß Art. 63 Abs. 4 S. 1 i. V. m.

---

348 *Schröder*, Bildung (Fn. 312), § 65 Rn. 21; *Hermes* (Fn. 313), Art. 63 Rn. 35; *Herzog* (Fn. 313), Art. 63 Rn. 38.

349 *Pieroth* (Fn. 315), Art. 63 Rn. 4; *Schneider* (Fn. 313), Art. 63 Rn. 9; *W.-R. Schenke* (Fn. 309), Art. 63 Rn. 89; *Hermes* (Fn. 313), Art. 63 Rn. 35; wohl auch *Meyn* (Fn. 309), Art. 63 Rn. 24; *Herzog* (Fn. 313), Art. 63 Rn. 25 m. Fn. 4 (fälschlicherweise noch auf den früheren § 49 GO-BT bezogen), hält die Vorschrift im gesamten Kanzlerwahlverfahren für unanwendbar. Ihm folgt *Paudtke*, Parlament (Fn. 308), S. 43 f. – Vgl. zum Inhalt des § 45 GO-BT und der sich anschließenden Kritik bereits ausführlich oben A. III. 1. b).

350 So bereits der eindeutige Wortlaut der Norm; vgl. im übrigen nur *Rein*, Kompetenzen (Fn. 313), S. 575; *Hermes* (Fn. 313), Art. 63 Rn. 38 sowie *W.-R. Schenke*, Bildung (Fn. 312), S. 61. – Eine unverzügliche Ernennungspflicht erkennt *Paudtke*, Parlament (Fn. 308), S. 50 f. m. w. N.

S. 3 GG gewählt, wer in diesem Wahlgang die meisten Stimmen errungen hat. Zum ersten Mal im Wahlverfahren des Bundeskanzlers verzichtet das Grundgesetz mithin auf das Erreichen der Kanzlermehrheit und läßt eine relative Mehrheit genügen. Steht nur ein Kandidat zur Wahl, ist selbstverständlich die einfache Mehrheit der zustimmenden gegenüber den den Wahlvorschlag ablehnenden Stimmen maßgeblich[351]. Im Gegenzug für die Reduzierung des Mehrheitserfordernisses wird jedoch mit der Wahl nicht die zwingende Folge der Ernennung zum Bundeskanzler verknüpft: ursprünglich mit dem Kandidatenvorschlag für den ersten Wahlgang aus dem offiziellen Verfahren der Kanzlerwahl ausgestiegen, betritt der Bundespräsident nun wieder das „Parkett der Kanzlerwahl". Ihm nämlich bleibt es nach Abs. 4 S. 2 vorbehalten, den „Minderheitskanzler" zu ernennen (1. Alternative) oder den Bundestag aufzulösen (2. Alternative). Zwischen diesen übrig gebliebenen „‚zweitbesten' Lösungen"[352] hat sich der Bundespräsident binnen sieben Tagen zu entscheiden, Art. 63 Abs. 4 S. 3 GG. Seine Entscheidung ist nicht[353] bzw. nur insofern justitiabel, als es um die Verhinderung von Willkür und Mißbrauch geht[354], und sollte sich an dem hinter Art. 63 GG stehenden Bemühen um Errichtung einer stabilen Regierung orientieren. Sie wird durch die Beurteilung der Gesamtsituation zu einer politischen Leitentscheidung, im Rahmen derer dem Staatsoberhaupt eine eigene Einschätzungsprärogative zusteht[355], die eine Auflösung des Parlaments nur als ultima ratio, wenn eine arbeitsfähige Regierung nicht zu erwarten ist, erlaubt[356]. Verstreicht die Frist und bleibt der Bundespräsident tatenlos, verbleibt ihm im Sinne der Vermeidung regierungsloser Zeiten nur noch die Möglichkeit der Ernennung des Minderheitenkanzlers; das Recht zur Bundestagsauflösung ist obsolet geworden[357].

---

[351] Vgl. *Schneider/Zeh*, Koalitionen (Fn. 312), § 48 Rn. 45; *Uhle* (Fn. 309), Art. 63 Rn. 23; *Schröder* (Fn. 315), Art. 63 Rn. 37. Dies erscheint einerseits offensichtlich, der Umgang mit den Begriffen der einfachen und der relativen Mehrheit ist andererseits derart beliebig, daß die übrige Kommentarliteratur entsprechende Klarstellungen vermissen läßt.

[352] *Hermes* (Fn. 313), Art. 63 Rn. 39.

[353] *Hermes* (Fn. 313), Art. 63 Rn. 40.

[354] *Oldiges* (Fn. 309), Art. 63 Rn. 31; *Schneider/Zeh*, Koalitionen (Fn. 312), § 48 Rn. 49; *Meyn* (Fn. 309), Art. 63 Rn. 27: Die Mißbrauchskontrolle erfolgt durch das Bundesverfassungsgericht im Rahmen eines Organstreitverfahrens nach Art. 93 Abs. 1 S. 1 Nr. 1 GG, soll aber nach Meyn nur in Extremfällen möglich sein.

[355] *Schneider* (Fn. 313), Art. 63 Rn. 11 spricht auch von pflichtgemäßem Ermessen, das der Bundespräsident auszuüben habe; ähnlich *Burkiczak*, Kanzlerwahl (Fn. 317), S. 466; *Meyn* (Fn. 309), Art. 63 Rn. 27; *Hermes* (Fn. 313), Art. 63 Rn. 39.

[356] *Stern*, Staatsrecht II (Fn. 89), S. 253; *Schröder*, Bildung (Fn. 312), § 65 Rn. 23.

(3) Der Fall der Stimmengleichheit

Der – zugegebenermaßen sowohl aufgrund der bis dato stets im ersten Wahlgang eingetretenen Wahl eines Bundeskanzlers als auch angesichts der Größe des Beschlußkörpers recht unwahrscheinliche – Fall einer Stimmengleichheit zwischen mehreren, in der dritten Wahlphase gegeneinander antretenden Kanzlerkandidaten ist weder grundgesetzlich noch in der Geschäftsordnung des Bundestages vorgesehen. Hilfreich wäre eine Klarstellung zur Behandlung dieses Falles zweifelsohne gewesen[358]. Da das Gesetz aber keinerlei Anhaltspunkte liefert, variieren die Lösungsvorschläge in der Rechtslehre beträchtlich: so vertrat W. Jellinek die Herbeiführung einer Entscheidung zwischen den Kandidaten mit gleicher Stimmenanzahl durch Losentscheid. Er begründete dies damit, daß der Grundgesetzgeber augenscheinlich im Rahmen des letzten Wahlstadiums nur noch eine, und keine weitere Wahl durchgeführt haben wollte und eine Stichwahl gerade nicht vorgesehen sei[359]. In neuerer Zeit wurde diese Lösungsmöglichkeit, soweit ersichtlich, nur noch von T. Puhl aufgegriffen, der sie gegenüber der Auflösung eines neu gewählten Bundestages vorziehen möchte[360]. F. Münch tritt für die Entscheidungsbefugnis des Bundespräsidenten im Fall der Stimmengleichheit ein. Ihm sei es überlassen, welchen der beiden Stimmengleichen er ernenne und auch, ob er überhaupt einen der beiden zum Bundeskanzler küre oder den Bundestag auflöse[361].

Die überwiegende Auffassung spricht sich indes bei Stimmengleichheit der Kandidaten für einen erneuten Wahlgang aus[362], wobei K.-U. Meyn

---

357 *Nettesheim*, Aufgaben (Fn. 320), § 62 Rn. 11; *Pieroth* (Fn. 315), Art. 63 Rn. 5; *Oldiges* (Fn. 309), Art. 63 Rn. 31; *W.-R. Schenke*, Bildung (Fn. 312), S. 61; wohl auch *W. Jellinek*, Kabinettsfrage 1949 (Fn. 167), S. 382 – A.A. *Hermes* (Fn. 313), Art. 63 Rn. 42 u. 39 unter Hinweis auf die grundsätzliche (und grundgesetzliche) Gleichwertigkeit beider Entscheidungsoptionen und den nur von der konkreten Situation abhängenden Lösungsweg. Er löst die Situation im Konfliktfall über ein Organstreitverfahren gegen den Bundespräsidenten.

358 In diesem Sinne wohl auch *Meyn* (Fn. 309), Art. 63 Rn. 32, der jedoch sogleich wieder „zurückrudert", weil sich das Grundgesetz nicht „in einer kleinlichen Detailverliebtheit verlieren" dürfe. Dem ließe sich entgegenhalten, daß notfalls auch eine unter- oder einfachgesetzliche Regelung beispielsweise in der GO-BT bzw. dem BWahlG denkbar gewesen wäre.

359 *W. Jellinek*, Kabinettsfrage 1949 (Fn. 167), S. 381; *ders.*, Kabinettsfrage 1950 (Fn. 61), S. 9. Ihm folgend *Weber*, Beschlußfassung (Fn. 19), S. 85, 93 f.

360 *Puhl*, Minderheitsregierung (Fn. 322), S. 43.

361 *Münch*, Bundesregierung (Fn. 316), S. 142 f.

362 *Pieroth* (Fn. 315), Art. 63 Rn. 5; *W.-R. Schenke* (Fn. 309), Art. 63 Rn. 92; *Herzog* (Fn. 313), Art. 63 Rn. 45; *Meyn* (Fn. 309), Art. 63 Rn. 24; *Schröder*, Bildung (Fn. 312), § 65 Rn. 22; *Hermes* (Fn. 313), Art. 63 Rn. 41; *Schneider* (Fn. 313), Art. 63 Rn. 8.

von der „Zulässigkeit eines weiteren Wahlgangs" spricht[363], H.-P. Schneider, M. Schröder und G. Hermes Wahlgänge nur solange zulassen wollen, wie sich die Pattsituation „nicht endgültig manifestiert hat"[364], und R. Herzog sowie W.-R. Schenke gar „so lange [wählen lassen wollen], bis einer der zur Entscheidung stehenden Kandidaten mindestens eine Stimme mehr erhält als der oder die anderen"[365]. Herzog läßt die Auflösung des Bundestages lediglich dann zu, wenn jegliche Wahlvorschläge aus den Reihen der Abgeordneten unterbleiben[366]. In jedem Fall scheidet die Auflösung des Bundestages bei Stimmengleichheit im ersten Wahlgang der dritten Wahlphase aus[367].

d) Stellungnahme

aa) Die Wahl des Bundeskanzlers in der ersten und zweiten Wahlphase

(1) Zwingender Wahlvorschlag einer Ein-Viertel-Minderheit?

Die Auffassung der überwiegenden Lehre bezüglich des Erfordernisses des Ein-Viertel-Quorums (Art. 63 Abs. 3 GG i. V. m. § 4 S. 2 GO-BT) erscheint wenig plausibel.

Dies zeigt sich u. a. im Vergleich mit dem Wahlverfahren zum Amt des Bundespräsidenten, welches sich nach Art. 54 GG und dem korrespondierenden Gesetz über die Wahl des Bundespräsidenten richtet[368]. So läßt § 9 Abs. 1 S. 1 BP-WahlG Wahlvorschläge durch jedes Mitglied der Bundesversammlung zu; S. 2 erlaubt dies explizit auch für den zweiten und dritten Wahlgang. Voraussetzung ist allein, daß der Vorschlag schriftlich zu erfolgen hat (S. 1). Dennoch zeigt die bisherige Praxis in der Bundesversamm-

[363] *Meyn* (Fn. 309), Art. 63 Rn. 24; die Wortwahl scheint nicht auf einen zwingenden neuerlichen Wahlgang abzuzielen.

[364] *Schneider* (Fn. 313), Art. 63 Rn. 8; *Schröder*, Bildung (Fn. 312), § 65 Rn. 22 (Zitat); *Hermes* (Fn. 313), Art. 63 Rn. 41. Wohl auch *Stern*, Staatsrecht II (Fn. 89), S. 254, der nach mehreren Wahlgängen mit diesem Ausgang eine Pflicht des Bundespräsidenten zur Parlamentsauflösung erkennt. Ihnen folgend *Paudtke*, Parlament (Fn. 308), S. 48 f.

[365] *Herzog* (Fn. 313), Art. 63 Rn. 45 (Zitat, der ebd. aber auch von einem „immer aussichtsloser und unwürdiger werdenden Wahlverfahren" spricht); *W.-R. Schenke*, Bildung (Fn. 312), S. 61.

[366] *Herzog* (Fn. 313), Art. 63 Rn. 44.

[367] Allg. Auffassung, vgl. nur *Pieroth* (Fn. 315), Art. 63 Rn. 5 sowie *Hermes* (Fn. 313), Art. 63 Rn. 41.

[368] BP-WahlG vom 25. April 1959, BGBl. I, S. 230. – Eine ausführliche Analyse des Verfahrens findet sich unter D.

lung nicht den geringsten Anhaltspunkt für den Mißbrauch des Vorschlagsrechts oder gar eine Schwemme an Vorschlägen, die zur Gefährdung der Wahl führen könnte[369]. 1994 beispielsweise stehen sich fünf Kandidaten gegenüber[370]. Die Wiederwahl Richard von Weizsäckers durch die 10. Bundesversammlung erfolgte gar ohne Gegenkandidaten, in der 12. traten im ersten Wahlgang nur Gesine Schwan (SPD) und Horst Köhler (CDU/CSU) gegeneinander an; 2009 wurde Horst Köhler trotz zweier Gegenkandidaten bereits im ersten Wahlgang mit absoluter Mehrheit gewählt; selbiges galt freilich für den parteiübergreifend nominierten Joachim Gauck[371].

Die angeführten Beispiele sollten hinreichend verdeutlicht haben, daß das Verfahren innerhalb der Bundesversammlung mit immerhin mehr als zwölfhundert Abgeordneten trotz individuellen Vorschlagsrechts anstandslos funktioniert; teils mit einem Sieger im ersten, teils aber auch erst im letzten Wahlgang, mal mit und mal ohne Gegenkandidaten. Warum dies nicht gleichermaßen auch im Rahmen der Wahl des Bundeskanzlers mit dann immerhin nur noch halb so vielen potentiellen Antragstellern erwartet werden kann, sondern sich die Abgeordneten ihrer Verantwortung und der eher negativen Außenwirkung irrationaler Wahlvorschläge nicht gewahr sein sollen, bleibt unklar.

Darüber hinaus ist nicht nur der einzelne Abgeordnete in seinem Antragsrecht beschränkt, sondern sind dies auch die Fraktionen, die das Antragsquorum nicht erreichen. Die Benachteiligung der kleineren Fraktionen war in der gerade abgelaufenen 17. Legislaturperiode frappierend: so erfüllten beachtenswerterweise vier von insgesamt fünf Fraktionen (mit zusammen immerhin 383 Abgeordneten[372], was über 61% der Abgeordneten entsprach!) das Antragsviertel von 156 Abgeordneten nicht.

---

[369] Vgl. zusammenfassend die Kurzchronik zu den Verfahren in der 1. bis 14. Bundesversammlung unter http://www.bundestag.de/bundestag/aufgaben/weitereauf gaben/bundesversammlung/dokumentation.pdf (März 2012) sowie *Hermes* (Fn. 313), Art. 63 Rn. 30 m. Fn. 134.

[370] Dies sind im Einzelnen R. Herzog für die CDU/CSU, Johannes Rau für die SPD, Hildegard Hamm-Brücher für die FDP, Jens Reich für BÜNDNIS 90/Die Grünen und Hans Hirzel für die Republikaner. Nachdem der Kandidat von BÜNDNIS 90/Die Grünen Jens Reich für den zweiten Wahlgang und Hildegard Hamm-Brücher (FDP) für den dritten Wahlgang nicht mehr zur Verfügung stehen, fällt die Entscheidung zugunsten Roman Herzogs im dritten Wahlgang – aufgrund des dann ebenfalls ausreichenden relativen Mehrheitserfordernisses wäre die Wahl entsprechend erfolgt, auch wenn die beiden Kandidaten nicht auf ihre Kandidatur verzichtet hätten.

[371] Vgl. hierzu unter http://www.bundestag.de/dokumente/textarchiv/2012/3822 8038_kw11_bv_sonntag/index.jsp (November 2013) zur 15. Bundesversammlung.

[372] Vgl. hierzu Fn. 343.

(2) Erfordernis der Kanzlermehrheit in den ersten beiden Wahlphasen

Das Erfordernis einer absoluten Mitgliedermehrheit für die Wahl des Bundeskanzlers im Rahmen der ersten beiden Wahlphasen überzeugt. Es stellt sicher, daß der zukünftige Regierungschef (jedenfalls zu Beginn seiner Amtszeit) über den für eine gewinnbringende Regierungsarbeit erforderlichen Rückhalt im Bundestag verfügt. Damit wird das Ziel der Verfassunggeber erreicht, die die gesamte Kanzlerwahl auf Regierungsstabilität ausgerichtet haben und die Minderheitenkanzlerschaft nur als ultima ratio ansahen. Gleichzeitig besteht seitens des Bundespräsidenten im Falle der Wahl durch eine absolute Mehrheit des Bundestages keine andere Möglichkeit, als den Gewählten zu ernennen.

Ob der „feste Zusammenhang“[373] allerdings von Dauer sein wird oder die Bundesregierung in der Zukunft die parlamentarische Mehrheit nicht mehr hinter sich wissen kann, vermag das Erfordernis der Kanzlermehrheit bei der Wahl selbstverständlich nicht zu gewährleisten. Ein noch höheres Mehrheitserfordernis wiederum wurde durch die Verfassungsväter nicht ins Auge gefaßt[374] und wäre auch unter keinem Gesichtspunkt förderlich: zunächst würde die Kanzlerwahl unnötig erschwert, wenn stets eine immense Dominierung des Bundestages mit 60% der Stimmen oder gar Zweidrittelmehrheit erforderlich wäre, um einen neuen Regierungschef zu bestimmen. Des weiteren wären Koalitionen aus drei und mehr Partnern an der Tagesordnung, die ihrerseits schon die Gefahr der Instabilität in sich trügen. Welche besondere Stellung indes bereits das absolute Mehrheitserfordernis im Gesamtgefüge einnimmt, zeigt schon seine Benennung als „Kanzlermehrheit“, dem einzigen Fall nämlich, in dem ein Mehrheitserfordernis nach dem Entscheidungsinhalt umbenannt wird und dieses auch in anderen Konstellationen begriffsprägend wirkte[375].

---

373 *Schröder*, Bildung (Fn. 312), § 65 Rn. 35.

374 So wurde bei den Beratungen auf Herrenchiemsee festgelegt, daß das Erzielen der Mehrheit der Stimmen der Mitglieder des Bundestages „ausreichen, aber auch unerläßlich“ sein sollte: Verfassungsausschuß der Ministerpräsidenten der westlichen Besatzungszone, Bericht über den Verfassungskonvent auf Herrenchiemsee vom 10.8. bis zum 23.8.1948, Darstellender Teil, S. 43.

375 Ergänzt sei, daß allerdings in rein terminologischer Hinsicht unklar bleibt, warum der Grundgesetzgeber in Abs. 2 die „Mehrheit der Mitglieder“ als erforderliche Bezugsgröße anordnet und Abs. 3 die Stimmen „von mehr als der Hälfte seiner Mitglieder“ verlangt, obgleich beide aufeinanderfolgenden Absätze das identische Mehrheitserfordernis anordnen wollen: zumindest ein „Schönheitsfehler“ der Norm; so bereits früh *W. Jellinek*, Kabinettsfrage 1949 (Fn. 167), S. 381, der ebd. (S. 382) auch einen Formulierungsvorschlag für den gesamten Art. 63 GG unterbreitet.

bb) Die Wahl des Bundeskanzlers in der dritten Wahlphase

(1) Entbehrlichkeit des Wahlvorschlags einer Ein-Viertel-Minderheit?

Die gesetzlich angeordnete Anwendung des § 4 S. 2 GO-BT entbehrt im Rahmen von Art. 63 Abs. 4 GG zumindest in der festgeschriebenen Quorumshöhe jeglicher Logik. Wie aufgezeigt, ist in der dritten Wahlphase gewählt, wer die relativ meisten Stimmen erreicht. Folgt man der herrschenden Auffassung, soll aber zur Verhinderung möglicher Manipulationen das Beschlußquorum des § 45 Abs. 1 GO-BT hier nicht gelten. Im Ergebnis (und im Extremfall) könnte dies bei Anwendung des § 4 S. 2 GO-BT bedeuten, daß wenigstens ein Viertel der Abgeordneten einen Kanzlerkandidaten vorschlagen müßte, zu der Wahl selbst aber deutlich weniger Abgeordnete als das Vorschlagsviertel erforderlich sind, wenn auf Alternativkandidaten kaum weniger Stimmen als auf den Sieger entfallen bzw. viele Enthaltungen anfallen. Dazu kommt noch, daß in dem Vorschlagsquorum eine unzulässige und nicht zu rechtfertigende Beschränkung des Antragsrechts des einzelnen bzw. der in Fraktionsstärke zusammengeschlossenen Abgeordneten – und damit in der Folge auch seines resp. ihres Wahlrechts – zu sehen ist.

Andererseits jedoch besteht gerade in der dritten Wahlphase weit mehr als in den vorangegangenen die Gefahr der Aufstellung einer Mehrzahl von Kandidaten. Diese werden in den ersten Wahlgängen zumeist keine realistische Wahlchance sehen und daher auf eine Nominierung verzichten (bzw. am GO-BT-Quorum scheitern). Nun aber, wo das Quorum keine Geltung mehr für sich beanspruchen können soll und bereits eine relative Mehrheit der Abstimmenden genügt, ist die Chance des Wahlerfolgs auch eines an sich nicht mehrheitsfähigen Kandidaten ungleich größer. Demgegenüber geht für den Minderheitenkanzler mit steigender Anzahl der Wahlwerber tendenziell eine Reduzierung der auf ihn entfallenden Stimmen einher. Statt wie die h. M. contra legem auf das Antragserfordernis in Wahlphase drei zu verzichten, wäre eine Anpassung der GO-BT zum Zwecke der Reduzierung des Quorums – beispielsweise auf Fraktionsgröße auf der dritten Stufe – sinnvoll. Gerade im letzten Wahlgang auf ein solches zu verzichten, führt aber zu höherer Instabilität, als das nicht überzeugende Festhalten am Antragsviertel in den Phasen eins und zwei.

(2) Entbehrlichkeit des Beschlußquorums aus § 45 Abs. 1 GO-BT?

Wie bereits angesprochen, soll das Mindestanwesenheitsquorum von der Hälfte der Mitglieder des Bundestages – unabhängig von der Umgehungsmöglichkeit über § 45 Abs. 2 S. 1 GO-BT – in der dritten Wahlphase keine

Geltung mehr beanspruchen. An dieser Stelle scheint jedoch die Angst der Grundgesetzgeber vor der Nichtwahl eines Bundeskanzlers alle Befürchtungen vor einer instabilen und nicht von der Parlamentsmehrheit getragenen Kanzlerschaft überschattet zu haben: galten letztgenannte Aspekte während der ersten beiden Wahlphasen des Art. 63 GG als die wesentliche Rechtfertigung der absoluten Mitgliedermehrheit, haben die Verfassungsväter ihre Bedenken nunmehr zugunsten eines unter Umständen nur mit geringer relativer Mehrheit gewählten Minderheitenkanzlers offenbar aufgegeben.

Zwar mag der Bundespräsident über die „Stabilitätsreserve"[376] der Auflösung des Bundestages über Art. 63 Abs. 4 S. 3 GG noch die Regentschaft des Minderheitenkanzlers verhindern können. Welches Ergebnis die anschließenden, nach Art. 39 Abs. 1 S. 4 GG binnen sechzig Tagen stattfindenden Neuwahlen jedoch bringen, bleibt dann jeweils abzuwarten und wird vermutlich den Bundespräsidenten bei seiner Entscheidung leiten. Erneut jedoch hat er die nicht gerade dankenswerte Aufgabe des von Politik und Öffentlichkeit kritisch beäugten „Züngleins an der Waage" zu übernehmen. Im übrigen wirkt die Angst des Verfassunggebers vor einem Machtvakuum angesichts der Regelung des Art. 69 Abs. 3 GG, durch die die (alte) Bundesregierung zur kommissarischen Weiterführung der Amtsgeschäfte bis zur Wahl eines Nachfolgers verpflichtet werden kann, überhöht.

(3) Erfordernis relativer resp. einfacher Mehrheit

Losgelöst von der auch hier nicht ganz präzisen Formulierung der Norm, kann die in der dritten Wahlphase zur Anwendung kommende einfache Mehrheit überzeugen. Sie gewährleistet, daß – vorbehaltlich des Plazets des Bundespräsidenten – ein Bundeskanzler auch mit einer geringeren als der absoluten Mitgliedermehrheit gewählt werden kann. Sogar für den Fall, daß mehrere Kandidaten ins Rennen geschickt werden, bietet Art. 63 Abs. 4 S. 1 GG mit der ebenfalls ausreichenden relativen Mehrheit der Stimmen einen Weg zur erfolgreichen Kanzlerwahl. Zugleich ist die Absenkung des Mehrheitserfordernisses nicht systemwidrig, sondern stellt im Sinne eines notwendigen, klaren Abschlusses des Wahlverfahrens das bis zu diesem Moment vorrangige Ziel zu maximierender Regierungsstabilität zurück. Ob es dem Minderheitenkanzler dauerhaft gelingt, die Regierungsgeschäfte gewinnbringend zu führen, bleibt natürlich abzuwarten und darf nicht mit allzu großen Erwartungen verbunden werden.

---

376 *Meyn* (Fn. 309), Art. 63 Rn. 24.

(4) Die Behandlung der Stimmengleichheit

Der seitens der h.M. gewählte Umgang mit der Stimmengleichheit kann im Rahmen von Art. 63 GG nicht vollends überzeugen. Während in den ersten beiden Wahlphasen die Behandlung der Stimmengleichheit zurecht keine Rolle spielt, da in diesem Fall das absolute Mehrheitserfordernis verfehlt wurde und niemand für diesen Fall einen Stichentscheid in Erwägung zieht, ist im Rahmen der dritten und letzten Wahlphase umstritten, welche Konsequenz aus dem (wenngleich unwahrscheinlichen) Fall von Stimmengleichheit zwischen zwei Kanzlerkandidaten zu ziehen ist.

(a) Zwang zu endlosen Wahlgängen?

Wünschenswert wäre es gewesen, wenn der Verfassunggeber zur Vermeidung von Unklarheiten für die letzte Wahlphase eine verbindliche Regelung für den Fall der Stimmengleichheit getroffen hätte, die beispielsweise in einer maximal zweimaligen Wiederholung der Wahl hätte liegen können. Schließlich zeigt die Erfahrung, daß Wahlwiederholungen kaum zu anderen Ergebnissen führen und ein „immer aussichtsloser und unwürdiger werdende(s) Wahlverfahren“[377] droht, da gerade im Bundestag entsprechende parteipolitische Vorbindungen bestehen. Die fortwährende Wiederholung der Kanzlerwahl bis zum Erreichen einer, wenn auch noch so geringen relativen Mehrheit, wie sie von Literaturstimmen vorgeschlagen wird, ist noch aus einem weiteren Grund nicht überzeugend: letztlich hätte eine Ein-Stimmen-Mehrheit im sechsten Wahlgang nur gezeigt, daß ein Abgeordneter entgegen seiner in den vorigen Wahlgängen zum Ausdruck gekommenen Meinung einen anderen Kandidaten gewählt hat – und dies am Ende womöglich nur, weil er nach fünf Wahlgängen (ohne Aussprache!) mürbe geworden ist und dem scheinbar unendlichen Treiben ein Ende bereiten möchte – nicht jedenfalls, weil er nunmehr der größeren Kompetenz eines anderen Kandidaten gewahr geworden ist. Aufgrund der geheimen Abstimmung hätte er jedenfalls keine fraktionsinternen Konsequenzen zu befürchten.

(b) Wahlgänge nur bis zum Entstehen „verhärteter Fronten“?

Die vermittelnde Ansicht, die Wahlgänge bis zu dem Zeitpunkt fordert, in dem sich die Abstimmungsfronten festgefahren haben, verkennt das vage Moment, das einer solchen nicht überprüfbaren Prognoseentscheidung innewohnt. So kämen einige doch eventuell bereits nach einem Wahlgang zu dem Ergebnis, die Situation sei verhärtet, während andere, für den Fall von

[377] *Herzog* (Fn. 313), Art. 63 Rn. 45.

Neuwahlen vielleicht um ihren Sitz im Bundestag bangende Abgeordnete, indes noch Einigungspotential sähen. Kurzum: wann der Bundespräsident die Fronten für unbeweglich hält, ist nicht anhand verbindlicher, allgemein anerkannter Kriterien zu beurteilen. Mit seiner Prognose wird er sich unausweichlich der Kritik einzelner Abgeordneter, wenn nicht sogar ganzer politischer Flügel ausgesetzt sehen. Im äußersten Fall könnte ihm sogar die eigene politische Herkunft als Beeinflussungskriterium für die Auflösungsentscheidung vorgeworfen werden.

Es wäre daher generell sinnvoller gewesen, für die Wahl des Bundeskanzlers eine Frist (denkbar wären ein, ggf. auch zwei Monate) festzulegen, deren Verstreichen die automatische (und nicht ermessensabhängige) Auflösung des Bundestages zur Folge hätte – ähnlich wie es bereits die II. Alternative zu Art. 88 HChE[378] vorgesehen hatte. In den Beratungen des Parlamentarischen Rats schlug man hingegen im ersten Entwurf für die Norm einen anderen Weg ein, der die Rolle des Bundespräsidenten hervorheben sollte[379]: gemäß Art. 87 Abs. 1 S. 1 benannte der Bundespräsident dem Bundestag den Bundeskanzler, woraufhin der Bundestag zehn Tage Zeit haben sollte, dem Benannten mit mehr als der Hälfte der Stimmen der gesetzlichen Mitgliederzahl das Vertrauen auszusprechen oder zu verweigern (S. 2).

Auch was das Folgeverfahren bei Fehlschlagen der ersten Wahlrunde im allgemeinen und die Fristen im besonderen betrifft, waren die damaligen Vorschriften inhaltlich konkreter ausgestaltet und stellten letztendlich die zeitnahe Findung eines Regierungschefs sicher: Bei Verneinung der ersten „Vertrauensfrage" (Art. 87 Abs. 2) nämlich schließt sich ein neuer Vorschlag des Bundespräsidenten an; erst bei nochmaliger Verneinung geht das Vorschlagsrecht auf den Bundestag über, wobei auch hier die starre 10-Ta-

---

378 Die II. Alternative zu Art. 88 HChE lautete: „Macht der Bundestag von dem Recht der Benennung des Bundeskanzlers nicht binnen eines Monats seit Erledigung des Amts Gebrauch, so ist er aufgelöst. Die Frist beginnt mit dem ersten Zusammentritt des Bundestags, mit dem Rücktritt des Bundeskanzlers oder mit seinem Tod."; vgl. Ministerpräsidenten, Bericht (Fn. 374), S. 73 f.

379 Der erste Vorschlag zu Art. 87 im Parlamentarischen Rat lautete: „Der Bundeskanzler wird vom Bundespräsidenten ernannt. (1) Der Bundespräsident benennt den Bundeskanzler dem Bundestag. Letzterer hat innerhalb von 10 Tagen mit mehr als der Hälfte der Stimmen der gesetzlichen Mitgliederzahl zu entscheiden, ob er dem Benannten sein Vertrauen ausspricht. (2) Wird die Vertrauensfrage verneint, so macht der Präsident einen neuen Vorschlag. (3) Findet auch der neue Vorschlag nicht die erforderliche Mehrheit im Bundestage, so ist dieser seinerseits verpflichtet, binnen 10 Tagen einen Bundeskanzler zu benennen. (4) Kommt der Bundestag dieser Verpflichtung nicht nach, so kann der Bundespräsident den Kanzler auf Vorschlag des Bundesrates ernennen. (5) Hat der Bundespräsident den Bundeskanzler auf Vorschlag des Bundesrates ernannt, so hat er während der ganzen Wahlperiode das Recht, den Bundestag aufzulösen." (Sten.Prot., S. 96).

ges-Frist gilt (Abs. 2 u. 3). Käme der Bundestag seinen Verpflichtungen nicht oder nicht fristgemäß nach, ginge das Vorschlagsrecht auf den Bundesrat als „Legalitätsreserve"[380] über (Abs. 4) und dem Bundespräsidenten bliebe während der gesamten Legislaturperiode das Recht, den Bundestag aufzulösen (Abs. 5).

(c) Lösungsmöglichkeit über einen Losentscheid?

Kritiker der bereits in den 1950er Jahren vertretenen Auffassung zur Herbeiführung eines Losentscheids zwischen den Kandidaten befürchten die umgehende Instabilität der neuen Regierung[381] und werten den Losentscheid als der Bedeutung des zu besetzenden Amtes unangemessen[382]. Eine weitergehende Begründung, warum die Autoren diese Befürchtung hegen bzw. das Verfahren für inadäquat halten, bleiben sie indes schuldig. Warum der Hergang mit scheinbar nicht enden wollenden Wahlgängen eine größere Stabilität und Akzeptanz der neuen Bundesregierung einher brächte als ein klarer Losentscheid, ist m. E. nicht stichhaltig begründet. Und auch die Regierungsstabilität wird auf diesem Weg kaum erhöht sein: der Abgeordnete, der allein das Ende des Wahlprozederes im Auge hätte, wird sich schließlich zukünftig nicht an die Unterstützung des neu gewählten Kanzlers gebunden fühlen.

Von „Unwürdigkeit" eines Losentscheidverfahrens kann darüber hinaus aus einem weiteren Grund kaum die Rede sein: die vorliegende Untersuchung hat bereits aufgezeigt – und wird es in der Folge auch noch an mehreren Stellen tun, insofern sei ein vager Ausblick erlaubt –, daß das Losverfahren anerkanntermaßen Anwendung findet, so beispielsweise bei Stimmengleichheit zwischen Bundestagsbewerbern sowohl im Rahmen der Erststimmen- als auch der Zweitstimmenauszählung[383]. Zugleich ist zu beachten, daß durch Stichentscheid ein unendliches Wahlverfahren ebenso wie ein Machtvakuum vermieden und Rechtssicherheit und -klarheit – wenn auch durch die Einschaltung eines Zufallsmoments – geschaffen würde. Gerade dies sind die wesentlichen Intentionen der Verfassungsväter gewesen.

---

380 Die „Legalitätsreserve Bundesrat" wurde schließlich aufgegeben, „weil es dann die gegebene Ausweichstelle ist, die von dem Zwang zur Entscheidung entlastet. Man [müsse] dann dem Parlament die Verantwortung schon deutlich geben, damit es nicht sagen kann: Wir kommen nicht weiter. Es liegt ein Erziehungszwang drin, wenn wir auf die Bundesratsreserve verzichten" (Abg. Heuss [FDP], Sten.Prot., S. 408).

381 *Meyn* (Fn. 309), Art. 63 Rn. 24.

382 So *Herzog* (Fn. 313), Art. 63 Rn. 45.

383 Vgl. hierzu vertiefend die zur Erststimme unter A. I. 2. b) sowie zur Zweitstimme unter A. I. 3. c) gemachten Ausführungen.

2. Die Neuwahl eines Bundeskanzlers durch konstruktives Mißtrauensvotum

Das zentrale Merkmal, die „systemprägende Kraft" eines parlamentarischen Regierungssystems stellt die Fähigkeit des Parlaments zum Regierungssturz dar[384]. Auch in der Bundesrepublik besteht diese Option aufgrund von Art. 67 GG, der mit einer modifizierten Abwahl des bisherigen Regierungschefs das Gegenstück zum gerade ausgebreiteten Kanzlerwahlverfahren bildet. Im Rahmen von Art. 67 Abs. 1 GG handelt es sich um ein konstruktives Mißtrauensvotum, da uno actu mit der Abwahl des alten Regierungschefs aus Gründen der Handlungsfähigkeit und Stabilität des politischen Systems ein Nachfolger im Amt des Bundeskanzlers zu wählen ist. Dem Amtsinhaber wird folglich durch eine Neuwahl das Mißtrauen ausgesprochen[385]. In der Abkehr vom negativen, rein destruktiven Mißtrauensvotum sowie von der Möglichkeit der Kanzlerentlassung erkannte W. Jellinek bereits 1950 „zwei Quellen politischer Unzuträglichkeit der früheren Zeit, (die durch) das Bonner Grundgesetz verstopft" wurden[386]. Angesichts des geltenden Verfahrens wird offenbar, daß der Bundeskanzler (und mit ihm selbstredend die gesamte Regierung, Art. 69 Abs. 2 Hs. 2 GG) nicht nur bei der Wahl, sondern auch hinsichtlich seines Amtes (resp. des Regierungsbestandes) vom Vertrauen der Parlamentsmehrheit abhängig ist[387]. Die Regelung des Art. 67 GG beinhaltet das einzige Mittel, einen Bundeskanzler ohne Mitwirken und vor allen Dingen gegen seinen Willen abzulösen. Daneben kann das Amt des Bundeskanzlers durch eigenen Rücktritt,

---

[384] *Schröder*, Regierungssystem (Fn. 308), S. 449 (Zitat); *Pietzner*, Grundgedanken (Fn. 314), S. 453; *Oppermann*, Regierungssystem (Fn. 66), S. 19 f.; *G. Hermes*, in: Dreier, GG (Fn. 17), Art. 67 Rn. 6, 8.

[385] Vgl. *Stern*, Staatsrecht I (Fn. 18), S. 989 f.; *Burkiczak*, Kanzlerwahl (Fn. 317), S. 467; *Schröder*, Bildung (Fn. 312), § 65 Rn. 35; *ders.*, Regierungssystem (Fn. 308), S. 449 f. – Die Vorschläge im Parlamentarischen Rat hatten die Gefahr eines Machtvakuums zwar durchaus immer im Blick, es waren dennoch lange Zeit Ausgestaltungen im Umlauf, nach denen die Aussprache des Mißtrauens mit absoluter Mitgliedermehrheit erfolgen mußte und dem Bundespräsidenten zeitgleich ein möglicher Nachfolger zu präsentieren war (vgl. JöR 1, S. 443 ff.). Ein Nachfolger hätte bei dieser Ausgestaltung aber erst noch im Kanzlerwahlverfahren (mit den typischen Unsicherheitsfaktoren) gewählt werden müssen.

[386] *W. Jellinek*, Kabinettsfrage 1950 (Fn. 61), S. 5. – Dieser Einschätzung tritt Jahrzehnte später entgegen *Schröder*, Regierungssystem (Fn. 308), S. 449 f.: „*nicht* ursächlich für die Stabilität des politischen Systems geworden" (449; Hervorhebung i. O.).

[387] *U. Mager*, in: v. Münch/Kunig, GG (Fn. 123), Art. 67 Rn. 1; *Hermes* (Fn. 384), Art. 67 Rn. 6, 8; *Schröder*, Regierungssystem (Fn. 308), S. 449; aus politikwissenschaftlicher Sicht: *W. Ismayr*, Parlamentarismus in Deutschland, 1998, S. 11.

Vertrauensfrage oder gemäß Art. 69 Abs. 2 Hs. 1 GG mit dem Zusammentritt des neu gewählten Bundestages enden[388].

a) Antrag aus der Mitte des Bundestages

Das Grundgesetz enthält keine näheren Bestimmungen, die die Einleitung des konstruktiven Mißtrauensverfahrens betreffen. Zieht man die GO-BT hinzu, finden sich in § 97 weitergehende Regelungen zum Verfahrensgang. Die Norm bestimmt in Abs. 1 S. 2 zunächst, daß ein Antrag auf Entlassung[389] des bisherigen Bundeskanzlers in der Weise zu stellen ist, daß dem Bundestag in diesem namentlich ein Nachfolger benannt wird. Das Ersuchen muß zusätzlich von einem Viertel der gesetzlichen Mitgliederzahl des Bundestages oder einer Fraktion von mindestens derselben Stärke unterzeichnet sein. Zulässig ist auch, gleich mehrere Anträge – mit typischerweise verschiedenen potentiellen Nachfolgern (dies ist jedoch nicht obligat) – zu stellen, § 97 Abs. 2 S. 1 GO-BT. Neben den Bundestagsabgeordneten sind keine weiteren Personen antragsberechtigt[390].

b) Verfahren und Mehrheitserfordernis

Sind seit dem Mißtrauensantrag mindestens achtundvierzig Stunden vergangen[391] (Art. 67 Abs. 2 GG), kann der Bundestag den Antrag durch Unterstützung seitens der Mehrheit der Parlamentsmitglieder, Art. 67 Abs. 1 S. 1 GG i. V. m. Art. 121 GG, in ein Mißtrauensvotum wandeln. In diesem Votum untrennbar enthalten sind Entlassungsersuchen für den amtierenden Bundeskanzler an den Bundespräsidenten und Wahl des Nachfolgers. Zu keinem Zeitpunkt finden getrennte Abstimmungen nach den Sparten Mißtrauensbekundung und Neuwahl eines Kanzlers statt. In Anerkennung der Vollwertigkeit einer Minderheitenkanzlerschaft unterscheidet Art. 67 GG

---

388 *Burkiczak*, Kanzlerwahl (Fn. 317), S. 466; das Rücktrittsrecht des Bundeskanzlers besteht insofern als ungeschriebenes Recht.

389 Hierbei dürfte die Neuwahl eines Nachfolgers auch ohne ausdrückliches Gesuch auf Entlassung diese Wirkung mit sich bringen: *H. G. Ritzel/J. Bücker/H. J. Schreiner*, Handbuch für die parlamentarische Praxis mit Kommentar zur Geschäftsordnung des Deutschen Bundestages, § 97 (1987), Anm. I.2.a.dd.

390 Insbesondere wäre hier an den Bundespräsidenten zu denken gewesen, der bekanntermaßen bei der Kanzlerwahl ein Vorschlagsrecht ausübt; vgl. auch *E. Brandt*, Die Bedeutung parlamentarischer Vertrauensregelungen, 1981, S. 55; *W.-R. Schenke*, in: BK-GG (Fn. 309), Art. 67 (1999), Rn. 52; *R. Herzog*, in: Maunz/Dürig, GG (Fn. 18), Art. 67 (2008), Rn. 20, 25; *Hermes* (Fn. 384), Art. 67 Rn. 13; *H. B. Brockmeyer*, in: Schmidt-Bleibtreu/Hofmann/Hopfauf, GG (Fn. 119), Art. 67 Rn. 12.

391 Zur genauen Fristberechnung s. *Hermes* (Fn. 384), Art. 67 Rn. 15.

weder im Verfahren noch beim Mehrheitserfordernis zwischen einem Mißtrauensantrag gegenüber einem Minderheitenkanzler und einem mehrheitlich legitimierten[392].

Stehen mehrere Kandidaten zur Wahl, wird nur in einem einzigen, geheim stattfindenden Wahlgang über die Anträge abgestimmt. So bestimmt es ausdrücklich § 97 Abs. 2 S. 1 GO-BT und erteilt damit einzelnen, sukzessive (beispielsweise nach Antragseingang) stattfindenden Wahlgängen genauso eine Absage, wie (im Zusammenspiel mit Art. 67 Abs. 1 S. 1 GG) der Reduktion des Erfordernisses absoluter Mitgliedermehrheit, die ja bei mehreren Aspiranten in der letzten Phase der Kanzlerwahl nach Art. 63 Abs. 4 GG vorgenommen wird. Die Einschränkung der Durchführung des Verfahrens in nur einem Wahlgang soll allerdings dann nicht mehr gelten, wenn die Abstimmung über den ersten Antrag durch weitere Anträge, über die jeweils um das achtundvierzigstündige Zeitfenster verschoben zu entscheiden wäre, unverhältnismäßig lange verzögert würde – und zwar unabhängig davon, ob der Antragsteller mit dem verschleppten Antrag mißbräuchliche Absichten verfolgt oder nicht[393].

Der mit Kanzlermehrheit Gewählte besitzt von Seiten des Grundgesetzes dieselbe Legitimation, wie sie einem auf Grund von Art. 63 GG außerhalb eines parlamentarischen Mißtrauensverfahrens gekürten Bundeskanzler vermittelt wird[394]. Dies hat selbst dann zu gelten, wenn der Weg über das konstruktive Mißtrauensvotum nur gegangen wird, damit der dann neu Gewählte umgehend über die zu verlierende Vertrauensfrage die Voraussetzung für Neuwahlen schafft: Die Mehrheit für den Mißtrauensantrag ist erreicht und der Bundespräsident nicht in der Lage, die Motive der Betreiber des Antrags zu würdigen[395].

---

[392] Vgl. *Puhl*, Minderheitsregierung (Fn. 322), S. 182 f.; *Paudtke*, Parlament (Fn. 308), S. 58. – Zur Frage, ob ein Mißtrauensantrag auch gegen den geschäftsführenden Bundeskanzler betrieben werden kann, *Brandt*, Bedeutung (Fn. 390), S. 83 ff.

[393] *Ritzel/Bücker/Schreiner*, GO-BT (Fn. 389), § 97 (1987), Anm. III.d; *V. Epping*, in: v. Mangoldt/Klein/Starck, GG, (Fn. 119), Art. 67 Rn. 13. – Für die strikte Einhaltung der Frist bereits ab dem ersten Antrag *Münch*, Bundesregierung (Fn. 316), S. 176 f. Spätere Anträge seien verfristet, ansonsten drohten „immer neue Gegenvorschläge von Freunden des gefährdeten Kanzlers“ (ebd.).

[394] BVerfGE 62, 1 (43: „volle demokratische Legitimität“); *M. Oldiges*, in: Sachs, GG (Fn. 119), Art. 67 Rn. 22b; *Epping* (Fn. 393), Art. 67 Rn. 13; *Schröder*, Bildung (Fn. 312), § 65 Rn. 36.

[395] H.M.: *Epping* (Fn. 393), Art. 67 Rn. 18; *Oldiges* (Fn. 394), Art. 67 Rn. 27a; *Hermes* (Fn. 384), Art. 67 Rn. 18; *Brockmeyer* (Fn. 390), Art. 67 Rn. 16; a. A.: *Herzog* (Fn. 390), Art. 67 Rn. 17; *Münch*, Bundesregierung (Fn. 316), S. 177; äußerst kritisch zur vorgrundgesetzlichen Regelung *C. Schmitt*, Verfassungslehre (1928), 8. Aufl. 1993, S. 345, der nicht so recht die Entscheidung einer Mehrheit

Wird die Mehrheit indes verfehlt, ist das konstruktive Mißtrauensvotum endgültig gescheitert[396]. Wie bereits oben angeführt, existiert ein nach unten gestaffeltes Verfahren wie im Rahmen der Wahl nach Art. 63 GG, in dem dann geringere Mehrheiten für die Aussprache des Mißtrauens und Neuwahl des Nachfolgers genügen, auch bei nur einem Bewerber nicht[397].

c) Stellungnahme

Das Antragsquorum des § 97 Abs. 1 S. 2 GO-BT betreffend bestehen keine Kritikpunkte. Zwar ist die Norm den inhaltlichen Voraussetzungen nach mit dem Quorum aus der Parallelnorm § 4 GO-BT deckungsgleich; mangels Reduktion des Mehrheitserfordernisses in folgenden Wahlgängen stellt sich die im Rahmen der Wahl des Bundeskanzlers diskutierte Problematik demgegenüber hier nicht.

Das absolute Mehrheitserfordernis bei der Abstimmung ist schon deshalb erforderlich, weil die Aussprache des Mißtrauens durch die Neuwahl eines Bundeskanzlers erfolgt, die ja im Regelfall nach Art. 63 Abs. 2 S. 1 GG das Erzielen der sogenannten Kanzlermehrheit voraussetzt. Dadurch ist, was die verschiedenen Mehrheitserfordernisse betrifft, eine untere Zustimmungsquote gezogen. Andererseits stellt Art. 67 Abs. 1 S. 1 GG auch keine gesteigerten Abstimmungsvoraussetzungen an ein Mißtrauensvotum resp. die Neuwahl eines Bundeskanzlers im Vergleich zur ursprünglichen Wahl des Regierungschefs nach einer Bundestagswahl. In diesem Kontext hätte man schließlich auch zwischen der Wahl des Bundeskanzlers nach dem Zusammentritt des neuen Bundestages und der Abwahl eines vormals durch Kanzlermehrheit bestimmten Regierungschefs differenzieren und für letztere erhöhte Mehrheiten vorsehen können. Daß dies nicht geschah, überzeugt aus folgendem Grund: an die Abwahl eines Amtsträgers sollten keine erhöhten Anforderungen als an seine ursprüngliche Wahl angelegt werden, gehört es schließlich zu einem parlamentarischen Regierungssystem, daß eine von der Parlamentsmehrheit gewählte (und damit mit dem entsprechenden Vertrauen ausgestattete) Regierung jederzeit abberufen werden kann, wenn das Parlament den Volkswillen durch die Regierung nicht mehr hinreichend repräsentiert sieht.

---

feststellen möchte, wenn diese auseinanderfallende, vielleicht sogar konträre Interessen verfolgt.

[396] *Brockmeyer* (Fn. 390), Art. 67 Rn. 17; *Mager* (Fn. 387), Art. 67 Rn. 6; *Herzog* (Fn. 390), Art. 67 Rn. 32; *Schröder*, Bildung (Fn. 312), § 65 Rn. 39; *Brandt*, Bedeutung (Fn. 390), S. 55. – Freilich bleibt den Antragstellern die erneute Einbringung eines Mißtrauensantrags unbenommen.

[397] *Münch*, Bundesregierung (Fn. 316), S. 176; *Oldiges* (Fn. 394), Art. 67 Rn. 26; *W.-R. Schenke* (Fn. 390), Art. 67 Rn. 66.

In einer ganz bestimmten Konstellation jedoch wirkt die Balance zwischen den Mehrheitserfordernissen für die Wahl und den Ausspruch des Mißtrauens nicht gleichmäßig austariert. Ist der amtierende Bundeskanzler nämlich nur von einer Parlamentsminderheit im Verfahren nach Art. 63 Abs. 4 S. 1 i.V.m. S. 3 GG inthronisiert worden, bedarf seine Absetzung (mithin die Wahl eines Nachfolgers) dennoch der absoluten Mitgliedermehrheit im Verfahren nach Art. 67 GG. Aufgrund des nur relativen Mehrheitserfordernisses wurde der Minderheitenkanzler womöglich von einer deutlich unter der absoluten Mitgliedermehrheit des Bundestages liegenden Anzahl Parlamentarier gewählt, kann nun aber nur durch eine wenigstens mit absoluter Mehrheit erfolgende Wahl eines Nachfolgers aus dem Amt gedrängt werden. Dafür, daß die ursprüngliche Amtsübertragung nur im pflichtgemäßen Ermessen des Bundespräsidenten stand und ein Anspruch auf die Minderheitenkanzlerschaft gerade seitens des Gewählten nicht bestand, zeitigt die dennoch erfolgende Ernennung im Falle des aufkommenden Wunsches nach Ablösung erhebliche Konsequenzen.

Andererseits ist es einer absoluten Mehrheit der gesetzlichen Mitglieder des Bundestages verwehrt, dem amtierenden Regierungschef außerhalb des Verfahrens nach Art. 67 GG das Vertrauen zu entziehen und ihn auf diese Weise seines Amtes verlustig werden zu lassen. Dieser rein destruktiven Vorgehensweise einer negativen Parlamentsmehrheit (Carl Schmitt)[398], die bei einmütiger Mißbilligung des amtierenden Kanzlers und gleichzeitigen Differenzen über einen Nachfolger auftreten könnte, ist von Verfassungs wegen ein Riegel vorgeschoben; in Abkehr von Art. 54 Abs. 2 WRV[399] soll nur ein konstruktiv mehrheitsfähiger Bundestag dem Bundeskanzler das Mißtrauen aussprechen können. Gleichsam erfährt die Regierung auf diesem Wege eine gewisse Stabilitätssicherung, da sie nicht zum Spielball sich kurzfristig zusammenfindender Mehrheiten werden kann, denen regelmäßig nicht an der Wahl eines zukünftig gemeinsam getragenen Bundeskanzlers gelegen sein wird. Eine sich zufällig zusammensetzende, allein in ihrem Willen, den Bundeskanzler zu stürzen, geeinte Mehrheit wird im Normalfall leichter erreichbar sein, als eine zur konstruktiven Regierungsbildung bereite. Sofern die erforderliche Mehrheit zustande kommt, spielen die dahinter stehenden Intentionen der sie tragenden Parlamentarier allerdings keine Rolle[400].

---

[398] *Höpker*, Grundlagen (Fn. 7), S. 156 m.w.N. und unter Hinweis auf *Schmitt*, Verfassungslehre (Fn. 395), S. 344 f. Dieser spricht dort (S. 345) ausdrücklich von einer „Übereinstimmung im *Negativen*" (Hervorhebung i.O.).

[399] Die Norm verpflichtete den amtierenden Reichskanzler zum Rücktritt, wenn dies seitens des Reichstags mit Mitgliedermehrheit verlangt wurde. Vgl. zum weiteren Verfahren *Paudtke*, Parlament (Fn. 308), S. 58 f.

[400] So aber vorgrundgesetzlich im Hinblick auf unlautere Absichten *Schmitt*, Verfassungslehre (Fn. 395), S. 345.

Auch die Entscheidung der GO-BT für die Zusammenführung sämtlicher Kandidatenvorschläge in einer einzigen Abstimmung über den Mißtrauensantrag führt zu einer erheblichen Stärkung des amtierenden Kanzlers, da mit steigender Zahl der Wahlwerber die Wahrscheinlichkeit sinkt, daß einer unter ihnen das Erfordernis absoluter Mitgliedermehrheit erreicht. In weiteren Wahlgängen könnten sich die Fraktionen indes besinnen und – weil ein Alternativkandidat immer noch akzeptabler erscheint als der amtierende Regierungschef – einem gemeinsam nominierten Kandidaten die Stimme geben.

Zusammenfassend läßt sich der hinter den gesamten Normen zur Bundeskanzlerwahl und -abwahl stehende Wunsch nach Stabilität und Kontinuität durch Sicherung von Wahl und Verbleib des Bundeskanzlers, ja sogar des Minderheitenkanzlers, konstatieren. Wenn aber die „Bestandssicherung (...) um den Preis einer Minderheitsregierung mit ungewisser Autorität erkauft“[401] wird, scheinen die Grenzen des Verfassungszieles überschritten.

3. Die Vertrauensfrage des Bundeskanzlers

Im Gegensatz zur Neuwahl eines Bundeskanzlers nach Art. 67 Abs. 1 GG geht die Vertrauensfrage auf eine Initiative des Bundeskanzlers selbst zurück. Während Art. 67 GG dem mehrheitsfähigen Bundestag den Sturz des amtierenden Kanzlers ermöglicht, liegt die „Waffe“[402] des Art. 68 GG in der Hand des Bundeskanzlers, jedenfalls wenn er sich einem mehrheitsunfähigen Parlament gegenüber sieht. Er kann mithilfe dieses Instruments seine Stellung stärken, wenn er die (dann als „unechte“ benannte) Vertrauensfrage nicht bewußt verlieren möchte[403]. Die mit dem Antrag auf Aussprache des Vertrauens zusammenhängende Problematik hat im Jahr 2005[404] – hervorgerufen durch die Entscheidung des damaligen Bundeskanzlers Gerhard Schröder, die Vertrauensfrage zu stellen, um mangels Neuwahl eines Nachfolgers (vgl. Art. 68 Abs. 1 S. 2 GG) Neuwahlen auszulösen, die seine Politik bestätigen und seine Person stärken sollten – zu

[401] *Schröder*, Bildung (Fn. 312), § 65 Rn. 36.

[402] *Stern*, Staatsrecht I (Fn. 18), S. 993; *Paudtke*, Parlament (Fn. 308), S. 71. – Zu einer unbefangenen Lektüre des Verfassungstextes und damit einer sachlicheren Beurteilung der Norm ruft auf *H. Dreier*, Berlin ist nicht Weimar. Das verfassungsrechtliche Problem einer Auflösung des Deutschen Bundestages, in: Neue Zürcher Zeitung Nr. 137 v. 15. Juni 2005, S. 35.

[403] *Burkiczak*, Kanzlerwahl (Fn. 317), S. 468.

[404] Anders als im Jahr 2005 gewann Bundeskanzler Schröder die von ihm initiierte Vertrauensfrage im Jahre 2001; hierzu und zu den weiteren bisherigen Anwendungsfällen der Norm *Paudtke*, Parlament (Fn. 308), S. 72. – Der Sachverhalt von 2005 liegt BVerfGE 114, 121 zugrunde.

kontroversen Auseinandersetzungen geführt, die in der Entscheidung des Bundesverfassungsgerichts in Band 114 gipfelten[405]. Dabei resultierte der durch die (Fach-)Presse geisternde Aufschrei allein aus einem angeblichen Mißbrauch der Vertrauensfrage mangels tatsächlich bestehender (materieller[406]) Auflösungslage; die Diskussion betraf damit einzig die mutmaßliche Umgehung des im Grundgesetz fehlenden Selbstauflösungsrechts des Parlaments[407] und stand damit nicht mit den im Rahmen dieser Arbeit relevanten Aspekten des Mehrheitsprinzips in Zusammenhang.

---

405 BVerfGE 114, 121. Mit der Entscheidung begann die Reformdiskussion von neuem: *K. Nitschke*, Oft gefordert – nie gewollt. Zur Debatte über ein Selbstauflösungsrecht des Bundestages, in: Das Parlament Nr. 43 (2005), abrufbar unter www.bundestag.de/dasparlament/2005/43/thema/016.html (April 2011). s. auch *Heinig*, Selbstauflösungsrecht (Fn. 187), S. 358 ff.

406 Vgl. zu der Differenzierung in formelle (keine Mehrheit bei Vertrauensfrage, keine Neuwahl eines Nachfolgers) und materielle Auflösungslage (beschränkte Handlungsmöglichkeit der Regierung, instabile Mehrheit und den diesbezüglichen Beurteilungsspielraum; Orientierung am Telos der Norm) sowie „echter" und „unechter" Vertrauensfrage: BVerfGE 62, 1 (41, 51) und zuletzt E 114, 121; w.N. und eine kritische Stellungnahme bei *Paudtke*, Parlament (Fn. 308), S. 76 ff., 80 ff.; s. auch *Dreier*, Berlin (Fn. 402), S. 35, der insbesondere auf die heikle Beurteilung der Auflösungslage hinweist.

407 Sicher ist auch, daß dem Parlament nicht etwa aufgrund Selbstverwaltungsrechts oder parlamentarischer Souveränität ein ungeschriebenes Recht zur Selbstauflösung zusteht: vgl. *L.-A. Versteyl*, Beginn und Ende der Wahlperiode, Erwerb und Verlust des Mandats, in: Schneider/Zeh, Parlamentsrecht (Fn. 14), § 14 Rn. 20 f.; *Heinig*, Selbstauflösungsrecht (Fn. 187), S. 22; *M. Morlok*, in: Dreier, GG (Fn. 17), Art. 40 Rn. 12; *Paudtke*, Parlament (Fn. 308), S. 215 f.; für eine Frage der Selbstorganisation, nicht jedoch ohne zusätzliche gesetzliche Regelung, hält das Selbstauflösungsrecht *Heinig*, Selbstauflösungsrecht (Fn. 187), S. 23. – Zunächst wurde die Einführung eines Selbstauflösungsrechts durch die Enquête-Kommission Verfassungsreform (1976) vorgeschlagen; Anfang der 1990er Jahre fand sie erneut ihren Weg in die Liste der Änderungsvorschläge der Gemeinsamen Verfassungskommission. Auch außerhalb der Gremien zur Verfassungsreform gab es entsprechende Neufassungsvorschläge auf Schaffung eines Selbstauflösungsrechts, die sich auf Antragsminderheiten (ein Viertel bis ein Drittel) und Beschlußmehrheiten (60% bzw. zwei Drittel, jeweils der gesetzlichen Mitgliederzahl) bezogen. Der mehrtägige Zeitraum zwischen Antrag auf Selbstauflösung und Abstimmung über dieselbe sollte verhindern, daß die Auflösung des Parlaments übereilt erfolgt, könnten sich die Abgeordneten doch binnen der Tage über ihre eigene Stellung zu dem Antrag und die Haltung der Kollegen gewahr werden. Vgl. zum Vorstehenden: Deutscher Bundestag (Hrsg.), Bericht der Gemeinsamen Verfassungskommission, 1993, S. 172; *Heinig*, Selbstauflösungsrecht (Fn. 187), S. 320 ff., 328 ff., 335 ff. und *M. Kloepfer*, Verfassungsänderung statt Verfassungsreform. Zur Arbeit der Gemeinsamen Verfassungskommission, 1995, S. 90. – Mehrheiten von drei Fünfteln oder zwei Dritteln der Mitglieder des Bundestages verhindern in typischen Regierungskonstellationen zuverlässig, daß allein mit den Stimmen der Regierungsfraktionen eine Selbstauflösung beschlossen wird. Andererseits ermöglichen sie aber auch die Fruchtbarmachung des Auflösungsrechts, da eine Abstimmung mit Teilen der Opposition möglich sein wird. In diesen Größenordnun-

a) Verfahren und Mehrheitserfordernis

Gemäß Art. 68 Abs. 1 S. 1 GG kann der Bundeskanzler die Vertrauensfrage stellen; in praxi geschieht dies in Gestalt eines Antrags auf Ausspruch des Vertrauens durch die Parlamentarier im Bundestag. Für den Fall, daß dieser Antrag nicht die Zustimmung der Mehrheit der Mitglieder des Bundestages erreicht, ist die Vertrauensfrage gescheitert und ein Nachfolger zu wählen (S. 2). Gelingt dies nicht, liegt die Auflösung des Bundestages binnen einundzwanzig Tagen mit der Folge der Neuwahl nach Art. 39 Abs. 1 S. 4 GG im Ermessen des Bundespräsidenten (S. 1)[408]. Daß der Weg der Parlamentsauflösung durch die Neuwahl eines anderen Bundeskanzlers versperrt wird, liegt daran, daß es keiner Auflösung eines mehrheitsfähigen Bundestags bedarf[409]. Neben diesen beiden Wegen verbleiben dem Bundeskanzler nicht zuletzt aufgrund des Bestandsschutzes aus Art. 67 GG weitere Optionen[410], hierunter die, ohne Parlamentsmehrheit als Minderheitskanzler im Amt zu bleiben und auf die sich über Art. 81 GG eröffnenden Spielräume der Notgesetzgebung[411] zurückzugreifen. Daneben bilden der eigene

---

gen liegen auch die Vorschriften der europäischen Staaten, die ein solches Recht kennen: neben Österreich sind dies Litauen (drei Fünftel der Mitglieder), Polen (zwei Drittel aller Abgeordneten), Ungarn (einfache Mehrheit bei mindestens hälftiger Anwesenheit) und Zypern (absolute Mehrheit); vgl. *Heinig*, Selbstauflösungsrecht (Fn. 187), S. 291 ff. Von einzelnen, nicht unbedeutenden Stimmen in der Literatur zu findende Vorschläge eines Mehrheitsquorums von drei Vierteln oder gar vier Fünfteln (so Mahrenholz und Isensee) sind demgegenüber völlig unrealistisch, vgl. hierzu *Heinig*, Selbstauflösungsrecht (Fn. 187), S. 336 m. Fn. 130.

408 Dieses habe der Bundespräsident bei konzertiertem Verlangen der Fraktionen auch in die Richtung einer Neuwahl auszuüben: *H.-P. Schneider*, Die vereinbarte Parlamentsauflösung. Zur Funktion des Art. 68 GG im parlamentarischen Regierungssystem, in: JZ 1973, S. 652 (655). Mittlerweile hat sich die Prüfung durch die Entscheidungen des Bundesverfassungsgerichts (E 62, 1 und E 114, 121) dahingehend konkretisiert, daß das Staatsoberhaupt das Vorliegen der verfassungsrechtlichen Voraussetzungen in formeller und materieller Hinsicht zu prüfen hat, wobei dem Bundes*kanzler* ein Einschätzungs- und Beurteilungsspielraum zugebilligt wird: vgl. nur *G. Hermes*, in: Dreier, GG (Fn. 17), Art. 68 Rn. 23 f. – Ausführlich zur Rolle des Bundespräsidenten auch *W. Heun*, Die Stellung des Bundespräsidenten im Licht der Vorgänge um die Auflösung des Bundestages, in: AöR 109 (1984), S. 13 (14 ff. [zu seiner Stellung im Regierungssystem des Grundgesetzes] u. 18 ff. [zur Rolle bei der Bundestagsauflösung]). Heun erkennt dabei weniger eine Pflicht bei parteiübergreifender Einigkeit über die Auflösung, als die Chance, daß dem Bundespräsidenten vor diesem Hintergrund keine Parteinahme bei seiner Entscheidung vorgeworfen werden kann: ebd., S. 24 f.

409 *Paudtke*, Parlament (Fn. 308), S. 91 f. – Allgemein zu dieser Wirkung von Mitglieder- oder Stimmenmehrheiten im Teil 1 unter C. V. 2. a).

410 Zu den Optionen: *Schröder*, Bildung (Fn. 312), § 65 Rn. 42; *Paudtke*, Parlament (Fn. 308), S. 70 f.; *Hermes* (Fn. 408), Art. 68 Rn. 21.

411 Ausführliche Untersuchung des Art. 81 GG unter B. I. 7. e).

Rücktritt und der Vorschlag der Bundestagsauflösung an den Bundespräsidenten weitere Handlungsspielräume. Spricht die Mehrheit der Mitglieder des Bundestages dem amtierenden Bundeskanzler indes das Vertrauen aus, besteht offenbar keine Parlamentskrise, der Mehrheitskanzler kann sich der mehrheitlichen Unterstützung durch die Abgeordneten sicher sein, die Möglichkeit des Vorgehens gemäß Art. 81 GG erlischt[412].

Erneut fordert das Grundgesetz die Mehrheit der Mitglieder des Bundestages. Bei der Koppelung einer Abstimmung an die gesetzliche Mitgliederzahl gemäß Art. 121 GG wirken sich Enthaltungen, ungültige Stimmen und Nichtteilnahme im Ergebnis gleichermaßen wie Nein-Stimmen aus[413]. Stimmengleichheit hat das Scheitern des Antrags, mithin die Nichtaussprache des Vertrauens, zur Folge[414]. Welch' groteske Züge die negative Wirkung von Enthaltungen bei der Bezugsgröße der Gesamtmitglieder annehmen kann, zeigte sich bei der Vertrauensfrage Kohls im Jahre 1982, wo acht Abgeordnete ihm das Vertrauen aussprachen, 218 dagegen votierten und sich 248 Bundestagsmitglieder der Stimme enthielten[415].

Da das Grundgesetz in Art. 68 Abs. 1 S. 1 ausdrücklich eine „Zustimmung der Mehrheit" und somit einen positiven Beschluß des Bundestages fordert, ist das Unterbleiben eines solchen binnen angemessener Frist als negatives Votum zu werten[416].

b) Koppelung der Vertrauensfrage mit einer Sachfrage

aa) Zulässigkeitsproblematik

Nach ganz h. M. ist die Koppelung einer Sach- an die Vertrauensfrage[417], insbesondere einer einfachen Gesetzesvorlage, aber auch sonstigen Perso-

---

412 s. an dieser Stelle nur *W. Jellinek*, Kabinettsfrage 1949 (Fn. 167), S. 385.

413 *U. Mager*, in: v. Münch/Kunig, GG (Fn. 123), Art. 68 Rn. 17.

414 *V. Epping*, in: v. Mangoldt/Klein/Starck, GG (Fn. 119), Art. 68 Rn. 26.

415 Eine ausführliche Schilderung des Hergangs, insbesondere auch der am Vortag deutlich gewonnenen Abstimmung über das Haushaltsgesetz, findet sich in BVerfGE 62, 1 (5 ff.).

416 So bereits *W. Jellinek*, Kabinettsfrage 1950 (Fn. 61), S. 11; aus der neueren Literatur vgl. nur *Hermes* (Fn. 410), Art. 68 Rn. 20; *Epping* (Fn. 414), Art. 68 Rn. 26 sowie *R. Herzog*, in: Maunz/Dürig, GG (Fn. 18), Art. 68 (2008), Rn. 33 jeweils m. w. N.

417 Zum umgekehrten Fall der Koppelung einer Vertrauensfrage an eine Sachfrage s. nur *Paudtke*, Parlament (Fn. 308), S. 75, der dies ermöglichen möchte und in den abgegebenen Stimmen für ein entgegen dem Willen des Kanzlers in Gang gebrachtes Gesetzesvorhaben des Bundestages zugleich das Mißtrauen gegenüber dem Bundeskanzler ausgedrückt sieht.

nalentscheidung, zulässig[418]. Umstritten ist indes, ob die Sachfrage auch in einer Grundgesetzänderung bestehen kann. Während einerseits keine Differenzierung zwischen Verfassungsänderungen und sonstigen Gesetzesvorlagen vorgenommen wird, halten die Gegner eine solche für rechtlich unzulässig bzw. jedenfalls nicht sinnvoll.

Aus der Kommentarliteratur zum Grundgesetz sind es insbesondere V. Epping, R. Herzog und W.-R. Schenke, die sich für die Möglichkeit der Verbindung von Verfassungsänderungsgesetzen mit der Vertrauensfrage aussprechen. Sie sehen keinerlei Auslegungsaspekte, weder grammatikalischer noch teleologischer Art, die gegen eine solche Verbindung sprächen. Auch Art. 81 Abs. 4 GG stünde dem nicht entgegen, da er nur eine Verfassungsänderung im Wege des Gesetzgebungsnotstands ausschließt, für die Vertrauensfrage aber keinerlei (insbesondere keinen untersagenden) Regelungsgehalt aufweise[419].

Die Gegenauffassung verweist indes ebenfalls auf den Gesamtzusammenhang mit Art. 81 GG, insbesondere dessen Abs. 4, aus dem sich ergebe, daß eine Verknüpfung mit einer Gesetzesvorlage nur dann zulässig ist, wenn deren Annahme mit einfacher und nicht Zweidrittelmehrheit möglich ist[420], womit die Koppelung mit verfassungsändernden Gesetzen ausgeschlossen wird.

---

418 *Puhl,* Minderheitsregierung (Fn. 322), S. 49 f. (50), der jedoch zwischen Gesetzesvorlagen (zulässig) und „weiteren Sach- und Personalfragen" (dort problematisch) differenziert; s. ferner *M. Oldiges*, in: Sachs, GG (Fn. 119), Art. 68 Rn. 29; *B. Pieroth*, in: *Jarass/Pieroth*, GG (Fn. 119), Art. 68 Rn. 1; *Hermes* (Fn. 410), Art. 68 Rn. 19; *Herzog* (Fn. 416), Art. 68 Rn. 26 f.; *Paudtke*, Parlament (Fn. 308), S. 74; *Mager* (Fn. 413), Art. 68 Rn. 17; *Burkiczak*, Kanzlerwahl (Fn. 317), S. 468 f. sowie *Epping* (Fn. 414), Art. 68 Rn. 10 f., der ebenfalls zwischen der zulässigen Verbindung mit sämtlichen, also auch grundgesetzändernden Gesetzesvorlagen einer- und unzulässigen „beliebigen Sachvorlagen" andererseits differenziert, wobei er hierunter beispielsweise Beschlüsse, die die Geschäftsordnung des Bundestages ändern, versteht (ebd., Rn. 11 m. Fn. 26 m.w.Bsp.). – Dezidiert a. A. *W. Jellinek*, Kabinettsfrage 1949 (Fn. 167), S. 383.

419 *Epping* (Fn. 414), Art. 68 Rn. 10 m. Fn. 22; ausführlicher noch *W.-R. Schenke*, in: BK-GG (Fn. 309), Art. 68 (1989), Rn. 120; *Herzog* (Fn. 416), Art. 68 Rn. 39 a.E. (dort noch offenlassend) sowie *R. Herzog*, in: Maunz/Dürig, GG (Fn. 18), Art. 81 (2009), Rn. 41 a.E.; ihnen folgend *Paudtke*, Parlament (Fn. 308), S. 74.

420 *J. Bücker*, Verbindung der Vertrauensfrage mit einer Gesetzesvorlage. Spaltung des Abstimmungsergebnisses möglich?, in: ZParl. 3 (1972), S. 292 (294); *Oldiges* (Fn. 418), Art. 68 Rn. 29, eine Begründung bleiben die Autoren schuldig. – Unzutreffend der Hinweis Oldiges' auf Mager, die die Verknüpfung zwar prinzipiell für zulässig, jedoch für „rechtlich und politisch unsinnvoll" hält, da der Sinn einer Koppelung (die stärkere Beeinflussung) bei einem noch höheren Mehrheitserfordernis für die Sach- als die Personalfrage verfehlt werde: *Mager* (Fn. 413), Art. 68 Rn. 19.

bb) Hintergrund der Koppelung

Der Regierungschef verspricht sich von der Verknüpfung zweier Materien die Aufwertung der Sachentscheidung und die Ausübung eines gewissen Zwangs auf die Abgeordneten, der Vertrauens- sowie der Sachfrage zuzustimmen, obgleich ein Teil der Abgeordneten (beispielsweise in einer Koalition) die Gesetzesvorlage eigentlich ablehnt. Dies kann gelingen, da über beide Fragen nur ein einheitliches Votum mit Ja oder Nein ergehen kann[421], der Abgeordnete somit eine Wahl zwischen einer „Alles-oder-Nichts-Lösung" hat: bleibt er bei seiner ablehnenden Haltung in der Sachfrage stimmt er zugleich auch in der Personalfrage zulasten des Amtsinhabers; andererseits besteht für ihn die Möglichkeit, zugunsten des Regierungschefs und der Sachentscheidung zu votieren.

cc) Folgen der Koppelung im Hinblick auf die Mehrheitserfordernisse

Die Verknüpfung hat nach h.M. weder auf Seiten der Vertrauensfrage die Herabsenkung der Mehrheitserfordernisse auf eine einfache Abstimmungsmehrheit nach Art. 42 Abs. 2 S. 1 GG noch die Erhöhung des Quorums für die Annahme des Sachantrags im Sinne einer absoluten Mitgliedermehrheit, wie sie Art. 68 Abs. 1 S. 1 GG vorsieht, zur Folge. Eine gleichlaufende Behandlung würden die zwingenden Vorschriften der Art. 42 Abs. 2 S. 1 GG auf der einen und des Art. 68 Abs. 1 S. 1 GG auf der anderen Seite auch gar nicht erlauben[422]. Die nur bei J. Bücker zu findende Auffassung der Übertragung des Mehrheitserfordernisses der Vertrauensfrage auf die einfache Beschlußfassung des Bundestages[423] ist verfehlt, obgleich grundgesetzlich aufgrund der Öffnungsklausel in Art. 42 Abs. 2 S. 1 GG a.E. nicht prinzipiell ausgeschlossen, wie er insofern zurecht betont. Er erblickt in Art. 68 Abs. 1 S. 1 GG und dem dortigen, auf die einfache Gesetzesabstimmung zu übertragenden, absoluten Mehrheitserfordernis eine speziellere Verfassungsregelung. Bei der Koppelung einer Sachentscheidung mit höherem Mehrheitsquorum denkt Bücker – insoweit konsequent – nicht mehr an die Übertragung des absoluten Mehrheitserfordernisses in Art. 68 Abs. 1 S. 1 GG auf die Sachentscheidung (mit der Folge der Absenkung der Zweidrittelmehrheit), sondern erwägt nunmehr

---

[421] *Pieroth* (Fn. 418), Art. 68 Rn. 1; s. auch *B. Pieroth*, in: *Jarass/Pieroth*, GG (Fn. 119), Art. 81 Rn. 3; *Mager* (Fn. 413), Art. 68 Rn. 18; *Hermes* (Fn. 410), Art. 68 Rn. 19.

[422] Ganz h.M.: siehe nur *Epping* (Fn. 414), Art. 68 Rn. 10 m.w.N. in Fn. 21.

[423] *Bücker*, Verbindung (Fn. 420), S. 294 f.

umgekehrt die Übertragung der qualifizierteren Zweidrittelmehrheit auch auf die Vertrauensfrage[424].

Läßt man mit der überwiegenden Mehrheit in der Literatur eine Vorlage zur Verfassungsänderung als tauglichen Verknüpfungsgegenstand genügen, gelten diese Erwägungen entsprechend; demzufolge kann von den grundgesetzlich festgeschriebenen Mehrheitsquoren nicht abgewichen werden, die Vertrauensfrage benötigt weiterhin eine absolute Mitgliedermehrheit, während die verbundene Vorlage zur Grundgesetzänderung darüber hinausgehend eine Zweidrittelmehrheit erzielen müßte. Im Ergebnis kann das Festhalten an den jeweiligen Mehrheitserfordernissen zur Folge haben, daß trotz einheitlicher Stimmabgabe nur die Gesetzesvorlage die erforderliche einfache Mehrheit erreicht, der Antrag auf Ausspruch des Vertrauens die nötige absolute Mehrheit aber verfehlt. In diesem Fall gehen Sach- und Personalentscheidung getrennte Wege: das Vertrauen ist nicht ausgesprochen, der Sachantrag aber angenommen[425]. Entsprechendes gilt für den umgekehrten Fall der Verknüpfung von Verfassungsänderung mit Vertrauensfrage, wo letztere durchaus positiv beantwortet werden kann, die für eine Verfassungsänderung erforderliche Zweidrittelmehrheit indes nicht erreicht wird.

c) Stellungnahme

aa) Das Erfordernis der Mitgliedermehrheit

Die Anordnung des absoluten Stimmenerfordernisses für die Abwahl des Bundeskanzlers überzeugt und ist gewissermaßen äquivalentes Gegenstück zum Mehrheitserfordernis in Art. 63 Abs. 2 S. 1 GG. Durch das Nichterzielen der sogenannten Kanzlermehrheit kommt zum Ausdruck, daß der Regierungschef nicht mehr über die für eine erfolgreiche Regierungsarbeit nötige Unterstützung durch die Abgeordneten des Bundestages verfügt, wenngleich auch für einfache Gesetzesvorlagen nur das Erzielen der einfachen Parlamentsmehrheit erforderlich ist.

Die herrschende Auffassung betreffend die Nichtvornahme der Vertrauensabstimmung binnen „angemessener Frist“ – so der zumeist gebrauchte Terminus – überrascht. Sie soll quasi zur Fiktion der Nichtaussprache des Vertrauens führen, da Art. 68 Abs. 1 S. 1 GG eine ausdrückliche „Zustimmung“ fordere. Dem Grundgesetz läßt sich zunächst nicht entnehmen, daß über den entsprechenden Antrag des Bundeskanzlers unter Einhaltung einer

---

[424] Die Verknüpfung von Vertrauensfrage und Grundgesetzänderung lehnt er aber dennoch ab: *Bücker*, Verbindung (Fn. 420), S. 295.

[425] *Herzog* (Fn. 416), Art. 68 Rn. 39.

Frist im Bundestag zu entscheiden ist. Ließe sich dies noch aus allgemeinen Erwägungen zur parlamentarischen Praxis ableiten, gilt dies nicht für den zweiten Schritt, den die Grundgesetzkommentatoren gehen: auf die Frage, warum einer nicht rechtzeitig bzw. überhaupt nicht erfolgenden Abstimmung die Wirkung einer Nichtaussprache des Vertrauens gegenüber dem Regierungschef zuzuschreiben ist, gibt das Grundgesetz weder in Art. 68 GG noch an anderer Stelle eine entsprechende Antwort.

Bereits 1950 erkannte Walter Jellinek das Fehlen einer Regelung zum passiven Verhalten des Bundestages im Rahmen der gestellten Vertrauensfrage und sprach sich in seinem Bericht auf der Staatsrechtslehrertagung für die „am besten geschäftsordnungsmäßig[e]" Festlegung einer „angemessenen Frist" aus[426]. Im Rahmen des Gesetzgebungsnotstands findet sich eine vergleichbare Fiktion, die allerdings aufgrund ihrer Eindeutigkeit keinerlei Unklarheiten – weder was die inhaltliche noch die zeitliche Komponente betrifft – hinterläßt: nach Art. 81 Abs. 2 S. 2 i.V.m. S. 1 GG gilt ein Gesetz nach Erklärung des Gesetzgebungsnotstands im Falle der Nichtverabschiedung einer erneut in den Bundestag eingebrachten Vorlage binnen vier Wochen als zustande gekommen. An sämtlichen der hier hervorgehobenen Merkmale fehlt es aber im Rahmen von Art. 68 GG.

In Anbetracht einer derart gravierenden Folge sollte diese indes allen Beteiligten durch entsprechende (grund)gesetzliche Regelung bekannt sein, nicht zuletzt, um Unklarheiten zu beseitigen und die trotz einer gefestigten Literaturmeinung nicht auszuschließende anderweitige Beurteilung, beispielsweise durch das im Streitfall angerufene Bundesverfassungsgericht, ausschließen zu können. An keiner weiteren Stelle in der Verfassung wird an die Nichtvornahme einer grundgesetzlich vorgesehenen Handlung eine derart schwerwiegende Konsequenz geknüpft, die im konkreten Fall immerhin zu nicht weniger als der Ablösung des Bundeskanzlers und der Auflösung und Neuwahl des Bundestages führt.

Darüber hinaus vermag in der gegebenen Konstellation die Behandlung der Stimmenthaltungen anders als sonst nicht zu überzeugen. Die Wirkung, die die Stimmenthaltungen bei der Bezugsgröße der gesetzlichen Mitgliederzahl naturgemäß entfalten, entspricht der von Nein-Stimmen. Dies ermöglicht dem Bundeskanzler insbesondere im Falle unechter Vertrauensfragen, diese wie beabsichtigt zu verlieren, ohne daß die Mehrheitsfraktionen ausdrücklich gegen ihn (und gegen die eigene Überzeugung) votieren[427]:

---

[426] *W. Jellinek*, Kabinettsfrage 1950 (Fn. 61), S. 11. Zweifel an der Folge passiven Parlamentsverhaltens – der Nichtaussprache des Vertrauens – hegte Jellinek freilich nicht.

[427] Siehe hierzu zunächst das vorgenannte Beispiel in und bei Fn. 415 mit 248 Enthaltungen (!) sowie darüber hinaus *Dreier*, Berlin (Fn. 406), S. 35.

eine Enthaltung genügt. Von daher wäre auch der „Mißbrauch" des Art. 68 GG auf diese Weise einzudämmen, daß Enthaltungen im Rahmen der Vertrauensabstimmung ausnahmsweise von Gesetzes wegen als unzulässig erklärt würden[428], wenngleich die Vergangenheit freilich gelehrt hat, daß instabile Zustände aufgrund des Instruments der Vertrauensfrage nicht zu befürchten sind[429].

bb) Die Verbindung von Vertrauens- und Sachfrage

Hinsichtlich des Streits über die Möglichkeiten der Verbindung von Vertrauens- und Sachfrage erscheint die Argumentation der h. M. schlüssig: keinerlei gesetzliche Regelung, insbesondere nicht Art. 81 GG, verbietet die Verknüpfung. Dies gilt auch für die von der ganz überwiegenden Auffassung geforderte getrennte Behandlung beider Abstimmungsgegenstände. Der einfache Parlamentsbeschluß kann nicht allein durch die Verknüpfung mit der Vertrauensfrage über Art. 68 Abs. 1 S. 1 GG der Zustimmung der Mehrheit der gesetzlichen Mitgliederzahl des Bundestages bedürfen, wenn für dieselbe Abstimmung außerhalb des Verfahrens von Art. 68 GG die einfache Abstimmungsmehrheit nach Art. 42 Abs. 2 S. 1 GG genügt. Andersherum kann bei erhöhtem Mehrheitserfordernis für die Sachfrage (typischerweise wäre hier an eine verfassungsändernde Gesetzesvorlage zu denken – nicht diskutiert, aber genauso möglich ist indes beispielsweise eine Zurückweisung eines mit Zweidrittelmehrheit gefaßten Bundesratseinspruchs nach Art. 77 Abs. 4 a. E. GG mit ebensolcher Mehrheit) nichts anderes gelten: auch hier überträgt sich weder die absolute Mehrheit der Personalentscheidung auf die Sachentscheidung noch umgekehrt. Nur so läßt sich die ansonsten mögliche Umgehung der zwingenden Zweidrittelmehrheit durch eine bewußte Verknüpfung mit der Frage nach Art. 68 GG verhindern. Hätte der Grundgesetzgeber eine andere Behandlung von Gesetzesvorlage und Vertrauensfrage im Falle ihrer Verknüpfung gewünscht, so wäre eine explizite

---

428 Dies ist auch andernorts nicht unüblich und ließe sich unzweifelhaft mit der besonderen Bedeutung der Abstimmung rechtfertigen.

429 Gegen derartige Perhorreszierungen spricht sich *Dreier*, Berlin (Fn. 406), S. 35 aus, indem er die Kontrolle durch drei Verfassungsorgane anführt. Ähnlich spricht sich gegen eine Verfassungsänderung auch schon aus *H.-P. Schneider*, Parlamentsauflösung (Fn. 408), S. 654 f., 656, da Art. 68 GG ein Selbstauflösungsrecht ersetze. s. auch *Paudtke*, Parlament (Fn. 308), S. 215 f., der die bisherigen Sicherungen im Falle eines mehrheitsunfähigen Parlaments trotz einiger Schwächen für ausreichend hält. Die fehlende Angst in der Bevölkerung vor Instabilität erkennt bereits *Heun*, Stellung (Fn. 408), S. 21. Demgegenüber betont die Bedeutung für die Stabilität *Oppermann*, Regierungssystem (Fn. 66), S. 31 f. – Die Einführung eines Selbstauflösungsrechts wäre freilich nicht verfassungswidrig: ausführlich zu allen denkbaren Aspekten *Heinig*, Selbstauflösungsrecht (Fn. 187), S. 362 ff.

Regelung zur Rechtfertigung der abweichenden Behandlung erforderlich gewesen. Daß jede Abstimmung auch nach entsprechender Verknüpfung ihren eigenen Mehrheitserfordernissen unterliegt, kann aber im ungünstigen Fall der Verknüpfung mit einer Grundgesetzänderung dazu führen, daß das Vertrauen mit absoluter Mitgliedermehrheit ausgesprochen, die Zweidrittelmehrheit aber verfehlt wird – schließlich wird die Opposition durch das Drohen mit der Vertrauensabstimmung kaum zur Unterstützung der Verfassungsänderung zu bewegen sein. Insofern entstünde trotz Gewinnens der Vertrauensfrage aufgrund des Verfehlens der Zweidrittelmehrheit der Eindruck einer politischen Niederlage. Eine Verknüpfung mit Entscheidungen, die im Vergleich zur Vertrauensfrage verschärfte Mehrheitserfordernisse vorsehen, ist daher aus politischer Sicht eher unsinnvoll, wenngleich verfassungsgemäß.

4. Die Anklage des Bundespräsidenten vor dem Bundesverfassungsgericht

Der Bundespräsident kann als Staatsoberhaupt von keinem anderen Staatsorgan zur Verantwortung gezogen werden, sofern nicht die Voraussetzungen seiner Anklage vorliegen[430]. Art. 61 GG regelt deren Bedingungen sowie das Verfahren vor dem Bundesverfassungsgericht, das sich in zwei Abschnitte, den qualifizierten Antrag auf Erhebung der Anklage a) und den Beschluß über die Erhebung selbst b), unterteilen läßt. Auch die Problematik der Zurücknahme einer bereits eingereichten Präsidentenanklage gehört in diesen Kontext c).

a) Antrag auf Erhebung der Präsidentenanklage

Der Antrag auf Erhebung der Anklage des Bundespräsidenten kann nach Art. 61 Abs. 1 S. 1 GG von Bundestag und Bundesrat[431] gestellt werden. Im Bundestag sind nach S. 2 Alt. 1 die Stimmen eines Viertels seiner Mitglieder zu erzielen. Diese Minderheit ist gegenüber dem ansonsten üblichen Quorum für Gesetzesvorlagen im Parlament – Antrag einer Fraktion oder von fünf vom Hundert der gesetzlichen Mitgliederzahl (§ 76 Abs. 1 GO-BT) – besonders verschärft.

---

430 *H. Rausch*, Der Bundespräsident. Zugleich eine Darstellung des Staatsoberhauptes in Deutschland seit 1919, 1979, S. 92.

431 Zu den Abweichungen bei Einleitung durch den Bundesrat s. unter B. I. 6.

b) Beschluß über die Erhebung der Präsidentenanklage

Die Abstimmung über die Erhebung der Anklage des Bundespräsidenten vor dem Bundesverfassungsgericht selbst erfordert eine Zweidrittelmehrheit der Mitglieder des Bundestages, Art. 61 Abs. 1 S. 3 Alt. 1 GG. Für den qualifizierten Mehrheitsbeschluß ist bei aktuell 631 Bundestagsmitgliedern demnach ein Quorum von 421 Stimmen erforderlich. Die Abstimmung über die Einleitung des Verfahrens hat selbstverständlich nur in derjenigen Körperschaft zu ergehen, in die mit der erforderlichen Mehrheit der entsprechende Antrag eingebracht wurde; ein erfolgreicher Minderheitsantrag des Bundestages kann niemals auf eine Beschlußfassung des Bundesrates zur Einleitung eines entsprechenden Verfahrens gerichtet sein[432], wie es beispielsweise im Rahmen von Gesetzesvorlagen nach Art. 76 Abs. 1 Alt. 3 GG für den umgekehrten Fall des Einbringens in den Bundestag durch den Bundesrat möglich ist.

Nach Erhebung der Anklage richtet sich das Verfahren nach den §§ 13 Nr. 4, 49 ff. BVerfGG, wobei zu beachten ist, daß im Falle einer für den Antragsgegner, also den Bundespräsidenten, nachteiligen Entscheidung die Zustimmung von zwei Dritteln der Mitglieder des mit dem Verfahren befaßten Zweiten Senats des Bundesverfassungsgerichts erforderlich ist, §§ 14 Abs. 2, 15 Abs. 4 S. 1 BVerfGG[433].

c) Die Zurücknahme der Anklage

Wie für die Einleitung des Verfahrens, ist auch für dessen Zurücknahme der Bundestag resp. der Bundesrat zuständig, wobei allein die antragstellende Körperschaft den eigenen Antrag zurückziehen kann, § 52 Abs. 1 S. 1 BVerfGG. Bei Einleitung des Verfahrens durch den Bundestag ist die vorzeitige Beendigung des Anklageverfahrens durch die Länderkammer somit genauso ausgeschlossen, wie in der umgekehrten Konstellation.

Die Rücknahme einer bereits beim Bundesverfassungsgericht anhängig gemachten Anklage des Bundespräsidenten kann nicht durch den Präsidenten der antragstellenden Körperschaft erfolgen, sondern bedarf des Beschlusses des Kollegialorgans selbst[434]. Hierzu stellt die Norm wiederum ein anderes, von der einfachen Abstimmungsmehrheit abweichendes Mehrheitsquorum auf: war für den Antrag auf Erhebung der Präsidentenanklage

---

432 *R. Herzog*, in: Maunz/Dürig, GG (Fn. 18), Art. 61 (2009), Rn. 36.

433 Vgl. unter C. III. 2. b) bb).

434 *T. Maunz* in: T. Maunz/B. Schmidt-Bleibtreu/F. Klein/H. Bethge (Hrsg.), Bundesverfassungsgerichtsgesetz. Kommentar, 2. Aufl. 1985 ff., § 52 (1976), Rn. 1.

ein Ein-Viertel- und für die diesbezügliche Beschlußfassung ein Zwei-Drittel-Quorum erforderlich, genügt für die Zurücknahme der Anklage ein Zustimmungsbeschluß der Mehrheit der gesetzlichen Mitgliederzahl des Bundestages, § 52 Abs. 1 S. 2 Alt. 1 BVerfGG. Die Norm trage damit dem auch in anderen Rechtsgebieten[435] verankerten Grundsatz Rechnung, daß ein einmal eingeleitetes (Verfassungs-)Gerichtsverfahren in gewissem Umfang der Disposition des Antragstellers (bzw. Klägers) entzogen wird, nur unter im Vergleich zur einfachen Abstimmungsmehrheit erhöhten Voraussetzungen zurückgenommen werden kann und das Bundesverfassungsgericht mithin der „eigentliche Herr des Verfahrens" ist[436].

d) Stellungnahme

Sind die Anforderungen für den Antrag selbst bereits erhöht, ist auf zweiter Stufe, der Beschlußfassung über die Erhebung der Anklage, mit der Zweidrittelmehrheit der Gesamtmitgliederzahl des Bundestages eine beträchtliche Größe angeordnet, die eine zu leichte Aktivierung des „letzten Sicherungsmoments"[437] zu verhindern vermag. Tatsächlich kann es nur bei hinreichender Überzeugung einer qualifizierten Abgeordnetenmehrheit von dem vorsätzlichen Rechtsverstoß zur amtsbeschädigenden Einleitung des Anklageverfahrens kommen. Andererseits ist zu beachten, daß dieses Erfordernis beträchtlich hinter den Anforderungen an eine Änderung der Verfassung zurückbleibt[438], da hierfür die qualifizierte Mehrheit in Bundestag wie Bundesrat (und eben nicht nur in der einen anklagenden Körperschaft) erreicht werden muß.

Unabhängig von der – im Rahmen dieser Arbeit nicht zu untersuchenden – Frage der Erforderlichkeit des Art. 61 GG, über die in der Literatur Uneinigkeit besteht[439], ist die Bundespräsidentenanklage, was die im Ver-

---

435 Vgl. beispielsweise § 269 Abs. 1 ZPO, der ebenfalls nach Rechtshängigkeit des Verfahrens den Anspruch des Beklagten auf eine Entscheidung zur Sache durch das Erfordernis seiner Zustimmung zur Klagerücknahme gewährleisten soll. Beachte auch die Widerspruchsmöglichkeit in § 52 Abs. 3 BVerfGG.

436 So *Herzog* (Fn. 432), Art. 61 Rn. 48.

437 *Rausch*, Bundespräsident (Fn. 430), S. 92 sieht in der Präsidentenanklage eine „letzte Sicherung".

438 *U. Hemmrich*, in: v. Münch/Kunig, GG (Fn. 123), Art. 61 Rn. 3.

439 Die Norm wurde seit ihrer Verkündung für merkwürdig oder sogar überflüssig gehalten, vgl. die Bedenken zusammenfassend und ihnen teilweise beipflichtend *R. Wolfrum*, in: BK-GG (Fn. 309), Art. 61 (1988), Rn. 2. Argumentiert wird vor allem damit, daß die Grundgesetznorm bisher keine Anwendung gefunden habe, im Hinblick auf ihren strafrechtlichen oder eben verfassungsrechtlichen Charakter unklar und unausgewogen erscheine: so prangert *Herzog* ([Fn. 432], Art. 61 Rn. 7) die In-

fahren von Antragstellung über Beschluß zur Erhebung der Klage bis hin zu einer eventuellen Rücknahme derselben angeordneten Mehrheitserfordernisse betrifft, ein buntes Potpourri verschiedener Quoren. Warum innerhalb eines Verfahrens von qualifizierter Minderheit über qualifizierte Mehrheit bis hin zum Erfordernis absoluter Majorität bald alle denkbaren Abstufungen von Abstimmungsquoren Anwendung finden, ist nicht wirklich nachvollziehbar. Zunächst ist nicht ersichtlich, warum für die Einbringung des Antrags selbst entgegen den sonst üblichen Regeln eine qualifizierte Minderheit von einem Viertel erforderlich sein soll. Zwar könnte man mit Blick auf die besondere Stellung und Würde des Bundespräsidenten einen erhöhten Schutz vor mißbräuchlichen Anträgen einzelner Parlamentarier für erforderlich halten, anderen obersten Bundesorganen kommt dieser Schutz indes nicht zugute. Die Parlamentswirklichkeit spricht überdies nicht für die Notwendigkeit eines qualifizierten Antragsquorums, hält sich der Mißbrauch parlamentarischer Antragsrechte doch in überschaubaren Grenzen.

Im übrigen: während im Rahmen der Abstimmung über die Einreichung der Klage das Erzielen einer qualifizierten Mehrheit von zwei Dritteln von Nöten ist, sollen für deren (einfachgesetzlich im BVerfGG geregelte) Zurücknahme mindestens die Hälfte der Stimmen zuzüglich einer genügen. Mit anderen Worten: es soll zunächst eine Minderheit von einem Drittel der Abgeordneten die Anklage verhindern können, nach der Einleitung des Verfassungsgerichtsverfahrens indes wenigstens die Hälfte plus ein Parlamentarier für eine Zurücknahme stimmen müssen. Zwar mag nach Einleitung des Verfahrens ein erhöhter Schutz auch des Antragsgegners erforderlich sein, dieser wird jedoch bereits durch dessen Widerspruchsmöglichkeit nach § 52 Abs. 3 BVerfGG hinreichend genug sichergestellt, da der Bundespräsident auf diese Weise die Weiterführung des gegen ihn gerichteten Verfahrens erzwingen könnte. Insofern überzeugt die Auffassung Herzogs, der das absolute Mehrheitserfordernis zur Zurücknahme der Klage mit dem Schutz der prozessualen Rechte des Bundespräsidenten rechtfertigt[440], kaum. Anderer-

---

konsequenz an, die durch die Gewährleistung einer Präsidentenanklage, nicht jedoch einer Klagemöglichkeit gegen Mitglieder der Bundesregierung gegeben sei; s. auch *Schlaich/Korioth*, Bundesverfassungsgericht (Fn. 217), Rn. 336 („Es läßt sich die Frage der Entbehrlichkeit dieser Verfahrensart stellen" – im Ergebnis jedoch das Erfordernis bejahend). – Gegen die Überflüssigkeit der Norm argumentiert *I. Pernice*, in: Dreier, GG (Fn. 17), Art. 61 Rn. 9, der den Grund für die praktische Irrelevanz insbesondere in den Persönlichkeiten der bisherigen Bundespräsidenten sieht und daher – wohl im Hinblick auf zukünftige Staatsoberhäupter – keine Anhaltspunkte für ein Obsoletwerden erkennt. Im Ergebnis ebenso *Hemmrich* (Fn. 438), Art. 61 Rn. 10 (Abschreckungswirkung der Norm) sowie *M. Nierhaus*, in: Sachs, GG (Fn. 119), Art. 61 Rn. 3 („tradierte Mißverständnisse" der Kritiker).

[440] *Herzog* (Fn. 432), Art. 61 Rn. 48.

seits würde bei einer äußerst knappen Zweidrittelentscheidung das Umschwenken von nur etwas mehr als einem Sechstel der Abgeordneten genügen, um die Entscheidung für ein Klageverfahren zu revidieren und die Klage zurückzuziehen. Kongruenz zwischen den grundgesetzlichen Bestimmungen und der einfachgesetzlichen Regelung im Bundesverfassungsgerichtsgesetz zur Rücknahme der Anklage besteht insofern allein in der Bezugsgröße der gesetzlichen Mitgliederzahl. Mangels allgemeiner Geltung von Art. 121 GG war in der Frage der Bezugsgröße eine ausdrückliche Regelung in § 52 Abs. 3 BVerfGG erforderlich. Ein ernsthafter Entzug der Dispositionsbefugnis des Antragstellers kann im aboluten Mehrheitserfordernis jedoch nicht gesehen werden.

Zusammenfassend läßt sich feststellen, daß das Festhalten an der qualifizierten Mehrheit zur Einleitung des Verfahrens zweifelsohne notwendig und sinnvoll ist, andererseits sollte die nach § 52 Abs. 1 S. 2 BVerfGG ausreichende absolute Mehrheit an erstere angeglichen werden, um einen Gleichlauf von Antragstellung und Antragsrücknahme zu erzielen. Auf diese Weise würde die Zurücknahme erheblich erschwert, weil sie ein Umschwenken eines Großteils der Abgeordneten des Bundestages erforderte. Die Delegierten sollten sich ihrer Verantwortung bei Einleitung des Verfahrens daher umso mehr gewahr sein. Die Stellung des Bundespräsidenten wäre auf diese Weise viel eher unter besonderen Schutz gestellt als durch die Vereinfachung der Klagerücknahme mit absoluter Mehrheit.

III. Die Sachentscheidungen des Bundestages, insbesondere im Gesetzgebungsverfahren

1. Der Regelbeschluß des Bundestages nach Art. 42 Abs. 2 S. 1 GG

„Art. 42 Abs. 2 Satz 1 GG ist nichts anderes als eine (...) Regel des objektiven Verfassungsrechts, die sagt, wann ein Beschluß des Bundestags vorliegt.“[441] Die Norm fordert hierzu die Mehrheit der abgegebenen Stimmen, sofern nicht das Grundgesetz an anderer Stelle von der eben dargestellten Grundregel abweichende Vorgaben zur Beschlußfassung bereithält.

[441] BVerfGE 2, 143 (161). Zum gesamten Abstimmungsverfahren s. *Kemmler*, Abstimmungsmethode (Fn. 7). – Zu den Abweichungsmöglichkeiten von Art. 42 Abs. 2 S. 1 GG, die der neue Art. 23 Abs. 1a S. 3 GG dem Gesetzgeber mit Zustimmung des Bundesrates eröffnet, s. nur *I. Pernice*, in: Dreier, GG (Fn. 17), Suppl. 2010, Art. 23 Rn. 92 k, 92 l. Von der Abweichungsmöglichkeit hat der Gesetzgeber bislang keinen Gebrauch gemacht: *B. Daiber*, Die Umsetzung des Lissabon-Urteils des Bundesverfassungsgerichts durch Bundestag und Bundesrat, in: DÖV 2010, S. 293 (300).

Losgelöst von den Fragen der inhaltlichen Bedeutung dieser Norm, wird aus ihr „ein Bekenntnis zum Mehrheitsprinzip“ abgelesen[442].

a) Vorliegen eines Beschlusses

Unter einem Beschluß im Sinne der Norm ist jede verbindliche Entscheidung des Bundestages zu verstehen, die aus einem Willensbildungsprozeß hervorgegangen ist[443]. Dies sind sämtliche aufgrund des Grundgesetzes, der Geschäftsordnung sowie sonstiger Rechtsvorschriften ergehende Entscheidungen[444], insbesondere also Gesetzesverabschiedungen als die klassischen Parlamentsbeschlüsse schlechthin[445], aber auch Wahlen[446] und sonstige personenbezogenen Beschlüsse[447], Eilentscheidungen[448] und weitere, seit Ri-

[442] *Lambrecht*, Stimmenthaltung (Fn. 70), S. 53 (Zitat); *Kemmler*, Abstimmungsmethode (Fn. 7), S. 117; ähnlich wohl auch *H.-P. Schneider*, in: AK-GG (Fn. 313), Art. 42 (2002), Rn. 10. Skeptisch *Weber*, Beschlußfassung (Fn. 19), S. 112.

[443] *Morlok* (Fn. 70), Art. 42 Rn. 32; ähnlich *S. Magiera*, Parlament und Staatsleitung in der Verfassungsordnung des Grundgesetzes, 1979, S. 172 m. w. N.

[444] *Kemmler*, Abstimmungsmethode (Fn. 7), S. 110 f.; *Achterberg/Schulte* (Fn. 119), Art. 42 Rn. 30.

[445] Auf die besondere Bedeutung der Anwendung des Mehrheitsprinzips als einem von fünf „unverzichtbare(n) Charakteristika“ im Gesetzgebungsverfahren weist hin *Schulze-Fielitz*, Theorie (Fn. 181), S. 179 f.

[446] Zu den auf Grundlage von Art. 42 Abs. 2 GG ergehenden Wahlen zählen: Art. 40 Abs. 1 S. 1 GG (Wahl des Präsidenten, seiner Stellvertreter und der Schriftführer); Art. 45b S. 1 GG (Berufung des Wehrbeauftragten); Art. 45a Abs. 1, Art. 45c Abs. 1 GG (Bestellung von Auswärtigem Ausschuß sowie Verteidigungs- und Petitionsausschuß); Art. 53a Abs. 1 S. 2 GG (Wahl der Mitglieder des Gemeinsamen Ausschusses); Art. 77 Abs. 2 S. 1 GG (Wahl der Mitglieder des Vermittlungsausschusses); Art. 94 Abs. 1 S. 2 GG (Wahl der vom Bundestag zu entsendenden Mitglieder des Bundesverfassungsgerichts) sowie Art. 95 Abs. 2 GG (Wahl des Richterwahlausschusses für die obersten Gerichtshöfe des Bundes).

[447] Den Bereich sonstiger personaler Entscheidungen, die nicht als Wahlen im eigentlichen Sinne einzustufen sind, umfassen: Art. 41 Abs. 1 S. 1 GG (Wahlprüfung); Art. 41 Abs. 1 S. 2 GG (Entscheidung über den Verlust der Mitgliedschaft im Bundestag); Art. 46 Abs. 2–4 GG (Entscheidung über die Aufhebung der Immunität von Abgeordneten); Art. 60 Abs. 4 i. V. m. Art. 46 Abs. 2–4 GG (Entscheidung über die Aufhebung der Immunität des Bundespräsidenten); Art. 61 Abs. 1 GG (Anklage des Bundespräsidenten vor dem Bundesverfassungsgericht); Art. 66 GG (Zustimmung zur Ausübung von Nebentätigkeiten seitens Regierungsmitgliedern); Art. 68 Abs. 1 GG (Abstimmung über die Vertrauensfrage).

[448] Art. 43 Abs. 1 GG (Herbeizitierung der Mitglieder der Bundesregierung); Art. 80a Abs. 1 GG bzw. Art. 115a Abs. 1 GG und Art. 80a Abs. 2 u. 3, Art. 115l Abs. 1 u. 2 GG (Feststellung von Spannungs- bzw. Verteidigungsfall und ihrer Aufhebung); Art. 87a Abs. 4 S. 2 GG (Verlangen auf Einstellung des Streitkräfteeinsatzes im Innern).

chard Thoma als „schlichte" firmierende, weil nicht gesetzförmige, Parlamentsbeschlüsse[449].

b) *Beschlußfähigkeitsregelung*

Die Fassung eines Beschlusses setzt zunächst die Beschlußfähigkeit des Entscheidungsgremiums voraus. Das Grundgesetz schweigt zu einem Mindestquorum betreffend die Beschlußfähigkeit des Bundestages, womit diese Materie der auf Grundlage des Art. 40 Abs. 1 S. 2 GG ergangenen Geschäftsordnung vorbehalten blieb[450]. Zur Frage der Beschlußfähigkeit äußert sich dementsprechend § 45 GO-BT.

Gemäß Abs. 1 ist das Parlament beschlußfähig, wenn mehr als die Hälfte seiner Mitglieder im Sitzungssaal anwesend sind. Hierbei ist von der gesetzlichen Mitgliederzahl gemäß Art. 121 GG auszugehen[451], mithin sind dies in der derzeitigen 18. Legislaturperiode 598 Parlamentarier (§ 1 Abs. 1 BWahlG) zuzüglich 4 Überhangmandaten (§ 6 Abs. 4 BWahlG) sowie 29 Ausgleichsmandaten (§ 6 Abs. 5–7 BWahlG)[452], womit wenigstens 316 Abgeordnete zugegen sein müssen. Einschränkung erfährt § 45 Abs. 1 GO-BT

---

[449] *R. Thoma*, Der Vorbehalt der Legislative und das Prinzip der Gesetzmäßigkeit von Verwaltung und Rechtsprechung in: G. Anschütz/R. Thoma, Handbuch des Deutschen Staatsrechts, Bd. 2, 1932, § 76, S. 221 (221). Wie sich der Begriff in der Staatsrechtslehre durchsetzte, wird bei *Stern*, Staatsrecht II (Fn. 89), S. 48 m. Fn. 44, deutlich. – Zu denken wäre an den parlamentsinternen Bereich: Art. 39 Abs. 3 GG (Festsetzung von Parlamentssitzungen); Art. 40 Abs. 1 S. 2 GG (Erlaß der Geschäftsordnung); Art. 42 Abs. 1 S. 2 GG (Öffentlichkeitsausschluß) und Art. 44 Abs. 1 S. 1 GG (Einsetzung von Untersuchungsausschüssen). – Ein weiteres Anwendungsfeld des einfachen Parlamentsbeschlusses ist Art. 109 Abs. 4 S. 4 GG (Aufhebungsverlangen des Bundestages bezüglich Rechtsverordnungen im Bereich der Haushaltswirtschaft). – Siehe vertiefend zu den nicht gesetzförmigen Beschlüssen des Bundestages *H. Butzer*, Der Bereich des schlichten Parlamentsbeschlusses, in: AöR 119 (1994), S. 61 (66 ff., 70 ff.), auch unter Darstellung des bestehenden Streits hinsichtlich des Umfangs schlichter Parlamentsbeschlüsse (auch parlamentsinterne Entscheidungen?) bzw. des Umfangs gegenüberstehender Gesetzesbeschlüsse (auch Entscheidungen aufgrund ausdrücklicher verfassungsrechtlicher Ermächtigung wie beispielsweise Immunitätsentscheidungen?), sowie *Magiera*, Parlament (Fn. 443), S. 210 ff.

[450] *Klein* (Fn. 63), Art. 42 Rn. 87.

[451] *Ritzel/Bücker/Schreiner*, GO-BT (Fn. 389), § 45 (2004), Anm. I.b).

[452] Der 18. Deutsche Bundestag besteht aus 631 Mitgliedern. Dabei bestehen nach dem neuen Wahlrecht vier Überhangmandaten für die CDU, die zu einer Mindestsitzzahl bei der Wahl 2013 von 602 Mandaten führen, und 29 Ausgleichsmandate (dreizehn CDU, zehn SPD, vier Die Linke und zwei Bündnis 90/Die Grünen). Lediglich die CSU blieb ohne Ausgleichsmandat: http://www.bundestag.de/bundestag/wahlen/abg_wahl.html (November 2013).

jedoch durch Abs. 2 S. 1, der die Beschlußfähigkeit des Parlaments selbst bei noch so geringer Anwesenheit[453] solange fingiert, wie sie nicht von einer Fraktion, von fünf vom Hundert der anwesenden Abgeordneten[454] oder dem Sitzungsvorstand in Frage gestellt wird. Wurden entsprechende Zweifel erhoben, ist nach den § 45 Abs. 2 S. 1 i.V.m. § 51 GO-BT (bzw. i.V.m. § 52 GO-BT im Laufe einer Kernzeit-Debatte, vgl. § 45 Abs. 2 S. 1 GO-BT) mit der Abstimmung selbst die Zählung der abstimmenden Abgeordneten zu verknüpfen. Hierbei sind bei der Feststellung der Beschlußfähigkeit aufgrund der allein maßgeblichen Anwesenheit auch Stimmenthaltungen und ungültige Stimmen zu registrieren, § 45 Abs. 3 S. 4 GO-BT[455].

Sollte das erforderliche Mindestanwesenheitsquorum nicht erreicht werden, ist Folge der Feststellung der Beschlußunfähigkeit nach § 45 Abs. 3 S. 1 GO-BT die sofortige Aufhebung der Sitzung durch den Präsidenten; insbesondere besteht gemäß S. 2 die an sich über § 20 Abs. 5 S. 1 GO-BT zulässige Option der kurzfristigen Anberaumung einer weiteren Sitzung noch am selben Tag nicht.

c) Zugrundeliegende Bezugsgröße

Bezugsgröße eines Regelbeschlusses nach Art. 42 Abs. 2 S. 1 GG ist die Anzahl der abgegebenen Stimmen. Weder die gesetzliche Mitgliederzahl noch die Zahl der tatsächlich anwesenden Parlamentarier sind somit von Bedeutung. Eine Erläuterung, was es unter „abgegebenen Stimmen“ versteht, bleibt das Grundgesetz indes schuldig.

Nach ganz h.M.[456] sind hierunter zustimmende wie ablehnende Stimmen, nicht jedoch Enthaltungen oder ungültige Stimmen zu verstehen. Von den Gegnern dieser Auffassung wird vorgebracht, daß hinsichtlich der Stimm-

[453] *Ritzel/Bücker/Schreiner*, GO-BT (Fn. 389), § 45 (2010), Anm. I.c). – Eine vergleichbare Regelung trifft die GO-BT bezüglich der Beschlußfähigkeit der Ausschüsse in § 67 S. 1–4 GO-BT, dazu unter A. V. 1. d).

[454] Die Zahl der für eine Bezweiflung der Beschlußfähigkeit erforderlichen Abgeordneten wurde von absolut fünf (§ 8 GO-BT a.F.) auf prozentual fünf vom Hundert verändert; vgl. *Straßberger*, Abstimmungsrechtspraxis (Fn. 39), S. 60.

[455] s. nur *Straßberger*, Abstimmungsrechtspraxis (Fn. 39), S. 61. Dies scheint so offensichtlich, daß in der Kommentierung von *Ritzel/Bücker/Schreiner*, GO-BT (Fn. 389), § 45 (2010) sowie ebd., § 51 (2008) mit keinem Wort auf die Problematik eingegangen wird.

[456] *Höfling/Burkiczak*, Mehrheitsprinzip (Fn. 113), S. 565 f.; *Maurer*, Staatsrecht I (Fn. 17), § 13 Rn. 115; *Zeh*, Verfahren (Fn. 119), § 53 Rn. 48; *H. Schneider*, Gesetzgebung, 3. Aufl. 2002, Rn. 126; *Pieroth* (Fn. 119), Art. 42 Rn. 4; *Achterberg/Schulte* (Fn. 119), Art. 42 Rn. 38; *Morlok* (Fn. 70), Art. 42 Rn. 34; *Magiera* (Fn. 119), Art. 42 Rn. 10; *Klein* (Fn. 63), Art. 42 Rn. 84; *H. Risse*, in: D. Hömig

enthaltung auf die zumindest auch zum Ausdruck kommende „Nichtzustimmung“ abzustellen und die Stimmen folglich als Ablehnung zu werten seien[457]. Die h. M. liefert als Begründung das Fehlen einer tatsächlichen Meinungsäußerung[458] bzw. die Tatsache, daß der Abgeordnete „weder mit ‚Ja‘ noch mit ‚Nein‘, also überhaupt nicht abstimmen“[459] wollte, stellt aber auch auf den geschichtlichen Kontext – § 100 S. 4 GO-RT vom 1. Januar 1923 sowie § 81 Abs. 1 GO-PreußLTag vom 24. November 1921 ordneten die Unbeachtlichkeit der Stimmenenthaltung für die Mehrheitsberechnung an – ab[460]. Schließlich solle verhindert werden, daß durch eine große Anzahl an inhaltlich nicht einer Seite zuzuordnenden Stimmen ein Zustimmungsbeschluß nicht zustande kommt[461].

d) Mehrheitserfordernis

Mehrheit der abgegebenen Stimmen meint demzufolge, daß wenigstens eine Ja-Stimme mehr als Nein-Stimmen abgegeben wurde, wobei nach der vorzugswürdigen Ansicht sowohl Stimmenthaltungen als auch ungültige Stimmen keinerlei Berücksichtigung (weder bei der Bezugsgröße, noch – was von der a. A. vorgeschlagen wird[462] – im Rahmen der Nein-Stimmen) finden. Für Bundestagsbeschlüsse normiert Art. 42 Abs. 2 S. 1 GG somit grundgesetzlich das Prinzip der einfachen Mehrheit[463], genauer der einfa-

(Hrsg.), Grundgesetz für die Bundesrepublik Deutschland, 9. Aufl. 2010, Art. 42 Rn. 2.

457 *Versteyl* (Fn. 123), Art. 42 Rn. 21; *Lambrecht*, Stimmenthaltung (Fn. 70), S. 54 ff., 119 f.; ebd., S. 53 ff. auch eine ausführliche Darstellung des Streitstands und der einzelnen Positionen.

458 *Morlok* (Fn. 70), Art. 42 Rn. 34, der insofern das „willentliche Nichtbekunden einer Meinung“ betont.

459 *Klein* (Fn. 63), Art. 42 Rn. 84 m. w. N.

460 Vgl. *Achterberg/Schulte* (Fn. 119), Art. 42 Rn. 38; *Klein* (Fn. 63), Art. 42 Rn. 84. Früh bereits *W. Jellinek*, Kabinettsfrage 1949 (Fn. 167), S. 381, der den Wortlaut der Norm eigentlich dahingehend versteht, daß Enthaltungen mitzählen, aus dem bis dato geltenden parlamentarischen Brauch dann aber die folgende Lesart zieht: „... Mehrheit der abgegebenen, auf Ja oder Nein lautenden Stimmen erforderlich ...“.

461 Vgl. *Zeh*, Verfahren (Fn. 119), § 53 Rn. 48.

462 *Versteyl* (Fn. 123), Art. 42 Rn. 21.

463 Dies ist in Theorie und Praxis weitgehend unbestritten: *Zeh*, Verfahren (Fn. 119), § 53 Rn. 48. – Unklar indes *Herzog*, Art. Mehrheitsprinzip (Fn. 130), Sp. 2109: „Art. 42 II GG [ordnet] für den Dt. Bundestag als Regelfall die absolute Mehrheit an“, und später: „[Im] Bundestag [genügt] i. d. R. die (absolute) Mehrheit der Abstimmenden“ (2110). Ebenso *Kemmler*, Abstimmungsmethode (Fn. 441), S. 111 (ein Willensinhalt werde dadurch zum „Willen des Bundestages [...], dass er in mehr als 50 v. H. der geäußerten Einzelwillen der Abgeordneten gemeinsam vor-

chen Abstimmungsmehrheit, und erklärt es im Hs. 2 quasi im Umkehrschluß zum Regelverfahren der Entscheidungsfindung im Parlament.

Legt man das Beschlußfähigkeitsquorum des Bundestages mit einer Mindestanwesenheit von 311 Abgeordneten im 17. Deutschen Bundestag zugrunde und führt es mit dem Abstimmungsquorum der einfachen Mehrheit zusammen, kann im theoretisch knappsten Fall[464] ein Gesetz von 156 Delegierten (bei 155 Gegenstimmen) verabschiedet werden. Hierbei darf nicht, wie teilweise in der Kommentarliteratur oder einer Habilitationsschrift geschehen, der Rechenweg auf wenigstens ein Viertel der Mitglieder plus eine Stimme vereinfacht werden[465]. Vielmehr ist ein schrittweises Vorgehen unabdingbar. Bei ungerader Gesamtstimmenzahl ist zunächst in einem ersten Schritt zur Festlegung der Mindestanwesenheit die Abgeordnetenzahl um einen fiktiv zu erhöhen. Diese Zahl wird durch zwei dividiert und in einem zweiten Schritt zur Bestimmung der Mindestzahl an Zustimmungen abermals fiktiv um einen Abgeordneten erhöht und wieder halbiert[466]. Bei gerader Mitgliederzahl im 17. Deutschen Bundestag von 620 Mitgliedern wurden diese in einem ersten Schritt halbiert, um dann die ebenfalls gerade

handen ist.") sowie S. 194 („Es kann aufgrund von Art. 42 Abs. 2 S. 1 GG kein Zweifel daran bestehen, daß bei der Beschlußfassung des Bundestages auf alle Fälle die absolute Mehrheit erforderlich ist").

464 In der Praxis wird von Entscheidungen berichtet, bei denen „36 oder 37" Parlamentarier bei der Beschlußfassung zugegen gewesen sind: BVerfGE 44, 308 (311, 321).

465 *G. Kretschmer*, in: Schmidt-Bleibtreu/Hofmann/Hopfauf, GG (Fn. 119), Art. 42 Rn. 12, erliegt diesem Irrtum, wenn er „ein Gesetz bereits von einem Viertel aller Abgeordneten plus einem weiteren" für verabschiedet hält. Zu richtigen Endergebnissen bei jedoch falscher Herleitung und Rechnung kommt *Thiele*, Entscheidungsfindung (Fn. 126), S. 392: Zum 16. Bundestag stellt sie fest: „614 : 4 + 1 = 155", zum 15. „603 : 4 + 1 = 152". Die richtige Formel zur Berechnung findet sich in Fn. 466.

466 Die entsprechenden Formeln würden lauten: (620 : 2) : 2 + 1 = 156 oder allgemein: ([Gesamtzahl der Mitglieder : 2] : 2) + 1 Mitglied = Mindestanzahl an Stimmen für einen Bundestagsbeschluß (Formel für eine gerade Gesamtstimmenzahl und einen ungeraden ersten Quotienten) bzw. ([Gesamtzahl der Mitglieder + 1 Mitglied] : 2 + 1 Mitglied) : 2 = Mindestanzahl an Stimmen für einen Bundestagsbeschluß (bei ungerader Gesamtstimmenzahl und ungeradem ersten Quotienten). Die weiteren Formeln lauten: ([Gesamtzahl der Mitglieder + 1 Mitglied] : 2) : 2 = Mindestanzahl an Stimmen für einen Bundestagsbeschluß (bei ungerader Gesamtstimmenzahl und geradem ersten Quotienten) bzw. ([Gesamtzahl der Mitglieder] : 2 + 1 Mitglied) : 2 = Mindestanzahl an Stimmen für einen Bundestagsbeschluß (bei gerader Gesamtstimmenzahl und ungeradem ersten Quotienten). – Die zweifache Division mit dem Divisor 2 und die jeweils erfolgende Erhöhung um eine Stimme entspricht eben nicht einer zusammengezogenen Rechnung mit dem Divisor vier und der anschließenden Erhöhung um zwei Stimmen, schon gar nicht der Erhöhung um nur eine Stimme.

Anzahl von 310 abermals durch zwei zu dividieren und den Quotienten um einen Abgeordneten zu erhöhen. Dies führte zu einer Mindestzustimmung von 156 Abgeordneten. Im 18. Deutschen Bundestag gibt es 631 Mitglieder, wodurch zunächst die Mitgliederzahl um eins auf 632 Mitglieder zu erhöhen und nach Halbierung auf 316 abermals durch zwei zu dividieren und das Ergebnis um eine Stimme zu erhöhen ist. Mithin sind 159 Stimmen für einen Bundestagsbeschluß bei 157 Gegenstimmen rechnerisch vonnöten.

Bereits der Wortlaut der Vorschrift zeigt, daß im Falle von Stimmenparität der Beschluß nicht zustande kommt[467], da sich weder eine Mehrheit der abgegebenen Stimmen für, noch gegen die zur Abstimmung gestellte Frage ausgesprochen hat. Klargestellt wird diese sich eigentlich bereits aus der Verfassungsnorm selbst ergebende Behandlung der Stimmengleichheit in § 48 Abs. 2 S. 2 GO-BT.

Wird die einfache Mehrheit demgegenüber erreicht, hat sich in der Schlußabstimmung nicht etwa nur der Wille der Mehrheit, sondern aufgrund der Mitwirkung der Minderheit zugleich der Gesamtwille des Organs Bundestag gebildet[468].

e) Abweichungen vom Prinzip einfacher Abstimmungsmehrheit

Art. 42 Abs. 2 GG selbst sieht Konstellationen vor, in denen die einfache Mehrheit der abstimmenden Bundestagsabgeordneten zur Herbeiführung eines Beschlusses nicht genügt. Für die vom Bundestag vorzunehmenden Wahlen kann die Geschäftsordnung nach Art. 42 Abs. 2 S. 2 GG Ausnahmen vom einfachen Mehrheitsprinzip vorsehen. Die ohnehin schon in den Bereich des Art. 42 Abs. 2 S. 1 Hs. 2 GG fallenden, grundgesetzlich vorgesehenen besonderen Mehrheitserfordernisse gehen S. 2 allerdings vor und sind daher nicht von ihm erfaßt[469]. Dies gilt selbst dann, wenn es sich auch (und gerade) um Wahlen handelt – was den weitaus häufigeren Fall dar-

---

[467] *Achterberg/Schulte* (Fn. 119), Art. 42 Rn. 39; *Morlok* (Fn. 70), Art. 42 Rn. 34; *Klein* (Fn. 63), Art. 42 Rn. 85. – Zu möglichen Konsequenzen, die mit der Fassung der Abstimmungsfrage in Zusammenhang stehen können und der Bedeutung des § 46 S. 1 u. 2 GO-BT, der dem Bundestagspräsidenten vorschreibt, die Abstimmungsfrage darauf hin zu stellen, daß das Parlament seine Zustimmung erteilt oder nicht: *Rothaug*, Leitungskompetenz (Fn. 62), S. 139 f. m. w. N.

[468] BVerfGE 2, 143 (161 u. 162): Nicht die Parlamentsmehrheit selbst erläßt Gesetze, sondern der Bundestag (Art. 77 Abs. 1 S. 1 GG), der „Mehrheit ist (...) durch das Grundgesetz ein solches Recht nicht verliehen worden". Und ein entsprechender „Wille des Bundestages tritt erst in der Schlußabstimmung zu Tage", in dem sich eine einfache Mehrheit für einen Antrag ausspreche und so den Willen des Organs bilde.

[469] *Klein* (Fn. 63), Art. 42 Rn. 92; *Morlok* (Fn. 70), Art. 42 Rn. 36.

stellt. Sowohl bei Wahlen als auch im Rahmen von Abstimmungen legen das Grundgesetz und die Geschäftsordnung ausdrückliche Modifizierungen der einfachen Abstimmungsmehrheit fest und fühlen sich dabei weder hinsichtlich der Anordnung abweichender Beschlußquoren noch der Zugrundelegung anderer Bezugsgrößen in irgend einer Weise beschränkt, was die Vielzahl an Mehrheitserfordernissen belegen wird.

Abzulehnen ist die Auffassung, die den Begriff der Wahl in Art. 42 Abs. 2 S. 2 GG nicht im engen juristischen Sinne (und in Abgrenzung zur Abstimmung) als Personenentscheidung[470], sondern im Wortsinn als sämtliche vom Bundestag vorzunehmenden Wahlen – Musterbeispiel ist die Wahl des Sitzes einer Bundesbehörde (§ 50 GO-BT) – versteht[471]. An dieser Stelle ist bereits der Ausgangspunkt H.-P. Schneiders unrichtig, enthalten § 50 Abs. 2 S. 2 u. 4 GO-BT mit der Anordnung des Erfordernisses der Mehrheit der Stimmen doch eine einfache Abstimmungsmehrheit[472] und daher mangels Alteration vom Regelbeschluß ohnehin keinen Anwendungsfall für Abweichungen im Sinne von Art. 42 Abs. 2 S. 2 GG.

f) Stellungnahme

aa) Mehrheitserfordernis

Folgt man der engen Auslegung des Begriffs der Wahlen in Art. 42 Abs. 2 GG, läßt sich nach alledem feststellen, daß in Abgrenzung hierzu für Sachentscheidungen – wenn nicht das Grundgesetz abweichende Mehrheiten vorsieht – stets die einfache Mehrheit der Abstimmenden Anwendung findet. Dies wird die überwiegende Zahl der Gesetzesbeschlüsse betreffen. Nicht wenige grundgesetzlich vorgesehene Modifizierungen zwingen den Bundestag jedoch zur Beachtung erhöhter Mehrheitserfordernisse. Doch auch für Wahlen sind zahlreiche Abweichungen von der einfachen Abstimmungsmehrheit bekannt.

bb) Irrelevanz von Enthaltungen für das Ergebnis

An der Unbeachtlichkeit von Enthaltungen und ungültigen Stimmen für den Ausgang der im Anwendungsbereich des Art. 42 Abs. 2 S. 1 GG ange-

---

470 Zur Abgrenzung siehe C. I.

471 So aber *Schneider* (Fn. 442), Art. 42 Rn. 15 mit unzutreffendem Hinweis auf *Versteyl* (Fn. 123), Art. 42 Rn. 26 in Fn. 34. – Wie hier: *Morlok* (Fn. 70), Art. 42 Rn. 36 m. Fn. 101; *Klein* (Fn. 63), Art. 42 Rn. 92; *Magiera* (Fn. 119), Art. 42 Rn. 15.

472 *Ritzel/Bücker/Schreiner*, GO-BT (Fn. 389), § 50 (1998), Anm. II.2.

siedelten Abstimmungen besteht kein ernsthafter Zweifel. Neben den historischen Argumenten überzeugt vor allem der Ansatz, der auf das „willentliche Nichtbekunden einer Meinung“[473] abstellt. Zwar ist der a. A. durchaus zuzugeben, daß in der Enthaltung des Abgeordneten eine „Nichtzustimmung“ zum Ausdruck kommt[474]; genauso jedoch (und dies wird nicht erwähnt) kann in ihr eine weitere Komponente, nämlich die der „Nichtablehnung“ gesehen werden. Dem sich Enthaltenden standen zuvor beide Alternativen offen, die der Zustimmung und die der Ablehnung. Mit der Enthaltung entschied er sich uno actu sowohl gegen die erste als eben auch gegen die zweite. So wird deutlich, warum Enthaltungen keinerlei über die Nichtabgabe einer Stimme hinausgehende inhaltliche Aussage beigemessen werden darf. Und noch ein weiteres spricht für diese Handhabe: Es ist fraglich, ob der sich Enthaltende tatsächlich eine Erschwerung des Erreichens der erforderlichen Mehrheit herbeiführen möchte, da diese Wirkung einer Nein-Stimme innewohnt. Folgte man der Minderheitsmeinung, wäre eine Erhöhung der Bezugsgröße um die Anzahl der Enthaltungen die Folge. Eine Erhöhung der Gesamtstimmenzahl, wie sie bei absoluten Mehrheiten das Erreichen einer Mehrheit erschwert, spielt im Rahmen einfacher Mehrheitsentscheidungen mangels Rekurs auf die besagte Referenzgröße zwar keine Rolle. Aufgrund der Gegenüberstellung von Ja- und Nein-Stimmen und der Erhöhung der Anzahl der Nein-Stimmen um die Enthaltungen ergibt sich jedoch dieselbe Konsequenz der Erschwerung des positiven Abschlusses einer Abstimmung.

cc) Erfordernis einer Mindestanwesenheit?

Zu ihrer Legitimierung setzt die Wirksamkeit des Mehrheitsbeschlusses eine Mindestanwesenheit voraus[475]. Hieran können keine vernünftigen Zweifel bestehen. Demgemäß wird sie zwar auf dem Papier von § 45 Abs. 1 GO-BT gesichert, so klar allerdings Abs. 1 die Präsenz von mehr als der Hälfte der Mitglieder des Bundestages zur Beschlußfähigkeit verlangt, so sehr unterläuft Abs. 2 S. 1 und insbesondere seine Nichtanwendung in praxi das aufgestellte Anwesenheitsquorum.

In diesem Sinne stellt auch das Bundesverfassungsgericht einerseits zu Recht fest, daß „das Prinzip der repräsentativen Demokratie (...) auf das parlamentarische Entscheidungsverfahren“ einwirke, „indem es grundsätzlich die Mitwirkung aller Abgeordneten bei der Willensbildung des Parla-

---

[473] *Morlok* (Fn. 70), Art. 42 Rn. 34; vgl. dazu bereits oben C. V. 1. b).

[474] *Versteyl* (Fn. 123), Art. 42 Rn. 21; s. hierzu auch die obigen Ausführungen im 1. Teil unter C. V. 1. b).

[475] Vgl. *Thiele*, Entscheidungsfindung (Fn. 126), S. 386 f.

ments" erfordere. In der Folge kommt es aber zu der (pragmatischen) Einschränkung, daß „die allzu starre Anwendung dieses Prinzips auf die zu regelnden Tatbestände des politischen Lebens dessen Geist eher vertreiben als bewahren würde"[476]. Das Gericht führt weiter aus, daß, indem „ein wesentlicher Teil der Parlamentsarbeit traditionell außerhalb des Plenums geleistet" werde, die Abgeordneten das Volk nicht nur im Plenum des Bundestages repräsentieren können[477], und kommt schließlich zu dem Ergebnis, daß der Bundestag „nicht dadurch gegen das Prinzip der repräsentativen Demokratie (...) verstoßen [habe], daß er den Gesetzesbeschluß gefaßt hat, obwohl (...) nur 36 oder 37 Abgeordnete im Sitzungssaal zugegen gewesen sind"[478].

Dieser auch höchstrichterlich abgesegnete „Auswuchs der Schwerpunktverlagerung parlamentarischer Arbeiten vom Plenum in andere Gremien"[479] führt in der Parlamentswirklichkeit dazu, daß, zugegebenermaßen im Extremfall, von Bundestagssitzung, an denen zum Teil nur drei (!) Bundestagsmitglieder teilgenommen haben, berichtet werden kann[480]. Hierbei handelt es sich um eine ausgeartete Parlamentspraxis, die nur schwer mit den selbst vom Bundesverfassungsgericht aufgestellten (Mindest-)Anforderungen in Einklang zu bringen sein dürfte. Sie wird noch dazu dadurch verschärft, daß den „einfachen" Abgeordneten, die nicht mit der Materie im Ausschuß beschäftigt waren, oftmals nicht einmal die Zeit bleibt, den (bis in die späte Nacht) ausgehandelten Vorschlag bis zur Abstimmung (beispielsweise am nächsten Vormittag) durchzuarbeiten[481].

Obgleich von der h. M. aufgrund durchaus nachvollziehbarer Praktikabilitätsgründe und nötiger Spezialisierung gebilligt[482], überzeugt die einfachgesetzliche Ausgestaltung zum Beschlußquorum mit der Fiktion der Beschlußfähigkeit bis zur förmlichen Erhebung entsprechender Zweifel im Hinblick auf die aus dem Prinzip der repräsentativen Demokratie abzuleitenden Mindestanforderungen an das parlamentarische Entscheidungsverfahren nicht.

---

476 BVerfGE 44, 308 (316).

477 BVerfGE 44, 308 (317).

478 BVerfGE 44, 308 (321).

479 *Versteyl* (Fn. 123), Art. 42 Rn. 18 (Zitat); früh und aufgrund der Problemfülle sowie erforderlichen Fachkenntnissen pragmatisch *Straßberger*, Abstimmungsrechtspraxis (Fn. 39), S. 83 sowie *Schröder*, Regierungssystem (Fn. 308), S. 453.

480 Der Spiegel 10/1982 vom 8.3.1982, S. 103, unter dem Titel „Schrecklich peinlich". Kritisch auch *L. Kißler*, Parlamentsöffentlichkeit: Transparenz und Artikulation, in: Schneider/Zeh, Parlamentsrecht (Fn. 14), § 36 Rn. 56 ff.: Parlament als „Geisterhaus".

481 Der Spiegel 20/2007 vom 14.5.2007, S. 19.

482 BVerfGE 44, 308 (321); *Schneider*, Beschlussfähigkeit (Fn. 3), S. 96 ff.; *Morlok* (Fn. 70), Art. 42 Rn. 33; *Achterberg/Schulte* (Fn. 119), Art. 42 Rn. 33 f.; *Thiele*, Entscheidungsfindung (Fn. 126), S. 394, jeweils m. w. N.

§ 45 Abs. 2 S. 1 GO-BT eröffnet auf diese Weise den Parlamentariern Tür und Tor zum Mißbrauch, der „Plenums-feindliche Arbeitsstil"[483] kann nicht als Rechtfertigung dienen. Obwohl das ein oder andere Mal nicht nur hinreichender Anlaß zu entsprechenden Zweifeln, sondern unzweifelhafte Gewißheit über das Nichtbestehen der formellen Beschlußfähigkeit nach § 45 Abs. 1 GO-BT bestanden hätte, wird die Fiktion mangels Rüge seitens der Parlamentarier nicht erschüttert. Dies verdeutlicht auch ein Blick auf die Parlamentsstatistik, ausweislich derer der entsprechende Antrag in den 1990er Jahren nur ein Mal[484], und, soweit ersichtlich, zuletzt in der 96. Sitzung des 15. Deutschen Bundestages am 10.03.2004 gestellt worden ist[485]. In beiden hier angesprochenen Fällen erfolgte dies allein zur Verhinderung einer für die Fraktion des Antragstellers unliebsamen Abstimmung – noch dazu erst nach stundenlangen Beratungen. Unliebsame Beschlüsse zu verhindern, kann nicht Aufgabe des § 45 GO-BT sein. In praxi kommt es jedoch nur in mißbräuchlichen Konstellationen zur Stellung des Antrags auf Feststellung der Beschlußfähigkeit, was seine Daseinsberechtigung mehr als in Frage stellen muß.

Mag die Regelung im Hinblick auf die Verlagerung wesentlicher Arbeitsschritte in Ausschüsse und die Sicherstellung der Handlungsfähigkeit des Bundestages nicht jeglichen Sinns entbehren, so ist dennoch ein Mindestmaß an parlamentarischer Repräsentation sicherzustellen. Das Bundesverfassungsgericht läßt in der vorgenannten Entscheidung 36 resp. 37 Abge-

---

[483] In anderem Kontext findet sich das Zitat bei *B.-O. Bryde*, Verfassungsentwicklung. Stabilität und Dynamik im Verfassungsrecht der Bundesrepublik Deutschland, 1982, S. 125.

[484] Vgl. hierzu Stenographischer Bericht des Deutschen Bundestags, 12. Legislaturperiode, 242. Sitzungstag (7.9.1994), S. 21531 f.: Der Abgeordnete *Struck* beantragte die Vertagung eines Tagesordnungspunktes (die Diskussion über den Abschlußbericht des Treuhand-Untersuchungsausschusses) auf die nächste Bundestagssitzung. Dies wurde durch die CDU/CSU-Fraktion zurückgewiesen. In der Folge stellte der SPD-Abgeordnete den Antrag nach § 45 Abs. 2 S. 1 GO-BT, der mit 19 (anscheinend die insgesamt anwesenden SPD-Fraktionsmitglieder) zu 124 Stimmen zwar abgewiesen wurde, aber mangels Erreichens der Beschlußfähigkeit von 332 Abgeordneten zur sofortigen Aufhebung der Sitzung gemäß § 20 Abs. 5 GO-BT führte.

[485] Vgl. hierzu Stenographischer Bericht des Deutschen Bundestags, 15. Legislaturperiode, 96. Sitzungstag, S. 8587; hier wurde der Antrag durch die SPD-Abgeordnete *Hauer* gestellt, die auf diese Weise einen Antrag der CDU/CSU-Fraktion auf nachträgliche Überweisung des Entwurfs eines Treibhausgas-Emmissionshandelsgesetzes an den Haushaltsausschuß konterkarieren wollte. Die entsprechende Abstimmung sollte wohl mangels Mehrheit der SPD-Fraktion im Parlament durch die Stellung des Antrags nach § 45 Abs. 2 S. 1 GO-BT verhindert werden. Dies gelang, der Antrag auf Feststellung der Beschlußfähigkeit erhielt 209 Ja-, eine Nein-Stimme und eine Enthaltung – die Beschlußunfähigkeit war damit festgestellt und die Sitzung aufzuheben.

ordnete genügen – setzt man diese Anzahl zu den heute 631 Abgeordneten in Relation, sind es kaum mehr als fünf Prozent der Gesamtmitglieder. Hinzu kommt, und dies wird zumeist übersehen, daß nur die Verhandlung und Abstimmung im Plenum Gewähr für parlamentarische Öffentlichkeit bietet, da die Ausschußsitzungen gemäß § 69 Abs. 1 S. 1 GO-BT regelmäßig hinter verschlossenen Türen stattfinden.

Nach alledem wäre die Abschaffung des § 45 GO-BT (notfalls: seine Umgestaltung hin zu einer Legalisierung geringerer Anwesenheit im Plenum als Minimalziel) wünschenswert. Weit besser und konsequenter wäre es indes – da die andere Möglichkeit der Rückverlagerung von Gesetzgebungstätigkeit in das Plenum aufgrund hoher Spezialisierung kaum sinnvoll erscheint – die grundgesetzliche Ausgestaltung der Beschlußfassung an die parlamentarische Praxis der „Ausschußgesetzgebung" anzugleichen: dies könnte durch Anpassung des Art. 77 Abs. 1 S. 1 GG und der §§ 78 ff. GO-BT geschehen. Hierbei wäre insbesondere auch daran zu denken, daß dem Öffentlichkeitsprinzip auch innerhalb von Ausschußsitzungen genüge getan werden müßte, indem wenigstens das dortige Regel-/Ausnahmeverhältnis der Beratungsöffentlichkeit umgekehrt würde.

Alternativ wäre auch die Einführung eines zwingenden Anwesenheits- resp. Beschlußfähigkeitsquorums denkbar. In diesem Kontext sollte klar sein, daß die Ausschüsse Orte der Diskussion und Beratung sind, die alleinige (Letzt-)Entscheidungsgewalt aber nach wie vor bei der Mehrheit des Plenums liegen muß, dem es, wenn auch in der Praxis unwahrscheinlich, bis zuletzt möglich ist, von der durch die Ausschußvorarbeit konsolidierten Fassung abzuweichen. Sowohl national in mehreren Landesverfassungen[486] als auch innereuropäisch[487] sind solche Quoren zur Sicherstellung hinreichender Legitimation nicht unüblich; meist wird sogar die Anwesenheit der Hälfte der gesetzlichen Mitgliederzahl verlangt. Daß hier das Grundgesetz im europäischen Vergleich bezüglich des Fehlens einer fixen Grenze der Beschlußfähigkeit hinter den meisten nationalen wie europäischen Landesverfassungen zurückbleibt und auf einer Stufe mit den Verfassungen von Slowenien und Litauen steht[488], wirkt befremdlich.

---

486 Vgl. *D. Blumenwitz*, in: BK-GG (Fn. 309), Art. 52 (1987), Rn. 32.

487 Diese variieren zwischen einem Drittel und der Hälfte der gesetzlichen Mitgliederzahl: *Ein Drittel*: Tschechien (Art. 39 Abs. 1 Verf.); *Hälfte*: Belgien (Art. 53 Abs. 3 Verf.), Dänemark (§ 50 Verf.), Italien (Art. 64 Abs. 3 Verf.), Niederlande (Art. 67 Abs. 1 Verf.), Luxemburg (Art. 62 Verf.), Spanien (Art. 79 Abs. 1 Verf.), Lettland (Art. 23 Verf.), Slowakei (Art. 84 Abs. 1 Verf.), Polen (Art. 120 Verf.), im übrigen vielfach einfachgesetzlich geregelt, vgl. *Morlok* (Fn. 70), Art. 42 Rn. 18 m. Fn. 31 u. 32.

488 Vgl. *Morlok* (Fn. 70), Art. 42 Rn. 18 m. Fn. 30.

2. Der Ausschluß der Öffentlichkeit bei Bundestagssitzungen

Das allgemeine Öffentlichkeitsprinzip stellt einen entscheidenden Aspekt des Demokratieprinzips dar, obgleich es dem Grundgesetz nicht ausdrücklich zu entnehmen ist[489]. Eine Facette dieses allgemeinen Publizitätsgebots ist der Verfassungsgrundsatz der Transparenz und Öffentlichkeit parlamentarischen Handelns, insbesondere politischer Entscheidungsfindung. Vor diesem Hintergrund ordnet Art. 42 Abs. 1 S. 1 GG die Öffentlichkeit parlamentarischer Sitzungen an[490]. Wenn die Norm von öffentlichem „Verhandeln“ spricht, ist darunter neben den Beratungen selbstverständlich auch die Öffentlichkeit der anschließenden Beschlußfassung zu verstehen[491]. Dem Volk soll auf diesem Weg die Möglichkeit ungefilterter Unterrichtung und damit effizienter Kontrolle eingeräumt werden; gleichzeitig werden Legitimations-, Integrations- und Informationsansprüche der Bürger befriedigt[492].

Trotz dieses zum Ausdruck kommenden besonderen Anliegens des Grundgesetzgebers, eine hohe Transparenz der Tätigkeit der Parlamentarier im Bundestag zu ermöglichen, sind Konstellationen denkbar, in denen eine Parlamentsöffentlichkeit vor allem negative Auswirkungen entfalten könnte. Für diese Fälle wurde die Option des Ausschlusses der Öffentlichkeit von den Plenumssitzungen in Art. 42 Abs. 1 S. 2 GG geschaffen.

a) Antrag auf Ausschluß der Öffentlichkeit

Art. 42 Abs. 1 S. 2 Hs. 1 GG benennt für den Antrag auf Ausschluß der Öffentlichkeit im Bundestag zwei Antragsberechtigte: einerseits kann ein solcher Antrag aus den Reihen des Bundestages gestellt werden (1. Alt.), andererseits durch die Bundesregierung (2. Alt.).

---

[489] Das Bundesverfassungsgericht (in E 70, 324 [355]; 84, 304 [329]; zuletzt in E 103, 44 [63]) hält die Öffentlichkeit für ein wesentliches Element des demokratischen Parlamentarismus. – Vgl. zu den einzelnen Facetten der „Öffentlichkeit des Staatshandelns“ (Parlament, Regierung/Verwaltung, Gericht) *M. Kloepfer*, Öffentliche Meinung, Massenmedien, in: HStR^3 III (Fn. 74), § 42 Rn. 53 ff.

[490] Die Öffentlichkeit nach Art. 42 Abs. 1 S. 1 GG bezieht sich nur auf Sitzungen (§ 19 S. 1 GO-BT), daher auch der Terminus der „Sitzungsöffentlichkeit“. Vgl. vertiefend zum Öffentlichkeitsprinzip *Kißler*, Parlamentsöffentlichkeit (Fn. 480), § 36 Rn. 1 ff. m.w.N. – Sämtliche Sitzungen der Ausschüsse (sie stellen eben keine Plenumssitzungen im Sinne des Art. 42 Abs. 1 S. 1 GG dar) werden folglich nicht vom Öffentlichkeitsgebot erfaßt.

[491] Einhellige Meinung; s. nur *Straßberger*, Abstimmungsrechtspraxis (Fn. 39), S. 56 f. m.w.N.

[492] *Kloepfer*, Meinung (Fn. 489), § 42 Rn. 54.

Für den Antrag aus den Reihen des Bundestages ist die Unterstützung wenigstens eines Zehntels seiner Mitglieder erforderlich. Im Ergebnis besteht heutzutage Einigkeit darüber, daß sich die Quote auf die gesetzliche Mitgliederzahl bezieht, die auch hier aus Art. 121 GG (teilweise in entsprechender Anwendung) abgeleitet wird[493]. Damit sind bei derzeit 631 Abgeordneten wenigstens 64 Parlamentarier vonnöten, um den Antrag zu stellen.

Mangels entgegenstehender Bestimmung handelt es sich bei dem nach obiger Norm geforderten Antrag der Bundesregierung um einen im Regelverfahren gefaßten Kabinettsbeschluß[494]. Ein solcher bedarf, insofern sei ein Vorgriff auf spätere Ausführungen erlaubt, der Zustimmung der Mehrheit der Regierungsmitglieder, § 24 Abs. 2 S. 1 GO-BReg[495]. Mittlerweile wird nicht mehr davon ausgegangen, daß der Antrag auch allein durch den anwesenden Bundeskanzler oder den jeweiligen Fachminister gestellt werden kann[496].

Einer Begründung bedarf der Antrag unabhängig vom Initiator nicht, würde doch ansonsten das Geheimhaltungsbedürfnis bei detaillierter Darlegung der Erwägungen unterlaufen[497]; einschränkend wird teilweise im Hinblick auf die überragende Bedeutung des Öffentlichkeitsprinzips die Angabe nachvollziehbarer Gründe, wenn auch nur kursorisch, verlangt[498]. Alles in allem darf die Entbehrlichkeit einer ausdrücklichen (ggf. kursorischen) Begründung nicht den Eindruck vermitteln, daß der Öffentlichkeitsausschluß grundlos erfolgen darf; dies verböte die Öffentlichkeitsmaxime[499].

---

[493] Insoweit unstreitig, vgl. *Magiera* (Fn. 119), Art. 42 Rn. 5; *Achterberg/Schulte* (Fn. 119), Art. 42 Rn. 18; *Klein* (Fn. 63), Art. 42 Rn. 48; *Morlok* ([Fn. 70], Art. 42 Rn. 29) geht anscheinend selbstverständlich von dieser Bezugsgröße aus und spricht dies daher mit keinem Wort an. – A. A. noch *F. Klein*, in: H. v. Mangoldt/F. Klein, Das Bonner Grundgesetz, 2. Aufl. 1966, Bd. II, Art. 42 III.5.a (S. 929): so sei „die Bezugnahme und Berufung auf den schon seinem Wortlaut nach gar nicht passenden Art. 121 weder notwendig noch gerechtfertigt".

[494] Heute einhellige Meinung, vgl. nur *Ritzel/Bücker/Schreiner*, GO-BT (Fn. 389), § 19 (o. J.), Anm. 2e.

[495] Ausführlich hierzu unter E.

[496] Hintergrund war wohl, daß ein kollegialer Beschluß der Regierung während einer laufenden parlamentarischen Sitzung nur schwer zu erreichen war: *Straßberger*, Abstimmungsrechtspraxis (Fn. 39), S. 57.

[497] *Achterberg/Schulte* (Fn. 119), Art. 42 Rn. 18; *Klein* (Fn. 63), Art. 42 Rn. 49; *Pieroth* (Fn. 119), Art. 42 Rn. 2; *Schneider* (Fn. 442), Art. 42 Rn. 9; *Magiera* (Fn. 119), Art. 42 Rn. 5. – Schädlich ist eine erfolgte Begründung zweifelsohne nicht; sie wird aber regelmäßig den Interessen zuwiderlaufen oder gerade besonderes Interesse wecken.

[498] *Morlok* (Fn. 70), Art. 42 Rn. 29; *Versteyl* (Fn. 123), Art. 42 Rn. 10; dort auch weitere Nachweise zu abweichenden Ansichten. – Skeptisch *Klein* (Fn. 63), Art. 42 Rn. 49, der eine substanzlose Begründung für überflüssig hält.

[499] *Klein* (Fn. 63), Art. 42 Rn. 49.

b) Mehrheitserfordernis im Rahmen der Abstimmung über den Öffentlichkeitsausschluß

An einen erfolgreichen Antrag schließt sich die entsprechende Beschlußfassung über den Öffentlichkeitsausschluß in nichtöffentlicher Sitzung an, Art. 42 Abs. 1 S. 3 GG. Der Beschluß erfordert – insofern ist der Wortlaut des Grundgesetzes eindeutig – eine Zweidrittelmehrheit, Art. 42 Abs. 1 S. 2 Hs. 2 GG. Die Norm schweigt indessen, ob sich die angeordnete Mehrheit lediglich auf die abstimmenden Abgeordneten[500] oder die Gesamtzahl der anwesenden Bundestagsmitglieder[501] beziehen soll. Wenn sich überhaupt Begründungsansätze finden lassen, argumentieren die Anhänger der erstgenannten Auffassung zunächst mit der Tatsache, daß im gesamten Grundgesetz an keiner Stelle das Mehrheitsprinzip auf die Zahl der anwesenden Mitglieder des Bundestages bezogen wird, demgegenüber aber neben dem Regelbeschluß auch in weiteren Konstellationen die Mehrheit der abgegebenen Stimmen entscheidend ist. Ferner ließe sich eine Parallele zu Art. 77 Abs. 4 S. 2 GG ziehen[502], der auch eine Zweidrittelmehrheit verlangt, ohne ausdrücklich auf die abgegebenen Stimmen abzustellen, aber unstreitig dahingehend verstanden wird[503].

c) Stellungnahme

Art. 42 Abs. 1 S. 2 GG steht in einer Reihe von Normen, die allesamt ähnlich aufgebaut sind. Auf erster Stufe dient ein relativ geringes Antragsquorum der Sicherstellung effektiven Minderheitenschutzes und verhindert zugleich, daß einzelne Parlamentarier vorschnell Anträge ohne jegliche Erfolgsaussichten lancieren. Auf zweiter Stufe findet dann eine Abwägung der beiderseitigen Interessen statt: hier steht das hohe demokratische Gut der Öffentlichkeit von Sitzungen der Volksvertretung den Interessen beispielsweise der Abgeordneten an einer Geheimhaltung des Inhalts der Bundestagssitzung

---

[500] So die überwiegende Ansicht: *Magiera* (Fn. 119), Art. 42 Rn. 6; *Achterberg/Schulte* (Fn. 119), Art. 42 Rn. 19; *Versteyl* (Fn. 123), Art. 42 Rn. 13; *Schneider* (Fn. 442), Art. 42 Rn. 9; *Klein* (Fn. 63), Art. 42 Rn. 50 f.; *Heun*, Mehrheitsprinzip (Fn. 7), S. 128 m. Fn. 128; *R. Schneider*, in: BK-GG (Fn. 309), Art. 42 (o.J.), Ziff. 3, der dann ebd. allerdings wohl fälschlicherweise von der „Hälfte der Abstimmenden" spricht.

[501] Diese Auffassung ist zu finden bei *Morlok* (Fn. 70), Art. 42 Rn. 29, der sich allerdings in Fn. 85 zu Unrecht auf *Achterberg/Schulte*, *Magiera* und *Schneider* (jeweils a.a.O., vgl. Fn. 500) beruft, sowie bei *Ritzel/Bücker/Schreiner*, GO-BT (Fn. 389), § 19 (2002), Anm. 2 f.; eine Begründung fehlt bei beiden Fundstellen.

[502] So überzeugend *Klein* (Fn. 63), Art. 42 Rn. 50 f.

[503] Vgl. ausführlich zu Art. 77 Abs. 4 S. 2 GG dessen Besprechung unter A. III. 3. b) bb) (2).

gegenüber. Da die Überprüfung des Vorliegens sachlicher Gründe nicht in die Hände einer unabhängigen Kontrollinstanz gelegt wurde, dient die Zweidrittelmehrheit insoweit auch einer effizienten Selbstkontrolle; stets wird das Zusammenwirken mehrerer Fraktionen unumgänglich sein.

Im Rahmen von Art. 42 Abs. 1 S. 2 GG ist es vorzugswürdig, mit der überwiegenden Ansicht auf die Zahl der Abstimmenden als Bezugsgröße für die Berechnung der Zweidrittelmehrheit zu rekurrieren; zwar ist das Argument der h. M., die Anwesenden fänden in keiner Grundgesetzbestimmung als Zahlenganzheit Anwendung, zutreffend und auch nachvollziehbar. Es wird jedoch verkannt, daß außerhalb der Verfassung auch und gerade im Rahmen von Entscheidungen des Bundestages ebenso wie im Verwaltungsrecht sehr wohl Anwesenheitsmehrheiten zur Anwendung kommen[504]. Für sich allein genommen ist auch der Rückgriff auf Art. 42 Abs. 2 S. 1 GG nicht überzeugend, stellt S. 2 doch gerade eine andere, vom einfachen Mehrheitsprinzip abweichende Bestimmung im Sinne des S. 1 a. E. dar. Demgegenüber spricht jedoch kein Aspekt für eine Anwesenheitsmehrheit, während die genannten Argumente der h. M. zumindest in ihrer Gesamtschau zu dem Verständnis der Norm als einem Fall qualifizierter Abstimmungsmehrheit führen.

In jedem Fall wird deutlich, daß dem Verfassunggeber tatsächlich an einem hohen Schutz der Transparenz der parlamentarischen Arbeit gelegen war, hat es doch bereits eine Minderheit von mehr als einem Drittel in der Hand, die Abweichung von dem regulären Zustand der Parlamentsöffentlichkeit zu verhindern.

3. Die Rolle des Bundestages im Gesetzgebungsverfahren

Das Grundgesetz weist die organschaftliche Gesetzgebungskompetenz Bundestag und Bundesrat zu. Hierin liegt die Hauptaufgabe beider Körperschaften, die sie im Zusammenspiel und unter Beachtung der Verfahrensvorschriften des Art. 77 GG ausüben.

a) Der Gesetzesbeschluß

Nach Art. 77 Abs. 1 S. 1 GG werden die (einfachen) Bundesgesetze vom Bundestag beschlossen. Dieser Beschluß allein läßt die verabschiedete Re-

[504] Siehe nur § 80 Abs. 2 S. 1 GO-BT (Absehen von Überweisung an einen Ausschuß im Gesetzgebungsverfahren), § 81 Abs. 1 S. 2 GO-BT (zeitliche Vorverlagerung der zweiten Lesung), § 84 S. 1 lit. b GO-BT (zeitliche Vorverlagerung der dritten Lesung) und § 126 GO-BT (Abweichungsmöglichkeit von den Bestimmungen der Geschäftsordnung) und § 10 Abs. 3 BWahlprüfG (Schlußentscheidung des Wahlprüfungsausschusses nach e. A.).

gelung aber noch nicht unmittelbar zu geltendem Recht werden – weitere Verfahrensschritte, zuvörderst die in den Abs. 2–4 niedergelegte Bundesratsbeteiligung, gehen dem noch zuvor. Dennoch bildet der Bundestagsbeschluß im Idealfall das Ende des parlamentarischen Gesetzgebungsverfahrens mit Ausschußberatungen und mehreren Lesungen im Plenum[505]. Er ergeht als Regelbeschluß des Parlaments mit einfacher Mehrheit der Abstimmenden nach Art. 42 Abs. 2 GG[506], also mit wenigstens einer Ja-Stimme mehr als Nein-Stimmen bei Unbeachtlichkeit von Enthaltungen.

Auch die Föderalismusreformen 2006 und 2010, von denen vor allem die erste zu einer Neuordnung der Kompetenzverteilung in den Art. 72 ff. GG führte, haben an der bestehenden Zweiteilung von Zustimmungs- und Einspruchsgesetzen in Art. 77 GG nichts geändert. Vielmehr haben sie die bestehende Systematik um die neue Kategorie der „Abweichungsgesetzgebung" nach Art. 72 Abs. 3 GG (frühere Rahmengesetzgebung nach Art. 75 GG a. F.) ergänzt. Der Regelfall ist daher auch zukünftig, daß nach Art. 77 Abs. 1 S. 2 GG die beschlossenen Bundesgesetze unverzüglich an den Bun-

---

505 Am Schluß der ersten Beratung eines Gesetzentwurfs wird dieser gemäß § 80 Abs. 1 S. 1 GO-BT an einen Ausschuß überwiesen. Von der Überweisung kann nach Abs. 2 S. 1 auf Antrag einer Fraktion oder von fünf vom Hundert der Mitglieder des Bundestages abgesehen werden: der Beschluß hierüber ergeht mit Zweidrittelmehrheit der anwesenden Abgeordneten und führt dazu, daß ohne Ausschußbeteiligung in die zweite Beratung (vgl. § 81 GO-BT; dazu sogleich) eingetreten wird. § 81 GO-BT regelt die zweite Beratung von Gesetzentwürfen, die nach entsprechender Empfehlung seitens des Ältestenrates oder auf Verlangen einer Fraktion bzw. von fünf vom Hundert der Mitglieder des Bundestages mit einer allgemeinen Aussprache eröffnet wird, Abs. 1 S. 1. Grundsätzlich beginnt die zweite Beratung nach § 81 Abs. 1 S. 2 GO-BT am zweiten Tag nach der Verteilung von Beschlußempfehlung und Ausschußbericht. Eine Ausnahme – nämlich ein früherer Zeitpunkt – kann jedoch durch Beschluß von zwei Dritteln der anwesenden Abgeordneten nach entsprechendem Antrag einer Fraktion oder von fünf vom Hundert der Mitglieder des Parlaments erfolgen, § 81 Abs. 1 S. 2 Hs. 1 GO-BT. Schließlich betrifft § 84 GO-BT die dritte Beratung von Gesetzentwürfen: in S. 1 wird zwischen dem weiteren Verfahren ohne Änderungen in zweiter Beratung einerseits (lit. a) und bei erfolgten Änderungen andererseits (lit. b) differenziert; während sich im ersten Fall die dritte Beratung unmittelbar an die zweite anschließt, sieht lit. b im Falle des Beschlusses von Änderungen in zweiter Beratung die dritte Beratung zwei Tage nach Verteilung der Drucksachen mit den beschlossenen Änderungen vor. Entsprechend der Regelung in § 81 Abs. 1 S. 2 Hs. 1 GO-BT eröffnet auch § 84 S. 1 lit. b Hs. 1 GO-BT die Möglichkeit, (nach entsprechendem Antrag von Fraktion bzw. fünf vom Hundert der Abgeordneten des Bundestages) mit Zweidrittelmehrheit der Anwesenden den Zeitpunkt der dritten Beratung vorzuverlegen.

506 Statt aller: *R. Stettner*, in: Dreier, GG (Fn. 17), Art. 77 Rn. 9. – Zum Regelbeschlußverfahren s. bereits oben unter A. III. 1. Eines solchen Beschlusses bedarf es dabei nach ertragreichem, weil mit einem Änderungsvorschlag endenden Vermittlungsverfahren erneut und ohne Besonderheiten für das Mehrheitserfordernis, vgl. Art. 77 Abs. 2 S. 5 GG.

desrat weiterzuleiten sind, der über die Zustimmung zum Gesetz oder die Einlegung eines Einspruchs zu entscheiden hat, Art. 77 Abs. 2a u. 3 GG[507].

b) Reaktionsmöglichkeiten des Bundestages bei Zustimmungs- und Einspruchsgesetzen

Nach Weiterleitung des beschlossenen Gesetzes an die Länderkammer gemäß Art. 77 Abs. 1 S. 1, Abs. 2 S. 1 GG hängen deren Reaktionsmöglichkeiten mit der Qualität des Vorlagegegenstandes (Zustimmungs- oder Einspruchsgesetz) zusammen. An das Verhalten des Bundesrates wiederum schließen sich verschiedene Optionen des Bundestages an: handelt es sich um ein Gesetzesvorhaben, das Art. 77 Abs. 2a GG unterfällt (Erfordernis der Bundesratszustimmung), so steht – neben Bundesregierung und Bundesrat – auch dem Bundestag das Recht zur Einberufung des Vermittlungsausschusses zu, dazu aa). Ist hingegen ein Fall der Einspruchsgesetzgebung gegeben, sind im zweiten Schritt (bb)) die Handlungsmöglichkeit des Bundestages nach erfolgtem Einspruch näher zu beleuchten.

aa) Die Anrufung des Vermittlungsausschusses durch den Bundestag im Rahmen der Zustimmungsgesetzgebung

Die Anrufung des Vermittlungsausschusses durch den Bundestag kommt gemäß Art. 77 Abs. 2 S. 4 GG nur bei den Gesetzesmaterien in Betracht, die der Zustimmungspflicht des Bundesrates unterfallen. Hier wird seitens des Parlaments eine Einberufung dann in Betracht zu ziehen sein, wenn der Bundesrat den Gesetzesbeschluß des Bundestages bereits negativ verbeschieden hat bzw. anhand des Verhaltens des Bundesrates dessen Ablehnung hinreichend deutlich geworden ist[508]. In der Literatur wird zwischen einfachen Gesetzesvorhaben (1.) und solchen, die der Verabschiedung durch qualifizierte Mehrheiten der jeweiligen Delegierten unterliegen (2.), unterschieden. Stets gilt jedoch aufgrund von § 89 GO-BT, daß der Antrag auf Einberufung des Vermittlungsausschusses von einer Fraktion oder von fünf vom Hundert der Mitglieder des Bundestages zu stellen ist[509].

---

[507] Zum weiteren Verfahren vgl. im Bundesratskapitel unter B. I. 3.

[508] *M. J. Dietlein*, Vermittlung zwischen Bundestag und Bundesrat, in: Schneider/Zeh, Parlamentsrecht (Fn. 14), § 57 Rn. 22; *J. Jekewitz*, in: AK-GG (Fn. 313), Art. 77 (2001), Rn. 19; *Stettner* (Fn. 506), Art. 77 Rn. 26.

[509] Insofern ist die Regelung mit § 76 Abs. 1 GO-BT identisch.

(1) Anrufung im Rahmen eines einfachen Gesetzgebungsverfahrens

Zunächst läßt sich konstatieren, daß § 89 GO-BT, obwohl mit „Einberufung des Vermittlungsausschusses“ überschrieben, zum Abstimmungsverfahren einschließlich der gebotenen Mehrheit für die Anrufung kein Wort verliert. Es ist daher jedenfalls im Gesetzgebungsverfahren für einfache Bundesgesetze, die im Bundestag mit der einfachen Stimmenmehrheit nach Art. 42 Abs. 2 S. 1 GG verabschiedet werden können, davon auszugehen, daß für die Entscheidung zur Anrufung des Vermittlungsausschusses ebenfalls die für einfache Parlamentsbeschlüsse vorgesehene Mehrheit vonnöten ist; ergo entscheidet über die Anrufung die einfache Mehrheit der Abstimmenden[510].

(2) Anrufung im Rahmen eines Verfahrens zur Verfassungsänderung

Schwieriger stellt sich die Situation indes dar, wenn die Gesetzesvorlage in einem Änderungsgesetz zum Grundgesetz besteht. Die wohl überwiegende Auffassung in der Kommentarliteratur orientiert sich an Art. 42 Abs. 2 S. 1 GG und kommt – wohl in Ermangelung einer Vorschrift, die für diese Konstellation eine breitere Mehrheit anordnet – zu dem Ergebnis, daß auch hier die einfache Mehrheit der abstimmenden Mitglieder des Bundestages genügt[511].

Die entgegengesetzte Auffassung hält im Falle von Änderungsgesetzen zum Grundgesetz nach Art. 79 Abs. 2 Alt. 1 GG im Bundestag auch für die Anrufung des Vermittlungsausschusses eine Zweidrittelmehrheit der gesetzlichen Mitgliederzahl für erforderlich. Da die Einberufung seitens des Bundestages von vornherein ausschließlich dann in Betracht kommt, wenn der Bundesrat in irgendeiner Weise eine für das weitere Verfahren negative Bewertung abgegeben hat, es zur Weiterleitung an die Länderkammer und einer dortigen Ablehnung aber erst nach innerparlamentarischer Verabschie-

---

510 Diesbezüglich besteht offenbar Einigkeit, obgleich dies von keinem der folgenden Kommentatoren ausdrücklich festgestellt wird: vgl. *T. Mann*, in: Sachs, GG (Fn. 119), Art. 77 Rn. 22; *B.-O. Bryde*, in: v. Münch/Kunig, GG (Fn. 123), Art. 77 Rn. 16 f.; *Stettner* (Fn. 506), Art. 77 Rn. 26; *Jekewitz* (Fn. 508), Art. 77 Rn. 17 f.

511 *J. Masing*, in: v. Mangoldt/Klein/Starck, GG (Fn. 119), Art. 77 Rn. 76; zumeist wird die Frage allerdings bei Art. 79 GG verortet: *H. Dreier*, in: Dreier, GG (Fn. 17), Art. 79 I Rn. 20; *M. Sachs*, in: Sachs, GG (Fn. 119), Art. 79 Rn. 24; *R. Sannwald*, in: Schmidt-Bleibtreu/Hofmann/Hopfauf, GG (Fn. 119), Art. 79 Rn. 31; *K.-E. Hain*, in: v. Mangoldt/Klein/Starck, GG (Fn. 119), Art. 79 Rn. 26. – In aller Regel wird die Problematik von den Vorgenannten nicht ausdrücklich angesprochen, teils nur mit einem pauschalen Verweis darauf, daß das qualifizierte Mehrheitserfordernis nur in der Schlußabstimmung gelte, vielleicht etwas zu lapidar abgetan.

dung eines mit der erforderlichen qualifizierten Mehrheit beschlossenen Änderungsgesetzes kommt, sei auch für die Anrufung eine Zweidrittelmehrheit maßgeblich[512]. Es sei nicht einzusehen, warum die qualifizierte Mehrheit aus dem Verfahren für den Gesetzesbeschluß nicht auf den Anrufungsbeschluß übertragen werden sollte; schließlich könne die Einleitung des Vermittlungsverfahrens seitens des Bundestages allein den Zweck haben, die zuvor im Parlament beschlossene Fassung so weit als möglich zu erhalten[513]. Darüber hinaus sei auch von Bedeutung, daß dem Anrufungsbeschluß eine (mutmaßliche) Ablehnung durch mindestens ein Drittel der Stimmen der Länderkammer vorausging und die Anrufung somit der Umstimmung dieser, die Grundgesetzänderung ablehnenden Ländervertreter dienen soll. Für diesen Zweck aber sei die Forderung einer Zweidrittelmehrheit angebracht[514].

bb) Die Zurückweisung des Einspruchs des Bundesrats durch den Bundestag

Liegt kein Fall eines Zustimmungsgesetzes nach Art. 77 Abs. 2a GG vor, steht dem Bundesrat nach Abs. 3 ein Einspruchsrecht gegen das vom Bundestag beschlossene Gesetz zu. Die Einlegung des Einspruchs führt jedoch nur in den wenigsten Fällen zum Scheitern des Gesetzesvorhabens[515], da dem Bundestag im Rahmen des Einspruchsverfahrens mit der Zurückweisung eine effiziente Reaktionsmöglichkeit an die Hand gegeben wurde. Nur auf die mit der Qualität des Einspruchs der Länderkammer reziprok steigenden Anforderungen an die Zurückweisung desselben soll im folgenden eingegangen werden. Da der Einspruch im Falle der späteren Überstimmung nur den Charakter eines suspensiven Vetorechts aufweist[516], kommt das Gesetz nach erfolgreicher Zurückweisung zustande, Art. 78 GG a.E. Nur

---

[512] *T. Maunz*, in: Maunz/Dürig, GG (Fn. 18), Art. 77 (1991), Rn. 13 Fn. 6 – dort sehr knapp und ohne weitergehende Argumentation; *F. Wessel*, Der Vermittlungsausschuß nach Art. 77 des Grundgesetzes, in: AöR 77 (38 n.F. [1951/52]), S. 283 (313).

[513] Stichwort Gesetzesidentität: *Jekewitz* (Fn. 508), Art. 77 Rn. 19; *Mann* (Fn. 510), Art. 77 Rn. 29 f.

[514] *Wessel*, Vermittlungsausschuß (Fn. 512), S. 313.

[515] *Masing* (Fn. 511), Art. 77 Rn. 102 f.; meistens scheitert das Gesetz wegen des Endes der Legislaturperiode eher am Grundsatz der Diskontinuität: von summa summarum 74 bis zum Ende der 16. Legislaturperiode 2009 eingelegten Einsprüchen seitens des Bundesrates konnten durch den Bundestag 62 zurückgewiesen werden, s. die sehr lehrreiche und detaillierte statistische Auswertung unter http://www.bundesrat.de/cln_050/SharedDocs/Downloads/DE/statistik/gesamtstatistik,templateId=raw,property=publicationFile.pdf/gesamtstatistik.pdf (November 2013).

[516] *Mann* (Fn. 510), Art. 77 Rn. 39 („aufschiebendes Vetorecht").

wenn die Überstimmung scheitert, trifft die Gesetzesvorlage dasselbe Schicksal; der Einspruch hat dann den Charakter eines endgültigen Vetos.

(1) Zurückweisung eines mit absoluter Bundesratsmehrheit gefaßten Einspruchs

Erfolgte die Einlegung des Einspruchs durch den Bundesrat mit der Mehrheit seiner Stimmen[517], so ist gemäß Art. 77 Abs. 4 S. 1 GG auf seiten des Bundestages für dessen Zurückweisung durch Beschluß ebenfalls die Mehrheit der Mitglieder des Parlaments erforderlich. Gemeint ist die Mehrheit der gesetzlichen Mitgliederzahl, Art. 121 GG. Ausgehend von den 631 Parlamentariern in der 18. Legislaturperiode liegt sie bei 316 Abgeordneten.

(2) Zurückweisung eines mit qualifizierter Bundesratsmehrheit gefaßten Einspruchs

Erreicht der Beschluß zur Einlegung des Einspruchs im Bundesrat eine Mehrheit von mindestens zwei Dritteln seiner Stimmen, sind für die Überstimmung seitens des Bundestages gemäß Art. 77 Abs. 4 S. 2 GG bei der Abstimmung zweierlei Konditionen zu beachten: zunächst ist, mit der qualifizierten Bundesratsmehrheit korrespondierend, eine Zweidrittelmehrheit auch im Bundestag erforderlich. Hinzu tritt die Bedingung, daß dieses Quorum zugleich mindestens die Mehrheit der Mitglieder des Bundestages repräsentiert. Im Umkehrschluß ergibt sich aus diesem doppelt qualifizierten Mehrheitserfordernis, daß die Bezugszahl der Zweidrittelmehrheit nicht in der gesetzlichen Mitgliederzahl liegen kann. Unklarheit besteht indes, ob sie sich auf die abstimmenden[518] oder anwesenden Abgeordneten[519] be-

---

[517] Hierbei handelt es sich zugleich um die für einen Beschluß des Bundesrates stets nötige Regelmehrheit, vgl. Art. 52 Abs. 3 S. 1 GG. Vertiefend siehe die ausführlichere Darstellung des Regelbeschlußverfahrens im Rahmen des Kapitels B. über den Bundesrat. Aufgrund der reziproken Mehrheiten ist es jedoch im Rahmen dieser Problemstellung nicht möglich, gänzlich auf Hinweise zum Bundesratsbeschluß im allgemeinen und der Einspruchseinlegung im besonderen zu verzichten.

[518] *Masing* (Fn. 511), Art. 77 Rn. 103, unklar jedoch seine Formulierung „*entweder* eine Zweidrittelmehrheit der abgegebenen Stimmen (Art. 42 II) mindestens aber eine Mehrheit der gesetzlichen Mitglieder (Art. 77 Abs. 4 S. 2)“ (Hervorhebung durch N.M.); deutlicher *Maunz* (Fn. 512), Art. 77 Rn. 19; *Stettner* (Fn. 506), Art. 77 Rn. 31.

[519] Völlig unklar auch *Mann* (Fn. 510), Art. 77 Rn. 39: „zwei Drittel der abstimmenden (anwesenden) Abgeordneten“; ausdrücklich für die Bezugszahl der Anwesenden *J. Kokott*, in: BK-GG (Fn. 309), Art. 77 (1997), Rn. 82 (die allerdings ebd. einfache und absolute Stimmenmehrheit ebenso durcheinander wirft, wie in doppel-

zieht. Begründungen der einen wie der anderen Auffassung fehlen stets, wie auch die jeweils andere Ansicht von keinem der Grundgesetz-Kommentatoren aufgegriffen wird.

c) Stellungnahme

aa) Die Anrufung des Vermittlungsausschusses

Im Rahmen der Anrufung des Vermittlungsausschusses durch den Bundestag scheint die Übertragung eines qualifizierten Mehrheitserfordernisses aus der Sachabstimmung vorzugswürdig. Abgesehen davon, daß ein mit zwei Dritteln der Stimmen gefaßter Beschluß mutmaßlich zu einer besseren Ausgangsposition in den anschließenden Verhandlungen führt, dient dem Zweck der Verwirklichung der Vorlage am ehesten die Übernahme der Zweidrittelmehrheit. Ansonsten könnte das Gesetz in der bisherigen Fassung durch Anrufung der Vermittlungsinstanz durch eine einfache Bundestagsmehrheit nach Art. 42 Abs. 2 S. 1 GG in Frage gestellt wird. Darüber hinaus, und dies ist m. E. noch stichhaltiger, soll eine Anrufung durch den Bundestag im Hinblick auf ein sonst drohendes widersprüchliches Verhalten zu seinem vorherigen Gesetzesbeschluß nur dann möglich sein, wenn nicht das verabschiedete Gesetz an sich in Frage steht, sondern nur Ergänzungen oder Änderungen angestrebt werden[520]. Wenn dies aber der Fall ist, könnte eine einfache Abstimmendenmehrheit die Änderung eines Gesetzes anstreben, das vorher Resultat eventuell umfangreicher Kompromisse war und so die Zustimmung einer qualifizierten Zweidrittelmehrheit erreicht hat. Diesen qualifizierten Mehrheitswillen gewissermaßen durch die Anrufung seitens einer einfachen Abstimmungsmehrheit und das Vortragen inhaltlicher Änderungsmöglichkeiten in Frage zu stellen, kann nicht Ziel sein. Im Rahmen einfacher Bundesgesetzgebung bestehen indes keine Bedenken.

bb) Die Zurückweisung der Einsprüche des Bundesrates

Die wechselbezügliche Steigerung des Mehrheitserfordernisses zwischen Bundesrat und Bundestag wirkt überzeugend, wenngleich sich die Quoren durch die vergleichsweise ähnlich hohe Anordnung stets zugunsten des Bundestages auswirken. Der Bundesrat muß nämlich de facto nicht überstimmt werden, bereits eine ähnlich hohe Mehrheit im Bundestag bricht den Widerstand der Länderkammer.

---

ter Hinsicht die Bezugszahl des Bundesratseinspruchs [„anwesende Bundesratsmitglieder“ statt gesetzlicher Stimmenzahl]).

[520] *Mann* (Fn. 510), Art. 77 Rn. 24 m. w. N. in Fn. 40.

Interessant ist das doppelte Mehrheitserfordernis in Art. 77 Abs. 4 S. 2 GG; einerseits fordert die Norm zwar eine Zweidrittelmehrheit, andererseits knüpft sie aber nicht – wie S. 1 es vorsieht – an die Mehrheit der Mitglieder des Bundestages (Art. 121 GG) an. Dies hat zur Folge, daß auch ein (theoretisch denkbarer) einstimmiger Zurückweisungsbeschluß von zumindest 316 Abgeordneten zu tragen wäre. Das qualifizierte Quorum der Zweidrittelmehrheit hingegen kann sich allein auf die Bezugszahl der Abstimmenden beziehen. Hier die Anwesenden als Bezugspunkt anzusehen überzeugt nicht. Mehrheiten mit dieser Bezugszahl kommt im Grundgesetz keine eigenständige Bedeutung zu; sie werden einzig von der Geschäftsordnung des Bundestages verlangt. Das Grundgesetz hätte also, wenn ausnahmsweise gerade diese Bezugszahl hätte zur Anwendung kommen sollen, dies ausdrücklich regeln müssen. Insgesamt wird durch die doppelt qualifizierte Mehrheit ohnehin eine Mindestzustimmung der Mehrheit der Mitglieder festgeschrieben. Erst bei höherer Abstimmungsrate erfährt das Zweidrittelmehrheitserfordernis eigenständige Bedeutung.

Freilich vermied der Verfassunggeber die Verknüpfung der qualifizierten Mehrheit mit dem Quorum der gesetzlichen Mitgliederzahl im Sinne von Art. 121 GG, wie sie beispielshalber in Art. 79 Abs. 2 Alt. 1 GG für Grundgesetzänderungen angesetzt wurde. Die Gegenstände der Einspruchsgesetzgebung im allgemeinen und die Beteiligung des Bundesrates werden insofern zurecht als nicht gleich wichtige Entscheidungsmaterie angesehen.

4. Die Beteiligung des Bundestages am Verfahren zur Änderung des Grundgesetzes

Wenngleich Verfassungen den Anspruch ewiger Geltung in sich tragen, besteht im Laufe der Zeit das Bedürfnis, die bestehenden Verfassungsurkunden neuen Gegebenheiten anzupassen. Dabei handelt es sich nicht um ein rein deutsches oder gar grundgesetzspezifisches Phänomen. Fortentwicklung muß dabei aber nicht immer mit Textänderung einhergehen[521]: eine Verfassungsänderung wird immer (und erst) dann in Betracht zu ziehen sein,

---

[521] *H. Schulze-Fielitz*, Die deutsche Wiedervereinigung und das Grundgesetz – Zur Theorie und Praxis von Verfassungsentwicklungsprozessen, in: J. J. Hesse/ G. F. Schuppert/K. Harms (Hrsg.), Verfassungsrecht und Verfassungspolitik in Umbruchsituationen. Zur Rolle des Rechts in staatlichen Transformationsprozessen in Europa, 1999, S. 65 (93 f.). Ausführlich zu Verfassungsentwicklung und Verfassungswandel auch *Bryde*, Verfassungsentwicklung (Fn. 483), S. 221 ff., 254 ff., 299 ff., 364 ff. – Instruktiv auch *J. Masing*, Zwischen Kontinuität und Diskontinuität: Die Verfassungsänderung, in: Der Staat 44 (2005), S. 1 (1 m. Fn. 2 und 3) mit seinem Hinweis auf die bislang noch vor Änderungen bewahrt gebliebene Japanische Verfassung.

wenn der auch vom Grundgesetz zugelassene, begrenzte inhaltliche Wandel durch Modifizierungen im Rahmen seiner Interpretation durch Gerichte und die Rechtslehre nicht mehr als ausreichend empfunden wird. Ist dies der Fall oder ist eine interpretatorische Fortentwicklung nicht gewollt, sind die von Art. 79 Abs. 2 GG umfaßten Textänderungen ein Weg zur Anpassung der Verfassung an die sich wandelnden Gegebenheiten[522]. Von Seiten des Grundgesetzes sind sie auch der einzig zulässige: Nach Art. 79 Abs. 1 S. 1 GG kann das Grundgesetz nämlich „durch ein Gesetz", genauer: *nur* durch ein solches, geändert werden. Verfassungssuspension, stillschweigende Verfassungsänderungen und ausdrückliche Verfassungsdurchbrechungen sind – teilweise anders als in Weimar[523] – unter der Geltung des Grundgesetzes aufgrund von Art. 79 Abs. 1 S. 1 GG ausgeschlossen[524]. Organschaftlich zuständig für die Änderungen – also die inhaltliche Abänderung, die Ergänzung, die Streichung oder die Neueinfügung von Bestimmungen[525] – der Verfassung sind die gesetzgebenden Körperschaften Bundestag und Bundesrat.

a) Verfahren und Mehrheitserfordernis

Aufgrund von Art. 79 Abs. 1 S. 1 GG und der Anordnung der Verfassungsänderung durch Gesetz werden gleichzeitig die Vorschriften des Gesetzgebungsverfahrens auch im Rahmen der Verfassungsänderung maßgeblich, allerdings unter Anpassung an die besonderen Bedürfnisse eines her-

522 Zur Entstehung des Instituts der Verfassungsänderung, das mitnichten so alt ist wie die von ihr betroffenen Dokumente, instruktiv *H. Dreier*, Gilt das Grundgesetz ewig?, 2009, S. 35 f., 37 ff. Ebd. sowie bei *Masing*, Kontinuität (Fn. 521), S. 1 ff. auch ein trefflicher Überblick über das ausgemachte Spannungsfeld, in dem sich Verfassungsänderungen abspielen. – Erschöpfend zum Textänderungsgebot *C. Bushart*, Verfassungsänderung in Bund und Ländern, 1989, S. 29 ff., 34 ff., 42 ff., 50 ff., 54 ff.

523 Zwar sah auch Art. 76 Abs. 1 WRV nicht ausdrücklich die Möglichkeit von Verfassungsdurchbrechungen vor, in der Verfassungspraxis wurden jedoch mit verfassungsändernder Mehrheit beschlossene einfache Gesetze, die den Verfassungstext selbst unangetastet ließen, anerkannt; vgl. aus der damaligen Handbuchliteratur *W. Jellinek*, Das verfassungsändernde Reichsgesetz, in: Anschütz/Thoma, Handbuch (Fn. 449), § 76, S. 182 (187 f.) sowie retrospektiv *H. Ehmke*, Verfassungsänderung und Verfassungsdurchbrechung, in: AöR 40 (1953/54), S. 385 (385 ff., 388 ff.).

524 Kompakter Überblick über die Vorgehensweisen, die von der unter Geltung des Grundgesetzes einzig zulässigen Verfassungsänderung abzugrenzen sind, bei *Maurer*, Staatsrecht I (Fn. 17), § 22 Rn. 7; ausführlicher *H.-J. Wipfelder*, Die Verfassungsänderung im bundesdeutschen, österreichischen, schweizerischen und bayerischen Staatsrecht, in: BayVBl. 1983, S. 289 (290).

525 Statt aller *H.-U. Erichsen*, Die Verfassungsänderung nach Art. 79 GG und der Verfassungsbeschluß nach Art. 146 GG, in: Jura 1992, S. 52 (52).

ausgehobenen Verfassungsänderungsverfahrens[526]. Nach wie vor bedarf es also eines Gesetzesbeschlusses nach Art. 77 Abs. 1 S. 1 GG, bei Durchführung des Vermittlungsverfahrens auch nach Art. 77 Abs. 2 S. 5 GG[527], der allerdings nach Art. 79 Abs. 2 GG im Falle verfassungsändernden Inhalts im Sinne von Abs. 1 S. 1 der Zustimmung von zwei Dritteln der Mitglieder des Bundestages bedarf. Die Zweidrittelmehrheit gilt nach einem entsprechenden Vorschlag des Ausschusses für die Geschäftsordnung und Immunität jedoch nicht bereits für vorbereitende und begleitende Beschlüsse des Parlaments im Rahmen des Gesetzgebungsverfahrens. Für diese genügt eine einfache Mehrheit i.S.v. Art. 42 Abs. 2 S. 1 GG. Erst in der Schlußabstimmung sind die strengen Voraussetzungen des Art. 79 Abs. 2 GG zu beachten[528], die im übrigen auch den Bundesrat erfassen[529]. Selbst ein einstimmig gefaßter Bundestagsbeschluß macht das Zustimmungserfordernis nicht entbehrlich[530].

b) Inhaltliche Grenze: die Ewigkeitsgarantie in Art. 79 Abs. 3 GG

Die Ewigkeitsgarantie (oder: die materiellen Grenzen der Verfassungsänderung[531]) des Art. 79 Abs. 3 GG zieht selbst den verfassungsändernden Mehrheiten in Bundestag und Bundesrat inhaltliche Grenzen[532], indem eine

---

526 *Bryde*, Verfassungsentwicklung (Fn. 483), S. 122 ff.; *Maurer*, Staatsrecht I (Fn. 17), § 22 Rn. 5; *Erichsen*, Verfassungsänderung (Fn. 525), S. 52.

527 *M. Sachs*, in: Sachs, GG (Fn. 119), Art. 79 Rn. 23.

528 Hintergrund ist die Beschleunigung des Verfahrens der Grundgesetzänderung bei gleichzeitiger Wahrung der hohen Voraussetzungen in der Schlußabstimmung; vgl. *Straßberger*, Abstimmungsrechtspraxis (Fn. 39), S. 67. – Ausführliche Diskussion bei *Bryde*, Verfassungsentwicklung (Fn. 483), S. 359 ff.

529 Auch dort ist eine qualifizierte Mehrheit von zwei Dritteln seiner Stimmen vonnöten, vgl. unten B. I. 4.

530 *Bushart*, Verfassungsänderung (Fn. 522), S. 107, der allerdings die Kategorien der Zustimmungs- und Einspruchsgesetzgebung offenbar hier nicht für einschlägig hält.

531 Zusammenstellung der deckungsgleichen Umschreibungen bei *H. Dreier*, in: Dreier, GG (Fn. 17), Art. 79 Rn. 14. – Kompakter Überblick über die einzelnen Komponenten der von Art. 79 Abs. 3 GG geschützten Gehalte bei *Bushart*, Verfassungsänderung (Fn. 522), S. 59 ff., 72 ff.

532 Vgl. *Zippelius*, Rechtfertigung (Fn. 7), S. 22 f. – Zur allgemeinen Frage der Bindung zukünftiger Generationen durch den pouvoir constituant der Vorgeneration ausführlich *Dreier*, Grundgesetz (Fn. 522), S. 28 ff. – Welche Auswüchse eine (weit) auslegbare Ewigkeitsgarantie (demokratische Grundgedanken der Verfassung) durch eine entsprechende Rechtsprechung entwickeln kann, zeigt sich in der bayerischen Verfassung in Art. 75 Abs. 2 S. 2; dazu s. D. I. 1. b) bb) sowie D. I. 4. d) aa) (1).

Änderung der dort aufgezählten und in Bezug genommenen Gegenstände für unzulässig erklärt wird. Dies begegnet hinsichtlich der von einem breiten Konsens in einem freiheitlichen Staat für indisponibel empfundenen Gehalte wie der Existenz von Grundrechten und der Gewährleistung von Demokratie und Rechtsstaatlichkeit vom Grundsatz her keinen Bedenken[533]. Dagegen bergen die Ausgestaltung, besser wohl: Überfrachtung, dieser Grundwerte mit Detailgehalten („überschießende Gehalte") und auch die „normativen Zementierungen"[534] von nicht zwingend die absolut schützenswerten Aspekte freiheitlich-demokratischer Ordnungen betreffenden Gegenständen durch die Verhinderung von notwendiger Evolution die Gefahr ungewollter Revolution. Dennoch bleiben die in die „Stahlkammer juristischer Unantastbarkeit"[535] aufgenommenen Gegenstände auch dem einstimmig auftretenden verfassungsändernden Gesetzgeber entzogen.

c) Stellungnahme

Während Bundestag und Bundesrat in der Regel Beschlüsse unter Rückgriff auf eine einfache Abstimmendenmehrheit resp. absolute Stimmenmehrheit fassen, sind die Voraussetzungen zur Änderung des Grundgesetzes in vielerlei Hinsicht besonders qualifiziert. Während einfache Gesetzgebung oft ohne Zustimmung des Bundesrates (Art. 77 Abs. 3 GG) erfolgen kann, ist im Rahmen der verfassungsändernden Gesetzgebung die Zustimmung des Bundesrates stets verpflichtend. Darüber hinaus sind hier und im Bundestag qualifizierte Zweidrittelmehrheiten der gesetzlichen Stimmen- bzw. Mitgliederzahl vonnöten.

Die Bezugnahme auf die Gesamtmitgliederzahl hat zur Folge, daß den Enthaltungen nicht wie sonst (im Rahmen von Entscheidungen nach Art. 42 Abs. 2 S. 1 GG) üblich keinerlei, sondern in diesem Fall sogar dieselbe Wirkung wie Nein-Stimmen zukommt. Für den Bundesrat, der bereits im Regelbeschlußverfahren die absolute Stimmenmehrheit verlangt, stellt die Bezugszahl dementsprechend keine Verschärfung dar; für ihn liegt die Heraushebung des Beschlusses einzig im qualifizierteren Mehrheitsquorum.

Das Erfordernis dieses Quorums zur Änderung der dispositiven Artikel der Verfassung soll einen erhöhten Bestandsschutz der Verfassungsnormen durch eine Verschärfung des einfachen Mehrheitsprinzips in Richtung des

---

[533] Hierzu und zum Folgenden mit markanten Beispielen und w.N. *Dreier*, Grundgesetz (Fn. 522), S. 67 ff. (so ein Teil der Überschrift des Kapitels).

[534] *T. Maunz/G. Dürig*, in Maunz/Dürig, GG (Fn. 18), Art. 79 (1960), Rn. 31.

[535] *R. Thoma*, Die juristische Bedeutung der grundrechtlichen Sätze der deutschen Reichsverfassung im allgemeinen (1929), in: Thoma, Rechtsstaat (Fn. 29), § 9, S. 173 (214) über Art. 76 WRV.

Konsenses bewirken. Verstärkt wird der Schutz des status quo noch durch die Festlegung der Gesamtstimmen- resp. -mitgliederzahl der beiden Rechtsetzungsorgane Bundestag und Bundesrat als der für die Bestimmung des Quorums erforderlichen Bezugsgröße. Eine deutliche Bindung des (Verfassungs-)Gesetzgebers an das Grundgesetz kommt durch die qualifizierten Änderungsvoraussetzungen darüber hinaus ebenso zum Ausdruck wie das Ziel des Minderheitenschutzes[536].

Daß dieser „Wall der doppelten Zweidrittelmehrheit“[537] indes munter überklettert wird, zeigt die Praxis der Verfassungsänderungen in den letzten sechs Jahrzehnten[538]. Nicht weniger als 58 Grundgesetzänderungsgesetze mit einer Vielzahl an Einzeländerungen waren zu verzeichnen und auch die Zukunft läßt keine Verlangsamung der Aktivitäten des verfassungsändernden Gesetzgebers erwarten. Ein in Bundestag und Bundesrat zu erreichendes qualifiziertes Mehrheitserfordernis von zwei Dritteln scheint allein nicht ausreichend. Anderen Verfassungen bekannte Mechanismen zur weiteren Erschwerung der Verfassungsänderung, zuvörderst eine Beteiligung des Volkes durch Annahmereferendum oder die Ausweitung des Änderungsverfahrens auf zwei Legislaturperioden, fehlen[539]. Fast schon vorausschauend wirkt insofern aus heutiger Sicht die ursprüngliche Intention des Parlamentarischen Rats, zusätzlich zur Zweidrittelmehrheit in beiden gesetzgebenden Körperschaften die fakultative Anrufung des Volkes vorzusehen. Zur Durchführung eines Volksentscheids sollte es kommen müssen, wenn dies in Bun-

---

[536] Ersteres betont *M. Sachs*, in: Sachs, GG (Fn. 119), Art. 79 Rn. 8, letzteres *Schulze-Fielitz*, Wiedervereinigung (Fn. 521), S. 67. s. auch *Krüper*, Glück (Fn. 14), S. 481.

[537] *Thoma*, Bedeutung (Fn. 535), S. 192, über Art. 76 WRV; die Erreichung einer Zweidrittelmehrheit hält ebenfalls für „ungeheuer schwer“ *Höpker*, Grundlagen (Fn. 7), S. 191.

[538] Hierzu und zum Folgenden siehe *Dichgans*, Grundgesetz (Fn. 66), S. 196 ff., der sich bereits 1970 für erhöhte „Schwerfälligkeit“ des Verfahrens beispielsweise durch Kombination mit einem verpflichtenden Volksentscheid, wie ihn sowohl andere ausländische Verfassungen als auch Bayern (B. II.) vorsehen, aussprach (S. 197); ähnlich auch *Wipfelder*, Verfassungsänderung (Fn. 524), S. 289 sowie *H. Dreier*, Verfassungsänderung, leicht gemacht, in: ZSE 2008, S. 399 ff. – Das 58. Änderungsgesetz trat am 21.7.2010 in Kraft: BGBl. I S. 944. – Etwas andere Einschätzung noch bei *Bryde*, Verfassungsentwicklung (Fn. 483), S. 125, der aufgrund des „Plenums-feindlichen Arbeitsstils“ und der daraus nötigen erheblichen Mobilisierungsanstrengung neben politischen auch rein technische Gründe für das Scheitern von Grundgesetzänderungen anführt und dies an Beispielen aus den 1980er Jahren untermauert.

[539] Umfangreiche, kritische Betrachtungen bei *H. Dreier*, in: Dreier, GG (Fn. 17), Art. 79 Abs. 2 Rn. 15 f.; *Masing*, Kontinuität (Fn. 521), S. 11, 15 f.; früh bereits *Bryde*, Verfassungsentwicklung, S. 54. – Einen guten Überblick liefert darüber hinaus *M. Herdegen*, in: Maunz/Dürig, GG (Fn. 18), Art. 79 Abs. 2 (2008), Rn. 42 f.

destag oder Bundesrat von einem Viertel der jeweiligen Mitglieder, später dann von der entsprechenden Minderheit beider Körperschaften gemeinsam verlangt würde[540].

Das „Spannungsfeld von Kontinuität und Diskontinuität", der Spagat zwischen langfristiger Sicherung der Grundlagen des Gemeinwesens und Zukunftsoffenheit[541], den eine Verfassung durch die Option ihrer Änderung zu schaffen hat, scheint das Grundgesetz vielleicht etwas zu sehr zugunsten seiner unverhältnismäßig leicht möglichen Abänderbarkeit entschieden zu haben; der gebührende Abstand zwischen Verfassungsänderung und einfacher Gesetzgebung scheint zu verblassen[542]. Andererseits kann eine zu sehr erschwerte Verfassungsänderung bei unausweichlichem Revisionsbedarf zu einem „Zerschellen" der bestehenden Verfassungsordnung führen[543]. Hätten die Verfassungsväter das Mehrheitserfordernis indes über eine Zweidrittelmehrheit hinaus verschärft, wäre das Problem häufiger Grundgesetzänderungen kaum weniger präsent. Zuvörderst die Kombination mit einem obligatorischen Verfassungsreferendum könnte hier Abhilfe schaffen. Trotz mancher Entwicklungen und daraus resultierender Kritik an der Ausgestaltung der Verfassungsänderung bleibt Art. 79 GG die meistzitierte und auch bedeutendste Grundgesetznorm, die die Entscheidungsfindung mittels Zweidrittelmehrheit anordnet.

5. Weitere Sachentscheidungen in ausgewählten Fallkonstellationen

Während selbstverständlich die ganz überwiegende Zahl von Entscheidungen des Bundestages im Regelbeschlußverfahren nach Art. 42 Abs. 2 S. 1 GG mit der einfachen Mehrheit der Abstimmenden (zumeist als einfache Bundesgesetze) ergehen, erschien dem Verfassunggeber dieses Mehrheitserfordernis in ausgewählten Konstellationen nicht hinreichend. Hiervon

540 Vgl. die Übersicht hierzu bei *Hartmann*, Volksinitiativen (Fn. 90), S. 63; s. ferner JöR 1 (1951), S. 578. – Sollte es zum Volksentscheid kommen, hatte dieser Erfolg, wenn die Mehrheit der Abstimmenden sowie in der Mehrzahl der Länder jeweils die Mehrheit der Abstimmenden dem Gesetz zustimmten, Art. 106 Abs. 3 S. 3 HChE. Ohne Begründung wurde im zu redaktionellen Zwecken eingesetzten Fünferausschuß diese Bestimmung gestrichen: JöR 1 (1951), S. 578; ebd. findet sich auch der Wortlaut des damaligen Art. 106 Abs. 3 HChE.

541 *Masing*, Kontinuität (Fn. 521), S. 2 ff. (Zitat S. 2).

542 *H. Huber*, Die Gesamtänderung der Verfassung. Ansätze für einen Vergleich zwischen Österreich, der Schweiz und der Bundesrepublik Deutschland, in: H. Ehmke/J. H. Kaiser/W. A. Kewenig/K. M. Meessen/W. Rüfner (Hrsg.), Festschrift für Ulrich Scheuner zum 70. Geburtstag, 1973, S. 183 (202 Fn. 93).

543 *Dreier*, Grundgesetz (Fn. 522), S. 47.

sollen mit der Rolle des Bundes bei der Länderneugliederung (b)), bei Notstandslagen (c)) sowie bei der Errichtung bundeseigener Behörden (d)) einige näher beleuchtet werden. Zunächst richtet sich der Blick aber auf die Beteiligung von Bundestag und Bundesrat an der Übertragung von Hoheitsrechten auf die Europäische Union (a)).

a) Die Beteiligung von Bundestag und Bundesrat an der Übertragung von Hoheitsrechten auf die Europäische Union nach Art. 23 GG

Art. 23 GG hat die Verwirklichung eines vereinten Europas zum Ziel und sieht zu diesem Zweck die Übertragung von nationalstaatlichen Hoheitsrechten[544] auf die europäische Ebene vor. Die Norm ist aus dem Blickwinkel der Arbeit deshalb von Interesse, weil sie neben dieser Option auch die Modalitäten der Teilhabe der nationalen Gesetzgebungsorgane an den Angelegenheiten der Europäischen Union beschreibt, deren Ziel zuvörderst die Sicherung der Mitwirkung der Vertretungskörperschaften Bundestag und Bundesrat ist[545].

Sämtliche Änderungen der europäischen Verträge bedürfen innerdeutsch der Beteiligung der gesetzgebenden Körperschaften Bundestag und Bundesrat, unabhängig davon, ob sich das Übertragungsverfahren nach Art. 23 Abs. 1 S. 2 oder S. 3 GG vollzieht. Wann jedoch im Einzelnen ein Fall des S. 2 (aa)) und wann ein Fall des S. 3 (bb)) vorliegt bzw. ob für das erstgenannte Verfahren überhaupt noch ein eigener Anwendungsbereich besteht, ist höchst umstritten[546] und kann im Umfang der vorliegenden Arbeit nicht

---

[544] Ausführlich zu übertragbaren Hoheitsrechten: *F. Baach*, Parlamentarische Mitwirkung in Angelegenheiten der Europäischen Union, 2008, S. 112 ff., 114 ff.; *C. Hillgruber*, Der Nationalstaat in der überstaatlichen Verflechtung, in: J. Isensee/ P. Kirchhof (Hrsg.), Handbuch des Staatsrechts der Bundesrepublik Deutschland, Bd. 2: Verfassungsstaat, 3. Aufl. 2004, § 32 Rn. 105 ff. sowie *M. Zuleeg*, in: AK-GG (Fn. 313), Art. 23 (2001), Rn. 44 ff.

[545] Vgl. ausführlich zur Beteiligung des Bundestages *Baach*, Mitwirkung (Fn. 544), insb. S. 67 ff. m. w. N.

[546] Für noch eigenständigen Charakter und mit einem Abgrenzungsvorschlag: *I. Pernice*, in: Dreier, GG (Fn. 17), Art. 23 Rn. 90; *S. Hobe*, in: K. H. Friauf/ W. Höfling (Hrsg.), Berliner Kommentar zum Grundgesetz, 2000 ff., Art. 23 (2008), Rn. 49; *H. D. Jarass*, in: *Jarass/Pieroth*, GG (Fn. 119), Art. 23 Rn. 21; *C. Hillgruber*, in: Schmidt-Bleibtreu/Hofmann/Hopfauf, GG (Fn. 119), Art. 23 Rn. 23; *Zuleeg* (Fn. 544), Art. 23 Rn. 46 ff. Vgl. auch BT-Drs. 12/3338, S. 12 (dementsprechende Rechtsansicht der Bundesregierung). – Dagegen beispielsweise *U. Everling*, Überlegungen zur Struktur der Europäischen Union und zum neuen Europa-Artikel des Grundgesetzes, in: DVBl. 1993, S. 936 (945); *Baach*, Mitwirkung (Fn. 544), S. 118 ff. (insb. S. 123: S. 2 und 3 als „einheitliche Regelung"); *C. D. Classen*, in:

abschließend beurteilt werden; wenn jedenfalls eine Differenzierung bejaht wird, wofür es nachvollziehbare Gründe gibt[547], scheint das Kriterium der Intensität der Änderung im Hinblick auf die Wirkungen auf das Grundgesetz am ertragreichsten[548].

aa) Verfahren in den Fällen des Art. 23 Abs. 1 S. 2 GG

Art. 23 Abs. 1 S. 2 GG ordnet für die Übertragung von Hoheitsrechten zur „Verwirklichung eines vereinten Europas" (Art. 23 Abs. 1 S. 1 GG) in einem formellen Bundesgesetz die Zustimmungspflicht des Bundesrates an. Sowohl im Bundestag als auch im Bundesrat vollzieht sich der Gesetzesbeschluß allerdings im jeweiligen einfachen Beschlußverfahren[549]: für den Bundestag also nach Art. 42 Abs. 2 GG mit einfacher Mehrheit der abgegebenen Stimmen, für den Bundesrat nach Art. 52 Abs. 3 S. 1 GG mit absoluter Mehrheit der gesetzlichen Stimmenzahl[550].

bb) Verfahren in den Fällen des Art. 23 Abs. 1 S. 3 GG

Art. 23 Abs. 1 S. 3 GG läßt die Einstufung als Zustimmungsgesetz (S. 2) zur Wahrung der Interessen des Bundesrates für die Begründung der Europäischen Union, die Änderung ihrer vertraglichen Grundlagen und vergleichbarer Regelungen, die den Inhalt des Grundgesetzes ändern oder

---

v. Mangoldt/Klein/Starck, GG (Fn. 119), Art. 23 Rn. 19; *R. Streinz*, in: Sachs, GG (Fn. 119), Art. 23 Rn. 65 m.w.N.

547 Hierfür spricht insbesondere die Tatsache, daß der Verfassungsgesetzgeber in S. 2 zunächst das Zustimmungserfordernis und getrennt davon in S. 3 das Erfordernis qualifizierter Mehrheit nennt. Die Gegner stufen die Unterscheidung daher einfach als „regelungstechnisch mißlungen" ein (*Baach*, Mitwirkung [Fn. 544], S. 123). Folgt man dem nicht, gäbe es keinen Grund zur Differenzierung und der Gesetzgeber hätte das Mehrheitserfordernis in S. 2 aufnehmen können. Ferner spricht auch dafür, daß das Ziel des Art. 23 Abs. 1 GG nicht eine besondere Hemmung ist, sondern diese nur dann für angemessen erachtet werden kann, wenn sie sich auf das Grundgesetz relevant auswirkt. s. zu diesen und weiteren Argumenten die in Fn. 546 genannte Literatur.

548 *Pernice* (Fn. 546), Art. 23 Rn. 90 („Verfassungsintensität"); *Jarass* (Fn. 546), Art. 23 Rn. 21 („qualifizierte Verfassungsbedeutung"); s. auch *Hobe* (Fn. 546), Art. 23 Rn. 49; *R. Scholz*, in: Maunz/Dürig, GG (Fn. 18), Art. 23 (2009), Rn. 68.

549 *Zuleeg* (Fn. 544), Art. 23 Rn. 46; *Classen* (Fn. 546), Art. 23 Rn. 18; *Hillgruber* (Fn. 546), Art. 23 Rn. 6 a.E.; *Pernice* (Fn. 546), Art. 23 Rn. 84; *Jarass* (Fn. 546), Art. 23 Rn. 21. – A.A. natürlich die in Fn. 546 Genannten, die die Differenzierung zwischen S. 2 und S. 3 ablehnen und daher nie einen Anwendungsbereich für Beschlüsse mit Regelmehrheit in Bundestag und Bundesrat erkennen können.

550 s. hierzu ausführlich unter A. III. 1. für den Bundestag und B. I. 1. für den Bundesrat.

eine solche Änderung ermöglichen, nicht genügen; an dieser Stelle erklärt es die Regelungen der Art. 79 Abs. 2 und 3 GG für maßgeblich. Neben den materiellen Schranken, die der Übertragung durch Abs. 3 gezogen werden, löst Art. 79 Abs. 2 GG die Pflicht zur Realisierung verfassungsändernder Mehrheiten aus. Grund: auch die Fortentwicklung der Europäischen Union sei, wie es auch das Bundesverfassungsgericht festgestellt hat, aufgrund der Verschiebungen im grundgesetzlichen Zuständigkeitsgefüge „in der Substanz Verfassunggebung und -änderung“[551], was für die Modifizierungen, die sich inhaltlich auf das Grundgesetz auswirken, umso mehr zu gelten hat. Über Art. 23 Abs. 1 S. 3 i. V. m. Art. 79 Abs. 2 GG ist daher in formeller Hinsicht die Zustimmung von zwei Dritteln der gesetzlichen Mitglieder des Bundestages und zwei Dritteln der Stimmen des Bundesrates obligat[552].

cc) Stellungnahme

So bedauerlich es ist, daß der Verfassungsgesetzgeber keine hinreichende Klarheit über die Bedeutung der Sätze 2 und 3 des Art. 23 Abs. 1 GG, zuvörderst ihres Verhältnisses zueinander, hergestellt hat, so erfreulich ist es andererseits, daß in den Fällen des S. 3 (sofern nicht der Auffassung gefolgt wird, daß das dortige Mehrheitserfordernis ohnehin für sämtliche Konstellationen des Abs. 1 gilt) eine besonders starke demokratische Legitimation vermittelt wird[553]. Auch kann auf diese Weise sichergestellt werden, daß namentlich im Bundestag die Übertragung der Hoheitsrechte oder der Durchschlag auf Normen des Grundgesetzes von einer breiten Mehrheit von zwei Dritteln der gesetzlichen Mitgliederzahl unterstützt wird, statt im Falle des Art. 23 Abs. 1 S. 2 GG die Entscheidung lediglich mit einfacher Mehrheit der Abstimmenden zu ermöglichen. Gerade im Vergleich zum Bundesrat, wo nur eine Erhöhung von absoluter auf qualifizierte Mitgliedermehrheit erfolgt, ist beim Bundestag abermals eine merkliche Verschärfung des Mehrheitserfordernisses zu konstatieren.

Schlußendlich muß in der Änderung der Verträge aufgrund der mannigfaltigen Verlagerung verfassungsrechtlicher Kompetenzen in den supranatio-

---

[551] Zitat: *Pernice* (Fn. 546), Art. 23 Rn. 16; das Bundesverfassungsgericht drückte es in E 58, 1 (36) folgendermaßen aus: „Die Übertragung von Hoheitsrechten bewirkt einen Eingriff in und eine Änderung der verfassungsrechtlich festgelegten Zuständigkeitsordnung und damit materiell eine Verfassungsänderung“.

[552] Insofern sei auch an dieser Stelle auf die hier vollumfänglich geltenden Ausführungen zur originären Verfassungsänderung nach Art. 79 Abs. 2 GG unter A. III. 4. (Bundestag) bzw. B. I. 4. (Bundesrat) verwiesen.

[553] Zur Vertiefung der Legitimationsfrage im Rahmen der Anwendungsfelder des Art. 23 GG: *Hillgruber*, Nationalstaat (Fn. 544), § 32 Rn. 102.

nalen Raum der Europäischen Union dem Bundesverfassungsgericht folgend eine Verfassungsänderung im engeren Sinn gesehen werden, wenngleich sie mangels Textänderung nicht als solche im Sinne von Art. 79 GG einzustufen ist. Inhaltliche Auswirkungen auf das Grundgesetz werden nämlich sehr wohl ausgelöst[554]. Mithin ist es nur konsequent, wie im Fall von Grundgesetzänderungen auch bei der Änderung primären Rechts der Europäischen Union auf dem Weg des Art. 23 Abs. 1 S. 3 GG eine Bestätigung seitens zwei Dritteln der Mitglieder des Bundestages und zwei Dritteln der Stimmen des Bundesrates zu reklamieren. Der Zwang zu verfassungsändernden Mehrheiten gilt umso mehr für die sich direkt auf das Grundgesetz auswirkenden Modifikationen – namentlich die grundgesetzliche Kompetenzverteilung –, da sie gerade wegen dieses Effektes kaum anders als als originäre Änderungen der deutschen Verfassung taxiert werden können.

b) Die Rolle des Bundestages bei der Länderneugliederung nach Art. 29 GG

Art. 29 GG bildet die grundgesetzliche Ausgangsnorm für Neugliederungen des Bundesgebietes. Die Einfügung einer solchen Bestimmung geht auf die Einsicht der Mitglieder des Parlamentarischen Rates zurück, daß die letztlich durch die Besatzungsmächte beeinflußte Ziehung der Grenzlinien vor allem militärischen und weniger historischen und wirtschaftlichen Aspekten Tribut zollte, vgl. Art. 29 Abs. 1, insb. S. 2 GG[555]. Die Neugliederung des Bundesgebietes ist von Art. 29 Abs. 1 GG demnach dann vorgesehen, wenn aufgrund fehlender Größe und Leistungsfähigkeit Bundesländer den ihnen obliegenden Aufgaben nicht mehr nachkommen können[556];

---

[554] s. nur *Sachs* (Fn. 527), Art. 79 Rn. 25 m.w.N.

[555] *R. Scholz*, in: Maunz/Dürig, GG (Fn. 18), Art. 29 (1996), Rn. 5; ausführlicher zur Entstehungsgeschichte *S. Greulich*, Länderneugliederung und Grundgesetz. Entwicklungsgeschichte und Diskussion der Länderneugliederungsoption nach dem Grundgesetz, 1995, S. 24 ff. unter Beleuchtung der besatzungszonenspezifischen Besonderheiten. Später (S. 34 ff.) geht die Verfasserin auch auf die früheren Textfassungen des Art. 29 GG ein. In diesem Rahmen ist insbesondere auch Art. 29 Abs. 2 GG in seiner ursprünglichen Fassung interessant, dessen Verhältnis zu dem mittlerweile obsoleten Art. 118 GG bis zur entsprechenden Entscheidung des Bundesverfassungsgerichts (E 5, 34 [39 ff.: kein lex-specialis-Verhältnis des Art. 118 GG zu Art. 29 GG]) umstritten war; vgl. dazu *Greulich*, ebd., S. 47 ff. – Zum Verhältnis zu den Vorgaben des Einigungsvertrages *W. Hoppe/M. Schulte*, Rechtliche Grundlagen und Grenzen für Staatsgebietsgrenzänderungen von neuen Bundesländern, in: DVBl. 1991, S. 1041 ff.

[556] s. zu den Definitionen der einzelnen Tatbestandsmerkmale des Art. 29 Abs. 1 GG nur *I. Pernice*, in: Dreier, GG (Fn. 17), Art. 29 Rn. 25 ff., 29 ff. – Zur aktuellen Bedeutung der Norm jüngst *W. Erbguth*, Die Neugliederung des Bundesgebiets: eine Standortbestimmung, in: JZ 2011, S. 433 ff.

sie ist mittlerweile fakultativ[557]. Des weiteren sind demgemäß u.a. landsmannschaftliche Verbundenheiten und kulturelle wie wirtschaftliche Zusammenhänge hinreichend zu berücksichtigen. Privilegierungen des Zusammenschlusses finden sich im aufgrund des vollzogenen Zusammengehens zum Land Baden-Württemberg obsoleten Art. 118 GG und dem erst 1994 eingefügten Art. 118a GG, der die Neugliederung der Länder Berlin und Brandenburg betrifft[558].

Zur Neugliederung selbst gibt Art. 29 GG mehrere, alternativ nebeneinander stehende Wege vor: Geht es in den Absätzen zwei und drei der Norm um diejenige durch Bundesgesetz (aa)), enthalten die Absätze vier, fünf, sechs und acht Regelungen zur Neugliederung durch Volksbegehren und Volksbefragung; in Absatz sieben finden sich Bestimmungen zu sonstigen Änderungen des Gebietsbestands durch Staatsvertrag der betroffenen Länder bzw. durch Bundesgesetz (bb)). Schließlich werden die Ausgestaltungsmöglichkeiten des Bundes bei den für Neugliederungen nötigen Volksbeteiligungen im Falle sonstiger Gebietsänderungen (cc)) erläutert. Aufgrund der mutmaßlich in Zukunft steigenden Bedeutung direktdemokratischer Elemente auch auf Bundesebene ist den bisher bestehenden Vorschriften ein eigenes Kapitel (G.) gewidmet, in dem u.a. die Erläuterung der Volksbeteiligung am Neugliederungsverfahren nähere Untersuchung findet. Die Option staatsvertraglicher Neugliederung durch Ländervereinbarung schließlich wird im Länder-Kapitel am Beispiel Berlin/Brandenburgs mit der dort vorgesehenen Beteiligung des Landesvolks (D. II. 2.) erläutert.

aa) Neugliederung durch Bundesgesetz

Das von Art. 29 Abs. 2 S. 1 GG verlangte Bundesgesetz erfordert den formellen Beschluß eines Parlamentsgesetzes[559] mit einfacher Mehrheit der Abstimmenden nach Art. 42 Abs. 2 GG[560] – dies scheint auf den ersten

[557] Art. 29 Abs. 1 S. 1 i.d.F. bis 22.8.1969 („ist […] neu zu gliedern"). Vgl. *K. G. Meyer-Teschendorf*, in: v. Mangoldt/Klein/Starck, GG (Fn. 119), Art. 29 Rn. 18.

[558] Eine Übersicht zu Hintergründen, den bisherigen und möglichen zukünftigen Bemühungen zum Zusammenschluß Berlins und Brandenburgs s. *D. Tripke*, Sind die Länder Berlin und Brandenburg neugliederungsreif nach Art. 118a GG?, 2009, S. 33 ff., 60 ff., 81 ff., 134 ff.

[559] Ausgeschlossen sind damit insbesondere Verträge des Bundes mit den Ländern, aber auch eine Regelung durch bloße Rechtsverordnung; andererseits ist ein stufenweises Vorgehen durch mehrere Bundesgesetze möglich; vgl. *Scholz* (Fn. 555), Art. 29 Rn. 21; *P. Kunig*, in: v. Münch/Kunig, GG (Fn. 123), Art. 29 Rn. 26; *Meyer-Teschendorf* (Fn. 557), Art. 29 Rn. 32.

[560] Einhellige Meinung: *T. Maunz/R. Herzog*, in: Maunz/Dürig, GG (Fn. 18), Art. 29 (1977), Rn. 49; *K. G. Meyer-Teschendorf*, Territoriale Neugliederung nicht nur durch Bundesgesetz, sondern auch durch Staatsvertrag, in: DÖV 1993, S. 889

Blick evident, ist aber nicht selbstverständlich, was die Betrachtung des Verfahrens nach Abs. 8 zeigen wird. Trotz elementar betroffener Länderinteressen handelt es sich nur um ein Einspruchsgesetz[561], da nach den allgemeinen Regeln eine Zustimmung des Bundesrates ausdrücklich angeordnet sein muß, eine solche Anordnung aber fehlt und auch nicht allein aus der Materie wegen Berührens (immerhin existentieller!) Länderinteressen gefolgert werden kann. Allerdings verlangt Art. 29 Abs. 2 S. 2 GG in Abweichung vom üblichen Gesetzgebungsverfahren die Anhörung der betroffenen Länder[562] und S. 1 Hs. 2 die zwingende Bestätigung des Bundesgesetzes durch Volksentscheid[563].

bb) Sonstige Gebietsänderungen

Art. 29 Abs. 7 GG betrifft die sonstigen Änderungen des Gebietsbestands der Länder; sonstig in diesem Sinne meint diejenigen Gebietsänderungen, die unter die Geringfügigkeitsschwelle von nicht mehr als 50.000[564] Einwohnern im von der Änderung betroffenen Landesteil fallen. Während im Regelverfahren der Länderneugliederung – vorbehaltlich der staatsvertraglichen Möglichkeiten nach Art. 29 Abs. 8 GG – dem Bund die alleinige Kompetenz zugeschrieben wird, ist dessen Einfluß im Verfahren der sonstigen Gebietsneugliederungen merklich beschnitten: neben der auch hier bestehenden staatsvertraglichen Neugliederungsmöglichkeit nach Art. 29 Abs. 7 GG i. V. m. § 2 G Artikel 29 Abs. 7[565] (im Vergleich zum Verfahren nach Abs. 8 ohne Bundeszustimmung) kann die Umgestaltung des Gebiets-

(890); *B. Schöbener*, in Friauf/Höfling, GG (Fn. 546), Art. 118a (2006), Rn. 44; *Pernice* (Fn. 556), Art. 29 Rn. 34; *W. Erbguth*, in: Sachs, GG (Fn. 119), Art. 29 Rn. 35 f.

561 *Stern*, Staatsrecht I (Fn. 18), S. 246; *Meyer-Teschendorf*, Neugliederung (Fn. 560), S. 890; *Pernice* (Fn. 556), Art. 29 Rn. 35; *Schöbener* (Fn. 560), Art. 118a Rn. 44.

562 Die Anhörung führt nur zu einem besonderen Beteiligungsrecht und ist von der normalen Länderbeteiligung am Gesetzgebungsverfahren über den Bundesrat unabhängig. Vetomöglichkeiten bestehen nicht, Ziel ist eine konsensuale Neugliederung. – Ausführlich zu dieser und weiteren Detailfragen, die im Zusammenhang mit der Anhörung stehen, *Schöbener* (Fn. 560), Art. 118a Rn. 45 ff.

563 Ein negativ ausgehender Volksentscheid verhindert das Inkrafttreten des Bundesgesetzes: s. unten G. I.

564 Im Zuge der Verfassungsnovelle vom 27.10.1994 (BGBl. I S. 3146) wurde die Bezugsgröße von 10.000 auf 50.000 Einwohner angehoben; vgl. zum Hintergrund der Änderung *S. Jutzi*, Demokratische und bundesstaatliche Probleme kleinerer Gebietsänderungen. Zur Auslegung von Art. 29 Abs. 7 und 8 GG, in: BayVBl. 1997, S. 97 (97) sowie *Scholz* (Fn. 555), Art. 29 Rn. 106.

565 Gesetz über das Verfahren bei sonstigen Änderungen des Gebietsbestandes der Länder nach Artikel 29 Abs. 7 des Grundgesetzes v. 30.07.1979, BGBl. I S. 1325.

bestands weiterhin[566] durch Bundesgesetz mit einfachgesetzlich angeordneter Anhörung der betroffenen Länder, § 3 Abs. 1 S. 1 G Artikel 29 Abs. 7[567], angeordnet werden. Zusätzlich bedarf das Gesetz aber ausdrücklich der Zustimmung durch den Bundesrat in Form eines Regelbeschlusses nach Art. 52 Abs. 3 S. 2 GG[568].

cc) Erlaß bundesgesetzlicher Ausführungsgesetze

Ermächtigungen zum Erlaß „näherer" bundesgesetzlicher Regelungen finden sich in Art. 29 Abs. 6 S. 2 und Abs. 7 S. 2 GG. Regelungen zum Verfahren des Volksentscheids nach Art. 29 Abs. 8 S. 5 Hs. 2 GG sind bislang noch nicht erlassen worden; inhaltlich gelten die Ausführungen zu Abs. 6 S. 2 aber entsprechend.

(1) Der Erlaß von Regelungen zu Volksentscheid, -befragung und -begehren

Art. 29 Abs. 6 S. 2 GG ermächtigt den Bundesgesetzgeber zur Verabschiedung eines Ausführungsgesetzes zu Volksentscheid, Volksbefragung und Volksbegehren[569]. Mangels abweichender Anordnung genügt für den Gesetzesbeschluß gemäß Art. 42 Abs. 2 S. 1 GG die Mehrheit der abgegebenen Stimmen im Bundestag. Im Umkehrschluß zu Art. 29 Abs. 7 S. 2

---

566 Bereits der Wortlaut („oder") macht deutlich, daß es sich um alternative Neugliederungswege handelt; vgl. *Jutzi*, Probleme (Fn. 564), S. 98; *Hoppe/Schulte*, Grundlagen (Fn. 555), S. 1043; *Kunig* (Fn. 559), Art. 29 Rn. 26; *Pernice* (Fn. 556), Art. 29 Rn. 47; *Erbguth* (Fn. 560), Art. 29 Rn. 64. – A. A. („stillschweigend" gewollte Subsidiarität der Neugliederung durch Ländervertrag) *Scholz* (Fn. 555), Art. 29 Rn. 109 f. sowie *J. Isensee*, Idee und Gestalt des Föderalismus im Grundgesetz, in: J. Isensee/P. Kirchhof (Hrsg.), Handbuch des Staatsrechts der Bundesrepublik Deutschland, Bd. 4: Finanzverfassung – Bundesstaatliche Ordnung, 1990, § 98 Rn. 24; in der Neuauflage fehlt die Passage ersatzlos: *J. Isensee*, Idee und Gestalt des Föderalismus im Grundgesetz, in: ebd., Bd. 6: Bundesstaat, 3. Aufl. 2008, § 126 – Hintergrund der a. A. ist wohl die Betonung der Eigenstaatlichkeit der Länder, die eine vorrangige Grenzberichtigung vermittels „bilateralen" Staatsvertrags gebiete.

567 § 3 Abs. 1 S. 1 des Gesetzes über das Verfahren bei sonstigen Änderungen des Gebietsbestandes der Länder nach Artikel 29 Abs. 7 des Grundgesetzes lautet: „Wird ein Gesetzentwurf über eine Gebietsänderung nach § 1 im Bundestag beraten, so muß den beteiligten Ländern spätestens vor der zweiten Lesung Gelegenheit gegeben werden, ihre Auffassung zu dem Gesetzentwurf zu äußern."

568 Siehe zum Bundesratsbeschluß selbst ausführlich unter B. I. 1.

569 Gesetz über das Verfahren bei Volksentscheid, Volksbegehren und Volksbefragung nach Artikel 29 Abs. 6 des Grundgesetzes vom 30. Juli 1979, BGBl. I S. 1317.

GG, wo explizit für diesen Fall eine ausdrückliche Zustimmung der Länderkammer gefordert wird, folgt, daß die Regelungen zur Volksbeteiligung einer solchen nicht bedürfen; es handelt sich lediglich um ein Einspruchsgesetz[570]. Versuche seitens des Bundesrates, eine Zustimmungspflicht einfachgesetzlich im Ausführungsgesetz anordnen zu lassen[571], sind fehlgeschlagen. Art. 29 Abs. 8 S. 5 Hs. 2 GG ermöglicht dem Bund ebenfalls den Erlaß von Ausführungsvorschriften zum Volksentscheid nach Abs. 8[572]. Sowohl hinsichtlich des Beschlußerfordernisses im Bundestag als auch der Qualifizierung als Einspruchsgesetz kann auf die Ausführungen zu Abs. 6 S. 2 verwiesen werden. Anders als dort ist ein Ausführungsgesetz jedoch bisher nicht ergangen.

(2) Der Erlaß von Regelungen zu den unter die Geringfügigkeitsschwelle fallenden Neugliederungen

Das genaue Verfahren regelt das auf der Ermächtigungsgrundlage des Art. 29 Abs. 7 S. 2 GG ergangene Ausführungsgesetz zur sonstigen Änderung des Gebietsbestands der Länder[573]. Aus Sicht des Themas der Arbeit ist das auf Grundlage des Abs. 7 S. 2 ergangene Gesetz weniger von Interesse als das Verfahren zur Verabschiedung des Ausführungsgesetzes selbst: hier ordnet die Norm die Verabschiedung durch ein Bundesgesetz an, das der Zustimmung sowohl des Bundesrates ((a)) als auch der Mehrheit der Mitglieder des Bundestages ((b)) bedarf.

(a) Zustimmung des Bundesrates

Die Zustimmung des Bundesrates erfolgt vermittels eines Beschlusses nach Art. 52 Abs. 3 S. 1 GG mit der (absoluten) Mehrheit seiner Stimmen. Hierbei handelt es sich um das Regelbeschlußverfahren im Bundesrat, auf das an späterer Stelle im Rahmen des Kapitels über den Bundesrat (B.) ge-

---

[570] *Scholz* (Fn. 555), Art. 29 Rn. 103; *Schöbener* (Fn. 560), Art. 118a Rn. 23; *Erbguth* (Fn. 560), Art. 29 Rn. 35 f.; *Kunig* (Fn. 559), Art. 29 Rn. 48. – Freilich kann sich aus anderen Normen, die Zustimmungspflichten anordnen, aufgrund der Mitregelung eben dieser Materien eine Zustimmungspflicht ergeben.

[571] Vgl. die entsprechende Vorlage des Vermittlungsausschusses: BT-Drs. 8/2964.

[572] Obwohl in einem Halbsatz untergebracht, besteht Einigkeit darüber, daß die Norm zur Regelung des gesamten Verfahrens ermächtigt, vgl. nur *Meyer-Teschendorf* (Fn. 557), Art. 29 Rn. 70 („Verpflichtung des Bundesgesetzgebers"); *Schöbener* (Fn. 560), Art. 118a Rn. 102.

[573] Die genaue Bezeichnung des Ausführungsgesetzes lautet: Gesetz über das Verfahren bei sonstigen Änderungen des Gebietsbestandes der Länder nach Artikel 29 Abs. 7 des Grundgesetzes v. 30.07.1979 (BGBl. I S. 1325).

nauer eingegangen wird; da keine für das Mehrheitsprinzip relevanten Besonderheiten im Rahmen des Bundesratsbeschlusses nach Art. 29 Abs. 7 S. 2 GG bestehen, ist eine umfangreichere Darstellung an dieser Stelle nicht angezeigt.

(b) Zustimmung der Mehrheit der Mitglieder des Bundestages

Zusätzlich ist neben dem zustimmenden Votum des Bundesrates auch ein Zustimmungsbeschluß des Bundestages erforderlich. Dieser verlangt in Abweichung vom Regelbeschlußverfahren nach Art. 42 Abs. 2 S. 1 GG (nur einfache Mehrheit der Abstimmenden) wenigstens die Stimmen der Mehrheit seiner Mitglieder, Art. 29 Abs. 7 S. 2 GG a.E. Hierunter ist gemäß Art. 121 GG die Zustimmung der Mehrheit der gesetzlichen Mitgliederzahl des Bundestages zu verstehen.

Aufgrund der besonderen Zustimmungserfordernisse in beiden Kammern sind die an der Verabschiedung des Ausführungsgesetzes Beteiligten, also insbesondere Bundestag und die betroffenen Länder wegen der Mitwirkung im Bundesrat, gebunden: für den Bundestag heißt dies, daß einfaches Bundesrecht zur Neugliederung nach Abs. 7 S. 1 Alt. 2 nicht gegen die gemeinsam erarbeiteten Verfahrensregelungen verstoßen darf – für die beteiligten Länder, daß auch durch bilateralen Länderstaatsvertrag nach Abs. 7 S. 1 Alt. 1 ein Abweichen von den Ausführungsbestimmungen ausgeschlossen ist. Freilich bleibt es den Beteiligten unbenommen, ausdrücklich von den Festlegungen im Ausführungsgesetz abzuweichen, was allerdings erneut die absolute Zustimmung der Mehrheit der Mitglieder in Bundestag einer- und der Stimmen im Bundesrat andererseits erfordert, um die wechselseitige Bindung zu überwinden[574].

dd) Stellungnahme

Wie kaum eine andere Norm durchlief Art. 29 GG im Verfassunggebungsverfahren, auch und gerade hinsichtlich der erforderlichen Mehrheiten, ein wahres „Auf und Ab“[575]: so wurden in den Entwurfsfassungen einfache Mehrheiten im Bundestag für Gebietsneugliederungen durch Gesetz ebenso avisiert wie absolute bis hin zu verfassungsändernden Mehrheiten in Bundestag und Bundesrat. Erstere wurden insbesondere dann für ausreichend erachtet, wenn die Neugliederung in Übereinstimmung mit Land

[574] *Scholz* (Fn. 555), Art. 29 Rn. 110.

[575] Zum Folgenden s. JöR 1, S. 262 ff. (insb. S. 269, 286 f., 292, 294 f.). – Dies gilt auch hinsichtlich der an späterer Stelle untersuchten Volksbeteiligungen.

oder Volk erfolgte, letztere hingegen sollten ausdrücklich entgegenstehende Willensbekundungen eines oder aller beteiligter Länder überwinden können. Demgegenüber sind die Resultate, speziell die von Art. 29 Abs. 2 und Abs. 7 GG verlangten Bundesgesetze mit Regelbeschlüssen, vergleichsweise unspektakulär.

Obgleich die Vorschriften Art. 29 Abs. 6 S. 2, Abs. 7 S. 2 und Abs. 8 S. 5 Hs. 2 GG sowohl von ihrer Stellung als auch ihrem Inhalt – alle enthalten Ermächtigungen zum Erlaß von Ausführungsgesetzen – kaum ähnlicher sein könnten, könnten die Voraussetzungen, die der Verfassunggeber an die Verabschiedung der Bundesgesetze stellt, kaum unterschiedlicher ausfallen: einerseits Abs. 6 S. 2 Hs. 1, der ein einfaches Bundesgesetz zur Ausgestaltung von Volksbegehren und Volksentscheid genügen läßt, andererseits Abs. 7 S. 2, in dem explizit die Zustimmung der Länderkammer und in Abweichung von Art. 42 Abs. 2 S. 1 GG und Ausfüllung der dortigen Abweichungsbefugnis das Erfordernis der Zustimmung der Mehrheit der Abgeordneten des Bundestages angeordnet wird.

Auch für die Möglichkeit der Abweichung von Vorgaben der Ausführungsgesetze hat die Differenzierung Folgen: genügt im Fall des Abs. 6 S. 2 ein einfaches, im Regelbeschlußverfahren zu fassendes (Abweichungs-) Gesetz, ist im Rahmen von Art. 29 Abs. 7 S. 1 GG eine Abweichung des Bundesgesetzgebers durch einfaches Bundesrecht ausgeschlossen. Dies hat den Hintergrund, daß für den Beschluß des Änderungsgesetzes sowohl die ausdrückliche Zustimmung des Bundesrates als auch die Beschlußfassung im Bundestag mit absoluter Mitgliedermehrheit erforderlich war und es daher zu einer Abweichung der erneuten Beachtung dieser hohen Gesetzeshürden in beiden Organen bedarf. Differenzierungsgrund ist die gewünschte Bindungswirkung des Ausführungsgesetzes zu Art. 29 Abs. 7 S. 2 GG. Durch einfaches Parlamentsrecht können die im Ausführungsgesetz mit absoluter Mitgliedermehrheit getroffenen Ausgestaltungen nicht gebrochen werden. Sowohl eine erneute Beteiligung des Bundesrates als auch eine Zustimmung der Mehrheit der Bundestagsmitglieder wäre nötig. Die Bundesratsbeteiligung scheint insoweit wohl das geringere Übel: schließlich darf man nicht aus den Augen verlieren, daß die Länderkammer im Rahmen von Art. 29 Abs. 6 S. 2 GG ebenfalls zu beteiligen ist. Wie bei jedem anderen nicht zustimmungspflichtigen Gesetz im Sinne von Art. 77 Abs. 3 S. 1 GG bleibt dem Bundesrat die Möglichkeit der Einberufung des Vermittlungsausschusses (Art. 77 Abs. 2 GG) mit der anschließenden Einspruchsoption nach Art. 77 Abs. 3 S. 1 GG[576]. Die Verhinderungs-, und damit auch Einflußmöglichkeiten fallen im Bereich der Einspruchsgesetzgebung indes deutlich geringer aus.

---

[576] Vgl. zum genaueren Verfahren der Einspruchseinlegung unten A. III. 3. b).

c) Spannungs-, Zustimmungs- und Verteidigungsfall

In diesem Unterkapitel werden die Vorschriften des Grundgesetzes im Themenfeld um den Spannungs- und Zustimmungs- (aa)) sowie den Verteidigungsfall (bb)) zusammengestellt und auf von diesen vorgesehene Mehrheitserfordernisse untersucht.

aa) Spannungs- und Zustimmungsfall

Der Spannungsfall ist eine Vorstufe des Verteidigungsfalls nach den Art. 115a ff.[577] – ausdrückliche materielle Tatbestandsvoraussetzungen enthält das Grundgesetz indes nicht. Anerkanntermaßen kann der Spannungsfall festgestellt werden, wenn „eine schwere außenpolitische Konfliktsituation (...) eine gesteigerte Wahrscheinlichkeit der Entwicklung hin zum Verteidigungsfall begründet und das umgehende Herstellen erhöhter Verteidigungsbereitschaft“[578] geboten ist.

Das Fehlen einer (grund-)gesetzlichen Definition gilt auch für den Zustimmungsfall. Dieser ermöglicht dem Bundestag, auch ohne die Feststellung eines Spannungsfalls von geeigneten Maßnahmen, allen voran verteidigungsvorbereitenden Rechtsvorschriften, Gebrauch zu machen. Er ist damit eine weniger spektakuläre und dadurch weniger konfliktsteigernde, zugleich weniger verunsichernde Option, um auf eine dem Spannungsfall ähnliche, dessen Ausrufung aber noch nicht rechtfertigende Konstellation angemessen zu reagieren[579]. Die Freigabe kann dabei – dies ist der entscheidende Unterschied zur Feststellung des Spannungsfalls – punktuell auf einzelne vorbereitende Maßnahmen oder Rechtsvorschriften beschränkt erfolgen, die im Beschluß ausdrücklich zu benennen und zu veröffentlichen sind. Anstelle einer derartigen Beschränkung kann weiterhin auch eine Entsperrung sämtlicher Vorschriften, die auf Art. 80a GG Bezug nehmen, erfolgen[580].

---

[577] *S. Hölscheidt/M. Limpert,* Einsatz der Bundeswehr innen und außen, in: JA 2009, S. 86 (88, dort auch zu den Folgen für den Streitkräfteeinsatz); *T. Mann*, in: Sachs, GG (Fn. 119), Art. 80a Rn. 1. – Überblicksmäßig zu den weiteren der insgesamt vier Stufen militärischer Bedrohung *W. Graf Vitzthum*, Der Spannungs- und der Verteidigungsfall, in: J. Isensee/P. Kirchhof (Hrsg.), Handbuch des Staatsrechts der Bundesrepublik Deutschland, Bd. 7, 1992, § 170 Rn. 3.

[578] Wegweisend und von allen Kommentaren aufgegriffen *Graf Vitzthum*, Spannungsfall (Fn. 577), § 170 Rn. 7.

[579] Dennoch muß eine hinreichende Wahrscheinlichkeit eines bewaffneten Angriffs auf das Bundesgebiet bestehen: s. abermals *Graf Vitzthum*, Spannungsfall (Fn. 577), § 170 Rn. 25 sowie *K. Windthorst*, Der Notstand, in: M. Thiel (Hrsg.), Wehrhafte Demokratie. Beiträge über die Regelungen zum Schutze der freiheitlichen demokratischen Grundordnung, 2003, S. 365 (392).

(1) Die Feststellung des Spannungs- sowie des Zustimmungsfalls

Gemäß Art. 80a Abs. 1 S. 2 GG bedarf die Feststellung des Spannungsfalles einer Mehrheit von zwei Dritteln. Auffällig ist die Kombination des qualifizierten Mehrheitserfordernisses mit der Bezugszahl der Abstimmenden im Bundestag. Einer Zustimmung des Bundesrates bedarf es nicht[581]. Ist der Spannungsfall festgestellt, sind zugleich sämtliche Rechtsvorschriften entsperrt, die exakt für diesen Fall im Grundgesetz oder in Bundesgesetzen verteidigungsvorbereitende Maßnahmen auslösen und unter dem ausdrücklichen Vorbehalt des Eintritts eines Spannungsfalles stehen[582].

Bei der Feststellung des Zustimmungsfalls muß hingegen differenziert werden: Art. 80a Abs. 1 S. 2 GG a.E. schreibt für eine ausgewählte Konstellation – namentlich die Heranziehung Wehrpflichtiger für Ersatzdiensthandlungen, Art. 12a Abs. 5 und 6 GG – eine Zustimmungspflicht mit der qualifizierten Zweidrittelmehrheit des Abs. 1 S. 2 fest. Im Umkehrschluß aber ist für den weit überwiegenden Teil der Zustimmungskonstellationen außerhalb der Regelungsbereiche der beiden Absätze des Art. 12a GG die einfache Mehrheit der Abstimmenden ausreichend[583].

(2) Das Beendigungsverlangen des Bundestages

Sowohl die Zustimmungserklärung als auch die des Spannungsfalls führen nicht dazu, daß der Bundestag sich jeglicher Einflußmöglichkeit auf den Fortgang und Fortbestand der Ausnahmesituationen entledigt hätte. In beiden Konstellationen verbleibt ihm das Recht, Maßnahmen nach Art. 80a Abs. 1 GG jederzeit aufheben zu lassen, Abs. 2, und zwar unabhängig davon, welches Verwaltungsorgan für sie verantwortlich zeichnet und in welcher Rechtsform sie ergangen sind[584]. Irrelevant ist dabei auch, ob sich die Hintergrundlage (objektiv wie subjektiv) verändert hat oder

---

[580] Mittlerweile ganz h.M.; s. nur *W. Heun*, in: Dreier, GG (Fn. 17), Art. 80a Rn. 6 sowie *Graf Vitzthum*, Spannungsfall (Fn. 577), § 170 Rn. 25, jeweils m.w.N. – A.A. *Windthorst*, Notstand (Fn. 579), S. 394.

[581] Dies ist bereits deswegen evident, weil eine Zustimmungspflicht grundgesetzlich nicht ausdrücklich angeordnet wird. Vgl. darüber hinaus *Windthorst*, Notstand (Fn. 579), S. 392.

[582] *Graf Vitzthum*, Spannungsfall (Fn. 577), § 170 Rn. 11 ff.; *Mann* (Fn. 577), Art. 80a Rn. 2.

[583] *Windthorst*, Notstand (Fn. 579), S. 392; *Heun* (Fn. 580), Art. 80a Rn. 6; *Mann* (Fn. 577), Art. 80a Rn. 3; *Graf Vitzthum*, Spannungsfall (Fn. 577), § 170 Rn. 25.

[584] *Graf Vitzthum*, Spannungsfall (Fn. 577), § 170 Rn. 23; *Heun* (Fn. 580), Art. 80a Rn. 10 m.w.N. in Fn. 52.

nicht[585]. Das Verlangen äußert der Bundestag durch Regelbeschluß nach Art. 42 Abs. 2 GG. Dieses Mehrheitserfordernis gilt damit gleichermaßen für die Zurücknahme des Zustimmungs- wie auch des Spannungsfalls[586] und insofern ohne Berücksichtigung, ob die Einstufung ebenfalls mit einfacher oder aber qualifizierter Abstimmungsmehrheit erfolgte.

bb) Verteidigungsfall

Neben Zustimmungs- und Spannungsfall besteht unter gewissen materiellen Voraussetzungen für den Bundestag die Option der Ausrufung des Verteidigungsfalles[587]. Die Art. 115a ff. GG enthalten teils äußerst detaillierte Bestimmungen zur Feststellung des Verteidungsfalles, zu Grundrechtseinschränkungsmöglichkeiten sowie zur Kompetenzverteilung zwischen Bund und Ländern einer- sowie zwischen einzelnen obersten Bundesorganen andererseits. Die Folgen seiner Ausrufung sind daher, verglichen mit Zustimmungs- und Spannungsfall, weitgehend ausdifferenziert, was im Grunde auch für die Legaldefinition in Art. 115a Abs. 1 S. 1 GG gilt: demgemäß ist der Verteidigungsfall der (unmittelbar drohende) Angriff des Bundesgebiets mit Waffengewalt[588].

(1) Die Feststellung des Verteidigungsfalls

Auch den Verteidigungsfall gilt es durch entsprechenden Beschluß[589] des Bundestages festzustellen; der Antrag hierzu wird zwingend von der Bundesregierung gestellt, Art. 115a Abs. 1 S. 2 Hs. 1 GG[590]. Die materiellen Voraussetzungen für die Feststellung des Verteidigungsfalls müssen dabei

---

[585] *C. O. Lenz*, Notstandsverfassung des Grundgesetzes. Kommentar, 1971, Art. 80a Rn. 21.

[586] Statt aller: *Lenz* (Fn. 585), Art. 80a Rn. 21; *Graf Vitzthum*, Spannungsfall (Fn. 577), § 170 Rn. 23.

[587] Auf die zusätzliche Darstellung des Bündnisfalles (Art. 80a Abs. 3 GG) wurde verzichtet, da er unter dem Blickwinkel der Arbeit keine weiteren Erkenntnisse liefert.

[588] Ausführlich zu den einzelnen Tatbestandsmerkmalen *Windthorst*, Notstand (Fn. 579), S. 385 f. sowie *Graf Vitzthum*, Spannungsfall (Fn. 577), § 170 Rn. 30. – Nicht etwa kann der Verteidigungsfall damit förmlich für Auslandseinsätze herangezogen werden (Stichwort: „Verteidigung Deutschlands am Hindukusch"): *C. Gramm*, Die Stärkung des Parlaments in der Wehrverfassung. Zu neueren Entscheidungen des Bundesverfassungsgerichts, in: DVBl. 2009, S. 1476 (1479 f.).

[589] Zur rechtlichen Einstufung des Beschlusses – kein Gesetz sondern „materieller Regierungsakt" – *W. Heun*, in: Dreier, GG (Fn. 17), Art. 115a Rn. 8 m.w.N. in Fn. 44.

vorliegen. Darüber hinaus ist in formeller Hinsicht im Rahmen der Abstimmung eine Mehrheit von zwei Dritteln der abgegebenen Stimmen zu erreichen, die zugleich mindestens der Mehrheit der Mitglieder des Bundestages entspricht. Der Bundesrat muß der Feststellung zustimmen, Art. 115a Abs. 1 S. 1 GG a. E., was er mangels abweichender Anordnung vermittels der Mehrheit seiner Stimmen im Regelbeschlußverfahren nach Art. 52 Abs. 3 S. 1 GG tut; die Feststellung des Verteidigungsfalles scheitert, wenn die Länderkammer nicht mehrheitlich zustimmt[591]. Folge seiner Verkündung durch den Bundespräsidenten sind die im Abschnitt Xa des Grundgesetzes vorgesehenen, umfangreichen Modifizierungen im staatsorganisatorischen Gefüge inklusive des Streitkräfteeinsatzes zur Verteidigung[592].

(2) Die Beendigung des Verteidigungsfalls

Wie im Rahmen des Spannungsfalls steht auch im Verteidigungsfall dem Bundestag als der für die Ausrufung zuständigen Körperschaft das Recht zu, den Verteidigungszustand jederzeit wieder aufzuheben. Hierzu ist er ohnehin unverzüglich verpflichtet, wenn die Voraussetzungen der Feststellung des Verteingsfalls nicht mehr gegeben sind, Art. 115l Abs. 2 S. 3 GG. Allerdings tritt neben den Bundestag in Parallele zur Auslösung des Verteidigungsfalls zwingend der Bundesrat, der der Beendigung nach Abs. 2 S. 1 GG zustimmen muß (und einen entsprechenden Beschluß des Parlaments auch initiieren, aber nicht erzwingen kann, S. 2). Hierfür ist in beiden Organen ein Regelbeschluß nötig, im Bundestag folglich durch die einfache Mehrheit der Abstimmenden, im Bundesrat seitens der absoluten Mehrheit seiner Stimmen[593]. Durch den Aufhebungsbeschluß entfallen sämtliche Notstandskompetenzen der Art. 115a ff. GG[594].

---

590 Anders als bei der Zurücknahme der Feststellung ist der Antrag seitens der Bundesregierung hier zwingend, vgl. *Lenz* (Fn. 585), Art. 115a Rn. 4; bei der Zurücknahme ist er fakultativ: ebd., Art. 115l Rn. 10.

591 *Lenz* (Fn. 585), Art. 115a Rn. 4; *Windthorst*, Notstand (Fn. 579), S. 387; *Graf Vitzthum*, Spannungsfall (Fn. 577), § 170 Rn. 31. – Die Anrufung des Vermittlungsausschusses scheint indes möglich (wenn auch kaum realistisch): *Heun* (Fn. 589), Art. 115a Rn. 12.

592 Die Art. 115a ff. GG enthalten dabei ausdifferenzierte Regelungen; vgl. aber auch den Überblick bei *Graf Vitzthum*, Spannungsfall (Fn. 577), § 170 Rn. 29, 33 ff.

593 *Lenz* (Fn. 585), Art. 115l Rn. 10; mißverständlich *W. Heun*, in: Dreier, GG (Fn. 17), Art. 115l Rn. 10 (beide entscheiden „mit einfacher Mehrheit").

594 *Heun* (Fn. 593), Art. 115l Rn. 10 a. E.

cc) Stellungnahme

(1) Spannungs- und Zustimmungsfall

Die Mehrheitserfordernisse für die Freigabe der sich auf Art. 80a Abs. 1 GG beziehenden Handlungsmöglichkeiten im Spannungs- bzw. Zustimmungsfall überzeugen zwar jeweils für sich genommen, nicht jedoch im direkten Vergleich. Das qualifizierte Mehrheitserfordernis für die Feststellung des Spannungsfalls betreffend verwundert vor allem, daß die Bezugszahl der Abstimmenden gewählt wurde. Eine solche ist im Verfassungsrecht äußerst selten anzutreffen. Während man ihr die Exklusivität nicht anlasten darf, erscheint die Anordnung darüber hinaus unsinnvoll. Warum eine Zweidrittelmehrheit bei geringer Anwesenheit hier eher Gewähr für die Richtigkeit der Entscheidung bietet als beispielsweise eine absolute Mehrheit der gesetzlichen Mitglieder, ist nicht hinreichend klar. Wenn diese Mindestgröße nämlich sogar noch im Verteidigungsfall zu erreichen ist, muß dies erst recht in der weniger dringlichen Situation eines Spannungsfalls gelten können. Andere Argumente für die Bezugsgröße der Abstimmenden sind jedenfalls nicht ersichtlich. Die jederzeitige Rücknahmemöglichkeit kann bei derart aufsehenerregenden Entscheidungen jedenfalls nicht ernsthaft als Aspekt für den Verzicht auf die Bezugszahl der gesetzlichen Mitglieder herangezogen werden.

Während die Ausrufung des Spannungsfalls also einer Zweidrittelmehrheit der Abstimmenden bedarf, sind für (Einzel-)Freigabeentscheidungen nach Art. 80a Abs. 1 S. 2 GG a.E. nur einfache Abstimmungsmehrheiten zu erzielen. Da die ganz h.M. auch eine Gesamtfreigabe der gesperrten Normen zuläßt, kann das qualifizierte Mehrheitserfordernis für den Spannungsfall auf diese Weise ganz vorzüglich umgangen werden[595]: statt den Spannungsfall mit qualifizierter Mehrheit auszurufen, werden mit einfacher Abstimmungsmehrheit – ohne die formale Feststellung des Spannungsfalls – sämtliche Vorschriften für diesen Fall entsperrt. Im Ergebnis besteht bei einer Gesamtentsperrung keinerlei Nachteil, während die Vorteile des geringeren Mehrheitserfordernisses und des Verzichts auf die förmliche Ausrufung des Spannungsfalls auf der Hand liegen.

Daß hingegen die „Rückkehr zum Normalzustand“[596] in formeller Hinsicht erleichtert wird, verwundert nicht. Die Ausnahmesituation eines Spannungs- oder Zustimmungsfalles soll nur erschwert ausgerufen und so bald wie eben möglich durch mehrheitlichen Beschluß zurückgenommen werden.

[595] Genau dies ist die Befürchtung der Gegner dieser Auffassung: vgl. *Windthorst*, Notstand (Fn. 579), S. 394.

[596] *Lenz* (Fn. 585), Art. 80a Rn. 21.

Diesem Ziel dient die Rücknahmemöglichkeit des – mit Zweidrittelmehrheit ausgerufenen – Spannungsfalles vermittels einfacher Mehrheit ausdrücklich. Die Interessen der Exekutive, die jederzeit mit einer Revidierung der Freigabe rechnen muß, haben gleichermaßen wie der Grundsatz der Gewaltenteilung zurückzutreten.

(2) Verteidigungsfall

Das doppelt qualifizierte Mehrheitserfordernis zur Ausrufung des Verteidigungsfalls erscheint der Bedeutung der Entscheidung angemessen. Eine weitreichende, aufgrund der Zustimmung der Mehrheit der Mitglieder des Bundestages garantierte Mindest-Legitimierung der Entscheidung wird erreicht. Sie ist auch nötig, denn der Verteidigungsfall ist verglichen mit den Voraussetzungen, aber auch Folgen der anderen Notstände der „eigentliche Ernstfall"[597]. Folgerichtig gelten hier die strengsten (Mehrheits-)Voraussetzungen für seine Feststellung. Zusätzlich werden sowohl das besondere Mehrheitserfordernis im Bundestag als auch die Beteiligung des Bundesrates ihrer Funktion als Mißbrauchskontrolle gerecht[598]. Die Verantwortung wird breit gestreut, wie es ansonsten nur bei Zustimmungsgesetzen der Fall ist; im Vergleich dazu aber erfährt das Mehrheitserfordernis im Bundestag von einfacher Abstimmungsmehrheit auf die Zweidrittelmehrheit der Abstimmenden und die mehr als hälftige Mindestzustimmung der gesetzlichen Mitglieder eine doppelte Qualifikation.

Die Zurücknahme der Feststellung erfolgt wiederum in einem vereinfachten Verfahren mit auf das Regelbeschlußniveau reduzierten Mehrheitserfordernissen. Die Wiederherstellung des staatsorganisatorischen Normalzustands wird somit auch im Bereich des Verteidigungsfalls privilegiert, wenngleich beide Körperschaften, die an der Ausrufung des Verteidigungsfalls beteiligt waren, auch konsequenterweise bei dessen Rücknahme zusammenwirken müssen.

d) Die Errichtung bundeseigener Mittel- und Unterbehörden

Nach Art. 83 GG führen die Länder Bundesgesetze, vorbehaltlich anderer Regelung im Grundgesetz, als eigene Angelegenheit, also im Rahmen eigener Organisationsgewalt aus[599]. Einen solchen Regelungsvorbehalt als Ausnahme zur Länderexekutive enthält unter anderem Art. 87 GG, der die bun-

---

[597] *Graf Vitzthum*, Spannungsfall (Fn. 577), § 170 Rn. 29.

[598] *Heun* (Fn. 589), Art. 115a Rn. 11 f.

[599] Zu Art. 83 GG vgl. beispielsweise *G. Hermes*, in: Dreier, GG (Fn. 17), Art. 83 Rn. 31 ff. sowie *A. Dittmann*, in: Sachs, GG (Fn. 119), Art. 83 insb. Rn. 6 ff.

deseigene Verwaltung genau benannter Verwaltungsbereiche (Abs. 1) sowie die Organisation der Sozialversicherungsträger als bundesunmittelbare Körperschaften des öffentlichen Rechts (Abs. 2) anordnet. Als für die vorliegende Untersuchung von besonderem Interesse erweist sich schließlich Art. 87 Abs. 3 GG, der die fakultative Bundesverwaltung in Angelegenheiten der Bundesgesetzgebungskompetenz zuläßt.

Innerhalb dieses letzten Absatzes wiederum ist die Aufmerksamkeit auf S. 2 zu richten. Er erlaubt dem Bund auf dem Gebiet der Bundesgesetzgebung die Schaffung bundeseigener Mittel- und Unterbehörden. Dieses Recht steht jedoch ausdrücklich unter dem Vorbehalt des Entstehens neuer Bundesaufgaben im Rahmen der Gesetzgebungsbefugnis, deren Erledigung einen dringenden Bedarf für eine bundeseigene Verwaltung auslöst. Bei beiden materiellen Voraussetzungen ist eine restriktive Interpretation angezeigt: neu sind die Aufgaben nur dann, wenn sie nach Inkrafttreten des Grundgesetzes entstanden sind[600], und die Dringlichkeit des Bedarfs erfordert, daß durch Schaffung der Mittel- und Unterbehörden eine bessere Erledigung der Aufgaben zu erwarten ist als im Wege der üblichen Verwaltungsstrukturen[601]. Für das zugrundeliegende Bundesgesetz ist die Zustimmung des Bundesrates nötig. Während der Bundesratsbeschluß im Regelverfahren nach Art. 52 Abs. 3 S. 1 GG mit absoluter Stimmenmehrheit ergeht, bedarf die Verabschiedung im Parlament der Mehrheit der Mitglieder des Bundestages.

Offenbar wird, daß die Anforderungen an ein Gesetz zur Errichtung von Bundesbehörden nicht unerheblich qualifiziert sind. Neben den materiellen Voraussetzungen des dringenden Bedarfs für neue Aufgaben wird dies insbesondere durch die formellen Anforderungen untermauert. Schon die Einordnung als einer der wenigen Fälle verpflichtender Bundesratszustimmung führt zu einer immensen Hürde – dies gilt umso mehr, als der Bundesrat ja gerade für die Einschränkung der Länderzuständigkeit bei der Verwaltung der betroffenen bundesgesetzlichen Materien votieren soll. Daß darüber hinaus aber auch für den parlamentarischen Beschluß ein beträchtlich von der einfachen Abstimmungsmehrheit abweichendes Quorum Anwendung findet, zeigt, welche besondere Bedeutung der Errichtung bundeseigener Mittel- und Unterbehörden entgegen erstem Anschein beigemessen wurde. Die „verschärften Kautelen“ erklären sich letztlich vor dem Hintergrund des Schutzes der grundgesetzlich festgelegten Übertragung der Hauptverwaltungskompetenz von Bundesgesetzen auf die Länder[602]. Ist das Erfordernis

[600] Vgl. *M. Sachs*, in: Sachs, GG (Fn. 119), Art. 87 Rn. 75.

[601] *Sachs* (Fn. 600), Art. 87 Rn. 76. Gleiches gilt dabei aber auch in den Fällen, in denen auf bestehende Mittel- und Unterbehörden neue Aufgaben verteilt werden sollen, vgl. *G. Hermes*, in: Dreier, GG (Fn. 17), Art. 87 Rn. 96.

[602] *Hermes* (Fn. 601), Art. 87 Rn. 95 (dort auch das Zitat).

absoluter Mehrheit der Mitglieder des Bundestages im Rahmen parlamentarischer Wahlen (Stichwort: Kanzlermehrheit) gängig, handelt es sich vorliegend – soweit ersichtlich – um den einzigen Fall, in dem im Grundgesetz eine Sachentscheidung des Bundestages mit diesem Stimmenquorum zu ergehen hat.

IV. Die Leitungsgremien des Bundestages

Zur Sicherstellung der Funktionsfähigkeit parlamentarischer Arbeit bedarf es übergeordneter Instanzen, die den Parlamentsbetrieb innerhalb und außerhalb des Plenums organisieren, in Konfliktfällen vermitteln und diese im Bedarfsfall auch letztverbindlich entscheiden. Diese Aufgaben teilen sich nach feststehenden Zuständigkeitsregeln das Bundestagspräsidium (1.) und der Ältestenrat (2.).

1. Das Bundestagspräsidium

a) Die Wahl des Bundestagspräsidenten und seiner Stellvertreter

Der gesamte Regelungsbereich um Wahl und Rechtsstellung des Bundestagspräsidiums ist ausnahmslos außerhalb des Grundgesetzes anzutreffen und, ganz im Sinne eigener Organisationsgewalt, der Ausgestaltung durch einfaches Parlamentsrecht überlassen[603]. Daß das Grundgesetz sich zu weiteren Regelungen zur Bestimmung des Bundestagspräsidenten ausschweigt, verwundert insofern, als in der protokollarischen Rangordnung der Repräsentanten der Bundesrepublik der Präsident des Bundestages immerhin unmittelbar nach dem Bundespräsidenten rangiert[604]. Damit stellt § 2 GO-BT, der die Wahl des Bundestagspräsidenten und seiner Stellvertreter regelt, auch die inhaltlich bedeutendste Abweichung zum Regelbeschlußverfahren im Sinne von Art. 42 Abs. 2 S. 1 GG dar.

---

603 *W. Zeh*, Gliederung und Organe des Bundestages, in: HStR^3 III (Fn. 74), § 52 Rn. 27; *M. F. Feldkamp*, Kap. Wahl, Amtszeit, Amtseid, Alterspräsident, in: R. Schick (Hrsg.), Die Bundestagspräsidenten, 16. Aufl. 2003, S. 25 ff.; *H.-P. Schneider*, in: AK-GG (Fn. 313), Art. 40 (2002), Rn. 3. – Dies gilt jedenfalls, wenn man einmal von der bloßen Erwähnung der Wahl der Leitungspersonen des Bundestages in Art. 40 Abs. 1 S. 1 GG absieht.

604 http://www.bmi.bund.de/SharedDocs/Standardartikel/DE/Ministerium/Protokoll/ohneMarginalspalte/protokollarische_rangfragen.html?nn=109810 (November 2013). s. auch m. w. N. *J. Bücker*, Präsident und Präsidium, in: Schneider/Zeh, Parlamentsrecht (Fn. 14), § 27 Rn. 5 f. sowie *T. Wilrich*, Der Bundestagspräsident, in: DÖV 2002, S. 152 (152). – Die nachfolgenden Darstellungen gelten grundsätzlich auch für die Wahl der Stellvertreter.

aa) Absolute Mitgliedermehrheit in den ersten beiden Wahlgängen

Als Bundestagspräsident ist nach § 2 Abs. 2 S. 1 GO-BT gewählt, wer die Stimmen der Mehrheit der Mitglieder des Bundestages auf sich vereint; in der Geschäftsordnung haben sich die Parlamentarier damit für eine absolute Mitgliedermehrheit entschieden[605]. Auch wenn sich Tendenzen zur Erhöhung des Mehrheitserfordernisses auf eine Zweidrittelmehrheit nicht durchgesetzt haben[606], zeichnet sich doch bereits die absolute Mitgliedermehrheit durch eine massive Verschärfung im Vergleich zum gewöhnlichen Beschluß mit einfacher Mehrheit der Abstimmenden aus. Bei der derzeitigen Besetzung des Bundestages mit 631 Abgeordneten sind dies mithin wenigstens 316 Abgeordnete, die die Präsidiumsmitglieder unterstützen müssen. Hinsichtlich der Behandlung und Auswirkung von Enthaltungen und ungültigen Stimmen bestehen keinerlei Abweichungen: sie sind wie stets bei Mitgliedermehrheiten relevant und entfalten die Wirkung von Nein-Stimmen. Scheitern trotz der traditionellen Überlassung des Präsidentenamtes an die größte Fraktion[607] und der Wahl mindestens eines Vertreters aus allen Fraktionen ins Präsidium (§ 2 Abs. 2 S. 2 GO-BT) Kandidaten an der absoluten Mehrheit, kommt es zu einem zweiten Wahlgang, unter Umständen auch mit neuen Bewerbern, S. 2, für den identische Verfahrensregelungen gelten.

---

[605] Historisch wechselte das erforderliche Quorum mehrfach; vgl. *S. Lovens*, Der Bundestag zwischen Wahl und Entsendung zu seinem Präsidium: Die Causa *Bisky*, in: ZParl. 39 (2008), S. 18 (19 m. Fn. 5).

[606] Vgl. *W. Ismayr*, Bundestagspräsident und Präsidium, 2. Aufl. 2004, S. 8.

[607] Vgl. zunächst § 7 Abs. 6 GO-BT, wo von der Vertretung des Präsidenten durch den Vizepräsidenten aus der zweitstärksten Fraktion die Rede ist; s. ferner *Feldkamp*, Wahl (Fn. 603), S. 27; *Rothaug*, Leitungskompetenz (Fn. 62), S. 87 f.; *S. Lemke-Müller*, Abgeordnete im Parlament, 1999, S. 38 sowie *Ismayr*, Bundestagspräsident (Fn. 606), S. 7, der fälschlicherweise konstatiert, daß bisher die Kandidaten der stärksten Fraktion stets mit mehr als 75 Prozent der Stimmen gewählt wurden. Bis auf eine, aber immerhin deutliche Ausnahme (Karl Carstens, 1976, 67,1 %) stimmt diese Beobachtung tatsächlich; vgl. Schick, Bundestagspräsidenten (Fn. 603), S. 239 sowie *Ritzel/Bücker/Schreiner*, GO-BT (Fn. 389), § 4 (1983/2006), Anm. geschichtlicher Rückblick. – Zur „rechtlichen" Einstufung dieser Vorgehensweise: *H. Schulze-Fielitz*, Parlamentsbrauch, Gewohnheitsrecht, Observanz, in: Schneider/Zeh, Parlamentsrecht (Fn. 14), § 11 Rn. 72 (und anschließendem Hinweis auf die praktische Bedeutungslosigkeit der exakten Klassifikation, Rn. 74); kritisch wird vor allem die Einstufung als Gewohnheitsrecht (so zum Beispiel *H. Steiger*, Selbstorganisation und Ämterbesetzung, in: Schneider/Zeh, Parlamentsrecht [Fn. 14], § 25 Rn. 8) gesehen: *Maurer*, Staatsrecht I (Fn. 17), § 13 Rn. 100. Aus politischen Gründen sieht die Überlassung an die stärkste Fraktion skeptisch *C. Schmid*, Erinnerungen, 1979, S. 433.

bb) Einfaches Mehrheitserfordernis in den folgenden Wahlgängen

Erhält auch im zweiten Wahlgang kein Präsidentschaftsanwärter die absolute Mehrheit, kommen gemäß § 2 Abs. 2 S. 3 GO-BT lediglich die beiden Bewerber mit der höchsten Stimmenzahl in einen dritten Wahlgang, in dessen Rahmen die einfache Mehrheit der abgegebenen Stimmen entscheidet. Bei nur einem Kandidaten ist nach S. 4 das Erzielen von mehr Ja- als Nein-Stimmen erforderlich, ansonsten ein Vorsprung von wenigstens einer Stimme vor dem einzig verbliebenen Mitbewerber. Für den Fall, daß trotz mehrfachen Scheiterns ihres Präsidentschaftskandidaten die stärkste Fraktion auch auf einem vierten Wahlgang mit dem angetretenen Kandidaten besteht, ist hierfür nach Abs. 3 S. 1 eine Vereinbarung im Ältestenrat erforderlich, zu der es eines einstimmigen (!) Beschlusses des Gremiums bedarf[608]. Die grundsätzliche Begrenzung auf drei ordentliche Wahlgänge erfolgte erst 2006 aufgrund entsprechender Erfahrungen im Vorjahr[609].

cc) Der Umgang mit der Stimmengleichheit

Eine weitere Divergenz zum einfachen Beschlußverfahren im Bundestag besteht in der Konstellation der Stimmengleichheit, die in der Geschäftsordnung in § 2 Abs. 2 S. 4 GO-BT ausdrückliche Regelung fand. Die Norm sieht im Paritätsfall die Durchführung eines Losentscheids zwischen beiden Präsidentschaftsanwärtern durch den noch amtierenden Bundestagspräsidenten vor; im Regelfall der Wahl nach Neukonstituierung des Parlaments würde diese Funktion vom Alterspräsidenten übernommen[610]. Das Erzielen einer Stimmenmehrheit ist in Ab- und zugleich Aufweichung zu bzw. von § 2 Abs. 2 S. 1 GO-BT (bzw. Art. 42 Abs. 2 S. 1 GG) unter dieser Bedingung nicht mehr erforderlich[611], eine Entscheidung aber dennoch herbeigeführt.

---

608 *Ritzel/Bücker/Schreiner*, GO-BT (Fn. 389), § 2 (2008), Anm. III. – s. zum Verfahren der Beschlußfassung im Ältestenrat unter A. IV. 2. a) sowie A. IV. 2. b).

609 Die Änderung der Geschäftsordnung v. 26.9.2006, BGBl. I S. 2210, geht auf das vierfache Mißlingen der Wahl Lothar Biskys (PDS) zum Vizepräsidenten zurück. Aus Protest gegen diese Wahl blieb der der PDS-Fraktion zustehende Sitz im Präsidium bis zur Wahl Petra Paus am 7.4.2006 unbesetzt, s. *Lovens*, Bundestag (Fn. 605), S. 18 ff.; instruktiv hier die immer stärker werdende Ablehnung während der Wahlgänge.

610 *Edinger*, Wahl (Fn. 77), S. 166. – Wird eine Neuwahl während der Legislaturperiode nötig, wird der Stichentscheid durch den ersten Vizepräsidenten des Bundestages durchgeführt.

dd) Möglichkeit der Neu- oder Abwahl des Bundestagspräsidenten

Im Falle erfolgreicher Wahl ist das Präsidium für die gesamte Legislaturperiode im Amt, § 2 Abs. 1 S. 1 GO-BT; die Möglichkeit der Abwahl des Präsidiums oder einzelner Präsidiumsmitglieder besteht nach überwiegender Auffassung nicht, auch sind Mißbilligungsanträge und Aufforderungen zum Rücktritt unzulässig[612]. Nach a. A. soll zumindest im Falle von Mehrheitsverschiebungen zwischen den Fraktionen eine Neuwahl möglich sein, wenn die nunmehr mitgliederstärkste Gruppe den Anspruch auf das Präsidentenamt geltend macht[613]. Teilweise wird auch eine generelle Freigabe für jederzeitige Neuwahlen propagiert[614]. Zwischen denjenigen, die die Ab- oder Neuwahl für stets möglich erachten, bestehen indes Differenzen hinsichtlich der hierfür notwendigen Mehrheiten. Einerseits wird in Anlehnung an die Wahl auch bei einer Abwahl die absolute Mitgliedermehrheit im Bundestag für nötig, aber auch hinreichend erachtet[615]; daneben wird die Abberufung allein durch einstimmigen Beschluß der Mitglieder des Bundestages erwogen[616]. Nach nochmals a. A. soll es in Anlehnung an § 126 GO-BT, der die

---

611 Mangels abweichender Regelung gelten diese Besonderheiten auch für die Wahl der Stellvertreter des Bundestagspräsidenten, vgl. § 2 Abs. 1 S. 1 a. E. GO-BT.

612 *Steiger*, Selbstorganisation (Fn. 607), § 25 Rn. 8; *Feldkamp*, Wahl (Fn. 603), S. 35; *Lemke-Müller*, Abgeordnete (Fn. 607), S. 44; *G. Mayntz*, Dienst und Verantwortung für das Ganze: Das Präsidium des Deutschen Bundestages, in: Deutscher Bundestag (Hrsg.), Das Präsidium des Deutschen Bundestages, 2007, S. 2 (5); *R. P. Dach*, in: BK-GG (Fn. 309), Art. 40 (1996), Rn. 48 (fraglich indes, ob von „einhelliger Auffassung" gesprochen werden kann); *Ismayr*, Bundestagspräsident (Fn. 607), S. 9; *Ritzel/Bücker/Schreiner*, GO-BT (Fn. 389), § 2 (2010), Anm. I. 1. e); *Zeh*, Gliederung (Fn. 603), § 52 Rn. 27; die Mißtrauensanträge und Aufforderungen zum Rücktritt wurden bisher vom Geschäftsordnungsausschuß als unzulässig zurückgewiesen, vgl. *Wilrich*, Bundestagspräsident (Fn. 604), S. 153. Ebenfalls steht einer Abwahlmöglichkeit kritisch gegenüber *M. Köhler*, Die Rechtsstellung der Parlamentspräsidenten in den Ländern der Bundesrepublik Deutschland und ihre Aufgaben im parlamentarischen Geschäftsgang, 2000, S. 46 f.

613 Gleiches soll für den Fall gelten, daß der Bundestagspräsident die Fraktion wechselt: *Rothaug*, Leitungskompetenz (Fn. 62), S. 161, 176; *Edinger*, Wahl (Fn. 77), S. 171 f.

614 So noch etwas zögerlich jedenfalls *Maurer*, Staatsrecht I (Fn. 17), § 13 Rn. 100, der anscheinend zunächst eine Abwahl mit absoluter Mehrheit für erforderlich hält; s. auch *Wilrich*, Bundestagspräsident (Fn. 604), S. 153 und *Edinger*, Wahl (Fn. 77), S. 171 f. Deutlicher *L.-A. Versteyl*, in: v. Münch/Kunig, GG (Fn. 123), Art. 40 Rn. 4; *B. Pieroth*, in: *Jarass/Pieroth*, GG (Fn. 119), Art. 40 Rn. 1. s. auch die in Fn. 617 Genannten.

615 *Pieroth* (Fn. 614), Art. 40 Rn. 1; *Versteyl* (Fn. 614), Art. 40 Rn. 4; *Maurer*, Staatsrecht I (Fn. 17), § 13 Rn. 100; auch *Wilrich*, Bundestagspräsident (Fn. 604), S. 153.

Abweichung von Regelungen der Geschäftsordnung mit Zweidrittelmehrheit erlaubt, einer Mehrheit von zwei Dritteln der gesetzlichen Mitgliederzahl des Bundestages bedürfen[617], wobei es sich dann wohl um eine Durchbrechung der geschäftsordnungsmäßig an sich nicht vorgesehenen Abwahlmöglichkeit handeln dürfte.

ee) Stellungnahme

(1) Wahlpraxis und Mehrheitserfordernis

Auffällig ist zunächst die parlamentarische Übung der Wahl eines Präsidenten aus der stärksten Fraktion. Freilich: daß das Amt an diese Fraktion gehen sollte, hat sich in den letzten Jahrzehnten bewährt. Warum der Geschäftsordnunggeber allerdings diesen Brauch nicht fixiert hat, wo doch auch die Entsendung eines Vertreters aus jeder Fraktion ins Präsidium in § 2 Abs. 2 S. 2 GO-BT zu finden ist, bleibt rätselhaft.

Hinsichtlich der zur Anwendung gelangenden Mehrheiten stechen die Geschäftsordnungsbestimmungen als eine der wenigen Fälle der Abweichung vom einfachen Mehrheitsprinzip in Art. 42 Abs. 2 GG hervor. Bei der Wahl des Bundestagspräsidenten stellt das absolute Mehrheitserfordernis eine beträchtliche Verschärfung im Vergleich zum einfachen Bundestagsbeschluß dar, die der Bedeutung des Amtes innerhalb und außerhalb des Bundestages geschuldet ist. Wie bei der Wahl mittels absoluter Mehrheitserfordernisse üblich, wird auch bei der des Bundestagspräsidenten in späteren Wahlgängen die Mehrheitsschwelle auf eine einfache Mehrheit abgesenkt. Dies führt aber dennoch – anders als bei der Kanzlerwahl, bei der sie im Ermessen des Bundespräsidenten liegt – zwingend zur Ernennung des vollumfänglich legitimierten Bundestagspräsidenten.

Die im Jahr 2006 erfolgten Änderungen im Wahlverfahren wurden erforderlich, weil mehrfaches Scheitern eines Kandidaten in der Geschäftsordnung einfach nicht vorgesehen, sondern im Gegenteil, das Ergebnis der Entsendung eines Abgeordneten aus jeder Fraktion in das Präsidium explizit festgeschrieben war; mit der bis dahin vorgegebenen Abstimmungspraxis

[616] *Rothaug*, Leitungskompetenz (Fn. 62), S. 161, der insofern konsequent darauf hinweist, daß der ansonsten von den Gegnern einer Ablösungsmöglichkeit ins Feld gebrachte Minderheitenschutz im Falle einstimmigen Plenumsbeschlusses einer Abwahl nicht mehr im Wege stehen kann.

[617] *Stern*, Staatsrecht II (Fn. 89), S. 91, der überzeugend Ab- und Neuwahl uno actu zulassen möchte; s. auch *Morlok* (Fn. 407), Art 40 Rn. 24; *S. Magiera*, in: Sachs, GG (Fn. 119), Art. 40 Rn. 5; *Schneider* (Fn. 603), Art. 40 Rn. 5, wobei er auch eine Änderung der Geschäftsordnung mit dann einfacher Mehrheit ins Spiel bringt.

ließ sich das Ziel offenbar nicht (mehr) erreichen[618]. Über den neu geschaffenen, nicht unsteinigen Weg eines einstimmigen Beschlusses im Ältestenrat wird nunmehr der nominierenden Fraktion immer noch eine letzte Möglichkeit eröffnet, an einem mehrfach gescheiterten Kandidaten festzuhalten. Gleichwohl besteht nach fruchtlosem Ausgang der drei Wahlgänge nach wie vor die Möglichkeit, mit einem Alternativkandidaten neuerlich in das Wahlverfahren einzusteigen. Eine weitere Absenkung des Mehrheitserfordernisses auf ein Viertel[619] scheint nicht zuletzt auch im Hinblick auf die Stellung der Präsidiumsmitglieder unangebracht; zwar würde so nur eine Sperrmajorität von drei Vierteln einen Präsidiumskandidaten verhindern können, indes wäre die ihn unterstützende Minderheit nicht imstande, dem Gewählten die nötige Legitimation zu vermitteln.

(2) Stimmengleichheit und ihre Auflösung

Wie gesehen wird der Bundestagspräsident bei Stimmengleichheit zwischen den Anwärtern durch Losentscheid seitens des noch amtierenden Präsidenten ermittelt. Die Eindeutigkeit dieser Bestimmung überzeugt ebenso wie ihre inhaltliche Regelung: der Losentscheid vermag die trotz (oder gerade wegen) Anwendung des Mehrheitsprinzips und Reduzierung der Wahlalternativen entstandene Stimmengleichheit aufzulösen. Daß dies mithilfe des Zufalls geschieht, ist aufgrund der vorgelagerten Abstimmung, die zwei als gleichwertig empfundene Kandidaten hervorgebracht hat, hinzunehmen. Ja mehr noch: das Vorgehen ist nicht weniger zufällig (Kritiker würden sagen: beliebig) als ein Rückgriff auf in der Person der Wahlbewerber liegende Merkmale oder Eigenschaften wie das Lebensalter oder die Dauer der Bundestagszugehörigkeit.

(3) Einräumung einer Neuwahloption?

Erstaunlich ist, daß die GO-BT nicht ausdrücklich die Situation der Ab- oder Neuwahl eines Bundestagspräsidenten regelt, sei es sie ausdrücklich zu verbieten oder aber genaue Vorgaben für einen Wechsel im Präsidenten-

---

[618] *Lovens*, Bundestag (Fn. 605), S. 22, bringt es auf den Punkt: die Falle sei „die parallele Normierung eines Ergebnisses und eines Verfahrens, ohne dass das Verfahren zwingend zu dem Ergebnis führt“, gewesen.

[619] So der entsprechende Vorschlag von *Lovens*, Bundestag (Fn. 605), S. 26; als weitere Möglichkeiten bietet er die zwingende Nominierung eines zweiten Kandidaten nach mehrfachem Scheitern der Wahl zur Auswahl durch das Plenum oder die Verwirkung des Entsendungsrechtes an, ebd., S. 27 f. – Letztere Ideen überzeugen weit mehr, besteht der Anspruch der Fraktion doch nicht in der Durchsetzung eines bestimmten Kandidaten, sondern nur der generellen Entsendung eines Vertreters in das Präsidium.

amt zu treffen. Aus § 2 Abs. 1 S. 1 GO-BT (Wahl für die „Dauer der Wahlperiode") kann jedenfalls der Schutz des Amtsinhabers vor Neubesetzung nicht gefolgert werden: hier ist nur der Normalfall der maximalen und typischen Dauer des Amtes fixiert. Die Bestimmung ist insoweit Parallelnorm zu Normen wie Art. 69 Abs. 2 GG (Amtsende des Bundeskanzlers) oder § 4 BVerfGG (Amtszeit der Richter des Bundesverfassungsgerichts). Für die Fälle, in denen eine Verschiebung der parlamentarischen Stärkeverhältnisse durch Fraktionswechsel und Mandatsverluste entsteht, scheint die Zuteilung des Amtes an eine andere Fraktion resp. Person erforderlich. Daneben könnte eine Neuwahl dadurch nötig werden, daß der amtierende Präsident – sei es bei der eigenen Fraktion, sei es bei der ihn ansonsten aufgrund des parlamentarischen Brauches unterstützenden Parlamentsmehrheit – in Ungnade gefallen ist und nunmehr ein anderer Parlamentarier präferiert wird. Durch die Androhung der Abwahl wegen einer für die Mehrheitsfraktionen ungünstigen Entscheidung bestünde aber zugleich eine Einflußnahmemöglichkeit auf den Bundestagspräsidenten. Seiner neutralen Stellung im Bundestagsgefüge diente die Garantie des Fortbestands seines Amtes für die gesamte Legislaturperiode mithin außerordentlich.

Dennoch ist zu beachten, daß ein Parlamentspräsident, der bei der eigenen Fraktion oder der Mehrheit des Bundestages in Ungnade gefallen ist, kaum über die für das Amt nötige Autorität, weder inner- noch außerhalb des Plenums, verfügen dürfte. „Menschliches Vertrauen und nicht politische Macht" sei „die entscheidende Grundlage" für die Amtsausübung[620]. Dies räumen auch Gegner der Neuwahlmöglichkeit ein[621]. So kam es bereits mehrfach zu Rücktritten der in die öffentliche Diskussion geratenen Präsidenten, denen dann zwar selbst die Initiative über die politische Entscheidung und über den richtigen Zeitpunkt oblag[622], die jedoch überzeugt schienen, ihr Amt nicht mehr mit dem erforderlichen institutionellen Rückhalt ausüben zu können. Selbst wenn man eine Abwahl nicht zuließe, könnte die nicht erneute Nominierung für das Amt in der folgenden Legislaturperiode immerhin als Drohkulisse herhalten.

Nach alledem scheint die Anerkennung einer Abwahlmöglichkeit sowohl bei Fraktionsstärkeverschiebungen wie auch im Falle von gewünschter Neubesetzung des Amtes vertretbar. Allein aus der Nichtregelung in der GO-BT einen zwingenden und unüberwindbaren Gleichlauf von Legislatur- und

620 *D. Klink*, Bemerkungen zur Rolle von Parlamentspräsidenten in Politik und Gesellschaft, in: ZParl. 12 (1981), S. 436 (437).

621 Am deutlichsten wohl *Dach* (Fn. 612), Art. 40 Rn. 49 (Zitat), 51, der es zu Recht für sehr fraglich hält, daß „ein Präsident, der auf Dauer ernsthaft umstritten ist, weiterhin erfolgreich amtieren kann".

622 s. die Beispiele bei *Feldkamp*, Wahl (Fn. 603), S. 36 f. Auf diese Möglichkeit weist auch hin *Dach* (Fn. 612), Art. 40 Rn. 49.

Amtsperiode des Präsidenten anzunehmen, wirkt angesichts der an vielen Stellen bestehenden Unzulänglichkeiten der Geschäftsordnung eindeutig als Überbewertung dieses Fehlens. Solange weder das Grundgesetz – wo Wahl und Amtsdauer der im öffentlichen Rang zweithöchsten Persönlichkeit der Bundesrepublik standesgemäß zu regeln wären – noch die Geschäftsordnung ausdrücklich die Neuwahl verbieten, ist sie aus demokratischen, im engeren Sinne parlamentarischen Grundsätzen zuzulassen.

(4) Mehrheitserfordernis bei Einräumung einer Neuwahloption

Damit bleibt die Frage nach der in solchen Fällen erforderlichen Mehrheit. Man wird hierfür wohl eine absolute Mehrheit für ausreichend halten dürfen: Wenn nämlich Grundgesetzänderungen bereits durch Zweidrittelmehrheiten möglich sind, kann – um auch die Mehrheitserfordernisse in einem verhältnisgemäßen Gefüge zu belassen – für die Absetzung des Bundestagspräsidenten keinesfalls eine Mehrheit jenseits dieser, schon gar keine Einstimmigkeitsentscheidung der gesetzlichen Mitgliederzahl erforderlich sein. Wünschenswert wäre trotz alledem eine dahingehende Klarstellung wenigstens in der GO-BT, besser noch in der Verfassung. Im Falle eines Verbots der Abwahl in der Geschäftsordnung wäre über deren § 126 mittels Zweidrittelmehrheit der anwesenden (!) Abgeordneten eine Neubesetzung auch gegen den ausdrücklichen Wortlaut bzw. über die Änderung der GO-BT per einfachem Mehrheitsbeschluß erreichbar. Somit würde allein die Verankerung im Grundgesetz die amtsgemäße Absicherung des Bundestagspräsidenten gewährleisten, die durch Wahl und Neuwahl mit absoluter Mitgliedermehrheit des Bundestages hinreichend untermauert erschiene. Denkbar wäre aber gleichermaßen die Verankerung eines darüber hinausgehenden qualifizierten Mehrheitserfordernisses zur Erschwerung einer Abwahl.

b) Die Entscheidungen des Präsidiums des Bundestages

Trotz der in den 1960er Jahren erfolgten Aufwertung der Bedeutung des Bundestagspräsidiums fallen die rechtlichen Befugnisse immer noch vergleichsweise gering aus. Neben der Leitung der Sitzungen des Plenums durch den Präsidenten oder einen Vizepräsidenten (§§ 7, 8 GO-BT) tritt u. a. die Überwachung der Verhaltensregeln der Abgeordneten und die Öffentlichkeitsarbeit des Bundestages. Am bedeutendsten erscheint jedoch die Beratungs- und Schlichtungsfunktion des Präsidiums[623].

---

[623] Vgl. zum Vorstehenden *Lemke-Müller*, Abgeordnete (Fn. 607), S. 40 ff. sowie *Ismayr*, Bundestagspräsident (Fn. 606), S. 21. – Eine umfassende Darstellung aller Aufgaben findet sich bei *Zeh*, Gliederung (Fn. 603), § 52 Rn. 30.

aa) Zusammensetzung des Präsidiums

Die Geschäftsordnung des Bundestages bestimmt seit 1994 in den §§ 5 und 2 Abs. 1 S. 2, daß dem Präsidium neben dem Präsidenten aus jeder Bundestagsfraktion, also auch der den Präsidenten stellenden größten Fraktion, wenigstens ein Abgeordneter im Amt eines Vizepräsidenten des Bundestages angehört. Über die exakte Größe des Präsidiums indes schweigt die Geschäftsordnung. Regelmäßig legt der Bundestag die Anzahl der Stellvertreter in der konstituierenden Sitzung auf das geschäftsordnungsmäßige Minimum von einem Vizepräsidenten pro Fraktion fest[624], so auch in der 17. Legislaturperiode, in der sich das Präsidium aus sechs Mitgliedern, dem Präsidenten und fünf Vizepräsidenten aus einer entsprechenden Anzahl an Bundestagsfraktionen, zusammensetzte[625]. In der aktuellen Legislaturperiode stellen die großen Fraktionen der CDU/CSU und der SPD je zwei, die weiteren Fraktionen je ein Mitglied, so daß das Präsidium insgesamt aus sieben Mitgliedern besteht[626].

bb) Beschlußfassung im Präsidium

Die Entscheidungsfindung folgt unterschiedlichen Regeln, je nachdem, ob das Präsidium als Kopf der Bundestagsverwaltung oder als eigenständiges Organ gegenüber Abgeordneten oder Plenum auftritt. Für beide Sparten gilt, daß alle Präsidiumsmitglieder über Sitz und Stimme verfügen und dem Präsidenten im Rahmen der Abstimmung grundsätzlich kein besonderes Stimmengewicht zukommt[627].

Der Regelungsbereich der Bundestagsverwaltung unterteilt sich abermals an mehreren Stellen in zwei Verfahrensweisen zur Entscheidungsfindung[628]. Besonders plastisch läßt sich die Differenzierung im Falle der Be-

---

[624] *Ismayr*, Bundestagspräsident (Fn. 606), S. 8; *Ritzel/Bücker/Schreiner*, GO-BT (Fn. 389), § 5 (2008), Anm. a). – Anders war dies in der letzten Großen Koalition von 2005 bis 2009, in der der SPD aufgrund des nur hauchdünnen Vorsprungs der CDU/CSU-Fraktion ebenfalls ein zweiter Präsidiumssitz zugestanden wurde.

[625] Dem Präsidium gehörten in der 17. Legislaturperiode an: Norbert Lammert (CDU/CSU) als Präsident sowie Wolfgang Thierse (SPD), Eduard Oswald (CDU/CSU), Hermann Otto Solms (FDP), Petra Pau (Die Linke) und Katrin Göring-Eckardt (Bündnis 90/Die Grünen) als Vizepräsidenten, http://www.bundestag.de/bundestag/praesidium/index.html (Mai 2012).

[626] Zusammensetzung im 18. Deutschen Bundestag: Norbert Lammert (CDU/CSU – Präsident), vertreten durch Peter Hintze (CDU/CSU), Johannes Singhammer (CDU/CSU), Edelgard Bulmahn (SPD), Ulla Schmidt (SPD), Petra Pau (Die Linke) und Claudia Roth (Bündnis 90/Die Grünen); vgl. http://www.bundestag.de/bundestag/praesidium/index.jsp (November 2013).

[627] s. nur *Bücker*, Präsident (Fn. 604), § 27 Rn. 25.

setzung höherer Ämter in der Bundestagsverwaltung aufzeigen, die zwischen der Zustimmung des Präsidiums zu (Besetzungs-)Entscheidungen des Bundestagspräsidenten und der Herstellung bloßen Benehmens zwischen den Beteiligten unterscheidet: für den höheren Dienst ist nach § 7 Abs. 4 S. 4 Hs. 1 GO-BT Benehmen zwischen dem Präsidenten und den Vizepräsidenten herzustellen, während bei der Besetzung der leitenden Posten die Zustimmung des Präsidiums nötig ist, § 7 Abs. 4 S. 4 Hs. 2 GO-BT. Hat der Präsident im Benehmen mit den Vizepräsidenten zu entscheiden, ist hierunter nicht das an anderer Stelle in der GO-BT vorgesehene Einvernehmen herzustellen. Es bedarf gerade nicht einer einstimmig gefaßten Entscheidung, sondern es ist lediglich „die gegenseitige Fühlungnahme oder Anhörung" zu beherzigen[629], ein Letztentscheidungsrecht verbleibt beim Bundestagspräsidenten, und das selbst bei mehrheitlicher Verweigerung der Vizepräsidenten[630].

Ist die Zustimmung indes ein Muß – was neben ausgewählten verwaltungsinternen Entscheidungen stets diejenigen Beschlüsse betrifft, in denen das Präsidium als Organ mit direkter Außenwirkung auftritt –, so ist ein mehrheitlich vom Präsidium gefaßter Beschluß erforderlich. Ob in der Parlamentspraxis an diesem Punkt eine Entscheidung der Vizepräsidenten ohne Beteiligung des Präsidenten genügt – derjenige also, dessen Handlungen schließlich das Plazet der übrigen Präsidiumsmitglieder bekommen sollen, an der Entscheidung darüber nicht mitwirken muß –, erscheint nach allgemeinen Grundsätzen zunächst plausibel, ist aber dennoch fraglich[631]. Der eindeutige Wortlaut der Norm, die die Zustimmung *des Präsidiums* anordnet, spricht eine andere Sprache: denn im Präsidium ist auch der Präsident als „primus inter pares"[632] mit Sitz und Stimme vertreten. Auch spricht hierfür, daß die GO-BT ausdrücklich zwischen dem Benehmen *mit den stellvertretenden Präsidenten* und der Zustimmung *des Präsidiums* differenziert.

Obgleich den Präsidiumsmitgliedern an einvernehmlichen Regelungen gelegen ist – und auch in den allein dem Präsidenten vorbehaltenen Berei-

---

[628] s. beispielsweise § 7 Abs. 4 S. 4 Hs. 1 GO-BT (Benehmen); § 7 Abs. 4 S. 4 Hs. 2 GO-BT (Zustimmung); § 73 Abs. 3 GO-BT (Benehmen).

[629] *Bücker*, Präsident (Fn. 604), § 27 Rn. 26 (Zitat); unklar *Lemke-Müller*, Abgeordnete (Fn. 607), S. 41, die offenbar „Benehmen" mit „Einvernehmen" gleichsetzt, dann aber Mehrheitsentscheidungen zuläßt, obgleich dies beim „Einvernehmen" im Sinne der GO-BT ausgeschlossen ist. – Einvernehmen spielt indes im Ältestenrat eine große Rolle: A. IV. 2. b).

[630] *Edinger*, Wahl (Fn. 77), S. 164; *Bücker*, Präsident (Fn. 604), § 27 Rn. 26.

[631] So aber *Bücker*, Präsident (Fn. 604), § 27 Rn. 25; andere Quellen, die diese These stützen oder auch widerlegen, finden sich nicht.

[632] Dieser Vergleich findet sich mehrfach; s. nur *Dach* (Fn. 612), Art. 40 Rn. 57.

chen eine Entscheidung des Kollegialorgans angestrebt wird –, ergehen die Entscheidungen des Gremiums mit Mehrheit[633], genau genommen der absoluten Mehrheit der Präsidiumsmitglieder[634]. Die Zusammensetzung aus aktuell sechs Mitgliedern wirft wiederum die Problematik auf, wie im Falle möglicher Stimmengleichheit im Gremium zu verfahren ist[635]. Aufgrund interner Verständigung ist man dazu übergegangen, sich bei auftretender Pattsituation der Auflösungsmöglichkeit über ein stärkeres Stimmengewicht des Bundestagspräsidenten zu bedienen[636]. Stärkeres Stimmengewicht bedeutet zugleich aber auch, daß eine (Präsidenten-)Stimme abgegeben wurde, die erst im Nachhinein stärker gewertet wird. Daß hier nicht von einer Stichentscheidstimme des Bundestagspräsidenten die Rede ist, untermauert die These von seiner Beteiligung an der Abstimmung zusätzlich.

cc) Eigene Stellungnahme

Nicht nur in der parlamentarischen Praxis überzeugen sowohl die Regelung der Mitgliedschaft als auch das mit dieser kombinierte Mehrheitserfordernis. Aufgrund der Zusammensetzung des Bundestagspräsidiums ist in aller Regel sichergestellt, daß die Regierungsmehrheit bei einer klassischen Zweierkoalition nicht auch die Mehrheit im Präsidium stellt; zwingend ist dies indes nicht. Alle Fraktionen sind unabhängig von ihrer Bedeutung im Parlament mit einem Vizepräsidenten im Gremium vertreten, allein die stärkste Fraktion verzerrt durch überproportionales Stimmengewicht aufgrund der Stimme des Präsidenten das ohnehin aufgrund einer unzweifelhaften „Gleichmacherei" weichgezeichnete Bild in die gegenteilige Richtung. Die eigentliche Absicherung gegen überhöhte Einflußnahme von Seiten der Regierungsfraktionen kann indes auch durch Kombination mit der absoluten Mitgliedermehrheit nicht suffizient gewährleistet werden. Zwar ist für eine absolute Mitgliedermehrheit bei derzeit sechs Präsidiumsmitglie-

---

633 *S. Linn/F. Sobolewski*, So arbeitet der Deutsche Bundestag, 23. Aufl. 2010, S. 17; *Lemke-Müller*, Abgeordnete (Fn. 607), S. 41 f.; *Ismayr*, Bundestagspräsident (Fn. 606), S. 22.

634 Dies wird einzig von *Lemke-Müller*, Abgeordnete (Fn. 607), S. 41, dargelegt; die weiteren, in Fn. 633 genannten Quellen beschränken sich darauf, von Mehrheitsentscheidungen zu sprechen.

635 Vgl. die Auflistung der Präsidenten und Vizepräsidenten nach Wahlperioden in *Ritzel/Bücker/Schreiner*, GO-BT (Fn. 389), § 2 (2008), Anm. geschichtlicher Rückblick. – Zu den parlamentarischen Abreden und den Versuchen, insbesondere der Grünen, auch einen Vizepräsidenten zu stellen: Schick, Bundestagspräsidenten (Fn. 603), S. 29 ff.

636 *Linn/Sobolewski*, Bundestag (Fn. 633), S. 17; *Ritzel/Bücker/Schreiner*, GO-BT (Fn. 389), § 5 (2008), Anm. b); *Bücker*, Präsident (Fn. 604), § 27 Rn. 25; *Mayntz*, Dienst (Fn. 612), S. 5; *Versteyl* (Fn. 614), Art. 40 Rn. 6.

dern sehr wohl eine Mehrheit von vier Stimmen erforderlich, was neben der Zustimmung des Präsidenten und mutmaßlich zweier Vertreter der Regierungskoalition der Zustimmung zumindest eines Vertreters aus den Oppositionsreihen bedürfte. Allerdings könnte sich an dieser Stelle die erhöhte Gewichtung der Stimme des Bundestagspräsidenten im Falle von Stimmengleichheit regelmäßig zugunsten der Regierungsfraktion auswirken. Somit wäre allein durch die Beteiligung der Vertreter der Regierungsfraktionen und mit Hilfe des Bundestagspräsidenten in der Pattsituation ein Beschluß auch gegen die Oppositionsvertreter im Präsidium möglich.

So begrüßenswert die Schaffung einer Auflösungsmöglichkeit der Stimmengleichheit im Gremium ist, so sehr wirkt sie sich hier zulasten oppositioneller Minderheiten aus. Abgemildert wird die Problematik freilich dadurch, daß in der Praxis aufgrund der Betonung des Charakters eines kollegialen Leitungsgremiums offenbar stets eine möglichst breite Zustimmung, wenn nicht gar ein Konsens unter den Mitgliedern angestrebt wird[637]. Allerdings müssen jene Konsensentscheidungen aber eben nicht wie im sogleich zu besprechenden Ältestenrat zwingend erreicht werden; vielmehr vermag sich die Mehrheitsauffassung im Zweifel durchzusetzen und eine Blockadekonstellation ist selbst im Konfliktfall vermeidbar.

2. Der Ältestenrat des Bundestages

Nicht das eher repräsentativen Zwecken dienende Bundestagspräsidium, sondern der Ältestenrat ist das eigentliche politische Leitungsgremium, das „zentrale (...) Steuerungsorgan“ des Bundestages[638], das als herausragende Institution über die wesentlichen inneren Angelegenheiten des Bundestages in politischer wie administrativer Hinsicht beschließt, den Präsidenten bei der Führung der Geschäfte unterstützt und zwischen den Fraktionen vermittelt, § 6 Abs. 2 u. 3 GO-BT. Der Ältestenrat setzt sich zusammen aus dem Präsidenten des Bundestages, seinen Stellvertretern und weiteren 23 Abgeordneten, die von den Fraktionen spiegelbildlich zu ihren Stärkeverhältnis-

---

[637] So jedenfalls beschreibt es *Lemke-Müller*, Abgeordnete (Fn. 607), S. 41 f.; auch zu wissenschaftlichen Zwecken einsehbare Protokolle oder genaue Statistiken existieren von den Sitzungen des Präsidiums bewußt nicht, so daß dies nicht nachvollzogen werden kann: Hinweis darauf ebd., S. 45 f. m. Fn. 46.

[638] *H.-A. Roll*, Der Ältestenrat, in: Schneider/Zeh, Parlamentsrecht (Fn. 14), § 28 Rn. 57; *Wilrich*, Bundestagspräsident (Fn. 604), S. 157 m.w.N. zu allen Aufgaben. Das Zitat findet sich bei Schick, Bundestagspräsidenten (Fn. 603), S. 93; ebd., S. 93 ff., auch die besonders praxisrelevanten Entscheidungen. – Zum Seniorenkonvent als dem Vorläufer des heutigen Ältestenrates im 19. und der ersten Hälfte des 20. Jahrhunderts ausführlich *A. Maibaum*, Der Ältestenrat des Deutschen Bundestages, 1986, S. 4 ff.

sen im Plenum nach § 6 Abs. 1 S. 1 i.V.m. § 12 S. 1 GO-BT in Eigenverantwortung entsandt werden[639]. In der 18. Legislaturperiode gehören dem Ältestenrat neben der statischen Anzahl der Parlamentsdelegierten alle sieben Präsidiumsmitglieder an – diese Größe ist ja aufgrund der Verknüpfung mit der Anzahl der Fraktionen flexibel[640] –, mithin kommt das Gremium aktuell auf 30 Mitglieder[641]. Das Gremium kommt regelmäßig einmal wöchentlich zusammen, darüber hinaus auf entsprechenden Antrag eines Mitglieds oder bei entsprechendem Anlaß[642]. Aufgabentechnisch nimmt der Ältestenrat eine Doppelstellung ein, die in der Geschäftsordnung des Bundestages ausdrücklich angelegt ist: er ist einerseits reines Beratungsgremium (b)), in anderen Bereichen aber letztentscheidendes Beschlußorgan (a)).

a) Der Ältestenrat als Beschlußorgan

Als Beschlußorgan fungiert der Ältestenrat auf den von § 6 Abs. 3 GO-BT umfaßten Gebieten. Dies sind vorbehaltlich der Bereiche, die ausdrücklich Präsident oder Präsidium zugeordnet sind, sämtliche inneren Angelegenheiten des Bundestages. Bewußt wurde auf eine dann erwartungsgemäß unvollständige Aufzählung verzichtet, sollen von der Ermächtigung doch umfassend die für die Funktionsfähigkeit des Bundestages nötigen verwaltungs- wie parlamentsbezogenen Maßnahmen erfaßt sein[643]. Parallel zur Doppelrolle mit Anteilen eines Beratungs- und Beschlußgremiums, wird auch hinsichtlich der Schwelle der Beschlußfähigkeit ein Unterschied gemacht. Für Angelegenheiten, die einem Beschluß zugeführt werden können, ist dies der Fall, wenn die Mehrheit der geschäftsordnungsmäßigen Mitglie-

---

[639] *Edinger*, Wahl (Fn. 77), S. 182 f.; s. zum Benennungsverfahren *Roll*, Ältestenrat (Fn. 638), § 28 Rn. 6. Zugleich besteht aufgrund des erforderlichen Vertrauens zwischen Fraktion und Fraktionsvertreter im Ältestenrat die jederzeitige Abberufungsmöglichkeit des Entsandten; vgl. *H. Franke*, Vom Seniorenkonvent des Reichstages zum Ältestenrat des Bundestages, 1987, S. 83. Dies galt im übrigen bereits bevor die Norm der GO-BT geschaffen wurde: *Maibaum*, Ältestenrat (Fn. 638), S. 32 ff. sowie S. 43 ff. zu den weiteren Teilnehmern an den Sitzungen. – s. auch unter http://www.bundestag.de/bundestag/aeltestenrat/funktion.html (November 2013).

[640] s. oben unter A. IV. 1. a).

[641] http://www.bundestag.de/bundestag/aeltestenrat/index.jsp (November 2013). – Durch die in diesem Punkt bestehende Flexibilität der Geschäftsordnung ist eine Änderung bei Schwankungen der Größe des Präsidiums unnötig. – Zusätzlich nimmt seit Anbeginn ein Vetreter der Bundesregierung an den Sitzungen teil, ohne jedoch offizielles Mitglied des Ältestenrates zu sein: *Lemke-Müller*, Abgeordnete (Fn. 607), S. 54.

[642] *Maibaum*, Ältestenrat (Fn. 638), S. 46 f.

[643] *Ritzel/Bücker/Schreiner*, GO-BT (Fn. 389), § 6 (2003), Anm. III.1.b); *Roll*, Ältestenrat (Fn. 638), § 28 Rn. 41; *Wilrich*, Bundestagspräsident (Fn. 604), S. 157.

der (derzeit folglich 16 der 30) anwesend ist; gleichzeitig gilt die aus dem Plenum bekannte Fiktion der Beschlußfähigkeit bis zu einer anderweitigen Feststellung auch im Ältestenrat[644].

Zum Charakter eines Beschlußkörpers – und das ist der Ältestenrat schließlich innerhalb eines genau abgesteckten Bereichs – gehört, daß die Entscheidungen unter Rückgriff auf das Mehrheitsprinzip ergehen[645]. Es ist aufgrund allgemeiner Erwägungen, insbesondere eines Vergleichs mit dem Bundestag und dem Ausschußwesen, davon auszugehen, daß die einfache Mehrheit der Abstimmenden genügt; letzte Klärung ließ sich in dieser Frage aber nicht erzielen, da der Ältestenrat unzweifelhaft zu dem „Arkanbereich des Parlamentswesens" (N. Achterberg) schlechthin gehört. Dem Bundestagspräsidenten kommt im Rahmen der Abstimmung keine herausgehobene Stellung, namentlich kein stärkeres Stimmengewicht zu. Tritt Stimmengleichheit auf, ist die Entscheidung nach den allgemeinen Regeln als verfehlt anzusehen[646]. Ist die Mehrheit indes erreicht, bedarf der Entschluß keiner weiteren Bestätigung durch das Plenum, sondern ist vielmehr schon jetzt endgültig und verbindlich[647].

---

644 *Roll*, Ältestenrat (Fn. 638), § 28 Rn. 14.

645 Die Kommentarliteratur ist an dieser Stelle nicht eindeutig: *Ritzel/Bücker/Schreiner*, GO-BT (Fn. 389), § 6 (2003), Anm. III. 3. b): „Mehrheit entscheidet", ebenso *H.-A. Roll*, Geschäftsordnung des Deutschen Bundestages. Kommentar, 2001, § 6 Rn. 6 sowie *Linn/Sobolewski*, Bundestag (Fn. 633), S. 23. Selbst die im gesamten Kapitel verwendeten, einschlägigen Dissertationen liefern kein zufriedenstellendes Ergebnis, ebenso wie eine entsprechende Anfrage beim Bundestag selbst.

646 Sowohl bezüglich der einschlägigen Mehrheit, als auch (und noch mehr) hinsichtlich des Stimmengewichts des Bundestagspräsidenten und des Umgangs mit der Stimmengleichheit trifft die Bezeichnung des Rechts um den Ältestenrat als „Arkanbereich des Parlamentswesens" (so *N. Achterberg* im Vorwort der Untersuchung von *Franke*, Seniorenkonvent [Fn. 639], o. S.) vollumfänglich zu: die einschlägige Literatur liefert kaum brauchbare Ergebnisse. Einzig *Lemke-Müller*, Abgeordnete (Fn. 607), S. 54 erklärt, daß der Ältestenrat nach dem „Mehrheitsprinzip [entscheide], wie andere Bundestagsgremien auch". Ähnlich knapp in seiner annähernd 200-seitigen Dissertation über den Ältestenrat (!) *Maibaum*, Ältestenrat (Fn. 638), S. 130, es würden „mehrheitlich Beschlüsse gefaßt". – Dazu, daß der Bundestagspräsident stimmengewichtsmäßig nur einer unter Gleichen ist, ausdrücklich nur: http://www.bundestag.de/dokumente/textarchiv/2010/28331623_kw02_aeltestenrat_aufgaben/index.html (November 2013).

647 *Schneider* (Fn. 603), Art. 40 Rn. 8; *Ritzel/Bücker/Schreiner*, GO-BT (Fn. 389), § 6 (1993), Anm. II.3.b). – A. A. hinsichtlich der Verbindlichkeit *Achterberg*, Parlamentsrecht (Fn. 105), S. 131; *Franke*, Seniorenkonvent (Fn. 639), S. 128 ff. sowie *Rothaug*, Leitungskompetenz (Fn. 62), S. 164: rechtlich unverbindlich, aber in der Praxis nur selten vom Plenum umgestoßen.

b) Der Ältestenrat als Beratungsgremium

In ausgewählten Bereichen – hierunter als wesentliche die Benennung der Ausschußvorsitzenden und die Aufstellung des Arbeitsplans des Plenums inklusive der Tagesordnungen[648] – ist der Ältestenrat nur zur Beratung des Präsidenten und der Fraktionen ermächtigt und insoweit gerade kein Beschlußorgan, § 6 Abs. 2 S. 3 GO-BT[649]. Kein Beschlußorgan zu sein und Einvernehmen resp. Verständigung herbeiführen zu müssen (vgl. § 6 Abs. 2 S. 2 GO-BT) bringt mit sich, daß Mehrheitsentscheidungen von Anfang an ausgeschlossen sind und stets Konsens erzielt werden muß[650], notfalls durch so lange Verhandlungen, bis Einstimmigkeit erreicht ist[651]. Dem Bundestagspräsidenten kommt in dieser Konstellation eine ganz entscheidende Funktion des politischen Ausgleichs, der Betonung von Gemeinsamkeiten und des Hinführens zu Kompromissen zu[652]. Ist eine Verständigung dennoch nicht möglich, ist das Plenum zur Entscheidung der Angelegenheit berufen[653], dann freilich nach den dortigen Regeln, insbesondere der einfachen Bundestagsmehrheit nach Art. 42 Abs. 2 GG.

Tagt der Ältestenrat als Beratungsgremium, ist nach e. A. nicht die Anwesenheit der Mehrheit der Mitglieder erforderlich, sondern genügt die Präsenz von Vertretern der Regierungsfraktionen und der Opposition, gleichzeitig verknüpft mit einer Beschlußfähigkeitsfiktion[654]. In den 1950er und 60er Jahren bestehende Regelungen hälftiger Mindestanwesenheit wurden 1969 aus der Geschäftsordnung gestrichen[655]. Nach a. A. ist parallel zur Arbeit als Beschlußorgan dennoch weiterhin die hälftige Anwesenheit der Mitglieder maßgeblich. Wie dort, besteht die Beschlußfähigkeit im Falle des

---

[648] s. zunächst § 6 Abs. 2 S. 2 GO-BT; ferner *Stern*, Staatsrecht II (Fn. 89), S. 92; *Versteyl* (Fn. 614), Art. 40 Rn. 12; *Achterberg*, Parlamentsrecht (Fn. 105), S. 130 f. – In der Verständigung über den Arbeitsplan im allgemeinen und die Tagesordnung im besonderen liegt die wichtigste Aufgabe des Ältestenrates: *Franke*, Seniorenkonvent (Fn. 639), S. 85, 87.

[649] *Schick*, Bundestagspräsidenten (Fn. 603), S. 94; *Roll*, Ältestenrat (Fn. 638), § 28 Rn. 35; *Ritzel/Bücker/Schreiner*, GO-BT (Fn. 389), § 6 (1993), Anm. II. 3. a).

[650] *Roll*, Geschäftsordnung (Fn. 645), § 6 Rn. 4, 6; *Zeh*, Gliederung (Fn. 603), § 52 Rn. 35; *Rothaug*, Leitungskompetenz (Fn. 62), S. 163.

[651] *Maibaum*, Ältestenrat (Fn. 638), S. 54 f.; *Ritzel/Bücker/Schreiner*, GO-BT (Fn. 389), § 6 (2003), Anm. II.3.c).

[652] *Klink*, Bemerkungen (Fn. 620), S. 437; *Franke*, Seniorenkonvent (Fn. 639), S. 115 ff.; *Maibaum*, Ältestenrat (Fn. 638), S. 64 f.

[653] *H. H. Klein*, in: Maunz/Dürig, GG (Fn. 18), Art. 40 (2007), Rn. 121; *Dach* (Fn. 612), Art. 40 Rn. 128; *G. Kretschmer*, in: Schmidt-Bleibtreu/Hofmann/Hopfauf, GG, (Fn. 119), Art. 40 Rn. 41; *Lemke-Müller*, Abgeordnete (Fn. 607), S. 55.

[654] *Roll*, Ältestenrat (Fn. 638), § 28 Rn. 14.

[655] *Maibaum*, Ältestenrat (Fn. 638), S. 48.

Unterbleibens einer entsprechenden Rüge fort, selbst wenn objektiv nicht genügend Mitglieder anwesend sind[656]. Unabhängig davon, welcher Auffassung man folgt, darf sich im Ältestenrat kein anwesendes Mitglied gegen die Vorlage entscheiden oder, und das ist ungleich bemerkenswerter, der Stimme enthalten.

Trotz der Anwendung des Konsensprinzips haben die Beschlüsse für das Plenum des Bundestages keinerlei bindende Wirkung, obschon sich der Bundestag aufgrund der spiegelbildlichen Zusammensetzung des Ältestenrats mit proportionaler Beteiligung der Fraktionen den Empfehlungen regelmäßig anschließt[657].

c) Stellungnahme

Wie kein anderes Organ nimmt der Ältestenrat eine Doppelstellung im parlamentarischen Verfahren ein, die sich ganz maßgeblich auf Arbeitsweise und Modalität seiner Entscheidungsfindung auswirkt. Im Bereich der Tätigkeit als Verständigungsgremium wird das Mehrheits- zugunsten des Konsensprinzips aufgegeben. Die Verknüpfung des Erfordernisses von Einstimmigkeit mit der Fiktion der Beschlußfähigkeit des Gremiums bis zu einer entsprechenden Rüge wirkt befremdlich. Hintergrund scheint der (Fehl-) Schluß zu sein, daß im Unterorgan Ältestenrat nicht strengere Beschlußfähigkeitsregeln gelten können, als im Hauptorgan Bundestag[658]. Dies überzeugt mitnichten. Gerade in kleineren Untereinheiten sollte in beide Richtungen, also sowohl verschärfend als auch erleichternd, vom Beschlußfähigkeitsquorum im Hauptorgan abgewichen werden können. Gleiches hat für das Mehrheitserfordernis zu gelten, da beide Größen nur im Zusammenspiel die durch die Verlagerung von Entscheidungsbefugnissen auf Organteile angestrebten Ziele erreichbar werden lassen: wird beispielsweise anstelle des Hauptorgans gehandelt, sollte – wie auch hier beim Ältestenrat erfolgt – das Mehrheitsquorum ansteigend gewählt werden. Korrespondierend dazu hätte indes auch das Anwesenheitsquorum verbindlich festgeschrieben werden müssen, da bei Fehlen von Fraktionsvertretern die allseitige Akzeptanz der von den übrigen Mitgliedern gefaßten Konsensentscheidungen im Plenum nicht mehr sichergestellt ist: sie wären dann kein Produkt eines „Konsens der Fraktionen"[659]. Es hätte für dieses Ausnahmeverfahren daher eine

---

[656] *Ritzel/Bücker/Schreiner*, GO-BT (Fn. 389), § 6 (1993), Anm. II. 3. b).

[657] *Achterberg*, Parlamentsrecht (Fn. 105), S. 131; *Stern*, Staatsrecht II (Fn. 89), S. 92; *Rothaug*, Leitungskompetenz (Fn. 62), S. 164; *Franke*, Seniorenkonvent (Fn. 639), S. 128 ff.; a. A. *Ritzel/Bücker/Schreiner*, GO-BT (Fn. 389), § 6 (1993), Anm. II. 3. b).

[658] Vgl. *Ritzel/Bücker/Schreiner*, GO-BT (Fn. 389), § 6 (1993), Anm. II. 3. b).

[659] Zitat bei *Dach* (Fn. 612), Art. 40 Rn. 124.

Verschärfung der Beschlußfähigkeitsgrenzen nahe gelegen, am besten in Form der zwingenden Anwesenheit einer Mindestzahl, wahlweise auch wie von e. A. vertreten nur eines Repräsentanten jeder Fraktion. Überzeugend ist indes, daß bei Verfehlen eines Konsens ein Mechanismus zur Entscheidungsherbeiführung bereitsteht und nicht etwa eine Minderheit zu fällende Beschlüsse dauerhaft zu blockieren vermag bzw. die Mehrheit unter dem Druck, den die Pflicht zu einstimmiger Entscheidungsfindung aufbaut, zu übermäßigen Zugeständnissen bewegt werden kann. Im Gegenteil: fällt die Letztentscheidung dem Bundestag zu, entscheidet ein einfacher Mehrheitsbeschluß und die Minderheitenfraktion hat kaum noch Möglichkeiten zur Berücksichtigung eigener Interessen. Andererseits scheut aber ganz offensichtlich auch die Mehrheit aus politischen und Effizienzerwägungen[660] die Verlagerung der Entscheidung ins Plenum. Die Konsenserzielung ist folglich aufgrund beiderseitiger Vorteile stets angestrebt – eine zwingende Voraussetzung für den gewinnbringenden Einsatz von Einstimmigkeitsentscheidungen – und wird im Ergebnis auch in aller Regel erreicht.

Fungiert der Ältestenrat demgegenüber als Beschlußgremium, wird auf (absolute) Mehrheitsentscheidungen der anwesenden Mitglieder zurückgegriffen. Genauso wie das Mehrheitserfordernis wurde auch das Beschlußfähigkeitsquorum aus dem Plenumsverfahren ins Beschlußverfahren des Ältestenrates importiert. Hier scheint das Anwesenheitsquorum unproblematischer, da ohnehin Mehrheitsentscheidungen den Schutz von Minderheiten schmälern. Legt man die Gegenstände zugrunde, für die das Konsens- resp. das Mehrheitsverfahren Anwendung finden, wird deutlich, warum für die einem formellen Beschluß zugänglichen Bereiche ein abgesenktes Erfordernis gilt: die Bedeutung des Arbeitsplanes inklusive der wöchentlichen Tagesordnungspunkte und die Besetzung der Funktion des Ausschußvorsitzenden nimmt aus Sicht der Abgeordneten zurecht einen höheren Stellenwert ein, als die inneren Angelegenheiten wie Sitzungen des Plenums außerhalb des Parlamentssitzes oder die Erteilung von Hausausweisen. Die Einteilung in die zwei Kategorien mit – der jeweiligen Bedeutung entsprechenden – differierenden Entschließungsregeln ist daher folgerichtig.

V. Die Arbeitsgremien des Bundestages: Ausschüsse

Anerkanntermaßen kann der Bundestag bei der Fülle seiner Aufgaben nicht alle Vorarbeiten für Beschlüsse im Plenum selbst erledigen. Diesem Bedürfnis entsprechend entstand daher eine Vielfalt an Arbeitsgremien, die teils als beratende, teils als vorbeschließende Ausschüsse aus der Parlamentspraxis

660 *Lemke-Müller*, Abgeordnete (Fn. 607), S. 55.

nicht mehr wegzudenken sind[661]. Aufgrund der bestehenden Arbeitsbelastung der Mitglieder des Deutschen Bundestages hat sich der sicherlich im Bereich der Gesetzgebung liegende Arbeitsschwerpunkt der Parlamentarier mittlerweile in nicht unproblematischer Weise[662] längst vom Plenum in Ausschüsse vorverlagert[663]. Während zunächst das für die ganz überwiegende Zahl von Ausschüssen geltende Verfahren abstrakt dargestellt wird (1.), finden unter 2. ausgewählte Ausschußverfahren nähere Betrachtung.

1. Das (Regel-)Ausschußverfahren nach den §§ 54 ff. GO-BT

Fehlen besondere Vorschriften, die das Verfahren ausgewählter Ausschüsse grundgesetzlich, bundesgesetzlich oder in besonderen Geschäftsordnungen regeln, findet gemäß § 54 Abs. 2 GO-BT das Regel-Ausschußverfahren nach den §§ 54 ff. GO-BT Anwendung. Wie in der Folge noch deutlich werden wird, regelt die Geschäftsordnung des Bundestages im VII. Abschnitt detailliert die Aufgaben und die Arbeitsweise der Ausschüsse[664].

a) Anwendungsbereich der §§ 54 ff. GO-BT

Die §§ 54 ff. GO-BT finden zunächst auf den Ausschuß für Angelegenheiten der Europäischen Union (Art. 45 GG), den Ausschuß für auswärtige Angelegenheiten (Art. 45a GG) und den Petitionsausschuß (Art. 45c GG) als den drei noch verbliebenen grundgesetzlich vorgesehenen (und damit verpflichtend einzurichtenden) Beratungsgremien Anwendung. Des weiteren gilt das in der Geschäftsordnung des Bundestages gewissermaßen vor die Klammer gezogene Verfahren auch für den Großteil der sogenannten ständigen Ausschüsse.

Die Ausschußgliederung der ständigen Ausschüsse orientiert sich seit vielen Jahren an der Ressortverteilung der Bundesministerien[665] – dies nicht

---

[661] Die Aufgaben eines Ausschusses können vielfältig sein: vgl. *Edinger*, Wahl (Fn. 77), S. 185 ff.

[662] Vgl. insbesondere oben A. III. 1. f) cc).

[663] Eine kompakte Darstellung über das Verfahren in den ständigen Ausschüssen bietet *Achterberg*, Verhandlung (Fn. 14), S. 144 ff.

[664] So richtet sich beispielsweise das Verfahren des Untersuchungs-, aber auch das des Wahlprüfungsausschusses nach originären Verfahrensregelungen, vgl. sogleich.

[665] http://www.bundesregierung.de/Webs/Breg/DE/Bundesregierung/Bundesministerien/bundesministerien.html (November 2013). – Dies sind im Einzelnen der Auswärtige Ausschuß, der Innenausschuß, der Rechtsausschuß und der Finanzausschuß, der Ausschuß für Wirtschaft und Technologie sowie derjenige für Ernährung, Landwirtschaft und Verbraucherschutz, ferner der Ausschuß für Arbeit und Soziales,

zuletzt deswegen, weil namentlich die Gesetzgebungsvorhaben durch die mit dem entsprechenden spezifischen Fachwissen ausgestattete Ministerialverwaltung ausgearbeitet werden[666]. In der gerade abgelaufenen 17. Legislaturperiode bestanden insgesamt 22 ständige Ausschüsse[667].

b) Einsetzung und Besetzung eines ständigen Ausschusses

Die Einsetzung der ständigen Ausschüsse erfolgt stets zu Anfang einer jeden Legislaturperiode, da die Ausschüsse dem Diskontinuitätsgrundsatz unterliegen[668]. Gemäß § 54 Abs. 1 S. 1 GO-BT dient ihre Einrichtung der Vorbereitung der Verhandlungen des Plenums. Dahinter steht nicht weniger als die Ausarbeitung der seitens des Plenums durch Überweisung nach der ersten Lesung gemäß § 80 Abs. 1 S. 1 GO-BT „in Auftrag gegebene(n)" Gesetzentwürfe, damit der Entwurf nach erneuter Beratung im Plenum zügig verabschiedet werden kann. Für die verpflichtend zu schaffenden wie für die fakultativen Ausschüsse ist hinsichtlich der Einsetzung ein Beschluß des Bundestages nötig. Da hierfür weder im Grundgesetz noch in der Geschäftsordnung besondere Mehrheitserfordernisse angeordnet wurden, genügt ein einfacher Mehrheitsbeschluß der Abstimmenden gemäß Art. 42 Abs. 2 S. 1 GG.

Von der Einsetzung eines Ausschusses ist die Besetzung desselben zu trennen. Letztere liegt in den Händen der einzelnen Fraktionen. Ihnen stehen proportional zur Stärke im Plenum Sitze in den Ausschüssen zu (§ 12 S. 1 GO-BT)[669], die sie in eigener Verantwortung unter Berücksichtigung

der Verteidigungsausschuß, der Ausschuß für Familie, Senioren, Frauen und Jugend und der Ausschuß für Gesundheit, des weiteren der Ausschuß für Verkehr, Bau und Stadtentwicklung, der Ausschuß für Umwelt, Naturschutz und Reaktorsicherheit, der Ausschuß für Bildung, Forschung und Technikfolgenabschätzung sowie der Ausschuß für wirtschaftliche Zusammenarbeit und Entwicklung, und der Ausschuß für Kultur und Medien. Der Ausschuß für Wahlprüfung, Immunität und Geschäftsordnung (auch Erster Ausschuß genannt), der Petitionsausschuß, der Sportausschuß und der Ausschuß für Menschenrechte und humanitäre Hilfe sowie der Ausschuß für Tourismus, der Ausschuß für die Angelegenheiten der Europäischen Union und zuletzt der Haushaltsausschuß stimmen indes nicht mit Ministerressorts überein.

666 *M.-E. Geis*, Parlamentsausschüsse, in: HStR^3 III (Fn. 74), § 54 Rn. 1; *Ismayr*, Parlamentarismus (Fn. 387), S. 18 f.

667 Weitere Informationen über die 22 Ausschüsse des 17. Deutschen Bundestages, insbesondere zur genauen Zusammensetzung finden sich unter http://www.bundestag.de/ausschuesse/index.html (November 2013). Die Konstituierung in der aktuellen Legislaturperiode hat noch nicht stattgefunden.

668 Statt aller *J. Vetter*, Die Parlamentsausschüsse im Verfassungssystem der Bundesrepublik Deutschland, 1986, S. 193 ff.

669 Ausführlich zur Umrechnung von Stimmenanteilen im Plenum in Ausschußsitze *Edinger*, Wahl (Fn. 77), S. 192 ff., 201 ff., 207 f.

u. a. der Qualifikationen und Interessen der Parlamentarier sowie der fraktionsinternen Gruppen[670] nach § 57 Abs. 2 S. 1 GO-BT besetzen.

c) Bestimmung des Ausschußvorsitzenden

Schon der Verzicht der Geschäftsordnung auf den Begriff der „Wahl" des Ausschußvorsitzenden und seiner Stellvertreter läßt erahnen, daß es im Ausschuß nicht um die Findung einer Person im Wege eines Wahlaktes mit einer wie hoch auch immer angesetzten Mehrheit geht. Vielmehr soll die Rede von der „Bestimmung" eine Vereinbarung im Ältestenrat über die Benennung des Vorsitzenden möglich machen, § 6 Abs. 2 S. 2 GO-BT. Ausgangspunkt ist zunächst § 12 S. 1 GO-BT, der das Spiegelbildlichkeitsprinzip zwischen der Fraktionsstärke im Plenum auch auf den Vorsitz in den Ausschüssen überträgt. In diesem Rahmen ist der Modus der Verteilung des Ausschußvorsitzes wiederum nicht festgeschrieben, sondern obliegt zu Beginn einer jeden Legislaturperiode der Absprache im Ältestenrat, der sie zugleich vornimmt. Einzige Ausnahme bildet der Vorsitz im Haushaltsausschuß, den parlamentarischer Übung entsprechend stets die Opposition inne hat[671]. Trotz der Vorabsprache hinsichtlich der grundsätzlichen Verteilung bedarf es noch einer gremiumsinternen Benennung des Ausschußvorsitzenden. Dieser wird zu Beginn der konstituierenden Sitzung des Ausschusses vorgeschlagen und durch Akklamation bestätigt. Wenn aus politischen Gründen Widerspruch von Seiten einzelner Mitglieder erhoben wird, muß mehrheitlich abgestimmt werden[672], wenngleich das Vorschlagsrecht der jeweiligen Fraktion bindend bleibt und damit keine andere Möglichkeit zuläßt, als den Vorsitzenden und seinen Stellvertreter zu bestätigen[673].

[670] *Vetter*, Parlamentsausschüsse (Fn. 668), S. 60 ff., 64 ff.; *Geis*, Parlamentsausschüsse (Fn. 666), § 54 Rn. 58; s. auch *Edinger*, Wahl (Fn. 77), S. 211 f.

[671] Zum Vorstehenden *P. R. Dach,* Das Ausschußverfahren nach der Geschäftsordnung und in der Praxis, in: Schneider/Zeh, Parlamentsrecht (Fn. 14), § 40 Rn. 7 ff.; *Roll*, Geschäftsordnung (Fn. 645), § 58 Rn. 1; *Edinger*, Wahl (Fn. 77), S. 213 ff. Gelingt keine Verständigung, greift hilfsweise das (Erst-)Zugriffsrecht, das naturgemäß keine zufriedenstellenden Ergebnisse unter den Fraktionen erzeugen kann, vgl. ebd. – Die Parallelproblematik stellt sich auch bei der Benennung der Berichterstatter nach § 65 GO-BT, die nicht im Wege eines Mehrheitsbeschlusses, sondern durch konsensuale Abstimmung der Obleute der Fraktionen stattfindet, da Mehrheitsentscheidungen auch in dieser Frage nicht als angemessen empfunden werden: *Lemke-Müller*, Abgeordnete (Fn. 607), S. 69; vgl. auch *J. Jekewitz*, Parlamentsausschüsse und Ausschußberichterstattung, in: Der Staat 25 (1986), S. 399 (424).

[672] *Roll*, Geschäftsordnung (Fn. 645), § 58 Rn. 2; das erforderliche Quorum bleibt der Verfasser der Kommentierung indes schuldig.

[673] *Vetter*, Parlamentsausschüsse (Fn. 668), S. 144; *Ritzel/Bücker/Schreiner*, GO-BT (Fn. 389), § 58 (2000), Anm. a). *Edinger*, Wahl (Fn. 77), S. 216 sieht die Mög-

d) Beschlußfähigkeit

Gemäß § 67 S. 1 GO-BT ist der Ausschuß beschlußfähig, wenn die Mehrheit seiner Mitglieder anwesend ist. Der Geschäftsordnunggeber orientiert sich an den Regelungen aus dem Plenum; § 71 GO-BT a.F. verwies sogar auf die Anwendung des § 45 Abs. 1 GO-BT hinsichtlich der dortigen Beschlußfähigkeitsregelung. § 67 S. 2 GO-BT übernimmt die Fiktion nunmehr ausdrücklich und läßt die Beschlußfähigkeit so lange fortbestehen, bis nicht durch Auszählen auf Antrag eines (!) Ausschußmitglieds vor einer Abstimmung festgestellt wurde, daß die Mindestanzahl nicht anwesend ist. Ergibt sich eine zu geringe Anwesenheit, kann die Sachabstimmung durch den Ausschußvorsitzenden verschoben (S. 3) oder die Sitzung unterbrochen werden, um nach Wiedereröffnung volle Beschlußfähigkeit zu erzielen (S. 4). Bemerkenswerterweise steht das Recht zur Verschiebung dem Ausschußvorsitzenden aber auch vor Feststellung der Beschlußunfähigkeit zu, so daß er nach Antragstellung bei offensichtlicher Beschlußunfähigkeit die Sachabstimmung vertagen, in der Sache die Aussprache fortsetzen oder zu einem anderen Tagesordnungspunkt übergehen und die Feststellung der Beschlußunfähigkeit so vermeiden kann[674]. Beides ist jedoch nach § 67 S. 2 GO-BT nur dann möglich, wenn kein Widerspruch zu diesem Vorgehen erfolgt. Widerspricht indes auch nur ein Ausschußmitglied, tritt tatsächlich die (von der Norm ganz offensichtlich ungewollte Folge der) Blockade der Ausschußberatungen ein. Insbesondere kann der Widerspruch auch nur eines Mitglieds nicht durch Mehrheitsbeschluß der übrigen Ausschußmitglieder, nicht einmal mit qualifizierter Mehrheit, gebrochen werden[675].

e) Beschlußfassung

Das Ausschußverfahren ist – wenngleich ein kollegial-sachliches Arbeitsklima vorherrscht – von klaren Mehrheitsentscheidungen gekennzeichnet: Erreicht werden muß nicht etwa eine qualifizierte (Mitglieder-)Mehrheit, sondern lediglich die einfache Mehrheit der abgegebenen Stimmen[676]. Das Abstimmungsverhalten der Opposition wirkt sich daher vielfach nicht auf die politische Willensbildung aus, Kompromisse sind verzichtbar, weil auf-

---

lichkeit der Wahl einer anderen, ebenfalls der vorschlagsberechtigten Fraktion entstammenden Persönlichkeit.

674 *Ritzel/Bücker/Schreiner*, GO-BT (Fn. 389), § 67 (o.J.), Anm. 3.

675 *Ritzel/Bücker/Schreiner*, GO-BT (Fn. 389), § 67 (o.J.), Anm. 4.

676 Diese Festlegung enthält die GO-BT jedoch nicht. Vgl. *Achterberg*, Parlamentsrecht (Fn. 105), S. 686; s. auch *Vetter*, Parlamentsausschüsse (Fn. 668), S. 181 ff.

grund der parlamentarischen und damit zugleich ausschußinternen Zusammensetzung unnötig[677].

Daneben offeriert § 72 GO-BT die Möglichkeit der Abstimmung außerhalb regulärer Ausschußsitzungen. Nach S. 1 kann der Vorsitzende durch einstimmigen Beschluß ermächtigt werden, über „bestimmte Fragen in besonderen Eilfällen eine schriftliche Abstimmung durchzuführen“. Das Schrifttum empfiehlt, von dieser Option allerdings nur im Ausnahmefall und bei Vorberatung der Angelegenheit Gebrauch zu machen[678] – aus rein praktischen Gründen kann eine Zustimmung im schriftlichen Verfahren andernfalls ohnehin nicht erreicht werden, da es nur noch um die Frage der Zustimmung oder Ablehnung geht, ohne daß noch inhaltliche Einflußmöglichkeiten auf die Beschlußvorlage bestünden.

Eine weitere Besonderheit bildet der Beschluß zur Änderung der Tagesordnung nach § 61 Abs. 2 GO-BT. Die den Ausschußmitgliedern spätestens drei Tage vor der Sitzung zugeleitete Tagesordnung unterliegt naturgemäß einer Einschränkung ihrer Abänderbarkeit. Angepaßt – also um Punkte erweitert oder gekürzt – werden kann sie demgemäß nur mit der Mehrheit der Auschußmitglieder, wobei speziell der Erweiterung der Tagesordnung nicht durch eine Fraktion resp. ein Drittel der Mitglieder des Ausschusses widersprochen werden darf, damit sie wirksam wird[679].

f) Stellungnahme

Da die Vorbereitungsaufgaben das gesamte Parlament betreffen, ist es konsequent, für den Einsetzungsbeschluß auch eine Entscheidung des Plenums und nicht bloß einer parlamentarischen Minderheit – wie beispielsweise im Untersuchungsausschußverfahren im Rahmen des Antragsrechts – zu verlangen. Der Ausschuß selbst kann nur durch hinreichende und spiegelbildliche Repräsentation der Fraktionen seine Vorbereitungsfunktion effektiv ausüben und das Parlament so wirkungsvoll entlasten. Entsprechendes gilt für die Verteilung des Ausschußvorsitzes. Hier einen Mehrheitsbeschluß zu verlangen, der dennoch die proportionale Besetzung zu berücksichtigen hätte, erschiene gegenüber der automatischen Besetzung nach § 12 S. 1 GO-BT als bloße Förmelei.

---

677 *W. Zeh*, Das Ausschußsystem im Bundestag, in: Schneider/Zeh, Parlamentsrecht (Fn. 14), § 39 Rn. 12; *Lemke-Müller*, Abgeordnete (Fn. 607), S. 64 f.

678 *Geis*, Parlamentsausschüsse (Fn. 666), § 54 Rn. 56; *Roll*, Geschäftsordnung (Fn. 645), § 72 Rn. 1.

679 Eine identische Ausgestaltung hinsichtlich Mehrheitsbeschluß und Widerspruchsmöglichkeit eines Drittels seiner Mitglieder schafft § 55 Abs. 1 S. 1 GO-BT betreffend die Einsetzung von unterstützenden Unterausschüssen durch einen Ausschuß.

Die Beschlußfähigkeits- und vor allem Beschlußfassungsregeln verwundern daneben ebensowenig. Mehrheitsbeschlüsse sind möglich und im Hinblick auf die Ausarbeitung einer Gesetzesvorlage für das Plenum auch gewollt. Könnten kleinere Fraktionen angesichts erhöhter Mehrheitserfordernisse ihrer Position im Ausschuß noch zur Geltung verhelfen, wäre dies spätestens im Plenum nicht mehr der Fall. Dann aber müßte dort am Gesetzentwurf nachgebessert werden und die Vorarbeit wäre so weniger wert. Die Minderheit wird andersherum aber durch eine Widerspruchsoption an mehreren Stellen des Ausschußverfahrens geschützt. Ein entsprechender Mehrheitsbeschluß kann durch Widerspruch einer Minderheit von einem Drittel (bzw. einer Fraktion) zu Fall gebracht werden. Entscheidend ist indes, daß es sich regelmäßig um unwichtigere Verfahrensentscheidungen bzw. die Rechtsposition der Minderheit im Ausschuß schützende Beschlüsse handelt und nicht etwa Sachabstimmungen aus inhaltlichen Gründen gestoppt werden können.

2. Die (Verfahrens-)Besonderheiten ausgewählter Ausschüsse

Die Darstellungen beschränken sich in der Folge auf die vom Regelverfahren nach den §§ 54 ff. GO-BT abweichenden Ausgestaltungen bzw. sonstige, die vorliegende Untersuchung berührende Besonderheiten einzelner Ausschüsse. Dabei sollen das Untersuchungsausschußverfahren (a)), das Wahlprüfungs- und Immunitätsaufhebungsverfahren (b)), das Vermittlungsverfahren (c)) sowie das Verfahren des Gemeinsamen Ausschusses (d)) nähere Beleuchtung erfahren.

a) Untersuchungsausschüsse

Die Gewaltenteilung stellt „ein tragendes Organisationsprinzip des Grundgesetzes“ dar, dessen „Bedeutung [...] in der politischen Machtverteilung, dem Ineinandergreifen der drei Gewalten und der daraus resultierenden Mäßigung der Staatsherrschaft“ liegt[680]. Ein Aspekt dieser „ausbalancierte[n] Machtverteilung“[681] liegt in der Aufgabe des Bundestages, im funktionengeteilten Staatssystem die Kontrolle über Regierung und Verwaltung auszuüben, indem er auf in deren, aber auch in eigenen Verantwortungsbereichen entstandene Mißstände hinweist und sie einer näheren Prü-

[680] BVerfGE 3, 225 (247). s. auch *R. Scholz*, Parlamentarischer Untersuchungsausschuß und Steuergeheimnis, in: AöR 105 (1980), S. 564 (585 ff., 593 ff., auch zum Folgenden).

[681] *H. Schulze-Fielitz*, in: Dreier, GG (Fn. 17), Art. 20 (Rechtsstaat), Rn. 67.

fung unterzieht[682]. Ein Instrument zur Wahrnehmung dieser Aufklärungsaufgabe ist dem Parlament mit der Eröffnung eines originären Untersuchungsverfahrens gegeben, das von einem Aufklärungsgremium, dem Untersuchungsausschuß[683], geleitet wird. Letzterer unterstützt folglich das Parlament bei seiner Aufgabe der Regierungskontrolle durch Sachverhaltsaufklärung und Vorbereitung einer Entscheidung des Bundestags; teilweise wird auch davon gesprochen, daß der Untersuchungsausschuß das Untersuchungsrecht des Bundestages ausübe[684].

Im Folgenden soll zunächst auf das Verfahren der Einsetzung eines Untersuchungsausschusses (aa)) eingegangen werden, anschließend werden die Arbeitsweise (bb)), insbesondere die Beschlußfassung im Ausschuß, und im Anschluß ausgewählte Personalentscheidungen näher betrachtet (cc)), bevor schließlich die Auflösung des Untersuchungsausschusses (dd)) das Unterkapitel abschließt. Wesentliche Regelungen zum gesamten Ablauf finden sich

[682] Der Bereich aufklärerischen Tätigwerdens ist hierbei auf den Verantwortungsbereich von Regierung und Parlament begrenzt. Früh *G. Anschütz*, Die Verfassung des Deutschen Reichs vom 11. August 1919, 14. Aufl. 1933, Art. 34 Anm. 3; a. A. *W. Lewald*, Enquêterecht und Aufsichtsrecht, in: AöR 5 (1923), S. 269 (286 ff., 292 f.). Siehe hierzu und zum Folgenden BVerfGE 49, 70 (85); HessStGH ESVGH 17, 1 (12 ff.) sowie *C. Seiler*, Der Untersuchungsausschuss, in: AöR 129 (2004), S. 378 (383, 407 ff.); *W. Ismayr*, Der Deutsche Bundestag, 2. Aufl. 2001, S. 367 ff. – Ausführlich auch *B. Oeverhaus*, Der parlamentarische Untersuchungsausschuss. Eine Untersuchung seiner Funktion am Beispiel von politisch-ökonomischen Skandalen in Berlin, 2006, S. 30 ff., der im Hinblick auf die Aufgabe der Untersuchungsausschüsse auch von „Missstandsenquêten" oder „Skandalenquêten" spricht (S. 31, 32). Dies darf jedoch nicht darüber hinweg täuschen, daß Intention dieser Untersuchungen nicht allein die negative Bewertung vergangenen Verhaltens, sondern auch die Bewirkung von Verbesserungen im Sinne einer positiven Kritik Ziel des Verfahrens ist. Neben dieser Art von Untersuchungsausschüssen werden nach dem jeweiligen Gegenstand der Untersuchung unterschieden: Kontrollenquête (Regierungs-/Verwaltungshandeln als Untersuchungsgegenstand), Gesetzgebungsenquête (Aufbereitung von Fakten gesetzliche Reformen betreffend) und Kollegialenquête (Untersuchung des Verhaltens von Parlamentsangehörigen), vgl. ebd., S. 32. *D. Wiefelspütz* (Das Untersuchungsausschussgesetz, 2003, S. 50) beschreibt ferner die Kategorie der Sachstands- oder Perspektivenenquête (Schaffung einer Informations- oder Bewertungsgrundlage). Freilich wird, dies räumen auch *Oeverhaus* (ebd., S. 33) und *Wiefelspütz* (ebd., S. 46) ein, kaum strikt zwischen den einzelnen Untersuchungsverfahren zu unterscheiden sein – im übrigen spielt die Einstufung keinerlei Rolle im Verfahren. Einen prägnanten Überblick zu den materiellen Schranken des Untersuchungsrechts liefern *Degenhart*, Staatsrecht I (Fn. 331), Rn. 615 ff. und *Scholz*, Untersuchungsausschuß (Fn. 680), S. 594 ff.

[683] Vgl. allgemein zu den Ausschüssen des Bundestages *W. Ismayr*, Ausschüsse, in: Deutscher Bundestag (Hrsg.), Stichwort, 2. Aufl. 2004, S. 5 ff.

[684] *Wiefelspütz*, Untersuchungsausschussgesetz (Fn. 682), S. 28 f.; *M. Morlok*, in: Dreier, GG (Fn. 17), Art. 44 Rn. 15 – bei dieser Formulierung wird jedoch nicht hinreichend deutlich, daß die Letztentscheidung über die Beschlußvorlage des Untersuchungsausschusses dem Plenum zusteht.

einerseits in Art. 44 GG, Einzelheiten zu Einsetzung und Verfahren seit seinem Inkrafttreten im Jahre 2001 auch im Untersuchungsausschußgesetz[685].

aa) Einsetzung des Untersuchungsausschusses

Die Einsetzung eines Untersuchungsausschusses vollzieht sich in zwei Schritten, der Äußerung eines Einsetzungsverlangens ((1)) und dessen Stattgabe durch Einsetzungsbeschluß ((2)).

(1) Einsetzungsverlangen

Art. 44 GG[686] normiert in Abs. 1 S. 1 das Erfordernis einer Ein-Viertel-Minderheit, mit der die Bundestagsabgeordneten die Einsetzung eines Untersuchungsausschusses verlangen können. Hierbei muß der Untersuchungsgegenstand bereits durch den Antrag der qualifizierten Bundestagsminderheit hinreichend bestimmt sein[687] – nicht zuletzt eine Forderung des Rechtsstaatsgebots aus Art. 20 Abs. 3 GG. Dies hat jedoch nicht zur Folge, daß bis zur endgültigen Festlegung des Untersuchungsauftrags im Rahmen der Abstimmung über die Einsetzung im Plenum einzelne Modifikationen ausgeschlossen wären[688]. Das Verlangen auf Einsetzung eines Ausschusses

---

[685] Durch die Verabschiedung des PUAG (Gesetz zur Regelung des Rechts der Untersuchungsausschüsse des Deutschen Bundestages [Untersuchungsausschussgesetz] vom 19.6.2001, BGBl. 2001 I, S. 1142) im Jahr 2001 wurde bisheriges parlamentarisches Binnenrecht (abgesehen von Art. 44 GG existierte keinerlei Kodifikation) in die Form eines einfachen Parlamentsgesetzes – und nicht etwa die ansonsten für rein organinterne Regelungen typischerweise bevorzugte Form der Geschäftsordnung – überführt. Hierzu ausführlich *Seiler*, Untersuchungsausschuss (Fn. 682), S. 393 ff., 396 f. sowie *J. Rathje*, Der Ermittlungsbeauftragte des parlamentarischen Untersuchungsausschusses, 2004, S. 16 ff., der die ausschließliche Bundeskompetenz zum Erlaß des PUAG kraft Natur der Sache begründen möchte (ebd., S. 29 f.).

[686] Siehe zur Entstehungsgeschichte von Art. 44 GG (Ausgangspunkt: Art. 34 WRV, Beratungen auf Herrenchiemsee und im Parlamentarischen Rat) ausführlich *Wiefelspütz*, Untersuchungsausschussgesetz (Fn. 682), S. 17 ff.

[687] Insoweit h.M.: *Degenhart*, Staatsrecht I (Fn. 331), Rn. 613; *Morlok* (Fn. 684), Art. 44 Rn. 31; *H. H. Klein*, in: Maunz/Dürig, GG (Fn. 18), Art. 44 (2005), Rn. 84 ff.; *Wiefelspütz*, Untersuchungsausschussgesetz (Fn. 682), S. 65 f. Interessant insofern auch die ursprünglichen Reformbestrebungen zur nachträglichen beschränkten Abänderbarkeit des Beweisthemas, die *L.-A. Versteyl*, in: v. Münch/Kunig, GG (Fn. 123), Art. 44 Rn. 41, darstellt.

[688] Str.; so wie hier *Wiefelspütz*, Untersuchungsausschussgesetz (Fn. 682), S. 65 ff., auch mit Hinweisen auf die entsprechende landesverfassungsgerichtliche Rechtsprechung (S. 66). Diese hat insbesondere eine Abänderung oder Ergänzung zur Ausräumung während der Beratung im Plenum geäußerter Bedenken im Blick; ähnlich restriktiv bereits früh *Weber*, Beschlußfassung (Fn. 19), S. 58 f.; wohl auch *Scholz*, Untersuchungsausschuß (Fn. 680), S. 594. – Anders die h.M., die im Hin-

stellt insofern keinen Beschluß im Sinne von Art. 42 Abs. 2 GG, sondern nur ein Antragsrecht dar, so daß keine Durchbrechung der Regelmehrheit aus Art. 42 Abs. 2 S. 1 GG vorliegt[689].

(2) Einsetzungsbeschluß

Der Bundestag ist nach dem Antragsbeschluß von mindestens einem Viertel der 631 Abgeordneten, mithin also mindestens 158 Parlamentariern, verpflichtet, in einer förmlichen Parlamentsentscheidung mit entsprechender Mehrheit nach Art. 42 Abs. 2 S. 1 GG die Einsetzung oder Anrufung des Untersuchungsausschusses mit dem begehrten Thema als sogenannte Minderheitsenquête[690] zu beschließen. Diese Verpflichtung enthält bereits § 44

---

blick auf die Beschlußreife des Enquête-Antrags Klarheit und Eindeutigkeit bereits für diesen fordert; vgl. *Morlok* (Fn. 684), Art. 44 Rn. 32; *Klein* (Fn. 687), Art. 44 Rn. 85, der hier zwischen Minder- und Mehrheitsenquête differenziert: bei letzterer seien Veränderungen im Laufe der Beratungen noch möglich, bei ersterer fehle der Mehrheit sowohl die Pflicht als auch die Befugnis, an der Beschlußreife des Minderheitenantrags mitzuwirken. Mag dies bezüglich der „Pflicht" zur Nachbesserung zutreffen, überzeugt der Einwand der Unzulässigkeit indes nicht; das Plenum ist zwar grundsätzlich nicht berechtigt, die Minderheitenenquête abzuändern, im Einvernehmen mit den Vertretern der Minderheitenenquête im Rahmen der Schlußberatungen gilt dies nach § 2 Abs. 2 PUAG aber sehr wohl sogar bezüglich des Gegenstandes, vgl. *Morlok* (Fn. 684), Art. 44 Rn. 37.

689 *Morlok* (Fn. 70), Art. 42 Rn. 39.

690 Mittlerweile nicht zuletzt aufgrund der neuerlichen Klarstellung in § 2 Abs. 1 PUAG ganz h. M.: *N. Achterberg/M. Schulte*, in: v. Mangoldt/Klein/Starck, GG (Fn. 119), Art. 44 Rn. 87; *M.-E. Geis*, Untersuchungsausschuß, in: HStR[3] III (Fn. 74), § 55 Rn. 21 ff.; *Morlok* (Fn. 684), Art. 44 Rn. 35; *Degenhart*, Staatsrecht I (Fn. 331), Rn. 613, jeweils m. w. N. Ursprünglich bestanden drei Auffassungen: die erste Auffassung entspricht der heute h. M., die einen formellen Einsetzungsbeschluß des Plenums für zwingend erforderlich hält. – Die vermittelnde Auffassung differenzierte zwischen der Einsetzung des Untersuchungsausschusses und der Festlegung des Untersuchungsthemas: für erstere verbiete sich ein Beschluß des Plenums im Hinblick auf die Bedeutung des Minderheitenschutzrechts; im übrigen sei dem qualifizierten Minderheitsantrag sowieso stattzugeben. Es genüge daher beispielsweise die entsprechende Feststellung des Parlamentspräsidenten, teilweise wird auch eine stillschweigende Zustimmung des Plenums angenommen. Über den Untersuchungsgegenstand selbst indes sei ein Beschluß des Parlaments erforderlich, nicht zuletzt um Querulation und Obstruktion auszuschließen. (Diese Aufspaltung fand unter anderem aufgrund von Art. 92 Abs. 1 S. 1 HessVerf., der in dieser Frage der grundgesetzlichen Regelung entspricht, im Hessischen Landtag Anwendung, s. m. w. N. HessStGH ESVGH 17, 1 [1 ff.]. Der Staatsgerichtshof kommt in der angegebenen Entscheidung allerdings zu dem Ergebnis, daß diese künstliche Trennung unzulässig ist: „Es gibt keinen Untersuchungsausschuß ohne konkreten Auftrag und keinen Untersuchungsauftrag ohne Untersuchungsausschuß" [ebd., S. 2]). – Die dritte Auffassung entsprach der gängigen parlamentarischen Praxis des Reichstags in der Weimarer Zeit, die einen Einsetzungsbeschluß des Plenums für nicht erforder-

Abs. 1 S. 1 Alt. 2 GG, neuerdings ordnet § 2 Abs. 1 PUAG zusätzlich die *unverzügliche* Fassung des Plenumsbeschlusses an[691]. Selbstverständlich ist neben dem Verfahren von Einsetzungsantrag der Minderheit und anschließender Beschlußpflicht der Mehrheit auch möglich, daß der Bundestag sogleich vermittels einfachen Mehrheitsbeschlusses nach Art. 42 Abs. 2 S. 1 GG die Einsetzung des Untersuchungsgremiums beschließt, vgl. Art. 44 Abs. 1 S. 1 Alt. 1 GG („Recht"); hier spricht man dann von der Mehrheitsenquête[692]. Gemein ist beiden Beschlüssen, daß sie für den Ausschuß verbindlich das Untersuchungsthema fixieren, § 3 S. 1 PUAG; eine Abänderung des Themas bedarf eines neuerlichen Parlamentsbeschlusses, § 3 S. 2 Hs. 1 i.V.m. § 2 Abs. 2 PUAG mit Zustimmung der Minderheit[693], der im Falle der Minderheitsenquête nur sehr eingeschränkt seitens der Mehrheit erfolgen und selbst von der Parlamentsminderheit nur dann verlangt werden kann, wenn die Abänderung des Gegenstandes „zur verfassungsmäßigen Durchführung der Untersuchung erforderlich ist"[694].

Wie viele Mitglieder der Untersuchungsausschuß aufzuweisen hat, ist gesetzlich nicht festgelegt. Das PUAG beschränkt sich in § 4 S. 1 darauf, dem Bundestag die Befugnis zur Festsetzung der Mitgliederzahl des Untersuchungsgremiums zu übertragen. Allerdings haben die in den Sätzen 2 und 3 aufgestellten Maßgaben zu gelten, daß die Mehrheitsverhältnisse des Bundestages im Sinne der Spiegelbildlichkeit genauso zu berücksichtigen sind, wie die Arbeitsfähigkeit des Ausschusses selbst und die Vertretung einer jeden Fraktion durch wenigstens einen Delegierten. Der erste in der 17. Legislaturperiode eingerichtete Untersuchungsausschuß bestand aus 15 Mit-

---

lich bzw. unzulässig hielt, da dies nichts anderes als ein Unterlaufen des Minderheitenrechts auf Einsetzung des Untersuchungsausschusses bedeute (vgl. HessStGH ESVGH 17, 1 [7] m.w.N.; zuvor *Lewald*, Enquêterecht [Fn. 682], S. 269 [319: Minderheitsbeschluß als „*Organtätigkeit des Parlaments*"; Hervorhebung i.O.]). – Der vormals bestehende Streit hat heutzutage durch die einheitliche Praxis in Landtagen und Bundestag stark an Bedeutung verloren, vgl. knapp *Morlok* (Fn. 684), Art. 44 Rn. 35.

691 Die vormals bestehende Auffassung, eines förmlichen Einsetzungsbeschlusses bedürfe es aufgrund des Minderheitenantrags nicht mehr (vgl. *Vetter*, Parlamentsausschüsse [Fn. 668], S. 44 f.), ist damit obsolet.

692 *Degenhart*, Staatsrecht I (Fn. 331), Rn. 613. Dem Beschluß hat dann freilich ein ordnungsgemäßer Antrag nach § 75 Abs. 1 lit. d GO-BT vorauszugehen: vgl. *Geis*, Untersuchungsausschuß (Fn. 690), § 55 Rn. 19 f.

693 *Rathje*, Ermittlungsbeauftragte (Fn. 685), S. 49.

694 *U. Schliesky*, Art. 44 GG – Zulässigkeit der Änderung des Untersuchungsgegenstandes gegen den Willen der Einsetzungsmehrheit, in: AöR 126 (2001), S. 244 (249) m.w.N. – Dort (S. 249 ff.) auch ausführlich zu allen denkbaren Konstellationen: Minderheit resp. Mehrheit wünscht Änderung im Rahmen einer Minderheitsenquête bzw. Minderheit resp. Mehrheit wünscht Änderung im Rahmen einer Mehrheitsenquête.

gliedern, wobei die Fraktionen der CDU/CSU mit 6, der SPD mit 3 und die kleineren Fraktionen der FDP, Bündnis 90/Die Grünen und Die Linke mit je zwei Abgeordneten vertreten waren[695].

bb) Die Sachentscheidungen im Untersuchungsausschuß

Auch der Untersuchungsausschuß faßt eine Vielzahl an Entscheidungen in einem Regelverfahren, von dem es Abweichungen für ausgewählte Abstimmungsgegenstände gibt.

(1) Der Regelbeschluß des Untersuchungsausschusses

(a) Beschlußfähigkeit

Der Untersuchungsausschuß ist nach § 9 Abs. 1 S. 1 PUAG beschlußfähig, wenn die Mehrheit seiner Mitglieder anwesend ist[696]. Auch in der Verfahrensordnung des Untersuchungsausschusses findet sich – parallel zum Plenumsverfahren des Bundestages – eine Fiktion zur Beschlußfähigkeit: gemäß S. 2 gilt diese solange, wie nicht auf Antrag das Gegenteil festgestellt wurde.

Während jedoch nach der Feststellung der Beschlußunfähigkeit im Bundestag nach § 45 Abs. 3 S. 1 GO-BT die Sitzung sofort aufzuheben ist und nicht kurzfristig für den selben Tag wieder anberaumt werden kann[697], führt die Feststellung fehlender Beschlußfähigkeit des Untersuchungsausschusses zunächst nur zur Unterbrechung der Sitzung auf unbestimmte Zeit, § 9 Abs. 2 S. 1 PUAG. Erst wenn nach Ablauf „dieser Zeit" die Beschlußunfähigkeit weiterbesteht, ist nach S. 2 unverzüglich eine neue Sitzung anzuberaumen, da Untersuchungshandlungen nach Abs. 3 nicht mehr durchgeführt werden dürfen. In der neu anberaumten Sitzung wiederum ist der Untersuchungsausschuß von Gesetzes wegen beschlußfähig, auch wenn nicht (!) die Mehrheit seiner Mitglieder anwesend ist, § 9 Abs. 2 S. 3 Hs. 1 PUAG.

---

695 http://www.bundestag.de/bundestag/ausschuesse17/ua/1untersuchungsausschuss/index.jsp (November 2013). Er untersuchte die Umstände der nur auf die Erkundung des Salzstockes Gorleben beschränkten Endlagersuche für Atommüll.

696 Dies war nicht immer so, sondern ging auf entsprechende Vorschläge für ein Untersuchungsausschußgesetz zurück: vgl. *Achterberg*, Verhandlung (Fn. 14), S. 174.

697 Vgl. § 45 Abs. 3 S. 2, der § 20 Abs. 5 S. 1 GO-BT ausschließt, oben A. III. 1. b).

(b) Mehrheitserfordernis

§ 9 Abs. 4 S. 1 PUAG ordnet an, daß der Ausschuß seine Beschlüsse mit der Mehrheit der abgegebenen Stimmen faßt, sofern diesbezüglich nicht an anderer Stelle im Untersuchungsausschußgesetz abweichende Bestimmungen enthalten sind. Abweichende Mehrheitserfordernisse für die Beschlußfassung werden in den §§ 8 Abs. 2 u. 3, 10 Abs. 1, Abs. 2 S. 1, 13 Abs. 1 S. 4, 17 Abs. 2, 18 Abs. 4 S. 2, 25 Abs. 1 S. 3, 27 Abs. 2, 29 Abs. 2 S. 2, Abs. 3 S. 1 PUAG angeordnet[698].

(2) Der Ausschluß der Öffentlichkeit im Ausschuß sowie die Zulassung von Ton- und Bildaufnahmen bzw. -übertragungen

Art. 42 Abs. 1 S. 1 GG ordnet die Öffentlichkeit der Verhandlungen des Bundestages an. Wie oben bereits unter A. III. 2. aufgezeigt, betrifft diese Garantie nur die Sitzungen des Plenums und enthält damit keinen Regelungsgehalt für die grundsätzliche Öffentlichkeit in Ausschüssen[699]. In Art. 44 Abs. 1 S. 1 GG a. E. wird allein die Öffentlichkeit von Beweiserhebungen im Untersuchungsausschuß festgeschrieben. § 13 Abs. 1 S. 1 PUAG wiederholt diese Garantie. Seine S. 2 bzw. 3 enthalten jedoch darüber hinaus die Möglichkeit des Ausschlusses der Öffentlichkeit durch entsprechenden Beschluß des Untersuchungsgremiums, der mangels abweichender Bestimmung im Regelverfahren nach § 9 Abs. 4 PUAG ergeht. Abseits von Beweiserhebungen – also für die mindestens ebenso wichtigen Bereiche der Beratungen und Beschlußfassung im Untersuchungsausschuß, für die die grundgesetzliche Öffentlichkeitsgarantie des Art. 42 Abs. 1 S. 1 GG ebenfalls nicht greift – sind Regel und Ausnahme im Vergleich zur Beweiserhebung umgekehrt. Sie sind dementsprechend prinzipiell nicht-öffentlich und der Ausschuß muß nunmehr selbst über Art und Umfang von Mitteilungen an die Öffentlichkeit entscheiden, § 12 Abs. 1 u. 3 PUAG, und zwar erneut im Verfahren nach § 9 Abs. 4 PUAG.

Das Bedürfnis weiter Bevölkerungsteile nach medialer (Fernseh-)Information in Form einer Berichterstattung „so nah wie möglich am Geschehen" hat im übrigen auch vor Untersuchungsausschüssen nicht halt gemacht: neben der Brisanz der Themen haben insbesondere die Fernseh-Live-Übertragungen von Zeugenaussagen einzelner, zum damaligen Zeitpunkt hochrangiger politischer Akteure im sogenannten Visa-Untersu-

---

[698] In der Folge werden diese abweichenden Erfordernisse näher dargestellt.

[699] s. nur *H.-J. Berg*, Der Verteidigungsausschuß des Deutschen Bundestages, 1982, S. 136 ff.

chungsausschuß des Deutschen Bundestages im Jahre 2005 die Aufmerksamkeit in zuvor unbekannter Weise auf Parlamentarische Untersuchungsausschüsse gelenkt, wie sie zuvor nicht bestanden hatte[700]. Für diese Ton- und Filmaufnahmen bzw. Ton- und Bildübertragungen gilt der Grundsatz, daß sie nicht zulässig sind, § 13 Abs. 1 S. 2 PUAG. Ausnahmsweise kann jedoch auch in Abweichung von dem prinzipiellen Ausschluß die Presse nach S. 4 zugelassen werden, was auf der ersten Stufe einer Mehrheit von zwei Dritteln der anwesenden Ausschüssler und auf der zweiten der Zustimmung der zu vernehmenden oder anzuhörenden Personen bedarf.

(3) Zurückweisung von Fragen an Zeugen

§ 25 PUAG regelt in Abs. 1 die Möglichkeiten der Zurückweisung von Fragen an Zeugen, die ungeeignet sind oder nicht zur Sache gehören. Dieses Recht steht zunächst dem Ausschußvorsitzenden zu (S. 1), kann aber auch bei Zweifeln, die Zulässigkeit einer Frage betreffend oder Unklarheit über die Zulässigkeit einer Zurückweisung auf Antrag seiner Mitglieder vom Untersuchungsausschuß selbst ausgeübt werden, § 25 Abs. 1 S. 3 Hs. 1 PUAG. Für die Zurückweisung durch Beschluß des Ausschusses – inhaltlich gelten hier dieselben Kriterien wie bei der Zurückweisung durch den Ausschußvorsitzenden – ist die Mehrheit von zwei Dritteln der anwesenden Ausschußdelegierten vonnöten.

(4) Im übrigen: qualifizierte Minderheitenentscheidung

Weitere Abweichungen von § 9 Abs. 4 S. 1 PUAG – und damit von der Entscheidung vermittels der Mehrheit der abgegebenen Stimmen im Untersuchungsausschuß – enthalten die §§ 17 Abs. 2, 18 Abs. 4 S. 2, 27 Abs. 2 und 29 Abs. 2 S. 2, Abs. 3 S. 1 PUAG. Ihnen ist nicht jeweils ein eigenes Unterkapitel gewidmet, da sie sich allesamt derselben qualifizierten Minderheit von einem Viertel der Mitglieder bedienen.

Im Rahmen von § 17 Abs. 2 PUAG ist es das Antragsviertel, das genügt, um eine Beweiserhebungspflicht auszulösen[701] – dies unabhängig von der

---

[700] *Oeverhaus*, Untersuchungsausschuss (Fn. 682), S. 10 f., der in der Folge sein Augenmerk jedoch insbesondere auf die Berliner Untersuchungsausschüsse (zuletzt der Berliner Bankenskandal) lenkt.

[701] Die Mehrheit im Ausschuß ist nach § 17 Abs. 2 PUAG nur dann von der entsprechenden Beschlußfassung befreit, wenn die Beweiserhebung unzulässig oder das Beweismittel trotz Anwendung von Zwangsmitteln unerreichbar ist. Nichterforderlichkeit nach Auffassung der Ausschußmehrheit genügt gerade nicht, worin der Vorzug der Regelung zu sehen ist, da ansonsten über die von der Norm vorgesehenen

Frage, ob es sich um eine Minderheits- oder Mehrheitsenquête handelt und unter Erhöhung der verfassungsgerichtlich aufgestellten Mindestvoraussetzungen[702]. Nach § 18 Abs. 4 S. 2 PUAG kann die besagte Minderheit bei Streitigkeiten bezüglich Rechts- und Amtshilfeersuchen auf Beweismittel die Entscheidung des Ermittlungsrichters beim Bundesgerichtshof herbeiführen. § 27 Abs. 2 PUAG ermöglicht der Ausschußminderheit, sich mit dem Antrag an eben diesen Ermittlungsrichter zu wenden, um bei grundloser Zeugnisverweigerung[703] die Erzwingung des Zeugnisses durch eine Haftandrohung zu erreichen. Das selbe Antragsrecht besteht bezüglich der Haftanordnung zur Herausgabe von Beweismitteln (§ 29 Abs. 2 S. 2 PUAG) bzw. zur Beschlagnahme von Beweismitteln, deren Herausgabe verweigert wurde (§ 29 Abs. 3 S. 1 PUAG).

In allen hier aufgeführten Fällen ist alternativ neben der entsprechenden Ausschußentscheidung durch Mehrheitsbeschluß stets eine Minderheit von einem Viertel der Mitglieder (nicht: der Anwesenden), also der – wenn man so will – variablen gesetzlichen Mitgliederzahl, ausreichend. Einer Beschlußfassung durch die Mehrheit selbst (wie bei der Einsetzung des Untersuchungsausschusses) bedarf es nicht mehr; die Minderheit kann den Beschluß durch Zustimmung eines Viertels wirksam fassen.

Absehensgründe Streit entstehen würde, vgl. *Rathje*, Ermittlungsbeauftragte (Fn. 685), S. 52 f. Zu Gründen, die eine Ablehnung des Beweisantrags durch die Mehrheit rechtfertigen, siehe BVerfGE 105, 197 (225): eine „sachwidrige oder mißbräuchliche" Ausübung von Minderheitenrechten hält das Gericht dann für gegeben, wenn die beantragte Beweiserhebung außerhalb des Untersuchungsauftrages liegt bzw. rechtswidrig ist, wenn sie Teil einer Verzögerungstaktik oder aus sonstigen Gründen mißbräuchlich ist.

[702] In diesem Sinne das Bundesverfassungsgericht (E 105, 197 [220 ff.]) hinsichtlich der Minderheit im Ausschuß, da ansonsten die Minderheit zur Einsetzung eines neuen (Minderheiten-)Untersuchungsausschusses gezwungen wäre (ebd, S. 224). Die Einschränkungen wurden durch das Gericht in der bereits erwähnten Entscheidung aufgestellt: es billigt der Ausschußminderheit in seiner Entscheidung nur dann ein Einsetzungsrecht zu, wenn sie Korrelat einer Bundestagsminderheit ist, die selbst die Einsetzung eines Untersuchungsausschusses bewirken könnte (ebd., S. 220 f.). Diese enge Interpretation ist § 17 Abs. 2 PUAG nicht zu entnehmen, spricht er doch allein von einem Antrag von einem Viertel der Ausschußmitglieder. Die vom Bundesverfassungsgericht aufgestellten Anforderungen werden durch die Regelung im PUAG folglich übertroffen; vgl. *Klein* (Fn. 687), Art. 44 Rn. 201; *Rathje*, Ermittlungsbeauftragte (Fn. 685), S. 54.

[703] Problematisch hinsichtlich der Erzwingung eines Zeugnisses ist die Tatsache, daß vielmals Zeugnisverweigerungsrechte bzw. Schweigepflichten von Anwälten, Wirtschaftsprüfern und Steuerberatern, deren Zeugnis „Licht ins Dunkle" bringen könnte, eine Aussage resp. die Erzwingung einer solchen verhindern; siehe *Oeverhaus*, Untersuchungsausschuss (Fn. 682), S. 99.

cc) Ausgewählte Personalentscheidungen des Untersuchungsausschusses

Das PUAG legt letztlich nur zwei Personalentscheidungen in die Hände des Untersuchungsgremiums, und dies – wie die Wahl des Vorsitzenden sogleich zeigen wird – auch nur mit deutlichen Einschränkungen.

(1) Die Wahl des Vorsitzenden

Die Wahl des Vorsitzenden ist nämlich genau genommen keine freie Wahl unter mehreren Bewerbern, sondern wie schon im Ausschußverfahren nach den §§ 54 ff. GO-BT eine Bestätigung der im Ältestenrat vorbeschlossenen Personalentscheidung über den Vorsitz der Ausschüsse. § 6 Abs. 1 S. 1 PUAG legt einzig die verhältnismäßige Berücksichtigung der Bundestagsfraktionen fest. S. 2 spricht dementsprechend auch nur noch von einer Bestimmung (nicht: Wahl) des aufgrund des politischen Rotationsverfahrens schon feststehenden Vorsitzenden[704]. Der Vorsitzende im ersten Untersuchungsausschuß der Legislaturperiode wird traditionell von der stärksten Fraktion im Bundestag (und Ausschuß) bestimmt und sein Stellvertreter gehört der zweitgrößten an. Zwischen den beiden größten Fraktionen wechseln Vorsitz und Stellvertretung von Ausschuß zu Ausschuß, §§ 6 Abs. 1, 7 Abs. 1 PUAG in Verbindung mit den Vereinbarungen im Ältestenrat[705].

(2) Einsetzung und Abberufung eines Ermittlungsbeauftragten

Das Untersuchungsausschußgesetz ermöglicht die Einsetzung eines Ermittlungsbeauftragten[706], der, zeitlich begrenzt und mit einem Ermittlungsauftrag betraut, den Untersuchungsausschuß in jeder Hinsicht unterstützen kann, § 10 Abs. 1 S. 1 u. 2 PUAG[707]. Die Ergebnisse der Zuarbeit stehen

---

[704] *Geis*, Untersuchungsausschuß (Fn. 690), § 55 Rn. 32. Vgl. auch *Wiefelspütz*, Untersuchungsausschußgesetz (Fn. 682), S. 199 f. zu alternativ angedachten Modi.

[705] *D. Engels*, Parlamentarische Untersuchungsausschüsse – Grundlagen und Praxis im Deutschen Bundestag, 1989, S. 67 f.; *Rathje*, Ermittlungsbeauftragte (Fn. 685), S. 106 f.

[706] Siehe zu Bedenken, die die Einrichtung des Ermittlungsbeauftragten hervorrief – sie beruhen insbesondere auf der Nicht-Mitgliedschaft des Beauftragten im Untersuchungsausschuß selbst und der sich daraus ableitenden Möglichkeit für den Ausschuß, sich durch Delegierung seiner Aufgaben zu entziehen – nur *Morlok* (Fn. 684), Art. 44 Rn. 41 m. w. N. Die Ausschußminderheit wird freilich über die Möglichkeit von Beweisanträgen u. ä. zu verhindern wissen, daß der Ausschuß entscheidende Aufklärungsarbeit an den Ermittlungsbeauftragten abgibt.

[707] Hierzu gehört beispielsweise die Beschaffung und Sichtung erforderlicher sächlicher Beweismittel, § 10 Abs. 3 S. 2. – Ausführlich setzt sich *Wiefelspütz*, Un-

nach Abs. 3 S. 8 allen Ausschußmitgliedern zur Verfügung. Der Beschluß, einen Ermittlungsauftrag zu erteilen, bedarf aufgrund abermaligen Verzichts auf eine abweichende Regelung des Regelbeschlusses der Ausschußmehrheit nach § 9 Abs. 4 PUAG. Erneut entspringt demnach aus einem Verlangen einer qualifizierten Minderheit eines Viertels der Ausschußmitglieder die Pflicht zur entsprechenden Einsetzung durch die Ausschußmehrheit, § 10 Abs. 1 S. 1 PUAG, wobei diese hierzu aber auch ohne Minderheitsantrag berechtigt ist[708].

Interessanter ist jedoch an dieser Stelle die Bestimmung der Person des Ermittlungsbeauftragten, die unabhängig vom Einsetzungsbeschluß binnen drei Wochen nach der Erteilung des Ermittlungsauftrags zu benennen ist, § 10 Abs. 2 S. 1 PUAG. Die Klärung der Personalie erfolgt vermittels eines Mehrheitsbeschlusses von zwei Dritteln der anwesenden Ausschußmitglieder[709]. Mit der gleichen Zweidrittelmehrheit der anwesenden Ausschüssler kann jederzeit auch die Abberufung des Ermittlungsbeauftragten erfolgen.

Findet sich binnen der gesetzlich festgeschriebenen Frist kein Kandidat, der die Unterstützung der qualifizierten Anwesenheitsmehrheit erfährt, sieht § 10 Abs. 2 S. 1 PUAG die Bestimmung eines Ermittlungsbeauftragten durch den Vorsitzenden des Ausschusses im Einvernehmen mit seinem Stellvertreter und im Benehmen mit den Obleuten der Ausschußfraktionen vor; hierfür stehen weitere drei Wochen zur Verfügung. Einvernehmen meint hierbei Einigung zwischen den Beteiligten, also – gewissermaßen auf erster Stufe – zwischen dem Vorsitzenden des Untersuchungsausschusses und seinem Stellvertreter; das Einvernehmenserfordernis stellt sich somit als „Vetorecht" des Stellvertreters dar, das „die Bildung einer ‚punktuellen großen Koalition'" verlangt[710].

Daß das auf zweiter Stufe nachfolgende Erfordernis des Benehmens den Obleuten der Fraktionen geringere Einflußmöglichkeiten auf die Personal-

---

tersuchungsausschußgesetz (Fn. 682), S. 201 ff. mit der Frage auseinander, ob man es nicht bei einer personellen wie sachlichen Verstärkung des Sekretariats des Ausschusses hätte belassen können, dem bislang schon die Aufgabe der Zuarbeit in komplexeren Materien zukommt.

708 *Rathje*, Ermittlungsbeauftragte (Fn. 685), S. 100.

709 Die Wahl des Ermittlungsbeauftragten kann nach Auffassung *Rathje*s, Ermittlungsbeauftragte (Fn. 685), S. 102, der dies mit dem Fehlen einer das Gegenteil anordnenden Norm begründet, sowohl offen als auch geheim stattfinden.

710 *Rathje*, Ermittlungsbeauftragte (Fn. 685), S. 105 f. (Zitat S. 106); ausführlich dort auch zu weiteren Parallelen des Einvernehmenserfordernisses in GO-BT und GG; Rathje weist bezüglich der Bedeutung des „Einvernehmens" ebd. auch auf die Gesetzesbegründung hin. Vgl. zur Abgrenzung von Benehmen und Einvernehmen prägnant *W. Heun*, in: Dreier, GG (Fn. 17), Art. 108 Rn. 12, s. Fn. 711.

entscheidung ermöglicht, ist unumstritten; auch hier ergibt eine vergleichende Heranziehung anderer Fälle[711], in denen ein Benehmen erforderlich ist, näheren Aufschluß: demnach geht die Ausübung eines Benehmens nicht über eine bloße Beratung, die keinerlei Verbindlichkeit entfaltet und die volle Entscheidungskompetenz beläßt, hinaus[712]. Im Ergebnis bestimmen daher der Vorsitzende des Ausschusses und sein Stellvertreter den Ermittlungsbeauftragten[713]. Eine Mehrheitsentscheidung ist nur bei Erreichen einer Zweidrittelmehrheit der Abstimmenden möglich.

dd) Die Auflösung des Untersuchungsausschusses

Neben der Einsetzung des Untersuchungsausschusses ist auch der Abschluß eines Untersuchungsverfahrens von großer Bedeutung: Sowohl das Ende der Wahlperiode als auch das Erreichen des Verfahrenszieles führen unmittelbar zur Beendigung des Verfahrens[714]. Von besonderem Interesse für die Einsetzenden und die Eingesetzten (wie auch für das Thema der vorliegenden Arbeit) ist jedoch die Möglichkeit der Auflösung eines Untersuchungsgremiums durch Bundestagsbeschluß zu einem früheren als den genannten Zeitpunkten. Anders als die Einsetzung haben Regelungen zur Auflösung eines Untersuchungsausschusses keinen Einzug in das PUAG gefunden, was zu Unklarheiten über die hierfür erforderlichen Mehrheiten führt. Einigkeit wiederum besteht dahingehend, daß, korrespondierend zur

---

711 Vgl. beispielsweise Art. 108 Abs. 1 S. 3 GG, § 7 Abs. 5 S. 2 GO-BT. Zu Art. 108 Abs. 1 S. 3 a.F., der allerdings hinsichtlich der Herstellung des Benehmens keinerlei Änderung erfahren hat, und zur Abgrenzung zum in Art. 108 Abs. 2 S. 2 GG a.F. (n.F.: S. 3) geforderten Einvernehmen *Heun* (Fn. 710), Art. 108 Rn. 12: „*Benehmen* bedeutet lediglich beratende Anhörung und Würdigung der Stellungnahme mit verbleibendem eigenständigen Entscheidungsspielraum. Die Anforderungen sind damit geringer als bei dem erforderlichen *Einvernehmen* nach Art. 108 Abs. 2 S. 2 GG [a.F.; S. 3 n.F.], das Zustimmung, d.h. Mitentscheidung, verlangt". (Hervorhebungen nicht i.O.).

712 *Rathje*, Ermittlungsbeauftragte (Fn. 685), S. 107 f.; eine Zustimmung auch der Obleute hält Rathje für begrüßenswert, da dadurch naturgemäß die Akzeptanz über alle Fraktionen hinweg erreicht werden kann.

713 Vor diesem Hintergrund wirft Rathje die Frage auf, ob man sich nicht gleich beispielsweise im Hinblick auf eine Zeitersparnis die Stellungnahmen der Obleute der Fraktionen sparen könnte; er verwirft dies jedoch selbst im Hinblick auf die nicht zu unterschätzende Bedeutung, die eine allgemeine Steigerung der Akzeptanz des Ermittlungsbeauftragten für seine Arbeit mit sich bringt, vgl. *Rathje*, Ermittlungsbeauftragte (Fn. 685), S. 108.

714 Vgl. jeweils m.w.N. *Morlok* (Fn. 684), Art. 44 Rn. 54 m. Fn. 246; knapp *P. Köchling*, Verfassungsrechtliche Fragen, in: W. Damkowski (Hrsg.), Der parlamentarische Untersuchungsausschuß. Ein Handbuch für Wissenschaft und Praxis, 1987, S. 23 (31).

Herrschaft des Plenums über die Einsetzung, der Bundestag auch das Recht besitzt, den Untersuchungsauftrag zu entziehen[715].

Einer Ansicht nach ist die oben getroffene Unterscheidung in Mehrheits- und Minderheitsenquête auch im Rahmen der Auflösungsentscheidung von Bedeutung. Zur Erinnerung: die Mehrheitsenquête zeichnet sich durch einen im einfachen Verfahren nach Art. 42 Abs. 2 S. 1 i.V.m. Art. 44 Abs. 1 S. 1 Alt. 1 GG gefaßten Beschluß auf Einsetzung aus, ohne daß ein entsprechender Minderheitsantrag auf Einrichtung vorausging[716]. Parallel zur Einsetzung soll auch im Fall der vorzeitigen Auflösung eines vom Plenum initiierten Untersuchungsausschusses ein einfacher Mehrheitsbeschluß nach Art. 42 Abs. 2 S. 1 GG ausreichen[717].

Nach anderer Ansicht ist auch bei Mehrheitsenquêten die Beendigung des Untersuchungsverfahrens nur vermittels Dreiviertelmehrheit der gesetzlichen Mitgliederzahl möglich[718]. Nur so sei der nunmehr durch das Bundesverfassungsgericht[719] gestärkte Minderheitenschutz im Ausschuß selbst gewährleistet und es könnte vermieden werden, daß ein neuer Untersu-

---

[715] *Rathje*, Ermittlungsbeauftragte (Fn. 685), S. 49.

[716] *C. Heyer/S. Liening*, Enquete-Kommissionen des Deutschen Bundestages, 2. Aufl. 2004, S. 11. – Der Einsetzungsabstimmung ging somit ein entsprechender Antrag einer Fraktion oder von zumindest fünf vom Hundert der Mitglieder des Bundestages nach § 76 Abs. 1 GO-BT voraus.

[717] *Klein* (Fn. 687), Art. 44 Rn. 68; *Rathje*, Ermittlungsbeauftragte (Fn. 685), S. 49; *Versteyl* (Fn. 687), Art. 44 Rn. 24.

[718] Eine Mitgliedermehrheit von drei Vierteln halten stets für erforderlich *Achterberg/Schulte* (Fn. 690), Art. 44 Rn. 101; *J. Platter*, Das parlamentarische Untersuchungsverfahren vor dem Bundesverfassungsgericht. Eine Betrachtung zum Rechtsschutz vor und nach dem Erlaß des Gesetzes zur Regelung des Rechts der Untersuchungsausschüsse des Deutschen Bundestages (PUAG) und in Thüringen, 2004, S. 83; bereits früher: *Köchling*, Fragen (Fn. 714), S. 31, der schon damals auf die ansonsten bestehende Möglichkeit hinweist, daß die qualifizierte Minderheit den gerade aufgelösten Untersuchungsausschuß als Minderheitsenquête durch Pflichtbeschluß nach Art. 44 Abs. 1 S. 1 Alt. 2 GG wieder einsetzen läßt. Im Prinzip teilt diese Auffassung auch *Morlok* ([Fn. 684], Art. 44 Rn. 54 m. Fn. 246), der allerdings eine neue weitere Differenzierung zwischen einer Beendigung wegen nachträglicher Überzeugung von der Unzulässigkeit des Untersuchungsausschusses (dann doch einfache Mehrheit ausreichend [!]) und den übrigen Fällen machen möchte und die ohnehin schon unzureichend geklärte Rechtslage verkompliziert. Ferner eröffnet Morlok hierdurch eine weitere Mißbrauchsmöglichkeit durch Behauptung einer verfassungswidrigen Einsetzung und begründet hinsichtlich der Frage, wann „nachträgliche" Unzulässigkeit vorliegt, unnötig neues Streitpotential.

[719] BVerfGE 105, 197: in der Entscheidung führte das Gericht aus, daß sich das Spannungsverhältnis zwischen Parlamentsmehrheit und Einsetzungsminderheit auch im Ausschußverfahren selbst fortsetze und daher letzterer eine Mitbestimmung bei der Beweiserhebung zuzubilligen ist (222 f.). Dort wird ferner festgestellt, daß diese Grundsätze sogar im Rahmen von Mehrheitsenquêten gelten sollen.

chungsausschuß mit demselben Beweisthema durch die übergangene qualifizierte Minderheit eingesetzt wird (wozu die Parlamentsmehrheit ja im Rahmen einer Minderheitsenquête nach Art. 44 Abs. 1 S. 1 Alt. 2 GG verpflichtet wäre).

Im Rahmen der Auflösung eines Minderheits-Untersuchungsausschusses besteht demgegenüber Einigkeit hinsichtlich der nötigen Mehrheit. Obwohl für die Einrichtung des Untersuchungsausschusses (nach entsprechendem Antrag der Parlamentsminderheit) ein verpflichtend zu fassender einfacher Mehrheitsbeschluß gemäß der Art. 44 Abs. 1 S. 1 Alt. 2 i. V. m. Art. 42 Abs. 2 S. 1 GG erforderlich war, genügt dieser nicht mehr für den gegenläufigen Akt der Einstellung des Untersuchungsverfahrens. Korrespondierend zu der den Ausschuß beantragenden qualifizierten Minderheit von einem Viertel der Mitglieder des Bundestages wird für die Beendigung des Verfahrens eine Mehrheit von mehr als drei Vierteln für erforderlich gehalten. Sie bezieht sich auch auf die gesetzliche Mitgliederzahl des Bundestages i. S. v. Art. 121 GG[720]. Bei der derzeitigen Zusammensetzung des 18. Bundestages sind dies immerhin geringstenfalls 474 Abgeordnete.

ee) Stellungnahme

Einleitend und gewissermaßen zusammenfassend läßt sich bereits zu Beginn der Würdigung feststellen, daß es dem Gesetzgeber nach etlichen, im einzelnen nicht immer von Erfolg gekrönten Anläufen gelungen ist, ein im Großen und Ganzen in sich stimmiges und den Erfordernissen des Minderheitenschutzes genügendes Gesetzeswerk in Form des PUAG geschaffen zu haben. Auch die Intention, ein bisher nur durch die Entscheidungen des Bundesverfassungsgerichts und parlamentarisches Gewohnheitsrecht ausgestaltetes Schutzniveau festzuschreiben – teilweise sogar auszubauen –, hat sich in die Tat umsetzen lassen. Ein maßgebliches Instrument zur Realisierung war die fast immer konsequent durchgehaltene Übertragung der aus Art. 44 Abs. 1 S. 1 GG bekannten Ein-Viertel-Minderheit in sämtliche Konstellationen, in denen wirkliche Ausschuß- und damit gleichsam Aufklärungsarbeit durch die Mehrheit des Ausschusses ver- oder wenigstens be-

[720] Im Rahmen der Minderheitsenquête ganz einhellige Auffassung: *A. Seidel,* Die Opposition im parlamentarischen Untersuchungsverfahren nach Art. 44 GG – materieller und verfassunsprozessualer Minderheitenschutz –, in: BayVBl. 2002, S. 97 (103); *B. Pieroth*, in: Jarass/Pieroth, GG (Fn. 119), Art. 44 Rn. 3; etwas abweichend *Klein* (Fn. 687), Art. 44 Rn. 68: dem Auflösungsbeschluß müßten weniger als ein Viertel der Mitglieder des Bundestages widersprechen, was zur Folge hat, daß bei Enthaltungen auch deutlich weniger als drei Viertel der Stimmen nötig sind; *Rathje*, Ermittlungsbeauftragte (Fn. 685), S. 49; *Morlok* (Fn. 684), Art. 44 Rn. 54; *Versteyl* (Fn. 687), Art. 44 Rn. 24.

hindert werden könnte. Dennoch kann nicht ganz auf einige kritische Anmerkungen verzichtet werden.

(1) Einsetzung des Untersuchungsausschusses

Zunächst fällt das unnötig kompliziert ausgestaltete Einsetzungsverfahren für Untersuchungsausschüsse auf: dem eine Einsetzung verlangenden Viertel selbst steht paradoxerweise kein eigenes Einsetzungs- oder Anrufungsrecht zu. Insofern geht der Verfassunggeber davon aus, daß die restlichen Abgeordneten (oder doch zumindest eine gewisse Anzahl weiterer Abgeordneter, wenn man unterstellt, daß sich das Viertel der Abgeordneten genauso wie bei dem Aufforderungsbeschluß verhält) dem Beschluß der Minderheit folgend selbst die Untersuchung in Gang setzen[721]. Weitaus einfacher und nicht minder effizient wäre es jedoch gewesen, dem Abgeordnetenviertel sogleich das Recht zur Einsetzung bzw. Anrufung zu eröffnen, da dem Mißbrauch durch die allgemein anerkannte Beschränkung der tauglichen Prüfungsgegenstände auf den Zuständigkeitsbereich des Parlaments (sog. Korollartheorie)[722], die mittlerweile auch in das PUAG in § 1 Abs. 3 Einzug gehalten hat, ohnehin Einhalt geboten ist. Auch würden auf diese Weise – vorausgesetzt die Bundestagsmehrheit hielte sich nicht an die grundgesetzliche Verpflichtung zur Fassung des Einsetzungsbeschlusses – Organstreitverfahren der qualifizierten Parlamentsminderheit[723] vermieden und der Minderheitenschutz intensiviert. Im übrigen hat die bisherige Praxis der Einsetzung von Untersuchungsausschüssen gezeigt, daß in den seltensten Fällen die Parlamentsmehrheit an den beantragten Gegenständen Anstoß nimmt[724]. An-

[721] Für den Fall, daß die erforderliche einfache Mehrheit für die Einsetzung des Untersuchungsausschusses nicht zustande kommt, steht den insofern in ihren Rechten aus den Art. 44 Abs. 1 S. 1, 45 a Abs. 2 S. 2 GG verletzten Abgeordneten die Anrufung des Bundesverfassungsgerichts im Rahmen eines Organstreitverfahrens nach den Art. 93 Abs. 1 Nr. 1 GG, §§ 13 Nr. 5, 63 ff. BVerfGG offen.

[722] In diesem Sinne bereits früh *Anschütz*, Verfassung (Fn. 682), S. 218, zum damaligen Art. 34 WRV; heute ist dies (nicht unkritisierte) allgemeine Meinung: vgl. nur *Pieroth* (Fn. 720), Art. 44 Rn. 3 sowie ausführlich m. w. N. zur Entstehungsgeschichte und der Kritik *Seiler*, Untersuchungsausschuss (Fn. 682), S. 385 ff. Dort (S. 385, Fn. 19) jedoch der nicht überzeugende Hinweis auf den *deklaratorischen* Charakter des § 1 Abs. 3 PUAG. Auf den S. 385 f. beschreibt der Verf. insbesondere auch die zu beobachtende Tendenz der Ausdehnung des Untersuchungsinstruments in Richtung einer „Gesellschaftsenquête", also der Untersuchung (eher) nichtstaatlicher Vorgänge. – Freilich wäre eine nachträgliche gerichtliche Kontrolle der Zulässigkeit der Untersuchungsthemen genauso denkbar.

[723] Verfassungsprozeßrechtlich wäre gegen den Bundestag auf Feststellung der entsprechenden Verpflichtung zur Fassung des Einsetzungsbeschlusses zu klagen. Zum einschlägigen Verfahren vgl. Fn. 721.

[724] *Achterberg/Schulte* (Fn. 690), Art. 44 Rn. 88.

schließend darf nicht außer acht gelassen werden, daß bei einer Anzahl von 158 Abgeordneten unter Zugrundelegung der sich in den bisherigen Legislaturperioden abgezeichneten Kräfteverhältnisse von „radikalen Minderheiten", die die Minderheitsenquête mißbrauchen, kaum die Rede sein kann[725].

Dennoch ist Art. 44 Abs. 1 S. 1 GG ein wirksames Minderheitenschutzrecht, von dem in der Vergangenheit regelmäßig Gebrauch gemacht wurde, kam es doch bisher zur Einrichtung von insgesamt 40 Untersuchungsausschüssen[726].

(2) Zusammensetzung der Untersuchungsausschüsse

Die Mehrheitsfraktionen des Bundestages stellen nach dem Prinzip der Spiegelbildlichkeit auch im Untersuchungsgremium die Mehrheit der Vertreter. Diese Zusammensetzung stellt zwar sicher, daß die verschiedenen Kräfte entsprechend der Machtverteilung im Bundestag im Untersuchungsgremium vertreten sind; daß dies jedoch eher einer Behinderung der Untersuchungsaufgabe denn einer effizienten Kontrolle dient, scheint teilweise nicht von der Hand zu weisen zu sein. So werden naturgemäß die Vertreter beispielsweise der Regierungsfraktionen in einem Ausschuß, der ein Regierungshandeln zu untersuchen hat, kaum mit den kritischsten Fragen auffallen. Auch gestaltet sich die Bewertung einzelner Zeugeneinvernahmen unter

---

[725] Des weiteren fällt auf, daß das Minderheitenquorum zur Äußerung des Einsetzungsverlangens von einem Fünftel in Art. 43 Abs. 1 S. 1 WRV durch die Väter und Mütter des Grundgesetzes auf ein Viertel im aktuellen Art. 44 GG angehoben wurde, was dem Verfassunggeber wohl aufgrund der Ausnutzung des Minderheiteninstruments durch die radikalen Kräfte der Weimarer Zeit ratsam erschien (vgl. *Oeverhaus*, Untersuchungsausschuss [Fn. 682], S. 26 m.w.N.). Die Einschränkungen des Minderheitenschutzes durch die Erhöhung des Antragsquorums um fünf vom Hundert der Mitglieder des Bundestages scheint einen bestimmungsgemäßen Gebrauch effizient gewährleisten zu können. Dieses Mehr an parlamentarischer Stabilität wurde andererseits durch einen nicht geringen Preis bezahlt, fällt doch die hierfür in Kauf genommene Reduzierung des Schutzniveaus der Minderheit beträchtlich aus: wären bei Übernahme der früheren Rechtslage bei Zugrundelegung der heutigen Bundestagsgröße die Stimmen von 126 Abgeordneten erforderlich gewesen, so sind es unter Zugrundelegung des Ein-Viertel-Quorums 158 Mitglieder des Bundestages, was einen Unterschied von 32 Parlamentariern und damit eine Erhöhung der Antragsminderheit um über 20 Prozent bedeutet.

[726] Siehe *P. Schindler*, Datenhandbuch 1949 bis 1999, 2005, Band III, Kapitel 27.1 (S. 3694 f.) für die 1. bis 13. Wahlperiode; für die 14. Wahlperiode siehe *Michael F. Feldkamp*, Datenhandbuch 1994 bis 2003, 2005, Kapitel 8.9 (S. 517 f.) sowie überlappend für die Zeit ab der 12. Legislaturperiode bis heute http://www.bundestag.de/dokumente/datenhandbuch/08/08_09/08_09_03.html (November 2013). Vorläufiges Ende: der 1. Untersuchungsausschuß NSA in der 18. Legislaturperiode, s. http://www.bundestag.de/bundestag/ausschuesse18/ua/1untersuchungsausschuss/index.jsp (März 2014).

den Ausschußmitgliedern mitunter derart verschiedenartig (und parteipolitisch eingefärbt) aus, daß man sich fragen muß, ob die Ausschußmitglieder tatsächlich dem selben Untersuchungsgremium angehören, vom „Mangel an wirklichem Aufklärungswillen" ganz zu schweigen[727].

Eine der derzeitigen Rechtslage vorzuziehende Ausgestaltung der Zusammensetzung des Untersuchungsgremiums wäre die – insbesondere im Rahmen von Minderheitsenquêten sinnvolle – Umkehrung der Stärkeverhältnisse[728], die gegenüber einer (Teil-)Besetzung mit Nicht-Politikern Vorzug böte[729]. Die neuere Rechtsprechung des Bundesverfassungsgerichts geht dahin, die Kontrolle der Mehrheit durch die etwas umständliche Konstruktion einer „Fortsetzung des Spannungsverhältnisses" zwischen Mehrheit und Minderheit auch im Ausschuß selbst sicherzustellen, deren Konsequenz die Mitbestimmung der qualifizierten Minderheit beispielsweise auch bei Fragen der Beweiserhebung ist[730]. Diese Figur, die auch in die Normen des PUAG Einzug gehalten hat, könnte man dadurch vermeiden, daß man wie oben beschrieben die Stärkeverhältnisse zwischen Plenum und Untersuchungsausschuß proportional umkehrt. So könnte verhindert werden, daß die an Aufklärung interessierte Minderheit durch ein gegenläufiges Verhalten der Ausschußmehrheit behindert wird, ohne daß die Mehrheit stets einer qualifizierten Minderheit folgen müßte. Demgegenüber wäre auch die Einschränkung des Mehrheitsprinzips durch die Umkehrung des Stimmmenge-

---

727 Bezüglich dieses Komplexes siehe die Untersuchung von *Oeverhaus*, der im Rahmen der Aufarbeitung des Berliner Antes-Skandals sowie des Banken-Skandals eine vernichtende Bilanz für das derzeit in Bund und Ländern bestehende Untersuchungsverfahren zieht (*ders.*, Untersuchungsausschuss [Fn. 682], S. 98 ff.). Oeverhaus führt dies sowohl auf ein „Nicht-Wollen" als auch ein „Nicht-Können" der Ausschußmitglieder in den entsprechenden Enquête-Ausschüssen zurück; Zitat ebd., S. 100. – Die Ergebnisse, die er bei der näheren Betrachtung insbesondere der Untersuchungsausschüsse im Berliner Abgeordnetenhaus feststellt und deren Übertragung auf Untersuchungsausschüsse des Bundestages aufgrund ähnlicher Strukturen jedenfalls er nicht per se ausschließt, wirken erschreckend: Er kommt zu dem Schluß, daß die Gefahr eines „Versagens […] umso größer [ist], je größer und weitreichender ein Skandal [sich erstreckt]", und ein Erfolg nur durch ein „Höchstmaß an freier Handlungsfähigkeit und Handlungsmöglichkeit der politischen Akteure" zu gewährleisten sei; *Oeverhaus*, Untersuchungsausschuß (Fn. 682), S. 103, 104.

728 Dieser Vorschlag findet sich bei *Versteyl* (Fn. 687), Art. 44 Rn. 56 m. w. N., der die „Systemwidrigkeit" umgekehrter Mehrheiten in diesem Fall für gerechtfertigt hält.

729 Dennoch würden Regierungsüberwachung und Minderheitenschutz ein gutes Stück voran gebracht, wenn die Zusammensetzung der Untersuchungsausschüsse nur zu einem Teil aus Mitgliedern des Bundestags bestünde, zu einem anderen aber aus unabhängigen Fachleuten – zu denken wäre beispielsweise an Wirtschaftsprüfer in einem Korruptionsverfahren. Natürlich wären Zusammensetzung und Bestellungsverfahren gesetzlich auszudifferenzieren; vgl. abermals *Oeverhaus*, Untersuchungsausschuß (Fn. 682), S. 99 ff.

730 BVerfGE 105, 197 (222 f.).

wichts zu rechtfertigen, erfährt dieser Grundsatz doch im gesamten Untersuchungsausschußverfahren aufgrund des speziellen Regelungsbereiches Einschränkungen[731].

(3) Fiktion der Beschlußfähigkeit

Während die Fiktion der Beschlußfähigkeit für die Sitzungen des Plenums weniger überzeugte, stellt § 9 Abs. 1 S. 2 PUAG für das Untersuchungsverfahren sicher, daß im Ausschuß bei wiederholter Beschlußunfähigkeit dennoch ein gewinnbringender Fortgang des Verfahrens möglich ist. Wäre die Handlungsfähigkeit nicht mehr gewährleistet, könnte(n) die Mehrheitsfraktion(en) durch simples Fernbleiben die Sitzungen und damit eine effiziente Untersuchungstätigkeit, die oft auf eine Kontrolle der Tätigkeit der Regierung bzw. der sie stützenden Regierungsfraktionen hinausläuft, wirksam unterminieren. So aber ist das Gremium bereits in der Sitzung, die auf eine mangels Beschlußfähigkeit vertagte folgt, beschlußfähig – unabhängig davon, wie viele der geladenen Delegierten erscheinen. Lediglich erforderlich ist, daß die Einladung auf diese Regelung des Untersuchungsausschußgesetzes hinweist.

(4) Einsetzung und Abberufung des Ermittlungsbeauftragten

Zunächst fällt auf, daß der Gesetzgeber im Rahmen der Bestimmungen zu Einsetzung und Abberufung des Ermittlungsbeauftragten von der ansonsten die Bestimmungen des Untersuchungsausschußgesetzes prägenden Kombination aus qualifiziertem Antragsrecht einer Ein-Viertel-Minderheit einer- und der Möglichkeit der Zurückweisung bzw. Rückgängigmachung dieses Minderheitenverlangens vermittels einer qualifizierten Dreiviertelmehrheit andererseits abweicht: eine Zweidrittelmehrheit ist für die Einsetzung und Abberufung des Ermittlers vorgesehen. Für sich genommen bietet dieses Quorum hohe Gewähr für die Richtigkeit der Entscheidung – findet sie doch im Rahmen von Verfassungsänderungen Anwendung. Von noch viel größerer Bedeutung ist jedoch, daß allein ein hohes Quorum zur Einsetzung der Person des Ermittlungsbeauftragten die allgemeine Akzeptanz, die für dessen erfolgreiche Arbeit Grundvoraussetzung ist[732], gewährleistet:

---

731 Kritisch bereits *Scholz*, Untersuchungsausschuß (Fn. 680), S. 602 f.: nur relative Einschränkung des Mehrheitsprinzips, wo es Minderheitsenquêten unabdingbar erfordern.

732 Die Effekte der Arbeitserleichterung sowie Beschleunigung und Objektivierung des Untersuchungsverfahrens seien eben nur durch einen unparteiisch agierenden Ermittlungsbeauftragten zu erreichen: *Rathje*, Ermittlungsbeauftragte (Fn. 685),

wenigstens zum Zeitpunkt seiner Wahl stand eine qualifizierte Zweidrittelmehrheit der Mitglieder des Ausschusses hinter ihm. Die Wahl vermittels einfacher Mehrheit der Delegierten hingegen hätte aufgrund der im wesentlichen spiegelbildlich zum Plenum besetzten Ausschüsse zur Folge, daß die durch die Regierungsfraktionen gestellte Mehrheit im Plenum über ihre Vertreter im Ausschuß allein den Ermittlungsbeauftragten bestimmen könnte. Dies aber wiederum spräche gegen die allgemeine Anerkennung und gegen eine wirksame Aufklärungsarbeit des Ermittlers.

Andererseits jedoch führt die Festlegung der Zweidrittelmehrheit im Bereich des Untersuchungsausschußwesens zu einer Entwertung der Rolle, die an so vielen anderen Stellen der qualifizierten Minderheit auch innerhalb des Gremiums zugebilligt wird: die qualifizierte Minderheit von einem Viertel nämlich kann die Benennung eines mutmaßlich den Interessen der Mehrheitsfraktionen näherstehenden Beauftragten – wenn sie nicht ein Quorum von einem Drittel erreicht – nicht verhindern. Während sie sonst mit umfangreichen Rechten ausgestattet wird, kann ihr die Feststellung des Bundesverfassungsgerichts, die Durchführung eines Verfahrens mit einer Mehrheit von zwei Dritteln stelle sicher, daß Maßnahmen nur mit einer Mehrheit getroffen werden können, die in der Regel eine Fraktion übergreift und auch die Opposition einbezieht, kaum ernsthaft Trost sein.

Darüber hinaus wird eine weitere Problematik durch die Zweidrittel- im Vergleich zur Dreiviertelmehrheit etwas abgemildert. Führt man sich nämlich vor Augen, daß in der parlamentarischen Praxis das Verfahren in Enquêtekommissionen regelmäßig von politischer Konfrontation geprägt ist, droht gar die nicht fristgemäße Besetzung des Postens[733]. Bereits die Tatsache, daß der Gesetzgeber in § 10 Abs. 2 S. 2 PUAG die Möglichkeit eines alternativen Besetzungsverfahrens niedergelegt hat, zeigt, daß auch er in dieser Sache die konkrete Gefahr des Scheiterns des Verfahrens nach

---

S. 103; der Verfasser verkennt indes die Nachteile des hohen Einsetzungsquorums wie beispielsweise die Probleme bei seiner Erfüllung, die unter Umständen den Beteiligten ein hohes Kompromißpotential abverlangen, das bei Überdehnung zum Scheitern der Wahl führen könnte.

[733] Die entsprechende Prophezeiung findet sich bei *Wiefelspütz*, Untersuchungsausschußgesetz (Fn. 682), S. 202; noch deutlicher *ders.*, Redebeitrag, in: Deutsche Vereinigung für Parlamentsfragen (Hrsg.), Wahrheitssuche zwischen Recht und Politik – Was leistet das neue Untersuchungsausschussgesetz?, 2001, S. 17 (22): „Wie wollen Sie denn in einer politisch umstrittenen Institution eine Zweidrittelmehrheit für einen Ermittlungsbeauftragten zusammenbekommen? Das gibt es doch überhaupt nicht. Zweidrittelmehrheiten erzielen Sie nur dann, wenn Sie Geschäfte machen können. Welche Geschäfte sollen denn in einem Untersuchungsausschuss gemacht werden, wenn eine Zweidrittelmehrheit verlangt wird, um einen Ermittlungsbeauftragten einzusetzen?"; bei Befürchtungen beläßt es *Rathje*, Ermittlungsbeauftragte (Fn. 685), S. 104 f.; an späterer Stelle (S. 107) jedoch ähnlich resignierend.

S. 1 erkannt hat. Zur Abwehr der Gefahr hat er jedoch nur auf den ersten Blick und zugleich auf umständlichem Wege Vorsorge getroffen, indem er die Aufgabe der Besetzung an den Ausschußvorsitzenden delegiert, der wiederum im Einvernehmen mit seinem Stellvertreter und im Benehmen mit den Obleuten der Ausschußfraktionen über die Personalfrage entscheidet, § 10 Abs. 2 S. 2 PUAG[734]. Wie oben bereits erläutert, läuft die Kombination aus Einvernehmen und Benehmen auf eine Einstimmigkeitsentscheidung zwischen dem Vorsitzenden des Untersuchungsausschusses und seinem Stellvertreter hinaus. Setzen sich jedoch die Kontroversen auch im Vorstand – der Vorsitzende und sein Vertreter entstammen schließlich unterschiedlichen Fraktionen, § 7 Abs. 1 Hs. 2 PUAG – und bei den Obleuten fort, ist ein Ergebnis auf zweiter Ebene mithin ebenfalls nicht sicher gewährleistet[735]. Mißlingt die Bestellung auch hier, hält Wiefelspütz einen Losentscheid zur Bestimmung des Beauftragten für das einzige noch verbleibende Mittel, den Verpflichtungen aus § 10 Abs. 1 S. 1, Abs. 2 S. 1 PUAG nachzukommen.

Daneben überzeugt der – an anderer Stelle leider vielfach fehlende – Gleichlauf der für Benennung einerseits und Abberufung eines Amtsträgers andererseits erforderlichen Mehrheitsquoren im Falle des Ermittlungsbeauftragten: für beide Vorhaben ist eine Zweidrittelmehrheit zu erzielen. Bezieht man in einem zweiten Blick jedoch die in § 10 Abs. 2 S. 1, Abs. 4 S. 2 PUAG angeordnete Bezugsgröße der anwesenden Mitglieder in die Überlegungen mit ein, so wird schnell deutlich, daß es sich nur um vermeintlich identische Anordnungen handelt, wobei die Kongruenz auf das Quorum beschränkt bleibt. So kann es denn sein, daß der Ermittlungsbeauftragte beispielsweise einstimmig durch Beschluß von 11 Abgeordneten ernannt wird, für die Abberufung aber bei einer angenommenen Anwesenheit von sechs Mitgliedern vier Stimmen ausreichen – wenn die Beschlußfähigkeit nicht nach § 9 Abs. 1 S. 2 PUAG gerügt und daher fingiert wird, kann dieser Vergleich zwischen Einsetzung und Abberufung noch deutlicher ausfallen.

---

[734] Siehe zur rechtlichen Bedeutung der Herstellung des „Einvernehmens“ genauso wie des „Benehmens“ die entsprechenden Erläuterungen bei *Rathje*, Ermittlungsbeauftragte (Fn. 685), S. 105 ff. bzw. 107 f.

[735] Ernüchternd *Rathje*, Ermittlungsbeauftragte (Fn. 685), S. 107: „Kommt eine Zweidrittelmehrheit im Ausschuß aufgrund parteipolitischer Kontroversen nicht zustande, vermag auch die vorgesehene Bestimmung des Ermittlungsbeauftragten durch den Vorsitz regelmäßig [die Bestellung des Ermittlungsbeauftragten] nicht zu gewährleisten“; ebenso *Wiefelspütz*, Untersuchungsausschußgesetz (Fn. 682), S. 202: „Die politische Konfliktlage erscheint auf dieser Ebene eher noch zugespitzter, wenn im Ausschuß eine Zweidrittelmehrheit nicht zustande kommt.“

(5) Im Ausschuß: Minderheitenantrag auf Mehrheitsbeschluß

Konsequent bedient sich der Gesetzgeber der Möglichkeit, der Ausschußmehrheit die Fassung eines Beschlusses aufzuerlegen, wenn dies von einer Minderheit von einem Viertel seiner Mitglieder verlangt wird.

Genauso wie an anderer Stelle ist jedoch auch hier nicht klar, warum der Gesetzgeber nicht gleich der qualifizierten Minderheit die Handlungsmöglichkeiten direkt an die Hand gegeben hat, sondern den Umweg über die entsprechende verpflichtende Beschlußfassung der Ausschußmehrheit gegangen ist; nur der Aspekt der Zulässigkeitsprüfung rechtfertigt dies nicht. Auch mit einer nachträglichen Überprüfung des durch die Viertelminderheit bereits gefaßten Beweisbeschlusses könnte die ihn aus Gründen der Unzulässigkeit ablehnende Ausschußmehrheit – entsprechendes gilt für die Ablehnung beantragter Zwangsmittel – auf die nachträgliche Geltendmachung der Unzulässigkeit verwiesen werden. Hierfür böte sich der bereits jetzt nach § 17 Abs. 4 PUAG im Falle der mehrheitlichen Ablehnung des Minderheitenantrags entscheidende Ermittlungsrichter beim BGH an[736].

Gleichwohl erreichen die Vorschriften ihr Ziel, eine effektive Aufklärungsarbeit notfalls auch gegen den Willen der Mehrheit im Untersuchungsausschuß beispielsweise mittels Durchsetzung entsprechender Beweiserhebungen zu gewährleisten. Insbesondere werden die durch das Bundesverfassungsgericht vor Existenz des PUAG aus dem Kontext von Art. 44 GG aufgestellten, von Verfassungs wegen gebotenen Anforderungen an den Minderheitenschutz[737] durch die einfachgesetzlichen Regelungen im Untersuchungsausschußgesetz übertroffen.

(6) Der Auflösungsbeschluß

Zunächst fällt auf, daß der Gesetzgeber trotz der erstmaligen und an sich umfassenden Kodifizierung des Untersuchungsausschußrechts ohne ersichtlichen Grund auf die Aufnahme einer Regelung zur Beendigung des Ausschußverfahrens verzichtet hat – besitzt gerade diese Frage doch eine nicht untergeordnete Bedeutung für die Interessen der Minderheit im Falle der durch sie initiierten Enquête. Die Unklarheit, in der der Gesetzgeber die am Untersuchungsverfahren Beteiligten läßt, erscheint unbefriedigend – umso mehr, als zwischen den zwei vertretenen Auffassungen über die Auflösung

[736] Wie schon jetzt wäre auch dann die Beschwerdemöglichkeit zum BGH gegen die Entscheidung des Ermittlungsrichters einzuräumen; vgl. die entsprechende Regelung in § 36 III PUAG.

[737] Vgl. BVerfGE 105, 197 (220 f.); dazu bereits ausführlich oben A.V. 2. a) bb) (4) mit Fn. 701.

im Extremfall ein Unterschied von mehreren hundert Stimmen liegen kann[738].

Im Rahmen der Mehrheitsenquête überzeugt auf den ersten Blick der Gleichlauf zwischen Einsetzung und Auflösung des Untersuchungsausschusses durch das Erfordernis einer Entscheidung nach Art. 42 Abs. 2 S. 1 GG. Betrachtet man die Regelung erneut, kann dies jedoch bedeuten, daß ganz unterschiedliche Stimmenergebnisse für Einsetzung und Aussetzung zustande kommen können – letztlich eine der Bezugszahl der Abstimmenden immanente Folge. Die Auffassung, die auch im Falle des durch einfachen Mehrheitsbeschluß und ohne vorherigen Minderheitenantrag eingesetzten Untersuchungsausschusses zu seiner Auflösung eine Dreiviertelmehrheit, genauer gesagt eine über der Dreiviertelmehrheit liegende, verlangt, überzeugt nicht. Allein aus der Tatsache, daß ursprünglich eine Mehrheit der *Abstimmenden* die Einsetzung eines Untersuchungsausschusses befürwortete, kann nicht geschlossen werden, daß nunmehr ein Viertel der *Mitglieder* des Bundestages, die bisher noch nicht als „konkrete Antragsminderheit“ in Erscheinung getreten ist, in ihren Minderheitenschutzrechten beschnitten würde. Sollten sich nunmehr 158 Abgeordnete – das qualifizierte Minderheitenviertel – zusammenfinden, muß für diesen Fall die erneute Einsetzung des identischen Untersuchungsausschusses in Kauf genommen werden. Nachdem einmal ein Minderheitenausschuß eingesetzt wurde, gilt nunmehr unstreitig die qualifizierte Mitgliedermehrheit von drei Vierteln zu dessen Auflösung, da die Einsetzung des Ausschusses in Ausübung eines konkreten Minderheitenwillens resp. Minderheitenschutzrechts erfolgte. Da dies bei der Mehrheitsenquête nicht der Fall gewesen ist, rechtfertigt sich dort auch kein besonderes Auflösungsquorum.

Anders als im Rahmen der Mehrheitsenquête besteht bezüglich der Auflösung einer durch Antrag einer qualifizierten Minderheit eingeleiteten Untersuchung Einigkeit dahingehend, daß stets mehr als eine Dreiviertelmehrheit der Mitglieder des Bundestages zu erreichen ist. Die Höhe des Quorums überzeugt, bedeutet sie doch negativ ausgedrückt, daß nicht ein Viertel der gesetzlichen Mitgliederzahl des Bundestages für den Fortgang der Untersuchung stimmen dürfen. Schließlich ist so gewährleistet, daß nicht im Anschluß an einen Auflösungsbeschluß der einfachen Parlamentsmehrheit die qualifizierte Minderheit einen erneuten Untersuchungsausschuß in der selben Angelegenheit einsetzen läßt; nicht zuletzt hat sich der Ausschuß aufgrund

---

[738] Eine qualifizierte Dreiviertelmehrheit der Mitglieder des Bundestages erfordert die Stimmen von 474 Abgeordneten; ein einfacher Mehrheitsbeschluß hingegen kann, sofern die Beschlußfähigkeit wie zumeist nicht gerügt wird, mit deutlich weniger Beteiligten gefaßt werden und bedarf noch dazu nur einer Ja-Stimme mehr als Nein-Stimmen abgegeben wurden.

eines dahingehenden Antrags der Viertelmehrheit konstituiert, deren Wille schlichtweg ignoriert würde. Andersherum betrachtet könnte im Gegenstandsbereich des Minderheitenuntersuchungsausschusses das Minderheiteninstrument allzu leicht ausgehebelt werden, indem die Parlamentsmehrheit die verpflichtende Einsetzung einfach zurücknehmen könnte. Vor diesem Hintergrund würde aber auch das von H. H. Klein[739] vorgeschlagene (negative) Quorum eines Widerspruchs von nicht mehr als einem Viertel der Abgeordneten genügen. Es ist indes schwerer handhabbar.

b) Der Wahlprüfungs-, Immunitäts- und Geschäftsordnungsausschuß

Dem Ausschuß für Wahlprüfung, Immunität und Geschäftsordnung – aufgrund seiner Aufgabe der Überprüfung der Bundestagswahl unmittelbar nach deren Abschluß auch „Erster Ausschuß" genannt – ist ein nicht unbeachtliches Arbeitspensum auferlegt worden, das aus drei sehr unterschiedlichen Bereichen (bei zugleich unterschiedlicher Besetzung[740]) besteht, die aber allesamt innere Angelegenheiten des Bundestages betreffen. Während die Beratungen im Bereich der Geschäftsordnungsangelegenheiten hier keine nähere Untersuchung erfahren – in diesem Bereich werden nämlich stets Einvernehmlichkeitsentscheidungen angestrebt[741] –, verdienen die Wahlprüfungs- und Immunitätsangelegenheiten aufgrund des Rückgriffs auf Mehrheitsentscheidungen eine nähere Betrachtung.

aa) Die Wahlprüfung

Die Wahlprüfung ist nach Art. 41 Abs. 1 S. 1 GG Sache des Bundestages. Näheres wird im auf der Rechtsgrundlage des Abs. 3 erlassenen Wahlprüfungsgesetz geregelt, das eine Vorprüfung für den Bundestag vorsieht. Hierfür wird dem Parlament in § 3 Abs. 1 WahlprüfG ein Wahlprüfungsausschuß zur Seite gestellt, der die Entscheidung des Bundestages vorbereiten soll. Er besteht aus neun ordentlichen Mitgliedern, ergänzt um jeweils ein beratendes Mitglied derjenigen Fraktionen, die bei der Neuner-Besetzung nicht berücksichtigt wurden[742]. Beschlußfähig ist der Ausschuß, wenn

---

739 s. oben in Fn. 720.

740 *Edinger*, Wahl (Fn. 77), S. 223 f.

741 *Geis*, Parlamentsausschüsse (Fn. 666), § 54 Rn. 37; natürlich gilt das Ziel möglichst konsensualer Verständigung auch für die übrigen beiden Bereiche, ebd., Rn. 35.

742 In der 16. Legislaturperiode bestand der Ausschuß aus insgesamt nur neun Mitgliedern, da alle Fraktionen mit mindestens einem Sitz bereits im Rahmen der Mini-

mindestens die Hälfte seiner Mitglieder anwesend sind, § 4 S. 1 WahlprüfG. Ausschußintern sind die Wahl des Vorsitzenden ((1)) und die Fassung der Schlußentscheidung ((2)) von besonderem Interesse.

(1) Wahl des Vorsitzenden

Die Wahl von Vorsitzendem und dessen Vertreter vollzieht sich mittels Stimmenmehrheit, § 3 Abs. 3 S. 1 WahlprüfG. Bemerkenswerterweise trifft das Wahlprüfungsgesetz Vorkehrungen für den Fall, daß bei der Wahl des Vorsitzes Stimmengleichheit auftritt. In dieser Konstellation entscheidet nach S. 2 die Stimme des ältesten Mitglieds. Eine neuerliche Abstimmung findet demnach nicht statt, nach Feststellung der Pattsituation wird der Stimme des ältesten Ausschußmitglieds ein höheres Gewicht zugemessen, welches den Ausschlag in Richtung des einen oder anderen Bewerbers bringt. Da in der Praxis regelmäßig eine Verständigung auf einen gemeinsamen Wahlvorschlag erfolgt[743], ist diese Ausdifferenzierung umso bemerkenswerter, als sie sogar für den Ausnahmefall nicht möglicher Verständigung Vorkehrungen zur Ermittlung eines Vorsitzenden trifft.

(2) Beschlußfassung im Wahlprüfungsausschuß, insbesondere: die Schlußentscheidung

Ziel des Ausschusses ist es, dem Bundestag eine Beschlußempfehlung hinsichtlich der Gültigkeit oder Ungültigkeit der überprüften Bundestagswahl vorzulegen. Diese Schlußentscheidung, wie auch die sonstigen Beschlüsse des Ausschusses, wird mit Stimmenmehrheit gefaßt, bei Stimmengleichheit ist der Antrag abgelehnt, § 4 S. 2 WahlprüfG. Stimmführerschaft ist nicht vorgesehen[744]. Speziell für die Schlußentscheidung gilt, daß Stimmenthaltungen per Fiktion über § 10 Abs. 3 WahlprüfG[745] zu ablehnenden Stimmen werden. In dieser Bestimmung wird teilweise die Anordnung einer Anwesenheitsmehrheit gesehen[746]. Dies ist jedoch nicht zutref-

---

malbesetzung bedacht wurden, vgl. http://www.bundestag.de/ausschuesse/a01_wpa/mitglieder.html (November 2013). – In der 17. Legislaturperiode waren es dreizehn (CDU/CSU 5, SPD 3, FDP 2, Die Linke 2, Bündnis 90/Die Grünen 1 Delegierter), vgl. http://www.bundestag.de/bundestag/ausschuesse17/a01/mitglieder.html (November 2013).

[743] *Edinger*, Wahl (Fn. 77), S. 222.

[744] Anders noch zur damals geltenden Fassung des Wahlprüfungsgesetzes *Weber*, Beschlußfassung (Fn. 19), S. 52, der eindeutig eine Stimmführerschaft des Vorsitzenden im Falle der Stimmengleichheit anerkennt.

[745] Die Norm lautet: „Bei der Schlußentscheidung gilt Stimmenthaltung als Ablehnung“.

fend, regelt die Norm doch allein den Umgang mit Stimmenthaltungen und trifft keinerlei Vorgaben zur Anwesenheit[747]. Beide Fragen – die Behandlung von Stimmenthaltungen und die der erforderlichen Mehrheit, insbesondere der zugrundeliegenden Bezugszahl – sind losgelöst voneinander zu betrachten.

Das Ergebnis der Arbeit des Ausschusses, der Entscheidungsvorschlag, kann seitens des Bundestages nur in seiner Gesamtheit angenommen oder abgelehnt werden; dies geschieht im Plenum durch einfachen Mehrheitsbeschluß nach Art. 42 Abs. 2 S. 1 GG[748].

(3) Stellungnahme

Für die vorliegende Arbeit ist der Wahlprüfungsausschuß aus zwei Gründen interessant: der erste betrifft den Umgang des WahlprüfG mit der Stimmengleichheit im Ausschuß. Zunächst fällt auf, daß gesetzlich ausdrückliche Anordnungen für die Auflösung einer Stimmengleichheit im Gremium bestehen – alles andere als eine Selbstverständlichkeit! Die Entscheidung für die Stimmführerschaft des ältesten Mitglieds zur Auflösung der Pattsituation bei der Wahl des Ausschußvorsitzenden entspricht dem klassischen Verständnis, daß der an Lebensjahren Älteste über besondere Kenntnisse und Erfahrung vefügt. Kritikern dieser zugegebenermaßen gleichheitsbeeinträchtigenden Stimmengewichtung sei entgegengehalten, daß es um die progressive Auflösung einer Stimmengleichheit geht, wobei dem Gewählten kaum mehr Aufgaben als die Leitung der mündlichen Verhandlung zukommen (vgl. § 8 Abs. 3 WahlprüfG). In allen anderen Konstellationen, insbesondere der das Ausschußverfahren beendenden Beschlußempfehlung für den Bundestag, gilt im Falle von Stimmengleichheit die erforderliche (einfache) Mehrheit als nicht erreicht und die Schlußentscheidung somit als abgelehnt.

Der zweite Aspekt betrifft eine weitere Differenzierung, diesmal hinsichtlich der Behandlung von Stimmenthaltungen: während in der Schlußentscheidung Stimmenthaltungen per Gesetz den ablehnenden Stimmen zugeordnet werden, erfahren sie im Rahmen des übrigen Verfahrens keine herausgehobene Berücksichtigung, sondern fallen allgemeiner Auffassung nach als unbeachtliche Stimmen bei den Auszählungen überhaupt nicht ins Gewicht. Die Schlußentscheidung ist dabei ohne Zweifel die mit Abstand bedeutendste Entscheidung des Ausschusses, die – nach Bestätigung durch

---

746 *Stern*, Staatsrecht II (Fn. 89), Anm. § 26 II 2 d (S. 50); *Achterberg*, Grundsätze (Fn. 111), S. 519.

747 *Lambrecht*, Stimmenthaltung (Fn. 70), S. 137 f.

748 *M. Morlok*, in: Dreier, GG (Fn. 17), Art. 41 Rn. 14.

den Bundestag – unmittelbare Auswirkung auf die Gültigkeit des überprüften Wahlverfahrens hat. Den Ausschußmitgliedern obliegt daher eine erhöhte Verantwortung, der sie sich nicht durch eine Enthaltungsentscheidung entziehen können sollen, da ihnen die Auswirkung eines solchen Verhaltens bewußt sein muß. Enthalten sie sich dennoch, entscheiden sie sich wissentlich und willentlich gegen die Ordnungsmäßigkeit der Bundestagswahl.

bb) Die Aufhebung der Immunität eines Bundestagsabgeordneten

Indemnität (Art. 46 Abs. 1 GG) und Immunität (Art. 46 Abs. 2–4 GG)[749] sind Garanten zur Gewährleistung der parlamentarischen Tätigkeit der Bundestagsmitglieder und damit letztlich der Funktionsfähigkeit des Bundestages[750]. Andererseits besteht aber auch das Bedürfnis, daß die Parlamentarier sowohl innerhalb des Parlaments – dies betrifft die Indemnität – als auch außerhalb des Bundestages – also eine Frage der Immunität des Abgeordneten – nicht frei von jeglichen Konsequenzen beliebig walten können. Im Parlament erfolgt die Beschränkung der Indemnität durch die Herausnahme verleumderischer Beleidigungen aus dem Schutzbereich, Art. 46 Abs. 1 S. 2 GG. Bezüglich strafrechtlich[751] relevanter Handlungen besteht indes der Immunitätsschutz grundsätzlich fort.

(1) Die Vorarbeit des Ausschusses

Das Ersuchen der Strafverfolgungsbehörden zur Aufhebung der Immunität eines Abgeordneten beginnt gemäß § 107 Abs. 1 GO-BT mit der Zuleitung an den Ausschuß für Wahlprüfung, Immunität und Geschäftsordnung. In der 17. Wahlperiode gehörten dem Ausschuß 13 Bundestagsmitglieder an[752]. Sie haben gemäß § 107 Abs. 2 GO-BT die Aufgabe, Grundsätze zur Aufhebung der Immunität auszuarbeiten und anhand dieser Grundsätze dem Bundestag eine auf den Einzelfall bezogene Beschlußempfehlung[753] zu un-

---

[749] Siehe allgemein zu Immunität und Indemnität *H. Butzer*, Immunität im demokratischen Rechtsstaat, 1991, S. 28 ff., 66 ff.

[750] *S. Magiera*, in: Sachs, GG (Fn. 119), Art. 46 Rn. 1.

[751] Str. ist, ob unter die „mit Strafe bedrohte Handlung“ auch Disziplinarmaßnahmen und Strafen nach dem Ordnungswidrigkeitenrecht zu fassen sind; vgl. zu dieser Frage nur *H. H. Klein*, Indemnität und Immunität, in: Schneider/Zeh, Parlamentsrecht (Fn. 14), § 17 Rn. 41 ff.

[752] Siehe http://www.bundestag.de/ausschuesse/a01/mitglieder.html (November 2013); dem Gremium gehörten fünf Mitglieder der CDU/CSU, drei der SPD-Fraktion, jeweils zwei der Fraktionen der FDP und der Linken sowie ein Mitglied von Bündnis 90/Die Grünen an.

terbreiten, die nach § 75 Abs. 1h GO-BT als Verhandlungsgegenstand auf der Tagesordnung erscheint. Dem Ausschuß kommt de jure also nur eine vorbereitende und vorberatende Funktion zu[754]. Es bedarf daher vor der Einleitung von Strafverfolgungsmaßnahmen gemäß Art. 46 Abs. 2 und 3 GG grundsätzlich der Genehmigung durch das Bundestagsplenum[755].

(2) Antizipierte Genehmigung bezüglich der Einleitung von Ermittlungsverfahren

Einer solchen Plenumsentscheidung nach Beschlußempfehlung des Immunitätsausschusses bedarf es seit der entsprechenden Entschließung des Bundestages in der 5. Wahlperiode für das Gros strafrechtlicher Tatbestände allerdings regelmäßig nicht mehr: Zu Beginn jeder Wahlperiode beschließt das Bundestagsplenum nämlich die generelle Genehmigung zukünftiger inländischer Ermittlungsverfahren gegen die Parlamentarier in bestimmten Fallgruppen und für bestimmte Straftaten[756]. Die Genehmigung erfolgt als einfacher Parlamentsbeschluß nach Art. 42 Abs. 2 S. 1 GG. Hintergrund dieser Maßnahme ist die Vermeidung der negativen Publizität in der Öffentlichkeit aufgrund einer Immunitätsentscheidung im Plenum, sowohl als Schutz des betroffenen Parlamentariers als auch der gesamten Abgeordne-

---

753 Die Beschlußempfehlung des Ausschusses lautet typischerweise: „Der Bundestag wolle beschließen: Die Genehmigung zur Durchführung eines Strafverfahrens gegen den Bundestags-Abgeordneten ... gemäß Schreiben des Bundesministers der Justiz vom ... wird erteilt/wird nicht erteilt“, s. *Butzer*, Immunität (Fn. 749), S. 347.

754 So bereits *T. Maunz*, in: Maunz/Dürig, GG (Fn. 18), Art. 46 (1960), Rn. 61; *Achterberg/Schulte* (Fn. 760), Art. 46 Rn. 46; *Klein*, Indemnität (Fn. 751), § 17 Rn. 41 ff.

755 In der 13. und 14. Legislaturperiode kam es zu insgesamt 39 Immunitätsangelegenheiten, von denen nur in sechs Fällen die Genehmigung zur Strafverfolgung versagt wurde. Zur Verteilung der Fälle auf die verschiedenen Verfahrensgegenstände vgl. *Feldkamp*, Datenhandbuch (Fn. 726), Kap. 2.4 (S. 120).

756 Zur Frage der Zulässigkeit und des Umfangs dieser antizipierten und generellen Genehmigung s. nur *H. Schulze-Fielitz*, in: Dreier, GG (Fn. 17), Art. 46 Rn. 38. Die Praxis sieht dabei so aus, daß nicht fortlaufend der inhaltlich übereinstimmende Beschluß gefaßt wird, sondern daß zu Beginn einer jeden Legislaturperiode der früher gefaßte „Beschluss des Deutschen Bundestages betr. Aufhebung der Immunität von Mitgliedern des Bundestages“ übernommen wird. Der Beschluß lautet regelmäßig wie folgt: „Der Deutsche Bundestag genehmigt bis zum Ablauf dieser Wahlperiode die Durchführung von Ermittlungsverfahren gegen Mitglieder des Bundestages wegen Straftaten, es sei denn, daß es sich um Beleidigungen (§§ 185, 186, 187a Abs. 1 StGB) politischen Charakters handelt. Das Ermittlungsverfahren darf im Einzelfall frühestens 48 Stunden nach Zugang der Mitteilung beim Präsidenten des Deutschen Bundestages eingeleitet werden.“; insbesondere während früherer Legislaturperioden auch ohne den letzten Satz, vgl. *Butzer*, Immunität (Fn. 749), S. 310 m. Fn. 12.

tenschaft[757]. Während einige Stimmen in der Literatur diese Aspekte als ausreichende Rechtfertigung für die antizipierte generelle Genehmigung von Ermittlungsverfahren sehen[758], halten andere aufgrund der fehlenden Abwägung im Rahmen der nach ihrer Auffassung anzustellenden Einzelfallentscheidung die Bundestagspraxis für unzulässig[759].

(3) Die Entscheidung des Plenums über die Immunitätsaufhebung

Eine Einzelfallentscheidung des Plenums wird demgegenüber in den Bereichen nötig, die nicht von der antizipierten Genehmigung umfaßt sind. Mangels anderslautender Festlegung handelt es sich auch bei dieser Genehmigung um einen Regelbeschluß nach Art. 42 Abs. 2 S. 1 GG, der mit der einfachen Mehrheit der an der Abstimmung beteiligten Abgeordneten und zeitlich vor Einleitung der Strafverfolgungsmaßnahmen gefaßt wird[760]. Der Bundestag stellte sich hierbei bislang durchweg hinter das Votum des vorberatenden Ausschusses[761]. Eine Besonderheit gilt indes für Verfahren in Verkehrs- und Bagatellsachen.

(4) Das abweichende Verfahren bei Verkehrs- und Bagatellsachen sowie kurzen Freiheitsstrafen

Bei Verkehrsdelikten (Nr. 11 der Anlage 6 zur GO-BT; in diesem Bereich soll die Genehmigung grundsätzlich erteilt werden) und Bagatellsachen (Nr. 12 der Anlage 6 zur GO-BT), im Falle von drohenden Freiheits-

---

[757] *Butzer* (Immunität [Fn. 749], S. 314 f.) sieht in der Vermeidung negativer Publizität die (einzige) sachliche Rechtfertigung der generellen Genehmigung.

[758] Siehe beispielsweise *Schulze-Fielitz* (Fn. 756), Art. 46 Rn. 38 m. w. N. in Fn. 162–164 und *Butzer*, Immunität (Fn. 749), S. 313 ff.

[759] *H.-H. Trute*, in: v. Münch/Kunig, GG (Fn. 123), Art. 46 Rn. 29 (unzulässig) und *H.-P. Schneider*, in: AK-GG (Fn. 313), Art. 46 (2002), Rn. 17 (problematisch im Hinblick auf Einzelfallentscheidung).

[760] Unstr. wird der Terminus „Genehmigung" also nicht im Sinne von §§ 183 f. BGB als nachträgliche Einwilligung verstanden: *G. Kretschmer,* in: Schmidt-Bleibtreu/Hofmann/Hopfauf, GG (Fn. 119), Art. 46 Rn. 27; *N. Achterberg/M. Schulte*, in: v. Mangoldt/Klein/Starck, GG (Fn. 119), Art. 46 Rn. 46; *Schulze-Fielitz* (Fn. 756), Art. 46 Rn. 36. – Zur Frage, welche Maßnahmen genehmigungsbedürftig und welche als genehmigungsfreie Aufklärungsarbeiten einzustufen sind, ausführlich: *Butzer*, Immunität (Fn. 749), S. 206 ff. – Zum inhaltlichen Umfang der generellen Genehmigung ebd., S. 310 ff.

[761] Vgl. *Butzer*, Immunität (Fn. 749), S. 350 f. m. w. N., der nur von einem einzigen Fall berichtet, in dem eine schon im Ausschuß mit 10 zu 9 Stimmen nur knapp zustandegekommene Beschlußempfehlung nicht übernommen wurde. Dies resultiert zweifelsohne aus der Spiegelbildlichkeit zwischen Plenum und Ausschuß.

strafen bis zur Dauer von drei Monaten[762] (Nr. 8 der Anlage 6 zur GO-BT), bei Zeugeneinvernehmungen[763] (lit. C der Anlage 6 zur GO-BT) und bestimmten Strafverfolgungsmaßnahmen[764] (lit. B der Anlage 6 zur GO-BT) nämlich trifft der Immunitätsausschuß „zur Vereinfachung des Geschäftsgangs“[765] eine sogenannte Vorentscheidung. Sie wurde bis 1969 mit mindestens zwei Dritteln der stimmberechtigten Mitglieder des Ausschusses gefaßt; seitdem ist ein einstimmiger Beschluß des Ausschusses nötig[766]. Das erforderliche Quorum ergibt sich allein aus der praktischen Übung des Ausschusses und ist weder grund- noch einfach- oder untergesetzlich, insbesondere nicht in den Anlage 6 der GO-BT enthalten.

Ist der Beschluß im vereinfachten Verfahren gefaßt worden, so tritt er an die Stelle einer entsprechenden Genehmigung des Parlaments nach Art. 46 Abs. 3 GG, sofern die Vorentscheidung dem Präsidenten des Bundestages schriftlich zur Verteilung an alle Abgeordneten anheimgegeben wurde[767]. Sie gilt als Entscheidung des Bundestages, wenn nicht innerhalb von sieben

762 Ausweislich Nr. 8 der Anlage 6 zur GO-BT kommt es bei Einzelstrafen auf die Gesamtdauer von maximal drei Monaten an, bei Gesamtstrafen darf die auf die einzelne Tat entfallende Freiheitsstrafe die Dauer von drei Monaten nicht übersteigen.

763 Erfaßt sind nur Genehmigungen zur Zeugenvernehmung nach § 50 Abs. 3 StPO und § 382 Abs. 3 ZPO; siehe für weitergehende Hinweise zu den Zeugeneinvernahmen *L. Meyer-Goßner*, Strafprozessordnung. Gerichtsverfassungsgesetz, Nebengesetze und ergänzende Bestimmungen, 54. Aufl. 2011, § 50 Rn. 8 sowie *K. Reichold*, in: H. Thomas/H. Putzo, Zivilprozessordnung. Kommentar, 32. Aufl. 2011, § 382 Rn. 1.

764 Die Ermächtigung bezieht sich allein auf eine Strafverfolgung nach § 90b Abs. 2, § 194 Abs. 4 StGB; vertiefend dazu *T. Fischer*, Strafgesetzbuch und Nebengesetze, 58. Aufl. 2011, § 90b Rn. 6, § 194 Rn. 2, 12 ff.

765 Vgl. Nrn. 8, 11, 12 der Anlage 6 zur GO-BT (= „Grundsätze in Immunitätsangelegenheiten“, BGBl. 1980 I, S. 1261).

766 So ausdrücklich *Butzer*, Immunität (Fn. 749), S. 352; das Konsensprinzip im Ausschuß betonen auch *M. Schulte/W. Zeh*, Der Ausschuß für Wahlprüfung, Immunität und Geschäftsordnung, in: Schneider/Zeh, Parlamentsrecht (Fn. 14), § 43 Rn. 5; zum alten Prozedere *A. Kreuzer*, Zuständigkeitsübertragungen bei Verfassungsrichterwahlen und Immunitätsentscheidungen des Deutschen Bundestages, in: Der Staat 7 (1968), S. 183 (201 f.). Teilweise findet sich auch heute noch das Zweidrittelquorum: *Steiger*, Grundlagen (Fn. 325), S. 139; *Schulze-Fielitz* (Fn. 756), Art. 46 Rn. 39 m. w. N. – Die Zweidrittelmehrheit gilt freilich für die Überprüfung nach § 44c AbgG (Stasivergangenheit): http://www.bundestag.de/bundestag/ausschuesse17/a01/stasi_richtlinien.pdf (November 2013).

767 Trotz Zuleitung der Vorentscheidung an den Bundestagspräsidenten wird diese nicht auf die Tagesordnung gesetzt, s. Nr. 13 der Anlage 6 zur GO-BT; *Feldkamp*, Datenhandbuch (Fn. 726), Kap. 2.4 (S. 119). – Alternativ wäre auch die formelle Abstimmung über die Beschlußempfehlung im Plenum möglich, die jedoch typischerweise aufgrund der für die betroffenen Abgeordneten negativen Publizität und der Arbeitserleichterung gerne vermieden wird. Für diesen Beschluß wäre dann die

Tagen nach Mitteilung in Schriftform Widerspruch erhoben wird; das Prozedere weist demnach die Qualität eines „schriftliche[n] Einwendungsausschlußverfahrens“[768] auf. Es genügt hierbei, daß auch nur ein Bundestagsmitglied der Fiktion der Genehmigung durch das Plenum widerspricht. In diesem Fall ist die Entscheidung des Plenums nach Art. 42 Abs. 2 S. 1 GG herbeizuführen[769].

(5) Stellungnahme

(a) Die generelle Genehmigung zu Beginn der Legislaturperiode

Mag man der vorweggenommenen generellen Genehmigung von Ermittlungsmaßnahmen zu Beginn einer jeden Legislaturperiode skeptisch gegenüber stehen, so ist zu ihren Gunsten anzuführen, daß wenigstens die Einhaltung des Art. 46 Abs. 3 GG mit seiner a priori zu erteilenden Genehmigung durch das Plenum beachtet wurde – nur so kann das Zustimmungserfordernis des Bundestages schließlich verstanden werden. Das Bundesverfassungsgericht hat bisher noch in keinem Verfahren zu der Zulässigkeit dieser generellen Immunitätsaufhebung bezüglich Ermittlungsverfahren inhaltlich Stellung bezogen – zuletzt scheiterte der Abgeordnete Pofalla in dem von ihm auch gegen diesen generellen Bundestagsbeschluß geführten Organstreitverfahren an der Verfristung[770]. Das der Rechtsstellung des Bundestagsmitglieds Rechnung tragende Prinzip der Einzelfallprüfung von Anfragen zur Aufhebung von Immunität kann im Rahmen einer vorherigen generellen Genehmigung von Ermittlungsverfahren naturgemäß keine Beachtung finden, sind sie doch zum Beschlußzeitpunkt in keiner Weise absehbar. Freilich stimmt es, daß die Boulevardpresse der Einleitung eines Ermittlungsverfahrens gegen einen Abgeordneten mehr Aufmerksamkeit widmen wird als der Einstellung eines solchen Verfahrens. Dennoch bleibt zu bedenken, daß die Parlamentarier eine gegenüber Privatleuten herausgehobene Rolle einnehmen, die es rechtfertigt, ihnen im Informationsinteresse der Bürger und der Sicherstellung politischer Transparenz auch negative Schlagzeilen aufzubürden – zumal von den deutschen Strafverfolgungsbehörden erwartet werden darf, daß sie nicht leichtfertig ein Ermittlungsver-

---

Regelmehrheit nach Art. 42 Abs. 2 S. 1 GG zu beachten. s. auch *Butzer*, Immunität (Fn. 749), S. 346.

[768] *Butzer*, Immunität (Fn. 749), S. 356; dort auch zu der Problematik rechtserheblichen Schweigens.

[769] *Feldkamp*, Datenhandbuch (Fn. 726), Kap. 2.4 (S. 119).

[770] BVerfGE 104, 310 (322 f.) – *Pofalla II*: Sechsmonatsfrist nach Ende der angegriffenen Maßnahme (des generellen Bundestagsbeschlusses), § 64 Abs. 3 BVerfGG.

fahren einleiten, da sie den Verdacht hinreichend darzulegen haben[771]. Wie aber kann der Bundestag dann eine Ermessensentscheidung, die die Funktionsfähigkeit des Parlaments, die Stellung des Abgeordneten selbst und die beiderseitigen Interessen insgesamt berücksichtigen soll[772], treffen? Reformierungsbedürftig wäre insofern die implizite Forderung des Art. 46 Abs. 2 u. 3 GG nach einem Beschluß des Plenums des Bundestages, da dieser sowohl zu wenig die Individualinteressen des betroffenen Abgeordneten als auch der Ermittlungsbehörde berücksichtigt; während ersterer im Hinblick auf seine Wiederwahl in den Bundestag die eigene Reputation im Auge hat, ist letzterer, besonders wenn Durchsuchungsmaßnahmen im Raume stehen, an einer jedenfalls für den Betroffenen (und damit zumeist auch für die Allgemeinheit) möglichst unsichtbaren Genehmigung der beantragten Maßnahmen gelegen. Das Erfordernis einfacher Abstimmungsmehrheit im Plenum freilich steht nicht in der Kritik, wäre jedoch zu überdenken, wenn man ausdrücklich die Zustimmung zur Aufhebung der Immunität an den korrespondierenden Ausschuß übertragen würde; die Übernahme des Einstimmigkeitserfordernisses aus dem beschleunigten Ausschußverfahren für Verkehrsdelikte erschiene dann vorzugswürdig.

(b) Die Genehmigung im vereinfachten (Ausschuß-)Verfahren

Die Genehmigung des Ausschusses für Wahlprüfung, Immunität und Geschäftsordnung im vereinfachten Verfahren führt, sofern sowohl im Ausschuß Gegenstimmen als auch aus den Reihen des Bundestages Widerspruch ausbleiben, zur Fiktion eines Genehmigungsbeschlusses des Bundestages. Die schon an sich befremdlich wirkende Verfahrensweise erfährt eine Steigerung dadurch, daß der Gegenstand nach Genehmigung im Ausschuß zwar an den Präsidenten des Bundestages weitergeleitet wird, jedoch nicht als Tagesordnungspunkt einer Plenarsitzung auftaucht. Im Ausschuß selbst ist zwar eine Einstimmigkeitsentscheidung erforderlich, die stets als Garant für eine hinreichend überprüfte und dem Meinungsbild optimal entsprechende Entscheidung gilt. Vergegenwärtigt man sich nun allerdings, daß dieser Beschluß bei Nichterhebung von schriftlichem Widerspruch binnen weniger Tage als Beschluß des Bundestages gilt, kann dies bedeuten, daß

[771] Dies freilich, um selbst nicht aufgrund übertriebenen Aktionismus in der Kritik der Öffentlichkeit zu stehen. Dies übersieht *Butzer*, Immunität (Fn. 749), S. 312 ff. Zuzugeben ist ihm aber bezüglich des Aspekts der Gleichbehandlung aller Abgeordneten (S. 314): sämtlichen Einwänden anderer Abgeordneter, die Willkürentscheidungen bei der Genehmigungserteilung bzw. ihrer Versagung vermuten, ist mit der Gleichbehandlung aller Abgeordneten durch generelle Genehmigung der Wind aus den Segeln genommen.

[772] *Trute* (Fn. 759), Art. 46 Rn. 29.

die Entscheidung von 13 Parlamentariern per fictionem einem Beschluß des Plenums gleich kommt. Dieser Bedeutung wird auch das Einstimmigkeitserfordernis nicht hinreichend gerecht. Daß das Beschlußerfordernis darüber hinaus nur parlamentarischer Übung enstammt und nirgends gesetzlich oder geschäftsordnungsmäßig fixiert wurde, vermag das Vertrauen nicht zu erhöhen, selbst wenn die Befugnis des Ausschusses sich auf einen im vorhinein beschränkten Teilbereich des Immunitätswesens bezieht. Daß in aller Regel ein Widerspruch im Bundestag nicht erhoben wird[773], führt nicht zu einer erhöhten Legitimation der diesbezüglichen Parlamentspraxis – sondern eher zum Gegenteil. Von einer positiven Entscheidung des Bundestages – und allein so ist das Grundgesetz zu verstehen – kann bei der unter Umständen noch nicht einmal hinreichenden Zurkenntnisnahme eines Beschlusses des Ausschusses für Wahlprüfung, Immunität und Geschäftsordnung nicht gesprochen werden[774].

Wünschenswert und im Hinblick auf das Repräsentationsprinzip[775] nötig wäre daher eine gesetzliche Normierung in Art. 46 Abs. 2 GG dahingehend, daß die Entscheidung über die Aufhebung der Immunität auch auf einen Ausschuß übertragen werden kann, dessen Entscheidung im Idealfall mittels qualifizierter Mehrheit oder Einstimmigkeit zu fassen wäre[776]. Fehlt eine solche ausdrückliche Ermächtigung zur Kompetenzübertragung stehen dieser nicht ungewichtige Bedenken entgegen.

c) Der Vermittlungsausschuß

Bereits im Rahmen der Kapitel über den Bundestag und den Bundesrat erfolgte die Darstellung der Mehrheitserfordernisse bezüglich der Anrufung des aus Mitgliedern beider Körperschaften gebildeten Ausschusses. An die-

---

773 Vgl. *Steiger*, Grundlagen (Fn. 325), S. 140 m.w.N. in Fn. 133.

774 Nicht überzeugend insofern *Steiger*, Grundlagen (Fn. 325), S. 140, der eine Entscheidung des Bundestages bejaht, die „quasi" erst in „zweiter Instanz" gefallen sei.

775 Zuletzt zum Repräsentationsprinzip BVerfGE 80, 188 (217 f.) – *Wüppesahl.* Vgl. zur Zulässigkeit von Kompetenzübertragungen auf Ausschüsse BVerfGE 1, 144 (152 ff.); 44, 308 (317) einer- und E 70, 324 (364) andererseits. s. auch *Kreuzer*, Zuständigkeitsübertragungen (Fn. 766), S. 186 f. m.w.N. und unter Hinweis auf die Umgehung des Öffentlichkeitsprinzips durch Verlagerung der Plenumsaufgaben in Ausschüsse; *Butzer*, Immunität (Fn. 749), S. 382 f. zum Streitstand; knapp *Morlok* (Fn. 407), Art. 40 Rn. 29 f. – Allgemein zum Demokratie- und Repräsentationsprinzip *Dreier* (Fn. 17), Art. 20 (Demokratie), Rn. 89.

776 Hierbei könnte sich eine Neufassung an Art. 94 Abs. 4 Verf. Rheinland-Pfalz orientieren; dieser lautet wie folgt: „Der Landtag kann die Entscheidung einem Ausschuss übertragen, der mit Zweidrittelmehrheit beschließt. Er kann die Entscheidung des Ausschusses aufheben."

ser Stelle soll dem „aus Mitgliedern des Bundestages und des Bundesrates für die gemeinsame Beratung von Vorlagen gebildete[n] Ausschuß“ (Art. 77 Abs. 2 S. 1 GG)[777] selbst ein Unterkapitel gewidmet und im Rahmen dessen insbesondere die Ausschußinterna beleuchtet werden. Es wird aufgezeigt, auf welchem Weg der Zweck des Vermittlungsverfahrens – das Gesetzgebungsziel soweit wie möglich zu verwirklichen und hierfür die Meinungsverschiedenheiten zwischen Bundestag und Bundesrat aus dem Weg zu räumen, so daß das Gesetzgebungsverfahren nicht nochmals von Beginn an durchlaufen werden muß[778] – gefördert wird.

Das Grundgesetz übt sich bezüglich der Regelung von Zusammensetzung und Verfahren des Vermittlungsausschusses in Zurückhaltung, enthält es doch in Art. 77 Abs. 2 S. 1 GG lediglich die Vorgabe, daß er sich aus Vertretern des Bundestages[779] und des Bundesrates zusammensetzt und die Abgesandten im Ausschuß weisungsunabhängig sind, S. 3. Im übrigen wird auf eine gemäß Art. 77 Abs. 2 S. 2 GG mit Zustimmung des Bundesrates vom Bundestag zu verabschiedende Geschäftsordnung verwiesen – dem Ausschuß selbst fehlt demgemäß die Geschäftsordnungsautonomie[780]. Diese grundgesetzliche Zurückhaltung wird der Bedeutung des Ausschusses als einem „wichtigen Instrument der politischen Kompromißfindung im Gesetzgebungsverfahren“[781] nicht gerecht.

---

[777] Allein in der Gemeinsamen Geschäftsordnung des Bundestages und des Bundesrates (GO-GemA) taucht der Begriff „Vermittlungsausschuß“ auf.

[778] BVerfGE 72, 175 (188). – Zu seiner politischen Bedeutung *C. Möllers,* Vermittlungsausschuss und Vermittlungsverfahren, in: Jura 2010, S. 401 (402).

[779] Siehe zum Entsendungsverfahren der Bundestagsvertreter, das entsprechend der sonstigen Besetzungen von Ausschüssen proportional zur Zusammensetzung des Bundestages erfolgt, §§ 57 Abs. 1, 12 GO-BT: *Wessel*, Vermittlungsausschuß (Fn. 512), S. 287; *Stettner* (Fn. 506), Art. 77 Rn. 17; zum Verhältnis von Spiegelbildlichkeit und demokratischer Mehrheitsentscheidung siehe zuletzt BVerfG, DVBl. 2005, S. 185 (185 ff.): im Zweifel Vorrang des Prinzips der Spiegelbildlichkeit.

[780] *B. Pieroth*, in: Jarass/Pieroth, GG (Fn. 119), Art. 77 Rn. 9; *Wessel*, Vermittlungsausschuß (Fn. 512), S. 284; *C. Dästner/J. Hoffmann*, Die Geschäftsordnung des Vermittlungsausschusses, 1995, Einl. Rn. 14. – Ausführlich zur damit zusammenhängenden Frage seiner Qualifizierung als Verfassungsorgan oder Unterorgan *Möllers,* Vermittlungsausschuss (Fn. 778), S. 402 f.

[781] *Dästner/Hoffmann*, Geschäftsordnung (Fn. 780), Einl. Rn. 1 (i.O. hervorgehoben, N.M.). Die Bewertungen reichen von überschwenglichen Urteilen („eine der glücklichsten Neuerungen unseres Verfassungslebens“, *J. Kratzer*, Zustimmungsgesetze, in: AöR 38 [1951/52], S. 266 [277]) bis hin zur deutlichen Ablehnung des Organs als einer „Dunkelkammer der Gesetzgebung, Ersatz- oder Überparlament“ (zitiert nach *M. J. Dietlein*, Der Dispositionsrahmen des Vermittlungsausschusses, in: NJW 1983, S. 80 [80]). Dort und bei *Dästner/Hoffmann*, ebd., finden sich weitere Ausrufe.

aa) Zusammensetzung

Bundestag und Bundesrat besetzen paritätisch die 32 Sitze im ständigen[782] Vermittlungsausschuß aus den eigenen Reihen, § 1 Gemeinsame Geschäftsordnung des Bundestages und des Bundesrates (GO-VermA)[783]. Die Entsendung der Ländervertreter erfolgt durch die Landesregierungen, § 11 Abs. 4 S. 1 i. V. m. Abs. 3 S. 1 GO-VermA, die der Vertreter des Bundestages entsprechend der fraktionellen Stärkeverhältnisse, §§ 54 Abs. 2, 12 S. 1 GO-BT. Der Grundsatz der Spiegelbildlichkeit wurde im Jahre 2004 für den Vermittlungsausschuß ausdrücklich vom Bundesverfassungsgericht bestätigt, und zwar selbst für den Fall, daß die Regierung im verkleinerten Gremium aufgrund der Umrechnung nicht über eine originäre Mehrheit verfügt – es habe keine zwingende Ausrichtung der Besetzung am Mehrheitsprinzip zu erfolgen[784]. Die Entscheidung der Geschäftsordnung für den sogenannten „Großen Ausschuß" ermöglicht, daß sich jedes Bundesland durch einen Landesvertreter repräsentieren läßt, was zwar grundgesetzlich nicht obligatorisch, aufgrund der Einzelinteressen der Länder im Bundesrat aber empfehlenswert ist[785].

bb) Beschlußfähigkeit

Der Vermittlungsausschuß ist beschlußfähig, wenn die Mitglieder unter Mitteilung der Tagesordnung fristgemäß geladen wurden und geringstenfalls

---

[782] Teilweise, insbesondere in den ersten Jahren nach seiner Einrichtung, erfolgte dieser Zusatz um klarzustellen, daß der Ausschuß permanent besteht und nicht nur für einzelne Gesetzesvorhaben einberufen wird, vgl. auch §§ 11 Abs. 1 S. 1 GO-BRat, 54 Abs. 1 S. 1 GO-BT. – Zu weiteren Spezialfragen um den Verlust der Mitgliedschaft (beispielsweise durch Abberufung seitens der entsendenden Körperschaft) und die Geltungsdauer des Vermittlungsausschusses (beispielsweise wegen des Diskontinuitätsgrundsatzes im Hinblick auf das Ende der Legislaturperiode) siehe ausführlich *Wessel*, Vermittlungsausschuß (Fn. 512), S. 288 ff.; *Bryde* (Fn. 510), Art. 77 Rn. 7 sowie generell zur (parteipolitischen) Praxis der Entsendung der Bundestagsvertreter in Ausschüsse *Ismayr*, Ausschüsse (Fn. 683), S. 8 ff.

[783] Gemeinsame Geschäftsordnung des Bundestages und des Bundesrates vom 5. Mai 1951, BGBl. II, S. 103, zuletzt geändert durch Bekanntmachung vom 30. April 2003, BGBl. I, S. 677. Zur personellen Zusammensetzung des Ausschusses und den jeweiligen Vertretern in der 17. Legislaturperiode siehe unter http://www.bundestag.de/bundestag/ausschuesse17/vermittlung/mitglieder.html (November 2013). s. auch *Edinger*, Wahl (Fn. 77), S. 231 ff.

[784] BVerfG, Urt. v. 8.12.2004 – 2 BvE 3/02, NJW 2005, S. 203 (206). Die Kontroversen anläßlich der Besetzung des Vermittlungsausschusses beschrieben auch *J. Lang*, Spiegelbildlichkeit versus Mehrheitsprinzip, in: NJW 2005, S. 189 ff. sowie *J. A. Kämmerer*, Muss Mehrheit immer Mehrheit bleiben? Über die Kontroversen um die Besetzung des Vermittlungsausschusses, in: NJW 2003, S. 1166 ff.

[785] *Wessel*, Vermittlungsausschuß (Fn. 512), S. 285, zu der noch vor der Wiedervereinigung geltenden Zusammensetzung.

zwölf Mitglieder anwesend sind, § 7 Abs. 1 GO-VermA. Hierbei ist es zunächst unerheblich, ob es sich um die Mitglieder allein eines oder beider Häuser handelt[786]. Bei 32 Gesamtmitgliedern besteht die Beschlußfähigkeit somit bereits ab einer Anwesenheitsquote von 37,5 Prozent. Hinzu kommt auf einer zweiten Stufe, daß Einigungsvorschläge zur Vorlage bei Bundestag und Bundesrat nur beraten werden können, wenn von beiden Körperschaften jeweils nicht weniger als sieben Ausschußmitglieder anwesend sind. Folgerichtig kann nichts anderes gelten, wenn der Ausschuß über den Vorschlag abstimmt[787]. Angeordnet ist damit eine Untergrenze von jeweils 7/16, was 43,75 Prozent der Gesamtmitglieder entspricht. Entsprechendes hat zu gelten, wenn der Vermittlungsausschuß in zwei in der Angelegenheit einberufenen Sitzungen wiederholt keinen Einigungsvorschlag beschließt und daraufhin ein Ausschußmitglied den Abschluß des Verfahrens beantragt (§ 12 Abs. 1 GO-VermA): auch hier wäre eine Anwesenheit von zumindest 14 hälftig aus beiden Kammern stammenden Delegierten erforderlich, handelt es sich doch ebenfalls um einen (negativen) Beschlußvorschlag.

cc) Beschlußfassung

Beschlüsse werden nach Maßgabe von § 8 GO-VermA mittels der Mehrheit der anwesenden (!) Stimmen gefaßt, wobei jedem Mitglied eine Stimme zufällt. Dennoch wird in der Praxis allein die Anzahl der Ja-Stimmen der der Nein-Stimmen ohne Berücksichtigung von Stimmenthaltungen gegenübergestellt[788]; einfache Mehrheiten entscheiden dabei gleichsam über einfache wie verfassungsändernde Beschlußvorlagen[789]. Geringstenfalls sind also acht Stimmen (bei sechs Gegenstimmen) für die Verabschiedung eines Einigungsvorschlags vonnöten, was bezogen auf die Gesamtmitgliederzahl gerade einmal der Zustimmung eines Viertels der Ausschußmitglieder entspricht. Stets ist aufgrund der variablen Anwesenheitszahl und

---

786 Vgl. *Wessel*, Vermittlungsausschuß (Fn. 512), S. 302; freilich liegt in der Praxis die Anwesenheit zumeist deutlich über der Beschlußfähigkeitsgrenze: vgl. *Lemke-Müller*, Abgeordnete (Fn. 607), S. 97.

787 *Dietlein*, Vermittlung (Fn. 508), § 57 Rn. 35. – Zur Besonderheit, die das sog. Pairing-Abkommen mit sich bringt, ausführlich *W. Kluth*, Der Vermittlungsausschuß, in: HStR^3 III (Fn. 74), § 60 Rn. 47: Dementsprechend soll eine Verzerrung aufgrund kurzfristiger Verhinderung eines Mitglieds durch Fernbleiben eines Delegierten des anderen politischen Lagers ausgeglichen werden.

788 *G. Axer,* Die Kompetenz des Vermittlungsausschusses – zwischen legislativer Effizienz und demokratischer Legitimation – Dargestellt am Beispiel des Steuergesetzgebungsverfahrens, 2010, S. 106 f.; *Kluth*, Vermittlungsausschuß (Fn. 787), § 60 Rn. 49; *Dästner/Hoffmann*, Geschäftsordnung (Fn. 780), § 8 Rn. 7 unter Hinweis auf die durch Sitzungsprotokolle ausgewiesene Praxis des Vermittlungsausschusses.

789 *Axer,* Kompetenz (Fn. 788), S. 108.

begünstigt durch die Stimmenverhältnisse das Entstehen einer Pattsituation möglich[790]. Die GO-VermA spricht diese Situation nicht ausdrücklich an, es ist daher zu Recht davon auszugehen, daß wegen Nichterreichens einer Mehrheit der Antrag grundsätzlich abgelehnt ist[791]. Das Verfahren endet automatisch und ergebnislos, wenn nach Beantragung des Abschlusses des Verfahrens in der darauffolgenden Sitzung kein Einigungsvorschlag mehrheitlich gefaßt wird[792].

dd) Stellungnahme

Die GO-VermA stellt ein zweistufiges Beschlußfähigkeitsquorum für die Sitzungen des Vermittlungsausschusses auf. Im Normalfall genügt für Beratungen die Anwesenheit von nur 12 der 32 Mitglieder, unabhängig davon, ob die Anwesenden vom Bundestag oder Bundesrat entsandt wurden. Für die Verabschiedung von Gesetzesvorschlägen wird indes das Erfordernis einer Anwesenheit von mindestens jeweils sieben (von 16) Vertretern beider Häuser in doppelter Hinsicht qualifiziert: zunächst ändert sich die Höhe der Mindestanwesenheit (zwar nicht beträchtlich, aber immerhin von 3/8 [12/32] auf 7/16 [14/32]), ferner inhaltlich die Mindestzusammensetzung von jeweils sieben Vertretern aus beiden Gesetzgebungsorganen. Auf diese Weise kann das Gremium die Vertretung der beiderseitigen Interessen sicherstellen und so seine Stellung als Kompromißfindungsorgan bestätigen.

Hinsichtlich des Mehrheitserfordernisses sticht besonders die Diskrepanz zwischen der Anordnung einer Anwesenheitsmehrheit und dem Abstimmungsprozedere in der Praxis hervor, wo die Mehrheit auf die Abstimmenden bezogen wird. Freilich hat dieser evidente Geschäftsordnungsverstoß keinerlei Auswirkung auf die gefaßten Beschlüsse oder gar den Fortgang und Fortbestand verabschiedeter Gesetzeskompromisse[793]. Ein derartiges Auseinanderfallen von Verfahrensregeln und Verfahrenspraxis verdient indes keine Zustimmung. Eine (noch dazu leicht mögliche) Anpassung der Geschäftsordnung wäre angezeigt.

---

[790] *F. Ossenbühl*, Verfahren der Gesetzgebung, in: J. Isensee/P. Kirchhof (Hrsg.), Handbuch des Staatsrechts der Bundesrepublik Deutschland, Bd. 3: Das Handeln des Staates, 2. Aufl. 1996, § 63 Rn. 52, der durch die Lagerbildung im Vermittlungsausschuß die Funktionsfähigkeit des Vermittlungsverfahrens in Frage gestellt sieht.

[791] *Dästner/Hoffmann*, Geschäftsordnung (Fn. 780), § 8 Rn. 11; *Ossenbühl*, Verfahren (Fn. 790), § 63 Rn. 52; *Kluth*, Vermittlungsausschuß (Fn. 787), § 60 Rn. 46.

[792] *Möllers,* Vermittlungsausschuss (Fn. 778), S. 403.

[793] Zusammenfassend *Axer,* Kompetenz (Fn. 788), S. 107 f.

Daß das Mehrheitserfordernis darüber hinaus nicht an den Vorlagegegenstand angepaßt wird – zu denken wäre an die Erhöhung des Mehrheitserfordernisses auf eine Zweidrittelmehrheit auch im Vermittlungausschuß bei verfassungsändernden Gesetzen – entspricht der herrschenden Auffassung, werden sämtliche Vorbereitungsbeschlüsse doch nicht als vom Mehrheitserfordernis des Art. 79 Abs. 2 GG erfaßt angesehen[794]. Zwingend ist dies freilich nicht. Zudem würde eine andere Behandlung des Beschlusses auch im Vermittlungsausschuß viel eher dem Sinn und Zweck des Verfahrens – nämlich der Findung eines Kompromisses, der es Bundestag und Bundesrat ermöglicht, in den anschließenden Beratungen dem ausgehandelten Entwurf (mit der dann nötigen Zweidrittelmehrheit) zuzustimmen – entsprechen. Bei einer qualifizierten Mehrheit im Vermittlungsausschuß steigen letztlich auch die Aussichten auf eine Zweidrittelmehrheit in Bundestag und Bundesrat. Für ein auf Vermittlung und Kompromißfindung gerichtetes Verfahren[795] sollte die Erhöhung des Mehrheitserfordernisses im Ausschuß keine übertriebene Forderung darstellen. Ein mit entsprechender Mehrheit im Vermittlungsausschuß gefaßter Vorschlag kann die vorlegende Körperschaft im übrigen stärker beeindrucken (und von den ursprünglichen Gesetzesplänen absehen lassen) als ein nur mit einfacher Abstimmungs- oder Anwesenheitsmehrheit beschlossener[796].

d) Der Gemeinsame Ausschuß

In Abschnitt IVa., der bemerkenswerterweise allein aus der Vorschrift des Art. 53a GG besteht, und in Abschnitt Xa. des Grundgesetzes finden sich die verfassungsrechtlichen Normen, die den Gemeinsamen Ausschuß zum Gegenstand haben. Außerhalb einer Notstandslage ist das Gremium ohne jegliche Kompetenz[797]. Mit der Feststellung des Verteidigungsfalles nach Art. 115a GG und der sogleich zu erläuternden Bestätigung des Gemeinsamen Ausschusses selbst gehen jedoch sämtliche Entscheidungsbefugnisse

---

[794] s. ausführlich hierzu unter A. III. 4. a).

[795] Der Vermittlungsausschuß ist trotz einfach-mehrheitlicher Entscheidungsmöglichkeit der Prototyp eines unter Politikwissenschaftlern als Verhandlungssystem bekannten Gremiums, da allseits ein Einigungswille besteht und ein Scheitern nur dann möglich ist, wenn nach drei ergebnislos verlaufenen Sitzungen der Abschluß des Vermittlungsverfahrens durch ein Ausschußmitglied beantragt wird: vgl. *Lemke-Müller*, Abgeordnete (Fn. 607), S. 100 f.; aus juristischer Sicht beispielsweise *Axer*, Kompetenz (Fn. 788), S. 51.

[796] So geschehen anläßlich eines Gesetzes des Bundestages zur Verlängerung anwaltlicher Fristen, vgl. Protokoll über die 10. Sitzung des Vermittlungsausschusses vom 17.1.1951, nachgewiesen bei *Wessel*, Vermittlungsausschuß (Fn. 512), S. 303.

[797] Statt aller *Edinger*, Wahl (Fn. 77), S. 227 f.; allenfalls bestehen ihm gegenüber Unterrichtungspflichten.

der Gesetzgebungsorgane Bundestag und Bundesrat auf ihn über – er erstarkt zum „Notparlament". Auch wenn der Gemeinsame Ausschuß damit in den Bereich der Normen und Organe fällt, deren Aktivierung keinesfalls wünschenswert erscheint, beinhalten insbesondere die ausführlich ausgestalteten Art. 115a ff. GG auch für die vorliegende Untersuchung interessante Regelungen.

aa) Zusammensetzung des Gemeinsamen Ausschusses

In einem ersten Schritt soll die Besetzung des Gemeinsamen Ausschusses nähere Betrachtung erfahren.

(1) Bundestags- und Bundesratsmitglieder

Art. 53a GG betrifft, zwischen den Abschnitten über die obersten Bundesorgane stehend[798], zunächst die Zusammensetzung des Gemeinsamen Ausschusses. Abs. 1 bestimmt insofern in S. 1, daß das Stimmenverhältnis zwischen entsandten Bundestags- und Bundesratsmitgliedern im Gemeinsamen Ausschuß zwei Drittel zu ein Drittel beträgt, wobei jedes Bundesland von jeweils einem Bundesratsmitglied vertreten wird (S. 3)[799]. Aus der Bestimmung in S. 3 und der Festschreibung des 2/3-1/3-Verhältnisses in S. 1 ergibt sich bereits aus der Verfassung die zahlenmäßige Zusammensetzung des Gemeinsamen Ausschusses, ohne daß es eines Rückgriffs auf die insofern allein klarstellende Norm in der Geschäftsordnung des Gemeinsamen Ausschusses, § 1 Abs. 1 GO-GA, ankäme. Der Gemeinsame Ausschuß besteht mithin aus 32 Bundestags- und 16 Bundesratsvertretern, insgesamt folglich aus 48 Mitgliedern[800].

---

[798] Die Frage der verfassungsrechtlichen Einordnung des Organs Gemeinsamer Ausschuß in das Gefüge oberster Bundesorgane (und der entsprechenden Konsequenzen) ist mittlerweile geklärt: Das Bundesverfassungsgericht (E 84, 304 [335]) stuft den Ausschuß als „selbständiges oberstes Bundesorgan" ein. Vgl. zum früheren Streitstand ausführlich die Kommentierungen von *W. Heun*, in: Dreier, GG (Fn. 17), Art. 53a Rn. 5 und *W. Krebs*, in: v. Münch/Kunig, GG (Fn. 123), Art. 53a Rn. 2, 17. – Zur Parallelproblematik beim Vermittlungsausschuß s. ausführlich *Axer,* Kompetenz (Fn. 788), S. 52 ff.

[799] Art. 53a Abs. 1 S. 3 GG trifft insofern eine von der gestuften Stimmenverteilung nach Art. 51 Abs. 2 GG abweichende Regelung hinsichtlich des Stimmengewichts der Länder.

[800] Siehe zur genauen Zusammensetzung des Gemeinsamen Ausschusses die Auflistung unter http://www.bundestag.de/bundestag/plenum/gemeinsamer_ausschuss/mitglieder.html (November 2013).

(2) Die Bestellung der zu entsendenden Bundestagsmitglieder

Passend zur Sonderstellung, die der Gemeinsame Ausschuß im gesamten Ausschußgefüge einnimmt, weicht auch das Entsendungsverfahren der Bundestagsabgeordneten in das „Notparlament“ vom Besetzungsverfahren nach den §§ 12, 57 Abs. 2 GO-BT ab. Während in einem ersten Schritt auch Art. 53a Abs. 1 S. 2 GG – in Parallele zu § 12 GO-BT – die Besetzung durch den Bundestag entsprechend dem Stärkeverhältnis der Fraktionen anordnet[801], steht den Fraktionen gemäß § 2 Abs. 1 S. 2 GO-GA nur ein Vorschlagsrecht für die Besetzung der ihr proportional zustehenden Ausschußsitze zu. Die Endentscheidung über die Bestellung der Vorgeschlagenen zu Ausschußmitgliedern verbleibt indes anders als im üblichen Ausschußverfahren beim gesamten Bundestag, Art. 53a Abs. 1 S. 2 GG.

Sie wird vom Bundestag durch einen entsprechenden Zustimmungsbeschluß mit einfacher Mehrheit nach Art. 42 Abs. 2 S. 1 GG i.V.m. § 2 Abs. 1 S. 1 GO-GA gefaßt[802]. Da die Vorschläge der Fraktionen für den Gesamtbundestag jedoch keinerlei Bindung entfalten, bleibt ihm selbstverständlich die Möglichkeit, einzelnen Ausschußkandidaten – ebenfalls mit der Mehrheit der abgegebenen Stimmen – die Entsendung zu verweigern[803]. Nur der Vollständigkeit halber sei erwähnt, daß das identische Verfahren für die in gleicher Anzahl zu bestimmenden Vertreter der Ausschußmitglieder Anwendung findet, vgl. §§ 1 Abs. 2, 2 Abs. 1 S. 1 GO-GA.

(3) Die Bestellung der zu entsendenden Bundesratsmitglieder

Das Entsendungsverfahren der sechzehn Bundesratsvertreter fällt indes aufgrund der gleichmäßigen Aufteilung der Stimmen auf die Länder vergleichsweise unkompliziert aus: gemäß § 4 Abs. 1 S. 1 GO-GA wird das zu entsendende Mitglied von der jeweiligen Landesregierung aus ihrer Mitte bestimmt. Art. 53a Abs. 1 S. 3 GG („Mitglied des Bundesrates“) wird insofern durch die Norm in der Geschäftsordnung erweiternd, auch die stellvertretenden Bundesratsmitglieder und damit die gesamte Landesregie-

[801] Vgl. zur Manipulationsmöglichkeit aufgrund der Verknüpfung mit der in § 10 Abs. 1 S. 1 GO-BT festgeschriebenen Fraktionsmindestgröße und die diesbezügliche Schranke des Demokratie-, Repräsentations- und Gleichheitsprinzips nur *Heun* (Fn. 798), Art. 53a Rn. 7.

[802] *Geis*, Parlamentsausschüsse (Fn. 666), § 54 Rn. 19; *Krebs* (Fn. 798), Art. 53a Rn. 8; *U. Fink*, in: v. Mangoldt/Klein/Starck, GG (Fn. 119), Art. 53a Rn. 13; *G. Robbers*, in: Sachs, GG (Fn. 119), Art. 53a Rn. 4; *Heun* (Fn. 798), Art. 53a Rn. 7.

[803] *Robbers* (Fn. 802), Art. 53a Rn. 4 a.E.; *Geis*, Parlamentsausschüsse (Fn. 666), § 54 Rn. 19.

rung (Art. 51 Abs. 1 S. 1 u. 2 GG) einbeziehend, ausgelegt[804]. Der Bundesrat als Ganzes ist anders als der Bundestag bei der Bestellung seiner Vertreter nicht formell beteiligt.

Mangels entsprechender Ausgestaltung des Bestimmungsverfahrens auf Bundesebene – weder in Art. 53a Abs. 1 GG noch in § 4 Abs. 1 GO-GA finden sich weitergehende Regelungen –, gehen die Wahlen regierungsintern nach landesrechtlichen Regelungen vonstatten[805]. Soweit ersichtlich, treffen die Landesgesetzgeber resp. die Landesregierungen in ihren Geschäftsordnungen und Geschäftsverteilungsplänen keine ausdrückliche Regelung über das Besetzungsverfahren des Landesvertreters im Gemeinsamen Ausschuß, so daß auf das allgemeine Beschlußverfahren im Kollektivorgan Landesregierung – typischerweise einfache Mehrheitsentscheidung im Ministerkollegium – zurückzugreifen ist[806].

bb) Die Feststellung unüberwindlicher Hindernisse

Erste Amtshandlung der Mitglieder des Gemeinsamen Ausschusses im Verteidigungsfall ist die Feststellung unüberwindlicher Hindernisse für den Zusammentritt des Bundestages bzw. der fehlenden Beschlußfähigkeit des Parlaments. Erst durch diesen Beschluß tritt der Ausschuß aus der allgemeinen Rechtlosigkeit außerhalb des Verteidigungsfalles und übernimmt – vorbehaltlich einzelner Einschränkungen wie der Grundgesetzänderung und der Übertragung von Hoheitsrechten an die Europäische Union (Art. 115e Abs. 2 S. 1 u. 2 GG) – sämtliche Befugnisse des Bundestages einer- und des Bundesrates andererseits.

Art. 115e Abs. 1 GG verlangt vom Gemeinsamen Ausschuß für die Feststellung der Beschlußunfähigkeit des Bundestages zum einen das Erreichen von zwei Dritteln der abgegebenen Stimmen und zum anderen die Zustimmung von mindestens 25 Ausschußmitgliedern, nämlich der Mehrheit der Mitglieder des 48 Sitze zählenden Gremiums.

---

[804] So im Ergebnis *Fink* (Fn. 802), Art. 53a Rn. 17; *Heun* (Fn. 798), Art. 53a Rn. 9 sowie *Krebs* (Fn. 798), Art. 53a Rn. 12. – Erneut gilt: für jeden Bundesratsrepräsentanten ist nach dem gleichen Prozedere ein Stellvertreter zu bestimmen, §§ 1 Abs. 2, 2 Abs. 1 S. 1 GO-GA.

[805] Dies wird allgemein in der Literatur stillschweigend vorausgesetzt; ausdrücklich (wohl nur) *Robbers* (Fn. 802), Art. 53a Rn. 10.

[806] Siehe ausführlich hierzu unter C. II. im 3. Teil.

cc) Beschlußfassung im Gemeinsamen Ausschuß

Nachdem nunmehr Zusammensetzung und Zusammentritt des Gemeinsamen Ausschusses erläutert wurden, stellt sich die Frage des Geschäftsgangs im Notparlament selbst, insbesondere der Modus der Beschlußfassung.

(1) Mehrheitserfordernis im Regelfall

Mangels grundgesetzlicher Festschreibung ist der entsprechende Spielraum für eine Regelung in der Geschäftsordnung des Ausschusses eröffnet. Den eben erwähnten grundgesetzlichen Ausgestaltungsfreiraum füllt § 13 Abs. 1 GO-GA, indem er die Beschlußfassung mit der Mehrheit der abgegebenen Stimmen zuläßt. Dieses Mehrheitserfordernis steht jedoch unter der Prämisse nicht abweichender grundgesetzlicher Anordnungen. Solche finden sich indes vielfach im Kapitel Xa. in den Art. 115a ff. GG.

(2) Die grundgesetzliche Ausnahme in Art. 115a Abs. 2 GG

Die Regelung des Art. 115a Abs. 2 GG stellt die Handlungsfähigkeit der Legislative auch im Falle der erforderlichen Feststellung des Verteidigungsfalles nach Abs. 1 selbst bei nicht rechtzeitiger Möglichkeit des Zusammentritts des Bundestages sicher. Parallel zu der Regelung in Art. 115e Abs. 1 GG ist auch die entsprechende Ausrufung des Verteidigungsfalles ohne Bundestagsbeteiligung durch den Gemeinsamen Ausschuß möglich. Sie ergeht auch hier mit Zweidrittelmehrheit der abgegebenen Stimmen mit mindestens der Mehrheit der 48 Ausschußmitglieder. Die absolute Mehrheit im Ausschuß liegt bei wenigstens 25 Mitgliedern.

(3) Die grundgesetzliche Ausnahme in Art. 115h Abs. 2 S. 1 GG

Die Neuwahl des Bundeskanzlers durch den Gemeinsamen Ausschuß erfordert gemäß Art. 115h Abs. 2 S. 1 GG die Stimmen der Mehrheit seiner Mitglieder. S. 1 betrifft hierbei nicht den Fall der Neuwahl eines Bundeskanzlers im Rahmen eines konstruktiven Mißtrauensvotums, also bei Bestehen einer anderen Kanzlerschaft: dies ist der Regelungsgehalt des im Anschluß zu besprechenden S. 2 der Vorschrift. Damit sind die Fälle des S. 1 auf Tod, Rücktritt, Gefangenschaft und ähnliche Gründe einer Vakanz des Amtes, die eine Neuwahl erforderlich machen, beschränkt[807]. Auch in diesem Fall ist die Wahl durch den Gemeinsamen Ausschuß nur subsidiär zum

---

[807] *W. Heun*, in: Dreier, GG (Fn. 17), Art. 115h Rn. 9.

Regelverfahren nach Art. 63 GG, der Wahl durch den Bundestag, vgl. Art. 115e Abs. 1 GG[808]. Ist die Neubesetzung des Amtes aber durch den Gemeinsamen Ausschuß erforderlich, hat der neue Bundeskanzler die Stimmen der Mehrheit der Mitglieder, mithin 25 Stimmen, zu erzielen. Die Möglichkeit der Wahl eines Minderheitenkanzlers besteht nicht[809].

(4) Die grundgesetzliche Ausnahme in Art. 115h Abs. 2 S. 2 GG

Die Vorschrift bildet das Äquivalent zu dem an anderer Stelle (A. II. 2.) besprochenen Art. 67 Abs. 1 S. 1 GG. Während in Friedenszeiten jedoch für die Aussprache des Mißtrauens an den Bundeskanzler im Rahmen eines konstruktiven Mißtrauensvotums eine Neuwahl durch die Mehrheit der Mitglieder des Bundestages genügt, sind in Zeiten, in denen das Notparlament die Funktion der Legislative übernommen hat, beträchtlich höhere Anforderungen aufgestellt. Art. 115h Abs. 2 S. 2 GG hält im Verteidigungsfall zur Sicherstellung der Funktionsfähigkeit der Regierung am konstruktiven Mißtrauensvotum fest – die Mehrheit, die allerdings für die Neuwahl des Nachfolgers erforderlich ist, wurde auf eine Zweidrittelmehrheit der Mitglieder des Gemeinsamen Ausschusses angehoben. Damit sind für die Aussprache des Mißtrauens durch Neuwahl wenigstens die Stimmen von 32 Ausschußmitgliedern erforderlich.

dd) Stellungnahme

(1) Die Bestellung der Mitglieder

Die Vergabe der 32 Plätze im Gemeinsamen Ausschuß, die durch den Bundestag zu besetzen sind, orientiert sich durch proportionale Berücksichtigung der einzelnen Fraktionen an der Zusammensetzung des Plenums. Während im sonstigen Ausschußbesetzungsverfahren aber über die Entsendung der einzelnen Parlamentarier fraktionsintern entschieden wird, liegt die Entscheidungsgewalt nunmehr in der Gesamtverantwortlichkeit des Parlaments. Dies erhöht das Vertrauen des Plenums in die einzelnen Vertreter ganz erheblich, wenngleich ein einfacher Mehrheitsbeschluß andererseits dafür sorgt, daß die Hürde für die Besetzung nicht allzu hoch angesetzt ist.

Hinsichtlich der Benennung der Bundesratsdelegierten hat sich der verfassungsändernde Gesetzgeber in Art. 53a Abs. 1 S. 3 GG ausdrücklich ge-

---

[808] *L.-A. Versteyl*, in: v. Münch/Kunig, GG (Fn. 123), Art. 115h Rn. 7. – Zum Verfahren nach Art. 63 GG oben unter A. II. 1.

[809] *G. Robbers*, in: Sachs, GG (Fn. 119), Art. 115h Rn. 10. – s. auch hier zum Themenbereich um den Minderheitenkanzler bereits oben unter A. II. 1. c).

gen eine Bestellung der Ausschußvertreter durch entsprechenden Beschluß der Länderkammer entschlossen und diese allein in die Verantwortung der jeweiligen Landesregierungen gelegt. Durch die Rückkoppelung sind die Partikularinteressen der einzelnen Länder hinreichend berücksichtigt.

(2) Die Feststellung unüberwindlicher Hindernisse sowie des Verteidigungsfalls

Die Regelung, daß der Gemeinsame Ausschuß durch einen Beschluß kraft eigener Kompetenz die Notzuständigkeit begründet, mutet auf den ersten Blick befremdlich an. Vor diesem Hintergrund rechtfertigen sich die hohen Beschlußerfordernisse. Das doppelte Mehrheitserfordernis setzt sich aus einer qualifizierten Abstimmungsmehrheit von zwei Dritteln einerseits und einer absoluten Mindestzustimmung der Mehrheit der Mitglieder des Gremiums andererseits zusammen. Bei hoher Beteiligung sichert die Qualifizierung eine ebensolche Zustimmung, während bei geringer Beteiligung (resp. Anwesenheit) immernoch mehr als die Hälfte der gesetzlichen Mitgliederzahl des Gemeinsamen Ausschusses die Feststellung getroffen haben müssen. Im geringst möglichen Fall kann die Entscheidung bei Einstimmigkeit von 25 Abgeordneten getroffen werden. Bei vollständiger Beteiligung der Ausschußmitglieder können immerhin maximal 16 Mitglieder gegen den Beschluß stimmen, ohne die Feststellung der Beschlußunfähigkeit des Ausschusses zu verhindern. Die vorherigen Ausführungen lassen sich eins zu eins auf den Fall der Ausrufung des Verteidigungsfalls bei Verhinderung des Bundestages übertragen.

(3) Die Regelmehrheit nach § 13 Abs. 1 GO-GA

Indem der verfassungsändernde Gesetzgeber jegliche Bestimmung zur Regelbeschlußfassung vermied, umschiffte er die sich aus der Zusammensetzung des Ausschusses aus Bundestagsabgeordneten und Bundesratsmitgliedern ergebende Problematik. Während das Beschlußverfahren im Bundestag nämlich in Art. 42 Abs. 2 S. 1 GG zugunsten einer einfachen Abstimmungsmehrheit ausgefallen ist, ordnet Art. 52 Abs. 3 S. 1 GG das Erfordernis der Mitgliedermehrheit für den Bundesrat an[810]. Bezogen auf die Zusammensetzung des Gemeinsamen Ausschusses bedeutet dies, daß ein Drittel der Mitglieder desselben (die Entsandten des Bundesrats nämlich) in dem Organ, dem sie in Friedenszeiten angehören, bei der Entscheidungsfindung einer Mitgliedermehrheit unterliegen, während für die rest-

---

[810] Siehe zum Verfahren im Bundestag unter A. III. 1. und zu dem im Bundesrat sogleich unter B. I. 1.

lichen zwei Drittel (die Vertreter des Bundestags) im Parlament eine reine Abstimmungsmehrheit ohne Anwesenheitsquorum gilt.

Daß der verfassungsändernde Gesetzgeber bei der Einfügung des Art. 53a GG im Jahre 1968 im Rahmen der Regelungen zur Notstandsverfassung[811] keinen verbindlichen Ausgleich zwischen den verschiedenen Mehrheiten zur Beschlußfassung im Gemeinsamen Ausschuß herbeigeführt hat (der sowohl in einer Angleichung an die Regelung im Bundestag, als auch an das Verfahren im Bundesrat und – als drittem, gewissermaßen vermittelndem Weg – in einer Zwischenlösung hätte bestehen können), ist nicht nachvollziehbar. Die auf der Rechtsgrundlage des Art. 53a Abs. 1 S. 4 GG beruhende Vorschrift des § 13 Abs. 1 GO-GA hat sich zur Übernahme der für den Bundestag bestehenden einfachen Mehrheitsregel mit der Bezugsgröße „Anzahl der Abstimmenden“ entschieden. Inhaltlich ist diese Wahl ohne Zweifel nicht angreifbar – nicht zuletzt deswegen, weil sie sich im Spielraum zwischen den Regelungen der Art. 42 Abs. 2 S. 1 und 52 Abs. 3 S. 2 GG bewegt[812]. Vor dem Hintergrund jedoch, daß der Gemeinsame Ausschuß nach Art. 115e Abs. 1 GG a. E. die Stellung von Bundestag und Bundesrat einnimmt, überzeugt das zumindest im Vergleich zum Regelverfahren im Bundesrat abgesenkte und dem des Bundestages nur entsprechende Verfahren zur Entscheidungsfindung nicht, wenngleich die Bedenken mancher Grundgesetz-Kommentatoren betreffend eine mißbräuchliche Entfernung einzelner Delegierter vielleicht etwas zu weit gehen[813].

Darüber hinaus führt das Mehrheitserfordernis im Zusammenspiel mit der besonderen Zusammensetzung des Gremiums dazu, daß die Bundestagsvertreter diejenigen des Bundesrates stets überstimmen können. Hierfür sind nicht einmal sämtliche Stimmen der Bundestagsdelegierten erforderlich, reicht es doch bereits, wenn bei voller Opposition der Bundesratsver-

---

[811] Die Grundgesetzänderung erfolgte im Rahmen des 17. Gesetzes zur Änderung des Grundgesetzes vom 24.7.1968, BGBl. I, S. 709. – Vgl. zur Entstehungsgeschichte der Notstandsverfassung den kompakten Überblick von *H. Dreier*, Grundlagen und Grundzüge staatlichen Verfassungsrechts: Deutschland, in: A. v. Bogdandy/P. Cruz Villalón/P. M. Huber (Hrsg.), Handbuch Ius Publicum Europaeum, Bd. I: Grundlagen und Grundzüge staatlichen Verfassungsrechts, 2007, § 1 Rn. 50 ff. m. w. N.

[812] So wie hier auch *R. Herzog/H. H. Klein*, in: Maunz/Dürig, GG (Fn. 18), Art. 53a (2009), Rn. 60 f.; *Fink* (Fn. 802), Art. 53a Rn. 27.

[813] Der Mißbrauch des Abstimmungsverfahrens könnte beispielsweise im Falle einer Staatsstreichsituation relevant werden: da § 12 GO-GA nur ein geringes Anwesenheitsquorum von mindestens der Hälfte der Mitglieder bzw. Stellvertreter vorsieht, bestünde durch die gezielte Verhinderung der Anwesenheit einzelner (unangenehmer) Abgeordneter eine Beeinflussungsmöglichkeit des Abstimmungsergebnisses; vgl. *Herzog/Klein* (Fn. 812), Art. 53a Rn. 62 sowie *Fink* (Fn. 802), Art. 53a Rn. 27.

treter 17 der 32 den Reihen des Bundestages entstammenden Mitglieder für das Gegenteil eintreten.

(4) Abweichende Mehrheitserfordernisse aufgrund von Art. 115h Abs. 2 S. 1 u. 2 GG

Ein weiterer Aspekt, der einer näheren Betrachtung – und inhaltlichen Kritik – bedarf, ist die Regelung der Neuwahl eines Bundeskanzlers, einerseits im Falle des Art. 115h Abs. 2 S. 2 GG mit, andererseits ohne vorangegangenes Mißtrauensvotum, der Fall von Art. 115h Abs. 2 S. 1 GG.

Zunächst ist evident, daß im Falle der Zuständigkeit des Notparlaments aufgrund der dann gegebenen notstandsähnlichen Situation an die Aussprache des Mißtrauens erhöhte Anforderungen zu stellen sind. Dies dient letztlich der Stabilität der politischen Lage durch die Verhinderung oder zumindest Erschwerung einer weiteren, durch Handlungsunfähigkeit begründeten Unsicherheit im Regierungsgefüge. Andererseits aber erscheint eine Kontrolle des Kanzlers aufgrund der im Verteidigungsfall merklich erhöhten Machtkonzentration in seiner Person und des besonderen Bedarfs an Vertrauen durch das (Not-)Parlament zwingend erforderlich[814]. Wie, wenn nicht durch die Erhöhung des Mehrheitserfordernisses, soll eine solche Überwachung erreicht werden? Damit gibt die Verfassung aber den in Normalzeiten bestehenden Gleichlauf zwischen den Anforderungen an die Wahl eines Bundeskanzlers und die Neuwahl auf. Erforderten Art. 63 Abs. 2 S. 1 GG und Art. 67 Abs. 1 S. 1 GG jeweils die Mehrheit der Mitglieder des Bundestages, gibt der verfassungsändernde Gesetzgeber kein identisches Mehrheitserfordernis zwischen den Sätzen eins und zwei des Art. 115h Abs. 2 GG vor. Der mit absoluter Mitgliedermehrheit des Gemeinsamen Ausschusses Gewählte kann nur durch einen mit der Mehrheit von zwei Dritteln der Ausschußmitglieder gewählten Nachfolger ersetzt werden.

Und auch die aus den eben angesprochenen Stabilitätsgründen erforderliche Neuwahl eines Bundeskanzlers aufgrund Vakanz des Amtes erfährt keinerlei Erleichterungen: während das schon per se nicht gerade einfach zu erreichende Erfordernis der Stimmenmehrheit der Mitglieder des Wahlgremiums aus Art. 63 Abs. 2 S. 1 GG übernommen wurde, verzichtete der Gesetzgeber bewußt auf die Übernahme der dem Bundestag in Abs. 4 des Art. 63 GG bei Nichterreichen der notwendigen Stimmenzahl gewährten Erleichterungen in Folgewahlgängen, was einer Verschärfung der Voraussetzung der Kanzlerwahl durch den Ausschuß in den weiteren Wahlgängen

---

[814] *Versteyl* (Fn. 808), Art. 115h Rn. 10.

gleichkommt[815]. Das Festhalten am Quorum soll ausweislich der Gesetzesbegründung „einen Zwang zur Einigung ausüben“[816]. Durch solche „Zwänge“ jedoch gestaltet sich die Einigung und damit die Kanzlerwahl unter noch dazu bestehendem Zeitdruck durch äußere Faktoren nicht zwingend einfacher. Vielleicht hat der verfassungsändernde Gesetzgeber zu sehr den Idealfall des Betreibens einer vernünftigen Politik im Hinterkopf gehabt und zu wenig an die möglichen Besonderheiten einer Notstandslage gedacht. So könnte im Extremfall bei ungünstiger Anwesenheit der Mitglieder eine kleinere Fraktion ihre Chance erblicken und den mehrheitsfähigen Kandidaten nicht nur blockieren, sondern im Hinblick auf den Einigungszwang vielleicht sogar den eigenen Kandidaten durchsetzen, denn der Druck zur Findung einer neuen Führung würde insbesondere auf den „vernünftigen“ Kräften liegen.

Umgekehrt kann bei der Anwesenheit der Hälfte der Mitglieder – im Falle ernsthafter „äußerer Wirren“ eine keinesfalls zu konservativ angesetzte Anzahl – bereits die Enthaltung eines einzelnen Abgeordneten die notwendige Wahl eines neuen Regierungschefs verhindern, was sicherlich nicht Absicht des verfassungsändernden Gesetzgebers gewesen sein kann[817].

B. Der Bundesrat

Der Bundesrat ist das einzige „föderative Bundesverfassungsorgan“ – Verfassungsorgan, weil er in eine Reihe mit Bundestag und Bundesregierung einzuordnen ist; föderativ, weil er die Ländermitwirkung an der Gesetzgebung des Bundes in Ausgestaltung des in Art. 20 Abs. 1 GG gewährleisteten (und über Art. 79 Abs. 3 GG vor Änderungen besonders abgesicherten) föderalistischen Prinzips sicherstellt[818].

Die Erläuterungen zum Bundesrat beginnen unter I. mit der Darstellung ausgewählter Entscheidungen, in diesem Fall zusammengefaßt als Personal- und Sachentscheidungen, bevor sich die Regelungen um das Bundesratspräsidium als dem entscheidenden Leitungsgremium (II.) anschließen. Unter III. findet schließlich das Ausschußverfahren im Bundesrat nähere Betrachtung.

---

[815] *Heun* (Fn. 807), Art. 115h Rn. 11. – Zu den folgenden Wahlgängen in Art. 63 GG s. oben unter A. II. 1. b) bzw. insbesondere A. II. 1. c).

[816] BT-Drs. V/1879, S. 29.

[817] Prägnantes Beispiel bei *Versteyl* (Fn. 808), Art. 115h Rn. 8.

[818] *G. Leibholz/D. Hesselberger*, Die Stellung des Bundesrates und das demokratische Parteiensystem in der Bundesrepublik Deutschland, in: Bundesrat (Hrsg.), Der Bundesrat als Verfassungsorgan und politische Kraft, 1974, S. 99 (105).

I. Personal- und Sachentscheidungen des Bundesrates

Die Untersuchung wird diesmal mit der Analyse des Regelbeschlußverfahrens begonnen (1.), bevor in der Folge der Ausschluß der Öffentlichkeit in Bundesratssitzungen (2.) und die Beteiligung des Bundesrates am einfachen (3.) und verfassungsändernden Gesetzgebungsverfahren (4.) sowie der Spezialfall der Gesetzgebungsbeteiligung im Notstandsfall (5.) näher beleuchtet werden. Schließlich findet, stellvertretend für weitere Personalentscheidungen des Bundesrates, seine Beteiligung an der Bundespräsidentenanklage Erwähnung (6.).

1. Regelbeschluß des Bundesrates nach Art. 52 Abs. 3 S. 1 GG

Wie auch im Rahmen von Art. 42 Abs. 2 S. 1 GG für den Bundestag sind unter „Beschluß" im Sinne von Art. 52 Abs. 3 S. 1 GG zunächst sämtliche in der Verfassung selbst, aber auch in einfachen Gesetzen, Geschäftsordnungen oder sonstigen Rechtsvorschriften vorgesehene Entscheidungen des Gremiums zu verstehen[819]. Anders jedoch als Art. 42 Abs. 2 S. 2 GG sieht die korrespondierende Bundesratsbestimmung keine Differenzierung zwischen Wahlen und sonstigen Beschlüssen vor. Dies hat zur Folge, daß für Personalentscheidungen – mit Ausnahme der Wahl der von der Länderkammer zu entsendenden Mitglieder des Bundesverfassungsgerichts – im Bundesrat keine Verfahrensabweichungen zu (Sach-)Abstimmungen gelten, erstere vielmehr als Unterfall eines Beschlusses den Regelungen des Art. 52 Abs. 3 S. 1 GG unterstehen[820].

a) Die Zusammensetzung des Plenums

Die Zusammensetzung der Stimmen regelt Art. 51 Abs. 2 GG, der jedem Bundesland gestaffelt nach der Einwohnerzahl[821] zwischen drei und sechs Stimmen zuweist[822]. Hintergrund der Norm ist somit der Gedanke einer ge-

---

[819] *T. Maunz*, in: Maunz/Dürig, GG (Fn. 18), Art. 52 (1961), Rn. 20.

[820] *Maunz* (Fn. 819), Art. 52 Rn. 24; vgl. auch *Morlok* (Fn. 70), Art. 42 Rn. 32. – Dies hat zugleich zur Folge, daß keine andere Ausgestaltung in der Geschäftsordnung möglich ist und erlaubt die gemeinsame Darstellung von Personal- und Sachentscheidungen.

[821] Zum Begriff des Einwohners, der insbesondere auch Ausländer und Staatenlose erfaßt, näher *H. Bauer*, in: Dreier, GG (Fn. 17), Art. 51 Rn. 19 sowie *C. Thiele*, Institutionelle Änderungen des Bundesrates – Ein Beitrag zur Diskussion über eine Reform des föderalen Organs –, in: KritV 93 (2010), S. 168 (174).

[822] Jedes Bundesland hat mindestens drei Stimmen; Länder mit mehr als zwei Millionen Einwohnern haben vier, Länder mit mehr als sechs Millionen Einwohnern

staffelten Gleichheit der Bundesländer, angelehnt an deren Einwohnerzahl und nicht – wie es im Hinblick auf die (scheinbare) Gleichberechtigung der Länder im Bund denkbar wäre – an der bloßen Anzahl dieser[823]. Nach derzeitigem Stand ergibt sich aus Abs. 2 eine Gesamtanzahl von 69 Stimmen.

b) Die Beschlußfähigkeit des Plenums

Das Grundgesetz enthält keine explizite Bestimmung zur Beschlußfähigkeit der Länderkammer. Dennoch läßt sich Art. 52 Abs. 3 S. 1 GG selbstverständlich indirekt auch das Erfordernis der Anwesenheit der Mehrheit der Stimmen (nicht: der Länder) entnehmen, da wenigstens diese für eine positive Beschlußfassung erforderlich ist[824]. Wenngleich es offenkundig ist, wird das Quorum in Höhe der Stimmenmehrheit von § 28 Abs. 1 GO-BRat (i. V. m. Art. 52 Abs. 3 S. 2 GG) nochmals ausdrücklich festgeschrieben. Dies sind bei einer Gesamtstimmenzahl von 69 Stimmen wenigstens 35.

c) Der Beschluß mit absoluter Mehrheit

Nach Art. 52 Abs. 3 S. 1 GG faßt der Bundesrat seine Beschlüsse mit mindestens der Mehrheit seiner Stimmen. Zu einer erfolgreichen Abstimmung ist damit die absolute Mehrheit der 69 Stimmen, mithin 35, erforderlich[825]. Bei Stimmengleichheit ist der Antrag aufgrund der Formulierung in

---

fünf und Länder mit mehr als sieben Millionen Einwohnern die maximalen sechs Stimmen, Art. 51 Abs. 2 GG. Daraus ergibt sich die folgende Stimmenaufteilung bei insgesamt 69 Stimmen: Baden-Württemberg: 6; Bayern: 6; Berlin: 4; Brandenburg: 4; Bremen: 3; Hamburg: 3; Hessen: 5; Mecklenburg-Vorpommern: 3; Niedersachsen: 6; Nordrhein-Westfalen: 6; Rheinland-Pfalz: 4; Saarland: 3; Sachsen: 4; Sachsen-Anhalt: 4; Schleswig-Holstein: 4; Thüringen: 4. Vgl. zur Verteilung http://www.bundesrat.de/cln_179/nn_78422/DE/struktur/stimmenverteilung/stimmenverteilung-node.html?__nnn=true (November 2013). – Zu der Ungleichbehandlung, die die geringe Abstufung von jeweils einer Stimme und die Einteilung in nur vier Klassen zu Lasten der bevölkerungsstarken Länder bedingen, siehe *A. Pfitzer*, Organisation des Bundesrates, in: Bundesrat, Verfassungsorgan (Fn. 818), S. 173 (176 ff.).

823 Vgl. *W. Krebs*, in: v. Münch/Kunig, GG (Fn. 123), Art. 51 Rn. 11. – Ausführlich zur Stimmenstaffelung und möglichen Reformen *Thiele*, Änderungen (Fn. 821), S. 174 ff.; durch diesen Verteilungsschlüssel ergibt sich ungefähr ein Stimmwert von 1 jedes Einwohners eines Bundeslandes: *P. Sick,* Gedanken zur Diskussion um die Neugewichtung von Stimmenthaltungen im Bundesrat, in: BayVBl. 2010, S. 165 (166).

824 *H. Bauer*, in: Dreier, GG (Fn. 17), Art. 52 Rn. 18.

825 Mittlerweile einhellige Meinung: siehe daher nur *Sick,* Gedanken (Fn. 823), S. 166; *J. Jekewitz*, in: AK-GG (Fn. 313), Art. 52 (2001), Rn. 5; *G. Robbers*, in: Sachs, GG (Fn. 119), Art. 52 Rn. 11 sowie *Bauer* (Fn. 824), Art. 52 Rn. 19; schon

Art. 52 Abs. 3 S. 1 GG (Entscheidung mit „mindestens der Mehrheit seiner Stimmen") abgelehnt, da eine Mehrheit schließlich weder für noch gegen den Beschluß erreicht wurde[826].

Die Stimmenabgabe erfolgt typischerweise reihum, wobei einer von mehreren Abgesandten des Landes auf die Nachfrage des Bundesratspräsidenten hin das Abstimmungsverhalten des Landes bekanntgibt. Obgleich Art. 51 Abs. 3 S. 2 GG ausdrücklich anordnet, daß die Stimmen eines Landes nur einheitlich abgegeben werden können und diese Norm auch fast einhellig so verstanden wird[827], kam es dennoch zuletzt im Jahr 2002 im Rahmen der Abstimmung über das politisch kontrovers diskutierte Zuwanderungsgesetz zu einer uneinheitlichen Stimmabgabe, an deren Ende abermals das Bundesverfassungsgericht die Unzulässigkeit einer uneinheitlichen Stimmabgabe feststellen mußte[828]. Gängig ist daher, in Koalitionsverträgen das Verhalten des Bundeslandes im Bundesrat bei Uneinigkeit über das Abstim-

---

früh *F. Wessel*, Der Einspruch des Bundesrats, in: DVBl. 1951, S. 499 (499) und *H. Schäfer*, Der Bundesrat, 1955, S. 53 f. – Zu den Abweichungsmöglichkeiten von Art. 52 Abs. 3 S. 1 GG, die der neue Art. 23 Abs. 1a S. 3 GG dem Gesetzgeber mit Zustimmung des Bundesrates eröffnet, s. nur *Pernice* (Fn. 441), Art. 23 Rn. 92 k, 92 l. Hiervon hat der Gesetzgeber bislang keinen Gebrauch gemacht: *Daiber* (Fn. 441), S. 300.

826 Ausdrücklich spricht den Fall der Stimmenparität nur an: *W. Krebs*, in: v. Münch/Kunig, GG (Fn. 123), Art. 52 Rn. 7. *Maunz* (Fn. 819), Art. 52 Rn. 21; *Jekewitz* (Fn. 825), Art. 52 Rn. 5; *Bauer* (Fn. 824), Art. 52 Rn. 19 tun dies allesamt indirekt, in dem sie wenigstens 35 von 69 Stimmen für einen Beschluß erforderlich halten. – Eines Rückgriffs auf § 30 GO-BRat, der die positive Fassung von Beschlüssen bestimmt, bedarf es insofern nicht; a. A. *S. Korioth*, in: v. Mangoldt/Klein/Starck, GG (Fn. 119), Art. 52 Rn. 12.

827 s. *Thiele*, Änderungen (Fn. 821), S. 180 f. sowie *Bauer* (Fn. 821), Art. 51 Rn. 24, jeweils m. w. N. – Die von *Stern* (Staatsrecht II [Fn. 89], S. 137 ff.) begründete Auffassung, in Zweifelsfällen komme dem Ministerpräsidenten eine Stimmführerschaft zu, fußt auf der Befürchtung, daß ansonsten aufgrund der Ungültigkeitsfolge der gesamten Landesstimmen eine „schwerwiegende" Lähmung des Organs drohe und das Grundgesetz gerade nicht festlege, wie die geforderte Einheitlichkeit (eben durch wirkliche Stimmführerschaft) wieder herzustellen sei. Unzutreffend ist der Hinweis auf den dieser Meinung folgenden *D. Blumenwitz* (in: BK-GG [Fn. 309], Art. 51 [1987], Rn. 29) bei *R. A. Lorz*, Die Gefahr der Stimmengleichheit, in: ZRP 2003, S. 36 ff. (36 m. Fn. 4). – Wenn in diesem Kontext ansonsten von Stimmführerschaft die Rede ist, ist regelmäßig die Abgabe der Gesamtstimmen durch nur einen der Landesvertreter im Bundesrat gemeint, der intern zuvor unter den Delegierten bestimmt wird. Zu einem Abweichen von dem vorher verabredeten Stimmverhalten des Landes ist dieser „Stimmführer" (besser wäre es wohl, von einem Wortführer zu sprechen) gerade nicht berechtigt, vgl. *Stern*, ebd., S. 137; *Bauer* (Fn. 821), Art. 51 Rn. 23.

828 Die uneinheitliche Stimmabgabe erfolgte durch die Vertreter des Landes Brandenburg; der genaue Ablauf der Bundesratsdebatte inklusive eines Wortprotokolls der entscheidenden Stellen findet sich in BVerfGE 106, 310 (317 ff.).

mungsverhalten zu regeln, was gerade bei sogenannten „gemischten Koalitionen“ zumeist zu einer Enthaltung des Bundeslandes im Streitfall führt[829].

Der noch zu Beginn der 50er Jahre bestehende Streit, ob Art. 52 Abs. 3 S. 1 GG nicht dahingehend auszulegen sei, daß sich nur die Mehrheit der Stimmen des Bundesrates an der Beschlußfassung beteiligen müsse und für den Beschluß eine einfache Abstimmendenmehrheit, nicht aber die absolute Stimmenmehrheit für eine Entschließung erforderlich sei, hat sich mit einer Stellungnahme des Rechtsausschusses erledigt; in dem Gutachten kamen dessen Mitglieder einstimmig zu dem Ergebnis, daß es sich in Abs. 3 S. 1 nicht um ein Beteiligungs-, sondern vielmehr um ein Beschlußquorum handelt[830].

2. Der Ausschluß der Öffentlichkeit bei Bundesratssitzungen

Die Sitzungen des Bundesrates sind nach Art. 52 Abs. 3 S. 3 GG grundsätzlich öffentlich[831]. Gleichermaßen wie im Bundestag kann auch in der Länderkammer die Öffentlichkeit ausgeschlossen werden. Anders jedoch als im Rahmen von Art. 42 Abs. 1 GG, der für den Öffentlichkeitsausschluß im Parlament Verfahrens- und Mehrheitsvorschriften bereitstellt, beschränkt sich der Grundgesetzgeber im Kapitel über den Bundesrat auf die Feststellung, daß Öffentlichkeit in den Verhandlungen besteht (Art. 52 Abs. 3 S. 3 GG) und eben diese ausgeschlossen werden kann (S. 4); nähere Bestimmungen sucht man vergeblich.

Eine kaum präzisere Bestimmung zum Verfahren des Ausschlusses der Öffentlichkeit enthält § 17 GO-BRat, dessen Gehalt sich darin erschöpft, daß in nichtöffentlicher Sitzung über den „Beratungsgegenstand [...] beraten und beschlossen“ wird (Abs. 1 S. 1). Es wird daher von einem Beschluß

---

[829] Allgemein durchgesetzt hat sich das Verfahren der Stimmenthaltung im streitigen Tagesordnungspunkt. Vgl. nur *F. Decker*, Relative statt absolute Mehrheit? Zur Diskussion um die Abstimmungsregeln im Bundesrat, in: RuP 44 (2008), S. 213 (213). – Ende der neunziger Jahre griff die Rheinland-Pfälzische Regierungskoalition aus SPD und FDP auf eine andere Lösungsmöglichkeit zurück („Mainzer Bundesratsklausel“). Für den ersten in Streit stehenden Tagesordnungspunkt wurde durch Losentscheid das Abstimmungsverhalten im Bundesrat ermittelt. Für den folgenden Streitpunkt hatte der im ersten Fall unterlegene Koalitionspartner dann das Entscheidungsmonopol und im Wechsel so fort: s. hierzu *Zuck*, Sekundärtugenden (Fn. 221), S. 297 ff. (der dieses Verfahren vor allem im Hinblick auf Manipulationsmöglichkeiten über die [nicht unmögliche] nachträgliche Umgestaltung der Tagesordnung skeptisch beäugt, im Ergebnis aber als praktikable Alternative zur Herstellung von Handlungsfähigkeit billigt [299]) sowie *Thiele*, Änderungen (Fn. 821), S. 85 f., die das Losentscheidverfahren ausdrücklich lobt.

[830] Vgl. die Darstellung bei *Wessel*, Vermittlungsausschuß (Fn. 512), S. 292 f.

[831] Zur inhaltlichen Bedeutung des Begriffs der Öffentlichkeit, der dem Art. 42 Abs. 1 S. 1 GG entspricht, siehe nur *Krebs* (Fn. 826), Art. 52 Rn. 9 m.w.N.

im Sinne von Art. 52 Abs. 3 S. 1 GG ausgegangen, der zum Ausschluß der Öffentlichkeit der Zustimmung der Mehrheit der Stimmen des Bundesrates bedarf[832]. Hätte der Verfassunggeber abweichende Beschlußanforderungen aufstellen wollen, hätte er dies in den Bestimmungen über den Bundesrat ausdrücklich anordnen müssen.

3. Die Beteiligung des Bundesrates am (einfachen) Gesetzgebungsverfahren

Die Bundesgesetzgebung zeichnet sich durch ein Nebeneinander von Bundestag und Bundesrat aus. Im Folgenden soll weniger minutiös auf den Gang des Gesetzgebungsverfahrens eingegangen, sondern sollen nur die im Kontext der Arbeit relevanten Einzelaspekte für das Zustandekommen von Bundesgesetzen bezogen auf das Verfahren in der Länderkammer dargestellt werden. Nach obligatorischer Anrufung des Vermittlungsausschusses (b)) besteht zumeist die Möglichkeit des Einspruchs gegen die Gesetzesvorlage des Bundestages (d)). Die Pflicht zur Zustimmung (c)) seitens des Bundesrates ist demgegenüber seltener obligatorisch, nämlich nur dann, wenn das Grundgesetz explizit eine solche verlangt[833]. Hierbei handelt es sich regelmäßig um bundesgesetzliche Regelungen, die in (Hoheits-)Rechte der Länder eingreifen bzw. die bundesstaatliche Grundordnung durch Verfassungsänderung unmittelbar betreffen[834]. Die Darstellung beginnt unter (a)) mit der Untersuchung der Stellungnahme des Bundesrates zu Gesetzesprojekten der Bundesregierung.

---

[832] So wie hier *T. Maunz/R. Scholz*, in: Maunz/Dürig, GG (Fn. 18), Art. 52 (1961/2009), Rn. 25; auf die potentielle Möglichkeit der Abweichung vom absoluten Mehrheitserfordernis zu einem relativen weist hin *K. Reuter*, Praxishandbuch Bundesrat, 1991, § 30 GO Rn. 7 m.w.N., der die Frage im Ergebnis jedoch selbst offen läßt.

[833] Beispiele sind Art. 16a Abs. 2 S. 2, Abs. 3 S. 1; Art. 23 Abs. 1 S. 2, Abs. 7; Art. 29 Abs. 7 S. 1, 2; Art. 74 a.F.; Art. 74a Abs. 2–4; Art. 79 Abs. 2 GG und häufiger im Kapitel über die Verwaltungszuständigkeiten (Art. 83 ff. GG) und das Finanzwesen (Art. 104a ff. GG) – gerade in diesen Kapiteln sind durch die sog. „Föderalismusreform", deren Änderungen zum 28.8.2006 in Kraft traten, Umgestaltungen erfolgt. In der bisherigen Gesetzgebungspraxis waren entgegen dem grundgesetzlichen Regelfall des Einspruchsgesetzes zwischen 50 und 60 Prozent aller Gesetze zustimmungspflichtig, vgl. *R. Herzog*, Aufgaben des Bundesrates, in: $HStR^3$ III (Fn. 74), § 58 Rn. 8. Fortan dürfte sich der Anteil an Gesetzen, die der Zustimmung des Bundesrates bedürfen, in beschränktem Maße verkleinern – ein Ziel der „Föderalismusreform".

[834] *Kratzer*, Zustimmungsgesetze (Fn. 781), S. 266.

a) Die Stellungnahme des Bundesrates

Das Telos des Art. 76 Abs. 2 S. 2 GG besteht in der frühzeitigen Beteiligung der Ländervertretung am Gesetzgebungsverfahren und, damit verbunden, der rechtzeitigen Möglichkeit der Einarbeitung von Anregungen und Änderungswünschen[835]. Art. 76 GG benennt in Absatz 1 die zulässigen Initiatoren für das Einbringen von Gesetzesvorlagen – Bundesregierung, Bundestag[836] und Bundesrat – und regelt in den beiden folgenden Absätzen das exakte Prozedere der wechselseitigen Zuleitungen[837]. Vorlagen der Bundesregierung jedenfalls sind nach Abs. 2 S. 2 zunächst der Länderkammer zur Stellungnahme zu übermitteln.

Da grundgesetzlich kein Willensbildungsverfahren für die bundesratliche Stellungnahme angeordnet wurde, bestand vormals die sich mit der früheren Praxis in der Länderkammer deckende Auffassung, daß es sich bei der Stellungnahme nicht um einen Art. 52 Abs. 3 S. 1 GG unterfallenden förmlichen Bundesratsbeschluß handelt[838]. Als Voraussetzung für das Zustandekommen einer wie auch immer ausfallenden Einschätzung der Ländervertretung sollte demnach ein einfacher Mehrheitsbeschluß genügen, wobei den Enthaltungen keinerlei rechtliche Bedeutung zukam[839]. Hintergrund dieser Auffassung ist wohl die Einstufung der Stellungnahme als vorläufige und rechtlich unverbindliche Ansicht der Länderkammer, der „dem Bundestag gegenüber keine rechtserhebliche Bedeutung zukomme“[840].

Anders jedoch die heutige Praxis des Bundesrates und die herrschende Lehre[841]: Mangels abweichender Anordnung handelt es sich auch bei der – unstreitig vorläufigen und unverbindlichen – Äußerung um einen Be-

---

[835] *J. Jekewitz*, in: AK-GG (Fn. 313), Art. 76 (2001), Rn. 14 (dort auch zur tatsächlichen Bedeutung der Stellungnahme).

[836] Art. 76 Abs. 1 GG spricht von „aus der Mitte des Bundestages“; vgl. hierzu die untergesetzliche Konkretisierung in § 76 Abs. 1 GO-BT.

[837] Siehe ausführlich zum Gang des Abstimmungsverfahrens *Straßberger*, Abstimmungsrechtspraxis (Fn. 39), S. 10 ff. m. w. N.

[838] BVerfGE 3, 12 (17 f.); *Kratzer*, Zustimmungsgesetze (Fn. 781), S. 273; *Pfitzer*, Organisation (Fn. 822), S. 179 m. Fn. 16. A. A. schon damals *Maunz* (Fn. 819), Art. 52 Rn. 21 und *Schäfer*, Bundesrat (Fn. 825), S. 54.

[839] BVerfGE 3, 12 (17 f.) unter Bezugnahme auf die damalige Bundesratspraxis; ebenso *H. v. Mangoldt/F. Klein*, Das Bonner Grundgesetz, 2. Aufl. 1966, Bd. II, Art. 76 Anm. IV.6.h (S. 1733 f.); *Kratzer*, Zustimmungsgesetze (Fn. 781), S. 273 f. mit einem dies verdeutlichenden Abstimmungsergebnis.

[840] BVerfGE 3, 12 (17 f., Zitat S. 17).

[841] *B. Pieroth*, in: Jarass/Pieroth, GG (Fn. 119), Art. 76 Rn. 6; *B.-O. Bryde*, in: v. Münch/Kunig, GG (Fn. 123), Art. 76 Rn. 19; *R. Stettner*, in: Dreier, GG (Fn. 17), Art. 76 Rn. 23; *J. Kersten*, in: Maunz/Dürig, GG (Fn. 18), Art. 76 (2011), Rn. 72.

schluß nach Art. 52 Abs. 3 S. 1 GG, der mit der Mehrheit der Stimmen des Bundesrates zu fassen ist. Dies ordnet mittlerweile auch § 30 Abs. 1 S. 1 GO-BRat innenrechtlich an.

b) Die Einleitung des Vermittlungsverfahrens durch den Bundesrat

Aufgabe des Vermittlungsverfahrens ist die „gemeinsame Beratung von Vorlagen" (Art. 77 Abs. 2 S. 1 GG), wobei der Vorlagegegenstand regelmäßig in Gesetzesbeschlüssen des Bundestages zu sehen sein wird, die vor dem Bundesrat zu scheitern drohen[842]. Ziel des Verfahrens ist es dementsprechend, einen Einigungsvorschlag zu erarbeiten, der eine Empfehlung an die beiden Kammern für einen (geänderten) Gesetzesbeschluß ausspricht, vgl. §§ 10 ff. GO-VermA[843]. Das Vermittlungsverfahren kann vom Bundesrat binnen drei Wochen nach Eingang des Gesetzesbeschlusses des Bundestages durch Beschluß beantragt werden, und zwar unabhängig davon, ob es sich bei dem zur Debatte stehenden Gesetz um ein Zustimmungs- oder Einspruchsgesetz handelt, vgl. Art. 77 Abs. 2 S. 1, Abs. 2a, Abs. 3 S. 1 GG.

Der Anrufungsbeschluß seitens der Länderkammer ist nach heutiger Auffassung stets ein Regelbeschluß nach Art. 52 Abs. 3 S. 1 GG[844]. Dies gilt gleichermaßen für Bundestag und Bundesregierung, die allein im Falle von Zustimmungsgesetzen *nach* Verweigerung derselben durch den Bundesrat anrufungsberechtigt sind, Art. 77 Abs. 2 S. 4 GG[845].

---

842 *Mann* (Fn. 510), Art. 77 Rn. 7. – Die Entstehungsgeschichte – sofern bekannt – schildert ausführlich *Wessel*, Vermittlungsausschuß (Fn. 512), S. 283 ff.

843 Vgl. *Dietlein*, Dispositionsrahmen (Fn. 781), S. 81; die Erfahrungen während 17 Legislaturperioden haben gezeigt, daß der Vermittlungsausschuß seine Ausgleichsfunktion zwischen den Interessen der beiden Kammern erfolgreich ausübt: Am Ende von 857 Vermittlungsverfahren standen 763 in Kraft getretene Gesetze; lediglich in 99 Verfahren kam es nicht zur Verkündung eines Gesetzes (http://www.bundesrat.de/cln_050/SharedDocs/Downloads/DE/statistik/gesamtstatistik,templateId=raw,property=publicationFile.pdf/gesamtstatistik.pdf [November 2013]).

844 Mittlerweile einhellige Meinung: *B. Pieroth*, in: Jarass/Pieroth, GG (Fn. 119), Art. 77 Rn. 10; *Stettner* (Fn. 506), Art 77 Rn. 24; *Masing* (Fn. 511), Art. 77 Rn. 75; *Wessel*, Vermittlungsausschuß (Fn. 512), S. 313; *Bryde* (Fn. 510), Art. 77 Rn. 9; bis zu einem entsprechenden Gutachten des Rechtsausschusses wurde auch vertreten, daß für den Anrufungsbeschluß die Mehrheit der abgegebenen Stimmen ausreichend sein sollte. Nachdem der Rechtsausschuß jedoch einstimmig zu der Auffassung gelangte, als Bundesratsbeschlüsse könnten nur solche mit absoluter Stimmenmehrheit gemäß Art. 52 Abs. 3 S. 1 GG gefaßten gelten, verschwand die andere Ansicht; vgl. hierzu *Wessel*, Vermittlungsausschuß (Fn. 512), S. 292 f.

845 Den Anrufungsgegenstand bildet auch hier ein Gesetzesbeschluß; in vorherigen Stadien des Beschlußverfahrens ist das „Gesetz" dem Vermittlungsausschuß noch nicht vorlagefähig. Dies gilt insbesondere für Gesetzesentwürfe: *Wessel*, Ver-

c) Das Zustandekommen von Zustimmungsgesetzen

Bei Zustimmungsgesetzen ist die Zustimmung des Bundesrates konstitutives Merkmal: ohne sie kommt das Gesetz nicht zustande, Art. 78 Alt. 1 GG[846]. Der Bundesrat hat auch im Rahmen der Zustimmungsgesetze das Recht, den Vermittlungsausschuß anzurufen; eine Pflicht, dies zu tun, trifft ihn allerdings anders als bei Einspruchsgesetzen nicht, so daß gegebenenfalls in angemessener Frist nach Art. 77 Abs. 2a GG über eine Zustimmung zu entscheiden ist. Sie wird vermittels eines Beschlusses nach Art. 52 Abs. 3 S. 1 GG mit mindestens der Mehrheit der Stimmen erteilt.

d) Das Zustandekommen von Einspruchsgesetzen

Nach Abschluß des Vermittlungsverfahrens nach Art. 77 Abs. 2 GG kann der Bundesrat, sofern das Gesetz nicht nach Abs. 2a zustimmungspflichtig ist, binnen zwei Wochen[847] Einspruch gegen das Gesetz erheben, Abs. 3 S. 1[848]. Für den Einspruch selbst ist erneut allein das absolute Mehrheitserfordernis des Art. 52 Abs. 3 S. 1 i.V.m. Art. 77 Abs. 4 S. 1 Hs. 1 GG als dem Regelbeschluß des Bundesrates zu beachten; Besonderheiten bestehen nicht.

Anders – und aus Sicht der vorliegenden Arbeit interessanter – stellt sich indes die Situation dar, wenn der Einspruch eine Bundesratszustimmung jenseits der absoluten Stimmenmehrheit erfährt. Wurde der Einspruch nämlich mit mindestens zwei Dritteln der Stimmen der Länderkammer beschlossen, so bedarf der Zurückweisungsbeschluß des Bundestags ebenfalls erhöhter Mehrheitsquoren, Art. 77 Abs. 4 S. 2 GG. Bei derzeit 69 Stimmen

---

mittlungsausschuß (Fn. 512), S. 293. Naturgemäß fallen die Anrufung seitens der (zumeist bei der Gesetzesvorlage federführenden) Bundesregierung und des Bundestages zahlenmäßig nicht ins Gewicht: Im Zeitraum der 1. bis zur laufenden 17. Sitzungsperiode erfolgten von 857 Anrufungen des Vermittlungsausschusses lediglich 82 durch die Bundesregierung und 20 durch den Bundestag, siehe die ausführliche Auflistung unter http://www.bundesrat.de/cln_050/SharedDocs/Downloads/DE/statistik/gesamtstatistik,templateId=raw,property=publicationFile.pdf/gesamtstatistik.pdf (November 2013). – s. auch *Dietlein*, Dispositionsrahmen (Fn. 781), S. 81; *Pieroth* (Fn. 844), Art. 77 Rn. 11; *Wessel*, Vermittlungsausschuß (Fn. 512), S. 294 f.

[846] BVerfGE 8, 274 (296); 28, 66 (79). Unstreitig auch in der Literatur, siehe daher nur *Masing* (Fn. 511), Art. 77 Rn. 96.

[847] Zur genauen Fristberechnung vgl. Art. 77 Abs. 3 S. 2 GG, § 14 Abs. 4 GO des Vermittlungsausschusses.

[848] Bis zum Ende der 15. Legislaturperiode legte der Bundesrat 71 Einsprüche ein, von denen 59 durch den Bundestag zurückgewiesen wurden, vgl. http://www.bundesrat.de/cln_050/SharedDocs/Down-loads/DE/statistik/gesamtstatistik,templateId=raw,property=publicationFile.pdf/gesamtstatistik.pdf (November 2013).

im Bundesrat sind somit wenigstens 46 Stimmen erforderlich, um erhöhte Zurückweisungshürden für den Bundestag zu begründen.

4. Die Beteiligung des Bundesrates am Verfahren zur Änderung des Grundgesetzes

Das qualifizierte Mehrheitserfordernis zur Änderung des Grundgesetzes – zur Erinnerung: der Bundestag hat mit zwei Dritteln seiner gesetzlichen Mitgliederzahl die Verfassungsänderung zu beschließen – erfaßt auch den Bundesrat. Aufgrund von Art. 79 Abs. 2 GG handelt es sich bei der verfassungsändernden Gesetzgebung um einen Fall eines Zustimmungsgesetzes. Abweichend von Art. 52 GG ist im Bundesrat ebenfalls eine Zweidrittelmehrheit vonnöten, die sich allerdings, der Organisation des Bundesrates entsprechend, auf seine Gesamtstimmenzahl erstreckt.

5. Die Beteiligung des Bundesrates an der Gesetzgebung im Falle des Gesetzgebungsnotstands

Eine ungleich größere (wenngleich praktisch bislang irrelevante) Bedeutung wird dem Bundesrat in gleich zweifacher Hinsicht zuteil: zum einen, wenn der Bundestag die vom Bundeskanzler nach Art. 68 GG gestellte Vertrauensfrage verneint, der Kanzler aber weder von seinem Amt zurücktritt noch dem Bundespräsidenten die Auflösung des Bundestages anempfiehlt. Art. 81 GG gibt dem amtierenden Bundeskanzler ein machtvolles Instrumentarium an die Hand, mit dem er auch im Falle weiterer Verweigerung des Bundestages wichtige Gesetzesvorhaben in Kraft setzen kann. Der zweite Anwendungsfall betrifft die Situation nach Scheitern von Vertrauensfrage und mit dieser verknüpfter Sachentscheidung, Art. 81 Abs. 1 S. 2 GG.

In diesen Fällen kann der Bundespräsident auf Antrag des Bundeskanzlers den Gesetzgebungsnotstand ausrufen, wenn der Bundesrat hierzu seine Zustimmung erteilt, Art. 81 Abs. 1 GG. Diese ergeht mit absoluter Mehrheit der Mitglieder im üblichen Beschlußverfahren des Bundesrates nach Art. 52 Abs. 3 S. 1 GG[849]. Voraussetzung ist freilich, daß der Bundestag ein vom Bundeskanzler für dringlich erklärtes Gesetzesvorhaben nicht unterstützt oder mit maßgeblichen Änderungen verabschiedet[850]. Ist der Ge-

---

849 *Paudtke*, Parlament (Fn. 308), S. 117; *Puhl*, Minderheitsregierung (Fn. 322), S. 197; *T. Mann*, in: Sachs, GG (Fn. 119), Art. 81 Rn. 5; *M. Brenner*, in: v. Mangoldt/Klein/Starck, GG (Fn. 119), Art. 81 Rn. 40.

850 Der nach Art. 42 Abs. 2 GG nicht zustande kommenden Mehrheit im Bundestag stehen die Nichtbefassung mit dem Gesetzesantrag binnen der Dringlichkeit an-

setzgebungsnotstand ausgerufen, hat nach Art. 81 Abs. 2 S. 1 GG der Bundestag abermals die Möglichkeit, dem Gesetzesvorhaben zum Erfolg zu verhelfen. Lehnt er es erneut ab und erteilt der Bundesrat auch ein weiteres Mal[851] seine Zustimmung zu dem Gesetz durch absoluten Mehrheitsbeschluß, so gilt das Gesetz als zustande gekommen und erreicht nach ordnungsgemäßer Ausfertigung und Verkündung uneingeschränkte Gültigkeit[852]. Nach Feststellung des Gesetzgebungsnotstands können unter dem selben Bundeskanzler innerhalb einer Frist von sechs Monaten weitere Gesetze im dargestellten Verfahren verabschiedet werden; nach Ende der Frist endet der Gesetzgebungsnotstand und kann nicht erneut durch den Regierungschef ausgerufen werden, Art. 81 Abs. 3 S. 1 u. 2 GG.

6. Die Anklage des Bundespräsidenten vor dem Bundesverfassungsgericht

Das Verfahren der Anklage des Bundespräsidenten vor dem Bundesverfassungsgericht wurde bereits oben im Rahmen der Erläuterungen zum Bundestag[853] ausführlich besprochen. Die Darstellung hier beschränkt sich daher auf die bundesratsspezifischen Besonderheiten im Verfahren nach Art. 61 GG. Der Verfahrensgang (Antrag auf Erhebung der Anklage, Beschluß über die Erhebung der Anklage und Zurücknahme einer bereits eingereichten Präsidentenanklage) entspricht den obigen Erörterungen zur Einleitung des Verfahrens durch den Bundestag, auf die ergänzend verwiesen wird.

Der Antrag auf Erhebung der Präsidentenanklage, Art. 61 Abs. 1 S. 2 Alt. 2 GG, bedarf der Unterstützung einer Ein-Viertel-Minderheit der Stimmen der Länderkammer. Die qualifizierte Minderheit liegt demnach bei wenigstens 18 Länderstimmen. Die Abstimmung über die Erhebung der Anklage des Bundespräsidenten vor dem Bundesverfassungsgericht selbst erfordert in Abweichung von Art. 52 Abs. 3 S. 1 GG eine Zweidrittelmehr-

---

gemessener Frist und die mehrfache Vertagung wegen Beschlußunfähigkeit gleich; vgl. *R. Stettner*, in: Dreier, GG (Fn. 17), Art. 81 Rn. 9. Auch dem Bundesrat ist es nach vorzugswürdiger Ansicht verwehrt, ohne Zustimmung seitens der initiierenden Bundesregierung an der Gesetzesvorlage Änderungen vorzunehmen: s. zum Streitstand nur *Puhl*, Minderheitsregierung (Fn. 322), S. 197 f. sowie *Paudtke*, Parlament (Fn. 308), S. 120 f.

[851] Diese Zustimmung ist nicht aufgrund derjenigen nach Art. 81 Abs. 1 GG entbehrlich: *Brenner* (Fn. 849), Art. 81 Rn. 43; *Puhl*, Minderheitsregierung (Fn. 322), S. 197 f.

[852] *M. Nierhaus*, in: Sachs, GG (Fn. 119), Art. 81 Rn. 9; *Brenner* (Fn. 849), Art. 81 Rn. 46; *Stettner* (Fn. 850), Art. 81 Rn. 17.

[853] Unter A. II. 4.

heit der Stimmen des Bundesrates, Art. 61 Abs. 1 S. 3 Alt. 2 GG. Auf die tatsächlichen Stimmenverhältnisse übertragen bedeutet dies, daß mindestens 46 Stimmen zu erreichen sind.

Wie bereits oben dargestellt, haben nur die jeweils antragstellenden Körperschaften die Kompetenz für die Zurücknahme des (eigenen) Klageantrags. Hat der Bundesrat das Verfahren mit qualifizierter Mehrheit eingeleitet und möchte er nun vom Anklageverfahren zurücktreten, ist nach § 52 Abs. 1 S. 2 Alt. 2 BVerfGG eine absolute Stimmenmehrheit der Länderkammer erforderlich. Erreicht ist mehr als die Hälfte der Stimmen des Bundesrates, wenn 35 Stimmen für eine Zurücknahme zusammen kommen.

7. Stellungnahme

a) Die Beschlußfähigkeitsregelung

Theoretisch könnte das aufgrund der Unterschiede in der Größe der Landesbevölkerungen allein sinnvolle Abstimmungskriterium der gestaffelten Stimmenverteilung dazu führen, daß die vier Bundesländer mit sechs Stimmen[854] zusammen mit den fünf Stimmen Hessens und denen weiterer zwei Länder mit nur drei Stimmen[855] die Schwelle der Beschlußfähigkeit überschreiten würden. Um dies zu verhindern und die entsprechende Legitimation sicherzustellen, könnte man im Rahmen der Beschlußfähigkeit (gegebenenfalls auch zusätzlich) ein Mindestanwesenheitsquorum von beispielsweise acht der sechzehn Bundesländer festlegen. Andererseits jedoch zeigt die Praxis, daß sich die Problematik schon allein angesichts der ureigensten Interessen der Länder an ihrer Anwesenheit bei Beratungen und Abstimmungen tatsächlich nicht stellt.

b) Das Mehrheitserfordernis für den Regelbeschluß

Art. 52 Abs. 3 S. 1 GG ist eindeutig und hinterläßt keine Zweifel daran, daß für einen Regelbeschluß des Bundesrates unabhängig von dessen Inhalt eine absolute Mehrheit der gesetzlichen Stimmenzahl vonnöten ist. Die Koppelung der Mehrheitsentscheidung an die Bezugsgröße der Gesamtstimmenzahl hat zur Folge, daß Enthaltungen – entgegen dem sonst einhelligen Verständnis – sowie nicht vertretenen und ungültigen Stimmen die Wirkung

---

854 Dies sind die Länder Baden-Württemberg, Bayern, Niedersachsen und Nordrhein-Westfalen.

855 Hier kämen beispielsweise Mecklenburg-Vorpommern und das Saarland in Betracht.

von Nein-Stimmen zukommt[856]. Vor diesem Hintergrund wirken Klauseln in Koalitionsvereinbarungen zwischen den Regierungsparteien, wonach das zwingend einheitlich abstimmende Bundesland sich seiner Stimme enthält, wenn die Koalitionäre über das Abstimmungsverhalten uneinig sind, fragwürdig: hätte doch aufgrund der Koppelung an die Gesamtstimmenzahl und die damit verbundene Wirkung der Enthaltungen als Nein-Stimmen gleich die zwingende Ablehnung des Beschlusses vereinbart werden können – auf nichts anderes laufen nämlich derartige Vereinbarungen hinaus[857].

Nachdem in der Föderalismuskommission die Fragen rund um eine Überarbeitung des Abstimmungsverfahrens im Bundesrat aufgegeben wurden[858], finden sich in jüngerer Zeit – angestoßen durch eine Rede des damaligen Bundespräsidenten Horst Köhler im Juni 2008[859] – abermals Stimmen, die einen Übergang von der Beschlußfassung mit absoluter zu einer mit einfacher Mehrheit der Stimmen vorschlagen[860]. Hintergrund ist gerade die Vermeidung des negativen Stimmengewichts von Enthaltungen, die aufgrund von im Vergleich zur Bundesregierung politisch anders „gemischten" Koalitionen in den Länderregierungen verstärkt auftraten. Zu Spitzenzeiten in 2008 waren dies 34 Stimmen und damit fast die Hälfte der Bundesratsstimmen, die sich im Zweifelsfall aufgrund entsprechender Koalitionsvereinbarungen enthielten[861]. Obschon aus Sicht der vorliegenden Arbeit keinerlei Aspekte gegen den Wechsel zur einfachen Abstimmungsmehrheit bestünden

---

[856] *R. Herzog*, Zusammensetzung und Verfahren des Bundesrates, in: HStR^3 III (Fn. 74), § 59 Rn. 34. Speziell zu Stimmenthaltungen: *Lambrecht*, Stimmenthaltung (Fn. 70), S. 129.

[857] Dies spricht für das „Mainzer Modell", vgl. dazu *T. Eschenburg*, Bundesrat – Reichsrat – Bundesrat, in: Bundesrat (Hrsg.), Der Bundesrat als Verfassungsorgan und politische Kraft, S. 35 (54); *J.-F. v. Eichborn*, Die Bestimmungen über die Wahl der Bundesverfassungsrichter als Verfassungsproblem, 1969, S. 58, sowie *T. Maunz*, Rechtsstellung der Mandatsträger, in: Bundesrat (Hrsg.), Der Bundesrat als Verfassungsorgan und politische Kraft, S. 193 (203 ff.).

[858] Vgl. *A. Benz*, Abstimmungsverfahren im Bundesrat, in: Kommission von Bundestag und Bundesrat zur Modernisierung der bundesstaatlichen Ordnung (Hrsg.), Kommissionsdrucksache 0086, o. J., S. 1.

[859] Es handelt sich um die „Berliner Rede" vom 17. Juni 2008, vgl. *Decker*, Mehrheit (Fn. 829), S. 213.

[860] s. beispielsweise *Thiele*, Änderungen (Fn. 821), S. 187 f.; keine positive Auswirkung erblickt indes *Decker*, Mehrheit (Fn. 829), S. 214 f., der den Effekt ausnutzen und stattdessen einfach die Abstimmungsfrage umkehren möchte. – Eine Zwischenlösung favorisieren *J. Jekewitz*, Wie im Bundesrat abgestimmt werden sollte. Eine Erwiderung auf Frank Decker, in: RuP 45 (2009), S. 23 (26; Herausrechnung der Enthaltungen) und *Benz*, Abstimmungsverfahren (Fn. 858), S. 3 f. (teilweises Verbot der Stimmenthaltung).

[861] *Decker*, Mehrheit (Fn. 829), S. 213 mit instruktiver Aufstellung der potentiellen „Enthaltungsstimmen" seit 1990 in der Anlage (S. 216).

– im Gegenteil: die Bedeutung der Enthaltungen würde begrenzt, ohne dafür „künstliche“, den Grundregeln zuwiderlaufende Konstruktionen wie ein Verbot der Enthaltung oder der Herausrechnung von Enthaltungen aufzustellen, und ohne daß aufgrund der Beschlußfähigkeitsgrenze eine zu geringe Beteiligung drohte –, darf in dieser Frage die verfassungspolitische Realität nicht ausgeblendet werden. Der verfassungsändernde Gesetzgeber jedoch zeigt sich von entsprechenden Vorschlägen[862] bislang noch völlig unbeeindruckt.

c) *Das Mehrheitserfordernis für den Ausschluß der Öffentlichkeit*

Der Unterschied hinsichtlich der Regelungsdichte über den Ausschluß der Öffentlichkeit in Bundestag einer- und Bundesrat andererseits könnte deutlicher kaum sein: während der Verfassunggeber in Art. 52 GG nur die Geltung des Öffentlichkeitsprinzips anordnet und deren Ausschluß ermöglicht (Abs. 3 S. 4), findet sich in Art. 42 Abs. 1 S. 2 GG eine dezidierte Verfahrensordnung für die Antragstellung und den Beschluß zum Öffentlichkeitsausschluß. Sowohl spezielle Antragsquoren als auch insbesondere ein (verschärftes?) Mehrheitserfordernis fehlen demgegenüber für den Bundesrat, und dies selbst in der Geschäftsordnung. Daraus kann nur der Schluß gezogen werden, daß eine Entschließung im Regelverfahren mit absoluter Mehrheit der gesetzlichen Stimmenzahl genügen soll.

d) *Das Mehrheitserfordernis im Gesetzgebungsverfahren*

Für den – jedenfalls grundgesetzlich vorgesehenen[863] – „Normalfall“ der Einspruchsgesetzgebung ist auch im Bundesrat die absolute Mehrheit für einfache Beschlüsse des Spruchkörpers erforderlich. Gleiches gilt für die Entscheidung über die Zustimmung im Falle des Art. 77 Abs. 2a GG.

aa) Staffelung nach Gegenstandsbereichen

Während die absolute Stimmenmehrheit für die weit überwiegende Zahl an Entschließungen des Bundesrates Anwendung findet, sind grundgesetzlich

---

[862] s. neben den in Fn. 860 Genannten noch *Sick,* Gedanken (Fn. 823), S. 166 ff.

[863] Vgl. *Wessel*, Vermittlungsausschuß (Fn. 512), S. 283, der in seinem Aufsatz Anfang der 50er Jahre noch „von verhältnismäßig wenigen Fällen“ spricht, in denen „der Bundesrat dem Bundestag gegenüber [...] gleichberechtigt [ist]“ (gemeint ist die Zustimmungspflicht). In der bis zur Grundgesetzänderung vom 30.8.2006 gültigen Fassung waren am Ende deutlich über fünfzig Prozent der Gesetzesvorhaben zustimmungspflichtig, vgl. *Jekewitz* (Fn. 508), Art. 77 Rn. 14.

in den beschriebenen Konstellationen auch qualifizierte Mehrheitserfordernisse vorgesehen. Sie beschränken sich dabei ausschließlich auf das Quorum von zwei Dritteln mit der Bezugszahl der gesetzlichen Stimmen[864].

bb) Anrufungsbeschluß des Vermittlungsausschusses stets mit der absoluten Stimmenmehrheit des Bundesrates?

Die Anrufung des Vermittlungsausschusses hat mit der Mehrheit der gesetzlichen Stimmenzahl zu erfolgen, Art. 52 Abs. 3 S. 1 GG. Hierbei wird nicht zwischen den vorliegenden Gesetzesmaterien unterschieden[865], eine solche Differenzierung gäbe die Vorschrift des Art. 77 Abs. 2 S. 1 GG auch nicht her. Diese absolute Stimmenmehrheit überzeugt jedoch dann nicht mehr, wenn die Bundestagsvorlage in einem verfassungsändernden Gesetz besteht: hier nämlich genügt aufgrund der in Art. 79 Abs. 2 Alt. 2 GG festgeschriebenen Zweidrittelmehrheit im Bundesrat bereits zur Ablehnung des Gesetzes eine Mehrheit von mehr als einem Drittel der Stimmen. Andersherum gesprochen erfordern bei normalen Gesetzesvorlagen sowohl die Annahme des Zustimmungsgesetzes als auch die Anrufung des Vermittlungsausschusses (quasi als ihr Gegenstück) dieselbe absolute Stimmenmehrheit. Finden sich im Bundestag einige Bundesländer zusammen, die über mehr als ein Drittel der 69 Bundesratsstimmen verfügen, können diese das Änderungsgesetz zum Grundgesetz blockieren – die Möglichkeit, selbst zur Findung eines auch für sie tragbaren Kompromisses im Vermittlungsausschuß beizutragen, bleibt ihnen aber verwehrt, da sie die hierfür erforderliche absolute Mehrheit alleine jedenfalls nicht erreichen. Dies aber kann nicht im Sinne des Vermittlungsverfahrens sein, dessen Ziel es ist, Konfrontation, wechselseitige Blockade und schließlich das Scheitern eines Gesetzes zu verhindern, kurz: einen politischen Mittelweg zu finden, der beiden Kammern gangbar erscheint.

Vor diesem Hintergrund würde sich eine Reform dahingehend empfehlen, daß der Anrufungsbeschluß bei qualifizierten Zweidrittelmehrheiten für die Verabschiedung der Beschlußvorlage selbst mit einer Eindrittelminderheit der Stimmen des Bundesrates gefaßt werden kann. *Wessel*, der schon früh diese Unstimmigkeit erkennt, zieht eine andere, zu dem hier gemachten

---

864 Aufgrund des eindeutigen Wortlauts der Norm unstreitig: vgl. nur *Eschenburg*, Bundesrat (Fn. 857), S. 54; *v. Eichborn*, Bestimmungen (Fn. 857), S. 55; sowie aus der Kommentarliteratur *Bauer* (Fn. 824), Art. 52 Rn. 19 m. w. N. Eine abweichende Zweidrittelmehrheit wird von Art. 79 Abs. 2 Alt. 2 und Art. 61 Abs. 1 S. 3 Alt. 2 GG vorgesehen. Vgl. die diesbezüglichen Darstellungen unter 4. und 6.

865 So im Ergebnis *Wessel*, Vermittlungsausschuß (Fn. 512), S. 313; *Stettner* (Fn. 506), Art. 77 Rn. 24; *Masing* (Fn. 511), Art. 77 Rn. 75; *Maunz* (Fn. 512), Art. 77 Rn. 13 – dort nur knapp, allerdings m. w. N. in Fn. 6.

Vorschlag konträre Schlußfolgerung: er erwägt, einen Gleichlauf zwischen der für das Änderungsgesetz zum Grundgesetz erforderlichen Mehrheit und der für die Anrufung des Vermittlungsausschusses herzustellen – zugunsten einer qualifizierten Zweidrittelmehrheit[866]. Dies überzeugt in Anbetracht des eben geschilderten Ablaufs nicht, da effiziente und gewinnbringende Arbeit im Vermittlungsausschuß dessen Anrufung voraussetzt. Durch ein ausgeglichenes Verhältnis zwischen dem erforderlichen Quorum für die Grundgesetzänderung (Zweidrittelmehrheit) und dem diesbezüglichen Beschluß zur Anrufung des Vermittlungsausschusses (Eindrittelminderheit) ließe sich diese sicherstellen.

cc) Die Bedeutung der Formulierung der Abstimmungsfrage

Das aufgrund der beschriebenen Koalitionsvereinbarungen in den Länderregierungen häufige Auftreten von Stimmenthaltungen in der Bundesratsabstimmung hat bei der Bezugszahl der gesetzlichen Stimmenzahl die beschriebene Wirkung von Nein-Stimmen. Umso größere Bedeutung wird der Formulierung der Abstimmungsfrage zuteil. Würde sie positiv gestellt, wirkten sich Enthaltungen negativ aus, im umgekehrten Fall bejahend. Diese Wirkung ist es, die eine besondere Beleuchtung der Formulierung der Beschlußvorlage nötig macht: je nachdem, ob die Abstimmungsfrage positiv oder negativ zur Entscheidung gestellt wird, schaden die ungültigen Stimmen, Enthaltungen oder die Abwesenheit eines Landesvertreters ihrer Annahme bzw. kommen ihr zugute. Diese von der Art und Weise der Beschlußvorlage abhängende unschöne Folge zu verhindern, ist die Funktion des § 30 GO-BRat, der in Abs. 1 S. 1 die Abstimmungsfrage für die bedeutendsten Beschlüsse explizit festschreibt. Stets wird hier (und auch in den über die Regelbeispiele hinausgehenden Fällen) die Zustimmung zu einem positiv formulierten Antrag verlangt[867]. Dies kann jedoch die – in aller Regel destruktive – Wirkung von Enthaltungen auf Mehrheits- und Minderheitsfraktion nicht verhindern, sondern läßt allein die Folgen von Enthaltungen voraussehen[868]: Bei Einlegung des Einspruchs oder bei Anrufung des Vermittlungsausschusses durch den Bundesrat wirken sich Enthaltungen zulasten von Einlegung und Anrufung und damit zugleich zulasten der Opposition in den Gesetzgebungsorganen aus, fehlen diese Stimmen doch zur Erklärung der Ablehnung. Im umgekehrten Sinne verhält es sich bei der

---

866 *Wessel*, Vermittlungsausschuß (Fn. 512), S. 312 f.

867 Etwas mißverständlich insofern *Herzog*, Zusammensetzung (Fn. 856), § 59 Rn. 34 a.E.

868 Zum Folgenden *Zuck*, Sekundärtugenden (Fn. 221), S. 298 f.; *Reuter*, Praxishandbuch (Fn. 832), § 30 GO Rn. 9 sowie *Thiele*, Änderungen (Fn. 821), S. 184 f.

Abstimmung über ein Zustimmungsgesetz: hier wird es für die Mehrheitsfraktion aufgrund der Enthaltungen schwieriger, die absolute Mehrheit im Bundesrat zu erzielen, was abermals destruktive Wirkung hat. Möglich ist also, daß die Anrufung des Vermittlungsausschusses scheitert – weil Stimmenthaltung bei der Abstimmungsfrage „Wer ist für die Anrufung ...?“ den vorliegenden Entwurf bejaht – während in der Folge bei der Frage, wer dem Gesetz nun zustimmt, Enthaltungen einem Nein gleichkommen (!). Diese Konsequenz wird von § 30 GO-BRat mitnichten verhindert.

Auch bei der (vereinfacht dargestellten) Abstimmungsfolge „Wer stimmt dem Gesetz zu?“ – negatives Votum – „Wer stimmt dem Gesetz nicht zu?“ – negatives Votum kommt kein zufriedenstellendes Resultat in Form eines Beschlusses zustande, dessen es aber eigentlich bedürfte. Die Praxis vermeidet dies dadurch, daß auf die zweite formell an sich nötige Abstimmung verzichtet und – verfahrensrechtlich unzulässig – das erste Ergebnis umgekehrt auf eine Ablehnung der zweiten Frage projeziert wird[869]. Derartige Wirkungen und Umgehungsversuche – das Entfallenlassen von Abstimmungen aus Angst vor dem Ergebnis bzw. dessen Übertragung auf eine andere Beschlußvorlage – führen allein wegen des Zusammenspiels der Bezugszahl der gesetzlichen Stimmen mit der Formulierung der Abstimmungsfrage absolute Mehrheiten ad absurdum. Wie kann dieses Mehrheitsquorum dann ernsthaft einer einfachen Abstimmungsmehrheit vorgezogen werden?

e) Das Mehrheitserfordernis im Rahmen des Gesetzgebungsnotstands

Die Ausrufung des Gesetzgebungsnotstands eröffnet dem Bundeskanzler im Falle eines mehrheitsunfähigen Parlaments einen Weg, dringliche Gesetze auch ohne Parlamentsmehrheit in Kraft zu setzen. Art. 81 GG hat daher einzig die Funktion, die Vorschriften der Art. 76 ff. GG zur Beteiligung des Bundestages zu umgehen und durchbricht insofern den Grundsatz, daß für ein Gesetz stets die Mehrheit der Abstimmenden im Bundestag erforderlich ist. Nach zweifacher Zustimmung des Bundesrates – zur Verhängung des Gesetzgebungsnotstandes und zum Gesetz, nachdem der Bundestag abermals die Verabschiedung verweigert hat – kommt letzteres auch ohne mehrheitliche Beteiligung des Bundestages zustande.

Befremdlich wirkt indes, daß der Bundesrat im regulären Beschlußverfahren nach Art. 52 Abs. 3 S. 1 GG über die Zustimmung zu Notstandslage wie angestrebtem Gesetz zu entscheiden hat. Im Falle von Einspruchsgesetzen führt dies zur Aufwertung der Beteiligung der Länderkammer, im Falle

[869] *Reuter*, Praxishandbuch (Fn. 832), § 30 GO Rn. 12.

von Zustimmungsgesetzen entspricht die Bundesratsbeteiligung derjenigen im Gesetzgebungsnotstand – freilich vom Zusammenspiel mit dem Bundestag nach den Art. 76 ff. GG abgesehen. Einerseits ist die Intention des Grundgesetzgebers klar: Gesetzgebung soll auch ohne eine Mehrheit im Parlament für den (Minderheits-)Kanzler möglich sein – dennoch hätte das Weniger an Legitimierung durch ein Mehr auf Seiten des Bundesrates ausgeglichen werden können. Insbesondere eine Verschärfung des Mehrheitserfordernisses hätte sich angeboten.

f) Das Mehrheitserfordernis im Rahmen der Präsidentenanklage

Das Verfahren zur Anklage des Bundespräsidenten wurde in Bundestag und Bundesrat vergleichsweise ähnlich ausgestaltet. Qualifizierten Minderheitsanträgen folgen qualifizierte Mehrheitsbeschlüsse von zwei Dritteln der gesetzlichen Mitglieder- resp. Stimmenzahl. Auch die Zurücknahme des Antrags zum Bundesverfassungsgericht ist hier wie dort möglich. Während beim Bundestag nunmehr eine Reduktion auf eine absolute Mitgliedermehrheit erfolgt, fällt das Niveau im Bunderat zwar ebenfalls auf dieses Mehrheitserfordernis zurück, ohne jedoch weiterhin gegenüber dem Regelbeschluß qualifiziert zu sein.

Vorzugswürdig wäre, daß für die an sich schon ungewollte, weil stets einen Makel beim Bundespräsidenten hinterlassende, Rücknahmeentscheidung ein zum Antrag identisches Mehrheitserfordernis gelten würde. Nur auf diese Weise könnte aus dem Beschluß unzweifelhaft geschlossen werden, daß die antragstellende qualifizierte Mehrheit nunmehr vollends von der Haltlosigkeit der erhobenen Vorwürfe überzeugt ist. Die Zurücknahme in beiden Körperschaften durch die Absenkung des Mehrheitserfordernisses zu vereinfachen, kommt dem Bundespräsidenten jedenfalls nur auf den ersten Blick zugute. Statt einer vereinfachten Rücknahme wäre aus Sicht des Bundespräsidenten zu seiner vollen Rehabilitierung eine entsprechende Bundesverfassungsgerichtsentscheidung vorzuziehen.

II. Das Bundesratspräsidium als Leitungsgremium des Bundesrates

Das Präsidium der Ländervertretung besteht aus dem Präsidenten des Bundesrates und drei Vizepräsidenten, §§ 8 Abs. 1, 5 Abs. 1 GO-BRat, die alle auf die Dauer von einem Jahr in ihr Amt gewählt werden. Zu den Aufgaben des Präsidiums zählen die Aufstellung eines Entwurfs des Haushaltsplanes, Beschlüsse über innere Angelegenheiten der Länderkammer sowie sonstige Entscheidungen, die nicht dem Plenum bzw. dem Präsidenten allein vorbehalten sind, vgl. § 8 Abs. 2 S. 1 u. 2 GO-BRat. Auch kann dem Präsidium gemäß S. 3 die Ausführung der Beschlüsse des Bundesrates übertragen werden; daneben fungiert es stets als Beratungsgremium des Präsidenten, § 7 Abs. 2 GO-BRat[870].

1. Die Wahl des Bundesratspräsidiums

Neben den typischen Aufgaben des Präsidenten einer Körperschaft, die in aller Regel in der Dienstaufsicht über die Beamten des Gremiums, dem Hausrecht und der Ordnungsgewalt sowie der Einberufung des Bundesrates und Leitung der Plenarsitzungen liegen (vgl. §§ 6 Abs. 3, 22, 15, 20 Abs. 1 GO-BRat), vertritt er nach § 6 Abs. 1 GO-BRat die Bundesrepublik Deutschland in den Länderangelegenheiten und den Bundespräsidenten in dessen Verhinderungsfall nach Art. 57 GG. Stellvertretend für alle bundesratsinternen Wahlen[871] soll an dieser Stelle auf die bedeutendste, i.e. die Wahl des Bundesratspräsidiums, eingegangen werden. Alles an dieser Stelle Dargelegte läßt sich analog auf die weiteren bundesratsinternen Wahlen übertragen.

a) Keine Besonderheit für Wahlen: absolutes Mehrheitserfordernis

Eine dem Art. 42 Abs. 2 S. 2 GG entsprechende Einschränkung betreffend die Möglichkeit abweichender Verfahrensregelungen für Wahlen durch die Geschäftsordnung fehlt im Kapitel über den Bundesrat. Auch die GO-BRat selbst schweigt diesbezüglich und legt in § 5 Abs. 1 nur fest, daß als Präsident und Vizepräsidenten nur die Mitglieder der Länderkammer in Frage kommen. Mangels Anordnung einer entsprechenden Abweichung vom Regelfall hat daher auch für das Personalvotum das in Art. 52 Abs. 3 S. 1 GG aufgestellte Erfordernis absoluter Stimmenmehrheit zu gelten[872]. Das Präsidium ist mithin mit wenigstens 35 der 69 Stimmen zu wählen.

Anders noch § 3 Abs. 3 GO-BRat a. F.[873]: die Norm ließ nach zweimaligem Fehlschlagen der Wahl des Präsidenten und der Vizepräsidenten – ähn-

---

870 *Pfitzer*, Organisation (Fn. 822), S. 184.

871 Eine Besonderheit bildet die Wahl der Ausschußvorsitzenden nach § 12 Abs. 1 S. 1 GO-BRat: diese läuft in einem Zusammenspiel zwischen Plenum und Ausschuß selbst ab: das Plenum wählt den Vorsitzenden nach Anhörung der Ausschüsse, § 12 Abs. 1 S. 1 u. 2 GO-BRat. Nach Abs. 2 wählt der Ausschuß selbst die stellvertretenden Vorsitzenden. Nach § 42 Abs. 3 GO-BRat genügt hierfür die einfache Mehrheit.

872 *Korioth* (Fn. 826), Art. 52 Rn. 2; *Robbers* (Fn. 825), Art. 52 Rn. 2; *Bauer* (Fn. 824), Art. 52 Rn. 14.

873 GO-BRat i. d. F. ab 8.9.1950.

lich wie bei der Wahl des Bundeskanzlers – die relative Mehrheit im dritten Wahlgang genügen (S. 2). Nach der zu der früheren Ausgestaltung des Wahlverfahrens vertretenen Auffassung[874] handelte es sich bei § 3 Abs. 3 S. 2 GO-BRat a. F. um eine zulässige Abweichung von Art. 52 Abs. 3 S. 1 GG. Ansonsten nämlich drohte die Gefahr, daß die verfassungsmäßige Pflicht der Wahl eines Präsidenten aus Art. 52 Abs. 1 GG mangels Erreichens absoluter Stimmenmehrheit nicht erfüllt werden könnte. Dies zu verhindern sei Aufgabe und Rechtfertigung der der Grundgesetznorm an sich widersprechenden Bestimmung der Geschäftsordnung. Der Fall des erfolglosen Verstreichens mehrerer Wahlphasen ist dennoch praktisch ausgeschlossen, da es bereits 1950 zur Unterzeichnung des sogenannten Königsteiner Abkommens durch die Ministerpräsidenten der Länder kam.

b) Ausgestaltung der Wahl durch das Königsteiner Abkommen

Die am 30.8.1950 in Königstein im Taunus getroffene Abrede[875] durch die Ministerpräsidenten der Länder beinhaltet nicht weniger als einen turnusmäßigen Wechsel der Ministerpräsidenten im Präsidium der Länderkammer. Die Reihenfolge an der Spitze des Bundesrates richtet sich nach der Bevölkerungszahl der Länder, beginnend mit dem bevölkerungsreichsten Land[876]. Seit Bestehen des Abkommens kam es stets zur einstimmigen (!) Besetzung des Präsidiums mit den turnusmäßig zu wählenden Ministerpräsidenten[877].

2. Die Beschlußfassung im Präsidium

Das Präsidium des Bundesrates ist gemäß § 8 Abs. 4 S. 1 GO-BRat beschlußfähig, wenn mindestens drei seiner vier Mitglieder anwesend sind. Aufgrund der Vertretungsregelung in § 7 Abs. 1 S. 1 GO-BRat, die die Vizepräsidenten zur Vertretung des Präsidenten ermächtigt, genügt es für die

---

874 *Schäfer*, Bundesrat (Fn. 825), S. 45; *Maunz* (Fn. 819), Art. 52 Rn. 5, 24.

875 Mangels urkundlicher Fixierung läßt sich weder über die Literatur noch Internetquellen zum Bundesrat eine Textfassung auffinden. Nur eine Nachfrage beim Bundesrat selbst förderte nach dortigen ausführlichen Recherchen die Kopie einer einschlägigen Archivakte im Bestand des Agrarausschusses (!) hervor, die den Titel „Ministerpräsidenten-Konferenz, Mittwoch, den 30. August 1950, 11 Uhr, Königstein i. Ts." trägt (Programmtechnische Aktenbezeichnung: 008111024; Aktenzeichen: fehlt; Magazin: A2 [R1, F1, B4]) und einen stenographischen Bericht einer Debatte enthält, der mit einer Vielzahl handschriftlicher Vermerke und Korrekturen (!) versehen ist und nur ein Ergebnis zur darauffolgenden Sitzung enthält, also gerade keine ausdrückliche Vereinbarung zukünftiger Anwendung dieses Verfahrens.

876 *Reuter*, Praxishandbuch (Fn. 832), § 5 GO Rn. 7 f.

877 *Jekewitz* (Fn. 825), Art. 52 Rn. 2; *K. Reuter*, Praxishandbuch Bundesrat, 1991, § 5 GO Rn. 9; *Pfitzer*, Organisation (Fn. 822), S. 184.

Beschlußfähigkeit des Gremiums auch, wenn allein die drei Vizepräsidenten zur Präsidiumssitzung erscheinen.

§ 8 Abs. 4 S. 2 GO-BRat ordnet die Beschlußfassung mit der Mehrheit der anwesenden Mitglieder, mithin die absolute Anwesenheitsmehrheit, an. Verknüpft mit der Regelung zur Mindestanwesenheit führt dies dazu, daß Beschlüsse – abgesehen von einstimmigen Entscheidungen – auf den ersten Blick nur mit 3 oder 2:1 Stimmen gefaßt werden können. Allerdings ist in § 8 Abs. 4 S. 3 GO-BRat auch für den Fall der – in einem derart kleinen Gremium durchaus nicht unwahrscheinlichen – Pattsituation die Stimmführerschaft des Präsidenten festgeschrieben worden, so daß Entscheidungen immer auch mit 2:2 Stimmen zustande kommen können.

3. Stellungnahme

a) Wahl des Präsidiums

Der Bundesrat wählt seinen Präsidenten so, wie er auch alle anderen (einfachen) Beschlüsse faßt: mit absoluter Stimmenmehrheit. Anders als bei anderen obersten Bundesorganen erfolgt hier also keine Erhöhung des Mehrheitserfordernisses im Vergleich zum Regelbeschluß. Dies liegt allerdings auch darin begründet, daß kein anderes oberstes Verfassungsorgan mit absoluter Mitglieder- resp. Stimmenmehrheit gewöhnliche Beschlüsse faßt und eine Anhebung für Wahlen im allgemeinen und die des Bundesratspräsidiums im besonderen somit das allgemeinübliche Niveau deutlich überstiege.

So wie eine Erhöhung nicht vorgesehen ist, findet auch keine Absenkung der Mehrheitsvoraussetzung statt, wenn die Wahl nicht von Erfolg begleitet wurde. Dies ist auch nicht erforderlich, da die Wahl des Bundesratspräsidiums durch die Königsteiner Abrede erheblich vereinfacht wurde und zu einer gerechten Rotation des Vorsitzes unter den Bundesländern unabhängig von jeglichem parteipolitischen Kalkül führt. Andererseits jedoch kann vor dem Hintergrund dieser Vereinbarung kaum mehr von einer *Wahl* der Bundesratsspitze gesprochen werden, da die zukünftigen Präsidenten, wenn ein Wechsel in den Länderregierungen ausbleibt, bereits Jahre zuvor feststehen können[878] und Entscheidungsalternativen fehlen – letzteres ist immerhin ein nicht unerhebliches Merkmal einer Wahl. Durch die langfristige Verteilung wird auch eine politische Planbarkeit möglich, beispielsweise dahingehend, wann Entscheidungen in die Länderkammer gegeben werden und so die

---

[878] Dementsprechend findet sich auf den Internetseiten des Bundesrates bereits jetzt eine Aufstellung von Präsidenten und Vizepräsidenten nach Bundesländern bis zum Jahr 2017: vgl. http://www.bundesrat.de/cln_152/nn_9022/DE/organe-mitglieder/praesident/kuenftige/kuenftige-inhalt.html (November 2013).

„Verfahrensherrschaft eines Parteifreunds“ ausgenutzt werden kann[879]; im Rahmen der Abstimmung über das Zuwanderungsgesetz wurde dies selbst vom damaligen Präsidenten des Bundesrates eingeräumt[880].

Das Ritual der alljährlichen *Bestimmung* des Präsidiums anhand eines Abkommens, das urkundlich weder in seiner ursprünglichen noch in späteren Fassungen verbrieft ist, sondern sich aus kaum zu beschaffenden stenographischen Berichten unstrukturiert ablaufender Debatten[881] ergibt (!), wird der von Art. 51 Abs. 1 GG geforderten Wahl daher kaum gerecht – das Prozedere ähnelt vielmehr der alljährlichen Bestätigung der in Königstein getroffenen Vereinbarung. Gleichzeitig kann der Zufall (oder: willkürliche Umstand), welcher Ministerpräsident dem Bundesrat gerade vorsteht, entscheidungserheblich sein. Wünschenswert wäre es daher, das derzeitige Prozedere zur Besetzung des Präsidiums des Bundesrates, das inhaltlich nicht zu bemängeln ist, wenigstens geschäftsordnungsmäßig, besser noch grundgesetzlich festzuschreiben und auf eine Wahl gänzlich zu verzichten. Denn über sechzig Jahre den Bundesratspräsidenten einstimmig zu „wählen“, läßt die angeordnete absolute Mehrheit als Chimäre erscheinen und trägt so nicht zum Ansehen des Mehrheitsprinzips im allgemeinen und des Präsidentenamtes im besonderen bei.

b) Beschlußfassung im Präsidium

Mit dem Beschlußfähigkeitsquorum in Höhe von drei Vierteln stellt die Geschäftsordnung des Bundesrates ein grundgesetzlich nicht gefordertes und noch dazu auffallend hohes Anwesenheitserfordernis auf. Daß sich dieses noch dazu auf die ebenso selten anzutreffende Mehrheit der Anwesenden (!) bezieht, verstärkt diesen Eindruck nochmals. Besonders erfreulich ist, daß auch an den möglichen Eintritt eines Stimmenpatts gedacht und dieses mit Hilfe der Stimmführerschaft des Bundesratspräsidenten entschärft wurde.

III. Die Arbeitsgremien des Bundesrates

1. Beschlüsse in der Europakammer

Die auf der Grundlage von Art. 52 Abs. 3a Hs. 1 GG eingerichtete und in den §§ 45b ff. GO-BRat näher ausgestaltete Europakammer hat die Auf-

---

879 *Lorz*, Gefahr (Fn. 827), S. 38 m. Fn. 27.

880 Hinweise auf eine entsprechende Äußerung des damaligen Bundesratspräsidenten Klaus Wowereit (SPD) bei *Lorz*, Gefahr (Fn. 827), S. 37 f.

881 s. oben Fn. 875.

gabe, die den Ländern in Angelegenheiten der Europäischen Union eingeräumten Mitwirkungsbefugnisse effizient zu nutzen[882]. Aufgrund der Anberaumung von Bundesratssitzungen im dreiwöchigen Turnus könnte ansonsten nicht flexibel genug und interessenwahrend auf europäische Vorhaben reagiert werden[883].

Die Aufmerksamkeit, die der Europakammer durch die grundgesetzliche Gewährleistung zuteil wurde, steht jedoch in keinem Verhältnis zu ihrer tatsächlichen Bedeutung, sofern man jedenfalls allein einen Blick auf die bloße Anzahl ihrer Tagungen wirft: während die Kammer in der 11. Legislaturperiode noch drei, in der 12. vier Mal zusammentrat, waren es in der 13. und 14. Legislaturperiode nur jeweils ein Mal und auch in jüngster Zeit ergibt sich kein anderes Bild[884].

a) Zusammensetzung der Europakammer

In Ausübung seiner Geschäftsordnungsautonomie hat der Bundesrat in § 45b Abs. 2 GO-BRat bestimmt, daß jedes Bundesland einen Landesvertreter in die Europakammer entsendet. Durch die Verweisung in Art. 52 Abs. 3a Hs. 2 GG auf Art. 51 Abs. 2 und Abs. 3 S. 2 GG gelten ausdrücklich die bereits obigen Ausführungen zur Stimmenverteilung unter den Ländern[885] entsprechend; auch hier herrscht also Spiegelbildlichkeit zwischen der Stimmenverteilung im Plenum und derjenigen in der Europakammer, in der die Länder durch jeweils einen Vertreter mit unterschiedlichem Stimmengewicht ausgestattet sind[886]. Wiederholend stellt dies § 45h Abs. 1 S. 1 GO-BRat durch nochmaligen Verweis auf Art. 51 Abs. 2 GG klar.

b) Beschlußfähigkeit und Beschlußfassung der Europakammer

Eine weitere Parallele zwischen Europa- und Länderkammer besteht in der Frage der Beschlußfähigkeit, für die § 45h Abs. 2 S. 1 GO-BRat eben-

---

[882] Vgl. vertiefend zur Entstehungsgeschichte des Art. 52 Abs. 3a GG und der nur in der Geschäftsordnung des Bundesrates normierten „Vorgängerkammer“ *Krebs* (Fn. 826), Art. 52 Rn. 10 sowie *Bauer* (Fn. 824), Art. 52 Rn. 21 m.w.N. Den Hintergrund der Neueinführung beleuchten ausführlich *Maunz/Scholz* (Fn. 832), Art. 52 Rn. 26 f.

[883] *Herzog*, Zusammensetzung (Fn. 856), § 59 Rn. 18.

[884] http://www2.bundesrat.de/Gesetzgebung/gesetz_2_2.html (Juli 2011) sowie für die jüngsten Aktivitäten: http://www.bundesrat.de/cln_161/nn_451836/DE/organe-mitglieder/europakammer/europa–kammer-termin-uebersicht.html (November 2013).

[885] Oben unter B. I. 1. a).

[886] Zur personellen Zusammensetzung der Europakammer in der 17. Legislaturperiode siehe unter http://www.bundesrat.de/cln_050/nn_9026/DE/organe-mitglieder/europakammer/vorsitz-mitglieder/uebersicht-node.html__nnn=true (November 2013).

falls die Anwesenheit der Mehrheit der Stimmen verlangt. Und auch was das Erfordernis absoluter Stimmenmehrheit im Rahmen von Abstimmungen selbst betrifft, folgt die Kammer den Vorgaben für das Plenum; dies nicht durch analoge Anwendung – es mangelt gerade an einem ausdrücklichen Verweis in Art. 52 Abs. 3a Hs. 2 GG auf Abs. 3 S. 1 –, sondern durch die entsprechende Festschreibung in § 45h Abs. 3 GO-BRat.

2. Beschlüsse in den Ausschüssen

Gemäß Art. 52 Abs. 4 GG hat die Länderkammer das Recht, nicht die Pflicht[887], Ausschüsse einzurichten. Derzeit bestehen sechzehn Ausschüsse[888], die sich hinsichtlich ihrer Zuständigkeiten an den Bundesministerien orientieren. Ihnen kommt eine die Beschlußfassung des Bundesrates vorbereitende Rolle zu, vgl. § 38 Abs. 1 GO-BRat. Die Regelungen zum Beschlußverfahren in den Ausschüssen richten sich anders als das Verfahren in der Europakammer nicht nach den für das Plenum relevanten Vorschriften; die gesetzliche Ausgestaltung des Entscheidungsgangs findet sich vielmehr in den §§ 36 ff., insbesondere § 42 GO-BRat.

a) Zusammensetzung der Ausschüsse

Für die Zusammensetzung der Ausschüsse spielt die Zusammensetzung der Länderkammer keine Rolle, da das Spiegelbildlichkeitsprinzip keine Anwendung findet. Vielmehr wird gemäß § 42 Abs. 2 GO-BRat jedes Land unabhängig von seiner Größe durch eine Stimme im Ausschuß vertreten.

b) Beschlußfähigkeit und Beschlußfassung der Ausschüsse

Die Ausschüsse sind beschlußfähig, wenn mehr als die Hälfte der Länder vertreten sind, § 42 Abs. 1 GO-BRat. Anders als die Vorschriften bezüglich des Plenums und der Europakammer, die zur Klärung der Frage allein die Anwesenheit der Stimmenmehrheit für relevant erklären, stellt die Ge-

---

[887] Eine solche Pflicht besteht indes teilweise für den Bundestag, vgl. *Morlok* (Fn. 407), Art. 40 Rn. 28 ff. – Bis in die abgelaufene 17. Wahlperiode des Bundesrates kam es zu insgesamt 9211 Ausschußsitzungen im Bundesrat. Dieser Zahl stehen lediglich 887 Sitzungen des Plenums des Bundesrates gegenüber, vgl. http://www.bundesrat.de/cln_050/SharedDocs/Downloads/DE/statistik/gesamtstatistik,templateId=raw,property=publicationFile.pdf/gesamtstatistik.pdf (November 2013).

[888] s. http://www.bundesrat.de/cln_171/nn_9026/DE/organe-mitglieder/ausschuesse/ausschuesse-node.html?__nnn=true (November 2013). Zum Verfahren im sog. Vermittlungsausschuß siehe unter A. V. 2. c).

schäftsordnung im Rahmen der Bundesratsausschüsse somit auf die Repräsentation der Mehrzahl der Bundesländer ab. Mithin sind wenigstens neun Ausschußmitglieder für ebenso viele dahinterstehende Länder zur Gewährleistung der Handlungsfähigkeit erforderlich.

Im Rahmen der Beschlußfassung nehmen die Ausschüsse eine Sonderrolle im Vergleich zu Plenum und Europakammer ein: nach § 42 Abs. 3 GO-BRat genügt das Erreichen einfacher Abstimmungsmehrheit gegenüber der ansonsten üblichen absoluten Mehrheit. Diese Regelung ist zulässig, da nach der h. M. die Beschlüsse der Ausschüsse dem Geltungsbereich des Art. 52 Abs. 3 S. 1 GG nicht unterfallen[889].

3. Stellungnahme

a) Absolute Stimmenmehrheit als Regelmehrheit

Anders als beim Bundestag hat der Verfassunggeber bei der Gestaltung der Regelungen zur Beschlußfassung der Länderkammer in Art. 52 Abs. 3 S. 1 GG ausnahmslos auf die Stimmenmehrheit als Bezugsgröße zurückgegriffen. Zwar wird in Einzelfällen von der absoluten zugunsten einer qualifizierten Mehrheit abgewichen, die Bezugsgröße bleibt hingegen stets die gesetzliche Stimmenzahl. Daß Mehrheitsentscheidungen möglich sind, ist indes nicht selbstverständlich. So hat das Bundesverfassungsgericht schon in einem im ersten Entscheidungsband veröffentlichten Urteil das Verhältnis der Länder untereinander als Mehrheitsbeschlüssen nicht zugänglich beschrieben; es sieht den Grundsatz der Einstimmigkeit als unter den Ländern geltendes Prinzip, damit im Sinne des Föderalismus kein Land überstimmt werden könne[890].

b) Differenzierung zwischen Plenum und Europakammer einerseits und Ausschüssen andererseits

Die Differenzierung der Mehrheitserfordernisse zwischen der Europakammer einer- und den Ausschüssen andererseits mutet auf den ersten Blick befremdlich an, stellen doch beide jeweils einen Beschlußkörper außerhalb des eigentlichen Bundesratsplenums dar. Auf den zweiten Blick erschließt sich jedoch der Hintergrund: während den Bundesratsausschüssen lediglich

[889] *Korioth* (Fn. 826), Art. 52 Rn. 12; *Bauer* (Fn. 824), Art. 52 Rn. 19.

[890] BVerfGE 1, 299 (315); s. auch *P. Feuchte*, Die bundesstaatliche Zusammenarbeit in der Verfassungswirklichkeit der Bundesrepublik Deutschland, in: AöR 98 (1978), S. 473 (499 ff.; 516 ff.).

die Aufgabe der Zuarbeit für das Plenum beispielsweise durch Beschlußempfehlungen zukommt[891], treten die Entscheidungen der Europakammer – die Sonderrolle läßt sich bereits aufgrund der abweichenden Betitelung erahnen – an die Stelle derer des Bundesrates, indem sie als dessen Beschlüsse gelten (Art. 52 Abs. 3a Hs. 1 GG). Dort aber, im Plenum, findet gemäß Art. 52 Abs. 3 S. 1 GG die absolute Mehrheit zur Beschlußfassung Anwendung. Es ist infolgedessen sinnvoll und im Interesse der Länder-Protagonisten geboten, sowohl das Beschlußquorum als auch die Stimmenverteilung aus dem Verfahren im Plenum zu übertragen.

Daß die Geschäftsordnung für die Ausschüsse die Anwendung der einfachen Mehrheit vorsieht, kommt der ergebnisorientierten, beratenden Funktion, die sie gegenüber dem Plenum einnehmen, zugute. Eines höheren Mehrheitsquorums bedarf es aufgrund der Unverbindlichkeit ihrer Entscheidungen indes nicht. Auch genügt es, sämtliche Länder unabhängig von ihrer Einwohnerzahl nur mit einem Vertreter und einer Stimme in die sonstigen Ausschüssen zu entsenden, da die einzelnen Länderstandpunkte auch so hinreichend vorgetragen werden können.

Zwar findet damit in der Länderkammer auch wie im Bundestag die entscheidende Beratung in den Ausschüssen statt; sie geht jedoch über eine vorberatende bzw. vorbereitende Tätigkeit nicht hinaus – mangels organexterner wie organinterner Bindungswirkung[892] sind die Beschlüsse des Plenums zwingend erforderlich[893]. Der Bundesrat könnte somit auch in dieser Frage dem Bundestag ein Vorbild sein.

C. Das Bundesverfassungsgericht

Von der Wahl der Mitglieder (I.) und des Präsidenten sowie Vizepräsidenten des Gerichts (II.) bis hin zu vielfältigen Entscheidungsformen bei unterschiedlicher Richterzusammensetzung (III.) werden auch im Themenbereich des Bundesverfassungsgerichts eine Vielzahl von Entscheidungen unter Rückgriff auf das Mehrheitsprinzip getroffen.

---

891 *Robbers* (Fn. 825), Art. 52 Rn. 19; *Pfitzer*, Organisation (Fn. 822), S. 186, 189.

892 Statt vieler *Bauer* (Fn. 824), Art. 52 Rn. 26 und *Krebs* (Fn. 826), Art. 52 Rn. 14.

893 Diesbezügliche Besonderheit: die Europakammer (Art. 52 Abs. 3a GG); ihr kommt die Funktion eines zweiten Beschlußgremiums zu

I. Die Wahl der Mitglieder des Bundesverfassungsgerichts

Das Bundesverfassungsgericht besteht aus zwei Senaten mit jeweils acht Richtern, die je zur Hälfte von Bundestag und Bundesrat auf zwölf Jahre gewählt werden, Art. 94 Abs. 1 S. 2 GG[894]. Die Wahl der Richterinnen und Richter vollzieht sich nach den §§ 2, 5 ff. BVerfGG, die – wie auch die weiteren Vorschriften der Gerichtsordnung – auf der Rechtsgrundlage des Art. 94 Abs. 1 S. 1 GG erlassen wurden. Das Grundgesetz selbst enthält über die Benennung der Wahlberechtigten (Abs. 1 S. 2) und die Wählbarkeit (S. 3) hinaus kaum Aussagen zum Verfahren; auch überläßt es dem einfachen Gesetzgeber im Rahmen der Ausgestaltung des Verfahrens die Festlegung der für die Wahl erforderlichen Mehrheiten[895]. Entstanden ist ein „kompliziertes Geflecht von Mehrheitserfordernissen, Einberufungsfristen und Vorschlagsrechten", das durch umfangreiche Vorabsprachen teilweise umgangen wird[896].

Zur Durchführung der Wahl stellt das Bundesministerium der Justiz nach § 8 Abs. 1 u. 2 BVerfGG zwei Wahllisten von in Frage kommenden[897] (Richter-)Persönlichkeiten auf, die spätestens eine Woche vor der Wahl den Präsidenten von Bundesrat und Bundestag zuzuleiten sind, § 8 Abs. 3

---

[894] Ursprünglich sah die Norm zwölf Richterinnen und Richter pro Senat vor; die Zahl sank zunächst auf zehn, ab 1963 auf die noch immer geltenden acht Richter ab: vgl. zunächst *W. Roemer*, Das Gesetz über das Bundesverfassungsgericht, in: JZ 1951, S. 193 (194) sowie *K. Kröger*, Richterwahl, in: C. Starck (Hrsg.), Bundesverfassungsgericht und Grundgesetz, Bd. 1, 1976, S. 76 (80 f.). – Die Amtszeit endet nach zwölf Jahren oder mit Erreichen der Altersgrenze des 68. Lebensjahres, § 4 Abs. 1 u. 3 BVerfGG.

[895] *J. Wieland*, in: Dreier, GG (Fn. 17), Art. 94 Rn. 9; a. A. *G. Sturm*, in: Sachs, GG (Fn. 119), Art. 94 Rn. 4: Die angeordnete Zweidrittelmehrheit sei „verfassungspolitisch notwendig"; *E. Benda/E. Klein*, Verfassungsprozeßrecht. Ein Lehr- und Handbuch, 2. Aufl. 2001, Rn. 131: Feststellung, daß die Verfassungsrichter „nicht lediglich durch einfache Mehrheit gewählt werden dürfen"; *Stern*, Staatsrecht II (Fn. 89), S. 361: Übereinstimmung dahingehend, daß „in den Wahlgremien die einfache Mehrheit für eine erfolgreiche Wahl nicht genügen darf".

[896] *A. Tschentscher*, Rechtsrahmen und Rechtspraxis der Bestellung von Richterinnen und Richtern zum Bundesverfassungsgericht, in: J.-R. Sieckmann (Hrsg.), Verfassung und Argumentation, 2005, S. 95 (102; Zitat). – *Edinger*, Wahl (Fn. 77), S. 224 f. sowie ausführlich die in und bei Fn. 1003 genannten Quellen und Verfahrensschritte.

[897] Diesbezüglich sind gemäß § 8 Abs. 1 die Voraussetzungen des § 3 Abs. 1 (Vollendung des 40. Lebensjahres, Wählbarkeit zum Bundestag, schriftliche Einverständniserklärung) und Abs. 2 (Befähigung zum Richteramt nach dem Deutschen Richtergesetz [§ 5 Abs. 1 DRiG]) BVerfGG zu beachten. Die Altersgrenze liegt bei 68 Jahren.

BVerfGG. Eine Liste enthält mögliche Kandidaten aus dem Kreis der Richter an obersten Bundesgerichten – sie stellen in jedem Senat drei Mitglieder –, die andere sonstige in Frage kommende Personen. Diese Aufteilung hat für die Wahl zur Folge, daß das eine Wahlorgan (in der Praxis ist es der Bundesrat) einen Berufsrichter und drei andere Mitglieder, das andere Wahlorgan (der Bundestag) je zwei Berufsrichter und zwei andere Kandidaten pro Senat entsendet, § 5 Abs. 1 S. 2 BVerfGG[898].

1. Verfahren im Bundesrat

Gemäß § 7 BVerfGG werden die vom Bundesrat zu berufenden Richter mit zwei Dritteln seiner Stimmen gewählt. Es handelt sich um eine direkte Wahl, die durch Kommissionsberatungen vorbereitet wird[899]. Die qualifizierte Mehrheit bezieht sich dabei nicht auf die abgegebenen, sondern auf die Gesamtzahl der Stimmen des Bundesrates[900]. Das Mehrheitserfordernis des § 7 BVerfGG bringt die Erhöhung der Beschlußfähigkeit von mindestens der Hälfte (§ 28 Abs. 1 GO-BRat) auf wenigstens zwei Drittel mit sich[901]; abgesehen hiervon aber vollzieht sich das Verfahren nach den für Beschlüsse des Bundesrates üblichen Regeln[902].

2. Verfahren im Bundestag

§ 6 Abs. 1 BVerfGG sieht für die vom Bundestag zu wählenden Richter ein indirektes Wahlverfahren vor. Hierzu wird gemäß Abs. 2 zunächst ein aus zwölf Abgeordneten bestehender Wahlausschuß im Wege der Verhält-

---

898 Das Bundesverfassungsgerichtsgesetz läßt diese Aufteilung offen. Vgl. ausführlich *Tschentscher*, Rechtsrahmen (Fn. 896), S. 100 f., 104 f.; *Kröger*, Richterwahl (Fn. 894), S. 90 f.; *D. Majer*, Die Auswahl der Verfassungsrichter in Westeuropa und in den USA, in: G. Jenny/W. Kälin (Hrsg.), Die schweizerische Rechtsordnung in ihren internationalen Bezügen, 1988, S. 177 (191 f.); *Benda/Klein*, Verfassungsprozeßrecht (Fn. 895), Rn. 132. – Die Gewählten werden vom Bundespräsidenten gemäß § 10 BVerfGG ernannt.

899 *U. Kischel*, Amt, Unbefangenheit und Wahl der Bundesverfassungsrichter, in: HStR^3 III (Fn. 74), § 69 Rn. 11 f.; *Kröger*, Richterwahl (Fn. 894), S. 93.

900 *C. Gusy*, Das Parlament als Wahlorgan, Gesetzgeber und Prozeßpartei im Verhältnis zum Bundesverfassungsgericht, in: Schneider/Zeh, Parlamentsrecht (Fn. 14), § 60 Rn. 14; *F. Klein*, in: Maunz/Schmidt-Bleibtreu/Klein/Bethge, BVerfGG (Fn. 434), § 7 (1993), Rn. 1; *Kischel*, Amt (Fn. 899), § 69 Rn. 11; *Kröger*, Richterwahl (Fn. 894), S. 92.

901 *Klein* (Fn. 900), Art. 7 Rn. 2; *Kischel*, Amt (Fn. 899), § 69 Rn. 11. S. dazu auch unter B. I. 1. b).

902 Dies betrifft insbesondere Abstimmungsmodus, Öffentlichkeit der Sitzung und Einheitlichkeit der Stimmabgabe; vgl. *Klein* (Fn. 900), § 7 Rn. 2.

niswahl für die gesamte Legislaturperiode durch das Parlament besetzt[903]. Aufgrund des hiermit ergehenden ständigen Auftrags zur Durchführung sämtlicher Richterwahlen darf das Plenum dem Wahlausschuß keine Weisungen erteilen, Empfehlungen geben oder die Delegierten wieder aus dem Gremium abziehen. De facto ist „der Ausschuß als Wahlkörper mit *allen* Rechten und Pflichten an die Stelle des Bundestages getreten"; das Plenum kann nach erfolgter Wahl eines Kandidaten durch den Ausschuß die Ernennung nicht mehr verhindern[904].

Bis zur ersten Novelle des Gesetzes über das Bundesverfassungsgericht vom 21. Juli 1956[905] war in § 6 Abs. 4 BVerfGG a.F. für die Richterwahlen eine Dreiviertelmehrheit vorgesehen. Diese Höhe sollte offenbar sicherstellen, daß Verzerrungen der Mehrheitsverhältnisse im Ausschuß durch das Besetzungsverfahren ausgeglichen werden und parallel zum Bundesrat eine Mehrheit von zwei Dritteln des jeweiligen Plenums hinter der Wahl steht[906]: die Zweidrittelmehrheit im Plenum korrespondierte folglich mit der Dreiviertelmehrheit im Ausschuß. Mittlerweile trifft der Ausschuß die Wahlentscheidung unter Zugrundelegung der vom Bundesjustizministerium vorgelegten Wahllisten mit jeweils mindestens acht der zwölf Stimmen, § 6 Abs. 5 BVerfGG, was einer Zweidrittelmehrheit entspricht. Das Gremium ist an die Vorschläge allerdings nicht gebunden[907].

---

[903] Das Gesetz schreibt die Verhältniswahl unter Anwendung des Auszählverfahrens nach d'Hondt vor; vgl. im übrigen zum genauen Verfahren die ausführlichen Bestimmungen in § 6 Abs. 2 S. 2–5 BVerfGG. – Detailliert zur Entstehungsgeschichte und den Hintergründen *Kreuzer*, Zuständigkeitsübertragungen (Fn. 766), S. 189 ff.

[904] *v. Eichborn*, Bestimmungen (Fn. 857), S. 33 ff. (Zitat S. 34 f.; Hervorhebung i.O., N.M.); *Tschentscher*, Rechtsrahmen (Fn. 896), S. 108 f.; *Kischel*, Amt (Fn. 899), § 69 Rn. 10; *Gusy*, Parlament (Fn. 900), § 60 Rn. 11. – Aufgrund der vorbezeichneten Machtfülle nimmt der Wahlausschuß eine Sonderstellung im Ausschußwesen des Bundestages ein.

[905] BGBl. I, S. 662.

[906] Die Norm lautete: „Zum Richter ist gewählt, wer mindestens neun Stimmen auf sich vereinigt." Im Zusammenspiel mit § 6 Abs. 2 S. 1 BVerfGG a.F., der bereits damals zwölf Wahlmänner vorsah, ergab sich eine Mehrheit von wenigstens drei Vierteln. – Zum Hintergrund der Dreiviertelmehrheit *v. Eichborn*, Bestimmungen (Fn. 857), S. 49 f.; dieser Hintergrund wird oft verkannt: vgl. beispielsweise *Stern*, Staatsrecht II (Fn. 89), S. 362; *Kischel*, Amt (Fn. 899), § 69 Rn. 9.

[907] Siehe zunächst die Vorgaben in § 6 Abs. 3 und 4 BVerfGG; darüber hinaus *Kischel*, Amt (Fn. 899), § 69 Rn. 6; *Majer*, Auswahl (Fn. 898), S. 192; *Kröger*, Richterwahl (Fn. 894), S. 88.

3. Beteiligung des Bundesverfassungsgerichts im Falle des Scheiterns der Wahl

Zwar konnte sich der Gesetzgeber im Rahmen der Reform des Bundesverfassungsgerichtsgesetzes 1956 zunächst nicht zu einer Anpassung des Wahlverfahrens durchringen, deren Hauptintention die Vereinfachung der Wahl im Folgewahlgang sein sollte. Im Vermittlungsausschuß wurde dann statt der geplanten Reduzierung des Mehrheitserfordernisses oder der Beteiligung eines Beirates der noch heute gültige § 7a BVerfGG geschaffen. Die Regelung verhindert eine Lähmung des Wahlprozederes im Falle des Scheiterns der Wahl dadurch, daß sie das Vorschlagsrecht nach mehr als zweimonatigem Ende der Amtszeit eines Richters auf das Bundesverfassungsgericht übergehen läßt (Abs. 1).

Mit Ablauf dieser Zeitspanne erhält das Plenum des Verfassungsgerichts die Aufgabe der Benennung dreier Kandidaten. Dies jedenfalls gilt im Falle der Neuwahl nur eines Verfassungsrichters; bei mehreren vakanten Richterposten sind stets doppelt so viele Wahlwerber vorzuschlagen, wie freiwerdende Stellen zu besetzen sind, § 7 Abs. 2 S. 1 u. 2 BVerfGG. Jeder Richter ist mit einwöchiger Frist zur Abgabe von Wahlvorschlägen berufen, § 57 S. 1 u. 2 GO-BVerfG[908], die auf Wahlzetteln zusammengestellt werden und über die gerichtsintern geheim abgestimmt wird. Den Mitgliedern des Bundesverfassungsgerichts stehen exakt so viele Stimmen zu, wie Kandidaten auf dem Stimmzettel aufgeführt sind – wohlgemerkt geht es dabei nicht um die Wahl in das Amt, sondern allein um die Zusammenstellung der Vorschlagsliste für die weiterhin zuständigen Wahlgremien! Nur derjenige bekommt im ersten Wahlgang einen Platz auf der Liste, der mindestens die einfache Mehrheit des Plenums erzielt, § 7a Abs. 2 S. 1 BVerfGG. Das Plenum ist beschlußfähig, wenn aus den beiden Senaten zumindest zwei Drittel der jeweiligen Mitglieder anwesend sind, § 7a Abs. 2 S. 3 i.V.m. § 16 Abs. 2 BVerfGG, mithin aus jedem Senat sechs Richter. Für den Fall, daß mehr Kandidaten als für die Vorschlagsliste notwendig das Mehrheitserfordernis erreichen, richtet sich die Reihenfolge nach der Höhe der Stimmenzahl (§ 58 Abs. 2 S. 1–3 GO-BVerfG).

Bleibt der erste Wahlgang erfolglos, schließt sich nach § 58 Abs. 2 GO-BVerfG ein zweiter an. In dessen Rahmen wird von jedem Richter ein Name auf einen Zettel gesetzt und so lange abgestimmt, bis ein Kandidat die Mehrheit der abgegebenen Stimmen (bzw. auf ihn lautenden Stimmzettel) erreicht. Nach jeder Abstimmungsrunde scheidet der Kandidat mit den

[908] Die Geschäftsordnung des Bundesverfassungsgerichts stammt aus dem Jahre 1986 (BGBl. I, S. 2529) und wurde zuletzt durch Gesetz v. 7.1.2002 (BGBl. I, S. 1171) geändert.

wenigsten Nennungen aus dem weiteren Wahlverfahren aus. In einem dritten Wahlgang kann durch einstimmigen Beschluß aller anwesenden Plenumsmitglieder auf die Frist für neue Wahlvorschläge verzichtet und die Wahl sofort durchgeführt werden, §§ 57 S. 2, 59 Abs. 2 S. 1 GO-BVerfG. Selbst wenn nur auf bereits vorbenannte Kandidaten zurückgegriffen werden soll, bedarf der Verzicht auf die Vorschlagsfrist eines ausdrücklichen, dann aber nur qualifizierten Mehrheitsbeschlusses von zwei Dritteln der Anwesenden.

Durch den Transfer des Vorschlagsrechts auf das Bundesverfassungsgericht werden die bisherigen Gremien aber nicht aus ihrer (Wahl-)Verantwortung entlassen: ihnen obliegt es weiterhin, einen der Vorgeschlagenen – aber nach § 7a Abs. 4 BVerfGG auch jeden anderen, nun von den Wahlgremien neu oder erneut ins Auge gefaßten Kandidaten – zum Mitglied des Bundesverfassungsgerichts zu wählen. Am hierfür geltenden Verfahren, insbesondere den erforderlichen Mehrheiten in Wahlausschuß und Bundesrat, ändert sich durch den neuen, mit einfacher Mehrheit Vorschlagsberechtigten nichts[909].

II. Die Wahl des Präsidenten sowie des Vizepräsidenten des Bundesverfassungsgerichts

Die Wahl von Präsident und Vizepräsident des Bundesverfassungsgerichts ist von der der Bundesverfassungsrichter zu trennen; insbesondere besteht kein dahingehender gesetzlicher Automatismus, daß der scheidende Gerichtspräsident durch den Vizepräsidenten ersetzt und der nachrückende Bundesverfassungsrichter zum Vizepräsidenten ernannt wird. Auch werden die beiden Senatsvorsitzenden nicht durch die übrigen Richterinnen und Richter des Bundesverfassungsgerichts gewählt[910]. Stattdessen sieht § 9 Abs. 1 BVerfGG ein von der Wahl zum Bundesverfassungsrichter losgelöstes Wahlverfahren vor: nach Ausscheiden der vorherigen Amtsinhaber wählen Bundestag und Bundesrat die Nachfolger im Amt des Präsidenten und Vizepräsidenten im turnusmäßigen Wechsel. Ursprünglich beginnend mit der Wahl durch den Bundestag (§ 9 Abs. 2 BVerfGG) folgt diejenige durch den Bundesrat und umgekehrt.

---

[909] *F. Klein*, in: Maunz/Schmidt-Bleibtreu/Klein/Bethge, BVerfGG (Fn. 434), § 7a (1993), Rn. 3 f.; *Stern*, Staatsrecht II (Fn. 89), S. 364. – Nicht unkritisch *Tschentscher*, Rechtsrahmen (Fn. 896), S. 107 f., der, wohl zu weitgehend, eine faktische Kooptation befürchtet.

[910] Entsprechende Vorschläge werden immer wieder von den Richterinnen und Richtern des Bundesverfassungsgerichts vorgebracht: *R. Wahl*, Die Reformfrage, in: Badura/Dreier, Festschrift Bundesverfassungsgericht (Fn. 17), Bd. 1, S. 461 (481).

Über § 9 Abs. 3 BVerfGG und die dort angeordnete, analoge Anwendung der §§ 6 und 7 BVerfGG sind für die Wahl von Präsident und Vizepräsident auch die für die Richterposten zuständigen Organe Wahlausschuß und Bundesrat zuständig. Zugleich finden die bekannten Mehrheiten Anwendung[911]: bei der Wahl durch den Wahlausschuß wie durch den Bundesrat müssen Zweidrittelmehrheiten, jeweils bezogen auf die gesetzliche Mitgliederzahl des Wahlgremiums, erzielt werden.

III. Entscheidungen des Bundesverfassungsgerichts

Die Entscheidungen des Bundesverfassungsgerichts laufen nicht gleichförmig ab; es gibt nicht das Entscheidungsverfahren schlechthin. Kammerentscheidungen sind von denen des Senats zu unterscheiden, Beschlüsse des Plenums wiederum von denen des Zuständigkeitsausschusses. Und selbst innerhalb der Beschlußgremien, zuvörderst den Senaten, finden gegenstandsbezogen verschiedene Mehrheitserfordernisse Anwendung.

1. Die Entscheidungen der Kammern

Die §§ 93a ff. BVerfGG regeln das von jeder Verfassungsbeschwerde zu durchlaufende Kammerverfahren, in dem über ihre Annahme entschieden wird. Hintergrund der Einführung des Vorprüfungsverfahrens[912], das vom heutigen Kammerverfahren abgelöst wurde, war der Wunsch nach Schaffung eines Filters zur Begegnung der Verfassungsbeschwerdeflut, die von den Senaten nicht mehr bewältigt wurde. Wenngleich die Arbeitsbelastung durch das Annahmeverfahren nicht merklich gesunken sein soll, ist dennoch zu konstatieren, daß etwa 97% der eingereichten Verfassungsbeschwerden durch die Kammern erledigt werden[913].

Jeder Senat beruft nach Art. 15a Abs. 1 S. 1 BVerfGG mehrere Kammern für die Dauer eines Geschäftsjahres. Sie setzen sich gemäß S. 2 aus jeweils drei Richtern zusammen und befinden im Rahmen des Vorprüfungsverfah-

---

[911] *F. Klein*, in: Maunz/Schmidt-Bleibtreu/Klein/Bethge, BVerfGG (Fn. 434), § 9 (1993), Rn. 6.

[912] Die Einführung der §§ 93a ff. BVerfGG erfolgte im Rahmen des Gesetzes zur Änderung des Bundesverfassungsgerichtsgesetzes und des Deutschen Richtergesetzes vom 12. Dezember 1985 (BGBl. I, S. 2226).

[913] Dem Verfahren und seiner Wirksamkeit im Hinblick auf die gewünschte Entlastung stehen kritisch gegenüber *Schlaich/Korioth*, Bundesverfassungsgericht (Fn. 217), Rn. 259; ebd., Rn. 265 auch die Anzahl der erledigten Beschwerden. – A.A. zur Entlastungswirkung *G. Hermes*, Senat und Kammern, in: Badura/Dreier, Festschrift Bundesverfassungsgericht (Fn. 17), Bd. 1, S. 725 (725).

rens nach § 93a Abs. 2 BVerfGG über die Frage, ob der eingelegten Verfassungsbeschwerde eine grundsätzliche verfassungsrechtliche Bedeutung zukommt bzw. ihre Annahme wegen der Verletzung von Grundrechten oder grundrechtsgleichen Rechten zu erfolgen hat (a)). Alternativ sind die Kammern sogar zu stattgebenden Entscheidungen über Verfassungsbeschwerden berechtigt (b)).

a) Ablehnung der Annahme der Verfassungsbeschwerde

Die unanfechtbare Nichtannahmeentscheidung ergeht gemäß § 93d Abs. 3 S. 1 BVerfGG durch einstimmigen Beschluß ohne mündliche Verhandlung und Begründung (Abs. 1). Obwohl das Bundesverfassungsgerichtsgesetz keine ausdrückliche Regelung enthält, wird aus dem Gesamtzusammenhang hergeleitet, daß an der Entscheidung alle drei Kammermitglieder einstimmig mitwirken müssen[914]. Eine positiv gefaßte Entscheidung über die Annahme erfolgt demgegenüber nicht. Neben der Kammer sind auch die Senate zur Annahmeentscheidung berechtigt, § 93b S. 2 BVerfGG[915]. Bis zur endgültigen Entscheidung über den Ausgang des Vorprüfungsverfahrens kann die Kammer – ebenfalls durch einstimmigen Beschluß – einstweilige Anordnungen nach § 93d Abs. 2 S. 2 BVerfGG treffen.

b) Stattgabe der Verfassungsbeschwerde

Die Kammer ist nach § 93c Abs. 1 S. 1 BVerfGG alternativ zu einer stattgebenden Entscheidung über die Verfassungsbeschwerde berechtigt, wenn diese offensichtlich begründet ist und die zugrundeliegende Frage bereits vom Bundesverfassungsgericht entschieden wurde[916]. Hiervon machen die Kammern regen Gebrauch[917]. Richtet sich die Verfassungsbeschwerde allerdings gegen ein Gesetz, das als mit höherem Recht unvereinbar und damit nichtig einzustufen wäre, bleibt die stattgebende Entscheidung dem Senat vorbehalten, S. 3. Ist die Kammer zur inhaltlichen Entscheidung berechtigt, bedarf es zur Bestätigung der Rechtsverletzung des Beschwerdeführers über § 93d Abs. 3 S. 1 BVerfGG ebenfalls einer einstimmig zu fassenden Entscheidung aller drei Kammermitglieder.

---

[914] *Benda/Klein*, Verfassungsprozeßrecht (Fn. 895), Rn. 297. Stimmenthaltung ist unzulässig, vgl. C. III. 2. b) cc).

[915] Vgl. sogleich C. III. 2. a).

[916] Ausführlich zu den mit den Tatbestandsmerkmalen zusammenhängenden Problemen *K. Graßhof*, in: Maunz/Schmidt-Bleibtreu/Klein/Bethge, BVerfGG (Fn. 434), § 93c (2001), Rn. 2 ff., 8 ff. – Eine kritische Auseinandersetzung mit der „Verselbständigung" des Kammerverfahrens bietet *Hermes*, Senat (Fn. 913), S. 732 ff.

[917] *Hermes*, Senat (Fn. 913), S. 730 m.w.N.

c) Unzulässigerklärung einer konkreten Normenkontrolle

Grob überschlagen haben sich die Richter des Bundesverfassungsgerichts mit vierzig Mal mehr Verfassungsbeschwerdeverfahren zu befassen als mit Verfahren der konkreten Normenkontrolle[918]; dennoch darf dies nicht darüber hinwegtäuschen, daß das Verfahren nach Art. 100 Abs. 1 GG das am zweithäufigsten eingeleitete Verfassungsgerichtsverfahren darstellt. Wie vor diesem Hintergrund deutlich wird, liegt der Zweck des 1993 neu eingefügten § 81a BVerfGG – wie der des acht Jahre früher geschaffenen § 93d Abs. 3 S. 1 BVerfGG – in der vereinfachten Erledigung mangelhafter (Richter-)Vorlagen ohne unmittelbare Beteiligung der Senate[919].

§ 81a S. 1 BVerfGG ermöglicht die Feststellung der Unzulässigkeit eines konkreten Normenkontrollantrags durch einstimmigen Beschluß der Kammer[920]. Das Einstimmigkeitserfordernis impliziert auch hier die Beteiligung aller drei Kammermitglieder bei der Entscheidung[921]. Der Kammerbeschluß ergeht ohne die gemäß § 82 Abs. 3 BVerfGG vorgesehene Anhörung oder mündliche Verhandlung, da dies das Ziel der Beschleunigung des Verfahrens unterminieren würde[922]. Einer schriftlichen Begründung bedarf es demgegenüber, weil eine dem § 93d Abs. 1 S. 1 BVerfGG für das Zulassungsverfahren der Verfassungsbeschwerde entsprechende Anordnung ihrer Entbehrlichkeit fehlt[923].

Möglich ist die Beendigung des konkreten Normenkontrollverfahrens gemäß § 81a S. 2 BVerfGG jedoch nur für Vorlagen von Gerichten unterhalb des Ranges eines Landesverfassungsgerichts oder obersten Gerichtshofs des Bundes[924]. Ist dies nicht der Fall oder will der Senat ausdrücklich selbst über die Normenkontrolle entscheiden, tritt das Kammerverfahren hier glei-

---

918 Insgesamt 126.962 Verfassungsbeschwerden stehen 3.147 konkrete Normenkontrollverfahren gegenüber (Gesamtverfahren im Zeitraum 1951–2000), vgl. ausführlich in Fn. 939.

919 Welches Potential § 81a S. 1 BVerfGG im Hinblick auf Beschleunigung und Arbeitserleichterung bietet, wird erst dann deutlich, wenn man bedenkt, daß durchschnittlich mindestens die Hälfte aller Richtervorlagen im Rahmen eines Verfahrens nach Art. 100 Abs. 1 GG (darunter überproportional häufig diejenigen aus den ersten Instanzen der Gerichtszüge) unzulässig sind: *G. Ulsamer/R. Müller-Terpitz*, in: Maunz/Schmidt-Bleibtreu/Klein/Bethge, BVerfGG (Fn. 434), § 81 (2009), Rn. 32.

920 Gemeint sind auch hier die nach § 15a Abs. 1 S. 1 BVerfGG errichteten Kammern des jeweils zuständigen Senats. Hinsichtlich ihrer Bestellung und der Geschäftsverteilung gilt im Verfahren nach § 81a BVerfGG nichts Abweichendes.

921 *Benda/Klein*, Verfassungsprozeßrecht (Fn. 895), Rn. 297.

922 *G. Ulsamer/R. Müller-Terpitz*, in: Maunz/Schmidt-Bleibtreu/Klein/Bethge, BVerfGG (Fn. 434), § 81a (2009), Rn. 8.

923 *Ulsamer/Müller-Terpitz* (Fn. 922), § 81a Rn. 8 a.E.

chermaßen hinter einen Mehrheitsbeschluß des Senats zur Unzulässigkeit gemäß § 15 Abs. 1 S. 4 BVerfGG zurück[925].

2. Die Entscheidungen der Senate

Senatsentscheidungen laufen nicht immer nach identischen Verfahrensregeln ab. Im Wesentlichen können sie in die Entscheidungen im Annahmeverfahren (a)) und die inhaltlichen Entscheidungen über laufende Verfahren in der Hauptsache (b)) unterteilt werden.

a) Entscheidung des Senats über die Annahme einer Verfassungsbeschwerde

Nicht allein die Kammern sind zur Annahmeentscheidung über Verfassungsbeschwerden berufen; § 93b S. 2 BVerfGG benennt daneben ausdrücklich die Möglichkeit der Annahme der Verfassungsbeschwerde durch den Senat. Sie kommt insbesondere dann in Betracht, wenn zuvor in der Kammer nicht die erforderliche Einstimmigkeit für die Nichtzulassung der Verfassungsbeschwerde zustande kam[926]. Auch die Senate haben bei der Entscheidung über die Zulassung keinen eigenen Ermessensspielraum, sondern sind an die identischen Vorgaben des § 93a Abs. 2 BVerfGG gebunden. In der Gerichtspraxis verzichten die Senate anders als bei Ablehnungsentscheidungen vielfach auf eine ausdrückliche Annahme und begnügen sich damit, in der Sache inhaltlich zu beraten, worin die Zulassung konkludent enthalten ist[927].

Erfolgt dennoch ein ausdrücklicher Beschluß, orientiert sich das Quorum zur Zulassung ebenfalls am Kammerverfahren, da es innerhalb des Senats einer Zustimmung mindestens dreier Richter bedarf, § 93d Abs. 3 S. 2 BVerfGG. Selbst wenn eine Senatsentscheidung zur Zulassung der Verfassungsbeschwerde mit fünf zu drei Stimmen gegen die Zulassung zur Sachentscheidung ausfällt, genügt dies nach S. 2 für einen im Sinne des Beschwerdeführers positiven Ausgang des Vorverfahrens: es müssen schließlich nur mindestens drei Richter zustimmen, auch wenn damit nur eine Minderheit im Senat für die Annahme votiert. Darüber hinaus ist es anders

---

924 Ansonsten, also beispielsweise bei einer Vorlage eines Landesverfassungsgerichts, erfordert es zur Beendigung des Verfahrens wegen Fehlens von Sachurteilsvoraussetzungen einer Senatsentscheidung.

925 *Ulsamer/Müller-Terpitz* (Fn. 922), § 81a Rn. 6.

926 *Schlaich/Korioth*, Bundesverfassungsgericht (Fn. 217), Rn. 267.

927 *K. Graßhof,* in: Maunz/Schmidt-Bleibtreu/Klein/Bethge, BVerfGG (Fn. 434), § 93a (2006), Rn. 45.

als im Kammerverfahren, wo Einstimmigkeit aller Mitglieder erzielt werden muß, im Rahmen der Annahmeentscheidung des Senats nicht erforderlich, daß alle Mitglieder an der Entscheidung teilnehmen[928]. Für den Fall, daß sie dies tun, müssen wenigstens sechs Richter gegen eine Sachentscheidung über die Verfassungsbeschwerde votieren, da ansonsten die drei Stimmen für die Annahme erreicht wären. Anders als den Kammern steht dem Senat nicht das Recht zu, einer Verfassungsbeschwerde im Vorverfahren stattzugeben[929].

b) Entscheidung des Senats über ein verfassungsgerichtliches Verfahren

Während die Beschlußfähigkeitsregelung für alle verfassungsgerichtlichen Verfahren einheitlich geregelt ist, differieren die Mehrheitserfordernisse in Abhängigkeit von den verfassungsgerichtlichen Verfahren.

aa) Beschlußfähigkeit

Die Beschlußfähigkeit der Senate besteht gemäß § 15 Abs. 2 S. 1 BVerfGG, wenn mindestens sechs der acht Richter (§ 2 Abs. 2 BVerfGG) anwesend sind, was einem Beschlußfähigkeitsquorum von drei Vierteln entspricht[930]. Ist in einem Verfahren von besonderer Dringlichkeit[931] – und auch nur dort – die Beschlußfähigkeit nicht erreicht, können über ein Los-

---

928 *K. Graßhof,* in: Maunz/Schmidt-Bleibtreu/Klein/Bethge, BVerfGG (Fn. 434), § 93b (2001), Rn. 26 m. Fn. 1; § 15 Abs. 2 S. 1 BVerfGG wird an dieser Stelle herangezogen.

929 Dies ergibt sich aus einem Umkehrschluß zu § 93c BVerfGG, der die Kompetenz zur Stattgabe einer Verfassungsbeschwerde nur den Kammern überträgt.

930 Unzutreffend der Hinweis von *A. Weber*, Generalbericht: Verfassungsgerichtsbarkeit in Westeuropa, in: C. Starck/A. Weber (Hrsg.), Verfassungsgerichtsbarkeit in Westeuropa, Teilband 1, 1986, S. 41 (S. 105 Fn. 359), der (vermutlich aufgrund eines Rechenfehlers) eine Zweidrittelmehrheit für erforderlich hält. Hier findet sich auch der Hinweis auf andere europäische Verfassungsgerichte, die ebenfalls qualifizierte Beschlußfähigkeitsquoren vorsehen, aber neben Zweidrittelmehrheiten auch vor „krummen" Qualifizierungen wie 11 von 15 Mitgliedern nicht zurückschrecken. s. dazu vertiefend die Länderberichte in: Starck/Weber, Verfassungsgerichtsbarkeit (Fn. 930). Eine detaillierte Gegenüberstellung auf über 500 Seiten zwischen dem Bundesverfassungsgericht und dem Conseil constitutionnel liefert die Dissertation von *P. Mels*, Bundesverfassungsgericht und Conseil constitutionnel. Ein Vergleich der Verfassungsgerichtsbarkeit in Deutschland und Frankreich im Spannungsfeld zwischen der Euphorie für die Krönung des Rechtsstaates und der Furcht vor einem „gouvernement des juges", 2003.

931 Zum Begriff *R. Mellinghoff*, in: Maunz/Schmidt-Bleibtreu/Klein/Bethge, BVerfGG (Fn. 434), § 15 (2002), Rn. 31.

verfahren so lange Richter des anderen Senats zur Entscheidung hinzugelost werden, bis die nötige Mindestzahl von sechs Richtern erreicht ist, § 15 Abs. 2 S. 2 BVerfGG[932]. Andernfalls ist der Senat nicht beschlußfähig.

bb) Mehrheitserfordernis: qualifizierte Mehrheit in ausgewählten Verfahren

In § 15 Abs. 4 BVerfGG ist die Entscheidungsfindung in den Senaten des Bundesverfassungsgerichts geregelt. Die Norm differenziert hinsichtlich der Entscheidungsgegenstände: gemäß § 15 Abs. 4 S. 1 BVerfGG ist in den Verfahren der Verwirkung von Grundrechten gemäß Art. 18 GG (§ 13 Nr. 1 BVerfGG), der Verfassungswidrigkeit von Parteien nach Art. 21 Abs. 2 GG (Nr. 2), der Anklagen des Bundestages oder Bundesrates gegen den Bundespräsidenten gemäß Art. 61 GG (Nr. 4) und der Richteranklage gegen Bundes- und Landesrichter nach Art. 98 Abs. 2 u. 5 GG (Nr. 9) zu einer für den Antragsgegner nachteiligen Entscheidung die Mehrheit von zwei Dritteln der Mitglieder des Senats erforderlich. Bei acht Richtern pro Senat entspricht dies sechs Stimmen.

Aufgrund der Mindestbesetzungsregelung in § 15 Abs. 2 S. 1 BVerfGG, die den Senat bereits ab einer Anwesenheit von sechs Richtern für beschlußfähig erklärt, ist im Falle der Tagung in Mindestbesetzung im Zusammenspiel mit der qualifizierten Mitgliedermehrheit aus § 15 Abs. 4 S. 1 BVerfGG eine Einstimmigkeitsentscheidung erforderlich[933]. Die Norm verlangt nämlich stets die Unterstützung von wenigstens sechs Richtern, die zugleich die Untergrenze der Beschlußfähigkeit bilden, und weicht auch bei reduzierter Anwesenheit nicht von dieser Mindestzahl ab. Hintergrund der Regelung in S. 1 ist die Bedeutung der vorgenannten Verfahren und der erhöhte Schutz, der den Antragsgegnern in den stets massiv in ihre (grundgesetzlich) geschützten Rechtspositionen eingreifenden Verfahren zukommen soll[934]. Daneben werden auch die Weite der verfassungsgerichtlichen Überprüfbarkeit einer-[935] und der strafprozeßähnliche Charakter der unter Abs. 4 S. 1 fallenden Entscheidungen andererseits bei der Festsetzung der Mehrheitserfordernisse eine Rolle gespielt haben[936].

---

[932] § 15 Abs. 2 BVerfGG wurde erst zum 1.1.1986 um die Sätze 2–4 erweitert, um das Risiko von Beschlußunfähigkeit zu minimieren, vgl. *Schlaich/Korioth*, Bundesverfassungsgericht (Fn. 217), Rn. 49.

[933] *Benda/Klein*, Verfassungsprozeßrecht (Fn. 895), Rn. 1138; *Mellinghoff* (Fn. 931), § 15 Rn. 71; ebenso wohl auch *Schlaich/Korioth*, Bundesverfassungsgericht (Fn. 217), Rn. 337.

[934] *Mellinghoff* (Fn. 931), § 15 Rn. 70.

[935] So jedenfalls für Art. 98 Abs. 2 GG („Verstoß gegen die Grundsätze des Grundgesetzes“) *Schlaich/Korioth*, Bundesverfassungsgericht (Fn. 217), Rn. 337.

Nach alledem dürfte es nicht verwundern, daß das qualifizierte Mehrheitserfordernis gerade (und nur) für den Fall einer für den Antragsgegner nachteiligen Entscheidung – also bei Eingriffen in bestehende Rechtspositionen[937] – zu beachten ist. Für eine Entscheidung zu seinen Gunsten genügt das Mehrheitserfordernis des § 15 Abs. 4 S. 2 BVerfGG (cc)).

cc) Mehrheitserfordernis: einfache Mehrheit im Regelfall

Wenngleich der Wortlaut des § 15 Abs. 4 S. 2 BVerfGG anderes vermuten ließe[938], werden die meisten Senatsentscheidungen des Bundesverfassungsgerichts, insbesondere die Organstreitverfahren (§ 13 Nr. 5 BVerfGG), abstrakten Normenkontrollverfahren (Nr. 6), Verfassungsbeschwerdeverfahren (Nr. 8a) sowie die konkreten Normenkontrollverfahren (Nr. 11), im Wege der Mehrheit der an der getroffenen Entscheidung mitwirkenden Richter gefällt[939]. Aus § 15 Abs. 4 S. 3 BVerfGG ergibt sich im Umkehrschluß, daß im Rahmen der in der genannten Norm geregelten Senatsentscheidungen die Stimmen nur ausgezählt und nicht gewichtet werden; der Stimme des Senatsvorsitzenden (§ 15 Abs. 1 S. 1 BVerfGG) wird mithin kein größeres Gewicht verliehen als den übrigen Senatsmitgliedern[940].

Wie unter aa) dargelegt, müssen an einer Entscheidung gemäß § 15 Abs. 2 S. 1 BVerfGG wenigstens sechs Richter mitwirken. Die Verweigerung der Stimmabgabe durch einen Verfassungsrichter ist unzulässig[941]. Entscheidungen können dementsprechend mit mindestens vier (bei sechs

936 *Roemer*, Gesetz (Fn. 894), S. 195; *Brox*, Rechtsprobleme (Fn. 217), S. 12; *Mellinghoff* (Fn. 931), § 15 Rn. 71.

937 *Mellinghoff* (Fn. 931), § 15 Rn. 72.

938 Die Norm spricht davon, daß „im übrigen" die Mehrheit der mitwirkenden Richter entscheidet.

939 Auszug der anhängig gewordenen Verfahren im Zeitraum 1951–2000: Verfassungsbeschwerde (Art. 93 Abs. 1 Nr. 4a, 4b GG): 126.962; konkrete Normenkontrolle (Art. 100 Abs. 1 GG): 3.147; einstweilige Anordnung (§ 32 BVerfGG): 1.157; Fortgelten von Recht als Bundesrecht (Art. 126 GG): 151; Wahl- und Mandatsprüfung (Art. 41 Abs. 2 GG): 144; abstrakte Normenkontrolle (Art. 93 Abs. 1 Nr. 2 GG): 141; Organstreitverfahren (Art. 93 Abs. 1 Nr. 1 GG): 130 (zitiert nach *Benda/Klein*, Verfassungsprozeßrecht [Fn. 895], Anlage IV [S. 566] sowie *Badura/Dreier*, Festschrift Bundesverfassungsgericht [Fn. 17], Anhang, S. 931 ff.). Vgl. zu den Zahlen der übrigen Verfahren (jeweils weniger als 100 Verfahren), ebd.

940 Daß dies nicht zwingend ist, zeigen die an anderer Stelle dargestellten § 19 Abs. 1 Hs. 2 u. § 14 Abs. 5 S. 2 BVerfGG.

941 *Brox*, Rechtsprobleme (Fn. 217), S. 1; *Mellinghoff* (Fn. 931), § 15 Rn. 59; vgl. im übrigen zunächst § 195 GVG, darüber hinaus die grundgesetzlichen Gewährleistungen rechtlichen Gehörs (Art. 103 Abs. 1 GG), des gesetzlichen Richters (Art. 101 Abs. 1 S. 2 GG) und der Rechtsweggarantie (Art. 19 Abs. 4 S. 1 GG).

oder sieben mitwirkenden Richtern) oder fünf Verfassungsrichterstimmen (bei vollständiger Senatsbesetzung) ergehen. Eine relative Mehrheit bei mehreren möglichen Entscheidungsalternativen ist hingegen nicht hinreichend: ließe man sie genügen, könnten zugespitzt beispielsweise zwei Verfassungsrichter verbindlich entscheiden, wenn unter den übrigen Einzelmeinungen kein Konsens erzielt würde. Dieses Ergebnis wird jedoch im Hinblick auf die Tragweite der zu treffenden Entscheidungen zu Recht für inakzeptabel gehalten[942]. Diese Einschätzung entspricht darüber hinaus der ebenfalls ergänzend heranzuziehenden Regelung in § 196 Abs. 1 GVG, der für Gerichtsentscheidungen die Mehrheit der Stimmen verlangt.

Von der beschriebenen Konstellation zu trennen sind unterschiedliche Stimmverhältnisse bei einzelnen Rechtsfragen innerhalb des Urteils. Trotz Einmütigkeit in der Entscheidung resp. dem Tenor können Differenzen bei Einzelfragen oder im jeweiligen Begründungsansatz bestehen[943], so daß eine Stufenabstimmung über die einzelnen Sach- und Rechtsfragen vielfach unumgänglich sein wird. Das Mehrheitserfordernis ist dann in jedem einzelnen Abstimmungskomplex zu erreichen[944].

dd) Die besondere Situation der Stimmengleichheit

Das Auftreten eines Patts ist aufgrund der Besetzungspraxis vakanter Richterstellen nach dem Parteienproporz und der jedenfalls auf dem Papier bestehenden Spaltung in einen konservativeren und einen liberaleren Flügel nicht ausgeschlossen, wenngleich die typischerweise zu erwartende parteipolitische Zweiteilung zumeist ausbleibt[945].

---

942 So wie hier *Benda/Klein*, Verfassungsprozeßrecht (Fn. 895), Rn. 1138; *Mellinghoff* (Fn. 931), § 15 Rn. 58. – Dennoch unverständlicherweise a. A. *H. Lechner/R. Zuck*, Bundesverfassungsgerichtsgesetz. Kommentar, 6. Aufl. 2011, § 15 Rn. 12: „relative Mehrheit der an der Entscheidung tatsächlich mitwirkenden Richter“. Indes scheint auch bei *Mellinghoff*, ebd., die Begrifflichkeit durcheinander zu geraten: „Mehrheit meint deshalb an dieser Stelle mehr als die Hälfte aller Stimmen. Dies ist begrifflich (...) eine ‚einfache Mehrheit‘, in Abgrenzung zu der andernorts ausreichenden relativen Mehrheit aber zugleich auch eine ‚absolute Mehrheit‘“.

943 Vgl. hierzu mit ausführlichen Beispielen aus der verfassungsgerichtlichen Rechtsprechung *Schlaich/Korioth*, Bundesverfassungsgericht (Fn. 217), Rn. 50. – Das Stimmverhältnis kann nach Beratung gemäß § 30 Abs. 2 S. 2 BVerfGG in der Entscheidung mitgeteilt werden, was sich bei Einstimmigkeitsentscheidung sowie knappem Ausgang anbieten wird.

944 Ausführlich zu den sich aus der Stufenabstimmung ergebenden Fragestellungen *Brox*, Rechtsprobleme (Fn. 217), S. 1 ff., 4 ff. sowie *Mellinghoff* (Fn. 931), § 15 Rn. 60 ff.

945 Eine umfangreiche Untersuchung gerade auch des (im Endeffekt zumeist nicht nachweisbaren) Zusammenhangs zwischen (vermeintlicher) politischer Zugehörigkeit des Verfassungsrichters und dem Entscheidungsverhalten liefert *T. v. Danwitz*, Qualifi-

Tritt Stimmengleichheit im Rahmen von Senatsentscheidungen mit einfacher Mehrheit dennoch auf[946], bestimmt § 15 Abs. 4 S. 3 BVerfGG ausdrücklich, daß ein Grundgesetzverstoß nicht festgestellt werden kann. Wenn der Wortlaut der Norm nicht unmittelbar auf das anhängige Verfahren paßt (beispielsweise weil nur Verstöße gegen Bundesgesetze vorliegen), wird die Norm dahingehend interpretiert, daß Stimmengleichheit eine Entscheidung im Sinne des gestellten Antrags verhindert[947]. Folglich sind Stimmführerschaft ebenso ausgeschlossen wie Stich- oder Losentscheid[948]. Je nach Besetzung zum Entscheidungszeitpunkt ist Stimmengleichheit mit drei zu drei oder vier zu vier Richtern denkbar. Andere Konstellationen scheiden wegen dann eintretender Beschlußunfähigkeit aus.

Das Bundesverfassungsgericht hat in mehreren Entscheidungen auf Grundlage der Norm einen normtextlich nicht nachvollziehbaren Mittelweg zwischen stattgebender und ablehnender Entscheidung eingeschlagen: der Prüfungsgegenstand sei aufgrund Stimmengleichheit weder verfassungswidrig noch verfassungsgemäß[949]. Inhaltlich differenziert das Gericht zwischen

---

zierte Mehrheiten für normverwerfende Entscheidungen des BVerfG?, in: JZ 1996, S. 481 (486 f.). – Bei der Entscheidung über das Zuwanderungsgesetz beispielsweise sei in der Staatsrechtslehre aber parallel zur eigenen parteipolitischen Orientierung argumentiert worden: vgl. die Analyse von *Lorz*, Gefahr (Fn. 827), S. 37 unter Bezugnahme auf die Süddeutsche Zeitung Nr. 71 v. 25.3.2002, S. 5 (Beiträge von *P. Lerche*, *C. Pestalozza* und *M. Morlok*). Lorz befürchtete daher ebenfalls das Auseinanderfallen des zuständigen Senats in die politischen Flügel mit der Folge der Stimmengleichheit.

[946] Auch wenn der Fall in der Praxis nicht oft eintritt, ist er dennoch kein Einzelphänomen: in den Jahren 1966 bis 1985 gab es zum Beispiel sechzehn Abstimmungen, die in einem Patt endeten, gleichmäßig verteilt auf beide Senate und ganz überwiegend in Verfassungsbeschwerdeverfahren, vgl *Starck*, Stimmengleichheit (Fn. 223), S. 789; eine tabellarische Auflistung der Entscheidungen mit ihren wesentlichen „Merkmalen" findet sich ebd., S. 792 f.

[947] *H. Lechner/R. Zuck*, Bundesverfassungsgerichtsgesetz. Kommentar, 4. Aufl. 1996, § 15 Rn. 11 a.E. unter falschem Hinweis auf *Brox*, Rechtsprobleme (Fn. 217), der ebd., S. 15 f., die gesetzliche Regelung lobt und ein Abstellen auf die Fragestellung wegen Mißbrauchsgefahr und willkürlichem Ergebnis ablehnt. Die in Frage kommenden Fallkonstellationen werden von ihm auf S. 17 ff. besprochen. In der Neuauflage *Lechner/Zuck*, BVerfGG (Fn. 942), § 15 Rn. 16 fehlt nunmehr der Hinweis auf Brox.

[948] Vgl. *Schlaich/Korioth*, Bundesverfassungsgericht (Fn. 217), Rn. 49; aus der älteren Literatur *W. Roemer*, Das Gesetz über das Bundesverfassungsgericht, in: JZ 1951, S. 193 (194); *E. Friesenhahn*, Die Verfassungsgerichtsbarkeit in der Bundesrepublik Deutschland, 1963, S. 104. – In den meisten innereuropäischen Ländern ist die Stimme des Gerichtspräsidenten bei Stimmengleichheit ausschlaggebend, vgl. *Weber*, Generalbericht (Fn. 930), S. 106 und die jeweiligen Länderberichte (insb. Schweiz, Italien, Portugal, Frankreich, Spanien) in: Starck/Weber, Verfassungsgerichtsbarkeit (Fn. 930).

[949] Besonders deutlich in den Sitzblockadeentscheidungen wie BVerfGE 76, 211 (217): das Gericht stellte hier fest, daß „angesichts der Stimmengleichheit unter den

dem Fall der Stimmengleichheit bei der Entscheidung über die Zulässigkeit des Verfahrens einer- und der zur Sache andererseits. Während die Stimmengleichheit bei der Frage der Sachurteilsvoraussetzungen zur Unzulässigkeit des gesamten Verfahrens führt[950], ist im letztgenannten Fall über die verfassungsrechtliche Frage selbst nicht entschieden worden[951]. Das Verfassungsgerichtsgesetz gibt dererlei Feinheiten mitnichten her.

3. Die Entscheidungen des Plenums

Das Plenum des Bundesverfassungsgerichts, das sich aus den Mitgliedern beider Senate zusammensetzt[952], tritt in einer ganzen Reihe von Fällen zusammen. Hierzu zählt neben der bereits dargestellten Mitwirkung an der Bestellung von Bundesverfassungsgerichtsrichtern auch die Verabschiedung einer Geschäftsordnung des Verfassungsgerichts[953]. Von besonderem Interesse sind folgende zwei weiteren Konstellationen der Anrufung des Plenums: zunächst bei Meinungsverschiedenheiten zwischen den Senaten, wenn also ein Senat in einer Rechtsfrage von einer zuvor bereits getroffenen Entscheidung des anderen Senats abweichen und durch Plenumsentscheidung Klärung herbeiführen möchte, § 16 Abs. 1 BVerfGG[954] (c)). Der zweite, hier näher zu betrachtende Zuständigkeitsbereich betrifft die Entlassung von Mitgliedern des Bundesverfassungsgerichts oder ihre Versetzung in den Ruhestand (b)). Die Beschlußfähigkeitsregelung schließlich gilt einheitlich für alle Plenumsentscheidungen (a)).

Verfassungsrichtern die Anwendung des § 240 StGB auf Sitzblockaden vom Bundesverfassungsgericht weder für verfassungswidrig noch für verfassungsmäßig erklärt worden ist". Hierauf bezieht sich BVerfGE 92, 1 (14): „Die verfassungsrechtliche Frage selber ist (in E 76, 211, Anm. N.M.) jedoch unentschieden geblieben". – Kritisch zu diesem Verständnis des § 15 Abs. 4 S. 3 BVerfGG (damals noch § 15 Abs. 3 S. 3 a.F.) *Starck*, Stimmengleichheit (Fn. 223), S. 799 ff.

950 Siehe BVerfGE 60, 360 (369).

951 So BVerfGE 92, 1 (14).

952 *A. Sattler*, Die Zuständigkeit der Senate und die Sicherung der Einheitlichkeit der Rechtsprechung (§§ 14, 16 BVerfGG), in: Starck, Bundesverfassungsgericht (Fn. 894), S. 104 (133). – An anderen obersten Gerichten wird diese Aufgabe von „Großen Senaten" mit Abordnungen einzelner Gerichtsmitglieder wahrgenommen.

953 Zur Mitwirkung am Wahlverfahren, das jedoch nicht mit den hier dargelegten Mehrheitserfordernissen abläuft, s. oben unter C. I. 3. Zur Zuständigkeit für die Geschäftsordnung s. § 1 Abs. 3 BVerfGG.

954 Zu Einzelfragen der Norm, insbesondere wann ein solches Abweichen gegeben sein soll, s. nur *Sattler*, Zuständigkeit (Fn. 952), S. 133 ff. sowie *G. Ulsamer*, in: Maunz/Schmidt-Bleibtreu/Klein/Bethge, BVerfGG (Fn. 434), § 16 (1998), Rn. 7 f.

a) *Beschlußfähigkeit*

Die Beschlußfähigkeit richtet sich nach § 16 Abs. 2 BVerfGG[955]. Demnach ist sie im Plenum gegeben, wenn aus jedem Senat zwei Drittel der Mitglieder anwesend sind. Folglich müssen wenigstens jeweils sechs Richter aus dem ersten und zweiten Senat zur Plenumssitzung erscheinen. Eine wechselseitige Vertretung ist unzulässig[956].

b) *Mehrheitserfordernis im Rahmen von § 105 BVerfGG*

Mit § 105 Abs. 1 BVerfGG wird die Unabhängigkeit der Richter des Bundesverfassungsgerichts durch Beschränkung eines möglichen Amtsverlustes auf zwei Fälle gewährleistet: nur bei dauernder Dienstunfähigkeit (§ 98 Abs. 2 BVerfGG) kommt die Versetzung in den Ruhestand (Nr. 1), bei genau festgelegten groben Pflichtverstößen[957] die Entlassung des Richters (Nr. 2) jeweils durch den Bundespräsidenten in Betracht. Hierzu ist nach § 105 Abs. 2 BVerfGG zunächst ein Antragsverfahren vorgesehen, an das sich die eigentliche Abstimmung über die Ermächtigung zur Versetzung in den Ruhestand oder Entlassung anschließt (Abs. 4). Der Beschluß zur Einleitung eines Verfahrens nach § 105 Abs. 1 BVerfGG wird entsprechend § 15 Abs. 4 S. 2 BVerfGG mit einfacher Mehrheit gefaßt[958]; mithin ist bei voller Besetzung die Unterstützung von wenigstens neun Richtern, bei Mindestbesetzung von sieben Plenumsmitgliedern vonnöten. Anders die maßgebliche, inhaltliche Entscheidung über das Ende der Amtszeit: hierfür sieht Abs. 4 eine Zweidrittelmehrheit der gesetzlichen Mitglieder des Gerichts vor. Dies entspricht aufgrund der Plenumszusammensetzung einer Zustimmung von mindestens elf Richtern.

c) *Mehrheitserfordernis im Rahmen von § 16 BVerfGG*

Ein Äquivalent zum Beschluß über die Einleitung eines Amtsenthebungsverfahrens fehlt im Verfahren nach § 16 BVerfGG. Die Abstimmung betrifft sogleich die inhaltliche Entscheidung über eine Rechtsfrage zur Sicherstellung einer einheitlichen Auffassung beider Senate. Das Verfassungsgerichts-

---

[955] *B. Schmidt-Bleibtreu*, in: Maunz/Schmidt-Bleibtreu/Klein/Bethge, BVerfGG (Fn. 434), § 105 (1995), Rn. 14.

[956] Statt aller: *Lechner/Zuck*, BVerfGG (Fn. 942), § 15 Rn. 10.

[957] § 105 Abs. 1 Nr. 2 BVerfGG: Entehrende Handlung; rechtskräftige Freiheitsstrafe von mehr als sechs Monaten; grobe Pflichtverletzung, die ein Verbleiben im Amt ausschließt.

[958] *Lechner/Zuck*, BVerfGG (Fn. 942), § 105 Rn. 7; *Schmidt-Bleibtreu* (Fn. 955), § 105 Rn. 14: dies ergebe ein Umkehrschluß aus § 105 Abs. 4 BVerfGG.

gesetz stellt zum Ablauf des Verfahrens und vor allem zum erforderlichen Mehrheitsquorum keine Vorgaben auf. Damit ist § 15 Abs. 4 S. 2 BVerfGG heranzuziehen, der in analoger Anwendung die Mehrheit der an der Abstimmung des Plenums mitwirkenden Richter verlangt[959].

Aufgrund des vergleichsweise abgesenkten Mehrheitsquorums wird der Umgang mit der Problematik der Stimmengleichheit abermals virulent, und zwar unter Umständen stärker denn je: sollten in den jeweiligen Senaten massive und von allen Richtern gleichermaßen gehegte Vorbehalte gegenüber der Rechtsauffassung des anderen Senats bestehen, könnte es bei gleich starker Anwesenheit beider Fraktionen sehr schnell zu einem Patt kommen. Entsprechendes gilt für den Fall, daß eine zahlenmäßig übereinstimmende Minderheit jedes Senats mit der Rechtsauffassung des jeweils anderen sympathisiert. Tritt Stimmengleichheit auf, geht sie nicht automatisch zu Lasten des Senats, der das Plenumsverfahren wegen geplanter Abweichung eingeleitet hat. Stattdessen wird § 15 Abs. 3 S. 3 BVerfGG entsprechend herangezogen und das Risiko eines Patts infolgedessen demjenigen Senat übertragen, der einen Grundgesetzverstoß bejaht[960].

4. Die Entscheidung des Zuständigkeitsausschusses

§ 14 BVerfGG betrifft die Zuständigkeitsverteilung zwischen den beiden Senaten des Bundesverfassungsgerichts (Abs. 1, 2 u. 3) und ihre Abänderbarkeit (Abs. 4). Hintergrund ist die auch heute noch teilweise nicht vorhersehbare Auslastung der Senate, die sich in den Anfangsjahren ganz prägnant mit einer Arbeitsbelastung von 90% im Ersten und nur 10% im Zweiten Senat darstellte[961]. Abs. 5 S. 1 schließlich befaßt sich mit dem Fall der Unklarheit über die Zuständigkeit zwischen den Senaten.

Der im Falle von Unklarheit über die Zuständigkeit einzuberufende „Sechserausschuß“[962] aus dem Präsidenten, dem Vizepräsidenten und vier Richtern – zwei pro Senat und Geschäftsjahr – entscheidet über die Zuwei-

---

[959] *C. Pestalozza*, Verfassungsprozeßrecht, 3. Aufl. 1991, S. 42; *Ulsamer* (Fn. 954), § 16 Rn. 12.

[960] *Benda/Klein*, Verfassungsprozeßrecht (Fn. 895), Rn. 153; *Ulsamer* (Fn. 954), § 16 Rn. 12.

[961] *Dichgans*, Grundgesetz (Fn. 66), S. 159. Die Statistik zeigt, daß die reine Verfahrenszahl sogar bei ungefähr 99% zu 1% lag. Nachdem die Verfahren seit den 1970er Jahren ungefähr gleich, mit leichtem Überwiegen mal auf der einen, mal auf der anderen Seite, verteilt waren, zeigte sich in den letzten Jahren wieder ein zahlenmäßiger Anstieg der Verfahren, die dem Ersten Senat zugeteilt sind, vgl. http://www.bundesverfassungsgericht.de/organisation/gb2008/A-I-2.html (November 2013).

[962] *Benda/Klein*, Verfassungsprozeßrecht (Fn. 895), Rn. 143.

sung des Verfahrens. Weder in § 14 Abs. 5 BVerfGG noch in den §§ 43 ff. GO-BVerfG, die das Ausschußverfahren konkretisieren, sind genauere Bestimmungen über den Beschluß selbst enthalten.

Beschlußfähig soll der Sechserausschuß nur dann sein, wenn die je drei Mitglieder der Senate, mithin alle Ausschußmitglieder, anwesend sind, was sich aus der Stellung des Sechserausschusses als dem „verkürzten (...) Zwillingsgericht" ergebe[963]. Hierfür sprechen auch die in der Geschäftsordnung des Bundesverfassungsgerichts enthaltenen Vertretungsregelungen (§ 43 S. 2, S. 1 a.E.): bei Verhinderung des Präsidenten übernimmt zunächst der Vizepräsident den Ausschußvorsitz, im übrigen das dienst-, ggf. lebensälteste Ausschußmitglied. Daneben wird für die weiteren vier Verfassungsrichter eine entsprechende Anzahl an Vertretern aus den Senaten gewählt, die im Verhinderungsfall nachrücken. Dieses Stellvertretersystem macht aber nur dann Sinn, wenn stets die vollständige Sechserbesetzung nötig ist, um die Zuständigkeitsdifferenzen zu klären.

Die einzige verfahrensbezogene Anordnung, die § 14 Abs. 5 S. 2 BVerfGG trifft, ist eine Regelung für den Fall der Stimmengleichheit. Nunmehr soll die stärkere Gewichtung der Stimme des Ausschußvorsitzenden – also der des Präsidenten des Verfassungsgerichts, § 43 S. 2 GO-BVerfG – den Ausschlag in die eine oder andere Richtung geben. Im Umkehrschluß bedeutet dies, daß zu einer Entscheidung über die Zuständigkeit des Ersten oder Zweiten Senats die Mehrheit der Abstimmenden erforderlich ist[964]; anders wäre der Fall von Stimmengleichheit im Ausschuß nicht denkbar.

5. Besondere Mehrheitserfordernisse bei ausgewählten inhaltlichen Entscheidungen

a) Der Erlaß einstweiliger Anordnungen

§ 32 BVerfGG ermöglicht den Erlaß einstweiliger Anordnungen durch das Bundesverfassungsgericht und trägt so dem Bedürfnis der Praxis nach schnellen, zumindest vorläufigen Entscheidungen Rechnung. Es handelt sich dabei um ein Nebenverfahren, das nach ständiger Rechtsprechung des Gerichts zu allen, auch noch nicht rechtshängigen Hauptverfahren nach § 13 BVerfGG möglich ist[965].

---

963 *G. Ulsamer*, in: Maunz/Schmidt-Bleibtreu/Klein/Bethge, BVerfGG (Fn. 434), § 14 (1999), Rn. 35.

964 Ausdrücklich findet sich dies nicht in der Kommentarliteratur; ein Umkehrschluß läßt sich aber aus den Ausführungen von *Mellinghoff* (Fn. 931), § 15 Rn. 78 ziehen.

965 So beispielsweise BVerfGE 3, 267 (277); ausführlicher in E 31, 87 (90).

aa) Erstmaliger Erlaß einer einstweiligen Anordnung

Für den Beschluß (§ 32 Abs. 3 S. 1 BVerfGG) bzw. die Entscheidung[966] über die erstmalige Anordnung gelten keine Besonderheiten: der beschlußfähige Senat entscheidet mit einfacher Mehrheit der an der Entscheidung mitwirkenden Richter, § 15 Abs. 2 S. 1, Abs. 4 S. 2 BVerfGG. In den Fällen, in denen in der Hauptsache eine Zweidrittelmehrheit erforderlich ist, gilt das qualifizierte Mehrheitserfordernis parallel für eventuell nötige einstweilige Anordnungen[967]. Sind weniger als sechs Senatsmitglieder anwesend, trifft § 32 Abs. 7 BVerfGG im Hinblick auf die Dringlichkeit der Anordnung die Regelung, daß auch ein an sich beschlußunfähiger Senat mit wenigstens drei Richtern als „Notsenat" die einstweilige Anordnung durch einstimmigen Beschluß erlassen kann – dies allerdings nur in den Verfahren, die nicht in der Hauptsache mit Zweidrittelmehrheit zu entscheiden sind; notfalls ist bei weniger als drei Richtern und besonderer Dringlichkeit auch an die Zulosung von Richtern des anderen Senats über § 15 Abs. 2 BVerfGG zu denken[968]. Das Erfordernis der Einstimmigkeit gilt aufgrund des Wortlauts („mindestens") insofern auch, wenn vier oder fünf Richter anwesend sind[969].

bb) Wiederholung einer einstweiligen Anordnung

Eine Besonderheit gilt für die Wiederholung einer einstweiligen Anordnung gemäß § 32 Abs. 6 S. 2 BVerfGG: während für die erstmalige Anordnung die einfache Senatsmehrheit ausreichend ist, gilt für ihre Wiederholung das Erfordernis einer Zweidrittelmehrheit. Durch die verschärfte Mehrheit soll verhindert werden, daß auf diesem Weg eine Entscheidung in der Hauptsache vermieden wird, weil fortwährende Verlängerungen eine solche irgendwann entbehrlich machen könnten[970]. Der Notsenat ist zur Verlängerung der einstweiligen Entscheidung nicht berechtigt[971].

---

[966] Zur Abgrenzung von Beschluß und Entscheidung über die einstweilige Anordnung vgl. § 25 Abs. 2 BVerfGG.

[967] *K. Graßhof*, in: Maunz/Schmidt-Bleibtreu/Klein/Bethge, BVerfGG (Fn. 434), § 32 (2002), Rn. 204.

[968] So *Graßhof* (Fn. 967), § 32 Rn. 205, 208. – Allerdings kann § 15 Abs. 2 S. 2 BVerfGG nur analog herangezogen werden, da er lediglich die Zulosung in den Senat zur Aufstockung auf mindestens sechs Richter betrifft. – Vgl. aus der Praxis die Entscheidung des Notsenats BVerfGE 72, 299 in Dreierbesetzung (vgl. S. 300 f.).

[969] *Graßhof* (Fn. 967), § 32 Rn. 207.

[970] *Brox*, Rechtsprobleme (Fn. 217), S. 13.

[971] *Graßhof* (Fn. 967), § 32 Rn. 209.

b) Die Ablehnung eines Verfassungsrichters wegen Besorgnis der Befangenheit

Mit der Frage der Ablehnung eines Bundesverfassungsrichters wegen Besorgnis der Befangenheit[972] befaßt sich § 19 Abs. 1 BVerfGG. Gemäß Hs. 1 entscheidet das Gericht über die Ablehnung unter Ausschluß des Abgelehnten. Sie ergeht dabei als Beschluß mit einfacher Mehrheit der übrigen Senatsmitglieder[973]. Bei Stimmengleichheit im Gerichtssenat gibt das Votum des Vorsitzenden den Ausschlag, § 19 Abs. 1 Hs. 2 BVerfGG. Eine Pattsituation kann aufgrund des Ausschlusses des betroffenen Verfassungsrichters allerdings nur dann auftreten, wenn ein weiteres Senatsmitglied bei der Abstimmung nicht anwesend ist, da sonst eine ungerade Zahl von Abstimmenden eine identische Anzahl an gegensätzlichen Stimmen unmöglich macht.

c) Die Verwerfung unzulässiger oder offensichtlich unbegründeter Anträge

§ 24 BVerfGG soll dem Gericht die Möglichkeit geben, unzulässige[974] oder offensichtlich unbegründete[975] Anträge im Rahmen eines summarischen Verfahrens überprüfen und sogleich verwerfen zu können. Im Falle eines entsprechenden Hinweises auf die gerichtlichen Bedenken an den Antragsteller kann die Verwerfung zudem ohne weitere Begründung erfolgen (S. 2). Hintergrund der Einführung der Norm war zunächst die Befürchtung vor einer Flut von Verfassungsbeschwerden, die zu einer Lähmung des Gerichts hätte führen können[976]. Dennoch findet die Vorschrift auch für sämtliche anderen Verfahren Anwendung und hat mittlerweile im Gegenstandsbereich von Art. 93 Abs. 1 Nr. 4a/b GG aufgrund des Vorverfahrens nach den §§ 93a ff. BVerfGG gar an Bedeutung verloren[977].

---

[972] Vgl. ausführlich zu den möglichen Ablehnungsgründen *Benda/Klein*, Verfassungsprozeßrecht (Fn. 895), Rn. 212 ff. sowie *F. Klein*, in: Maunz/Schmidt-Bleibtreu/Klein/Bethge, BVerfGG (Fn. 434), § 19 (1998), Rn. 2 ff., 5 ff.

[973] *Klein* (Fn. 972), § 19 Rn. 14.

[974] Vgl. zu denkbaren Zulässigkeitsproblemen (insb. Nichtberechtigung, fehlende Partei-, Prozeß- oder Postulationsfähigkeit, entgegenstehende Rechtskraft, Verfristung) *F. Klein* in: Maunz/Schmidt-Bleibtreu/Klein/Bethge, BVerfGG (Fn. 434), § 24 (1987), Rn. 12 ff.

[975] Zur offensichtlichen Unbegründetheit (beantragte Rechtsfolge kann aus vorgetragenem Sachverhalt offensichtlich nicht hergeleitet werden) genauer BVerfGE 82, 316 (319 f.); 95, 1 (15) sowie *Klein* (Fn. 974), § 24 Rn. 19.

[976] *Benda/Klein*, Verfassungsprozeßrecht (Fn. 895), Rn. 319.

[977] Klein verweist insofern sogar auf die Spezialität der §§ 93a ff. BVerfGG gegenüber § 24 BVerfGG: *Klein* (Fn. 974), § 24 Rn. 1 a.E.; ebenso *Schlaich/Korioth*,

§ 24 S. 1 BVerfGG verlangt für die sogenannte a-limine-Entscheidung einen einstimmig gefaßten Beschluß. Einstimmigkeit bedeutet in diesem Kontext nicht mit den Stimmen aller Senatsmitglieder, sondern – im Rahmen der Grenzen, die die Beschlußfähigkeitsregel in § 15 Abs. 2 S. 1 BVerfGG zieht – aller an der Beratung beteiligten Verfassungsrichter[978].

d) Verzicht auf die Beiziehung einzelner Urkunden

§ 26 Abs. 1 S. 1 BVerfGG bürdet dem Bundesverfassungsgericht die Erforschung des Sachverhalts von Amts wegen auf[979]. Einschränkung erfährt die in Abs. 1 noch unbegrenzt garantierte Untersuchungsmaxime durch den nachfolgenden Absatz: dieser ermöglicht dem Gericht, durch qualifizierten Mehrheitsbeschluß mit zwei Dritteln der Stimmen auf die Beiziehung von Urkunden[980] zu verzichten, sofern deren Verwendung mit der Staatssicherheit unvereinbar ist. Das qualifizierte Mehrheitserfordernis bezieht sich erneut, wie bereits oben im Rahmen der a-limine-Entscheidung nach § 24 BVerfGG, nicht auf sämtliche Senats- oder Plenumsmitglieder, sondern berücksichtigt nur die tatsächlich an der Entscheidung mitwirkenden Verfassungsrichter.

e) Erklärung der Unbegründetheit der Verweigerung einer Aussagegenehmigung

§ 28 BVerfGG regelt die Zeugen- resp. Sachverständigeneinvernahme; während Abs. 1 Hs. 1 für die strafrechtsähnlichen Verfahren[981] die entspre-

---

Bundesverfassungsgericht (Fn. 217), Rn. 70, 260. Dies erweist sich im Hinblick darauf, daß die Entscheidung nach § 24 BVerfGG eine „vollwertige" Entscheidung des Gerichts darstellt, der Annahmebeschluß im Rahmen von § 93b S. 1 BVerfGG indes nur im summarischen Vorverfahren ergeht, als nicht unproblematisch.

[978] *Benda/Klein*, Verfassungsprozeßrecht (Fn. 895), Rn. 321 m. Fn. 56; *Klein* (Fn. 974), § 24 Rn. 20.

[979] Hintergrund der Einführung der Ermittlung von Amts wegen, die parallel beispielsweise im Verfahren der freiwilligen Gerichtsbarkeit (§ 12 FGG) und im Strafprozeß (§§ 160, 244 StPO) gilt, ist u.a. die gewünschte erhöhte Objektivität der Verfassungsgerichtsverfahren; vertiefend *Benda/Klein*, Verfassungsprozeßrecht (Fn. 895), Rn. 253.

[980] Urkunde im Sinne von § 26 BVerfGG meint neben öffentlichen und privaten Urkunden im Sinne der §§ 415 ff. ZPO auch Behördenakten; vgl. dazu näher *F. Klein*, in: Maunz/Schmidt-Bleibtreu/Klein/Bethge, BVerfGG (Fn. 434), § 26 (1979), Rn. 15 sowie *K. Reichold*, in: Thomas/Putzo, ZPO (Fn. 763), vor § 415 Rn. 1 f. sowie § 415 Rn. 1.

[981] Ähnlichkeiten mit dem Strafverfahren weisen die Verfahren betreffend die Verwirkung von Grundrechten (§ 13 Nr. 1 BVerfGG), die Verfassungswidrigkeitser-

chende Anwendung der Strafprozeßordnung und für die übrigen die der Zivilprozeßordnung vorsieht, beschäftigt sich Abs. 2 mit der Aussagegenehmigung von Zeugen und Sachverständigen. Sofern diese Personen in einem Richter-, Beamten- oder sonstigen öffentlich-rechtlichen Dienstverhältnis stehen, trifft sie über Art. 28 Abs. 2 BVerfGG eine erweiterte Aussagepflicht, die restriktivere beamtenrechtliche Vorschriften zum Aussagerecht zurücktreten läßt[982]. Die Aussagegenehmigung, die sich die Vorstehenden bei der vorgesetzten Dienststelle beschaffen müssen, darf nach S. 1 nur verweigert werden, wenn es das Wohl des Bundes oder eines Landes erfordert. Beruft sich der Zeuge im Sinne des Staatswohls auf ein Zeugnisverweigerungsrecht und kommt das Bundesverfassungsgericht mit zwei Dritteln der an der Entscheidung mitwirkenden Richter demgegenüber zu der Auffassung, daß dieses Wohl nicht in Gefahr ist, kann sich der Zeuge oder Sachverständige nicht auf ein Zeugnisverweigerungsrecht berufen, § 28 Abs. 2 S. 2 BVerfGG[983]. Die Entscheidung des Senats ersetzt insoweit die fehlende Genehmigung der vorgesetzten Dienststelle[984].

IV. Stellungnahme

1. Die Wahl der Mitglieder des Bundesverfassungsgerichts

Umfangreiche Vorabsprachen und die paritätische Aufteilung der Richterstellen zwischen den beiden großen Parteien CDU/CSU und SPD führen dazu, daß die Wahlpraxis mit dem Begriff der „Erbhöfe" umschrieben wird: jede der beiden Seiten weiß, „wann es an ihr ist, einen Wahlvorschlag zu machen"[985]. Der nicht vorschlagsberechtigten Fraktion steht keinerlei Beteiligungsrecht bei der Benennung, und nach interner Präsentation auch nur ein zumeist äußerst restriktiv zum Einsatz kommendes Vetorecht zu[986]. Die typi-

---

klärung von Parteien (§ 13 Nr. 2 BVerfGG), die Bundespräsidentenanklage (§ 13 Nr. 4 BVerfGG) und die Richteranklage (§ 13 Nr. 9 BVerfGG) auf.

[982] *Lechner/Zuck*, BVerfGG (Fn. 942), Art. 28 Rn. 10.

[983] *F. Klein*, in: Maunz/Schmidt-Bleibtreu/Klein/Bethge, BVerfGG (Fn. 434), § 28 (1972), Rn. 8.

[984] *Lechner/Zuck*, BVerfGG (Fn. 942), Art. 28 Rn. 10.

[985] *Wieland* (Fn. 895), Art. 94 Rn. 13 (Zitat); *E. Friesenhahn*, Diskussionsbemerkung zum vierten Thema: Die Bedeutung der Legitimation des Bundesverfassungsgerichts, insbesondere die Wahl der Richter, in: J.A. Frowein/H. Meyer/P. Schneider (Hrsg.), Bundesverfassungsgericht im dritten Jahrzehnt, 1976, S. 68 (70 f.); *Stern*, Staatsrecht II (Fn. 89), S. 362; *Schlaich/Korioth*, Bundesverfassungsgericht (Fn. 217), Rn. 45; *Tschentscher*, Rechtsrahmen (Fn. 896), S. 106; den Begriff der „Erbhöfe" verwenden alle Vorgenannten.

[986] *Kröger*, Richterwahl (Fn. 894), S. 92 f. – Daß im Einzelfall sehr wohl von dem Vetorecht Gebrauch gemacht wurde, zeigen die beiden bisher bekannt gewor-

sche, selbst im letzten Fünf-Parteien-Parlament bestehende Zusammensetzung des Wahlausschusses führt im Zusammenspiel mit dem Mehrheitserfordernis dazu, daß eine Beteiligung der Vertreter der kleineren Fraktionen an der Entscheidungsfindung entbehrlich wird, da die beiden großen die Zweidrittelmehrheit von acht Stimmen gemeinsam erreichen. So stellte die CDU/CSU-Fraktion in der 16. Wahlperiode fünf Abgeordnete, die SPD-Fraktion vier, die Fraktionen der Opposition FDP, Die Linke und Bündnis 90/Die Grünen jeweils einen Abgeordneten[987]. In der 17. Legislaturperiode verteilten sich die Zahlen wie folgt: CDU/CSU fünf, SPD drei, FDP zwei, Die Linke und Bündnis 90/Die Grünen jeweils ein Abgeordneter[988].

Losgelöst von der dargelegten Besetzungspraxis sieht sich das Verfahren im Bundestag (bzw. viel eher: im Wahlausschuß) anders als das des Bundesrates gravierender Kritik ausgesetzt. Während der Wahlmodus in der Länderkammer im Hinblick auf Art. 94 Abs. 1 S. 2 GG grundgesetzkonform abläuft, wird die komplizierte Ausgestaltung durch den Bundestags-Wahlausschuß kontrovers diskutiert[989] und teils gar für verfassungswidrig gehalten[990]. Die Kritiker machen hierbei mehrere Angriffspunkte aus[991],

denen Fälle, in denen die von der SPD vorgeschlagenen Kandidaten Herta Däubler-Gmelin (1993) und Horst Dreier (2008) verhindert wurden.

[987] Quelle: http://webarchiv.bundestag.de/cgi/show.php?fileToLoad=1285&id=1134 (November 2013).

[988] Quelle: http://www.bundestag.de/bundestag/ausschuesse17/gremien/wahlausschuss/index.jsp (November 2013).

[989] *Schlaich/Korioth*, Bundesverfassungsgericht (Fn. 217), Rn. 42; ebenso wohl *Wittreck*, Verwaltung (Fn. 266), S. 269: „Abweichung vom Grundgesetz"; dagegen für nicht mehr relevant halten die Frage der Verfassungsgemäßheit *Benda/Klein*, Verfassungsprozeßrecht (Fn. 895), Rn. 132. – Zu Alternativvorschlägen bezüglich der Ausgestaltung des Wahlverfahrens s. *v. Eichborn*, Bestimmungen (Fn. 857), S. 42 ff. (interessant auch der Hinweis auf die Ausgestaltungsvorschläge in den Gesetzesentwürfen zur Änderung von 1956, in denen die Einführung eines durch „Experten" besetzten Beirats diskutiert wurde, der im Falle des Versagens des Ausschußverfahrens mit einfacher Mehrheit [!] Kandidaten vorschlagen und andere von der Wahlliste streichen können sollte; dieser angestrebte § 7a scheiterte erst im Vermittlungsausschuß am Bundesratswiderstand [S. 52]); überblicksmäßig auch *Majer*, Auswahl (Fn. 898), S. 196 ff.; die Vorschläge beinhalten u. a. eine öffentliche Ausschreibung, ein transparentes Bewerbungsverfahren mit Anhörungen seitens des Wahlgremiums und die Aufstellung mehrerer Kandidaten pro Richterstelle, um eine echte Auswahlmöglichkeit zu schaffen. – Klarheit hat hier zuletzt der Beschluß des Bundesverfassungsgerichts vom 19. Juni 2012, Az. 2 BvC 2/10, gebracht.

[990] *R. Thoma*, Rechtsgutachten betreffend die Stellung des Bundesverfassungsgerichts (1953), in: Thoma, Rechtsstaat (Fn. 29), S. 511 (546 f.); *Kreuzer*, Zuständigkeitsübertragungen (Fn. 766), S. 193 ff., 196 ff., 200; *Wieland* (Fn. 895), Art. 94 Rn. 14 f.; *J. Pietzcker/D. Pallasch*, Verfassungswidrige Bundesverfassungsrichterwahl?, in: JuS 1995, S. 511 (512 ff.); *S. U. Pieper*, Verfassungsrichterwahlen. Die Besetzung der Richterbank des Bundesverfassungsgerichts und die Besetzung des Europäischen Gerichtshofes sowie des Europäischen Gerichtshofes für Menschen-

von denen im Kontext der Arbeit neben der Benachteiligung kleiner Fraktionen vor allem die Mehrheitserfordernisse interessieren.

a) Benachteiligung kleiner Fraktionen durch den Wahlausschuß

Die Bestimmung hinsichtlich der Anzahl der Repräsentanten im Wahlausschuß hat seit mehr als einem halben Jahrhundert keine Veränderung erfahren, obwohl sich die Parlamentsstärke im gleichen Zeitraum um die Hälfte auf mittlerweile 631 Abgeordnete[992] vergrößert hat. Dies offenbart bereits, daß die Repräsentation der Abgeordneten im Ausschuß zu wünschen übrig läßt: derzeit kommt auf 51,8 Abgeordnete ein Ausschußmitglied, d.h. es werden umgekehrt 12% der Abgeordneten des Plenums von einem Delegierten vertreten. Eine massive Unterrepräsentation kleiner Fraktionen, denen bei deutlichem Verfehlen dieser Quote ohne Zusammenschluß mit anderen Fraktionen kaum eine Möglichkeit bleibt, einen Vertreter zu entsenden, erscheint unumgänglich. Andererseits drohte Überrepräsentation, wenn man der nicht berücksichtigungsfähigen Minderheitsfraktion dennoch einen Sitz zuteilte[993].

Darüber hinaus sind Auf- oder Abrundungen bei der möglichst spiegelbildlichen Besetzung des Wahlgremiums unvermeidbar, die im ungünstigsten Fall zu Mehrheiten führen, die bei einer Abstimmung im Plenum so nicht bestünden. Diese Konstellation führte bereits Anfang der fünfziger Jahre zu der beschriebenen Festlegung der Ausschußmehrheit von drei Vierteln, da dieser einer Zweidrittelmehrheit im Plenum entsprach[994]. Ab-

---

rechte und des Internationalen Gerichtshofes mit deutschen Kandidaten, 1998, S. 26 f., 29 ff.; *Majer*, Auswahl (Fn. 898), S. 198 m.w.N.; *Tschentscher*, Rechtsrahmen (Fn. 896), S. 110 f.; ein vernichtendes Bild zeichnet *v. Eichborn*, Bestimmungen (Fn. 857), S. 21 ff., 31 ff. – A.A. *Kröger*, Richterwahl (Fn. 894), S. 91 f.; *Sturm* (Fn. 895), Art. 94 Rn. 3; *Gusy*, Parlament (Fn. 900), § 60 Rn. 12.

991 Neben den in der Folge dargestellten beiden Aspekten sei es vor allem die fehlende Transparenz des Verfahrens selbst, die dem Öffentlichkeitsprinzip aus Art. 42 Abs. 1 GG Hohn spreche: vgl. hierzu vertiefend die Ausführungen von *Wieland* (Fn. 895), Art. 94 Rn. 14 sowie *A. Voßkuhle*, in: v. Mangoldt/Klein/Starck, GG (Fn. 119), Art. 94 Rn. 10, 15 („Viel gewonnen wäre aber, wenn personelle Alternativen offener diskutiert würden." [Rn. 15]), jeweils m.w.N.

992 http://www.bundestag.de/bundestag/plenum/index.jsp (November 2013).

993 Wozu es aufgrund des damit einhergehenden freiwilligen Verzichts einer Mehrheitsfraktion auf einen eigenen Sitz naturgemäß kaum kommen wird. – *Pietzcker/Pallasch*, Bundesverfassungsrichterwahl (Fn. 990), S. 512; vgl. auch das Gedankenspiel hinsichtlich der FDP bei *K. A. Bettermann*, Opposition und Verfassungsrichterwahl, in: H. Bernstein/U. Drobnig/H. Kötz (Hrsg.), Festschrift für Konrad Zweigert zum 70. Geburtstag, 1981, S. 723 (728 f.).

994 Vgl. die Textstelle bei und in Fn. 906.

hilfe könnte die Vergrößerung des Wahlgremiums zur besseren Abbildung der Zusammensetzung des Plenums im Ausschuß bringen.

b) Mehrheitserfordernisse in Bundesrat und Wahlausschuß

aa) Vorgaben des Grundgesetzes?

Die kritische Auseinandersetzung mit dem Wahlverfahren im Bundestag darf nicht darüber hinwegtäuschen, daß das Grundgesetz in Art. 94 GG gerade keine Mehrheitserfordernisse für die Abstimmungen in Bundestag und Bundesrat aufgestellt hat. Vorschläge zur Aufnahme der Zweidrittelmehrheit ins Grundgesetz sind bislang gescheitert[995]. Theoretisch könnte es daher von Verfassungs wegen bei einem Beschluß mit einfacher Abstimmendenmehrheit im Bundestag und absoluter Mitgliedermehrheit im Bundesrat verbleiben[996]. Durch die Ermächtigung des Gesetzgebers zur Regelung des Verfahrens der Richterwahl in Art. 94 Abs. 2 S. 1 GG ist dieser aber auch zur Festsetzung eines von Art. 42 Abs. 2 GG abweichenden Mehrheitserfordernisses berechtigt[997].

bb) Höhe der Mehrheitserfordernisse

Auf den ersten Blick sehen die entsprechenden Vorschriften für Bundestag und Bundesrat ein identisches Mehrheitserfordernis von zwei Dritteln vor, mit dem sie sich auch außerhalb Deutschlands in eine Vielzahl anderer Bestimmungen zur Besetzung der dortigen Verfassungsgerichte einreihen[998]. Im Bundesrat bezieht sich das Mehrheitserfordernis in Anwendung des üblichen Beschlußverfahrens auf die Gesamtstimmenzahl, im Bundestag ist nur der Wahlausschuß an das Mehrheitserfordernis gebunden.

Die Intention, die zur Anordnung von qualifizierten Mehrheiten führt, ist evident: es gilt zu verhindern, daß die Richterstellen allzu einseitig durch Regierungskoalitionen bzw. gar von einer einzigen Partei besetzt werden können. In gleichem Maße soll eine breite Legitimationsgrundlage und

---

[995] *Tschentscher*, Rechtsrahmen (Fn. 896), S. 100, 105 f.

[996] *G. Willms*, Kunstvolles Gleichgewicht? Zur Problematik der Richterwahl beim Bundesverfassungsgericht, in: NJW 1955, S. 1209 (1210); *Pietzcker/Pallasch*, Bundesverfassungsrichterwahl (Fn. 990), S. 513; *Wieland* (Fn. 895), Art. 94 Rn. 11, 13.

[997] *v. Eichborn*, Bestimmungen (Fn. 857), S. 55; *Tschentscher*, Rechtsrahmen (Fn. 896), S. 106; *Pietzcker/Pallasch*, Bundesverfassungsrichterwahl (Fn. 990), S. 514; a. A. *Willms*, Gleichgewicht (Fn. 996), S. 1210.

[998] s. *Weber*, Generalbericht (Fn. 930), S. 51.

nicht nur eine zufällige Mehrheit zusammenkommen und eine Wahl nach sachlichen Gesichtspunkten gesichert sein[999]. Eingeschränkt gelingt auch die Verwirklichung dieser Ziele. Über Koalitionen in den Bundesländern ist die Beteiligung der mitregierenden Minderheitenfraktionen im Bundesrat gesichert, so daß dort das Erfordernis einer Zweidrittelmehrheit nötig, aber auch vollends ausreichend erscheint[1000]. Im Wahlausschuß ist demgegenüber die Beteiligung der Minderheit an der Richterwahl nur solange gewährleistet, wie diese über mehr als ein Drittel der Stimmen verfügt[1001]. Wie bereits angedeutet ist dies aufgrund der Bedeutung der zwei großen Volksparteien allerdings bis heute kaum der Fall. Unabhängig von den Mehrheitskonstellationen im Bundestag, insbesondere unabhängig davon, ob die beiden großen Volksparteien miteinander koalieren oder nur eine der beiden regiert, sorgen die CDU/CSU- und die SPD-Fraktion im Zusammenspiel mittels Abreden dafür, daß die wechselseitigen Wahlvorschläge Berücksichtigung finden. Ob sie einem kleineren Partner in einer Regierungskoalition einen Richtersitz „abgeben", steht in ihrem alleinigen Ermessen[1002]. Nach alledem kann von der aufgrund des qualifizierten Mehrheitserfordernisses an sich zu erwartenden Parität oder deutlichen Mitsprachemöglichkeit zwischen Mehrheits- und Oppositionsfraktionen kaum die Rede sein. Das Einzige, was in aller Regel völlig gleichberechtigt unter Berücksichtigung des jeweils anderen abläuft, ist die wechselseitige Unterstützung der Kandidaten[1003]. Zwar machen qualifizierte Mehrheitserfordernisse Vor-

---

[999] *J. Limbach,* Zur Wahl der Richter und Richterinnen des Bundesverfassungsgerichts, in: M. Herdegen/H. H. Klein/H.-J. Papier/R. Scholz (Hrsg.), Staatsrecht und Politik. Festschrift für Roman Herzog zum 75. Geburtstag, 2009, S. 273 (273); *Achterberg*, Verhandlung (Fn. 14), S. 174; *Klein* (Fn. 900), § 7 Rn. 1; *Lechner/Zuck*, BVerfGG (Fn. 942), Art. 7 o. Rn.; *v. Eichborn*, Bestimmungen (Fn. 857), S. 48. – Daß das Verfahren nicht immer die Besetzung anhand sachlicher Kriterien sichert, konnte bei der Entscheidung über die Nachfolge von Winfried Hassemer beobachtet werden: s. hierzu nur *M. Stolleis*, Konzertierter Rufmord, in: Merkur 8/2008, S. 717 ff. Problematisch ist allerdings, daß auch davon berichtet wird, daß die Vorbereitung der Mitglieder des Richterwahlausschusses auf die Wahl und die Kandidaten oftmals nicht hinreichend stattfindet: *Dichgans*, Grundgesetz (Fn. 66), S. 165 ff.

[1000] So überzeugend schon *Thoma*, Rechtsgutachten (Fn. 990), S. 546, der allein das Fehlen von Auflösungsmöglichkeiten im Fall des Verfehlens der Mehrheit bemängelt.

[1001] *Bettermann*, Opposition (Fn. 993), S. 725.

[1002] *Voßkuhle* (Fn. 991), Art. 94 Rn. 14; *Tschentscher*, Rechtsrahmen (Fn. 896), S. 112. – Nach längerer Pause kam es 2010 (Andreas Paulus; Vorschlag der FDP) und 2011 (Susanne Baer; Vorschlag von Bündnis 90/Die Grünen) wieder zur Berücksichtigung der Wahlvorschläge kleinerer Fraktionen.

[1003] Zugespitzt wird die Unterstützung des fremden Kandidaten um des eigenen Willen gerne als „Kuhhandel" tituliert: *P. Schneider*, Diskussionsbemerkung zum vierten Thema: Die Bedeutung der Legitimation des Bundesverfassungsgerichts, ins-

absprachen nötig[1004], ob diese Abreden von Einzelpersonen nun im Vorfeld der Beschlußfassung im Ausschuß oder der Plenumsabstimmung stattfinden, führt im Ergebnis zu keinem Unterschied. Die Vorstellung einer vereinfachten Wahl in einem Gremium mit lediglich zwölf Mitgliedern – als dem Argument für ihre Verlagerung aus dem Bundestagsplenum in den Ausschuß – ist indes durch die aktuelle Praxis entkräftet.

Einerseits scheint die Mehrheit von zwei Dritteln so hoch angesetzt, daß sie für die Hervorbringung echter verfassungsgerichtlicher Neutralität förderlich ist. Schließlich gelten auch heute noch die Worte Kelsens, daß ein Gericht seinen richterlichen Aufgaben umso besser nachgehen kann, je unabhängiger, neutraler und qualifizierter die Richterpersönlichkeiten sind[1005]. Unbestritten besteht ein erhöhter Legitimationsbedarf nicht zuletzt aufgrund der umfangreichen Kontrollkompetenz des Verfassungsgerichts und der politischen Brisanz seiner Urteile[1006]. Ob sich jedoch gerade das bestehende Berufungssystem diesen höheren Zielen als dienlich erweist, ist fraglich, verkehrt sich das qualifizierte Mehrheitserfordernis doch gerade hinsichtlich der fristgerechten Nachfolge in ein Hemmnis, wenn es einmal nicht erfolgreich durch Absprachen „ausgehebelt" wurde[1007].

cc) Veränderung des Mehrheitserfordernisses, insbesondere in Folgewahlgängen?

Angestrebt war bereits im Rahmen der Gesetzesrevision des Bundesverfassungsgerichtsgesetzes in den 1950er Jahren eine Reduzierung des Mehrheitserfordernisses sowohl im Wahlausschuß (von 12 auf 7 Stimmen) als auch im Bundesrat (von Zweidrittel- auf absolute Mehrheit), um die Wahl

besondere die Wahl der Richter, in: Frowein/Meyer/Schneider, Bundesverfassungsgericht (Fn. 985), S. 72. – In der Literatur tauchen durchaus weitere, dieses Bild bestätigende Umschreibungen auf: so ist vom „politischen Ämterschacher" und „Kumpanei und Kungelei" (beides bei *Bettermann*, Opposition [Fn. 993], S. 746), den „Paketlösungen" (*Benda/Klein*, Verfassungsprozeßrecht [Fn. 895], Rn. 135) oder der „Fortsetzung der Politik, mit anderen Mitteln" die Rede; vgl. m.w.N. u. Bsp. *Majer*, Auswahl (Fn. 898), S. 196. – Ein desolates Bild zeichnen auch *Kröger*, Richterwahl (Fn. 894), S. 94 ff., allein dadurch, daß er die Geschehnisse bei den Wiederwahlen der 50er und 60er Jahre schildert und *Stolleis*, Rufmord (Fn. 999), S. 717 ff., hinsichtlich des Ablaufs bei der Nachfolge Winfried Hassemers bezüglich der Personalie Horst Dreier.

1004 *Majer*, Auswahl (Fn. 898), S. 192; *Kröger*, Richterwahl (Fn. 894), S. 92 f.; *Bettermann*, Opposition (Fn. 993), S. 746.

1005 *H. Kelsen*, Wesen und Entwicklung der Staatsgerichtsbarkeit, in: VVDStRL 5 (1929), S. 30 (55, 85). Ähnlich auch *Schneider*, Diskussionsbemerkung (Fn. 1003), S. 73.

1006 Statt vieler: *Tschentscher*, Rechtsrahmen (Fn. 896), S. 98 f.

1007 *Tschentscher*, Rechtsrahmen (Fn. 896), S. 103, 105 f., 111, 113.

in Blockadesituationen auch ohne hochqualifizierte Mehrheiten zu erreichen[1008]. Diese Bestrebungen konnten sich jedoch im Vermittlungsausschuß nicht durchsetzen.

Obgleich auch Bundespräsident und Bundeskanzler in späteren Wahlphasen mit einfacher Mehrheit wählbar sind, scheint aus den angestellten Überlegungen eine einfache Mehrheit zumindest als Regelmehrheit bei der Verfassungsrichterwahl nicht wünschenswert. Ansonsten wäre die Richterbesetzung allein durch die jeweilige Parlamentsmehrheit möglich und die Opposition völlig exkludiert. In der Folge wäre es nach einem Regierungswechsel nicht ausgeschlossen, daß zum einen die Legitimation in Frage gestellt, zum anderen die Regierungskontrolle und der Minderheitenschutz beeinträchtigt wäre. Dies sind jedoch nur verfassungspolitische Gründe, die gegen die Einführung einer einfachen Abstimmendenmehrheit sprechen, denn das Grundgesetz verbietet sie nicht[1009]. Für die Wahl der Richter am Bayerischen Verfassungsgerichtshof hat dies das Bundesverfassungsgericht ausdrücklich festgestellt[1010].

Der Spagat zwischen der Erhöhung der Legitimationsgrundlage für die Bundesverfassungsrichter und der Verhinderung dauerhafter Lähmung des Gerichts infolge der Nichtbesetzung freiwerdender Richterstellen durch Nichterreichen hoher qualifizierter Mehrheiten könnte am besten durch ein zweistufiges Verfahren gelingen. Auf der ersten Stufe wäre die Beibehaltung der Zweidrittelmehrheit ebenso denkbar wie eine Erhöhung des Mehrheitserfordernisses auf eine Dreiviertelmehrheit. Letztere käme den Bedürfnissen nach Unabhängigkeit, Neutralität und Qualifikation der Richter sowie dem aus der hervorgehobenen Stellung des Gerichts resultierenden Bedürfnis nach besonderer Legitimation noch eher entgegen als die bisherige Regelung[1011]. Absprachen blieben freilich auch dann unabdingbar, wenngleich sie kleinere Fraktionen zwingend mit einbeziehen müßten. Auf zweiter Stufe wäre dementsprechend an eine Zweidrittelmehrheit oder die

---

1008 Vgl. m. w. N. *v. Eichborn*, Bestimmungen (Fn. 857), S. 49, der sich wiederum auf S. 57 dezidiert gegen diese Lösung ausspricht.

1009 A. A. *v. Eichborn*, Bestimmungen (Fn. 857), S. 57: verfehlte Lösung des Problems.

1010 BVerfG, BayVBl. 1999, S. 16 (17): „Verfassungspolitisch mag es zwar wünschenswert sein (...). Von Bundesverfassungsrechts wegen ist eine qualifizierte Mehrheit jedoch nicht geboten."; ebenso *Wieland* (Fn. 895), Art. 94 Rn. 10 ff., 13; a. A. *Benda/Klein*, Verfassungsprozeßrecht (Fn. 895), Rn. 131; *Voßkuhle* (Fn. 991), Art. 94 Rn. 9.

1011 So überzeugend *G. Jahn*, Diskussionsbeitrag zum vierten Thema: Die Bedeutung der Legitimation des Bundesverfassungsgerichts, insbesondere die Wahl der Richter, in: Frowein/Meyer/Schneider, Bundesverfassungsgericht (Fn. 985), S. 68.

Mehrheit der gesetzlichen Mitgliederzahl als reduzierte Mehrheitserfordernisse zu denken.

Nach alledem darf zur Klarstellung der Hinweis nicht fehlen, daß sich die Befürchtungen von den allein parteipolitisch entscheidenden „rote(n) und schwarze(n) Richter(n)“[1012] mitnichten an den gefällten Urteilen ablesen lassen und es aufgrund des Wahlmodus auch nicht zu „groben Mißgriffen“ gekommen ist[1013]. Dennoch erscheint das Prozedere der Besetzung der Senate des Bundesverfassungsgerichts eines obersten Verfassungsorgans unwürdig; eine erhöhte Transparenz würde die demokratische Legitimation bedeutend erhöhen, ohne daß zwingend auf andere Kandidaten ausgewichen werden müßte. Und wenn einerseits trotz Parteinähe der Richterkandidaten die politische Herkunft bislang bei der späteren Urteilsentscheidungsfindung keinerlei Bedeutung gespielt, andererseits aber die Zweidrittelmehrheit nicht unerhebliche Nachteile mit sich gebracht hat, scheint auch ein vollständiger Systemwechsel vertretbar. In diesem Kontext wäre eine Abkehr von einem qualifizierten Mehrheitserfordernis hin zu einfacher Abstimmendenmehrheit im Plenum oder zu einer Verhältniswahl kaum so offensichtlich untragbar, wie dies vom Gesetzgeber vormals eingestuft wurde und von einigen Autoren noch immer wird[1014].

c) Vorschlagsrecht seitens des Bundesverfassungsgerichts

§ 7a BVerfGG nutzt die Autorität des Bundesverfassungsgerichts und seiner Richter, um eine festgefahrene Wahlkonstellation aufzulösen und so die Wahl eines neuen Richters zu erreichen. Dem Normgeber war es dabei wichtig, in jedem denkbaren Fall die Aufstellung eines Wahlvorschlags zu ermöglichen, wozu Mehrheitserfordernisse herabgesetzt sowie Fristen und Beschlußfähigkeitsregelungen aufgeweicht werden. Daneben ist es nicht ihr vorrangiges Ziel, daß einer der vom Gericht vorgeschlagenen Kandidaten tatsächlich gewählt wird; wenn der Gerichtsvorschlag zur Wiederingangsetzung des Wahlverfahrens führt und in die Wahl eines Alternativkandidaten mündet, ist dem Normzweck genüge getan. Daß die Aufstellung der Vorschlagsliste durch das mit entsprechender Autorität ausgestattete Plenum

---

[1012] *v. Eichborn*, Bestimmungen (Fn. 857), S. 43; ähnlich *Dichgans*, Grundgesetz (Fn. 66), S. 161 sowie *Kröger*, Richterwahl (Fn. 894), S. 95, die vom roten und schwarzen Senat sprechen.

[1013] *Benda/Klein*, Verfassungsprozeßrecht (Fn. 895), Rn. 136 (Zitat); *v. Eichborn*, Bestimmungen (Fn. 857), S. 63; *Majer*, Auswahl (Fn. 898), S. 195; *Voßkuhle* (Fn. 991), Art. 94 Rn. 15; *Wieland* (Fn. 895), Art. 94 Rn. 11.

[1014] s. nur *Stern*, Staatsrecht II (Fn. 89), S. 361 m. Hinweisen auf die Hintergründe zur Entstehungsgeschichte des Bundesverfassungsgerichtsgesetzes.

(und nicht etwa nur den Senat, dem das nachrückende Mitglied angehören soll) diesem Ziel dienlich ist, liegt auf der Hand. Indem die Geschäftsordnung des Bundesverfassungsgerichts hier aber nur eine Mindestanwesenheit von zwei Dritteln der Mitglieder jedes Senats und darüber hinaus eine einfache Mehrheit für die Wahl von Personen auf die Vorschlagsliste genügen läßt, schmälert sie im Gegenzug gerade die von der Einschaltung des Gerichts erhoffte Wirkung. Freilich geht es hierbei nicht um die unmittelbare Besetzung der vakanten Stelle; der Druck, den der Übergang des Vorschlagsrechts auf das Bundesverfassungsgericht bei den Wahlorganen aber ausüben soll, wird aufgrund eines nur bei Mindestanwesenheit und mit knapper einfacher Mehrheit aufgestellten Richter-Vorschlags aber deutlich abgemildert sein. Im denkbar knappesten Fall könnten nur sieben der insgesamt 16 Richter den Kandidaten unterstützen, wobei dieser Rechnung noch zugute kommt, daß die Zweidrittelmehrheit jedes Senats erst durch Aufrundung von rechnerischen 5 1/3 auf 6 Richter erreicht wird. Da dem Bundesverfassungsgericht ohnehin für die Aufstellung und Weitergabe der Vorschlagsliste keine Frist gesetzt ist, scheint die Erhöhung des Beschlußquorums in gleicher Weise vertretbar wie sachdienlich, während das Mehrheitserfordernis ausreichend hoch ausfällt.

2. Die Entscheidungen des Bundesverfassungsgerichts

a) Kammerentscheidungen

Unabhängig davon, ob die Kammern einer Verfassungsbeschwerde stattgeben oder ihre Annahme verweigern bzw. ein konkretes Normenkontrollverfahren für unzulässig erklären, bedarf es stets eines einstimmigen Beschlusses ihrer drei Mitglieder. Das Einstimmigkeitserfordernis resultiert insofern aus einem Kompromiß zwischen der angestrebten Entlastung des Bundesverfassungsgerichts angesichts der Verfahrensflut, indem nicht länger der Senat über alle eingehenden Verfahren zu entscheiden hat, und der Forderung einer hinreichenden richterlichen Zustimmung zum die Annahme ablehnenden und das Verfahren unumstößlich beendenden Beschluß. Der Verzicht auf den Mehrheitsentscheid in der Kammer gewährleistet beides, insbesondere müssen immer alle Kammermitglieder von der einen wie der anderen Entscheidung überzeugt sein. Weicht auch nur ein Richter vom Votum der übrigen ab, scheitert die Entscheidung im Kammerverfahren und der Senat hat über das Verfahren zu befinden.

b) Senatsentscheidungen

aa) Die Entscheidung über die Annahme von Verfassungsbeschwerden

Die Entscheidung über die Ablehnung der Annahme von Verfassungsbeschwerden fällt in die Hände von Kammer und Senat. Für die Kammer ist in beiden Fällen ein Einstimmigkeitserfordernis der drei Mitglieder vorgesehen. Bemerkenswerterweise wurde das absolute Stimmenquorum (nicht das Einstimmigkeitserfordernis!) auch für den Fall übernommen, daß der Senat über die Annahme entscheidet. Demzufolge genügt es hier ebenfalls, wenn drei Stimmen für die Zulassung, fünf jedoch dagegen stimmen, um die Hürde des Vorverfahrens zu überspringen. Hintergrund dieser zunächst etwas befremdlich anmutenden Regelung einer qualifizierten Minderheit von drei Richterstimmen ist die gewollte Gleichstellung von Kammer- und Senatsentscheidung mit jeweils drei erforderlichen Stimmen für die Annahme der Verfassungsbeschwerde[1015]. Andererseits erhöht sich die Annahmevoraussetzung bei der Verhandlung des Senats auch nicht. Auf diese Weise wird zusätzlich verhindert, daß sich die Zusammensetzung der Kammer zulasten des Beschwerdeführers auswirkt: finden sich im Senat drei Befürworter der Annahme, von denen nur einer in der Kammer vertreten war, ist es im Sinne der Beschwerde nicht nachteilig, auch wenn dort ursprünglich die Gegner in der Mehrheit waren. Anders stellt sich die Situation nur dann dar, wenn die Kammer einstimmig gegen die Annahme votiert, im Senat aber potentiell – es wird schließlich dort nicht mehr zu einer Abstimmung kommen – eine Minderheit von drei Richtern für die Annahme gewesen wäre. Aufgrund der Zusammensetzung der Kammer scheint man diesen Fall jedoch für unwahrscheinlich zu halten und im Sinne der Verfahrensbeschleunigung hinzunehmen.

bb) Grundentscheidung für einfaches Mehrheitsprinzip

Der Gesetzgeber hat sich in § 15 Abs. 4 S. 2 BVerfGG für die grundsätzliche Geltung des einfachen Mehrheitsprinzips im Rahmen der Entscheidungsfindung in den Senaten des Bundesverfassungsgerichts entschieden. Insofern nimmt auch das Bundesverfassungsgericht keine Sonderrolle im Rahmen der obersten Bundesorgane ein – jedenfalls was die Art und Weise der Entscheidungsfindung betrifft. Gerade im Hinblick auf die Aufgaben des Bundesverfassungsgerichts bietet dieses Quorum einen vernünftigen

---

[1015] *K. Graßhof,* in: Maunz/Schmidt-Bleibtreu/Klein/Bethge, BVerfGG (Fn. 434), § 93d (2001), Rn. 18.

Ausgleich zwischen den Interessen des Verfahrensführers an einem möglichst breiten richterlichen Konsens das (auch und gerade gegen ihn) ergehende Urteil betreffend sowie dem Interesse an der Funktionsfähigkeit des Gerichts, die durch hohe qualifizierte Mehrheitserfordernisse behindert sein könnte.

cc) Rechtsfolgen einer Pattsituation

(1) Regelfall: Keine Feststellung eines Verfassungsverstoßes

Gleichzeitig hat sich der Gesetzgeber gegen die Stimmführerschaft eines Verfassungsrichters – zu denken wäre an die Senatsvorsitzenden – im Rahmen der regelmäßigen Abstimmungen entschieden. Er wahrt damit den Grundsatz der Gleichstellung aller Senatsmitglieder und möchte auf diesem Wege eine höhere Legitimation der Entscheidung erreichen. Daneben drückt sich in der Bestimmung das Vertrauen in die Gesetzmäßigkeit staatlichen Handelns und die Rechtmäßigkeit der Verfassungswirklichkeit aus, die sich eben nur durch eine „echte" Mehrheit im verfassungsrichterlichen Kontrollgremium und nicht schon durch eine unsichere Pattsituation erschüttern lassen sollen[1016].

Manipulationsmöglichkeiten des Antragstellers im verfassungsgerichtlichen Verfahren, die ihm ansonsten durch die Wahl und Formulierung der Fragestellung gegeben wären, sind effektiv verhindert. Sähe die Gerichtsordnung nämlich in einer Pattsituation automatisch die Ablehnung des gestellten Antrags vor, würde allein die (positive oder negative) Abfassung desselben über den Ausgang des Verfahrens und den Fortbestand des zu überprüfenden Urteils oder Gesetzes entscheiden. Fürchtete man nicht die Manipulation, entfaltete zumindest der Zufall der Formulierung Relevanz im Ergebnis und würde bei Unentschiedenheit des Gerichts eine Entscheidung bringen. In Fällen wie diesem würde die höchstrichterliche Auslegung des § 15 Abs. 4 S. 3 BVerfGG eine weitere Anrufung des Bundesverfassungsgerichts zur erneuten Überprüfung der Rechtmäßigkeit der staatlichen Maßnahme (und Ausmerzung zufälliger oder intendierter Ergebnisse) ermöglichen.

Was jedoch nicht verhindert wird, ist die Rollenverteilung bei späterer Anrufung des Bundesverfassungsgerichts, die aufgrund der (Nicht-)Unterzeichnung von Bundesgesetzen durch den Bundespräsidenten entsteht: Typi-

---

1016 *Brox*, Rechtsprobleme (Fn. 217), S. 15 f.; *Roemer*, Gesetz (Fn. 894), S. 194; *Starck*, Stimmengleichheit (Fn. 223), S. 800. Als einziges europäisches Land entscheidet sich Deutschland damit „im Zweifel" für den Fortbestand des Gesetzes, vgl. *Weber*, Generalbericht (Fn. 930), S. 106.

scherweise entscheidet das Verhalten des Bundespräsidenten – also die Ausfertigung und Verkündung bzw. die Weigerung dies zu tun – allein darüber, ob die im Gesetzgebungsverfahren unterlegene Minderheit ein abstraktes Normenkontrollverfahren nach Art. 93 Abs. 1 Nr. 2 GG gegen das verkündete Gesetz oder die Parlamentsmehrheit ein Organstreitverfahren nach Art. 93 Abs. 1 Nr. 1 GG gegen den die Unterzeichnung wegen vermeintlicher Verfassungswidrigkeit verweigernden Bundespräsidenten einleitet. Das Gesetz tritt also entweder mit Verzögerung in Kraft oder wird nach Inkrafttreten vom Bundesverfassungsgericht für verfassungswidrig erklärt. Besteht im zuständigen Senat indes weder eine Mehrheit für noch gegen das Gesetz, entscheidet das Verhalten des Bundespräsidenten – alternativ auch das der anderen vorgelagerten Stellen, die (wie im Fall des Zuwanderungsgesetzes der Bundesratspräsident) die erforderliche Mehrheit für gegeben erklären – wie das weitere Schicksal des Prüfungsgegenstandes aussieht: ist das Gesetz ursprünglich in Kraft getreten, kann es im Falle von Stimmengleichheit weiterbestehen – ein Grundgesetzverstoß läßt sich bei Stimmengleichheit ja nicht feststellen. Ist es jedoch wegen der Weigerung von Bundespräsident oder vorgelagerten Stellen nie in Kraft getreten, wird sich aufgrund der Pattsituation hieran weiterhin nichts ändern, denn auch der Verstoß des Bundespräsidenten gegen die Verfassung wegen der nicht erfolgten Ausfertigung läßt sich nur mit einer Mehrheit feststellen.

(2) Modifikation des § 15 Abs. 4 S. 3 BVerfGG durch das Verfassungsgericht

Die Differenzierung im Rahmen von § 15 Abs. 4 S. 3 BVerfGG betreffend die Pattsituation bei Abstimmung über die Zulässigkeit resp. Begründetheit eines Verfahrens überzeugt nicht; während Stimmengleichheit bei der Entscheidung über Fragen der Zulässigkeit nach der Rechtsprechung des Bundesverfassungsgerichts zur Unzulässigkeit des Verfahrens führt, hat sie im Rahmen der Entscheidung über die Begründetheit neben der Nichtfeststellbarkeit eines Verfassungsverstoßes die Nichtentscheidung über die verfassungsrechtliche Frage selbst zur Folge. Einen gesetzlichen Anhaltspunkt für diese richterliche Differenzierung liefert § 15 Abs. 4 S. 3 BVerfGG nicht. Insbesondere im Streitfall über die Zulässigkeit ergeben sich hieraus gravierende Konsequenzen, was die Rechtshängigkeit eines erneuten Verfahrens betrifft, in dem beispielsweise die zur Uneinigkeit über die Zulässigkeit führende Problematik behoben oder die Begründetheit des Verfahrens (aus welchen Gründen auch immer) anders zu beurteilen sein könnte: während im ersten Fall das Verfahren wegen einer vorherigen Entscheidung derselben Angelegenheit – in Form der Abweisung als unzulässig – abermals das Stadium der Entscheidung in der Sache nicht erreicht, steht dies – mangels Entscheidung über die verfassungsrechtliche Frage – dem neuen Verfahren nicht entgegen. Warum die Pattsituation in der Frage der Zulässigkeit zulasten des Antragstellers gehen soll, ist unerklärlich. Die Einräumung einer „zweiten Chance" für den Beschwerdeführer nach Beseitigung des Zulässigkeitshindernisses läge im Sinne der Garantie effektiven Rechtsschutzes.

(3) Veränderung der Senatszusammensetzung und Stimmführerschaft als Alternative?

Zur Vermeidung des Zustandekommens von Stimmengleichheit wird seit jeher die Umgestaltung der normalen Entscheidungsbesetzung des Senats auf eine ungerade Zahl von Richtern erwogen, wie sie in den Spruchkörpern der höheren Instanzgerichte sowie bei den Landesverfassungsgerichten üblich ist[1017]: sei es, daß eine generelle Aufstockung der Senate auf neun Richter gefordert wird[1018], oder daß vor jeder Entscheidung aus dem derzeit bestehenden Beschlußkörper ein Verfassungsrichter durch Los oder feststehende Rotation herausgewählt wird[1019].

Schließlich kann auch einem Stichentscheid des Senatsvorsitzenden jegliche abschreckende Wirkung genommen werden. Es ist immerhin ein Weg, der von nicht wenigen ausländischen Verfassungsgerichtsgesetzen ganz selbstverständlich eingeschlagen wurde und selbst vom Bundesverfassungsgerichtsgesetz in nicht unbedeutenden Verfahren wie der Ablehnung eines Richters wegen Besorgnis der Befangenheit oder im Rahmen der Zuständigkeitsentscheidung zwischen den Senaten vorgesehen ist. Hier wurde der Stichentscheid offensichtlich einer Auflösung des Patts im Sinne eines „im Zweifel für die Befangenheit" oder „im Zweifel für die Zuständigkeit des Senats, dem der Präsident vorsteht", wie sie letztlich § 15 Abs. 4 S. 3 BVerfGG zugunsten der bestehenden Rechtsordnung trifft, vorgezogen.

1017 *T. I. Schmidt*, Entscheidung (Fn. 211), S. 134. Der Hinweis Schmidts darauf, daß der Bayerische Verfassungsgerichtshof die einzige Ausnahme zur bundesweit ungeraden Besetzung der Spruchkörper der Landesverfassungsgerichte mit sieben, neun oder elf Mitgliedern darstelle, ist unzutreffend. Auch der Bayerische Verfassungsgerichtshof entscheidet stets mit ungerader Richterzahl, in der Regel in der Besetzung mit neun Richtern (Präsident plus acht berufsmäßige Richter [Art. 3 Abs. 2 S. 1 Nr. 2 BayVerfGHG] bzw. Präsident plus drei berufs- und fünf nichtberufsmäßige Richter [Art. 3 Abs. 2 S. 1 Nr. 3 BayVerfGHG]).

1018 *Lorz*, Gefahr (Fn. 827), S. 39. – Entsprechende Anhaltspunkte auch bei *Brox*, Rechtsprobleme (Fn. 217), S. 8 f.

1019 Ein Hinweis auf den dahingehenden Regierungsentwurf findet sich bei *Stern*, Staatsrecht II (Fn. 89), S. 349, der bei einer Gesamtrichterzahl von 24 einen nach dem Rotationsprinzip besetzten Spruchkörper mit neun Richtern vorsah, da die Aufspaltung in zwei Spruchkörper ursprünglich vermieden werden sollte. s. auch *Lorz*, Gefahr (Fn. 827), S. 39.

Zwar mag der nach Stichentscheid zuständige Senat weder hinsichtlich prozessualer noch materiellrechtlicher Fragen präjudiziert sein[1020]; aufgrund gewisser Unterschiede in der Rechtsprechung der Senate kann eine Entscheidung des Präsidenten mit diesem Vorwissen allerdings sehr wohl eine gewisse Brisanz entwickeln. Dies gilt für das Befangenheitsvotum nicht minder. Daher dürfte aus Sicht der Kritiker der Stichentscheid auch in diesen Fällen nicht unproblematisch sein. Einer Ausweitung der Anwendungsfälle des Stichentscheids aber auch anderer Auflösungsmechanismen wie der stärkeren oder schwächeren Gewichtung einer Stimme bzw. eines Losentscheids steht dies freilich nicht entgegen.

dd) Qualifizierte Mehrheiten in ausgewählten Konstellationen

(1) Vergleich der Konstellationen

Wie bereits aufgezeigt, gilt die einfache Mehrheitsregel nicht ausnahmslos, sondern wird in mehreren Fällen zugunsten qualifizierter Mehrheiten durchbrochen. Hierbei lassen sich die Abweichungsfälle in drei Sparten eingruppieren[1021]: Erstens diejenigen Entscheidungen, die aufgrund ihres strafprozeßähnlichen Charakters zum erhöhten Schutz des Antragsgegners vor den schwerwiegenden Folgen ergehen, zweitens die verfahrensbezogenen Beschlüsse mit besonderer Bedeutung und zuletzt die an die Stelle von Entscheidungen des Senats tretenden Beschlüsse bzw. a-limine-Entscheidungen.

Damit bildet das Bundesverfassungsgericht insoweit keine Ausnahme zu anderen obersten Verfassungsorganen, als das Mehrheitserfordernis nach Entscheidungsgegenständen abgestuft ist. In aller Regel gehen auch hier mit ansteigender Bedeutung der Entscheidung bzw. Verkleinerung der Entscheidungsbasis höhere Abstimmungsvoraussetzungen einher. Ob allerdings die Ruhestandsversetzung eines dienstunfähigen Richters und die Richteranklage tatsächlich einer qualifizierten Zweidrittelmehrheit bedürfen, während ein mit qualifiziertem oder gar einstimmigem Beschluß der demokratisch legitimierten Abgeordneten gefaßtes Gesetz durch das Votum vierer Verfassungsrichter endgültig „torpediert“ werden kann, scheint fraglich. Hier wäre eine andere Priorisierung wünschenswert, die auf eine Aufwertung parlamentarischen Handelns durch Erhöhung der Verwerfungsvoraussetzungen – eventuell sogar eine Staffelung nach erzielter Mehrheit im Gesetzgebungsverfahren[1022] – abzielen könnte.

[1020] *Brox*, Rechtsprobleme (Fn. 217), S. 14 f.

[1021] So bereits *v. Danwitz*, Mehrheiten (Fn. 945), S. 484.

[1022] Entsprechende Vorschläge existieren, vgl. nur *Dichgans*, Grundgesetz (Fn. 66), S. 191.

Überzeugend scheint andererseits die Zweidrittelmehrheit in den Fällen, in denen es um die Beschneidung von Rechten der Verfahrensbeteiligten geht. Durch qualifizierten Mehrheitsbeschluß kann im Sinne der Sicherheit des Staates auf die Beiziehung von unterstützenden Beweismitteln verzichtet werden, ohne daß jedoch der Untersuchungsgrundsatz zu leichtfertig preisgegeben würde[1023]. In gleichem Maße gravierend kann sich die verfassungsrichterliche Feststellung der Aussagepflicht von Staatsbediensteten auswirken, denen eine Aussagegenehmigung nicht erteilt wurde und die sich daher auf ein Zeugnisverweigerungsrecht berufen. Im Rahmen dieser vefahrensbezogenen Entscheidungen ist das qualifizierte Mehrheitserfordernis lediglich dadurch leicht relativiert, daß als Bezugszahl nicht die gesetzliche Mitgliederzahl, sondern die an der Entscheidung mitwirkenden Richter gewählt wurde.

(2) Höhe des qualifizierten Mehrheitserfordernisses

Nach alledem wird offenbar, daß zur Verschärfung des Mehrheitserfordernisses ausschließlich eine Zweidrittelmehrheit Anwendung findet. Diese wirkt bei der Zusammensetzung der Senate unglücklich, da sie mit ihrem Nenner denkbar schlecht zu einer geraden Anzahl an Mitgliedern paßt: bei acht Richterinnen und Richtern führt das Mehrheitserfordernis zu einer Aufrundung von 5 1/3 auf wenigstens sechs Senatsmitglieder. Sechs von acht Richtern entsprechen aber bereits einer Dreiviertelmehrheit.

(3) Ausweitung der Anwendungsfälle für qualifizierte Mehrheitsentscheidungen?

Überlegungen zur Ausweitung des qualifizierten Mehrheitserfordernisses auf weitere Anwendungsfälle sind nicht neu. Bereits Ende der 1960er, Anfang der 1970er Jahre und abermals in den 1990er Jahren wurde die Einführung einer qualifizierten Mehrheit zur Verwerfung von Rechtsnormen durch das Bundesverfassungsgericht erwogen. Die Argumente der Befürworter einer Erhöhung der Erfordernisse für normverwerfende Entscheidungen lassen sich im wesentlichen auf drei Begründungslinien reduzieren[1024]: Neben einer Erhöhung des Grades an „Rechtsgewißheit“, die nicht durch einfache Mehrheit vermittelbar sei[1025], wurde die Stärkung der Legislative

[1023] *Brox*, Rechtsprobleme (Fn. 217), S. 13.

[1024] Vgl. zum Vorstehenden und den Argumentationssträngen im Folgenden *Häußler*, Konflikt (Fn. 274), S. 209 ff. m. w. N.

[1025] Insofern sei nämlich zu beachten, daß die Bundesgesetze von den Fachleuten und Juristen der vier Gremien Bundesregierung, Bundestag, Bundesrat und Bundes-

im Vergleich zum Bundesverfassungsgericht[1026] und die Überparteilichkeit des Gerichts[1027] vorgebracht. Die Gegner wiederum betonten die Erschwerung der Handlungsfähigkeit des Gerichts[1028].

Grundsätzlich ist allen Argumenten, sowohl denen für als auch gegen eine Erhöhung der Entscheidungsvoraussetzungen, ein gewisses Maß an Plausibilität nicht abzusprechen. Einerseits überzeugt das Argument einer hohen rechtlichen Vorprüfung durch die Gesetzgebungsorgane verbunden mit der Vermutung hinreichender Verfassungskonformität der Rechtsnorm, andererseits gleichermaßen das der Gegner, daß mithilfe einer weiteren Qualifizierung gerade die normverwerfenden Entscheidungen schwerer und folglich seltener zustande kommen dürften. Aus Gründen, die mit dem qualifizierten Mehrheitsquorum selbst zusammenhängen, scheint ein Fortbestehen der derzeitigen Regelung dennoch überzeugender. Wie bereits verdeutlicht, führt die Anordnung einer Zweidrittelmehrheit in praxi regelmäßig zu einem Beschluß von mindestens drei Vierteln der Mitglieder des Senats. Sechs von acht Richtern von der Verwerfung eines Gesetzes zu überzeugen, scheint nur bei äußerst evidenter Verfassungswidrigkeit denkbar. Andererseits, und das ist ähnlich problematisch, haftet dem von „nur" fünf der acht Richter für verfassungswidrig gehaltenen Gesetz, das mangels Zweidrittelmehrheit unveränderte Gültigkeit beansprucht, der Makel an, von immerhin gut 62% der Mitglieder eines Senats des Bundesverfassungsgerichts für verfassungswidrig eingestuft worden zu sein. Die Einführung eines qualifizierten Mehrheitserfordernisses bei normverwerfenden Entscheidungen des Bundesverfassungsgerichts ist nach alledem abzulehnen.

präsident bereits geprüft und abgesegnet worden seien, so daß bei dem (in der Kette fünften und letzten) Kontrollorgan Bundesverfassungsgericht eine erhöhte Überzeugung – eben die „Rechtsgewißheit" – herrschen müsse.

1026 Der zweite Ansatz stellt insgesamt auf das Verhältnis der Legislative (resp. des Parlaments) zur Judikative (resp. dem Verfassungsgericht) ab und betont die derzeitige Einengung der parlamentarischen Gestaltungsmöglichkeiten durch die Rechtsprechung des Bundesverfassungsgerichts; dieses Ungleichgewicht gelte es zukünftig wieder zugunsten des Bundestages korrigieren.

1027 Aus diesem Grund müsse auch in den Senaten selbst bei Normverwerfungsentscheidungen ein überparteilicher Konsens bestehen, da ansonsten die von der Regierung benannten Verfassungsrichter in der Lage sein könnten, die von der Opposition berufenen zu überstimmen.

1028 Demnach würde ein qualifiziertes Mehrheitserfordernis mangels Erreichens des Quorums zu in der Anzahl weniger erfolgreichen Normenkontrollverfahren führen, womit eine Einschränkung verfassungsrechtlicher Gewährungen, insbesondere des Minderheiten- und Grundrechtsschutzes einherginge.

ee) Einstimmigkeitsentscheidungen

Gleich an mehreren Stellen hat die vorliegende Untersuchung Normen des Bundesverfassungsgerichtsgesetzes zutage gefördert, die Einstimmigkeitsentscheidungen anordnen. Sie betreffen die Entscheidung über eine einstweilige Anordnung durch Senat und „Notsenat" sowie a-limine-Entscheidungen des Bundesverfassungsgerichts. Die Regelungen stechen gleich aufgrund zweier Aspekte hervor: zunächst, ganz offensichtlich, durch die Anordnung der Einstimmigkeit. Ähnlich selten anzutreffen, und das sowohl inner- als auch außerhalb des Bundesverfassungsgerichtsgesetzes, ist darüber hinaus die zugrundeliegende Bezugsgröße der anwesenden Verfassungsrichter. Ein Rückgriff auf diese Größe ist im Rahmen des § 32 BVerfGG dem Eilverfahrenscharakter geschuldet, der trotz geringer Anwesenheit eine Gerichtsentscheidung für den einstweiligen Rechtsschutz Suchenden ermöglichen soll; im Gegenstandsbereich des § 24 BVerfGG resultiert sie aus dem summarischen Prüfungsverfahren.

(1) Zweifelhafte Ergebnisse durch Einstimmigkeitserfordernis im „Notsenat"

Dennoch fällt die Regelung in § 32 Abs. 7 BVerfGG hinsichtlich der Entscheidung des „Notsenats" im Rahmen eines einstweiligen Rechtsschutzverfahrens, die in Besetzung mit nur drei bis fünf Verfassungsrichtern einen einstimmigen Beschluß zum Erlaß der begehrten Anordnung verlangt, wenig nachvollziehbar aus.

Ohne Zweifel besteht im Hinblick auf die Dringlichkeit der Anordnung im einstweiligen Rechtsschutzverfahren ein Bedürfnis nach einer möglichen Entscheidung in Unterbesetzung, denn ansonsten wäre bei minimal sechs Richtern der Sinn und Zweck einer Anordnung nach § 32 BVerfGG kaum erreichbar und die Funktionsfähigkeit des Gerichts im Allgemeinen und des einstweiligen Rechtsschutzes im Besonderen nicht gewährleistet. Allerdings überzeugt diese zwar vom Wortlaut her eindeutige Regelung teleologisch betrachtet nur bedingt: Ist das Einstimmigkeitserfordernis bei minimaler Besetzung des „Notsenats" mit nur drei bzw. vier Verfassungsrichtern aufgrund der geringeren Entscheidungsbasis notwendig und sinnvoll[1029], kann dies im Falle der Entscheidung von fünf Richtern kaum mehr gelten.

Warum nämlich bei fünf Richtern eine Entscheidung zur besseren Akzeptanz[1030] einstimmig zu ergehen hat, bei einer Senatsbesetzung mit nur ei-

---

[1029] So auch *K. Graßhof*, in: Maunz/Schmidt-Bleibtreu/Klein/Bethge, BVerfGG (Fn. 434), § 32 (2002), Rn. 207.

[1030] So aber *Graßhof* (Fn. 1029), § 32 Rn. 207.

nem Richter mehr, jedoch zwei Richter gegen die Entscheidung opponieren können, ohne daß die Stattgabe des Verfahrens in Frage steht, ist nicht nachvollziehbar: so wirkt für den juristischen Laien, den es auch trotz eines nicht stattgebenden Urteils zu überzeugen gilt, eine Entscheidung mit 4:2 Stimmen weit weniger souverän als eine eindeutige 5:0-Abstimmung im „Notsenat“. Absurd ist ferner, daß eine Entscheidung mit 4:2 Stimmen, nicht aber mit 4:1 Stimmen ergehen kann, obwohl im ersten Fall der weitere abstimmende Richter die Mehrheitsentscheidung gerade nicht trägt. Dies gilt umso mehr, wenn dem Beschwerdeführer gewahr wird, daß bei dem Umschwenken nur eines Richters im mit sechs Mitgliedern besetzten Senat eine Pattsituation aufgetreten wäre und in der Entscheidung wegen § 15 Abs. 4 S. 3 BVerfGG kein Grundgesetzverstoß hätte festgestellt werden können.

Auch das Argument einer größeren Entscheidungsgrundlage[1031] kann bei fünf Richtern einerseits und sechs andererseits kaum überzeugen: zwar bedeutet grundsätzlich jeder Richter mehr eine Verstärkung der Sicherheit vor Fehlurteilen, jedoch ist nicht einzusehen, warum sechs Richter – von denen zwei anderer Meinung sein können – eine größere Gewähr für die Richtigkeit des Urteils geben sollen als fünf.

Entsprechendes gilt im Rahmen der Wirkungsdauer der einstweiligen Anordnung. Während die mit 4:2 Stimmen ergangene Anordnung bis zu sechs Monate lang in Kraft bleibt, verliert die einstimmige Notsenatsentscheidung mit fünf Richtern bereits nach einem Monat ihre Wirkung und bedarf der Bestätigung um fünf auf insgesamt sechs Monate. Daß diese „Bestätigung“ mit 4:2 Stimmen ergehen kann ist ebenso selbstverständlich wie paradox. Andererseits läßt das einfache Mehrheitsprinzip bei vollständiger Senatsbesetzung mit acht Richtern (§ 2 Abs. 2 BVerfGG) auch das Ergehen einer zustimmenden Gerichtsentscheidung trotz (maximal) dreier Gegenstimmen zu, während eben jene Stimmen bei einer Entscheidung in Sechserbesetzung und demzufolge Patt-Situation die Stattgabe des Antrags verhindern.

Nach alledem bleibt festzuhalten, daß die Regelungen bezüglich des Notsenats in § 32 Abs. 7 BVerfGG zwar ohne Zweifel erforderlich sind, in der gesetzlichen Ausgestaltung der Mehrheitsanforderungen jedoch gerade dann nicht mehr überzeugen, wenn der Notsenat mit fünf Verfassungsrichtern besetzt ist. Eine abgestufte Regelung – vom Einstimmigkeitserfordernis bei drei oder vier Richtern über beispielsweise eine Zweidrittelmehrheit bei fünf Mitgliedern im Notsenat hin zu der bestehenden Mehrheitslösung bei Senatsentscheidungen könnte hinsichtlich der Widersprüchlichkeiten Abhilfe verschaffen.

[1031] s. ebenfalls *Graßhof* (Fn. 1029), § 32 Rn. 207.

(2) Überzeugender Anwendungsfall: die a-limine-Entscheidung

Ganz anders stellt sich die Situation im Rahmen der a-limine-Entscheidung dar. Diese läßt im Falle unzulässiger oder offensichtlich unbegründeter Anträge eine Verwerfung derselben durch einstimmig gefaßten Beschluß des Gerichts zu. Nach entsprechendem Hinweis an den Antragsteller kann die Entscheidung sogar ohne Begründung ergehen.

Das Einstimmigkeitserfordernis erfüllt daher hier die Funktion eines Gegengewichts zur Verkürzung der Rechte des Antragstellers, der durch die Entscheidung auf dem Beschlußweg um eine mündliche Verhandlung gebracht wird und zur Verwerfung unter Umständen nicht einmal eine Begründung erhält. Eine unzutreffende Beurteilung der Erfolgsaussichten des Verfahrens erscheint dabei aufgrund des Einstimmigkeitserfordernisses unwahrscheinlicher. Was indes sicher ist, ist die erhöhte Akzeptanz auch und gerade der ablehnenden Entscheidung beim Rechtssuchenden, wenn diese Auffassung seitens aller Richter des Senats geteilt wird.

c) Plenumsentscheidungen

Obwohl nicht nur die Wahl der Richter selbst, sondern auch die von Präsident und Vizepräsident des Verfassungsgerichts in die Angelegenheit von Bundesrat und Bundestag (bzw. den aus ihm hervorgegangenen Wahlausschuß) fällt, sind die beiden Wahlgremien an der Entlassung respektive Versetzung in den Ruhestand bei Dienstunfähigkeit nicht beteiligt. Dies fällt allein in die Kompetenz des Plenums des Bundesverfassungsgerichts (§ 105 Abs. 1 Nrn. 1 u. 2, Abs. 2 BVerfGG), also aller Richterinnen und Richter beider Senate. Die Ermächtigung zur Einleitung eines Verfahrens nach § 105 Abs. 1 BVerfGG erfordert gemäß Abs. 4 die Zustimmung des Plenums, wobei bei Anwesenheit von mindestens 6 Mitgliedern jedes Senats eine einfache Mehrheit genügt.

Vor allem durch die eigentliche Entscheidung über die vorgezogene Beendigung der Amtszeit mit Zweidrittelmehrheit werden die Interessen des betroffenen Richters hinreichend geschützt. Das Mehrheitserfordernis bezieht sich nun aber auf die Gesamtstimmenzahl des Plenums und ist damit im Gegensatz zur Beschlußfähigkeit senatsunabhängig ausgestaltet: während zwei Drittel der Mitglieder jedes Senats anwesend sein müssen, kann die inhaltliche Entscheidung auch im wesentlichen auf das Votum der Mitglieder eines Senats zurückgehen. So genügt es beispielsweise, wenn die acht Mitglieder eines Senats für den Antrag stimmen und sich aus dem anderen nur noch drei Richter diesem Votum anschließen. Auf dem Weg des § 105 BVerfGG steht den Mitgliedern des Bundesverfassungsgerichts eine Handhabe zur Verfügung, um auf die von der Norm vorausgesetzten Fälle von Pflichtverletzung und Dienstunfähigkeit angemessen reagieren zu können und so Ansehen und Arbeitsfähigkeit des Gerichts zu wahren.

Bei der Sicherstellung einer einheitlichen Rechtsprechung des Bundesverfassungsgerichts als dem zweiten besprochenen Fall einer Plenumsentscheidung läßt die Interessenlage demgegenüber den Rückgriff auf eine einfache Mehrheit der Abstimmenden zu. Hier ist es viel eher das Beschlußfähigkeitsquorum, dem enorme Bedeutung zukommt: indem nämlich auch hier zwei Drittel der jeweiligen Mitglieder der Senate anwesend sein müssen, ist eine hinreichende Repräsentation der widerstreitenden Rechtsauffassungen, die es im Plenum „unter einen Hut" zu bringen gilt, sichergestellt. Eine leichte Majorisierung des „gegnerischen" Senats ist dennoch möglich. Bereits eine Richterstimme wird in aller Regel den Ausschlag geben; durch das Zusammenspiel von Mehrheit und Beschlußfähigkeit ist überhaupt nur ein Stimmenvorsprung von zwei Richtern – sechs zu acht – denkbar, jedenfalls wenn die jeweiligen Mitglieder senatsgemäß abstimmen. Viel eher droht der Fall der Stimmengleichheit, da aus beiderseitigem Interesse eine möglichst vollständige Anwesenheit innerhalb der Senate angestrebt wird, um die eigene Position durchzusetzen. Das Patt wird im Rahmen der allgemeinen Regel des § 15 Abs. 4 S. 3 BVerfGG zugunsten des bestehenden Rechtszustands aufgelöst, indem ein Grundgesetzverstoß nicht festgestellt werden kann. Der Senat mit dieser Rechtsauffassung hat sich folglich durchgesetzt.

D. Die Bundesversammlung

Das Aufgabenspektrum der Bundesversammlung ist nicht zuletzt wegen ihrer Größe und der damit verbundenen „Schwerfälligkeit" auf die Wahl des Bundespräsidenten beschränkt[1032]. Im Bedarfsfall, und auch nur dann – in aller Regel also nach der fünfjährigen Amtsperiode des Staatsoberhauptes, gegebenenfalls aber auch bei früherer Vakanz des Amtes –, konstituiert sie sich zum Zweck der Neuwahl[1033]. Die Einberufung durch den Präsidenten des Bundestages hat spätestens dreißig Tage vor Ende der Amtsperiode des Bundespräsidenten, bei vorzeitiger Beendigung spätestens dreißig Tage nach diesem Zeitpunkt zu erfolgen, Art. 54 Abs. 2 S. 1, Abs. 4 S. 1 u. 2

[1032] *C. Jülich*, Die Wahl des Bundespräsidenten, in: DÖV 1969, S. 92 (93); *M. Nettesheim*, Die Bundesversammlung und die Wahl des Bundespräsidenten, in: HStR[3] III (Fn. 74), § 63 Rn. 1; *L. Mehlhorn*, Der Bundespräsident der Bundesrepublik Deutschland und der Republik Österreich, 2010, S. 94.

[1033] Zu den Voraussetzungen ihres Zusammentritts und der Bundespräsidentenwahl 2010, die aufgrund des Rücktritts von Horst Köhler nötig wurde, instruktiv *J. Ipsen*, Die Bundespräsidentenwahl 2010 – eine Nachlese, in: NdsVBl. 2010, S. 289 ff.

GG. Bewußt entschied man sich im Grundgesetz, in Abkehr von Art. 41 WRV, gegen die unmittelbare Wahl des Staatsoberhaupts durch das Volk, um unter anderem auf diesem Weg seine Autorität und Machtposition zu beschränken[1034].

Die Wahl des Bundespräsidenten vollzieht sich ohne Aussprache in der Bundesversammlung; damit einher geht eigentlich auch das in der Praxis nicht durchsetzbare Verbot von Debatten und Absprachen zwischen den Parteien im Vorfeld der Wahl[1035]. Hintergrund der Unzulässigkeit einer Aussprache ist auch hier, wie im Rahmen der Kanzlerwahl, die Vermeidung einer Diskussion über die Kandidatenpersönlichkeit, die negative Auswirkungen auf Ansehen und Autorität des späteren Amtsträgers haben könnte[1036]. Die Wahl selbst findet gemäß § 9 Abs. 3 S. 1 des Gesetzes über die Wahl des Bundespräsidenten (BP-WahlG, ergangen auf Grundlage der Ermächtigung in Art. 54 Abs. 7 GG) unter Verwendung verdeckter amtlicher Stimmzettel statt.

I. Zusammensetzung der Bundesversammlung

Die Bundesversammlung setzt sich nach Art. 54 Abs. 3 GG aus den Mitgliedern des Bundestages und einer gleichen Anzahl an Mitgliedern, die von den Länderparlamenten nach den Grundsätzen der Verhältniswahl gemäß der §§ 2 ff. BP-WahlG gewählt werden, zusammen. Im Parlamentarischen Rat sollte durch die gleichrangige Beteiligung der Bundesländer an der Wahl die Basis des Präsidentenamtes verbreitert werden[1037]. Zum Zwecke der Besetzung des Wahlgremiums stellt die Bundesregierung zunächst fest, wie viele Mitglieder die einzelnen Landtage zur Bundesversammlung zu entsenden haben, ausgehend von der Anzahl der Mitglieder

---

[1034] Zu diesem Zweck erfolgte ebenfalls die Begrenzung auf nur eine Wiederwahl bei einer Amtszeit von fünf Jahren; vgl. JöR 1 (1951), S. 399, 406; s. auch *I. Pernice*, in: Dreier, GG (Fn. 17), Art. 54 Rn. 4; *U. Hemmrich*, in: v. Münch/Kunig, GG (Fn. 123), Art. 54 Rn. 5; *Jülich*, Wahl (Fn. 1032), S. 93.

[1035] *Pernice* (Fn. 1034), Art. 54 Rn. 35.

[1036] *Mehlhorn*, Bundespräsident (Fn. 1032), S. 99; *Nettesheim*, Bundesversammlung (Fn. 1032), § 63 Rn. 12; *Hemmrich* (Fn. 1034), Art. 54 Rn. 6; kritisch *Jülich*, Wahl (Fn. 1032), S. 96.

[1037] s. beispielhaft die Stellungnahmen der Abgeordneten Dehler (S. 260), Walter (S. 261) und Seebohm (S. 287) im Hauptausschuß: Deutscher Bundestag/Bundesarchiv (Hrsg.): Der Parlamentarische Rat 1948–1940. Akten und Protokolle, bearbeitet von Michael F. Feldkamp, Band 14/1: Hauptausschuß, 2009. – Überblicksmäßig auch *Jülich*, Wahl (Fn. 1032), S. 93. Es ist jedoch nicht so, daß es sich bei den Entsandten der Landtage zwingend um Landtagsmitglieder handelt; im Gegenteil werden zumeist Personen aus allen Bereichen der Gesellschaft und Politik als Wahlmänner entsandt, s. ebd., S. 95.

des Bundestages und unter Berücksichtigung der Bevölkerungszahlen in den Ländern (§ 2 Abs. 1 BP-WahlG). Die Wahl durch die Landtage, gegebenenfalls auch durch Landtagsausschüsse (§§ 2 Abs. 2 S. 1, 6 BP-WahlG), erfolgt über Vorschlagslisten im Höchstzahlverfahren nach d'Hondt (§ 4 Abs. 1 S. 1 BP-WahlG). Über die Zuteilung des letzten Sitzes entscheidet bei gleichen Höchstzahlen, also einem Patt zwischen jeweils zwei Parteien im Landesparlament, das vom Präsidenten des Landtages zu ziehende Los, § 4 Abs. 3 S. 2 BP-WahlG. Die 13. Bundesversammlung vom 23. Mai 2009, in der der damalige Bundespräsident Horst Köhler wiedergewählt wurde, setzte sich aus jeweils 612 Delegierten – hierunter drei durch Losentscheid ermittelte[1038] –, mithin insgesamt 1.224 Mitgliedern zusammen[1039]. Der 14. Bundesversammlung, die Christian Wulff als Nachfolger des zurückgetretenen Horst Köhler zum Staatsoberhaupt wählte, gehörten 622 Bundestagsabgeordnete und 622 Länderdelegierte an[1040]. Die Joachim Gauck mit überragender Mehrheit zum Bundespräsidenten wählende 15. Bundesversammlung bestand aus 1.240 Mitgliedern[1041].

II. Mehrheitserfordernis

Wie auch bei der Kanzlerwahl sind bei der Wahl des Bundespräsidenten zwei Wahlphasen zu unterscheiden; die Geheimheit der Abstimmung gilt da wie dort und gewährleistet eine ohne jeglichen Druck ablaufende, freie Wahl durch die Mitglieder der Bundesversammlung[1042].

1038 Die mittels Losentscheids Bestimmten stammten aus den Bundesländern Berlin, Niedersachsen und Hessen: *Buchstein*, Demokratie (Fn. 242), S. 399 f. m. Fn. 8.

1039 http://www.bundestag.de/dokumente/analysen/2009/wahl_des_bundespraesidenten.pdf (Mai 2012); dort auch eine genaue Aufstellung der Verteilung der Delegierten aus den Bundesländern. Horst Köhler wurde mit 613 zu 503 (Gesine Schwan) zu 91 (Peter Sodann) zu 4 Stimmen (Frank Rennicke) bei zehn Stimmenthaltungen und zwei ungültigen Stimmen gewählt: http://www.bundestag.de/bundestag/aufgaben/weitereaufgaben/bundesversammlung/bundespraesidenten/koehler/index.html (November 2013).

1040 Stenografischer Bericht der 14. Bundesversammlung der Bundesrepublik Deutschland vom 30. Juni 2010, S. 5, abrufbar unter http://www.bundestag.de/bundestag/aufgaben/weitereaufgaben/bundesversammlung/14_bundesversammlung/14bundesversammlung.pdf (Mai 2012). Christian Wulff wurde im dritten Wahlgang bei 1242 abgegebenen Stimmen, von denen zwei ungültig waren, bei 121 Enthaltungen mit 625 Stimmen zu 494 Stimmen auf den als Gegenkandidat nur noch verbliebenen Joachim Gauck gewählt, ebd. S. 8.

1041 In der 15. Bundesversammlung entfielen 991 von insgesamt 1232 abgegebenen Stimmen auf Joachim Gauck, Beate Klarsfeld erhielt 126 Stimmen, der NPD-Bewerber Olaf Rose drei. 108 Wahlleute enthielten sich. Vier Stimmen waren ungültig: http://www.bundestag.de/dokumente/textarchiv/2012/38228038_kw11_bv_sonntag/index.jsp (November 2013).

1. Absolute Mitgliedermehrheit in den ersten beiden Wahlgängen

Zunächst ist in der ersten Wahlphase nach Art. 54 Abs. 6 S. 1 GG als Bundespräsident gewählt, wer die Mehrheit der Stimmen der Mitglieder der Bundesversammlung, also nach Art. 121 GG die Mehrheit ihrer gesetzlichen Mitgliederzahl, auf sich vereint. Eine Aufspaltung des Wahlgremiums in die Vertreter des Bundestages und die der Landtage findet nicht statt; weder ist diese Mehrheit in beiden Blöcken zu erzielen noch wird getrennt ausgezählt[1043]. Im ersten und dem sich bei nicht erfolgreicher Kür gemäß Art. 54 Abs. 6 S. 2 GG unmittelbar anschließenden zweiten Wahlgang ist wie stets bei absoluten Mitgliedermehrheiten unbeachtlich, wie viele Mitglieder der Bundesversammlung tatsächlich anwesend sind und wie viele sich an der Abstimmung beteiligen; einzig die Hälfte der Mitglieder zuzüglich einer Stimme muß erzielt werden. In der 13. Bundesversammlung lag die absolute Mitgliedermehrheit bei 613 Stimmen, die Bundespräsident Horst Köhler bereits im ersten Wahlgang exakt erreichte. Die zehn Enthaltungen und die zwei ungültigen Stimmen[1044] – zusammen immerhin ein Prozent der Gesamtmitglieder – beeinflußten aufgrund der Bezugszahl der Gesamtstimmen das erforderliche Quorum nicht. Das Mehrheitserfordernis von 623 Stimmen verfehlte Christian Wulff in der 14. Bundesversammlung in den beiden ersten Wahlgängen mit 600 bzw. 615 Stimmen[1045]. Joachim Gauck erreichte in der 15. Bundesversammlung 991 von 1.240 Stimmen[1046].

2. Relatives Mehrheitserfordernis in der folgenden Wahlphase

Erreicht kein Bewerber in den ersten beiden Wahlgängen die erforderliche absolute Mitgliedermehrheit, verfügt Art. 54 Abs. 6 S. 2 GG, daß als Bundespräsident gewählt ist, „wer in einem weiteren Wahlgang die meisten Stimmen auf sich vereinigt". Gemeint sind selbstverständlich die relativ meisten Stimmen, angeordnet ist mithin ein einfaches oder relatives Mehrheitserfordernis, je nachdem, ob sich noch ein oder mehrere Mitbewerber im Rennen um das Amt befinden. Unter dem Grundgesetz war bislang drei-

1042 *Ipsen*, Bundespräsidentenwahl (Fn. 1033), S. 289. – Freilich wird in nicht unerheblichem Umfang politischer Druck bestehen.

1043 *Nettesheim*, Bundesversammlung (Fn. 1032), § 63 Rn. 13.

1044 http://www.bundestag.de/dokumente/datenhandbuch/16/16_02/index.html (November 2013).

1045 Stenografischer Bericht (Fn. 1040), S. 7.

1046 http://www.bundestag.de/bundestag/aufgaben/weitereaufgaben/bundesversammlung/index.jsp (November 2013).

mal das Eintreten in eine dritte Wahlphase erforderlich: am 5. März 1969 wird Gustav Heinemann (SPD) zum Bundespräsidenten gewählt[1047]; auch die Wahl Roman Herzogs (CSU) erfolgte erst im dritten Wahlgang[1048] und in der vorletzten, 14. Bundesversammlung erreichte Christian Wulff (CDU) bei 1242 abgegebenen Stimmen, von denen zwei ungültig waren, 625 Stimmen bei 121 Enthaltungen und 494 Stimmen für Joachim Gauck[1049].

Einerseits scheint die Wahl des Bundespräsidenten auf diesem Weg bestmöglich sichergestellt, andererseits besteht die Gefahr, daß die stärkste Fraktion der Bundesversammlung, die zugleich aber nicht über die absolute Mehrheit verfügt, die ersten beiden Wahlgänge gewissermaßen kompromißlos verstreichen läßt, in der Gewißheit, die einfache oder relative Mehrheit spätestens im dritten Wahlgang zu erreichen[1050]. Dieses Verhalten ist in der Praxis der Wahl des Bundespräsidenten offensichtlich nicht negativ konnotiert, sondern offenbar gerade deshalb toleriert, weil einer führenden Mehrheitsfraktion auch nicht aufgezwungen werden kann, auf ihren Kandidaten zu verzichten, umfangreiche Absprachen darüber hinaus aber unerwünscht sind[1051]. Kompromißbereitschaft von der größten Fraktion zu verlangen wäre daher umso paradoxer, je größer der Abstand des von dieser aufgestellten Kandidaten zum Zweitplazierten ausfiele. Demgegenüber besteht für die Oppositionsfraktionen selbstverständlich jederzeit die Möglichkeit, sich (zumindest inoffiziell) auf einen gemeinsamen Gegenkandidaten zu verständigen.

Und noch einen weiteren Aspekt gilt es aufgrund der Absenkung der Mehrheitsquote ab dem dritten Wahlgang im Auge zu behalten, nämlich

---

[1047] 512 Stimmen entfallen auf Heinemann, 506 auf Schröder; die Bundesversammlung besteht aus 1.036 Mitgliedern, womit die absolute Mehrheit bei 519 Stimmen gelegen hätte, vgl. http://www.bundestag.de/bundestag/aufgaben/weitere aufgaben/bundesversammlung/bundespraesidenten/heinemann/index.html (November 2013).

[1048] Trotz Bestehens einer Koalition aus CDU/CSU und FDP einigte man sich nicht auf einen gemeinsamen Präsidentschaftskandidaten, sondern trat jeweils mit eigenen Wahlvorschlägen an. Die Kandidatin der Liberalen, Hildegard Hamm-Brücher, zog ihre Kandidatur vor dem letzten Wahlgang zurück, so daß sich vermutlich die Stimmen der FDP nunmehr vor allem zugunsten des CDU/CSU-Kandidaten verteilten. Im dritten Wahlgang erreichte Herzog 696 von 1.324 Mitgliedern (1.319 gültige Stimmen), während die im letzten Wahlgang verbliebenen Gegenkandidaten Johannes Rau (SPD) und Hans Hirzel (Republikaner) 605 bzw. 11 Stimmen erzielten. Vgl. http://www.bundestag.de/bundestag/aufgaben/weitereaufgaben/bundesver sammlung/bundespraesidenten/herzog/index.html (Mai 2011).

[1049] Stenografischer Bericht (Fn. 1040), S. 8.

[1050] So bereits mahnend *Jülich*, Wahl (Fn. 1032), S. 93, der daher vorschlägt, nur die zwei Kandidaten mit der höchsten Stimmenzahl in einen dritten, als Stichentscheid ausgestalteten Wahlgang zu schicken.

[1051] Vgl. die Hinweise bei *G. Anders*, Zur Wahl des Bundespräsidenten, in: DÖV 1970, S. 253 (254); s. auch *Pernice* (Fn. 1034), Art. 54 Rn. 35.

die Problematik einer nunmehr vorstellbaren Stimmengleichheit. Zuvor bestand sie nicht, da die absolute Mitgliedermehrheit selbst bei einem Ausgang fünfzig zu fünfzig als verfehlt anzusehen ist.

3. Lösung für den Fall der Stimmengleichheit?

Daß das Auftreten von Stimmengleichheit nicht außerhalb jeder Eventualität liegt, zeigt insbesondere der Wahlverlauf in der 5. Bundesversammlung: 1969 lagen im dritten Wahlgang zwischen dem Siegenden Gustav Heinemann und dem Zweitplazierten Gerhard Schröder gerade einmal sechs Stimmen[1052] und auch 2004 war das Bild mit 604 (Horst Köhler) zu 589 Stimmen (Gesine Schwan) ähnlich[1053]. Ein Blick auf die typische Zusammensetzung der Regierung und des Parlaments sowie der Machtverhältnisse in den Bundesländern zeigt, daß klare Mehrheiten derzeit und wohl auch in absehbarer Zukunft aufgrund der Machtverteilung zwischen den beiden großen Volksparteien oder zumindest politischen Lagern nicht realisierbar sind. Konsequent wäre es daher gewesen, wenn Verfassunggeber oder einfacher Gesetzgeber zur Vermeidung von Unklarheiten für die letzte Wahlphase eine verbindliche Regelung der Stimmengleichheit getroffen hätten, die auch tatsächlich zur Auflösung der Grenzsituation führen würde. Dies ist indes nicht geschehen: Für den Fall der Stimmengleichheit im dritten Wahlgang zwischen zwei oder mehr Kandidaten halten sowohl Art. 54 Abs. 6 GG als auch das Gesetz über die Wahl des Bundespräsidenten keinen mit hinreichender Sicherheit zum Erfolg führenden Ausweg bereit.

a) Lösungsmöglichkeit über einen Losentscheid

Es wurde daher zur Klärung dieser Konstellation vereinzelt vertreten, auch hier das Los entscheiden zu lassen[1054]. Interessant ist dies unter anderem insoweit, als es der Losentscheid im Falle der Stimmengleichheit zwischen den Präsidentschaftsanwärtern ausgehend von einem FDP-Vorschlag bis in die Sitzungen des Hauptausschusses des Parlamentarischen Rates gebracht hatte, wo sich dann allerdings die Skeptiker mit den noch heute vorgebrachten Argumenten durchsetzen konnten und der Satz in einer Sitzung

---

1052 http://www.bundestag.de/bundestag/aufgaben/weitereaufgaben/bundesversamm lung/bundespraesidenten/heinemann/index.html (März 2011).

1053 http://www.bundestag.de/bundestag/aufgaben/weitereaufgaben/bundesversamm lung/bundespraesidenten/koehler/index.html (März 2011).

1054 *W. Jellinek*, Wahlrecht (Fn. 167), S. 382; *Weber*, Beschlußfassung (Fn. 19), S. 85, 98.

des Organisationsausschusses mit sieben zu fünf Stimmen aus den folgenden Vorschlagsfassungen gestrichen wurde[1055].

b) Unendliche Wiederholung der Wahlgänge?

Die ganz h.M. freilich möchte entgegen dem Wortlaut des Grundgesetzes (da heißt es schließlich in Art. 54 Abs. 6 S. 2 GG „*ein* weiterer Wahlgang" – das wäre dann eigentlich der dritte gewesen, in dem die Stimmengleichheit auftrat) einen vierten, bei erneuter Stimmengleichheit einen fünften Wahlgang[1056] bzw. gar so lange weiter wählen lassen, bis es zu einer Entscheidung kommt[1057]. Die Möglichkeit zur Herbeiführung eines Losentscheids zwischen den Kandidaten wird dezidiert abgelehnt, da er aufgrund des Zufallsmoments unwürdig erscheine und so zur Beschädigung des Amtes führe.

III. Stellungnahme

Die Bundesversammlung hebt sich gleich aus mehreren Gründen deutlich von den anderen Organen des Verfassungslebens ab: sie hat zunächst nur eine einzige Aufgabe, zu der sie in aller Regel nur an einem einzigen Tag alle fünf Jahre zusammenkommt; ihre Mitglieder sind sämtliche Bundestagsabgeordnete und von den Bundesländern entsandte Vertreter aus allen Bereichen des gesellschaftlichen Lebens. Andererseits ist die Intention des Grundgesetzgebers klar. Es sollte eine Legitimierung des Staatsoberhaupts durch Vertreter des Bundestages und des Bundesrates erfolgen, die getrennte Wahl durch Bundestag und Bundesrat (so immerhin noch Art. 75 HChE) schied jedoch auch und gerade wegen der Verschiedenartigkeit der Beschlußverfahren (Grundsatz: Bundestag einfache Abstimmendenmehrheit; Bundesrat absolute Mitgliedermehrheit) aus. Die bloße Zusammenführung der Mitglieder beider Organe wiederum hätte die Länder im Vergleich zum Gewicht der Bundestagsvertreter unterrepräsentiert erscheinen lassen[1058].

1055 Deutscher Bundestag/Bundesarchiv, Parl. Rat XXIV/1 (Fn. 1037), S. 262 ff. (Kritik der SPD-Abgeordneten), S. 284 (Ergebnis der Sitzung des Organisationsausschusses).

1056 Soweit ersichtlich nur *Pernice* (Fn. 1034), Art. 54 Rn. 35.

1057 *Mehlhorn*, Bundespräsident (Fn. 1032), S. 100; *Nettesheim*, Bundesversammlung (Fn. 1032), § 63 Rn. 13; *R. Herzog*, in: Maunz/Dürig, GG (Fn. 18), Art. 54 (2009), Rn. 45 f.: Ein Losverfahren sei jedenfalls im Hinblick auf Würde und Ansehen des Amtes ausgeschlossen.

1058 s. *Anders*, Wahl (Fn. 1051), S. 253 sowie *H. v. Mangoldt/F. Klein*, Das Bonner Grundgesetz, 2. Aufl. 1964, Art. 54 Ziff. III.1 (S. 1070).

Bei der Wahl des Bundespräsidenten kommt es nach erfolglosem Verstreichen zweier Wahlgänge mittels absoluter Mehrheit für einen letzten Wahlgang zur Absenkung der Mehrheit auf eine einfache oder relative, je nachdem, ob ein oder mehrere Kandidaten für den dritten Wahlgang weiterhin bereitstehen. Dies führt aber dennoch – anders als bei der Kanzlerwahl, wo dem Staatsoberhaupt eine Ermessensentscheidung zwischen der Ernennung des Minderheitenkanzlers und der Auflösung des Bundestages im Falle der Wahl mit nur einfacher Mehrheit zusteht[1059] – zwingend zur Wahl des mithin vollumfänglich legitimierten Bundespräsidenten. Unabhängig davon, daß das Erzielen einer absoluten Mehrheit auch der Legitimation und allseitigen Anerkennung des zukünftigen Bundespräsidenten dienlich ist, ist sie zurecht nicht zwingend: ihm droht schließlich nicht die Abwahl durch Neuwahl eines Nachfolgers mit absoluter Mitgliedermehrheit wie dies beim Bundeskanzler das konstruktive Mißtrauensvotum jederzeit erlaubt. Und zugleich ist auf diese Weise sichergestellt, daß es stets zur Wiederbesetzung des Amtes kommt. Darüber hinaus darf nicht verkannt werden, daß die dem auch mit einfacher Mehrheit gewählten Bundespräsidenten zuteil werdende Legitimation im Vergleich zum mit identischer Mehrheit gewählten Bundeskanzler ungleich höher ausfällt. Schließlich ist der Wahlkörper im Vergleich zum Bundestag nicht nur zahlenmäßig verdoppelt, sondern auch in qualitativer Hinsicht um föderale Elemente ergänzt worden, die noch dazu unmittelbar durch die Länderparlamente (und nicht etwa die Länderregierungen) entsandt werden.

Einzig der Umgang mit der Stimmengleichheit im dritten Wahlgang erscheint nicht triftig. Zur Erinnerung: im Rahmen der Bundespräsidentenwahl sollen nach h.M. mehrere, eventualiter gar unendlich viele Wahlgänge möglich sein. Die Erfahrung zeigt jedoch, daß Wahlwiederholungen selten zu anderen Ergebnissen führen und ein „immer aussichtsloser und unwürdiger werdende(s) Wahlverfahren“ (Roman Herzog)[1060] aufgrund der Parteibindungen droht. Letztlich hätte eine Ein-Stimmen-Mehrheit im sechsten Wahlgang auch nur gezeigt, daß ein Abgeordneter entgegen seiner in den vorigen Wahlgängen zum Ausdruck gekommenen Meinung einen anderen Kandidaten gewählt hat – und dies am Ende womöglich nur, weil er nach fünf Wahlgängen mürbe geworden ist und dem „scheinbar unendlichen Treiben ein Ende bereiten“ mochte, ohne etwa der besseren Kompetenz eines anderen Kandidaten gewahr geworden zu sein – wie auch: ohne Aussprache! Aufgrund der geheimen Abstimmung hätte er jedenfalls keine Konsequenzen zu befürchten. Warum jedoch dieser Hergang eine größere Stabilität und Akzeptanz, Würde und Ansehen des neuen

[1059] Siehe hierzu oben A. II. 1. c) cc) (2).

[1060] *Herzog* (Fn. 313), Art. 63 Rn. 45.

Bundespräsidenten mit einher brächte als ein klarer Losentscheid, ist alles andere als evident.

Das Argument der Unwürdigkeit eines Losentscheids ist nicht überzeugender: wenn der Bundestagspräsident als Präsident eines obersten Bundesorgans und in der protokollarischen Rangfolge immerhin unmittelbar nach dem Bundespräsident rangierender höchster Staatsvertreter kraft Losentscheids bei Stimmengleichheit bestimmt werden kann[1061], ist trotz erhöhter politischer Bedeutung des Bundespräsidenten dieser Modus im Falle des Staatsoberhauptes nicht von Willkür und Unwürdigkeit geprägt. Was aber wahrlich unwürdig wäre, ist ein unendliches Wahlverfahren. Von Unwürdigkeit eines Losentscheidungsverfahrens kann nach alledem kaum die Rede sein, würde durch die Regelung Rechtssicherheit und -klarheit – wenn auch durch die Einschaltung eines Zufallsmoments – geschaffen. Zumal bei der Besetzung der Bundesversammlung auch in der Praxis der Losentscheid regelmäßig zwischen Länderdelegierten eine Entscheidung herbeizuführen vermag.

E. Die Bundesregierung

Immer dann, wenn das Grundgesetz eine Entscheidung der Bundesregierung verlangt, stellt sich – wie bei sonstigen Kollegialorganen auch – die Frage nach der Willensbildung. Ausgangspunkt ist zunächst Art. 62 GG, der die Zusammensetzung der Bundesregierung aus Bundeskanzler und den Bundesministern festschreibt[1062], über den Beschluß des Kollegialorgans selbst jedoch keine nähere Ausgestaltung enthält. Da sich auch in den übrigen Artikeln des VI. Abschnitts des Grundgesetzes keine Bestimmungen zu Mindestquorum und Anwendung des Mehrheitsprinzips finden, bleibt dieser Bereich vollständig dem Geschäftsordnungsrecht überlassen. Die auf Grundlage der Ermächtigung in Art. 65 S. 4 GG ergangene Geschäftsordnung der Bundesregierung (GO-BReg[1063]) offenbart im vierten und letzten Abschnitt beginnend mit den §§ 15 ff., insbesondere den §§ 20 ff., genauere Vorgaben.

[1061] Dazu unter A. IV. 1. a) cc).

[1062] In der 17. Legislaturperiode bestand die Bundesregierung aus der Bundeskanzlerin und fünfzehn Bundesministern. Die genaue Zusammensetzung findet sich unter http://www.bundesregierung.de/Webs/Breg/DE/Bundesregierung/Bundeskabinett/bundeskabinett.html (November 2013).

[1063] GO-BReg vom 11. Mai 1951 (GMBl. S. 137); abrufbar unter http://www.bundesregierung.de/Content/DE/StatischeSeiten/Breg/regierung-und-verfassung-geschaeftsordnung-der-bundesregierung.html (November 2013).

I. Kabinettsbeschlüsse

Wenngleich das Grundgesetz auch nur an wenigen Stellen[1064] ausdrücklich einen Beschluß der Bundesregierung und damit des Kollegiums[1065] verlangt, darf dies nicht darüber hinwegtäuschen, daß sie als Kollegialorgan in großem Umfang zu gemeinsamer Entscheidung berufen ist. Zuvörderst ist dies aufgrund der von Art. 76 Abs. 1 GG und Art. 80 Abs. 1 S. 1 Alt. 1 GG umfaßten Tätigkeit als Initiator von Gesetzesvorlagen bzw. Verordnunggeber der Fall[1066].

Im Folgenden wird zunächst auf das Verfahren der Beschlußfassung im Rahmen von Kabinettssitzungen (1.), im Anschluß daran an das außerhalb solcher (2.) eingegangen. Nicht fehlen dürfen jedoch zwei wesentliche Bereiche, in denen dem Mehrheitsprinzip Grenzen gezogen werden und es daher nur eingeschränkt Anwendung findet (3.).

1. Regelverfahren: Kabinettsbeschlüsse im Rahmen gemeinschaftlicher Sitzungen

Unabhängig vom Regelungsgegenstand faßt die Bundesregierung gemäß § 20 Abs. 1 GO-BReg ihre Beschlüsse in der Regel in der wöchentlich stattfindenden gemeinschaftlichen Sitzung[1067]. Dies ermöglicht die mündliche Beratung der zu beschließenden Angelegenheit zwischen den Regierungsmitgliedern, vgl. §§ 20 Abs. 2 S. 1 e contr., 16 Abs. 4 GO-BReg, und ist nicht zuletzt Ausdruck des geltenden Kabinettsprinzips[1068]. Die Bundes-

1064 So beispielsweise in Art. 37 Abs. 1 (Beschluß zur Ausübung von Bundeszwang in Zusammenarbeit mit dem Bundesrat), neben dem bereits angesprochenen Art. 65 S. 3 auch der S. 4 der Norm (Beschluß der Geschäftsordnung), Art. 84 Abs. 2 (Beschluß allgemeiner Verwaltungsvorschriften in Zusammenarbeit mit dem Bundesrat), Art. 113 (Zustimmung der Bundesregierung zu ausgabenerhöhenden Gesetzen bzw. Möglichkeiten derselben, einen erneuten Bundestagsbeschluß zu verlangen), Art. 115a Abs. 1 S. 2 GG (Antrag der Bundesregierung auf Feststellung des Verteidigungsfalles). Selbstverständlich kann das Kabinett in sämtlichen darüber hinausgehenden Angelegenheiten Abstimmungen durchführen, ohne daß dies grundgesetzlich vorgegeben wäre.

1065 *G. Hermes*, in: Dreier, GG (Fn. 17), Art. 62 Rn. 13.

1066 Ausführlich zur Rolle der Bundesregierung im Gesetzgebungsverfahren und dem der Verordnunggebung *M. Oldiges*, Die Bundesregierung als Kollegium, 1983, S. 154 ff., 161 ff., 175 ff.

1067 *V. Busse/H. Hofmann*, Bundeskanzleramt und Bundesregierung. Aufgaben, Organisation, Arbeitsweise, 5. Aufl. 2010, S. 79. – Zum Verhältnis von Mehrheitsbeschluß und Richtlinienkompetenz des Bundeskanzlers *Oldiges*, Bundesregierung (Fn. 1066), S. 458 ff.

1068 *Oldiges*, Bundesregierung (Fn. 1066), S. 41 ff., 52 ff.; ebd., S. 39 ff. auch zu den weiteren Prinzipien (Kanzler- [45 ff.] und Ressortprinzip [50 ff.]).

regierung ist als Kollegialorgan so lange beschlußfähig, bis weniger als die Hälfte ihrer Mitglieder zur Sitzung erschienen sind, § 24 Abs. 1 GO-BReg. Das Fehlen des Bundeskanzlers als dem Vorsitzenden ist bei der Prüfung der Beschlußfähigkeit nicht anders zu bewerten als das Fehlen eines einzelnen Bundesministers[1069].

Für den Beschluß selbst ordnet § 24 Abs. 2 S. 1 GO-BReg das Erfordernis der Stimmenmehrheit an; gemeint ist eine einfache Abstimmungsmehrheit, im Rahmen derer allen Mitgliedern der Bundesregierung eine Stimme zusteht. Erst für den Fall des Eintretens einer Pattsituation entscheidet sich § 24 Abs. 2 S. 2 GO-BReg für die Stimmführerschaft des Vorsitzenden[1070]. Dies ist gemäß § 22 Abs. 1 S. 1 GO-BReg der Bundeskanzler, im Falle der Verhinderung sein Stellvertreter[1071]. Einem mehrheitlich gefaßten Beschluß gegenüber hat sich jeder Minister[1072] und trotz Richtlinienkompetenz auch der Bundeskanzler solidarisch unterzuordnen[1073].

2. Kabinettsbeschlüsse außerhalb von Kabinettssitzungen

Der soeben bereits angesprochene § 20 Abs. 2 S. 1 GO-BReg sieht bei Nichterforderlichkeit einer gemeinsamen Beratung der Beschlußangelegenheit die Einholung der Zustimmung der Regierungsmitglieder auf schriftlichem Wege vor und definiert diese Verfahrensweise legal als Umlaufsache. Wer über die Frage der Erforderlichkeit gemeinsamer Beratungen entscheidet, ist gesetzlich nicht geregelt. In der Regierungspraxis hat sich durchgesetzt, daß diese Einstufung vom federführenden Minister und dem Chef des Bundeskanzleramtes im gegenseitigen Einvernehmen vorgenommen

---

1069 Vgl. § 24 Abs. 1 GO-BReg, der ungenau von Bundesministern statt von Mitgliedern der Bundesregierung spricht, vgl. *H. Honnacker/G. Grimm*, Geschäftsordnung der Bundesregierung. Ergänzungsheft, 1980, § 24 Ziff. 2 u. 3.

1070 „Qualifiziertes Stimmrecht" des Bundeskanzlers: *Honnacker/Grimm*, GO-BReg (Fn. 1069), § 24 Ziff. 6 a.E.; kritisch zur Rolle, die der Stellvertreter des Bundeskanzlers bei dessen Fehlen und auftretender Stimmengleichheit einnimmt, *V. Epping*, Die Willensbildung von Kollegialorganen, in: DÖV 1995, S. 719 (721).

1071 Für den Fall der Verhinderung auch des stellvertretenden Bundeskanzlers trifft § 22 Abs. 1 S. 2 GO-BReg eine detaillierte Regelung, welcher Bundesminister seinerseits den Vorsitz im Kabinett übernimmt: zunächst ist die ausdrückliche Bezeichnung eines Ministers (traditionell des Außenministers) ausschlaggebend, mangels einer solchen der ohne Unterbrechung am längsten der Bundesregierung angehörende, bei gleicher Amtszeit hilfsweise der an Lebensjahren älteste Minister.

1072 *Münch*, Bundesregierung (Fn. 316), S. 208 ff.; *Oldiges*, Bundesregierung (Fn. 1066), S. 52 f. – Zu den Grenzen s. sogleich unter 3.

1073 Zu dieser besonders spannenden Problematik des Verhältnisses von mehrheitlichem Kabinettsbeschluß und Richtlinienkompetenz des Bundeskanzlers ausführlich *Oldiges*, Bundesregierung (Fn. 1066), S. 452 ff., 464 ff.

wird[1074]. Erst für den Fall des Zweifelns an der Erforderlichkeit ist nach § 20 Abs. 2 S. 2 GO-BReg die Entscheidung des Bundeskanzlers herbeizuführen. Während es sich auf den ersten Blick nur um eine besondere Modalität der Einholung einer Zustimmung handelt, läßt sich bei genauerem Hinsehen eine interessante Kreation eines „Mehrheits"-Beschlusses feststellen, die fernab von mehrheitlicher Beschlußfassung liegt.

Im folgenden werden die beiden denkbaren Ausgestaltungen eines solchen Abstimmungsverfahrens außerhalb der Kabinettssitzungen dargestellt: unter a) das seit der Entscheidung des Bundesverfassungsgerichts im 91. Band[1075] nicht mehr praktizierte Einwendungsausschlußverfahren sowie das Umlaufverfahren (b)).

Unsicherheiten über die Erfordernisse der Entscheidungsfindung außerhalb von Kabinettssitzungen bestanden während der 90er Jahre allein deswegen, weil die Vorschrift expressis verbis nicht eine schriftliche Zustimmung des einzelnen Regierungsmitglieds verlangt. Der Wortlaut des Abs. 2 S. 1 („[...] die Zustimmung der Mitglieder der Bundesregierung auf schriftlichem Wege einholen") läßt sich vielmehr grundsätzlich auch dahingehend verstehen, daß das Schriftformerfordernis allein für die Anfrage nach der Zustimmung beim Regierungsmitglied durch den Staatssekretär des Bundeskanzleramtes zu beachten ist[1076].

a) Umlaufverfahren in der Ausgestaltung als Einwendungsausschlußverfahren

In diesem Sinne wurde seit Bestehen der Bundesrepublik bis zur diese Verfahrensweise für verfassungswidrig erklärenden Entscheidung des Bundesverfassungsgerichts im Jahre 1994 zur Beschlußfassung auf das sogenannte Einwendungsausschlußverfahren als besondere Ausgestaltung der Umlaufsache zurückgegriffen[1077]. Die Bundesregierungen nutzten insofern

---

1074 BVerwG, NJW 1992, S. 2648 (2649); *Epping*, Kollegialorganen (Fn. 1070), S. 719: notfalls Kanzleramtschef und Bundeskanzler auch ohne Zutun des Ressortministers.

1075 BVerfGE 91, 148 – zum Inhalt der Entscheidung sogleich. Eine ausführliche Besprechung der Konstellation liefern *V. Epping*, Die Willensbildung der Bundesregierung und das Einwendungsausschlußverfahren, in: NJW 1992, S. 2605 ff., *Schneider*, Beschlussfähigkeit (Fn. 3), S. 106 ff., 113 ff. sowie *Honnacker/Grimm*, GO-BReg (Fn. 1069), § 20 Ziff. 4 ff.

1076 BVerwG, NJW 1992, S. 2648 (2648); insofern dem Bundesverwaltungsgericht noch zustimmend *Epping*, Bundesregierung (Fn. 1075), S. 2605 f.; ebenfalls beipflichtend das Bundesverfassungsgericht: E 91, 148 (170).

1077 Vgl. BVerwG, NJW 1992, S. 2648 (2649); *Busse/Hofmann*, Bundeskanzleramt (Fn. 1067), S. 88 f.

regelmäßig die etwas unklare Formulierung des § 20 Abs. 2 S. 1 GO-BReg zur Vereinfachung des Beschlußverfahrens außerhalb von Kabinettssitzungen aus.

aa) Verfahrensgang im Rahmen des Einwendungsausschlußverfahrens

Das als Einwendungsausschlußverfahren bekannte Prozedere beschreibt den folgenden Verfahrensgang: der vorgelegte Beschlußentwurf des federführenden Bundesministers wurde nach Rücksprache mit dem Chef des Bundeskanzleramtes, ggf. auch dem Bundeskanzler, den übrigen Regierungsmitgliedern schriftlich und unter Setzung einer Widerspruchsfrist – zumeist waren dies drei Tage[1078] – zugeleitet. Gleichzeitig wurden die Ministerkollegen darauf hingewiesen, daß das Nichteinlegen des Widerspruchs binnen der festgesetzten Frist zur Fiktion der Zustimmung zur Beschlußvorlage führe[1079]. Allein erforderlich war die ausdrückliche Zustimmung des federführenden Ministers und des Bundeskanzlers resp. seines Vertreters im Falle der Verhinderung, wobei in der Vorlage des Beschlusses selbst bereits die Zustimmung des federführenden Ministers gesehen werden konnte[1080]. Ging kein Widerspruch eines Regierungsmitglieds beim Chef des Bundeskanzleramtes ein oder wurde ein eingelegter Widerspruch wieder zurückgenommen (!), unterrichtete der Kanzleramtschef die Regierungsmitglieder über die positive Beschlußfassung[1081]. Voraussetzung war nach damals einhelliger Meinung jedoch, daß – aufgrund des insofern eindeutigen Wortlautes des § 20 Abs. 2 S. 1 GO-BReg (Einholung der *Zustimmung*) – von keinem einzigen Regierungsmitglied Einwände gegen den Beschluß erhoben wurden, denn bereits dann fehlt es an eben dieser Zustimmung aller am Umlaufverfahren Beteiligten und das Verfahren der Beschlußfassung ist gescheitert[1082]. In der Folge konnte auf eine Abstimmung während einer Kabinettssitzung ausgewichen werden. Die Regelungen des § 24 Abs. 1 und 2 GO-BReg wurden daher nicht entsprechend auf das Verfahren nach § 20 Abs. 1 S. 1 GO-BReg übertragen; es fehlte im Umlaufverfahren eine mehr-

---

[1078] BVerfGE 91, 148 (173).

[1079] *Epping*, Bundesregierung (Fn. 1075), S. 2605; *ders.*, Kollegialorganen (Fn. 1070), S. 719; s. auch BVerfGE 91, 148 (153).

[1080] BVerwG, NJW 1992, S. 2648 (2649), bzw. weiterer, an der Beschlußvorlage maßgeblich beteiligter Bundesminister.

[1081] BVerfGE 91, 148 (153). Zur möglichen Zurücknahme des Widerspruchs *Honnacker/Grimm*, GO-BReg (Fn. 1069), § 20 Ziff. 7.

[1082] BVerwG, NJW 1992, S. 2648 (2649); *Honnacker/Grimm*, GO-BReg (Fn. 1069), § 20 Ziff. 7 spricht daher von „Einstimmigkeit" (i.O. gesperrt, N.M.); *Epping*, Bundesregierung (Fn. 1075), S. 2607.

heitliche (ausdrückliche) Zustimmung des Kollegiums bei gleichzeitig gewährleisteter hälftiger Beteiligung.

bb) Verfassungswidrigkeit des Einwendungsausschlußverfahrens: BVerfGE 91, 148

Das Bundesverfassungsgericht hatte im Rahmen der oben bereits erwähnten Entscheidung anläßlich einer Verfassungsbeschwerde der im Verfahren vor dem Bundesverwaltungsgericht[1083] unterlegenen Klägerin die Wirksamkeit eines Beschlusses der Bundesregierung zu überprüfen. Anders als die Richter in Leipzig sah das Verfassungsgericht in der gängigen Beschlußpraxis einen Grundgesetzverstoß[1084]. Das Verfassungsgericht machte dies am Fehlen eines allen Mitgliedern des Kollegialorgans Bundesregierung materiell zurechenbaren Beschlusses fest: Voraussetzung für eine (erforderliche) materielle Zurechnung der Entscheidung sei nämlich erstens das Inkenntnissetzen sämtlicher Mitglieder des Kollegiums, zweitens das Erreichen eines bestimmten Beteiligungsquorums und – damit immanent zusammenhängend – drittens eine mehrheitliche Befürwortung durch die Beteiligten. Das Gericht benutzt in der Entscheidung zur Zusammenfassung dieser drei Aspekte prägnant die Termini „Information", „Quorum" und „Majoriät"[1085]. Während den Erfordernissen von „Information" und „Majorität" sowohl im Regel- als auch im Umlaufverfahren durch die §§ 15 Abs. 1 und 24 Abs. 2 GO-BReg Genüge getan sei, gelte dies nicht für das Quorumserfordernis, da § 24 Abs. 1 GO-BReg seinem Wortlaut nach („anwesend") nicht auf das Umlaufverfahren passe. Die zwingende Vorschrift der Beschlußfähigkeit der Bundesregierung werde durch das Widerspruchsverfahren unterlaufen, indem nicht auffiel, ob der jeweilige Minister überhaupt Kenntnis nehmen konnte und nicht dauerhaft abwesend war[1086]. Im Hinblick auf Sinn und Zweck so-

[1083] Zum Verfahrensgang: Als erste Gerichte ließen das FG Kassel (NJW 1985, S. 1726) und ihm folgend der VGH Kassel (NJW 1990, S. 2704) diese Verfahrensweise zur Beschlußfassung nicht genügen und zwei im Einwendungsausschlußverfahren zustande gekommene Verordnungen am dann konsequenterweise fehlenden Beschluß der Bundesregierung scheitern. Dem trat das Bundesverwaltungsgericht (NJW 1992, S. 2648 [2649]) entgegen und qualifizierte das Einwendungsausschlußverfahren als eine Form des Umlaufverfahrens nach § 20 Abs. 2 S. 1 GO-BReg und auch im übrigen als mit dem Grundgesetz vereinbar; alle Regierungsmitglieder seien schließlich einbezogen und eine Mehrheit für den Beschluß erzielt worden (S. 2648 f.).

[1084] Wenngleich die Verfassungsbeschwerde im Ergebnis mangels Verstoßes gegen Art. 12 Abs. 1 GG bzw. Art. 14 Abs. 1 GG keinen Erfolg hatte.

[1085] BVerfGE 91, 148 (166).

[1086] BVerfGE 91, 148 (169); dem folgend *Schneider*, Beschlussfähigkeit (Fn. 3), S. 109.

wie die Vorteile, die gerade eine kollegiale Entscheidung gegenüber der einer Einzelperson mit sich bringe (größere Argumentationsbasis und erhöhte Beachtung der Entscheidungsfolgen, gesteigerte wechselseitige Kontrolle), hält das Bundesverfassungsgericht die Mitwirkung einer hinreichenden Anzahl Regierungsmitglieder für erforderlich. Im bis dahin praktizierten Einwendungsausschlußverfahren indes ließe sich keine Unterscheidung zwischen Nichtteilnahme, Stimmenthaltung oder Zustimmung der nichtanwesenden Minister treffen, alles werde vielmehr als Zustimmung gewertet[1087]. Dies jedoch verbiete sich, da die Einhaltung der Erfordernisse Quorum und Mehrheit positiv, beispielsweise durch eine schriftliche Zustimmung oder Enthaltung selbst, festgestellt und gerade nicht fingiert werden müßten[1088].

Dennoch führte die höchstrichterliche Entscheidung im Sinne der Rechtssicherheit nicht zu einer Flut unwirksamer Rechtsverordnungen, da die Richter den Verfahrensverstoß als nicht evident einstuften, was dementsprechend keine Unwirksamkeit der Regierungsbeschlüsse zur Folge hatte[1089].

b) Umlaufverfahren

Da nunmehr aus Gründen der Rechtsklarheit und im Hinblick auf das auch im Rahmen der Entscheidungsfindung der Bundesregierung zu beachtende Demokratieprinzip eine ausdrückliche Willensäußerung der Regierungsmitglieder zu fordern ist, wird das Umlaufverfahren mittlerweile so praktiziert, wie es auch dem Telos des § 20 Abs. 2 S. 1 GO-BReg entspricht. Zur Vereinfachung und Beschleunigung des innergouvernementalen Beschlußverfahrens soll schließlich allein auf das Erfordernis der mündlichen Beratung, mithin der Zusammenkunft der Regierung, und nicht auf eine explizite Willenserklärung verzichtet werden.

Daher werden die Kabinettsmitglieder um positive schriftliche Zustimmung gebeten und ein Beschluß kommt nur dann zustande, wenn bei mindestens hälftiger Beteiligung eine einfache Mehrheit der Regierungsmitglieder erreicht wird. Zugleich darf von keinem Minister ausdrücklich Widerspruch gegen die Behandlung des Gegenstandes im Umlaufverfahren

---

1087 BVerfGE 91, 148 (166 f., 171).

1088 BVerfGE 91, 148 (170). Diesem Ergebnis folgend *Epping*, Bundesregierung (Fn. 1075), S. 2608, der jedoch im Hinblick auf die bloße Innenrechtsqualität der Geschäftsordnung zusätzlich einen Verstoß gegen das Demokratieprinzip feststellt. – Für unproblematisch halten das Verfahren indes *Honnacker/Grimm*, GO-BReg (Fn. 1069), § 20 Ziff. 6 ff.

1089 BVerfGE 91, 148 (175 f.). – Die Angst hiervor habe die Vorinstanzen teilweise „pragmatisch“ entscheiden lassen: *Epping*, Bundesregierung (Fn. 1075), S. 2605.

erhoben worden sein. Nach Fristablauf teilt der Kanzleramtschef den Ministern mit, ob der Beschluß zustande gekommen ist oder nicht[1090].

3. Einschränkung der Mehrheitsbeschlüsse

a) Gegenstandsbereiche, die einem Mehrheitsbeschluß entzogen sind

Von den Gegenstandsbereichen, die einem Mehrheitsbeschluß entzogen sind, ist wohl die Festlegung der Richtlinien der Politik der Bundesregierung durch den Bundeskanzler am bedeutendsten. Hierin zeigt sich einmal mehr die deutliche Ausrichtung des Regierungssystems auf die Person des Bundeskanzlers, die der Grundgesetzgeber gewählt hat: er allein ist es, der direkt vom Parlament gewählt wird und dann selbst die Minister aussucht. Mit ihm verbindet sich das Schicksal derselben und der Bundeskanzler ist nun einmal derjenige, der die „Richtlinien der Politik" bestimmt, Art. 65 S. 1 GG, die Konsequenzen dann aber auch alleine zu verantworten hat. Ein mehrheitlicher Beschluß seitens der gesamten Bundesregierung ist hierfür nicht vorgesehen.

Ein weiterer, mehrheitlichen Entscheidungen der Regierung nicht zugänglicher Bereich ist der eigene Geschäftsbereich eines Bundesministers. Im Rahmen der Richtlinien der Politik leiten die Bundesminister nach Art. 65 S. 2 GG ihren Geschäftsbereich nämlich selbständig und unter eigener Verantwortlichkeit. Wiederum finden also Mehrheitsentscheide keine Anwendung. Erst im Falle von Meinungsverschiedenheiten zwischen einzelnen Ministern tritt das Kollegialorgan Bundesregierung zu deren Auflösung durch Beschluß zusammen, S. 3.

b) Vetomöglichkeit einzelner Bundesminister

Unabhängig davon, in welchem Verfahren die Beschlüsse ergangen sind, stehen sie stets unter dem Vorbehalt des § 23 GO-BReg. Immer wenn die Regierung in einer „Frage von finanzieller Bedeutung" gegen oder ohne den Bundesminister der Finanzen entscheidet, kann dieser gegen den Beschluß Widerspruch erheben, Abs. 1 S. 1. Infolgedessen ist eine zweite Abstimmung in der selben Angelegenheit durchzuführen, die mit der „Mehrheit sämtlicher Bundesminister" erfolgt und nur dann das Veto überstimmt, wenn der Bundeskanzler mit der Mehrheit gestimmt hat; andernfalls hat die

[1090] *Hermes* (Fn. 1065), Art. 62 Rn. 13 f.; *Busse/Hofmann*, Bundeskanzleramt (Fn. 1067), S. 89; *Schneider*, Beschlussfähigkeit (Fn. 3), S. 115 f.

Umsetzung des Beschlusses zu unterbleiben, § 23 Abs. 1 S. 3 GO-BReg. Ein entsprechendes Interventionsrecht besitzen nach Abs. 2 ebenfalls der Bundesminister der Justiz und der Bundesminister des Innern bei Berührung der von ihnen verantworteten Bereiche.

II. Stellungnahme

Betrachtet man das Zusammenspiel der Regelungen des § 24 Abs. 1 und Abs. 2 S. 1 GO-BReg, so stellt man fest, daß (jedenfalls theoretisch) bereits die Stimmen von einem Viertel der Regierungsmitglieder bei Minimalbesetzung des Kollegialorgans – im Falle mehrerer Enthaltungen sogar noch weniger – für eine positive Entscheidung genügen können. Freilich: relevant werden derartige Überlegungen wohl kaum, sofern in der Praxis weiterhin einvernehmliche Regierungsentscheidungen angestrebt werden[1091]. Gleiches gilt dementsprechend für die Gefahr eines Patts, die bei der aktuellen geraden Anzahl von Regierungsmitgliedern möglich ist, wenngleich der Auflösungsmechanismus über die ausschlaggebende Stimme des Bundeskanzlers effizient Abhilfe schafft.

Die schon aus der Weimarer Zeit[1092] bekannte Hervorhebung des Finanzministers über ein Widerspruchsrecht trotz Mehrheitsbeschlusses innerhalb der Regierung stellt einen optionalen Durchbrechungsmechanismus der Mehrheitsregel dar. Aufgrund der Finanzwirksamkeit fast aller Beschlüsse ist der potentielle Radius zur Ausübung des Vetorechts immens. Letztlich kann dieses wiederum durch einen erneuten Mehrheitsbeschluß der Regierungsmitglieder durchbrochen werden, sofern die Mehrheit den Bundeskanzler auf ihrer Seite weiß. Interessant ist dabei der kaum merkliche Wechsel des Mehrheitserfordernisses im Falle eines Vetos des zuständigen Bundesministers. Er ist nur dadurch zu überstimmen, daß die Mehrheit der Bundesminister inklusive des Bundeskanzlers für das Vorhaben votiert. Ohne großes Aufheben wechselt die Geschäftsordnung damit von der einfachen zur absoluten Mehrheit und zugleich von der Bezugszahl der Abstimmenden zu der der Gesamtmitglieder der Regierung. Damit geht zwangsläufig auch eine unterschiedliche Behandlung von Abwesenheit und Enthaltung einher. Zugleich wird durch die Relevanz des Stimmverhaltens des Bundeskanzlers das Kanzlerprinzip[1093] abermals verwirklicht.

[1091] *Oldiges*, Bundesregierung (Fn. 1066), S. 59 f.; *Busse/Hofmann*, Bundeskanzleramt (Fn. 1067), S. 84.

[1092] s. die entsprechenden ausführlichen Hinweise auf die Geschäftsordnung der Reichsregierung bei *Münch*, Bundesregierung (Fn. 316), S. 213 f.

[1093] Ausführlich zum Kanzlerprinzip *Oldiges*, Bundesregierung (Fn. 1066), S. 39 ff., 45 ff.

Das Umlaufverfahren in seiner aktuellen Ausgestaltung dient der Beschleunigung des Abstimmungsverfahrens innerhalb der Bundesregierung. Durch die Widerspruchsmöglichkeit ist es jedem Mitglied der Regierung unbenommen, die Einleitung des Sitzungsverfahrens zu verlangen. Zugleich aber sichern Mindestbeteiligungs- und Mindestzustimmungsquorum eine ausreichende Legitimation des Beschlusses.

F. Die Ministerpräsidentenkonferenz

Auch außerhalb der grundgesetzlich vorgesehenen (Organ-)Strukturen[1094] besteht vereinzelt das Bedürfnis neuer Zusammenschlüsse, die ihrerseits Verfahren zur Beschlußfassung benötigen.

I. Ausgestaltung und Arbeitsweise

Schon früh, genauer in der Bonner Republik seit 1954, besteht die Ministerpräsidentenkonferenz als ständige Einrichtung mit jährlich wechselndem Vorsitz[1095], doch erst seit 1992 existieren überhaupt schriftliche Fixierungen über die Arbeitsweise, die 2004 modifiziert wurden[1096]. Als „Gremium der

[1094] Mit der Schaffung der Ministerpräsidentenkonferenz als einem Entscheidungskörper ohne verfassungsrechtliche Grundlage geht einher, daß dessen Beschlüsse regelmäßig bewußt unveröffentlicht bleiben, allenfalls Mitteilungen über die inhaltlichen Beschlüsse gemacht werden, vgl. *F. Scherer*, Zusammenarbeit im Bundesstaat seit 1871 – Die Ministerpräsidentenkonferenz von den Ursprüngen bis heute, 2009, S. 131 f. – Zur (indizierten) Zulässigkeit der Schaffung grundgesetzlich nicht vorgesehener Gremien, insbesondere der Ministerpräsidentenkonferenz, ebd., S. 117 ff., 123 ff. sowie *M. Hirschmüller*, Die Konferenzen der Ministerpräsidenten und Ressortminister der Länder der Bundesrepublik Deutschland, insbesondere die Rechtsnatur ihrer gemeinsamen Beschlüsse, 1967, S. 48 ff., 56 ff. und *R. Martens*, Die Ministerpräsidentenkonferenzen, 2003, S. 21 f.

[1095] *Scherer*, Zusammenarbeit (Fn. 1094), S. 101; ebd., S. 10 ff., 40 ff., 61 ff., 98 ff., auch ausführliche Hinweise zu den Vorläufern seit dem Jahr 1871; hierzu auch *H. Schneider*, Ministerpräsidenten. Profil eines politischen Amtes im deutschen Föderalismus, 2001, S. 256 ff. sowie *Martens*, Ministerpräsidentenkonferenzen (Fn. 1094), S. 5 ff., 9 ff., 16 ff. Eine detaillierte Übersicht zu den Gegenständen der Konferenzen in den Jahren 1947 bis 1954 und deren Bedeutung auch für die (insbesondere föderalistische) Ausformung der neuen Ordnung der Bundesrepublik liefert *K.-U. Gelberg*, Hans Ehard: Die föderalistische Politik des bayerischen Ministerpräsidenten 1946–1954, 1992, S. 82 ff., 93 ff., 103 ff., 108 ff., 118 ff., 133 ff., 153 ff., 164 ff., 188 ff., 243 f., 432 ff., 489 ff., 503 f.; s. zur Zeit ab 1945 speziell auch *Hirschmüller*, Konferenzen (Fn. 1094), S. 3 ff. – Eine Aufstellung der Reihenfolge des Ländervorsitzes für die zukünftige Dekade findet sich unter http://www.berlin.de/rbmskzl/bundesangelegenheiten/ministerpraesidentenkonferenz.html (Mai 2012).

[1096] Vgl. auch *Scherer*, Zusammenarbeit (Fn. 1094), S. 109 f.

Selbstkoordination der Länder“ verfolgt die Konferenz die Wahrung der föderalen Interessen gegenüber dem Bund – nicht zuletzt durch dreimonatlich wiederkehrende interne Besprechungen (Ziff. I.1. der Arbeitsweise der Ministerpräsidentenkonferenz und der Besprechung der Chefs der Staats- und Senatskanzleien[1097]). Aber auch regelmäßige Besprechungen der Ministerpräsidenten mit dem Bundeskanzler – und zwar außerhalb des formalen Gesetzgebungsverfahrens im Bundesrat – sind vorgesehen[1098]. Gleichzeitig bilden die „typischen Länderfragen“ inhaltliche Schwerpunkte der Beratungen der Ministerpräsidentenkonferenzen der letzten Jahre, neben dem klassischen Bereich der Vorbereitung von Staatsverträgen (allen voran des Rundfunkstaatsvertrages) die Europapolitik, die Föderalismusreform, die Bund-Länder-Finanzbeziehungen, die Medienpolitik und Fragen der Bildungspolitik[1099].

Für die vorliegende Arbeit ist die Ministerpräsidentenkonferenz gleich aus mehreren Gründen von besonderem Interesse. Zunächst, weil sie das einzige hochrangig besetzte (wenn auch verfassungsmäßig nicht vorgesehene) Beschlußgremium – und eben nicht nur ein Unterorgan – ist, das sich zur Beschlußfassung (ursprünglich) des Rückgriffs auf das Konsensprinzip bedient(e). Hinzu tritt, daß die Konferenz als bislang einziges auf Bundes- oder Länderebene bestehendes staatliches Gremium einen Systemwechsel im Verfahren der Beschlußfassung vollzogen hat. Nach fünf Jahrzehnten ausschließlich einstimmig gefaßter Entschließungen auf den mehr als 200

1097 Die nur dreiseitige Schriftfassung, in der noch dazu die weit überwiegende Anzahl an Bestimmungen die Aufstellung und Verteilung der Tagesordnung betreffen, findet sich unter http://www.sachsen.de/mpk/download/Arbeitsweise_MPK.pdf (August 2011). Bereits am Titel der Vereinbarung läßt sich ablesen, daß neben den Treffen der Ministerpräsidenten auch regelmäßige Treffen der Chefs der Staats- und Senatskanzleien, teilweise zur Vorbereitung der Treffen, stattfinden. Sie sind auch die einzigen, die neben den Regierungschefs im Rahmen der Ministerpräsidentenkonferenz neben maximal zwei weiteren Mitarbeitern zugelassen sind, I. 3. 3 unter Verweis auf II. 2 der Arbeitsweise.

1098 http://www.berlin.de/rbmskzl/bundesangelegenheiten/ministerpraesidentenkonferenz.html#Wissenswertes (Mai 2012), dort auch das Zitat. – Den Hinweis auf die seit 1963 und mittlerweile auf Grundlage von § 31 GO-BReg stattfindenden Besprechungen mit der Bundesregierung liefert *Scherer*, Zusammenarbeit (Fn. 1094), S. 108 f.

1099 Zu der ursprünglichen Intention *Scherer*, Zusammenarbeit (Fn. 1094), S. 111 ff. (u. a. Festigung des neuen Föderalismus); heute liegt der Fokus eher auf den genannten Themenbereichen: *Martens*, Ministerpräsidentenkonferenzen (Fn. 1094), S. 22 ff. sowie unter http://www.berlin.de/rbmskzl/bundesangelegenheiten/ministerpraesidentenkonferenz.html#Schwerpunkte (Mai 2012). – Neben der Konferenz der Ministerpräsidenten bestehen freilich weitere Länderministerkonferenzen, von denen wiederum die Kultusministerkonferenz am deutlichsten in der Öffentlichkeit wahrgenommen wird. s. die Hinweise auf diese und die weiteren Konferenzen bei *Hirschmüller*, Konferenzen (Fn. 1094), S. 7 ff., 14 ff., 17 ff., 19 ff., 21 ff., 23 ff., 25 f., 26 ff., 28 ff., 30 ff., 32 ff.

Konferenzen allein unter dem Grundgesetz, vollzog die Ministerpräsidentenkonferenz entgegen der bisherigen Auffassungen, die Kooperationsrolle könne nur durch einstimmige Entscheidungen erfüllt werden[1100], im Jahre 2004 den Wechsel zu Mehrheitsentscheidungen[1101]. Mußten zuvor alle Ministerpräsidenten ausdrücklich ihre Zustimmung zu der Beschlußvorlage erteilen – was die Vortreffen der Chefs der Staats- und Senatskanzleien sowie die in A- (SPD-geführt) und B-Länder (unionsgeführt) gruppierten, unmittelbar vorangehenden Vorgespräche unausweichlich erscheinen ließ[1102] –, ist nun ein qualifiziertes Mehrheitserfordernis mit einer Mindestzustimmung aus 13 der 16 Bundesländer instituiert worden, Ziff. I.2.1 der Arbeitsweise. Der Schritt hin zur Entscheidung mittels einfacher Mehrheit, wie ihn die Kultusministerkonferenz nach vormals ebenfalls nötiger Einstimmigkeit vollzogen hat (Nr. 7 Abs. 1 der Geschäftsordnung)[1103], wurde aber dennoch gescheut. Anders als bei Beschlüssen des Bundesrates verfügt jedes Land unabhängig von seiner Größe resp. Einwohnerzahl über eine Stimme in dem Beschlußgremium[1104]. 13 von 16 Bundesländern entspricht demnach einer Quote von gut vier Fünfteln. Dennoch umfaßt der Wechsel hin zum

---

[1100] Das Einstimmigkeitserfordernis ergebe sich aus dem bundesstaatlichen Prinzip: BVerfGE 1, 299 (315); zum Vorstehenden ferner *Hirschmüller*, Konferenzen (Fn. 1094), S. 6 f., 87 f. m. w. N. (88: „bindende Mehrheitsentscheidungen sind verfassungswidrig"); *Schneider*, Ministerpräsidenten (Fn. 1095), S. 264: mit dem Verfassungsrecht der Länder und dem Bundesstaatsprinzip unvereinbar; ebenso *Martens*, Ministerpräsidentenkonferenzen (Fn. 1094), S. 35 f., dort auch S. 72: Einstimmigkeit gehöre „zu den wesentlichen Kriterien der MPK"; s. ferner *Feuchte*, Zusammenarbeit (Fn. 890), S. 499 f., 501 ff.; *B. Grzeszick*, in Maunz/Dürig, GG (Fn. 18), Art. 20 Abs. 4 (2006), Rn. 114 sowie die Nachweise bei *Scherer*, Zusammenarbeit (Fn. 1094), S. 157 f. zur deckungsgleichen Auffassung im Kaiserreich. – Die Anzahl der bisherigen Ministerpräsidentenkonferenzen beziffert *Martens*, Ministerpräsidentenkonferenzen (Fn. 1094), S. 19, sie läßt sich aber auch aufgrund des dreimonatigen Turnus der ordentlichen Treffen nachvollziehen, vgl. ebd., S. 33.

[1101] *Scherer*, Zusammenarbeit (Fn. 1094), S. 111, 130 f.

[1102] s. hierzu neben den Bestimmungen in der Arbeitsweise unter Ziff. II. auch *Scherer*, Zusammenarbeit (Fn. 1094), S. 110 ff. u. *Schneider*, Ministerpräsidenten (Fn. 1095), S. 262; auf den Hintergrund der Benennung (ursprünglich waren alle Länder, deren Name mit einem „B" begann, in konservativer Hand) geht zusätzlich ein *Martens*, Ministerpräsidentenkonferenzen (Fn. 1094), S. 35.

[1103] Zur früheren Rechtslage *Hirschmüller*, Konferenzen (Fn. 1094), S. 11 ff. (Einstimmigkeitserfordernis bei Sachbeschlüssen, Zweidrittelmehrheit bei Personalentscheidungen), die heutige Geschäftsordnung findet sich unter http://www.kmk.org/fileadmin/pdf/gogr.pdf (November 2013) und differenziert nicht mehr hinsichtlich des Beschlußgegenstandes, so daß vorbehaltlich der Ausnahmen (s. o.) eine einfache Mehrheit genügt.

[1104] Diese Klarstellung wird in den Bestimmungen zur Arbeitsweise stillschweigend vorausgesetzt. s. daher nur *Scherer*, Zusammenarbeit (Fn. 1094), S. 111 sowie unter http://www.berlin.de/rbmskzl/bundesangelegenheiten/ministerpraesidentenkonferenz.html#Grundlagen (Mai 2012).

Mehrheitsentscheid nicht alle Gegenstandsbereiche. Für Entscheidungen über Arbeitsweise der Konferenz, haushaltswirksame Angelegenheiten und die Schaffung von Gemeinschaftseinrichtungen gilt auch nach der Reform weiterhin das Einstimmigkeitsprinzip, Ziff. I.2.1 der Arbeitsweise.

Inhaltlich enthalten die Beschlüsse, die aus den Beratungen hervorgehen, zwar kaum mehr als „politisch bindende Versprechen" und sind insbesondere nicht rechtsverbindlich, da dem Ministerpräsidenten letztlich regelmäßig die unmittelbare Vollzugsmöglichkeit fehlen wird. Dies darf jedoch nicht zu der Annahme führen, daß nur unbedeutende Zusagen getroffen oder unliebsame Zusagen im Nachhinein einfach nicht eingehalten würden[1105]: Wegweisende Beschlüsse wie das Königsteiner Abkommen zur Wahl des Bundesratspräsidenten wurden genauso in dieser Runde beschlossen (und auch im Nachhinein umgesetzt), wie die Errichtung einer gemeinsamen Servicestelle zur Vergabe von Studienplätzen, der Solidaritätszuschlag und die Wahrung der Länderinteressen auf Europäischer Ebene[1106].

II. Stellungnahme

Wie stets führt der Rückgriff auf Einstimmigkeitsentscheidungen dazu, daß sich das Ergebnis an einem Minimalkonsens aller Länder orientieren wird. Selbst Positionen, die von der überwiegenden Mehrzahl der Länder getragen werden, können im äußersten Fall am Veto eines einzigen, womöglich kleinen Bundeslandes scheitern. Kam es hierzu, war für die Länder, die eine gemeinsame Linie gefunden hatten, nur der Weg eröffnet, ohne die ablehnenden Länder inhaltlich die angestrebten Beschlüsse umzusetzen. Gegenüber Dritten verstärkte dies die Verhandlungsposition freilich keineswegs. Wie wichtig eine solche Abrede aber auch in finanzieller Hinsicht sein kann, zeigte das Ergebnis der Verhandlungen über den Solidarpakt: die ursprünglich von Seiten der Bundesregierung vorgesehene hälftige

---

[1105] Am überzeugendsten ist es wohl, ein dahingehendes Versprechen des Ministerpräsidenten anzunehmen, alles in seiner Macht Stehende zu unternehmen, um das Landesparlament zu einem inhaltsgleichen Beschluß zu bringen; vgl. *Scherer*, Zusammenarbeit (Fn. 1094), S. 125 ff., 128 ff., 155 ff. Dort (S. 127) auch diese Auffassung bestätigende Formulierungen vergangener Beschlüsse. Ebd., S. 159 aber der nicht überzeugende Hinweis, daß aufgrund der Unverbindlichkeit auch die Problematik der Beschlußfassung durch Konsens- oder Mehrheitsprinzip überbewertet werde. Ein umfassender Überblick findet sich bei *Hirschmüller*, Konferenzen (Fn. 1094), S. 110 ff., 137 ff., der sich nach ausführlicher Diskussion für eine Bindungswirkung ausspricht (149 f.).

[1106] Die beiden letzten Ergebnisse (Solidaritätszuschlag und Teilhabe an der Europapolitik) wurden unter Beteiligung des Bundeskanzlers gefunden. Diese Beschlüsse und weitere stellt vor *Schneider*, Ministerpräsidenten (Fn. 1095), S. 260 ff. s. auch bei *Scherer*, Zusammenarbeit (Fn. 1094), S. 112 ff.

Beteiligung der Länder konnten letztere durch geschlossenes Auftreten auf ein Drittel reduzieren[1107]. Andererseits erlaubte dieses System der Entscheidungsfindung bis zum Wechsel zur Mehrheitsentscheidung auch und gerade den kleinen Bundesländern, die im Bundesrat aufgrund ihres geringen Stimmengewichts kaum realistische Chancen zur hinreichenden Berücksichtigung ihrer Interessen hatten, Initiativen zu ergreifen, auf den eigenen Standpunkt aufmerksam zu machen und die übrigen Bundesländer zu majorisieren[1108].

Bemerkenswerterweise erfolgte die Lockerung der Beschlußregelungen ausdrücklich zu dem Zweck, „die Handlungsfähigkeit der Ländergesamtheit zu stärken“, was im Ergebnis auch erreicht worden zu sein scheint[1109]. Auf der anderen Seite ist der Druck aus den Gesprächen genommen, auch mit dem letzten Land eine Einigung zu erzielen, wenn dies trotz entsprechenden Wunsches und starken Bemühens einfach nicht gelingen mag. Daß weiterhin eine nicht unbedeutende Anzahl an einstimmigen Beschlüssen der Ministerpräsidentenkonferenz unter (oder: wegen?) Geltung des qualifizierten Mehrheitserfordernisses ergehen[1110], zeigt, daß konsensuale Übereinkünfte in Entscheidungsgremien durchaus im Rahmen bundesstaatlicher Rücksichtnahme angestrebt werden können, nicht zuletzt natürlich, um ein geschlossenes Auftreten gegenüber den Gesprächspartnern zeigen zu können und damit Verhandlungspositionen zu verbessern. Nicht auszuschließen, daß die blockierenden Länder unter dem Eindruck einer drohenden Überstimmung – hierin liegt ja einer der Hauptvorteile des Systemwechsels – zu größeren Zugeständnissen bereit sind.

G. Direktdemokratische Elemente

Unzweifelhaft besteht das Ideal einer Demokratie in der ausnahmslosen Beteiligung aller Wahlberechtigten an sämtlichen Fragen der Staatstätigkeit, einer „freien demokratischen Selbstbestimmung“[1111]. Dennoch ist eine „immer gleiche Beteiligung aller Bürger bei allen Entscheidungen“[1112] in modernen Massendemokratien ausgeschlossen. Elemente direkter Demokratie[1113]

1107 *Martens*, Ministerpräsidentenkonferenzen (Fn. 1094), S. 41 f.

1108 Entsprechende Hinweise liefert *Schneider*, Ministerpräsidenten (Fn. 1095), S. 264 f.

1109 *Scherer*, Zusammenarbeit (Fn. 1094), S. 111 (Ziel), 131 (Zielerreichung).

1110 So *Scherer*, Zusammenarbeit (Fn. 1094), S. 158 f.

1111 *Thoma*, Reich (Fn. 29), S. 291.

1112 *Greifeld*, Volksentscheid (Fn. 18), S. 28.

1113 Zum terminologischen Unterschied zwischen direktdemokratischen einer- und plebiszitären Elementen andererseits *Berlit*, Volk (Fn. 86), S. 328 f. – Die politische

finden sich daher auch nur in äußerst beschränktem Umfang im Grundgesetz, wenngleich Art. 20 Abs. 2 GG, indem er von der Ausübung von Staatsgewalt durch das Volk in Wahlen und Abstimmungen spricht, anderes vermuten ließe. Mehrere Faktoren[1114], unter ihnen zunächst die Tradition parlamentarischer Repräsentation und die Notwendigkeit parlamentarischer Korrektur („Volkswillendämpfungsdienst"[1115]), aber auch die Entlastung des an den „Schalthebeln der Macht"[1116] ungemäßigten Volkes und weniger die Weimarer Erfahrungen als die Angst vor Einflüssen aus dem Osten durch den beginnenden Kalten Krieg[1117] ließen die Väter des Grundgesetzes zu einem „weitgehende(n) Ausschluß direktdemokratischer Elemente"[1118] gelangen.

---

und öffentliche Meinung zur Einführung direktdemokratischer Elemente in das Grundgesetz seit 1949 findet sich ausführlich aufgezeigt bei *K. Bugiel*, Volkswille und repräsentative Entscheidung: Zulässigkeit und Zweckmäßigkeit von Volksabstimmungen nach dem Grundgesetz, 1991, S. 39 ff.; eine Analyse aus aktueller verfassungsrechtlicher Sicht bietet *Kühling*, Volksgesetzgebung (Fn. 66), S. 777 ff.; speziell zur Frage, ob durch eine Einführung direktdemokratischer Elemente die grundsätzliche Mitwirkung der Länder nach Art. 79 Abs. 3 GG in Frage steht, *O. Jung*, Direkte Demokratie und Föderalismus. Die grundsätzliche Mitwirkung der Länder bei der Volksgesetzgebung im Bund, in: S. Brink/H. A. Wolff (Hrsg.), Gemeinwohl und Verantwortung. Festschrift für Hans Herbert von Arnim zum 65. Geburtstag, 2004, S. 353 (356 ff.) sowie *Dreier* (Fn. 17), Art. 20 (Demokratie), Rn. 106 ff., 109 ff.

1114 Zu den traditionellen Anschauungen zur parlamentarischen Repräsentation *Greifeld*, Volksentscheid (Fn. 18), S. 16 ff. – Er mahnt später (ebd., S. 22) insbesondere aufgrund des Entlastungsargumentes an, daß dem repräsentativen System durch derlei Argumentation der Charakter eines „geringsten Übels" zukomme. – Mittlerweile sollte hinreichend widerlegt sein, daß vor allem Weimarer Erfahrungen gegen die Aufnahme direktdemokratischer Elemente sprachen: s. nur *H. Dreier*, Rechtskolumne. Die drei gängigsten Irrtümer über die Weimarer Reichsverfassung, in: Merkur 63 (2009), Heft 727, S. 1151 (1153 f.); *Dreier/Wittreck*, Demokratie (Fn. 68), S. 21 f. sowie *J. Isensee*, Demokratie ohne Volksabstimmung: Das Grundgesetz, in: BRJ, Sonderausgabe 1/2009, S. 10 (10 ff.).

1115 *Greifeld*, Volksentscheid (Fn. 18), S. 21: dieser Dienst sei eben nach der Überzeugung einiger von den Parlamenten zu leisten.

1116 *Scheuner*, Mehrheitsprinzip (Fn. 7), S. 41; vgl. auch *Greifeld*, Volksentscheid (Fn. 18), S. 22.

1117 *Berlit*, Volk (Fn. 86), S. 340 f.; *Dreier*, Irrtümer (Fn. 1114), S. 1154.

1118 *Dreier* (Fn. 17), Art. 20 (Demokratie), Rn. 21, i.O. teilweise hervorgehoben; *Isensee*, Demokratie (Fn. 1114), S. 10, weist darauf hin, daß der weitgehende Verzicht auf Referenden nicht Ergebnis langer Debatten im parlamentarischen Rat war, sondern durch den Rückzug der dies ursprünglich befürwortenden SPD schon in den vorgelagerten Diskussionen eine Debatte im Parlamentarischen Rat selbst nicht mehr nötig machte, da nur noch zwei Vertreter des Zentrums und einer der Kommunistischen Partei als Fürsprecher übrig blieben. – Auf europäischer Ebene, sowohl auf EU-Ebene als auch in den Mitgliedstaaten, zeigt sich ein durchaus gespaltenes, zumeist aber erheblich freundlicheres Bild, was die Existenz direktdemokratischer Verfahren betrifft. Weit überwiegend sind nämlich Referenden im Sinne eines „gemeineuropäische(n) Standard(s) demokratischer Volksbeteiligung" vorgesehen:

Schließlich ist es auch nicht so, daß der im Wahlakt geäußerte Wille des Volkes der Summe der in den Stimmabgaben zum Ausdruck gebrachten Einzelwillen eines jeden Wählers entspricht[1119].

Zunächst sollen die jeweiligen Regelungen näherer Untersuchung unterzogen werden, die sich mit der Neugliederung des Bundesgebietes befassen. Zu diesem Zweck wird unter I. die Ausgangsnorm des Art. 29 GG mit den verschiedenen Wegen der Neugliederung unter dem Blickwinkel der Volksbeteiligungen näher beleuchtet, bevor dann die Spezialvorschriften der Art. 118 und 118a GG Erwähnung finden sollen (II.). Abschließend wird ein Blick auf die verfassunggebende Gewalt im Kontext des Art. 146 GG geworfen (III.).

I. Volksbeteiligungen bei der Neugliederung nach Art. 29 GG

Unabhängig davon, ob man in den Neugliederungsoptionen „das einzige Beispiel für unmittelbare Demokratie im Rahmen des GG"[1120] sehen möchte oder aufgrund des allein auf Bevölkerungsteile beschränkten Abstimmungssubjekts derzeit keinen Anwendungsfall direkter Demokratie im Grundgesetz erkennt[1121], bilden die Normen den einzigen im gesamten Grundgesetz vorgesehenen Fall, in dem unter Zuhilfenahme der Mehrheitsregel durch das Volk, genauer: von Teilen des Volkes, unmittelbar und in manchen Fällen auch letztverbindlich über eine Sachfrage entschieden wird.

Auch wenn die nachfolgende Untergliederung in die Punkte Neugliederung durch Bundesgesetz (2.) und durch Staatsvertrag (3.) erfolgt, darf dies nicht darüber hinwegtäuschen, daß auf beiden Wegen zum Inkrafttreten der beschlossenen Gebietsänderungen ein zustimmendes Votum der betroffenen Einwohner erforderlich ist. Die verfassungsrechtlich vorgesehene Mitwirkung der Bevölkerungsteile wird vom Bundesverfassungsgericht als „Ausdruck des Demokratieprinzips" verstanden[1122]. Die Legaldefinition der

---

S. Hölscheidt/S. Menzenbach, Referenden in Deutschland und Europa, in: DÖV 2009, S. 777 (780 ff., 784, Zitat: 785). s. zur Einführung der plebiszitären Bestätigung europäischen Primärrechts *A. Decker*, Änderung Europäischen Primärrechts und Plebiszit in Deutschland, in: BayVBl. 2011, S. 129 ff.

1119 Siehe *Greifeld*, Volksentscheid (Fn. 18), S. 24.

1120 *Stern*, Staatsrecht I (Fn. 18), S. 607; *Maunz/Herzog* (Fn. 560), Art. 29 Rn. 46.

1121 *Dreier* (Fn. 17), Art. 20 (Demokratie), Rn. 104, 106 m.w.N., auch zur Gegenauffassung.

1122 BVerfGE 49, 15 (21) auch unter Hinweis darauf, daß der Eingriff durch die Besatzungsmächte aufgrund der Grenzziehung ohne Beteiligung der betroffenen Bevölkerung nunmehr durch Volksbeteiligung ausgeglichen werden kann.

Mehrheit ist beiden Volksbeteiligungen gemein und daher vor die Klammer gezogen (1.), während das Kapitel mit dem Volksbegehren auf Neugliederung eines zusammenhängenden Wirtschaftsraums abgeschlossen wird (4.).

1. Definition der Mehrheit in Volksentscheid und Volksbefragung

Art. 29 Abs. 6 GG bestimmt mit wünschenswerter Klarheit, was unter Mehrheit im Volksentscheid und im Rahmen der Volksbefragung zu verstehen ist. Relevante Bezugsgröße zur Bestimmung des Mehrheitserfordernisses ist demnach die Anzahl der abgegebenen Stimmen[1123]. Gleichzeitig wird ein Beteiligungsquorum von einem Viertel der zum Bundestag (!) Wahlberechtigten verlangt, Art. 29 Abs. 6 Hs. 2 GG, wobei hier zusätzlich zu der Voraussetzung des Art. 38 Abs. 2 Hs. 1 GG (Vollendung des achtzehnten Lebensjahres) einfachgesetzlich die Seßhaftigkeit der Wahlberechtigten im Abstimmungsgebiet tritt (§ 4 Abs. 1 Gesetz über das Verfahren bei Volksentscheid, Volksbegehren und Volksbefragung nach Artikel 29 Abs. 6 des Grundgesetzes[1124]). Abstimmungsgebiet selbst ist das gesamte Land oder sind die Länder in ihrer Gesamtheit, aus denen oder aus deren Gebietsteilen ein neues oder neu umgrenztes Land entstehen soll[1125].

2. Volksentscheid und Vetomöglichkeit zur Neugliederung durch Bundesgesetz

Das im Gesetzgebungsverfahren beschlossene Bundesgesetz bedarf nach Art. 29 Abs. 2 S. 1 Hs. 2, Abs. 3 GG zu seinem Zustandekommen der Bestätigung durch Volksentscheid. Im Volksentscheid selbst ist über die Frage abzustimmen, „ob die betroffenen Länder wie bisher bestehenbleiben sollen oder ob das neue oder neu umgrenzte Land gebildet werden soll“ (Art. 29 Abs. 3 S. 2 GG, § 1 S. 2 G Art. 29 Abs. 6 GG)[1126]. Der Volksentscheid

---

[1123] *Maunz/Herzog* (Fn. 560), Art. 29 Rn. 62 stufen dies als absolute Mehrheit, *J. Dietlein*, in: BK-GG (Fn. 309), Art. 29 (2002), Rn. 76 als einfache Mehrheit ein.

[1124] Gesetz vom 30. Juli 1979, BGBl. I, S. 1317. § 4 Abs. 1 G Artikel 29 Abs. 6 lautet: „Stimmberechtigt ist, wer am Abstimmungstage zum Bundestag wahlberechtigt ist und seit mindestens drei Monaten im Abstimmungsgebiet eine Wohnung, bei mehreren Wohnungen seine Hauptwohnung, innehat oder sich sonst gewöhnlich aufhält.“

[1125] Art. 29 Abs. 3 S. 1 GG, § 2 S. 1 G Artikel 29 Abs. 6; letzterer differenziert das Abstimmungsgebiet im Hinblick auf Art. 29 Abs. 3 S. 4 GG in zwei Abstimmungsbereiche.

[1126] Die exakte Fragestellung ist aus gutem Grund sowohl einfachgesetzlich als auch – und das ist für eine Verfassung durchaus ungewöhnlich – in der Verfassung

kommt nach Art. 29 Abs. 3 S. 3 GG zustande, wenn sowohl im künftigen Landesgebiet – unabhängig davon, ob es nur aus einem bisherigen Land ausgegliedert oder aus mehreren Ländern resp. Landesteilen gebildet wird –, wie auch im umgegliederten Gebiet, der sogenannten „Umgliederungsmasse" selbst, eine Mehrheit nach Abs. 6 erreicht wird. Auf diese Weise wird gewährleistet, daß im umgegliederten Landesteil sowie dem gesamten, neu entstehenden Gebiet eine Mehrheit hinter der Neubildung steht bzw. die neue Bevölkerung die Änderung trägt[1127].

Die Interessen des bislang bestehenden Landes werden über die Vetomöglichkeit des Art. 29 Abs. 3 S. 4 Hs. 1 GG gewahrt, indem sich die *Gesamt*bevölkerung des bisherigen Landes oder der beteiligten Länder – unabhängig davon, ob es ein aufnehmendes, abgebendes oder aufzulösendes Land ist[1128] – inklusive des von der Abtrennung betroffenen Bevölkerungsteils mit einfacher Abstimmungsmehrheit der Wahlberechtigten gegen die Neugestaltung der Landesgrenzen ausspricht. Allerdings handelt es sich bei dem Veto nur um ein unechtes: unecht ist der Einspruch deshalb, weil das Grundgesetz eine Ausnahme von der Verbindlichkeit des beschriebenen Abtrennungsvetos in Abs. 4 Hs. 2 vorsieht. Das mit einfacher Mehrheit verfaßte Veto soll demnach unbeachtlich sein, wenn sich die Bevölkerung in dem neugeschaffenen Gebiet mit qualifizierter Mehrheit von zwei Dritteln für die Neugliederung ausspricht. Hierbei ist umstritten, ob das neugeschaffene Gebiet als Ganzes abstimmt[1129] oder in Teilgebieten entsprechend der früheren Länderzugehörigkeit[1130]. Letztere Ansicht überzeugt: falls Unstimmigkeiten bestehen, werden sich regelmäßig die Interessen des sich abspaltenden Landesteiles und des am Fortbestand interessierten alten Landes diametral gegenüberstehen; ist dies der Fall, sollten auch die die Gebiete repräsentierenden Wahlberechtigten (und nicht die sich gerade neu konstituierende Landesbevölkerung, die noch dazu nur in der Minderheit dem sich wehrenden Land entstammen kann) allein entscheiden.

---

selbst vorgegeben und muß, abgesehen von Erläuterungen zu den Gebieten, unverändert übernommen werden. Hierbei ist sogar die Reihenfolge der Fragestellung (zunächst die Frage nach dem Fortbestand mit der Intention der Betonung der bestehenden Ländergrenzen und des Ausdrucks eines Vorrangs) bindend: ausführlich *Kunig* (Fn. 559), Art. 29 Rn. 34; s. auch *Maunz/Herzog* (Fn. 560), Art. 29 Rn. 69; *Erbguth* (Fn. 560), Art. 29 Rn. 43; *Meyer-Teschendorf* (Fn. 557), Art. 29 Rn. 39: hier (Rn. 38 m. Fn. 8 f.) findet sich auch ein Hinweis auf die bewußte Umkehrung der Fragestellungen im Gesetzgebungsverfahren.

1127 *Meyer-Teschendorf* (Fn. 557), Art. 29 Rn. 39.

1128 *Pernice* (Fn. 556), Art. 29 Rn. 37; *B. Schöbener*, in: Friauf/Höfling, GG (Fn. 546), Art. 29 (2006), Rn. 63; *Meyer-Teschendorf* (Fn. 557), Art. 29 Rn. 41.

1129 *Maunz/Herzog* (Fn. 560), Art. 29 Rn. 68; *Meyer-Teschendorf* (Fn. 557), Art. 29 Rn. 41.

1130 *Pernice* (Fn. 556), Art. 29 Rn. 37; *Schöbener* (Fn. 1128), Art. 29 Rn. 63.

Damit nicht genug, ist auch diese Zweidrittelmehrheit im Landesteil überstimmbar durch ein das Verfahren allerdings endgültig abschließendes (und damit echtes) Veto des gesamten „alten" Landesvolks. Ihm kommt das Letztentscheidungsrecht gegen eine Neugliederung zu, wenn sich im Volksentscheid ebenfalls eine Zweidrittelmehrheit im noch bestehenden Land gegen die Ausgliederung des Landesteils ausspricht[1131]. Eine Vetomöglichkeit gegen eine Angliederung besteht indes seitens der dortigen Bevölkerung nicht[1132]. Bei allen Entscheidungen ist, wie von Art. 29 Abs. 6 GG angeordnet, ein Beteiligungsquorum von einem Viertel der zum Bundestag Wahlberechtigten einzuhalten[1133].

3. Volksentscheid zur Neugliederung durch Staatsvertrag

Im Zuge der Schaffung des Art. 118a GG im Jahre 1994 wurde auch Abs. 8 in Art. 29 GG eingefügt[1134]. Auf den ersten Blick ähneln seine Voraussetzungen denen, die von Art. 118a GG vorgesehen werden: Bedingung ist ein zwischen den zur Neugliederung bereiten Ländern nach Anhörung der betroffenen Gemeinden und Kreise neu geschlossener Staatsvertrag (S. 1 und 2), der der Bestätigung durch Volksentscheid in den beteiligten Ländern (S. 3) mit einfacher Abstimmungsmehrheit der zum Bundestag Wahlberechtigten bedarf, Art. 29 Abs. 8 S. 5 GG. Allerdings ergibt sich im Vergleich zur Bestätigung einer bundesgesetzlichen Neugliederung durch Volksentscheid nach Art. 29 Abs. 2 und 3 GG eine Abweichungsmöglichkeit: sieht zwar auch Abs. 8 S. 3 die Durchführung des Volksentscheides in jedem beteiligten Land vor, so kann (nicht: muß[1135]), wenn vom Staatsvertrag nur Teilgebiete betroffen sind, das Abstimmungsgebiet nach S. 4 auf eben diese Landesteile beschränkt werden. Im übrigen gilt auch hier das einfache Mehrheitserfordernis bei Beteiligung von wenigstens einem Viertel der Wahlberechtigten, Abs. 8 S. 5 Hs. 1. Von der diskutierten Option, auf die Mindestbeteiligung zugunsten eines erhöhten Mehrheitserfordernisses zu verzichten, wurde im Rahmen der Beratungen der Gemeinsamen Verfas-

---

[1131] Zumindest ungenau *Dietlein* (Fn. 1123), Art. 29 Rn. 59, wenn er von einer „absoluten Mehrheit" und einem „absoluten Veto" spricht, tatsächlich aber nur eine qualifizierte Mehrheit von zwei Dritteln dieses tatsächlich absolute Veto durchzusetzen vermag.

[1132] *Erbguth* (Fn. 560), Art. 29 Rn. 46; *Dietlein* (Fn. 1123), Art. 29 Rn. 59.

[1133] *Meyer-Teschendorf* (Fn. 557), Art. 29 Rn. 439; *Schöbener* (Fn. 1128), Art. 29 Rn. 51; *Maunz/Herzog* (Fn. 560), Art. 29 Rn. 68.

[1134] Art. 29 Abs. 8 GG wurde durch das 42. Änderungsgesetz zum Grundgesetz (BGBl. 1994 I, S. 3146) mit Wirkung zum 15.11.1994 eingefügt.

[1135] So der eindeutige Wortlaut; vgl. auch *Meyer-Teschendorf* (Fn. 557), Art. 29 Rn. 37.

sungskommission aufgrund der Befürchtung mangelnder Repräsentation des Volkswillens abgerückt[1136]. Zur näheren Ausgestaltung des Verfahrens, wie sie Hs. 2 dem Bund ermöglicht, kam es bislang noch nicht[1137]. Der Länderstaatsvertrag bedarf abschließend – insofern eine deutliche und bewußte Benachteiligung im Vergleich zum Verfahren nach Art. 118a GG[1138] – zusätzlich einer Zustimmung seitens des Bundestages, die hier anders als in Abs. 2 S. 1 durch einfachen Parlamentsbeschluß erfolgt und daher nicht den Charakter eines förmlichen Bundesgesetzes aufweisen muß[1139].

4. Sonderfall: Volksbegehren auf Neugliederung eines zusammenhängenden Wirtschaftsraums

Art. 29 Abs. 4 GG ist im Rahmen der Neugliederungsvorschriften die einzige Bestimmung, die eine Neugliederung auf alleinige Initiative des Volkes ermöglicht. Vorausgesetzt wird allerdings, daß sie sich nur auf die Umgliederung eines „zusammenhängenden, abgegrenzten Siedlungs- und Wirtschaftsraum[s]"[1140] bezieht, der in mehreren Bundesländern liegt und wenigstens eine Million Menschen beheimatet. Eingeleitet wird das Verfahren durch einen Zulassungsantrag, der von einem Prozent der in diesem Raum seit mindestens drei Monaten lebenden Wahlberechtigten (höchstens jedoch 7.000 Unterschriften[1141]) unterzeichnet sein muß, § 19

[1136] Ein entsprechender Hinweis findet sich bei *Meyer-Teschendorf*, Neugliederung (Fn. 560), S. 894. – Zu Schaffung, Arbeitsweise und den Ergebnissen der Gemeinsamen Verfassungskommission s. *M. Kloepfer*, Verfassungsänderung (Fn. 407); ebd., S. 114 ff. die Ergebnisse der Kommission zu Art. 29 GG.

[1137] Sowohl hinsichtlich des Beschlußerfordernisses im Bundestag als auch der Qualifizierung als Einspruchsgesetz kann auf die Ausführungen zu Abs. 6 S. 2 verwiesen werden. Obwohl in einem Halbsatz untergebracht, besteht Einigkeit darüber, daß die Norm zur Regelung des gesamten Verfahrens ermächtigt, vgl. nur *Meyer-Teschendorf* (Fn. 557), Art. 29 Rn. 70 („Verpflichtung des Bundesgesetzgebers"); *Schöbener* (Fn. 560), Art. 118a Rn. 102.

[1138] Dort entfällt dieses Erfordernis für die privilegierten Länder Berlin und Brandenburg, s.u. II.

[1139] Art. 29 Abs. 8 S. 6 GG; dies hat auch zur Folge, daß der Bundesrat anders als im Gesetzgebungsverfahren nicht beteiligt wird: *Pernice* (Fn. 556), Art. 29 Rn. 52; *Meyer-Teschendorf* (Fn. 557), Art. 29 Rn. 71.

[1140] So die Formulierung in Art. 29 Abs. 4 GG; welche Merkmale dieser Raum im Einzelnen aufweisen muß, findet sich bei *K. Engelken*, Neugliederung aufgrund von Volksbegehren nach Art. 29 Abs. 4 GG. Was kann das Volk fordern? Für welche Räume kommt ein Volksbegehren in Frage?, in: BayVBl. 1995, S. 556 (558 f.); *Dietlein* (Fn. 1123), Art. 29 Rn. 61 ff. sowie *Maunz/Herzog* (Fn. 560), Art. 29 Rn. 74 ff.

[1141] Die Anzahl 7.000 leitet sich aus folgenden Erwägungen ab: das Neugliederungsgebiet umfaßt wenigstens eine Million Menschen und damit ca. 700.000 Wahlberechtigte. Wenn für den erfolgreichen Ausgang des Volksbegehrens 70.000 (10%)

Abs. 1 u. 2 G Art. 29 Abs. 6 GG. Nach Zulassung durch den Bundesinnenminister (§ 24 G Art. 29 Abs. 6 GG) kommt das Volksbegehren zustande, wenn sich mindestens ein Zehntel der wahlberechtigten Bevölkerung des betroffenen Raumes durch Eintragung in ausliegende Listen[1142] für die Umgliederung ausspricht[1143]. Genügt die Anzahl der Eintragungen den Bestimmungen, schließt sich entweder die Durchführung einer Volksbefragung nach Art. 29 Abs. 5 GG oder aber die Gebietsänderung durch Bundesgesetz an – die Auswahlentscheidung trifft der Bundesgesetzgeber binnen zweier Jahre nach eigenem Gutdünken[1144]. Bei der Abwägung kann eine Rolle spielen, daß die Befragung dem Gesetzgeber die Beschreitung eines Mittelwegs zwischen sofortiger Neugliederung und deren Ablehnung ermöglicht[1145]. Entscheidet er sich für einen Neugliederung, ist der Bundestag nicht an das ursprüngliche Ziel der Initiatoren gebunden, er kann also neben der Beibehaltung des status quo der Ländergrenzen[1146] beschließen, auch eine andere als die erstrebte Neugliederung vorzunehmen[1147]. Neugliederungen jedenfalls erfolgen stets im Verfahren nach Abs. 2[1148] mit anschließendem Volksentscheid.

Wird der Weg einer Volksbefragung beschritten, kann dies zu drei Konsequenzen führen, je nachdem, welche Mehrheitserfordernisse in der Befragung erzielt resp. nicht erzielt werden: entfällt auf den zur Entscheidung

befürwortende Stimmen nötig sind, schienen dem Gesetzgeber 7.000 Stimmen und damit 1% als Antragserfordernis zur Sicherstellung der Ernsthaftigkeit des Begehrens angemessen; vgl. BT-Drs. 8/1646, S. 15 (zu § 19 G Art. 29 Abs. 6 GG). – Erstmals wurde diese Hürde durch die 1993 betriebene Gründung eines Landes „Franken“ übersprungen: *Engelken*, Neugliederung (Fn. 1140), S. 556.

1142 Zum Eintragungsverfahren s. die §§ 27 ff. G Art. 29 Abs. 6 GG.

1143 Wird das Mehrheitsquorum verfehlt, endet das Umgliederungsverfahren ohne weiteres, was sich aus einem Umkehrschluß zu Art. 29 Abs. 5 S. 3 u. 4 GG ergibt; vgl. *Meyer-Teschendorf* (Fn. 557), Art. 29 Rn. 50; *Maunz/Herzog* (Fn. 560), Art. 29 Rn. 93; *Dietlein* (Fn. 1123), Art. 29 Rn. 70.

1144 Daher äußerst kritisch *Engelken*, Neugliederung (Fn. 1140), S. 557 f.

1145 *Maunz/Herzog* (Fn. 560), Art. 29 Rn. 89 f.

1146 Art. 29 Abs. 4: „... so ist durch Bundesgesetz [...] zu bestimmen, ob die Landeszugehörigkeit [...] geändert wird ...“ – dies führt zum Abschluß des Neugliederungsverfahrens; s. *Erbguth* (Fn. 560), Art. 29 Rn. 54 f.; *Meyer-Teschendorf* (Fn. 557), Art. 29 Rn. 50; *Pernice* (Fn. 556), Art. 29 Rn. 43.

1147 So jedenfalls überzeugend die h.M., die dem Bundesgesetzgeber zubilligt, daß die Änderung sowohl ein größeres, kleineres wie auch ein anderes Gebiet umfassen kann: *Pernice* (Fn. 556), Art. 29 Rn. 43; *Dietlein* (Fn. 1123), Art. 29 Rn. 70; *Meyer-Teschendorf* (Fn. 557), Art. 29 Rn. 51; *Kunig* (Fn. 559), Art. 29 Rn. 43; a.A. soweit ersichtlich nur *Maunz/Herzog* (Fn. 560), Art. 29 Rn. 94 und *Erbguth* (Fn. 560), Art. 29 Rn. 54: Landeszugehörigkeit „entsprechend dem Volksentscheid zu ändern“.

1148 Vgl. unter A. III. 5. b) aa).

gebrachten Vorschlag[1149] keine Mehrheit, endet auch hier das Neugliederungsverfahren[1150]. Wird eine einfache Mehrheit der Abstimmungsberechtigten bei Beteiligung eines Viertels der zum Bundestag Wahlberechtigten[1151] erzielt, ist durch Bundesgesetz im Verfahren nach Art. 29 Abs. 2 GG binnen zweier Jahre zu regeln, ob eine Umgliederung (auch in Abweichung vom vorgelegten Konzept) stattfindet, Art. 29 Abs. 5 S. 3 GG, oder es bei der bisherigen Gebietsaufteilung belassen werden soll (!). Für Änderungen gilt abermals das Verfahren nach Art. 29 Abs. 2 GG mit finalem Volksentscheid, Abs. 5 S. 3 a.E. Wird in der Volksbefragung indes – und dies ist der weitaus interessantere Fall – die „dreifache Mehrheitsqualifikation"[1152] des Art. 29 Abs. 3 S. 3 u. 4 GG erzielt, trifft den Bundesgesetzgeber binnen der Zweijahresfrist eine unbedingte Neugliederungspflicht, und zwar inhaltlich der Neugliederungskonzeption entsprechend, Art. 29 Abs. 5 S. 4 GG; eines bestätigenden Volksentscheides bedarf es bei dieser Mehrheit nicht mehr.

5. Stellungnahme

Gerade Gebietsveränderungen, wie sie in Art. 29 GG vorgesehen sind, werden als geeignete Gegenstände für Volksabstimmungen empfunden[1153]. Dennoch hat die Rede Isensees von der Kennzeichnung der Norm als „Veränderungssperre"[1154] weiterhin Gültigkeit, erwecken die auch und gerade in Art. 29 GG enthaltenen Elemente der Volksbeteiligung aufgrund hoher Hürden doch eher den Eindruck einer weitgehenden Garantie des aktuellen Länderbestands.

Die im Verfassunggebungsverfahren[1155] diskutierten Voraussetzungen für die Volksgesetzgebung im Rahmen der Länderneugliederung schwankten

---

[1149] Nach Art. 29 Abs. 5 S. 2 GG können bis zu zwei Vorschläge zur Abstimmung gestellt werden.

[1150] *Kunig* (Fn. 559), Art. 29 Rn. 45; *Erbguth* (Fn. 560), Art. 29 Rn. 57: deklaratorisch könne der Bundesgesetzgeber feststellen, daß es bei der bisherigen Landeszugehörigkeit bleibe.

[1151] Art. 29 Abs. 6 GG gilt ausweislich seines Wortlautes für Volksentscheid und Volksbefragung, s. oben (1.).

[1152] *Maunz/Herzog* (Fn. 560), Art. 29 Rn. 94 (i.O. gesperrt, N.M.).

[1153] Das gilt gleichfalls für Art. 118a GG: *Greifeld*, Volksentscheid (Fn. 18), S. 62 f.; *Kunig* (Fn. 559), Art. 29 Rn. 57; a.A. *Greulich*, Länderneugliederung (Fn. 555), S. 211, die sich im Hinblick auf Verfahrenserleichterungen ausgerechnet für eine „Eliminierung der plebiszitären Elemente" in Art. 29 GG ausspricht.

[1154] *Isensee*, Idee (Fn. 566), § 126 Rn. 28; ebenso auch *W. Ernst*, Die Alternative: Neugliederung des Bundesgebiets, in: DVBl. 1991, S. 1024 (1027, 1030).

[1155] Zum Folgenden s. JöR 1, S. 262 ff. (insb. S. 269, 273, 280 f., 288, 291, 292, 294 f.).

von einfacher Mehrheit der abgegebenen Stimmen in den beteiligten Gebieten (insbesondere bei vorheriger qualifizierter, verfassungsändernder Mehrheit in Bundestag und Bundesrat), über eine (absolute) Mehrheit der Wahlberechtigten im betroffenen Gebiet bis hin zu einfachen Mehrheiten der gesamten (!) Bevölkerung Deutschlands (bei Widerstand in den neuzugliedernden Gebieten) jeweils mit (Beteiligungsziffern von 10% und mehr) und ohne Beteiligungsquoren[1156]. Das vorliegende, aufgrund von Verfassungsänderungen mittlerweile veränderte Normengefüge scheint zwar eher ein Zufallsergebnis zu sein, es vermag dennoch aufgrund des weitgehend austarierten und in sich nicht unstimmigen Gesamtkonzepts zu überzeugen. Wenn auch das Erzielen einer Mehrheit von zwei Dritteln in einer Volksbefragung oder einem Volksentscheid alles andere als selbstverständlich ist, wird doch auf diese Weise einerseits der aktuelle Länderbestand unter einen besonderen Schutz gestellt, ohne andererseits Umgliederungen von Grund auf auszuschließen. Wenn die Neugliederung allerdings mit dem Ziel der Herstellung eines landsmannschaftlich oder wirtschaftlich (beispielhaft, vgl. Art. 29 Abs. 1 GG) vorgegebenen Gebiets angestrebt wird – und nur bei Vorliegen der entsprechenden Ziele ist die Neugliederung ja zulässig –, kann auch erwartet werden, daß sich die landsmannschaftliche Verbundenheit in einer hinreichenden Beteiligung am Volksentscheid und deutlichen Mehrheit für die Umgliederung niederschlägt[1157].

Was die Interessenabwägung zwischen Umgliederungswilligen und Gegnern betrifft, billigt das Grundgesetz zu Recht nur dem mit qualifizierter Mehrheit ausgesprochenen Willen der von der Neugliederung unmittelbar Betroffenen einen höheren Stellenwert zu, als den Motiven der – eben nur mittelbar durch Verkleinerung des alten Landes – Betroffenen, die die Neugliederung mit einfacher Mehrheit ablehnten. Diese Wertung verkehrt sich jedoch auf der folgenden Stufe ins Gegenteil: spricht sich eine Zweidrittelmehrheit der alten Landesbevölkerung gegen die Ausgliederung des Landesteils aus, sind die Abspaltungstendenzen irrelevant. Letztendlich kommt auch hier durch die grundgesetzliche Anordnung der Höherrangigkeit des Volkswillens in den bestehenden Ländern die Intention zum Ausdruck, den mittlerweile verfestigten status quo der Ländergrenzen zu bewahren, ohne jedoch eine unüberwindbare Majorisierung der sich abspaltenden Minderheit anzuordnen. Über die abgestuften Mehrheits- und Beteiligungserfordernisse bei Mehrheit und Gegenmehrheit gelingt der Norm daher ein überzeugender Ausgleich zwischen den Interessen ausgliederungswilliger Landes-

[1156] Bedenken gegen die Erhöhung des Quorums bestanden im Hinblick auf die hohe Anzahl von Flüchtlingen, die das Erreichen des Quorums entgegen den an dieser Frage deutlich mehr interessierten Einheimischen in Flüchtlingsländern hätten verhindern können, vgl. JöR 1, S. 281.

[1157] Dieser Gedanke wird angedeutet in BVerfGE 49, 15 (20 f.).

teile einer- und den Bestandsinteressen des alten Landes andererseits. Durch jene Zweidrittelmehrheiten verbunden mit ebenfalls im Rahmen von Volksbeteiligungen nicht niedrig angesetzten Beschlußquoren werden diese Interessen auch auf entsprechenden Rückhalt in den Volksteilen hin abgesichert. Positiv zu bewerten[1158] ist ferner, daß die ursprünglich bestehende, letzte Instanz in Form des Bundesvolkes abgeschafft wurde. Dieses hatte in Art. 29 Abs. 4 S. 2 GG a.F.[1159] die Möglichkeit, durch bundesweiten Volksentscheid mit einfacher Mehrheit neugliederungsunwillige Landesvölker zu majorisieren. Zu diesem Zeitpunkt bestand allerdings noch nicht die wechselseitige Überstimmungsmöglichkeit des aktuellen Abs. 3 zwischen Neugliederungsgebiet und altem Landesvolk. Es bleibt damit reine Spekulation, ob der mit einfacher Mehrheit gefaßte Volksentscheid auf Bundesebene vom Grundgesetzgeber im Vergleich zum mit Zweidrittelmehrheit gefaßten Entscheid der Bevölkerung des bestehenden Landes höher eingestuft worden wäre.

In der Verfassung einmalig ist ferner das in Art. 29 Abs. 4 und 5 GG vorgesehene Institut der Volksbefragung. Es ermöglicht dem Gesetzgeber, weitgehend unverbindlich den Meinungsstand in der Bevölkerung zu erforschen und sich so eine politische Entscheidungshilfe an die Hand zu geben. Dies wird insbesondere dann von Interesse sein, wenn er an der Mehrheitsfähigkeit eigener Vorschläge zweifelt[1160]. Da die Ergebnisse einer solchen Befragung bei Vorliegen einer qualifizierten Mehrheit sehr wohl nicht nur konsultative, sondern für den Parlamentsgesetzgeber verbindliche Ergebnisse nach sich ziehen können, ist der Begriff seiner Wortbedeutung nach zumindest mißverständlich. Es ist dennoch konsequent, daß im Falle der Neugliederung eines Wirtschaftsraumes nach Art. 29 Abs. 4 GG das Ergebnis der Volksbefragung nach Abs. 5 im Falle des Erzielens einer qualifizierten Mehrheit von zwei Dritteln im von der Änderung betroffenen Gebietsteil, also dem zusammenhängenden Siedlungs- und Wirtschaftsraum, das Neugliederungskonzept für den Bundesgesetzgeber verbindlich macht. Hier besteht durch die Prüfung der Tatbestandsmerkmale des Wirtschaftsraumes im Zulassungsverfahren für die Volksbeteiligung bereits eine gewisse Indikation für die Umgestaltung der Ländergrenzen.

Das Quorum von einem Viertel schließlich, das bei allen Volksbefragungen und -entscheiden im Rahmen von Art. 29 GG gilt, verhindert zuverläs-

---

[1158] A. A. *Greulich*, Länderneugliederung (Fn. 555), S. 211, die sich für die Wiedereinführung des Bundesvolksentscheides als oberste Instanz ausspricht.

[1159] Mit Wirkung zum 23.8.1969 wurde aus Abs. 4 S. 2 Abs. 5 S. 3. Erst mit Wirkung zum 28.8.1976 wurde durch das 33. Änderungsgesetz zum Grundgesetz diese Möglichkeit ersatzlos gestrichen.

[1160] *Meyer-Teschendorf* (Fn. 557), Art. 29 Rn. 51; *Maunz/Herzog* (Fn. 560), Art. 29 Rn. 89 f.

sig die Entstehung von „Zufallsmehrheiten"[1161] (gut organisierter und mobilisierter) Bevölkerungsminderheiten.

II. Volksbeteiligung beim Zusammenschluß von Berlin und Brandenburg nach Art. 118, 118a GG

Abseits des üblichen Verfahrens der Neugliederung der Länder nach Art. 29 GG bieten die Art. 118 und 118a GG vereinfachte Verfahren zur Neugliederung der Länder Baden, Württemberg-Baden und Württemberg-Hohenzollern (Zusammenschluß zu Baden-Württemberg vollzogen am 25.4.1952[1162]) sowie Berlin und Brandenburg (Möglichkeit geschaffen 1994[1163], erstmaliger Anlauf zum Zusammenschluß 1996 gescheitert[1164]). Beide Normen sind insofern Ausdruck der Idee spezieller, von der allgemeinen Neugliederungsvorschrift abweichender Regelungen; sie stehen daher zu Art. 29 GG, insbesondere auch zu dessen Abs. 8, in einem Spezialitätsverhältnis, ohne daß die Grundnorm indes verdrängt werden würde, womit für Berlin und Brandenburg auch weiterhin der Weg über Art. 29 GG bestünde[1165]. Während Art. 29 GG materielle Voraussetzungen wie die

---

[1161] *Pernice* (Fn. 556), Art. 29 Rn. 45; *Schöbener* (Fn. 560), Art. 118a Rn. 67.

[1162] Zum Zusammenschluß bietet einen kompakten Überblick *Rux,* Demokratie (Fn. 88), S. 227 ff.

[1163] Art. 118a GG wurde durch das 42. Änderungsgesetz zum Grundgesetz (BGBl. 1994 I, S. 3146) mit Wirkung zum 15.11.1994 eingefügt. – Zur Entstehungsgeschichte der Norm s. *Tripke*, Neugliederung (Fn. 558), S. 60 ff. sowie die Empfehlungen der Gemeinsamen Verfassungskommission in: Deutscher Bundestag, Bericht (Fn. 407), S. 89 ff.; s. ferner auch *Greulich*, Länderneugliederung (Fn. 555), S. 187 ff.

[1164] Zum ersten (und einzig bislang gescheiterten) Anlauf zur Länderfusion *Tripke*, Neugliederung (Fn. 558), S. 81 ff. (ebd., S. 134 ff. auch zu einem weiteren Fusionsanlauf – das einmalige Scheitern schließt weitere Fusionsbemühungen gerade nicht aus, vgl. *R. Scholz*, in: Maunz/Dürig, GG [Fn. 18], Art. 118a [1996], Rn. 11 –, der nach Verschiebung des Zeitplanes frühestens bis 2012 hätte abgeschlossen sein können) sowie *U. Keunecke*, Die gescheiterte Neugliederung Berlin-Brandenburg, 2001. Die Ergebnisse des ersten Fusionsanlaufs in Berlin (Zustimmung mit 53,4%, die gleichzeitig 30,9% der Wahlberechtigten ausmachten) und Brandenburg (Ablehnung mit 62,7%; die Ja-Stimmen erzielten zusätzlich nicht das Quorum von einem Viertel der Wahlberechtigten [24,3%] nach Art. 3 Abs. 1 des Neugliederungsvertrags – zum Wortlaut s. Fn. 1622) beendeten die Fusionsbemühungen jäh; das amtliche Endergebnis findet sich unter http://www.statistik-berlin.de/Wahlen/vorwahlen/va96/va96ana1.htm (August 2011), der vollständige Text des Neugliederungsvertrags findet sich im GVBl. Berlin 1995, S. 490 und GVBl. Brandenburg 1995 I, S. 151.

[1165] *Meyer-Teschendorf*, Neugliederung (Fn. 560), S. 891; *I. Pernice*, in: Dreier, GG (Fn. 17), Art. 118a Rn. 18; *Scholz* (Fn. 1164), Art. 118a Rn. 5; *H.-J. Driehaus*, in: ders. (Hrsg.), Verfassung von Berlin, 3. Aufl. 2009, Art. 97 Rn. 1; die (häufig zu

landsmannschaftliche Verbundenheit bzw. geschichtliche, kulturelle oder wirtschaftliche Zusammenhänge fordert, finden sich keine materiellen Voraussetzungen in Art. 118 resp. 118a GG, da die von Art. 29 GG aufgestellten Kriterien in Art. 118a GG bereits vom verfassungsändernden Gesetzgeber als erfüllt angesehen wurden[1166]; während Art. 29 Abs. 2 S. 1 GG die Bestätigung eines Neugliederungsgesetzes mittels Volksentscheids verlangt, ist dies von Art. 118a GG nicht zwingend vorgesehen, da die geforderte Beteiligung des wahlberechtigten Landesvolks auch auf anderen Wegen denkbar wäre[1167]. Und auch der Vorbehalt der Zustimmung seitens des Bundestages (Art. 29 Abs. 7 GG) fehlt in der Spezialvorschrift. All diese Aspekte machen deutlich, daß es sich bei den Art. 118 und 118a GG um eine verfassungsrechtliche Privilegierung des Zusammenschlusses der aufgeführten Länder handelt, die bundespolitisch nicht zuletzt auch als Pilotprojekt und Vorbild für zukünftige Länderneugliederungen gewollt war[1168].

Da das Neugliederungsverfahren, das grundgesetzlich nur den Abschluß einer Vereinbarung zwischen den Ländern Brandenburg und Berlin unter Beteiligung der Wahlberechtigten vorsieht, der Ausgestaltung durch die Landesverfassungen[1169] bedarf, sei an dieser Stelle auf die Ausführungen im 3. Teil (D. II. 2.) verwiesen.

III. Die verfassunggebende Gewalt gemäß Art. 146 GG

Auf relativ unscheinbare Weise regelt Art. 146 GG nicht weniger als die „schlichte Selbstverständlichkeit“, daß das Grundgesetz keine immerfortwährende Bindung des deutschen Volkes beansprucht, sondern außerhalb re-

findende und insofern mißverständliche) Einstufung als lex specialis kritisiert *Schöbener* (Fn. 560), Art. 118a Rn. 20 f.

1166 LVerfG Brandenburg LVerfGE 4, 114 (130); Deutscher Bundestag, Bericht (Fn. 407), S. 89: „Die Neugliederung in diesem Raum soll nicht im anspruchsvollen Verfahren des Artikel 29 GG erfolgen müssen“; *Tripke*, Neugliederung (Fn. 558), S. 67; *Pernice* (Fn. 1165), Art. 118a Rn. 12. – A. A. unter Hinweis auf die nur verfahrensrechtlichen Privilegierungen, die die Norm im Vergleich zu Art. 29 GG aufstelle, *Scholz* (Fn. 1164), Art. 118a Rn. 6 f.; ebenso *Schöbener* (Fn. 560), Art. 118a Rn. 21: Bedeutung erlange Art. 118a GG „allerdings für die materiellen Neugliederungsvoraussetzungen“.

1167 Vgl. *Schöbener* (Fn. 560), Art. 118a Rn. 13 ff.; *Pernice* (Fn. 1165), Art. 118a Rn. 11, 13 f.; Deutscher Bundestag, Bericht (Fn. 407), S. 90.

1168 *W. Gärtner*, Die Bildung des Bundeslandes Berlin-Brandenburg, in: NJW 1996, S. 88 (91); *Pernice* (Fn. 1165), Art. 118a Rn. 8; *Tripke*, Neugliederung (Fn. 558), S. 78.

1169 Diese Funktion übernehmen die ebenfalls neu geschaffenen Art. 97 Verf. Berlin und Art. 116 Verf. Brandenburg; s. D. II. 2.

volutionärer Umstürze durch eine neue Verfassung ablösbar ist[1170]. Daß eine Verfassung „die Voraussetzungen ihres eigenen Unterganges“ regelt, ist allerdings alles andere als selbstverständlich, wenngleich kein weltweites Novum[1171]. So klar der Wortlaut indes erscheint, so umstritten ist die heutige Bedeutung der Norm[1172]. In der Folge wird entgegen der weit verbreiteten Auffassung, der Regelungsbereich von Art. 146 GG habe sich mit der Wiedervereinigung erledigt und die Norm obsolet werden lassen[1173], davon ausgegangen, daß die Option der Verfassungsablösung bisher und auch in Zukunft vom Schlußartikel des Grundgesetzes eingeräumt werden möchte[1174]. Die Lesart als reiner „Wiedervereinigungsartikel“ vernachlässigt nämlich den zweiten Gegenstandsbereich der Norm, die Ablösung der geltenden Verfassung durch eine neue, vom Volk gegebene[1175].

1170 *R. Scholz*, Aufgaben und Grenzen einer Reform des Grundgesetzes, in: P. Badura (Hrsg.), Wege und Verfahren des Verfassungslebens. Festschrift für Peter Lerche, 1993, S. 65 (68 [Zitat]); *M. Heckel*, Die Legitimation des Grundgesetzes durch das deutsche Volk, in: J. Isensee/P. Kirchhof (Hrsg.), Handbuch des Staatsrechts der Bundesrepublik Deutschland, Bd. 8, Heidelberg 1995, § 197 Rn. 114; *H. Möller*, Die verfassunggebende Gewalt des Volkes und die Schranken der Verfassungsrevision. Eine Untersuchung zu Art. 79 Abs. 3 GG und zur verfassunggebenden Gewalt nach dem Grundgesetz, 2004, S. 222 f.; *Dreier*, Grundgesetz (Fn. 522), S. 92 f.

1171 *Dreier*, Grundgesetz (Fn. 522), S. 93 f. (Zitat: S. 93).

1172 Einen kompakten Überblick über den Streitstand liefern *M. Baldus*, Eine vom deutschen Volk in freier Entscheidung beschlossene Verfassung – Zum Schicksal des Art. 146 GG nach Vorlage des Abschlußberichts der Gemeinsamen Verfassungskommission, in: KritV 76 (1993), S. 429 ff.; *T. Franz*, Die Zukunft der deutschen Bundesstaatlichkeit: Verfassungsrechtliche Vorgaben für einen Systemwandel, in: ZParl. 35 (2004), S. 409 (415 ff.) sowie jüngst *S. Blasche,* Die Bedeutung des Art. 146 GG n.F. zwanzig Jahre nach der deutschen Wiedervereinigung, in: Verwaltungsrundschau 2010, S. 377 ff.

1173 So insb. *F. Ossenbühl*, Probleme der Verfassungsreform in der Bundesrepublik Deutschland, in: DVBl. 1992, S. 468 (469 f.); *J. Isensee*, Braucht Deutschland eine neue Verfassung? Überlegungen zur neuen Schlußbestimmung des Grundgesetzes, Art. 146, 1992, S. 31 ff.; *R. Bartlsperger*, Verfassung und verfassunggebende Gewalt im vereinten Deutschland, in: DVBl. 1990, S. 1285 (1298 ff., der ebd., S. 1300 sogar so weit geht, den Art. 146 GG für „konstitutionell ‚illegal‘“ zu erklären); für nur noch deklaratorisch hält die Norm *R. Scholz*, Aufgaben und Grenzen einer Reform des Grundgesetzes, in: P. Badura (Hrsg.), Wege und Verfahren des Verfassungslebens. Festschrift für Peter Lerche, 1993, S. 65 (68); wohl in der Konsequenz auch *Erichsen*, Verfassungsänderung (Fn. 525), S. 55.

1174 Dies wird u.a. vertreten von *Blasche,* Bedeutung (Fn. 1172), S. 377 ff., 382 f.; *Baldus*, Volk (Fn. 1172), S. 432 ff.; *M. G. Fischer*, Art. 146 GG – Königsweg zur neuen Verfassung oder gegenstandslose Bestimmung im Grundgesetz?, in: MDR 1994, S. 440 (441); *Franz,* Zukunft (Fn. 1172), S. 427; *Möller*, Gewalt (Fn. 1170), S. 79 ff., 87, 221 ff.; *H. Dreier*, in: Dreier, GG (Fn. 17), Art. 146 Rn. 25 ff., 28.

1175 s. ausführlich hierzu *Dreier* (Fn. 1174), Art. 146 Rn. 25 ff., 28; *Schulze-Fielitz,* Wiedervereinigung (Fn. 521), S. 72. Diejenigen, die die Norm für obsolet hal-

Wenn man eine fortwährende rechtliche Bedeutung des Art. 146 GG anerkennt, bleiben neben der grundsätzlichen Bekräftigung der verfassunggebenden Gewalt des Volkes die Voraussetzungen ihrer Ausübung im Dunkeln. Allen voran fehlen Vorgaben für die Einleitung des Verfahrens sowie für die Ausgestaltung des Verfahrens, in dem sich das Volk die neue Verfassung geben darf, ganz zu schweigen davon, daß derartige Maßgaben naturgemäß im Spannungsverhältnis mit der prozeduralen Ungebundenheit des pouvoir constituant stehen[1176].

1. Einleitung eines Verfahrens der Verfassunggebung

Wie hat also der Beschluß einer neuen Verfassung in freier Entscheidung vonstatten zu gehen? Zunächst ist klar, daß das Volk frei von äußeren wie inneren Zwängen sowohl über die grundsätzliche Frage des „ob" der Aktivierung des pouvoir constituant als auch den Inhalt einer neuen Verfassungsurkunde entscheiden können muß[1177]. Es existieren dabei mehrere gleichberechtigte Wege der Aktivierung und Ausübung, Kritiker sprechen von Entfesselung[1178], der verfassunggebenden Gewalt, und zwar abhängig davon, ob die Initiative direkt aus dem Volk oder dem Bundestag kommt und wer die Ausarbeitung eines Verfassungsentwurfs in die Hand nimmt[1179].

a) Verfassungsinitiative aus dem Volk

Mangels eigener Organisation und Verfaßtheit ist eine Verfassungsinitiative aus dem Volk zwar nicht rechtlich fragwürdig, aber tatsächlich äußerst

ten, erkennen diesen weiteren Gegenstandsbereich freilich nicht an und reduzieren sie auf den „Wiedervereinigungsartikel": s. nur *Isensee*, Deutschland (Fn. 1173), S. 32; *Bartlsperger*, Verfassung (Fn. 1173), S. 1294, 1297 f.

1176 *H. J. Boehl*, Verfassunggebung im Bundesstaat. Ein Beitrag zur Verfassungslehre des Bundesstaates und der konstitutionellen Demokratie, 1997, S. 114 f. m.w.N. insb. in Fn. 280. Wichtig auch der Hinweis auf S. 119, daß dies nicht bedeute, daß das Prozedere völlig ungeregelt ablaufen müsse; ebenso *Blasche*, Bedeutung (Fn. 1172), S. 383.

1177 Ausführlich zu den einzelnen Voraussetzungen *Dreier* (Fn. 1174), Art. 146 Rn. 48 ff. („in freier Entscheidung"); Rn. 52 („gesamte deutsche Volk"). s. auch *H. Moelle*, Der Verfassungsbeschluß nach Artikel 146 Grundgesetz, 1996, S. 200 ff.

1178 *Ossenbühl*, Verfassungsreform (Fn. 1173), S. 470: Mißdeutung des Art. 146 GG dahingehend, daß er ermöglicht, „die von den Grundsätzen des Grundgesetzes entbundene verfassunggebende Gewalt des deutschen Volkes zu entfesseln". – A. A. *W. Schmitt Glaeser*, Die Stellung der Bundesländer bei einer Vereinigung Deutschlands, 1990, S. 40: Entscheidungskompetenz nur des Bundestages.

1179 Zum Folgenden *Moelle*, Verfassungsbeschluß (Fn. 1177), S. 200 ff., 203 ff.; *Dreier* (Fn. 1174), Art. 146 Rn. 52.

unpraktikabel: es bedürfte zunächst einer im Kleinen organisierten Gruppe, eines „Verfassungsrats“, die einen Verfassungsentwurf ausarbeitet und dann das ganze Volk informieren und spätestens im Volksentscheid mobilisieren müßte, um eine einfache Mehrheit des pouvoir constituant für den Vorschlag zu erzielen. Die beschriebenen Probleme, die mit einer solchen „treuhänderischen Verfassungsinitiative“ verbunden sind, führen unterdessen wohl dazu, daß der Verfassunggebungsprozeß kaum jemals auf diesem Wege in Gang gesetzt werden wird[1180].

Einen anderen Weg der Volksinitiative bietet soweit ersichtlich nur Heckel an: er schlägt ein auf Verfassungsablösung gerichtetes Volksbegehren vor und nennt für dieses konkrete Quoren von 20 bis 25 Prozent, um verfassungsfeindliche Minderheiten nicht zu privilegieren und zu einer Stabilisierung, nicht Destabilisierung, des Verfassungsgefüges zu gelangen. Im anschließenden Volksentscheid, der zunächst nur über die tatsächliche Eröffnung eines Verfahrens der Verfassunggebung zu entscheiden hat, soll bei mindestens hälftiger Beteiligung der Wählerschaft eine einfache Mehrheit für den Antrag stimmen. Im Anschluß sei ein repräsentatives Ausarbeitungsverfahren durchzuführen[1181].

b) Verfassungsinitiative des Parlaments

Die zweite Option bildet die parlamentarische Verfassungsinitiative. Hierbei existiert nicht ein einzig in Betracht kommender Verlauf, sondern ein weit gefächertes Handlungsspektrum: von der Verabschiedung eines Wahlgesetzes für eine verfassunggebende Versammlung, der direkten Einsetzung eines Verfassungskonvents bis hin zur eigenen Vorlage eines Verfassungsentwurfs durch den Bundestag sind viele, auch kombinierte Initiativwege denkbar und von Verfassungs wegen nicht ausgeschlossen: es fehlen eben detaillierte Vorgaben in Art. 146 GG[1182]. Egal ob der Bundestag jedoch ein

---

1180 Zum Vorstehenden s. *Moelle*, Verfassungsbeschluß (Fn. 1177), S. 202 f. (Zitate ebd., S. 202). Moelle vermutet in der Unpraktikabilität und der daraus resultierenden Irrelevanz dieses Verfahrensweges auch den Grund für die mangelhafte Auseinandersetzung mit diesem in der Literatur. – s. aber auch die dortigen Hinweise auf das „Kuratorium für einen demokratisch verfaßten Bund deutscher Länder“, das 1990 auf diesem Weg eine Verfassung erarbeiten und dem Volk zur Abstimmung vorlegen wollte, aber am Desinteresse der Öffentlichkeit scheiterte. Vgl. auch *B. Stückrath*, Art. 146 GG: Verfassungsablösung zwischen Legalität und Legitimität, 1997, S. 221.

1181 *Heckel*, Legitimation (Fn. 1170), § 197 Rn. 117 f., 121 f.

1182 *Moelle*, Verfassungsbeschluß (Fn. 1177), S. 204; in den verschiedenen Ausgestaltungsvorschlägen entdeckt *Dreier* (Fn. 1174), Art. 146 Rn. 53, zu Recht verfassungspolitische Erwägungen der jeweiligen Urheber.

Wahlgesetz verabschiedet oder eine ausgearbeitete Verfassungsvorlage beschließt, bedarf es einer parlamentarischen Entscheidung, für die verschiedene Mehrheitserfordernisse diskutiert werden.

Eine Auffassung orientiert sich an Art. 79 Abs. 2 GG und dem dortigen Zweidrittelquorum. Es wird zwar eingeräumt, daß die von Art. 79 Abs. 2 GG erfaßte Verfassungsänderung nicht mit der Verfassunggebung gleichzusetzen sei, gleichzeitig wird aber eine Umgehung der Voraussetzungen des Art. 79 Abs. 2 GG befürchtet, wenn sein qualifiziertes Mehrheitserfordernis nicht auch im Rahmen von Art. 146 GG Anwendung findet. Insofern wird das Art. 146er-Verfahren eben doch als wesensähnlich zum Verfahren der Verfassungsänderung empfunden, mit einem erst-Recht-Schluß das Erfordernis der qualifizierten Mehrheit begründet oder gar eine vorgeschaltete ausdrückliche Verfassungsänderung zur Ingangsetzung des Verfassunggebungsverfahrens verlangt[1183]. Nur so, nicht jedenfalls durch Rückgriff auf einfache (Regierungs-)Mehrheiten, scheinen die Skeptiker aus ihrer Sicht die „Sprengladung unter dem Fundament des Grundgesetzes" entschärfen oder zumindest beherrschen zu können[1184]. Heckel verschärft das für die Verfassungsänderung geltende Quorum im Rahmen der Verfassunggebung gar auf eine Dreiviertelmehrheit, da er offenbar die Verfassungsablösung als ein „Mehr" gegenüber der Verfassungsänderung einstuft und die geltende Verfassungsordnung nicht ohne Not und hinreichende Legitimation verlassen wissen möchte[1185].

Die Gegenauffassung läßt für sämtliche Beschlüsse des Bundestages die einfache Mehrheit genügen[1186]. Sie verweist auf das Fehlen ausdrücklicher

---

[1183] *Isensee*, Deutschland (Fn. 1173), S. 59; mäandernd *T. Würtenberger*, Art. 146 GG n.F.: Kontinuität oder Diskontinuität im Verfassungsrecht?, in: K. Stern (Hrsg.), Deutsche Wiedervereinigung. Die Rechtseinheit, Bd. I: Eigentum – Neue Verfassung – Finanzverfassung, 1991, S. 95 (105 einer-, ebd. im Rahmen der Aussprache aber auf S. 121 andererseits); *Stückrath*, Art. 146 GG (Fn. 1180), S. 230 ff.; *Erichsen*, Verfassungsänderung (Fn. 525), S. 55. s. auch in Fn. 1184.

[1184] *Schmitt Glaeser,* Stellung (Fn. 1178), S. 41; *M. Kriele*, Eine Sprengladung unter dem Fundament des Grundgesetzes, in: Die Welt vom 16.8.1990, S. 5 (Zitat); *Heckel,* Legitimation (Fn. 1170), § 197 Rn. 96.

[1185] *Heckel*, Legitimation (Fn. 1170), § 197 Rn. 119; ein Stufenverhältnis sieht auch *Schmitt Glaeser*, Stellung (Fn. 1178), S. 41, der jedoch daraus keine Folgerungen für das Mehrheitserfordernis zieht, allerdings den Bundesrat ebenfalls mit Zweidrittelmehrheit zustimmen lassen möchte.

[1186] *M. Sachs*, Das Grundgesetz im vereinten Deutschland – endgültige Verfassung oder Dauerprovisorium, in: JuS 1991, S. 985 (991); *Moelle*, Verfassungsbeschluß (Fn. 1177), S. 210, 217; *Dreier* (Fn. 1174), Art. 146 Rn. 52; zu Art. 146 GG a.F. bereits *Dichgans*, Grundgesetz (Fn. 66), S. 200 f. Zur Parallelproblematik auf Landesverfassungsebene *R. Steinberg*, Organisation und Verfahren bei der Verfassungsgebung in den Neuen Bundesländern, in: ZParl. 23 (1992), S. 497 (514 f.).

Verfahrensvorgaben für die Verfassunggebung, die weder Art. 79 Abs. 2 GG oder Art. 5 des Einigungsvertrages noch verfassungsgeschichtlichen oder demokratietheoretischen Erwägungen zu entnehmen sind[1187].

2. Die Verabschiedung des Verfassungsentwurfs

Unabhängig davon, ob die Ausarbeitung durch den Bundestag selbst, einen Verfassungskonvent oder eine verfassunggebende Versammlung erfolgt – alle Wege sind alternativ gangbar[1188] –, bedarf die Verabschiedung des ausgearbeiteten Verfassungsentwurfs einer Auffassung nach nur der einfachen Abstimmendenmehrheit[1189]. Die Gegner fordern eine qualifizierte Zweidrittelmehrheit in den verfassungsberatenden und den verfassunggebenden Gremien, egal ob es sich dabei unmittelbar um den Bundestag oder aber zur Entwurfsausarbeitung eingesetzte Gremien handelt[1190].

3. Die Volksabstimmung über den Verfassungsentwurf

„Eine demokratische Verfassung nimmt für sich in Anspruch, daß sie auf dem ‚Volkswillen' beruht. Als legitim im Sinne der demokratischen Idee können eine Verfassung und die auf sie gestützten Gewalthaber nur gelten, wenn sie auf einem in voller Freiheit gefaßten Willensentschluß des gesamten Staatsvolkes beruhen"[1191].

[1187] s. zunächst die Nachweise in Fn. 1186. Speziell zur Argumentation hinsichtlich Art. 5 Einigungsvertrag siehe einerseits *Moelle*, Verfassungsbeschluß (Fn. 1177), S. 215 ff., andererseits *Bartlsperger*, Verfassung (Fn. 1173), S. 1287 ff.

[1188] *Schulze-Fielitz*, Wiedervereinigung (Fn. 521), S. 68 f.; *Boehl*, Verfassunggebung (Fn. 1176), S. 121 ff.; *Erichsen*, Verfassungsänderung (Fn. 525), S. 55; *Dreier* (Fn. 1174), Art. 146 Rn. 52; *Scholz*, Aufgaben (Fn. 1173), S. 68 – einschränkend *Heckel*, Legitimation (Fn. 1170), § 197 Rn. 122 ff.

[1189] *Dreier* (Fn. 1174), Art. 146 Rn. 53; *Steinberg*, Organisation (Fn. 1186), S. 508, 514; *Stückrath*, Art. 146 GG (Fn. 1180), S. 240; *Boehl*, Verfassunggebung (Fn. 1176), S. 124 ff.; *Moelle*, Verfassungsbeschluß (Fn. 1177), S. 210. – Abermals unklar *Würtenberger*, Art. 146 GG n. F. (Fn. 1183), S. 104 f.

[1190] *Heckel*, Legitimation (Fn. 1170), § 197 Rn. 123; *J. Isensee* in der Aussprache zu *Erichsen*, Verfassungsänderung (Fn. 525), S. 59 f.; wohl auch *Ossenbühl*, Verfassungsreform (Fn. 1173), S. 470; vgl. aus dem Blickwinkel der Entstehungsgeschichte *E. Bülow*, Die Entstehungsgeschichte des Art. 146 GG n. F., in: Stern, Wiedervereinigung (Fn. 1183), S. 49 (53).

[1191] *Thoma*, Reich (Fn. 29), S. 290.

a) Zwingende Volksabstimmung über den Verfassungsentwurf?

Wenngleich die Legitimierung der neuen Verfassung unmittelbar durch eine Volksabstimmung auf der Hand zu liegen und auch auf den ersten Blick in Art. 146 GG angelegt zu sein scheint, sprechen die überwiegenden Argumente gegen eine zwingende, unmittelbare Volksbeteiligung. Ganz so eindeutig, wie es die Sentenz Thomas vermuten ließe, sieht es mit einem Willensentschluß des gesamten Staatsvolkes zur neuen Verfassung also nicht aus; bei der Frage der Volksabstimmung über den ausgearbeiteten Verfassungsentwurf sind nämlich wiederum mehrere Konstellationen zu differenzieren.

Einerseits ist denkbar, das Volk in einem Volksentscheid über den Verfassungsentwurf eines Verfassungskonvents abstimmen zu lassen, an dessen Ausarbeitung es nicht beteiligt war. Hier kann nur dieser Volksentscheid eine im Sinne von Art. 146 GG hinreichende Legitimation durch das Volk vermitteln, wozu der Konvent mangels Volksauftrags nicht imstande ist[1192]. Abermals wird eine einfache Mehrheit der Abstimmenden vorgeschlagen[1193], teils mit hälftiger Mindestbeteiligung der Wahlberechtigten[1194]. Andererseits ist mit Blick in die deutsche Verfassungsgeschichte auch die Einsetzung einer verfassunggebenden Versammlung möglich. Historisch offenbart sich eine große Tradition verfassunggebender Nationalversammlungen, in die das Volk – anders als bei parlamentarisch eingesetzten Konventen – Vertreter entsendet und dadurch einen bestätigenden Volksentscheid für den Entwurf entbehrlich werden läßt[1195].

b) Mehrheitserfordernis im Rahmen der Volksabstimmung

Ist die Frage geklärt, wann ein Volksentscheid zu verlangen ist, schließt sich die Folgeproblematik an, mit welcher Mehrheit das Volk den Entwurf legitimieren muß. Hierbei scheint Art. 146 GG hohe Vorgaben anzustreben, wenn er einen Willensentschluß des deutschen Volkes verlangt. Das Grundgesetz bleibt eine Lösung jedoch schuldig und es vermag von daher nicht zu verwundern, daß mehr als ein Vorschlag kursiert.

1192 *Schmitt Glaeser*, Stellung (Fn. 1178), S. 51; diesen Weg hält für einzig gangbar *Heckel*, Legitimation (Fn. 1170), § 197 Rn. 122 ff.

1193 *Stückrath*, Art. 146 GG (Fn. 1180), S. 234; *Moelle*, Verfassungsbeschluß (Fn. 1177), S. 234; *Dreier* (Fn. 1174), Art. 146 Rn. 53.

1194 *Heckel*, Legitimation (Fn. 1170), § 197 Rn. 124, insofern parallel zum Einleitungsbeschluß.

1195 *Dreier* (Fn. 1174), Art. 146 Rn. 52; *Scholz*, Aufgaben (Fn. 1173), S. 68; *Erichsen*, Verfassungsänderung (Fn. 525), S. 55; entbehrlich, aber nicht unzulässig: *Schmitt Glaeser*, Stellung (Fn. 1178), S. 51.

Als einschlägiges Erfordernis wird zunächst die einfache Mehrheit der Abstimmenden vorgeschlagen[1196]. Qualifizierte Mehrheitserfordernisse ließen sich nicht aus der „Tradition moderner Verfassungsgebung" herleiten, wo weder für Abstimmungen der verfassunggebenden Versammlung noch des Volkes derartige Quoren Anwendung fanden[1197]. Anderer Auffassung nach soll auch für den Volksentscheid ein „hohes Mehrheitsquorum" gelten. Heckel denkt dabei weniger an eine Verschärfung der notwendigen Mehrheit an sich, als an die Anordnung einer Mindestbeteiligungsziffer. Dementsprechend ist der Erfolg neben der mehrheitlichen Befürwortung seitens der Abstimmenden an eine mindestens hälftige Beteiligung der Wahlberechtigten im Volksentscheid geknüpft[1198].

4. Stellungnahme

Auffällig ist im Rahmen der Untersuchung der in Betracht gezogenen Mehrheitserfordernisse, daß die von den jeweiligen Vertretern getroffene verfassungspolitische Richtungsentscheidung auf sämtliche im Verfahren des Art. 146 GG zu treffende Beschlüsse ausgedehnt wird: diejenigen, die eine Zweidrittelmehrheit für nötig erachten, möchte sie sowohl beim Einleitungsbeschluß des Bundestages, wie auch einer Verabschiedung eines Entwurfes als Quorum ansetzen. Diejenigen, die demgegenüber die einfache Mehrheit genügen lassen, sehen sie für sämtliche repräsentativen wie direktdemokratischen Entscheidungen vor.

Nun zu den Mehrheitsquoren im Detail: Es vermag nicht zu überzeugen, für die Einleitung eines Verfassunggebungsverfahrens ein qualifiziertes Mehrheitserfordernis von zwei Dritteln oder gar drei Vierteln zu verlangen. Argumentativ bleibt an dieser Stelle nochmals zu unterstreichen, daß Art. 146 GG keinerlei qualifizierte Vorgaben enthält. Einer vorangehenden Verfassungsänderung – die dann natürlich die qualifizierte Zweidrittelmehrheit wahren müßte – bedarf es gerade nicht.

Nicht zustimmungswürdig sind darüber hinaus die Auffassungen, die qualifizierte Mehrheitserfordernisse für die parlamentarischen oder sonstigen Gremienbeschlüsse zur Verabschiedung des Verfassungsentwurfs wie auch für den bestätigenden Volksentscheid aufstellen. Die Herleitung des Mehrheitserfordernisses, die auf einer Parallele zu Art. 79 Abs. 2 GG fußt, schlägt aufgrund eines verfehlten Grundansatzes fehl: Verfassungsänderung

---

[1196] *Stückrath*, Art. 146 GG (Fn. 1180), S. 233 f.; *Steinberg*, Organisation (Fn. 1186), S. 507, allerdings zur Verfassunggebung in Sachsen.

[1197] *Steinberg*, Organisation (Fn. 1186), S. 508 m. w. N.

[1198] *Heckel*, Legitimation (Fn. 1170), § 197 Rn. 124.

und Verfassungsablösung haben nichts, schon gar nicht das Mehrheitsquorum, miteinander gemein; es sind zwei voneinander zu trennende Verfahren, die auf der einen Seite eben den Fortbestand und die Fortentwicklung der bestehenden Verfassungsurkunde, auf der anderen aber gerade deren Ablösung durch komplett neu entstandenes Verfassungsrecht zum Ziel haben[1199]. Der Versuch, hierüber hinwegzukommen, indem man beide Vorgänge als wesensähnlich einstuft, ist aufgrund des gewünschten Ergebnisses nachvollziehbar, aber ebenso zum Scheitern verurteilt wie der Weg über die mutmaßliche Anordnung in Art. 5 Einigungsvertrag[1200]. Verfassungen dürfen nach alledem dem pouvoir constituant constitué höhere Hürden zur Änderung der Verfassung auferlegen, als dem pouvoir constituant zur Verfassunggebung[1201]. Mithin genügt für die parlamentarische Initiative wie für den Beschluß eines Entwurfes zur Verfassunggebung allein die einfache Abstimmendenmehrheit. Dies hat in gleichem Maße für die Bestätigung des Entwurfes seitens der Wahlberechtigten zu gelten.

Und dennoch gilt hier wie dort: wenn qualifizierte Mehrheitserfordernisse auch nicht höherrangigem Recht oder ungeschriebenen Verfassungstraditionen zu entnehmen waren, so bleibt ihr Erreichen entweder in den entscheidungsberechtigten Versammlungen oder im Volksentscheid wünschenswert. Nur so steht die neue Verfassung auf einer breiten Basis, die ihr auch gegenüber den sie nicht unterstützenden Minderheiten die nötige Legitimation und Akzeptanz vermitteln kann[1202].

1199 So überzeugend *Moelle*, Verfassungsbeschluß (Fn. 1177), S. 211 ff.; *Würtenberger*, Art. 146 GG n. F. (Fn. 1183), S. 105 f. – *C. Winterhoff*, Verfassung – Verfassunggebung – Verfassungsänderung, 2007, S. 183 ff., widmet der Gegenüberstellung ein ganzes Kapitel seiner Habilitationsschrift.

1200 Speziell zu diesem Punkt m. w. N. *Blasche*, Bedeutung (Fn. 1172), S. 379 f.

1201 *R. Tillmanns*, Zum Mehrheitserfordernis bei Abstimmungen über verfassungsändernde Gesetze, in: NVwZ 2002, S. 54 (56).

1202 In diesem Sinne auch die mahnenden Worte von *Steinberg*, Organisation (Fn. 1186), S. 515 f.

3. Teil

Das Mehrheitsprinzip in den Landesverfassungen

„Die verfassungsmäßige Ordnung in den Ländern muß den Grundsätzen des republikanischen, demokratischen und sozialen Rechtsstaates im Sinne dieses Grundgesetzes entsprechen". Über das Homogenitätsgebot des Art. 28 Abs. 1 S. 1 GG im allgemeinen und die Grundsätze des Demokratieprinzips im besonderen wird die Geltung der Mehrheitsregel auch in den Ländern gewährleistet[1203]. Die konkreten Ausgestaltungsformen, die das Mehrheitsprinzip im Grundgesetz gefunden hat, sind jedoch für die Landesverfassungen nicht verbindlich[1204]. So erklären sich auch die im folgenden dargestellten Differenzen zwischen Bund und Ländern einerseits und innerhalb der Länder andererseits. Parallelregelungen hingegen lassen vielfach auf eine Bewehrung schließen.

Das Mehrheitsprinzip findet dementsprechend in allen Landesverfassungen Anwendung. In der Folge werden am Beispiel der Verfassung des Freistaats Bayern die wesentlichen Entscheidungen, die unter Zuhilfenahme des Mehrheitsprinzips ergehen, aufgezeigt. In einem zweiten Schritt finden stets die Parallelregelungen in den übrigen Ländern unter Betonung der jeweiligen Besonderheiten Erwähnung. Auf diese Weise sollen die ansonsten unumgänglichen Wiederholungen vermieden werden und dennoch alle Landesverfassungen – wenn auch nur im Hinblick auf die dortigen Besonderheiten der Anwendung des Mehrheitsprinzips – Berücksichtigung finden. Teils bietet sich hierfür eine Zusammenfassung der Länder in Gruppen an.

[1203] Aus der Kommentarliteratur s. nur *H. Dreier*, in: Dreier, GG (Fn. 17), Art. 28 Rn. 58 ff., 64; i. ü. noch *Heinig*, Selbstauflösungsrecht (Fn. 187), S. 198 ff.

[1204] BVerfGE 90, 60 (84 f.); dies zwar betonend, einen Verstoß gegen den geschützten Grundsatz erschwerter Abänderbarkeit der Verfassung ungerechtfertigter Weise aber dennoch feststellend BremStGH, Urt. v. 14.2.2000, St 1/98, NVwZ-RR 2001, S. 1.

A. Grundsätzliches Bekenntnis zum Mehrheitsprinzip

Art. 2 Abs. 2 S. 1 Verf. Bayern erklärt, nachdem in Abs. 1 der Volksstaat ausgerufen und die Staatsgewalt dem Volk zugeordnet wurde, lapidar: „Das Volk tut seinen Willen durch Wahlen und Abstimmungen kund.", worauf sich der prägnante – und im Titel dieser Arbeit wiederfindende – Satz 2 anschließt: „Mehrheit entscheidet." Es handelt sich dabei nicht nur um einen Programm-, sondern verbindlichen Rechtssatz[1205]. Aus dem in Art. 2 Abs. 2 S. 2 Verf. Bayern niedergelegten Mehrheitsgebot ergibt sich für den gesamten Bereich staatlichen Handelns ein Regel-Ausnahme-Verhältnis dahingehend, daß stets die einfache Mehrheit der Abstimmenden zu erreichen ist, wenn die Verfassung nicht erhöhte Entscheidungs- oder Beteiligungsquoren ausdrücklich bestimmt[1206] oder gewissermaßen konkludent vorgibt[1207]. Daß hiermit gerade die einfache Abstimmendenmehrheit und nicht beispielsweise die absolute Mitgliedermehrheit gemeint sei, resultiere aus dem „üblichen Sprachgebrauch" und dem Sinn der Norm[1208].

Eine Bestimmung, wie sie die Bayerische Verfassung mit Art. 2 Abs. 2 S. 2 trifft, fehlt in den übrigen Bundesländern. Aufgrund der auch dort uneingeschränkten Verbindlichkeit demokratischer Grundsätze zeitigt das Fehlen einer originären Anordnung der Geltung des Majoritätsprinzips keinerlei Auswirkungen, wie sogleich zu sehen sein wird.

1205 *K. Schweiger*, in H. Nawiasky/K. Schweiger/F. Knöpfle (Hrsg.), Die Verfassung des Freistaates Bayern, Art. 2 (2000), Rn. 12. – Freilich enthält die Norm keinerlei grundrechtliche oder subjektive Rechtspositionen für den Einzelnen: BayVerfGH 36, 83 (88); *T. Meder*, Die Verfassung des Freistaates Bayern, 3. Aufl. 1985, Art. 2 Rn. 4.

1206 BayVerfGH 25, 57; *J. F. Lindner*, in: J. F. Lindner/M. Möstl/H. A. Wolff, Die Verfassung des Freistaates Bayern, 2009, Art. 2 Rn. 10 f. – Keine Auswirkungen soll die Regelung denknotwendig auf die Fälle der Verhältniswahlen haben: *Schweiger* (Fn. 1205), Art. 2 Verf. Bayern Rn. 12. Nicht überzeugend indes die Auslegung von *W. Schmitt Glaeser*, Grenzen des Plebiszits auf kommunaler Ebene, in: DÖV 1998, S. 824 (829 m. Fn. 43), der Abweichungen und Ausgestaltungen dem einfachen Gesetzgeber aufgrund des „deutlich fragmentarischen Charakter(s) der BV" überantworten möchte.

1207 Diese Kategorie gibt es erst seit BayVerfGH 52, 104 und E 53, 42.

1208 Im Ergebnis freilich ohne Widerspruch; ob allerdings die Begründung von *Schweiger* (Fn. 1205), Art. 2 Verf. Bayern Rn. 12, zwingend überzeugt, ist fraglich, wenn man beispielsweise mit *Heun*, Mehrheitsprinzip (Fn. 7), S. 102, 124 gerade die absolute Mehrheit als den Grundtypus anerkennt.

B. Die Beschlüsse der Volksvertretungen der Länder

I. Die Abstimmungen in den Landesparlamenten

Alle Landesverfassungen stellen Mindestanforderungen für das Ergehen eines Landtagsbeschlusses auf. Zumeist werden sowohl die zugrundeliegende Gesamtheit als auch das Mehrheitserfordernis vorgegeben, teils ergibt sich eine der beiden Größen erst aus einer Zusammenschau mit anderen Verfassungsbestimmungen, nicht selten dient eine entsprechende Klarstellung in der angeschlossenen Geschäftsordnung als erläuternde Ergänzung.

1. Bayern

a) Mehrheitserfordernis

Für Bayern enthält Art. 23 Abs. 1 BayVerf. das Erfordernis einfacher Mehrheit der abgegebenen Stimmen. Bezugsgröße und Mehrheitsquorum sind damit ausdrücklich durch die Landesverfassung vorgegeben. Ein Beschluß – sei es nun eine Abstimmung, Wahl oder sonstige Entschließung[1209] – kommt vorbehaltlich anderweitiger, in der Verfassung angeordneter Quoren folglich zustande, wenn im Rahmen der Abstimmung bei einem Vergleich der auf die Alternativen entfallenden Stimmen wenigstens ein Delegierter mehr für die Entscheidung stimmt als gegen sie entschieden haben; wie auf Bundesebene sind auch in Bayern gemäß ständiger und unwidersprochener Praxis Stimmenthaltungen bei der Ermittlung des Abstimmungsergebnisses unbeachtlich, somit weder auf der Seite der Befürworter noch der Gegner der Beschlußvorlage zu berücksichtigen[1210]. Schon nach allgemeinen Grundsätzen ist eine Stimmenmehrheit bei Stimmengleichheit nicht erreicht. Dennoch erhält die dies aufgreifende Regelung des Art. 127 Abs. 3 GO-LT dadurch eigenständige Bedeutung, daß sie im Falle eines Patts die vorgelegte Frage explizit als verneint erklärt, mithin Folgeabstimmungen zur Auflösung der Stimmengleichheit und Ermittlung einer einfachen Mehrheit ebenso eine Absage erteilt wie Stimmführerschaft und Losentscheid.

[1209] *Meder*, Verfassung Bayern (Fn. 1205), Art. 23 Rn. 1; *M. Möstl*, in: Lindner/Möstl/Wolff, Verfassung Bayern (Fn. 1206), Art. 23 Rn. 4.

[1210] Einhellige Auffassung: *Meder*, Verfassung Bayern (Fn. 1205), Art. 23 Verf. Bayern Rn. 1; *B. Kempen*, in: U. Becker/D. Heckmann/B. Kempen/G. Manssen, Öffentliches Recht in Bayern, 4. Aufl. 2008, Kap. Bayerisches Verfassungsrecht, Rn. 167; *K. Schweiger*, in: Nawiasky/Schweiger/Knöpfle, Verfassung Bayern (Fn. 1205), Art. 23 (1963/1989), Rn. 3; *Möstl* (Fn. 1209), Art. 23 Verf. Bayern Rn. 5 mit fraglicher Begründung.

b) Beschlußfähigkeitsregelung

Um das vorgesehene Mehrheitserfordernis abschließend bewerten zu können, ist stets auch ein Blick auf die korrespondierenden Regelungen zur Beschlußfähigkeit angebracht. Diese offenbaren für den Bayerischen Landtag ein Beschlußfähigkeitsquorum in Höhe der Mehrheit der Landtagsabgeordneten, Art. 23 Abs. 2 BayVerf., mithin bei 187 Mitgliedern des Landtages in der 16. Legislaturperiode 94 Abgeordnete; in der 17. Legislaturperiode sind es bei 180 Abgeordneten 91[1211]. Die Rede von der Anwesenheit der Mehrheit der Mitglieder (und nicht: der gesetzlichen Mitgliederzahl) bringt nur im Ausnahmefall des Ausscheidens eines Delegierten und vor der Wiederbesetzung einen Unterschied zur gesetzlichen Mitgliederzahl[1212]. Die Konstellation ist indes kaum praxisrelevant und noch dazu deswegen zu vernachlässigen, weil es nur zu einer Differenz bei der Beschlußfähigkeitsgrenze käme, die keinerlei Auswirkung auf das (einfache) Mehrheitserfordernis hätte. Über das angesetzte Quorum hinaus besteht in Bayern eine Vermutung für die Beschlußfähigkeit des Landtages (§ 123 Abs. 1 GO-LT), die durch Bezweiflung seitens schon eines Landtagsabgeordneten erschüttert werden kann. Die Norm wird jedoch anders als die zumindest auf den ersten Blick identische Bundestagsregelung in § 45 GO-BT[1213] für problematischer, wenn auch noch verfassungskonform gehalten[1214]. Dies deswegen, weil anders als auf Bundesebene, wo sämtliche Regelungen zur Beschlußfähigkeit und ihrer Aufrechterhaltung durch Fiktion dem Geschäftsordnungsrecht vorbehalten bleiben, in Bayern das Erfordernis mehr als hälftiger Anwesenheit der Delegierten landesverfassungsrechtlich abgesi-

---

1211 Die von Art. 13 Abs. 1 Verf. Bayern vorgegebene Mitgliederzahl des Bayerischen Landtages von 180 erhöhte sich in der 16. Legislaturperiode durch Überhang- (4) und Ausgleichsmandate (3) auf 187 Mitglieder: http://www.bayern.landtag.de/cps/rde/xchg/landtag/x/-/www1/83_3550.htm (November 2013) bzw. für die aktuellen Zahlen: http://www.landtag-bayern.de/de/10.php (November 2013).

1212 Vgl. *Schweiger* (Fn. 1210), Art. 23 Verf. Bayern Rn. 6 unter Hinweis auf die in diesem Zusammenhang beachtliche Wiederbesetzungsvorschrift des Art. 58 LWahlG. – Im Ergebnis genauso, den terminologischen Unterschied zwischen „Mitgliederzahl" und „gesetzlicher Mitgliederzahl" aber nicht mittragend *Meder*, Verfassung Bayern (Fn. 1205), Art. 23 Verf. Bayern Rn. 2 sowie *Möstl* (Fn. 1209), Art. 23 Verf. Bayern Rn. 5.

1213 Siehe hierzu ausführlich unter A. III. 1. b).

1214 Zum Folgenden ausführlich *Möstl* (Fn. 1209), Art. 23 Verf. Bayern Rn. 9 („eine gerade noch zulässige Ausschöpfung der Parlamentsautonomie"); ebd. finden sich auch Hinweise zu den Folgen eines trotz fehlender Beschlußfähigkeit gefaßten Beschlusses. – *Kempen*, Verfassungsrecht (Fn. 1210), Rn. 157, scheint hier eine strenge Anwendung der Beschlußfähigkeitsvorschrift vorzugeben; *Meder*, Verfassung Bayern (Fn. 1205), Art. 23 Verf. Bayern Rn. 2 hält die Vorschrift für mit dem Prinzip der repräsentativen Demokratie vereinbar.

chert ist. Die Vermutung fortbestehender Beschlußfähigkeit bis zu einer ausdrücklichen Bezweiflung findet sich demgegenüber nur in der Geschäftsordnung des Landtages und klingt an keiner Stelle in der Landesverfassung an.

c) *Abweichungsmöglichkeit für Wahlen*

Neben dem Vorbehalt abweichender Regelung einer besonderen Mehrheit in der Verfassung findet sich speziell für den Bereich der Wahlen in der Bayerischen Verfassung keine ausdrückliche Ermächtigung zu abweichender Regelung der erforderlichen Mehrheit durch einfaches Gesetz oder Geschäftsordnung. Obwohl dies eigentlich die Unzulässigkeit der Anordnung qualifizierter Mehrheiten im Unterverfassungsrecht zur Konsequenz haben müßte[1215], hat der BayVerfGH bislang diese Konsequenz für die schon vorgelegten Normen nicht gezogen, ohne sie freilich im Falle der Verschärfung der einfachen Abstimmungsmehrheit ausdrücklich für mit Art. 23 Abs. 1 BayVerf. konform zu erklären: die Norm wurde anscheinend nicht als Prüfungsmaßstab herangezogen[1216]. Für Wahlen, die in Abkehr von Mehrheitsentscheidungen auf das Verhältnismäßigkeitsprinzip zurückgreifen, hat er die Konformität mit Art. 23 Abs. 1 BayVerf. indes bejaht[1217].

d) *Beseitigung von Unklarheiten hinsichtlich des erforderlichen Mehrheitserfordernisses*

Interessant ist für Bayern, daß im Falle eines Streits, ob ein einfacher Beschluß des Parlaments vorliegt oder ob erhöhte Voraussetzungen an die Beschlußfassung zu knüpfen sind, ein einfacher Mehrheitsbeschluß des Bayerischen Landtages über diese Frage herbeizuführen ist. Hierfür gilt nicht schon das Mehrheitserfordernis, das der Ausnahmefall für die in Rede stehende Entscheidung anordnet; über die Frage, ob eine Zweidrittelmehrheit zu beachten ist, entscheidet folglich keine Zweidrittel-, sondern eine einfa-

---

[1215] Zu diesem Ergebnis scheint zu recht wenigstens *Möstl* (Fn. 1209), Art. 23 Verf. Bayern Rn. 6 zu tendieren.

[1216] BayVerfGH 55, 28 (38 f.), bezogen auf den heutigen § 1 Abs. 2 S. 6 des Gesetzes zur parlamentarischen Kontrolle der Staatsregierung hinsichtlich der Maßnahmen nach Art. 13 Abs. 3 bis 5 des Grundgesetzes sowie der Tätigkeit des Landesamts für Verfassungsschutz (Parlamentarisches Kontrollgremium-Gesetz [PKGG]), in dem die Wahl der Mitglieder des Kontrollgremiums durch den Landtag mittels der Mehrheit seiner Mitglieder zu erfolgen hat – insofern gleich eine zweifache Verschärfung von Mehrheitserfordernis und zugrundeliegender Bezugsgröße im Vergleich zum Regelbeschlußverfahren.

[1217] So in BayVerfGH 46, 1 (11), bezogen auf Art. 46 GO-LT, der das generelle Verfahren bei Wahlen im Listenverfahren unter Anwendung des Verhältnismäßigkeitsprinzips vorsieht.

che Abstimmendenmehrheit. Ansonsten hätte es die parlamentarische Minderheit in der Hand, die eigene Auffassung zunächst bei der Einordnung der Angelegenheit als eine mit qualifizierter Mehrheit zu beschließende durchzusetzen, um sich dann im anschließenden Folgeschritt auch noch inhaltlich gegenüber der einfachen Mehrheit durchzusetzen[1218].

2. Regelungen in den übrigen Ländern

a) *Mehrheitserfordernisse*

In den übrigen fünfzehn Landtagen bzw. Senaten sehen die jeweiligen Landesverfassungen ebenfalls für Regelbeschlüsse die Anwendung des einfachen Mehrheitserfordernisses vor. Der bayerischen Regelung entsprechende Vorgaben machen die Landesverfassungen in Art. 33 Abs. 2 S. 1 Baden-Württemberg, Art. 43 Abs. 2 Berlin, Art. 65 S. 1 Brandenburg, Art. 90 S. 1 Bremen, Art. 19 Hamburg, Art. 88 S. 1 Hessen, Art. 32 Abs. 1 S. 1 Mecklenburg-Vorpommern, Art. 21 Abs. 4 S. 1 Niedersachsen, Art. 44 Abs. 2 Nordrhein-Westfalen, Art. 88 Abs. 2 S. 1 Rheinland-Pfalz, Art. 74 Abs. 2 Saarland, Art. 48 Abs. 3 S. 1 Sachsen, Art. 51 Abs. 1 Sachsen-Anhalt, Art. 16 Abs. 1 S. 1 Schleswig-Holstein sowie Art. 61 Abs. 2 S. 1 Thüringen für die übrigen Bundesländer.

Auch hier gilt: sämtliche, auch die sogenannten schlichten Parlamentsbeschlüsse bedürfen der einfachen Abstimmungsmehrheit, was der Mehrheit der an der Abstimmung teilnehmenden Abgeordneten und unter den sich Beteiligenden einem Vorsprung einer Alternative von wenigstens einer Stimme entspricht; Stimmenthaltungen sind – jedenfalls seit der Änderung des Art. 90 Verf. Bremen und der Geschäftsordnung des Berliner Abgeordnetenhauses[1219] – genauso unbeachtlich für das Mehrheitsverhältnis von zustimmenden und ablehnenden Stimmen wie ungültige[1220]. Stets geht mit der An-

---

1218 Siehe *Schweiger* (Fn. 1210), Art. 23 Verf. Bayern Rn. 4.

1219 Gemäß Art. 90 Verf. Bremen i.d.F. bis zum 30.10.1994 galten Enthaltungen von Verfassungs wegen als Nein-Stimmen und verschärften damit das einfache Mehrheitserfordernis zur Erzielung eines Beschlusses, da bis dato mehr befürwortende Stimmen als Nein-Stimmen und Enthaltungen zusammen gezählt werden mußten. – Für Berlin galt dies bis zum 25.10.2006 (§ 75 Abs. 1 S. 3 GO a.F.), nunmehr ordnet § 69 Abs. 2 Hs. 2 GO die Unbeachtlichkeit der entsprechenden Stimmen für die Ermittlung der Mehrheit an. Kritisch zu der Neufassung *U. Kärgel*, in: Driehaus, Verfassung (Fn. 1165), Art. 56 Verf. Berlin Rn. 3.

1220 *P. Feuchte*, in: ders. (Hrsg.), Verfassung des Landes Baden-Württemberg, 1987, Art. 33 Rn. 16; *A. Korbmacher*, in: Driehaus, Verfassung Berlin (Fn. 1165), Art. 43 Rn. 5; *H. Lieber/S. J. Iwers/M. Ernst*, Verfassung des Landes Brandenburg, Art. 65 (2003), Anm. 1; *H. Neumann*, Die Verfassung der Freien Hansestadt Bremen, 1996, Art. 90 Rn. 5 f.; *David* (Fn. 215), Art. 19 Verf. Hamburg Rn. 4; erfreulich einordnung einfacher Stimmenmehrheit einher, daß im Falle von Stimmengleichheit dieses Quorum, das sich gerade durch wenigstens eine Stimme Unterschied zwischen den Wahloptionen auszeichnet, zunächst verfehlt ist[1221]. Ausnahmslos alle Landesverfassungen behalten diese negative Folge für die Abstimmung auch bei und verzichten darauf, die Stimmengleichheit zugunsten einer Entscheidung in diesem Abstimmungsgang aufzulösen. Die ausdrückliche Gleichsetzung von Stimmengleichheit mit der Ablehnung der vorgelegten Frage stellen indes allein Art. 43 Abs. 2 S. 2 Verf. Berlin und Art. 88 S. 2 Verf. Hessen klar, in den übrigen Verfassungen wird sie aus dem Verfehlen einfacher Abstimmungsmehrheit geschlossen.

b) Beschlußfähigkeitsregelungen

Hinsichtlich des Beschlußfähigkeitsquorums wird in den Verfassungen fast aller Länder auf die Mehrheit der Mitglieder des Landesparlaments zurückgegriffen[1222]. In Brandenburg fehlt eine entsprechende Verfassungsbe-

deutig bereits die Verf. Hessen in Art. 8 selbst: „Mehrheit der auf ‚Ja' oder ‚Nein' lautenden Stimmen", s. a. *W. Rupp-v. Brünneck/G. Konow*, in: G. A. Zinn/E. Stein (Hrsg.), Verfassung des Landes Hessen, Bd. I, Art. 88 Ziff. 1; *Tebben* (Fn. 148), Art. 32 Verf. Mecklenburg-Vorpommern Rn. 2 f.; *H. Neumann*, Die Niedersächsische Verfassung, 3. Aufl. 2000, Art. 21 Rn. 23 f.; *J. Menzel*, in: W. Löwer/P. J. Tettinger (Hrsg.), Kommentar zur Verfassung des Landes Nordrhein-Westfalen, 2002, Art. 44 Rn. 10; *F. Edinger*, in: C. Grimm/P. Caesar (Hrsg.), Verfassung für Rheinland-Pfalz, 2001, Art. 88 Rn. 10; *A. Catrein/T. Flasche*, in: R. Wendt/R. Rixecker (Hrsg.), Verfassung des Saarlandes, 2009, Art. 74 Rn. 6; *C. Meissner*, Der Landtag, in: C. Degenhart/C. Meissner (Hrsg.), Handbuch der Verfassung des Freistaats Sachsen, 1997, § 10 Rn. 59; *H. H. Mahnke*, Die Verfassung des Landes Sachsen-Anhalt, 1993, Art. 51 Rn. 3 (dezidiert a. A. hinsichtlich der Behandlung von Enthaltungen und ungültigen Stimmen in Sachsen-Anhalt *A. Reich*, Verfassung des Landes Sachsen-Anhalt, 1994, Art. 51 Rn. 1); *H. Wuttke*, in: A. v. Mutius (Hrsg.), Kommentar zur Landesverfassung Schleswig-Holstein, 1995, Art. 16 Rn. 3; *J. Linck*, in: J. Linck/ S. Jutzi/J. Hopfe, Die Verfassung des Freistaats Thüringen, 1994, Art. 61 Rn. 4 f.

1221 Ausdrücklich formulieren dies für das jeweilige Land nur *K. Braun*, Kommentar zur Verfassung des Landes Baden-Württemberg, 1984, Art. 33 Rn. 30; *Neumann* (Fn. 1220), Art. 90 Verf. Bremen Rn. 6; *David* (Fn. 215), Art. 19 Verf. Hamburg Rn. 4; in Hessen folgt dies direkt aus Art. 88 S. 2 Verf., vgl. auch *Rupp-v. Brünneck/Konow* (Fn. 1220), Art. 88 Verf. Hessen Ziff. 1; *Neumann* (Fn. 1220), Art. 21 Verf. Niedersachsen Rn. 24; *Edinger* (Fn. 1220), Art. 88 Verf. Rheinland-Pfalz Rn. 10; *Mahnke* (Fn. 1220), Art. 51 Verf. Sachsen-Anhalt Rn. 3; *Linck* (Fn. 1220), Art. 61 Verf. Thüringen Rn. 5.

1222 Variationen gibt es nur im Rahmen der Terminologie (u. a. Mehrheit der gesetzlichen Mitgliederzahl, Mehrheit der gewählten Mitglieder, Mehrheit der Mitglieder); vgl. Art. 33 Abs. 2 S. 3 Baden-Württemberg; Art. 43 Abs. 1 Berlin; § 61 GO-LT Brandenburg; Art. 89 Abs. 1 S. 1 Bremen; Art. 20 Abs. 1 S. 1 Hamburg; Art. 87 Abs. 1 Hessen; Art. 32 Abs. 3 Mecklenburg-Vorpommern; § 79 Abs. 1 S. 1 GO-LT Niedersachsen; Art. 44 Abs. 1 Nordrhein-Westfalen; Art. 88 Abs. 1 Rheinstimmung, in Niedersachsen wird die Regelung ohne inhaltliche Vorfestlegungen gemäß Art. 21 Abs. 4 S. 3 Verf. ausdrücklich der Geschäftsordnung vorbehalten; die Geschäftsordnungen beider Landtage übernehmen das übliche Quorum indes[1223]. Zumeist ist die Unterschreitung dieser Grenze immer dann unbeachtlich, wenn sie nicht von Abgeordnetenseite rechtzeitig gerügt wird. Diese Fiktion wird teils in der Verfassung selbst (Art. 33 Abs. 2 S. 3 Baden-Württemberg; Art. 89 Abs. 1 S. 2 Bremen; Art. 20 Abs. 1 S. 2 Hamburg; Art. 48 Abs. 2 Sachsen; Art. 51 Abs. 2 Sachsen-Anhalt; Art. 61 Abs. 1 S. 2 Thüringen), teils aber auch nur in der angeschlossenen Geschäftsordnung formuliert (so in Berlin [§ 73 Abs. 1 S. 2 GO-LT], in Brandenburg [§ 62 Abs. 1 S. 1 GO-LT], in Hessen [§ 61 Abs. 1 GO-LT], in Mecklenburg-Vorpommern [§ 77 Abs. 2 GO-LT], in Niedersachsen [§ 79 Abs. 2 S. 1 GO-LT], in Rheinland-Pfalz [42 Abs. 2 S. 1 GO-LT] und im Saarland [§ 47 GO-LT]).

In Berlin (Art. 43 Abs. 1 Verf.), Nordrhein-Westfalen (Art. 44 Abs. 1 Verf.) wie auch im Saarland (Art. 74 Abs. 1 Verf.) und in Schleswig-Holstein (Art. 16 Abs. 3 Verf.) wird in den genannten Beschlußfähigkeitsregelungen ein zwingendes Mindestanwesenheitsquorum der Abgeordneten erblickt, das von Amts wegen durch den Präsidenten im Rahmen der Abstimmung zu überprüfen sei und bei Nichtbeachtung automatisch die Nichtigkeit des ohne Ansehen der eigentlich fehlenden Beschlußfähigkeit gefaßten Beschlusses auslöse[1224]; in Mecklenburg-Vorpommern soll dies nur bei evidenter, „auf einen Blick“ durch den Landtagspräsidenten feststellbarer Beschlußunfähigkeit gelten[1225]. Das Land Niedersachsen verfährt zweistufig: zunächst hat der Landtagspräsident zu Beginn der Sitzungen die Beschlußfähigkeit von Amts wegen zu prüfen, lag sie indes einmal vor, wird sie auch in der Folge bis zu einer ausdrücklichen Bezweiflung vermutet (§ 79 Abs. 1 S. 2, Abs. 2 S. 1 GO-LT).

---

land-Pfalz; Art. 74 Abs. 1 Saarland; Art. 48 Abs. 2 Sachsen; Art. 51 Abs. 2 Sachsen-Anhalt; Art. 16 Abs. 3 Schleswig-Holstein; Art. 61 Abs. 1 S. 1 Thüringen.

[1223] In der Geschäftsordnung des Landtags von Brandenburg (§ 61) und derjenigen von Niedersachsen (§ 79 Abs. 1 S. 1) wird auf die Mehrheit der gesetzlichen Mitgliederzahl zurückgegriffen.

[1224] *Korbmacher* (Fn. 1220), Art. 43 Verf. Berlin Rn. 3; *Menzel* (Fn. 1220), Art. 44 Verf. Nordrhein-Westfalen Rn. 6; *Catrein/Flasche* (Fn. 1220), Art. 74 Verf. Saarland Rn. 3; *Wuttke* (Fn. 1220), Art. 16 Verf. Schleswig-Holstein Rn. 6 – im Saarland und in Schleswig-Holstein immerhin trotz anders lautender Bestimmung in der Geschäftsordnung, die die Prüfung nur auf Antrag der Abgeordneten vorsieht.

[1225] *Tebben* (Fn. 148), Art. 32 Verf. Mecklenburg-Vorpommern Rn. 6: insofern verfassungskonforme Auslegung der anderslautenden GO-LT-Bestimmung; a. A. trotz Bedenken mit Blick auf die Parlamentshoheit *K. Wedemayer*, in: B. Thiele/ J. Pirsch/K. Wedemeyer, Die Verfassung des Landes Mecklenburg-Vorpommern, 1995, Art. 32 Rn. 3.

c) Hamburg: Besonderheit bei Verabschiedung von Gesetzesvorlagen

Sind Gesetzesvorlagen Gegenstand in der Hamburgischen Bürgerschaft, so bedürfen diese nach Art. 49 Abs. 1 Verf. der zweimaligen Lesung, wobei nach der Legaldefinition unter Lesung jeweils die Beratung und Abstimmung zu verstehen ist. Auf diese Weise ist mit einem Abstand von sechs Tagen (Art. 49 Abs. 2 Verf.) zwei Mal mit einfacher Mehrheit nach Art. 19 Verf. ein (nicht zwingend inhaltsgleicher) Gesetzesbeschluß herbeizuführen[1226].

d) Abweichungsmöglichkeit für Wahlen

Die überwiegende Anzahl der Bundesländer, namentlich Baden-Württemberg (Art. 33 Abs. 2 S. 1 Hs. 2, S. 2 Verf.), Berlin (Art. 43 Abs. 2 S. 3 Verf.), Brandenburg (Art. 65 S. 2 Verf.), Bremen (Art. 90 S. 2 Verf.), Mecklenburg-Vorpommern (Art. 32 Abs. 1 S. 2 Verf.: nur „größere Mehrheiten"), Niedersachsen (Art. 21 Abs. 4 S. 2 Verf.), Rheinland-Pfalz (Art. 88 Abs. 2 S. 2 Verf.), das Saarland (74 Abs. 2 S. 2 Verf.), Sachsen (Art. 48 Abs. 3 S. 2 Verf.), Sachsen-Anhalt (Art. 51 Abs. 1 S. 2 Verf.), Schleswig-Holstein (Art. 16 Abs. 2 Verf.) sowie Thüringen (Art. 61 Abs. 2 S. 2 Verf.) ermöglichen in ihrer Landesverfassung für den Bereich der Wahlen die Abweichung vom Prinzip einfacher Mehrheit durch einfaches Gesetz oder in Geschäftsordnungen. Die Abweichungsoption gilt insoweit aber nur für Wahlen im engen Sinne, dem Begriffsverständnis dieser Arbeit entsprechend reinen Personalentscheidungen, nicht Auswahlentscheidungen zwischen Sachfragen oder Behördensitzen[1227]. Sie eröffnet dem einfachen Gesetz- oder Geschäftsordnunggeber neben der freien Festlegung abweichender Mehrheiten auch einen Wechsel in eine Verhältniswahl sowie die Anordnung von Losentscheiden im Falle von Stimmengleichheit[1228].

Fehlt indes eine entsprechende Klarstellung der Zulässigkeit divergierender Abstimmungsregeln und wird das einfache Mehrheitsprinzip dennoch

---

[1226] Für Verfassungsänderungen gilt auch das zweifache Beschlußerfordernis nach 51 Abs. 2 S. 1 Verf., allerdings mit einem zeitlichen Abstand von dreizehn Tagen; dazu unter B. XIII. 2. a) dd). Zur Berechnung werden die §§ 187 Abs. 1, 188 Abs. 1 BGB herangezogen. Eine Verkürzung kann durch übereinstimmende Erklärung der Bürgerschaftsmehrheit und des Senates erfolgen, sofern nicht eine Bürgerschaftsminderheit auf der Einhaltung der zeitlichen Latenz besteht, Art. 49 Abs. 3 S. 1 u. 2 Verf.: vgl. *David* (Fn. 215), Art. 49 Verf. Berlin Rn. 10 bzw. 11 ff.

[1227] Statt aller, die diese Problematik sehen: *Braun* (Fn. 1221), Art. 33 Verf. Baden-Württemberg Rn. 30; *Tebben* (Fn. 148), Art. 32 Verf. Mecklenburg-Vorpommern Rn. 8; *Edinger* (Fn. 1220), Art. 88 Verf. Rheinland-Pfalz Rn. 12; *Catrein/Flasche* (Fn. 1220), Art. 74 Verf. Saarland Rn. 7. – Zur Abgrenzung ausführlich auch zu Beginn der Untersuchung unter C. I.

[1228] *Edinger* (Fn. 1220), Art. 88 Verf. Rheinland-Pfalz Rn. 12.

im Unterverfassungsrecht modifiziert, bedarf es eines erhöhten Begründungsaufwandes zu seiner Rechtfertigung: teils wird im Hinblick auf herausgehobene Wahlentscheidungen die einfachgesetzliche oder geschäftsordnungsmäßige Anordnung einer qualifizierten Mehrheit für nicht ausgeschlossen gehalten, sofern sie eben einem engen Bereich wichtiger, mit den üblichen Fällen qualifizierter Mehrheiten vergleichbarer Konstellationen vorbehalten bleibe[1229]. In Hamburg, wo auch die Möglichkeit zu unterverfassungsrechtlicher Abweichung fehlt, werden die Anordnungen qualifizierter Mehrheiten in Landesgesetzen wegen Verstoßes gegen das einfache Mehrheitsprinzip des Art. 19 Verf. für verfassungswidrig, diejenigen in der Geschäftsordnung der Bürgerschaft mangels unmittelbarer Außenwirkung indes für zulässig erachtet[1230]. In Hessen besteht die Problematik, daß Art. 88 S. 1 Verf., der die Mehrheit der auf „Ja" oder „Nein" lautenden Stimmen für ein von Erfolg gekröntes Resultat verlangt, aufgrund der ausdrücklichen Vorformulierung auf Wahlen direkt keine Anwendung finden kann. Die Abweichungsmöglichkeit wiederum eröffnet Art. 87 Abs. 2 Verf. aber nur hinsichtlich der Beschlußfähigkeitsregelungen im Falle von Wahlen[1231]. Dennoch wird aus dem Zusammenhang beider Artikel auch auf eine Option zur Abweichung von der einfachen Abstimmungsmehrheit durch Anordnungen in der Geschäftsordnung geschlossen[1232].

3. Stellungnahme

a) Mehrheitserfordernisse

Keines der sechzehn Bundesländer greift für einfache Landtagsbeschlüsse auf absolute oder gar qualifizierte Mehrheiten zurück; und auch hinsichtlich des Bezugspunktes zur Mehrheitsberechnung besteht Einigkeit: in ausnahmslos allen Landesverfassungen bezieht sich die angeordnete Mehrheit auf die Zahl der abgegebenen Stimmen, nie auf die gesetzliche Mitgliederzahl oder die anwesenden Delegierten. Dennoch darf dies nicht darüber hinwegtäuschen, daß die einfache Mehrheit in der Abstimmungskonstellation

---

[1229] So für Nordrhein-Westfalen *Menzel* (Fn. 1220), Art. 44 Verf. Nordrhein-Westfalen Rn. 11.

[1230] *David* (Fn. 215), Art. 19 Verf. Hamburg Rn. 8.

[1231] *K. R. Hinkel*, Verfassung des Landes Hessen, 1999, Erl. zu Art. 88, der jedoch eine Lösungsmöglichkeit für die „nicht ohne weiteres" anwendbare Verfassungsbestimmung für Wahlen schuldig bleibt.

[1232] *Rupp-v. Brünneck/Konow* (Fn. 1220), Art. 88 Verf. Hessen Ziff. 3 weisen zusätzlich darauf hin, daß eine Abweichungsmöglichkeit anscheinend grundlos aus den Verfassungsentwürfen gestrichen wurde, ohne hieraus inhaltlich ein Verbot der Abweichung ableiten zu wollen.

die Zustimmung von mehr als der Hälfte der Abstimmenden verlangt – eigentlich ein Quorum, das man ansonsten nur mit absoluten Mehrheitserfordernissen assoziiert. Sofern keine Stimmenthaltungen und ungültigen Stimmen auftreten und vollständige Anwesenheit besteht, entspricht die verlangte einfache Mehrheit der Abstimmenden daher auch der absoluten Mitgliedermehrheit.

Auffallend ist auch, daß kein einziges Bundesland die Konstellation der Stimmengleichheit durch Rückgriff auf Entscheidungstechniken wie abweichende Stimmengewichtung, Wiederholung der Abstimmung oder Losentscheid zwischen den Alternativen auflöst. Vielmehr wird die erforderliche Mehrheit ausnahmslos für verfehlt angesehen und die Beschlußvorlage negativ beschieden.

Als vorausschauend, wenn auch glücklicherweise nicht allzu praxisrelevant, erweist sich die Option, im Falle von Unklarheit oder Streit über das Vorliegen eines Ausnahmefalls von dem Prinzip einfacher Abstimmungsmehrheit einen Regelbeschluß des Landtages zur Beilegung der Differenzen vorzusehen. Daß hierfür dann ein einfacher Mehrheitsbeschluß der Abstimmenden genügen soll, überzeugt auch in den Fällen, in denen alternativ eine qualifizierte Mehrheit für nötig erachtet wird: forderte man nämlich dieselbe qualifizierte Mehrheit, die für den zugrundeliegenden Beschluß im Raume steht, auch für die Entscheidung über das Mehrheitserfordernis selbst ein, überließe man einer qualifizierten Minderheit die Möglichkeit, sich zunächst in der Frage der erforderlichen Mehrheit, in einem weiteren Schritt bei der Sachentscheidung selbst gegenüber der Mehrheit durchzusetzen[1233]. Gleichwohl bleibt stets eine nachträgliche Klärung durch ein Landesverfassungsgericht möglich.

b) Beschlußfähigkeitsregelungen

Was die Beschlußfähigkeitsregelungen angeht, lassen sich die Länder vereinfacht in zwei Gruppen einteilen: diejenigen, die ein Beschlußfähigkeitsquorum mittels Fiktion aufweichen und diejenigen, freilich in der Minderzahl liegenden, in denen zu recht auf einem strikten und von Amts wegen durch den Landtagspräsidenten zu überprüfenden Quorum bestanden wird. Einheitlich, ob mit oder ohne Fiktion verknüpft, liegt es in den Bundesländern bei der Hälfte der gesetzlichen Mitgliederzahl. Besonders unglücklich stellt sich die Konstellation in denjenigen Ländern dar, in denen

1233 So könnte eine Minderheit von beispielsweise 40% zunächst verhindern, daß ein Mehrheitsbeschluß mit Zweidrittelmehrheit dahingehend ergeht, daß einfache Mehrheit ausreicht. In der Folge wäre also auch die Sachentscheidung mit Zweidrittelmehrheit zu fassen, die ihrerseits an der qualifizierten Minderheit scheiterte.

zwar auf Verfassungsebene ein offenbar verbindliches Beschlußfähigkeitsquorum angeordnet, dieses aber durch Geschäftsordnungsrecht mittels der bekannten Prüfung derselben nur auf entsprechenden Antrag hin de facto unwirksam gemacht wird. Treffen beide Regelungen aufeinander, werden die untergesetzlichen, die Verfassungsanordnungen unterlaufenden Regelungen zutreffend als unwirksam angesehen. Begrüßenswert wäre es daher, wenn die Verfassung selbst besonders bedeutsames Geschäftsordnungsrecht wie die Frage der Beschlußfähigkeit abschließend regelte, ohne sich freilich mit Details des Verfahrensganges und dergleichen zu überfrachten. Daß die Fiktion fortbestehender Beschlußfähigkeit hierbei im Hinblick auf das Demokratieprinzip nicht zu den wegen besonderer Tragweite erhaltenswerten und in eine Verfassung aufzunehmenden Instituten gehört, braucht an dieser Stelle nicht erneut ausführlich dargelegt zu werden[1234].

c) *Abweichungsmöglichkeit*

An den mannigfaltigen und vor allem hinsichtlich der erforderlichen Mehrheiten multipel ausgestalteten Geschäftsordnungsbestimmungen läßt sich ein Bedürfnis nach Abweichung vom Prinzip einfacher Abstimmungsmehrheit ablesen. Um diese allerdings zu ermöglichen, bedarf es einer Abweichungsermächtigung in der das Regelverfahren beschreibenden Landesverfassung. Existiert eine solche nicht, darf an sich keinerlei abweichende – weder verschärfende, noch erleichternde – Bestimmung zur Entscheidungsfindung im unterverfassungsgesetzlichen Recht erfolgen. Schon gar nicht wäre eine generelle Abkehr vom Mehrheitsprinzip hin zum Verhältnismäßigkeitsprinzip beispielsweise zur Besetzung von Gremien zulässig. In den betroffenen Ländern, in denen Landesverfassungen (wohl unbewußt) auf eine ausdrückliche Ermächtigung zur Abweichung vom Prinzip einfacher Abstimmungsmehrheit verzichtet haben, erkennt man das Bedürfnis nach andersgestaltiger Entscheidungsfindung auch und versucht, durch Kunstgriffe oder die Nichtbeachtung des verfassungsrechtlichen Grundsatzes die an sich zwingende Konsequenz der Verfassungswidrigkeit untergesetzlichen Rechts zu umgehen: demnach sei beispielsweise die Abkehr von einfacher hin zu absoluter oder gar qualifizierter Mehrheit bei besonders bedeutsamen Entscheidungen gerechtfertigt. Die Parallele zu bedeutenden qualifizierten Mehrheiten im Landesverfassungsrecht zu ziehen, vermag nicht zu überzeugen, wurde vom Verfassunggeber doch anscheinend nicht nur auf die Regelung der betroffenen Materie in der Verfassung verzichtet, sondern erst

[1234] s. hierzu die Ausführungen im Rahmen der Beschlußfähigkeitsvermutung des Bundestages unter A. III. 1. b) (Darstellung) sowie A. III. 1. f) (kritische Würdigung).

recht ein erhöhtes Mehrheitserfordernis auch im Vergleich zu den ansonsten angeordneten Konstellationen für nicht angemessen empfunden – warum sonst ist die Regelung unterblieben? Von daher ist die außerverfassungsrechtliche Abweichung von zwingend angeordneten Mehrheiten nur dann verfassungsgemäß, wenn der Verfassunggeber explizit dem einfachen Gesetz- oder Geschäftsordnunggeber einen Spielraum eröffnet hat. Vergleiche mit anderen Konstellationen dienen jedenfalls nicht zur Legitimierung.

Daß die Abweichungsmöglichkeit dann aber nicht nur alle Formen von Mehrheiten umfaßt, sondern als vollumfängliche auch einen Systemwechsel in die Verhältniswahl zuläßt, ist zu befürworten. Entsprechendes gilt für den Verzicht auf das Vorliegen von Mehrheiten im Falle von Stimmengleichheit, indem ein Losentscheid zugelassen wird.

II. Ausschluß der Parlamentsöffentlichkeit

Die Landesverfassungen aller Länder sehen die Öffentlichkeit der Parlamentsverhandlungen vor[1235]. Es ist daher nicht ihre Anordnung, sondern im Gegenteil ihr Ausschluß, der aus Sicht der vorliegenden Arbeit von Interesse ist. Der allgemeinen Bewertung der Parlamentsöffentlichkeit als einem wesentlichen Element des demokratischen Parlamentarismus, einer „parlamentarischen Verfahrensmaxime“[1236], entspricht es, daß von dem Ausschluß der Sitzungsöffentlichkeit deutschlandweit nur sehr selten Gebrauch gemacht wird[1237].

1235 Art. 22 Abs. 1 S. 1 Verf. Bayern; Art. 33 Abs. 1 S. 1 Verf. Baden-Württemberg; Art. 42 Abs. 3 Verf. Berlin; Art. 64 Abs. 2 S. 1 Verf. Bandenburg; Art. 91 Abs. 1 Verf. Bremen; Art. 21 S. 1 Verf. Hamburg; Art. 89 S. 1 Verf. Hessen; Art. 31 Abs. 1 S. 1 Verf. Mecklenburg-Vorpommern; Art. 22 Abs. 1 S. 1 Verf. Niedersachsen; Art. 42 S. 1 Verf. Nordrhein-Westfalen; Art. 86 S. 1 Verf. Rheinland-Pfalz; Art. 72 Abs. 1 Verf. Saarland; Art. 48 Abs. 1 S. 1 Verf. Sachsen; Art. 50 Abs. 1 Verf. Sachsen-Anhalt; Art. 15 Abs. 1 S. 1 Verf. Schleswig-Holstein; Art. 60 Abs. 1 Verf. Thüringen.

1236 *Achterberg,* Parlamentsrecht (Fn. 105), S. 561 ff. (Zitat: 562) – ausführlich zum Öffentlichkeitsprinzip und seinen Gewährleistungen *Morlok* (Fn. 70), Art. 42 Rn. 20 ff., 26 ff.

1237 Die Bedeutung von Sitzungs- und Berichtsöffentlichkeit als den beiden Merkmalen der Parlamentsöffentlichkeit im parlamentarischen System betont BVerfGE 70, 324 (355). – Zur bundesweiten Bedeutung s. *M. Möstl*, in: Lindner/Möstl/Wolff, Verfassung Bayern (Fn. 1206), Art. 22 Rn. 1 m. Fn. 4; *Edinger*, in: Grimm/Caesar, Verfassung Rheinland-Pfalz (Fn. 1220), Art. 86 Rn. 9; *J. Caspar*, in: J. Caspar/ W. Ewer/M. Nolte/H.-J. Waack (Hrsg.), Verfassung des Landes Schleswig-Holstein. Kommentar, 2006, Art. 15 Rn. 24.

1. Bayern

Die Bayerische Verfassung weist die Antragsbefugnis zur Einleitung eines Verfahrens zum Ausschluß der Parlamentsöffentlichkeit der Staatsregierung, alternativ 50 Mitgliedern des Landtages zu, Art. 22 Abs. 1 S. 2 Verf. Für den Antrag der Staatsregierung ist dabei ein kollegial gefaßter Beschluß nötig[1238]. Soll es zum Ausschluß kommen, bedarf der formell ordnungsgemäße Antrag unabhängig vom Antragsteller nach dieser Vorschrift einer Mehrheit von zwei Dritteln der anwesenden Mitglieder des Landtages. Materiell-rechtliche Gründe müssen weder vorgebracht noch als Voraussetzung für den Ausschluß eingehalten werden[1239].

2. Regelungen in den übrigen Ländern

Auch in den übrigen Ländern ist meist ein zweistufiges, nach verschärften Maßstäben ablaufendes Antrags- und Beschlußverfahren angesetzt. Das Antragserfordernis schwankt zwischen numerisch einem (Art. 72 Abs. 2 S. 2 Verf. Saarland[1240]), zehn (Art. 33 Abs. 1 S. 2 Verf. Baden-Württemberg; Art. 89 S. 2 Verf. Hessen; Art. 42 S. 2 Verf. Nordrhein-Westfalen; Art. 86 S. 2 Verf. Rheinland-Pfalz; Art. 60 Abs. 2 S. 1 Verf. Thüringen [beide letzteren zusätzlich: einer Fraktion]) oder zwölf Abgeordneten (Art. 48 Abs. 1 S. 2 Verf. Sachsen) und geht über ein Zehntel (Art. 21 S. 2 Verf. Hamburg; Art. 22 Abs. 1 S. 2 Verf. Niedersachsen), ein Fünftel (Art. 42 Abs. 4 Verf. Berlin[1241]) und ein Viertel (Art. 31 Abs. 1 S. 2 Verf. Mecklenburg-Vorpommern; Art. 50 Abs. 2 S. 1 Verf. Sachsen-Anhalt) der anwesenden Abgeordneten bis hin zu einem Drittel der gesetzlichen Mitglieder (Art. 91 Abs. 2 S. 1 Verf. Bremen). Immer ist neben den Abgeordneten auch ein Mitglied der Landesregierung (Baden-Württemberg, Sachsen) oder die Landesregierung als Kollegialorgan zur Einleitung eines Öffentlichkeitsausschlusses nach den vorgenannten Landesbestimmungen zum Antrag berechtigt. Mitunter bestehen keine hervorgehobenen Antragserfordernisse (Brandenburg, Schleswig-Holstein).

In aller Regel wird von den Landesverfassungen in der Abstimmung für den Ausschluß der Öffentlichkeit eine Mehrheit von zwei Dritteln rekla-

---

1238 *Möstl* (Fn. 1237), Art. 22 Verf. Bayern Rn. 8.

1239 *Möstl* (Fn. 1237), Art. 22 Verf. Bayern Rn. 8.

1240 *A. Catrein/T. Flasche*, in: Wendt/Rixecker, Verfassung Saarland (Fn. 1220), Art. 72 Rn. 10.

1241 Str., ob hier tatsächlich die anwesenden Abgeordneten relevant sein sollen. A. A.: Gesamtmitglieder. Der Wortlaut der Norm ist nicht eindeutig; vgl. *A. Korbmacher*, in: Driehaus, Verfassung Berlin (Fn. 1165), Art. 42 Rn. 5.

miert. Das qualifizierte Mehrheitserfordernis bezieht sich dabei auf die anwesenden Parlamentarier[1242]. Zwei Drittel der abgegebenen Stimmen verlangt Art. 60 Abs. 2 S. 1 Verf. Thüringen[1243], zwei Drittel der gesetzlichen Mitgliederzahl (!) fordert einzig die schleswig-holsteinische Landesverfassung in Art. 15 Abs. 1 S. 2 i.V.m. Art. 16 Abs. 4. In Berlin ist ein einfacher Mehrheitsbeschluß der Abstimmenden nötig, da keine vom Regelbeschluß nach Art. 43 Abs. 2 S. 1 Verf. abweichende Mehrheit angeordnet wird[1244]. Entsprechendes gilt für Hamburg[1245].

Materielle Voraussetzungen für den Ausschluß müssen nicht überprüfbar vorliegen und auch eine Begründung ist in der Regel nicht zwingend vorgeschrieben oder aus sonstigen Gründen geboten[1246]; nur in Brandenburg besteht in Art. 64 Abs. 2 S. 4 Verf. eine ausdrückliche, verfassungstextliche Anordnung einer Begründungspflicht[1247].

3. Stellungnahme

Das Gros der Landesverfassungen stellt vergleichsweise hohe Anforderungen an einen Ausschluß der Parlamentsöffentlichkeit. Qualifizierte Mehrheiten sind im deutschen Verfassungsraum prinzipiell besonders bedeutsamen Entscheidungen vorbehalten. Als solche wird der Öffentlichkeitsgrundsatz in den Volksvertretungen offenbar angesehen. Das Mehrheitserfordernis wird zwar zumeist durch die Bezugszahl der Anwesenden

---

1242 Art. 33 Abs. 1 S. 2 Verf. Baden-Württemberg; Art. 64 Abs. 2 S. 2 Verf. Brandenburg; Art. 91 Abs. 2 S. 1 Verf. Bremen; Art. 89 S. 2 Verf. Hessen; Art. 31 Abs. 1 S. 2 Verf. Mecklenburg-Vorpommern; Art. 22 Abs. 1 S. 2 Verf. Niedersachsen; Art. 42 S. 2 Verf. Nordrhein-Westfalen; *Edinger* (Fn. 1237), Art. 86 Verf. Rheinland-Pfalz Rn. 9 (keine ausdrückliche Verfassungsregelung); Art. 72 Abs. 2 S. 1 Verf. Saarland; Art. 48 Abs. 1 S. 2 Verf. Sachsen; Art. 50 Abs. 2 S. 1 Verf. Sachsen-Anhalt.

1243 So der ausdrückliche Wortlaut; warum *J. Linck*, in: Linck/Jutzi/Hopfe, Verfassung Thüringen (Fn. 1220), Art. 60 Rn. 12, darüber hinaus die andere Auslegung des Öffentlichkeitsausschlusses im Grundgesetz dezidiert kritisiert, das gerade keinen ausdrücklichen Wortlaut aufweist, bleibt unverständlich.

1244 *Korbmacher* (Fn. 1241), Art. 42 Verf. Berlin Rn. 5.

1245 *David* (Fn. 215), Art. 21 Verf. Hamburg Rn. 19.

1246 *Achterberg*, Parlamentsrecht (Fn. 105), S. 570; *Feuchte* (Fn. 1220), Art. 33 Verf. Baden-Württemberg Rn. 12 (keine Willkür); *David* (Fn. 215), Art. 21 Verf. Hamburg Rn. 17 – a.A., nämlich „kursorische Begründung" betreffend Art. 42 GG: *Morlok* (Fn. 70), Art. 42 Rn. 29; ihm folgend *Edinger* (Fn. 1237), Art. 86 Verf. Rheinland-Pfalz Rn. 9; ebenso *Catrein/Flasche* (Fn. 1240), Art. 72 Verf. Saarland Rn. 10. – Für die Überprüfung anhand materiell-rechtlicher Voraussetzungen einzig *Linck* (Fn. 1243), Art. 60 Verf. Thüringen Rn. 13.

1247 *C. Schulze,* Der Landtag, in: H. Simon/D. Franke/M. Sachs (Hrsg.), Handbuch der Verfassung des Landes Brandenburg, 1994, § 11 Rn. 37.

– und nicht die der gesetzlichen Mitgliederzahl – entschärft, indes mit Ausnahme Thüringens nicht auf die am leichtesten erreichbare Größe der Abstimmenden heruntergestuft. Maßgeblich ist somit weder die gesetzliche Mitgliederzahl des jeweiligen Landesparlamentes noch die Anzahl der Abstimmenden. Auf diese Weise werden die Enthaltungen oder sonstige Nichtbeteiligung der Referenzgröße zugerechnet und wirken sich so negativ auf den Ausgang der Frage aus, da sie nicht als zustimmende Stimmen zur Verfügung stehen und das Erreichen des um sie erhöhten Mindestquorums behindern. Enthaltungen entsprechen in ihrer Wirkung daher den Ausschluß der Öffentlichkeit ablehnenden Stimmen – vor dem Hintergrund des bedeutsamen Öffentlichkeitsprinzips eine akzeptable Ausgestaltung.

Das in den Verfassungsberatungen beispielsweise in Bayern bis zuletzt erwogene[1248] Abstellen auf die gesetzliche Mitgliederzahl hätte sich nicht empfohlen: bestünden tatsächlich Gründe, die eine besondere Geheimhaltung erforderten, wäre dieser Beschluß bei zu geringer Anwesenheit unter zwei Dritteln der Delegierten automatisch blockiert. Einmal mehr zeigen sich aber die Austauschbarkeit und Zufälligkeit der getroffenen Regelungen. Hier scheint es dabei weniger um die Höhe des Mehrheitsquorums als die Bezugsgröße gegangen zu sein. Mit der nun zumeist gewählten geht andererseits einher, daß aufgrund mangelnder Anwesenheit im Parlament numerisch bei Tolerierung einer objektiv nicht bestehenden Beschlußfähigkeit relativ wenige Delegierte einen Ausschluß bewirken könnten. Eine Mindestanwesenheit für den Öffentlichkeitsausschluß oder eine Mindestzustimmung sind nirgends als Sicherheitsmechanismus vorgesehen. Dies ist andererseits aber deswegen nicht gravierend, weil die Beschlußfähigkeit des Plenums jederzeit angezweifelt werden kann und die geringe Präsenz auch für einen rechtswirksamen inhaltlichen Beschluß ausreicht.

Daß in Schleswig-Holstein die „überragende Funktion der Öffentlichkeit" neben der Zweidrittelmehrheit der gesetzlichen Mitgliederzahl des Landtages auch noch eine Begründung der Entscheidung fordere[1249], wirkt übersteigert. Unterbewertet scheint das Ausschlußrecht demgegenüber in Berlin und Hamburg, die einen einfachen Mehrheitsbeschluß der Abstimmenden genügen lassen und das Ausschlußrecht so auf eine Stufe mit den sonstigen Regelbeschlüssen des Parlaments stellen. Die besondere Bedeutung des Öffentlichkeitsprinzips für die parlamentarische Demokratie ist bei dieser Ausgestaltung nicht ersichtlich. Da hilft es auch nicht, in der Not nach einem Begründungserfordernis zu verlangen oder für den Antrag ein Fünftel der gesetzlichen Mitglieder (statt der Anwesenden) zu verlan-

---

[1248] Vgl. die Hinweise bei *Möstl* (Fn. 1237), Art. 22 Verf. Bayern Rn. 2.

[1249] *Caspar* (Fn. 1237), Art. 15 Verf. Schleswig-Holstein Rn. 22.

gen[1250]. Letzteres könnte bei dieser Lesart bedeuten, daß das Antragserfordernis schwerer zu verwirklichen ist als das Mehrheitserfordernis im Ausschlußbeschluß selbst.

III. Wahl und Abwahl des Landtagspräsidiums

In allen Ländern zählt die Wahl eines Präsidiums zu den ersten Aufgaben des sich neu konstituierenden Landtags. Zumeist enthalten die Landesverfassungen über eine entsprechende Feststellung dieser Pflicht hinaus keine weiteren Regelungen; es gehört jedoch zum gesamtdeutschen Parlamentsbrauch[1251], daß die stärkste Fraktion für das Amt des Landtagspräsidenten vorschlagsberechtigt ist und die übrigen Fraktionen über die weiteren Sitze im Präsidium repräsentiert werden.

1. Bayern

Art. 20 BayVerf. bestimmt, daß der Landtag aus seiner Mitte ein aus dem Präsidenten, dessen Stellvertretern – nach § 7 S. 2 GO-LT stellt jede Fraktion einen Vizepräsidenten – und den Schriftführern bestehendes Präsidium wählt. Besondere Mehrheitserfordernisse der in der ersten Landtagssitzung Sitz für Sitz stattfindenden Wahl (§ 8 Abs. 1 S. 1 GO-LT) sind weder in der Verfassung noch der Geschäftsordnung angeordnet, so daß auch in diesem Fall die einfache Abstimmendenmehrheit nach Art. 23 BayVerf. Anwendung findet[1252].

Hinsichtlich der Abwahl bestimmt § 8 Abs. 1 S. 1 GO-LT, daß die Abberufung mit einer Ausnahme jederzeit zulässig ist. Der einzig unzulässige Zeitpunkt einer Abwahl ist in Art. 44 Abs. 3 S. 4 u. 5 BayVerf. benannt: da der Landtagspräsident mit dem Rücktritt und bis zu einer Neuwahl des Mi-

---

[1250] Das Begründungserfordernis verlangt *Korbmacher* (Fn. 1241), Art. 42 Verf. Berlin Rn. 5; dort auch der Hinweis auf die Auffassung, die eine Verbindung des Antragserfordernisses von einem Fünftel mit der gesetzlichen Mitgliederzahl erwägt.

[1251] Dies gilt für Bund und Länder gleichermaßen, unabhängig davon, ob man dies (überflüssigerweise!) als „Gewohnheitsrecht", „parlamentarische Übung" oder sonstwie rechtlich einzuordnen versucht: s. hierzu nur *Schulze-Fielitz*, Parlamentsbrauch (Fn. 607), § 11 Rn. 72, mit entsprechender Kritik in Rn. 74. s. überblicksmäßig auch *Köhler*, Rechtsstellung (Fn. 612), S. 23 f., der die Begründungsansätze vermengt und dann zur Rechtfertigung das Mehrheitsprinzip bemüht.

[1252] *M. Möstl*, in: Lindner/Möstl/Wolff, Verfassung Bayern (Fn. 1206), Art. 20 Rn. 5. – Zur früheren Wahl des gesamten Vorstands nach d'Hondt, mit der automatischen Folge, daß im Präsidium alle Fraktionen vertreten waren, s. *G. M. Köhler*, Die staatsrechtliche Stellung des Präsidenten des Bayerischen Landtags, in: BayVBl. 1988, S. 33 ff. (33).

nisterpräsidenten die Vertretung des Landes übernimmt, ist in dieser Periode eine Abwahl unzulässig, ein in Ansehung der Norm dennoch gefaßter Beschluß nichtig[1253]. Außerhalb dieser seltenen Konstellation bedarf ein auf Abwahl gerichteter Antrag nach § 8 Abs. 1 S. 2 GO-LT der Unterstützung durch eine Fraktion oder 20 Abgeordnete des Landtags. Für die Abwahl ist mangels abweichender Anordnung ebenfalls bereits die einfache Mehrheit der Abstimmenden ausreichend.

2. Regelungen in den übrigen Ländern

a) Mehrheitserfordernisse bei der Wahl des Präsidiums

Von den übrigen Ländern sehen ungefähr zwei Drittel die einfache Abstimmungsmehrheit (aa)), die übrigen Länder absolute Mitgliedermehrheiten vor (bb)).

aa) Einfache Mehrheit der Abstimmenden

Baden-Württemberg läßt gemäß Art. 32 Abs. 1 Verf. i. V. m. § 4 Abs. 4, 6 GO-LT die Hälfte der abgegebenen gültigen Stimmen für die Wahl der Präsidiumsmitglieder genügen. Hinter diesem etwas kompliziert formulierten Mehrheitserfordernis verbirgt sich nichts anderes als die einfache Mehrheit der Abstimmenden, wo ohnehin ungültige Stimmen und Stimmenthaltungen keine Berücksichtigung finden. Hat keiner der Vorgeschlagenen mehr als die Hälfte der abgegebenen gültigen Stimmen erhalten, schließt sich nach § 4 Abs. 4 S. 3 GO-LT eine Stichwahl zwischen den beiden Abgeordneten mit den höchsten Stimmenzahlen an. Tritt Stimmengleichheit auf, entscheidet das vom Alterspräsidenten zu ziehende Los über den Sitz im Präsidium, S. 4.

Auch in Brandenburg[1254], Hamburg[1255], Niedersachsen[1256], Nordrhein-Westfalen[1257] sowie in Sachsen-Anhalt[1258], Schleswig-Holstein[1259], Thürin-

---

[1253] *J. F. Lindner,* in: Lindner/Möstl/Wolff, Verfassung Bayern (Fn. 1206), Art. 44 Rn. 15 m. Fn. 28.

[1254] Art. 69 Abs. 1 S. 1 Verf. Brandenburg enthält keine ausdrücklichen Vorgaben, so daß auf den Regelbeschluß nach Art. 65 Verf. zurückzugreifen ist: *H. Lieber/S. J. Iwers/M. Ernst*, Verfassung des Landes Brandenburg, Art. 69 Verf. Brandenburg (2003), Anm. 2.1.

[1255] *David* (Fn. 215), Art. 18 Verf. Hamburg Rn. 5 – Weder Art. 18 Verf. Hamburg noch § 2 GO-LT enthalten genauere Bestimmungen.

[1256] *Neumann* (Fn. 1220), Art. 18 Verf. Niedersachsen Rn. 3: mangels anderer Anordnung in der Verfassung greife die einfache Abstimmendenmehrheit nach Art. 21 Abs. 4 S. 1 Verf. Niedersachsen.

gen[1260] und dem Saarland[1261] – hier allerdings mit der Besonderheit, daß sogar die Verfassung die spiegelbildliche Berücksichtigung aller Fraktionen verlangt – genügt die einfache Mehrheit der abgegebenen Stimmen.

Allerdings sehen die vorgenannten Länder anders als Rheinland-Pfalz[1262] keine Veränderung des Wahlverfahrens im Falle des Verfehlens einfacher Abstimmendenmehrheit vor. In jenem wird zwar zunächst im Rahmen des ersten und zweiten Wahlgangs, mit dann neu zugelassenen Wahlvorschlägen, ähnlich verfahren und die einfache Mehrheit der Abstimmenden verlangt. Ab dem dritten Wahlgang jedoch ist ein Stichentscheid vorgesehen, § 2 Abs. 2 S. 1–3 GO-LT. In letzterem ist gewählt, wer die meisten Stimmen erreicht (S. 3 Hs. 2); bei Stimmengleichheit entscheidet das durch den noch amtierenden Präsidenten zu ziehende Los, § 2 Abs. 2 S. 4 GO-LT.

bb) Absolute Mehrheit der gesetzlichen Mitglieder

Auch Art. 41 Abs. 2 Verf. Berlin bleibt die Anordnung eines Mehrheitserfordernisses für die Wahl des Präsidiums schuldig. § 11 S. 2 der Geschäftsordnung des Abgeordnetenhauses traf i. d. F. bis 2006 für die Wahl des Präsidenten die Festlegung auf die Mehrheit der Stimmen der gesetzlichen Mitgliederzahl des Abgeordnetenhauses – also die absolute Mehrheit der gesetzlichen Mitglieder –, und ließ e contrario für die Wahl der übrigen Präsidiumsmitglieder die einfache Mehrheit der Abstimmenden genügen[1263]. Nunmehr gilt es für Präsident und Vizepräsidenten gleichermaßen die Mehrheit der gesetzlichen Mitgliederzahl zu erreichen. Die absolute

---

1257 Genauere Anordnungen fehlen diesbezüglich in Art. 38 Verf. Über den Rückgriff auf die Regelbeschlußmehrheit findet die einfache Stimmenmehrheit Anwendung: *Menzel* (Fn. 1220), Art. 44 Verf. Nordrhein-Westfalen Rn. 8.

1258 § 4 Abs. 4 S. 1 GO-LT. Wird die Mehrheit nicht erreicht, ermöglicht S. 2 nur die Nachnominierung eines neuen Kandidaten.

1259 Art. 14 Abs. 1 S. 1 i. V. m. Art. 16 Abs. 1 S. 1 Verf. Schleswig-Holstein: *H.-J. Waack,* in: Caspar/Ewer/Nolte/Waack, Verfassung Schleswig-Holstein (Fn. 1237), Art. 14 Rn. 5.

1260 § 2 Abs. 2 S. 1 GO-LT; kommt die Mehrheit nicht zustande, können neue Kandidaten nach S. 2 für weitere Wahlgänge nachnominiert werden; unklar insoweit *J. Linck*, in: Linck/Jutzi/Hopfe, Verfassung Thüringen (Fn. 1220), Art. 57 Rn. 5: „(…) verfassungsrechtlich unzulässig, wenn der Präsident und seine Stellvertreter allein durch die Mehrheit bestimmt würden".

1261 *A. Catrein/T. Flasche*, in: Wendt/Rixecker, Verfassung Saarland (Fn. 1220), Art. 71 Rn. 8.

1262 Vgl. auch *F. Edinger*, in: Grimm/Caesar, Verfassung Rheinland-Pfalz (Fn. 1220), Art. 85 Rn. 14. Eine verfassungsgesetzliche Normierung des Wahlverfahrens fehlt.

1263 *A. Korbmacher*, in: Driehaus, Verfassung Berlin (Fn. 1165), Art. 41 Rn. 5.

Mitgliedermehrheit ist ebenfalls in Bremen erforderlich, wobei gemäß § 9 Abs. 1 S. 2 der Geschäftsordnung die Wahl solange zu wiederholen ist, wie sich keine absolute Stimmenmehrheit ergibt und dabei zur Annäherung an die nötige Stimmenzahl jedes Mal der Bewerber auszuscheiden ist, der die wenigsten Stimmen erhalten hat. Bei Stimmengleichheit entscheidet man sich auch hier nach S. 3 für einen Losentscheid.

In Hessen ist gewählt, wer nach § 9 Abs. 1 S. 1 GO-LT die Mehrheit der Stimmen der gesetzlichen Zahl der Mitglieder des Landtages erzielt. In einem zweiten Wahlgang vereinfacht die Geschäftsordnung die Findung eines Landtagspräsidenten zunächst dahingehend, daß neue Bewerber zuzulassen sind, S. 2. Ergibt sich auch jetzt noch nicht die absolute Mehrheit der gesetzlichen Mitglieder, so kommen die beiden Kandidaten mit den meisten Stimmen in einen Stichentscheid (S. 3), in dem gewählt ist, wer die meisten Stimmen auf sich vereint. Selbst für den Fall der Stimmengleichheit in diesem letzten Wahlgang sorgt die Geschäftsordnung in § 9 Abs. 1 S. 4 vor, in dem das durch den noch amtierenden Präsidenten zu ziehende Los die Pattsituation auflöst. Völlig identisch wird in Sachsen gemäß § 3 Abs. 3 S. 1–4 GO-LT verfahren.

In Mecklenburg-Vorpommern schließlich ist „die Hälfte der abgegebenen gültigen Stimmen" (!) vonnöten und ein gegebenenfalls erforderlicher zweiter Wahlgang als Stichwahl zwischen den beiden Bestplazierten mit optionalem Losentscheid ausgestaltet, § 2 Abs. 1 S. 2 bis 4 GO-LT. Daß hier jedoch Stimmenthaltungen als Nein-Stimmen gelten sollen[1264], läßt sich an keiner Stelle in Verfassung und Geschäftsordnung ablesen, und liefe auch zu der sonst üblichen Behandlung in Mecklenburg-Vorpommern völlig konträr.

b) Abwahlmöglichkeit und erforderliche Mehrheit

Keine Abwahlmöglichkeit erhalten die Landtage in den Ländern Baden-Württemberg, Hamburg[1265] sowie Hessen[1266] und Sachsen[1267]. Bestehen entsprechende Optionen – so wie in den folgenden Bundesländern – sind

1264 So aber *A. Tebben*, in: Litten/Wallerath, Verfassung Mecklenburg-Vorpommern (Fn. 148), Art. 29 Rn. 2; anders nämlich auch *ders.* für einfache Abstimmungen, ebd., Art. 32 Verf. Mecklenburg-Vorpommern Rn. 3.

1265 s. *David* (Fn. 215), Art. 18 Verf. Hamburg Rn. 6 ff.

1266 *W. Rupp-v. Brünneck/G. Konow*, in: Zinn/Stein, Verfassung Hessen (Fn. 1220), Art. 84 Ziff. 2.

1267 Die Geschäftsordnung kennt in § 5 einzig die Fälle des automatischen (!) Verlusts des Sitzes im Präsidium infolge Entfallens der Fraktionsmitgliedschaft (Abs. 3) oder eigenen Rücktritts (Abs. 4).

sie sowohl hinsichtlich des Verfahrens als auch des Mehrheitsquorums verschiedentlich ausgestaltet.

aa) Kombination von erhöhtem Antrags- und Mehrheitsquorum

In Berlin erlaubt Art. 41 Abs. 2 S. 1 Verf.[1268] die Abberufung sämtlicher Mitglieder des Präsidiums des Abgeordnetenhauses, freilich mittels eines im Vergleich zur Wahl gesteigerten Mehrheitserfordernisses. Für die Stellung des Antrags ist auf erster Stufe bereits eine absolute Mehrheit der Mitglieder des Abgeordnetenhauses, für die anschließende Abberufungsentscheidung eine Mehrheit von zwei Dritteln seiner Mitglieder vonnöten. Völlig identisch sehen es hinsichtlich der Abberufungsmöglichkeit im Allgemeinen und erforderlichen Antrags- und Beschlußmehrheiten im Besonderen die Verfassungen Mecklenburg-Vorpommerns (Art. 29 Abs. 2 Verf.), Niedersachsens (Art. 18 Abs. 4 Verf.[1269]), Sachsen-Anhalts (Art. 49 Abs. 5 Verf.) und Schleswig-Holsteins (Art. 14 Abs. 2 Verf.).

Die Zweidrittelmehrheit der gesetzlichen Mitgliederzahl deckt sich auch mit der Regelung in Art. 69 Abs. 2 der Verfassung Brandenburgs, wo zwar mit mindestens einem Fünftel der Mitglieder des Landtages ein nicht ganz so hohes, aber eben doch erhöhtes Antragserfordernis gilt, § 11 Abs. 2 S. 2 GO-LT. Allein im Antragserfordernis weichen auch Nordrhein-Westfalen (§ 3 Abs. 2 S. 1 u. 3 GO-LT) und Thüringen (§ 2 Abs. 3 S. 2 u. 3 GO-LT) mit einem Drittel der gesetzlichen Mitgliederzahl ab, während in der Folge auch die qualifizierte Zweidrittelmehrheit Anwendung findet.

bb) Einfache Mehrheit der Abstimmenden

Ausdrücklich ist im saarländischen Landesrecht, wo „der Proporz (...) die tragende Größe bei der Selbstorganisation des Landtags" ist, an keiner Stelle die Abberufung eines Präsidiumsmitglieds vorgesehen[1270]. Dann jedoch, wenn die Spiegelbildlichkeit zwischen Präsidium und der Fraktionszusammensetzung des Plenums aufgrund des Ausscheidens eines Mitglieds aus einer Fraktion gestört wird, steht dem Plenum ein sich weder von Verfassungs wegen noch aus der Geschäftsordnung ergebendes, aber mittlerweile durch den Verfassungsgerichtshof des Saarlandes bestätigtes Recht

---

[1268] Die Bestimmung wurde erst 2004 in die Verfassung aufgenommen und vollzog damit einen Wandel zur vorherigen Auffassung, nach der eine Abwahlmöglichkeit nicht bestand, vgl. *Korbmacher* (Fn. 1263), Art. 41 Verf. Berlin Rn. 6.

[1269] Hier kam es erst 1993 aus aktuellem Anlaß zur Schaffung einer Abberufungsmöglichkeit; zum Hintergrund ausführlich *Köhler*, Rechtsstellung (Fn. 612), S. 41 f.

[1270] *Catrein/Flasche* (Fn. 1261), § 71 Rn. 10 (Zitat).

zur Neubesetzung des Präsidiumssitzes zu[1271]. Eine Aussage darüber, ob dieses allerdings wie im entschiedenen Fall zwingend uno actu mit der Neubesetzung – mit damit identischer einfacher Abstimmendenmehrheit – auszuüben ist, bleibt der Gerichtshof schuldig. Viel spricht aber dafür, keine unausweichliche Verbindung von Ab- und Neuwahl, dennoch aber in beiden Fällen eine einfache Mehrheit der Abstimmenden zu verlangen.

Rheinland-Pfalz kann weder definitiv der einen noch der anderen Ländergruppe zugeordnet werden, da die Frage der Abwahlmöglichkeit noch nicht abschließend geklärt ist. Einerseits hat der Landtag bereits Entschließungen gebilligt, in denen der amtierende Landtagspräsident zum Rücktritt aufgefordert (aber eben nicht abgewählt) wurde; darüber hinaus verwarf eine zur Parlamentsreform gebildeten Enquête-Kommission die Aufnahme eines ausdrücklichen Abwahlverfahrens nach Vorbild anderer, mit Zweidrittelmehrheit abwählender Länder. Dennoch wird die Auswechselung eines Präsidiumsmitglieds vor Ende der Legislaturperiode in der Literatur für zulässig erachtet[1272], wobei aufgrund fehlender besonderer Hinweise zum Verfahren davon auszugehen ist, daß eine einfache Abstimmendenmehrheit dann genügen dürfte.

cc) Absolute Mehrheit der gesetzlichen Mitglieder

Wie das Saarland orientiert sich auch Bremen stark an der Zusammensetzung des Plenums und weicht daher nur dann von der Unzulässigkeit einer Abwahl eines Präsidiumsmitglieds[1273] ab, wenn die Spiegelbildlichkeit zwischen Präsidium und Plenum nicht mehr besteht. Hier verliert dann das alte Präsidiumsmitglied durch Neuwahl eines Nachfolgers nach §§ 8 Abs. 2 S. 2, 9 Abs. 1 der Geschäftsordnung der Bürgerschaft mit absoluter Mehrheit das Mandat. Wird zunächst das Mehrheitserfordernis verfehlt, schließen sich, wie bereits dargestellt, Folgewahlgänge bei Reduktion der Wahlwerber an.

[1271] VerfGH Saarland, Urteil v. 3.12.2007, Az. Lv 12/07, wo neben der grundsätzlichen Abberufungsmöglichkeit auch der Proporzgedanke bestätigt wird. Zustimmend *F. Edinger*, Abwahl einer Schriftführerin nach Austritt aus ihrer Fraktion. Zum Urteil des Verfassungsgerichtshofs des Saarlandes vom 3. Dezember 2007 – Lv 12/07, in: ZParl. 40 (2009), S. 155 ff. (157 ff.) – Ungenau allerdings der Hinweis bei *Catrein/Flasche* (Fn. 1261), § 71 Rn. 10, daß ein Rückrufrecht durch die Fraktion (und eben nicht das Plenum, N.M.) bestehe.

[1272] Zum Vorstehenden mit w.N. *Edinger* (Fn. 1262), Art. 85 Verf. Rheinland-Pfalz Rn. 14, der sich für die Zulässigkeit der Abwahl ausspricht. Die aufgeführten Gegenansichten betreffen nicht explizit die rheinland-pfälzische Rechtslage.

[1273] *Neumann* (Fn. 1220), Art. 86 Verf. Bremen Rn. 12 unter Hinweis auf die Ablehnung seitens des Verfassunggebers, ein solches Institut im Rahmen der Verfassungsnovelle 1994 aufzunehmen.

3. Stellungnahme

a) Wahl des Präsidiums

Ausnahmslos in allen Ländern ist die Wahl des Landtagspräsidenten resp. Präsidiums zu Beginn einer jeden Legislaturperiode landesverfassungsrechtlich vorgesehen. Hierbei belassen es aber auch viele Landesverfassungen und überantworten die nähere Ausgestaltung des Verfahrens einschließlich der erforderlichen Mehrheit den nachgelagerten Geschäftsordnungsbestimmungen. Unabhängig davon, an welchem Ort sich die Regelung findet, sehen ungefähr zwei Drittel der Länder die Wahl des Landtagspräsidenten mit einfacher Mehrheit der Abstimmenden vor. Von etwaigen Abweichungsrechten für Wahlen durch Geschäftsordnungsrecht wird insofern zumeist kein Gebrauch gemacht. Mehrheitserfordernis und Beschlußfähigkeit entsprechen dem eines einfachen Parlamentsbeschlusses. In der Parlamentspraxis erzielen die Präsidenten wie auch die Vizepräsidenten aufgrund ausdrücklicher Anordnung oder entsprechender Übung und spiegelbildlicher Verteilung der Ämter freilich oft hohe Zustimmungsraten, so daß eine Erhöhung des Mehrheitserfordernisses nicht zwingend angezeigt ist.

Erfolgt sie dennoch, können diejenigen Parlamentsvorsteher, die eine gesetzlich angeordnete absolute Mehrheit der Mitglieder der Landesvertretung hinter sich wissen, auf eine weitaus umfangreichere Legitimation zurückgreifen. Die Erhöhung des Mehrheitserfordernisses bei gleichzeitiger Verbreiterung der Bezugszahl führt daneben aber auch gerade zu einer Verbesserung der auf Ausgleich zwischen den parlamentarischen Lagern durch allgemeine Akzeptanz angelegten Stellung des Präsidenten. Ein wenigstens von einer absoluten Mitgliedermehrheit Gewählter wird in aller Regel aus mehreren Fraktionen Stimmen erhalten haben. Dies verstärkt sich noch dadurch, daß in keinem Land, das auf die absolute Mitgliedermehrheit zurückgreift, das Quorum bei Verfehlen absoluter Mehrheit abgesenkt wird. Statt dessen werden für Folgewahlgänge entweder jeweils der im Vorwahlgang am schlechtesten Plazierte ausgeschieden oder sogleich nur die beiden Bestplazierten in eine Stichwahl gelassen. Im Falle von Stimmengleichheit steht der Losentscheid als effiziente Auflösungstechnik bereit.

b) Abwahl von Präsidiumsmitgliedern

Was die Abwahl des Landtagspräsidenten oder von Präsidiumsmitgliedern betrifft, ist zunächst auffällig, daß die Frage der Bereitstellung von Abwahloptionen die Länder ungefähr hälftig in zwei Teile spaltet. In den Ländern, die die Möglichkeit einer Neuwahl nicht bieten, wird auf die regelmäßig erfolgende Anordnung der Amtszeit des Landtagspräsidenten für die gesamte Legislaturperiode rekurriert; diese lasse eine vorzeitige, vom Landtag initiierte Beendigung der Amtszeit nicht zu.

Wird die Abwahl zugelassen, erhöht die ganz überwiegende Zahl der Länder das Mehrheitserfordernis verglichen mit dem Quorum bei der Wahl. Erfolgt eine Anhebung, ist stets für die Abwahl eine Zweidrittelmehrheit der gesetzlichen Mitgliederzahl vorgesehen – und zwar interessanterweise unabhängig davon, ob der Mandatsträger mit einfacher Abstimmenden- oder absoluter Mitgliedermehrheit in sein Amt gewählt wurde. Bereits der auf Abwahl gerichtete Antrag erfordert absolute Mitgliedermehrheit. Annähernd gleich viele Verfahren sind destruktiv auf die Abwahl mit qualifizierter Mehrheit und die Neuwahl mit abermals auf das Ursprungsniveau reduziertem (einfachem oder absolutem) Mehrheitserfordernis ausgerichtet. Dies führt dazu, daß auch hier das Risiko besteht, daß bei fraktionsübergreifender Einigkeit bei der Abwahl keine konstruktive einfache Mehrheit für die Wahl eines Nachfolgers zustande kommt – es ist freilich aufgrund des reduzierten Erfordernisses zur Neuwahl erheblich minimiert. Einzig Bremen, das ohnehin eine Abwahl nur bei Stärkeverschiebungen im Plenum zuläßt, sieht den Austausch durch Neuwahl eines Nachfolgers mit (zur Wahl nach Neukonstituierung identischer) absoluter Mehrheit vor.

Auf der anderen Seite stellt ein erhöhtes Antragserfordernis sicher, daß der Antrag auf Abberufung nicht mißbräuchlich durch kleinere Fraktionen gestellt werden kann und so allein der Antrag zu einer Beschädigung des Amts des Landtagspräsidenten führt. Unter der absoluten Mitgliedermehrheit liegende Antragsmehrheiten sind insofern bei einer qualifizierten Mehrheit für den Beschluß abzulehnen. Die Zweidrittelmehrheit selbst jedoch gewährleistet, daß das Amt in aller Regel nicht durch eine Fraktion, die unter Umständen über eine absolute Mehrheit verfügt, neu besetzt werden kann. Stattdessen wird es regelmäßig einer fraktionsübergreifenden Einmütigkeit dahingehend bedürfen, daß sich die Parlamentarier nicht mehr zufriedenstellend durch das Präsidium repräsentiert fühlen und daher die Ablösung betreiben möchten. Einmal in das Amt gelangt, genießt der Präsident auf diese Weise eine starke Absicherung seines Amtes, die hinreichende Unabhängigkeit und damit einhergehend die geforderte Überparteilichkeit sicherzustellen vermag. Die Zweidrittelmehrheit ist insofern notwendig aber auch hinreichend: noch höhere Qualifizierungen würden es Sperrminoritäten leicht machen, die Abwahl eines von der überwiegenden Mehrheit als nicht mehr tragbar empfundenen Präsidiumsmitglieds obstruktiv zu verhindern. Zugleich wäre das Amt des Landtagspräsidenten auf diese Weise auch überproportional aufgewertet – eine herausgehobene Stellung nimmt es schließlich bereits aufgrund des qualifizierten Mehrheitserfordernisses ein.

All diese Mechanismen fehlen in Bayern, wo weder für den Antrag auf Abberufung – hier genügen eine Fraktion oder zwanzig Delegierte als Antragsteller – noch für die Entschließung selbst – ausreichend ist die einfache Mehrheit der Abstimmenden – erhöhte Voraussetzungen geschaffen wurden. Während dies in Bayern aufgrund der Regelung des Art. 23 BayVerf. für annähernd alle Beschlüsse gilt und hinsichtlich des Parlamentsvorstehers damit lediglich keine Ausnahme gemacht wird, beläßt es das Saarland ebenfalls bei der einfachen Abstimmungsmehrheit für Wahl und Abwahl – hier allerdings gilt für andere Wahlen wie beispielsweise die des Ministerpräsidenten sehr wohl ein absolutes Mehrheitserfordernis.

IV. Die Wahl der Ministerpräsidenten

Die Wahl der Ministerpräsidenten bildet die erste Phase der Regierungsbildung, an die sich in einer zweiten Phase die Berufung der Minister durch den neugewählten Ministerpräsidenten, teils mit, teils ohne Beteiligung der Landesparlamente, anschließt. Obwohl Art. 28 Abs. 1 GG diesbezüglich den Ländern einen weiten Spielraum eröffnet[1274], haben sich ausnahmslos alle Länder für die Wahl des Ministerpräsidenten durch das Parlament entschieden[1275]. Die Wahl der Ministerpräsidenten ähnelt insofern der Wahl des Bundeskanzlers durch den Bundestag, weicht aber in den Ländern verschiedentlich vom Verfahren nach Art. 63 GG ab. Wie auch auf Bundesebene amtieren die Ministerpräsidenten vorbehaltlich eines Rücktritts oder Mißtrauensvotums für die Dauer der Legislaturperiode resp. bis zum Zeitpunkt des Zusammentritts des neugewählten Landtags[1276].

[1274] *H. Dreier,* Einheit und Vielfalt der Verfassungsordnungen im Bundesstaat, in: K. Schmidt (Hrsg.), Vielfalt des Rechts – Einheit der Rechtsordnung? Hamburger Ringvorlesung, 1994, S. 113 (123); für den speziellen Fall des Strafvollzugs s. *K. Jünemann*, Gesetzgebungskompetenz für den Strafvollzug im föderalen System der Bundesrepublik Deutschland, 2012 – w. N. bei *H. Dreier*, in: Dreier, GG (Fn. 17), Art. 28 Rn. 66 f.; auch *R. Ley*, Die Wahl der Ministerpräsidenten in Hessen, Rheinland-Pfalz und dem Saarland – Rechtslage und Staatspraxis, in: LKRZ 2011, S. 81 (81).

[1275] Somit haben sich auch alle Länder für das parlamentarische Regierungssystem entschieden: *R. Ley*, Die Wahl der Ministerpräsidenten in den Bundesländern. Rechtslage und Staatspraxis, in: ZParl. 41 (2010), S. 390 (392). – Zur Möglichkeit der Einführung einer mit den gemeindlichen Bürgermeisterwahlen vergleichbaren Direktwahl der Ministerpräsidenten *Schneider*, Ministerpräsidenten (Fn. 1095), S. 102 ff. sowie *Backmann*, Direktwahl (Fn. 171). – Anders noch zuvor in Bremen, wo aus der Mitte des gewählten Senates der Senatspräsident allein durch die gewählten Regierungsmitglieder gewählt wurde: Art. 114 Verf. Bremen a. F., vgl. *U. K. Preuß*, Landesregierung (Senat), in: V. Kröning/G. Pottschmidt/U. K. Preuß/ A. Rinken (Hrsg.), Handbuch der Bremischen Verfassung, 1991, S. 335 (341).

1. Bayern

Die Bayerische Verfassung verzichtet sowohl auf eine Klarstellung hinsichtlich der erforderlichen Mehrheit als auch der zugrundeliegenden Bezugsgröße und spricht in Art. 44 Abs. 1 BayVerf. einzig davon, daß der Ministerpräsident binnen einer Woche vom neu zusammengetretenen Landtag zu wählen ist. Die Wahl geht daher nach den allgemeinen Regeln zur Beschlußfassung des Bayerischen Landtags vonstatten[1277], was hinsichtlich der Beschlußfähigkeit des Landtages nach Art. 23 Abs. 2 BayVerf. zunächst bedeutet, daß die Mehrheit der Mitglieder des Landtages vor Ort sein muß. Nach Art. 23 Abs. 1 Alt. 1 BayVerf. genügt darüber hinaus die einfache Mehrheit der abgegebenen Stimmen zur Wahl des Ministerpräsidenten[1278]. Dementsprechend ist bei nur einem Kandidaten gewählt, wer mehr Ja- als Nein-Stimmen erlangt. Auch bei mehreren Bewerbern um das Amt des Ministerpräsidenten obsiegt derjenige, der die Mehrheit der abgegebenen Stimmen erreicht[1279]. Bei Stimmengleichheit ist die Wahl ebenso zu wiederholen, wie im Falle des Verfehlens einfacher Mehrheit der abgegebenen Stimmen; eine Höchstgrenze an Wahlgängen kennt die Verfassung in beiden Konstellationen jedenfalls nicht[1280]; allein die vierwöchige Frist vom Zusammentritt des Landtages an in Art. 44 Abs. 5 BayVerf. gilt es zu beachten, nach der von Gesetzes wegen bei bis dahin nicht erfolgter Neuwahl der Landtag aufzulösen ist.

Wird bei mehreren Wahlbewerbern von keinem die Mehrheit der abgegebenen Stimmen erreicht, findet nach § 45 Abs. 1 S. 1 GO-BayLT eine Stichwahl zwischen den beiden Kandidaten statt, die die meisten (oder eben

---

1276 Bis 1990 war Schleswig-Holstein das einzige Bundesland, in dem dieser Automatismus des Regierungsendes nicht bestand. Es bedurfte stets des freiwilligen Rücktritts oder konstruktiven Mißtrauensvotums, das 1987 nicht zustande kam und daher Neuwahlen sowie eine Verfassungsreform erforderlich machte: *Schneider*, Ministerpräsidenten (Fn. 1095), S. 96 f. Ausführlich auch *Ley*, Wahl 2010 (Fn. 1275), S. 399 ff. mit tabellarischer Aufstellung.

1277 *Meder*, Verfassung Bayern (Fn. 1205), Art. 44 Rn. 1; *Kempen*, Verfassungsrecht (Fn. 1210), Rn. 182; *Lindner* (Fn. 1253), Art. 44 Verf. Bayern Rn. 7. – Zur Beschlußfähigkeitsregel des Art. 23 Abs. 2 Verf. Bayern bereits oben unter B. I. 1.

1278 *Meder*, Verfassung Bayern (Fn. 1205), Art. 44 Verf. Bayern Rn. 1; *K. Schweiger*, in: Nawiasky/Schweiger/Knöpfle, Verfassung Bayern (Fn. 1205), Art. 44 (1999), Rn. 3; *Kempen*, Verfassungsrecht (Fn. 1210), Rn. 182; *Lindner* (Fn. 1253), Art. 44 Verf. Bayern Rn. 7.

1279 Diese Klarstellung findet sich allein bei *Lindner* (Fn. 1253), Art. 44 Verf. Bayern Rn. 7.

1280 *Schweiger* (Fn. 1278), Art. 44 Verf. Bayern Rn. 3 auch unter Hinweis darauf, daß die einfache Mehrheit in bewußter Abkehr zur vormals erforderlichen Mitgliedermehrheit festgelegt wurde; ebenso *Lindner* (Fn. 1253), Art. 44 Verf. Bayern Rn. 7.

exakt gleich viele) Stimmen auf sich vereinen konnten. Steht aufgrund Stimmengleichheit von mehr als zwei Bewerbern nicht fest, wer in die Stichwahl um das Amt des Ministerpräsidenten einzieht, ist mit § 45 Abs. 1 S. 2 Ziff. 1 u. 2 GO-BayLT zu differenzieren: erzielen mehr als zwei Bewerber die höchste Stimmenzahl, wird unter ihnen die Wahl wiederholt. Erreicht indes mehr als ein Kandidat die zweithöchste Stimmenzahl, entscheidet das Los, wer von ihnen in die Stichwahl mit dem Bestplazierten kommt. Für den Fall, daß sich in der Stichwahl selbst Stimmengleichheit ergibt, ist zunächst ein weiterer Wahlgang vorgesehen. Führt auch dieser nicht zu einer Auflösung der Pattsituation, entscheidet das Los darüber, wer zum Ministerpräsidenten ernannt wird, § 45 Abs. 2 GO-BayLT.

2. Regelungen in den übrigen Ländern

Weitgehende Eintracht ergibt sich, was das Mehrheitserfordernis zur Wahl des Ministerpräsidenten betrifft, für denjenigen, der den Blick über die bayerische Landesgrenze hinaus in die übrigen Landesverfassungen richtet.

a) Absolute Mitgliedermehrheit als Regelfall im ersten Wahlgang

Regelmäßig sehen die Landesverfassungen – und zwar unabhängig davon, ob es sich um ein ein- oder mehrphasiges Wahlverfahren handelt – die Mehrheit der gesetzlichen Mitgliederzahl des Landesparlamentes zur Wahl des Regierungschefs vor, so Art. 46 Abs. 1 S. 1 Verf. Baden-Württemberg, Art. 83 Abs. 1 S. 1 Verf. Brandenburg, Art. 34 Abs. 1 Verf. Hamburg, Art. 101 Abs. 1 Verf. Hessen, Art. 42 Abs. 1 Verf. Mecklenburg-Vorpommern, Art. 29 Abs. 1 Verf. Niedersachsen, Art. 52 Abs. 1 Verf. Nordrhein-Westfalen, Art. 98 Abs. 2 S. 1 Verf. Rheinland-Pfalz, Art. 87 Abs. 1 S. 1 Verf. Saarland, Art. 60 Abs. 1 S. 1 Verf. Sachsen, Art. 65 Abs. 2 S. 1 Verf. Sachsen-Anhalt, Art. 26 Abs. 3 Verf. Schleswig-Holstein und zuletzt Art. 70 Abs. 3 S. 1 Verf. Thüringen. In Berlin benannte Art. 56 Abs. 1 Verf. i.d.F. bis 31.12.2009 die einfache Mehrheit der abgegebenen Stimmen als Erfordernis für die Wahl des Regierenden Bürgermeisters[1281]; nunmehr ordnet auch Art. 56 Abs. 1 Verf. n.F. die absolute Mehrheit der Mitglieder des Abgeordnetenhauses an.

Keine der vorgenannten Landesverfassungen enthält spezielle Regelungen zur Beschlußfähigkeit gerade bei der Wahl des Ministerpräsidenten. Sie ist

---

[1281] Dementsprechend bestand in der alten Fassung des Art. 56 Verf. Berlin auch kein Bedürfnis Folgewahlgänge vorzusehen. Der Fall der Stimmengleichheit war allerdings nicht gelöst.

zumindest dann, wenn die absolute Mehrheit der Mitglieder der Landtage für den Wahlwerber zu stimmen hat, entbehrlich, da eine Mindestanwesenheit der Hälfte der Delegierten bereits durch das Mehrheitserfordernis garantiert ist. Entsprechendes gilt für die Stimmenthaltungen, die als erforderliche Stimmen für die absolute Mitgliedermehrheit nicht zur Verfügung stehen, mithin das Erreichen des Stimmenquorums erschweren, auch ohne daß sich entsprechende Anordnungen in den Verfassungen finden.

Während die vorgenannten Verfassungen ausnahmslos eine absolute Mehrheit der Mitglieder der jeweiligen Landtage im ersten Wahlgang für erforderlich halten, kann von einer einphasigen, weil das Mehrheitserfordernis auch in möglichen Folgewahlgängen unverändert lassenden Wahl aber nur in den Ländern Baden-Württemberg, Hamburg, Hessen, Rheinland-Pfalz und dem Saarland die Rede sein. Um auch für den Fall gerüstet zu sein, daß das Mehrheitserfordernis in Folgewahlgängen nicht erreicht wird, kennen die Verfassungen Baden-Württembergs und des Saarlandes die Beschränkung des zeitlichen Rahmens, in dem eine Wahl des Regierungschefs stattzufinden hat. Art. 47 Verf. Baden-Württemberg und Art. 87 Abs. 4 Verf. Saarland halten hierfür drei Monate ab dem Zusammentritt des neugewählten Landtages für ausreichend und erklären dann im Falle des erfolglosen Verstreichens der Frist den jeweiligen Landtag für aufgelöst. Eine Reduktion des Mehrheitserfordernisses ist in beiden Ländern damit ebenso wenig vorgesehen wie in Hamburg. Dort und in Hessen allerdings verbleibt im Falle des langfristigen, weil nicht zeitlich limitierten Scheiterns der Wahl des Ministerpräsidenten dem Landtag die Möglichkeit der eigenen Auflösung über Art. 11 Abs. 1 S. 1 u. 3 Verf. Hamburg resp. Art. 80 Verf. Hessen mit der Mehrheit der gesetzlichen Mitglieder (also der Mehrheit, die für die Wahl des Ministerpräsidenten zwar vorgesehen, aber eben nicht erreicht wurde). Eine automatische Auflösung der Landtage tritt nicht ein. In Hamburg, Hessen und Rheinland-Pfalz kann die geschäftsführende (Vorgänger-)Regierung ohne Parlamentsmehrheit zeitlich unbegrenzt weiter im Amt bleiben, wenn der Auflösungsbeschluß nicht gefaßt wird[1282]

[1282] Eine zeitliche Grenze geben die Verfassungen nicht vor. In Hessen kam es bislang sogar in drei Wahlperioden (10., 11. u. 17.) zur zumindest zeitweisen Geschäftsführung durch den Amtsvorgänger. Zu den Folgeproblemen, die besonders mit der Kompetenzfrage einhergehen und an der zumeist anzutreffenden Formulierung der Weiterführung der laufenden Angelegenheiten oder der Geschäfte festgemacht wird, vgl. *Ley*, Wahl 2011 (Fn. 1274), S. 82 f., 86 m.w.N. sowie *David* (Fn. 215), Art. 37 Verf. Hamburg Rn. 8 ff., 20 ff.

b) Bremen: Mehrheit der abgegebenen Stimmen als Ausnahmefall

Einzig Bremen sticht aus dem Konzert absoluter Mitgliedermehrheit bei der Wahl des Ministerpräsidenten hervor, das die übrigen Länder (mit Ausnahme von Bayern) angestimmt haben. Auffällig ist zunächst, daß alle Senatoren, einschließlich des Präsidenten des Senats, direkt von der Bürgerschaft gewählt werden, Art. 107 Abs. 2 S. 1 Verf. Der Senatspräsident wird hierbei als einziger zwingend alleine und zeitlich vor den übrigen, auch in einem gemeinsamen Akt wählbaren Senatoren bestimmt. Art. 114 Abs. 2 S. 2 Verf. Bremen a. F. sah die Wahl des Senatspräsidenten durch den Senatorenkreis selbst vor, wurde aber im Rahmen der Verfassungsrevision 1994 abgeändert[1283]. Für alle Senatoren gilt nach Art. 107 Abs. 2 S. 1 Verf. Bremen das Ausreichen der Mehrheit der abgegebenen Stimmen. Es findet daher die grundsätzlich nach Art. 90 S. 1 Verf. für sämtliche Beschlüsse der Bremischen Bürgerschaft geltende einfache Mehrheit der abgegebenen Stimmen Anwendung. Auf die Wahl des Senatsvorsitzenden bezogen ist der Anwärter gewählt, der ohne Gegenkandidat mehr Ja- als Nein-Stimmen bzw. bei Alternativkandidaten wenigstens eine Stimme mehr als die Hälfte der Abstimmenden erzielt; Stimmenthaltungen und ungültige Stimmen bleiben wie stets bei der einfachen Stimmenmehrheit unberücksichtigt[1284]. Im Falle von Stimmengleichheit ist die Mehrheit verfehlt[1285]; statt einer Wiederholung des Wahlganges löst die Geschäftsordnung der Bremischen Bürgerschaft das Patt unter Zuhilfenahme eines Losentscheids auf und kürt so den Ministerpräsidenten (§ 56 Abs. 6 S. 6). Dies gilt freilich nur in der Konstellation, in der Stimmengleichheit zwischen zwei Wahlwerbern entsteht, die somit jeweils exakt die Hälfte der abgegebenen Stimmen erzielt haben. Es gilt nicht, wenn das Patt zwischen drei Kandidaten erzielt wird, die mithin das Quorum der Abstimmendenmehrheit deutlich, eben nicht nur um eine einzige Stimme verfehlen und so weitere Wahlgänge nötig machen.

Mit der Anordnung einer Abstimmungsmehrheit geht einher, daß die Verfassung sich mit der Frage der Beschlußfähigkeit auseinanderzusetzen hat. In Bremen macht sie den Mitgliedern der Bürgerschaft im Rahmen der Wahl des Senats keinerlei Vorgaben zur Beschlußfähigkeit. Es soll dort daher das Parlament mit den sich an der Wahl des Senatspräsidenten beteiligenden Abgeordneten stets „kraft Verfassungsrechts" beschlußfähig sein; schließlich lasse sich auch nur auf diese Weise obstruktives Fernbleiben zur Verhinde-

[1283] Ein Hinweis zur alten Regelung findet sich noch bei *Preuß*, Landesregierung (Fn. 1275), S. 341.

[1284] *Neumann* (Fn. 1220), Art. 107 Verf. Bremen Rn. 18 sowie *ders.*, ebd., Art. 90 Verf. Bremen Rn. 6; *Preuß*, Landesregierung (Fn. 1275), S. 341.

[1285] *Neumann* (Fn. 1220), Art. 90 Verf. Bremen Rn. 6.

rung einer Wahl des Ministerpräsidenten aufgrund von Beschlußfähigkeitsquoren oder der Bezugszahl der gesetzlichen Mitgliederzahl vermeiden[1286].

c) Mechanismen zur Sicherstellung einer Wahl in Folgewahlgängen

Annähernd die Hälfte der Länder beläßt es nicht bei der Festschreibung eines Mehrheitsquorums, ohne für den Fall seines Verfehlens Vorsorge zu tragen. Neben der Option einer Stichwahl fungiert vor allem die Reduzierung des Mehrheitserfordernisses als Mechanismus für den ertragreichen Ausgang des Verfahrens.

aa) Reduzierung des Mehrheitserfordernisses in Folgewahlgängen

Nachdem die Mitgliedermehrheit des jeweiligen Landtages in Phase eins verfehlt wurde, reduzieren die Landesverfassungen von Berlin, Brandenburg, Sachsen, Schleswig-Holstein und Thüringen in der Folgephase das Mehrheitserfordernis, wobei die Ausgestaltung im Einzelnen durchaus nicht unerheblich differiert.

In Sachsen ist ein gestaffeltes Wahlverfahren vorgesehen, das auf zweiter (und bereits letzter!) Stufe – die Verfassung spricht eigentlich gar nur von *einem* weiteren Wahlgang, in der Kommentarliteratur werden aber in dieser viermonatigen Phase eine Vielzahl an Wahlgängen für rechtlich zulässig gehalten[1287] – die Mehrheit der abgegebenen Stimmen genügen läßt (Art. 60 Abs. 2 Verf. Sachsen). Hierbei handelt es sich um die einfache Mehrheit der Abstimmenden, bei der die Stimmenthaltungen nach allgemeiner Gepflogenheit wie nicht abgegebene Stimmen gewertet werden[1288]. Erst wenn auch nach vier Monaten kein Kandidat die einfache Mehrheit der Abstimmenden im Landtag erreicht hat, ist der sächsische Landtag nach Art. 60 Abs. 3 Verf. ohne weiteres aufgelöst[1289].

Berlin (Art. 56 Abs. 1 Verf. n.F.), Brandenburg (Art. 83 Abs. 2 Verf.), Schleswig-Holstein (Art. 26 Abs. 4 S. 1 u. 2 Verf.) und Thüringen (Art. 70

1286 So *Neumann* (Fn. 1220), Art. 107 Verf. Bremen Rn. 12; dort findet sich auch das Zitat.

1287 *C. Meissner*, Die Staatsregierung, in: Degenhart/Meissner, Handbuch (Fn. 1220), § 11 Rn. 17; *U. Bartlitz*, in: B. Kunzmann/M. Haas/H. Baumann-Hasske/U. Bartlitz, Die Verfassung des Freistaates Sachsen, 1993, Art. 60 Rn. 4; *Ley*, Wahl 2010 (Fn. 1275), S. 417.

1288 *Bartlitz* (Fn. 1287), Art. 60 Verf. Sachsen Rn. 4.

1289 Sinn der Norm ist die Vermeidung einer geschäftsführenden Regierung verbunden mit der Hoffnung auf Schaffung klarer Verhältnisse durch eine Neuwahl, vgl. *Heinig*, Selbstauflösungsrecht (Fn. 187), S. 173 f.

Abs. 3 S. 2 u. 3 Verf.) unterteilen indes das Verfahren ähnlich der Kanzlerwahl im Grundgesetz in drei Wahlgänge und reduzieren das Mehrheitserfordernis erst nach dem zweiten Wahlgang auf eine einfache, bei mehreren Kandidaten relative Mehrheit. Andersherum gesprochen halten die genannten Länder in zwei Wahlgängen am Quorum absoluter Mitgliedermehrheit fest. In der letzten Phase besteht vorbehaltlich der einfachen Beschlußfähigkeitsgrenze keine Mindestanwesenheit im Rahmen der Abstimmung[1290]. Brandenburg zieht als einziges Land unter den vorgenannten für die Ministerpräsidentenwahl eine Höchstgrenze von drei Monaten bis zur von Gesetzes wegen eintretenden Auflösung des Landtages, Art. 83 Abs. 3 Verf. Zusätzlich darf laut Verfassung ausdrücklich nur ein dritter Wahlgang stattfinden und anders als in anderen Bundesländern wird diese Vorgabe auch für verbindlich gehalten: lediglich für den Fall der Stimmengleichheit im dritten Wahlgang seien weitere Wahlgänge zulässig, und zwar so lange, bis die Stimmengleichheit aufgelöst und eine einfache Mehrheit erzielt wird bzw. der Landtag weitere Wahlgänge für nicht sinnvoll erachtet; die Auflösung durch Losentscheid scheide aus[1291].

bb) Kombination von Stichwahl und reduziertem Mehrheitserfordernis

Einen etwas anderen Weg geht die Verfassung Nordrhein-Westfalens, die im ersten Wahlgang die absolute Mehrheit der Mitglieder fordert, in den beiden folgenden aber die Bezugszahl wechselt und auf mindestens die Hälfte der abgegebenen Stimmen umschwenkt, Art. 52 Abs. 2 S. 1 Verf. Ergibt sich diese absolute Mehrheit der Abstimmenden auch bis einschließlich des dritten Wahlgangs nicht, schließt sich nach S. 2 eine Stichwahl zwischen den beiden Kandidaten an, die im vorigen dritten Wahlgang die meisten Stimmen auf sich vereinen konnten. Nun ist derjenige Wahlwerber zum Ministerpräsidenten gewählt, der wenigstens eine Stimme mehr als sein Gegner erzielt. Steht jetzt oder stand auch bereits zuvor überhaupt nur ein Kandidat für das Amt zur Verfügung – der nicht gewählt wurde, weil die absolute Mehrheit der Landtagsmitglieder mit Nein stimmte – findet dennoch ein vierter Stichwahlgang ohne Gegner statt. Hier müssen mehr Stimmen für den Wahlwerber als gegen ihn abgegeben werden, wobei die

---

[1290] Vgl. für Berlin (allerdings noch zu Art. 56 Verf. i.d.F. bis 31.12.2009): *Kärgel* (Fn. 1219), Art. 56 Verf. Berlin Rn. 2; für Brandenburg: *Lieber/Iwers/Ernst* (Fn. 1254), Art. 83 Anm. 3; für Schleswig-Holstein: *H. Wuttke*, in: v. Mutius, Kommentar Schleswig-Holstein (Fn. 1220), Art. 26 Rn. 28; für Thüringen: *J. Linck*, in: Linck/Jutzi/Hopfe, Verfassung Thüringen (Fn. 1220), Art. 70 Rn. 14 ff.

[1291] *Lieber/Iwers/Ernst* (Fn. 1254), Art. 83 Verf. Brandenburg Anm. 3.

Anzahl von Enthaltungen und ungültigen Stimmen unbeachtlich ist[1292]. Der Eintritt von Stimmengleichheit in der Stichwahl wird von der Verfassung nicht aufgegriffen, eine Lösungsmöglichkeit fehlt. In der Kommentarliteratur wird daher einerseits vorgeschlagen, das gesamte Art. 52er-Verfahren von Neuem beginnen zu lassen oder andererseits erwogen, weitere Stichwahlen bis zur Auflösung des Patts abzuhalten[1293].

cc) Reduzierung des Mehrheitserfordernisses nach gescheiterter Landtagsauflösung

Geschickt gehen schließlich die beiden ostdeutschen Verfassungen Mecklenburg-Vorpommerns und Sachsen-Anhalts sowie die des Landes Niedersachsen vor: kommt die Wahl binnen eines Zeitraums von vier Wochen nicht mit absoluter Mehrheit der Mitglieder zustande, so beschließt der Landtag binnen weiterer zwei Wochen ebenfalls mit Mitgliedermehrheit über die eigene Auflösung (Art. 42 Abs. 1 u. 2 Verf. Mecklenburg-Vorpommern). Wird auch diese mehrheitlich abgelehnt, schließt sich nach Art. 42 Abs. 3 Verf. Mecklenburg-Vorpommern noch am selben Tag ein erneuter Wahlgang des Ministerpräsidenten an, bei dem nun gewählt ist, wer die meisten Stimmen erzielt. Das Mehrheitserfordernis wird damit auf eine relative Mehrheit herabgesetzt. In Sachsen-Anhalt gilt das Entsprechende hinsichtlich der Wahlgänge und der jeweiligen Mehrheiten, einzige Abweichung bilden die im Vergleich zu Mecklenburg-Vorpommern anders bemessenen Zeiträume zwischen den Wahlgängen[1294]. Niedersachsen ist hinsichtlich des zeitlichen Rahmens weitaus strenger und löst bereits nach 21 Tagen die vierzehntägige Frist aus, binnen der der Landtag über die eigene Auflösung mit Mehrheit seiner Mitglieder zu befinden hat, Art. 30 Abs. 1 Verf. Es schließt sich auch hier im Falle des Scheiterns des Auflösungsantrags die unverzügliche Wahl des Ministerpräsidenten mit relativer Stimmenmehrheit an, Abs. 2 S. 1.

1292 *P. J. Tettinger*, in: Löwer/Tettinger, Verfassung Nordrhein-Westfalen (Fn. 1220), Art. 52 Rn. 36; *R. Grawert*, Verfassung für das Land Nordrhein-Westfalen, 2. Aufl. 2008, Art. 52 Ziff. 3.

1293 *Tettinger* (Fn. 1292), Art. 52 Verf. Nordrhein-Westfalen Rn. 37 f. (Wiederholung der Stichwahl) mit dem Hinweis auf die Gegenansicht (Neubeginn des Verfahrens).

1294 Der erste Wahlgang hat in Sachsen-Anhalt binnen vierzehn Tagen nach Zusammentritt des Landtages, der zweite innerhalb weiterer sieben Tage und der Beschluß über die Auflösung nach nochmals maximal vierzehn Tagen zu erfolgen. Bei deren Scheitern schließt sich auch hier die Wahl mit der einfachen Mehrheit unverzüglich an, vgl. Art. 65 Abs. 2 S. 1–5.

3. Stellungnahme

a) Mehrheitserfordernis im ersten Wahlgang

Da das Gros der Länder, zuletzt zum Jahreswechsel 2009/2010 um Berlin verstärkt, eher durch in föderalistisch organisierten Staaten nicht selbstverständliche Einigkeit bei der erforderlichen Mehrheit für die Wahl des Ministerpräsidenten auffällt, richtet sich der Fokus auf die einzigen beiden „Ausreißer“. Sowohl Bayern als auch Bremen weichen von der absoluten Mehrheit der Mitglieder des Landtages durch den Rückgriff einerseits auf ein anderes Quorum, andererseits eine andere Bezugszahl hin zur einfachen Mehrheit der abgegebenen Stimmen ab. In Bremen erfolgt dies durch ausdrückliche Anordnung dieses Mehrheitserfordernisses, in Bayern durch Rückgriff auf die Grundnorm zur Beschlußfassung im Landtag, die für Landeswahlen eine ausdrückliche Abweichungsermächtigung gerade nicht erteilt. Tendenziell ergibt sich aus dieser Bezugszahl natürlich eine Erleichterung der Mehrheitserzielung im Vergleich zur Mehrheit der gesetzlichen Mitgliederzahl. Abgesehen von Beschlußfähigkeitsgrenzen ist es in beiden Ländern damit völlig gleichgültig, wie viele Abgeordnete anwesend waren und wie viele ihre Stimme tatsächlich abgegeben haben. Freilich wird sich im Regelfall keine Abweichung zur Mehrheit der gesetzlichen Mitglieder ergeben, da insbesondere die zukünftige Regierung genauso auf die geschlossene Anwesenheit und Stimmabgabe in der Bürgerschaft bzw. dem Landtag achten wird, wie die Oppositionsfraktionen – die einen, um die Wahl des Ministerpräsidenten sicherzustellen, die anderen, um gerade dies zu verhindern.

Auch nur in diesen beiden Ländern lohnt sich ein Blick auf die Regelungen zur Beschlußfähigkeit: in den Fällen, in denen ohnehin die absolute Mitgliedermehrheit des Landtages zur Wahl des Ministerpräsidenten vonnöten ist, ist eine Mindestanwesenheit von mehr als der Hälfte der Abgeordneten sichergestellt und können die typischerweise gerade in dieser Größenordnung angesetzten Beschlußfähigkeitsquoren keine originäre Bedeutung entfalten. Anders sieht dies in Bayern und Bremen aus. Bayern verlangt eine Mindestanwesenheit der Mehrheit der Mitglieder seines Landtages (Art. 23 Abs. 2 Verf.; dazu unter B. I. 1.). Sieht man einmal von der auch für den bayerischen Landtag bestehenden Beschlußfähigkeitsfiktion in Art. 123 Abs. 1 GO-BayLT ab, ist durch ein Anwesenheitsquorum der absoluten Mitgliedermehrheit wenigstens gewährleistet, daß der Ministerpräsident eine Mindestlegitimation erfährt – wenngleich sie auch bei kaum mehr als einem Viertel der gesetzlichen Mitgliederzahl liegt. Zwar ist durchaus zuzugeben, daß eine qualifizierte Mehrheit nicht aus verfassungsrechtlichen, sondern wenn überhaupt aus verfassungspolitischen Gründen geboten ist[1295], eine Verschärfung zur absoluten Mitgliedermehrheit jedoch wäre gerade im Hinblick auf keinerlei zu befürchtende Nachteile wünschenswert.

In Bremen wird demgegenüber das im Vergleich zu der Vielzahl der anderen Länder ohnehin reduzierte Mehrheitserfordernis auch im Vergleich zur bayerischen Regelung abermals durch eine äußerst laxe Handhabe der Beschlußfähigkeit durch die Verfassung aufgeweicht. Nicht einmal die ansonsten für einfache Beschlüsse der Bürgerschaft einzuhaltende Mindestanwesenheit der Hälfte ihrer Mitglieder (Art. 89 Abs. 1 Verf. Bremen) ist für die Wahl des Vorsitzenden des Senates vonnöten. Allein der faktische Zwang zur Anwesenheit aufgrund des niedrigen Mehrheitsquorums kann für die ansonsten unzureichende Legitimation des Senatsvorsitzenden sorgen.

b) Mehrheitserfordernis in Folgewahlgängen

Sind Folgewahlgänge oder -phasen vorgesehen, kommt es spätestens an deren Ende bei einem Großteil der Länder zur Absenkung der absoluten Mitgliedermehrheit auf die einfache oder relative Mehrheit, um jetzt durch die Einräumung der Option eines Minderheits-Ministerpräsidenten die Regierungsbildung nicht nur leichter zu ermöglichen, sondern vielmehr unweigerlich sicherzustellen. Die einfache Mehrheit der Abstimmenden bietet diese Gewähr. Unterschiede zwischen den Ländern bestehen indes insoweit, als im frühesten Fall die Absenkung bereits in einem zweiten Wahlgang, im spätesten erst nach einigen Wochen mit dann typischerweise mehreren gescheiterten Wahlgängen und einer die eigene Auflösung ablehnenden Abstimmung des Landtages vorgesehen ist. Das Ziel der Absenkung, „einen regierungsfähigen (!) Ministerpräsidenten“ zu finden[1296], läßt sich mittels einfacher Abstimmendenmehrheit nicht verwirklichen, formell regierungslose Zustände sind durch den – gegenüber dem mit absoluter Mehrheit legi-

---

[1295] BayVerfGH 46, 1 (10); BVerfG, Urteil v. 23.7.1998, Az. 1 BvR 2470/94 bezüglich der Wahl der Mitglieder des Bayerischen Verfassungsgerichtshofs (die freilich nicht eins zu eins vergleichbar ist). Dort führt das Bundesverfassungsgericht in Rz. 35 aus: „Verfassungspolitisch mag es zwar wünschenswert sein, Stellung, Ansehen und demokratische Legitimation der Verfassungsrichter durch eine Wahl mit qualifizierter Mehrheit, etwa mit der für die Wahl der Bundesverfassungsrichter in § 6 Abs. 5, § 7 BVerfGG vorgeschriebenen Zweidrittelmehrheit, zu stärken. Von Bundesverfassungsrechts wegen ist eine qualifizierte Mehrheit jedoch nicht geboten.“ – s. aus der Kommentarliteratur speziell zur Ministerpräsidentenwahl *Möstl* (Fn. 1209), Art. 23 Verf. Bayern Rn. 6.

[1296] Diese Zielvorgabe der brandenburgischen Norm formulieren so allerdings *Lieber/Iwers/Ernst* (Fn. 1254), Art. 83 Verf. Brandenburg Anm. 3 (Hervorhebung nicht i. O., N. M.).

timierten Ministerpräsidenten in Rechten und Pflichten gleichgestellten[1297] – Minderheiten-Regierungschef abgewendet.

Die Festlegung der Länder Mecklenburg-Vorpommern, Niedersachsen und Sachsen-Anhalt, zunächst eine Abstimmung über die Auflösung und erst bei deren Scheitern das einfache Mehrheitserfordernis genügen zu lassen, ist der sofortigen Reduzierung vorzuziehen: in Ansehung der Mehrheitsverhältnisse im Parlament sowie im Hinblick auf die dann erfolgende Reduzierung der Wahlvoraussetzung entscheidet eine absolute Mitgliedermehrheit (also die Mehrheit, die zur Wahl des Ministerpräsidenten nicht bereitstand) für einen Fortbestand des Landtages. Die Folge der Wahl eines Minderheiten-Ministerpräsidenten wird so in Kauf genommen. In den übrigen Ländern steht dieser Weg einer absoluten Mitgliedermehrheit, die sich in der Ablehnung des aufgestellten Kandidaten einig ist, nicht offen; sie kann die Wahl des Regierungschefs in hinteren Wahlgängen mit relativer Mehrheit nicht verhindern. Nur in den vorgenannten drei Ländern ist die Gefahr des „Aussitzens" früherer Wahlphasen durch die stärkste, aber eben nicht über eine absolute Mehrheit verfügende Fraktion wirkungsvoll gebannt.

Wiederum eine Handvoll Länder, namentlich Baden-Württemberg, Hamburg, Hessen, Rheinland-Pfalz und das Saarland, verzichten auch in Folgewahlgängen gänzlich auf die Erleichterung der Wahl durch Absenkung des Mehrheitsquorums. Minderheitsregierungen sind auf diesem Weg ausgeschlossen, ein amtierender Ministerpräsident kann sich damit zumindest bei der eigenen Wahl auf eine absolute Mehrheit der Mitglieder des Landtages stützen, eine Minderheit kann ihn nicht ins Amt bringen. Daß auch „Zufallsmehrheiten" so nicht zur Wahl eines Ministerpräsidenten führen können ist zwar richtig[1298], aufgrund der Bedeutung der Wahl und politischer Bindungen ohnehin praktisch ausgeschlossen. Im Fall des anhaltenden Verfehlens absoluter Mehrheit steht dementsprechend auch keine andere Option bereit, als den Landtag von Gesetzes wegen oder durch entsprechenden Beschluß aufzulösen, wenn nicht die ohne Parlamentsmehrheit die Geschäfte führende Regierung unbegrenzt weiter im Amt bleiben soll[1299]. Dieses Verfahren scheint der vernünftigste Kompromiß zwischen Mehrheitserfordernis und Legitimation einer- und der Gewährleistung der Regierungsbildung andererseits. Eine Reduzierung des Mehrheitserfordernisses verlagert zumeist

---

[1297] Vgl. *A.-L. Schümer*, Die Stellung des Ministerpräsidenten in den Bundesländern im Vergleich, 2006, S. 8 f. – dies steht zweifellos fest, verbessert seine Position gegenüber dem Landtag aber keinesfalls.

[1298] Dies aber erkennt als weiteren Aspekt neben der Verhinderung der Wahl des Minderheitenministerpräsidenten *Ley*, Wahl 2010 (Fn. 1275), S. 414.

[1299] Was in Hamburg, Hessen und Rheinland-Pfalz möglich ist, da nur in Baden-Württemberg und dem Saarland eine dreimonatige Frist zur Neuwahl besteht.

das Problem nur auf einen späteren Zeitpunkt, in dem dann beispielsweise im Rahmen einer Sachentscheidung die Mehrheit nicht hinter der Landesregierung steht. Landtagsauflösung und Neuwahlen werden durch Mehrheitserleichterungen jedenfalls nicht verläßlich verhindert.

Von einer Reduzierung nehmen auch die Bundesländer Bayern und Bremen Abstand; dies beruht aber darauf, daß von Anfang an bereits der Ministerpräsident mit bloß einfacher Mehrheit gewählt wird. Die einfache Mehrheit der Abstimmenden indes kann unter weiterer Geltung des Mehrheitsprinzips weder hinsichtlich der Mehrheitsquote noch hinsichtlich der Bezugsgröße weiter reduziert werden. Und selbst im Falle des Erreichens einfacher Mehrheit ist letztlich nicht sichergestellt, daß der neue Amtsinhaber über einen hinreichenden Rückhalt im Bayerischen Landtag oder der Bremischen Bürgerschaft verfügt. In anderen Ländern sowie auf Bundesebene wird, wie aufgezeigt, in dem nur mit einfacher Mehrheit ins Amt des Ministerpräsidenten oder Bundeskanzler gewählten Bewerber lediglich eine Notlösung, ein mit abgeschwächter Legitimation ausgestatteter und mit verhältnismäßig geringem Rückhalt versehener Regierungschef erblickt. Mangels Unterstützung seitens einer absoluten Mehrheit des Landtages bringt ihm dies das Attribut des Minderheiten-Regierungschefs ein. Toleriert freilich dieselbe einfache Mehrheit, die den Regierungschef gewählt hat, auch während der gesamten Wahlperiode dessen Politik, kann die Konstellation dennoch Bestand haben. Bei mehreren Bewerbern um das Amt des Ministerpräsidenten ermäßigt sich das Mehrheitserfordernis zurecht weder in Bayern noch in Bremen auf eine relative Mehrheit, würde doch das Legitimationsniveau beträchtlich, sinken. Die Möglichkeiten, die die bayerische Landtagsgeschäftsordnung hier für alle denkbaren Konstellationen mit Stichwahlen, deren Wiederholung und finalem Losentscheid, der dann über die Person des Ministerpräsidenten entscheidet (!), bereitstellt, könnten mannigfaltiger nicht ausfallen. Nicht ganz so ausführlich, im Ergebnis aber ähnlich löst es Bremen: bei Stimmengleichheit entscheidet sogleich das Los über das Ministerpräsidentenamt. Daß sich beide Länder in der Pattsituation für die Auflösung mittels Losentscheid aussprechen, ist aus hiesiger Sicht zu begrüßen und vermeidet die oftmals zu kaum einem anderen Resultat führende Wiederholung der Landtagswahl.

Schlußendlich wird die Wahl in der Praxis nur dann zustande kommen, wenn die Regierungsfraktion(en) über eine absolute Mehrheit im Landtag verfügen, da nur so die Opposition nicht durch Gegenstimmen das Erzielen der einfachen Mehrheit zu verhindern weiß. In der Landtagspraxis spielt die einfache Mehrheit daher keine Rolle, zumal sie in der Ausgestaltungsform mit nur zwei zur Wahl stehenden Alternativen, wie sie in Bayern Anwendung findet, der absoluten Mehrheit nahekommt. Damit wäre auch die ausdrückliche Anordnung einer absoluten Mitgliedermehrheit in beiden Ländern sinnvoll gewesen und ein Systemwechsel, wie ihn zuletzt Berlin vollzogen hat, auch unter Anordnung der Bezugsgröße der gesetzlichen Mitgliederzahl angebracht. Eine Ausnahmekonstellation, in der eine Mehrheitsregierung nicht zustande käme, ein Minderheits-Ministerpräsident aber dennoch ins Amt gewählt würde, gewährleistete keine hinreichende Regierungsstabilität; was in anderen Ländern als ultima ratio vor Inkaufnahme regierungsloser Zustände gedacht ist, würde in Bayern und Bremen ohne weiteres zum Normalfall.

c) Sonderweg Nordrhein-Westfalens: Stichwahl und reduzierte Mehrheit

Den Weg, den einzig Nordrhein-Westfalen mit der Reduzierung des Mehrheitserfordernisses ab dem zweiten und der Anordnung einer Stichwahl nach dem dritten Wahlgang beschreitet, erscheint nicht nachahmenswert. Zwar vermittelt dieses Verfahren auf den ersten Blick den Eindruck, stets Gewähr dafür zu bieten, daß ein Ministerpräsident gefunden wird. Bei genauerem Hinsehen jedoch entpuppt sich sogar dies zumindest für den Fall der Stimmengleichheit zwischen den zwei Stichwahlgegnern als Trugschluß. Was aber noch viel mehr Kopfzerbrechen bereitet ist, daß die Verfassung ganz offensichtlich den Weg über die Auflösung des Landtages und Neuwahlen vermeiden möchte – selbst eine mangelhafte Legitimierung des neuen Ministerpräsidenten wird in Kauf genommen: fände sich in einem Stichwahlgang kein Gegenkandidat, so könnte der Wahlwerber bei massivsten Enthaltungen oder der Verweigerung mittels ungültiger Stimmen allein durch eine einzige, damit womöglich gar seine eigene Stimme zum Ministerpräsidenten gewählt werden. Selbst wenn diese Konstellation nicht derart überzeichnet wird, scheint ein solcher Vorgang, in dem nur eine deutlich unter der absoluten liegende Mehrheit die Wahl herbeiführt, nicht außerhalb jeglicher Wahrscheinlichkeit zu liegen. Die Landtagsmehrheit steht dann nicht hinter dem Ministerpräsidenten. Dies einer Auflösung des Landtages vorzuziehen ist zu engstirnig gedacht, ebenso wie die Hoffnung Grawerts, der Landtag möge „vorher zur Raison“ kommen[1300]. Dessen Hinweis auf eine „Pervertierung des parlamentarischen Regierungssystems“ aufgrund des rein ergebnisorientierten Wahlverfahrens trifft es da schon eher. Daß der Fall der Stimmengleichheit im Stichentscheid nicht bedacht wurde, fällt im Vergleich dazu nicht ins Gewicht.

[1300] *Grawert* (Fn. 1292), Art. 52 Verf. Nordrhein-Westfalen Ziff. 3.

V. Die Bestätigung der Regierung durch den Landtag

Obgleich in allen Bundesländern der Ministerpräsident für die Auswahl seiner Regierungsmitglieder verantwortlich zeichnet, sehen nicht wenige Landesverfassungen nach erfolgter Besetzung der Ministerämter ein Verfahren einmaliger Regierungs- oder Ministerbestätigung vor. Für die Übernahme der Amtsgeschäfte bedarf die Regierung demnach der ausdrücklichen Unterstützung durch den Landtag mittels eines förmlichen Beschlusses. Bei der Ausgestaltung der Doppelbestätigung von Ministerpräsident und Ministern gehen die Länder abermals unterschiedliche Wege. Berlin, Brandenburg, Mecklenburg-Vorpommern, Nordrhein-Westfalen, Sachsen sowie Sachsen-Anhalt, Schleswig-Holstein und Thüringen schließlich verzichten gänzlich auf ein Verfahren der Regierungsbestätigung.

1. Bayern

In Bayern unterstreicht Art. 45 Verf., daß es dem Ministerpräsidenten nur mit Zustimmung des Landtages erlaubt ist, Staatsminister zu berufen. Wie das Plazet der Volksvertretung ausgesprochen wird und insbesondere welche Konsequenzen die Ablehnung hätte, bestimmt die Norm nicht näher. Damit ist der Weg frei für einen Rückgriff auf die allgemeinen Regelungen: die – im Vor- oder Nachhinein, aber jedenfalls zwingend einzuholende – Bestätigung ergeht durch Parlamentsbeschluß mit einfacher Mehrheit bei Anwesenheit der Mehrheit der Mitglieder des Landtages nach Art. 23 BayVerf.[1301].

2. Regelungen in den übrigen Ländern

Ist eine ausdrückliche Bestätigung der vom Ministerpräsidenten ernannten Landesminister oder der Regierung insgesamt vorgesehen, lassen alle Landesverfassungen hierfür gleichfalls die einfache Mehrheit der Abstimmenden genügen: entsprechend verfahren wird in Baden-Württemberg (Art. 46 Abs. 3 Verf.)[1302], Hamburg (Art. 34 Abs. 2 S. 2 Verf.)[1303], Niedersachsen

---

[1301] *J. F. Lindner*, in: Lindner/Möstl/Wolff, Verfassung Bayern (Fn. 1206), Art. 45 Rn. 6; *K. Schweiger*, in: Nawiasky/Schweiger/Knöpfle, Verfassung Bayern (Fn. 1205), Art. 45 (2003), Rn. 3a.

[1302] So bereits der eindeutige Wortlaut der Verfassungsbestimmung; unzutreffender Hinweis insofern bei *R. Groß*, in: Zinn/Stein, Verfassung Hessen, Bd. II (Fn. 1220), Art. 101 Ziff. 10.

[1303] *David* (Fn. 215), Art. 34 Verf. Hamburg Rn. 24; entgegen dem insoweit eindeutigen Wortlaut der Verfassung will er die Bestätigung nur auf die Senatoren und nicht auch den bereits gewählten Ersten Bürgermeister erstrecken. Dies mag aus te-

(Art. 29 Abs. 3 Verf.)[1304], Rheinland-Pfalz (Art. 98 Abs. 2 S. 3 Verf.) und dem Saarland (Art. 87 Abs. 1 S. 2 Verf.)[1305]. Auch in Hessen kann die neu gebildete Landesregierung die Regierungsgeschäfte erst übernehmen, wenn der Landtag ihr durch einen besonderen Beschluß das Vertrauen ausgesprochen hat, Art. 101 Abs. 4 Verf. Dieser ist ebenfalls mit einfacher Mehrheit zu fassen[1306]. Besonders interessant wiederum stellt sich die Rechtsfolge dar, die an das Scheitern dieses herausgehobenen Beschlusses geknüpft ist: zunächst billigt Art. 114 Abs. 5 Verf. Hessen dem Landtag zur Bestätigung (oder besser: der Regierung zum Erreichen derselben) nur einen Zeitraum von zwölf Tagen zu, darüber hinaus tritt bei deren erfolglosem Verstreichen die automatische Folge der Auflösung des Landtages ein. Bremen geht von den Ländern, die eine zweifache Bestätigung von Ministerpräsident und Regierungsmannschaft vorsehen, wohl am weitesten, indem es nicht allein eine (nachträgliche) Zustimmung zu den vom Senatspräsidenten aufgestellten Senatoren vorsieht, sondern die Wahl des Senatspräsidenten und jedes einzelnen Senatoren nach Art. 107 Abs. 2 Verf. verlangt. Alle Mitglieder der Landesregierung bedürfen mithin einer Wahl mit einfacher Mehrheit der abgegebenen Stimmen[1307].

3. Stellungnahme

Der Grundgedanke der Bestätigung von Regierung bzw. Ministern, nämlich die an den Ministerpräsidenten adressierte Aussage, daß dieser auch in Ansehung der nunmehr gefundenen Regierungsmannschaft über das Vertrauen des Landesparlaments verfügt[1308], scheint zweckdienlich. Gleiches gilt für die inhaltsgleiche Botschaft, die damit auch direkt an die Minister geht. Die Doppelbestätigung des Ministerpräsidenten beruht insofern auf zwei unterschiedlichen Hintergründen von ursprünglicher Wahl und jetziger Regierungsbestätigung. Die Regierungs- oder Ministerbestätigung gehört dennoch

---

leologischer Sicht überzeugen, widerspricht aber unzweifelhaft dem Verfassungstext: *David* (Fn. 215), Art. 34 Verf. Hamburg Rn. 22.

[1304] *Neumann* (Fn. 1220), Art. 29 Verf. Niedersachsen Rn. 21: einfache Mehrheit. – Erlangt die Regierung keine Bestätigung binnen 21 Tagen (mehrere Abstimmungen sind hierfür zulässig), ist in Niedersachsen gemäß Art. 30 Abs. 1 Verf. binnen weiterer vierzehn Tage durch den Landtag über die eigene Auflösung Beschluß zu fassen. Dieser bedarf der Zustimmung der Mehrheit seiner Mitglieder.

[1305] *U. Stelkens*, in: Wendt/Rixecker, Verfassung Saarland (Fn. 1220), Art. 87 Rn. 13; hier genügt die Zustimmung des Landtages zu den ernannten Ministern.

[1306] *Groß* (Fn. 1302), Art. 101 Verf. Hessen Ziff. 10: einfache Mehrheit nach Art. 88 Verf. Hessen.

[1307] Die Wahl der übrigen Senatsmitglieder kann auch nach der des Senatspräsidenten in einem Wahlakt erfolgen: *Neumann* (Fn. 1220), Art. 107 Verf. Bremen Rn. 20.

[1308] s. nur *Stelkens* (Fn. 1305), Art. 87 Verf. Saarland Rn. 13.

bei weitem nicht zum Allgemeingut aller Landesverfassungen, wenngleich auch die Hälfte der Länder davon Gebrauch macht. In den acht Ländern, die ein entsprechendes Verfahren vorsehen, unterscheidet sich die Ausgestaltung nicht unerheblich. Während Bayern einen einfachen Mehrheitsbeschluß des Parlamentes genügen läßt und damit immerhin einen Gleichlauf zwischen Ministerpräsidentenwahl und Ministerbestätigung herstellt, reduzieren eine Mehrzahl von Ländern – namentlich Baden-Württemberg, Hamburg, Hessen, Niedersachsen, Rheinland-Pfalz und das Saarland – die für die Regierungsbestätigung obligatorische Mehrheit im Vergleich zur Wahl des Ministerpräsidenten und erleichtern diesem mithin das Erreichen der Zustimmung. War für erstere noch eine absolute Mitgliedermehrheit des Landtages vonnöten, genügt nunmehr eine einfache Mehrheit der Abstimmenden. Kann das Verfehlen des Mehrheitserfordernisses bei der Ministerpräsidentenwahl zur Auflösung des Landtages führen, ist diese Folge hier regelmäßig nicht vorgesehen. Durch die Absenkung kann bei entsprechender Zusammensetzung im Rahmen der Abstimmung bereits eine parlamentarische Minderheit zur Erreichung der einfachen Abstimmungsmehrheit ausreichen.

Wie Bayern greift auch Bremen für die der Ministerpräsidentenwahl nachgelagerte Ministerbestätigung auf die einfache Mehrheit der Abstimmenden zurück; hier ist es jedoch keine Bestätigung im engeren Sinn, sondern überhaupt erst die Wahl der Minister der Landesregierung durch den Landtag (!). In den Konstellationen, in denen gleichgerichtete Interessen in Landesregierung und Landtag vorherrschen und die Regierung über komfortable Mehrheiten verfügt, kann das Verfahren die Legitimierung der Regierung fördern. Bestehen jedoch Konflikte mit der Regierung oder einzelnen frisch auserwählten Ministern, kann sich das Bestätigungserfordernis als massiver Eingriff in das Recht des Ministerpräsidenten erweisen, seine Regierungsmannschaft selbst zusammenzustellen. Hier kann die Reduzierung des Mehrheitserfordernisses auf einfache Mehrheit nur sehr eingeschränkt hilfreich sein, da eine absolute Mehrheit eine Bestätigung im Eskalationsfall stets zu verhindern wüßte. Wenn Bestätigungserfordernisse vorgesehen werden sollen, scheint daher der Gleichlauf zwischen den Mehrheiten zur Wahl des Ministerpräsidenten vorzugswürdig.

VI. Der Regelungsbereich förmlicher Mißtrauens- oder Abwahlverfahren

Ausnahmslos alle Landesverfassungen kennen Wege, die es den Landtagen erlauben, den Landesregierungen fehlendes Vertrauen auszusprechen[1309].

1309 Eine ausführliche Betrachtung, insbesondere auch der für die vorliegende Arbeit nicht relevanten Verfahrensschritte vor der eigentlichen Abstimmung einschließ-

Doch nicht in sämtlichen Ländern steht hierfür auch ein förmliches Mißtrauens- oder Abwahlverfahren zur Verfügung.

1. Bayern

Bayern ist einmal mehr der bundesweite Ausnahmefall: es steht kein förmlicher Mechanismus bereit; die Funktion eines Mißtrauens- oder Abwahlverfahrens erfüllt hier der gegen ein Verhalten der Regierung oder eines Regierungsmitglieds gerichtete sogenannte feststellende Mißbilligungsbeschluß[1310]. Dabei sieht die Verfassung selbst nicht einmal dieses Rechtsinstitut vor. In der Kommentarliteratur besteht jedoch weitgehende Einigkeit darüber, daß sowohl der Ministerpräsident eine dem Beschluß zugrundeliegende schlichte Vertrauensfrage stellen, als auch der Landtag aus eigener Initiative das Mißtrauen aussprechen kann. Diesem Rechtsinstitut liegt Art. 44 Abs. 3 S. 2 BayVerf. zugrunde, wonach der Ministerpräsident zurücktreten muß, wenn die politischen Verhältnisse die vertrauensvolle Zusammenarbeit zwischen ihm und dem Landtag unmöglich machen[1311]. Der Beschluß ergeht nach Art. 23 Abs. 1 u. 2 BayVerf. durch einfache Abstimmendenmehrheit bei hälftiger Mindestanwesenheit. Kommt er zustande, steht dem Ministerpräsidenten allerdings aufgrund der Unverbindlichkeit der Entschließung eine Einschätzungsprärogative zu, ob aus seiner Sicht (!) tatsächlich eine vertrauensvolle Zusammenarbeit nicht mehr möglich ist. Bloße Meinungsverschiedenheiten in einzelnen Sachfragen genügen nicht, es müssen vielmehr grundlegende Differenzen beispielsweise infolge eines Koalitionsbruches entstanden sein[1312]. Die Mißbilligung ist insoweit nicht mehr als ein Indiz für das Fehlen gegenseitigen Vertrauens[1313], bei Streit über diese Frage hat der BayVerfGH zu entscheiden[1314]. Hierbei soll die Mehrheit, mit der der Überprüfungsantrag an das

---

lich zu beachtender Quoren und Fristen findet sich bei *Schümer*, Stellung (Fn. 1297), S. 123 ff.

[1310] *H. Weis,* Regierungswechsel in den Bundesländern, 1980, S. 149 ff.; *Schümer*, Stellung (Fn. 1297), S. 138 ff., 142 ff.; in der Bayerischen Verfassung von 1919 bestand ein umfangreiches, ausdrückliches Mißtrauensverfahren sowohl gegen die gesamte Regierung als auch einzelne Minister, vgl. die Hinweise bei *Schweiger* (Fn. 1278), Art. 44 Verf. Bayern Rn. 5.

[1311] *Lindner* (Fn. 1277), Art. 44 Verf. Bayern Rn. 12; *Schweiger* (Fn. 1278), Art. 44 Verf. Bayern Rn. 3; *Meder*, Verfassung Bayern (Fn. 1205), Art. 44 Verf. Bayern Rn. 3. s. auch *J. Kratzer,* Parlamentsbeschlüsse, ihre Wirkung und Überprüfung, in: BayVBl. 1966, S. 365 ff., 408 ff. (411).

[1312] *Kratzer*, Parlamentsbeschlüsse (Fn. 1311), S. 411; *Lindner* (Fn. 1277), Art. 44 Verf. Bayern Rn. 13.

[1313] *Schweiger* (Fn. 1278), Art. 44 Verf. Bayern Rn. 3; *Kratzer*, Parlamentsbeschlüsse (Fn. 1311), S. 411.

Gericht gestellt wird – nur einfache Abstimmendenmehrheit oder vielleicht sogar Erreichen der absoluten Mitgliedermehrheit – für den BayVerfGH in der inhaltlichen Frage fehlenden Vertrauens entscheidungsrelevant sein[1315].

2. Regelungen in den übrigen Ländern

In den übrigen Ländern bestehen ausdrückliche Möglichkeiten zur Aussprache des Mißtrauens, teilweise ausgestaltet als konstruktive Mißtrauensvoten, teilweise aber auch nur auf die Abwahl der amtierenden Regierung gerichtet. Variationen existieren ferner hinsichtlich der Person, gegen die sich der Antrag richtet: typischerweise ist dies der Regierungschef, von dem wiederum die übrigen Landesminister ihre Legitimation ableiten und dessen Schicksal sie akzessorisch teilen[1316]. Andersherum wird mancherorts die Alleinverantwortlichkeit des Ministerpräsidenten für seine Landesregierung durchbrochen, indem Mißtrauensanträge gegen einzelne Mitglieder der Regierung zugelassen werden[1317].

a) Ausgestaltung als konstruktive Mißtrauensvoten

Eine ganze Reihe von Ländern, namentlich Baden-Württemberg (Art. 54 Abs. 1 Verf.), Berlin (Art. 57 Abs. 2 Verf.), Brandenburg (Art. 86 Abs. 1 Verf.), Bremen (Art. 110 Abs. 1 u. 3 Verf.), Hamburg (Art. 35 Abs. 3 S. 1 Verf.), Mecklenburg-Vorpommern (Art. 50 Abs. 2 Verf.), Niedersachsen (Art. 32 Abs. 3 Verf.), Nordrhein-Westfalen (Art. 61 Abs. 1 Verf.), Sachsen (Art. 69 Abs. 1 Verf.), Sachsen-Anhalt (Art. 72 Abs. 1 Verf.), Schleswig-Holstein (Art. 35 Verf.) und Thüringen (Art. 73 S. 1 Verf.), hält es bei der Aussprache des Mißtrauens gegenüber dem amtierenden Regierungschef mit dem Grundgesetz: sie drückt sich uno actu in der Neuwahl eines Nachfolgers aus. Einzig Bremen und Berlin sehen ein zweistufiges Verfahren mit dem zunächst erfolgenden Ausspruch von Mißtrauen durch absoluten Mehrheitsbeschluß und der davon losgelösten Wahl eines neuen Ministerpräsidenten vor; der Mißtrauensbeschluß zeigt nur dann Rechtsfolgen, wenn in einem zweiten Schritt ein neuer Ministerpräsident gewählt wird – womit

---

1314 *Kratzer*, Parlamentsbeschlüsse (Fn. 1311), S. 411; *Meder*, Verfassung Bayern (Fn. 1205), Art. 44 Verf. Bayern Rn. 3; *Lindner* (Fn. 1277), Art. 44 Verf. Bayern Rn. 12; hierbei bieten sich die Verfahren nach Art. 59 und 64 Verf. Bayern an.

1315 *Schümer*, Stellung (Fn. 1297), S. 140.

1316 Einen Überblick über die Länder, die ausdrückliche Vorschriften zur Akzessorietät der Minister erlassen haben, sowie den Umgang mit dem Fehlen einer entsprechenden Regelung in den Ländern Berlin, Bremen und Rheinland-Pfalz bietet *Schümer*, Stellung (Fn. 1297), S. 107 ff.

1317 s. hierzu unter B. VII., dort besonders b).

die Einstufung als konstruktives Mißtrauensvotum gerechtfertigt ist. Gleiches gilt für das Verfahren nach Art. 57 Verf. Berlin, dessen Abs. 3 S. 3 die Wahl eines Nachfolgers binnen 21 Tagen vorschreibt.

Der Abstimmung über das Mißtrauensvotum geht regelmäßig ein hierauf gerichteter Antrag voraus, der Quoren für die Durchführung von einem Fünftel bzw. einer Fraktion (Art. 73 S. 2 Verf. Thüringen), einem Viertel (Art. 43 Abs. 1 Verf. Baden-Württemberg; Art. 110 Abs. 2 Verf. Bremen; Art. 35 Abs. 3 S. 2 Hs. 2 Verf. Hamburg; Art. 72 Abs. 2 Verf. Sachsen-Anhalt) bis hin zu einem Drittel (Art. 50 Abs. 3 S. 1 Verf. Mecklenburg-Vorpommern; Art. 32 Abs. 2 Verf. Niedersachsen) erreichen muß. Die Verfassungen Brandenburgs, Nordrhein-Westfalens, Sachsens und diejenige Schleswig-Holsteins enthalten kein spezielles Antragsquorum, für Sachsen findet es sich aber in § 55 Abs. 2 GO-LT[1318]. Weitgehende Einigkeit besteht auf der anderen Seite indes in sämtlichen aufgeführten Bundesländern mit Ausnahme Nordrhein-Westfalens hinsichtlich des Erfordernisses absoluter Mehrheit der Mitglieder des jeweiligen Landesparlamentes zur Neuwahl (und damit Abwahl) des (amtierenden) Regierungschefs. Diese ist stets in einem einzigen Wahlgang zu erreichen. Länder, die für die Ministerpräsidentenwahl sonst vom Erfordernis absoluter Mitgliedermehrheit in Folgewahlgängen abweichen, lassen dies regelmäßig im Rahmen eines konstruktiven Mißtrauensverfahrens nicht zu. Nordrhein-Westfalen hingegen begnügt sich als einziges Bundesland mit der Mehrheit der abgegebenen Stimmen zur Neuwahl eines Nachfolgers, Art. 61 Abs. 1 Verf.

b) Ausgestaltung als destruktive Mißtrauensvoten

Die Verfassungen der Bundesländer Hessen (Art. 114 Verf.), Rheinland-Pfalz (Art. 99 Verf.) sowie des Saarlands (Art. 88 Abs. 2 S. 1 Alt. 2 Verf.) sehen Mißtrauensvoten gegen den Ministerpräsidenten (und damit akzessorisch gegen die gesamte Landesregierung), teilweise (Rheinland-Pfalz, Saarland) auch gegen einzelne ihrer Mitglieder vor, ohne jedoch die Neuwahl von Nachfolgern an das Votum zu knüpfen. Die Erklärung des Mißtrauens bedarf in allen Fällen der absoluten Mehrheit der Mitglieder des jeweiligen Landesparlaments und löst den Wegfall des Regierungsamts aus. Teilweise[1319] tritt dessen Verlust allerdings nicht automatisch ein, sondern führt zu einer entsprechenden (und vor allem justitiablen) Pflicht zum Rücktritt desjenigen, der das Vertrauen der Landesparlamentarier verloren hat. Ob-

[1318] Für Sachsen: mindestens ein Viertel der gesetzlichen Mitgliederzahl; in Brandenburg, Nordrhein-Westfalen und Schleswig-Holstein bestehen keine abweichenden Antragserfordernisse zu sonstigen Beschlußvorlagen.

[1319] So in Art. 114 Abs. 4 Verf. Hessen, Art. 99 Abs. 2 Verf. Rheinland-Pfalz.

schon auch Rheinland-Pfalz zu den Ländern mit destruktivem Mißtrauensvotum gehört, ist hier (Art. 99 Abs. 4 u. 5 Verf.) wie auch in Hessen (Art. 114 Abs. 5 Verf.) vorgesehen, daß dem Landtag die Beendigung regierungsloser Zustände in der Folge durch die Neuwahl eines Ministerpräsidenten binnen vier Wochen (Rheinland-Pfalz) bzw. 12 Tagen (Hessen) aufgegeben wird und im Falle des Scheiterns seine Auflösung erfolgt. Darüber hinaus sind die Abgewählten zur kommissarischen Weiterführung des Amtes verpflichtet.

3. Stellungnahme

In der Bayerischen Verfassung fehlt das Instrument eines Mißtrauensvotums, das alle anderen Länder ihren Landtagen an die Hand geben. Kompensiert wird diese Lücke durch das etwas merkwürdig anmutende Konstrukt des feststellenden Mißbilligungsbeschlusses. In seiner Wirkung unterscheidet er sich jedoch nur dadurch von den übrigen Mißtrauensverfahren, daß diese nicht von Gesetzes wegen eintritt; vielmehr hat der Bayerische Verfassungsgerichtshof über die Frage des Vertrauensverlusts zu entscheiden, wenn der Ministerpräsident einen solchen nicht anerkennt und daher im Amt bleibt. Da zugleich kein neuer Ministerpräsident gewählt wird, ähnelt das Verfahren den destruktiven Mißtrauensvoten, mit der Einschränkung, daß anders als dort nur eine einfache Abstimmendenmehrheit genügt. Hier aber korreliert die erforderliche Mehrheit bei der „Abwahl" aufgrund identischen Mehrheitserfordernisses mit der vorigen Wahl des Ministerpräsidenten. Eine qualifiziertere Mehrheit zu verlangen, führte zu einer vergleichsweise hohen Absicherung des amtierenden Ministerpräsidenten, während sein Nachfolger zur Amtsübernahme nur der einfachen Abstimmungsmehrheit bedürfte.

Losgelöst von der bayerischen Spezialität gibt es im Rahmen der Abwahlmöglichkeiten amtierender Ministerpräsidenten im übrigen Landesverfassungsrecht eine große Weichenstellung: mehr als die Hälfte der Länder wählt den Weg über ein konstruktives Mißtrauensvotum, also die Abwahl allein durch Neuwahl eines Nachfolgers im Amt. Die übrigen Länder bieten den Landtagen die Möglichkeit einer originären Abwahl. Ganz überwiegend ist in beiden Konstellationen die absolute Mitgliedermehrheit des Landesparlamentes vonnöten; im Falle der konstruktiven Mißtrauensvoten ergibt sich dieses Erfordernis aus der Bestimmung, die die Wahl des neuen Ministerpräsidenten anordnet. Zurecht wurde dann eine Absenkung des qualifizierten Mehrheitserfordernisses auch in den Ländern ausgeschlossen, die dies in Folgewahlgängen bei regulären, infolge Vakanz des Amtes durchzuführenden Ministerpräsidentenwahlen erlauben. Der amtierenden Regierung wird hierdurch selbst in den Fällen gegenüber einer nicht mit absoluter Mitgliedermehrheit legitimierten Nachfolgeregierung der Vorzug gegeben, in denen die Vorgängerregierung als Minderheitsregierung im Amt war.

Auf den ersten Blick genauso unspektakulär wie in den anderen Bundesländern ist die Aussprache des Mißtrauens durch die bremische Bürgerschaft. Sie hebt sich erst in dem Moment gegenüber den übrigen Landesregelungen hervor, indem die Vorschrift in Zusammenhang mit einer anderen, nämlich der zur Wahl des Präsidenten des Senats, gesetzt wird. Während in den meisten übrigen Bundesländern losgelöst von der Ausgestaltungsform für die Wahl oder Abwahl des Ministerpräsidenten stets die absolute Mehrheit der gesetzlichen Mitgliederzahl des Landtages erforderlich ist, wählt die bremische Bürgerschaft ihren Ministerpräsidenten nur mit der Mehrheit der abgegebenen Stimmen. Damit erhöht die Landesverfassung Bremens als einzige das Erfordernis zur Abwahl im Vergleich zur einfachen Wahl eines Ministerpräsidenten. Auf diesem Weg wird de facto aus einem tatsächlich nur mit einer Landtagsminderheit gewählten Senatsvorsitzenden ein Mehrheitssenator. Noch befremdlicher wirkt dies, wenn nach Ausspruch des Mißtrauens in einem losgelösten Verfahren ein Nachfolger unter Anwendung eines geringeren Mehrheitserfordernisses – erneut genügt wie im Regelfall die einfache Mehrheit der Abstimmenden – gewählt wird, als zur Abwahl seines Vorgängers – nämlich absolute Mitgliedermehrheit – nötig waren. Einzig erklären läßt sich dies mit einem nicht lediglich gesteigerten, sondern vielmehr übersteigerten Bestandsschutz des einmal amtierenden Senats. Freilich bildet die Bestimmung auch einen Gegenpol zur äußerst tief angesetzten Mehrheit bei der Wahl des Senatspräsidenten und verhindert so den zu häufigen, weil mittels einfachen Mehrheitsbeschlusses der Abstimmenden unschwer zu verwirklichenden Austausch des Ministerpräsidenten. Es verbleibt zugleich die Gefahr einer stagnierenden Konstellation, dann nämlich, wenn der mehrheitslose und damit entscheidungsunfähige Senat nicht im Rahmen des konstruktiven Mißtrauensvotums gestürzt werden kann, weil sich auch hierfür keine absolute Mehrheit in der Bremischen Bürgerschaft zusammenfindet[1320].

Generell privilegiert werden in denjenigen Ländern, die nicht bis zuletzt im Rahmen der Ministerpräsidentenwahl an absoluter Mitgliedermehrheit festhalten, einmal installierte Minderheitenregierungen. Für ihre Ablösung gilt nämlich ebenfalls das Erfordernis absoluter Mitgliedermehrheit, obschon sie ursprünglich nur durch eine einfache oder relative Abstimmungsmehrheit legitimiert wurden. Hier allerdings korrespondierend auch nur eine reduzierte Abstimmungsmehrheit genügen zu lassen[1321], kann desgleichen nicht

---

[1320] Dies sieht auch *Preuß*, Landesregierung (Fn. 1283), S. 343, als nicht unerhebliche Gefahr an.

[1321] Vgl. m.w.N. *Weis*, Regierungswechsel (Fn. 1310), S. 122.

überzeugen: die stets gewünschte Regierungsstabilität wird ganz sicher nicht auf dem Wege der Ablösung einer Minderheitsregierung durch einen neuen Minderheitsregierungschef verbessert und schon gar nicht erreicht.

Nordrhein-Westfalen schließlich sticht aufgrund des Mehrheitserfordernisses im Rahmen des konstruktiven Mißtrauensvotums hervor. Unverständlich ist, warum sich der Verfassungsausschuß bewußt[1322] für eine einfache Abstimmungsmehrheit statt einer absoluten Mitgliedermehrheit entschieden hat. Letzterer bedarf es nämlich wie in den meisten anderen Ländern auch in Nordrhein-Westfalen für die Wahl eines Ministerpräsidenten zu Beginn einer Legislaturperiode. Auf diese Weise kann ein mit absoluter Mitgliedermehrheit legitimierter Ministerpräsident im Rahmen eines Mißtrauensantrags durch einen Nachfolger gestürzt werden, der lediglich von einer einfachen (und damit typischerweise geringeren) Mehrheit der Abstimmenden unterstützt werden muß. Die, wenn man so will, „Abwahl" des Ministerpräsidenten während der Legislaturperiode ist mithin leichter als die ursprüngliche Wahl. Die bewußte Aufnahme gerade dieses Quorums fußt auf der (mitnichten zwingenden!) Überlegung des Verfassungsausschusses, daß bei Nichtfestlegung ansonsten das normale Wahlverfahren zur Wahl des Ministerpräsidenten mit dann mehreren Wahlgängen denkbar ist – an deren Ende ein Stichwahlerfordernis steht, bei dem eben die einfache Mehrheit der Abstimmenden den Ministerpräsidenten küre. Anstatt von vornherein für das konstruktive Mißtrauensverfahren eine absolute Mitgliedermehrheit ohne jegliche Aufweichungsmöglichkeit vorzusehen, gilt das in der hinteren Wahlphase ausreichende Quorum von Anfang an. Der allgemeine Grundsatz, nach dem für eine Abwahl wenigstens das identische Mehrheitsquorum einzuhalten ist, wird unglücklicherweise durchbrochen.

VII. Die Rolle der Landtage bei Ministerentlassungen

In den Ländern, die anders als Berlin, Brandenburg, Hamburg, Mecklenburg-Vorpommern, Nordrhein-Westfalen sowie Sachsen, Sachsen-Anhalt, Schleswig-Holstein und Thüringen eine wie auch immer ausgestaltete Beteiligung des Landtages an der Entlassung von Landesministern vorsehen, sind im wesentlichen zwei unterschiedliche Ausrichtungen anzutreffen. Eine Form sieht die Beteiligung des Landtags durch nachträgliche Zustimmung zur vom Ministerpräsidenten initiierten Entlassung eines Ministers vor

1322 Dies ergibt sich aus der ausführlichen Darstellung der Entstehungsgeschichte bei *P. J. Tettinger*, in: Löwer/Tettinger, Verfassung Nordrhein-Westfalen (Fn. 1220), Art. 61 Rn. 1 ff., insb. 9 f.; s. auch *Weis*, Regierungswechsel (Fn. 1310), S. 122 f., der allerdings aufgrund der fehlenden Möglichkeit einer Stichwahl in der zweiten Wahlphase sogar von einer „Erschwerung" (!) spricht (123).

(2. a)), die andere spricht das Initiativrecht gar dem Landtag zu (2. b)). In den oben genannten Ländern jedenfalls verbleibt es bei einer Alleinzuständigkeit des Ministerpräsidenten für die Veränderung der Zusammensetzung seines Kabinetts, und zwar ohne parlamentarischen Genehmigungsvorbehalt.

1. Bayern

Korrespondierend zur Berufung der Staatsminister ist in Bayern nach Art. 45 Verf. auch zu deren Entlassung die Zustimmung des Landtages einzuholen. Genau wie bei der ursprünglichen Bestätigung der Berufung, ist auch für die Entlassung eine einfache Mehrheit der Abstimmenden bei Anwesenheit der Mehrheit der Landtagsmitglieder nach Art. 23 Abs. 1 u. 2 BayVerf. zu erzielen[1323]. Eine originäre Möglichkeit seitens des Landtages, ohne Beteiligung des Ministerpräsidenten die Absetzung eines Ministers zu betreiben, existiert nicht. Allein die Verantwortlichkeit der Regierung gegenüber dem Parlament erlaube eben nicht, die Entlassung eines einzelnen Landesministers zu fordern; hinsichtlich des Ministerpräsidenten sei dies indes im Rahmen des förmlichen Mißbilligungsbeschlusses und mit Wirkung auch für die gesamte Regierung statthaft[1324].

2. Regelungen in den übrigen Ländern

a) Zustimmung des Landtages zur vom Ministerpräsidenten initiierten Entlassung

Der hessische Ministerpräsident bedarf nach Art. 112 Verf. der Zustimmung des Landtages zur Entlassung einzelner Minister. Entsprechende Regelungen enthalten die Verfassungen der Länder Niedersachsen (Art. 29 Abs. 4 Verf.), Rheinland-Pfalz (Art. 98 Abs. 2 S. 4 Verf.) und des Saarlands (Art. 87 Abs. 1 S. 2 Verf.). Die Zustimmungen der Landtage erfolgen durch einfachen Mehrheitsbeschluß der Abstimmenden[1325]. Allen Landtagen ist es verwehrt, ein entsprechendes Verfahren selbst zu initiieren.

[1323] *Schweiger* (Fn. 1291), Art. 45 Rn. 3a; *J. F. Lindner*, in: Lindner/Möstl/Wolff, Verfassung Bayern (Fn. 1206), Art. 45 Rn. 12.

[1324] *Kratzer*, Parlamentsbeschlüsse (Fn. 1311), S. 411 f.; *Lindner* (Fn. 1323), Art. 45 Verf. Bayern Rn. 12. – Zum Verfahren förmlicher Mißbilligung bereits oben unter B. VI. 1.

[1325] Dieses Erfordernis gilt infolge eines Rückgriffs auf die Generalklausel; daher findet sich ein ausdrücklicher Hinweis auf das Mehrheitserfordernis nur für Niedersachsen (*Neumann* [Fn. 1220], Art. 30 Verf. Niedersachsen Rn. 21) und Sachsen (*Stelkens* [Fn. 1305], Art. 87 Verf. Sachsen Rn. 17 i.V.m. Rn. 13).

b) Der Landtag als Initiator der Abberufung einzelner Minister

Mißtrauensvoten gegenüber einzelnen Regierungsmitgliedern sind im Landesverfassungsrecht vergleichsweise selten anzutreffen. Nur die Länder Baden-Württemberg (Art. 56 Verf.) und Bremen (Art. 110 Abs. 1 Verf.) stellen ihren Landtagen eine entsprechende Kompetenz zur Seite. Neben der Option der Abberufung des Ministerpräsidenten – die ja akzessorisch auch die Landesminister erfassen würde – gewährt man den Parlamentariern auch die Befugnis, einzelne Mitglieder der Regierung ihres Amtes zu entheben. Dies ist noch dazu ohne jegliche Beteiligung des Ministerpräsidenten möglich.

In Bremen besteht bereits bei der Besetzung der Regierung aufgrund der Wahl sämtlicher Senatoren ein großer Einfluß der Bürgerschaft auf jedes einzelne Regierungsmitglied. Im Rahmen der Möglichkeiten der Ministerentlassung setzt sich dies fort: Art. 110 Abs. 1 Verf. stellt ausdrücklich klar, daß ein Mißtrauensantrag nicht nur gegen den Senatspräsidenten sondern auch jedwedes Mitglied des Senates gerichtet werden kann. Damit ist bei entsprechender Zustimmung der (gesamte) Senat oder ein Senatsmitglied zum Rücktritt verpflichtet; eine Differenzierung zwischen Senatspräsident und den Senatoren findet nicht statt. Der von einem Viertel der Abgeordneten gestellte Antrag hat Erfolg, wenn er mit absoluter Mehrheit der gesetzlichen Mitgliederzahl angenommen wird, Abs. 3 S. 1.

Entsprechendes erlaubt Art. 56 der Verfassung Baden-Württembergs. Im Vergleich zur Neuwahl eines Ministerpräsidenten mit absoluter Mitgliedermehrheit des Landtages ist für ein Mißtrauensvotum gegen einen Minister jedoch eine Zweidrittelmehrheit der Mitglieder des Landtages erforderlich. Der Wegfall des Amtes tritt nicht automatisch ein, sondern bedarf des Vollzugs durch den Ministerpräsidenten – wozu dieser nach qualifiziertem Mehrheitsbeschluß verpflichtet ist.

3. Stellungnahme

Das Erfordernis der Zustimmung des Landtages zu einer vom Ministerpräsidenten selbst betriebenen Entlassung eines Kabinettsmitgliedes bildet – genauso wie die Verweigerung seiner Bestellung – das Gegenstück zur Genehmigung ihrer Ernennung bei Amtsantritt. Insofern ist es dem Grunde nach konsequent, wenn das Mehrheitserfordernis in beiden Zustimmungskonstellationen, der Ernennung wie der Entlassung, identisch ausfällt, hingegen der Höhe nach nur dann vertretbar, wenn es wie zumeist nicht über das Erfordernis einfacher Abstimmungsmehrheit hinausgeht. Angesichts der ursprünglichen Genehmigungspflicht bei der Bestellung nun bei deren Entlassung auf die „freie Hand“ des Ministerpräsidenten zu drängen[1326], überzeugt jedenfalls nicht zwingend.

Naturgemäß stellt das Genehmigungserfordernis insbesondere dann einen auch fühlbar gravierenden Eingriff in das Recht des Ministerpräsidenten zur Regierungsbildung dar, wenn Differenzen zwischen ihm und dem Landtag über den Verbleib eines Ministers in seinem Amt bestehen. Der Ministerpräsident kann dann gezwungen sein, mit einem aus seiner Sicht nicht (mehr) geeigneten Kandidaten weiterzuregieren, wenn ihm der Landtag die Zustimmung zur Entlassung verweigert. Dies kann deswegen besonders prekär sein, weil er nicht nur weiterhin mit dem Minister zusammenarbeiten muß, sondern auch in der Folge für das Handeln einer das eigene Vertrauen nicht mehr genießenden Person (letzt-)verantwortlich zeichnet.

Als weitaus delikater erweist sich die Konstellation freilich in den Ländern, in denen die Landtage mit originären Abberufungsrechten ausgestattet sind. Die Pflicht zur Entlassung eines weiterhin das Vertrauen des Ministerpräsidenten genießenden Mitglieds der Landesregierung aufgrund Landtagsbeschlusses stellt einen massiven Eingriff in die Organisationshoheit des Regierungschefs dar. Dafür, daß das Gros der Länder keine diesbezüglichen Optionen eröffnet, fallen die Eingriffsmöglichkeiten der Landtage Baden-Württembergs und Bremens in den Bestand und insbesondere die Zusammensetzung der Landesregierung umso umfassender aus. In beiden Ländern kann dem Ministerpräsidenten auch gegen seinen Willen ein Minister durch entsprechenden Beschluß des Landtages aus der Regierung entfernt werden. Die Machtverhältnisse innerhalb der Regierung sind auf diese Weise zugunsten der Landesminister verschoben.

Die Verfassung Baden-Württembergs erkennt die immensen Eingriffsmöglichkeiten und trägt dem Umstand dadurch Rechnung, daß solche Ministerentlassungen einer Zweidrittelmehrheit der gesetzlichen Mitgliederzahl des Landtages bedürfen. Vergleicht man dies mit dem Mehrheitserfordernis für die Wahl des Regierungschefs (absolute Mitgliedermehrheit) und demjenigen bei Neuwahl im Rahmen eines konstruktiven Mißtrauensvotums (ebenfalls absolute Mitgliedermehrheit), zeigt sich zu recht eine deutliche Anhebung des Mehrheitserfordernisses – immerhin auf das Niveau, das auch für Landesverfassungsänderungen zu beachten ist.

Anders in Bremen: hier ist der Eingriff bereits mit absoluter Mitgliedermehrheit möglich. Auch dies stellt zwar eine Verschärfung des Mehrheitserfordernisses dar, da die Wahl jedes einzelnen Senators (oder der Senatoren

---

[1326] *Weis*, Regierungswechsel (Fn. 1310), S. 46.

in Gesamtheit) mit einfacher Abstimmendenmehrheit erfolgte. Andererseits fällt der Aufschlag aber gering aus und ist deswegen als umso geringer zu werten, weil typischerweise der Großteil der, wenn nicht alle Bürgerschaftsmitglieder an der Wahl der Regierung teilnehmen und sich die einfache Mehrheit der Abstimmenden der absoluten Mehrheit der gesetzlichen Mitgliederzahl zumindest annähert, wenn nicht gar mit ihr deckt. In der Praxis wird es zudem kaum problematisch sein, eine absolute Mehrheit zu generieren, da die Opposition regelmäßig geschlossen für die Ablösung des Regierungsmitglieds stimmen wird und sich je nach Mehrheitsverhältnissen unter Umständen nur noch wenige Fraktionsmitglieder der Regierungspartei(en) dem Antrag anschließen müssen.

Zusammenfassend läßt sich sagen, daß durch die Einflußmöglichkeiten im Konfliktfall einerseits zukünftiges Regierungshandeln erschwert, andererseits aber vielleicht auch der Fortbestand einer Koalition gesichert wird. Jedenfalls ist es gerade kein Widerspruch, wenn der Ministerpräsident und mit ihm die gesamte Landesregierung durch die Wahl eines Nachfolgers mit absoluter Mehrheit der Landtagsmitglieder entlassen wird, ein einzelner Minister aber nur dann zu entlassen ist, wenn dies seitens einer qualifizierten Zweidrittelmehrheit des Landtages verlangt wird. Schließlich bleibt den Landtagsabgeordneten, sofern der Regierungschef unumstößlich an dem Minister festhält und die Zweidrittelmehrheit nicht zustande kommt, immer noch die Möglichkeit, den Ministerpräsidenten und damit die gesamte Regierung durch Neuwahl eines Nachfolgers zu stürzen. Die Ausgestaltung in Bremen läßt die Ausgewogenheit zwischen den beiderseitigen Interessen aber vermissen, indem der Einfluß der Bürgerschaft zulasten des Senatspräsidenten über Gebühr gestärkt wurde.

VIII. Die Vertrauensfrage des Ministerpräsidenten

Der Entzug parlamentarischen Vertrauens und die Ablehnung eines Vertrauensantrags liegen thematisch nahe beieinander. In denselben Kontext mit den Verfahren, die den Ausspruch von Mißtrauen gegenüber dem Ministerpräsidenten oder der Regierung des Bundeslandes auf parlamentarische Initiative betreffen, gehört daher auch der Regelungsbereich um die Vertrauensfrage[1327]. Nicht selten werden beide Institute in den Landesverfassungen nicht allein in demselben Abschnitt, sondern sogar in einer einheitlichen Verfassungsbestimmung abgehandelt. Bei der Vertrauensfrage ist an-

[1327] Vgl. zusammenfassend zu Vertrauensfrage, Mißtrauensantrag und der Folge der Parlamentsauflösung *R. Ley*, Die Auflösung der Parlamente im deutschen Verfassungsrecht, in: ZParl. 12 (1981), S. 367 (374 ff.).

ders als beim Mißtrauensvotum der Regierungschef selbst Initiator, indem er um Aussprache des Vertrauens durch den Landtag bittet[1328].

1. Bayern

Die Sonderstellung, die Bayern bei dem ansonsten in den Bundesländern gebräuchlichen Institut des Mißtrauensvotums durch Inexistenz desselben einnahm, setzt sich gleichsam fort, und so läßt die Bayerische Verfassung auch jegliche Regelungen zu einer Vertrauensfrage vermissen; lediglich eine schlichte, weil rechtlich folgenlose Vertrauensfrage wird als informelle Option in Betracht gezogen[1329].

2. Regelungen in den übrigen Bundesländern

Zusätzlich neben der bereits dargelegten Möglichkeit, die Regierung durch vom Parlament in Gang gesetzte Mißtrauensvoten zu stürzen, bieten die Verfassungen der Länder Brandenburg (Art. 87), Hamburg (Art. 36 Abs. 1), Mecklenburg-Vorpommern (Art. 51 Abs. 1), Saarland (Art. 88 Abs. 2 S. 1 Alt. 1), Sachsen-Anhalt (Art. 73 Abs. 1), Schleswig-Holstein (Art. 36 Abs. 1) und Thüringen (Art. 74) auch der Regierung die Initiierungsmöglichkeit für die Aussprache von Vertrauen. Außer im Saarland, wo nach Art. 88 Abs. 2 Verf. die Regierung als Kollegialorgan die Frage an das Parlament richtet, ist die Auslösung des Verfahrens in den übrigen Ländern stets dem Regierungschef allein vorbehalten. Allen Ländern gemein ist das Erfordernis der Zustimmung der Mehrheit der Mitglieder des Landesparlamentes, mithin der Mehrheit der gesetzlichen Mitgliederzahl. Wird sie erreicht, ändert sich für die Regierung in rechtlicher Hinsicht rein gar nichts; politisch wird sie aber gestärkt aus der zur Vertrauensfrage führenden Lage hervorgehen[1330].

Die Landesverfassungen gehen demgegenüber äußerst unterschiedlich mit dem Fall der Ablehnung der Vertrauensfrage um: vielmals bestehen mehrere Perspektiven, wie die Selbstauflösung oder die Neuwahl eines Nachfolgers (Art. 87 Verf. Brandenburg) bzw. zusätzlich noch die Option nachträglicher Vertrauensaussprache neben den vorgenannten (Art. 36 Verf. Hamburg). Teils verbleibt die Handlungsinitiative aber auch beim Ministerpräsidenten, der wie in Mecklenburg-Vorpommern (Art. 51 Verf.) und Sachsen-Anhalt (Art. 73 Verf.) den Versuch der Bildung einer Minderheitsregierung unter-

---

[1328] *Schümer*, Stellung (Fn. 1297), S. 112 ff.; einzige Ausnahme ist freilich das Saarland, wo die gesamte Regierung das Verfahren initiiert, vgl. ebd., S. 116 f.

[1329] *Lindner* (Fn. 1253), Art. 44 Verf. Bayern Rn. 12.

[1330] Kritisch m.w.N. *Schümer*, Stellung (Fn. 1297), S. 113.

nehmen kann, die ihrerseits dann allein durch Neuwahl eines Ministerpräsidenten im Rahmen eines konstruktiven Mißtrauensvotums gestürzt werden kann. Und manchmal treten die Folgen Amtsverlust des Regierungschefs und Auflösung des Landtags ipso iure ein (Art. 75 Abs. 2 S. 1, 50 Abs. 2 Nr. 2 Verf. Thüringen). Im Saarland schließlich scheidet die gesamte Regierung zwingend aus dem Amt aus, Art. 88 Abs. 2 S. 2 Verf.

In den Verfassungen der Länder Baden-Württemberg, Berlin, Bremen, Hessen[1331], Niedersachsen, Nordrhein-Westfalen, Sachsen und Rheinland-Pfalz besteht die Möglichkeit einer Vertrauensfrage nicht. Dennoch wird teilweise ihre Stellung durch den Ministerpräsidenten trotz fehlender Verfassungsbestimmung für zulässig und im Falle der Überprüfung der Mehrheitsfähigkeit der Regierungsfraktionen auch sachdienlich gehalten, freilich ohne daß an den negativen Ausgang der Frage rechtliche Konsequenzen geknüpft sind[1332].

3. Stellungnahme

In den Ländern, in denen dem Ministerpräsidenten resp. der Regierung das Recht zum Stellen einer Vertrauensfrage zugebilligt wird, ist die absolute Mehrheit der gesetzlichen Mitgliederzahl für deren Gewinn vonnöten. Das Mehrheitserfordernis paßt dabei in den inhaltlichen Kontext: in allen Ländern, in denen nun die absolute Parlamentsmehrheit zur Aussprache des Vertrauens gefordert wird, war dieses Mehrheitserfordernis auch zuvor bei der Wahl in das Amt des Regierungschefs zu erzielen. Von einer erfolgreichen Vertrauensfrage geht dann die klare Botschaft aus, daß sich der Ministerpräsident und seine Regierung auf die Unterstützung durch die Mehrheit des Landtages verlassen können.

Das Mehrheitserfordernis ist vor jenem Hintergrund letztlich alternativlos: ließe man die einfache Parlamentsmehrheit genügen, wäre die Klärung, ob sich in einer engen Sachabstimmung der Ministerpräsident tatsächlich auf die Mehrheit des Parlaments verlassen könnte, nicht herbeigeführt – die Vertrauensfrage würde so ad absurdum geführt, da ihr einziger Sinn verfehlt würde. Das Erzielen höherer Mehrheitserfordernisse jenseits der Mitgliedermehrheit wiederum kann nicht erwartet werden, wenn für die Wahl des Regierungschefs die absolute Mehrheit ausreicht und der Landtag bereits mit absoluter Mehrheit der gesetzlichen Mitgliederzahl dominiert wird.

[1331] Hier findet sich in Art. 114 Abs. 1 Alt. 2 Verf. Hessen eine mißverständliche Formulierung mit dem Wort „Vertrauensantrag". Dieser meint jedenfalls keine Vertrauensfrage: *R. Groß*, in: Zinn/Stein, Verfassung Hessen (Fn. 1220), Art. 114 Ziff. 5.

[1332] So für Sachsen: *Meissner*, Staatsregierung (Fn. 1287), § 11 Rn. 36; w.N. bei *Schümer*, Stellung (Fn. 1297), S. 117 ff.

IX. Das Selbstauflösungsrecht der Landtage

Daß einer gewählten Volksvertretung nicht ohne weiteres das Recht zusteht, sich selbst der eigenen Aufgabe zu entledigen, wurde bereits durch das – trotz entsprechender Vorstöße[1333] – fehlende Selbstauflösungsrecht des Bundestages offenbar. Umso bemerkenswerter ist der Umgang der Landesverfassungen mit der Selbstauflösung oder vorzeitigen Beendigung der Legislaturperiode: seltene Einigkeit besteht nämlich zwischen den Ländern hinsichtlich der Einräumung einer solchen Option, die bei Erfolg in allen Ländern zu einer zwingenden Neuwahl führt[1334]. Die unterschiedliche Terminologie der Landesverfassungen – vorzeitige Beendigung der Legislaturperiode[1335] oder Selbstauflösung[1336] – darf hier nämlich nicht zu der Annahme verleiten, daß damit inhaltliche Differenzen einhergehen. Unterschiedliche Formulierungen seien vielmehr nur formal-historischen Gründen geschuldet[1337] oder zielten auf die Klarstellung ab, daß die Auflösung nicht ex nunc wirke, sondern der Landtag bis zum Neuzusammentritt handlungsfähig bliebe[1338].

1. Bayern

Nach Art. 18 Abs. 1 BayVerf. kann sich der bayerische Landtag vor Ablauf seiner Wahldauer selbst auflösen. Die Selbstauflösung erfordert im

---

[1333] Konkrete Gestalt nahm ein Selbstauflösungsrecht des Bundestages im Rahmen der Verfassungsreformbestrebungen durch entsprechende Vorschläge der Enquête-Kommission Verfassungsreform 1976 und der Gemeinsamen Verfassungskommission 1993 an.

[1334] *Heinig*, Selbstauflösungsrecht (Fn. 187), S. 253 ff.

[1335] So und ähnlich Art. 54 Abs. 2 Verf. Berlin, Art. 76 Abs. 1 lit. a Verf. Bremen, Art. 11 Abs. 1 S. 1 Verf. Hamburg, Art. 27 Abs. 2 S. 1 Verf. Mecklenburg-Vorpommern, Art. 60 Abs. 1 S. 1 Verf. Sachsen und Art. 13 Abs. 2 Verf. Schleswig-Holstein.

[1336] Alternativ findet sich auch das Recht, „sich selbst aufzulösen" oder „seine Auflösung zu beschließen": Art. 18 Abs. 1 Verf. Bayern, Art. 43 Abs. 1 S. 1 Verf. Baden-Württemberg, Art. 62 Abs. 2 Verf. Brandenburg, Art. 80 Verf. Hessen, Art. 10 Abs. 1 S. 1 Verf. Niedersachsen, Art. 35 Abs. 1 S. 1 Verf. Nordrhein-Westfalen, Art. 84 Abs. 1 Verf. Rheinland-Pfalz, Art. 69 Alt. 1 Verf. Saarland, Art. 58 Verf. Sachsen und Art. 50 Abs. 2 S. 1 Nr. 1 Verf. Thüringen.

[1337] *Heinig*, Selbstauflösungsrecht (Fn. 187), S. 12 ff., 15 – Ebd. auch ein umfassender Überblick über die gesamten innerdeutschen Regelungen und eine Auswahl europäischer Länder sowie deren Umgang mit einem Selbstauflösungsrecht des Parlamentes, S. 206 ff., 277 ff., 291 ff. bzw. S. 428 ff. (tabellarische Zusammenstellung).

[1338] *H.-J. Waack*, in: Caspar/Ewer/Nolte/Waack, Verfassung Schleswig-Holstein (Fn. 1237), Art. 13 Rn. 11.

Landtag „einen Mehrheitsbeschluß seiner gesetzlichen Mitgliederzahl" (Art. 18 Abs. 1 BayVerf.), mithin die absolute Mitgliedermehrheit. Die Auflösung ist nicht an das Vorliegen von Auflösungsgründen geknüpft[1339]; qualifizierte Antragserfordernisse oder Bedenkzeiten bis zu einer Abstimmung über den Antrag sind nicht vorgesehen[1340].

2. Regelungen in den übrigen Ländern

Seit auch Bremen (1994) und Baden-Württemberg (1995 – hier war bemerkenswerterweise die Auflösungsmöglichkeit durch das Volk schon seit Anbeginn verankert) ein Selbstauflösungsrecht in ihre Verfassungen aufgenommen haben, verfügen alle Bundesländer über ein solches Institut. Keine Landesverfassung knüpft indes besondere sachliche Voraussetzungen an die Zulässigkeit einer Selbstauflösung des Landtages, auch ungeschriebene Tatbestandsmerkmale werden nicht konstruiert[1341]. Einzig Sachsen-Anhalt läßt den auf Selbstauflösung gerichteten Antrag nach Art. 60 Abs. 2 Verf. erst frühestens sechs Monate nach Beginn der Wahlperiode zu – freilich keine originär sachliche Voraussetzung.

Zumeist wird in den Landesverfassungen das Mehrheitsquorum für den Auflösungsbeschluß angehoben: zwei Drittel der Mitglieder der jeweiligen Landesparlamente müssen in den Ländern Baden-Württemberg (Art. 43 Abs. 1 S. 1 Verf.), Berlin (Art. 54 Abs. 2 Verf.), Brandenburg (Art. 62 Abs. 2 Verf.), Bremen (Art. 76 Abs. 1 lit. a S. 2 Verf.) sowie in Mecklen-

---

1339 *Heinig* (Selbstauflösungsrecht [Fn. 187], S. 17 f.) schlägt hier die Terminologie eines „formellen" (hierunter seien die erforderlichen Mehrheitsbeschlüsse zu verstehen) und „materiellen Auflösungsrechts" (Erfordernis von Auflösungsgründen) vor. s. auch *M. Möstl*, in: Lindner/Möstl/Wolff, Verfassung Bayern (Fn. 1206), Art. 18 Rn. 4 ff.

1340 *Möstl* (Fn. 1339), Art. 18 Verf. Bayern Rn. 4.

1341 *K. Engelken*, Ergänzungsband zu Braun, Kommentar zur Verfassung des Landes Baden-Württemberg, 1997, Art. 43 Rn. 7; *H.-J. Driehaus*, in: Driehaus, Verfassung Berlin (Fn. 1165), Art. 54 Rn. 5; *Lieber/Iwers/Ernst* (Fn. 1254), Art. 69 Verf. Brandenburg (2003), Anm. 2; *Neumann* (Fn. 1220), Art. 75 Verf. Bremen Rn. 4; *David* (Fn. 215), Art. 11 Verf. Hamburg Rn. 3; *W. Rupp-v. Brünneck/G. Konow*, in: Zinn/Stein, Verfassung Hessen (Fn. 1220), Art. 80 Ziff. 1; *D. Zapfe*, in: Litten/Wallerath, Verfassung Mecklenburg-Vorpommern (Fn. 148), Art. 27 Rn. 8; *Neumann* (Fn. 1220), Art. 10 Verf. Niedersachsen Rn. 3; *R. Müller-Terpitz*, in: Löwer/Tettinger, Verfassung Nordrhein-Westfalen (Fn. 1220), Art. 35 Rn. 8; *P. J. Glauben*, in: Grimm/Caesar, Verfassung Rheinland-Pfalz (Fn. 1220), Art. 84 Rn. 4; *A. Catrein*, in: Wendt/Rixecker, Verfassung Saarland (Fn. 1220), Art. 69 Rn. 3; *M. Haas*, in: Kunzmann/Haas/Baumann-Hasske/Bartlitz, Verfassung Sachsen (Fn. 1287), Art. 58 Rn. 1 ff.; *Mahnke* (Fn. 1220), Art. 60 Verf. Sachsen-Anhalt Rn. 3; *Waack* (Fn. 1338), Art. 13 Verf. Schleswig-Holstein Rn. 12; *J. Linck*, in: Linck/Jutzi/Hopfe, Verfassung Thüringen (Fn. 1220), Art. 50 Rn. 14.

burg-Vorpommern (Art. 27 Abs. 2 S. 1 Verf.), dem Saarland (Art. 69 Alt. 1 Verf.), Sachsen-Anhalt (Art. 60 Verf.[1342]), Sachsen (Art. 58 Verf.), Schleswig-Holstein (Art. 13 Abs. 2 Verf.[1343]) und Thüringen (Art. 50 Abs. 2 S. 1 Nr. 1 Verf.) für die Auflösung votieren.

Absolute Mehrheit der gesetzlichen Mitgliederzahl genügt demgegenüber in Hamburg (Art. 11 Abs. 1 S. 3 Verf.), Hessen (Art. 80 Verf.), Nordrhein-Westfalen (Art. 35 Abs. 1 S. 2 Verf.) und Rheinland-Pfalz (Art. 84 Abs. 1 Verf.).

Von der Höhe her zwischen der Zweidrittelmehrheit und der absoluten Mehrheit ist die Ausgestaltung in Niedersachsen einzuordnen. Allein hier wird auf eine doppelt qualifizierte Mehrheit zurückgegriffen, bei der nach erfolgreicher Antragstellung von wenigstens einem Drittel der Mitglieder des Landtages (Art. 10 Abs. 2 S. 1 Verf.) die binnen elf bis dreißig Tagen (Abs. 3) stattfindende Abstimmung Erfolg hat, wenn nach Art. 10 Abs. 2 S. 2 Verf. zwei Drittel der Anwesenden (!) für eine Auflösung stimmen. Diese müssen dabei zugleich mindestens die Mehrheit der Mitglieder des Landtages repräsentieren.

Neben dem qualifizierten Mehrheitserfordernis existieren weitere Hemmnisse zur Erschwerung einer Selbstauflösung und gleichzeitigen Verdeutlichung des ultima-ratio-Charakters in den Ländern Baden-Württemberg (Antragsquorum von einem Viertel; Mindestzeitraum von drei Tagen zwischen Antrag und Abstimmung[1344]), Bremen (ein Drittel; frühestens nach zwei Wochen[1345]), Hamburg (ein Viertel; frühestens nach zwei Wochen[1346]), Mecklenburg-Vorpommern (ein Drittel; Zeitfenster eine Woche bis ein Monat[1347]), Sachsen (ein Drittel; frühestens am dritten Tag[1348]), Sachsen-Anhalt (ein Viertel; 11. bis 30. Tag nach Beratung; unzulässig in den ersten sechs Monaten der Wahlperiode[1349]), Schleswig-Holstein (Neuwahl binnen siebzig Ta-

---

[1342] Zugleich sieht die Norm vor, daß im Beschluß zur Selbstauflösung auch der Termin zur Neuwahl festgelegt werden muß. Ebenso verfahren die Verfassungen Schleswig-Holsteins (Art. 13 Abs. 2 Verf.) und Mecklenburg-Vorpommerns (Art. 27 Abs. 2 S. 1 Verf.). Ausdrücklich ordnet die Verfassung Sachsen-Anhalts in Art. 60 Abs. 1 S. 2 die Unwiderruflichkeit des Auflösungsbeschlusses an.

[1343] Die Mehrheit von zwei Dritteln ist selbst dann noch einzuhalten, wenn das Landesverfassungsgericht wie in Schleswig-Holstein geschehen, die Wahl für verfassungswidrig erklärt und eine Neuwahl binnen einer Zweijahresfrist angeordnet hat. Ansonsten könnte die Regierungsmehrheit den Termin wahltaktisch nach eigenem Gutdünken fixieren: *Morlok*, Wahlrecht (Fn. 290), S. 240 f.

[1344] Art. 43 Abs. 1 S. 1 u. 2 Verf. Baden-Württemberg.

[1345] Art. 76 Abs. 1 lit. a S. 1 Verf. Bremen.

[1346] Art. 11 Abs. 1 S. 2 Verf. Hamburg.

[1347] Art. 27 Abs. 2 S. 1 u. 2 Verf. Mecklenburg-Vorpommern.

[1348] § 74 S. 1 u. 4 GO-LT.

gen[1350]) und Thüringen (ein Drittel; Abstimmung zw. 11. und 30. Tag nach Antrag; Neuwahl binnen 70 Tagen[1351]). Die Antragsquoren erfordern regelmäßig eine ausdrückliche Unterstützung der Parlamentarier; die sonst übliche, alternative Antragsberechtigung einer Fraktion besteht nicht.

3. Stellungnahme

Freilich: Der Selbstauflösung soll nur eine ultima-ratio-Funktion zukommen – ein Landtag ist grundsätzlich für die gesamte Legislaturperiode gewählt. Auf der anderen Seite zeigen bislang acht Selbstauflösungen von Länderparlamenten, fünf gescheiterte Selbstauflösungsversuche und weitere Fälle, in denen die vorzeitige Beendigung auf diesem Weg zumindest geprüft wurde[1352], den Bedarf nach einer solchen Möglichkeit vorzeitiger Auflösung. Wenn dies auch nicht im engeren Sinne krisenähnlichen Umständen geschuldet ist, so doch zumindest solchen, in denen keine arbeitsfähige Mehrheit im Parlament zu erreichen bzw. deren Bildung stets unsicher war. Nie ist es indes nach Auflösung der Parlamente und Neuwahl zu einer Zunahme an Unsicherheit in den politischen Verhältnissen gekommen, wie sie von Kritikern vielfach beschworen wird. Eher das Gegenteil, eine Festigung einer zuvor nicht hinreichend stabilen Lage gerade durch eine Neuwahl, war der Fall[1353]. Zugleich belegen die bisherigen Anwendungsfälle, daß die Gefahr des Mißbrauchs und der „Flucht" des Parlaments wie auch die Ausnutzung guter Umfragewerte für eine Neuwahl überschaubar ist, wenngleich einzig die Mehrheitserfordernisse eine begrenzende Wirkung entfalten können, da materielle Voraussetzungen fehlen.

a) Höhe der Antragsquoren

Hemmende Wirkung entfalten zunächst hohe Antragsquoren, wie sie einige Landesverfassungen im Bereich von einem Viertel bis einem Drittel

1349 Art. 60 Abs. 2 u. 3 Verf. Sachsen-Anhalt.

1350 Art. 13 Abs. 3 Verf. Schleswig-Holstein.

1351 Art. 50 Abs. 2 S. 1 Nr. 1, S. 2 u. 3 Verf. Thüringen.

1352 *Heinig*, Selbstauflösungsrecht (Fn. 187), S. 32 ff. Hier findet sich auch eine genaue Analyse der zur Selbstauflösung führenden Situation, die verdeutlicht, daß willkürliche oder mißbräuchliche Selbstauflösungen nicht zu vermerken waren.

1353 Hierauf weist mit Blick auf die Vertrauensfragen Brandts und Kohls sowie in Ansehung der angekündigten Vertrauensfrage Schröders – durch die Ereignisse bestätigt – hin *H. Dreier*, Berlin ist nicht Weimar. Das verfassungsrechtliche Problem einer Auflösung des Deutschen Bundestages, in: Neue Zürcher Zeitung Nr. 137 v. 15. Juni 2005, S. 35.

der gesetzlichen Mitglieder fixieren[1354]: auf diese Weise können kleine Oppositionsfraktionen keine von vornherein nicht erfolgversprechenden Anträge zur Stiftung von Unruhe plazieren. Fraktionen oder eine entsprechende Anzahl an Parlamentariern, die über mehr als das nötige Quorum verfügen, sollten sich ihrer verantwortlichen Stellung[1355] indes gewahr sein und auf mutmaßlich erfolglose Anträge verzichten. Untersuchungen, ob tatsächlich bereits angestrebte Verfahren am Antragsquorum gescheitert sind, fehlen allerdings, so daß sich seine praktische Bedeutung nicht abschließend beurteilen läßt.

b) Höhe des Mehrheitsquorums bei der Abstimmung

aa) Zweidrittelmehrheit als üblicher Standard?

Die Zweidrittelmehrheiten als (zumindest behaupteter) „üblicher Standard"[1356] verdeutlichen, daß es den Verfassungsvätern und -müttern resp. dem verfassungsändernden Gesetzgeber zumeist um eine Beschränkung der Selbstauflösungsmöglichkeit ging. Sie soll ultima-ratio und Regierungsumbildungen oder die Konstituierung einer neuen Regierung stets vorrangig zu prüfen sowie eine mißbräuchliche Auflösung des Parlaments ausgeschlossen sein. Gleichzeitig sollen sich die Parlamentarier nicht vorschnell ihrer Verantwortung entziehen oder gar einen günstigen Wahltermin bestimmen können[1357]. Zweidrittelmehrheiten können dies so gut wie eben möglich gewährleisten: nicht den Regierungsfraktionen allein ist es in einem passenden Moment möglich, eine Selbstauflösung herbeizuführen, sondern es wird regelmäßig auch der Unterstützung der Opposition bedürfen. Typischen Regierungsmehrheiten ist der Zugriff auf das Institut mithin verwehrt. Das Quorum ist in den Ländern, die keine besonderen Antrags- oder Abstimmungszeitpunkte fixieren, aber auch das einzige Regulativ, das eine freie Veränderung der Legislaturperiode und Anpassung des Wahltermins beispielsweise an gute Umfragewerte unterbindet, da daneben in keinem Land materielle Voraussetzungen aufgestellt werden.

Den „‚heilsamen' Druck"[1358] durch erhöhte Anforderungen an den Beschluß versprühen eine Reihe anderer Verfassungen kaum. Zunächst fällt auf,

---

[1354] Diese können ohne weiteres auch dem Geschäftsordnungsrecht überlassen werden, vgl. *Lieber/Iwers/Ernst* (Fn. 1254), Art. 69 Verf. Brandenburg (2003), Anm. 2., wobei die Geschäftsordnung des brandenburgischen Landtags keine entsprechenden Anordnungen trifft.

[1355] Die Bedeutung dieses Bewußtseins betont *Meissner*, Landtag (Fn. 1220), § 10 Rn. 5.

[1356] *Neumann* (Fn. 1220), Art. 76 Verf. Bremen Rn. 5.

[1357] *Heinig*, Selbstauflösungsrecht (Fn. 187), S. 207 ff., 225, 231.

daß Bayern bei der Frage der Selbstauflösung des Landtages von dem ansonsten zumeist Anwendung findenden Prinzip einfacher Abstimmungsmehrheit abweicht und es zugunsten einer absoluten Mitgliedermehrheit verschärft. Die angesetzte Höhe behindert Zufallsmehrheiten hinreichend, stellt andererseits aber keine überzogenen Voraussetzungen an die Auflösung. Eher im Gegenteil: da weitere Voraussetzungen fehlen, ist die bayerische Ausgestaltung eindeutig als „Systementscheidung zugunsten des Selbstauflösungsrechts“ zu sehen[1359]. Dennoch trifft man hier und auch in den weiteren Ländern, die absolute Mehrheit genügen lassen, keinen inflationären Gebrauch des Instituts an. Hamburg, Hessen, Nordrhein-Westfalen und Rheinland-Pfalz haben verglichen mit dem Mehrheitserfordernis bei einfachen Parlamentsbeschlüssen auch verschärfte Quoren. In Bayern allerdings fällt die Hervorhebung deutlicher aus, da hier die Mehrheitserfordernisse beispielsweise für die Wahl des Regierungschefs oder den das fehlende Mißtrauensvotum ersetzenden Mißbilligungsbeschluß darunter liegen. In den anderen Ländern indes findet einheitlich die absolute Mehrheit Anwendung. Dennoch machen die Regierungsparteien da wie dort keinen Gebrauch von der Möglichkeit, wegen guter Umfragewerte eine Wahl zur dauerhaften Festschreibung einer Mehrheit vorzuziehen – was darüber hinaus nicht einmal für unzulässig und mißbräuchlich gehalten wird[1360]. Sie scheuen insgesamt offenbar die Reaktion des Wahlvolks auf eine Vorziehung der Wahlen und das einzelne Parlamentsmitglied den drohenden Verlust des eigenen Mandats.

Es ist darüber hinaus und auch in Ansehung der potentiellen Folgen nicht von der Hand zu weisen, daß über der absoluten Mehrheit liegende Quoren in Krisenzeiten eher kontraproduktiv wirken und so das Instrument behindern könnten – gerade dann, wenn es dringend seine Wirkung entfalten können müßte. Ein nötiger Selbstauflösungsbeschluß käme bei knapper absoluter Mehrheit der Regierung dann vielleicht nicht zustande, weil die Abgeordneten der Opposition aus welchen Motiven auch immer – schlimmstenfalls aus reiner Obstruktion und Angst um den Mandatsverlust – den Antrag nicht unterstützen würden[1361]. Andererseits hat die Praxis in den

[1358] *Engelken* (Fn. 1341), Art. 43 Verf. Baden-Württemberg Rn. 7 (Zitat).

[1359] *Möstl* (Fn. 1339), Art. 18 Verf. Bayern Rn. 4, dort auch das Zitat.

[1360] Für eine variable Mißbrauchskontrolle nach Zeitpunkt und Grund der Selbstauflösung und deren volle verfassungsgerichtliche Überprüfbarkeit beispielsweise aber *Glauben* (Fn. 1341), Art. 84 Verf. Rheinland-Pfalz Rn. 4 und *Catrein* (Fn. 1341), Art. 69 Verfassung Saarland Rn. 3, auch unter Hinweis auf die natürlich für das Saarland nicht verbindlichen Entscheidungen BVerfGE 62, 1 (44) sowie VerfGH Berlin NVwZ 2002, 594 (596) und eine entgegenstehende Parlamentspraxis im Saarland, wo auch allein zur zeitlichen Zusammenlegung von Landtags- und Bundestagswahl schon der Landtag aufgelöst wurde.

[1361] Entsprechende Warnungen und ein Votum für die nur mit absoluter Mitgliedermehrheit auszusprechende Parlamentsauflösung liefern *Möstl* (Fn. 1339), Art. 18

Ländern mit nur absolutem Mehrheitserfordernis keine erhöhte Tendenz zu der Auflösung der Landesparlamente und dem Entstehen instabiler Regierungskonstellationen ans Tageslicht gefördert.

bb) Absolute Mitgliedermehrheit ausreichend?

Nach alledem scheinen absolute Mitgliedermehrheiten verbunden mit den beschriebenen „,Selbstregulierungskräften' der Politik" hinreichende Gewähr für einen verantwortungsvollen, aber eben im Bedarfsfall nicht unnötig erschwerten Umgang mit dem Selbstauflösungsrecht zu bieten[1362]. Demgegenüber wirken Zweidrittelmehrheiten in diesem Fall tendenziell als zu hoch. Im Rahmen einer Selbstauflösungsentscheidung werden sie mutmaßlich weit schwieriger zu erreichen sein, als eine der Höhe nach identische verfassungsändernde Mehrheit – ganz einfach deswegen, weil nicht wenige Abgeordnete um den eigenen Sitz im Landtag fürchten würden, während typische Verfassungsänderungen keine Wirkung auf das eigene Amt zeitigen. Der drohende Mandatsverlust ist es schließlich auch, der eine mißbräuchliche Auflösung des Landtags in den Ländern mit nur absolutem Mehrheitserfordernis zu verhindern weiß[1363], wenngleich eine Regierungsmehrheit den Beschluß alleine treffen könnte. Dennoch wird das Mehrheitserfordernis in den Ländern mit entsprechender Ausgestaltung schon als gegenüber einfacher Abstimmendenmehrheit ausreichend verschärft angesehen[1364]. In der absoluten Mitgliedermehrheit besteht damit ein erforderliches, aber eben auch hinreichendes, weil Zufallsmehrheiten und – im Zusammenspiel mit der Selbstbeschränkung – Mißbrauch verhinderndes Zustimmungsquorum.

cc) Doppelt qualifizierte Mehrheiten als Alternative?

Eine geschickte Lösung, der Modellcharakter zukommen könnte, hat Niedersachsen mit der doppelt qualifizierten Mehrheit gewählt – die Ausgestaltung entspringt dabei einem Kompromiß in den Verfassungsberatungen zwi-

---

Verf. Bayern Rn. 4 und *Müller-Terpitz* (Fn. 1341), Art. 35 Verf. Nordrhein-Westfalen Rn. 8 ff.

1362 *Lieber/Iwers/Ernst* (Fn. 1254), Art. 69 Verf. Brandenburg (2003), Anm. 2.1 (Zitat); ähnlich vorsichtig auch *Meissner*, Landtag (Fn. 1220), § 10 Rn. 5: Selbstauflösungsmöglichkeiten seien „nicht ganz unbedenklich" und nur dann „hinnehmbar, solange das Parlament sich seiner primären Verpflichtung bewußt" bleibe, das „vom Volk für fünf Jahre übernommene Mandat zu erfüllen".

1363 Vgl. *Schümer*, Stellung (Fn. 1297), S. 148 f.

1364 *Heinig*, Selbstauflösungsrecht (Fn. 187), S. 228 f. – A. A.: *W. Höfling*, Das Institut der Parlamentsauflösung in den deutschen Landesverfassungen, in: DÖV 1982, S. 889 (890).

schen einer als unerreichbar empfundenen Zweidrittelmehrheit der gesetzlichen Mitgliederzahl und eines ebenso hohen, aber nur auf die Abstimmenden bezogenen Quorums[1365]. Zunächst wird durch das Mindesterfordernis absoluter Mitgliedermehrheit eine fixe Untergrenze eingezogen, unter die die eigentlich erforderliche Mehrheit von zwei Dritteln der Anwesenden nicht absinken darf. Stets steht hinter einem erfolgreichen Selbstauflösungsvotum folglich wenigstens die Mehrheit der gesetzlichen Mitgliederzahl. Mithin entspricht das Minimalquorum zumindest der Höhe nach dem in den vorgenannten Ländern um Bayern. Nach oben hingegen kann es bei Anwesenheit aller Delegierten – und tendenziell wird die Abstimmung über eine Selbstauflösung aufgrund der Bedeutung der Entscheidung zu großem Interesse führen – dazu kommen, daß auch im niedersächsischen Landtag die an sich ausreichende Zweidrittelmehrheit der Anwesenden der Höhe nach einer Zweidrittelmehrheit der gesetzlichen Mitgliederzahl entspricht. Abwesenheit jedenfalls bewirkt nicht wie sonst beim Abstellen auf Mitgliedermehrheiten eine Bevorzugung des status quo, da diesen Stimmen ansonsten die Wirkung ablehnender Stimmen zukommt. Zugleich kann sich kein Anwesender durch Enthaltung einer Entscheidung entziehen, da er sich der negativen Wirkung bewußt sein wird.

Die Sonderrolle Niedersachsens beschränkt sich indes nicht allein auf den vorliegenden Gegenstandsbereich und die hierfür im Vergleich mit den übrigen Ländern herausstechende doppelte Qualifizierung. Gerade die Vorgabe einer Zweidrittelmehrheit mit der Bezugszahl der Anwesenden nämlich steht losgelöst von der beschriebenen Konstellation im deutschen Verfassungsrecht weitgehend einmalig dar: in aller Regel wird das Quorum nämlich entweder mit der gesetzlichen Mitgliederzahl oder, seltener, der Zahl der Abstimmenden verknüpft.

4. Abberufung mittels Volksentscheid

Vorliegend ging es um die innerparlamentarischen Gründe und Spannungen zwischen Regierung und Parlament, denen durch Vertrauensfrage seitens der Regierung und Neuwahl derselben oder Selbstauflösung seitens des Parlaments begegnet werden kann. Daneben stellen manche Landesverfassungen für den Fall, daß die Vertrauensbasis zwischen Volk und Parlament nachhaltig gestört ist, die Handhabe bereit, daß ersteres die Abberufung der Volksvertreter betreiben kann. Thematisch gehört dieses Verfahren zu den Elementen direkter Demokratie, weswegen es dort (D. II. 1.) näher erläutert wird.

1365 s. *Heinig*, Selbstauflösungsrecht (Fn. 187), S. 242 f. m.w.N.

X. Die Anklage von Regierungsmitgliedern

Im Fall einer schuldhaften Verfassungs- oder sonstigen Landesrechtsverletzung erlaubt die Ministeranklage dem Parlament einiger Länder, die verantwortlichen Mitglieder der Regierung – Ministerpräsident wie Minister – vor dem Landesverfassungsgericht anzuklagen[1366]. Insofern sind parlamentarische oder politische Verantwortlichkeit im Parlament von der außerparlamentarischen, „juristischen“ oder „judiziellen“ Responsabilität, über die allein die zuständigen Landesverfassungsgerichte entscheiden, abzugrenzen[1367]. Als Folge kommt teils nur ein den Gesetzesverstoß feststellendes Urteil des Verfassungsgerichts mit dann rein auf politischer Ebene zu ziehenden Konsequenzen (beispielsweise Bayern), teils aber auch die Anordnung des Verlustes des Amtes inklusive der Versorgungsansprüche (so in Baden-Württemberg) in Betracht[1368].

1. Bayern

Die Bayerische Verfassung berechtigt in Art. 59 den Landtag dazu, alle Mitglieder der Staatsregierung, im Einzelnen den Ministerpräsidenten, die Staatsminister und Staatssekretäre, vor dem Bayerischen Verfassungsgerichtshof anzuklagen. Die hierfür erforderlichen Voraussetzungen und Verfahrensschritte finden sich in Art. 61 Verf. Nach Art. 61 Abs. 4 S. 1 bedarf zunächst der auf Klageerhebung gerichtete Antrag im Landtag eines besonderen Unterstützungsquorums von einem Drittel der Abgeordneten; dieser erste Verfahrensschritt kann auch durch eine Selbstanzeige eines Regierungsmitglieds ersetzt werden, Abs. 4 S. 2. In der sich anschließenden Abstimmung über die Erhebung der Klage selbst ist nach S. 1 eine Zweidrittelmehrheit der gesetzlichen Mitgliederzahl zu erzielen, und zwar unabhängig davon, ob das Verfahren auf eine Selbstanzeige oder einen Abgeordnetenantrag zurückgeht[1369].

[1366] Überblick dazu bei *H.-P. Schneider*, Die Ministeranklage im parlamentarischen Regierungssystem, in: ZParl. 16 (1985), S. 495 (496). Aus dem aktuellen Verfassungsrecht s. beispielsweise Art. 61 Abs. 2 Verf. Bayern; Art. 63 Abs. 1 S. 1 Verf. Nordrhein-Westfalen. – Zum nicht unumstrittenen Umfang (teils vorsätzliche, teils aber auch nur grob fahrlässige Rechtsverstöße) s. den Überblick bei *Schümer*, Stellung (Fn. 1297), S. 151 f.

[1367] Wenngleich die Trennung aufgrund des durch den Landtag in Gang zu setzenden verfassungsgerichtlichen Verfahrens nicht strikt ausfällt: *Schneider*, Ministeranklage (Fn. 1366), S. 497, auch zur unterschiedlichen Terminologie.

[1368] Vgl. *Schneider*, Ministeranklage (Fn. 1366), S. 503.

[1369] *H. A. Wolff*, in: Lindner/Möstl/Wolff, Verfassung Bayern (Fn. 1206), Art. 61 Rn. 11.

2. Regelungen in den übrigen Ländern

Ein Blick in die übrigen Landesverfassungen fördert abermals ein gespaltenes Bild zutage: dies gilt zunächst hinsichtlich der Einräumung eines Anklagerechts dem Grunde nach, aber auch, freilich in engerem Maße, hinsichtlich der jeweiligen Ausgestaltung. Sieben Länder, namentlich Berlin, Brandenburg und Hamburg sowie Mecklenburg-Vorpommern, Sachsen-Anhalt, Schleswig-Holstein und zuletzt Thüringen verzichten auf das Institut.

In den übrigen Ländern gliedert sich das Verfahren zumeist in ein durch verschärfte Anforderungen gekennzeichnetes, besonderes Antragsverfahren und die ebenfalls herausgehobene Entscheidung des Parlaments über das Vorbringen. Das Antragserfordernis schwankt zwischen numerisch 15 (Art. 115 Abs. 1 S. 2 Verf. Hessen; entsprechend knapp 7,9% der Delegierten bei regulär 118 Abgeordneten) bzw. 30 Abgeordneten (Art. 131 Abs. 2 Verf. Rheinland-Pfalz; entsprechend knapp 30% der Gesamtmitglieder), und prozentual einem Viertel (Art. 63 Abs. 1 S. 2 Verf. Nordrhein-Westfalen) bzw. einem Drittel der Mitglieder des jeweiligen Landtags (Art. 57 Abs. 2 S. 1 Verf. Baden-Württemberg; Art. 40 Abs. 1 S. 2 i.V.m. Art. 17 Abs. 2 S. 1 Verf. Niedersachsen; Art. 94 Abs. 2 Alt. 1 Verf. Saarland; Art. 118 Abs. 2 S. 1 Verf. Sachsen). Kein besonderes Antragserfordernis besteht einzig in Bremen.

In der Abstimmung selbst genügen in Nordrhein-Westfalen zwei Drittel der anwesenden Abgeordneten des Landesparlaments (Art. 63 Abs. 1 S. 3 Verf.). Ein Mehrheitserfordernis von zwei Dritteln der Abstimmenden, das zugleich einer (absoluten) Mehrheit der gesetzlichen Mitgliederzahl bei Mindestanwesenheit von zwei Dritteln entsprechen muß, fordern Art. 57 Abs. 2 S. 2 Verf. Baden-Württemberg und Art. 111 Abs. 2 Verf. Bremen. Auch in Sachsen gilt dieses mehrfach qualifizierte Mehrheitsquorum; hier allerdings mit der inhaltlichen Einschränkung, daß Verfahren nur bei vor der Amtszeit liegenden (!) Verstößen gegen die in den Menschenrechtsdokumenten (insb. UN-Charta und IPbpR[1370]) gewährleisteten Grundrechte oder bei Stasi-Vergangenheit eines Regierungsmitglieds in Gang gesetzt werden können. Zwei Drittel der gesetzlichen Mitgliederzahl halten die Länder Hessen, Niedersachsen, Rheinland-Pfalz und das Saarland für nötig[1371].

1370 Interessant ist, daß die Verfassung Sachsens namentlich die Allgemeine Erklärung der Menschenrechte vom 10. Dezember 1948 und den Internationalen Pakt über bürgerliche und politische Rechte vom 19. Dezember 1966, nicht aber die entsprechenden Gewährleistungen der Sächsischen Verfassung in Bezug nimmt. Hieran erkennt man gut die „Rückwärtsgewandtheit“ der Vorschrift, die allein vor dem Hintergrund der DDR und ihrer späteren „Aufarbeitung“ erklärbar ist.

3. Stellungnahme

Die Anklage einzelner Regierungsmitglieder bildet ein weiteres Instrument, mit dem die Landtage die Regierung kontrollieren und gegebenenfalls zur Verantwortung ziehen können. Die Bedeutung der Norm scheint sich indes eher in der abschreckenden Wirkung zu erschöpfen, da Anwendungsfälle bis Februar 2011 nicht zu verzeichnen waren[1372]. Wenngleich ihre Anforderungen auch nicht von ungefähr sind – wodurch einer allzu leichten Instrumentalisierung des Verfahrens der Anklagen von Regierungsmitgliedern entgegengewirkt wird[1373] – erscheint bei evidenten Rechtsverstößen, die die Normen ohnehin inhaltlich voraussetzen, ihr Erzielen nicht von vornherein ausgeschlossen[1374].

Durchweg ist nicht weniger als eine qualifizierte Zweidrittelmehrheit obligat. Differenzen zwischen den Ländern ergeben sich dennoch aufgrund der gewählten Bezugszahlen. Die höchsten Anforderungen stellen diejenigen Länder auf, die die Zweidrittelmehrheit auf die gesetzliche Mitgliederzahl des Landtages beziehen und damit typischerweise dasjenige Mehrheitsquorum aufstellen, das auch für Verfassungsänderungen Anwendung findet; in Rheinland-Pfalz wird hinsichtlich des Mehrheitserfordernisses sogar ausdrücklich auf die „verfassungsändernde Mehrheit“ verwiesen. Die baden-württembergische Ausgestaltung fällt trotz Anordnung einer mehrfach qualifizierten Mehrheit mit Mindestanwesenheit, qualifizierter Abstimmenden-

---

1371 Art. 115 Abs. 1 S. 2 Verf. Hessen; Art. 40 Abs. 1 S. 2 i. V. m. Art. 17 Abs. 2 S. 2 Verf. Niedersachsen; Art. 131 Abs. 2 i. V. m. Art. 129 Abs. 1 Alt. 1 Verf. Rheinland-Pfalz; Art. 94 Abs. 2 Alt. 2 Verf. Saarland.

1372 Dies gilt für Minister- wie Abgeordnetenanklage: *Wolff* (Fn. 1369), Art. 61 Verf. Bayern Rn. 1 u. 3; als ein „Relikt aus dem Staatsrecht der konstitutionellen Monarchie“ „ohne praktische Relevanz“ beschreibt es indes *P. J. Tettinger*, in: Löwer/Tettinger, Verfassung Nordrhein-Westfalen (Fn. 1220), Art. 63 Rn. 8. – Dieses galt im übrigen seit Anbeginn der Schaffung des Instituts im 19. Jahrhundert: *Schneider*, Ministeranklage (Fn. 1366), S. 496, 499 ff., 501; ebd., S. 506 ff. die bisher beantragten, aber mangels Mehrheit nicht eingeleiteten Anklagefälle. – Der einzige Anwendungsfall einer (gescheiterten) Ministeranklage bezog sich auf den Justizminister von Rheinland-Pfalz, Heinz Georg Bamberger; der Antrag wurde am 17.2.2011 vom Landtag mehrheitlich zurückgewiesen: http://www.rhein-zeitung.de/startseite_artikel,-CDUFDP-Antrag-auf-Ministeranklage-gegen-Bamberger-von-SPD-abgeschmettert-Opposition-verschiesst-ihr-_arid,205461_arpage,2.html (November 2013). Zum politischen Hintergrund: http://www.landtag.rlp.de/icc/Internet-DE/sub/23a/23a13b35-ac60-e212-6287-ff4086d35f8f,,,aaaaaaaa-aaaa-aaaa-bbbb-000000000046page=5&pagesize=10.htm (November 2013).

1373 *A. Katz*, in: Feuchte, Verfassung Baden-Württemberg (Fn. 1220), Art. 57 Rn. 5; *P. J. Tettinger*, in: Löwer/Tettinger, Verfassung Nordrhein-Westfalen (Fn. 1220), Art. 63 Rn. 11.

1374 A. A. *Schümer*, Stellung (Fn. 1297), S. 153 m. w. N.

mehrheit und Mindestrepräsentanz im Vergleich dazu geringer aus, liegt aber der Ausgestaltung nach exakt auf dem Niveau, das der Stuttgarter Landtag auch für Verfassungsänderungen berücksichtigen muß. In Hessen ist es – wenn man vom zwingenden Volksentscheid absieht – unterdessen so, daß eine Verfassungsänderung mit der Mehrheit der gesetzlichen Mitgliederzahl verabschiedet werden kann, während das Anklageverfahren mit der höheren Hürde ausgestattet ist.

Wiederum konträr stellt sich die Situation in den Ländern dar, die auf ein doppelt qualifiziertes Mehrheitserfordernis zurückgreifen, namentlich Baden-Württemberg, Bremen und Sachsen. Sie sichern die Verfassung stärker vor Veränderung ab, als ein Regierungsmitglied vor der Anklage. Daß die Zweidrittelmehrheit in Nordrhein-Westfalen mit der Bezugszahl der Anwesenden ein „beachtliches Quorum"[1375] darstellt, kann nur so lange ernsthaft behauptet werden, wie nicht über den landesrechtlichen Tellerrand hinaus geblickt und die jenseitigen Normen desselben Kontextes mit in die Betrachtung einbezogen werden. Warum hier gerade diese auffällige Bezugszahl Anwendung findet, ist nicht eruierbar.

Trotz aller Abweichungen im Detail bleibt festzuhalten, daß alle Landesverfassungen, die die Anklage von Regierungsmitgliedern anbieten, einerseits Mißbrauch vermeiden und so den Amtsträger schützen, andererseits aber auch eine Chance zur Aktivierung des Rechts bieten wollen, sofern hinreichende Anhaltspunkte für Fehlverhalten bestehen. Gerade vor diesem Hintergrund aber verblüfft die bayerische Regelung, die das Mehrheitserfordernis bei Abgeordnetenantrag wie Selbstanzeige in gleicher Höhe beläßt. Der Schutz des Regierungsmitglieds ist letztendlich nach einer selbstinitiierten Anklage vernachlässigbar, während ein starkes Indiz für ein Fehlverhalten besteht. Daß sich die Mehrheiten in beiden Konstellationen dennoch nicht voneinander abheben, wäre nur dann nicht verschmerzbar, wenn in der parlamentarischen Abstimmung über die Einleitung das Mehrheitserfordernis trotz Selbstanzeige insbesondere aus politischem Kalkül verfehlt und es daher nicht zu einem Verfahren kommen würde.

XI. Die Abgeordnetenanklage und der Ausschluß eines Mitglieds des Landtags

Das Gegenstück zur Anklage der Mitglieder der Landesregierungen bildet hinsichtlich der Delegierten der Länderparlamente die Abgeordnetenanklage resp. der Ausschluß eines Abgeordneten aus dem Landtag.

[1375] *Tettinger* (Fn. 1372), Art. 63 Verf. Nordrhein-Westfalen Rn. 11.

1. Bayern

Aus diesem Grund führt die Bayerische Verfassung (und nicht nur sie) das Verfahren der Minister- mit dem der Abgeordnetenanklage in einer Verfassungsbestimmung, nämlich Art. 61 Verf., zusammen. Die bereits bei der Anklage der Mitglieder der Bayerischen Staatsregierung gemachten Ausführungen gelten insofern entsprechend: es bedarf nach Art. 61 Abs. 4 S. 1 Verf. eines Antrags von einem Drittel der Abgeordneten, alternativ einer Selbstanzeige des Parlamentariers, S. 2. Es schließt sich die Abstimmung über den Antrag an, der losgelöst vom Antragsteller[1376] einer Zweidrittelmehrheit der gesetzlichen Mitgliederzahl des Landtages bedarf (Abs. 4 S. 1). Inhaltliche Voraussetzung für ein Vorgehen gegen einen Landesparlamentarier sind gewinnsüchtiges, das Ansehen der Volksvertretung gefährdendes oder Geheimhaltungsvorschriften verletzendes Verhalten, Art. 61 Abs. 3 Verf.[1377].

2. Regelungen in den übrigen Ländern

Ein Vorgehen des Landtages gegen einzelne seiner Angehörigen ist nicht in allen Bundesländern vorgesehen. Zugelassen ist es im einzelnen in Baden-Württemberg, Brandenburg, Bremen, Hamburg sowie Niedersachsen, dem Saarland und Sachsen[1378]. Die materiellen Voraussetzungen für ein Verfahren zum Verlust des Abgeordnetenmandats unterscheiden sich dabei nur geringfügig. Oftmals wird der Mißbrauch des Amtes in gewinnsüchtiger Absicht (Art. 42 Abs. 1 Verf. Baden-Württemberg; Art. 17 Abs. 1 Verf. Niedersachsen), teils zusätzlich ein Mißbrauch von Wissen (Art. 61 Abs. 1 Verf. Brandenburg; Art. 85 Abs. 1 Verf. Saarland) oder ein gröbliches Zuwiderhandeln gegen die Pflicht zur Verschwiegenheit (Art. 7 Abs. 2 S. 2 Ziff. 3 Verf. Hamburg) vorausgesetzt. In Sachsen gilt wie auch bei der Anklage von Regierungsmitgliedern die Besonderheit, daß nur vor der Abgeordnetentätigkeit liegende Verstöße gegen die Grundsätze der Menschlichkeit und Rechtsstaatlichkeit oder eine Tätigkeit für das Ministerium für Staatssicherheit eine Anklage begründen können, Art. 118 Abs. 1 Ziff. 1 u.

[1376] *Wolff* (Fn. 1369), Art. 61 Verf. Bayern Rn. 11.

[1377] s. ausführlich zu den einzelnen Tatbeständen *Wolff* (Fn. 1369), Art. 61 Verf. Bayern Rn. 8 f.

[1378] Art. 42 Verf. Baden-Württemberg; Art. 61 Verf. Brandenburg; Art. 85 Verf. Bremen; Art. 7 Abs. 2 Verf. Hamburg; Art. 17 Verf. Niedersachsen; Art. 85 Verf. Saarland; Art. 118 Verf. Sachsen. – Unbekannt ist die Option den Verfassungen der Länder Hessen, Mecklenburg-Vorpommern, Nordrhein-Westfalen, Rheinland-Pfalz, Sachsen-Anhalt, Schleswig-Holstein und Thüringen. Die drei letztgenannten sind die einzigen Länder, die damit weder Minister- noch Abgeordnetenanklage vorsehen.

2 Verf. Sachsen. Anders als in allen anderen Ländern ist die Anklage aufgrund dessen keine „repressive Reaktion auf eigennütziges Abgeordnetenverhalten“[1379], sondern allein der Aufarbeitung der DDR-Zeit geschuldet.

Stets ist das Verfahren zweiphasig ausgestaltet und dabei in ein Antragsverfahren und die Abstimmung über den Antrag selbst unterteilt. Das Antragserfordernis liegt dabei zumeist bei einem Drittel der Mitglieder des Landtages[1380], das Mehrheitserfordernis in der inhaltlichen Entscheidung über den Antrag bei zwei Dritteln der gesetzlichen Mitgliederzahl[1381]. In Baden-Württemberg und Sachsen erfordert der Beschluß auf Erhebung der Anklage bei einer Mindestanwesenheit von zwei Dritteln eine Zweidrittelmehrheit der Abstimmenden, die zugleich mehr als die Hälfte der gesetzlichen Mitgliederzahl des Landtages umfassen muß[1382].

Eine Sonderstellung nimmt Bremen gleich aus mehreren Gründen in beiden Phasen des Verfahrens ein: Um ein Mitglied der Bremischen Bürgerschaft aus dieser wegen Amtsmißbrauchs, Vorteilsnahme, Obliegenheits- oder Verschwiegenheitsverletzung auszuschließen, bedarf es zunächst des Antrags eines Viertels der gesetzlichen Mitgliederzahl der Bürgerschaft, Art. 85 Abs. 1 S. 1 u. S. 2 Hs. 1 Verf. Wird das Antragserfordernis erreicht, schließt sich nach Anhörung der betreffenden Person (Abs. 1 S. 3) die Abstimmung über den Antrag an. Der Ausschluß erfolgt, wenn drei Viertel der gesetzlichen Mitgliederzahl der Bremischen Bürgerschaft für einen solchen stimmen. Sind jedoch weniger als drei Viertel der Mitglieder anwesend – die Verfassung selbst setzt die Beschlußfähigkeitsgrenze schließlich bei der Hälfte der Mitglieder an, Art. 89 Abs. 1 S. 1 Verf. –, kann der Ausschluß auch bei wenigstens hälftiger Mindestanwesenheit nach Art. 85 Abs. 1 S. 4 Verf. durch einstimmigen Beschluß erfolgen.

Das Mehrheitserfordernis in der Abstimmung über den Ausschluß deckt sich in Hamburg mit der Regelung Bremens (Art. 7 Abs. 2 S. 2), wobei hier sowohl ein besonderes Einleitungsverfahren wie auch die Möglichkeit der Umgehung der Dreiviertelmehrheit der gesetzlichen Mitglieder durch einen einstimmigen Beschluß der Abstimmenden fehlen. Einigkeit besteht wiederum bei der auffälligen Konsequenz, die nur Bremen und Hamburg

---

[1379] So für die Regelung Hamburgs *David* (Fn. 215), Art. 7 Verf. Hamburg Rn. 21.

[1380] Art. 42 Abs. 2 S. 1 Verf. Baden-Württemberg; Art. 61 Abs. 2 Verf. Brandenburg; Art. 17 Abs. 2 S. 1 Verf. Niedersachsen; Art. 85 Abs. 2 Verf. Saarland; Art. 118 Abs. 2 S. 1 Verf. Sachsen.

[1381] Art. 61 Abs. 2 Verf. Brandenburg; Art. 17 Abs. 2 S. 2 Verf. Niedersachsen; Art. 85 Abs. 2 Verf. Saarland.

[1382] Art. 42 Abs. 2 S. 2 Verf. Baden-Württemberg; Art. 118 Abs. 2 S. 2 Verf. Sachsen.

aus einem qualifizierten Mehrheitsbeschluß ziehen: es ist nicht etwa so wie in allen anderen Ländern, daß durch den qualifizierten Mehrheitsbeschluß das zuständige Landesverfassungsgericht mit der Entscheidung über den Mandatsverlust betraut wird, sondern so, daß beim Abgeordneten der unmittelbare Verlust des Mandats eintritt, ohne daß das Gericht sachlich über die Vorwürfe befunden hätte.

3. Stellungnahme

Die Ausgestaltung, wie sie die überwiegende Zahl der Länder mit einem Antragserfordernis von einem Drittel und einer Mehrheit von zwei Dritteln der gesetzlichen Mitgliederzahl für die Entscheidung über die Einleitung eines Ausschlußverfahrens beim Landesverfassungsgericht aufstellen, wirkt stimmig. Ließe man für den Beschluß bereits eine hälftige Mehrheit genügen, könnte das Verfahren eventuell zu leicht instrumentalisiert werden. Die Zweidrittelmehrheit setzt demgegenüber einen regierungsübergreifenden Konsens über die Einleitung eines Ausschlußverfahrens voraus. Daß es sich dabei lediglich um die Ingangsetzung eines landesverfassungsgerichtlichen Verfahrens handelt, darf dabei nicht zu sehr aus den Augen geraten. Die inhaltliche Prüfung der Vorwürfe und Entscheidung über den Ausschluß fällt dann zumeist nämlich einzig dem Gericht zu. Auch von daher ist keine höhere Mehrheit zu verlangen, da die Entscheidung letztlich durch eine andere, unabhängige Instanz getroffen wird.

Dieser Aspekt führt unmittelbar zu den Ausgestaltungen in Bremen und Hamburg. Beide bedienen sich wie gesehen einer Dreiviertelmehrheit der gesetzlichen Mitgliederzahl, Hamburg allerdings rückt anders als Bremen nicht bei geringerer Anwesenheit vom Quorum ab. Für den Fall, daß weniger als drei Viertel der Abgeordneten anwesend sind, steht in Hamburg daher keine Handhabe bereit und der Ausschluß eines Abgeordneten wird undurchführbar. Die Dreiviertelmehrheit ist dem Grunde nach sowohl in Bremen als auch Hamburg zu befürworten. Anders als in den übrigen Ländern fällen die Bürgerschaften beider Länder das verbindliche Urteil über das Mandat des in Kritik geratenen Abgeordneten selbst und setzen nicht erst ein Verfahren vor dem Verfassungsgericht in Gang. Von der Trennung in parlamentarische oder politische Verantwortlichkeit einer- und justizielle andererseits kann hier anders als bei der Ministeranklage folglich nicht mehr die Rede sein. Dieser beträchtlich höheren Verantwortung, die die Mitglieder des Parlamentes „im Wege der Selbstkontrolle“[1383] tragen, steht mit der Dreiviertelmehrheit eine spürbare, aber auch angemessene Verschärfung im

---

[1383] *David* (Fn. 215), Art. 7 Verf. Hamburg Rn. 30.

Vergleich zur Zweidrittelmehrheit gegenüber. Freilich folgt aus der Entscheidungsbefugnis der Landesparlamente nicht, daß die Betroffenen sich nicht verfassungsgerichtlich, insbesondere im Rahmen eines Organstreitverfahrens, an das Landesverfassungsgericht wenden können[1384]. Die Entscheidung des Gerichts wird damit nur zeitlich nach hinten verlagert, leider mit der Konsequenz, daß bei gerichtlicher Rehabilitierung des Abgeordneten ein Makel verbleibt, der bei Vorverlagerung der gerichtlichen Entscheidung zumindest in geringerem Ausmaße zu befürchten wäre.

Bremen geht abgesehen von der identischen Folge bei Zustandekommen des Beschlusses von Anbeginn des Verfahrens einen eigenen Weg (Viertelerfordernis im Antrag; Dreiviertelmehrheit bzw. Einstimmigkeit in der inhaltlichen Abstimmung). Wenngleich genaue Ausformungen nicht immer in allen Einzelheiten zu überzeugen vermögen, werden die Regelungen vorliegend dem Anspruch gerecht. Die „Hilfsbeschlußfähigkeit", die eine Entscheidung über den Mandatsverlust schon bei einer Anwesenheit zwischen der Hälfte und drei Vierteln der Mitglieder zuläßt, ist uneingeschränkt zweckdienlich. Ob es indes jemals dazu kommen wird, daß sich fünf, sechs oder gar sieben Dutzend Abgeordnete[1385] über alle Fraktionen hinweg auf die Amtsenthebung einigen, hängt maßgeblich von der vom Ausschluß bedrohten Person und deren Fehlverhalten ab. Einmal mehr können daher Zweifel an einer Ausformung mit zwei verschiedenen Mehrheitsquoren aufkommen. Die typischen Unstimmigkeiten, die gerade im Bereich um die „Grenze" (sie liegt hier bei drei Vierteln der gesetzlichen Mitgliederzahl, umgerechnet 90 Delegierten) zwischen den Mehrheitserfordernissen auftreten, werden hier indes bestmöglich vermieden: während bei Anwesenheit von 89 Delegierten alle 89 für den Ausschluß stimmen müssen, sind es bei 90 ebenfalls 90. Erst darüber hinaus kann die Anzahl der Anwesenden und der nötigen Dreiviertelmehrheit mehr und mehr auseinander driften, so daß bei 120 Anwesenden immer noch 90 Stimmen genügen. Begrüßenswert ist des weiteren, daß die hälftige Mindestanwesenheit tatsächlich als verbindliche Regelung ausgestaltet ist und nicht wie an anderer Stelle beispielsweise bei den Verhandlungen des Bundestages[1386] durch stillschweigendes Verhandeln gewissermaßen geheilt werden kann.

Ob das mehrfach qualifizierte Mehrheitserfordernis in Baden-Württemberg und Sachsen (Mindestanwesenheit von zwei Dritteln; Zweidrittelmehrheit der Abstimmenden, die zugleich mehr als die Hälfte der gesetz-

---

[1384] *Neumann* (Fn. 1220), Art. 85 Verf. Bremen Rn. 11; *David* (Fn. 215), Art. 7 Verf. Hamburg Rn. 31.

[1385] Die Spanne, in der Einstimmigkeit zu erreichen ist, liegt bei 120 Abgeordneten zwischen 60 und 90.

[1386] s. hierzu in Teil 2 unter A. III. 1. b).

lichen Mitgliederzahl des Landtages umfaßt) zielführend und vor allem vorzugswürdig ist, scheint fraglich. Jedenfalls kann die Entscheidung auch erst bei einer Mindestanwesenheit von zwei Dritteln fallen, wobei darüber hinaus eine Zweidrittelmehrheit der Abstimmenden zu erzielen ist, die bei Mindestanwesenheit mit 44% Zustimmung die absolute Mehrheit verfehlen würde. Einer äußerst kompliziert ausgestalteten Regelung stehen mithin keine inhaltlichen Vorteile gegenüber. Im Gegenteil: trotz dreier Mehrheitsvoraussetzungen ist ein Beschluß tendenziell merklich leichter möglich, als in allen anderen Ländern, die eine Zweidrittelmehrheit der gesetzlichen Mitgliederzahl verlangen. Die Ausgestaltung und Formulierung der Mehrheitsregelung ließe Gegenteiliges erwarten.

XII. Die Wahl der Richter der Landesverfassungsgerichte

Seit dem am 1. Mai 2008 als letztes das Landesverfassungsgericht Schleswig-Holstein seine Arbeit aufgenommen hat, verfügen alle Länder über eigene Verfassungsgerichte, deren Besetzung sich in aller Regel aus der Landesverfassung in Verbindung mit dem Landesverfassungsgerichtsgesetz ergibt.

1. Bayern

Art. 68 Abs. 3 S. 1 BayVerf. ordnet die Wahl des Präsidenten und der übrigen berufsmäßigen Mitglieder des Bayerischen Verfassungsgerichtshofs durch den Landtag an. Art. 4 Abs. 1 VerfGHG regelt das nähere Prozedere: Nach Vorbereitung durch einen Ausschuß erfolgt die Wahl im Plenum ohne Aussprache für eine Amtszeit von acht Jahren (S. 1–3)[1387]. Sie unterteilt sich dabei entsprechend der Zusammensetzung des Verfassungsgerichtshofs aus berufsrichterlichen und sonstigen Mitgliedern in zwei Besetzungsverfahren. Zusätzlich sind nach Art. 68 Abs. 2 Verf. drei Arten von Spruchkörpern zu bilden, die gegenstandsabhängig in unterschiedlicher Besetzung zusammentreten[1388].

Betreffend die berufsrichterlichen Mitglieder unterbreitet das Gericht selbst, genauer der Präsident nach Anhörung der berufsrichterlichen Mitglieder, Wahlvorschläge für die freiwerdende(n) der insgesamt 22 Berufs-

---

[1387] Scharfe Kritik am Verfahren bei *C. Pestalozza*, Das neue Gesetz über den Bayerischen Verfassungsgerichtshof, in: NVwZ 1991, S. 1059 (1061).

[1388] *F. Knöpfle*, Zur Neuordnung der Organisation der Verfassungsgerichtsbarkeit in Bayern, in: VerwArch. 83 (1992), S. 213 (216 ff.).

richterstellen (Art. 6 Abs. 1, Art. 3 Abs. 1 VerfGHG), die jedoch für den Landtag nicht bindend sind[1389]. Ein Mehrheitserfordernis findet sich indes nicht in diesem Normenkontext; daher gilt auch für die Wahl der berufsrichterlichen Mitglieder des Landesverfassungsgerichts das einfache Mehrheitsprinzip nach Art. 23 Abs. 1 Verf.[1390] – wie im übrigen auch für die weiteren fünfzehn (Art. 3 Abs. 1 VerfGHG) Mitglieder des Landesverfassungsgerichts. Sie sind zwar nach Art. 4 Abs. 2 VerfGHG vom Landtag nach den Grundsätzen der Verhältniswahl, und zwar nur für die jeweilige Legislaturperiode[1391] zu bestimmen. In der Praxis stellen die Landtagsfraktionen Wahllisten entsprechend der ihnen zustehenden Sitze auf und die Wahl im Plenum verläuft dann wieder mit einfacher Mehrheit[1392].

Aufgrund des Wahlmodus ist eine parteipolitische Gebundenheit der Richter nicht auszuschließen. Der Bayerische Verfassungsgerichtshof (!) hat das Verfahren dennoch gebilligt. Das Gericht führt hierzu aus, daß das Demokratieprinzip keine erhöhten Quoren fordere, allenfalls seien sie rechtspolitischen Erwägungen geschuldet[1393], oder wie es das Bundesverfassungsgericht zur bayerischen Regelung ausgeführt hat: verfassungspolitisch wünschenswert[1394]. Beide Gerichte halten eine Wahl mit einfacher Mehrheit für verfassungsrechtlich in gleicher Weise legitimiert wie jede andere Mehrheitsentscheidung des Parlaments. Einfache Mehrheitsentscheidungen entsprächen dem Demokratieprinzip, da die Staatsgewalt beim Volk liege[1395]. Auch alle außergerichtlichen Versuche der Oppositionsfraktionen oder der Bürgerinitiative „Mehr Demokratie e. V.“, durch Volksentscheid vom einfachen Mehrheitserfordernis im Wahlverfahren zu einer qualifizierten Zweidrittelmehrheit überzugehen, sind bislang gescheitert[1396].

[1389] *Knöpfle*, Neuordnung (Fn. 1388), S. 222.

[1390] *W. Schmitt Glaeser*, Das neue Gesetz über den Bayerischen Verfassungsgerichtshof, in: NVwZ 1992, S. 443 (445); *Pestalozza*, Gesetz (Fn. 1387), S. 1061; *H. A. Wolff*, in: Lindner/Möstl/Wolff, Verfassung Bayern (Fn. 1206), Art. 68 Rn. 20.

[1391] *Pestalozza*, Gesetz (Fn. 1387), S. 1060; *Wolff* (Fn. 1390), Art. 68 Verf. Bayern Rn. 19.

[1392] *Schmitt Glaeser*, Gesetz (Fn. 1390), S. 445; *Knöpfle*, Neuordnung (Fn. 1388), S. 223; mißverständlich *Wolff* (Fn. 1390), Art. 68 Verf. Bayern Rn. 18, 20; s. auch *Pestalozza*, Gesetz (Fn. 1387), S. 1061, der offenbar davon ausgeht, daß die Anordnung einer Verhältniswahl verfassungswidrig ist.

[1393] BayVerfGH 46, 1 (10); ähnlich in BayVerfGH 43, 107 (117).

[1394] BVerfG, 1. Kammer des Ersten Senats, Entscheidung v. 23.7.1998, 1 BvR 2470/94, Rz. 34.

[1395] BayVerfGH 46, 1 (10); ähnlich in BayVerfGH 43, 107 (117); BVerfG, 1. Kammer des Ersten Senats, Entscheidung v. 23.7.1998, 1 BvR 2470/94, Rz. 35.

[1396] Hinweise auf die Initiativen der Landtagsfraktionen bei *Knöpfle*, Neuordnung (Fn. 1388), S. 223, auf die der Volksinitiative bei *Wolff* (Fn. 1390), Art. 68 Verf. Bayern Rn. 20. – Ansätze zur Einführung qualifizierter Mehrheiten gab es darüber hinaus auch in anderen Ländern. Auch dort blieben sie indes erfolglos.

2. Regelungen in den übrigen Bundesländern

In Baden-Württemberg erfolgt die Wahl durch den Landtag mit relativer Mehrheit der Abstimmenden, Art. 68 Verf. Baden-Württemberg, § 2 Abs. 2 S. 2 StGHG[1397]. Bei zwei oder mehr Bewerbern für ein Richteramt obsiegt daher der Wahlwerber, der wenigstens eine Stimme mehr erzielt als der oder die übrigen. Ergibt sich bei zwei Kandidaten Stimmengleichheit, entscheidet zwischen diesen das Los, S. 3. Tritt Stimmengleichheit zwischen mehr als zwei Richterkandidaten auf, hat eine Stichwahl stattzufinden. Ähnliches gilt für Nordrhein-Westfalen, allerdings mit der Besonderheit, daß dort stets zwei Richterstellen in einem Wahlgang besetzt werden, wobei die Abgeordneten nur über eine Stimme verfügen. Diejenigen beiden Kandidaten obsiegen, die die relativ meisten Stimmen erhalten haben, § 4 Abs. 2 S. 1–3 VGHG. Bei nur einem zu besetzenden Richteramt gilt sogleich einfache Abstimmendenmehrheit, S. 4.

Den Verfassungen Bremens und Hamburgs genügt die einfache Mehrheit der Abstimmenden, Bremen wählt dabei unter Berücksichtigung der Stärke der Fraktionen (Art. 139 Abs. 2 S. 2 u. 3 Verf. Bremen[1398]; Art. 65 Abs. 7 Verf. Hamburg i. V. m. § 4 Abs. 1 S. 1 VerfGG Hamburg).

Die übrigen Länder greifen auf Zweidrittelmehrheiten zurück, teils als Mitglieder-, teils als Abstimmendenmehrheit ausgeformt und in zwei Ländern auch in Kombination mit weiteren Voraussetzungen als doppelt qualifizierte Mehrheit. Nach Art. 84 Abs. 1 S. 2 Verf. Berlin werden die Richterinnen und Richter des Verfassungsgerichtshofs „mit Zweidrittelmehrheit gewählt". Die Verfassung verzichtet auf eine Klarstellung, ob hier die Bezugszahl der gesetzlichen Mitgliederzahl oder die der Abstimmenden heranzuziehen ist. Auch die Kommentarliteratur und das VerfGHG tragen nicht zur Aufklärung bei[1399]. Es ist davon auszugehen, daß sich die qualifizierte Mehrheit „nur" auf die Abstimmenden bezieht, da eine weitere Verschärfung hätte Erwähnung finden müssen.

Auf die Anwesenden bezieht sich die qualifizierte Mehrheit von zwei Dritteln schließlich in Mecklenburg-Vorpommern (Art. 52 Abs. 3 Verf.) und Rheinland-Pfalz (Art. 135 Abs. 2 Verf. i. V. m. § 5 Abs. 1 S. 1 VerfGHG) sowie in Niedersachsen und in Sachsen-Anhalt, wobei die beiden letzteren zugleich mindestens die Mehrheit der Landtagsmitglieder in der Mehrheit

[1397] Unzutreffend daher *H. Maurer*, in: Feuchte, Verfassung Baden-Württemberg (Fn. 1220), Art. 68 Rn. 111: einzelne Abstimmung mit einfacher Mehrheit.

[1398] Hier erfolgte ein Wechsel von der absoluten zur einfachen Mehrheit durch Änderung des § 2 Abs. 3 VerfGHG: *Neumann* (Fn. 1220), Art. 139 Verf. Bremen Rn. 7.

[1399] Vgl. *P. Michaelis-Merzbach*, in: Driehaus, Verfassung Berlin (Fn. 1165), Art. 84 Rn. 3 ff.; § 2 Abs. 1 S. 1 VerfGHG übernimmt die Formulierung der Verfassung.

repräsentiert haben wollen (Art. 55 Abs. 2 S. 1 Verf. Niedersachsen bzw. Art. 74 Abs. 3 S. 1 Verf. Sachsen-Anhalt).

Eine Mehrheit von zwei Dritteln der Mitglieder des Landtags, allerdings unter angemessener Berücksichtigung der politischen Kräfte des Landes, fordert Art. 112 Abs. 4 S. 2 u. 5 Verf. Brandenburg. Ähnliches gilt in Hessen, wo die Zweidrittelmehrheit allerdings nicht im Landtag, sondern im achtköpfigen Richterwahlausschuß zu erreichen ist, der sich seinerseits unter Berücksichtigung der Zusammensetzung des Landtags aus allen Fraktionen gebildet hat, Art. 130 Abs. 1 u. 4 Verf., § 5 Abs. 2 u. 7 StGHG. Die Zweidrittelmehrheit der Mitgliederzahl ist desgleichen im Saarland (Art. 96 Abs. 1 S. 2 Verf.), Sachsen (Art. 81 Abs. 3 S. 1 Verf.), Schleswig-Holstein (Art. 44 Abs. 3 S. 2 Verf.) und Thüringen (Art. 79 Abs. 3 S. 3 Verf.) maßgeblich.

3. Stellungnahme

Die bayerische Ausgestaltung der Wahl ist in der Tat „nicht glücklich, aber verfassungsgemäß“[1400]. Sie wurde einer Überprüfung durch Landes- und Bundesverfassungsgericht unterzogen – wenngleich das Ergebnis bei ersterem nicht ernsthaft verwundern kann. Dennoch: In der vorliegenden Konstellation führt der Wahlmodus zu dem nicht wünschenswerten Ergebnis, daß die Besetzung der Ämter der berufsmäßigen Richterinnen und Richter des Verfassungsgerichtshofs mit Regierungsmehrheit ergehen kann. Der Beteiligung der Opposition wird nur im Rahmen der Vergabe der nichtrichterlichen Sitze – dies sind nur 15 von 37 Richterstellen –, und dort auch nur nach dem Spiegelbildlichkeitsprinzip Rechnung getragen. Eine hinreichende Beteiligung auch der Opposition im gesamten Besetzungsverfahren ist so nicht gewährleistet. Dem nicht genug, wird der „gewisse(n) parteipolitische(n) Gebundenheit“ der Gewählten ausgerechnet durch eine Lockerung der Befangenheitsschwelle (!) begegnet: der Verfassungsgerichtshof nehme hierzu eine Befangenheit „nicht vorschnell an“[1401].

Wie vor diesem Hintergrund seitens des Verfassungsgerichtshofs die Kontrolle erfolgen soll, die das Verfassungsgericht über Regierung und Landtagsmehrheit auszuüben hat, erscheint zweifelhaft. Es kann nach alledem nicht ernsthaft bestritten werden, daß mit der Wahl der Mitglieder der Landesverfassungsgerichte einer der Fälle gegeben ist, die verfassungspolitisch nach einer qualifizierten Mehrheit verlangen. Nur so läßt sich über die Regierungsmehrheit hinausgehend eine allgemeine Anerkennung im Landesparlament erreichen. Nur so ist sichergestellt, daß nicht regierungsnahe

---

1400 *Wolff* (Fn. 1390), Art. 68 Verf. Bayern Rn. 20.

1401 *Wolff* (Fn. 1390), Art. 68 Verf. Bayern Rn. 20 f. hält diese denkbare politische Gebundenheit offenbar für unproblematisch.

Richter in das Landesverfassungsgericht gewählt werden, sofern nicht einschränkend der Parteienproporz greift. Nur so kann effektiv Kontrolle der anderen Gewalten stattfinden. Und nur so ist eine innerparlamentarische Abstimmung zur Kompromißfindung nötig und die Legitimation der gefundenen Persönlichkeiten dadurch merklich erhöht.

Das Vorstehende gilt im übrigen auch analog für die Länder, in denen ebenfalls einfache Abstimmungsmehrheiten zur Wahl genügen. Freilich ist auch hier kein Verstoß gegen demokratische oder rechtsstaatliche Grundsätze gegeben[1402], dennoch entspräche eine andere Ausgestaltung dem Sinn und Zweck verfassungsgerichtlicher Kontrolle viel eher. Weder Regierung noch Opposition dürfen alleine über die Zusammensetzung des Verfassungsgerichts entscheiden[1403]. Besonders zweifelhaft erscheint daher die Ausgestaltung in Baden-Württemberg und Nordrhein-Westfalen, die relative Mehrheiten genügen lassen und die Anzahl der Wahlwerber nicht begrenzen. Damit können sich die Nachteile der relativen Mehrheit voll Bahn brechen, als mit steigender Anzahl der Kandidaten die Legitimation des Siegers regelmäßig sinkt und theoretisch deutlich unter der absoluten Mehrheit liegen kann.

Wünschenswert wären nach alledem Mehrheiten, die eine sichere Beteiligung auch der Opposition gewährleisten. In aller Regel wird dies für Zweidrittelmehrheiten gelten; es muß also nicht zwingend ein Systemwechsel zur Verhältniswahl entsprechend der Parlamentszusammensetzung erfolgen. Auch wenn eine Zweidrittelmehrheit dazu führt, daß doch zumindest teilweise verhältnismäßig besetzt wird, weil sie nur aufgrund derartiger Absprachen erreichbar ist, sollte dennoch kein Wechsel zur Besetzung nach reinem Proporz erfolgen, da dies zu einer stärkeren parteipolitischen Prägung der Richter führen dürfte. Das derzeit vielfach genügende, geringe Mehrheitserfordernis kann jedenfalls nicht dadurch legitimiert oder zumindest gerechtfertigt werden, daß man darauf verweist, daß die verfassungsrichterliche Tätigkeit nur im Nebenamt erfolge bzw. bei den berufsrichterlichen Mitgliedern eine Beteiligung der Opposition bei der ursprünglichen Ernennung im Richterwahlausschuß möglich gewesen sein soll[1404].

Schlußendlich bleibt noch darauf hinzuweisen, daß auch dort, wo Zweidrittelmehrheiten Anwendung finden, Hinweisbedarf und Anlaß zur Kritik besteht: wenngleich eine derartige Qualifikation eine weitgehende Legitima-

[1402] *F. Knöpfle,* Richterbestellung und Richterbank bei den Landesverfassungsgerichten, in: C. Starck/K. Stern (Hrsg.), Landesverfassungsgerichtsbarkeit, Bd. I, 1983, S. 231 (255).

[1403] So bereits die ausdrückliche Forderung von *Bettermann,* Opposition (Fn. 993), S. 723 f., der sich aber dezidiert gegen eine völlig unpolitische (und damit nicht parlamentarisch legitimierte) Kür von Verfassungsrichtern ausspricht.

[1404] So aber relativierend *Bettermann*, Opposition (Fn. 993), S. 733 ff.

tion mit sich bringt, darf dennoch nicht verkannt werden, daß oftmals nur die große Oppositionspartei beteiligt und die Absprache mit der oder den kleinen Fraktionen dadurch entbehrlich wird[1405]. Kritikwürdig ist des weiteren, daß vereinzelt Bezugszahlen weder verfassungs- noch einfachgesetzlich ausdrücklich vorgegeben sind[1406]; ferner, daß Anwesenheitsmehrheiten von zwei Dritteln nicht zusätzlich mit einem eine Mindestbeteiligung (und damit Mindestlegitimation) sichernden Quorum in Form einer doppelt qualifizierten Mehrheit verbunden sind. Nur so läßt sich ein Absinken der Anwesenheitsmehrheit unter ein absolutes Minimum verhindern.

XIII. Das Verfahren zur Änderung der Landesverfassungen

Der Charakter eines Bundesstaates bringt mit sich, daß auch die Gliedstaaten Staatsqualität aufweisen[1407]. Die Anerkennung eigener Landesstaatlichkeit setzt jedoch weder voraus, daß die Bundesländer über geschriebene Verfassungsurkunden verfügen, noch geht mit ihr eine entsprechende Pflicht zur Schaffung derselben einher[1408]. Dennoch haben sich ausnahmslos alle Bundesländer zur Verabschiedung eigener Verfassungen entschieden[1409]. Existieren Verfassungen, liegt es nicht mehr fern, daß unabhängig von ihrem grundsätzlichen Anspruch zeitlich unbeschränkter Fortgeltung das Bedürfnis entsteht, ihre Bestimmungen umzugestalten[1410]. Ganz im Sinne Vattels, der den pouvoir constituant constitué nur durch ausdrückliche Ermächtigung zur Verfassungsänderung berechtigt ansieht[1411], be-

---

[1405] Chancen für die kleinen Parteien bestehen daher nur, sofern sie an der Regierung als Koalitionspartner beteiligt sind: *Bettermann*, Opposition (Fn. 993), S. 741.

[1406] Die Lückenhaftigkeit der Bestimmungen bemängelt schon *Knöpfle,* Richterbestellung (Fn. 1402), S. 259.

[1407] Dies ist nicht erst seit BVerfGE 36, 342 (360 f.) und der Folgeentscheidung in E 96, 345 (368 f.) allgemein anerkannt.

[1408] s. m.w.N. *H. Dreier*, Landesverfassungsänderung durch quorenlosen Volksentscheid aus der Sicht des Grundgesetzes, in: BayVBl. 1999, S. 513 (514); s. auch *dens.*, Einheit (Fn. 1274) S. 120, 121 f.

[1409] Und zwar losgelöst von der Frage, ob es sich um Vollverfassungen oder bloße Organisationsstatute handelt; vgl. zur Abgrenzung und Einordnung der Länder, nicht nur in diese beiden Schwarz- oder Weiß-Kriterien *M. Herdegen*, Strukturen und Institute des Verfassungsrechts der Länder, in: HStR[3] VI, § 129 Rn. 1 f.

[1410] *Winterhoff*, Verfassungen (Fn. 1199), S. 166 ff.; s. auch *Dreier*, Grundgesetz (Fn. 522), S. 35 ff.

[1411] Vattel stellt hierbei zunächst im Grundsatz fest, daß „les lois fondamentales doivent être sacrées pour eux", fährt aber einschränkend fort, „si la Nation ne leur a pas donné très expressément le pouvoir de les changer", „wenn die Nation ihnen nicht ganz ausdrücklich die Befugnis zu ihrer Änderung übertragen hat", *E. de Vat-*

schrieben alle Landesverfassungen den Modus ihrer Fortentwicklung. Nicht wenige Länder[1412] sehen neben der Möglichkeit eines entsprechenden Landtagsbeschlusses auch den Weg über einen Volksentscheid zur Verfassungsänderung vor. Egal welche(n) Weg(e) die Landesverfassungen vorsehen, ist ihnen gemein, daß es eines förmlichen Gesetzes zur Verfassungsänderung bedarf. Während der einfachen und verfassungsändernden Volksgesetzgebung ein eigenes Kapitel gewidmet ist (D. I.), soll an dieser Stelle allein das Änderungsverfahren durch die gesetzgebende Körperschaft näher beleuchtet werden.

1. Bayern

a) Mehrheitserfordernis im Landtag

Die bayerische Landesverfassung ordnet in Art. 75 Abs. 2 S. 1 zu ihrer Änderung einen mit Zweidrittelmehrheit der Mitgliederzahl des Landtages zu fassenden Beschluß an. Auszugehen ist von der gesetzlichen Mitgliederzahl von 180 (Art. 13 Abs. 1 BayVerf.), die sich nach Art. 14 Abs. 1 S. 6 BayVerf. durch Überhang- und Ausgleichsmandate anders als in der vorherigen Legislaturperiode nicht erhöht hat[1413]. Ist keine Erhöhung der Abgeordnetenzahl erforderlich, liegt die Zweidrittelmehrheit bei 120, in der aktuellen Legislaturperiode bei 125 Abgeordneten. Nicht nur im Vergleich zum Grundgesetz sondern auch innerhalb der Bundesländer sticht Bayern insofern hervor, als der qualifizierte Mehrheitsbeschluß der Mitglieder des Landtages allein nicht für eine Verfassungsänderung genügt. In einem zweiten Schritt muß jede vom Landtag mit hinreichender Mehrheit beschlossene Verfassungsänderung zusätzlich einem Volksentscheid zugeführt werden, Art. 75 Abs. 2 S. 2 BayVerf.

---

tel, Le Droit des gens ou principes de la loi naturelle (1758), De la nation considérée en elle-même, § 34 (S. 36), in der deutschen Übersetzung von *E. de Vattel*, Le Droit des gens ou principes de la loi naturelle (1758), eingeleitet von P. Guggenheim, 1959, Die Nation für sich allein betrachtet, § 34 (S. 44). – In der Folge findet sich der vielzitierte Ausspruch „Wie könnten sie sie ändern, ohne das Fundament ihrer Autorität zu zerstören?"

[1412] Im Einzelnen Bayern, Brandenburg, Bremen, Mecklenburg-Vorpommern, Niedersachsen, Nordrhein-Westfalen, Rheinland-Pfalz, Saarland, Sachsen, Sachsen-Anhalt, Schleswig-Holstein und Thüringen.

[1413] Vgl. unter http://www.bayern.landtag.de/cps/rde/xchg/landtag/x/-/www1/93.htm (November 2013). Die Zahl der gesetzlichen Mitglieder kann sich indes kurzfristig durch das Ausscheiden einzelner Mitglieder verringern, so lange noch kein Ersatzmann nach § 58 LWahlG nachgerückt ist, vgl. *M. Möstl*, in: Lindner/Möstl/Wolff, Verfassung Bayern (Fn. 1206), Art. 75 Rn. 5. – Zur aktuellen Zusammensetzung s. unter http://www.landtag-bayern.de/de/10.php (November 2013).

b) Obligatorisches Verfassungsreferendum

Dieses obligatorische Verfassungsreferendum wurde in den Beratungen der verfassunggebenden Versammlung einst deswegen neben dem Landtagsbeschluß für nötig erachtet, weil die Verfassung vom Volk beschlossen wurde und daher nicht ohne seine Beteiligung verändert werden sollte[1414]. Das Verfahren der Volkszustimmung orientiert sich dabei nur bedingt an dem Modus, mit dem die Verfassung Änderungen durch originäre Volksgesetzgebung ermöglicht[1415]: denknotwendig ist im Rahmen des Referendums kein einleitendes Volksbegehren erforderlich, da die Volksabstimmung durch den Änderungsbeschluß des Landtages ausgelöst wurde. Darüber hinaus gebieten auch die sonst im Rahmen der Volksgesetzgebung und spätestens seit der Entscheidung des Bayerischen Verfassungsgerichtshofs im Jahre 1999[1416] einzuhaltenden Beteiligungs- und Abstimmungsquoren keine Beachtung[1417]. Einzig eine einfache Mehrheit der sich an der Abstimmung beteiligenden Bürger muß zur Bestätigung des verfassungsändernden Landtagsgesetzes erzielt werden[1418]. Das in den Beratungen der Verfassungskommission ursprünglich noch vorgesehene Beschlußquorum der Hälfte der stimmberechtigten Landesbürger wurde bewußt und nicht ohne Einfluß der amerikanischen Besatzungsmacht im Rahmen der Verfassungsberatungen aufgegeben[1419].

1414 Hinweise hierauf liefern *K. Schweiger*, in: Nawiasky/Schweiger/Knöpfle, Verfassung Bayern (Fn. 1205), Art. 75 Rn. 6 und *Möstl* (Fn. 1413), Art. 75 Verf. Bayern Rn. 5.

1415 Das Verfahren der einfachen wie verfassungsändernden Volksgesetzgebung wird ausführlich unter D. I. 1. besprochen.

1416 BayVerfGH 52, 104; die Entscheidung wird ausführlich im Hinblick auf das eingeführte Beteiligungsquorum dargestellt unter D. I. 1. b) cc) (2) (b).

1417 Dies stellt auch Art. 88 Abs. 2 LWahlG klar. Vgl. i. ü. *Möstl* (Fn. 1413), Art. 75 Verf. Bayern Rn. 5. – Daß die Aufstellung von Quoren auch aus Sicht des Grundgesetzes über Art. 28 Abs. 1 GG nicht vom Landesverfassungsrecht zu verlangen ist, zeigt auf *Dreier*, Landesverfassungsänderung (Fn. 1408), S. 513 ff.; a. A. freilich *J. Isensee*, Verfassungsreferendum mit einfacher Mehrheit. Der Volksentscheid zur Abschaffung des Bayerischen Senats als Paradigma, 1999, S. 62 ff.

1418 s. nur *Kempen*, Verfassungsrecht (Fn. 1210), Rn. 177 und *Möstl* (Fn. 1413), Art. 75 Verf. Bayern Rn. 5; ausdrücklich fehlt eine entsprechende Klarstellung in Art. 75 Verf. Bayern. Die erläuternden Bestimmungen im LWahlG, insbesondere Art. 88 Abs. 3, ersetzen diese zwar nicht, können aber als Orientierung herangezogen werden.

1419 s. *Möstl* (Fn. 1413), Art. 75 Verf. Bayern Rn. 2.

2. Regelungen in den übrigen Ländern

a) *Mehrheitserfordernis in den Landtagen*

aa) Zweidrittelmehrheit als Regelmehrheit

Zumindest was den Landtagsbeschluß betrifft, finden sich in den übrigen Landesverfassungen weitgehend identische Ausgestaltungen. In Berlin, Brandenburg, Mecklenburg-Vorpommern und Niedersachsen sowie Nordrhein-Westfalen, Rheinland-Pfalz, dem Saarland, Sachsen, Sachsen-Anhalt, Schleswig-Holstein und Thüringen ist zur Änderung der Landesverfassungen eine Zweidrittelmehrheit vorgesehen, die sich auf die gesetzliche Mitgliederzahl des jeweiligen Landtages bezieht[1420]. Abweichungen und Einschränkungen finden sich demgegenüber in Baden-Württemberg, Bremen, Hamburg und Hessen.

bb) Baden-Württemberg: Mehrfaches Mehrheitserfordernis

In Baden-Württemberg ist in Art. 64 Abs. 2 Verf. ein dreifaches Mehrheitserfordernis statuiert. Bei einer Anwesenheit von wenigstens zwei Dritteln der gesetzlichen Mitgliederzahl des Landtages zum Zeitpunkt der Schlußabstimmung muß sich eine Zweidrittelmehrheit der Abstimmenden finden[1421]. Weil auf diese Weise keine hinreichende Mindestbeteiligung si-

---

[1420] So in Berlin (Art. 100 Verf.; kombiniert mit einem gegenstandsabhängigen Plebiszit); Brandenburg (Art. 79 S. 2 Alt. 1 Verf.; alternativ neben der verfassungsändernden Volksgesetzgebung); Bremen (jedenfalls grundsätzlich nach Art. 125 Abs. 3 Verf. – bis 1994 war hier noch ein Beschluß der Mehrheit der gesetzlichen Mitgliederzahl erforderlich, vgl. *U. K. Preuß*, Landtag [Bürgerschaft], in: Kröning/Pottschmidt/Preuß/Rinken, Bremische Verfassung (Fn. 1275), S. 301 [318]; alternativ neben der verfassungsändernden Volksgesetzgebung); Mecklenburg-Vorpommern (Art. 56 Abs. 2 Verf.; alternativ neben der verfassungsändernden Volksgesetzgebung); Niedersachsen (Art. 46 Abs. 3 S. 1 Verf.; alternativ neben der verfassungsändernden Volksgesetzgebung); Nordrhein-Westfalen (Art. 69 Abs. 2 Verf.; alternativ neben der verfassungsändernden Volksgesetzgebung); Rheinland-Pfalz (Art. 129 Abs. 1 Var. 2 Verf.; alternativ neben der verfassungsändernden Volksgesetzgebung); Saarland (Art. 101 Abs. 1 S. 2 Verf.; alternativ neben einem Volksbegehren, aber ohne Zulassung eines Volksentscheides); Sachsen (Art. 74 Abs. 2 Verf.; alternativ neben der verfassungsändernden Volksgesetzgebung); Sachsen-Anhalt (Art. 78 Abs. 2 Verf.; alternativ neben der verfassungsändernden Volksgesetzgebung); Schleswig-Holstein (Art. 40 Abs. 2 Alt. 1 Verf.; alternativ neben der verfassungsändernden Volksgesetzgebung); Thüringen (Art. 83 Abs. 2 S. 1 Verf.; alternativ neben der verfassungsändernden Volksgesetzgebung). – Generell zu den Modi der verfassungsändernden Volksgesetzgebung s. im 3. Teil unter D.

chergestellt ist, hat die verfassungsändernde Mehrheit zahlenmäßig zugleich der Hälfte der Landtagsabgeordneten zu entsprechen.

cc) Bremen: Gegenstandsabhängiges Mehrheitserfordernis

Die Bremische Landesverfassung stellt für den Regelfall das Erfordernis einer qualifizierten Zweidrittelmehrheit zur Änderung der Landesverfassung auf; dies war freilich nicht immer so, sondern gilt erst seit der 1994 erfolgten Änderung des Art. 125 Abs. 3 a.F. Damals wurde ein Wechsel von einer absoluten Mitgliedermehrheit und – nur durch einstimmige Abstimmungsmehrheit der Bürgerschaft zu verhindernden – bestätigendem Volksentscheid[1422] hin zu der nunmehr alternativ möglichen Verfassungsänderung auf dem einen wie dem anderen Weg vollzogen. Dafür wurde das Mehrheitserfordernis in der Bürgerschaft von absoluter Mehrheit auf Zweidrittelmehrheit der gesetzlichen Mitgliederzahl angehoben. Gleichzeitig stellte der verfassungsändernde Gesetzgeber einzelne Normen der Verfassung unter einen erhöhten Schutz vor Abänderung. Abs. 4 des Art. 125 Verf. Bremen benennt die ausgewählten Gegenstände, die mit dem Zusammenschluß Bremens und Bremerhavens (Art. 143), der Gewährleistung kommunaler Gebietskörperschaften und deren Verfassungshoheit (Art. 144, 145 Abs. 1), der Aufsicht des Senats über die Gemeinden (Art. 147) und der Einteilung des Wahlgebiets Bremen und Bremerhaven (Art. 75) im wesentlichen Regelungen zum Schutz der Eigenständigkeit Bremerhavens betreffen. Sind die aufgeführten Artikel von Änderungen betroffen, wird von Art. 125 Abs. 4 Alt. 2 Verf. ein einstimmiger (!) Beschluß der Bremischen Bürgerschaft verlangt[1423]. Der Beschluß setzt damit voraus, daß in der Bürgerschaft keine Gegenstimme oder Enthaltung anfällt, indes dient als Bezugszahl nicht die

---

1421 Die Verfassung ist an dieser Stelle nicht eindeutig; aus dem Gesamtzusammenhang ist jedoch davon auszugehen, daß die Zweidrittelmehrheit unter den abgegebenen Stimmen zu erzielen ist, vgl. *Braun* (Fn. 1221), Art. 64 Verf. Baden-Württemberg Rn. 16; a.A., nämlich Zweidrittelmehrheit der Anwesenden, *P. Feuchte,* in: ders., Verfassung Baden-Württemberg (Fn. 1220), Art. 64 Rn. 12.

1422 Art. 125 Abs. 3 a.F. lautete: „Ein Beschluß auf Abänderung der Verfassung kommt nur zustande, wenn a) die Mehrheit der gesetzlichen Mitgliederzahl der Bürgerschaft zustimmt und b) die so beschlossene Verfassungsänderung durch Volksentscheid angenommen ist." – Der obligatorische Volksentscheid konnte durch einstimmigen Beschluß der Abstimmenden bei Mindestanwesenheit der gesetzlichen Mitgliederzahl verhindert werden: vgl. Abs. 4 a.F.: „Der Volksentscheid ist nicht erforderlich, wenn die Verfassungsänderung von der Bürgerschaft einstimmig angenommen ist und die Mehrheit der gesetzlichen Mitgliederzahl der Bürgerschaft anwesend ist."

1423 Alternativ dazu besteht auch die Änderungsoption durch reinen Volksentscheid (Art. 125 Abs. 4 Alt. 1 Verf. Bremen), der bei den besonders herausgehobenen Gegenständen keinen verschärften Anforderungen standhalten muß.

gesetzliche Mitgliederzahl, sondern die Zahl der Abstimmenden[1424] – was sich nicht ausdrücklich der Verfassung entnehmen läßt. Diese Argumentation ist allerdings nicht zwingend. Aus der Abschaffung hälftiger Mindestanwesenheit in Art. 125 Abs. 4 Verf. Bremen a.F. und dem Fehlen eines Äquivalents seit der Verfassungsrevision könnte man auch auf das Gegenteil schließen, da eine Regelung zur Mindestanwesenheit bei der Bezugszahl der gesetzlichen Mitgliederzahl obsolet ist.

dd) Hamburg: doppelter Beschluß mit zeitlicher Latenz

In Hamburg läuft die Verfassungsänderung zweiphasig ab: Art. 51 Abs. 2 S. 1 Verf. sieht zu einem die Verfassung ändernden Gesetz zwei deckungsgleiche Beschlüsse[1425] der Bürgerschaft vor, zwischen denen ein Zeitraum von mindestens dreizehn Tagen einzuhalten ist. Dieser ist, anders als im einfachen Gesetzgebungsverfahren über Art. 49 Abs. 3 Verf., auch nicht durch entsprechende Übereinkunft der beteiligten Staatsorgane verkürzbar[1426]. Für den einen wie den anderen Beschluß gilt ein Mehrheitserfordernis von zwei Dritteln der anwesenden Abgeordneten, bei Präsenz von wenigstens drei Vierteln der gesetzlichen Mitgliederzahl der Bürgerschaft.

ee) Hessen: absolute Mehrheit der gesetzlichen Mitgliederzahl

Hessen sticht hinsichtlich des Mehrheitserfordernisses aus der einheitlichen Masse der Länder hervor. Statt wie diese eine qualifizierte Zweidrittelmehrheit der gesetzlichen Mitglieder des Landesparlamentes zu verlangen, sieht es als einziges Land für die Verfassungsänderung ein reduziertes Mehrheitsquorum vor: im Landtag sind nach Art. 123 Abs. 2 Alt. 1 Verf. für den Beschluß „mehr als die Hälfte der Stimmen der gesetzlichen Mitglieder“ erforderlich. Die Mehrheit entspricht trotz ungewöhnlicher Formulierung der absoluten Mitgliedermehrheit des Landtages[1427]. Darüber hinaus

[1424] *Neumann* (Fn. 1220), Art. 125 Verf. Bremen Rn. 15, verzichtet auf eine Klarstellung des Bezugspunktes; daß dieser in der Anzahl der Abstimmenden zu liegen hat, ergibt sich aber konkludent aus seinen Ausführungen.

[1425] *David* (Fn. 215), Art. 51 Verf. Hamburg Rn. 18 – insofern besteht eine Abweichung zu den ebenfalls zwei Lesungen im einfachen Gesetzgebungsverfahren, zwischen denen Änderungen möglich sein sollen: *David* (Fn. 215), Art. 49 Verf. Hamburg Rn. 10.

[1426] Insbesondere können die Normen nicht analog herangezogen werden: so überzeugend *David* (Fn. 215), Art. 51 Verf. Hamburg Rn. 18.

[1427] *Hinkel* (Fn. 1231), Art. 123 Verf. Hessen Ziff. 2; *F. K. Schonebohm*, in: Zinn/Stein, Verfassung Hessen, Bd. II (Fn. 1220), Art. 123 Ziff. 3a.

ist jedoch die Durchführung eines die durch den Landtag beschlossene Verfassungsänderung bestätigenden Referendums zwingend (b) aa)).

b) Obligatorische Verfassungsreferenden

aa) Hessen: vom materiellen Gehalt der Verfassungsänderung losgelöste Zustimmungspflicht

Neben Bayern sieht einzig noch Hessen zur Realisierung einer Verfassungsänderung zusätzlich zum Landtagsbeschluß die zwingende Herbeiführung der Zustimmung der Wahlberechtigten im Rahmen eines Volksentscheids vor, Art. 123 Abs. 2 Alt. 2 Verf. Hessen. Das Prozedere entspricht dabei aber – abgesehen von den sich aus der Natur der Sache ergebenden Abweichungen wie der Einleitung des Verfahrens – dem einfacher Volksgesetzgebung[1428] (obschon mittlerweile ein originäres Gesetz über Volksabstimmung[1429] mit dem alleinigen Regelungsgegenstand der Zustimmung zu einer vom Landtag beschlossenen Verfassungsänderung besteht). Demgemäß ist die Volksabstimmung zwischen dem 60. und 120. Tag nach Fassung des verfassungsändernden Gesetzesbeschlusses durch den Landtag durchzuführen (§ 1 HessGüV.). Die im Volksentscheid gestellte Frage, ob die Stimmberechtigten der vom Landtag beschlossenen Verfassungsänderung zustimmen, muß von den Stimmberechtigten mit Ja oder Nein beantwortet werden (§ 7 S. 2 HessGüV), wobei das Volk zugestimmt hat, wenn die Mehrheit der abgegebenen gültigen Stimmen auf Ja lautet; Stimmengleichheit gilt dabei ausdrücklich als Ablehnung, § 17 S. 1 u. 2 HessGüV.

Anders wiederum als in Bayern räumt die Hessische Verfassung dem Landesvolk nicht die Möglichkeit ein, eine Verfassungsänderung selbst zu initiieren[1430], weder in der Form, daß es den Landtag zu der Behandlung eines Themas zwingen kann, noch so, daß ein spezielles Änderungsverfahren der Verfassung ohne Landtagsbeteiligung bestünde. Das einfache Volksgesetzgebungsverfahren ist demgegenüber in Hessen nach Art. 124 Verf. möglich. Zusammenfassend läßt sich festhalten, daß in Bayern wie in Hessen für den die Verfassungsänderung des Landesparlamentes bestätigenden Volksentscheid die einfache Mehrheit der sich am Volksentscheid Beteiligenden genügt[1431].

[1428] *Schonebohm* (Fn. 1427), Art. 123 Verf. Hessen Ziff. 3b.

[1429] Gesetz über Volksabstimmung, GVBl. 1995 I, S. 427 (HessGüV).

[1430] *Schonebohm* (Fn. 1427), Art. 123 Verf. Hessen Ziff. 3a; *Hinkel* (Fn. 1231), Art. 123 Verf. Hessen Ziff. 2.

[1431] *Möstl* (Fn. 1413), Art. 75 Verf. Bayern Rn. 5; *Hinkel* (Fn. 1231), Art. 123 Verf. Hessen Ziff. 2.

bb) Berlin: Zustimmungserfordernis in Abhängigkeit vom Änderungsgegenstand

In Berlin genießen die Art. 62 und 63 Verf., die das Verfahren der Volksgesetzgebung zum Inhalt haben, durch Art. 100 S. 2 Verf. eine herausgehobene Stellung in der Verfassung. Sie kommt dadurch zum Ausdruck, daß eine Änderung der vorgenannten Normen zusätzlich zu der ansonsten für Verfassungsänderungen genügenden qualifizierten Mehrheit der Mitglieder des Abgeordnetenhauses einer bestätigenden Volksabstimmung bedarf. Das in dieser Konstellation zu beachtende Verfahren ist verfassungsrechtlich nicht vorgeschrieben; es wird daher zu recht erwogen, die Regelungen, die für die einfache Volksgesetzgebung gelten, analog anzuwenden[1432]. Dementsprechend käme die Verfassungsänderung zustande, wenn nach § 36 Abs. 2 des Gesetzes über Volksinitiative, Volksbegehren und Volksentscheid (AbstG) eine Mehrheit von mindestens zwei Dritteln der Teilnehmerinnen und Teilnehmer dafür votiert und zugleich mindestens ein Viertel der Stimmberechtigten zugestimmt hätte. Daß die Verfassung mangels ausdrücklicher Regelung eine einfache Abstimmendenmehrheit für ausreichend hielte, kann nicht mit hinreichender Sicherheit ausgeschlossen werden.

c) Fakultative Verfassungsreferenden

In Baden-Württemberg kann fakultativ aufgrund entsprechenden Beschlusses die Durchführung eines Volksentscheides ausgelöst werden. Das Referendum hat zum Ziel, das Inkrafttreten des vom Landtag im vorgesehenen Verfahren verabschiedeten, aber noch nicht in Kraft getretenen Gesetzes zu verhindern. Gewissermaßen gegensätzlich dazu wirkt eine Regelung in Sachsen, die Verfassungsänderungen auch ohne verfassungsändernde Mehrheit ermöglicht. Beide Verfahren werden, weil sie erst durch ein Volksreferendum entschieden werden, im Kapitel über die direktdemokratischen Elemente in den Landesverfassungen (C.) dargestellt.

1432 *H.-J. Driehaus*, in: ders., Verfassung Berlin (Fn. 1165), Art. 100 Rn. 3 f. – Andernorts wird ohne Lösungsvorschlag nur von „Zustimmung" gesprochen: vgl. *C. Posselt*, Direkte Demokratie in Berlin, in: Kost, Demokratie (Fn. 85), S. 60 (67).

3. Stellungnahme

a) *Mehrheitserfordernisse im Landtagsbeschluß*

aa) Zweidrittelmehrheiten der gesetzlichen Mitgliederzahl als gemeinsames Gut vieler Landesverfassungen

Was das Mehrheitserfordernis betrifft, erfüllt die Bayerische Verfassung die allgemeinen Erwartungen an die erschwerte Abänderbarkeit von Verfassungsurkunden. Doch bei einem qualifizierten Mehrheitsbeschluß der gesetzlichen Mitgliederzahl des Landtages läßt es die Verfassung nicht bewenden, sondern übererfüllt das Vertrauen in den inhaltlichen Fortbestand durch formelle Absicherung mit der verpflichtenden Beteiligung des Landesvolks merklich: keine Verfassungsänderung kann dementsprechend allein durch die gewählten Repräsentanten des Volks beschlossen werden, stets hat das Volk ganz im Sinne unmittelbarer Demokratie das letzte Wort zur immerhin mit qualifizierter Mehrheit (vor-)beschlossenen Änderung. Selbst ein konsensual auftretendes Parlament – mehr als 180 durch den Wahlakt legitimierte Volksvertreter – verfügte damit nicht über eine alleinige verfassungsändernde Gewalt. Andererseits ist von daher auch klar, warum die Beteiligungs- und Zustimmungsquoren, die bei reiner verfassungsändernder Volksgesetzgebung zu beachten sind, im Rahmen des obligatorischen Verfassungsreferendums irrelevant sein sollen: im Landtag ist bereits eine Zweidrittelmehrheit der gesetzlichen Mitgliederzahl erreicht, die Verfassungsänderung auf diese Weise hinreichend erschwert und deren Anpassung bereits teilweise legitimiert worden. Für eine direkte Rückkoppelung des Änderungsgesetzes auch an das Landesvolk genügt indes eine einfache Mehrheit der abstimmenden Wahlberechtigten. Gleichzeitig ist verhindert, daß von der qualifizierten Landtagsmehrheit für nötig gehaltene Verfassungsänderungen durch ein absolutes Mehrheitserfordernis der Stimmberechtigten – gar nicht einmal wegen mehrheitlicher Ablehnung, sondern viel eher aufgrund politischen Desinteresses – scheitern könnten.

Wendet man den Blick von Bayern ab, offenbart sich, daß die Zweidrittelmehrheit für Verfassungsänderungen nicht nur auf Bundesebene, sondern eben auch in praktisch allen Landesverfassungen gewissermaßen als „Gemeingut aller deutschen Verfassungen“[1433] fest etabliert ist. Schwachen oder gar zufälligen Mehrheiten wird auf diese Weise der Zugriff auf unter Umständen folgenschwere und langfristig Bestand habende Verfassungsänderungen verwehrt. Gleichzeitig wird dem einfachen Gesetzgeber der Zugriff auf die vom Verfassunggeber fixierten Gegenstände entzogen, was ge-

---

[1433] *Degenhart*, Demokratie (Fn. 100), S. 87.

rade dann von besonderer Bedeutung ist, wenn die Verfassung durch ein Volksreferendum gebilligt wurde.

Hessen sticht aus verfassungsbewahrender Sicht aufgrund der Änderungsmehrheit eher unerfreulich hervor: hier kann die Verfassung mit der selben Mehrheit geändert werden, mit der der Ministerpräsident gewählt wird und – um die Brisanz noch deutlicher hervorzuheben – eben diese Regierungsfraktionen können ohne die typischerweise nötige Abstimmung mit der Opposition mit Regierungsmehrheit Verfassungsänderungen beschließen. Entschärft wird die Bedrohungslage für den Bestand der Verfassung einzig durch das zwingende Referendum zur Bestätigung einer jeden vom Landtag beschlossenen Verfassungsänderung. Die bisherigen Untersuchungen zum Ausgang zwingender Verfassungsreferenden nach einleitendem Landtagsbeschluß zeigen indes, daß vom Parlament verabschiedete Verfassungsänderungen überwiegend sehr klare Mehrheiten auch im anschließenden Volksentscheid erzielen[1434]. Dennoch ist davon auszugehen, daß durch das Zustimmungserfordernis eine Hürde besteht, die jedoch ihre Wirkung eher im Vorfeld durch Abschreckung bei den Parlamentariern entfaltet, indem aussichtslose Inhalte aus Angst vor dem entgegenstehenden Volkswillen gar nicht verabschiedet werden[1435]. Anders läßt sich jedenfalls die geringe Änderungsfrequenz nicht erklären.

bb) Abweichende Bezugszahlen, sonstige qualifizierte Mehrheiten, mehrfache und gegenstandsbezogene Mehrheitserfordernisse

Beim Vergleich der zur Anwendung gelangenden Mehrheiten zeigt sich einmal mehr die Bedeutung der einer Qualifizierungsmehrheit zugrundeliegenden Bezugszahl: wie bereits im Einleitungskapitel angedeutet, ist Zweidrittelmehrheit eben nicht Zweidrittelmehrheit, stellen zwei Drittel der Abstimmenden bei weitem nicht eine so große Hürde dar, wie zwei Drittel der gesetzlichen Mitgliederzahl. Im denkbar knappsten Fall entspräche die Zweidrittelmehrheit in Hamburg also der absoluten Mitgliedermehrheit in Hessen, wobei sich hier immerhin noch der obligatorische Volksentscheid anschließt.

Dieser fehlt indes in Baden-Württemberg, wo auch nur eine Zustimmung, die in der Höhe einer absoluten Mitgliedermehrheit entspricht, verbindlich ist. Die Zweidrittelmehrheit der Abstimmenden jedenfalls kann die formelle

---

1434 Dies gilt jedenfalls im untersuchten Bundesland Bayern mit Zustimmungsquoten von bis zu 94%: *Degenhart*, Demokratie (Fn. 100), S. 87 f.

1435 Dies wird von *Degenhart* (Demokratie [Fn. 100] S. 87 f.), der die Bedeutung allein am Ausgang der Entscheide mißt, zu wenig gewürdigt.

Erschwerung der Verfassungsänderung nicht hinreichend bewirken. Die Baden-Württembergische Verfassung zu ändern ist daher bei genauerem Hinsehen auf dem Papier kaum schwieriger als in Hessen, wo indes ausdrücklich nur eine absolute Mitgliedermehrheit gilt. Im knappen Entscheidungsfall steht lediglich die absolute Mehrheit der Mitglieder des Landtages hinter der Verfassungsänderung. Erst mit ansteigender Beteiligung insbesondere der Gegner (die Befürworter müssen ohnehin stets mit absoluter Mehrheit anwesend sein) erhöht sich die Hürde, um schließlich bei voller Beteiligung des Landtages der sonst typischen Zweidrittelmehrheit der gesetzlichen Mitgliederzahl zu entsprechen. Dem Quorum mehr als hälftiger Mindestzustimmung kommt dann keine eigenständige Bedeutung mehr zu.

Unter der Prämisse, daß die Mitglieder der Bremischen Bürgerschaft tatsächlich annähernd vollzählig an der Abstimmung über eine Verfassungsänderung teilnehmen, stellt das Einstimmigkeitserfordernis eine immense Barriere zur Verfassungsänderung dar, die deshalb nur in singulären Konstellationen aufgestellt wird. Hierbei handelt es sich damit nicht um die Kategorie unabänderlicher Verfassungsbestimmungen, wie sie auch Bremen mit Art. 20 Abs. 1 u. 3 Verf. kennt, sondern um einen zwischen die Bereiche der „einfachen" Änderungen der Verfassung mit Zweidrittelmehrheit und des unabänderlichen Rechts tretenden dritten Bereich, der durch die Anordnung nur einstimmiger Änderungsmöglichkeit in der Bremischen Bürgerschaft gekennzeichnet ist. Gerade für diese Konstellation stellt kein anderes Bundesland an die Volksvertretung ähnlich hohe Anforderungen zur Verfassungsänderung. Tritt diese Bedingung andererseits nicht ein, so kann sich in einer Ausnahmekonstellation die eigentlich angestrebte Verschärfung im Vergleich zur „einfachen" Verfassungsänderung mit Zweidrittelmehrheit der gesetzlichen Mitgliederzahl ins Gegenteil verkehren; Einstimmigkeit der Abstimmenden kann nämlich durch eine unter der Zweidrittelmehrheit, ja sogar deutlich unter der Mehrheit der Mitglieder liegende Anzahl an Delegierten erzielt werden, ohne daß eine zwingende Rückkoppelung an einen repräsentativen Teil der Bevölkerung garantiert ist. Ein bisher noch nicht in die Erwägungen einbezogener Aspekt schlummert im Verborgenen hinter der Norm: da sie nur durch den verfassungsändernden Gesetzgeber eingeführt wurde, ist dieser trotz der Festsetzung des Einstimmigkeitserfordernisses nicht gehindert, abermals als pouvoir constituant constitué tätig zu werden und das Mehrheitserfordernis mit „nur" verfassungsändernder Mehrheit zu reduzieren. Anders als bei Ewigkeitsgarantien, die der Feder des pouvoir constituant entstammen[1436], kann hier keine verfassungsrechtlich verbindliche Bindung erfolgen; als politische Selbstbindung kann sie aber dennoch Wirkung zeitigen.

[1436] Vgl. nur *Winterhoff*, Verfassung (Fn. 1199), S. 174 ff. m. w. N.

Hamburg stellt eine doppelt qualifizierte Mehrheit auf: bei Anwesenheit von drei Vierteln der Gesamtmitglieder müssen zwei Drittel der Anwesenden für die Grundgesetzänderung stimmen. Und dies, wie auch im Rahmen einfacher Gesetzesvorhaben, zweimal im Abstand von mehreren Tagen. Durch das Abstellen auf die Bezugszahl der Anwesenden wird zwar eine ähnlich verschärfende Wirkung von Enthaltungen und ungültigen Stimmen wie bei Bezugnahme auf die Gesamtmitgliederzahl ausgelöst. Dennoch bedarf die endgültige Beurteilung der Norm einer weitergehenden Betrachtung. Zunächst darf der Rückgriff auf die Bezugszahl der Anwesenden nicht darüber hinwegtäuschen, daß das Zusammenspiel von Anwesenheitsquorum und Mehrheitserfordernis bei geringstenfalls Drei-Viertel-Anwesenheit und Zwei-Drittel-Zustimmung nur eine Zustimmung der Hälfte der gesetzlichen Mitgliederzahl der Bürgerschaft voraussetzt. Da ein obligatorisches Verfassungsreferendum anders als in Bayern und Hessen fehlt, ist in Hamburg die Hürde zur Verfassungsänderung so gering wie nirgends sonst. Dies gilt jedoch nur für den Fall eines knappen Ausgangs. Bei vollzähliger Präsenz der Abgeordneten entspricht die doppelt qualifizierte Anwesenheitsmehrheit der andernorts entscheidenden Zweidrittelmehrheit der gesetzlichen Mitgliederzahl. Und noch ein anderer Grund läßt die hamburgische Regelung als streng erscheinen: anders als in allen anderen Bundesländern vermag hier bereits eine Minderheit von mehr als einem Viertel die Verfassungsänderung zu verhindern, wo sonst bei einem Zweidrittelquorum mehr als ein Drittel der Abgeordneten erforderlich sind. Hier freilich nicht durch ihre ablehnende Stimme, aber durch einfaches Fernbleiben und damit Torpedieren der erforderlichen Mindestanwesenheit von drei Vierteln. Abseits erforderlicher Quoren darf noch dazu nicht die Wirkung des zweimalig deckungsgleich zu fassenden Beschlusses mit einem Abstand von mindestens dreizehn Tagen unterschätzt werden. Hier besteht stets die Möglichkeit, daß sich – vielleicht aufgrund außerparlamentarischer Reaktionen, vielleicht aufgrund weiterer Abwägungen – Abgeordnete umentscheiden und vormals bestehende Mehrheiten den zweiten qualifizierten Mehrheitsbeschluß bedrohen.

b) Obligatorische Verfassungsreferenden

Auf den ersten Blick sind jegliche direktdemokratischen Elemente begrüßenswert, und zwar unabhängig davon, ob es sich um ein stets zwingendes oder nur fakultatives Votum des Landesvolks handelt. Gleichwohl ist das Ziel von Volksreferenden weniger die aktive Mitgestaltung von Gesetzen als die Erhöhung der Legitimation der repräsentativ getroffenen Gesetzesausgestaltung[1437]. Und dennoch wird das Wissen um eine mögliche, vor al-

[1437] *Berlit*, Volk (Fn. 86), S. 331.

lem aber zwingende Beteiligung des Volkes eine gewisse Bedeutung während des Gesetzgebungsverfahrens zeitigen, indem der verfassungsändernde Gesetzgeber durch die vorgesehene Mitsprache der Stimmberechtigten vor übereilten Änderungen zurückschrecken wird. Anders als nämlich das Grundgesetz mit bislang durchschnittlich fast einer Änderung pro Jahr in den mehr als 60 Jahren seines Bestehens[1438], wurde die sogar noch einige Jahre ältere Bayerische Verfassung seither nicht einmal einem Dutzend Änderungsgesetzen unterzogen[1439]. Zwingendes Erfordernis zum Inkrafttreten einer Verfassungsänderung sind Volksreferenden allerdings nur in den Ländern Bayern und Hessen. Letzteres stellt auf diese Weise ein Gegengewicht zur vergleichsweise geringen Hürde im Parlament auf, die mit der absoluten Mehrheit merklich unter der sonst gängigen Zweidrittelmehrheit der gesetzlichen Mitgliederzahl liegt. Wie immens das Erschwernis ausfällt zeigt sich daran, daß die Hessische Verfassung als die älteste, noch heute gültige Landesverfassungen quantitativ am seltensten geändert wurde[1440], im Einzelnen nur in den Jahren 1950, 1970, 1991, 2002 und zuletzt 2011[1441]. An der einzig zu erzielenden absoluten Mehrheit im Landtag – gleichbedeutend mit der Regierungsmehrheit! – kann es jedenfalls nicht liegen.

Zur landesverfassungsrechtlichen Ausgestaltung der Volksreferenden läßt sich feststellen, daß nur in Hessen auf das Verfahren einfacher Volksgesetzgebung zurückgegriffen wird. Seit nämlich der Bayerische Verfassungsge-

---

1438 Das 57. Änderungsgesetz zum Grundgesetz datiert vom 29.7.2009 (BGBl I, S. 2248).

1439 Die Änderungen sind durch eine Neubekanntmachung der Bayerischen Verfassung schlechter nachzuvollziehen. Die bislang elf Änderungsgesetze teilen sich in zwei im reinen Volksgesetzgebungsverfahren und neun auf dem Landtagsweg mit anschließender Volksbestätigung ergangene Änderungsgesetze: *Möstl* (Fn. 1413), Art. 75 Verf. Bayern Rn. 1 a.E.

1440 *K. Lange/T. A. Jobs*, Brauchen wir eine Verfassungsreform? Vom Beruf unserer Zeit zur Landesverfassungsgesetzgebung, in: H. Eichel/K. P. Möller, 50 Jahre Verfassung des Landes Hessen. Eine Festschrift, 1997, S. 445 (447); s. auch ebd., S. 448, wo Verf. neben der absoluten Mehrheit (sic!) „insbesondere" die Volkszustimmung als den Grund ausmachen. Er ist allerdings der einzige, da nirgends ein geringeres Mehrheitserfordernis im Landtag gilt.

1441 Im einzelnen erfolgten Änderungen aufgrund Gesetz v. 22. Juli 1950 (GVBl. S. 131): Art. 75 Abs. 3 und Art. 137 Abs. 6 (Passives Wahlrecht auf 21 Jahre); Gesetz v. 23. März 1970 (GVBl. I S. 281): Art. 73 Abs. 1 und Art. 75 Abs. 2 (Aktives Wahlrecht auf 18 Jahre); Gesetz v. 20. März 1991 (GVBl I S. 101) und Gesetz v. 20. März 1991 (GVBl. I S. 102): Art. 26a, Art. 138 und Art. 161 (Direktwahl der Oberbürgermeister, Bürgermeister und Landräte); Gesetz v. 18. Oktober 2002 (GVBl. I S. 626): Art. 62a (Staatsziel Sport); Gesetz v. 18. Oktober 2002 (GVBl. I S. 627): Art. 79 und 161 (Verlängerung der Legislaturperiode von 4 auf 5 Jahre) sowie Gesetz v. 18. Oktober 2002 (GVBl. I S. 628): Art. 137 (Konnexitätsprinzip). Die letzte Änderung betraf die 2010 beschlossene und dem Volk im Frühjahr 2011 vorgelegte Einführung der „Schuldenbremse" in Art. 141 Verf.

richtshof in seiner Entscheidung zur Abschaffung des Bayerischen Senats für die Verfassungsänderung auf dem Weg reiner Volksgesetzgebung bis dato ungeschriebene Beteiligungs- und Beschlußquoren aufgestellt hat[1442], ist der Gleichlauf hier nicht mehr gegeben. Im Ergebnis verlangen aber beide Länder die Mehrheit der Abstimmenden im zwingenden Volksentscheid. Übereilte oder unnötige Verfassungsänderungen werden damit bereits durch die allein in der Volksbeteiligung liegende Erschwerung des Verfahrens verhindert, ohne daß ein aufwendiges Verfahren, insbesondere überzogene Mehrheitserfordernisse, zum Scheitern sämtlicher Verfassungsänderungen führen muß.

Dadurch, daß die Verfassungsänderung in Bayern neben dem Referendum schon zuvor im Landtag eine Zweidrittelmehrheit der gesetzlichen Mitgliederzahl erreicht hat – hiermit lassen es immerhin die meisten Länder bewenden (!) –, gelten dort die bundesweit strengsten formellen Anforderungen an die parlamentarische Verfassungsänderung.

Das dritte Land, das eine verpflichtende Volksbeteiligung kennt, ist Berlin. Die dortige Verfassung ordnet sie jedoch nicht pauschal für jede Änderung an, sondern knüpft das Referendum an ausgewählte Gegenstände. Dieser Grundgedanke einer flexiblen Zuschaltung eines verschärfenden Mechanismus überzeugt. Die vom Verfassunggeber für besonders schützenswert erachteten Gegenstände werden vor alleiniger Modifizierung oder gar Abschaffung durch eine qualifizierte Landtagsmehrheit bewahrt. In Berlin ist es bemerkenswerterweise (aber nachvollziehbar) der Gegenstandsbereich der Volksgesetzgebung, der vor landesparlamentarisch initiierter Schmälerung oder gar Abschaffung durch zwingende Volkszustimmung geschützt wird. Weitere Länder nutzen diese gegenstandsbezogene Zustimmungspflicht nicht, die gegenläufige Gesetzgebungsanstrengungen oder ein mehrfaches Hin und Her zwischen verschiedenen Rechtsetzungsorganen verhindern kann.

Nicht hilfreich ist indes, wenn die Verfassung die Erfordernisse für den Volksentscheid nicht im Detail regelt; gerade in Berlin ist die Lage besonders nebulös, da ein Volksgesetzgebungsverfahren für Verfassungsänderungen überhaupt nicht existiert. Es würde vielfach genügen, auf die entsprechende Anwendung der Normen einfacher Volksgesetzgebung zu verweisen. Zusätzlich ist auf diese Weise eine Ausgestaltung der Voraussetzungen und damit ein Unterlaufen des Zustimmungserfordernisses durch die Absenkung der Beteiligungs- und Zustimmungsquoren im einfachen Ausgestaltungsgesetz möglich.

[1442] Gemeint ist die Entscheidung BayVerfGH 53, 42. Ausführlich zur Verfassungsänderung ohne vorausgehenden Beschluß des Landtages und den Modifikationen durch das vorgenannte Urteil im 3. Teil unter D. I. 1. b) cc) (2) (b).

C. Die Beschlußfassung innerhalb ausgewählter Landesgremien

I. Das Landtagspräsidium als selbständiger Beschlußkörper

Wie auf Bundesebene fungieren auch die Präsidien in den Ländern als Beratungs-, Kontroll- und Beschlußorgane[1443] – jedenfalls wenn dem Organ eigenständige Bedeutung zukommt. Vielfach jedoch fehlt die hierfür nötige Aufgabenübertragung an das Gremium und wird statt dessen eine Alleinzuständigkeit des Präsidenten begründet[1444].

1. Bayern

In Bayern besteht das Präsidium aus dem Präsidenten, seinen Stellvertretern und den Schriftführern, Art. 20 BayVerf. Es fungiert als Beratungs-, Kontroll- und Beschlußorgan (§ 9 Abs. 1 S. 1 GO-LT), wobei sich die Regelungen zur Beschlußfassung unter diesen genannten Aufgaben nicht unterscheiden. Nie steht dem Landtagspräsidenten eine hervorgehobene Stellung zu, stets kommt ihm als primus inter pares wie den anderen Präsidiumsmitgliedern nur eine Stimme zu[1445]. Nach § 10 Abs. 2 S. 1 GO-LT ist das Präsidium beschlußfähig, wenn einschließlich des Präsidenten oder wenigstens eines Vizepräsidenten mehr als die Hälfte der Präsidiumsmitglieder anwesend sind. Ist dies der Fall, können die Beschlüsse nach S. 2 mit einfacher Stimmenmehrheit gefaßt werden.

[1443] Ausführlich zu den Aufgaben von Präsidium und Präsident *Köhler*, Stellung (Fn. 1252), S. 34 ff.

[1444] Ähnlich verhält es sich mit dem auch in den Ländern zusammentretenden Ältestenrat, weswegen auf eine Darstellung der Beschlußfassung in diesem Gremium verzichtet wird. Die Ausgestaltung verläuft in etwa analog zum Verfahren im Präsidium, wenn nicht beide Organe ohnehin miteinander verschmelzen: so beispielsweise in Sachsen-Anhalt, wo ebenfalls die typischen Präsidiumsaufgaben vom Ältestenrat übernommen werden. Hier allerdings besitzen Präsident und Vizepräsidenten nach § 9 Abs. 1 S. 3 GO-LT lediglich beratende Stimmen im Ältestenrat, welcher ansonsten als Beschlußkörper agiert, vgl. § 10 Abs. 1 S. 3 GO-LT. In Schleswig-Holstein ist der Ältestenrat reines Beratungsgremium, was, anders als auf Bundesebene, eben nicht nur für einen Teilbereich, sondern für seine Aufgabenwahrnehmung insgesamt gilt. Der Präsident hat einige, in der Verfassung genannte Entscheidungen im „Benehmen" mit dem Ältestenrat zu treffen, ist an dessen Empfehlungen aber anders als bei „Einvernehmen" nicht gebunden, vgl. *Waack* (Fn. 1259), Art. 14 Verf. Schleswig-Holstein Rn. 44; *ders.*, in: H.-W. Arens (Hrsg.), Geschäftsordnung des Schleswig-Holsteinischen Landtages, 1999, § 7 Ziff. 3.

[1445] *Köhler*, Stellung (Fn. 1252), S. 34. – Die GO-LT setzt dies scheinbar stillschweigend voraus.

2. Regelungen in den übrigen Ländern

In Mecklenburg-Vorpommern werden dem Präsidenten zwar Vizepräsidenten zur Seite gestellt; die Führung der Geschäfte des Landtags obliegt aber allein dem Präsidenten, Art. 29 Verf. Originäre Präsidiumsaufgaben bestehen nicht, wie auch an keiner Stelle in der Verfassung vom Landtagspräsidium (nicht zu verwechseln mit dem Sitzungspräsidium) überhaupt die Rede ist. Präsident und Vizepräsident arbeiten allein im Ältestenrat mit dann hinzutretenden Mitgliedern als Gremium zusammen, vgl. § 5 Abs. 1 GO-LT. Ähnlich verhält es sich in Sachsen-Anhalt und Schleswig-Holstein, wo ebenfalls einige typische Präsidiumsaufgaben vom Ältestenrat übernommen werden, zumeist aber der Präsident alleinverantwortlich Aufgaben wahrnimmt. Die Vizepräsidenten treten – neben ihrer Funktion im Ältestenrat – nur dann in Erscheinung, wenn es im Falle von Verhinderung des Präsidenten um dessen Vertretung geht.

a) Einfache Stimmenmehrheit

In Baden-Württemberg faßt das Präsidium formelle Beschlüsse, für die eine einfache Mehrheit der Stimmen ausreichend ist. Die Stimme des Präsidenten hat keinen anderen Stellenwert als die der übrigen Mitglieder des Präsidiums. Im Falle von Stimmengleichheit ist der Antrag abgelehnt, § 97 Abs. 2 GO-LT. Die gefaßten Beschlüsse sind für den Präsidenten verbindlich[1446]. Auch in Bremen wirkt der Präsident grundsätzlich als primus inter pares an den mit einfacher Mehrheit zu fassenden Beschlüssen mit (S. 3); tritt allerdings Stimmengleichheit auf, wird seiner Stimme höheres Gewicht beigemessen und sie gibt den Ausschlag zur Entscheidung (S. 4). Die Entscheidungsfindung steht freilich unter der Prämisse, daß das im Stadtstaat unter Vorstand firmierende Präsidium beschlußfähig war; Voraussetzung ist eine mindestens hälftige Anwesenheit der Mitglieder, § 11 Abs. 1 S. 2 GO-LT.

Die Anforderungen, die § 7 Abs. 2 S. 1 u. 3 GO-LT Nordrhein-Westfalen, § 5 Abs. 2 S. 2 GO-LT Rheinland-Pfalz und §§ 30 Abs. 3, 31 S. 2 u. 3 Landtagsgesetz Saarland[1447] an Beschlußfähigkeit, Mehrheit und Auflösung der Stimmengleichheit stellen, entsprechen den bremischen. Gleiches gilt nach § 47 Abs. 1 S. 2–4 GO-LT zunächst für Hessen. Eine parlamentari-

[1446] Zum Vorstehenden die Auskunft der Referatsleiterin Plenar- und Ausschussdienst beim Landtag Baden-Württemberg *Margit Ehninger* v. 18.11.2010, die zugleich darauf hinwies, daß in aller Regel Einvernehmen im Präsidium erzielt wird.

[1447] Das Landtagsgesetz ist nicht mit der parallel bestehenden Geschäftsordnung des Landtages zu verwechseln; beide Gesetze ergänzen sich vielmehr.

sche Besonderheit bildet hier das Umlaufverfahren zur dringenden Beschlußfassung im schriftlichen Verfahren durch mehrheitliche Zustimmung bei gleichzeitig nicht erfolgendem Widerspruch gegen das Vorgehen seitens eines Drittels der Mitglieder (Abs. 2).

§ 3a Abs. 3 S. 1 u. 2 GO-LT Hamburg und § 6 Abs. 5 S. 2 GO-LT Sachsen treffen zumindest teilweise deckungsgleiche Anordnungen hinsichtlich der Beschlußfähigkeit und der Entscheidungsfindung mittels einfacher Stimmenmehrheit. Mangels ausdrücklich anderer Regelung wird die Stimme des Präsidenten bei Auftreten eines Patts nicht anders gewichtet und die Mehrheit mithin verfehlt.

b) Entscheidungen im Benehmen

Der Präsident des Niedersächsischen Landtags hat an vielen Stellen (wie beispielsweise der Personalführung und der Einsetzung von Kommissionen[1448]) Benehmen mit dem Präsidium herzustellen[1449]; für wichtige Personalentscheidungen legt dies ausdrücklich Art. 18 Abs. 3 S. 3 Verf. fest. Die Norm wird jedoch im Sinne des § 8 S. 1 u. 2 GO-LT dahingehend interpretiert, daß das Präsidium den an sich zuständigen Präsidenten bei der Verwaltung des Landtages und der Haushaltsplanung lediglich unterstützt, keinesfalls mitentscheidet. Die Entscheidungskompetenz liege nämlich ausschließlich beim Präsidenten[1450]. Im Ergebnis kann daher kaum von Präsidiumsentscheidungen die Rede sein, weil die Beteiligung der übrigen Mitglieder nicht über bloße Unterstützungs- oder Beratungstätigkeiten hinaus geht. Bedeutung erlangen die Vizepräsidenten einzig im Falle der Verhinderung des Präsidenten nach § 7 S. 1 GO-LT als dessen Vertreter.

Auch in Thüringen verfügt der Vorstand des Landtages als Gremium nicht über ihm von Verfassungs wegen zustehende Befugnisse; der Präsident selbst ist nach Art. 57 Abs. 3 u. 4 weitgehend alleinentscheidungsberechtigt und genießt eine sehr starke Stellung. Die Vizepräsidenten trifft zuvörderst die Aufgabe, den Präsidenten im Falle seiner Verhinderung zu vertreten und die diesem originär zugewiesenen Aufgaben statt seiner zu erfüllen. Nur ganz vereinzelt sehen verstreute Bestimmungen eine Beteiligung der weiteren Vorstandsmitglieder vor, so die Geschäftsordnung in § 5 Abs. 2 GO-LT; demnach hat sich der Präsident beispielsweise bei personel-

---

[1448] So beispielsweise die Kommission zur Überprüfung der Angemessenheit der festgelegten Abgeordnetenentschädigungen nach § 25 Abs. 2 S. 1 AbgG Niedersachsen.

[1449] Daß neben der Beschlußfunktion auch Einvernehmensentscheidungen in Frage kommen, beschreibt *Köhler*, Rechtsstellung (Fn. 612), S. 75 ff. nicht.

[1450] *Neumann* (Fn. 1220), Art. 18 Verf. Niedersachsen Rn. 9.

len Entscheidungen mit den übrigen Vorständen ins Benehmen zu setzen. Hier steht dem Präsidenten keine hervorgehobene Stellung zu, Mehrheitsentscheidungen sind denkbar, wenngleich selten[1451].

c) Nach Entscheidungsgegenständen variierende Mehrheitserfordernisse

Einzig die Länder Berlin und Brandenburg kennen für die Entschließungen der Präsidien nach Entscheidungsgegenständen variierende Voraussetzungen.

In Berlin sind daher Mehrheitsentscheidungen genauso möglich, wie die verpflichtende Herstellung von Einvernehmen oder Benehmen sowie die einfache Zustimmung der übrigen Präsidiumsmitglieder. Zunächst zur einfachen Mehrheitsentscheidung im Präsidium: Nach § 13 Abs. 1 GO-LT Berlin beschließt das Präsidium des Abgeordnetenhauses in allen Angelegenheiten, die nicht dem Präsidenten vorbehaltene Aufgaben betreffen. Hierfür ist über die analog heranzuziehende Vorschrift des § 26 Abs. 1 S. 2 u. 3 GO-LT zum Ausschußverfahren einfache Mehrheit erforderlich (S. 2) und bei Stimmengleichheit der Antrag abgelehnt (S. 3)[1452]. Darüber hinaus handelt der Präsident sowohl im Einvernehmen (beispielsweise § 10 Abs. 2 S. 2 FraktionsG[1453]) und Benehmen mit (beispielsweise § 5a Abs. 3 S. 5 Nr. 2 a. E. LAbgG[1454]) als auch unter Zustimmung der übrigen Präsidiumsmitglieder (beispielsweise § 19a S. 2 LAbgG[1455]).

1451 So die Auskunft des stellv. Direktors des Landtags Thüringen *Norbert Engel* v. 17.11.2010; demnach gab es in den letzten zehn Jahren keine Mehrheitsentscheidung gegen den Präsidenten, und die Herstellung von Einvernehmen sei stets das Ziel. Daher unzutreffend *Linck* (Fn. 1260), Art. 57 Verf. Thüringen Rn. 22 ff., 26 f., der behauptet, daß ein ablehnendes Votum im Vorstand keine Einschränkung der ausschließlichen Entscheidungskompetenz des Präsidenten darstelle und keinerlei verbindliche Wirkung für diesen entfalte. Die dennoch stattfindenden Sitzungen dienten zuvörderst einer politischen Abstimmung der Standpunkte denn der Fassung eines verbindlichen Beschlusses.

1452 So die Information der Mitarbeiterin des wissenschaftlichen Dienstes des Abgeordnetenhauses Berlin *Johanna Claßen* v. 24.11.2010.

1453 Die Norm, die die Umverteilung von Geldmitteln bei Wegfall einer Fraktion betrifft lautet: „(...) Der Präsident oder die Präsidentin des Abgeordnetenhauses trifft die Entscheidung im Einvernehmen mit dem Präsidium."

1454 Die Regelung hat den Umgang mit unzulässig angenommenen Spenden zum Gegenstand: „(...) Der Präsident entscheidet im Benehmen mit dem Präsidium über die Verwendung angezeigter Gastgeschenke und rechtswidrig angenommener Spenden."

1455 Die Norm regelt die Unfallversicherung der Abgeordneten, die durch den Präsidenten durchzuführen ist: „(...) Der abzuschließende Versicherungsvertrag bedarf der Zustimmung des Präsidiums."

Brandenburg kennt in § 15 Abs. 2 GO-LT die Aufgabenverteilung zwischen originären Aufgaben, die allein dem Landtagspräsidenten zugewiesen sind, und solchen, die das Präsidium als Kollegialorgan faßt. Wie Berlin sieht es nach Entscheidungsgegenständen divergierende Beschlußerfordernisse vor, wobei hier kein derart ausgefeiltes System vorgesehen ist. Im Normalfall entscheidet das Präsidium mit einfacher Mehrheit bei mindestens hälftiger Anwesenheit seiner Mitglieder, letzteres nach § 14 Abs. 3 GO-LT; im Falle von Stimmengleichheit wird die Stimme des Präsidenten nicht schwerer gewichtet[1456], eine positive Entscheidung ist folglich nicht zustande gekommen. Für einzelne Beschlüsse wie der Verzicht auf die Veröffentlichung von Beratungsunterlagen (Anlage 9 Nr. 3 GO-LT) ist die Herstellung von Einvernehmen zwischen allen Präsidiumsmitgliedern, mithin ein einstimmig gefaßter Beschluß nötig.

3. Stellungnahme

Auffallend viele Länder verzichten auf das Gremium bzw. wählen nur deshalb Vizepräsidenten, um im Falle einer Verhinderung des Präsidenten handlungsfähig zu sein. Hier erhält das Präsidium als Kollegialorgan keinerlei eigenständige Aufgaben. Statt dessen werden dem Präsidenten umfassende Befugnisse zugesprochen, bei deren Ausübung er mancherorts hilfsweise auf die unverbindliche Beratung der Vizepräsidenten zurückgreifen kann, ohne daß es zu offiziellen Entschließungen kommt. Zumeist aber verbleibt es einzig bei der Vertretungsfunktion der Vizepräsidenten.

Überwiegend haben sich die Länder dagegen entschieden, für die im Präsidium zu fassenden Beschlüsse generell Mehrheitsentscheidungen zu suspendieren und auf die Herstellung von Einvernehmen zu drängen; neun der dreizehn Länder, die im Präsidium Entscheidungen treffen, verfahren auf diese Weise. Dennoch zeigen die Berichte aus der Praxis, daß in einer Vielzahl von Fällen die im Hinblick auf die Stellung des Gremiums angestrebte überparteiliche Einigung erzielt wird, einfache Mehrheitsentscheidungen zwar möglich sind, aber durch verantwortungsvolles Vorgehen zumeist deutlich übertroffen werden. Dennoch sind im Konfliktfall Entscheidungen mit Mehrheit durchsetzbar.

Nicht so in Berlin und Brandenburg, die als einzige auf die Herstellung von Einvernehmen zurückgreifen, welches sie jedoch nur für einzelne Beschlüsse anordnen und ansonsten in den überwiegenden Konstellationen auch das Mehrheitsprinzip zur Anwendung bringen.

[1456] So die Auskunft des Referenten für Öffentlichkeitsarbeit beim Landtag Brandenburg *Stefan Rabe* v. 12.11.2010.

Zuletzt sind die Länder zu loben, die die Auflösung einer Pattsituation durch die nachträgliche Anhebung des Stimmengewichts des Präsidenten des Landtags lösen. Die herausgehobene Stellung des Präsidenten rechtfertigt eine höhere Gewichtung; und im Falle von Stimmengleichheit wird das Gremium nicht blockiert.

II. Die Landesregierung als selbständiger Beschlußkörper

Obwohl außer in Bremen überall ausdrücklich den Ministerpräsidenten die Richtlinienkompetenz für die Landespolitik zugesprochen wird[1457], wirken ähnlich wie auf Bundesebene auch die Landesregierungen aller Länder als Kollegialorgane, die sich aus dem Ministerpräsidenten und den Ressortministern zusammensetzen.

1. Bayern

Demgemäß besteht die Bayerische Staatsregierung nach Art. 43 Abs. 2 BayVerf. aus dem Ministerpräsidenten und bis zu 17 Staatsministern und Staatssekretären. Die Anzahl wurde in der derzeitigen Landesregierung auch voll ausgeschöpft. Nach Art. 54 S. 3 BayVerf. ist für die Beschlußfähigkeit des Kollegialorgans die Anwesenheit der Mehrheit der Regierungsmitglieder erforderlich. Beschlüsse der Staatsregierung in Bayern werden gemäß Art. 54 S. 1 Verf. mit der Mehrheit der Abstimmenden gefaßt. Eine Stimmenthaltung ist unzulässig, Art. 54 S. 4 BayVerf., und im Falle der Stimmengleichheit gibt die Stimme des Ministerpräsidenten gemäß S. 2 den Ausschlag.

2. Regelungen in den übrigen Ländern

Alle Landesregierungen fassen ihre Beschlüsse kollegial unter Rückgriff auf das einfache Mehrheitsprinzip. Es gilt ausnahmslos und gegenstandsunabhängig. Bei genauerem Hinsehen zerfällt die Ländergesamtheit innerhalb dieses Mehrheitserfordernisses dann aber in zwei Lager: es dominiert der Länderblock, der die einfache Mehrheit auf die Zahl der Abstimmenden bezieht (§ 14 Abs. 6 S. 2 GO-LReg Berlin; Art. 90 Abs. 1 S. 2 Verf. Brandenburg; Art. 117 Abs. 1 S. 1 Verf. Bremen; Art. 42 Abs. 3 S. 1 Hs. 1 Verf. Hamburg; § 18 Abs. 2 S. 1 GO-LReg Hessen; Art. 46 Abs. 3 S. 1 Verf. Mecklenburg-Vorpommern; Art. 39 Abs. 2 S. 1 Verf. Niedersachsen; § 19 Abs. 2 S. 1 GO-LReg Nordrhein-Westfalen; Art. 105 Abs. 1 S. 1 Verf.

[1457] Vgl. *Ley*, Wahl 2010 (Fn. 1275), S. 392 m. Fn. 25.

Rheinland-Pfalz; § 7 Abs. 4 S. 3 GO-LReg Saarland; Art. 68 Abs. 5 S. 1 Verf. Sachsen-Anhalt; § 22 Abs. 1 S. 1 GO-LReg Schleswig-Holstein; § 16 Abs. 2 S. 1 GO-LReg Thüringen). Die andere Ausgestaltung bedient sich der Bezugszahl der anwesenden Mitglieder der Landesregierung und findet sich lediglich in Baden-Württemberg (Art. 49 Abs. 3 S. 1 Verf.) und Sachsen (§ 17 Abs. 2 S. 1 GO-LReg).

Regelmäßig sehen die Landesverfassungen oder Geschäftsordnungsbestimmungen die Mindestanwesenheit der Hälfte der Mitglieder der Landesregierung vor[1458], teils werden Vertretungen durch Kabinettskollegen oder Staatssekretäre zugelassen. Vielfach wird Stimmenthaltung explizit verboten, manchmal ausdrücklich eine Enthaltungsstimme den Nein-Stimmen zugeordnet[1459]. Einheitlich für alle Länder gilt aber wiederum, daß im Falle von Stimmengleichheit dem Ministerpräsidenten als dem Vorsitzenden der Landesregierung eine Stichentscheidungsstimme zukommt, wobei gewöhnlich nicht erneut abgestimmt, sondern nachträglich die Stimme des Ministerpräsidenten schwereres resp. doppeltes Stimmengewicht erfährt[1460].

3. Stellungnahme

Mit der Ausgestaltung als Kollegialorgan geht einher, daß eine gemeinsame Willensbildung stattfinden muß, die dann der Landesregierung zugerechnet werden kann. Hierzu dient am effizientesten der Rückgriff auf Mehrheitsentscheidungen. Besondere Mehrheitserfordernisse sind in keinem der Länder zu erreichen, so daß die Handlungsfähigkeit der Landesregierung stets sichergestellt ist. Dies heißt aber auch, daß ohne Ansehung des Gegenstandsbereichs ausnahmslos einfache Mehrheit entscheidet. Da auch an anderer Stelle die Einbringung wichtiger, zuvörderst verfassungsändernder Gesetzesvorhaben nicht auch einer qualifizierten Mehrheit erforderlich ist, verwundert dies auch hier nicht sehr. Die Letztentscheidung über ein Geset-

---

1458 Vgl. beispielsweise § 14 Abs. 6 S. 1 GO-LReg Berlin sowie § 16 Abs. 1 S. 1 GO-LReg Thüringen.

1459 So zum Beispiel Art. 39 Abs. 2 S. 2 Verf. Niedersachsen und § 22 Abs. 2 S. 1 GO-LReg Schleswig-Holstein.

1460 § 8 Abs. 2 S. 2 GO-LReg Baden-Württemberg; Art. 58 Abs. 1 S. 3 Verf. Berlin; Art. 90 Abs. 1 S. 3 Verf. Brandenburg; Art. 117 Abs. 1 S. 3 Verf. Bremen; Art. 42 Abs. 3 S. 2 Verf. Hamburg; Art. 104 Abs. 1 S. 2 Verf. Hessen; Art. 46 Abs. 3 S. 2 Verf. Mecklenburg-Vorpommern; Art. 39 Abs. 2 S. 3 Verf. Niedersachsen; Art. 54 Abs. 1 S. 2 Verf. Nordrhein-Westfalen; Art. 105 Abs. 1 S. 2 Verf. Rheinland-Pfalz; § 7 Abs. 4 S. 7 GO-LReg Saarland; § 17 Abs. 2 S. 1 GO-LReg Sachsen; Art. 68 Abs. 5 S. 2 Verf. Sachsen-Anhalt; § 22 Abs. 1 S. 2 GO-LReg Schleswig-Holstein; § 16 Abs. 2 S. 3 GO-LReg Thüringen. – s. auch *Schümer*, Stellung (Fn. 1297), S. 72 ff.

zesvorhaben trifft mit dem Landtag ohnehin eine abweichende, vor allem aber alleinverantwortliche Instanz. Bei anderen hervorstechenden Entscheidungen wie der Suspendierung von Grundrechten (beispielsweise Art. 48 BayVerf.) wirkt eine einfache Abstimmendenmehrheit indes etwas verfehlt.

Das Auftreten von Stimmengleichheit als ein mit einfacher Mehrheit verbundener Nachteil wird in allen Ländern äußerst effektiv und im Gleichklang entschieden: Die Stimme des Ministerpräsidenten löst das Patt in die eine oder andere Richtung auf. Eine Lösung dieser Konstellation ist aufgrund der relativ geringen Größe des Gremiums und dem damit einhergehenden nicht unwahrscheinlichen Eintritt von Stimmengleichheit auch nötig. Daß die Auflösung dem Regierungschef übertragen wird, liegt an seiner herausgehobenen Stellung, die nicht nur auf Bundesebene, sondern auch in den Ländern zu verzeichnen ist. Die verschiedenen Bezugszahlen – die Zahl der Abstimmenden gegenüber der Anzahl der Anwesenden – spielen vorliegend eher eine untergeordnete Rolle bei der Bewertung des Mehrheitserfordernisses. In aller Regel werden keine Enthaltungen zu verzeichnen sein, so daß ein Gleichlauf beider Mehrheitserfordernisse eintritt. Darüber hinaus sind Enthaltungen mancherorts sogar verboten bzw. werden teilweise den Nein-Stimmen zugerechnet. Auch auf diese Weise erhöht sich die Wahrscheinlichkeit für nur geringe Differenzen trotz verschiedener Bezugsgrößen.

D. Das Verfahren direkter Demokratie

Die Spannbreite direktdemokratischer Verfahren in den Ländern ist, nicht allein verglichen mit dem Bund, facettenreich. Hierunter fallen alle Verfahren verbindlicher Sachentscheidung durch das Volk[1461]. Zuvörderst ist hierbei an die Gesetzgebungsverfahren im Wege unmittelbarer Demokratie zu denken, die von den Stimmberechtigten auch initiiert wurden (I.). In mehreren Ländern sind auch obligatorische sowie – daneben oder statt dessen – fakultative Verfassungsreferenden vorgesehen. Speziell die Referenden wurden, weil denknotwendig mit einem vorgeschalteten Parlamentsverfahren verknüpft und damit diesem zuzuordnen, bereits im Kapitel zur parlamentarischen Verfassungsänderung (B. XIII.) behandelt. Darüber hinaus finden diejenigen direktdemokratischen Verfahren Erwähnung, die, auch wenn sie nicht auf Schaffung neuen Rechts abzielen, unter Rückgriff auf Mehrheitsentscheidungen des Volkes ergehen (II.).

1461 Statt vieler *H. H. v. Arnim*, Vom Mehrwert direkter Demokratie, in: H. K. Heußner/O. Jung (Hrsg.), Mehr direkte Demokratie wagen. Volksentscheid und Bürgerentscheid: Geschichte. Praxis. Vorschläge, 2. Aufl. 2009, S. 39 (39).

I. Das Verfahren direktdemokratischer Gesetzgebung

Die Darstellung beginnt mit den direktdemokratischen Verfahren in den Bundesländern, die die Verabschiedung einfacher oder – sofern zulässig – verfassungsändernder Gesetze zum Gegenstand haben[1462]. Der Verfahrensgang wird ausführlich am Beispiel Bayerns veranschaulicht, er kann vorbehaltlich der aufgezeigten Abweichungen im Wesentlichen aber auch auf die übrigen Bundesländer übertragen werden.

1. Bayern

„Das Volk tut seinen Willen durch Wahlen und Abstimmungen kund." – Kompakter hätte der Verfassunggeber das Gesetzgebungsrecht des bayerischen Volkes in Art. 2 Abs. 2 S. 1 BayVerf. nicht begründen können. Und er fährt in S. 2 gar noch prägnanter, in Form des vielleicht kürzesten deutschen Rechtssatzes[1463] fort: „Mehrheit entscheidet." Zieht man nun noch Art. 72 Abs. 1 Alt. 2 BayVerf. hinzu, der die Gesetzgebungsgewalt neben dem Landtag dem Volk mittels Volksentscheid überträgt, schien seitens des Verfassunggebers nicht nur alles Nötige gesagt, sondern das Gesagte offensichtlich auch hinreichend präzise formuliert. Daß auf den ersten Blick entgegen dem allgemeinen Trend[1464] erfreulicherweise sehr knapp gehaltene (verfassungs)gesetzliche Regelungen dennoch ungeklärte Fragen aufwerfen können, wird an den in den letzten Jahrzehnten entstandenen Fragen um die Volksgesetzgebung einmal mehr deutlich. Ferner wird offenbar werden,

---

[1462] Ein kompakter Überblick mit einzelnen Länderberichten findet sich in *Kost*, Demokratie (Fn. 85). – Zu Bürgerbegehren und Bürgerentscheid in den Ländern, also den Äquivalenten auf kommunaler Ebene, siehe den umfassenden Überblick von *J. Hofmann-Hoeppel*, Bürgerbegehren und Bürgerentscheid – Rechtstradition und Rechtspraxis eines plebiszitären Elements unter besonderer Berücksichtigung der Rechtslage in Bayern, in: BayVBl. 2000, S. 577 ff., 617 ff. m.w.N. – Nicht zu den direktdemokratischen Verfahren im engeren Sinne zähle ich die Direktwahlen zu den gesetzgebenden Körperschaften; so aber *Rux*, Demokratie (Fn. 88), S. 39.

[1463] *K. Engelken*, Bayerischer Zipfel. Zugleich ein heiterer Nachklang zu BayVerfGH, BayVBl. 1999, 719, in: BayVBl. 2005, S. 270 (270).

[1464] Hierzu und zu allgemeinen Stilfragen des Verfassungsrechts *Dreier*, Verfassungsänderung (Fn. 538), S. 404 ff.; *J. Isensee*, Vom Stil der Verfassung, 1999, S. 7 ff., 25 ff.; *H. Schneider*, Gesetzgebung, 3. Aufl. 2002, Rn. 426 ff. (allgemein auf Gesetze bezogen), jeweils m.w.N. – Frühe Kritik findet sich bei *Dichgans*, Grundgesetz (Fn. 66), S. 9 ff. (insbesondere hinsichtlich der Anzahl der Verfassungsänderungen) und S. 193 ff. hinsichtlich der Belastung des Textes („Wenn eines Tages eine entschlossene Gruppe […] eine Bestimmung über die Schornsteinfeger ins Grundgesetz hineinbringen möchte, so hätte sie eine reale Chance, das durchzusetzen", ebd. S. 196).

daß es um die „Ebenbürtigkeit von repräsentativer und direkter Demokratie“[1465] in Bayern nicht ganz so gut bestellt ist, wie der Wortlaut des Art. 72 BayVerf. es bedeutet.

a) Gegenstände der Volksgesetzgebung

Die bayerische Verfassung erklärt in Art. 72 Abs. 1 sowohl den Landtag (1. Alt.) als auch das Volk mittels Volksentscheid (2. Alt.) zu Inhabern der Gesetzgebungsgewalt. Auch wenn sie positivrechtlich an keiner Stelle der Verfassung beschrieben ist, ergibt sich eine vollumfassende Gesetzgebungskompetenz des Volkes aus der Zusammenschau mit anderen Normen: die Kompetenz (einfacher) Landesgesetzgebung ist bereits Art. 72 Abs. 1 BayVerf. zu entnehmen. Durch Art. 75 Abs. 1 S. 1 BayVerf., der Verfassungsänderungen „nur im Wege der Gesetzgebung“ zuläßt und damit auf Art. 72 Abs. 1 BayVerf. verweist, wird das Gesetzgebungsrecht darüber hinaus auch auf Verfassungsänderungen ausgedehnt[1466]. Die einzige, aber seitens des Verfassunggebers aufgrund der Widmung eines ganzen Artikels für besonders wichtig erachtete Einschränkung der Gesetzgebungsgewalt des Volkes ist der Ausschluß von Volksgesetzgebung über den Staatshaushalt in Art. 73 BayVerf.[1467].

b) Ablauf des Volksgesetzgebungsverfahrens

Das Volksgesetzgebungsverfahren gliedert sich in mehrere Abschnitte, die aufeinander aufbauen und – falls Mehrheitserfordernisse nicht eingehal-

---

[1465] *Dreier*, Irrtümer (Fn. 1114), S. 1154.

[1466] Unverständlicherweise allein a. A. *Bushart*, Verfassungsänderung (Fn. 522), S. 119 f. sowie aus neuerer Zeit *K. Herrmann*, Die außerparlamentarische Verfassungsänderung in Bayern, in: BayVBl. 2004, S. 513 ff., die die Zulässigkeit verfassungsändernder Volksgesetzgebung verneinen. – Einen umfassenden Überblick über die ganz h. M. und eine ausführliche Begründung im Rahmen eines ganzen Kapitels von mehr als 60 Seiten liefert *Schultes*, Volksgesetzgebung (Fn. 195), S. 59 ff.

[1467] Hier geht es vor allem um Auswirkungen auf den Gesamtbestand des Haushalts; geringfügig ausgabenwirksame Volksentscheide sollen indes zulässig sein: *Kempen*, Verfassungsrecht (Fn. 1210), Rn. 170; nicht unstr.: *K. Schweiger*, in: Nawiasky/Schweiger/Knöpfle, Verfassung Bayern (Fn. 1205), Art. 73 Rn. 3 ff. – Die Herausnahme der Finanzgesetzgebung aus dem zulässigen „Volksgesetzgebungskatalog“ hat hierbei eine lange Tradition: vgl. Art. 74 Abs. 1 S. 1 Nr. 1 u. 4 Verf. Bayern 1919. In den übrigen Ländern erstrecken sich die für die Volksgesetzgebung unantastbaren Gegenstände auf einen weit größeren Bereich, vgl. beispielsweise Art. 62 Abs. 2 Verf. Berlin: neben den Haushaltsfragen erfolgt der Ausschluß von Volksbegehren über Dienst- und Versorgungsbezüge, Abgaben, Tarife der öffentlichen Unternehmen und zu Personalentscheidungen.

ten werden – zu einem möglichst frühen Scheitern von aussichtslosen Anträgen führen. Dem Antrag auf Zulassung eines Volksbegehrens (aa) folgt dessen Durchführung (bb). Hat auch das Volksbegehren Erfolg, schließt sich der das Verfahren zu einem Ende führende Volksentscheid (cc) an.

aa) Erste Phase: Antrag auf Zulassung eines Volksbegehrens

Die Volksgesetzgebung, genauer: der Volksentscheid über ein Gesetz, bedarf in Bayern stets eines einleitenden Zulassungsverfahrens[1468]; er kann nur durch ein vorausgegangenes, erfolgreiches Volksbegehren ausgelöst werden, vgl. Art. 74 Abs. 1 BayVerf. Auf diese Weise werden völlig aussichtslose Volksentscheide verhindert. Bereits dem auf Durchführung eines Volksentscheides gerichteten Antrag auf Zulassung eines Volksbegehrens muß gemäß Art. 74 Abs. 2 BayVerf. ein ausgearbeiteter und mit Gründen versehener Gesetzentwurf zugrunde liegen[1469], der nach Art. 63 Abs. 1 S. 3 LWahlG von mindestens 25.000 Stimmberechtigten unterstützt wird[1470]. Prozentual entspricht dieses Antragsquorum bei derzeit gut 9,6 Mio.[1471] nicht einmal 0,27 % der Wahlberechtigten in Bayern.

Es schließt sich die Entscheidung über den Zulassungsantrag seitens des Staatsministeriums des Innern an, das die Unzulässigkeit eines Begehrens nur bei Nichteinhaltung der gesetzlichen Voraussetzungen feststellen kann[1472] – neben den formellen Voraussetzungen können eine unzulässige

---

[1468] *Kempen*, Verfassungsrecht (Fn. 1210), Rn. 169.

[1469] Bereits bei der privaten Unterschriftensammlung muß der Gesetzentwurf vorliegen und jedem Unterschriftensammelbogen vorangestellt sein: *V. Spilarewicz*, in: R. Högner/V. Spilarewicz/E. Boettcher, Landeswahlgesetz, Bezirkswahlgesetz und Landeswahlordnung Bayern, 17. Aufl. 2008, Art. 63 LWahlG Rn. 5, 7. – Weitere Sonderbestimmungen enthält § 72 LWahlO, der auch auf ein als Anlage 18 enthaltenes Muster verweist.

[1470] Früher war nach bayerischem Recht nur ein Unterschriftenquorum von 1.000 Stimmen, nach Reichsrecht von 5.000 Stimmen erforderlich; die erfolgte Verschärfung auf 25.000 Unterschriften wäre, wenn sich der Regierungsentwurf durchgesetzt hätte, mit 50.000 Unterschriften noch beträchtlich strenger ausgefallen, vgl. *Spilarewicz* (Fn. 1469), Art. 63 LWahlG Rn. 2 f. – Zur genauen Ausgestaltung des Antrags auf Zulassung eines Volksbegehrens enthält Art. 63 LWahlG weitere Bestimmungen (Abs. 1: Antragstellung beim Innenministerium [S. 1]; die Unterschriften der Unterstützer dürfen nicht älter als zwei Jahre sein [S. 3 u. 4]; Abs. 2: Regelungen zur Benennung von Beauftragtem und Stellvertretern [S. 1–3]).

[1471] Quelle: http://www.statistik.bayern.de/medien/wichtigethemen/kaleidoskop_2010.pdf (November 2013).

[1472] Im Falle der Ablehnung des Zulassungsantrags hat das Staatsministerium des Innern unmittelbar die Entscheidung des Bayerischen Verfassungsgerichtshofs über Art. 64 Abs. 1 S. 1, Abs. 2 i. V. m. Art. 67 Verf. Bayern herbeizuführen.

Verfassungsänderung und verfassungswidrige Einschränkungen von Grundrechten, aber auch reine Vetogesetze und Volkskonsultationen[1473] als Verfassungsverstöße materieller Art gegen die Zulassung sprechen[1474].

bb) Zweite Phase: Durchführung des Volksbegehrens

Ist das Begehren zugelassen, wird es unter Festlegung des vierzehntägigen Eintragungszeitraums seitens des Staatsministeriums bekannt gemacht, Art. 65 Abs. 1–3 LWahlG. Nach Ablauf der Eintragungsfrist werden die in den Gemeinden ausgelegten Eintragungslisten ausgewertet[1475]. Das Volksbegehren hat nach Art. 74 Abs. 1 BayVerf., Art. 71 Abs. 2 LWahlG Erfolg, wenn es von mindestens einem Zehntel der Stimmberechtigten unterstützt wurde. Bei derzeit mehr als 9,6 Mio. Wahlberechtigten entspricht dies über 960.000 Unterzeichnungen. Ein auf Halbierung dieses Unterstützungsquorums gerichtetes Volksbegehren[1476] selbst wurde vom Bayerischen Verfassungsgerichtshof als Aushöhlung des Prinzips hinreichender demokratischer Legitimation und Funktionsbeeinträchtigung des Parlaments als mit den Grundgedanken der Bayerischen Verfassung (Art. 75 Abs. 2 S. 2 BayVerf.) unvereinbar bewertet. Ferner gehe es um die Verhinderung gänzlich aus-

[1473] Enumerativ werden nur unzulässige Verfassungsänderungen und verfassungswidrige Einschränkungen von Grundrechten als unzulässige Gegenstände in Art. 64 Abs. 1 S. 2 LWahlG genannt. Weitere Beispiele bei *Kempen*, Verfassungsrecht (Fn. 1210), Rn. 170.

[1474] Hinsichtlich der materiellen Voraussetzungen wird als Prüfungsmaßstab nicht nur die Bayerische Verfassung, sondern auch das gesamte Bundesrecht angesehen, s. BayVerfGH BayVBl. 1985, 523 (524 f.: Prüfung am BundesnaturschutzG); BayVerfGH BayVBl. 1990, 367 (368 f.: Prüfung am AbfallG).

[1475] Zum genauen Modus der Auslegung und Auswertung der Listen s. die detailreichen Regelungen in den Art. 65 bis 70 LWahlG sowie die §§ 73 ff. LWahlO. – Die früher übliche freie Unterschriftensammlung wurde vom BayVerfGH in der E 53, 42 (71 f.) wegen fehlender Dignität und existenter Manipulationsmöglichkeiten durch unzulässige Beeinflussungen der Stimmensammler für unzulässig erklärt und in Art. 68 LWahlG den Gemeinden die Auslegung der Listen als amtliche Aufgabe übertragen. Ausführliche Entscheidungsbesprechung von *F. Wittreck*, Direkte Demokratie und Verfassungsgerichtsbarkeit. Eine kritische Übersicht zur deutschen Verfassungsrechtsprechung in Fragen der unmittelbaren Demokratie von 2000 bis 2002, in: JöR 53 n.F. (2005), S. 111 (138 ff.) und *K. Schweiger*, Volksbegehren und „Volksinitiative" – Verfassungsrechtliche Vorprüfung von Anträgen auf ihre Zulassung – Zur jüngsten verfassungsgerichtlichen Rechtsprechung und zu ihrer Entwicklung, in: NVwZ 2002, S. 1471 ff. sowie *ders.*, Verfassungsgericht und Plebiszit, in: BayVBl. 2002, S. 65 ff.

[1476] Das Volksbegehren hatte den „Entwurf eines Gesetzes zur Stärkung der Mitwirkungsrechte der Bürgerinnen und Bürger im Freistaat Bayern" zum Gegenstand. Es findet sich abgedruckt zu Beginn der Entscheidung des BayVerfGH in Bd. 53, 42 (44 ff.).

sichtsloser Volksentscheide und damit die Einsparung nutzloser Ausgaben für Staat und Bürger[1477].

Wird die Vorlage angenommen, gibt es im wesentlichen drei mögliche Wege, die das Verfahren in Abhängigkeit von der Reaktion des Landtages einschlagen kann.

(1) Nach Annahme: Landtag übernimmt Vorlage

Kommt der Landtag nach Zuleitung des rechtsgültigen Begehrens zu der Auffassung, die Gesetzesvorlage aufgrund veränderter Bedingungen oder unter dem Eindruck eines manifesten Volkswillens nunmehr unterstützen zu wollen, kann er sich durch entsprechenden Gesetzesbeschluß die Vorlage des Volkes zu eigen machen; der an sich durchzuführende Volksentscheid erledigt sich auf diese Weise inhaltlich und entfällt (Art. 73 Abs. 3 LWahlG). Für den Landtagsbeschluß gelten dann die bereits dargelegten Regeln: ist der Gesetzentwurf auf eine Verfassungsänderung gerichtet, ist eine Zweidrittelmehrheit der Mitglieder des Landtages mit bestätigendem Volksentscheid erforderlich, Art. 75 Abs. 2 S. 1 u. 2 BayVerf.; hat er ein einfaches Landesgesetz zum Gegenstand, genügt die einfache Abstimmungsmehrheit im Landtag zu dessen Verabschiedung, Art. 23 Abs. 1 BayVerf.[1478].

(2) Nach Annahme: Landtag verändert Vorlage

Sobald seitens des Landtages auch noch so geringe inhaltliche Abänderungen an der Vorlage vorgenommen werden, handelt es sich um eine Ablehnung des Volksbegehrens mit der Folge der Durchführung des beantragten Volksentscheides[1479]. Der durch den Landtag abgewandelte und mit der jeweils zu beachtenden Mehrheit beschlossene Entwurf tritt im normalen Gesetzgebungsverfahren in Kraft. Das Landesgesetz wird im Falle des Erfolgs des Volksentscheides von dem dann auszufertigenden Volksgesetz verdrängt[1480].

1477 BayVerfGH 53, 42 (69 ff., insb. 71 f.).

1478 Statt aller *K. Kruis*, Die Stellung des Landtags in den Gesetzgebungsverfahren zur Änderung der Verfassung des Freistaates Bayern, in: BayVBl. 1973, S. 509 ff., 550 ff. (512 f.). – Daß Sperrwirkungen insoweit auch undienlich wären, offenbart das Beispiel des fehlgeschlagenen Müllvolksentscheids in Bayern, der zu einem vorbildlichen, durch den Landtag verabschiedeten Abfallgesetz führte: *Berlit*, Volk (Fn. 86), S. 344; s. ausführlich auch *Rux*, Demokratie (Fn. 88), S. 351 ff.

1479 *V. Spilarewicz*, in: Högner/Spilarewicz/Boettcher, Landeswahlgesetz (Fn. 1469), Art. 73 LWahlG Rn. 6, 8; dies gilt freilich nicht für rein redaktionelle Änderungen.

1480 *Spilarewicz* (Fn. 1479), Art. 73 LWahlG Rn. 9.

(3) Nach Annahme: Landtag lehnt Vorlage ab

Lehnt der Landtag den unterbreiteten Gesetzentwurf indes ab – wofür sowohl bei einfachen als auch bei verfassungsändernden Gesetzentwürfen die einfache Mehrheit im Landtag genügen soll[1481] –, ist die dritte Phase, die Abstimmung über den Gesetzentwurf im Volksentscheid, einzuleiten. Hierzu kommt es selbstverständlich auch, wenn beispielsweise knapp eine verfassungsändernde Zweidrittelmehrheit zur Annahme der Vorlage im Landtag verfehlt wird. In der letzten Phase hat der Landtag auch die Möglichkeit, einen eigenen (Gegen-)Gesetzentwurf zur Abstimmung zu stellen, Art. 73 Abs. 4 LWahlG. Entscheidet er sich hierzu, ist ein Beschluß des Entwurfsgesetzes mit einfacher Mehrheit der abgegebenen Stimmen, Art. 23 BayVerf., erforderlich. Selbst bei einem auf eine Verfassungsänderung gerichteten Gegenvorschlag soll hinsichtlich des Mehrheitserfordernisses nichts Abweichendes gelten[1482]; von der Verfassung werde weder durch Art. 74 Abs. 4 noch durch Art. 75 BayVerf. für die Verabschiedung eines Entwurfs zur Änderung derselben ein erhöhtes Mehrheitsquorum in Abweichung zu Art. 23 BayVerf. gefordert. Art. 75 BayVerf. ordnet in Abs. 2 S. 1 zwar eine Zweidrittelmehrheit im Landtag für Verfassungsänderungen an, dies betrifft aber nur das typische Änderungsverfahren mit vorherigem Parlamentsbeschluß und anschließendem Bestätigungsentscheid des Volks. Hier aber werde nicht das Gesetz selbst, sondern nur ein Entwurf beschlossen, der deutlich weiter vom Erstarken zu Gesetzeskraft entfernt sei, als der in Art. 75 BayVerf. vorgesehene, verfassungsändernde Gesetzesbeschluß. Das

[1481] *K. Schweiger* (in: Nawiasky/Schweiger/Knöpfle, Verfassung Bayern [Fn. 1205], Art. 74 Rn. 6 b) formuliert es andersherum und stellt darauf ab, daß sich nicht wenigstens die einfache Mehrheit des Landtags für das Volksbegehren ausspricht; i. E. auch *Spilarewicz* (Fn. 1479), Art. 73 LWahlG Rn. 8; *Kruis*, Stellung (Fn. 1478), S. 514.

[1482] Ganz überwiegende Auffassung: *Kruis*, Stellung (Fn. 1478), S. 551 f.: Argument ist die Gefahr, die durch das Fehlen von Quoren für Verfassungsänderungen durch Volksgesetzgebung gegeben sei – hier dürfe dem Gesetzgeber das Mittel des Gegenentwurfs als Instrument der Korrektur und des Ausgleichs nicht durch Zweidrittelmehrheit erschwert werden, wo sonst gerade bei der Volksgesetzgebung seitens der Verfassung nicht zwischen einfacher und verfassungsändernder unterschieden werde. Vor dem Hintergrund der neuen Rechtsprechung des BayVerfGH überzeugt dieses Argument freilich nicht mehr, s. unten unter (2.) – Dennoch Kruis (teilweise ausdrücklich, teilweise inhaltlich) folgend *Spilarewicz* (Fn. 1479), Art. 73 LWahlG Rn. 10 f.; *Schweiger* (Fn. 1481), Art. 74 Verf. Bayern Rn. 6 b; *M. Möstl*, in: Lindner/Möstl/Wolff, Verfassung Bayern (Fn. 1206), Art. 74 Rn. 14; dies soll auch außerhalb Bayerns gelten: *Rux*, Demokratie (Fn. 88), S. 321. – Anders verhielt sich indes der Bayerische Landtag selbst in den 60er Jahren, wo mehrfach die Zweidrittelmehrheit des Art. 75 Abs. 2 Verf. Bayern für erforderlich gehalten wurde: LT-Prot., 6. Wahlperiode, 43. Sitzung, S. 2133 f. sowie LT-Prot., 7. Wahlperiode, 48. Sitzung, S. 2566 f.

Verfahren bleibe eben eines der Volks- und nicht der Landtagsgesetzgebung[1483]. Dies bestreitet die Gegenauffassung: Art. 75 Abs. 2 S. 1 BayVerf. gelte für sämtliche, parlamentarisch initiierte Verfassungsänderungen und schreibe nun einmal eine qualifizierte Zweidrittelmehrheit vor. Zwischen den Verfahren nach Art. 74 Abs. 4 und 75 Abs. 2 S. 1 BayVerf. sei auch deswegen kein Unterschied zu rechtfertigen, weil es in beiden Verfahren nachfolgend zum Inkrafttreten der Verfassungsänderung eines zustimmenden Volksentscheides bedürfe[1484] und vorrangiges Ziel der Gegenvorlage sei, daß das Volk zwischen den Vorlagen entscheiden und so zur „optimalen Lösung" kommen könne[1485].

cc) Dritte Phase: Durchführung des Volksentscheids

Überspringt das Volksgesetzgebungsverfahren auch die zweite und letzte Hürde, ohne jedoch die Landtagsmehrheit zu überzeugen, kommt es in der dritten und das Verfahren abschließenden Phase zum Volksentscheid[1486]. Trotz der auch für dieses Stadium bestehenden, ausführlichen verfassungs- wie einfachgesetzlichen Regelungen, kam es bereits sehr früh zu der anfangs angedeuteten Streitigkeit (D. I. 1.): der Bayerische Verfassungsgerichtshof hatte sich im Dezember 1949 mit der einzig noch unklaren, aber eben doch entscheidenden Frage zu beschäftigen, auf welche Bezugsgröße der Begriff der Mehrheit in Art. 2 Abs. 2 S. 2 BayVerf. rekurriert, welche Mehrheit im Volksentscheid also für die Kundgabe des Volkswillens erforderlich ist.

(1) BayVerfGH 2, 181: Reine Abstimmungsmehrheit ohne Mindestbeteiligung

Er entschied in BayVerfGH 2, 181 zugunsten einer reinen Abstimmungsmehrheit und verwarf Quoren für die Mindestbeteiligung der Stimmberechtigten sowie die qualifizierte Mehrheit der abgegebenen gültigen Stimmen

---

1483 *Möstl* (Fn. 1482), Art. 74 Verf. Bayern Rn. 14.

1484 *F. Meinzolt*, Die Stellung des Landtags in den Gesetzgebungsverfahren zur Änderung der Verfassung des Freistaats Bayern, in: BayVBl. 1974, S. 41 (42); zuletzt *U. Lipinski*, Die Mehrheitsverhältnisse bei der Verfassungsrevision nach Art. 74 Abs. 4 BV, in: BayVBl. 2010, S. 589 (590 f., 592 ff.), auch m. w. N.

1485 *Kruis*, Stellung (Fn. 1478), S. 552.

1486 Bis 2008 gab es bereits 38 Vefahren der Volksgesetzgebung in Bayern: *M. Ludwig*, Trend oder Traum? Direkte Demokratie in Deutschland, 2008, S. 42 ff., dort auch zu den inhaltlichen Gegenständen. Zur neuesten Entwicklung in aber auch außerhalb Bayerns bietet sich die Seite http://www.mehr-demokratie.de mit den dortigen Jahresberichten an.

im Volksentscheid, die in den das Volksgesetzgebungsverfahren näher ausformenden einfachgesetzlichen Art. 86 Abs. 1 und 92 Abs. 1 LWahlG a.F.[1487] festgelegt war; es müsse in der Verfassung selbst ausdrücklich angeordnet sein, wenn bei der Ermittlung des Ergebnisses nicht die Mehrheit der Abstimmenden, sondern zusätzliche Beteiligungsquoren gelten sollten[1488]. Diese anscheinend auch dem Willen der Väter der Verfassung entsprechende Auslegung[1489] sollte für die nächsten fünf Jahrzehnte nicht nur Bestand haben, sondern gar positiv durch Folgeentscheidungen des Gerichts bekräftigt werden[1490]. Der Bayerische Verfassungsgerichtshof führte in seinen Entscheidungen aus, daß die Verfassung von 1946 einen abschließenden und erschöpfenden Charakter habe, die Gefahr der Abänderung der Verfassung durch kleine aktive Gruppen indes nicht übersehen wurde, da schließlich bereits damals das in Art. 74 Abs. 1 BayVerf. verortete Erfordernis eines von 10% der Stimmberechtigten unterstützten Volksbegehrens zur Durchführung des Volksentscheids und damit Legitimierung der Volksgesetzgebung eingeführt wurde. Auch hätte es der Verankerung in der Verfassung (und eben nicht nur im Landeswahlgesetz) bedurft, wenn bei Geltung eines Mindestquorums den Nichtteilnehmern an einer Abstimmung im Ergebnis die Wirkung von ablehnenden Stimmen zukomme[1491].

(2) BayVerfGH 52, 104: Differenzierung bezüglich des Gegenstandes des Volksentscheids

Eine Wende in der Rechtsprechung des Gerichtshofs wurde mit der Entscheidung zur Abschaffung des Bayerischen Senats vom 17.9.1999[1492] eingeläutet, mit der nicht allein dessen Abschaffung durch Volksentscheid bestätigt, sondern auch Differenzierungen zwischen einfacher (a) und verfassungsändernder Volksgesetzgebung (b) eingeführt wurden. Denn auch letztere ist

---

[1487] Die Normen sahen vor, daß zur Annahme eines einfachen Gesetzes im Volksgesetzgebungsverfahren bei Beteiligung von wenigstens zwei Fünfteln der Stimmberechtigten eine einfache Mehrheit für das Gesetz stimmen mußte; für verfassungsändernde Gesetze war die Beteiligung von mehr als der Hälfte der Stimmberechtigten erforderlich und die ebenfalls zu erzielende einfache Mehrheit nur dann ausreichend, wenn sie mehr als zwei Fünftel der Stimmberechtigten repräsentierte.

[1488] BayVerfGH 2, 181 (216 ff.).

[1489] Vgl. nur BayVerfGH 2, 181 (189) unter Bezugnahme auf die Beratungen der verfassunggebenden Landesversammlung.

[1490] Vgl. BayVerfGH 21, 110 (117 f.); 31, 77 (91).

[1491] BayVerfGH 2, 181 (217 ff.).

[1492] BayVerfGH 52, 104; die Entscheidung wird ausführlich besprochen von *Schweiger*, Verfassungsgericht (Fn. 1475), S. 65 ff. sowie *ders.*, Volksbegehren (Fn. 1475), S. 1471 ff.; s. aber auch *Wittreck*, Demokratie (Fn. 1475), S. 138 ff. zur Folgeentscheidung BayVerfGH 53, 42.

in Bayern neben den Verfahren der Verfassungsänderung durch qualifizierten Mehrheitsentscheid des Landtags nach Art. 2 Abs. 2 S. 2 BayVerf. möglich.

(a) Einfache Volksgesetzgebung: „Mehrheit entscheidet" auch weiterhin

Gemäß Art. 79 Abs. 1 Nr. 1 LWahlG erreicht ein Gesetzentwurf die erforderliche Zustimmung durch Volksentscheid, wenn auf ihn mehr gültige Ja- als Nein-Stimmen entfallen. Jedenfalls für den Fall, daß nur ein Gesetzentwurf im Volksentscheid zur Abstimmung steht, ist er bei Erreichen der erforderlichen einfachen Mehrheit angenommen, als Gesetz auszufertigen und bekannt zu machen, Art. 79 Abs. 2, Art. 81 LWahlG. Weitaus komplizierter gestaltet sich demgegenüber das Verfahren, wenn mehrere Gesetzentwürfe gleichen Gegenstands zur Abstimmung gebracht werden, die inhaltlich nicht miteinander vereinbar sind.

Stehen zwei oder mehr miteinander unvereinbare Gesetzentwürfe zur Abstimmung, erreicht aber nur einer von ihnen die nach Art. 79 Abs. 1 Nr. 1 LWahlG erforderliche einfache Mehrheit der gültigen Ja- über die Nein-Stimmen, so ist nur dieser Gesetzentwurf angenommen, Art. 79 Abs. 3 S. 1 LWahlG. Der entgegengesetzte Gesetzentwurf ist abgelehnt. Stimmenthaltung ist nicht vorgesehen[1493]. Für den Fall, daß gleich mehrere einander widerstreitende Gesetzentwürfe im Volksentscheid die einfache Mehrheit erreichen, gelangt die stets in diesen Fällen gemäß Art. 76 Abs. 4 S. 2 LWahlG zu stellende Stichfrage – welcher Gesetzentwurf im Falle des Erfolgs nämlich vom Abstimmenden vorgezogen wird – zur Bedeutung: nun ist allein der Gesetzentwurf angenommen, der in der gestellten Stichfrage die Mehrheit der gültigen Stimmen erhält, Art. 79 Abs. 3 S. 2 LWahlG. Die Mehrheitsverhältnisse in den Einzelfragen sind irrelevant.

Läßt sich selbst bei der Stichfrage aufgrund von Stimmengleichheit kein eindeutiger Sieger ermitteln, greift Art. 79 Abs. 3 S. 3 LWahlG erneut auf die der Stichfrage vorgelagerten konträren Gesetzgebungsentwürfe zurück: derjenige Entwurf nämlich, der die meisten gültigen Ja-Stimmen auf sich vereinen konnte, ist angenommen. Ergibt sich auch hier kein eindeutiges Ergebnis, haben also mehrere Vorschläge dieselbe Anzahl an Ja-Stimmen erreicht, werden bei allen Gesetzentwürfen die Nein-Stimmen von den Ja-Stimmen in Abzug gebracht; derjenige Entwurf, der nun nach Abzug der auf ihn entfallenden Nein-Stimmen die meisten Ja-Stimmen auf sich vereinigt hat, ist nach Abs. 3 S. 4 angenommen. Erst wenn auch diese Möglich-

[1493] Dies gilt für alle Länder gleichermaßen: *B. J. Hartmann*, Volksgesetzgebung (Fn. 94), S. 783.

keit zur Ermittlung einer einfachen Mehrheit eines Gesetzentwurfes versagt, ist die Wiederholung der Abstimmung über die Gesetzentwürfe durch Art. 79 Abs. 3 S. 5 LWahlG angeordnet.

(b) Verfassungsändernde Volksgesetzgebung: „Mehrheit entscheidet", jedenfalls sofern sie ein Viertel der Stimmberechtigten repräsentiert

Zwar wurde die Abschaffung des verfassungsmäßig vorgesehenen Bayerischen Senats durch den vorangegangenen Volksentscheid nicht bemängelt, allerdings wird die bisherige Auffassung, beim Volksentscheid über eine Verfassungsänderung sei kein Quorum erforderlich, in den Entscheidungen BayVerfGH 52, 104 und 53, 42[1494] ausdrücklich aufgegeben. Dies gilt allerdings nur in den Fällen, in denen es sich um ein Verfahren rein unmittelbarer Gesetzgebung und nicht um das in Bayern auch bei einer Verfassungsänderung durch den Landtag erforderliche Volksreferendum handelt[1495]. Zudem verpflichtete der Gerichtshof den Gesetzgeber ausdrücklich (!), ein Mindestquorum zur Bestandssicherung der Verfassung einzuführen, dessen Höhe bei einem Viertel der Wahlberechtigten zu liegen habe[1496].

[1494] Eine ausführliche und kritische Auseinandersetzung findet sich bei *Wittreck*, Demokratie (Fn. 1475), S. 138 ff. sowie (teils befürwortend) bei *Schweiger*, Volksbegehren (Fn. 1475), S. 1471 ff. und *Rux*, Demokratie (Fn. 88), S. 330 f.; dem BayVerfGH nicht nur im vorbereitenden Gutachten des Bayerischen Senats zustimmend *Isensee*, Verfassungsreferendum (Fn. 1417), S. 64 ff.; bezogen auf die entsprechende Diskussion in Thüringen: *ders.*, Volksgesetzgebung (Fn. 199), S. 1161 ff.

[1495] Hier gelten die vom Bayerischen Verfassungsgerichtshof aufgestellten Quoren nämlich nicht: *Möstl* (Fn. 1413), Art. 75 Verf. Bayern Rn. 5; es genügt also weiterhin (so wie bis zu seiner Entscheidung auch für die verfassungsändernde Volksgesetzgebung) die einfache Mehrheit der Abstimmenden, wie von der Verfassung vorgeschrieben; vgl. zum zwingenden Volksentscheid nach vorherigem Landtagsbeschluß oben unter B. XIII. 1. b).

[1496] BayVerfGH 52, 104 (127 ff., insbes. 135 f.; dort jedoch auch der Hinweis, daß andere, ebenfalls die Mindestlegitimation sichernde Ausgestaltungen möglich wären): Bei der Festlegung dieses Quorums sei selbst der verfassungsändernde Gesetzgeber, wie der BayVerfGH in Bd. 53, 42 ausführt, „nicht völlig frei, sondern [habe] Mindestgrenzen einzuhalten" (ebd., S. 62); neben dem Schutz der Verfassung zieht das Gericht als Argumentationsgrundlage auch einen Vergleich zwischen den beiden Gesetzgebungsmodalitäten heran, der Gesetzgebung durch das Volk – als der „Ausnahme" – und der durch den Landtag – die „Regel". Den erhöhten Bestandsschutz leitet das Gericht aus dem in Art. 75 Abs. 1 S. 2 Verf. Bayern abgesicherten „demokratischen Grundgedanken der Verfassung" ab, der „bei vollplebiszitären Verfassungsänderungen eine angemessene demokratische Legitimation sicherstellen" wolle. Diese „Grundentscheidung" der Verfassung zugunsten von „Stabilität (...) und (...) Mindestmaß an demokratischer Legitimation [könne nur] durch ein Quorum gewährleistet werden" (ebd., S. 62). Die Frage, warum die angeblich in der Verfassung „angelegte(n)" „demokratischen Grundgedanken des Erfordernisses eines erhöhten Bestandsschutzes für die Verfassung sowie der Notwendigkeit einer hinrei-

Dem Gesetzgebungsauftrag kam der Landtag durch Änderung des Art. 79 Abs. 1 LWahlG im Jahre 2000 nach. Er übernahm für verfassungsändernde Volksentscheide zusätzlich zum einfachen Mehrheitserfordernis nach Abs. 1 Nr. 1 als Voraussetzung das vom Gericht für erforderlich erachtete – und bis zu einer gesetzlichen Fixierung ohnehin über Art. 29 II BayVerfGHG richterlich angeordnete – Zustimmungsquorum von 25 % der Wahlberechtigten (Art. 79 Abs. 1 Nr. 2 LWahlG). Dieses ist selbstverständlich auch von einem eventuellen Gegenentwurf des Landtages zu erreichen[1497].

2. Regelungen in den übrigen Ländern

Seit der Einführung eines Volksentscheidverfahrens in Hamburg im Jahre 1996 anerkennen neben Bayern auch alle anderen Landesverfassungen der Bundesrepublik in mehr oder weniger starker Ausprägung direktdemokratische Elemente. Die Ausgestaltung und Begrenzung der Volksgesetzgebung differiert aber nicht unerheblich[1498]. Weitgehend einig hingegen ist man sich hinsichtlich der Begrenzung plebiszitärer Entscheidungskompetenz in der Sache, zuvörderst der Anordnung von Haushaltsvorbehalten und dem Ausschluß von Personalentscheidungen[1499].

a) Erfordernis eines Zulassungsantrags

Eingeleitet wird das Verfahren der Volksgesetzgebung wie in Bayern zumeist durch einen Antrag auf Durchführung eines Volksbegehrens, teilweise als Volksinitiative ausgestaltet und mit einer Befassungspflicht des Landesparlaments verknüpft. Auf diesen Verfahrensschritt insgesamt verzichten die Länder Hamburg und Schleswig-Holstein.

chenden demokratischen Legitimation“ (BayVerfGH 52, 104 [134 f.]; 53, 42 [65]), die nun gegen die Aufhebung des Abstimmungsquorums sprechen, erst nach fünfzig Jahren entdeckt wurden, wirft das Gericht freilich weder auf noch beantwortet es sie überzeugend.

1497 *Lipinski*, Mehrheitsverhältnisse (Fn. 1484), S. 594; *V. Spilarewicz*, in: Högner/Spilarewicz/Boettcher, Landeswahlgesetz (Fn. 1469), Art. 79 LWahlG Rn. 2.

1498 Einen guten Überblick über die Landesverfassungen liefert bereits *B. J. Hartmann*, Volksgesetzgebung (Fn. 94), S. 776 ff.; vgl. zur Entwicklung direkter Demokratie in Deutschland auch *Ludwig*, Trend (Fn. 1486), S. 30, 37. – Eine Zusammenstellung wichtiger Literatur und Landesverfassungsgerichtsentscheidungen liefert *M. Oldiges*, Parlamentarische und plebiszitäre Gesetzgebung, in: Juristenfakultät Leipzig (Hrsg.), Festschrift der Juristenfakultät zum 600jährigen Bestehen der Universität Leipzig, 2009, S. 529 (530 m. Fn. 7, 8 u. 9).

1499 Einen ausführlichen Überblick über die Ausschlußtatbestände aller Länder liefert *B. J. Hartmann*, Volksgesetzgebung (Fn. 94), S. 778 ff. – Kritisch, speziell zum Haushaltsvorbehalt *Oldiges*, Gesetzgebung (Fn. 1498), S. 536 ff.

Sofern vorgesehen, variiert die Anzahl der erforderlichen Unterstützungsunterschriften von 3.000 (Nordrhein-Westfalen[1500]) und 5.000 (Bremen[1501], Saarland[1502] und Thüringen[1503]) über 8.000 (Sachsen-Anhalt[1504]), 10.000 (Baden-Württemberg[1505]) und 15.000 (Mecklenburg-Vorpommern[1506]) bis hin zu 20.000 (Berlin[1507], Brandenburg[1508], Rheinland-Pfalz[1509]), 25.000 (Niedersachsen[1510]) und 40.000 (Sachsen[1511]) Wahlberechtigten. Hessen fordert die Unterschrift von ca. 132.000, entsprechend 3% der Wahlberechtigten[1512]. Die Unterschriften sind binnen festgelegter Fristen, teils im Amtseintragungsverfahren, teils durch freie Stimmensammlung zu erreichen[1513],

---

[1500] § 7 Abs. 1 S. 2 Gesetz über das Verfahren bei Volksinitiative, Volksbegehren und Volksentscheid (Nordrhein-Westfalen).

[1501] § 10 Abs. 2 Nr. 2 Gesetz über das Verfahren beim Volksentscheid (Bremen).

[1502] Art. 99 Abs. 2 S. 2 Verf. Saarland.

[1503] Art. 82 Abs. 3 S. 1 Verf. Thüringen.

[1504] § 10 Abs. 2 Nr. 2 Gesetz über das Verfahren bei Volksinitiative, Volksbegehren und Volksentscheid (Sachsen-Anhalt).

[1505] § 25 Abs. 4 Gesetz über Volksabstimmung und Volksbegehren (Baden-Württemberg).

[1506] § 7 Nr. 2 Gesetz zur Ausführung von Initiativen aus dem Volk, Volksbegehren und Volksentscheid in Mecklenburg-Vorpommern (Volksabstimmungsgesetz).

[1507] Art. 63 Abs. 1 S. 1 Verf. Berlin; nach erfolgreichem Antrag hat das Abgeordnetenhaus vier Monate Zeit, den Antrag zu übernehmen, ansonsten kann der Antragsteller die Durchführung des Volksbegehrens verlangen, Art. 62 Abs. 3 S. 2 Verf. Berlin, § 18 Abs. 1 S. 1 AbstG Berlin.

[1508] Art. 76 Abs. 1 S. 3 Alt. 1 Verf. Brandenburg.

[1509] § 63 Abs. 2 Nr. 3 Landeswahlgesetz (Rheinland-Pfalz).

[1510] § 19 Abs. 1 S. 1 Niedersächsisches Gesetz über Volksinitiative, Volksbegehren und Volksentscheid; in Niedersachsen besteht im Sinne einer originären Volksinitiative auch die Möglichkeit, den Landtag auf Antrag von 70.000 Wahlberechtigten (belegt durch deren Unterschrift) mit dem vorgelegten Gegenstand zu befassen, Art. 47 Verf. Niedersachsen.

[1511] Art. 71 Abs. 1 S. 2 Verf. Sachsen.

[1512] § 2 Abs. 2 lit. b Gesetz über Volksbegehren und Volksentscheid (Hessen).

[1513] Eine vergleichende Betrachtung von Eintragungsfristen und Sammlungsmodalitäten bietet *F. Meerkamp*, Die Bedeutung von Eintragungsfristen beim Volksbegehren im Rahmen der Volksgesetzgebungsverfahren in den deutschen Ländern, in: ZParl. 41 (2010), S. 579 ff. – Der Autor weist zurecht darauf hin, daß nicht nur die Quoren, sondern auch der Zeitraum und die Modalität der Sammlung mehr in den Blickpunkt des Interesses gerückt werden sollten, da beispielsweise in Hessen pro Tag 53 mal mehr Unterschriften für den Erfolg des Begehrens zu sammeln sind als in Schleswig-Holstein (ebd., S. 581). Auf eine ausführliche Darstellung wurde an dieser Stelle dennoch verzichtet, da die Fristen keinerlei Auswirkung auf die Mehrheitserfordernisse im Entscheid zeitigen. – Eine überzeugende Regelung bietet Thüringen, das die Fristen dem frei wählbaren Verfahren der Unterschriftensammlung anpaßt: vgl. die Hinweise bei *M. H. Koch/S. Storr*, Das Plebiszit in Thüringen – eine Erfolgsgeschichte?, in: ThürVBl. 2009, S. 5 (7).

wobei der Zeitraum, der für die Sammlung zur Verfügung gestellt wird, bei der Beurteilung der Anforderungen nie ganz außer acht gelassen werden darf[1514].

b) Erfordernis eines einleitenden Volksbegehrens

Nach erfolgreichem Antrag besteht die nächste Stufe in allen Ländern – also auch denjenigen, die auf die erste Phase verzichten – im Volksbegehren, das unmittelbar die Durchführung des Volksentscheides zum Ziel hat. Das einleitende Begehren kommt zustande, wenn sich binnen der von Land zu Land unterschiedlichen Fristen – sie variieren zwischen 14 Tagen und maximal 12 Monaten, auf eine Frist verzichtet einzig Mecklenburg-Vorpommern[1515] – eine im vorhinein feststehende absolute Zahl oder ein fixierter Prozentsatz der Wahlberechtigten in frei oder im Amt geführte Unterschriftenlisten einträgt.

Das Unterschriftenquorum variiert numerisch zwischen 80.000 (Brandenburg, entspricht ca. 4%[1516]), 120.000 (Mecklenburg-Vorpommern[1517], entspricht ca. 8,5%) und 300.000 (Rheinland-Pfalz[1518], entspricht ca. 10%) bis hin zu 450.000 (Sachsen, entspricht ca. 12% und ist auf maximal 15% begrenzt[1519]) Stimmberechtigten bzw. prozentual fünf Prozent (Bremen, Hamburg, Schleswig-Holstein[1520]), sieben (Berlin[1521]), acht (Nordrhein-Westfalen und Thüringen[1522]) und 10% (Niedersachsen[1523]) bzw. 11% (Sachsen-Anhalt[1524]) bis

---

1514 Das Zusammenspiel von Quorum und Frist wird im sog. Mobilisierungskoeffizienten ausgedrückt; vgl. hierzu *O. Jung*, Direkte Demokratie auf Landes- und Kommunalebene, in: Politische Bildung 38 (2005), S. 24 (24 f.) sowie *Rux*, Demokratie (Fn. 88), S. 290 ff. (inkl. diesbezüglicher Gegenüberstellung der Länder auf S. 292).

1515 Eine abschließende Darstellung der jeweiligen Fristen findet sich bei *F. Rehmet*, Volksbegehrensbericht 2009 von Mehr Demokratie e.V., 2010, S. 7.

1516 Art. 77 Abs. 3 S. 1 Verf. Brandenburg. Die in Prozent umgerechneten, absoluten Zahlen entstammen auch im Folgenden *Rehmet*, Volksbegehrensbericht 2009 (Fn. 1515), S. 7.

1517 Art. 60 Abs. 1 S. 3 Verf. Mecklenburg-Vorpommern.

1518 Art. 109 Abs. 3 S. 1 Verf. Rheinland-Pfalz.

1519 Art. 72 Abs. 2 S. 1 Verf. Sachsen.

1520 Art. 70 lit. d S. 1 Verf. Bremen; Art. 50 Abs. 2 S. 8 Verf. Hamburg; Art. 42 Abs. 1 S. 5 Verf. Schleswig-Holstein.

1521 Art. 63 Abs. 1 S. 2 Verf. Berlin.

1522 Art. 68 Abs. 1 S. 7 Verf. Nordrhein-Westfalen; Art. 82 Abs. 5 S. 2 Alt. 1 Verf. Thüringen – in Thüringen sind 10% zu erreichen, wenn die Unterschriften frei und nicht in Amtsstuben gesammelt wurden (Alt. 2).

1523 Art. 48 Abs. 3 S. 1 Verf. Niedersachsen.

1524 Art. 81 Abs. 1 S. 4 Verf. Sachsen-Anhalt.

hin zu einem Sechstel der Wahlberechtigten (Baden-Württemberg[1525]) und einem Fünftel (Hessen, Saarland[1526]).

c) Verfahren des Volksentscheids

Hat das Volksgesetzgebungsverfahren die Phase des Volksentscheids erreicht – wurde die Vorlage vom Landtag also nicht deckungsgleich übernommen –, schließt sich von Gesetzes wegen, teils auch auf entsprechenden Antrag der Begehrensführer, der Volksentscheid an. In dessen Rahmen wird nun verbindlich von der Wählerschaft über die vorgelegte Frage inhaltlich, ggf. zusammen mit einem in allen Ländern zulässigen, konkurrierenden Entwurf des Landtags, entschieden[1527]. Unabhängig vom Ausgang ist dies das letzte Stadium im Verfahren unmittelbarer Gesetzgebung.

aa) Voraussetzungen im Rahmen der einfachen Gesetzgebung

(1) Mehrheitserfordernis

Einheitlich ist in allen Ländern zunächst die Mehrheit der abgegebenen Stimmen im Volksentscheid nötig, aber auch ausreichend[1528]. Stimmenthaltungen sind nicht vorgesehen und spielen von daher keine ausdrückliche Rolle[1529]. Das Mehrheitserfordernis wird zumeist durch ein Zustimmungsquorum ergänzt, so daß das vorgeschlagene Gesetz nur dann in Kraft tritt, wenn die Mehrheit zugleich das festgeschriebene Wählerquorum repräsentiert. Es variiert zwischen 15% (Nordrhein-Westfalen[1530]), einem Fünftel (Bremen[1531]) und geht über ein Viertel (Berlin, Brandenburg, Niedersachsen, Rheinland-Pfalz, Sachsen-Anhalt [Quorum entfällt bei Gegenvorlage

---

[1525] Art. 59 Abs. 2 S. 2 Verf. Baden-Württemberg; bei etwa 7,5 Mio. Wahlberechtigten sind damit 1,25 Mio. Stimmen erforderlich.

[1526] Art. 124 Abs. 1 S. 1 Verf. Hessen; Art. 99 Abs. 2 S. 3 Verf. Saarland.

[1527] Vgl. zusammenfassend *Rux,* Demokratie (Fn. 88), S. 320.

[1528] Art. 60 Abs. 5 S. 1 Verf. Baden-Württemberg; Art. 63 Abs. 1 S. 3 Verf. Berlin; Art. 78 Abs. 2 Verf. Brandenburg; Art. 72 Abs. 1 Verf. Bremen; Art. 50 Abs. 3 S. 10 Verf. Hamburg; Art. 124 Abs. 3 S. 2 Verf. Hessen; Art. 60 Abs. 4 S. 1 Verf. Mecklenburg-Vorpommern; Art. 49 Abs. 2 S. 1 Verf. Niedersachsen; Art. 68 Abs. 4 S. 2 Verf. Nordrhein-Westfalen; Art. 72 Abs. 4 S. 2 Verf. Sachsen; Art. 81 Abs. 3 S. 2, Abs. 4 S. 2 Verf. Sachsen-Anhalt; Art. 42 Abs. 4 S. 1 Verf. Schleswig-Holstein; Art. 82 Abs. 7 S. 3 Hs. 1 Verf. Thüringen.

[1529] Dies gilt gleichermaßen für alle Länder: vgl. *B. J. Hartmann*, Volksgesetzgebung (Fn. 94), S. 783.

[1530] Art. 68 Abs. 4 S. 2 Verf. Nordrhein-Westfalen.

[1531] Art. 72 Abs. 2 Verf. Bremen.

des Landtages], Schleswig-Holstein und Thüringen[1532]) und ein Drittel (Baden-Württemberg, Mecklenburg-Vorpommern[1533]) bis hin zu mehr als der Hälfte der Stimmberechtigten (Saarland[1534]). Neben Bayern stellen Hessen wie auch Sachsen kein Beschlußquorum auf; es verbleibt dementsprechend beim einfachen Mehrheitsbeschluß der Abstimmenden, und zwar unabhängig davon, wie viele Wahlberechtigte sich am Entscheid beteiligen oder wieviel Unterstützung der Vorschlag erfährt. Hamburg nimmt dagegen eine Sonderrolle ein (2).

Unbefriedigend stellt sich die Situation dar, wenn mehrere miteinander unvereinbare Volksentscheide zur Abstimmung stehen, weil beispielsweise der Landtag eine Alternativvorlage ins Rennen um die Wählergunst geschickt hat. Da eine Stichfrage anders als in Bayern zumeist fehlt, kommt es grundsätzlich darauf an, welcher Entscheid die meisten Ja-Stimmen auf sich vereinen kann. Die relative Mehrheit bringt in diesem Fall aber auch mit sich, daß der Rechtszustand unverändert bestehen bleibt, wenn eine Mehrheit beide Entwürfe ablehnt[1535]. Bei Stimmengleichheit zwischen zwei Anträgen werden die Nein-Stimmen abgezogen und der dann die meisten Ja-Stimmen aufweisende Antrag obsiegt[1536]. Es ist jedoch zu befürchten, daß die diesbezügliche Ausgestaltung in nicht wenigen Ländern, die bei mehreren, miteinander unvereinbaren Verfahren die Stimmabgabe auf nur wenige zulässige Abstimmungsverhalten reduzieren, zu einem massiven Anstieg ungültiger Stimmen führt. So werden teils Stimmzettel nur dann für gültig erklärt, wenn höchstens einer Vorlage zugestimmt wird (also tat-

---

[1532] Art. 63 Abs. 1 S. 3 Verf. Berlin; Art. 78 Abs. 2 Verf. Brandenburg; Art. 49 Abs. 2 S. 1 Verf. Niedersachsen; Art. 109 Abs. 4 S. 3 Hs. 2 Verf. Rheinland-Pfalz; Art. 81 Abs. 3 S. 2 Verf. Sachsen-Anhalt; Art. 42 Abs. 4 S. 1 Verf. Schleswig-Holstein; Art. 82 Abs. 7 S. 3 Hs. 2 Verf. Thüringen.

[1533] Art. 60 Abs. 5 S. 2 Verf. Baden-Württemberg; Art 60 Abs. 4 S. 1 Verf. Mecklenburg-Vorpommern.

[1534] Art. 100 Abs. 3 Verf. Saarland; fraglich, im Ergebnis aber ohne Auswirkungen ist, ob es sich tatsächlich um ein Zustimmungsquorum im Sinne eines doppelten Mehrheitserfordernisses handelt (so wie in der Literatur von *J. Isensee*, in: Wendt/Rixecker, Verfassung Saarland [Fn. 1220], Art. 100 Rn. 41 vertreten) oder, wie der Normtext es m. E. vermuten ließe, lediglich eine absolute Mehrheit der Stimmberechtigten angeordnet wurde.

[1535] Vgl. das instruktive Beispiel bei *Rux,* Demokratie (Fn. 88), S. 480 m. Fn. 8: 35% Vorschlag A, 25% Vorschlag B, 40% Ablehnung beider Vorschläge.

[1536] So beispielsweise § 6 Abs. 2 S. 4 des bremischen Gesetzes über das Verfahren beim Volksentscheid oder § 42 Abs. 2 S. 2 des sächsischen Gesetzes über Volksantrag, Volksbegehren und Volksentscheid; oftmals fehlt jedoch sowohl eine Stichfrage als auch die Anordnung eines Umgangs mit der Pattkonstellation wie sie immerhin in Bremen und Sachsen zu finden ist. Vgl. auch § 50 Abs. 2 VAbstG Brandenburg, der ausdrücklich die relative Mehrheit anordnet, auf eine Saldierung aber verzichtet; s. auch *Rux,* Demokratie (Fn. 88), S. 325 f., 434.

sächlich nur eine Ja-Stimmen-Abgabe trotz zweier Ankreuzmöglichkeiten erfolgt!) oder alle Vorlagen abgelehnt werden (so beispielsweise § 45 Abs. 3 VAbstG Brandenburg, § 23 Abs. 1 S. 2 VAbstG Schleswig-Holstein, § 21 Abs. 3 VAbstG Mecklenburg-Vorpommern). Viele unzulässige Abstimmungsverhalten sind jedoch nicht auf den ersten, unter Umständen nicht einmal auf den zweiten Blick ersichtlich[1537]. Andererseits erscheint der Sinn einer mehrfachen Zustimmung zu einander widersprechenden Vorlagen – dies erlauben beispielsweise § 30 Abs. 2 S. 2 VAbstG Niedersachsen und § 25 Abs. 2 VAbstG Sachsen-Anhalt – fraglich, da dies weder dem einen noch dem anderen Entscheid beim Mehrheitserfordernis dient, wenngleich es das 25%-ige Zustimmungsquorum der Art. 49 Abs. 2 S. 1 Verf. Niedersachsen und Art. 81 Abs. 3 S. 2 Verf. Sachsen-Anhalt zu überspringen hilft.

(2) Sonderfall Hamburg

Die Hamburgische Verfassung läßt Volksentscheide regelmäßig an den Terminen der Bundestags- oder Bürgerschaftswahlen stattfinden. Diese erst 2008 erfolgte Änderung soll gewährleisten, daß sich möglichst viele Bürgerinnen und Bürger an dem Volksentscheid beteiligen[1538]. In vielen Fällen gelingt dies bereits dadurch, daß die in einem Zeitraum von drei Monaten vor und einem Monat nach einer Wahl zum Europäischen Parlament, Bundestag oder Bürgerschaft geplanten Entscheide zwingend auf den Wahltag verlegt werden, § 18 Abs. 4 S. 2 VAbstG[1539], und ansonsten grundsätzlich auch zu diesen Terminen stattfinden, wenn nichts anderes beantragt wird. Daher verwundert es auch nicht, wenn die Verfassung kein starres Quorum festschreibt, sondern von der Beteiligung an der Bundes- oder Bürgerschaftswahl abhängig macht. Neben der Mehrheit der Abstimmenden hat die Gesetzesvorlage nach Art. 50 Abs. 3 S. 10 Verf. die Mehrheit der Stimmen zu erreichen, „die der Mehrheit der in dem gleichzeitig gewählten Parlament repräsentierten Hamburger Stimmen" entspricht. Dies sollte weitgehend zu einem Gleichlauf beider Mehrheitsanforderungen führen, da bei gleichzeitiger Wahl regelmäßig dieselbe Anzahl an Bürgern auch ihre Stimme für den Volksentscheid abgeben dürfte[1540]. Abweichungen können

[1537] Davor warnt zurecht *Rux,* Demokratie (Fn. 88), S. 480.

[1538] http://www.hamburgische-buergerschaft.de/cms_de.php?templ=akt_sta.tpl&sub1=62&sub2=443&sub3=466&cont=3522 (November 2013).

[1539] Hamburgisches Gesetz über Volksinitiative, Volksbegehren und Volksentscheid – VAbstG.

[1540] Wohl nur aus diesem Grund kann davon gesprochen werden, daß „kein zusätzliches Quorum" bestünde (so *Rehmet,* Volksbegehrensbericht 2009 [Fn. 1515], S. 7). Ansonsten trägt diese Aussage nicht gerade zur Entwirrung bei.

sich allein dadurch ergeben, daß Stimmen aufgrund der 5%-Hürde bei der Bürgerschaftswahl wegfallen und dadurch nicht zu den „repräsentierten" Stimmen gehören. Die Mehrheit im Volksentscheid wird so etwas leichter zu erreichen sein. Nötig ist dann jedenfalls eine absolute Mehrheit der repräsentierten Stimmen der Landtagswahl für den Volksentscheid – unabhängig davon, auf welche Partei sie entfielen. Findet der Volksentscheid demgegenüber auf entsprechenden Antrag hin nicht zusammen mit einer Parlamentswahl statt, liegt das Quorum nach Art. 50 Abs. 3 S. 13 Verf. bei einem Fünftel der Wahlberechtigten.

bb) Voraussetzungen im Rahmen der verfassungsändernden Volksgesetzgebung

Der überwiegende Teil der Länder stattet das Landesvolk unmittelbar mit dem Recht zur Verfassungsänderung aus. Einzig Hessen und das Saarland – denen wie aufgezeigt die einfache Volksgesetzgebung nicht fremd ist – verwehren ihm den Zugriff auf die Verfassung durch Volksentscheid, wobei im Saarland immerhin direktdemokratische Elemente gewisse Einflußmöglichkeiten auch auf das Verfassungsrecht eröffnen: zwar ist es nach Art. 100 Abs. 4 Verf. unzulässig, auf ein Volksbegehren hin, das eine Verfassungsänderung zum Gegenstand hat, einen Volksentscheid durchzuführen. Andererseits verdeutlicht die Norm aber, daß ein auf eine Verfassungsänderung abzielendes Volksbegehren sehr wohl zulässig ist[1541]. Dieses hat dann freilich nicht mehr die Funktion einer Zulassungsstufe für den nachfolgenden Entscheid, sondern verbleibt gemäß Art. 99 Abs. 4, 100 Abs. 1 S. 1, Abs. 4 Verf. im Stadium des Volksbegehrens, in dem dann der Landtag drei Monate lang die Möglichkeit hat, den eingereichten Gesetzentwurf durch eigenen Beschluß mit Zweidrittelmehrheit ganz oder teilweise zu übernehmen und die Verfassungsänderung mit Zweidrittelmehrheit herbeizuführen (Art. 100 Abs. 1 S. 1 i. V. m. Art. 101 Abs. 1 S. 2 Verf.).

[1541] *J. Isensee*, in: Wendt/Rixecker, Verfassung Saarland (Fn. 1220), Art. 101 Rn. 9; *J. Wohlfarth*, Direkte Demokratie im Saarland, in: Kost, Demokratie (Fn. 85), S. 228 (232). – Eine dahingehende Klarstellung fehlt in der hessischen Landesverfassung. Daraus auf die Zulässigkeit eines entsprechenden Begehrens zu schließen (so *Rux*, Demokratie [Fn. 88], S. 268 f. und wohl auch *G. Jürgens/F. Rehmet*, Direkte Demokratie in den Bundesländern – Ein Überblick, in: Heußner/Jung, Demokratie [Fn. 1461], S. 197 [206]) überzeugt indes nicht, so daß es für Hessen bei der Unzulässigkeit bleibt: so wie hier *Lange/Jobs*, Verfassungsreform (Fn. 1440), S. 457 f. sowie *F. K. Schonebohm*, in: Zinn/Stein, Verfassung Hessen, Bd. II (Fn. 1220), Art. 124 Ziff. II.2. m. w. N.

(1) Mehrheitserfordernis

Unter den Bundesländern, die eine verfassungsändernde Volksgesetzgebung zulassen, variiert die Ausgestaltung derselben immens. Innerhalb des betroffenen Landes differiert das Verfahren verfassungsändernder von dem einfacher Volksgesetzgebung zumeist nur im Mehrheitserfordernis, teilweise zusätzlich im Zustimmungsquorum. Das vorgelagerte Verfahren zur Ingangsetzung des Änderungsverfahrens ist zumeist deckungsgleich; ergeben sich Abweichungen, sind diese in der Folge dargestellt.

Das Mehrheitserfordernis beginnt am unteren Ende mit den Anforderungen der thüringischen Verfassung, die eine Zustimmung der Mehrheit der Abstimmenden, jedoch mindestens von 40% der Wahlberechtigten verlangt[1542]. Identisch insoweit, als ein Mehrheitsquorum mit einer Mindestzustimmung der Wahlberechtigten kombiniert wird, verfahren auch Brandenburg, Mecklenburg-Vorpommern, Sachsen-Anhalt und Schleswig-Holstein (jeweils Zweidrittelmehrheit in der Abstimmung, die zugleich mindestens die Hälfte der Wahlberechtigten repräsentieren muß[1543]). Eine weitere, den Anforderungen nach zwischen den vorgenannten einzuordnende Gruppe verlangt einen mit der Mehrheit der Stimmberechtigten gefaßten Beschluß bzw. eine Mehrheit, die mindestens die Hälfte der Wahlberechtigten repräsentiert; entsprechend verfahren Baden-Württemberg, Rheinland-Pfalz und Sachsen bzw. Niedersachsen[1544].

(2) Besonderheit: Berlin

Die Verfassung Berlins stellt in Art. 63 Abs. 2[1545] für das gesamte Verfahren eines auf Verfassungsänderung zielenden Volksentscheids erhöhte Voraussetzungen auf. Nach S. 1 ist zunächst ein Antragsquorum von 50.000 Unterschriften zu erreichen. Das sich anschließende Volksbegehren kommt nach Abs. 2 S. 2 zustande, wenn ein Fünftel der Wahlberechtigten das Antragsziel durch eigene Unterschrift unterstützen. Ist das Quorum binnen vier

---

1542 Art. 83 Abs. 2 S. 2 Hs. 1 u. 2 Verf. Thüringen.

1543 Art. 78 Abs. 3 S. 1 Verf. Brandenburg; Art. 60 Abs. 4 S. 2 Verf. Mecklenburg-Vorpommern; Art. 81 Abs. 5 Verf. Sachsen-Anhalt; Art. 42 Abs. 4 S. 2 Verf. Schleswig-Holstein.

1544 Art. 64 Abs. 3 S. 3 Verf. Baden-Württemberg; Art. 129 Abs. 1 Verf. Rheinland-Pfalz (nach Abs. 3 sogar durch eine Ewigkeitsklausel geschützt!); Art. 74 Abs. 3 S. 3 Verf. Sachsen bzw. Art. 49 Abs. 2 S. 2 Verf. Niedersachsen.

1545 Die Regelungen der Verfassung werden aufgegriffen und um weitere Verfahrensregelungen ergänzt im AbstG Berlin, das auf Grundlage des Art. 63 Abs. 4 Verf. Berlin ergangen ist. Aus diesem ergeben sich aber für die vorliegende Arbeit keine weitergehenden Informationen.

Monaten erreicht, schließt sich der eigentliche Volksentscheid binnen weiterer vier Monate an – sofern das Abgeordnetenhaus die Vorlage nicht nach § 29 Abs. 1 Nr. 1, Abs. 2 AbstG Berlin übernimmt. Er hat Erfolg, wenn eine Mehrheit von mindestens zwei Dritteln der Teilnehmer und zugleich mindestens die Hälfte der Wahlberechtigten zustimmt, Art. 63 Abs. 2 S. 3 Verf. Die doppelte Mehrheit erfordert mithin eine qualifizierte Abstimmungsmehrheit von zwei Dritteln, die zugleich die Hälfte der Wahlberechtigten repräsentiert.

(3) Besonderheit: Bremen

Das Verfahren der direktdemokratischen Verfassungsänderung orientiert sich auch in Bremen am Verfahren einfacher Volksgesetzgebung. Lediglich die Anforderungen an das einleitende Unterschriftenquorum (statt fünf nun 20%[1546]) werden neben der Veränderung der Beschlußmehrheit auf mindestens die Hälfte der Stimmberechtigten erhöht, Art. 72 Abs. 2 Verf. Auch der Bremische Staatsgerichtshof hat (ähnlich wie sein bayerisches Pendant) in einem Urteil vom 14.2.2000 durch ein Volksbegehren eingebrachte Tendenzen zur Absenkung von Einleitungs- und Zustimmungsquoren erfolgreich, anders als das bayerische Gericht aber unter Zuhilfenahme des Art. 28 Abs. 1 GG, abgeblockt[1547].

(4) Besonderheit: Hamburg

Bereits im Rahmen einfacher Volksgesetzgebung hat sich Hamburg gegenüber den übrigen Ländern durch ein außergewöhnliches Zustimmungsquorum hervorgetan. Dieses wird im Rahmen der verfassungsändernden Volksgesetzgebung noch verschärft. Neben der nun erforderlichen Zweidrittelmehrheit der Abstimmenden müssen auch zwei Drittel der im gleichzeitig gewählten Parlament repräsentierten Hamburger Stimmen erzielt werden, Art. 50 Abs. 3 S. 11 Verf. Und auch hinsichtlich des Zeitpunktes zur Abhaltung des Volksentscheides gelten Besonderheiten: anders als bei einfacher Volksgesetzgebung ist im vorliegenden Gegenstandsbereich eine zeitliche Verlagerung des Entscheides auf Zeitpunkte außerhalb der regulären Parlamentswahltermine unzulässig[1548].

1546 Art. 70 Abs. 1 lit. d Verf. Bremen.

1547 BremStGH, Urt. v. 14.2.2000, St 1/98, NVwZ-RR 2001, 1 ff. – Besprechung bei *Schweiger*, Volksbegehren (Fn. 1475), S. 1471 ff. und *Wittreck*, Demokratie (Fn. 1475), S. 132 ff.

1548 Die Verfassung, insb. Art. 50 Abs. 3 S. 13 Verf., gibt diese Einschränkung freilich nicht her. s. aber *Rehmet*, Volksbegehrensbericht 2009 (Fn. 1515), S. 7 m.

(5) Besonderheit: Nordrhein-Westfalen

In Nordrhein-Westfalen schließlich sind gemäß Art. 69 Abs. 4 S. 2 Verf. zwei Drittel der Abstimmenden für den Erfolg im Volksentscheid nötig. Darüber hinaus müssen diese zwei Drittel aber kein festgelegtes Quorum der Wahlberechtigten erreichen. Es genügt nämlich nach oben genannter Vorschrift, daß sich allein die Hälfte der Stimmberechtigten an dem Volksentscheid beteiligt (!).

3. Fakultative Volksreferenden

Einen weiteren Bereich direktdemokratischer Elemente bilden die fakultativen Referenden. Anders als bei den vom Landtag initiierten verfassungsändernden Gesetzen, die erst mittels obligatorischer Referenden in Kraft treten können (und daher eher der parlamentarischen Gesetzgebung zuzuordnen sind und dort unter B. XIII. 1. b) sowie B. XIII. 2. b) dargestellt wurden), stellt sich die Konstellation der fakultativen Referenden in den Ländern Baden-Württemberg und Sachsen dar.

Ersteres bietet unter zwei Umständen Raum zur Aktivierung des Volkes: Zunächst aufgrund entsprechenden Beschlusses des Landtags zur Durchführung eines Volksentscheides, der das Inkrafttreten des vom Landtag im vorgesehenen Verfahren verabschiedeten, jedoch noch nicht in Kraft getretenen Gesetzes verhindert, Art. 60 Abs. 2 S. 1 Verf. Das gegenständliche Gesetz kann dabei nach bestrittener, aber aufgrund des uneingeschränkten Wortlauts überzeugender Auffassung entweder einfacher oder verfassungsändernder Natur sein[1549]. Voraussetzung ist ein hierauf gerichteter Antrag eines Drittels der Mitglieder des Landtages und die Zustimmung der Landesregierung zur Durchführung eines Volksentscheides. Eines (qualifizierten) Mehrheitsbeschlusses des Plenums bedarf es nicht. Der Volksentscheid läuft nach den allgemeinen Regelungen des Art. 60 Abs. 5 Verf. ab[1550], also einfacher Abstimmendenmehrheit bei einer Zustimmung von einem Drittel, im Falle eines verfassungsändernden Gesetzes modifiziert zu einer Mindestzustimmung der Hälfte der Stimmberechtigten[1551]. Gemäß Abs. 2 S. 2 unterbleibt

---

Fn. 3 sowie unter http://www.hamburgische-buergerschaft.de/cms_de.php?templ=akt_sta.tpl&sub1=62&sub2=443&sub3=466&cont=3522 (November 2013). – Die Kommentarliteratur ist zu dieser Frage veraltet.

1549 Dies ist str.: Für die Überprüfungsmöglichkeit auch der verfassungsändernden Gesetze *Feuchte* (Fn. 1421), Art. 64 Verf. Baden-Württemberg Rn. 12; für eine Überprüfungsmöglichkeit nur des einfachen Rechts *Braun* (Fn. 1221), Art. 64 Verf. Baden-Württemberg Rn. 20.

1550 *Braun* (Fn. 1221), Art. 61 Verf. Baden-Württemberg Rn. 17.

die Volksabstimmung nur dann, wenn der Landtag das Gesetz abermals, und zwar mit Zweidrittelmehrheit beschließt. Denknotwendig hat sich die Zweidrittelmehrheit auf die gesetzliche Mitgliederzahl der Körperschaft zu beziehen, um die den Entscheid beantragende Minderheit gewissermaßen überstimmen zu können[1552]. Steht diese Mehrheit, entfällt der Volksentscheid und die Gesetzesänderung tritt wie ursprünglich beschlossen in Kraft.

Die zweite Konstellation wirkt sich eher konstruktiv aus. Lehnt der Landtag eine von der Regierung eingebrachte Gesetzesvorlage ab, so kann letztere, wenn ein Drittel der Mitglieder des Landtags dies beantragt, über Art. 60 Abs. 3 Verf. den Volksentscheid ansetzen. Erreicht er die erforderliche Mehrheit, wird das Gesetz entgegen der mehrheitlichen Ablehnung im Landtag doch noch zur Geltung gebracht. In beiden Fällen bedient man sich der Regelungen zum rein durch das Volk initiierten Entscheid, Art. 60 Abs. 5 Verf., § 1 VAbstG Baden-Württemberg.

Das einzige Land mit einer parallelen Bestimmung in Art. 74 Abs. 3 S. 1 Verf. ist Sachsen. Sie bezieht sich aber nur auf einen Ausschnitt der baden-württembergischen Regelungsgegenstände, nämlich die Einleitung eines verfassungsändernden Volksentscheids durch die Mitglieder des Landtages, die selbst nicht über die verfassungsändernde Mehrheit verfügen. Anders als in Baden-Württemberg ist für die Einleitung des Verfahrens nicht eine Minderheit von einem Drittel ausreichend, sondern immerhin eine absolute Mehrheit vonnöten. Dafür aber bedarf es nicht noch zusätzlich eines Antrags der Landesregierung. Auch hier gilt die im Rahmen der verfassungsändernden Volksgesetzgebung anzuwendende absolute Mehrheit der Stimmberechtigten im anschließenden Volksentscheid, Abs. 3 S. 3.

4. Stellungnahme

In den letzten mehr als sechs Jahrzehnten kam es in den Bundesländern zu knapp 250 direktdemokratischen Verfahren (freilich mit einem deutlichen Schwerpunkt in den 1990er und 2000er Jahren), von denen immerhin ungefähr 70 zu einem Volksbegehren, davon allerdings nicht einmal 20 ins

[1551] Vgl. *Feuchte* (Fn. 1421), Art. 64 Verf. Baden-Württemberg Rn. 12: die Mehrheit des Art. 60 Abs. 5 Verf. wurde nur nicht angepaßt.

[1552] A.A. *P. Feuchte*, in: ders., Verfassung Baden-Württemberg (Fn. 1220), Art. 60 Rn. 5 a.E. unter verfehltem Hinweis auf Art. 33 Abs. 2 S. 1 Verf., der für den Regelbeschluß des Landtages die Mehrheit der abgegebenen Stimmen genügen läßt. Hieraus jetzt den Bezugspunkt der abgegebenen Stimmen in Art. 60 Verf. zu importieren, verfehlt den Regelungsgehalt der Grundnorm, die eindeutig den Akzent auf das Mehrheitserfordernis und nicht die Bezugsgröße setzen will.

Stadium eines Volksentscheids gelangten[1553]. An den nachgewiesenen Statistiken läßt sich deutlich erkennen, daß in den Ländern mit strengen Regelungen wie beispielsweise dem Saarland, Baden-Württemberg oder Hessen, mit ihren vorrangig hohen Einleitungs- und Beteiligungs- sowie Mehrheitsquoren eine restriktive Nutzung direktdemokratischer Verfahren erfolgt. Die Quoren erfüllen hier im „prohibitiven Sinne" ihre Wirkung voll und ganz[1554]. Ganz anders sieht die Volksbegehrens-Häufigkeit in den Ländern Hamburg, Brandenburg und Bayern aus, wo tendenziell einfacher zu erfüllende Rahmenbedingungen herrschen.

Erfreulich ist zudem, daß insbesondere in den beiden letzten Jahrzehnten, abgesehen von der ein oder anderen restriktiven Entscheidung eines Landesverfassungsgerichts[1555], durchaus ein Trend zur Absenkung der Hürden für die Volksgesetzgebung auszumachen war[1556], dem sich andere Verfassungsgerichte auch nicht verschlossen[1557]. Systemwechsel wie der Übergang Bremens von einem 50%-igen Beteiligungsquorum auf ein 25%-iges Zustimmungsquorum zeigen die stetige Fortentwicklung der Bestimmungen zu den direktdemokratischen Verfahren.

In aller Regel folgt jedoch der Ablauf einem bewährten Dreischritt von Volksinitiative, Volksbegehren und Volksentscheid[1558]. Sowohl bei der ein-

---

[1553] Genaue Zahlen von 1946 bis Ende 2009 bei *Rehmet*, Volksbegehrensbericht 2009 (Fn. 1515), S. 3: 238 zu 69 zu 16. Mehr als 90% der Verfahren fanden nach 1990 statt. Ebd., S. 10, auch nach Verfahrensstadien und Ländern unterteilt.

[1554] Vgl. *G. Stuby*, Hut ab vor dem Volk, aber Quoren müssen her! Anmerkungen zur Entscheidung des Bremer Staatsgerichtshofs vom 14. Februar 2000, in: A. Bovenschulte/H. Grub/F. A. Löhr/M. v. Schwanenflügel/W. Wietschel (Hrsg.), Demokratie und Selbstverwaltung in Europa. Festschrift für Dian Schefold zum 65. Geburtstag, 2001, S. 243 (246) sowie *Berlit*, Volk (Fn. 86), S. 355.

[1555] Den „Höhepunkt" des begrenzenden Umgangs mit direkter Demokratie markieren hier zweifelsohne die bereits dargestellten Entscheidungen BayVerfGH 52, 104 u. 53, 42. – Einen ausführlichen Überblick über entsprechende verfassungsgerichtliche Tendenzen, die durch diese Entscheidung, aber auch seitens anderer Landesverfassungsgerichte zu Beginn der 2000er Jahre eindeutig verfolgt wurden, liefert *Wittreck*, Demokratie (Fn. 1492), S. 111 ff.

[1556] *Oldiges*, Gesetzgebung (Fn. 1498), S. 530; *M. Kloepfer/F. Schärdel*, Die Perspektiven der Volksgesetzgebung, in: DVBl. 2008, S. 133 (133 f.); *Kühling*, Volksgesetzgebung (Fn. 66), S. 777; *Stuby*, Hut (Fn. 1554), S. 245 f.; *Koch/Storr*, Plebiszit (Fn. 1513), S. 5 f., 11. – Beim einleitenden Volksbegehren erfolgte ebenfalls in den Ländern Berlin, Bremen und Rheinland-Pfalz eine Absenkung des Quorums von 20% um die Hälfte. Zu den neuesten Entwicklungen auch *Rehmet*, Volksbegehrensbericht 2009 (Fn. 1515), S. 18 ff., 26 ff.

[1557] Dies sind namentlich Erleichterungen beim Haushaltsvorbehalt, insb. durch den Sächsischen Verfassungsgerichtshof und sein hamburgisches Pendant hinsichtlich des Koppelungsverbotes: vgl. *F. Wittreck*, Direkte Demokratie vor Gericht oder: Direkte Demokratie und Verfassungsgerichtsbarkeit – Ein gestörtes Verhältnis, in: Heußner/Jung, Demokratie (Fn. 1461), S. 397 (399 ff., 401 f.).

fachen Volksgesetzgebung als auch im Rahmen der verfassungsändernden sind darüber hinaus nicht unerhebliche Unterschiede zwischen den Bundesländern feststellbar und: kein einziges Verfahren gleicht dem anderen.

a) Vollumfängliche gesetzliche Ausgestaltung der Verfahren

Das Verfahren der Annahme eines Gesetzentwurfs durch Volksentscheid ist in den Ausführungsgesetzen wie dem bayerischen Landeswahlgesetz beginnend mit dem Zulassungsantrag (Art. 63 ff. LWahlG) über die Regelungen zum Volksbegehren selbst (Art. 65 ff. LWahlG) bis hin zum eigentlichen Volksentscheid (Art. 75 ff. LWahlG) erfreulicherweise vollumfassend geregelt. Art. 79 III LWahlG hält sogar bei der Abstimmung über einen einfachen Landesgesetzentwurf für den Fall, daß das einfache Mehrheitsprinzip des Abs. 1 Nr. 1 im Falle mehrerer erfolgreicher, aber entgegengesetzter Entwürfe nicht zu einer Entscheidung führt, ein ausgeklügeltes System zur Bewerkstelligung bereit. Entsprechendes gilt für die übrigen Landesgesetze, die das Verfahren der Volksgesetzgebung näher ausgestalten.

b) Die Bedeutung des Volksbegehrens

Zulassungshürden beim Volksbegehren erfüllen eine ganz wesentliche Funktion, auf die nicht verzichtet werden kann. Allem voran gewährleisten sie, daß das angestrebte Gesetz nicht nur Partikularinteressen verfolgt, sondern allgemeine Relevanz in der gesamten Gesellschaft aufweist. Damit im Zusammenhang stehend darf auch das finanzielle Kriterium nutzloser Aufwendungen für aussichtslose Volksentscheide nicht völlig vernachlässigt werden[1559].

Da allein die Befürworter die Listen füllen, können aus dem Ausgang des Begehrens keine validen Rückschlüsse auf einen eventuellen Volksentscheid gezogen werden – schließlich besteht in diesem Stadium auch keine Gelegenheit, die eigene ablehnende Haltung zum Ausdruck zu bringen. Gleichwohl kann durch verstärkte Mobilisierung der Opposition und bewußtes Fernbleiben von der Eintragung seitens der Gegner nicht im geringsten Einfluß auf den Ausgang des Volksbegehrens genommen werden.

1558 Überlegungen zur generellen Verkürzung (und Beschleunigung!) durch Reduzierung auf ein zweistufiges Verfahren mit Begehren und Entscheid liefern auch *Kloepfer/Schärdel*, Perspektiven (Fn. 1556), S. 1335. – Die Vorstufen „Zielfindung" und „Formulierung" einbeziehend kommt *B. J. Hartmann*, Volksgesetzgebung (Fn. 94), S. 777, 780, auf derzeit bereits fünf statt drei Stufen.

1559 Diese beiden Aspekte nennt auch der BayVerfGH (E 47, 265 [271]); insoweit zustimmend *Jung*, Grundsatzfragen (Fn. 198), S. 323, der im Volksbegehren andererseits aber auch den einzig erforderlichen Relevanztest erblickt, ebd. S. 326.

So erreichte das Begehren zur Abschaffung des Bayerischen Senats nur knapp das Begehrensquorum (10,5%), im Entscheid selbst ergaben sich aber 27% Zustimmung der Stimmberechtigten[1560]. Es kann daher keinesfalls behauptet werden, daß Volksbegehren, die an der 10%-Hürde scheitern, sich keines ausreichenden Rückhalts in der Bevölkerung sicher sein können[1561]. Das Begehren hat keinerlei andere Funktion, als bei Mindestinteresse ein „Sprungbrett" für den nachfolgenden Volksentscheid zu sein; diese aber erfüllt es unter der Prämisse einer vernünftigen Höhe dem Grunde nach ganz vorzüglich. Und selbst wenn es – aus welchen Gründen auch immer – nicht zum Volksentscheid kommt, kann ein hinreichender Eindruck die gesetzgebende Körperschaft zur Übernahme des Vorschlags bewegen – so geschehen in bislang ca. 17% der angestrebten Volksentscheidverfahren[1562].

Internationale Vergleiche, allem voran mit der Schweiz als dem Land mit besonders ausgeprägter direktdemokratischer Kultur, offenbaren jedoch, daß die Ausgestaltung der Rahmenbedingungen des Volksbegehrens, zuvörderst die Zulassungshürden, in Deutschland hoch, mancherorts zu hoch angesetzt wurden. So heißt es mit Blick auf die Überwindung der Hürde der Zulassung als Begehren, daß es „zu den Rechtstatsachen [gehöre], daß ohne freies Büro mit bereiter Schreibkraft dies kaum jemals erfolgreich unternommen wurde"[1563]. In der Schweiz genügt im Gegensatz dazu im Vorverfahren auf Abhaltung eines einfachen Volksentscheids die Unterstützung seitens ca. 1,1% der Stimmberechtigten, für einen auf Verfassungsänderung gerichteten ungefähr die doppelte Prozentzahl[1564]. Dennoch führen die niedrigen Quoren nicht zu einer mißbräuchlichen Ausweitung der Verfahren[1565]. Bereits am Umfang des Begehrensquorums läßt sich daher ablesen, ob direktdemokratisches Tätigwerden des Volkes tatsächlich ermöglicht oder bereits auf dieser Stufe wirksam behindert werden soll. Prozentuale Quoren sind numerisch fixierten vorzuziehen, da Veränderungen der Bevölkerungs-

---

[1560] Vgl. BayVerfGH 53, 42 (79, abw. Meinung).

[1561] So aber BayVerfGH 53, 42 (70 f.).

[1562] *Jürgens/Rehmet*, Demokratie (Fn. 1541), S. 213; die Zahl bezieht sich auf die bis 31.12.2007 abgeschlossenen, auf die Durchführung eines Volksentscheids gerichteten Verfahren aller Länder.

[1563] *Greifeld*, Volksentscheid (Fn. 18), S. 52; in diesem Sinne auch *Kloepfer/Schärdel*, Perspektiven (Fn. 1556), S. 1336, die die Notwendigkeit der Unterstützung durch Parteien, Kirchen oder Gewerkschaften, i. E. „Großorganisationen der Zivilgesellschaft" für nötig erachten. Auch die bestehenden Parteien werden hier eine Rolle spielen: *Berlit*, Volk (Fn. 86), S. 348.

[1564] *M. Gloe*, Direkte Demokratie – Das Beispiel Schweiz, in: Politische Bildung 38 (2005), S. 50 (52 f.).

[1565] BayVerfGH 53, 42 (79, abw. Meinung); skeptisch bzgl. der Ländervergleiche außerhalb Deutschlands *Rux,* Demokratie (Fn. 88), S. 65 ff.

zahlen ansonsten in beide Richtungen Auswirkungen auf das Erfordernis zeitigen[1566].

c) Zur Rolle von Zustimmungs- und Beteiligungsquoren

Den Hauptunterschied zwischen den Ländern bilden die Zustimmungsquoren. In den Fällen, in denen neben der einfachen Mehrheit der Abstimmenden zusätzlich ein Zustimmungsquorum angeordnet ist, liegt in der Erfüllung beider Kriterien eine notwendige Voraussetzung für das Inkrafttreten des Gesetzes. Keine der beiden Größen kann die andere ersetzen: eine Zustimmung von zwei Dritteln der Abstimmenden kompensiert ein Verfehlen des Quorums ebenso wenig wie eine hohe Beteiligung das Verfehlen der Mehrheit (denkbar bei qualifizierten Mehrheiten für Verfassungsänderungen). Auf diese Weise stellen Zustimmungsquoren sicher, daß bei zu geringer Beteiligung der Wahlberechtigten an der Volksabstimmung nicht eine zu kleine aktive Minderheit der Bürger, die sich im Rahmen von Wahlen nicht durchsetzen kann, über die passive Mehrheit bestimmt. Daß die Mehrheit der Wahlberechtigten möglicherweise bewußt von der Entscheidung fern geblieben ist, wird ihr dennoch nicht zum Verhängnis; sie wird nur dann durch das Gesetz gebunden, wenn das Mindestquorum erreicht und dadurch belegt wurde, daß auch im Volk ein hinreichender Gesetzgebungswille existiert. Wann dies der Fall ist, wann also eine als hinreichend repräsentativ empfundene Anzahl zustimmender Bürger vorliegt, beurteilen die Landesverfassungen indes ganz unterschiedlich.

Einerseits dürfen durch die Quoren engagierte Minderheiten nicht völlig von der Initiierung abgehalten werden; andererseits aber muß eine gewisse Herausforderung geschaffen werden, die die Initiatoren zwingt, das Vorhaben auch auf Akzeptanz und Unterstützung in weiteren Bevölkerungskreisen zu überprüfen und so nur aussichtsreiche Vorhaben in Gang zu setzen[1567]. Dieser Spagat scheint in vielen Ländern noch nicht hinreichend gelungen, werden doch vor allem die Quoren dafür verantwortlich gemacht, daß lange Zeit im wesentlichen nur in Bayern und Nordrhein-Westfalen von direktdemokratischer Gesetzgebung Gebrauch gemacht wurde[1568].

[1566] *Patzelt*, Direkte Demokratie (Fn. 191), S. 255, der für Sachsen aufgrund des Bevölkerungsrückganges eine immer ungünstiger werdende Anordnung erkennt. Dies läßt sich für die Ostländer tendenziell verallgemeinern, während das Gegenteil in Westdeutschland der Fall ist, wobei hier jedoch weniger auf absolute Fixierungen zurückgegriffen wird.

[1567] Hierauf weist zutreffend hin *Isensee*, Volksgesetzgebung (Fn. 199), S. 1166 f.; dies setzt jedoch nicht zwingend Zustimmungs- oder Beteiligungsquoren voraus, sondern kann auch durch Zulassungsquoren im Begehren sichergestellt werden.

[1568] *Berlit*, Volk (Fn. 86), S. 322.

Nordrhein-Westfalen ist auch das einzige Land, das auf ein Beteiligungsquorum zurückgreift. Zwar kann auch dieses ähnlich wie Zustimmungsquoren eine ungenügende Beteiligung des Wahlvolks, mithin ein Übergewicht von Interessengruppen, verhindern und für hinreichende Legitimation sorgen. Allerdings droht unter diesen Vorzeichen mehr noch als bei Zustimmungsquoren die Gefahr der Manipulation durch Boykottaufrufe[1569]. Eine erhöhte Zustimmung zur Gesetzesvorlage ergibt sich indes nur indirekt, da von einer Verbreiterung der Basis der Abstimmenden auch die Gegner in gleichem Maße profitieren können. Bei gerade ausreichender Mindestbeteiligung von 50% der Stimmberechtigten und ebenso knapper Zweidrittelmehrheit laufen die Vorgaben auf ein Zustimmungsquorum von einem Drittel der Wahlberechtigten hinaus – jedenfalls wenn man vereinfacht die ungültigen Stimmen und Stimmenthaltungen unberücksichtigt läßt.

Demgegenüber gilt es aber stets zu berücksichtigen, daß einer aktiven Minderheit regelmäßig eine vergleichsweise passive Mehrheit gegenüberstehen wird. Dementsprechend müssen Quoren – egal ob es sich um Beteiligungs- oder Zustimmungsquoren handelt – diesen Spagat erreichen. Insofern scheinen Quoren in Größenordnungen, wie sie bei einer Landtagswahl von der Mehrheitsfraktion erreicht werden, deutlich zu hoch angesetzt. Die Aktivierungsmöglichkeiten der Wählerschaft bei sehr spezifischen Themen oder punktuellen Fragen, wie sie sich bei Volksentscheiden ergeben, fallen nun einmal deutlich geringer aus als bei Landtags- oder gar Bundestagswahlen[1570]. In der Praxis liegen die Quoren – wenn nicht ganz auf sie verzichtet wird – zwischen 15 und 50%. Verfassungspolitisch sind sie jedenfalls sinnvoll, aber eben nicht zwingend geboten[1571], und schon gar nicht der Höhe nach vorgegeben. Den weiten Spielraum bei der Festlegung von Quoren – teils werden 10% als absolutes Minimum eines Unterstützungs- oder Beteiligungsquorums genannt[1572], teils 25% als Maximum eines Zustimmungsquorums bei der verfassungsändernden Volksgesetzgebung anvisiert[1573] – sollte der Gesetzgeber zugunsten direktdemokratischer Elemente zumindest nicht

[1569] Vgl. *Dreier*, Landesverfassungsänderung (Fn. 1408), S. 521 f.

[1570] Es gebe eben beim Volksentscheid nur einen, bei Wahlen indes viele Gründe, zur Urne zu gehen: *Berlit*, Volk (Fn. 86), S. 356 f.

[1571] A. A. BayVerfGH 53, 42 (69 ff.).

[1572] Absolutes Minimum sei ein Unterstützungs- oder Beteiligungsquorum von 10%: *Kühling*, Volksgesetzgebung (Fn. 66), S. 782 (für eine mögliche Ausgestaltung auf Bundesebene).

[1573] *Rux*, Demokratie (Fn. 88), S. 913, 916, 918, der folgendes Schema vorschlägt: 1%-Quorum bei der Initiative, max. 5% beim Begehren, die absolute Mehrheit der Abstimmenden im einfachen Entscheid und im verfassungsändernden eine qualifizierte Abstimmungsmehrheit aufgrund eines 25%-igen Zustimmungsquorums. – Das 25%-Quorum wird auch dadurch begründet, daß so die vereinfacht gerechneten 50% Nichtwähler beiden Lagern, den Befürwortern wie den Gegnern, hälftig zunach oben hin ausschöpfen. Zugleich kann keine allgemeingültige Aussage über die Höhe erfolgen: ein 15%-iges Zustimmungsquorum der Wahlberechtigten in einem dünn besiedelten Flächenstaat könnte schon zu viel sein, während 25% in einem Stadtstaat aufgrund leichterer Mobilisierbarkeit keine unüberwindbare Hürde darstellen. Die annehmende oder verwerfende Mehrheit wird jedenfalls regelmäßig nur eine Minderheit der Wahlberechtigten darstellen – eine aus den Parlamentswahlen bekannte Begebenheit[1574]. Dennoch ist dies keine Infragestellung oder gar „Pervertierung" des Mehrheitsprinzips, geschweige denn eine generelle Anerkennung einer „Minderheitsherrschaft"[1575]. Im Gegenteil: keine der derzeitigen Ausgestaltungen droht die Funktionsfähigkeit des gewählten Parlaments zu beeinträchtigen, gar Polarisierungen seitens aggressiv agierender Minderheiten[1576] oder eine unangemessene Kräfteverteilung zwischen Parlaments- und Volksgesetzgebung heraufzubeschwören – das derzeitige Ungleichgewicht geht vielmehr einzig und allein zulasten der Volksgesetzgebung[1577].

Schließlich bergen Zustimmungsquoren beim Wettstreit zweier Abstimmungsalternativen in einem Volksentscheid die Gefahr, daß beide das Zustimmungsquorum allein deswegen verfehlen, weil sich die oft mit nur einer Stimme ausgestatteten Befürworter einer Änderung zwischen beiden Optionen aufteilen (müssen). Auf diese Weise kann es beim status quo verbleiben, obwohl eine Mehrheit für eine Änderung und damit gegen den derzeitigen Zustand votiert hat[1578].

---

gerechnet würden: vgl. *Horn*, Mehrheit (Fn. 61), S. 420 f., der es stets verlangen möchte und quorenlose Abstimmungen generell ablehnt (421 f.).

1574 Plastisch *Dreier*, Landesverfassungsänderung (Fn. 1408), S. 520: „Wohin man auch schaut, regieren und herrschen offenbar Minderheiten über Mehrheiten". s. hierzu auch die ausführliche Abwägung von *Horn*, Mehrheit (Fn. 61), S. 414 ff. – Hinweise auf eine schlechtere Mobilisierbarkeit im Flächen- im Vergleich zum Stadtstaat liefert *Ludwig*, Trend (Fn. 1486), S. 54.

1575 Diese Gefahr bescheinigt indes *Heun*, Mehrheitsprinzip (Fn. 7), S. 205; so wie hier auch *C. Thum*, Zur Ausgestaltung des Mehrheitsprinzips in der unmittelbaren Demokratie. Systematische Überlegungen zur Frage eines Quorums bei Bürger- und Volksentscheiden, in: BayVBl. 2000, S. 33 u. S. 74 (42), der dies vielmehr im genau gegenteiligen Fall befürchtet, wenn also Quoren, insbesondere in qualifizierter Höhe, installiert werden, die dann eine (konservative) Minderheit bevorzugten.

1576 So warnt Berlit sogar vor dem Gegenteil, nämlich, daß nicht Volksgesetzgebung insgesamt, sondern die Ausgestaltung durch zu hohe Quoren desintegrative und damit destabilisierende Wirkung entfalten könnte: *Berlit*, Volk (Fn. 86), S. 350; ebenso *A. Fisahn*, Direkte Demokratie in Bremen, in: Kost, Demokratie (Fn. 85), S. 98 (111); a. A. freilich BayVerfGH 52, 104 (132 f.).

1577 Dies wird völlig verkannt vom BayVerfGH 53, 42 (62 f.), der das Gegenteil befürchtet. Wie hier auch *Backmann*, Direktwahl (Fn. 171), S. 407 f. („Hauptproblem").

1578 *P. Paulus*, Direkte Demokratie in Rheinland-Pfalz, in: Kost, Demokratie (Fn. 85), S. 204 (227); *Rux*, Demokratie (Fn. 88), S. 629.

d) Die Mehrheitserfordernisse im Volksentscheidverfahren

aa) Bayern

Nachdem die (wie gesehen nicht zu unterschätzenden) Zulassungshürden genommen sind, wirken die Voraussetzungen für die Annahme eines Gesetzentwurfes im bayerischen Volksentscheid verglichen mit den Zulassungsvoraussetzungen – 25.000 Unterschriften für den Zulassungsantrag, eine knappe Million Unterzeichnungen im Volksbegehren – unwirklich: Das Ergebnis des Volksentscheids nämlich ist „nicht von einer Mindestbeteiligung, nicht von einer Mindeststimmenzahl und auch nicht von einer qualifizierten Mehrheit abhängig“[1579]; rein theoretisch ist das vorgelegte Gesetz mit einer einzigen zustimmenden Stimme beschlossen. Nicht nur im Vergleich zum übrigen Landesverfassungsrecht – mit Ausnahme Hessens und Sachsens – sticht diese Ausgestaltung hervor, sondern sie ist auch im gesamten internationalen Verfassungsrecht einzigartig[1580].

(1) Das Mehrheitserfordernis im Landtag zur Einbringung eines Gegenentwurfs

Die Verfassung erlaubt dem Bayerischen Landtag nach Art. 74 Abs. 4 BayVerf. einen eigenen (Gegen-)Gesetzentwurf gleichzeitig mit dem aus der Volksmitte entsprungenen Volksentscheid zur Abstimmung zu stellen. Diese Option ist zunächst zu begrüßen, verstärkt sie doch die Volksgesetzgebung durch ein echtes Wahlrecht der Bürger, welchen Entscheid sie inhaltlich bevorzugen. Der einleitende Volksentwurf mag dann zwar der Auslöser für einen Vorschlag des Landtags gewesen sein, der vorteilhaftere Entwurf muß er aber nicht sein.

Nach weit überwiegender Literaturauffassung soll für die Einbringung eines Gegenentwurfs in einem Volksentscheid die einfache Mehrheit des Landtags ausreichen, selbst wenn es sich um ein verfassungsänderndes Gesetz handelt. Freilich: stehen sich zwei einfache Gesetzentwürfe gegenüber[1581] leuchtet unbedingt ein, daß der des Landtages durch Regelbeschluß mit einfacher Mehrheit nach Art. 23 BayVerf. ergeht. Aber wenn es um die Ablehnung des Volksbegehrens geht, kann nicht ernsthaft eine Differenzie-

---

[1579] *Kempen*, Verfassungsrecht (Fn. 1210), Rn. 174.

[1580] *Kempen*, Verfassungsrecht (Fn. 1210), Rn. 174.

[1581] Es muß nicht immer mit einem Gegenentwurf auf der gleichen gesetzgeberischen Ebene gekontert werden: einem verfassungsändernden Volksgesetz kann auch nur ein einfachgesetzlicher Entwurf gegenübergestellt werden und umgekehrt; vgl. *Spilarewicz* (Fn. 1479), Art. 73 LWahlG Rn. 10.

rung hinsichtlich des vorgelegten Gesetzes – dies entspräche einer Zweidrittelmehrheit auch bei Ablehnung der Vorlage zur Verfassungsänderung – gefordert werden.

Die Argumente der Gegner, die anhand des Gegenstands in einfache Mehrheit und qualifizierte Zweidrittelmehrheit differenzieren möchten, überzeugen nicht. Zuvörderst ist Ausgangspunkt für die Unterbreitung eines Alternativvorschlags ein Verfahren der Volksgesetzgebung. Auch durch den zur Abstimmung gestellten Konkurrenzentwurf wird das Verfahren nicht zu einem parlamentarischen, schon gar nicht einem parlamentarisch-verfassungsändernden, sondern behält den direktdemokratischen Charakter bei. Es wurde durch eine Volksinitiative ausgelöst und kann insofern nicht mit einer rein parlamentarisch initiierten Verfassungsänderung mit dann nötiger Zweidrittelmehrheit gleichgesetzt werden. Ausgeschlossen ist auf diese Weise jeglicher Mißbrauch, da von parlamentarischer Seite kaum auf ein Volksgesetzgebungsverfahren in einer bestimmten Angelegenheit gewartet werden wird, um dann über einen Gegenvorschlag das qualifizierte Mehrheitserfordernis zu unterminieren – was theoretisch dann bereits durch eine Parlamentsminderheit möglich wäre. Hierzu sind Volksgesetzgebungsverfahren aufgrund ihrer Unberechenbarkeit gänzlich ungeeignet. Nicht einmal die Gegner beklagen die durchaus gesehene, aber eben als zu Recht vernachlässigbar eingestufte Gefahr, daß eine parlamentarische Minderheit auf dem Wege des Gegenentwurfs eine Verfassungsänderung erreichen kann, ohne über die verfassungsändernde Mehrheit im Landtag zu verfügen[1582].

(2) Das Mehrheitserfordernis im Volksentscheid bei mehreren Beschlußvorlagen

In dem Fall, in dem mehrere Vorlagen in der jeweiligen Auszählung die einfache Abstimmendenmehrheit erreichen, zählt allein die gestellte Stichfrage. Dementsprechend ist der Gesetzentwurf angenommen, der bei ihr die Mehrheit der gültigen Stimmen erhält, Art. 79 Abs. 3 S. 2 LWahlG. Auf eine primäre Gegenüberstellung beider Entwürfe unter dem Blickwinkel des Verhältnisses der Ja- zu den Nein-Stimmen wird verzichtet. Ein Nachteil besteht zweifelsohne darin, daß den Bürgern bei Abstimmung über die Gesetzesvorlagen freigestellt ist, die Stichfrage überhaupt zu beantworten. Es ist daher alles andere als sicher, daß die Mehrheitsverhältnisse in der Stichfrage auch tatsächlich mit dem Stimmungsbild der Abstimmenden kongruent sind. Schließlich entsteht bereits dadurch bei den Abstimmenden Verwirrung, daß zwei entgegengesetzte Fragen jeweils unabhängig voneinander – demnach auch widersprüchlich! – mit Ja oder Nein beantwortet werden

1582 *Lipinski*, Mehrheitsverhältnisse (Fn. 1484), S. 593.

können. Indessen ist der Rückgriff auf eine Stichfrage den unklaren Verhältnissen in den übrigen Ländern im Umgang mit zwei erfolgreichen, aber miteinander unvereinbaren Entscheiden vorzuziehen. Eine hohe Zahl unzulässiger Stimmzettel aufgrund der Einschränkung zulässiger Abstimmungsmöglichkeiten in Erst- und Zweitentscheid wird desgleichen verhindert. Es fehlen allerdings die Stimmen derjenigen, die auf die Angaben in der Stichfrage verzichten.

(3) Einführung des Zustimmungsquorums bei verfassungsändernden Volksentscheiden aufgrund des demokratischen Grundgedankens der Bayerischen Verfassung

Während der Bayerische Verfassungsgerichtshof in der Entscheidung in Band 2, 181 noch befürchtete, daß Quoren zur Mindestbeteiligung und – in Form qualifizierter Mehrheiten – zur Zustimmung „der unmittelbaren Volksgesetzgebung die praktische Bedeutung“[1583] nehmen, zieht er in Band 52, 104 einen Vergleich mit anderen Bundesländern (S. 130, 135), um schließlich Quoren (obendrein in bestimmter Höhe!) in Band 53, 42 zum demokratischen Grundgedanken der Verfassung emporzuheben und final festzustellen, daß „diese Volksgesetzgebung (...) in Bayern weiter ungeschmälert möglich“ bleibe (S. 62).

Dies bedarf seitens des Gerichtshofs wahrscheinlich nur deshalb einer ausdrücklichen Betonung, weil auch ihm selbst klar sein muß, daß die zunächst angeordnete und dann beim Gesetzgeber initiierte Festlegung eines Zustimmungsquorums sehr wohl Auswirkungen in allen Stadien der Volksgesetzgebung nach sich zieht. Von der noch in BayVerfGH 52, 104 (126) festgestellten „hohe(n) Wertschätzung, die die Bayerische Verfassung der Volksgesetzgebung entgegenbringt“, bleibt bedeutend weniger übrig, nachdem das Verfassungsgericht entschieden und erkannt hat, daß „die Bayerische Verfassung [zu einem Quorum] zwinge“ (S. 127).

Die Festsetzung einer Mindestzustimmungsziffer legt eine stets zu überschreitende Untergrenze absoluter Zustimmung fest. Ein Vergleich mit dem Gesetzgebungsverfahren im Landtag, der aufgrund der von der Verfassung ausdrücklich gewollten Zweigleisigkeit von Volks- und Parlamentsgesetzgebung statthaft ist, verdeutlicht die Nachteile zu Lasten der Volksgesetzgebung: während im Landtag bei einfachgesetzlichen Abstimmungen nach Art. 23 Abs. 1 BayVerf. anerkannt ist, daß die sich bei Beschlüssen enthaltenden Abgeordneten keinen Mehrheitsbeschluß der Abstimmenden verhindern können, entfaltet Nichtbeteiligung im Volksentscheid de facto späte-

[1583] BayVerfGH 2, 181 (216 f.; Zitat: 217).

stens dann eine negative Wirkung, wenn die Beteiligung unter das Zustimmungsquorum abfällt.

Nicht zuletzt vor diesem Hintergrund wird zu Recht von „hindernden gesetzlichen Vorkehrungen" gesprochen, die in „wohlbedachter Verschiedenheit von den Abstimmungsregeln der Parlamente"[1584] angeordnet wurden. Daß die neu gezogenen Zustimmungsquoren einzig und allein dem Schutz des Parlamentes im allgemeinen und der parlamentarischen Mehrheit im besonderen dienen[1585], wird offenbar, wenn man sich vergegenwärtigt, daß ansonsten bei Nichtvorliegen einer Mindestzustimmung eine kleine Minderheit die Gesetzesänderung ohne den Willen der Parlamentsmehrheit verwirklichen könnte.

Schlußendlich sind Zustimmungsquoren auch deswegen kritisch zu bewerten, weil hinreichend alternative Kontrollmechanismen vorhanden sind[1586], und das Begehren zu dem Zeitpunkt eines Volksentscheids die ersten (Zulassungs-)Hürden bereits genommen und auf diese Weise bewiesen hat, daß die vorgelegte Frage ein Mindestinteresse in der Bevölkerung erzielt. Nun auf letzter Ebene die politisch aktive Minderheit dadurch zu bestrafen, daß eine passive Bevölkerungsmehrheit an der Abstimmung nicht teilnimmt (obwohl sich hieraus Zustimmung wie Ablehnung oder einfach nur Gleichgültigkeit gleichermaßen schließen ließe!), erscheint alles andere als zwingend. Und warum den an sich mündigen Bürger vor einer Gesetzesänderung schützen, die er durch eigene Aktivität hätte beeinflussen können? Warum nicht annehmen, daß für den nicht Teilnehmenden der Ausgang irrelevant ist? So ist demgegenüber viel eher zu erwarten, daß nicht die Minderheitengruppen durch ein starres Quorum wie gewünscht von der Majorisierung der schweigenden Mehrheit abgehalten, sondern das Volksabstimmungsverfahren aus anderen Gründen in viel zu vielen Konstellationen zu Fall gebracht wird[1587]. Bei den Wahlen zu Repräsentativkörperschaften wird die Majorisierung der sich nicht Beteiligenden durch die Verteilung der Sitze auf Grundlage des Wahlergebnisses jedenfalls für unproblematisch gehalten, und zwar unabhängig davon, ob sich 75%, 50% oder einmal nur

---

1584 *Greifeld*, Volksentscheid (Fn. 18), S. 52.

1585 Dem liegt wohl „die Angst der Regierenden vor dem Volk" zugrunde, die sich durch die Geschichte der Volksbeteiligung zieht: so die Untersuchung mit dem gleichnamigen Titel von *D. Majer*, in: H. H. v. Arnim, Direkte Demokratie. Beiträge auf dem 3. Speyerer Demokratieforum vom 27. bis 29. Oktober 1999 an der Deutschen Hochschule für Verwaltungswissenschaften Speyer, 2000, S. 27 (31 ff.).

1586 Neben der Konkurrenzvorlage sind dies das Koppelungsverbot und die Überprüfung durch den Ministerpräsidenten, vgl. *Schweiger*, Volksbegehren (Fn. 1475), S. 1472.

1587 *Rux,* Demokratie (Fn. 88), S. 97 f., 249 f.; *Berlit*, Volk (Fn. 86), S. 356; *Hüller*, Herrschaft (Fn. 99), S. 824 u. 830 m.w.N.

25 % der Wahlberechtigten beteiligen würden[1588]. Die Einführung von Quoren wird in diesem Rahmen jedenfalls nicht für nötig erachtet.

Zustimmungsquoren – egal ob bei einfacher oder verfassungsändernder Gesetzgebung – scheinen aus hiesiger Sicht nach alledem entbehrlich. Ein Mindestinteresse ist durch das Volksbegehren und die dort beachtliche Zulassungsschwelle bereits sichergestellt. Gegen eine Verschärfung der Zulassungsvoraussetzungen, insbesondere des Zulassungsquorums bei Verfassungsänderung, wäre im Gegenzug nichts einzuwenden. Falls Zustimmungsquoren dennoch verfassungspolitisch gewünscht sind, sollten sie der Höhe nach eine realistische Chance zur Volksgesetzgebung eröffnen, was man der bayerischen Ausgestaltung zumindest aufgrund der Praxis und im Ländervergleich nicht absprechen kann.

bb) Regelungen in den übrigen Ländern

Obwohl die Rechtsprechung des Bayerischen Verfassungsgerichtshofs Volksgesetzgebung erschwert, gilt Bayern im Vergleich mit den übrigen Ländern zu Recht als plebiszitfreundliches Bundesland, weswegen es immer wieder als Vorreiter und Vorbild für eigene (Neu-)Regelungen in anderen Ländern genannt wird[1589]. Während sich einige Länder bezüglich der Zulassung direktdemokratischer Elemente völlig in Zurückhaltung üben, finden sich in anderen zwar durchaus Parallelen, allerdings in inhaltlich begrenztem Umfang und unter verschärften Zulassungsvoraussetzungen. Gemein ist allen Ländern, daß sich das Verfahren in mehrere Phasen unterteilen läßt, von denen die Abschnitte „Volksbegehren" und „Volksentscheid" zum Allgemeingut aller Länder gehören.

(1) Mehrheitserfordernis bei einfacher Volksgesetzgebung

In allen Ländern entscheidet dem Grunde nach die einfache Mehrheit der Abstimmenden. Vorzugswürdig ist es, wenn die Landesverfassungen im Rahmen einfacher Volksgesetzgebung auf ein Zustimmungsquorum verzichten. Bereits die Quoren in Antrag und Begehren stellen ein hinreichendes Interesse in der Wählerschaft fest. Dies geschieht allerdings nur in den Ländern Bayern, Hessen und Sachsen. Vielfach begegnen Hürden von 15 bis 25 % der Wahlberechtigten, die die Volksgesetzgebung in beträchtlichem Maße hemmen. In den Ländern Baden-Württemberg und Mecklenburg-Vor-

---

[1588] *Dreier*, Landesverfassungsänderung (Fn. 1408), S. 519 ff.

[1589] *L. Hasse*, Volksbegehren in guter Verfassung!, in: ThürVBl. 2009, S. 73 (73: Orientierung an „bewährten bayerischen Regelungen"); *Jung*, Grundsatzfragen (Fn. 198), S. 325.

pommern besteht aufgrund des Zustimmungsquorums von einem Drittel der Wahlberechtigten kaum eine realistische Erfolgschance, was sich empirisch in der bisherigen Irrelevanz des dortigen Volksentscheidverfahrens belegen läßt[1590]. Auch ein Vergleich mit den Landtagswahlen, bei denen regelmäßig eine geringere Zustimmung des Wahlvolks ausreicht, um einer Fraktion die absolute Mehrheit im Landtag zu sichern, als im betreffenden Volksentscheid verlangt wird, offenbart dies. Bei ausgeglichener Stimmenverteilung müßten ansonsten über 60% der Wahlberechtigten eine gültige Stimme für die Anträge abgeben. Selbst im volksgesetzgebungserprobten Bayern ließen sich Zustimmungsquoren von einem Drittel oder gar der Hälfte nicht erreichen, beteiligen sich dort doch kaum jemals mehr als 40% der Wahlberechtigten an Volksentscheiden[1591]. Direktdemokratische Verfahren sind für die betroffenen Landesvölker damit de facto nicht nutzbar, der prinzipiell begrüßenswerte Rückgriff auf die einfache Mehrheit der Abstimmenden wird durch die beschriebene Verknüpfung zur Makulatur.

(2) Mehrheitserfordernis bei verfassungsändernder Volksgesetzgebung

Alle Länder, die direktdemokratische Verfassungsänderungen vorsehen, geben (mit Ausnahme Bayerns) in ihren Verfassungen höhere Quoren im Vergleich zur einfachen Volksgesetzgebung vor. Dies überzeugt, da die erschwerte Abänderbarkeit zur Gewährleistung eines erhöhten Bestandsschutzes zum Allgemeingut von Verfassungen gehört[1592]. Ob sich die erschwerte Abänderbarkeit bereits in der Anordnung der Änderungsmöglichkeit auf direktdemokratischem Wege erschöpft[1593] oder eines ausdrücklich angeordneten Quorums bedarf[1594], kann dahinstehen[1595]. Verfassungspolitisch jedenfalls scheinen angemessene (!) Quoren nicht schädlich, um einen hinrei-

---

[1590] *H.-G. Wehling*, Direkte Demokratie in Baden-Württemberg, in: Kost, Demokratie (Fn. 85), S. 14 (24 f.; „Die Artikel der Landesverfassung mit ihren direktdemokratischen Angeboten könnte man eigentlich streichen“ [24]) bzw. *T. Franke-Polz*, Direkte Demokratie in Mecklenburg-Vorpommern, ebd., S. 148 (154 f.). Besonders ärgerlich ist in Mecklenburg-Vorpommern das im Gegensatz zum Zustimmungsquorum äußerst geringe Initiativquorum, das bereits zu mehr als einem Dutzend Initiativen geführt hat, die schon auf der nächsten Stufe nicht die geringste Chance hatten (ebd., S. 161 f.).

[1591] Zum Vorstehenden zutreffend *Rux*, Demokratie (Fn. 88), S. 397, 900.

[1592] s. nur *Winterhoff*, Verfassung (Fn. 1199), S. 103 ff. sowie *Dreier* (Fn. 539), Art. 79 Abs. 2 Rn. 14 m.w.N.

[1593] So *Dreier*, Landesverfassungsänderung (Fn. 1408), S. 519 ff., der ebd., S. 523 gute, aber rechtfertigungspflichtige Gründe für die Einführung von Quoren im Hinblick auf Manipulationsgefahren erkennt. Ebenso *Schultes*, Volksgesetzgebung (Fn. 195), S. 173 ff., 180.

[1594] *Isensee*, Verfassungsreferendum (Fn. 1417), S. 62 ff., dem jedoch hinsichtlich einer zwingend vorgegebenen Höhe zu widersprechen ist.

chend breiten Konsens zu begründen und so die Integrationskraft der Verfassung zu fördern. Dafür genügen aber bereits merklich unter 50%-iger Zustimmung liegende Quoren, die hälftige Wahlbeteiligung (entweder der letzten Landtagswahl oder in typischer Höhe von vereinfacht 60%) könnte ein Richtwert sein.

Die Gewährleistung eines erhöhten Bestandsschutzes der Verfassung als Schutz vor nicht genügend legitimierter direktdemokratischer Gesetzgebung schließlich war es auch, die den Bayerischen Verfassungsgerichtshof zu seiner bereits hinreichend kritisierten Festlegung ungeschriebener Verfassungsquoren führte. So dogmatisch zweifelhaft der Weg hin zu einem Quorum verlief, so muß man dennoch zugestehen, daß Bayern auch nach der „Erfindung" des Quorums noch über das mit Abstand niedrigste Zustimmungserfordernis zur Verfassungsänderung verfügt. An nächster Stelle kommen Nordrhein-Westfalen (rechnerisch mindestens ein Drittel) und Thüringen (40%), die übrigen verlangen ein 50%-iges Quorum und verschärfen es im Vergleich zur einfachen Volksgesetzgebung regelmäßig auf das Doppelte.

Die in der überwiegenden Anzahl der Länder angeordnete Zweidrittelmehrheit der Abstimmenden wird in aller Regel weniger einer Verfassungsänderung entgegenstehen als das zugleich beachtliche Zustimmungsquorum. Das qualifizierte Mehrheitserfordernis erfüllt insofern eher optische Wirkungen durch die Anordnung einer typischerweise bei Verfassungsänderungen anzutreffenden Bezugszahl von zwei Dritteln. Eine Mehrheit in dieser Höhe zu mobilisieren, kann den Befürwortern gelingen. Weitaus gravierender stellt sich indes das Zustimmungsquorum dar, das in einer Handvoll Ländern verfassungsändernde Volksgesetzgebung ausschließen wird. Wenn die qualifizierte Abstimmendenmehrheit nämlich zugleich die absolute Mehrheit der Wahlberechtigten zu repräsentieren hat, müßten bei einem nicht unrealistischen Ausgang von zwei zu ein Dritteln im Volksentscheid mindestens 75% der Wahlberechtigten an dem Volksentscheid teilnehmen und somit mehr als bei der letzten Bundestagswahl 2009 mit 72,5% Wahlbeteiligung. Diese Wahlbeteiligung stellte andersherum bei einer Zweidrittelmehrheit nur eine Zustimmung von 48,3%, ergo keine absolute Mehrheit der Stimmberechtigten dar.

Da bei dieser Form doppelt qualifizierter Mehrheit das Zustimmungsquorum mit der Hälfte der Wahlberechtigten die anspruchsvollere Hürde darstellt, fällt auch die Beurteilung des Mehrheitserfordernisses in fünf weiteren Ländern kaum günstiger aus. Auch hier wird das Volk keinerlei direkten Einfluß auf den Verfassungstext haben dürfen, da die absolute Mehrheit der Wahlberechtigten – aber ohne das doppelte Erfordernis qualifizierter Ab-

---

[1595] Einen umfassenden Überblick über den Streitstand bietet *Schultes*, Volksgesetzgebung (Fn. 195), S. 129 ff., 195 ff.

stimmendenmehrheit – maßgeblich ist, an deren Überschreitung nicht zu denken ist. Hier wie dort handelt es sich im Ergebnis um „einen Fall symbolischer Politik“[1596].

In beiden Ländergruppen geht mit der zwingend hälftigen Zustimmung der Wahlberechtigten einher, daß sich Regelungen bezüglich des Umgangs mit einer Alternativvorlage genauso wie die Konstellation der Stimmengleichheit erübrigen; die Mehrheit wäre stets nicht erreicht und der status quo bliebe unverändert.

cc) Einzelne Länderbesonderheiten zu einfacher und verfassungsändernder Volksgesetzgebung

Im Folgenden sollen einige Länder mit besonders auffälligen Ausgestaltungen nochmals einzeln herausgestellt werden.

(1) Bremen

Auf den ersten Blick zeichnet sich in der Verfassung Bremens eine Privilegierung der Verfassungsänderung durch Volksentscheid gegenüber derjenigen durch Beschluß der Bürgerschaft ab, die umso evidenter erscheint, je stärker die Mehrheitsanforderungen in der Bürgerschaft ansteigen: während noch im Rahmen der einfachen Landesgesetzgebung ein Vorhaben sowohl im Volksentscheid als auch im Landtag einer einfachen Mehrheit der Abstimmenden bedarf, sind es im Falle gewöhnlicher Änderungen der Landesverfassung eine Zweidrittelmehrheit der Mitglieder der Bürgerschaft einerseits, im Volksentscheid andererseits aber wird immer noch an der Mehrheit der Abstimmenden festgehalten, verbunden mit einem hälftigen Zustimmungsquorum. Das Auseinanderklaffen gilt nun umso mehr bei den Gegenständen, die der qualifizierten Verfassungsänderung unterliegen. Während hier Einstimmigkeit (!) unter den Anwesenden in der Bremischen Bürgerschaft herzustellen ist, wird im Volksentscheid das Mehrheitserfordernis nicht extendiert, sondern auf dem Niveau für Änderungen der Landesverfassung belassen. Die Privilegierung wird indes kaum jemals Relevanz zeitigen können, da die Mindestzustimmung im Volksentscheid von 50% der Wahlberechtigten nach Art. 72 Verf. Bremen erheblich limitierend wirkt.

Dem Versuch, durch einen (diese Quoren noch beachtenden) Volksentscheid Mindestzustimmungen abzuschaffen und den üblichen Haushaltsvorbehalt einzuschränken, wurde noch im Zulassungsverfahren auf Antrag des Bremer Senats (damals immerhin große Koalition aus SPD und CDU)

[1596] *Jung*, Demokratie (Fn. 1514), S. 25.

durch den Staatsgerichtshof ein Riegel vorgeschoben[1597], was offenbar selbst den ansonsten sehr „plebiszitfreundlich“ eingestellten Grünen im Landtag nicht ungelegen zu kommen schien[1598].

(2) Hamburg

Die hamburgische Ausgestaltung eines flexiblen Zustimmungsquorums fällt nicht minder heikel aus. Für die Verknüpfung von Volksentscheid und ohnehin stattfindender Wahl verdient der verfassungsändernde Gesetzgeber zunächst Lob – auf diese Weise wird effizient die Beteiligung am Entscheid angehoben, da die Wahlbeteiligung regelmäßig über der Beteiligung an isoliert abgehaltenen Volksentscheiden liegen wird. Andererseits aber führt die Verbindung in der Praxis nicht zu einer Erleichterung, sondern birgt bei hohem Interesse an der Wahl stets die Gefahr massiver Erschwerung der Volksgesetzgebung, wenn dadurch Quoren angehoben werden.

Wenn noch dazu nicht alle Wähler ihre Stimme auch beim verknüpften Volksentscheid abgeben, verschärfen sich automatisch die Anforderungen aufgrund des sich an der Wahl orientierenden Quorums. Es genügt nicht mehr nur die einfache Mehrheit im Volksentscheid, sondern das Erfordernis wird durch die Bezugnahme auf die abgegebenen Stimmen bei der Wahl verschärft: bei einer 65%-igen Wahlbeteiligung führt das Quorum zu einer Mindestzustimmung von 32,5% der Wahlberechtigten. Schon bei einer 68%igen Wahlbeteiligung (Bürgerschaftswahl 2004) würde das Quorum bei einfacher Volksgesetzgebung damit höher liegen als in den übrigen Ländern mit Ausnahme des Saarlandes, die maximal ein Drittel der Wahlberechtigten vorsehen. Bei Verfassungsänderungen bedeuten zwei Drittel der Wähler der Landtagswahl nochmals eine Erhöhung des Zustimmungsquorums. Das saarländische Quorum in Höhe der absoluten Mehrheit der Wahlberechtigten ist „unerreichbar“, wenngleich es sich hier nicht etwa um verfassungsändernde, sondern nur einfache Volksgesetzgebung handelt.

Ob tatsächlich eine Lösung in der künstlichen, nicht in einem gesteigerten Interesse der Bevölkerung begründeten Erhöhung der Mitwirkung[1599] durch Zusammenlegung von Volksentscheiden mit Wahlen liegen kann, ist

---

[1597] StGH Bremen v. 14.2.2000, StGHE 6, 203 ff., auch in NordÖR 2000, S. 186 ff. sowie DÖV 2000, S. 915 ff. – Die Entscheidung liest sich ähnlich wie diejenige, in der der BayVerfGH (E 52, 104) nur kurz zuvor aus der Bayerischen Verfassung Quoren für Verfassungsänderungen ableitete (vgl. hierzu unter D. I. 1. b) cc) (2)). Indes wird hier vor allem die erschwerte Abänderbarkeit aufgrund des Vorrangs der Verfassung auch und gerade aus Art. 28 Abs. 1 S. 1 GG abgeleitet, vgl. bereits StGH 6, 203 Ls. 3a). – Kritisch *Stuby*, Hut (Fn. 1554), S. 248 ff.; dezidiert a. A. *Dreier*, Landesverfassungsänderung (Fn. 1408), S. 514 f.

[1598] Einen entsprechenden Hinweis liefert *Stuby*, Hut (Fn. 1554), S. 244.

fraglich. Verfahren, die an diesen Terminen stattfinden, können bei der derzeitigen Ausgestaltung nämlich sehr wohl an Zustimmungsquoren scheitern. Gleichzeitig kann die wahlweise Zusammenlegung und Trennung auf Antrag zum Taktieren seitens der Verantwortlichen des Volksentscheides einladen. Statt also auf diese Weise die Beteiligungsquote künstlich zu erhöhen, wäre ihre Absenkung im Rahmen der direktdemokratischen Verfahren sinnvoll.

(3) Nordrhein-Westfalen

Nordrhein-Westfalen sticht einzig aufgrund einer besonderen Ausgestaltung der verfassungsändernden Volksgesetzgebung hervor. Genauer betrachtet ist es dabei weniger das Mehrheitserfordernis selbst als das damit verknüpfte Quorum. Zwar bezieht sich die Zweidrittelmehrheit auch auf die Anzahl der Abstimmenden, diese Mehrheit muß jedoch nicht einer bestimmten Prozentzahl an Wahlberechtigten entsprechen. Allein erforderlich ist, daß sich am Volksentscheid die Hälfte der Stimmberechtigten beteiligt hat. Es ist mithin im Rahmen der Volksgesetzgebung die einzige Konstellation, in der auf ein Beteiligungsquorum zurückgegriffen wird. Bei minimal ausreichender Beteiligung und knapper Annahme führt das Zusammenspiel von Mehrheit und Quorum zu einer rechnerischen Mindestzustimmung von einem Drittel der Wahlberechtigten. Verglichen mit den Mindestzustimmungsquoren, die im Ländervergleich bei verfassungsändernder Volksgesetzgebung zumeist bei der Hälfte der Stimmberechtigten liegen, fällt es hier im Minimum folglich geringer aus, ohne freilich Bayern (25%) zu unterbieten. Dagegen steigt das Zustimmungserfordernis bei umfangreicherer Beteiligung am Entscheid an: würde die Zweidrittelmehrheit punktgenau erreicht und beteiligten sich 80% der Wahlberechtigten, wäre auch hier die Zustimmung von mehr als der Hälfte der Wahlberechtigten (8/15) zu erzielen. Die zunächst förderliche Variabilität kann bei hohen Beteiligungen die absolute Mindestzahl an Zustimmenden damit derart verschärfen, daß sogar die Länder mit für problematisch gehaltener hälftiger Mindestzustimmung der Wahlberechtigten je nach Beteiligung mehr oder minder deutlich übertroffen würden.

Einen weiteren Kritikpunkt bildet die Empfindlichkeit gegenüber Manipulationsversuchen. Diese hängt nicht unmittelbar mit der nordrhein-westfälischen Ausgestaltung zusammen, sondern geht stets mit Beteiligungsquoren einher: besteht keine hinreichende Aussicht darauf, die Mehrheit von zwei Dritteln für den Volksentscheid zu verhindern, könnten die Gegner ihre

[1599] Von einem „Huckepack-Effekt" spricht daher *Ludwig*, Trend (Fn. 1486), S. 53 f.; vgl. auch *Kloepfer/Schärdel*, Perspektiven (Fn. 1556), S. 1334.

Chance in der Beteiligungsziffer erkennen. Wenn schon nicht über das Mehrheitserfordernis, so könnten sie dennoch durch vielfaches Fernbleiben verhindern, daß die Mindestbeteiligung erreicht wird. Trotz (dann noch deutlicherer) Mehrheit scheiterte das Vorhaben in der Folge an einer zu geringen Gesamtbeteiligung. Weitere Taktierungsmöglichkeiten eröffnet das Nebeneinander inhaltlich miteinander unvereinbarer Quoren.

(4) Saarland

Mit dem Zustimmungserfordernis der Hälfte der Stimmberechtigten bereits im Rahmen der einfachen Volksgesetzgebung sticht das Saarland als ausgesprochen „direktdemokratie-unfreundlich" aus dem Feld der Bundesländer hervor. Der Höhe nach entspricht besagtes Quorum damit der Regelung, wie sie in den meisten anderen Ländern für Verfassungsänderungen zwingend, aber eben auch hinreichend ist und schließt so bereits einfache Volksgesetzgebung de facto aus[1600]. Daß darüber hinaus verfassungsändernde Volksgesetzgebung gänzlich unzulässig ist, läßt das Saarland auch diesbezüglich eine Außenseiterstellung (zusammen mit Hessen) einnehmen. Freilich hätte die nochmalige Erhöhung des Zustimmungsquorums auf beispielsweise zwei Drittel der Wahlberechtigten selbst bei Zulassung der Option dem Volk keine ernsthafte Chance auf verfassungsändernde Volksgesetzgebung gebracht.

Unter den Ländern, die die Verfassungsänderung durch Volksentscheid uneingeschränkt zulassen, und Hessen, das sie unterbindet, nimmt das Saarland eine Zwischenstellung ein, indem es ausdrücklich nur den Volksentscheid, nicht aber das vorgeschaltete Volksbegehren untersagt. Insofern bleiben gesetzgeberische Initiativen aus dem Volk möglich, wenngleich die Bürger keine Handhabe für den Fall haben, daß der saarländische Landtag die Übernahme des Gesetzesvorstoßes in einen eigenen Beschluß zur Verfassungsänderung ablehnt. Zweifelsohne wird dies nicht unüberlegt geschehen, schon gar nicht, wenn die Unterstützung des Volksbegehrens besonders groß ausgefallen ist und daher bei Nichtübernahme mit entsprechender Unzufriedenheit in der Wählerschaft zu rechnen wäre. Und dennoch besteht kein unmittelbares Recht und keine Handhabe des Volkes zur Verfassungsänderung, die ohne den Gesetzesbeschluß des Landtages zu einer Verfassungsänderung führen würde.

[1600] Diese Konsequenz ziehen auch *Kloepfer/Schärdel*, Perspektiven (Fn. 1556), S. 1334 f. sowie *Rux*, Demokratie (Fn. 88), S. 397.

(5) Sachsen-Anhalt

Besonders erfreulich ist die Regelung Sachsen-Anhalts, auf ein Zustimmungsquorum im Rahmen der einfachen Volksgesetzgebung zu verzichten, wenn der Landtag eine Alternativvorlage ins Rennen um die Gunst der Wähler schickt. Hierdurch wird dem Umstand Rechnung getragen, daß das schon bei nur einer Vorlage an sich unerwünschte Verfehlen des Zustimmungsquorums bei zwei miteinander unvereinbaren Entscheiden als noch unbefriedigender empfunden würde[1601]. Unter Umständen wäre in dieser Konstellation eine Mehrheit für die Neufassung des Gegenstandsbereichs; die Anhängerschaft würde jedoch durch die Alternativvorlagen in zwei Gruppen gespalten und so gleichzeitig das Erreichen eines Zustimmungsquorums von einem Viertel für eine der beiden Vorlagen zusätzlich erschwert.

e) Fakultative Volksreferenden

Gleich aus zwei Gründen ist das in Baden-Württemberg durchführbare fakultative Verfassungsreferendum im Ergebnis undienlich: zunächst verspricht es aufgrund seines Ablaufs kaum politische Relevanz zu erlangen: einem verfassungsändernden Mehrheitsbeschluß des Landtages mit wenigstens zwei Dritteln folgt ein Antrag einer Parlamentsminderheit von mindestens einem Drittel auf Durchführung eines Volksentscheides nach, über dessen Zulassung die Regierung – typischerweise zumindest teilweise dekkungsgleich mit der verfassungsändernden Mehrheit – in eigenem Ermessen entscheiden darf. Wie wahrscheinlich aber ist es, daß zunächst eine qualifizierte Abgeordnetenmehrheit für ein Gesetz votiert und anschließend die gesamte Regierung zur Minderheit überläuft?

Ferner, und das ist mindestens ebenso heikel, wird das Volk zum Schlichter, zum Schiedsrichter eines Konfliktes, der eigentlich zwischen Parlamentsmehrheit und Regierung besteht. Denn nur wenn eine Parlamentsmehrheit gegen die Regierung eine Verfassungsänderung verabschiedet, wird letztere ihr Ermessen zugunsten der Durchführung einer Volksabstimmung ausüben. Auf diese Weise wird das Volk in einen Streit zwischen beiden Parlamentsakteuren gezogen, in dem es womöglich weniger um den konkreten Inhalt des Gesetzes als vielmehr ein Machtspiel der Beteiligten geht. Es wird darüber hinaus eine weitere Kategorie der Gesetzgebung neben der rein parlamentarischen sowie der rein direktdemokratischen eröffnet.

[1601] Vgl. *Rux,* Demokratie (Fn. 88), S. 629, der diesen Aspekt wie die besondere Regelung Sachsen-Anhalts m. E. aber etwas überbetont.

Daß zu allem Überfluß in Baden-Württemberg nicht nur in der Kommentarliteratur, sondern selbst im Ständigen Ausschuß des Parlaments Unklarheit über die Geltung des Art. 60 Abs. 2 Verf. im Verfahren der Verfassungsänderung durch den Landtag besteht, vervollständigt das an dieser Stelle desolate Bild. Es verwundert daher auch nicht, daß sich in der Kommentarliteratur bei Annahme einer entsprechenden Option die von Verfassungs wegen geltende Zweidrittelmehrheit für die Zurückweisung auf die Abstimmenden beziehen soll. Dies entspräche im Vergleich zum ursprünglich mit mehrfacher Mehrheit gefaßten Gesetzesbeschluß einer Erleichterung. Anerkennt man also die Eingriffsmöglichkeit, muß zwingendermaßen eine Erhöhung der Zurückweisungsmehrheit im Landtag erfolgen. Hinsichtlich des Mehrheitserfordernisses im Volksentscheid ist die gegenstandsbezogene Differenzierung des Mehrheitserfordernisses zwischen der Verhinderung eines einfachen resp. verfassungsändernden Gesetzes indes plausibel, wenngleich in der Verfassung nicht hinreichend deutlich angeordnet. Würde man andererseits auch für die Verhinderung des Inkrafttretens keine verfassungsändernde Mehrheit verlangen, wäre der parlamentarische Verfassungsgesetzgeber nicht hinreichend geschützt. Die nachträgliche Rücknahme der parlamentarischen Verfassungsänderung bedürfte in diesem Fall ebenfalls lediglich einer hälftigen Zustimmung im Volksentscheid. Hier nun geringere Anforderungen festzuschreiben, erschiene somit nicht sachgerecht.

In Sachsen als dem zweiten Anwendungsfall fakultativer Referenden fällt nicht zuletzt aufgrund der Beschränkung des Verfahrens auf nur einen Anwendungsfall und der konkreten Ausgestaltung die Bewertung völlig konträr aus. Dort ist die Anrufung des Volkes durch eine absolute Landtagsmehrheit lediglich für Verfassungsänderungen vorgesehen, die diese nicht umsetzen kann – beispielsweise aufgrund einfacher Meinungsverschiedenheit mit der Opposition, im Konfliktfall aber auch wegen obstruktiver Blokkadepolitik. Nunmehr bietet das an das Volk adressierte Referendum einen gangbaren Lösungsweg. Konflikte zwischen Regierung und Parlament jedenfalls werden nicht vor das Volk gebracht, eine Eintrübung des Verhältnisses zwischen Parlamentsmehrheit und Oppositionsfraktionen ist allerdings nicht virulent. Das absolute Mehrheitserfordernis der Stimmberechtigten im Volksentscheid entspricht verfassungstextlich angeordnet dem bei nicht parlamentarisch eingeleiteter Volksgesetzgebung – wenngleich es wie dort außerordentlich hoch ausfällt.

II. Weitere direktdemokratische Verfahren

Auf Länderebene reduzieren sich die direktdemokratischen Handlungsoptionen nicht allein auf die Volksgesetzgebung. Neben der Abberufung des Landtages durch das Volk und den Spezialfällen der bereits vorgespurten

Länderneugliederung sowie der Wahl einer verfassunggebenden Versammlung wäre im Rahmen weiterer Verfahren der Beteiligung des Volkes auch an Volksinitiativen zu denken. Da diese aber nicht mit einem Mehrheitsbeschluß enden, sondern nur ein Unterschriftenquorum zu erzielen haben, das dann die gesetzgebende Körperschaft zur Behandlung der Angelegenheit zwingt, wird dieses Verfahren vorliegend ausgespart[1602].

1. Die Abberufung des Landtages mittels Volksentscheids

Die Abberufung des Landtages (alternativ: die vorzeitige Beendigung der Legislaturperiode) durch Volksentscheid korrespondiert mit der ursprünglichen Wahl der Abgeordneten. Durch den Wahlakt wurden die Abgeordneten legitimiert, das Volk hat in den Ländern mit der Abberufungsmöglichkeit aber auch jederzeit und ohne bestimmten Anlaß das Recht, die Legitimierung zurückzunehmen.

a) Bayern

In Bayern besteht diese Option, von der bislang noch kein Gebrauch gemacht wurde[1603], mit Art. 18 Abs. 3 BayVerf. Wie im Verfahren der Volksgesetzgebung ist auch hier ein zweistufiges Prozedere von einleitendem Volksbegehren und sich anschließendem Volksentscheid vorgesehen, Art. 83 ff. LWahlG. Die Art. 84 f. LWahlG verweisen sogar hinsichtlich der Durchführung von Volksbegehren und Volksentscheid im wesentlichen auf die in Art. 63 ff. (Volksbegehren) und 75 ff. LWahlG (Volksentscheid) geregelten Verfahren. Für den Initiativantrag gelten im Vergleich zum Volksge-

1602 Volksinitiativen haben anders als Volksbegehren nicht die Schaffung oder Änderung von Gesetzen durch einen Volksentscheid zum Ziel. Bei der Volksinitiative geht es einzig um die parlamentarische Pflicht, sich mit einer im eigenen Aufgabenbereich liegenden Angelegenheit zu befassen, typischerweise natürlich die Anregung eines Gesetzesvorhabens an die gesetzgebende Körperschaft. Die Zielsetzung ist damit enger als in den auf Abhaltung eines Volksentscheids gerichteten Volksanträgen, da die gesetzgebende Körperschaft nur zur Beratung und Beschlußfassung verpflichtet ist. Die parlamentarische Reaktion kann von der kompletten oder teilweisen Übernahme bis hin zur Ablehnung in Gänze alles umfassen. Vorgesehen ist ein Initiativverfahren in folgenden Ländern: Berlin (61 Abs. 1 u. 2 Verf.), Brandenburg (Art. 76 Verf.), Mecklenburg-Vorpommern (Art. 59 Abs. 1 bis 3 Verf.), Niedersachsen (Art. 47 Verf.), Sachsen-Anhalt (Art. 80 Abs. 1 u. 2 Verf.), Schleswig-Holstein (Art. 41 Abs. 1 u. 2 Verf.), Thüringen (Art. 68 Verf.). – Zusammenfassend *Koch/Storr*, Plebiszit (Fn. 1513), S. 6. In Bayern und Bremen wurden die Anstrengungen zur Einführung einer Volksinitiative durch die beiden bereits mehrfach angesprochenen Verfassungsgerichtsentscheidungen BayVerfGH 53, 42 und BremStGH, Urt. v. 14.2.2000, St 1/98, NVwZ-RR 2001, 1 ff. gestoppt.

1603 *Kempen*, Verfassungsrecht (Fn. 1210), Rn. 159.

setzgebungsverfahren keine Besonderheiten: nach Art. 84 i.V.m. Art. 63 Abs. 1 S. 3 LWahlG sind auch hier die Unterschriften von 25.000 Stimmberechtigten erforderlich[1604]; der nach Art. 18 Abs. 3 BayVerf., Art. 83 LWahlG erforderliche „Antrag von einer Million Stimmberechtigter“ soll sich nämlich – obgleich weder in Verfassung noch Landeswahlgesetz eine ausdrückliche Klarstellung existiert – auf die Eintragungsbeteiligung im Volksbegehren selbst[1605] und nicht, wie auch denkbar, auf den vorgelagerten Antrag auf Durchführung eines solchen beziehen[1606]. Die Zahl wurde trotz massiv gestiegener Wahlbevölkerung bewußt nicht angepaßt, so daß die Differenzen zum Volksbegehren mit einem Antragsquorum von 10% der Wahlberechtigten im Laufe der Jahrzehnte immer geringer wurden[1607]. Im Volksentscheid selbst gilt es weder Beteiligungs-, noch Zustimmungsquorum oder qualifizierte Mehrheitserfordernisse zu beachten: einzig entscheidend ist die einfache Mehrheit der abgegebenen Stimmen, Art. 86 LWahlG. Die durch den Bayerischen Verfassungsgerichtshof für verfassungsändernde Volksgesetzgebung vorgesehenen Quoren gelten hier nicht entsprechend[1608].

b) Regelungen in den übrigen Ländern

Nur wenige Länder außerhalb Bayerns sehen auf Auflösung der jeweiligen Volksvertretung gerichtete Volksentscheide vor. Diejenigen Bundesländer, die das Auflösungsrecht bereitstellen, formen es auf zweierlei Arten aus: einerseits als einfachen Volksentscheid, der statt auf ein neues Gesetz eben auf vorzeitige Beendigung der Legislaturperiode gerichtet ist. So verfährt als einziges Land Rheinland-Pfalz und verlangt eine einfache Mehrheit der abgegebenen Stimmen, wobei sich zugleich ein Viertel der Stimmberechtigten an der Abstimmung beteiligt haben müssen, Art. 109 Abs. 1 Nr. 2, Abs. 4 S. 3 LVerf.

Die zweite Ausgestaltung trifft eine Gruppe mit den Ländern Baden-Württemberg (Art. 43 Abs. 2 Verf.), Berlin (Art. 54 Abs. 3, Art. 62 Abs. 6,

---

[1604] Zu den übrigen Antragsvoraussetzungen siehe die Darstellung unter D. I. 1. b) aa).

[1605] *V. Spilarewicz*, in: Högner/Spilarewicz/Boettcher, Landeswahlgesetz (Fn. 1469), Art. 86 LWahlG o. Rn.; *Möstl* (Fn. 1339), Art. 18 Verf. Bayern Rn. 6; unklar: *K. Schweiger*, in: Nawiasky/Schweiger/Knöpfle, Verfassung Bayern (Fn. 1205), Art. 18 (1963), Rn. 5.

[1606] Hierfür würde die identische Terminologie sprechen: während sowohl in Art. 18 Abs. 3 Verf. Bayern als auch in Art. 63 LWahlG (also bezüglich des Initiativantrags auf Durchführung des Volksbegehrens) der Begriff des „Antrags“ Verwendung findet, fehlt er hinsichtlich des Volksbegehrens; hier wird an keiner Stelle von einem „Antrag“ gesprochen.

[1607] *Möstl* (Fn. 1339), Art. 18 Verf. Bayern Rn. 6.

[1608] *Möstl* (Fn. 1339), Art. 18 Verf. Bayern Rn. 6.

Art. 63 Abs. 3 Verf.), Brandenburg (Art. 76 Abs. 1 S. 2, Art. 78 Abs. 3 Verf.) und Bremen[1609] (Art. 76 Abs. 1 lit. b, Abs. 2 Verf.). Ihnen gemeinsam ist, daß sie sich im Grunde auch des Rahmens der Volksgesetzgebung bedienen, das Beschluß- und das Beteiligungsquorum im Vergleich zur einfachen Volksgesetzgebung aber verschärfen. So entsprechen in Berlin Antrags- (50.000 Unterschriften, Art. 63 Abs. 3 S. 1 Verf., § 15 Abs. 1 S. 2 Alt. 2 AbstG) und Volksbegehrensquorum (20 vom Hundert der Wahlberechtigten, Art. 63 Abs. 3 S. 2 Verf., § 26 Abs. 2 AbstG) mit dem Antragsziel der Abberufung des Abgeordnetenhauses exakt denjenigen Bestimmungen der verfassungsändernden Volksgesetzgebung[1610]. Kommt der Antrag zustande, ist es nach § 29 Abs. 1 Nr. 2 AbstG binnen zwei Monaten durchzuführen. Ab dem Zeitpunkt der Durchführung des Volksbegehrens laufen der auf Verfassungsänderung gerichtete Antrag (Frist zur Durchführung vier Monate) und das auf Beendigung der Legislaturperiode gerichtete Verfahren nicht mehr parallel. Die Diskrepanz setzt sich im Entscheid selbst fort, wo sich im vorliegenden Fall mindestens die Hälfte der Wahlberechtigten daran beteiligt und mit der Mehrheit der abgegebenen Stimmen für die vorzeitige Beendigung gestimmt haben muß, Art. 63 Abs. 3 S. 3 Verf., § 36 Abs. 4 AbstG – bei der Verfassungsänderung wären zwei Drittel, die mindestens die Hälfte der Stimmberechtigten repräsentieren, nötig gewesen.

In Baden-Württemberg muß ein Sechstel der Wahlberechtigten (ca. 1,25 Mio. Menschen) die Auflösung verlangen und im Rahmen der binnen sechs Wochen vorzunehmenden Volksabstimmung die Mehrheit der Stimmberechtigten dem Verlangen beitreten, Art. 43 Abs. 2 Verf. Unabhängig davon, wie viele Wahlberechtigte sich an dem Entscheid beteiligen, ist folglich stets die Zustimmung der absoluten Mehrheit der Stimmberechtigten, immerhin etwa 3,75 Millionen Wähler, zu erreichen. Bremen schließlich verlangt ein von einem Fünftel der Stimmberechtigten unterstütztes Volksbegehren, an das sich ein Volksentscheid anschließt, der ebenfalls dann Erfolg hat, wenn die Mehrheit der Stimmberechtigten für die vorzeitige Beendigung der Wahlperiode stimmt, Art. 76 Abs. 2 Verf. Und auch Brandenburg verschärft das im Rahmen einfacher Gesetzgebung geltende Initiativquorum von 20.000 auf 150.000 (Art. 76 Abs. 1 S. 3 Alt. 2 Verf.) und das Quorum im Begehren von 80.000 auf 200.000 Wahlberechtigte (Art. 77 Abs. 3 S. 2 Verf.). Im Volksentscheid wird ein doppeltes Mehrheitserfordernis vorgesehen: auf die Landtagsauflösung müssen zwei Drittel der abgegebenen Stimmen entfallen sein, die zugleich mindestens der Hälfte der Stimmberechtig-

1609 Hier besteht zusätzlich die Möglichkeit, daß die Bremische Bürgerschaft dem Landesvolk die Frage der eigenen Auflösung zur Abstimmung vorlegt, Art. 70 Abs. 1 lit. b Verf. Bremen.

1610 Siehe zum Verfahren der verfassungsändernden Volksgesetzgebung oben unter D. I. 2. c) bb).

ten entsprechen. Damit werden in Art. 78 Abs. 3 Verf. nicht nur in demselben Absatz die direktdemokratischen Verfahren der Verfassungsänderung und der Parlamentsauflösung geregelt, sondern beiden auch ein identisches Mehrheitserfordernis zugewiesen.

In den übrigen Landesverfassungen fehlen Ausgestaltungen einer vorzeitigen Landtagsauflösung durch das Wahlvolk. Im gesamten deutschen Verfassungsrecht einmalig ist schließlich die Regelung in Nordrhein-Westfalen (Art. 68 Abs. 3 S. 2 Verf.), die der Landesregierung ein Auflösungsrecht gegenüber dem Parlament zugesteht, wenn dieses eine Gesetzesvorlage der Regierung ablehnt. Die Regierung hat das Recht zur Landtagsauflösung, wenn in einem solchen Fall eine von der Regierung initiierte Volksabstimmung seitens der Landesbevölkerung angenommen wird. Verliert die Regierung den Volksentscheid, trifft sie indes die Pflicht zum Rücktritt.

Die letzte und größte Gruppe von Ländern schließlich kennt überhaupt keine Kompetenz des Landesvolks zur vorzeitigen Beendigung der Legislaturperiode.

c) Stellungnahme

Kein Land bedient sich zur Auflösung des Landtages eines eigenen, neben dem Volksgesetzgebungsverfahren stehenden, nur die Auflösung der Vertretungskörperschaft zum Gegenstand habenden Verfahrens. Offenbar werden die praktizierten Verfahren zurecht als erfolgreiche Grundlage nicht nur für gesetzgeberische Aktivitäten des Landesvolks angesehen. Auch die Grundidee, dem Volk ein Auflösungsrecht gegenüber dem amtierenden Landtag zuzubilligen, überzeugt. In den (wenigen) Ländern, die ein solches bereitstellen, können die Landtagsabgeordneten – einmal in ihrem Amt – die Interessen der Wähler nicht völlig ignorieren. Nicht erst die nächste Wahl kann nämlich die Zusammensetzung und den Fortbestand des Landtags verändern, sondern über der ganzen Legislaturperiode droht die Option wie ein Damoklesschwert. Andererseits geht mit der direktdemokratischen Kompetenzerweiterung auch eine erhöhte Verantwortung einher. Sicherlich ist daher eine umfassende Beteiligung des Volkes zur Rechtfertigung einer vorzeitigen Abberufung der Delegierten angezeigt.

In einigen Ländern aber machen die Vorgaben das Schwert zu einer weitgehend unbrauchbaren Waffe und haben wirkungsvoll verhindert, daß es zu einer „Intensivierung des direktdemokratischen Einflusses“ kam[1611]. So ist

[1611] Im Jahr 1982 erblickte *Höfling*, Institut (Fn. 1364), S. 892, in der plebiszitären Parlamentsauflösung noch eine „Chance“ für die Intensivierung. Sie wurde offenbar nicht genutzt.

beispielsweise in Baden-Württemberg durch die Voraussetzung absoluter Mehrheit der Wahlberechtigten ein immenses Zustimmungserfordernis aufgestellt, das, selbst wenn es nur als Mindestbeteiligung (und nicht Zustimmung) angeordnet wäre, schon so manchen Volksentscheid scheitern ließe. Dies verdeutlichte das im Jahr 1971 betriebene Verfahren, wo die Begehrenshürde genommen wurde, dann aber nur 8,6% der Wahlberechtigten für eine vorzeitige Landtagsauflösung stimmten[1612]. Selbst einer seitens der Verfassunggeber für die Auflösung für nötig gehaltenen „großen Volksbewegung" wird es nicht leicht fallen, die Mehrheit zu erreichen. Ein Vergleich mit der baden-württembergischen Landtagswahl 2006 mit einer Wahl*beteiligung* von nur 53%, von denen wiederum 44% (= 1,7 Mio. Wahlberechtigte) die obsiegende CDU wählten, verdeutlicht die Schwierigkeit, 3,75 Mio. Menschen *für* eine vorzeitige Auflösung zu mobilisieren.

Ganz anders Bayern: hier gilt trotz der restriktiven Rechtsprechung des Bayerischen Verfassungsgerichtshofs immer noch uneingeschränkt die einfache Mehrheit der Abstimmenden. Der Regelungsgegenstand ist nun einmal ein anderer, als bei einer Änderung der Verfassung, die dauerhafte Wirkungen auslöst und daher mit einem gerichtlich angeordneten Quorum verbunden wurde. Die Parlamentsauflösung führt indes nur zur vorzeitigen Beendigung der Legislaturperiode mit anschließenden Neuwahlen. Sind diese durchgeführt, wirkt der Volksentscheid nicht fort. Gerade vor dem Hintergrund abweichender Rahmenbedingungen wird eine Ausweitung der starren Quoren auch auf die direktdemokratische Abberufung des Landtags für verfassungswidrig gehalten[1613]. Einfache Abstimmungsmehrheit genügt auch in Rheinland-Pfalz, wobei sich ein Viertel der Stimmberechtigten an der Abstimmung zur vorzeitigen Beendigung der Wahlperiode beteiligen muß. Hier wie in Bayern gelten damit zwar nicht im Volksbegehren, aber im ausschlaggebenden Volksentscheid exakt die Anforderungen, die auch an die einfache Volksgesetzgebung geknüpft werden.

Wenn dennoch schon die meisten vorgenannten Ausgestaltungen kaum praktische Relevanz entfalten, wird dies umso mehr für die Regelung Nordrhein-Westfalens gelten. Sie setzt bereits eine tiefe Kluft zwischen Regierung und Parlament voraus, wenn letzteres der eigenen Regierung die Gefolgschaft verweigert. Dann aber werden typischerweise Mißtrauensvoten des Parlaments oder eine Selbstauflösung im Raum stehen, so daß es gar

[1612] *P. Feuchte*, in: ders., Verfassung Baden-Württemberg (Fn. 1220), Art. 43 Rn. 1; *Höfling*, Institut (Fn. 1364), S. 891; damals lag die Begehrenshürde indes nur bei nominell 200.000 Wahlberechtigten. Sie wurde in der Folge wegen zu großer Diskrepanz zwischen Begehrens- und Entscheidsquorum auf das beschriebene Sechstel (entsprechend 1,25 Mio. Unterschriften) erhöht.

[1613] *Möstl* (Fn. 1339), Art. 18 Verf. Bayern Rn. 6.

nicht erst zum Volksentscheid kommt. Schlußendlich wird die Regierung auch durch das Risiko des Scheiterns der durch sie initiierten Volksabstimmung – deren Schicksal sie dann zu teilen hätte – von ihrem Vorhaben abgehalten werden.

2. Die Neugliederungsmöglichkeit der Länder Brandenburg und Berlin

Die Ausnahmevorschriften der Art. 116 Verf. Brandenburg[1614] und Art. 97 Verf. Berlin[1615] zum privilegierten Zusammenschluß der Länder Berlin und Brandenburg wären thematisch an zwei Stellen dieser Arbeit zu verorten: zunächst als Ausnahmevorschriften zu Entscheidungen der Landtage, ferner als solche bei den Volksentscheidungen. Inhaltlich stellen sie das landesrechtliche Pendant zu Art. 118a GG dar, so daß auf die dort dargelegten Hintergründe der Normen verwiesen werden kann.

a) Ablauf des Neugliederungsverfahrens: Grundgesetzliche Vorgaben

Zu Beginn des Neugliederungsverfahrens ist der Abschluß einer „Vereinbarung“ grundgesetzlich vorgegeben, die nach einhelliger Auffassung in Form eines Staatsvertrages zwischen den Ländern Brandenburg und Berlin erfolgt[1616]. Der Vertragsschluß selbst richtet sich hierbei nach den landesin-

---

1614 Art. 116 Abs. 1 Verf. Brandenburg lautet: „An der Gestaltung einer Vereinbarung zur Vereinigung der Länder Brandenburg und Berlin ist der Landtag frühzeitig und umfassend zu beteiligen. Die Vereinbarung bedarf zu ihrer Ratifizierung der Zustimmung von zwei Dritteln der Mitglieder des Landtages sowie der Zustimmung in einem Volksentscheid nach Maßgabe der Vereinbarung.“ – Zur Entstehungsgeschichte der Norm *Tripke*, Neugliederung (Fn. 558), S. 68 ff.

1615 Art. 97 Abs. 2 Verf. Berlin lautet: „Ein Staatsvertrag der Länder Berlin und Brandenburg über die Bildung eines gemeinsamen Bundeslandes bedarf der Zustimmung einer Mehrheit von zwei Dritteln der Mitglieder des Abgeordnetenhauses sowie der Zustimmung durch Volksabstimmung nach Maßgabe dieses Staatsvertrages.“ – s. auch hier zur Entstehung *Tripke*, Neugliederung (Fn. 558), S. 73 ff.

1616 *Schöbener* (Fn. 560), Art. 118a Rn. 12; *Meyer-Teschendorf*, Neugliederung (Fn. 560), S. 891; *Pernice* (Fn. 1165), Art. 118a Rn. 11; *Tripke*, Neugliederung (Fn. 558), S. 64 f.; *R. Sannwald*, in: Schmidt-Bleibtreu/Hofmann/Hopfauf, GG (Fn. 119), Art. 118a Rn. 3; *W. Erbguth*, in: Sachs, GG (Fn. 119), Art. 118a Rn. 4; nur beiläufig *Scholz* (Fn. 1164), Art. 118a Rn. 7. – Dem Vertragsschluß gingen freilich entsprechend umfangreiche Verhandlungen der Regierungen beider Bundesländer voraus; den Regierungen steht diese Kompetenz zu, da die Landesparlamente über das qualifizierte Zustimmungsbedürfnis hinreichend eingebunden werden und so eine Mehrheit für den Zusammenschluß in Regierung und Parlament besteht; vgl. *Tripke*, Neugliederung (Fn. 558), S. 75.

ternen Regelungen, insbesondere den Art. 97 Abs. 2 Alt. 1 Verf. Berlin und Art. 116 Abs. 1 S. 2 Alt. 1 Verf. Brandenburg. Er bedarf demnach zu seiner Ratifizierung der Zustimmung von zwei Dritteln der Mitglieder des Landtages resp. Abgeordnetenhauses, nicht jedoch des Bundestages nach Art. 29 Abs. 8 S. 6 GG[1617].

Darüber hinaus wird die „Beteiligung der Wahlberechtigten" von Art. 118a GG verlangt, der insoweit eine lex specialis zu Art. 29 GG darstellt[1618] und damit gerade nicht die im Grundverfahren von Art. 29 Abs. 2 und Abs. 6 GG geforderten Volksentscheidsverfahren mit Mindestbeteiligungsquorum voraussetzt. Andersherum darf die allein dem Länderverfassungsrecht bzw. der abgeschlossenen Ländervereinbarung vorbehaltene Ausgestaltung der Bürgerbeteiligung die Anforderungen der Grundnorm sogar unterschreiten[1619] – auch dies gehört zum Privileg des Länderzusammenschlusses Berlin-Brandenburg.

b) Ablauf des Neugliederungsverfahrens: landes(verfassungs)rechtliche Ausgestaltung

Interessant ist die Ausgestaltung, die die betroffenen Länder Berlin und Brandenburg selbst für die staatsvertragliche Vereinbarung und die korrespondierende Volksbefragung vorsehen. Während das Grundgesetz in Art. 118a GG nur von einer (irgendwie gearteten) „Beteiligung" der Wahlberechtigten spricht, sehen die korrespondierenden Länderverfassungsvorschriften die Durchführung landesinterner Volksentscheide über die Frage des Zusammenschlusses nach Maßgabe des Staatsvertrages vor: die Verfassung Brandenburgs verlangt die „Zustimmung in einem Volksentscheid nach Maßgabe der Vereinbarung" (Art. 116 Abs. 1 S. 2 Alt. 2 Verf. Brandenburg), also des Vertrags zur Länderneugliederung. Inhaltlich identisch und noch dazu fast wortgleich äußert sich die Verfassung Berlins[1620].

1617 Für Berlin ergebe sich das Zweidrittelerfordernis ohnehin wegen der Auflösung des Landes aus Art. 100 Verf. Berlin; vgl. *Driehaus* (Fn. 1165), Art. 97 Verf. Berlin Rn. 5. *Ders.* weist ebd., Rn. 4 indes darauf hin, daß ein Zustandekommen zwar aus verfassungsrechtlicher, nicht jedoch aus finanzpolitischer Sicht ohne Zutun des Bundes stattfinden kann.

1618 Siehe zu Art. 29 und 118, 118a GG oben im 2. Teil unter G. I.

1619 *Erbguth* (Fn. 1616), Art. 118a Rn. 2; *Sannwald* (Fn. 1616), Art. 118a Rn. 3. – Vgl. die Empfehlungen der Gemeinsamen Verfassungskommission in: Deutscher Bundestag, Bericht (Fn. 407), S. 90; *Tripke*, Neugliederung (Fn. 558), S. 76; denkbar wären mittelbare und unmittelbare Beteiligungen, Beteiligungen konsultativer wie auch letztverbindlicher Art. Einschränkend *Schöbener* (Fn. 560), Art. 118a Rn. 13 ff.

1620 Art. 97 Abs. 2 Alt. 2 Verf. Berlin: „Zustimmung durch Volksabstimmung nach Maßgabe dieses Staatsvertrages".

Der auf dieser landesrechtlichen Verfassungsgrundlage geschlossene und mit jeweils Zweidrittelmehrheit von den Ländervertretungen verabschiedete Neugliederungs-Vertrag entschied sich für die Durchführung von Volksbefragungen in beiden Ländern. Obwohl grundgesetzlich und vom Landesverfassungsrecht[1621] nicht gefordert, verband man diese mit einem qualifizierten Zustimmungsquorum: die einfache Mehrheit der sich an der Abstimmung beteiligenden Wahlberechtigten mußte zugleich jeweils einem Viertel der Abstimmungsberechtigten entsprechen (Art. 3 Abs. 1 des Neugliederungs-Vertrags[1622]). Auf diese Weise sollte sichergestellt werden, daß der Zusammenschluß auch in den Länderbevölkerungen von einer Mehrheit der Abstimmungsberechtigten befürwortet wurde[1623]. Von der verfassungsrechtlich jedenfalls nicht untersagten Möglichkeit der Durchführung eines gemeinsamen Volksentscheides beider Länder wurde (wohl im Hinblick auf das gespaltene Meinungsbild zwischen den Ländern und die gewünschte Erzielung einer Zustimmung der Abstimmungsberechtigten des jeweiligen Bundeslandes) kein Gebrauch gemacht[1624]. Bereits jetzt und auch zukünftig wird die Frage nach dem „Ausmaß" der Bürgerbeteiligung neu gestellt (werden), was sicherlich nicht auf eine Ausdehnung der Bürgerbeteiligungsrechte hinauslaufen wird, sollten tatsächlich Änderungen vorgenommen werden, da die Fusion der Länder gerade an dem in seinen Voraussetzungen verfassungsrechtlich nicht näher determinierten Volksentscheid gescheitert ist.

c) Stellungnahme

Die Bedeutung, die dem Volkswillen seitens der fusionsbereiten Länder Berlin und Brandenburg mit Mehrheitsentscheid und Mindestbeteiligungs-

---

1621 *Driehaus* (Fn. 1165), Art. 97 Verf. Berlin Rn. 5.

1622 „Dieser Vertrag bedarf zu seiner Ratifizierung der Zustimmung von jeweils zwei Dritteln der Mitglieder des Abgeordnetenhauses von Berlin und des Landtages Brandenburg sowie in jedem der beiden Länder der Zustimmung in einer Volksabstimmung. Die Zustimmung bedarf in jedem der beiden Länder der Mehrheit der abgegebenen Stimmen; die Mehrheit muß mindestens jeweils ein Viertel der Abstimmungsberechtigten umfassen. Die Volksabstimmungen finden in beiden Ländern am 5. Mai 1996 statt." – Diese Regelung entspricht inhaltlich Art. 4 Abs. 2 des Staatsvertrags zur Regelung der Volksabstimmungen in den Ländern Berlin und Brandenburg über den Neugliederungs-Vertrag, der darüber hinaus weitere Abstimmungsdetails wie die genaue Formulierung der Frage, Zeit und Ort festschreibt, vgl. GVBl. Berlin 1995, S. 520.

1623 *A. v. Brünneck/F. I. Epting,* Politische Gestaltungsrechte und Volksabstimmungen, in: H. Simon/D. Franke/M. Sachs (Hrsg.), Handbuch der Verfassung des Landes Brandenburg, 1994, § 22 Rn. 20; *Tripke*, Neugliederung (Fn. 558), S. 73.

1624 *Tripke*, Neugliederung (Fn. 558), S. 75. Hätte man diesen Weg gewählt, wäre – jedenfalls wenn man das Abstimmungsergebnis von 1996 zugrundelegt – der Ausgang zumindest deutlich knapper gewesen; vgl. Fn. 1164.

quorum eingeräumt wird, entspricht exakt derjenigen, den die Grundnorm des Art. 29 GG in Abs. 2 und 6 im Volksentscheid für Neugliederung im Bundesgebiet vorsieht. Die Landesverfassunggeber haben damit zwar die grundgesetzlichen Privilegien (abgesehen von der Festlegung eines Volksentscheids als Beteiligungsform) in Art. 97 Verf. Berlin und Art. 116 Verf. Brandenburg aufgenommen, auf die die Länder in den Verhandlungen gedrängt hatten[1625]. Landesintern aber wurden die offerierten Erleichterungen im Staatsvertrag nicht umgesetzt. Im Vergleich zum bisher einzig geglückten Länderzusammenschluß im Südwesten, wo sogar gegen den Mehrheitswillen eines Landesteils die Fusion stattfand[1626], wirken die hier aufgestellten Kriterien unverhältnismäßig hoch[1627]. Gänzlich die Beteiligung des Landesvolks durch Wegfall des Volksentscheids auf ein Minimum zu reduzieren, könnte der Fusion zwar zum Erfolg verhelfen, würde die politische Stimmung mutmaßlich jedoch nicht zugunsten, sondern im Gegenteil eher gegen einen Länderzusammenschluß beeinflussen und der Auflösung der bestehenden Bundesländer jegliche direkte Legitimation rauben. Eine Veränderung am Stellrad des Mehrheitserfordernisses kommt (jedenfalls nach unten zur Vereinfachung des Erreichens einer Mehrheit) ebenfalls nicht in Betracht. Die Reduktion des Quorums schließlich verspricht inhaltlich noch keine Mehrheit und ein Beteiligungsquorum von unter einem Viertel findet sich keinerorts und verdiente, wenn nur noch die Beteiligung jedes fünften Wahlberechtigten verlangt würde, kaum mehr die Bezeichnung als solche. Hier wäre eher zu überlegen, einen gemeinsamen Volksentscheid in beiden Ländern mit einfachem Mehrheitserfordernis ohne Beteiligungsquorum anzusetzen[1628]. Ganz auf einen Volksentscheid zu verzichten und die Legitimation über die Wahlen und Landesparlamente für hinreichend zu erachten, wäre am ehesten erfolgversprechend. Dies würde jedoch wegen der ausdrücklichen Anordnung eines Volksentscheids Verfassungsänderungen in beiden Bundesländern bedingen.

1625 So legten die Länder Berlin und Brandenburg im Rahmen der Verhandlungen der Gemeinsamen Verfassungskommission gerade u. a. Wert darauf, daß das Mindestbeteiligungsquorum des Art. 29 Abs. 8 S. 5 GG für die Zustimmung zu staatsvertraglichen Fusionen in Höhe von einem Viertel der Wahlberechtigten nicht auch im Rahmen des Art. 118a GG gelten sollte, vgl. Deutscher Bundestag, Bericht (Fn. 407), S. 90; gleichwohl übernahmen sie es in den Staatsvertrag, nicht jedoch in ihre Verfassung. Dies würde es den Ländern also im neu auszuhandelnden Fusionsvertrag ermöglichen, auf ein geringeres Beteiligungsquorum auszuweichen – was allerdings kaum in der Landesbevölkerung auf Zustimmung stoßen wird und eine einfache Mehrheit der Abstimmenden noch längst nicht garantieren kann. Auch wurde das Beteiligungsquorum nur knapp verfehlt. Ganz auf einen Volksentscheid zu verzichten scheint nicht ratsam.

1626 Vgl. *Gärtner*, Bildung (Fn. 1168), S. 88.

1627 So auch *Driehaus* (Fn. 1165), Art. 97 Verf. Berlin Rn. 5, der von einer „derartigen ‚Hürde'" spricht.

1628 Ähnlich *Driehaus* (Fn. 1165), Art. 97 Verf. Berlin Rn. 5.

3. Die ausdrückliche Regelung der Verfassunggebung in Brandenburg

Ähnlich wie Art. 146 GG auf der Ebene des Grundgesetzes, stellt auch Art. 115 Verf. Brandenburg die Landesverfassung unter Ablösungsvorbehalt. Sie ist jedoch die einzige Bestimmung ihrer Art im gesamten Landesverfassungsrecht, die die verfassunggebende Gewalt des Landesvolkes ausdrücklich anerkennt.

a) Die Wahl einer verfassunggebenden Versammlung in Brandenburg

Art. 115 Verf. Brandenburg sieht zum Tätigwerden des pouvoir constituant einen Zweischritt vor: zunächst überträgt er dem Landesvolk das Recht, die Einberufung einer verfassunggebenden Versammlung zu verlangen. Zehn Prozent der Wahlberechtigten müssen diese Initiative vorbringen (Abs. 2). Im anschließenden Wahlgang gilt es, eine Zweidrittelmehrheit der Abstimmenden zu erreichen und zugleich ein Zustimmungsquorum in Höhe der Hälfte der Stimmberechtigten zu wahren, Abs. 3. Parallel dazu ist auch der Landtag mittels Zweidrittelmehrheit seiner Mitglieder berechtigt, Wahlen zu einer verfassunggebenden Versammlung anzuberaumen (Abs. 4) oder die Volksinitiative vollständig zu übernehmen[1629]. Die Wahl der Mitglieder selbst erfolgt im allgemeinen Wahlverfahren nach Art. 22 Abs. 3 Verf. Brandenburg durch die Wahlberechtigten[1630]; sie ist zwingender erster Schritt, der nicht durch einen Verfassungsentwurf aus dem Volk – gewissermaßen als Volksbegehren – ersetzt werden kann[1631].

b) Die Bestätigung des ausgearbeiteten Verfassungsentwurfs

Der ausgearbeitete Verfassungsvorschlag schließlich kann, unabhängig davon, ob die verfassunggebende Versammlung durch einen Volksentscheid oder den brandenburgischen Landtag einberufen wurde, nur dann die bisherige Verfassung ablösen, wenn zwei Drittel der Mitglieder der verfassunggebenden Körperschaft dem Entwurf zustimmen; darüber hinaus wird er in einem Volksentscheid zur Abstimmung gestellt und bedarf dort der Mehrheit

[1629] Dies erübrigt dann denknotwendig die auch nur auf Einberufung einer verfassunggebenden Versammlung gerichtete Initiative: *Lieber/Iwers/Ernst* (Fn. 1290), Art. 115 Verf. Brandenburg (2003), Anm. 4.

[1630] Weitere Hinweise bei *Lieber/Iwers/Ernst* (Fn. 1290), Art. 115 Verf. Brandenburg (2003), Anm. 3 f.

[1631] *Lieber/Iwers/Ernst* (Fn. 1254), Art. 115 Verf. Brandenburg (2003), Anm. 1.

der Abstimmenden, Art. 115 Abs. 1 Verf. Wird eines der Mehrheitserfordernisse verfehlt, wird die bisherige Landesverfassung nicht wirksam abgelöst und beansprucht daher weiterhin uneingeschränkt Geltung[1632].

c) Stellungnahme

Zwar mag es durchaus sein, daß das Verfahren aufgrund „zahlreicher Kautelen“ an das Verfahren normaler Verfassungsgesetzgebung angenähert ist[1633], im Detail bestehen dennoch nicht unerhebliche Abweichungen. Zunächst ist eine Verfassunggebung ohne Beteiligung der verfassunggebenden Versammlung genauso ausgeschlossen wie die Umgehung des Volkes im abschließenden Entscheid über den Verfassungsentwurf. Doch trotz jener zwingenden Volksbeteiligung bestehen erhebliche Unterschiede zum sonstigen Gesetzgebungsverfahren im Wege unmittelbarer Demokratie: zunächst ist eine Abweichung in der hier nur zweistufigen Ausgestaltung des Verfahrens unter Verzicht auf das Volksbegehren zu sehen, darüber hinaus in der Verzehnfachung des Initiativquorums zur Einberufung der verfassunggebenden Versammlung.

Beim Zustimmungsquorum im abschließenden Volksentscheid jedoch kehrt sich das Bild um. Im Vergleich zur Verfassungsänderung erfolgt eine Absenkung von zwei Dritteln der Abstimmenden bei hälftiger Mindestzustimmung der Wahlberechtigten auf eine einfache Abstimmendenmehrheit. Für den Fall, daß die Initiative zur Verfassunggebung aus dem Volk kam, hat es indes beim Entscheid über die Einberufung einer verfassunggebenden Versammlung genau diese Anforderungen, die an die Verfassungsänderung gestellt werden (Zweidrittelmehrheit der Abstimmenden, die mindestens die Hälfte der Stimmberechtigten repräsentieren), bereits erfüllt. Daß dies jedoch nicht der Grund dafür sein kann, in der Abstimmung über den Verfassungsentwurf eine einfache Abstimmendenmehrheit im Volksentscheid ausreichen zu lassen[1634], zeigt bereits die Tatsache, daß das Verfahren genauso durch den Landtag in Gang gesetzt werden kann. Vielmehr wird im Prozeß der Verfassunggebung regelmäßig nur auf einfache Abstimmendenmehrheiten zurückgegriffen[1635]. Und hierin liegt der Hauptunterschied, der die Verfassunggebung eben doch beträchtlich von der Verfassungsänderung abgrenzt: es gilt kein Beteiligungs- oder qualifiziertes Zustimmungsquorum, einfache Abstimmendenmehrheit im Volksentscheid genügt

1632 *Lieber/Iwers/Ernst* (Fn. 1254), Art. 115 Verf. Brandenburg (2003), Anm. 1.

1633 *Dreier* (Fn. 1174), Art. 146 Rn. 19.

1634 So aber *Rux,* Demokratie (Fn. 88), S. 533 f.

1635 *Boehl*, Verfassunggebung (Fn. 1176), S. 124 ff. – Weitere Nachweise bei der Parallelproblematik zu Art. 146 GG.

4. Teil

Anwendungsfallbezogene Gegenüberstellung der Mehrheitserfordernisse auf Bundes- und Landesebene

Das vierte Kapitel dient der Illustration einer gemeinsamen Schnittmenge der auf Bundes- und Landesebene anzutreffenden Entscheidungskonstellationen. Die beiden vorstehenden Kapitel werden diesbezüglich – abermals ohne Vollständigkeitsanspruch – gegenübergestellt und eine Gliederung nach inhaltlichen Gesichtspunkten vorgenommen. Dort, wo mangels Äquivalent kein Vergleich möglich war, wurde auf das abermalige Aufgreifen der Regelung verzichtet.

A. Abstimmungen innerhalb der gesetzgebenden Organe

Der Bundestag und die Länderparlamente bilden – auf Bundesebene ergänzt um den Bundesrat – die zentralen Gesetzgebungsorgane innerhalb der Bundesrepublik. Die vorgenannten Körperschaften bedienen sich im Rahmen der Entscheidungsverfahren des Mehrheitsbeschlusses.

I. Regelbeschlüsse der gesetzgebenden Körperschaften

In den Parlamenten ist für die Fassung eines (Regel-)Beschlusses ganz im Sinne Condorcets[1636] stets die einfache Mehrheit der Abstimmenden vorgesehen, und zwar unabhängig davon, ob es sich um die Verabschiedung eines Gesetzes oder nur um sogenannte schlichte Parlamentsbeschlüsse handelt[1637]. Die in Betracht kommenden Anwendungsfälle des einfachen Be-

---

[1636] Bereits Condorcet verlangte, daß für die meisten Abstimmungsfragen die einfache Mehrheit genügen müsse: *Condorcet*, Examen sur cette Question: Est-il utile de diviser une Assemblée Nationale en plusieurs chambres? (1789), in: ders., Œuvres de Condorcet, hrsg. v. M. F. Arago/A. Condorcet O'Connor, Bd. 9, Paris 1847 (ND 1968), S. 333 (338).

[1637] Abseits davon ist der Gegenstandsbereich für Beschlüsse der Parlamente sehr begrenzt. Absolute Mehrheiten sind im Grundgesetz vorgesehen in Art. 29 Abs. 7

schlußverfahrens sind dabei unbegrenzt. Unisono beantworten alle Gremien die angesichts der einfachen Abstimmungsmehrheit aufkommende Frage nach der Behandlung der Stimmengleichheit mit dem Verfehlen des Beschlußerfordernisses.

Mit dem Bundesrat existiert darüber hinaus ein Organ, das auf Landesebene keine Entsprechung findet. Für seine Regelbeschlüsse ist die absolute Mehrheit der gesetzlichen Stimmenzahl nötig.

II. Mehrheitserfordernisse im einfachen Gesetzgebungsverfahren

Der Gesetzesbeschluß bildet den Paradefall eines mit einfacher Abstimmungsmehrheit ergehenden Entscheids in den Parlamenten auf Bundes- und Länderebene. Nirgends gelten für ihn abweichende Mehrheitserfordernisse zum Regelbeschluß; die einzige Besonderheit findet sich in Hamburg dahingehend, daß zur Verabschiedung eines Gesetzes ein doppelter Regelbeschluß mit zeitlicher Latenz von sechs Tagen herbeizuführen ist. Der Bundesrat, der an der Gesetzgebung auf Bundesebene mitwirkt, sticht daher mit dem Erfordernis absoluter Stimmenmehrheit hervor, wobei auch er nicht zwischen Gesetzes- und sonstigen Beschlüssen differenziert.

Auf Bundesebene gilt das Erfordernis einfacher Abstimmungsmehrheit auch für die Folgeentscheidungen der Gremien (beispielsweise die Anrufung des Vermittlungsausschusses durch den Bundestag). Nach vorzugswürdiger Ansicht erhöht es sich, wenn Gegenstände betroffen sind, die qualifizierte Mehrheitsquoren für den Gesetzesbeschluß voraussetzen, namentlich im Falle verfassungsändernder Gesetzesvorlagen.

Darüber hinaus steigen die Mehrheitserfordernisse aufgrund des Zusammenspiels von Bundestag und Bundesrat im weiteren Gesetzgebungsverfahren bei Einsprüchen des Bundesrates auch im Bundestag reziprok zu den in der Länderkammer erzielten Mehrheiten an. Ein mit absoluter Mehrheit der Stimmen des Bundesrates gefaßter Einspruch gegen ein vom Bundestag verabschiedetes Gesetz wird durch Beschluß der Mehrheit des Bundestages zurückgewiesen; ein mit mindestens zwei Dritteln der Bundesratsstimmen ergangener mit ebenfalls qualifizierter Zweidrittelmehrheit der Abstimmenden[1638], die die Mehrheit des Bundestages repräsentieren. Verzichtet der Bundesrat indes auf die Einlegung eines Widerspruchs oder ist seine Zu-

S. 2, 77 Abs. 4 S. 1, 87 Abs. 3 S. 2 GG; für die vorzeitige Beendigung des Untersuchungsverfahrens ist darüber hinaus eine Mehrheit von drei Vierteln der Mitglieder des Bundestages nötig.

[1638] Vorzugswürdige Ansicht; a. A.: Bezugsgröße der Anwesenden.

stimmung konstitutives Merkmal zum Inkrafttreten des Gesetzes, ist die absolute Stimmenmehrheit im Bundesrat erforderlich.

Zusammenfassend läßt sich für Bund und Länder eine eindeutige Präferenz zugunsten einfacher Abstimmungsmehrheiten im Gesetzgebungsverfahren in den Parlamenten feststellen. Der Bundesrat hebt sich mit seinem Erfordernis absoluter Mehrheit und der Bezugsgröße der gesetzlichen Stimmenzahl insofern deutlich ab.

III. Mehrheitserfordernisse bei Verfassungsänderungen

Gegen Ende des 18. Jahrhunderts wurde die Implementierung ausdrücklich vorgesehener Abänderungsvorkehrungen in eine Verfassung noch als „ein bewundertes Novum"[1639] empfunden. Aufgrund der heutzutage anerkannten und unverzichtbaren Option verfassungstextlicher Änderbarkeit zur Anpassung an neue Entwicklungen, die bei der Verabschiedung der Verfassung noch nicht vorhersehbar waren, hat sich das Regel-Ausnahme-Verhältnis umgekehrt[1640]. Ebenso halten es neben dem Grundgesetz auch alle Verfassungen der Bundesländer und gewähren der verfassungsändernden Gewalt umfassende, aber nicht grenzenlose Zugriffsrechte.

Als pouvoir constituant constitué fungieren zuvörderst die Repräsentativorgane. Auf der Ebene des „prononciert antiplebiszitär(en)"[1641] Grundgesetzes liegt die Kompetenz für Verfassungsänderungen gar allein bei Bundestag und Bundesrat. Anders auf Landesebene: hier ist, wie gesehen, die Alleinzuständigkeit der eigentlich legislativen Körperschaft die Ausnahme, ein kumulatives Prozedere unter Beteiligung des Volkes indessen etwas häufiger zu finden und ein direktdemokratischer Alleingang – freilich ohne Ausschluß der parlamentarischen Verfassungsänderung – immerhin vielfach vorgesehen.

Verfassungen, seien es nun das Grundgesetz oder die Länderäquivalente, zeichnen sich typischerweise durch einen erhöhten Bestandsschutz aus, um Garant einer hinreichend stabilen Ordnung zu sein. Gerade der verbesserte Schutz vor Abänderungen wird als ein wesentliches, formelles Merkmal dieses Gesetzestypus angesehen, es sei dies „ein konstitutives Bestim-

---

[1639] *G. Stourzh*, Vom Widerstandsrecht zur Verfassungsgerichtsbarkeit (1974), in: ders., Wege zur Grundrechtsdemokratie, 1989, S. 37 (57).

[1640] Vgl. *Dreier*, Landesverfassungsänderung (Fn. 1408), S. 516 f.; daß die Umkehrung teilweise mehr Fluch denn Segen geworden ist, zeigt auf *Dreier*, Verfassungsänderung (Fn. 538), S. 399 ff.

[1641] *Stern*, Staatsrecht I (Fn. 18), S. 608. – Gegen diesen Befund schreiben erfolgreich an *Dreier/Wittreck*, Demokratie (Fn. 68), S. 14 ff.

mungsmerkmal des Verfassungsrechts"[1642], die „verfahrensrechtliche Kehrseite des Verfassungen eigentümlichen Anspruchs auf dauerhafte Grundlegung"[1643]. Geschuldet ist die Anordnung qualifizierter Mehrheiten dabei den verfassungstextlich geregelten, substanziellen Materien, darunter namentlich solche, die das Zusammenleben der Bevölkerung, das Zusammenwirken und die gegenseitige Kontrolle der Staatsorgane wie auch das Verhältnis von Volk und Staat betreffen. Zudem wird hervorgehoben, daß es der Respekt gegenüber dem verfassunggebenden Volk gebiete, daß einfache Mehrheiten in den Vertretungskörperschaften nicht zu einer Verfassungsänderung ausreichen sollen. Auch der Schutz der Minderheiten wird erst durch entsprechende Ausgestaltungen in den Verfassungen und deren hinreichenden Schutz vor Abänderung erreicht.

Ein Blick in die Geschichte zeigt demgegenüber, daß Verfassungsbestimmungen, die Änderungen der Verfassungsurkunden nur mittels einstimmigen Beschlusses zuließen – so beispielsweise Kap. VII, Art. 2 Verf. Frankreich 1791[1644] –, nicht zu deren Stabilisierung beitrugen. So läßt sich auch der jeweils nur kurze Bestand der französischen Verfassungen der 1790er Jahre und darüber hinaus erklären[1645]. Wenngleich somit die Anordnung von Einstimmigkeitsentscheidungen heute nicht mehr als taugliche Lösung angesehen wird, sind Verfahrensqualifizierungen dennoch geläufig. Schon Condorcet, eigentlich Befürworter einfacher Mehrheitsentscheidungen[1646], stellte nämlich fest, daß „une constitution dans laquelle la simple pluralité suffirait toujours, serait plus vicieuse encore". Zur Verhinderung derart „lasterhafter" Verfassungsbestimmungen, die ausschließlich einfache Mehrheitserfordernisse vorsehen, können anzuordnende Erschwerungen in der Beteiligung zusätzlicher Instanzen wie dem Volk, Verfahrensentschleunigungen wie der Streckung des Abstimmungsprozederes ggf. bis in die nächste Legislaturperiode oder Beschlußerschwerungen wie der Qualifizierung des Quorums liegen. Andersherum gesprochen variieren die Anforde-

---

[1642] *Stern*, Staatsrecht I (Fn. 18), S. 72; *Dreier*, Landesverfassungsänderung (Fn. 1408), S. 515, 516 f.; *L. Helms*, Wie entscheidungs- und reformfähig sind demokratische politische Systeme?, in: H. Dreier/F. W. Graf/J. J. Hesse (Hrsg.), Staatswissenschaften und Staatspraxis, 2011, S. 314 (317 [Zitat])

[1643] *Schulze-Fielitz*, Wiedervereinigung (Fn. 521), S. 67.

[1644] Kap. VII, Art. 2 Verf. Frankreich 1791 lautet: „Lorsque trois législatures consécutives auront émis un voeu uniforme pour le changement de quelque article constitutionnel, il y aura lieu à la révision demandée."

[1645] *Dreier*, Grundgesetz (Fn. 522), S. 39 f., der jedoch am Beispiel Amerikas darauf hinweist, daß der Bestand auch trotz hoher Verfassungsänderungsquoren gesichert werden kann, wenn auf anderem Wege (dort: durch Fortentwicklung seitens des Supreme Court) Anpassungen an wechselnde Gegebenheiten möglich werden.

[1646] *Condorcet*, Examen (Fn. 1636), S. 338; ebd. auch das folgende Zitat.

rungen, die gerade an die Verhinderung einer Verfassungsänderung gestellt werden[1647].

Für alle Verfahrensqualifizierungen hat die vorliegende Arbeit Beispiele aufgezeigt: während die Beteiligung des Landesvolkes an Verfassungsänderungen gleich mehreren Bundesländern bekannt ist, findet sich allein in Hamburg das Erfordernis eines doppelt und mit zeitlicher Latenz zu fassenden, deckungsgleichen Änderungsbeschlusses. Gleichwohl lassen sich die Beispiele von Verfahrensqualifizierungen abseits besonderer Mehrheitserfordernisse im deutschen (Landes-)Verfassungsrecht nicht vermehren, während die Anordnung eines solchen qualifizierten Mehrheitserfordernisses mittlerweile (parlamentarischer) Standard von Verfassungsänderungen zu sein scheint. Schon Kelsen hat in der Qualifizierung des Mehrheitserfordernisses die typische Form der Abgrenzung zwischen einfacher und verfassungsändernder Gesetzgebung erkannt[1648]. In ausnahmslos allen Landesverfassungen finden, wie auch im Verfahren zur Grundgesetzänderung, im Vergleich zum Regelbeschluß erhöhte Änderungsquoren Anwendung. „Eine so fundamentale Frage [kann] eben nur unter Mitwirkung der Minorität mittels eines Kompromisses gelöst werden“[1649].

Zur Änderung des Grundgesetzes sind dies Zweidrittelmehrheiten, die sich auf die gesetzliche Mitgliederzahl der gesetzgebenden Körperschaft beziehen, und zwar für Bundestag und Bundesrat (hier: der gesetzlichen Stimmenzahl) in gleichem Maße. Auf Bundesebene gilt selbiges Mehrheitserfordernis auch, wenn es um die Zustimmung zur Übertragung von Hoheitsrechten, die unmittelbare Wirkung auf das Grundgesetz entfalten, auf die Europäische Union geht.

Auf Landesebene kommen ebenfalls in einem Dutzend Länder Zweidrittelmehrheiten mit der Bezugsgröße der gesetzlichen Mitgliederzahl zum Einsatz. Daneben finden aber gegenstandsabhängige Mehrheitsquoren (Bremen, von Zweidrittelmehrheit bis Einstimmigkeit!), absolute Mitgliedermehrheiten (Hessen) und schließlich ein dreifaches Mehrheitserfordernis (Baden-Württemberg) Anwendung. Hamburg fordert zwei mit zeitlicher Latenz gefaßte Änderungsbeschlüsse, die bei Präsenz von wenigstens drei Vierteln der gesetzlichen Mitgliederzahl mit Zweidrittelmehrheit der Anwesenden (!) zu ergehen haben. In Bayern und Hessen sind zusätzlich Verfassungsreferenden durchzuführen, in denen die einfache Mehrheit der abgegebenen Stimmen zu erreichen ist.

Typischerweise ist damit einfachen, die amtierende Regierung tragenden Parlamentsmehrheiten der Zugriff auf die Verfassung ohne Beteiligung der

1647 *Bushart*, Verfassungsänderung (Fn. 522), S. 107.

1648 Vgl. *Kelsen*, Wesen (Fn. 58), S. 54.

1649 *Wipfelder*, Verfassungsänderung (Fn. 524), S. 289.

Opposition verwehrt, so daß die konstitutionelle Ordnung nicht in eine „bedenkliche Abhängigkeit von der tagespolitischen Opportunität der Regierung und ihrer parlamentarischen Mehrheit“[1650] gerät. Parlamentsmehrheit und Parlamentsminderheit müssen in aller Regel zusammenwirken: ein auch außerhalb Deutschlands gängiges „Bauelement moderner Verfassunggebung“[1651]. Dies ist freilich nicht nötig, wenn bereits die Regierung über die entsprechende Anzahl an Abgeordneten verfügt. Auf Länderebene ist außerhalb Bayerns das Erzielen einer Zweidrittelmehrheit im Landtag durch eine Fraktion allein kaum denkbar – und selbst dort kam es zum bisher, und nach derzeitigem Eindruck auch auf absehbare Zeit einzigen Mal nur im Jahre 2003 zur Überwindung der qualifizierten Mitgliedermehrheit durch die CSU.

Die Majorisierung einer Minderheit, die über mehr als ein Drittel der Sitze in der Vertretungskörperschaft verfügt, ist durch die „Verfassungsbefestigungen“ in Höhe einer Zweidrittelmehrheit verhindert. Dennoch sind die Hürden, die der verfassungsändernde Gesetzgeber auf Bundesebene zu überwinden hat, gering – gerade im Vergleich mit teils mehrfachen Verschärfungen auf Landesebene. Dies zeigt sich nicht nur, aber auch an der Häufigkeit, mit der der pouvoir constituant constitué auf Bundesebene tätig wird. Eine entsprechende Kompromißbildung mit der Minderheit gelingt selbst außerhalb großer Koalitionen allzu leicht. Der Abstand zwischen einfacher und verfassungsändernder Parlamentsgesetzgebung scheint trotz Verschärfung des Mehrheitserfordernisses und der Bezugszahl nicht ausreichend. Wird Stabilität im Sinne möglichst seltener Änderungen verstanden, läßt sie sich allein durch ein qualifiziertes Mehrheitserfordernis offenbar nicht erreichen. Eine bedrohliche Verfassungsinstabilität ist andererseits durch die derzeitige Änderungspraxis des Grundgesetzes nicht zu befürchten. Dennoch muß man sich dessen gewahr sein, daß die Zweidrittelmehrheit ohne flankierende Verfahrensqualifikationen keinerlei Gewähr dafür bietet, daß bei entsprechender Mehrheitskonstellation nicht auch grundlegende Grundgesetzänderungen vollzogen werden. Dies zu verhindern ist einzig die Aufgabe der Ewigkeitsgarantie des Art. 79 Abs. 3 GG. Obschon die verfassunggebende Gewalt, der pouvoir constituant, zwar rechtlich ungebunden ist[1652], gilt jedoch für den Bereich des Art. 79 Abs. 3 GG – und damit für den verfassungsändernden Gesetzgeber – eine Abweichung von der prinzipiellen Umstößlichkeit einmal gefaßter Mehrheitsentscheidungen:

1650 *Tillmanns*, Mehrheitserfordernis (Fn. 1201), S. 55.

1651 *Masing*, Kontinuität (Fn. 521), S. 4 f., wenngleich die Begriffe „Bauelement“ und „moderne Verfassunggebung“ nicht in direktem Zusammenhang fielen.

1652 Ganz h. M., vgl. bspw. *Boehl*, Verfassunggebung (Fn. 1176), S. 114 f.; *Blasche*, Bedeutung (Fn. 1172), S. 383; *Zippelius*, Rechtfertigung (Fn. 7), S. 23, jeweils m. w. N.

hier hat die vormals bestandene Mehrheit den nachfolgenden Generationen durch Festschreibung von Grundwerten deren Abänderbarkeit mit noch so beeindruckender Mehrheit, ja sogar mittels Konsenses, untersagt[1653]. Jede Verfassung ist damit „ein Versuch, Kinder und Enkelkinder an Entscheidungen zu hindern, die die Großväter für falsch halten"[1654] – selbst wenn die aktuellen Wertvorstellungen zwischenzeitlich aufgrund gewandelter Gegebenheiten und Ansichten eine Änderung erforderlich machen würden.

Neben dem Mehrheitserfordernis sind daher weitere „Bauelemente der Verfassungsänderung"[1655] – in Kombination miteinander bzw. mit der notwendigen Mehrheit – viel entscheidender für die Frage, ob die Höhe der Hürde einer Verfassungsänderung ernsthafte Schwierigkeiten bereitet oder nicht. Auf die Sonderstellung Hamburgs aufgrund des doppelten Beschlusses mit zeitlichem Abstand wurde bereits hingewiesen. An dieser Stelle rückt daher vor allem die Beteiligung des Volkes an der parlamentarischen Verfassungsänderung ins Blickfeld. Sie verleiht der Verfassungsänderung, die zunächst einen Mehrheitsbeschluß in der Repräsentativkörperschaft und in der Folge eine Mehrheit in einer Volksabstimmung zu erreichen hat, zweifelsohne eine höhere Legitimation. Das Zusammenspiel repräsentativ organisierter Gesetzgebungsorgane mit der stimmberechtigten Bevölkerung zur Verfassungsänderung ist weltweit ein sehr gängiger Weg[1656], für Deutschland gilt dies derweil nur bedingt. Einzig Bayern und Hessen sehen stets ein verpflichtendes Verfassungsreferendum vor. Der vorgeschaltete Landtagsbeschluß ergeht hier mit Zweidrittelmehrheit der Mitglieder (Bayern) bzw. absoluter Mitgliedermehrheit (Hessen), in den Volksreferenden genügt die einfache Mehrheit der Abstimmenden ohne Zustimmungs- und Beteiligungsquoren. Die Referendumsmehrheit entspricht damit derjenigen, die auch bei einfacher direktdemokratischer Gesetzgebung in beiden Ländern Anwendung findet[1657].

1653 Hierzu und zu Rechtfertigungsansätzen einer erhöhten Bindung *Stern*, Staatsrecht I (Fn. 18), S. 113 ff.; *Zippelius*, Rechtfertigung (Fn. 7), S. 22 f.; *Schulze-Fielitz*, Theorie (Fn. 181), S. 407, 444 f.

1654 *Dichgans*, Grundgesetz (Fn. 66), S. 43.

1655 So wörtlich *Masing*, Kontinuität (Fn. 521), S. 4.

1656 Einen Überblick über eine Vielzahl von Ländern bietet *Masing*, Kontinuität (Fn. 521), S. 8 ff., wobei zusammenfassend festzustellen ist, daß nicht allein die Abstimmung über die vorbeschlossene Verfassungsänderung durch das Volk – zumeist mit einfacher Abstimmendenmehrheit ohne Quorum! – vorgesehen ist, sondern teils auch Volksinitiativrechte bestehen.

1657 Daß der Bayerische Verfassungsgerichtshof (BayVerfGH 52, 104) nicht auch ein von Verfassungs wegen gebotenes Zustimmungsquorum festgestellt hat, ist im Hinblick auf die bei der Bestätigung verfassungsändernder Landtagsgesetze aufgestellte Argumentation konsequent: dort nämlich hat der Landtag als Teil der verfassungsändernden Gewalt bereits durch die Zustimmung mit der qualifizierten Mehr-

Das Wissen um eine zwingende Beteiligung des Volkes scheint beim verfassungsändernden Landesgesetzgeber zu zurückhaltender Anwendung von Änderungsverfahren zu führen, so daß die älteren Verfassungen Bayerns und Hessens zusammen nicht einmal zwanzig Änderungsgesetzen unterzogen wurden, während das Grundgesetz durchschnittlich eine Grundgesetzänderung pro Jahr seines Bestehens verkraften mußte[1658]. Das bloß absolute Mehrheitserfordernis im Hessischen Landtag wird mithin durch die Volksbeteiligung mehr als ausgeglichen. Mehrheitserfordernisse bilden eben nur *ein* Element in der Gesamtheit der Verfahrensregelungen, die über die Qualität der Hürde entscheiden.

Das dritte Land, das eine Volksbeteiligung kennt, ist Berlin. Die dortige Verfassung ordnet sie jedoch nicht pauschal für jede Änderung an, sondern knüpft das Referendum an ausgewählte Gegenstände. Dieser Grundgedanke der flexiblen Zuschaltung eines verschärfenden Mechanismus überzeugt. Die vom Verfassunggeber für besonders schützenswert erachteten Inhalte werden vor alleiniger Modifizierung oder gar Abschaffung durch eine qualifizierte Landtagsmehrheit bewahrt. In Berlin betrifft dies den Bereich der Volksgesetzgebung, der vor landesparlamentarisch initiierter Schmälerung oder gar Abschaffung durch zwingende Volkszustimmung geschützt wird. Weitere Länder nutzen diese gegenstandsbezogene Zustimmungspflicht nicht, die gegenläufige Gesetzgebungsanstrengungen oder ein mehrfaches „Hin und Her“ zwischen verschiedenen Rechtsetzungsorganen verhindern kann.

Das Fehlen von Beteiligungs- und Zustimmungsquoren im Volksreferendum wie auch der in einem Großteil der Länder festzustellende Verzicht auf erhöhte Mehrheitsquoren für die rein direktdemokratische Verfassungsänderung gewährleisten andererseits überhaupt die reale Durchführbarkeit einer solchen. Das Verfehlen komplexer Beschlußvorgaben – wenn sich also beispielsweise trotz Mehrheit zu wenige Stimmen für den Antrag gefunden haben oder insgesamt eine zu geringe Beteiligung zu konstatieren ist – steht der (parlamentarischen resp. direktdemokratischen) Verfassungsänderung damit nicht entgegen.

Beim Vergleich von parlamentarischer und direktdemokratischer Verfassungsänderung darf man dagegen nicht dieselben Kriterien für beide gesetzgebenden Instanzen anlegen. Schon gar nicht kann eine Zweidrittelmehrheit im Landtag der Maßstab für eine (ebenso hohe) qualifizierte Mehrheit im Volksentscheid sein. Das folgende, zugegebenermaßen vereinfachte Beispiel

---

heit von zwei Dritteln seiner Mitglieder die Änderung der Verfassung hinreichend legitimiert.

[1658] Vgl. oben in Fn. 27, 1439, 1440 und 1441.

veranschaulicht die Problematik: Bei einer Parlamentswahlbeteiligung von 60% und einer Zweidrittelmehrheit zur parlamentarischen Verfassungsänderung stehen absolut nur 2/5 der Wählerschaft hinter der Verfassungsänderung. Damit liegen die Quoren der Landesverfassungen mit hälftiger Zustimmung deutlich darüber. Darüber hinaus besteht die Schwierigkeit der Mobilisierung der Wählerschaft – bei anstehenden Verfassungsänderungen können die gesetzgebenden Körperschaften diesem Aspekt gelassen entgegen sehen –, die zusätzlich die Hürden massiv verschärft.

Demgegenüber läßt eine einfache Mehrheit selbst im Rahmen der verfassungsändernden Volksgesetzgebung nach den bisherigen Erfahrungen keine Gefährdung der Verfassungsstabilität befürchten[1659], während andererseits auch eine Zweidrittelmehrheit in Parlamenten – wie bereits aufgezeigt – kaum eine ernstzunehmende Hürde darstellt. Vorstehende Überlegungen ließ der Bayerische Verfassungsgerichtshof bei seiner Entscheidung[1660] zur Einführung eines ungeschriebenen Mindestquorums für die direktdemokratische Verfassungsänderung jedoch unbeachtet. Aus Sicht der Befürworter einer Erschwernis direktdemokratischer Verfassungsänderung wurde bis zu der Entscheidung in Bayern der „Unterschied zwischen verfassungsänderndem und einfachem Gesetz nivelliert“[1661]. Hierbei wird jedoch verkannt, daß bereits bis zu diesem Moment allein aufgrund der Beteiligung des Landesvolkes im Rahmen der rein plebiszitären Verfassungsänderung eine Beschränkung existierte, und zwar schon deshalb, weil ein anderer als der Parlamentsgesetzgeber gehandelt hatte[1662]. Diese wurde noch dazu dadurch verstärkt, daß ein Volksbegehrensquorum von 10% der Wahlberechtigten bestand, was, empirisch betrachtet, einer keineswegs unbedeutenden Hürde entsprach. Durch die landesverfassungsgerichtliche Anordnung eines zwingenden Zustimmungsquorums und dessen einfachgesetzlicher Festschreibung hat sich die Frage der Notwendigkeit indes bis auf weiteres erübrigt.

Es läßt sich mithin feststellen, daß in allen Ländern das für direktdemokratische Verfassungsänderungen nötige Verfahren, oftmals durch ein verschärftes Mehrheitsquorum, gegenüber einfacher Volksgesetzgebung in irgendeiner Weise qualifiziert ist. Einige Länder haben den Bogen zwischen hinreichender Legitimierung eines verfassungsändernden Volksgesetzes und der Unbrauchbarmachung der Instrumente direkter Demokratie wegen zu

---

1659 *Tillmanns*, Mehrheitserfordernis (Fn. 1201), S. 56.

1660 Abermals der Hinweis auf BayVerfGH 52, 104.

1661 *Isensee*, Verfassungsreferendum (Fn. 1417), S. 62, freilich noch in Unkenntnis der späteren Anordnung durch den BayVerfGH.

1662 *Dreier*, Landesverfassungsänderung (Fn. 1408), S. 518, der ebd., S. 519, sogar die grundgesetzlichen Abänderungsmöglichkeiten für einfacher hält als die früher quorenlose Verfassungsänderung in Bayern.

hoher Anforderungen allerdings überspannt. Ferner besteht auch kein Einvernehmen hinsichtlich der für eine Gleichrangigkeit parlamentarischer und direktdemokratischer Verfassungsgesetzgebung nötigen Mindestvoraussetzungen. Vielfach wird jedoch hälftige Mindestzustimmung der Wahlberechtigten im verfassungsändernden Volksentscheid verlangt.

Das Mehrheitserfordernis liegt bei Alleinverantwortlichkeit des Parlaments für Verfassungsänderungen zumeist bei zwei Dritteln der gesetzlichen Mitgliederzahl der Körperschaft. Die besondere Stellung, die die Verfassungen einnehmen und die sich im qualifizierten Verfassungsänderungsquorum ablesen läßt, gebietet daneben die Wahrung eines angemessenen Abstands zu in ihrer Bedeutung nachrangigen Entscheidungen. Auch und gerade das Mehrheitsprinzip resp. die Abstufungen, die sich durch Kombination der verschiedenen Koeffizienten mit unterschiedlichen Bezugsgrößen unschwer erreichen lassen, bieten hierfür hervorragende Ausgestaltungsmöglichkeiten.

Was für die Besetzung oberster Staatsämter gilt, nämlich daß stets ein Machtvakuum infolge des Nichtzustandekommens der Wahl droht, gilt für Verfassungsänderungen nicht entsprechend. So sind diese zu billigen, obwohl sie durch Zweidrittelmehrheit der gesetzlichen Mitglieder- resp. Stimmenzahl in den gesetzgebenden Körperschaften ergangen sind. Sowohl eine Absenkung des Mehrheitserfordernisses als auch die Anpassung der Bezugsgröße nach unten würde das Ziel der Absicherung des status quo der Verfassung konterkarieren. Ob das Erfordernis unterdessen hinreichend ist, ist eine verfassungspolitische Frage. Eine Erhöhung erschiene vertretbar. Wird die Mehrheit nämlich dauerhaft verfehlt, führt dies nicht zu unhaltbaren Zuständen, da das Land nicht etwa ohne Staatsoberhaupt oder Regierung dastünde, sondern nur eine Änderung des Grundgesetzes oder der Landesverfassung, die offenbar nicht die Zustimmung einer verfassungsändernden Mehrheit erreicht, zu unterbleiben hätte.

B. Abstimmungen innerhalb sonstiger Bundes- und Landesgremien

Die vorstehenden Feststellungen zum Regelbeschlußverfahren lassen sich vielfach auf die übrigen, auf Bundes- wie Landesebene bestehenden Gremien übertragen.

Eine große Rolle in der Parlamentspraxis spielen dabei die Ausschüsse, die als vorberatende Instanzen wesentliche Gesetzgebungsaufgaben übernehmen. Auch im Regelausschußverfahren dominieren einfache Mehrheitsentscheidungen; außerhalb der ständigen Ausschüsse ist zu differenzieren. Für Entscheidungen des Vermittlungsausschusses wird ebenfalls stets die einfache Abstimmungsmehrheit verlangt und somit die Anordnung der dazugehörigen Geschäftsordnung, die eigentlich die Bezugszahl der Anwesenden für die Bemessung der einfachen Mehrheit vorsieht, schlicht ignoriert. Keine Relevanz entfalten dementsprechend die zu beratenden Gegenstände, namentlich die ausgehandelten Gesetzesvorschläge, so daß auch bei verfassungsändernden Vorlagen kein qualifiziertes Mehrheitsquorum im Ausschuß zu erreichen ist. Sowohl für das Beschlußverfahren im Gemeinsamen Ausschuß wie auch im Untersuchungsausschuß gelten demgegenüber verfahrensspezifische Besonderheiten.

Die Hauptentscheidung des Gemeinsamen Ausschusses betrifft zunächst die Konstatierung unüberwindlicher Hindernisse für den Zusammentritt des Bundestages. Hierzu ist eine Zweidrittelmehrheit der abgegebenen Stimmen, verbunden mit einem Mindestzustimmungsquorum der Mehrheit der Ausschußmitglieder nötig. Hat der Gemeinsame Ausschuß sämtliche Bundestags- und Bundesratsbefugnisse übernommen, genügen vorbehaltlich abweichender grundgesetzlicher Anordnungen abermals einfache Abstimmungsmehrheiten für die zu treffenden Entscheidungen. Für die Feststellung des Verteidigungsfalls – Zweidrittelmehrheit der Abstimmenden bei Mindestzustimmung der absoluten Mehrheit der Mitglieder –, die Wahl eines Bundeskanzlers – absolute Mehrheit der Mitglieder – und die Aussprache des Mißtrauens diesem gegenüber – Zweidrittelmehrheit der Mitglieder – sind originäre Mehrheitserfordernisse aufgestellt.

Im Untersuchungsausschußverfahren ist dessen besondere Funktion der Kontrolle der Regierungsmehrheit dafür verantwortlich, daß neben der grundsätzlich nötigen einfachen Abstimmungsmehrheit eine Vielzahl von Entscheidungen, darunter beispielsweise Beweiserhebungspflichten, durch eine qualifizierte Minderheit von einem Viertel der Mitglieder ausgelöst werden können.

Die Bundesratsausschüsse grenzen sich von den Bundesratsentscheidungen ebenfalls durch einen Rückgriff auf einfache Abstimmungsmehrheiten ab. Die einzige Ausnahme bildet die Europakammer, die mit absoluter Stimmenmehrheit entscheidet. Der Grund für die Differenzierung liegt auf der Hand: während Plenum und Europakammer mit absoluter Stimmenmehrheit letztverbindliche Entscheidungen treffen, kommt den übrigen Bundesratsausschüssen nur eine vorberatende Aufgabe zu. Das Plenum des Bundesrates ist an die im einfachen Ausschußverfahren erarbeiteten Beschlußvorlagen nicht gebunden, geschweige denn werden seine Beschlüsse durch die der Ausschüsse ersetzt.

Eine Sonderstellung nehmen schließlich das Bundestags- und das Bundesratspräsidium sowie die Landtagspräsidien ein: aufgrund ihrer hervorgehobenen Stellung und des Vermittlungsauftrags sind vielfach Einstimmigkeitsentscheidungen erwünscht, selten sogar verpflichtend. Auf Bundesebene sind nur in Verwaltungsangelegenheiten absolute Mitgliedermehrheiten vorgesehen, im Falle des Bundesratspräsidiums gar eine absolute Mehrheit der Anwesenden. In den Landtagspräsidien ist demgegenüber das Bild gespaltener: vielfach ist einfache Stimmenmehrheit ausreichend, bei Stimmengleichheit der Antrag abgelehnt (Baden-Württemberg) oder die Stimme des Landtagspräsidenten nunmehr schwerer zu gewichten (u. a. Bremen, Nordrhein-Westfalen und das Saarland). Teils sind nach Entscheidungsgegenständen variierende Mehrheitserfordernisse beachtlich (Berlin und Brandenburg, zwischen einfacher Mehrheit und Einvernehmen), teils wird nur im Benehmen „entschieden" (Niedersachsen, Thüringen).

Bundes- und Landesregierungen schließlich entscheiden unter Rückgriff auf die einfache Mehrheit. Während innerhalb der Bundesregierung und fast allen Landesregierungen die Zahl der Abstimmenden als Bezugszahl fungiert, sind es in Baden-Württemberg und Sachsen die Anwesenden. Bei Stimmengleichheit gibt ausnahmslos die Stimme des Bundeskanzlers oder des Ministerpräsidenten den Ausschlag.

C. Wahlen durch die Verfassungsorgane

I. Absolute Mehrheit als weit verbreiteter Standard

Auffallend ist zunächst, daß das Grundgesetz in den ersten Wahlgängen nie die einfache (Parlaments-)Mehrheit genügen läßt, sondern stets auf die Abgeordneten- bzw. Mitgliedermehrheit, also die absolute Mehrheit der Mitglieder des Beschlußkörpers, zurückgreift. Als Beispiele hierfür lassen sich auf Bundesebene die Wahl des Bundeskanzlers inklusive seiner Neuwahl infolge konstruktiven Mißtrauensvotums sowie die Wahl des Bundespräsidenten durch die Bundesversammlung nennen.

Gleichzeitig scheinen die Verfassungsväter und -mütter aber auch erkannt zu haben, daß über die einfache Mehrheit hinausgehende Quoren nur dann Anwendung finden können, wenn dennoch (weitgehend) sichergestellt ist, daß das entsprechende Amt trotz Nichterreichens der qualifizierten Mehrheit mit einem Wahlwerber besetzt wird. Daher wird – gewissermaßen als Reaktion auf die erfolglos verlaufene Wahl namentlich des Bundespräsidenten oder des Bundeskanzlers – das Mehrheitserfordernis von absoluter Stimmenmehrheit am Ende auf eine einfache Mehrheit angepaßt. Im Rahmen der Bundestagspräsidentenwahl wird alternativ das Quorum zunächst im Folgewahlgang zugunsten der Zulassung neuer Wahlwerber unangetastet gelassen. Schließlich wäre auch denkbar, nur die Bezugsgröße von der gesetzlichen Mitgliederzahl auf die der Abstimmenden zu reduzieren und erst in der Folge auch das Mehrheitserfordernis auf eine einfache Mehrheit abzusenken. Ein Anwendungsfall hierfür findet sich im Verfassungsrecht indes nicht.

Auf die fortwährende Wiederholung der Wahl ohne Verfahrenserleichterungen in Form von immer neuen „ersten Wahlgängen", insbesondere ohne Veränderungen bei der erforderlichen Zustimmung oder den Kandidaten, wurde insoweit gänzlich verzichtet.

Neben der Absenkung des Mehrheitserfordernisses wird gleich an mehreren Stellen die Wahl durch (Parlaments-)Bräuche, Geschäftsordnungsrecht oder ausdrückliche Vereinbarungen abgesichert, so bei der Wahl des Bundestagspräsidenten (Amt steht einem Mitglied der stärksten Fraktion zu[1663]), der Bundestagsvizepräsidenten (Geschäftsordnung bestimmt, daß jeder Fraktion mindestens ein Stellvertreter entstammt[1664]) beziehungsweise des Bundesratspräsidenten (Rotationsverfahren gemäß Königsteiner Abkommen[1665]). Je umfangreicher in den geschilderten Bereichen die wie auch immer gearteten Vorabsprachen ausfallen, umso kritischer ist aus hiesiger Sicht diese Ausgestaltung grundgesetzlich angeordneter Wahlen zu hinterfragen, wenngleich formell das Mehrheitserfordernis erzielt wird. Verfahrenserleichterungen in Form einer Absenkung des absoluten Mehrheitserfordernisses bedarf es dann selbstredend nicht mehr.

Anders stellt sich die Situation für den Bundesrat dar. Zwar sind auch hier für die Wahlentscheidungen in aller Regel absolute Mehrheiten vonnöten; diese allerdings nur deshalb, weil das Grundgesetz keine besonderen Anordnungen für die von der Länderkammer vorzunehmenden Wahlen getroffen hat. Während in den meisten anderen Gremien auf Bundes- oder Landesebene im Rahmen von Wahlen eine Anhebung des für Abstimmungen einfachen Mehrheitserfordernisses auf das Niveau absoluter Mitgliedermehrheit erfolgt, besteht für den Bundesrat aufgrund des absoluten Mehrheitserfordernisses schon im Regelbeschlußverfahren ein Gleichlauf für beide Entscheidungsarten auf diesem vergleichsweise hohen Niveau.

II. Gegenüberstellung des Mehrheitserfordernisses bei Wahlen auf Bundesebene

Mehrfach ist in der vorliegenden Arbeit die protokollarische Reihenfolge der obersten Repräsentanten der Bundesrepublik zur Sprache gekommen. Zur Erinnerung: nach dem Bundespräsidenten reihen sich – ohne daß dies normativ verbindlich irgendwo fixiert wäre – ein der Bundestagspräsident,

---

1663 Siehe hierzu unter Teil 2 bei A. IV. 1. a).

1664 s. ebd. (2. Teil, A. IV. 1. a)).

1665 Hierzu Teil 2 unter B. II. 1. a) sowie B. II. 1. b).

der Bundeskanzler, der Bundesratspräsident und schließlich der Präsident des Bundesverfassungsgerichts[1666]. Wenngleich alle vorgenannten obersten Repräsentanten des Staates aufgrund ihrer herausgehobenen Stellung möglichst hohe Legitimation durch ein angemessenes Mehrheitsquorum erfahren sollten, unterscheiden sich die Verfahrenserfordernisse im Hinblick auf die Größe des Beschlußkörpers bzw. die teils mögliche Absenkung der notwendigen Mehrheit im fortgeschrittenen Wahlstadium nicht unerheblich, wobei dies dem protokollarischen Rang entspricht.

Während der Bundespräsident die größtmögliche, mittelbare Legitimation aufgrund der Wahl durch die Bundesversammlung und damit sowohl seitens des Bundestages als auch seitens einer entsprechenden Anzahl an Ländervertretern erreicht, wird der Bundestagspräsident nur durch das Plenum der Volksvertretung gewählt und erfährt – seiner Aufgabe als Vorsteher des Bundestages gemäß – keinerlei Legitimation durch Vertreter der Bundesländer. Beiden gemein ist das Erfordernis absoluter Mehrheit der gesetzlichen Mitgliederzahl der Wahlgremien, die der Wahlwerber zumindest im ersten und zweiten Wahlgang auf sich zu vereinen hat. Ab dem darauffolgenden Wahlgang genügt die einfache bzw. relative Mehrheit, wobei sich der zukünftige Bundespräsident gegebenenfalls gegen mehrere Wahlwerber durchzusetzen hat, während in der zweiten Phase der Bundestagspräsidentenwahl lediglich ein weiterer Wahlwerber zugelassen ist und die weniger erfolgreichen Bewerber ausgeschieden werden – ihm reicht folglich die einfache Mehrheit. Contra legem sollen nach wohl vorherrschender Auffassung bei der Bundespräsidentenwahl nach dem dritten und eigentlich letzten Wahlgang weitere möglich sein, wenn das Erfordernis relativer Abstimmungsmehrheit zur Stimmengleichheit zwischen den Präsidentschaftsanwärtern mit den meisten Stimmen führt.

Im Vergleich zum Bundestagspräsidenten erfährt der Bundeskanzler eine vergleichbare Legitimation durch die in beiden Fällen identische wahlberechtigte Körperschaft: sowohl der Regierungschef als auch der Präsident des Bundestages werden mit absoluter Mehrheit der Mitglieder des Bundestages, der Kanzlermehrheit, bestimmt. Während für die Wahl des Bundestagspräsidenten wie oben beschrieben nur drei Wahlgänge vorgesehen sind, können bei der Wahl des Bundeskanzlers in den ersten Wahlphasen eine Vielzahl von Wahlgängen stattfinden. Die Absenkung in Wahlphase drei auf eine einfache, bei mehreren Gegenkandidaten relative Mehrheit ist dann wieder deckungsgleich. Neben der Amtsbedeutung selbst kann der einzige Aspekt, der folglich eine Differenzierung erlaubt und die protokollarische

1666 http://www.bmi.bund.de/SharedDocs/Standardartikel/DE/Ministerium/Protokoll/ohneMarginalspalte/protokollarische_rangfragen.html?nn=109810 (November 2013); s. auch *Bücker*, Präsident (Fn. 604), § 27 Rn. 5 f.

Niederrangigkeit des Bundeskanzlers zu rechtfertigen vermag, nur derjenige sein, daß der Parlamentspräsident bereits zuvor demokratische Legitimation durch seine Wahl zum Mitglied des Bundestages erfahren hat. Auch der Bundeskanzler kann selbstverständlich Mitglied des Parlaments sein – dies ist jedoch nicht zwingend. Selbst in der Ausnahmesituation der Wahl eines Bundeskanzlers durch den Gemeinsamen Ausschuß im Falle der Verhinderung des Bundestages gilt es, eine absolute Mitgliedermehrheit des Gremiums zu erreichen, die noch dazu nicht in Folgewahlgängen auf das Niveau relativer Abstimmungsmehrheit reduziert wird.

Es verbleiben der Bundesratspräsident und der Präsident des Bundesverfassungsgerichts. Auf der Grundlage des Königsteiner Abkommens wechselt seit jeher der Vorsitz in der Länderkammer turnusmäßig zwischen den Ministerpräsidenten der bevölkerungsreicheren und denen der bevölkerungsärmeren Bundesländer. Die Wahl durch den Bundesrat ist dabei nur eine Formalität, das Amt fällt dem Ministerpräsidenten quasi zu, sobald sein Bundesland an der Reihe ist. Laut Gesetz ist eine absolute Mehrheit der Stimmen nötig, in der Praxis erfolgt die Kür stets einstimmig. Die ursprüngliche Legitimation durch die Wahl zum Ministerpräsidenten, die in den Ländern zumeist mit absoluter Mitgliedermehrheit des Landtags erfolgt, ist daher an dieser Stelle abermals und umso mehr von Bedeutung. Andererseits verwundert insofern etwas, daß ihm im Falle der Verhinderung oder des Rücktritts des Bundespräsidenten gemäß Art. 57 GG dessen Aufgabenkreis zufällt.

Der Präsident des Bundesverfassungsgerichts nimmt auch und gerade was seine Wahl betrifft im Vergleich zu den bereits dargestellten Repräsentanten zweifelsohne eine Sonderstellung ein: diese zeichnet sich zunächst dadurch aus, daß der Bundesrat oder ein Wahlausschuß des Bundestages den Richter in einen der Senate des Bundesverfassungsgerichts gewählt hat, wofür in beiden Fällen zwei Drittel der gesetzlichen Mitgliederzahl erforderlich sind. Darüber hinaus ist in einem weiteren Akt die Wahl zum Verfassungsgerichtspräsidenten ebenfalls durch beide Wahlgremien im Wechsel und mit den bekannten Mehrheiten vorzunehmen. Zur Rechtfertigung seiner protokollarischen Stellung läßt sich die Abstimmungspraxis nicht vollends überzeugend heranziehen: wie ist in Bezug zu der Wahl des Plenums mit absoluter Mehrheit die Ausschußmehrheit resp. die Bundesratswahl mit zwei Dritteln einzustufen? Angesichts letzterer ist man durchaus geneigt zu fragen, warum der Bundesratspräsident vorrangig legitimiert sein soll. Wiegt die Eigenschaft als Vorsteher einer gesetzgebenden Körperschaft hier mehr? Oder wäre der durch den Ausschuß gewählte Bundesverfassungsgerichtspräsident nach dem Bundesratspräsidenten, der vom Bundesrat entsandte aber vor diesem einzustufen? Die Wahlerfordernisse dienen diesbezüglich eben nur als Anhaltspunkte; neben die hier betonte Legitimationsvermittlung treten verfassungspolitische Überlegungen.

Weitgehende Einigkeit besteht im Vergleich zum Wahlverfahren indes in der Frage der in den hinteren Wahlgängen nach Absenkung des Mehrheitserfordernisses unter die absolute Mitgliedermehrheit denkbaren Konstellation der Stimmengleichheit. Mit Ausnahme der Wahl des Bundestagspräsidenten, bei der der Losentscheid den Status aufzulösen vermag, wird stets eine Wiederholung für erforderlich angesehen.

III. Gegenüberstellung des Mehrheitserfordernisses bei Wahlen auf Bundes- und Landesebene

Stellt man die auf Bundes- und Landesebene parallel bestehenden Ämter in der Frage des Wahlmodus einander gegenüber, zeigen sich nicht unbeachtliche Differenzen.

1. Bundestags- und Landtagspräsidenten

Während hier wie dort das Wahlverfahren durch parlamentarische Übung und Vorabsprachen geprägt ist, bedarf der Bundestagspräsident und mit ihm das gesamte Präsidium formaljuristisch einer Zustimmung der absoluten Mitgliedermehrheit des Bundestages. Auf Landesebene indes genügt in mehr als zwei Dritteln der Länder eine einfache Abstimmungsmehrheit. Innerparlamentarisch läßt sich diese Differenz nicht erklären, da die für beide Präsidenten anfallenden Aufgaben auf Bundes- wie Landesebene weitgehend übereinstimmen. Die außerparlamentarischen Funktionen, die den Bundestagspräsidenten beispielsweise bei Verhinderung des Bundespräsidenten treffen, fallen zwar bedeutender aus – dies ist aber der generellen Verteilung der Aufgaben zwischen Bund und Ländern geschuldet und kann nicht für die Begründung eines erhöhten Wahlquorums herangezogen werden. Andersherum nämlich macht das Beispiel Bayerns, wo der Landtagspräsident im Falle des Rücktritts des Ministerpräsidenten dessen Aufgaben weiterführt, deutlich, daß auch mit einfacher Abstimmendenmehrheit legitimierte Parlamentspräsidenten mit vergleichsweise umfangreichen Aufgaben ausgestattet sein können. Berlin und Hessen verlangen die absolute Mitgliedermehrheit, Mecklenburg-Vorpommern „die Hälfte der abgegebenen gültigen Stimmen“. Unabhängig davon, daß sich das letzte Mehrheitserfordernis nicht ganz in die gängigen Schemata einordnen läßt, sehen alle drei Länder bei Verfehlen der notwendigen Stimmenzahl zumindest einen weiteren Wahlgang vor (Hessen: zwei; Berlin: mehrere), zu dem nur die beiden Kandidaten mit den meisten Stimmen zugelassen werden (Hessen; Mecklenburg-Vorpommern), bzw. wo zuvor jeweils der Kandidat mit den wenigsten Stimmen ausgeschieden wurde (Berlin). Im Falle von Stimmengleichheit entscheidet überall das Los.

Scheitert eine Wahl zunächst am Quorum der Mehrheit der gesetzlichen Mitglieder des Bundestages, ist eine Stichwahl zwischen den beiden erfolgreichsten Kandidaten vorgesehen, bei der nun die einfache Mehrheit der Abstimmenden genügt. Der Spagat zwischen der Sicherstellung der Besetzung des Amtes und einer hinreichenden Legitimation gelingt abermals durch die Absenkung des Mehrheitserfordernisses.

2. Bundeskanzler und Ministerpräsidenten

Die Regierungsbildung beginnt sowohl auf Bundes- als auch Länderebene mit der Wahl des Regierungschefs. Trotz dieser Übereinstimmung kann von einem bundeseinheitlichen Bild kaum die Rede sein: während Bayern und Bremen bereits eine einfache Mehrheit der Abstimmenden genügen lassen, sehen die übrigen Länder die Mehrheit der Mitglieder des Landtages zumindest in den vorderen Wahlgängen vor. Selbige gilt auch für die Wahl des Bundeskanzlers. Das Quorum verbunden mit der höchstmöglichen Bezugszahl der gesetzlichen Parlamentsmitglieder gewährleistet eine umfassende Abbildung des Wählerwillens und somit eine hinreichende Legitimation der Person des Regierungschefs. Seine Wahl wird als besondere, gerade durch die Erhöhung des Mehrheitserfordernisses herausgehobene Mitwirkungsentscheidung der Parlamente empfunden.

Im Fall eines mehrheitsunfähigen Parlaments splittet sich das ohnehin nur bedingt einheitliche Bild in den weiteren Wahlphasen endgültig in mehrere Gruppen auf: eine Handvoll Länder – namentlich Baden-Württemberg, Hamburg, Hessen, Rheinland-Pfalz und das Saarland – hält uneingeschränkt am Erfordernis absoluter Mitgliedermehrheit fest. Für eine Beibehaltung des Mehrheitserfordernisses scheint hier neben der Regierungsfähigkeit auch die im Vergleich zum Bundeskanzler andersartige Rolle zu sprechen, die sich durch eine Reihe von zusätzlichen präsidialen Aufgaben auszeichnet[1667]. Regierungslose Zustände werden nur durch Hilfskonstruktionen vermieden. Ebensoviele Länder – dies sind Berlin, Brandenburg, Sachsen, Schleswig-Holstein und Thüringen – reduzieren das Mehrheitserfordernis jedoch analog der Bundeskanzlerwahl nach einigen Wahlgängen auf eine relative Stimmenmehrheit. Auf diese Weise ist gewährleistet, daß dennoch ein Ministerpräsident gefunden werden kann, der, wenn schon nicht mit absoluter, so doch hilfsweise mit einfacher oder relativer Mehrheit legitimiert wurde. Wird dieses Ziel unterdessen von dem Auftreten von Stimmengleichheit durchkreuzt, ist auf Bundes- wie Landesebene zumeist keine Auflösungsmöglichkeit vorgesehen, sondern wird – insofern unzureichend – auf die Wiederholung der Abstimmung verwiesen.

[1667] Auf diese Aufgaben weist hin *Ley*, Wahl 2010 (Fn. 1275), S. 392 m. w. N.

Diese Reduktion nehmen die auf den ersten Blick ob ihres geringen Quorums belächelten Länder Bayern und Bremen nicht vor. Sie belassen es bei einer einfachen Mehrheit der Abstimmenden und wechseln insbesondere nicht zu der relativen Mehrheit. Mithin ist der Gewählte mindestens von der Hälfte der Abstimmenden legitimiert, und nicht, wie bei einer relativen, von einer deutlich unterhalb dieser Schwelle liegenden Anzahl, wenn mehrere Kandidaten antreten. Andererseits kommt es in beiden Ländern aufgrund der Bedeutung der Ministerpräsidentenwahl regelmäßig zur Wahl mittels zugleich erreichter absoluter Mitgliedermehrheit. Im Falle eines Stimmenpatts bietet Bremen die Lösung durch einen Losentscheid.

3. Die Beteiligung von Parlamenten an der Wahl von Regierungsmitgliedern

Auf Bundesebene und in fast allen Landesverfassungen sind die Parlamente nach der Wahl des Bundeskanzlers oder Ministerpräsidenten nicht zur Abstimmung über die Minister berufen. Allein in Bremen werden nach der Wahl des Senatspräsidenten sämtliche Senatoren wahlweise einzeln oder in einem einzigen Akt mit einfacher Abstimmungsmehrheit gewählt.

In annähernd der Hälfte der Länder besteht nach Zusammenstellung des Landeskabinetts durch den Ministerpräsidenten die Pflicht zur Regierungsbestätigung. Diese erfordert dann ausnahmslos die einfache Mehrheit der Abstimmenden und liegt mithin unter dem für die Wahl des Ministerpräsidenten maßgeblichen Wahlquorum absoluter Mitgliedermehrheit.

4. Die Wahl der Richter der Verfassungsgerichte des Bundes und der Länder

Die Mitglieder des Bundesverfassungsgerichts werden zur Hälfte von Bundestag und Bundesrat gewählt. In der Länderkammer sind hierzu zwei Drittel der Stimmen notwendig, gleiches gilt für den anstelle des Bundestages handelnden Richterwahlausschuß.

In den Bundesländern finden hinsichtlich des nötigen Mehrheitsquorums oftmals ebenfalls Zweidrittelmehrheiten des jeweiligen Wahlgremiums Anwendung, teils als Mitgliedermehrheit (u. a. Brandenburg, Sachsen, Schleswig-Holstein), teils als Abstimmenden- (Berlin) oder Anwesenheitsmehrheit ausgestaltet und in letzterem Fall zumeist mit einem Zustimmungsquorum in Höhe absoluter Mitgliedermehrheit kombiniert (Niedersachsen, Sachsen-Anhalt). Mehrfach (Bayern, Bremen, Hamburg) lassen Landesverfassungen aber auch einfache Mehrheitsbeschlüsse oder gar relative Mehrheiten (Baden-Württemberg, Nordrhein-Westfalen) im Landtag genügen. Hier entscheidet bei Stimmengleichheit das Los. Fast ausschließlich liegt damit das Recht zur Wahl der Landesverfassungsrichter beim Landtagsplenum; eine Delegation wie sie auf Bundesebene zugunsten des Wahlausschusses vorgenommen wird, findet sich daneben nur noch in Hessen, wo eine Zweidrittelmehrheit des Gremiums zu erreichen ist.

Wird eine Zweidrittelmehrheit für die Wahl der Verfassungsrichter festgesetzt, so ist, wenn die Regierungsmehrheit nicht gerade aus einer großen Koalition besteht und daher über die entsprechende Anzahl an Mandaten im Parlament verfügt, gewährleistet, daß nicht die Regierung allein die Besetzung der offenen Stellen am Verfassungsgericht vornehmen kann, sondern sie durch Verständigung mit der parlamentarischen Opposition zu einem mehrheitsfähigen, damit meist politisch gemäßigten und zuvörderst nach sachgerechten Kriterien auserwählten Kandidaten kommen muß.

Zusammenfassend läßt sich sagen, daß Mehrheitserfordernisse in den Ländern fast durchweg geringer ausfallen als auf Bundesebene. Anders ausgedrückt ist nur in wenigen Ländern sichergestellt, daß die Richterposten nicht ausschließlich durch die Regierungsmehrheit besetzt werden, selbst wenn mancherorts entsprechende Abreden bestehen. Nur in einem einzigen Bundesland ist eine Verlagerung der Wahlentscheidung vom Plenum auf einen Ausschuß vorgesehen. Aber auch dort, wo qualifizierte Zweidrittelmehrheiten der gesetzlichen Mitglieder Anwendung finden, ist bei der (noch) vorherrschenden Stimmenverteilung zwischen den beiden großen Volksparteien lediglich gewährleistet, daß sie bei den Besetzungsentscheidungen zusammenwirken müssen. Die übrigen, kleinen Fraktionen spielen, sofern sie nicht an der Regierung beteiligt sind oder freiwillig berücksichtigt werden, keine Rolle.

5. Wahl von Gremiumsmitgliedern

Bereits die im ersten Teil der Arbeit getroffene Darstellung der charakteristischen Merkmale von Mehrheits- und Verhältniswahl zeigt, daß die strikte Mehrheitswahl zur Besetzung von Gremien grundsätzlich weniger geeignet ist: stets droht die Unterrepräsentation von Minderheiten, da die Mehrheit geneigt sein könnte, sich allein oder zumindest in unverhältnismäßig großem Umfang bei der Mandatsvergabe zu berücksichtigen. Auch eine entsprechende Pflicht zu angemessener Beteiligung der Opposition kann hier keine hinreichende Sicherheit bieten, sofern der Minderheit nicht zugleich effiziente Durchsetzungsmöglichkeiten an die Hand gegeben werden. Die Erhöhung des Mehrheitserfordernisses hin zu einer qualifizierten Mehrheit würde die zwingende Einbeziehung auch der Minderheiten garantieren. Andererseits aber bewirkt ein mehr und mehr der Einstimmigkeit angenähertes Wahlverfahren wiederum eine überproportionale Machtposition der Minderheit, die schließlich in einem obstruktiven Mißbrauch ihres Vetorechts gipfeln könnte.

Von daher ist die verhältnismäßige Gremienbesetzung trotz Anerkennung des Mehrheitsprinzips vielfach alternativlos. Während Mehrheitsentscheidungen bei der Besetzung eines einzelnen Amtes uneingeschränkt herangezogen werden, sind schon bei kleinen Gremien wie beispielsweise dem Bundestagspräsidium Vorabsprachen in der parlamentarischen Praxis nötig, um die strikte Mehrheitswahl durch Komponenten zur Sicherstellung gewisser Verteilungsgerechtigkeit anzupassen. Auch entsprechende Abreden oder parlamentarische Bräuche bergen Gefahren, müssen sie doch auf freiwilliger Basis eingehalten werden. Gegenbeispiel war hier zuletzt die Nichtbeachtung der parlamentarischen Gepflogenheit anläßlich der gescheiterten Wahl des PDS-Mitglieds Bisky zum Vizepräsidenten des Bundestages[1668]. Die von vornherein verhältnismäßige Besetzung kann hier Konflikten vorbeugen und zufriedenstellende Ergebnisse erzeugen, die unter Anwendung der Mehrheitsregel schwerer hervorzubringen sind.

Freilich gehen auch mit der Anwendung der Verhältniswahl in ihrer Reinform unerwünschte Folgen einher. Bei der Entsendung von Delegierten führt sie tendenziell zur Vergrößerung des Gremiums, da auch der mitgliederschwächsten Fraktion im Idealfall wenigstens ein Sitz zuzuteilen wäre, stärkeren Fraktionen aber ein Mehrfaches an Mandaten zustünde, um den Proporz zu wahren und das Gremium folglich deutlich mitgliederstärker aufzustellen wäre. Dies hätte dann wiederum die gerade durch die Bildung kleinerer Besprechungskörper bezweckte Erörterung „im kleinen Kreis" ad absurdum geführt. Ferner bestünde bei der Verhältniswahl stets der Nachteil, daß die Mehrheit keinen Einfluß auf die entsandten Persönlichkeiten ausüben könnte, auf die es aber gerade in kleinen Beratungs- oder vorbeschließenden Gremien entscheidend ankommt.

Daß nicht immer eine Wahl mit absoluter Mehrheit erforderlich ist, sondern bereits initial auf ein relatives Mehrheitserfordernis zurückgegriffen werden kann, zeigen Beispiele kommunaler Direktwahlen. Die Abhängigkeit des Bürgermeisters von der Gemeindevertretung ist dabei nicht derart ausgeprägt, daß Abwahlen resp. Mißtrauensvoten drohen, wenn Mandatsträger nicht über den Rückhalt in den Vertretungskörperschaften verfügen[1669]. Weniger kontrovers diskutiert ist die spezielle Konstellation der „Personen-

[1668] Vgl. die Hinweise oben in Fn. 609.

[1669] Wegweisend nach der entsprechenden Änderung des Kommunalrechts VerfGH Nordrhein-Westfalen, NWVBl. 2009, S. 304 (307 f.); zustimmend und m.w.N. auch für Thüringen *Groß*, Direktwahl (Fn. 17), S. 93 ff., insb. S. 95 ff.; a.A. *Krüper*, Stichwahlen (Fn. 156), S. 760 ff., 763 f.

wahl nach relativer Mehrheit in den Wahlkreisen"[1670] im Rahmen der Bundestagswahl. Niemand stellt die Mehrheitswahlkomponente hier ernsthaft in Frage. Nur so kann in einem einzigen Wahlgang das pro Wahlkreis zu vergebende Mandat mit aller Sicherheit auch erteilt werden. Der mit relativer Mehrheit Gewählte ist in diesem Fall unzweifelhaft hinreichend demokratisch legitimiert.

IV. Zusammenfassung

Die Wahlen zu den herausgehobenen Ämtern finden mittels absoluter Mehrheit der gesetzlichen Mitgliederzahl des Wahlgremiums statt. Zu Recht stehen in allen Konstellationen, die qualifizierte oder absolute Mehrheiten zur Besetzung von Verfassungsorganen vorsehen, Hilfsverfahren bereit, um das vakante Amt notfalls auch bei Verfehlen dieser verschärften Anforderungen dauerhaft und mit einer voll legitimierten Person zu besetzen. Die Regierungschefs des Bundes und der Länder sollen so in aller Regel mit einer handlungsfähigen Mehrheit im dazugehörigen Parlament ausgestattet sein.

Ähnlich verhält es sich beim Bundespräsidenten, der eine möglichst umfassende Unabhängigkeit nach einer Wahl mit absoluter Mehrheit erreichen soll, die ihm im Gefüge der obersten Staatsorgane Selbststand verschafft und ihn mit eigenständiger, eben möglichst hoher Legitimation ausstattet[1671].

Nur im Ausnahmefall, wenn in mehreren Wahlgängen das Quorum absoluter Mitgliedermehrheit verfehlt wurde, wird die relative Mehrheit zuweilen für ausreichend erachtet. Dies gilt für Bundeskanzler und Bundespräsident in gleichem Maße wie für den Großteil der Ministerpräsidenten. Alternativ werden in Folgewahlgängen auch Kandidaten aus dem weiteren Wahlverfahren ausgeschieden, um in einer Stichwahl zwischen den zwei aussichtsreichsten Wahlwerbern das Amt zu vergeben (Ministerpräsident von Nordrhein-Westfalen) und auf diese Weise nicht auf eine relative Mehrheit ausweichen zu müssen. Insgesamt jedoch wird relativen Mehrheiten gegenüber Stichwahlen zumeist der Vorzug gegeben.

Obwohl in diesem Wissen ein Mißbrauch dahingehend möglich wäre, daß kompromißlos agiert wird, bis in hinteren Wahlgängen niedriger angesetzte Quoren genügen – Parlamente bestünden schließlich „niemals aus Engeln und selbstlosen Weisen"[1672] –, läßt sich ein solches taktierendes Verhalten nur selten beobachten.

1670 BVerfGE 41, 399 (423).

1671 *Nettesheim*, Aufgaben (Fn. 320), § 63 Rn. 1 f.

1672 *Willms*, Gleichgewicht (Fn. 996), S. 1211.

Über absolute Mehrheiten hinausgehende Quoren finden sich im Rahmen der Wahlen oberster Verfassungsorgane dagegen lediglich bei der Verfassungsrichterwahl. Auf Bundesebene sticht die Wahl durch den Bundestag aber noch aus einem weiteren Grund hervor: sie ist einer der äußerst seltenen Fälle, in denen die Wahlentscheidung von der gesetzgebenden Körperschaft auf ein speziell zu diesem Zweck eingerichtetes Wahlgremium, hier: den Wahlausschuß des Bundestages, übertragen wird.

Zusammenfassend findet für die Wahlen durch die Verfassungsorgane das „Gebot der Präferenzaffinität des Wahlrechts", also die grundsätzliche Legitimation von Mandatsträgern durch absolute Mehrheiten, regelhaft Anwendung und es sollte auch nicht grundlos davon abgewichen werden, handelt es sich eben nicht nur um ein „tradiertes verfassungsstaatliches Regelmodell"[1673]. Zweifelsohne sind auch einfache und relative Mehrheiten prinzipiell geeignet, die geforderte ununterbrochene Legitimationskette zu vermitteln[1674], lassen sie doch eine Rückführbarkeit auf einen – wenn auch nicht qualifizierten – mehrheitlichen Willen des Wahlorgans und damit letztlich des Volkes zu. Dennoch spricht im Rahmen der Interessensabwägung zwischen der Besetzung des vakanten Amtes einerseits und der möglichst hohen Legitimation andererseits nicht wenig für dieses „tradierte", oder besser: etablierte Modell absoluter Mehrheit.

D. Abwahl- und Anklageverfahren

I. Die Abwahl von Regierungsmitgliedern

1. Mißtrauensvoten gegenüber Bundeskanzler und Ministerpräsident

Auf Bundesebene ist das parlamentarische Regierungssystem durch die Erschwerung des Regierungssturzes eines amtierenden Bundeskanzlers gestärkt. Ausgeschlossen ist die Ablösung der Regierungschefs hier wie auch in den Bundesländern unterdessen nicht. Teils sind die diesbezüglichen Verfahren rein destruktiv, zumeist aber als konstruktive Mißtrauensvoten ausgestaltet. Während auf Bundesebene das Verfahren nach Art. 68 GG den Ausspruch von Mißtrauen durch die Wahl eines Nachfolgers mit absoluter Mehrheit des Bundestages verlangt und sich die Mehrzahl der Län-

---

1673 *Krüper*, Stichwahlen (Fn. 156), S. 758, ebd. auch die Zitate.

1674 Kritisch *Krüper*, Stichwahlen (Fn. 156), S. 760. – Zu diesem Modell demokratischer Legitimationsvermittlung *Dreier* (Fn. 17), Art. 20 (Demokratie), Rn. 113 ff.

der[1675] zur inhaltsgleichen Übernahme desselben Mehrheitsquorums entschieden haben, begnügen sich Bayern und vier weitere Länder[1676] mit der Anordnung schlicht destruktiver Voten. Was die Mehrheitsquoren betrifft, kann man bei den konstruktiven Verfahren (die ja die Neuwahl eines Ministerpräsidenten fordern) jedoch keinesfalls darauf schließen, daß sie ausnahmslos mit absoluter Mehrheit erfolgen, obgleich dies in allen genannten Ländern das ursprüngliche Erfordernis war, mit dem die Ministerpräsidenten in ihrem Amt legitimiert wurden. So begnügt sich Nordrhein-Westfalen etwa mit der Mehrheit der abgegebenen Stimmen für die Neuwahl.

Andersherum ist auch bei den rein destruktiv angelegten Verfahren kein einheitliches Bild gegeben: Bayern, das mit dem Mißbilligungsbeschluß ja ohnehin eine Sonderrolle einnimmt, läßt die einfache Mehrheit der Abstimmenden genügen, während die übrigen Bundesländer die absolute Mehrheit der Landtagsmitglieder verlangen. Es ist damit keineswegs so, daß für destruktive Voten höhere Mehrheiten erforderlich wären als für konstruktive, was angesichts der ultima ratio-Funktion eines rein zerstörerischen Vorgehens aber durchaus zu rechtfertigen wäre.

Wenngleich der Rückgriff auf eine absolute Mitgliedermehrheit für die Amtsenthebung des Regierungschefs von Gesetzes wegen nicht zwingend erscheint, sondern in den Ländern, in denen eine einfache Abstimmungsmehrheit für die Ministerpräsidentenwahl genügt, auch ein einfaches Mißtrauensvotum als hinreichend anzusehen ist, muß das Mehrheitserfordernis immer im Kontext mit anderen Vorschriften betrachtet werden. Dementsprechend sollte stets ein Gleichlauf zwischen Wahlquorum und Mehrheitserfordernis bei der Aussprache von Mißtrauen bestehen, und zwar unabhängig davon, ob diese in einem Akt mit der Neuwahl des Ministerpräsidenten zusammenfällt oder nicht. Ansonsten kann es passieren, daß wie in Nordrhein-Westfalen ein mit absoluter Mitgliedermehrheit legitimierter Ministerpräsident durch eine einfache Mehrheit der Abstimmenden – unter Umständen ist dies nur eine Parlamentsminderheit – entthront wird. Der Nachfolger wird mithin nur von einer Abstimmungsmehrheit legitimiert, die bei Neuwahl nach Vakanz des Amtes nicht ausreichen würde. Im Gegenzug ist aber auch die Erhöhung der Mehrheit, wie sie Bremen kennt, nicht angezeigt. Ansonsten genösse der Ministerpräsident einen vergleichsweise erhöhten Bestandsschutz.

Einen Ausnahmefall bildet das – selbst in dieser Konstellation noch als konstruktives Mißtrauensvotum ausgestaltete – Abwahlverfahren im Falle des nicht möglichen Zusammentritts des Bundestages. Hier übernimmt der

---

[1675] Baden-Württemberg, Brandenburg, Bremen, Hamburg, Mecklenburg-Vorpommern, Niedersachsen, Nordrhein-Westfalen (Mehrheit der abgegebenen Stimmen), Sachsen, Sachsen-Anhalt, Schleswig-Holstein und Thüringen.

[1676] Neben Bayern sind dies Berlin, Hessen, Rheinland-Pfalz sowie das Saarland.

Gemeinsame Ausschuß diese Aufgabe, wobei der Krisensituation angemessen das Mehrheitserfordernis angehoben wird. Nunmehr ist eine Zweidrittelmehrheit der gesetzlichen Mitgliederzahl des Notparlaments erforderlich.

2. Mißtrauensvoten gegenüber Ministern

Während auf Bundesebene – in Abkehr von Art. 54 S. 2 WRV[1677] und des dort möglichen destruktiven Mißtrauensvotums auch gegen einzelne Mitglieder der Regierung – der Bundestag an der Entlassung eines Kabinettsmitglieds in keiner Weise beteiligt ist – also weder Initiativ-, Zustimmungs- noch Kontrollmöglichkeiten hat –, zeigt sich in den Bundesländern in dieser Frage mitnichten eine dem Grundgesetz entsprechend eindeutige Rechtslage.

In neun Ländern[1678] existieren ebenfalls keine Durchgriffsmöglichkeiten, wohingegen sieben Länder[1679] eine Beteiligungspflicht der jeweiligen Landtage kennen. Letztere räumen den Parlamenten zum Teil massive Eingriffsrechte in die Zusammensetzung der Landesregierungen ein, in einigen Fällen verbleibt es aber auch bei einer weniger einschneidenden parlamentarischen Zustimmung zu einer Ministerentlassung. Diese besteht formal in einem Regelbeschluß der Landesparlamente, der mit einfacher Mehrheit der Abstimmenden ergeht und so in der Mehrzahl der Fälle unter dem für die Wahl des Ministerpräsidenten nötigen Quorum liegt. Auf diese Weise wird zurecht die Verantwortlichkeit des Ministerpräsidenten für die Berufung und spätere Abberufung der Regierungsmitglieder betont. Der Höhe nach entspricht das Mehrheitserfordernis demjenigen, das bei der Zustimmung des Parlaments zur Ministerernennung gefordert wird.

Weitaus konfliktträchtiger ist die Konstellation in den Bundesländern, in denen das Parlament ohne oder gar gegen den Willen des Regierungschefs die Ablösung eines Landesministers betreiben kann. Hierfür ist in Baden-Württemberg immerhin eine Zweidrittelmehrheit der gesetzlichen Landtagsmitglieder vonnöten, in Bremen, dem zweiten Land, das derartige Durchgriffe in die Regierungszusammensetzung erlaubt, genügt indes schon eine absolute Mehrheit der Mitglieder der Bürgerschaft. Beides sind im Ver-

1677 Art. 54 WRV lautete: „Der Reichskanzler und die Reichsminister bedürfen zu ihrer Amtsführung des Vertrauens des Reichstags. Jeder von ihnen muß zurücktreten, wenn ihm der Reichstag durch ausdrücklichen Beschluß sein Vertrauen entzieht."

1678 Namentlich Berlin, Brandenburg, Hamburg, Mecklenburg-Vorpommern, Nordrhein-Westfalen, Sachsen, Sachsen-Anhalt, Schleswig-Holstein und Thüringen.

1679 Vorgesehen ist eine Beteiligung der Landtage in Bayern, Baden-Württemberg, Bremen, Hessen, Niedersachsen, Rheinland-Pfalz und dem Saarland. In den übrigen Ländern ist allein der Ministerpräsident hierfür zuständig.

gleich zur Wahl des Ministerpräsidenten (Bremen: einfache Mehrheit; Baden-Württemberg: absolute Mehrheit) begrüßenswerterweise erhöhte Quoren. Und auch in Relation zur Höhe des Mehrheitserfordernisses im Rahmen der in beiden Ländern möglichen konstruktiven Mißtrauensvoten fallen die absolute Mehrheit in Bremen und die Zweidrittelmehrheit in Baden-Württemberg zumindest dem Mehrheitserfordernis nach gleich (Bremen) bzw. höher (Baden-Württemberg) aus. Dies hat zur Folge, daß die Abwahl der gesamten Regierung leichter oder wenigstens genauso schwer möglich ist wie die eines einzelnen Ministers, so daß der Ministerpräsident vor der Entfernung eines Kabinettsmitglieds hinreichend – gar mehr als vor der eigenen Ablösung – geschützt ist. Andererseits haben beide Landtage bei entsprechender Einigkeit angemessene Eingriffsoptionen.

3. Die Vertrauensfrage des Regierungschefs

Vertrauensfragen gehen auf Bundes- wie Länderebene stets auf eine Initiative seitens des Regierungschefs selbst zurück. Auf Bundesebene ist in der sich an den Antrag anschließenden Abstimmung mit absoluter Mitgliedermehrheit des Bundestages dem Kanzler das Vertrauen auszusprechen, wobei das Verfehlen dieses Mehrheitserfordernisses zur im Ermessen des Bundespräsidenten liegenden Auflösung des Bundestages führt – mit der unmittelbaren Folge von Neuwahlen. Selbst bei der Verknüpfung mit einer Sachfrage werden die Mehrheitserfordernisse für beide Gegenstände beibehalten und können dann zu unterschiedlichen Ergebnissen (bspw. Erfolg des Vertrauensantrags, aber Scheitern einer Verfassungsänderung) führen.

Nur die Hälfte der Bundesländer kennt die Möglichkeit der Vertrauensfrage. Ist sie vorgesehen, genügt zu einer Aussprache von Vertrauen stets die Zustimmung der Mehrheit der gesetzlichen Mitgliederzahl der Landtage. In den Ländern, in denen die absolute Mehrheit das Vertrauen aussprechen kann, war dieses Mehrheitserfordernis zugleich schon für die Wahl des Ministerpräsidenten beachtlich.

II. Die Abwahl von Parlamentspräsidenten

Auf Bundesebene ist eine Abwahl des Bundestagspräsidiums nicht ausdrücklich vorgesehen. Dennoch ist das Recht dem Plenum nach vorzugswürdiger Ansicht einzuräumen. Mit der Frage einer möglichen Abberufung des amtierenden Präsidiums ist dann allerdings noch nicht die der hierfür erforderlichen Mehrheit beantwortet. Zweidrittelmehrheiten oder gar Einstimmigkeitsentscheidungen zu verlangen, scheint die zugrundeliegende Problematik doch beträchtlich überzubewerten.

Keine Optionen zur Abwahl bieten – und das nach dort unumstrittener Auffassung – Baden-Württemberg, Hamburg[1680] sowie Hessen[1681] und Sachsen[1682]. Die weit überwiegende Zahl der Bundesländer jedoch ermöglicht den Landtagen die Abwahl des Präsidiums, wobei diese sowohl hinsichtlich des Verfahrens als auch des Mehrheitsquorums verschiedentlich ausgestaltet ist. Zumeist sind Zweidrittelmehrheiten der gesetzlichen Mitgliederzahl des Landtages zu erreichen. Im Saarland genügt demgegenüber eine einfache Abstimmungsmehrheit, Bremen fordert die absolute Mehrheit der gesetzlichen Mitglieder, macht das Recht zur Neuwahl eines Präsidiums aber davon abhängig, ob sich die Spiegelbildlichkeitsverhältnisse zum Landtagsplenum derart verschoben haben, daß eine Neuverteilung der Sitze im Präsidium nunmehr angezeigt ist.

III. Die Anklageverfahren gegenüber Regierungsmitgliedern

Während der Verhandlungen über das Grundgesetz entschied man sich neben der Aussparung von Mißtrauensvoten gegenüber Ministern auch dagegen, ein Anklageverfahren gegen Regierungsmitglieder vorzusehen. Das parlamentarische Regierungs- und Verantwortungssystem ersetze die noch aus Zeiten der konstitutionellen Monarchie stammende Einrichtung[1683].

In den Landesverfassungen existieren indessen entsprechende Verfahren, wenngleich aus dem Vorhandensein anderer Restriktionsmechanismen im disziplinarrechtlichen, strafrechtlichen und parlamentarischen Bereich eine weitgehende Bedeutungslosigkeit des vorgenannten Instruments resultiert[1684]. Betrachtet man gerade den letzten Aspekt der parlamentarischen Alternativen näher, wird dies auch und gerade vor dem Hintergrund der Arbeit offenbar. Es ist schließlich nicht nur so, daß mit dem Ausspruch von Mißtrauen gegenüber einzelnen Regierungsmitgliedern oder dem Ministerpräsidenten gleichwertige oder vermeintlich bessere Optionen bestehen, die

---

1680 s. *David* (Fn. 215), Art. 18 Verf. Hamburg Rn. 6 ff.

1681 *W. Rupp-v. Brünneck/G. Konow*, in: Zinn/Stein, Verfassung Hessen (Fn. 1220), Art. 84 Ziff. 2.

1682 Die Geschäftsordnung kennt in § 5 einzig die Fälle des automatischen (!) Verlusts des Sitzes im Präsidium infolge Entfallens der Fraktionsmitgliedschaft (Abs. 3) oder eigenen Rücktritts (Abs. 4).

1683 Vgl. den Bericht des Unterausschusses III in: Deutscher Bundestag/Bundesarchiv, Parl. Rat (Fn. 1037), Bd. 2: Der Verfassungskonvent auf Herrenchiemsee, bearbeitet von P. Bucher, 1981, S. 301; eine weitere Auseinandersetzung und Diskussion um die Aufnahme unterblieb in der Folge: *Schneider*, Ministeranklage (Fn. 1366), S. 503.

1684 Ausführlich zu diesen *Schneider*, Ministeranklage (Fn. 1366), S. 504 f.

noch dazu keiner materiellen Voraussetzungen bedürfen, sondern auch so, daß besagte Maßnahmen rein vom Mehrheitserfordernis leichter in Gang gesetzt werden können. Während für die Anklageverfahren nämlich vielfach Zweidrittelmehrheiten der gesetzlichen Mitgliederzahl, teils auch der Abstimmenden, verlangt werden, sind im Rahmen der Mißtrauensverfahren nur absolute Mitgliedermehrheiten die Regel.

IV. Das Anklageverfahren gegenüber dem Bundespräsidenten

Eine Sonderstellung nimmt das Anklageverfahren gegen den Bundespräsidenten ein. Die vor dem Bundesverfassungsgericht zu betreibende Klage kann durch den Bundestag mit Zweidrittelmehrheit seiner gesetzlichen Mitgliederzahl oder vom Bundesrat mit einer Zweidrittelmehrheit seiner Stimmen erhoben werden.

Für die Rücknahmeentscheidung des Bundestages wird ein absoluter Mehrheitsbeschluß seiner Mitglieder verlangt. Die hinreichende Überzeugung einer qualifizierten Mehrheit für die Einleitung eines Klageverfahrens sollte jedoch auch für deren Zurücknahme gelten. Ansonsten kann einmal eine Ein-Drittel-Minderheit die Anklage verhindern, während nach Einreichung nur noch eine absolute Mehrheit hierfür genügt. Daß der Schutz der Rechte des Bundespräsidenten für jene Diskrepanz kein taugliches Rechtfertigungsmoment bietet, wurde schon im Rahmen der detaillierten Besprechung in Teil 2[1685] hinreichend verdeutlicht und eine Anpassung der Rücknahmeerfordernisse an die Einleitungsmehrheit befürwortet.

Die Rücknahmeentscheidung des Bundesrates ergeht ebenfalls mit absoluter Mehrheit seiner Stimmen und ist damit ebenso anfechtbar.

V. Die Aufhebung der Immunität und sonstige Anklageverfahren gegen Parlamentarier

Auf Bundesebene sind keine unmittelbaren Anklagen gegen Parlamentarier vorgesehen, die in einem originären Verfahren durch das Parlament betrieben werden können. Stattdessen richtet sich hier der Fokus auf den Immunitätsausschuß, der teilweise in Zusammenarbeit mit dem Parlament, teilweise in Eigenregie über die Aufhebung des Immunitätsschutzes von Abgeordneten des Bundestages entscheidet und so insbesondere den Strafverfolgungsbehörden Ermittlungen und Anklagen ermöglicht. Fällt die Angelegenheit in den Zuständigkeitsbereich des Bundestages, ist dort ein einfacher

[1685] Dort unter A. II. 4. d).

Mehrheitsbeschluß vorgesehen, der stets in antizipierter Form zu Beginn der Legislaturperiode für alle anfallenden Ermittlungsverfahren gefaßt wird. Für bestimmte, vom generellen Beschluß nicht umfaßte Tatbestände hat er indes als Einzelfallentscheidung, aber mit Regelmehrheit zu ergehen. Für Verkehrs- und Bagatelldelikte übernimmt die Einzelfallentscheidung der Immunitätsausschuß selbst, der sie allerdings mittels einstimmigen Beschlusses zu treffen hat. Dieser gilt sodann als Entscheidung des Bundestages, sofern kein Abgeordneter im Plenum Widerspruch erhebt.

Auf Landesebene bestehen vielfach unmittelbare Anklage- oder Ausschlußverfahren des Landtags. Etwas mehr als die Hälfte der Länder kennt entsprechende Optionen und sieht hierfür neben materiellen Voraussetzungen einen qualifizierten Mehrheitsbeschluß vor. Die Länder Bayern, Brandenburg, Niedersachsen und das Saarland belassen es bei einer Zweidrittelmehrheit der gesetzlichen Mitgliederzahl, andere Länder stellen ein „dreifaches" Mehrheitserfordernis auf (Baden-Württemberg, Sachsen) und Bremen und Hamburg schließlich sehen eine qualifizierte Dreiviertelmehrheit, ggf. sogar Einstimmigkeit, vor. Das „dreifache" Mehrheitserfordernis setzt sich aus einer Mindestanwesenheit von zwei Dritteln der gesetzlichen Mitgliederzahl, einem Mehrheitsbeschluß von zwei Dritteln der Abstimmenden und einer gleichzeitig zu gewährleistenden Mindestzustimmung der Hälfte der gesetzlichen Mitgliederzahl zusammen. Bremen und Hamburg wiederum fordern eine Dreiviertelmehrheit der gesetzlichen Mitgliederzahl, wobei Bremen zwischen hälftiger Präsenz und Anwesenheit von drei Vierteln der Abgeordneten auch einen einstimmigen Beschluß „genügen" läßt.

VI. Das Selbstauflösungsrecht der Parlamente

Das deutsche Verfassungsrecht kennt verschiedene Mechanismen zur Beendigung der aktuellen Legislaturperiode. Neben den teilweise bestehenden Rechten des Parlaments zur Selbstauflösung und des Wahlvolks zur Abberufung, sind dies der Verlust des Vertrauens der Parlamentsmehrheit in die amtierende Regierung sowie die Auflösung des Parlaments nach verfehlter Wahl eines Regierungschefs. Während die Regelungen um die Vertrauensfrage bereits ausführlich thematisiert wurden, soll hier nun die vorzeitige Beendigung der Legislaturperiode durch die parlamentarisch initiierte Abstimmung zusammenfassend gewürdigt werden.

Mittlerweile zehn Selbstauflösungen von Landesparlamenten, fünf gescheiterte Selbstauflösungsversuche und weitere Fälle, in denen die vorzeitige Beendigung auf diesem Weg zumindest diskutiert wurde[1686], zeigen die

[1686] *Heinig*, Selbstauflösungsrecht (Fn. 187), S. 32 ff. Hier findet sich auch eine genaue Analyse der zur Selbstauflösung führenden Situation, die verdeutlicht, daß

Nachfrage nach einer solchen ultima ratio zur Auflösung krisenähnlicher Zustände. Zugleich lassen die Fälle erfolgreicher Selbstauflösung erkennen, daß die Gefahr einer opportunistischen Auflösung und Flucht des Parlaments übersehbar ist. Auf Bundesebene stehen dem die zwei allein zum Zweck der Abstimmungsniederlage gestellten und damit missbräuchlichen oder zumindest kritisch zu bewertenden Vertrauensfragen gegenüber.

Der Versuch der Klärung über Selbstauflösung und Neuwahlen kann ein gangbarer und im Vergleich zur Verlängerung einer unsicheren Konstellation vorzugswürdiger Weg sein, wenn es der Regierung an einer verläßlichen Parlamentsmehrheit fehlt. Die Auflösungsmöglichkeit wird außerhalb des Grundgesetzes, das sie nicht kennt, in allen Bundesländern geboten. In zehn der sechzehn Bundesländer[1687] sind hierfür zwei Drittel der Stimmen der Mitglieder des Landesparlaments nötig, ansonsten genügt zumeist eine absolute Mitgliedermehrheit (Bayern, Hamburg, Hessen, Nordrhein-Westfalen und Rheinland-Pfalz). Nur in Niedersachsen ist ein doppeltes Mehrheitserfordernis mit einer Zweidrittelmehrheit der Anwesenden (!) vorgesehen, die zugleich die Mehrheit der Mitglieder des Landtages repräsentieren muß.

Für wie bedeutsam das Selbstauflösungsrecht angesehen wird, zeigt sich ganz besonders in Baden-Württemberg[1688]. Hier liegt das Mehrheitserfordernis für die Selbstauflösung mit zwei Dritteln der gesetzlichen Mitgliederzahl nämlich sogar über dem, was die Landesverfassungen für ihre eigene Änderung vorsieht (Zweidrittelmehrheit der Abstimmenden, zugleich hälftige Zustimmung des Parlaments). Wenngleich die Selbstauflösung des Landtags einen massiven Einschnitt für die nicht zustimmenden Abgeordneten bedeuten kann, handelt es sich dennoch um ein einmaliges Ereignis, das nach Durchführung der verknüpften Neuwahl kaum mehr Wirkungen zeitigen dürfte[1689]. Insofern stellt sich die Folge einer Verfassungsänderung mit der dauerhaften Änderung des status quo als weitaus schwerwiegenderer Eingriff mit langfristigen Auswirkungen dar. Allein deshalb sollte keinesfalls die Selbstauflösung mit höheren Mehrheitserfordernissen abgesichert

---

willkürliche oder mißbräuchliche Selbstauflösungen zumeist nicht zu vermerken waren. – Zuletzt erfolgten Selbstauflösungen im Saarland und Nordrhein-Westfalen (beide im Jahr 2012).

1687 Dies sind namentlich die Länder Baden-Württemberg (Art. 43 Abs. 1 S. 1 Verf.), Berlin (Art. 54 Abs. 2 Verf.), Brandenburg (Art. 62 Abs. 2 Verf.), Bremen (Art. 76 Abs. 1 lit. a S. 2 Verf.), Mecklenburg-Vorpommern (Art. 27 Abs. 2 S. 1 Verf.), das Saarland (Art. 69 Alt. 1 Verf.), Sachsen-Anhalt (Art. 60 Verf.), Sachsen (Art. 58 Verf.), Schleswig-Holstein (Art. 13 Abs. 2 Verf.) und Thüringen (Art. 50 Abs. 2 S. 1 Nr. 1 Verf.).

1688 Speziell zur Entstehungsgeschichte der Norm *Heinig*, Selbstauflösungsrecht (Fn. 187), S. 245 ff., 249 ff.

1689 Zutreffend *Heinig*, Selbstauflösungsrecht (Fn. 187), S. 309.

werden als eine Verfassungsänderung. Selbst identische Anforderungen an die Beschlüsse von Selbstauflösung und Verfassungsänderung erscheinen als Überbewertung der Entscheidung über die vorzeitige Beendigung der Legislaturperiode. Kurzfristig entstehende Unsicherheitslagen nach einer Selbstauflösung können dies nicht rechtfertigen, da zuvor ohnehin keine parlamentarische Regierungsmehrheit mehr bestand.

In diesen Kontext gehört auch der Hinweis darauf, daß sich die Regelungen zur vorzeitigen Beendigung der Legislaturperiode – unabhängig davon, ob nun eine absolute Mehrheit oder eine Zweidrittelmehrheit angeordnet ist – in den Gesamtzusammenhang der daneben vorgesehenen Verfahren zur Verkürzung der Legislaturperiode oder der Mißtrauensvoten und Vertrauensfragen einfügen müssen. Das Nebeneinander von Selbstauflösungs- und Mißtrauensverfahren ist so lange nicht weiter problematisch, wie nicht unterschiedliche Mehrheitserfordernisse angeordnet sind. So sollte sich nicht (wie im Saarland) die Zweidrittelmehrheit für den Selbstauflösungsbeschluß dadurch umgehen lassen, daß man dem amtierenden Ministerpräsidenten das Mißtrauen ausspricht und auf die Wahl eines Nachfolgers (bewußt) verzichtet. Das destruktive Mißtrauensvotum hat nämlich hier wie auch in Hessen und Rheinland-Pfalz die zwingende Auflösung des Landtags nach vier Wochen (Saarland, Rheinland-Pfalz) bzw. zwölf Tagen (Hessen) zur Folge, bedarf aber nur einer absoluten Mitgliedermehrheit. Allerdings verlangen Hessen und Rheinland-Pfalz für den Selbstauflösungsbeschluß ebenfalls „nur" die absolute Mehrheit und schaffen so, anders als das Saarland, den angemahnten Gleichlauf beider Rechtsinstitute.

Eine ähnliche Umgehungsproblematik ergibt sich zwischen der Vertrauensfrage und dem Selbstauflösungsrecht. Bereits mehrfach kam es auf Bundes- wie Landesebene – zuletzt in Schleswig-Holstein 2009[1690] – zur Stellung einer Vertrauensfrage mit dem Ziel, diese zu verlieren. In den Ländern, die eine Zweidrittelmehrheit für die Selbstauflösung vorsehen[1691], besteht somit gleichermaßen die Gefahr einer Umgehung des qualifizierten Mehrheitserfordernisses durch Vertrauensentzug mit absoluter Mehrheit. Hingegen zeigt sich am Beispiel Nordrhein-Westfalens, daß durch Anpassung der jeweiligen Mehrheitserfordernisse einer mißbräuchlichen Abstimmungstaktik bereits a priori wirkungsvoll begegnet werden kann: während das Selbstauflösungsrecht die absolute Mehrheit der gesetzlichen Mitgliederzahl fordert, genügt für das an sich vorzugswürdige konstruktive Mißtrauensvotum schon eine absolute Mehrheit der abgegebenen Stimmen.

[1690] *T. Blome*, Die „unechte" Vertrauensfrage im schleswig-holsteinischen Landesverfassungsrecht, in: NordÖR 2010, S. 230 (230), der ebd., S. 232, zum Ergebnis der Verfassungswidrigkeit des Vorgehens in Schleswig-Holstein gelangt.

[1691] Aufzählung in Fn. 1687.

VII. Keine strikte Identität der Mehrheitserfordernisse zwischen Wahl und Abwahl

Der allgemeine Grundsatz, daß an eine nachfolgende, abändernde Entscheidung dieselben Mehrheitsanforderungen zu stellen sind wie an den ursprünglichen Beschluß[1692] – also vor allem keine erhöhten Hürden eine Abänderung erschweren sollen –, gilt im Rahmen von Wahlen nur bedingt. Vielfach werden an die Abwahl einer Person resp. die Neuwahl des Nachfolgers abweichende, zumeist eher verschärfte Mehrheitserfordernisse gestellt.

Von dieser Fragestellung zu trennen sind die vorgenannten Fälle, in denen nur Anklageverfahren in Gang gesetzt werden oder von außen in den Regierungsbestand eingegriffen wird. Daß in diesen Konstellationen erhöhte Mehrheitserfordernisse vorgesehen sind, liegt auf der Hand, geht es doch einerseits um Eingriffe in die Entscheidungshoheit des Regierungschefs und andererseits nicht um unmittelbare Ausübung von Wahl- oder Abwahlrechten, sondern um das Ingangsetzen von Untersuchungs- oder Anklageverfahren.

Daß Mehrheitserfordernisse zur Neu- oder Abwahl situationsabhängig erhöht sein können, ist dabei freilich einzusehen, so zum Beispiel wenn in der Extremlage der Verhinderung des Zusammentritts des Bundestages der Gemeinsame Ausschuß Wahlaufgaben wahrnimmt. Der Bundeskanzler wird bei Vakanz des Amtes mit absoluter Mitgliedermehrheit des Notparlaments gewählt, während im Rahmen eines gegen ihn gerichteten konstruktiven Mißtrauensvotums eine Zweidrittelmehrheit der Mitglieder erforderlich ist, um einen Nachfolger zu bestimmen.

Doch auch abseits derartiger Ausnahmekonstellationen besteht der Einklang zwischen dem erforderlichen Quorum zur Wahl und dem zur Abwahl nur bedingt. Vielfach sind Erhöhungen zum Schutz des Amtsträgers vorgesehen, teils wird aber auch das Mehrheitserfordernis zur Neuwahl im Vergleich zum ursprünglich für die Wahl nötigen Quorum abgesenkt. Wie unterschiedlich hier die Bewertung der Fragestellung durch den Verfassunggeber ausfällt, zeigen beispielsweise die für die Mißtrauensvoten gegenüber den Regierungschefs in Bremen und Nordrhein-Westfalen nötigen Quoren: während in Nordrhein-Westfalen für die Aussprache des Mißtrauens gegenüber dem mit Abstimmungsmehrheit gewählten Ministerpräsidenten absolute Mitgliedermehrheit des Landtages nötig ist, genügt in Bremen für die Abwahl des mit absoluter Bürgerschaftsmehrheit gewählten die einfache Abstimmungsmehrheit.

[1692] *Thum*, Ausgestaltung (Fn. 1575), S. 42 m. w. N.

E. Direktdemokratische Verfahren in Bund und Ländern

Wie bereits aufgezeigt, spielen direktdemokratische Elemente auf der Ebene des Grundgesetzes keine Rolle. Das demokratische Verfahren wurde ausschließlich repräsentativ und, um es mit den Worten Klaus Sterns zu formulieren, „pronociert antiplebiszitär“ ausgestaltet[1693]. Vielfach wurden Vorschläge, direktdemokratische Verfahren in das Grundgesetz aufzunehmen, erarbeitet, zuvörderst im Rahmen der Beratungen zum Grundgesetz und den geplanten Überarbeitungen durch die Enquêtekommission Verfassungsreform 1976 sowie zuletzt im Rahmen der Gemeinsamen Verfassungskommission 1992/93[1694]. Dennoch ist es bislang bei der Verschlossenheit des Grundgesetzes gegenüber direktdemokratischen Verfahren geblieben, alle Versuche einer Öffnung in diese Richtung sind gescheitert[1695] und noch heute wird dezidiert gegen die Aufnahme direktdemokratischer Elemente votiert[1696].

1693 *Stern*, Staatsrecht I (Fn. 18), S. 608.

1694 Eine ausführliche Untersuchung mit den Originalanträgen liefert *U. Bachmann*, Warum enthält das Grundgesetz weder Volksbegehren noch Volksentscheid?, in: Heußner/Jung, Demokratie (Fn. 1461), S. 103 (104 ff., 110); die entsprechenden Bestrebungen zu deren Einführung seit den 1990er Jahren zeigt auf *H.-J. Wiegand*, Die Auseinandersetzung um die Einführung von Volksentscheiden auf der Bundesebene seit Beginn der neunziger Jahre, in: Heußner/Jung, Demokratie (Fn. 1461), S. 449 (450 ff.); speziell zu den Ergebnissen der Gemeinsamen Verfassungskommission *Kloepfer*, Verfassungsänderung (Fn. 407), S. 83 ff.

1695 Zu den Reformversuchen in den siebziger (Enquête-Kommission Verfassungsreform 1976) und seit den achtziger Jahren durch mehrere Diskussions- und Fachgruppen, auch von Bundestag und Bundesrat. *Rux,* Demokratie (Fn. 88), S. 211 ff.

1696 So anläßlich des Grundgesetz-Jubiläums 2009 bspw. *G. Nonnenmacher*, Ein deutscher Glücksfall, in: Frankfurter Allgemeine Zeitung Nr. 118 v. 23.5.2009, S. 1: „Daß den Versuchen […] genauso widerstanden wird, wie dem Herumpfuschen an der repräsentativ-parlamentarischen Demokratie. Wer an die Statik des Grundgesetzes rührt, beginnt ein Experiment mit ungewissem Ausgang“. – Ein vielfach geäußerter Aspekt betrifft hier die einerseits auf Minderheitenschutz, andererseits auf Minderheitenherrschaft zurückgehende Kritik. Dem liegen folgende Erwägungen zugrunde: Was auf den ersten Blick als Stärkung des Volkes erscheint, erweist sich auf den zweiten vielleicht als eine Einschränkung des Minderheitenschutzes. Während nämlich im parlamentarischen Entscheidungsverfahren die oppositionellen Minderheiten gesicherte Beteiligungsrechte haben, über die sie im Sinne eines Ausgleichs oder eventuell sogar einer Gesamtlösung im optimalen Fall auch inhaltliche Änderungen bewirken oder doch zumindest auf Mißstände aufmerksam machen können, verschwindet die Auffassung der Minderheit im Volksentscheid völlig und bleibt ohne jegliche Einflußmöglichkeit auf die Mehrheitsposition zurück. Kompromisse und Verständigung sind weder im Vorfeld – es existiert kein gemeinsames Forum – noch danach – strikte Bindung an den Abstimmungsgegenstand – möglich;

I. Direktdemokratische Gesetzgebung in Bund und Ländern

1. Bund: Fehlen direktdemokratischer Elemente neben den Territorialplebisziten

Die Aufstellung der direktdemokratischen Elemente auf Bundesebene hat gezeigt, daß sich die Fälle von unmittelbarer Beteiligung der Bürger ausnahmslos auf den Bereich der Neugliederung des Bundesgebietes beschränken. Selbst unverbindliche Volksbefragungen haben außerhalb dieses Feldes im Grundgesetz keinen Platz gefunden. Freilich wäre hier eine Ausdehnung des Anwendungsbereichs sowohl was die Volksbefragungen – hierfür würde nach vorzugswürdiger Ansicht[1697] bereits ein Bundesgesetz genügen – als auch, nach Grundgesetzänderung, die Plebiszite im engeren Sinn betrifft, wünschenswert.

Im Rahmen der Territorialplebiszite zu treffende Entscheidungen erfolgen mit einfacher Mehrheit der Abstimmenden, wobei ein Beteiligungsquorum von einem Viertel der zum Bundestag Wahlberechtigten in den betroffenen Landesteilen verlangt wird. Anhebung erfährt das Mehrheitserfordernis bei Unstimmigkeiten zwischen der Bevölkerung im bestehenden und der im neugegliederten Gebiet, in dem das mit einfacher Mehrheit eingelegte Veto der alten (Landes-)Bevölkerung durch eine Zweidrittelmehrheit der Abstimmenden im umgegliederten Gebiet gebrochen wird. Dieses Recht steht andererseits aber auch der bisherigen Bevölkerung zu, die den Landesteil ebenfalls durch eine Zweidrittelmehrheit der Abstimmenden gewissermaßen letztverbindlich zurückholen kann. Alle Abstimmungsmehrheiten sind dabei an ein Beteiligungsquorum von einem Viertel gebunden.

Die Privilegierung des (bereits einmal gescheiterten) Zusammenschlusses der Länder Berlin und Brandenburg drückt sich auch in einem besonderen Mehrheitserfordernis für die Volksabstimmungen aus. Für einen Länderzusammenschluß ist ein mit einer einfachen Mehrheit der Abstimmenden gewonnener Volksentscheid in beiden Ländern erforderlich, wobei aber gleichzeitig jeweils ein Viertel der Abstimmungsberechtigten zuzustimmen hat.

---

s. hierzu *Greifeld*, Volksentscheid (Fn. 18), S. 47 f. m. w. N. – Beide Aspekte werden überzeugend widerlegt von *Dreier/Wittreck*, Demokratie (Fn. 68), S. 28 ff.; zum Argument der Schwächung der parlamentarischen Demokratie ebd., S. 24 ff.

[1697] *Dreier* (Fn. 17), Art. 20 (Demokratie), Rn. 111. – Der Streitstand wird ausführlich referiert von *Bugiel*, Volkswille (Fn. 83), S. 295 ff.

2. Länder: Vielfalt direktdemokratischer Regelungen

In allen Bundesländern besteht ausnahmslos eine Konkurrenz zwischen parlamentarischer und direktdemokratischer Gesetzgebung, die sich sogar – mit wenigen Ausnahmen – auch auf die verfassungsändernde Gesetzgebung erstreckt. Trotz gemeinsamer Grundstruktur des Verfahrens könnten die Rahmenbedingungen und die Ausgestaltungen im Einzelnen kaum unterschiedlicher sein, womit länderübergreifend von einem gleichberechtigten Nebeneinander von Landtags- und Volksgesetzgebung in der Praxis bislang kaum die Rede sein kann.

Der vielfach beschworene „Siegeszug direkter Demokratie"[1698] in Deutschland hat sich in den Ländern zunächst einmal darauf beschränkt, daß hier überall entsprechende Verfahren institutionalisiert wurden – und das ist bereits ein nicht zu verachtender Erfolg verglichen mit der Rechtslage auf Bundesebene.

Im Rahmen der direktdemokratischen Verfassungsänderung sind verschiedene Konstellationen auseinander zu halten. Den Prototyp bildet sicherlich die aus dem Volk initiierte und durch Volksentscheid abgeschlossene Änderung der Landesverfassung, die bis auf Hessen und das Saarland alle Bundesländer ermöglichen. Daneben sind fakultative oder obligatorische Verfassungsreferenden vorgesehen. Die Hessische und die Bayerische Verfassung haben zu jeder parlamentarischen Verfassungsänderung ein verpflichtendes Verfassungsreferendum angeordnet. In Berlin ist das Referendum nur dann verpflichtend, wenn die Verfassungsbestimmungen über die Beteiligung des Volkes an direktdemokratischen Verfahren selbst Gegenstand der Änderung sind.

3. Mehrheitserfordernisse

Die derzeitige Ausgestaltung vor allem der Beteiligungs-, Mehrheits- und Zustimmungsquoren behindert jedoch den beabsichtigten und wünschenswerten Siegeszug der direkten Demokratie in den Ländern. So wie die Frage der Einführung direktdemokratischer Elemente auf Bundesebene ist jedoch auch die der Ausgestaltung des Verfahrens in den Ländern, zuvörderst der Höhe des Mehrheitsquorums, eine verfassungspolitische. „Die politische Klasse hält ganz offensichtlich das Volk nicht für reif genug, über Schicksalsfragen in ihrem Sinne (!) abzustimmen"[1699]. Dennoch läßt sich

[1698] Vgl. für Deutschland nur *Meerkamp*, Bedeutung (Fn. 1513), S. 580 f., sowie auf europäischer Ebene (Einzelstaaten/Europäische Union) *V. Robertson*, Elemente der direkten Demokratie im Vertrag von Lissabon, in: JfR 18 (2010), S. 133 ff.

[1699] So äußerst kritisch *J. Heinrichs*, Revolution der Demokratie, 2003, S. 324 (Hervorhebung i. O., N. M.).

feststellen, daß auch die direktdemokratischen Entscheidungen auf der grundsätzlichen Anwendung des Mehrheitsprinzips beruhen, wobei Modifizierungen offenbar insbesondere seitens des verfassungsändernden Gesetzgebers und einzelner Landesverfassungsgerichte für nötig erachtet werden.

Einfache wie verfassungsändernde Volksgesetzgebung finden also stets unter Rückgriff auf das Mehrheitsprinzip statt. Eine einfache Mehrheit wird aber nicht immer als hinreichend angesehen. So ist in Bayern zwar die einfache Mehrheit der Abstimmenden im Rahmen einfacher Volksgesetzgebung ausreichend, seit der Entscheidung des Bayerischen Verfassungsgerichtshofs im Jahre 1999 gilt dies für verfassungsändernde Verfahren jedoch nur dann, wenn die Mehrheit zugleich ein Viertel der Stimmberechtigten repräsentiert. Die einfache Abstimmungsmehrheit wird damit mit einem Zustimmungsquorum kombiniert – eine Kondition, die die Verfassung ausdrücklich nicht vorsieht.

In Baden-Württemberg, Niedersachsen, Rheinland-Pfalz und Sachsen liegt das Mehrheitserfordernis mit absoluter Mehrheit der Stimmberechtigten zwischen der einfachen Abstimmungsmehrheit (neben Bayern nur Thüringen) und der zumeist Anwendung findenden Mehrheit von zwei Dritteln der Abstimmenden. Zur Verschärfung der Beschlußanforderungen im Vergleich zur einfachen Volksgesetzgebung dient in fast allen Fällen der Anordnung von Abstimmungsmehrheiten die Kombination derselben mit einem Zustimmungsquorum, das in Bayern mit dem schon angesprochenen Viertel der Stimmberechtigten beginnt und über 40% (Thüringen) in den meisten Ländern auf eine hälftige Zustimmung der Wählerschaft ansteigt. Hamburg stellt zusätzlich zur Abstimmungsmehrheit von zwei Dritteln auf eine Mindestzustimmung von zwei Dritteln der an der Bürgerschaftswahl beteiligten Hamburger Stimmen ab. Einzig Nordrhein-Westfalen kombiniert eine Mehrheit von zwei Dritteln in der Abstimmung mit einem Beteiligungsquorum (!) der Hälfte der Stimmberechtigten.

Wie oben dargelegt genügt außerhalb Bayerns nicht einmal eine einfache Mehrheit der Abstimmenden zur Verabschiedung einfacher Volksgesetze – regelmäßig wird das Mehrheitserfordernis schon auf dieser Gesetzgebungsebene durch Zustimmungsquoren ergänzt, die zwischen 15 und 50% liegen[1700]. Neben Bayern verzichten einzig Hessen und Sachsen auf ein sol-

---

[1700] Zur Erinnerung: 15% (Nordrhein-Westfalen), ein Fünftel (Bremen), ein Viertel (u.a. Berlin, Rheinland-Pfalz, Schleswig-Holstein und Thüringen), ein Drittel (Baden-Württemberg, Mecklenburg-Vorpommern), mehr als die Hälfte (Saarland). Hamburg nimmt durch die Kombination der Abstimmungstermine mit denen von ohnehin stattfindenden Wahlen eine Sonderrolle ein, die im Mehrheitserfordernis „der Mehrheit der in dem gleichzeitig gewählten Parlament repräsentierten Hamburger Stimmen“ gipfelt.

ches. Dies hat in diesen Ländern zur Folge, daß unabhängig davon, wie viele Wahlberechtigte sich am Entscheid beteiligen, die Gesetzesänderung eintreten kann.

Darüber hinaus bleibt noch darauf hinzuweisen, daß für die Bestätigung verfassungsändernder Landtagsgesetzgebung in Bayern und Hessen ebenfalls kein Zustimmungsquorum besteht, es genügt die einfache Mehrheit der Abstimmenden. Daß der Bayerische Verfassungsgerichtshof hier nicht auch ein von Verfassungs wegen gebotenes Zustimmungsquorum festgestellt hat, ist im Hinblick auf die bei der Bestätigung verfassungsändernder Landtagsgesetze angewandte Argumentation konsequent: hier nämlich hat der verfassungsändernde Parlamentsgesetzgeber bereits durch die Zustimmung mit der qualifizierten Mehrheit von zwei Dritteln seiner Mitglieder die Änderung der Verfassung hinreichend legitimiert, so daß dann einfache Abstimmungsmehrheit im Volksentscheid genügt.

In der Bremischen Verfassung beanspruchen diejenigen Normen eine herausgehobene Stellung, die die Eigenständigkeit der Stadt Bremerhaven garantieren. Deutlich zeichnet sich in der Verfassung damit eine Privilegierung der Verfassungsänderung durch Volksentscheid gegenüber derjenigen durch Beschluß der Bürgerschaft ab, die umso evidenter wird, je stärker die Mehrheitsanforderungen in der Bürgerschaft ansteigen: während noch im Rahmen der einfachen Landesgesetzgebung ein Vorhaben sowohl im Volksentscheid als auch im Landtag einer einfachen Mehrheit der Abstimmenden bedarf, sind es im Falle gewöhnlicher Änderungen der Landesverfassung eine Zweidrittelmehrheit der Mitglieder der Bürgerschaft einerseits, im Volksentscheid wird andererseits weiterhin an der Mehrheit der Abstimmenden festgehalten[1701]. Diese Diskrepanz tritt noch deutlicher bei denjenigen Gegenständen zutage, die ausschließlich der qualifizierten Verfassungsänderung unterliegen. Obgleich hier Einstimmigkeit der Abstimmenden in der Bremischen Bürgerschaft zu erreichen ist, wird im Volksentscheid das Mehrheitserfordernis nicht extendiert, sondern auf dem Niveau für gewöhnliche Änderungen der Landesverfassung belassen.

Diese Konstellation scheint weithin die einzige zu sein, bei der sich eine verhältnismäßige Favorisierung direkter Demokratie verzeichnen läßt. Im übrigen ist bei derartigen Gegenüberstellungen von parlamentarischer und direktdemokratischer Gesetzgebung jedoch äußerste Vorsicht geboten: so darf keinesfalls ein abstrakter Vergleich der Mehrheitserfordernisse und Quoren erfolgen, denn auf den ersten Blick scheint bspw. eine Zweidrittel-

1701 Lediglich die Anforderungen an das einleitende Volksbegehren werden auf eine Zustimmung der Hälfte der Stimmberechtigten angehoben Art. 72 Abs. 2 Verf. Bremen.

mehrheit im Bayerischen Landtag kombiniert mit einer einfachen Mehrheit der Abstimmenden im obligatorischen Volksentscheid weit schwieriger zu erreichen zu sein als ein Zustimmungsquorum in Höhe von einem Viertel bei der rein direktdemokratischen Verfassungsänderung. Auch in Thüringen, wo für die parlamentarische Verfassungsänderung ein Beschluß des Parlaments mit Zweidrittelmehrheit ausreicht und im Volksgesetzgebungsverfahren eine 40%-ige Zustimmung der Wahlberechtigten zu erzielen ist, könnte man dies meinen. Die Zahlen durchgeführter Volksgesetzgebungsverfahren sprechen indes eine ganz andere Sprache: wenigen Dutzend Verfahren bundesweit in einem halben Jahrhundert stehen abertausende parlamentarische Gesetzesbeschlüsse gegenüber.

Daher hat der Bayerische Verfassungsgerichtshof zurecht schon früh festgestellt, daß es eine soziologische Tatsache sei, daß weder Volksentscheide noch (und erst recht nicht) Volksbegehren die Anteilnahme erzielen können wie es Wahlen (noch) vermögen; dies gelte im übrigen selbst für das „Ursprungsland des Referendums" Schweiz. Daher dürften Quoren nie so angesetzt werden, daß der Volksgesetzgebung die praktische Bedeutung genommen werde[1702]. Zu einem „effektiven Einsatz des Mittels der Volksgesetzgebung"[1703] ist es bislang entgegen dieser hehren Absichten nicht hinreichend gekommen, was fast ausschließlich auf die Beschlußerfordernisse zurückzuführen ist, die mittlerweile in fast allen Ländern in Form von Zustimmungsquoren bereits für die einfache, erst recht die verfassungsändernde Volksgesetzgebung angeordnet sind und in Bayern gerade vom Verfassungsgerichtshof selbst eingeführt wurden.

II. Folgeproblematik: Verhältnis von direkter und parlamentarischer Gesetzgebung

Das Verhältnis von Volksentscheiden und Parlamentsbeschlüssen hat bereits (und gerade) zu Weimarer Zeiten – schließlich kam mit dem Grundgesetz eine Abkehr von direktdemokratischen Verfahren – die Staatsrechtslehre beschäftigt, wenngleich es nie praktische Bedeutung erlangt hat[1704].

1702 BayVerfGHE 2, 181 (216 f. – Zitat S. 216).

1703 *Berlit*, Volk (Fn. 86), S. 350, Zitat: S. 334 bzw. S. 339.

1704 Einen Überblick über den damaligen Streitstand liefert *C. Schwieger*, Volksgesetzgebung in Deutschland. Der wissenschaftliche Umgang mit plebiszitärer Gesetzgebung auf Reichs- und Bundesebene in Weimarer Republik, Drittem Reich und Bundesrepublik Deutschland (1919–2002), 2005, S. 152 ff. sowie *O. Jung*, „Die rebellierende Vertretung" (H. Nawiasky). Darf das Parlament ein vom Volk beschlossenes Gesetz (ohne weiteres) kassieren? Zum Vorgehen des Schleswig-Holsteinischen Landtags im September 1999 (Fall „Rechtschreibreform"), in: Bovenschulte/Grub/Löhr/v. Schwanenflügel/Wietschel, Demokratie (Fn. 1554), S. 145 (151 ff.).

Konflikte verursacht die Gewaltenzerteilung in zwei Legislativen (Richard Schröder) noch heute, da nach wie vor das Verhältnis weder generell noch im Einzelfall flächendeckend geklärt ist; so werden dem Parlamentsgesetzgeber hinsichtlich direktdemokratischer Gesetze mancherorts sogar legislatorische Rechte aberkannt.

Hier sind naturgemäß diejenigen Länder im Vorteil, die eine einfache oder verfassungsändernde Volksgesetzgebung nicht kennen und damit die hier angesprochenen Konflikte von vornherein ausschließen.

1. Vorrang des Volksgesetzes

Zu Weimarer Zeiten wurde immerhin u. a. von keinen Geringeren als Richard Thoma und Walter Jellinek der Vorrang des volksbeschlossenen Gesetzes vertreten[1705]. Sofern dies uneingeschränkt gelten soll, ist damit jegliche Änderung volksgegebenen Rechts außerhalb eines neuerlichen direktdemokratischen Verfahrens ausgeschlossen. Aufgrund der Seltenheit solcher Verfahren käme dies de facto einer Verewigung des bestehenden Rechtszustandes gleich, die jegliche parlamentarische Fortentwicklung zur Anpassung an gewandelte Gegebenheiten unterbindet[1706] und eine bisher unbekannte Ebene – diejenige überlegener plebiszitärer Gesetze – im Stufenbau der Rechtsordnung schafft[1707].

Als Abmilderung oben genannter Maxime wird teilweise eine Sperrung der Änderung des Volksgesetzes während der Legislaturperiode oder durch den amtierenden Landtag erwogen[1708] bzw. eine Bindung bis zu dem Punkt, an dem sich die „Sach- oder Rechtslage, die dem Votum des Volkes zugrunde lag, wesentlich geändert hat“[1709], diskutiert. Ließe man die umge-

---

[1705] *R. Thoma*, Grundbegriffe und Grundsätze, in: Anschütz/Thoma, Handbuch (Fn. 449), § 71, S. 108 (116: „Für den zur Zeit des Volksentscheids bestehenden Reichstag ist das im Volksentscheid beschlossene Gesetz unantastbar“ [i. O. gesperrt, N.M.]); *W. Jellinek*, Das einfache Reichsgesetz, Anschütz/Thoma, Handbuch (Fn. 449), § 72, S. 160 (181 f.: Sperrung bis zur „Entstehung neuer Rechtslagen“ [181]).

[1706] Vgl. *M. Borowski*, Parlamentsgesetzliche Änderungen volksbeschlossener Gesetze, in: DÖV 2000, S. 481 (487).

[1707] So in der Konsequenz zutreffend und daher äußerst kritisch *Oldiges*, Gesetzgebung (Fn. 1498), S. 545.

[1708] *P. Feuchte*, in: ders., Verfassung Baden-Württemberg (Fn. 1220), Art. 60 Rn. 11; *K. Müller*, Verfassung des Freistaats Sachsen, 1993, Art. 72 o. Rn.; für alle Länder verallgemeinernd *Kloepfer/Schärdel*, Perspektiven (Fn. 1556), S. 1338; zu Art. 73 WRV *Thoma*, Grundbegriffe (Fn. 1705), S. 116. – A. A *Jung*, Vertretung (Fn. 1704), S. 166 f.

[1709] *F.-J. Peine*, Volksbeschlossene Gesetze und ihre Änderung durch den parlamentarischen Gesetzgeber, in: Der Staat (1979), S. 375 (398 f., insb. 401); vgl.

hende Revision des durch Volksentscheid eingeführten Gesetzes zu, wäre die parlamentarische Gesetzgebung in gewisser Weise vorrangig, könnte sie doch alsbald (und ohne die mächtigen Hürden, die zuvor das Volksbegehren nehmen mußte) die Neuregelung zurücknehmen. Eine generelle Prädominanz mit der Folge der unabänderbaren Festschreibung des volksgegebenen Gesetzes ist indes genauso wenig geboten, eine Sperrfrist insofern ein gerechter Ausgleich, der zudem ein unwürdiges „Ping-Pong-Spiel“ zu vermeiden hilft. Gerade das Abwarten einer Neuwahl des Landtags vermag diesen hinsichtlich der angestrebten Umkehr des Volksgesetzes neu zu legitimieren – vielleicht sogar weil sie Gegenstand im Wahlkampf war[1710].

Die von dieser Problematik berührten Landesverfassungen[1711] ordnen demgemäß auch keine generelle Unantastbarkeit von Volksgesetzen für das Parlament an, sondern sehen zumeist Fristen vor, nach deren Ablauf gesetzgeberische Aktivitäten frühestens wieder möglich sind[1712]. Besonders eindrucksvoll ist die Regelung in der Verfassung Bremens: die in Art. 73 Abs. 2 enthaltene zweijährige Sperrfrist kann nur durch eine verfassungsändernde Landtagsmehrheit durchbrochen werden (Nr. 2).

Beschränkungen sind stets einseitig zugunsten der direktdemokratischen Legislative ausgestaltet. Ganz außergewöhnlich ist die Bewahrung des Parlamentsgesetzes vor abändernder Volksgesetzgebung[1713].

2. Vorrang des jeweils späteren Gesetzes

Die Anwendung der lex posterior-Regel korreliert mit dem grundsätzlichen Nebeneinander von direktdemokratischer und repräsentativer Gesetzgebung: Wenn beide Gesetzgeber gleichermaßen befugt sind, Materien im jeweiligen Verfahren gesetzlich zu regeln, dann muß es ihnen nicht nur möglich sein, die eigene vorherige Gesetzgebung, sondern auch die des jeweils anderen abzuändern. Unabhängig davon also, ob es sich um Recht, das durch das jeweilige Parlament verabschiedet wurde, oder um ein auf

auch *Jung*, Vertretung (Fn. 1704), S. 164. Ähnliches formulierte unter Geltung der Weimarer Reichsverfassung bereits *W. Jellinek*, Reichsgesetz (Fn. 1705), S. 181.

[1710] So *Kloepfer/Schärdel*, Perspektiven (Fn. 1556), S. 1338.

[1711] Unzutreffend insofern *Oldiges*, Gesetzgebung (Fn. 1498), S. 530 u. 544, der behauptet, keine Landesverfassung regele das Verhältnis beider Rechtsetzungsgewalten.

[1712] Bspw. Art. 50 Abs. 4 Verf. Hamburg; § 8 Abs. 1 Nr. 3 VAbstG Schleswig-Holstein; Art. 73 Abs. 2 Verf. Bremen.

[1713] *Borowski*, Änderungen (Fn. 1706), S. 481 behauptet, daß dieser Fall nicht existiere. Durch Verweis auf Art. 62 Abs. 1 S. 3 Verf. Berlin läßt sich seine Aussage zweifelsohne widerlegen.

direktdemokratischem Wege erlassenes handelt, soll der jeweils andere Gesetzgeber berechtigt sein, es zu modifizieren oder die Regelung zurückzunehmen. Rücknahme oder Abänderung stehen mithin beiden Gesetzgebern zu[1714]. Diese Handhabe überzeugt auch insoweit, als schon unter normenhierarchischer Sichtweise kein Unterschied zwischen den direkt vom Volk und den vom Parlament verabschiedeten Gesetzen besteht[1715]. Im Extremfall kann dies sogar dazu führen, daß eine vielerorts mögliche überholende, konterkarierende Landtagsgesetzgebung den Volksentscheid ad absurdum führt, andererseits aber bei Abweichungen des Parlamentsgesetzgebers das volksbeschlossene Gesetz wiederum das überholende Gesetz durch Widerspruch in Teilen oder ganz aufheben kann[1716]. „Webfehler" der neu zusammengestellten Normen können die Folge sein[1717]. Daneben ist ein ungleich betriebsamerer, weil nicht so schwerfälliger Parlamentsgesetzgeber bei der Rückgängigmachung volksbeschlossenen Rechts deutlich im Vorteil[1718], sofern nicht verschärfte Voraussetzungen – neben der Einstufung als unantast-

---

1714 So bereits zur deckungsgleichen Problematik in Weimar als Vertreter der vorherrschenden Meinung *G. Anschütz*, Die Verfassung des Deutschen Reichs vom 11. August 1919, 1. Aufl. 1921, Art. 73 Anm. 4: „Die durch Volksentscheid beschlossenen oder bestätigten Gesetze haben als solche keine erhöhte Gesetzeskraft, der Art, daß zu ihrer Abänderung oder Aufhebung wiederum ein Volksentscheid notwendig wäre. Sie können wie jedes andere Reichsgesetz durch Reichstagsbeschluß abgeändert oder aufgehoben werden." – Aus heutiger Sicht: VerfGH Sachsen, NVwZ 2003, S. 472 (473); *Isensee*, Volksgesetzgebung (Fn. 199), S. 1166 (der jedoch mit der These eines Vorrangs parlamentarischer Gesetzgebung [1167] über das Ziel hinausschießt); *Borowski,* Änderungen (Fn. 1706), S. 488 f.; *Berlit*, Volk (Fn. 86), S. 344 f.; *Rux,* Demokratie (Fn. 88), S. 88 ff.; *Koch/Storr*, Plebiszit (Fn. 1513), S. 8 f.; *Hasse*, Volksbegehren (Fn. 1589), S. 74 f.; *Oldiges*, Gesetzgebung (Fn. 1498), S. 544 f.

1715 A.A. dem Ergebnis nach *Jung*, Vertretung (Fn. 1704), S. 159 f., der für ein konkludentes Verbot umgehender Abänderung plädiert („Nicht jeder Unsinn muß positivrechtlich untersagt sein" [161]), letztlich aber doch (für den von ihm besprochenen, in Schleswig-Holstein spielenden Fall) eine ausdrückliche Verfassungsänderung zur Klarstellung vorschlägt (ebd., S. 168); ähnlich skeptisch, weil die sofortige Abänderbarkeit zulasten des Volkes gehe und daher gerade keine Gleichrangigkeit bestehe *Wittreck*, Gericht (Fn. 1557), S. 403.

1716 s. *Koch/Storr*, Plebiszit (Fn. 1513), S. 9; *Borowski*, Änderungen (Fn. 1706), S. 490 f.; für eine Einschränkung konterkarierender Parlamentsgesetzgebung *Hasse*, Volksbegehren (Fn. 1589), S. 75 f.

1717 Dies hätte zur Aufhebung von Regelungswidersprüchen Eingriffe von Exekutive oder Judikative zur Folge, was *Hasse*, Volksbegehren (Fn. 1589), S. 75 f., an der Sinnhaftigkeit (und Zulässigkeit) überholender Parlamentsgesetzgebung zweifeln läßt und vor dem Hintergrund der von ihm herangezogenen Organtreue zur Formulierung leider schlecht handhabbarer Kriterien, wann Parlamentsgesetzgebung trotz eines Volksbegehrens noch zulässig sein soll, führt. Ähnliche Einzelfallentscheidungen will treffen *Oldiges*, Gesetzgebung (Fn. 1498), S. 547 ff.

1718 *Wittreck,* Gericht (Fn. 1557), S. 402 f.

bares Recht wäre an Anhörungs- oder erhöhte Mehrheitserfordernisse zu denken – für einen solchen Eingriff in den Ausfluß der Gesetzgebungstätigkeit der anderen gesetzgebenden Gewalt vorgegeben sind[1719].

Die Vorrangigkeit direktdemokratisch erlassenen Rechts anzunehmen, überzeugt gleich aus mehreren bereits angedeuteten Aspekten nicht: zunächst spricht die Gleichwertigkeit beider Gesetzgebungsverfahren im Zusammenspiel mit der unbestrittenen Abänderbarkeit parlamentarischen Rechts durch Volksentscheid dafür, auch umgekehrt dem Parlamentsgesetzgeber diese Kompetenz zuzusprechen. Ansonsten wäre dies eine nicht gerechtfertigte Besserstellung direktdemokratischer Gesetzgebung, die aber wie aufgezeigt nicht mit einem „Legitimitätsüberschuß"[1720] gegenüber der parlamentarischen ausgestattet ist. Ferner bringen Beschränkungen des Zugriffs bis zur Veränderung einer Sach- oder Rechtslage stets Unsicherheit (und damit Streit) über das Vorliegen dieser Voraussetzung mit sich. Allein denkbar sind insofern starre zeitliche Grenzen bis zum Zusammentritt einer neuen gesetzgebenden Körperschaft oder ein fixer Zeitraum der Unabänderbarkeit.

Die Gefahr eines gesetzgeberischen „Hin und Hers" wird jedoch auch ohne verfassungsrechtliche Restriktion durch die Sorge der Parlamentarier vor der Reaktion der Bürger bei der angestrebten Wiederwahl gemindert, auch wenn eine solche nicht unmittelbar ansteht[1721], so daß nicht zuletzt auf diese Weise die Volksgesetzgebung faktisch eine gewisse Änderungsfestigkeit aufweist[1722].

III. Abberufung des Parlaments durch das Wahlvolk

Die Beteiligung des Wahlvolks beschränkt sich auf Länderebene nicht allein auf die Volksgesetzgebung. Gleichwohl ist die vorzeitige Beendigung der Legislaturperiode oder die Abberufung des amtierenden Landtages unmittelbar durch die Wählerschaft in einigen Ländern möglich. Bayern läßt hierfür – nach einem hohen Antragsquorum – eine einfache Mehrheit der Abstimmenden ohne Mindestbeteiligung genügen. Rheinland-Pfalz stellt ne-

---

[1719] Zur Änderung direktdemokratisch geschaffenen einfachen Rechts ist in Bremen innerhalb von zwei Jahren nach dem Inkrafttreten nur eine verfassungsändernde Mehrheit im Landtag befugt: Art. 73 Abs. 2 Nr. 2 Verf.

[1720] So *Oldiges*, Gesetzgebung (Fn. 1498), S. 544; s. auch *Berlit*, Volk (Fn. 86), S. 344.

[1721] Wegen eines möglichen Zeitintervalls und der in Wahlen doch eher relevanten politischen Richtungsentscheidungen skeptisch hinsichtlich des Drohpotentials *Borowski*, Änderungen (Fn. 1706), S. 483 f.

[1722] *Berlit*, Volk (Fn. 86), S. 345.

ben der einfachen Abstimmungsmehrheit ein Beteiligungsquorum (!) von einem Viertel der Wahlberechtigten auf. Baden-Württemberg und Bremen fordern die absolute Mehrheit der Stimmberechtigten. In Brandenburg gilt mit der Zweidrittelmehrheit der Abstimmenden bei einem Zustimmungsquorum der Hälfte der Wahlberechtigten für die vorzeitige Beendigung der Wahlperiode des Landtages mittels Volksentscheids dasselbe Quorum wie für Verfassungsänderungen im Wege unmittelbarer Gesetzgebung. Gleiches gilt für Baden-Württemberg und Bremen, allerdings auf dem Niveau absoluter Mehrheit der Stimmberechtigten. In Rheinland-Pfalz ist die verfassungsändernde Volksgesetzgebung – dort absolute Mehrheit der Stimmberechtigten – im Vergleich zur Abberufung des Parlaments wiederum deutlich erschwert. In den übrigen Landesverfassungen fehlt dieses Instrument.

IV. Abschließende Bewertung

Wie aufgezeigt ist die Höhe des Mehrheitserfordernisses aber nur eine von vielen Größen, die über die gewinnbringende Nutzung direktdemokratischer Verfahren entscheidet. Derzeit jedenfalls braucht die parlamentarische Legislative außerhalb Bayerns eine unmittelbare Gesetzgebung kaum zu fürchten und kann entsprechenden Volksinitiativen im Hinblick auf die mehrfachen Hürden zunächst entspannt entgegensehen. Da der Gesetzgeber mit den Reformen der letzten beiden Jahrzehnte „auf halbe[m] Weg stehen geblieben"[1723] zu sein scheint, wären weitere Modifizierungen bei der Höhe der Unterstützungsquoren in den vorgelagerten Verfahrensschritten, aber auch beim Zustimmungsquorum insbesondere außerhalb verfassungsändernder Gesetzgebung wünschenswert.

Auch in der Zusammenlegung von Volksentscheiden mit Wahlen kann keine ernsthafte Lösung für die Quorenproblematik gesehen werden. Zwar kann eine solche terminliche Übereinkunft helfen, durch künstliche Erhöhung der Beteiligung die gängigen Zustimmungsquoren zu erfüllen. Bei typischen Zustimmungsquoren von 50% im Rahmen der verfassungsändernden Gesetzgebung scheinen dagegen auch sie kaum realistische Chancen auf den Erfolg zu eröffnen[1724].

Dem Mehrheitsprinzip würde jedenfalls nicht durch den Verzicht auf Quoren die Grundlage entzogen[1725]. Es entspricht vielmehr der demokrati-

[1723] So treffend *Rux,* Demokratie (Fn. 88), S. 908; zustimmend *O. Jung,* Große dogmatische Darstellung der direkten Demokratie in den Bundesländern, in: ZParl. 40 (2009), S. 474 (476).

[1724] *Rux,* Demokratie (Fn. 88), S. 900.

[1725] *Dreier,* Landesverfassungsänderung (Fn. 1408), S. 521; so i.E. aber *Isensee,* Verfassungsreferendum (Fn. 1417), S. 44 ff.

schen Maxime, wenn bei Abstimmungen grundsätzlich die Zustimmmung der Mehrheit der Abstimmenden verlangt wird[1726]. Sind darüber hinausgehende Quoren vorgesehen oder wird die einfache Mehrheit der Abstimmenden im Volksentscheid mit Zustimmungs- oder Beteiligungsquoren kombiniert, steht dahinter letztlich die Grundentscheidung des Verfassungsgesetzgebers, direktdemokratische Elemente weniger leicht zum Zuge kommen zu lassen bzw. Volksgesetzgebung zu erschweren – und dies unabhängig von der Frage, ob der Gegenstand ein einfaches oder ein verfassungsänderndes Gesetz ist.

Der Grund für die unterschiedlich intensive Nutzung der Instrumente der Volksgesetzgebung sind jedenfalls die Verfahrensregeln[1727], und damit allem voran das Mehrheitserfordernis verbunden mit den Beteiligungs- oder Zustimmungsquoren. Schon die breite Variabilität zwischen den Ländern zeigt, daß es keine absolut zwingende Ausgestaltung gibt; im Gegenteil fehlen zu deren Beurteilung jegliche relevante Kriterien. Die Höhe der Quoren war vor Einführung derselben in den meisten Ländern Gegenstand längerer Beratungen und Kompromißverhandlungen, teils in den verfassunggebenden Gremien, teils im Rahmen der Weiterentwicklung des Verfassungsrechts. Oftmals scheint sie daher weniger einem Auswahlprozeß geschuldet, an dessen Ende nur diese einzig richtige Größe stand, als auch und gerade zufälligen Konstellationen und Kompromissen[1728]. Dies verdeutlicht auch das folgende Beispiel: Während in Bayern für ein auf ein Gesetz gerichtetes Volksbegehren ein 10%-iges Zustimmungsquorum gilt, sind für das auf Auflösung des Landtags gerichtete Begehren eine Million Unterschriften nötig. Zum Zeitpunkt des Entstehens der Verfassung entsprach dies einem Quorum von ca. 25%, nunmehr ist es durch den Bevölkerungszuwachs auf unter 11% gesunken, ohne daß an eine Reform gedacht wird[1729].

Letztlich geht es also immer um die Frage, wann die Nichtteilnehmenden eine „quantité négligable“[1730] darstellen und wann die aktive Minderheit nicht mehr mit der mutmaßlichen Meinung der schweigenden Gesamtheit gleichgesetzt werden kann. Mit anderen Worten: ab welcher Höhe der Be-

---

1726 *Rux,* Demokratie (Fn. 88), S. 250.

1727 *Jung*, Demokratie (Fn. 1514), S. 25 ff.

1728 Die zusammenfassende Entstehungsgeschichte umfaßt daher beispielsweise in Brandenburg fünf Seiten: *W. Künzel*, Direkte Demokratie in Brandenburg, in: Kost, Demokratie (Fn. 85), S. 75 (77–81); ähnliches gilt auch für Thüringen, wo zusätzlich noch Anregungen aus dem Volk im Prozeß der Verfassunggebung Berücksichtigung fanden: *T. Franke-Polz*, Direkte Demokratie in Thüringen, in: Kost, Demokratie (Fn. 85), S. 294 (295 ff.; 300: gerade zu diesem Thema seien Verhandlungen „verbittert geführt“ worden).

1729 Zahlen bei *Rux,* Demokratie (Fn. 88), S. 315.

1730 *Schweiger* (Fn. 1205), Art. 2 Rn. 12.

teiligung einer- und Höhe des Mehrheitserfordernisses andererseits eine hinreichende Legitimation sichergestellt und die Durchsetzung von Partikularinteressen angemessen verhindert zu sein scheint – mithin, wie es der Bayerische Verfassungsgerichtshof[1731] formuliert hat, dem direktdemokratischen Verfahren eine gleichwertige Dignität zukommt –, ist letztlich dem (Verfassungs-)Gesetzgeber vorbehalten. Allgemeingültige Quorenhöhen jedenfalls existieren nicht. Der Schutz vor zu leichter und damit langfristig destabilisierender Verfassungsänderbarkeit ist demgegenüber bereits allein durch die Mehrheitsentscheidung der Abstimmenden in den direktdemokratischen Verfahren umfassend gewährleistet, nicht zuletzt, weil das Ergebnis plebiszitärer Meinungsbildung eher konservativ denn progressiv ausfällt[1732].

Daß gerade in den beiden Ländern Bayern und Hamburg, die lange Zeit eine Vorreiterrolle bei der Bedeutung direktdemokratischer Elemente spielten, in den letzten Jahren Restriktionen der Verfahren erfolgten, scheint zumindest auch dem zwischenzeitlichen Erfolg geschuldet[1733]. Daß diese Konflikte um Restriktionen noch dazu bei Verfassungsänderungen als immanente Vorgaben der Bayerischen Verfassung gewissermaßen gerade „auf dem Rücken" von Mehrheitsentscheidungen ausgetragen werden, in dem die Verschärfungen in Zustimmungsquoren „verpackt" wurden, verstärkt die Kritik an den Verfahrenserschwerungen ungleich mehr.

Ob sich die derzeit bestehende föderative Vielfalt unterdessen zu einem „Wettbewerbs-Föderalismus" um die funktionsfähigste Ausgestaltung direkter Demokratie zwischen den Ländern entwickelt[1734], bleibt abzuwarten. Das Reformtempo jedenfalls scheint sich verlangsamt zu haben.

Abschließend sei der Blick noch darauf gelenkt, daß Personalentscheidungen in den Ländern – anders als auf kommunaler Ebene[1735] – nie unmittelbar in der Hand des Volkes liegen. In diesen Fällen verbleibt es bei der Alleinzuständigkeit der Repräsentativkörperschaften.

1731 BayVerfGH 53, 42 (62: „erforderliche Dignität", 63: „eigenständige Dignität", 70: „unabdingbare Legitimation und [...] Dignität"); zustimmend *Isensee*, Volksgesetzgebung (Fn. 199), S. 1167.

1732 *Berlit*, Volk (Fn. 86), S. 327.

1733 Entsprechende Vermutungen hegt *Ludwig*, Trend (Fn. 1486), S. 82 f.

1734 Nicht uneingeschränkt optimistisch daher auch *Jung*, Demokratie (Fn. 1514), S. 25.

1735 Vgl. *Berlit*, Volk (Fn. 86), S. 332. – Blickt man über den Bereich von Bund und Ländern hinaus in den kommunalen Sektor, wird offenbar, daß dort die Bedeutung direktdemokratischer Elemente in Form von Bürgerbegehren und Bürgerentscheiden am größten ist. Dies liegt auch darin begründet, daß mit zunehmender Verkleinerung der Gruppe der Stimmberechtigten aufgrund der Sachnähe die persönliche Betroffenheit und damit einhergehend das Interesse der Abstimmungsberechtigten zunimmt.

F. Verfassunggebung

Rar sind schließlich die Regelungen im deutschen Verfassungsrecht, die sich mit der Verfassunggebung befassen. Dies kann kaum verwundern, sehen die Verfassungen, die eine solche Option ausdrücklich offerieren, doch nicht weniger als ihren eigenen Untergang vor. Umso höher sind die beiden Fälle – einer im Grundgesetz, ein anderer in der Verfassung Brandenburgs – anzuerkennen, die diese Konstellation zum Regelungsgegenstand haben.

Es wurde aufgezeigt, daß Verfassungsänderung und Verfassunggebung grundverschieden sind. Hinsichtlich des Mehrheitserfordernisses sind daher weder von der Verfassungsänderung auf die Verfassunggebung noch andersherum Rückschlüsse möglich. Eine ausdrückliche Übertragung der qualifizierten Mehrheitsquoren für die Änderung des Grundgesetzes wird zwar hartnäckig weiter für Art. 146 GG erwogen, vermag jedoch nicht zu überzeugen. Es ist vielmehr selbsterklärend, daß der verfaßten Gewalt, der pouvoir constitué, höhere Mehrheitserfordernisse auferlegt werden, als der verfassunggebenden, der pouvoir constituant. Einfache Mehrheit genügt sowohl für die Entscheidungen der an der Verfassunggebung beteiligten Organe, seien es nun ein parlamentarischer Verfassungsrat oder ein durch eine Volksinitiative eingerichteter Verfassungskonvent, als auch für die Annahme des Entwurfes durch das Wahlvolk.

Ebenso vorausschauend wie die Väter des Grundgesetzes agierte der Verfassunggeber in Brandenburg, indem er die Verfassungsablösung für denkbar und ausdrücklich zulässig erklärt hat. Gleichfalls läßt er die einfache Mehrheit der Abstimmenden im Volksentscheid über den Verfassungsentwurf genügen, während für die direktdemokratische Verfassungsänderung eine Zweidrittelmehrheit der Abstimmenden, bei gleichzeitiger Zustimmung der Mehrheit der Wahlberechtigten, vorgesehen ist.

G. Verfahrensentscheidungen

Im Rahmen von Verfahrensentscheidungen finden an verschiedenen Stellen merklich verschärfte Mehrheitsanforderungen bis hin zum Konsensprinzip Anwendung. Insofern grenzt sich dieses Themenfeld auch hinsichtlich der Mehrheitserfordernisse von den bereits dargestellten Sach- und noch mehr Personalentscheidungen ab.

Beispielhaft sei hier nochmals auf das Verfahren zum Ausschluß der Öffentlichkeit eingegangen. Im Bundestag ist nach vorzugswürdiger Ansicht eine Mehrheit von zwei Dritteln der Abstimmenden für den Ausschluß der Öffentlichkeit nötig. In den Landtagen gelten zumeist ebenfalls Zweidrittelmehrheiten, wobei auf alle denkbaren Bezugszahlen zurückgegriffen wird.

Die weit überwiegende Anzahl der Länder verknüpft die qualifizierte Mehrheit mit den Anwesenden, im Falle Thüringens sind es die Abstimmenden und Schleswig-Holstein bezieht das Erfordernis auf die gesetzliche Mitgliederzahl. Berlin und Hamburg lassen hingegen die einfache Mehrheit der Abstimmenden genügen.

Für den Wechsel in ein schriftliches Beratungsverfahren bedarf es im beratenden Ausschuß des Bundestages eines einstimmigen Beschlusses, während im Verfahren des Bundesrates für den Öffentlichkeitsausschluß die Regelmehrheit, mithin eine absolute Stimmenmehrheit, genügt. Je nachdem, ob sich in den Parlamenten eine hohe Abstimmungsbeteiligung abzeichnet oder nicht, liegt das qualifizierte Mehrheitsquorum deutlich über dieser absoluten Mitgliedermehrheit oder aber erheblich darunter.

Am vorgenannten Beispiel wird deutlich, daß die angesprochenen Verfahrensentscheidungen zumeist solche Konstellationen betreffen, in denen eine Weiterarbeit des Gremiums nicht vom Erreichen des (teils ausgesprochen hohen) Mehrheitsquorums abhängig gemacht wird, sondern in aller Regel ein anderer Weg zur gewinnbringenden Fortsetzung der Beratungen bereitsteht. Dies gilt umso mehr, als die Entscheidungen vielfach Fälle betreffen, in denen vom gesetzlich vorgesehenen Verfahren – aus welchen Gründen auch immer – abgewichen werden soll, sei es, daß die Öffentlichkeit ausgeschlossen, die Aussprachen verkürzt oder Beratungen unter Anwesenden in ein schriftliches Verfahren ausgegliedert werden sollen.

5. Teil

Variationsbreite der Mehrheitsformen

Im Folgenden werden die zur Anwendung kommenden Mehrheiten zusammen- und gegenübergestellt. Dabei ist es unbeachtlich, ob die Entscheidungsfindung durch rein beratende oder letztentscheidende Instanzen ergeht, bzw. ob es sich um zwingende oder fakultativ einzurichtende, um Wahl-, Kontroll- oder Gesetzgebungsgremien resp. Organe mit Mehrfachfunktionen handelt. Nicht zuletzt sind hier auch die Zusammensetzung und die Größe des Entscheidungskörpers nicht von Belang.

A. Einfache und relative Mehrheiten

Während es vorrangig bei Personalentscheidungen der Zustimmung einer absoluten Mehrheit der gesetzlichen Mitgliederzahl bedarf und dies zumeist der höheren Rückkoppelung wie Legitimierung der Gewählten an und durch die Wahlkörperschaft geschuldet ist, ist im Rahmen von Sachentscheidungen der Rückgriff auf einfache Mehrheitsentscheidungen gängig. Sie bilden mit der Bezugszahl der Abstimmenden das Beschlußerfordernis, das unter Geltung von Mehrheitsentscheidungen rein technisch nicht mehr unterschritten werden kann[1736]. Dennoch (oder vielleicht gerade deshalb) sehen sowohl das Grundgesetz als auch die Landesverfassungen[1737] für den Großteil der Abstimmungen in den Volksvertretungen die einfache Mehrheit der abgegebenen Stimmen als erforderlich und ausreichend an. Immer dann, wenn für die gesetzgebenden Körperschaften auf Bundes- und Länderebene keine besonderen Qualifizierungen aufgestellt wurden, kommt sie zur Anwendung.

[1736] *Achterberg*, Verhandlung (Fn. 14), S. 46 f.

[1737] Art. 42 Abs. 2 GG, Art. 33 Abs. 2 S. 1, 2 Verf. Baden-Württemberg, Art. 23 Abs. 1 Verf. Bayern, Art. 43 Abs. 2 Verf. Berlin, Art. 65 Verf. Brandenburg, Art. 90 Verf. Bremen (dort galten bis zur Verfassungsänderung am 1.11.1994 Enthaltungen als Nein-Stimmen), Art. 19 Verf. Hamburg, Art. 88 Verf. Hessen, Art. 32 Abs. 1 Verf. Mecklenburg-Vorpommern, Art. 21 Abs. 4 Verf. Niedersachsen, Art. 44 Abs. 2 Verf. Nordrhein-Westfalen, Art. 88 Abs. 2 Verf. Rheinland-Pfalz, Art. 74 Abs. 2 Verf. Saarland, Art. 48 Abs. 3 Verf. Sachsen, Art. 51 Abs. 1 Verf. Sachsen-Anhalt, Art. 16 Abs. 1 S. 1, Abs. 2 Verf. Schleswig-Holstein, Art. 61 Abs. 2 Verf. Thüringen.

Im Rahmen von Wahlen genügt die einfache oder relative Mehrheit in aller Regel erst, wenn in hinteren Wahlgängen das Erfordernis absoluter Mitgliedermehrheit aufgegeben wird. Nachdem zumindest in einem, meist sogar mehreren Wahlgängen das absolute Mehrheitsquorum verfehlt wurde, werden die Alternativen durch das Ausscheiden der am schlechtesten abschneidenden Kandidaten auf zwei Bewerber reduziert – dann einfache Mehrheit –, wohingegen bei Anordnung relativer Mehrheit nicht einmal dieser Zwischenschritt der Reduktion der Wahlalternativen zur Ergebniserzielung notwendig ist. Insbesondere die letztgenannte Vorgehensweise kann jedoch, wenn sich die Wahlgänge nicht unmittelbar aneinander anschließen, zu einer deutlichen Verlängerung des Wahlverfahrens führen, mit der eine unerfreuliche Vakanz des Amtes einhergeht.

Aber auch im Rahmen von Wahlen sind einfache Abstimmungsmehrheiten denkbar, so in mehr als zwei Dritteln der Länder für die Wahl des Präsidiums der Landtage sowie zur vielfach nötigen Wahl oder Bestätigung der Landesminister.

Außerhalb der gesetzgebenden Körperschaften werden zum Beispiel die allermeisten Entscheidungen der Senate des Bundesverfassungsgerichts mittels einfacher Abstimmungsmehrheit getroffen.

B. Absolute Mehrheiten

Absolute Mehrheitserfordernisse sind im Gegenstandsfeld von Wahlen auf Bundes- wie Landesebene gängig – zu denken ist nur an die Wahl des Bundeskanzlers, der Ministerpräsidenten und auch des Bundespräsidenten –, wohingegen sie im Rahmen von Sachentscheidungen der Parlamente nur ganz vereinzelt Anwendung finden.

Auf Bundesebene ist dies einzig bezüglich der Errichtung bundeseigener Mittel- und Unterbehörden der Fall; auf Länderebene präsentiert sich unterdessen kein einheitliches Bild: teils ergehen die Selbstauflösungsentscheidungen der Landtage mit absoluter Mehrheit der gesetzlichen Mitgliederzahl und, sofern vorgesehen, wird die Vertrauensfrage der Ministerpräsidenten mit dem selben Mehrheitserfordernis gewonnen. In Hessen genügt die absolute Mehrheit der Landtagsmitglieder zur Verabschiedung eines verfassungsändernden Gesetzes, das dann allerdings noch der Bestätigung in einem Verfassungsreferendum bedarf.

Und auch im direktdemokratischen Bereich sind absolute Mehrheiten der Wahlberechtigten für die Verfassungsänderungen in den Ländern Baden-Württemberg, Rheinland-Pfalz, Sachsen und Niedersachsen vonnöten. Die überhaupt nur in einer Handvoll Ländern bestehende Möglichkeit der Parlamentsauflösung respektive vorzeitigen Beendigung der Legislaturperiode durch das Landesvolk wird in Baden-Württemberg und Bremen an das Erzielen einer absoluten Mehrheit der Stimmberechtigten geknüpft.

Der Bundesrat wiederum trifft seine Entscheidungen fast ausschließlich unter Rückgriff auf absolute Mehrheiten. Sowohl im Rahmen von Abstimmungen als auch bei den von ihm durchzuführenden Wahlen ist die Mehrheit der gesetzlichen Stimmenzahl verbindlich. Nicht einmal im Falle des Gesetzgebungsnotstands wird von diesem Mehrheitserfordernis abgewichen, obwohl hier im Zusammenspiel mit dem Bundeskanzler ohne Beteiligung des Bundestages Gesetze in Kraft gesetzt werden können.

Schon diese zusammenfassende Betrachtung zeigt, daß unter den absoluten Mehrheiten die Bezugsgröße der gesetzlichen Mitglieder- oder Stimmenzahl mit weitem Abstand die meisten Anwendungsfälle aufweist, im Grundgesetz selbst findet sich gar nur sie[1738]. Anwesenheitsmehrheiten sind demgegenüber in der Verfassung an keiner Stelle vorgesehen. Für den Bundestag finden sie sich indes an wenigen Stellen in der Geschäftsordnung, die ausschließlich Verfahrensfragen, genauer: die Abweichung vom eigentlich vorgesehenen Verfahren, betreffen.

Soweit ersichtlich existieren im deutschen Verfassungsrecht keine Anwendungsfälle der absoluten Abstimmungsmehrheit.

C. Qualifizierte Mehrheiten und Mindestquoren

I. Abstimmungsgegenstände

Aufgrund der zunehmenden Annäherung an das Konsensprinzip sind qualifizierte Mehrheiten ausgewählten Entscheidungen vorbehalten. Sie sind dann „um so eher geboten, je weittragender irreversible Entscheidungen über die Dauer der Legislaturperiode hinausreichen“, je eher also die Minderheit von heute als potentielle Mehrheit von morgen auch aus rein tatsächlichen Gründen an diese Entscheidungen gebunden sein wird. Weiterhin werden so früher gefaßte Grundentscheidungen, wie die Verfassungsgarantien, unter einen besonderen Schutz gestellt, der nicht durch womöglich leichtfertig handelnde Abstimmungsmehrheiten umgangen werden können soll. Zuletzt soll dem mit qualifizierter Mehrheit entscheidenden Gesetzgeber die besondere Bedeutung der Angelegenheit vor Augen geführt werden und ein hinreichender Minderheitenschutz Gewährleistung finden[1739].

[1738] Vgl. nur Art. 29 Abs. 7 GG; Art. 63 Abs. 2–4 GG; Art. 67 Abs. 1 S. 1 GG; Art. 68 Abs. 1 S. 1 GG; Art. 77 Abs. 4 S. 1 GG; Art. 80a Abs. 3 S. 2 GG; Art. 87 Abs. 3 S. 2 GG; Art. 115a Abs. 1 S. 2 GG.

Die Anwendungsfälle qualifizierter Mehrheiten sind zumeist auf Abstimmungen begrenzt und dort vornehmlich im Gesetzgebungsverfahren zu finden. Der Prototyp eines qualifizierten Quorums ist die für Verfassungsänderungen in Bund und Ländern erforderliche Zweidrittelmehrheit. Sie findet sich ebenfalls im Rahmen der Entscheidungen im Notstands- bzw. Verteidigungsfall. Hierbei ist überzeugenderweise die Feststellung des Spannungs- oder Verteidigungsfalls ebenfalls an qualifizierte Zweidrittelmehrheiten geknüpft, während die Rückkehr in den Normalzustand durch einfachen Mehrheitsbeschluß möglich wird.

Aber auch außerhalb des Gesetzgebungsverfahrens finden sich erhöhte Mehrheitserfordernisse, so bspw. bei den Entschließungen der Ministerpräsidentenkonferenz, die ihre Mehrheitsbeschlüssen zugänglichen Entscheidungen mit Hilfe eines Quorums von 13/16 (gut vier Fünftel) faßt. Das Bundesverfassungsgericht schließlich entscheidet in ausgewählten, in die Grundrechtssphären besonders eindringenden Verfahren ebenfalls mit qualifizierter Mehrheit der Senatsmitglieder. Das Erfordernis gilt hier allerdings nur für den Fall einer für den Betroffenen nachteiligen Entscheidung. Tagt das Gericht in Plenumszusammensetzung über Fragen, die die Unabhängigkeit eines Verfassungsrichters betreffen, sind ebenfalls zwei Drittel der Mitglieder des Plenums zu überzeugen.

Ganz vereinzelt sind qualifizierte Mehrheiten auch bei Personalentscheidungen anzutreffen, so der Wahl der Mitglieder des Bundesverfassungsgerichts, der Mitglieder einzelner Landesverfassungsgerichte, aber auch der Neuwahl eines Bundeskanzlers im Rahmen eines konstruktiven Mißtrauensvotums durch den Gemeinsamen Ausschuß. Ähnliches gilt für das Anklageverfahren des Bundespräsidenten vor dem Bundesverfassungsgericht. Sowohl im Bundestag als auch im Bundesrat ist hierfür eine Zweidrittelmehrheit der gesetzlichen Mitglieder- bzw. Stimmenzahl vonnöten. Die Anklageverfahren gegenüber Landtagsmitgliedern erfordern gleichfalls stets einen qualifizierten Mehrheitsbeschluß, wenn auch der Qualifizierungskoeffizient variiert.

Dennoch sind qualifizierte Mehrheiten im Rahmen von Wahlen fragwürdig. Hier kann das Motiv kaum die Bewahrung des status quo oder die Erschwerung der grundsätzlichen Besetzung des Amtes, als vielmehr allein die größtmögliche Legitimierung des Amtsträgers sein. Unterdessen kann dieses Ziel zugleich die Vakanz eines Amtes oder das Weiterregieren eines Interimsorgans bewirken. In diesen Fällen kann sich folglich eine qualifi-

---

[1739] Zum Vorstehenden *Wienholtz*, Verfassung (Fn. 182), S. 137 f.; ebenfalls unter dem Eindruck schon damals aktueller Fragen der Atompolitik *Schulze-Fielitz*, Theorie (Fn. 181), S. 445 (Zitat). s. ferner *Heun*, Mehrheitsprinzip (Fn. 7), S. 125 ff.; ihm folgend *Voßkuhle* (Fn. 991), Art. 94 Rn. 9.

zierte Mehrheit für die Bestellung eines notwendigen Verfassungsorgans als sinnwidrig und schädlich erweisen. Während somit beim Verfehlen der verfassungsändernden Mehrheit der „kunstvolle Bau des Verfassungstaates“[1740] nicht gestört wird, kann ein Vakuum wegen Verfehlens einer qualifizierten Mehrheit bei der Wahl eines Verfassungsorgans diesen Bau eher ins Wanken bringen. Hierin ist wohl auch der Grund zu sehen, warum die Schlüsselpositionen im Verfassungsrecht nicht durch Wahlverfahren mit qualifizierten Mehrheiten besetzt werden.

II. Quorumshöhe

Je umfangreicher bei der Entscheidungsfindung (und Kompromißbildung) die Beteiligung der Minderheiten ausfällt – dies ist mit steigendem Qualifizierungskoeffizienten ja gerade der Fall –, umso eher rechtfertigt sich naturgemäß die entspringende Mehrheitsentscheidung[1741]. Ein Zusammengehen von Regierungs- und Oppositionsfraktionen kann dann erforderlich werden, zumindest aber eine Mitberücksichtigung der Standpunkte letzterer.

Dort wo qualifizierte Mehrheiten Anwendung finden, wird fast ausnahmslos auf Zweidrittelmehrheiten abgestellt. Andere Qualifizierungskoeffizienten sind rar. Auf Bundesebene ist allein noch eine Dreiviertelmehrheit anzutreffen, die für die vorzeitige Auflösung eines Minderheiten-Untersuchungsausschusses gilt, wenn man einmal von vorgenannter 13/16-Mehrheit der Ministerpräsidentenkonferenz absieht. Diese erscheint auf den ersten Blick abstrus, erklärt sich jedoch dadurch, daß man bei einem Beschluß nicht mehr als drei der sechzehn Länder überstimmt wissen wollte.

Auf Landesebene ist die Variationsbreite naturgemäß größer, was sich am Beispiel der Anklage von Landtagsmitgliedern gut aufzeigen läßt. Die teils erforderliche Zweidrittelmehrheit der gesetzlichen Mitgliederzahl wirkt im Vergleich zur Ausgestaltung Baden-Württembergs und Sachsens mit einer Mindestanwesenheit von zwei Dritteln der gesetzlichen Mitgliederzahl bei einer Abstimmungsmehrheit von zwei Dritteln bei zugleich hälftiger Zustimmung der gesetzlichen Mitglieder recht gewöhnlich und eher einfallslos. Dennoch stellt sie absolut betrachtet ein höheres Mehrheitserfordernis dar. Bremen und Hamburg schließlich übersteigen dieses gar mit einer Dreiviertelmehrheit der gesetzlichen Mitgliederzahl, wobei Bremen bei geringerer Anwesenheit auch einen einstimmigen Beschluß vorsieht.

[1740] *Willms*, Gleichgewicht (Fn. 996), S. 1209 – Willms übt insofern Kritik, als das Vorgenannte eine „von allen Verfassungen der Welt beachtete (...) Binsenweisheit“ sei, die „zum erstenmal bei der Schaffung des BVerfGG verkannt“ wurde (ebd. S. 1209).

[1741] Vgl. m. w. N. *Schulze-Fielitz*, Theorie (Fn. 181), S. 435 f., 437 f., 445.

Die beschriebene Dominanz resp. „Faszination“ der Zweidrittelmehrheit zeigt sich damit gleichermaßen in den Ländern. Ihren Ursprung sieht Heun in einem Beschlußfähigkeitsquorum in Dig. 50, 9, 3 begründet[1742]. Beweisen läßt sich diese Herkunft indes nicht und, was viel entscheidender ist: die Präferenz ist sachlich nicht zu rechtfertigen, da sie sich gegenüber einer Mehrheit von 70% oder von nur 65% nicht signifikant abhebt.

III. Bezugszahl

Ähnlich wie beim gemeinhin favorisierten Mehrheitserfordernis von zwei Dritteln dominiert auch bei der zur Anwendung kommenden Bezugszahl eine bestimmte Richtgröße: hier findet vorzugsweise die der gesetzlichen Mitglieder- oder Stimmenzahl Anwendung. Es ist nur konsequent, das besonders hohe Mehrheitsquorum auch mit der höchstmöglichen Bezugszahl zu verknüpfen. Die zuvor angesprochenen Konstellationen sind insofern exemplarisch für das gesamte Verfassungsrecht. Selten ist eine Kombination von qualifiziertem Mehrheitserfordernis und einer Abstimmungsmehrheit anzutreffen. Im Bundestag (nach vorzugswürdiger Auffassung) und im Landtag Thüringens gilt sie für den Ausschluß der Öffentlichkeit. Demgegenüber häufiger – und das nicht allein für den Beschluß zum Ausschluß der Öffentlichkeit – wird die qualifizierte Mehrheit jedoch auf die Anwesenden bezogen.

Das qualifizierte Mehrheitsquorum in Form einer Abstimmungs- oder Anwesenheitsmehrheit erfüllt nur dann den Anspruch einer definierten Mindestlegitimation, wenn es als doppelt qualifizierte Mehrheit mit Zustimmungs- oder Berteiligungsquoren gekoppelt wird, also beispielsweise zwei Drittel der Anwesenden zustimmen und diese zugleich die absolute Mehrheit der gesetzlichen Mitgliederzahl des Entscheidungsgremiums repräsentieren müssen (so bei der Wahl der Landesverfassungsgerichtsmitglieder in Niedersachsen und Sachsen-Anhalt). Ohne die Verknüpfung mit dem Mindestzustimmungsquorum (alternativ auch einem Mindestbeteiligungsquorum) erscheint diese Qualifizierung zumindest auf den ersten Blick nicht sinnvoll: warum eine Zweidrittelmehrheit ansetzen, wenn dann nur ein Bruchteil der Mitglieder des Beschlußgremiums an der Entscheidung teilnehmen muß, weil beispielsweise Beschlußfähigkeitsregelungen ihre Funktion nicht erfüllen. In den beschriebenen Ausnahmekonstellationen, in denen die Anwesenheit gerade nicht gewährleistet werden kann – namentlich Notstands- oder Verteidigungsfälle –, ist die Frage einer qualifizierten Partizipation zweifelsohne anders zu beurteilen.

[1742] *Heun*, Mehrheitsprinzip (Fn. 7), S. 125 m. Fn. 123, dort auch das Zitat; s. auch *v. Gierke,* Geschichte (Fn. 7), S. 566 f.

D. Doppelt qualifizierte Mehrheiten

Doppelt qualifizierte Mehrheiten haben in das Grundgesetz nur an vier Stellen Einzug gehalten: zunächst im Rahmen des Gesetzgebungsverfahrens, ein weiteres Mal im Kontext der Entscheidungen des Gemeinsamen Ausschusses und schließlich bei der Länderneugliederung. Eine Sonderstellung nimmt das Mehrheitserfordernis in der dritten Wahlphase der Bundeskanzlerwahl ein.

Der Anwendungsfall innerhalb des Gesetzgebungsverfahrens betrifft die Konstellation, daß der Bundesrat mit Zweidrittelmehrheit seiner Stimmen Einspruch gegen ein Bundestagsgesetz einlegt und dieser nun vom Bundestag überstimmt werden soll. Die Zurückweisung des Einspruchs ist sodann mit Zweidrittelmehrheit der Abstimmenden möglich, sofern diese zugleich die Mehrheit der Mitglieder des Bundestages repräsentieren. Für den Gemeinsamen Ausschuß gilt die Zweidrittelmehrheit ebenfalls in Verbindung mit einem Zustimmungsquorum der Mehrheit der Gremiumsmitglieder, und zwar einzig in dem Fall, da das Notparlament die unüberwindlichen Hindernisse zum Zusammentritt der Bundestages feststellt und damit die eigene Zuständigkeit begründet. Im Rahmen der Länderneugliederung sind in den Volksabstimmungen in den alten Ländern oder Landesteilen bzw. im neugegliederten Gebiet in den Volksabstimmungen in aller Regel einfache Abstimmungsmehrheiten zu erzielen, die mit einem Mindestbeteiligungsquorum von einem Viertel der zum Bundestag Wahlberechtigten verknüpft sind. Im Falle der durch ein Veto ausgedrückten Unstimmigkeiten zwischen altem und neuem Bevölkerungsteil steigen die Mehrheitserfordernisse reziprok bis auf eine qualifizierte Zweidrittelmehrheit der Abstimmenden an, wobei weiterhin eine Mindestbeteiligungsziffer von einem Viertel zu beachten ist. Sofern die besagte Zweidrittelmehrheit im bisherigen Land erreicht wird, ist das Verfahren der Umgliederung hiermit zugleich erfolglos abgeschlossen. Innerhalb der dritten Phase der Bundeskanzlerwahl schließlich – dann also, wenn eigentlich eine relative Abstimmungsmehrheit zwischen den Kandidaten über die Kanzlerschaft entscheidet – bestimmt das Erreichen einer (relativen) Abstimmungsmehrheit, die zugleich der Mehrheit der Mitglieder des Bundestages entspricht, darüber, inwieweit dem Bundespräsidenten ein Ermessen dahingehend zusteht, ob er den Bundekanzler ernennt bzw. den Bundestag auflöst oder ihn zwingend zu ernennen hat. Ein solches Ermessen steht ihm dabei nur bei Verfehlen der Mehrheit der Mitglieder des Bundestages zu. Es handelt sich insofern um einen Spezialfall, als die Wahl des (Minderheiten-)Bundeskanzlers einerseits mit relativer Mehrheit möglich ist, andererseits dessen Ernennung aber nur bei zusätzlicher Erfüllung des zweiten Mehrheitserfordernisses tatsächlich verbindlich wird.

Auf Länderebene sind Kombinationen von Abstimmungs- bzw. teils auch Anwesenheitsmehrheiten mit Zustimmungs- und seltener auch Beteiligungsquoren demgegenüber weiter verbreitet.

Im Rahmen der direktdemokratischen Elemente sind in der überwiegenden Zahl der Länder Verbindungen einfacher Abstimmungsmehrheit mit Zustimmungsquoren von 15%, einem Fünftel, einem Viertel bis hin zu einem Drittel und der Hälfte der Stimmberechtigten vorgesehen. Neben Bayern verzichten einzig Hessen und Sachsen auf ein doppelt qualifiziertes Mehrheitserfordernis bei einfacher Volksgesetzgebung. Anders bei Verfassungsänderungen: hier sind Abstimmungsmehrheiten von zwei Dritteln regelmäßig mit hälftiger Mindestzustimmung der Wahlberechtigten verknüpft. Hamburg stellt abermals auf die Zweidrittelmehrheit der bei der zeitgleich stattfindenden Wahl repräsentierten Stimmen ab. Nordrhein-Westfalen verknüpft selbiges qualifizierte Mehrheitserfordernis mit einer Mindestbeteiligung (!) der Hälfte der Stimmberechtigten. Die vorzeitige Beendigung der Legislaturperiode oder die Abberufung des amtierenden Landtages ist in Rheinland-Pfalz bei einfacher Abstimmungsmehrheit mit einem Quorum von einem Viertel der Wahlberechtigten möglich, in Brandenburg wird eine Zweidrittelmehrheit der Abstimmenden mit der Hälfte der Stimmberechtigten kombiniert. Beide Quorumserfordernisse beziehen sich bemerkenswerterweise auf die Beteiligung, nicht die Zustimmung. Schließlich hat die Zustimmung der Landesbevölkerungen von Berlin und Brandenburg für einen Länderzusammenschluß mit einer einfachen Mehrheit der Abstimmenden bei einer Zustimmung von einem Viertel der Abstimmungsberechtigten beider Länder zu ergehen.

Neben dem aufgezeigten Anwendungsbereich im Kontext der direktdemokratischen Verfahren finden doppelt qualifizierte Mehrheiten bspw. bei der Wahl der Mitglieder der Landesverfassungsgerichte von Niedersachsen und Sachsen-Anhalt Anwendung. Hier ist es eine Zweidrittelmehrheit der Anwesenden, die mit einem Zustimmungsquorum in Höhe der Mitgliedermehrheit kombiniert ist. Die Selbstauflösung des niedersächsischen Landtages bedarf ebenfalls einer Zweidrittelmehrheit der Anwesenden, die zugleich die Mehrheit der Mitglieder des Landtages repräsentieren muß. Eine ganz besondere „Rarität“ ist das dreifache Mehrheitserfordernis, das in Baden-Württemberg und Sachsen für die Anklage von Landtagsmitgliedern angeordnet ist. Bei einer Mindestanwesenheit von zwei Dritteln der gesetzlichen Mitgliederzahl müssen zwei Drittel der Abstimmenden für den Antrag votieren, welche ihrerseits der Mehrheit der gesetzlichen Mitglieder entsprechen müssen. In Baden-Württemberg gilt dieses Mehrheitserfordernis ebenso für die Änderung der Landesverfassung.

Alles in allem zeigt sich, daß Beteiligungs- und Zustimmungsquoren vielfach anstelle einer nur aus einem Qualifizierungskoeffizienten und einer Bezugszahl bestehenden Mehrheit Anwendung finden. Der Schwerpunkt liegt dabei auf den direktdemokratischen Entscheidungsverfahren. Hier soll trotz des Rückgriffs auf zumeist einfache Abstimmungsmehrheiten die Legitimität und Rückbindung der Entscheidungen an eine hinreichende Zahl Abstimmender gewährleistet werden. Daß dieses Ziel allerdings oft auf Kosten der Entscheidungsfindung verfehlt wird, weil utopische Beteiligungs- oder Zustimmungsziffern gewählt wurden, ist weniger dem Mehrheitserfordernis selbst als der verfassungspolitischen Ausgestaltung seiner Höhe geschuldet. Wie gesehen, wird politisches Desinteresse groteskerweise unter den derzeitigen Bedingungen von Zustimmungs- und Beteiligungsquoren vielfach „honoriert", was die ansonsten wirksamen Funktionsmechanismen von Quoren zu Unrecht in ein schlechtes Licht rückt.

E. Einstimmigkeitsentscheidungen

Es fällt auf, daß im Verfassungsleben sowohl auf Bundes- als auch Landesebene Einstimmigkeitsentscheidungen keine nennenswerte Bedeutung zukommt. Eine „Tendenz (...) der politischen Praxis"[1743] hin zu der Wiedereinführung von Einstimmigkeitsentscheidungen (und damit eine Abkehr vom Mehrheitsprinzip), wie sie Konrad Hesse beschrieb, ist nicht auszumachen. Dies ist auch gut so, denn im Ergebnis würde man hierdurch der modernen Demokratie keinen Gefallen erweisen[1744] – und dem Mehrheitsprinzip schon gar nicht.

Die einzigen Anwendungsfälle markieren auf Bundesebene ausgewählte Entscheidungen des Ältestenrates, des Bundesverfassungsgerichts, der Ministerpräsidentenkonferenz sowie des Immunitätsausschusses. Hierunter nicht subsumiert werden die Fälle, in denen eigentlich Mehrheitsentscheidungen vorgesehen und Einstimmigkeitsentscheidungen mithin nicht verpflichtend sind, letztere aber aufgrund von Vorabsprachen, parlamentarischer Übung oder allgemeinem Konsens erreicht werden. Dies gilt beispielsweise für die Wahl des Bundesratspräsidenten, die seit sechs Jahrzehnten aufgrund der Festlegungen im Königsteiner Abkommen einstimmig erfolgt, wohingegen verfassungsrechtlich eigentlich die absolute Stimmenmehrheit genügt.

Wie bereits angedeutet, löst man sich äußerst selten von der mehrheitlichen Entscheidungsfindung durch Anordnung von Konsens. Die Nachteile einer diffizileren Beschlußfassung werden in diesen speziellen Konstellatio-

[1743] *Hesse*, Grundzüge (Fn. 262), Rn. 141; er bleibt hier leider vage und die erforderlichen Beispiele nebst Nachweisen schuldig.

[1744] Vgl. hierzu einerseits zusammenfassend, andererseits vertiefend den Beitrag von *G. Jakobs*, Zur Stabilität von Konsens und zur Stabilisierung durch Konsens, in: Hattenhauer/Kaltefleiter, Mehrheitsprinzip (Fn. 7), S. 23 ff.

nen aber offenbar in Kauf genommen, weil die allgemeine Akzeptanz der Entscheidung im Vordergrund steht, tragen doch alle Abstimmungsberechtigten im Erfolgsfall das Ergebnis gleichermaßen mit. Dieser Hintergrund trifft auf den Ältestenrat als ein auf Ausgleich und Vermittlung angelegtes Gremium voll und ganz zu, wobei auch hier nur die von § 6 Abs. 2 GO-BT genau eingegrenzten Bereiche, darunter die Verteilung der Vorsitzendenposten für die Ausschüsse und der Arbeitsplan des Plenums, vom Konsensprinzip erfaßt werden. Darüber hinaus agiert auch er durch Rückgriff auf Mehrheitsentscheidungen.

Für das Bundesverfassungsgericht verfolgt der mit Einstimmigkeit gefaßte Beschluß andere Zwecke. Dort ist er ausschließlich für den Fall der Verhinderung einiger Richter im Senat oder die ohnehin nur durch drei Richter zu treffenden Kammerentscheidungen vorgesehen. Um dennoch eine Entscheidung mit allen Folgen für den Beschwerdeführer und die weiteren Beteiligten zu treffen, bedarf es dann im Ausnahmefall eines gleichgerichteten Willens der (verbliebenen) Verfassungsrichter, um die Interessen des Rechtssuchenden und der Rechtsordnung hinreichend zu wahren. Die Kammerentscheidungen des Bundesverfassungsgerichts ergehen stets einstimmig, und zwar unabhängig davon, ob es sich um eine stattgebende Entscheidung im Verfassungsbeschwerdeverfahren handelt oder durch entsprechenden Beschluß das Verfahren nicht zur Entscheidung angenommen wird. Auch die „Unzulässigerklärung" eines konkreten Normenkontrollverfahrens erfolgt einstimmig. Ferner ist im Falle des Erlasses einstweiliger Anordnungen durch den „Notsenat" (also in Besetzung zwischen drei und fünf Richtern) Einstimmigkeit der Anwesenden zu erzielen, was zu den beschriebenen Unstimmigkeiten bei der Abstimmung in Sechser-Besetzung führt. Schließlich gilt das Konsensprinzip noch bei der sogenannten a-limine-Entscheidung, der Verwerfung unzulässiger oder offensichtlich unbegründeter Anträge im Rahmen eines summarischen Verfahrens; Bezugspunkt sind die anwesenden Verfassungsrichter. Außerhalb des Kammer-, Notsenats- oder a-limine-Verfahrens[1745] sind Einstimmigkeitsentscheidungen unter Umständen ebenfalls nötig, dann aber nur im Zusammenspiel von Stimmenquote und Beschlußfähigkeitsquorum: § 15 Abs. 2 S. 1 i.V.m. Abs. 4 S. 1 BVerfGG verlangt bei Mindestanwesenheit von sechs Richtern im Falle derjenigen Entscheidungen, die mit Zweidrittelmehrheit *der Mitglieder des Senats* zu ergehen haben, daß alle Anwesenden ein deckungsgleiches Votum abgeben.

Die Ministerpräsidentenkonferenz beschließt ebenfalls gegenstandsbezogen unter Rückgriff auf das Konsens- sowie das qualifizierte Mehrheitsprin-

[1745] § 15a Abs. 1 S. 2 BVerfGG; § 93d Abs. 3 S. 1 BVerfGG; § 32 Abs. 7 BVerfGG.

zip. Der Wechsel hin zu Mehrheitsentscheidungen von 13 der 16 Bundesländer erfolgte erst im Jahre 2004 und erfaßt mittlerweile nicht wenige Gegenstandsbereiche. Einstimmigkeit ist weiterhin auf den Gebieten der Arbeitsweise der Konferenz, in haushaltswirksamen Angelegenheiten und bei der Schaffung von Gemeinschaftseinrichtungen notwendig.

Die Einstimmigkeitsentscheidungen des Immunitätsausschusses betreffen ebenfalls lediglich Teilbereiche seines Aufgabenspektrums. So kann er nur anläßlich der Fassung einer Vorentscheidung im Gegenstandsfeld von Verkehrs- oder Bagatelldelikten – bei ausbleibendem Widerspruch des Plenums – letztverbindlich für dieses die Immunitätsaufhebung einvernehmlich erlassen.

Auf Landesebene sind ebenfalls lediglich wenige Fälle von Konsensentscheidungen verpflichtend vorgesehen und diese auch nur, sofern das Alternativverfahren mangels Anwesenheit scheitert: für die Anklage von Landtagsmitgliedern ist in Bremen grundsätzlich eine Dreiviertelmehrheit der gesetzlichen Mitgliederzahl zu erreichen. Sind indes weniger als drei Viertel der Mitglieder überhaupt anwesend, kann auf ein Konsensverfahren gewechselt werden, wenn noch mindestens die Hälfte der Landtagsmitglieder präsent sind. Eine herausgehobene Stellung durch die Anordnung von Einstimmigkeitserfordernissen beansprucht die Bremische Verfassung auch im Rahmen der Verfassungsänderungen. Immer dann nämlich, wenn diejenigen Normen, die die Eigenständigkeit der Stadt Bremerhaven garantieren, Gegenstand einer Landesverfassungsänderung sein sollen, erhöht sich das Gebot der Zweidrittelmehrheit der Mitglieder der Bürgerschaft auf ein Einstimmigkeitserfordernis der Abstimmenden. Ob hierin unterdessen tatsächlich auch eine Verschärfung liegt, hängt ganz entscheidend davon ab, wie viele Abgeordnete anwesend sind und sich an der Abstimmung beteiligen. Insofern ist selbst beim Einstimmigkeitserfordernis die Bezugszahl von entscheidender Bedeutung für dessen Beurteilung.

Um der ungewollten Folge eines Blockade- oder Erpressungsverhaltens einer Minderheit entgegenwirken resp. ein solches Verhalten überwinden zu können, stehen vereinzelt Modi wie die Reduzierung des Abstimmungerfordernisses bei Festhalten am Entscheidungsgremium oder auch die Auswechselung der Entscheidungsträger bereit. Anwendung finden derartig ausgeklügelte Schutzmechanismen in aller Regel aber nicht, da Obstruktionsversuche von Minderheiten, wie die Vergangenheit gezeigt hat, erfreulicherweise selten vorkommen.

Darüber hinaus betreffen die dargestellten Anwendungsfälle in aller Regel Konstellationen, in denen ein Verfehlen des Konsenses nicht zu gravierenden Folgen wie der Vakanz eines Amtes oder der Handlungsunfähigkeit eines Organs führt. Lediglich der Ältestenrat bedient sich des Rückgriffs auf das Plenum unter Anwendung der dort üblichen Beschlußregelungen: So wandelt sich die Pflicht zur Erzielung von Einvernehmen bei Unfähigkeit zur Herstellung desselben zu einem mit einfacher Mehrheit zu fassenden Plenumsbeschluß des Bundestages. Diese im Raum stehende Auflösungsmöglichkeit wird zugleich eine erhöhte Bereitschaft der Minderheit zur Kompromißbildung bewirken, wie auch der allseitige Wunsch zur Klärung der Fragen im Ältestenrat, so daß der genannte Hilfsmechanismus nicht von kompromißlosen Minderheiten oder pokernden Mehrheiten zur gängigen Entscheidungsregel gemacht wird.

F. Beschlußfähigkeitsregelungen

I. Typische Höhe von Beschlußfähigkeitsregelungen

Beschlußfähigkeitsregelungen der Gremien verfolgen einzig die Intention, daß Mehrheitsentscheidungen nicht durch nur wenige Anwesende getroffen werden können. Die Untersuchung hat gezeigt, daß zu diesem Zweck in der weit überwiegenden Zahl der Fälle als Beschlußfähigkeitsquorum die Mehrheit der gesetzlichen Mitgliederzahl fungiert. Diese Größenordnung ist regelhaft für die Beratungen der Parlamente auf Bundes- und Landesebene vorgesehen. Für die Bundesregierung und die Landesregierungen gilt sie gleichermaßen. Im Bundesrat ist dieses Quorum schon allein durch die Festschreibung einer absoluten Stimmenmehrheit für die Beschlußfassung in Art. 52 Abs. 3 S. 1 GG als ein indirektes, faktisches Mindestanwesenheitsquorum im Moment der Abstimmung sichergestellt. Daneben wird die Anwesenheit der Mehrheit der Stimmen auch explizit in § 28 Abs. 1 GO-BRat festgeschrieben. Wenn auch nur untergesetzlich geregelt, handelt es sich doch um eine verbindliche und vor allem eindeutige Mindestregelung, so daß die Ausgestaltung des Bundestages im Vergleich dazu deutlich zurückfällt. Dies schon deshalb, weil auf Bundesebene zur möglichst langen Aufrechterhaltung der Beschlußfähigkeit Fiktionen gelten, während vielfach auf Landesebene eine verbindliche Feststellung zu Beginn einer jeden Sitzung durch den Landtagspräsidenten zu treffen ist, die eine Umgehung der Beschlußfähigkeitsregelungen unmöglich macht.

Noch aus einem weiteren Grund sind die Länderregelungen zur Beschlußfähigkeit positiv hervorzuheben: Sie sind im Gegensatz zum Grundgesetz oftmals bereits im Rahmen der Verfahrensvorschriften zu den jeweiligen Organen in der Landesverfassung enthalten und werden nicht der Ausgestaltung durch untergesetzliches Geschäftsordnungsrecht überlassen.

Neben prozentualen Angaben findet der Rückgriff auf absolute Mitgliederzahlen Anwendung, dies allerdings stets nur bei der Größe nach überschaubaren Beschlußgremien: so ist der Vermittlungsausschuß von Bundestag und Bundesrat beschlußfähig, wenn geringstenfalls 12 der 32 Gesamtmitglieder, mithin ein 3/8-Quorum, anwesend sind, § 7 Abs. 1 GO-VermA. Diese Vorgabe wird für den Fall modifiziert, daß Einigungsvorschläge zur Vorlage bei Bundestag und Bundesrat beschlossen werden sollen, was nur möglich ist, wenn von beiden Körperschaften jeweils nicht weniger als sieben der sechzehn Ausschußmitglieder anwesend sind. Angeordnet ist damit eine Untergrenze von jeweils 7/16 der Mitglieder von Bundestag und Bundesrat. Ein derartig nach dem Inhalt der Tätigkeit des Beschlußkörpers gestuftes Quorum ist seltener anzutreffen, aber positiv zu bewerten, da nach der Bedeutung des Beschlusses differenziert werden kann. Insoweit könnten die Quoren des Vermittlungsausschusses weniger von ihrer Höhe als der grundsätzlichen Stufbarkeit Modellcharakter auch für andere Kollegialorgane entwickeln.

Das Bundesverfassungsgericht sieht zur Beschlußfähigkeit seiner Senate eine Mindestanwesenheit von sechs der acht Senatsmitglieder vor und läßt im Regelfall eine einfache Mehrheit der beteiligten Richter genügen; in ausgewählten Verfahren jedoch wird diese Mindestanwesenheit bei einer für den jeweiligen Antragsteller nachteiligen Entscheidung mit einem Mehrheitserfordernis von zwei Dritteln verknüpft. Dies führt nahtlos zum nächsten Untergliederungspunkt.

II. Zusammenspiel von Beschlußfähigkeit und Mehrheitserfordernis

Beschlußfähigkeitsregelungen bedarf es nur in den Fällen, in denen die Entscheidungsfindung einer einfachen Abstimmungs- oder Anwesenheitsmehrheit überantwortet wird. Finden absolute oder qualifizierte Mehrheiten Anwendung, wird in aller Regel auf die Aufstellung einer Mindestanwesenheit verzichtet. Dies allein deshalb, weil hier als Beschlußfähigkeitsgrenze gemeinhin hälftige Anwesenheit für erforderlich gehalten wird, diese aber immer bei Erreichen einer absoluten oder qualifizierten Mehrheit schon durch das Beschlußquorum resp. dessen Bezugsgröße sichergestellt ist. Hier kann die Beschlußfähigkeit höchstens für die vorangehenden Beratungen Bedeutung erlangen. Vorstehendes gilt allerdings nur insoweit, als sich – wie zumeist – das absolute oder qualifizierte Mehrheitserfordernis auf die Bezugszahl der Gesamtmitglieder stützt.

Resümierend wird deutlich, daß die Regelungen der Beschlußfähigkeit in allen Konstellationen, in denen einfache, absolute oder qualifizierte Mehrheiten mit der Bezugszahl der Anwesenden oder der Abstimmenden verknüpft werden, direkte Auswirkungen auf das erforderliche Quorum entfalten. Liegt die Beschlußfähigkeitsgrenze bei der Hälfte der Gremiumsmitglieder, erfordert eine einfache Abstimmungsmehrheit genau wie bei der absoluten stets minimal die Zustimmung gut eines Viertels der Mitglieder. Ist eine Zweidrittelmehrheit der Anwesenden angeordnet, zieht ebenfalls allein die Verknüpfung mit der Beschlußfähigkeit eine untere Grenze für das Mehrheitserfordernis.

III. Die Problematik bewußter Herbeiführung von Beschlußunfähigkeit

Die Beschlußfähigkeitsregelungen haben aber auch eine Kehrseite. Unerfreulich ist es zunächst, wenn fehlende Beschlußfähigkeit aufgrund eines zu hohen Ansatzes des Quorums häufig und unsinnigerweise eintritt. Dies wurde in den Verfahren direkter Demokratie mit den Äquivalenten der Beteiligungs- oder Zustimmungsquoren vielfach festgestellt. Gar ärgerlich stellt sich die Konstellation in den Fällen dar, in denen eine Minderheit durch bewußtes Fernbleiben oder Verlassen einer Beratung einen Beschluß – zumeist den ihr unliebsamen Ausgang der Abstimmung – auf diesem Wege unterbindet. Die Annahme fortbestehender Beschlußfähigkeit bis zu einer Antragstellung auf Überprüfung derselben und Auszählung der Anwesenden vermag – losgelöst von der generellen Kritikwürdigkeit einer solchen Fiktion – in der beschriebenen Konstellation nicht zu helfen: um den genannten Mechanismus seitens der Fernbleibenden außer Kraft zu setzen, genügte es, einen noch im Beschlußgremium Verbliebenen mit der Anzweiflung zu beauftragen. Die Fiktion bildet insoweit keine taugliche Schranke zur Verhinderung vom Mißbrauch.

Freilich darf auch nie die Gefahr unzureichender Gesamtrepräsentation aus den Augen verloren werden, wenn trotz Abwesenheit größerer Gruppen Beschlüsse durch die Übrigen gefaßt oder gar auf eine andere Instanz übertragen werden. Verfahrensbestimmungen zu einer Hilfsbeschlußfähigkeit, wie sie insbesondere im Kommunalrecht der Länder für die Gemeindevertretungen vorgesehen sind, fehlen auf Bundes- und weitgehend auch auf Landesebene, könnten hier womöglich aber Abhilfe schaffen. Sie würden trotz geringer Anwesenheit oder Beteiligung an der Abstimmung durch Erhöhung des Mehrheitserfordernisses Entscheidungen ermöglichen und eine hinreichende Legitimation sicherstellen. Gerade für den Bereich direkter Demokratie wäre dies eine probate Option. Doch auch über Ausgestaltungen mittels Hilfsbeschlußfähigkeit läßt sich Mißbrauch nicht vollends ausschließen, da hier ebenfalls absolute Untergrenzen zu ziehen sind.

6. Teil

Zusammenfassender Überblick

Trotz des vielfach allgemein gehaltenen oder fragmentarischen Charakters von Verfassungsurkunden[1746] und der regelmäßigen Überbürdung wesentlicher Verfahrensausgestaltungen auf einfach- oder untergesetzliche Regelungen[1747] behält sich das Verfassungsrecht die Anordnung der Mehrheitserfordernisse stets selbst vor. Die Regelungsvielfalt ist dabei nicht gering, worunter nicht die zahlreichen Fälle im Verfassungsrecht, in denen selbst innerhalb ein und desselben Rechtsdokuments (!) die identische Mehrheit verschiedene Namen trägt, subsumiert werden: offensichtlich entspricht einer Mehrheit von zwei Dritteln (Art. 77 Abs. 4 S. 2 GG) die Zweidrittelmehrheit (Art. 42 Abs. 1 S. 2 GG) wie die Mehrheit von zwei Dritteln seiner Stimmen (Art. 77 Abs. 4 S. 2 GG) bzw. ist mehr als die Hälfte seiner Mitglieder (Art. 63 Abs. 3 GG) mit der Mehrheit der Mitglieder (Art. 63 Abs. 2 S. 1, 77 Abs. 4 S. 1 GG) des Bundestages identisch.

Aufgrund der großen Vielfalt der zu erreichenden Mehrheitserfordernisse bei Beschluß- und Wahlverfahren kommt Regelungen wie der des § 48 Abs. 3 GO-BT und den entsprechenden Landesvorschriften, wonach der Parlamentspräsident nach erfolgter Abstimmung ausdrücklich feststellt, daß die Zustimmung der im konkreten Fall erforderlichen Mehrheit vorliegt, nicht nur rein theoretische Bedeutung zu (wenngleich es selbstverständlich kein konstitutives Merkmal ist). Breit gefächerte Variationsmöglichkeiten lassen Unklarheiten entstehen, die durch die Letztkontrolle der Wirksamkeit

---

[1746] Verfassungsurkunden zeichnen sich durch einen vielfach fragmentarischen Charakter aus. Dieser ist bedingt durch mehrere Faktoren, darunter die Tatsache, daß sie für einen verhältnismäßig langen Zeitraum Bestand haben sollen, aber auch durch den Aspekt, daß sie dem einfachen Gesetzgeber Gestaltungsfreiräume überlassen, die dieser entsprechend den unterschiedlichen Machtverhältnissen den eigenen politischen Konzeptionen gemäß ausfüllen kann. – s. nur *C. Gusy*, Parlamentarischer Gesetzgeber und Bundesverfassungsgericht, 1985, S. 93 ff.; *Butzer*, Immunität (Fn. 749), S. 27.

[1747] Dies geschieht oft aufgrund der Komplexität der zu regelnden Materien sowie der teilweise freiwilligen, teilweise kompromißbedingten Klauseln wie „Das Nähere regelt ein Bundesgesetz“ bzw. durch die „Abwälzung der Regelungslast“ auf die zu erlassenden Geschäftsordnungen der obersten Bundesorgane: So Art. 4 Abs. 3 S. 2, 41 Abs. 3, 54 Abs. 7 GG; ähnlich beispielsweise die Art. 21 Abs. 3, 38 Abs. 3, 45b S. 2 GG bzw. Art. 42 Abs. 2 S. 2, 52 Abs. 3 S. 2 GG.

des mit der einschlägigen Mehrheit gefassten Beschlusses ausgeräumt werden sollen.

Andererseits wurde im zweiten und dritten Kapitel aufgezeigt, daß summa summarum nur die wenigsten der im ersten Teil dargestellten, theoretisch denkbaren Verknüpfungen von Mehrheitsquorum und Bezugszahl im deutschen Verfassungsrecht Anwendung gefunden haben.

A. Variationen bei dem zu erreichenden Mehrheitsquorum

Abstufungen des Mehrheitserfordernisses ergeben sich zunächst aus dem Qualifizierungskoeffizienten. Von einfacher und relativer Mehrheit über absolute und qualifizierte Mehrheiten ist im deutschen Verfassungsrecht alles zu finden. Die beliebige Vielfalt bei der Anordnung von Mehrheitsquoren, wie sie beispielsweise Condorcet in seinen Lettres d'un bourgeois de New-Haven 1787 mit Dreiviertel-, Vierfünftel- und Siebenachtel-Mehrheiten ausdifferenziert entwickelt hat[1748] und wie sie auch außerhalb Deutschlands mit einem Dreisiebtel-Quorum Anwendung findet[1749], fehlt indes im deutschen Recht. Während unterhalb der absoluten Mehrheit eine feine Ausdifferenzierung von verschieden hohen (Minderheits-)Quoren vorgenommen wurde – allein im Grundgesetz von einem Drittel[1750], einem Viertel[1751], ja sogar einem Zehntel[1752] –, sucht man divergierende Mehrheitserfordernisse jenseits dieser Grenze sowohl im Grundgesetz als auch den Landesverfassungen und den angeschlossenen Geschäftsordnungen fast vergebens. Neben der besonderen Affinität zur Zweidrittelmehrheit könnte dies auch der Erkenntnis geschuldet sein, daß Differenzierungen unterhalb der absoluten Mehrheit aufgrund der Bedeutung jeder einzelnen dieser wenigen Stimmen sinnvoller sind als eine Auffächerung zwischen zwei Dritteln, vier Fünfteln und sieben Zehnteln. Der Zugewinn an Legitimation wäre dabei schließlich vergleichsweise gering.

1748 Als Anwendungsfall schlug Condorcet hierbei die Wiederwahl eines Mandatsträgers vor, der bei jeder erneuten Kandidatur erhöhten Mehrheitsquoren gegenübersteht, so aber nicht gänzlich die Möglichkeit einer weiteren Amtszeit genommen bekommt: *Condorcet*, Lettres d'un bourgeois de New-Haven (1787), in: ders., Œuvres (Fn. 1636), S. 22 sowie *ders.*, Essai sur la constitution et les fonctions des assemblées provinciales, ebd., Bd. 8, 1847 (ND 1968), S. 115 (178 f.); s. auch *S. Lüchinger*, Das politische Denken von Condorcet (1743–1794), 2002, S. 168 mit einem Überblick über die Quoren.

1749 So bspw. Art. 10 Abs. 2 Verfassung des Landes Steiermark: Anwesenheitsquorum für einen Selbstauflösungsbeschluß.

1750 Siehe Art. 39 Abs. 3 S. 3, 93 Abs. 1 Nr. 2 GG.

1751 Diese Mehrheit findet sich in Art. 44 Abs. 1 und Art. 61 Abs. 1 S. 2 GG.

1752 So nur Art. 42 Abs. 1 S. 2 GG.

B. Variationen bei der Bezugsgröße

Bei der zugrundeliegenden Bezugsgröße sind Variationen darüber hinaus gängig. Hier wechselt der Gesetzgeber beispielsweise auf die anwesenden Abgeordneten oder die gesetzliche Mitgliederzahl als Anknüpfungspunkt – allesamt Bezugsgrößen, die eine Verschärfung der Entscheidungserfordernisse gegenüber der regulären Bezugsgröße der Zahl der Abstimmenden zur Folge haben. Obschon die Nachteile nicht gravierend sind, findet sich im Grundgesetz nur an einer einzigen Stelle eine Beschlußfassung durch die Mehrheit der Anwesenden[1753]; außerhalb jedoch ist sie etwa in der Geschäftsordnung des Bundestages[1754], dem Bundesverfassungsgerichtsgesetz[1755] und innerhalb des Bundesratspräsidiums sowie im Landesverfassungsrecht[1756] anzutreffen. Absolute und qualifizierte Quoren wiederum sind in aller Regel mit der Bezugsgröße der gesetzlichen Mitgliederzahl kombiniert. In speziellen Konstellationen, wo das Zusammenkommen aller Stimmberechtigten zweifelhaft ist, beziehen sie sich indes auch auf die Zahl der Anwesenden.

C. Ansteigendes Mehrheitserfordernis in ausgewählten Konstellationen

Die Erkenntnis, daß mit zunehmender Wichtigkeit eines Entscheidungsgegenstandes eine Verschärfung der zu erreichenden Mehrheitsquoren einhergehen soll, ist nicht neu: so hat schon Condorcet während seiner Schaffensperiode mehrfach eine Parallelisierung von Abstimmungsinhalt und Beschlußquorum gefordert[1757] und war damit seiner Zeit, insbesondere den Überzeugungen der Nationalversammlung, wo seine Idee variabler Quoren „ne paraît plaire à personne“[1758], deutlich voraus. Er schlug vor, Gesetzesänderungen, die Rechtsbegründungen für Bürger zum Gegenstand haben,

---

[1753] Art. 115g S. 4 GG.

[1754] §§ 80 Abs. 2, 81 Abs. 1, 84b, 126 GO-BT.

[1755] In § 32 Abs. 7 S. 1 BVerfGG ist die Bezugsgröße der anwesenden Verfassungsrichter sogar mit einem Einstimmigkeitserfordernis verknüpft.

[1756] Art. 89 Verf. Hessen: Verknüpfung von Anwesenheitsmehrheit mit einer Quote von zwei Dritteln; ebenso Art. 91 Abs. 2 S. 1 Verf. Bremen.

[1757] Vgl. *Lüchinger*, Denken (Fn. 1748), S. 161 unter Hinweis auf das folgende Zitat in Fn. 221: „Quand un homme se soumet à la décision d'un autre, il a droit d'exiger que, dans certains cas, elle ait une très-grande probabilité; et dans d'autres, il doit se contenter qu'elle soit seulement plus probable que l'opinion contraire“ (*Condorcet*, Examen [Fn. 1636], S. 335).

[1758] *Condorcet*, Réflexions sur ce qui a été fait et sur ce qui reste à faire (1789), in: ders., Œuvres, Bd. 9 (Fn. 1636), S. 441 (450).

mit geringerem Mehrheitserfordernis verabschieden zu lassen – er dachte an ein Drittel oder ein Viertel bis hin zur absoluten Mehrheit – als solche, die Pflichten konstituieren (dann Zweidrittel- oder Dreiviertelmehrheit). Ferner favorisierte er einen höheren Bestandsschutz zur Stabilisierung des Gesellschafts- und Rechtssystems, indem bestehende Regelungen vor Abänderung durch qualifizierte Mehrheiten bis einschließlich Einstimmigkeit geschützt werden sollten, während für die Schaffung neuen Rechts geringere Mehrheiten ausreichend seien[1759].

Die Legitimierung von Personen- oder Sachentscheidungen steigt zweifelsohne durch die Erhöhung von Mehrheitsquorum und/oder zugrundeliegender Bezugszahl; zugleich wird ein erhöhter Minderheitenschutz gewährleistet und Mißbrauch erschwert. Je weitreichender die Auswirkungen der Entscheidung, umso eher wird von den Entscheidungsträgern verlangt, einen möglichst breiten Konsens durch Absprachen und Kompromisse herzustellen und die Minderheitengruppen zu (Mit-)Entscheidungsträgern zu machen[1760]: nicht von ungefähr spricht Kelsen unter Herausstellung der besonderen Bedeutung des Kompromisses vom „Majoritäts-Minoritätsprinzip“[1761]. Und Rousseau stellt fest: „Je wichtiger und ernster die Beschlüsse sind, eine desto größere Stimmenmehrheit verlangt die siegreich hervorgegangene Ansicht; je größere Beschleunigung die zur Beratung gelangte Angelegenheit erfordert, desto mehr muß man die bei Teilung der Stimmen vorgeschriebene Unterscheidung beschränken“[1762].

Die Wichtigkeit des Entscheidungsgegenstandes darf heutzutage aber nicht gleichgesetzt werden mit der belastenden Wirkung, die Beschlüsse der Entscheidungsträger auf die Bürger entfalten. Beispielsweise können auch

---

1759 *Condorcet*, Lettres (Fn. 1748), S. 28 ff.

1760 Siehe umfangreich zum Verhältnis von Kompromiß und Mehrheitsentscheid m. w. N. *Schulze-Fielitz*, Theorie (Fn. 181), S. 432 f., 444 ff.; zur Bedeutung des Kompromisses in der politischen Philosophie (Aristoteles, Mill, de Tocqueville) *Hüglin*, Tyrannei (Fn. 6), S. 254 ff.; prägnant zur Rolle des Kompromisses in der Demokratie auch *Thoma*, Wesen (Fn. 48), S. 423 f.

1761 *Kelsen*, Wesen (Fn. 58), S. 57. – Mehrheiten allein auf die „Summe von Minderheiten“ (so *Varain*, Bedeutung [Fn. 8], S. 247; ihm folgend *Schulze-Fielitz*, Theorie [Fn. 181], S. 432 f., nicht zuletzt wohl aufgrund des Fokus der Untersuchung gerade auf die Praxis parlamentarischer Gesetzgebung) zu reduzieren, scheint indes der intendierten Betonung der Bedeutung des Kompromisses geschuldet. Zweifelsohne mag dies häufig stimmen, es ist jedoch nicht vom Mehrheitsprinzip vorausgesetzt, welches eben gerade nicht zwischen völlig konsensual oder erst nach zähen Verhandlungen und schwierigem Kompromiß entstandener Mehrheit differenziert oder gar wertet.

1762 Er fährt folgendermaßen fort: „bei augenblicklich zu treffenden Entscheidungen muß schon die Mehrheit einer einzigen Stimme genügen“; *J.-J. Rousseau*, zitiert nach *Weber*, Beschlußfassung (Fn. 19), S. 23.

massive Steuererhöhungen mit einfacher Mehrheit der Abstimmenden im Parlament ergehen[1763], wohingegen andererseits aber die verfassungsändernde Zweidrittelmehrheit der gesetzlichen Mitgliederzahl des Bundestages nötig ist, um die Grundsicherung für Arbeitslose nicht mehr durch gemeinsame Einrichtungen des Bundes und der Länder bzw. Gemeinden ausführen zu lassen[1764].

Sowohl auf Bundes- als auch auf Länderebene lassen sich die Anwendungsfälle qualifizierter Mehrheiten im wesentlichen auf die bereits angedeuteten drei Gegenstandsfelder zurückführen: erstens, wenn der Verfassungsbestand vor Abänderung geschützt werden soll, zweitens, wenn die Wahl oder Abstimmung als besonders bedeutsam eingestuft wird, und drittens, wenn der Schutz von Minderheiten intendiert ist. Allgemein anerkannt ist die Aufstellung besonderer Hürden für die Änderung des Grundgesetzes und der Landesverfassungen. Hierdurch soll der bestehende Rechtszustand, welcher die Rahmenbedingungen für die einfache Gesetzgebung vorgibt und das Zusammenleben durch den Schutz von Grund- und Minderheitenrechten sichert, vor zu leichter Umgestaltung durch Verschärfung der Änderungsvoraussetzungen bewahrt werden. Als Beispiel einer als besonders bedeutsam – weniger im gesamtstaatlichen als im individuellen Interesse – empfundenen Entscheidung kann die Zweidrittelmehrheit für diejenigen Beschlüsse des Bundesverfassungsgerichts herangezogen werden, die mit massiven Eingriffsfolgen in den grundrechtlichen Schutzbereich einhergehen. Hinsichtlich des dritten Gegenstandsfelds qualifizierter Mehrheiten, dem Minderheitenschutz, bleibt festzuhalten, daß Minderheitenrechte ein allzu einseitiges Vorgehen der Mehrheit verhindern sollen, indem Möglichkeiten wirksamer Darstellung der Gegenpositionen und eine hinreichende Kontrolle der Mehrheitsentscheidungen zugelassen werden. Nicht jedoch soll die betroffene Gruppe vor Mehrheitsentscheidungen selbst geschützt werden. Dies läßt sich ganz trefflich am Untersuchungsausschußwesen allgemein und dem vorzeitigen Auflösungsbeschluß im besonderen exemplifizieren: die für die Einsetzung nötige qualifizierte Minderheit von einem Viertel hat es auch in der Hand, eine vorzeitige Beendigung des Untersuchungsverfahrens zu verhindern. Wie sollte sie auch sonst effiziente Aufklärungsarbeit leisten, wenn der vorzeitige und damit ergebnislose Abschluß des Verfahrens allein im Gutdünken der zu kontrollierenden Regierungsmehrheit läge.

Die Anordnung qualifizierter Mehrheiten ist dennoch in aller Regel verfassungspolitischen Überlegungen geschuldet und nicht von Verfassungs

---

[1763] Als Grenze gilt hier erst die konfiskatorische Besteuerung; vgl. nur *B. Pieroth/ B. Schlink*, Staatsrecht II: Grundrechte, 27. Aufl. 2011, Rn. 985.

[1764] So nur beispielhaft der neu eingeführte Art. 91e GG. – s. hierzu auch *Dreier*, Verfassungsänderung (Fn. 538), S. 404 ff.

wegen geboten[1765]. Es wäre also gleichermaßen zulässig, grundrechtsbeeinträchtigende Entscheidungen des Bundesverfassungsgerichts mit einfacher Mehrheit ergehen zu lassen, wie Verfassungsänderungen zu erleichtern. Qualifizierte Quoren sind Ausnahmekonstellationen vorbehalten, in denen auch ein Verfehlen des Mehrheitserfordernisses für vertretbar gehalten wird. Die Frage, wann aber ein solcher Kasus gegeben ist – die Eingruppierung also, die eine Erhöhung des Mehrheitsquorums auslöst –, unterliegt einem Beurteilungsspielraum. Steht schließlich eine Verschärfung gegenüber der einfachen Abstimmungsmehrheit fest, verbleibt eine weitere Einschätzungsfrage dahingehend, in welcher Höhe der Koeffizient angesetzt wird. Zwar müssen erhöhte Mehrheiten grundsätzlich von der Sache her gefordert sein, ein „Ermessensausübungsfehler" läßt sich durch eine andersartige Bewertung des Beschlußgegenstandes oder die Einbeziehung weiterer Aspekte zur Fixierung des Mehrheitserfordernisses allerdings nicht begründen[1766].

Gleichzeitig ist weder der Mehrheitskoeffizient noch die Bezugsgröße allein heranzuziehen, um eine Beurteilung des Mehrheitserfordernisses vornehmen zu können. Beschlußfähigkeitsregelungen, aber auch die Behandlung von Stimmenthaltungen gehören zu der Gesamtheit von Verfahrensbestimmungen, die über die Qualität der Hürde zur Beschlußfassung entscheiden. Darüber hinaus gewährleistet selbst ein objektiv hohes Mehrheitserfordernis nicht per se eine schwierige Erreichbarkeit des Quorums. Das Erfordernis kann bei entsprechenden Mehrheitsverhältnissen oder gleichgerichtetem Willen unter Umständen leichter zu erreichen sein, als eine einfache Abstimmungsmehrheit in einer anderen Angelegenheit[1767]. Qualifizierte Mehrheiten sind insofern keine „Allheilmittel". Freilich spricht dennoch eine Vermutung für einen vergleichsweise höheren Bestandsschutz derartig abgesicherter Normen. Vorzugswürdig kann daher im Vergleich zur Anordnung einer qualifizierten Mehrheit auch an die Verbreiterung der Entscheidungsbasis gedacht werden. Schließlich läßt sich hinsichtlich Wissen und Erfahrung die „natürliche Tatsache, daß mehrere (unter der Voraussetzung vernünftiger Auswahl) ein größeres Maß davon aufzubringen vermögen als ein einzelner"[1768], nicht gänzlich von der Hand weisen: Sachver-

---

1765 So u. a. der BayVerfGH 46, 1 (10) hinsichtlich des aus seiner Sicht nicht von Verfassungs wegen gebotenen Erfordernisses einer Zweidrittelmehrheit bei der Verfassungsrichterwahl in Bayern.

1766 Vgl. *Häberle*, Mehrheitsprinzip (Fn. 4), S. 244, der einen solchen Spielraum jedoch nicht anzuerkennen scheint, da er jedem Gegenstand eine Qualifizierungsstufe – und anscheinend nur eine – zuordnen möchte. Wie hier knapp *Horn*, Mehrheit (Fn. 61), S. 421.

1767 Vgl. *Bryde*, Verfassungsentwicklung (Fn. 483), S. 362.

1768 *E. Forsthoff*, Lehrbuch des Verwaltungsrechts, Bd. I, 10. Aufl. 1973, S. 444.

stand kumuliert sich nun einmal[1769]. In diesem Kontext sind auch die angeordneten, teils zu niedrigen oder ineffektiven Beschlußfähigkeitsquoren einer näheren Prüfung zu unterziehen, die die Legitimationsproblematik abermals zu verschärfen drohen.

Schließlich soll in diesem Kontext auch die im Rahmen der vorliegenden Arbeit nicht weiter vertiefte Frage nach den Grenzen von Mehrheitsentscheidungen kurz Erwähnung finden, die sich prägnant unter den Titel eines Festschriftbeitrags von Theo Mayer-Maly zusammenfassen läßt: „Kann Mehrheit alles?“[1770].

D. Herunterstufung der Mehrheitserfordernisse in Folgewahlgängen

Ein weiteres „Gemeingut“ des deutschen Verfassungsrechts ist die Reduzierung des Mehrheitserfordernisses in hinteren Wahlgängen, dann also, wenn der originäre Wahlakt aufgrund Verfehlens der notwendigen Mehrheit nicht zum Erfolg geführt hat. Absolute Mitgliedermehrheit wird dabei meist auf relative Mehrheit heruntergestuft. Wenngleich viele Länder diesen Mo-

---

[1769] *Oldiges*, Bundesregierung (Fn. 1066), S. 429 f. („kumulierte[r] und kombinierte[r] Sachverstand“). – Andererseits dürfen Mehrheitsentscheidungen außerhalb direktdemokratischer Verfahren nicht auf eine zu große Basis gestellt werden, da ansonsten mit steigenden „Entscheidungskosten“ aufgrund der überproportional vertretenen Minderheiteninteressen und dem daraus erwachsenden Zwang zu Kompromissen wie auch mit einer generellen Verlangsamung des Beschlußverfahrens zu rechnen ist: *Sartori*, Selbstzerstörung (Fn. 25), S. 84 ff.

[1770] *T. Mayer-Maly*, Kann Mehrheit alles?, in: Haller/Kopetzki/Novak u. a., Staat (Fn. 285), S. 639 ff., der den inhaltlichen Schwerpunkt auf andere Aspekte (u. a. Rassegesetze, Todesstrafe und Bioethik) legt. – Zu den Grenzen s. zunächst *C. Hillgruber*, Die Herrschaft der Mehrheit. Grundlagen und Grenzen des demokratischen Majoritätsprinzips, in: AöR 127 (2002), S. 460 ff.; ferner BVerfGE 35, 148 (152 f., 155 f.); *Gusy*, Mehrheitsprinzip (Fn. 19), S. 349 f.; *H. Hofmann*, Legitimität und Rechtsgeltung. Verfassungstheoretische Bemerkungen zu einem Problem der Staatslehre und der Rechtsphilosophie, 1977, S. 87 ff.; *Schulze-Fielitz*, Theorie (Fn. 181), S. 407, 444 f.; *Bobbio*, Mehrheitsregel (Fn. 6), S. 120 ff.; *Höpker*, Grundlagen (Fn. 7), S. 169 ff.; *S. Eisel*, Plädoyer für die Mehrheitsregel, in: ZParl. 16 (1985), S. 576 – Am Beispiel der Atompolitik äußerst skeptisch und geradezu weitsichtig gedacht gegenüber den Eingriffen in die Natur im allgemeinen und den unabsehbaren Folgen bei der Nutzung von Kernenergie und Endlagerung atomaren Abfalls im besonderen *R. Spaemann*, Technische Eingriffe in die Natur als Problem der politischen Ethik (1979), in: Guggenberger/Offe, Grenzen (Fn. 6), S. 240 (240 ff., insb. 248 ff.) und *U. K. Preuß*, Die Zukunft: Müllhalde der Gegenwart?, ebd., S. 224 (228 ff.) sowie *H. Hofmann,* Langzeitrisiko und Verfassung. Eine Rechtsfrage der atomaren Entsorgung (1980), in: ders., Verfassungsrechtliche Perspektiven. Aufsätze aus den Jahren 1980–1994, 1995, S. 325 ff.

dus ebenfalls gewählt haben, verwehren sich andere entschieden dagegen. Sie bevorzugen Ausscheidungswahlgänge oder belassen es bei dem ursprünglichen Quorum ohne weitere Hilfskonstruktionen zur Sicherstellung der Wahl. Und auch auf Bundesebene gilt die Absenkung des Mehrheitserfordernisses nicht uneingeschränkt, bleibt doch aufgrund der unumstößlichen Zweidrittelmehrheit zur Wahl der Mitglieder des Bundesverfassungsgerichts ein ums andere Mal ein Richterposten zeitweise unbesetzt. Hier bietet der Übergang des Vorschlagsrechts auf das Bundesverfassungsgericht einen Lösungsmechanismus, ohne daß das Mehrheitserfordernis Veränderung erfährt.

Im Rahmen von (Sach-)Abstimmungen ist demgegenüber der Beschluß bei Verfehlen des Mehrheitserfordernisses zumeist abgelehnt: Kommt eine Zweidrittelmehrheit zur Verfassungsänderung nicht zustande, wäre es auch geradezu sinnwidrig, das Mehrheitserfordernis abzusenken, bis die Mehrheit zur – dann vereinfachten – Verfassungsänderung erreicht werden würde.

E. Beliebigkeit bei der Festsetzung des Mehrheitserfordernisses

Die Verfassunggeber haben versucht, die vorgenannten Überlegungen zur korrespondierenden Festsetzung von Mehrheitserfordernis und Entscheidungsgegenstand zu berücksichtigen: Verfassungsänderung ist unzweifelhaft etwas anderes als ein einfacher Parlamentsentscheid, ein nachgeschaltetes Referendum nicht ein rein direktdemokratischer Beschluß eines Gesetzes, die Landtagsauflösung nicht die Beendigung eines Untersuchungsausschußverfahrens und schließlich das Mißtrauensvotum gegenüber einem Regierungschef nicht die Entfernung eines Richters des Bundesverfassungsgerichts aus seinem Amt.

Es besteht trotz möglichst genauer Analyse des Entscheidungsgegenstandes und der Konsequenzen jedoch zweifelsohne ein großer Spielraum – einerseits bei der Bewertung der Sachgewichtigkeit der Abstimmungsinhalte und andererseits, nicht weniger, des für die entsprechende Konstellation angemessenen Qualifizierungskoeffizienten samt Bezugszahl. Anders ausgedrückt: die Festsetzung erscheint vielfach beliebig. Es läßt sich gerade keine „bestimmte staatsrechtlich-konzeptionelle Rechtfertigung“ für jedes Mehrheitserfordernis finden[1771]. Andererseits hat die Untersuchung gezeigt, daß in vielen Fällen eine Qualifizierung des einfachen Mehrheitsprinzips erwogen wurde, es aber – sowohl im Verfassunggebungs- als auch im einfa-

[1771] So aber *Groß*, Direktwahl (Fn. 17), S. 96, ebd. auch das Zitat.

chen Gesetzgebungsverfahren – Kompromissen oder gar dem Zufall geschuldet war, ob eine Steigerung im Vergleich zur einfachen Mehrheitsentscheidung tatsächlich vorgenommen wurde oder nicht.

Dementsprechend ist es weder zwingend, daß die Wahl des Regierungschefs mit einer absoluten Mehrheit vonstatten zu gehen hat, noch ist es unerläßlich, Abstimmungen in den Parlamenten mit einfacher Abstimmungsmehrheit durchzuführen, geschweige denn ist die qualifizierte Zweidrittelmehrheit im Rahmen von Verfassungsänderungen unangreifbar. Niemand kann wohl ernsthaft behaupten, daß das deutsche Verfassungshaus zusammenbräche, würde für eine Verfassungsänderung die absolute Mehrheit im Bundestag als ausreichend befunden – die Zeiten der großen Koalitionen lehrten, daß selbst bei Regierungsmehrheiten jenseits der Zweidrittelmarke keine über den ohnehin inflationären Gebrauch von Verfassungsänderungen signifikant hinausgehende Häufigkeit von Anpassungen zu verzeichnen war. Allerdings kann ebensowenig ein verfassungsrechtliches Argument gegen eine Verschärfung des Mehrheitserfordernisses für Grundgesetzänderungen gefunden werden.

Vorstehendes gilt in gleichem Maße hinsichtlich der Bezugszahlen qualifizierter Mehrheiten: Vielfach wurde offenbar, daß die Anordnung einer Zweidrittelmehrheit der gesetzlichen Mitgliederzahl genauso erwogen wurde wie das Abstellen auf eine Zweidrittelmehrheit der Abstimmenden, die dann zugleich eine absolute Mitgliedermehrheit hätten repräsentieren müssen[1772]. Des weiteren zeigt der Blick in das Landesverfassungsrecht, daß auch andere alternative Ausgestaltungen möglich sind[1773].

Die unter Einbeziehung der Länder umso evidentere Beliebigkeit der verfahrenstechnischen Ausgestaltung von Entscheidungen, namentlich des Mehrheitserfordernisses – man könnte sie positiv auch als gewünschte Vielfalt im föderalistischen Verfassungssystem beurteilen –, ist im Hinblick auf das in Art. 28 Abs. 1 GG niedergelegte Homogenitätsprinzip nicht konfliktträchtig. Konkrete Beschlußfähigkeitsregelungen, Antragsrechte und zuvörderst Mehrheitsquoren in bestimmter Höhe werden vom grundgesetzlichen Demokratieprinzip schließlich nicht vorgegeben[1774].

Trotz Variabilität in der Höhe besteht im Bundes- und Landesverfassungsrecht unterdessen Einigkeit über die grundsätzliche Geltung und möglichst breite Anwendung der Mehrheitsregel zur Entscheidungsherbeifüh-

---

[1772] So beispielsweise hinsichtlich des Mehrheitserfordernisses im Rahmen des Selbstauflösungsrechts des Landtages von Sachsen-Anhalt: *Heinig*, Selbstauflösungsrecht (Fn. 187), S. 209.

[1773] Wiederum am Beispiel des Selbstauflösungsrechts zu sehen, vgl. *Heinig*, Selbstauflösungsrecht (Fn. 187), S. 211 für Brandenburg bzw. für Thüringen (S. 215).

[1774] *Möstl* (Fn. 1237), Art. 22 Verf. Bayern Rn. 3 (für den Ausschluß der Öffentlichkeit im Bayerischen Landtag).

rung, wenngleich eine ausdrückliche Anordnung des Prinzips zumeist fehlt. Dennoch bedienen sich alle bedeutenden Gremien der Mehrheitsentscheidung in Wahlen und Abstimmungen. Die Quorenhöhen selbst sind jedoch oftmals nicht viel mehr (aber eben auch nicht weniger!) als eine „bloße Übereinkunft über das [...], was jeweils als berechtigte Mehrheit oder Minderheit gelten soll“[1775]. Diese Freiheit überläßt das Mehrheitsprinzip aber auch dem Gesetzgeber, da das Prinzip keine Aussage über ein konkretes Quorumserfordernis trifft.

F. Der Umgang mit der Stimmengleichheit

Selbstverständlich führt kein Weg ernsthaft an der Entscheidungsfindung unter Zugrundelegung des Mehrheitsprinzips vorbei. Was aber tun, wenn die Mehrheitsregel aus technischen Gründen keinen Erfolg verspricht? Eine Konstellation, in der sie unausweichlich an ihre Grenzen gerät, bildet die Stimmengleichheit. Wie aufgezeigt, kann dieser Ausnahmefall nur dann auftreten, wenn einfache bzw. relative Stimmenmehrheit genügt; in kleinen Gremien ist sein Auftreten naturgemäß wahrscheinlicher als in großen Beschlußkörpern. Die Auswirkungen von Pattsituationen differieren dabei je nachdem, ob im Rahmen einer Wahl ein Mandatsträger zu bestimmen (I.) oder eine Sachfrage durch Abstimmung zu entscheiden ist (II.).

Die Untersuchung der Bestimmungen zur Entscheidungsfindung hat gezeigt, daß erstaunlich selten bereits im Vorfeld einer Abstimmung – beispielsweise durch ungerade Besetzung der Beschlußkörper – dem Auftreten eines Patts präventiv begegnet wird; in Bundestag und Bundesrat ist dies naturgemäß aufgrund ihrer flexiblen Stimmenanzahl (Überhang- und Ausgleichsmandate einer-, Einwohnerzahlveränderungen andererseits) ausgeschlossen. Im Bundestag sorgen jedoch das vorgelagerte Ausschußverfahren und die hohe Anzahl an Abgeordneten für eine geringe Wahrscheinlichkeit einer Pattsituation. Im Bundesrat erfährt sie durch das Erfordernis der absoluten Mehrheit ohnehin keine Bedeutung.

Losentscheide sind auf Bundesebene, insbesondere wenn es um Beschlüsse von Körperschaften geht, zur Auflösung von Stimmengleichheit der Konstellation verpönt und dementsprechend kaum vorgesehen. An weniger augenfälligen Stellen kommen Losentscheide dennoch sehr wohl zur Anwendung. Sie – und damit die Abweichung von der strengen Geltung des Mehrheitsprinzips – rechtfertigen sich in den betreffenden Konstellationen regelhaft dadurch, daß die Notwendigkeit besteht, ein vakantes Amt zu besetzen oder die Handlungsfähigkeit eines Organs sicherzustellen.

[1775] *Varain*, Bedeutung (Fn. 8), S. 248.

I. Die Auflösung von Stimmengleichheit bei Personalentscheidungen

Ist eine Wahl zur Besetzung eines Amtes durchzuführen, stellt sich die rigide Anwendung des Mehrheitsprinzips bei Auftreten von Stimmengleichheit unbefriedigend dar, weil bei Festhalten am Mehrheitserfordernis eine Besetzung des Amtes zumindest in diesem Wahlgang schließlich nicht erfolgen kann. Die Wiederholung der Wahl wird sich indes nur dann als sinnvoll erweisen, wenn Aussprachen erfolgen und die Positionen nicht derart verhärtet sind, daß tatsächlich bei zeitnaher Wiederholung mit einem abweichenden Wahlverhalten – wenn auch nur eines einzigen Stimmberechtigten – gerechnet werden kann. Kompromißbereitschaft, die Geheimheit der Abstimmung und die Größe des Entscheidungsgremiums können in diesen Fällen einem anderen Wahlausgang dienlich sein.

Um nicht durch einen politischen Stillstand die Besetzung des Amtes dauerhaft zu verhindern, bedarf es eines zuverlässigen Auflösungsmechanismus, der in jedem Fall zielführend ist. Vereinzelt finden sich Konstellationen, in denen die Stimme des ältesten Mitglieds ohne neuerliche Abstimmung den Ausschlag gibt (so bei der Wahl des Vorsitzenden des Wahlprüfungsausschusses) oder die Stimme eines Vorsitzenden im Gremium im Nachhinein stärkere Gewichtung erfährt (Landtagspräsidien u. a. von Bremen, Nordrhein-Westfalen und dem Saarland).

Sollen in dieser Lage nicht ein Dritter (Vorsitzender) den Sieger bestimmen oder festgelegte Kriterien wie das Lebensalter oder die Würdigkeit über den Wahlausgang entscheiden, bleibt nur der stets vorzugswürdige Rückgriff auf einen Losentscheid. Zugegebenermaßen wird im Verfassungs- und Verwaltungsrecht bislang nur sehr spärlich auf das Los in einem Wahlverfahren zurückgegriffen; so erlaubt § 5 S. 3 BWahlG bei Stimmengleichheit im Rahmen der Erststimmenauszählung im Wahlkreis für die Bundestagswahl den durch den Kreiswahlleiter durchzuführenden Losentscheid. Im Rahmen der Zweitstimmen würde das Los vom Bundeswahlleiter gezogen, § 6 Abs. 2 S. 4 BWahlG. Auch der (neue) Bundestagspräsident wird bei Stimmengleichheit zwischen den Anwärtern durch Losentscheid des noch amtierenden Präsidenten ermittelt, § 2 S. 4 GO-BT. Für die Kanzlerwahl hingegen ist die Auflösung einer Pattsituation durch ein solches Zufallsmoment nicht vorgesehen. Zwar mag die politische Bedeutung der Position des Bundeskanzlers über der des Bundestagspräsidenten liegen[1776], dennoch handelt es sich bei letzterem immerhin um den Präsidenten eines obersten Bundesorgans, ganz zu schweigen von der protokollarischen Rangfolge der Repräsentanten des Bundes, nach der der Parlamentspräsident sogar vor

---

[1776] Insofern ist *W.-R. Schenke* (Fn. 309), Art. 63 Rn. 93, durchaus beizupflichten.

dem Bundeskanzler rangiert[1777]. Ein weiterer Anwendungsfall des Losentscheids betrifft die Festlegung der Reihenfolge der Fraktionen nach § 11 S. 2 GO-BT.

Auf Landesebene wird das Los beispielsweise zur Auflösung der Stimmengleichheit bei der Wahl der Landesverfassungsgerichtsmitglieder in Baden-Württemberg und Nordrhein-Westfalen herangezogen. In den vorgenannten Ländern läßt die Verfassung relative Mehrheiten im Landtag genügen und ordnet in einer Pattsituation zwischen zwei Kandidaten – bei dreien ist noch ein Ausscheidungswahlgang durchzuführen – den Losentscheid an. § 56 Abs. 6 S. 6 der Geschäftsordnung der Bremischen Bürgerschaft löst das Patt bei der Wahl des Ministerpräsidenten ebenfalls unter Zuhilfenahme eines Losentscheids. Die Verfassung Schleswig-Holsteins erlaubt in Art. 12 Abs. 2 S. 3 die Entscheidung zwischen den Vorsitzenden zweier stimmengleicher Oppositionsfraktionen zur Ermittlung des Oppositionsführers durch ein vom Landtagspräsidenten zu ziehendes Los. Während in Schleswig-Holstein und Bremen entsprechendes nur dann Anwendung finden soll, wenn lediglich zwei Kandidaten identische Stimmenanteile erreichen, kommt der umseitig beschriebene Stichentscheid im Bundestagswahlverfahren auch bei mehreren Kandidaten gleicher Stimmenzahl zum Einsatz.

Neben den Anwendungsbereichen im Verfassungsrecht hat sich die Auflösung von Pattsituationen mittels Losentscheids insbesondere auch im Kommunalrecht etabliert[1778]. Höchstrichterlich ist das Losverfahren für den Fall anderweitig fehlender Ermittelbarkeit des Wahlsiegers im Rahmen einer Entscheidung zur Bayerischen Landkreisordnung vom Bayerischen Verfassungsgerichtshof anerkannt worden[1779]. Daneben erlaubte das Bundesverfassungsgericht in Band 84[1780] im damaligen Namensrecht dem Standesbeamten sogar die Auslosung der Reihenfolge des aus den Nachnamen der

---

1777 http://www.bmi.bund.de/SharedDocs/Standardartikel/DE/Ministerium/Protokoll/ohneMarginalspalte/protokollarische_rangfragen.html?nn=109310 (November 2013).

1778 Siehe beispielsweise auf dem Gebiet des bayerischen Landesrechts die inhaltsgleichen Vorschriften der Art. 26 Abs. 2 S. 3 BezO, Art. 27 Abs. 2 S. 3 LKrO sowie Art. 33 Abs. 1 S. 3 GO. Außerhalb Bayerns bspw. in der nordrhein-westfälischen Gemeindeordnung: § 50 Abs. 2 S. 6 (Auflösung von Stimmengleichheit bei Wahlen); § 58 Abs. 5 S. 3 (Losentscheid des Bürgermeisters bei der Besetzung von Ausschußvorsitzenden zwischen Fraktionen); § 67 Abs. 2 S. 4 Hs. 2 (Losentscheid zur Auflösung eines Gleichstandes zwischen den Bewerbern um das Amt eines stellvertretenden Bürgermeisters).

1779 BayVerfGH BayVBl. 1975, S. 166 (166 f.) zu Art. 27 Abs. 2 S. 3 BayLKrO. Dort geht das Gericht ganz selbstverständlich von der Entscheidungsmöglichkeit durch das Los aus.

1780 BVerfGE 84, 9 (24).

Eltern zusammengesetzten Namens des Kindes, wenn die Eltern keinen gemeinsamen Familiennamen festgelegt hatten und das Kind mangels Einigung der Eltern einen Doppelnamen bekam.

II. Die Auflösung von Stimmengleichheit bei Sachentscheidungen

In den weit überwiegenden Konstellationen, in denen das Auftreten von Stimmengleichheit möglich ist, namentlich also sämtliche Parlamentsentscheidungen auf Bundes- oder Landesebene, hält man die Abstimmung für gescheitert, weil das Mehrheitserfordernis verfehlt wurde. Auflösungsfragen stellen sich insofern nicht. Der Grundsatz einer abschlägigen Verbescheidung der vorgelegten Frage hat vielerorts Eingang in die Geschäfts- und Verfahrensordnungen von Vertretungskörperschaften und Gerichten, darunter die des Bundestages[1781] und mehrerer Verfassungsgerichte[1782], sowie in das Kommunalrecht[1783] gefunden.

Finden dennoch Auflösungsmöglichkeiten wie die Stimmführerschaft eines herausgehobenen Delegierten Anwendung, so handelt es sich fast ausnahmslos um Entscheidungen zu Organisationsfragen und sonstigen inneren Angelegenheiten des Organs; einzig innerhalb der Regierungen werden aufgrund der Richtlinienkompetenz des Bundeskanzlers oder der Ministerpräsidenten auf diesem Weg Sachfragen entschieden, ohne daß es einer erneuten Abstimmung oder Befragung des Regierungschefs bedürfte. Seine Stimme wird einfach im Nachhinein mit höherem Stimmengewicht ausgestattet.

Im Bundesratspräsidium gibt die Stimme des Präsidenten bei Eintritt von Stimmengleichheit ebenfalls den Ausschlag (§ 8 Abs. 4 S. 3 GO-BRat); da

---

1781 § 48 Abs. 2 S. 2 GO-BT.

1782 U.a. § 28 Abs. 1 S. 2 VerfGHG Brandenburg, § 25 Abs. 1 S. 2 VerfGHG Nordrhein-Westfalen, zuletzt der 2008 durch die Schaffung des Schleswig-Holsteinischen Landesverfassungsgerichts neu entstandene § 11 Abs. 2 S. 2 VerfGHG. § 11 Abs. 2 VerfGHG Schleswig-Holstein enthält in S. 3 die Ergänzung, daß „ein Verstoß gegen die Landesverfassung oder sonstiges Recht [...] bei Stimmengleichheit nicht festgestellt werden [könne]". Auf diesem Wege wird effektiv vermieden, daß allein die dem Gericht vorgelegte Formulierung der Frage im Falle von Stimmengleichheit über den Ausgang entscheidet und dem Antragsteller bei zu erwartender Spaltung des Gerichts damit eine Manipulationsmöglichkeit genommen. Identisches gilt für das Bundesverfassungsgericht: § 15 Abs. 4 S. 3 BVerfGG, der insofern als Vorbild fungiert haben dürfte.

1783 Aber auch auf supranationaler Ebene findet sich dieser Umgang mit Stimmengleichheit, s. nur für den Regelfall in Art. 153 Nr. 3 der Geschäftsordnung des Europäischen Parlaments mit den Ausnahmen für bestimmte Entscheidungsgegenstände in den Nummern 1 und 2.

es sich um ein kleines Gremium mit nur vier Mitgliedern handelt, ist der Eintritt einer Pattsituation zudem relativ wahrscheinlich.

Auch dem Präsidenten des Bayerischen Verfassungsgerichtshofs kommt nach Art. 3 Abs. 6 S. 5 BayVerfGHG diese Entscheidungskompetenz zu. Anders löst die Problematik das Bundesverfassungsgerichtsgesetz, das weder Stimmführerschaft noch Stich- oder Losentscheid kennt: in den Entscheidungen, die mit einfacher Abstimmungsmehrheit der Richter ergehen, führt Stimmengleichheit dazu, daß ein Grundgesetzverstoß nicht festgestellt werden kann (bzw. keine Entscheidung im Sinne des gestellten Antrags getroffen wird). Die im Rahmen von § 15 Abs. 2 S. 2 BVerfGG nötige Zulosung von Mitgliedern des jeweils anderen Senats in Folge von Beschlußunfähigkeit des eigenen ist indes gesetzestexlich fixiert.

Eine Möglichkeit der Auflösung von Stimmengleichheit innerhalb eines direktdemokratischen Entscheidungsprozesses bietet schließlich § 6 Abs. 2 S. 4 bremisches Gesetz über das Verfahren beim Volksentscheid, demzufolge im Falle einer Pattsituation zwischen zwei miteinander nicht vereinbaren Volksentscheiden die Nein-Stimmen im jeweiligen Verfahren saldiert und die verbleibende Anzahl an Ja-Stimmen verglichen werden. Zur Auflösung der Stimmengleichheit im Wahlausschuß im Rahmen Hessischer Volksreferenden genügt wiederum das Los (§ 12 Abs. 3 Hs. 2 Gesetz über Volksabstimmung Hessen).

Nach alledem belegen die diversen, in ihrer politischen oder rechtlichen Tragweite keineswegs gänzlich unbedeutenden Fälle im Bundes- sowie Landesverfassungs- und Verwaltungsrecht, die den Losentscheid vorsehen, daß eine Entscheidung mittels Zufalls nicht völlig untauglich oder gar eines demokratischen Rechtsstaates unwürdig ist. Eine Ausweitung auf weitere Konstellationen erscheint denkbar und – jedenfalls unter den Umständen, wenn Entscheidungen nicht vertagt werden können oder „unendliche" Wahlverfahren drohen – wünschenswert.

G. Résumé

„Ist das Mehrheitsprinzip auch heute noch ‚im Kommen'", fragte schon Peter Häberle 1977 in seiner Besprechung der Arbeit Ulrich Scheuners über das Mehrheitsprinzip[1784]. Damals wie heute muß die Antwort Ja lauten, ohne daß es je zu einer „Mehrheitsepidemie"[1785] geführt hätte. Es ist nicht nur im Kommen, sondern unabdingbar erforderlich, um in einem Gemein-

[1784] *Häberle*, Mehrheitsprinzip (Fn. 4), S. 242.

[1785] *F. Morstein-Marx*, Beiträge zum parlamentarischen Minderheitenschutz, 1924, S. 14.

wesen oder innerhalb von Organen sinnvoll zu Wahlergebnissen und Sachentscheidungen zu gelangen, die alle Beteiligten binden, ohne für sich alleinige Gültigkeit zu beanspruchen[1786].

Doch obwohl die Mehrheitsregel ihren Anwendungsbereich ständig erweitert (hat), ist ein gegenläufiger Trend in dem nicht mehr prinzipiellen Ausschluß konsensualer, paritätischer oder den Proporz berücksichtigender Entscheidungsverfahren zu konstatieren; das Mehrheitsprinzip wird in seiner Reinform aufgrund seiner Rigorosität eben mancherorts als nicht mehr sach- bzw. zeitgemäß empfunden. Zustimmungsquoren sind insbesondere im Rahmen der direktdemokratischen Verfahren als das Mittel der Wahl ausgemacht worden, um die Entscheidungsbasis zu verbreitern. An vielen Stellen wurden in diese beiden Richtungen – also einerseits die weitere Ausdehnung von Anwendungsfällen des Majoritätsprinzips, andererseits der Ausgleich, die Begrenzung und Korrektur mehrheitlich getroffener Entscheidungen – Reformvorschläge unterbreitet. Und gerade dies ist eine Stärke des Mehrheitsprinzips: dort wo es sinnvoll ist und gewünscht wird, läßt es sich aufgrund der mannigfaltigen Kombinations- und Variationsmöglichkeiten so ausgestalten, daß die ungewollten Effekte minimiert werden. Wo dies nicht möglich ist, bleibt auch neben dem Mehrheitsprinzip Raum für Konsens und Proporz.

Die große Bedeutung, die das Mehrheitsprinzip im Verfassungsraum genießt, darf nicht darüber hinwegtäuschen, daß seine Funktionsfähigkeit mit vielen weiteren Faktoren steht und fällt. Es ist eben gerade kein „selbstevidentes, unlimitiertes Grundprinzip staatlich-demokratischer Herrschaftsausübung"[1787]. Mehrheitsentscheidungen machen nur dann Sinn, wenn in Abstimmungen Minderheiten entstehen können. Fehlende Pluralität der Anschauungen, fehlende Periodizität von Wahlen, fehlende Gleichheit und fehlende Revisibilität der Entscheidungen würden dies verhindern. Nur in einer aufgeklärten Gesellschaft, also einem Gemeinwesen von Bürgern, die „rigoureusement égaux en droits" sind und „en général les mêmes intérêts" verfolgen, ist es das beste Entscheidungsprinzip, indem es gewährleistet, daß Ergebnisse erzielt werden, die „le plus souvent conforme à la raison et à l'intérêt de tous"[1788] sind. Insofern gelten heute noch immer die über zweihundert Jahre alten Worte Condorcets.

In allen dargestellten Rechtsdokumenten des Verfassungsrechts hat das Mehrheitsprinzip einen nicht wegzudenkenden Platz inne – die gemein-

---

[1786] Vgl. *Pieroth*, Demokratieprinzip (Fn. 17), S. 480.

[1787] *H. Dreier,* Das Majoritätsprinzip im demokratischen Verfassungsstaat, in: ZParl. 17 (1986), S. 94 (110).

[1788] Alle Zitate aus *Condorcet*, De la nature des pouvoirs politiques dans une nation libre (1792), in: ders., Œuvres de Condorcet, hrsg. v. M. F. Arago/A. Condorcet O'Connor, Bd. 10, Paris 1847 (ND 1968), S. 587 (590).

samen Grundlagen durchziehen unverkennbar das teilweise bunte „Mehrheiten-Potpourri“: damit dient die Mehrheitsregel im Bundestag ebenso zur Entscheidungsfindung wie im Gemeinderat, im Kammerverfahren des Bundesverfassungsgerichts mit drei Entscheidungsträgern genauso wie im Volksentscheidverfahren in den Ländern mit mehreren Millionen Stimmberechtigten. Unabhängig von Entscheidungsträger und -gegenstand hat die Anwendung des Mehrheitsprinzips stets den Abschluß eines Abstimmungs- oder Wahlverfahrens durch die Bildung eines mehrheitlichen Willens zum Ziel. Einfache Abstimmungsmehrheit genügt hierfür grundsätzlich; qualifizierte Mehrheiten sind nur aus verfassungspolitischer Sicht gewünscht.

Noch ein weiterer Aspekt läßt sich für die Entscheidungsregel vorbringen: Der Historiker Egon Flaig wies nach, daß die Entscheidungsfindung unter Rückgriff auf das Mehrheitsprinzip im Normalfall sieben bis zehnmal, im Streitfall sogar zwanzigmal schneller zu einer Entscheidung führt als andere Verfahren[1789]. Gleiches gilt hinsichtlich der Entscheidungskosten[1790]. Insofern kommt ihm die Klarheit und Unmißverständlichkeit, die nicht zuletzt aufgrund der hinter dem Prinzip stehenden Mathematik besteht, zugute.

Effizienz konnte die vorliegende Untersuchung freilich nicht belegen, dennoch soll sie uneingeschränkt als ein Plädoyer für das Mehrheitsprinzip verstanden werden, das zu Unrecht nicht nur in den letzten Jahrzehnten, sondern im Grunde von Anbeginn in der Kritik gestanden hat. An Aussagen wie „Nichts kann rücksichtsloser, grausamer, den privaten Rechten des Individuums abholder, das Grosse und Wahre mehr hassend und verachtend sein, als eine demokratische Mehrheit“[1791], hat es zu keinem Zeitpunkt gemangelt. Umso mehr ist und bleibt das Mehrheitsprinzip zurecht auch in Zukunft „eine Gegebenheit des demokratischen Staates“[1792]. Es ist dabei nicht „Selbstzweck“[1793], sondern gewährleistet bestmöglich die „Manövrierfähigkeit der politischen Einheit“, ohne „ein Urteil über Wahrheit und Falschheit der einander widerstreitenden Ansichten fällen zu müssen“[1794]. Wir täten gut daran, dies anzunehmen und das Prinzip nicht als „tyranie de

---

1789 Zitiert nach *Hildebrand*, Und wenn nein (Fn. 10), S. 32.

1790 „Unerträgliche“ Entscheidungskosten der Einstimmigkeitsregel zeigt auf: *Sartori*, Selbstzerstörung (Fn. 25), S. 92.

1791 *G. Jellinek*, zitiert nach *Hüglin*, Tyrannei (Fn. 6), S. 1.

1792 *M. Kopp*, Geltung (Fn. 6), S. 11.

1793 *Höpker*, Grundlagen (Fn. 7), S. 137; es diene vielmehr „der Lösung von Fragen, die keine andere und bessere gerechtfertigte Lösung gefunden haben.“ (ebd.).

1794 Beide vorgenannten Zitate bei *Kaufmann*, Mehrheitsregel (Fn. 27), S. 348 bzw. S. 347.

la majorité"[1795] oder als „Verlegenheitslösung"[1796], als mangels Alternative „allein brauchbare Form zur Herbeiführung einer Gesamtwillensbildung"[1797] zu brandmarken, sondern die Mehrheitsregel ob ihrer einfachen Genialität und großen Flexibilität hoch leben zu lassen.

[1795] *de Tocqueville*, Démocratie (Fn. 32), S. 154. – Die Verknüpfung von Mehrheitsherrschaft und Tyrannei taucht daneben jeweils in etwas unterschiedlicher Gestalt und mit verschiedenen Schlußfolgerungen auf bei Platon, Aristoteles, Hobbes, Locke, Montesquieu, Rousseau, de Tocqueville, Mill und Marx: *Hüglin*, Tyrannei (Fn. 6), S. 58 ff., 82 ff., 99 ff., 119 ff., 141 ff., 161 ff., 179 ff., 202 ff., 221 ff.

[1796] *Luhmann*, Legitimation (Fn. 276), S. 196.

[1797] *Benda*, Konsens (Fn. 8), S. 62; ähnlich auch *F. Schäfer*, Der Bundestag. Eine Darstellung seiner Aufgaben und seiner Arbeitsweise, 2. Aufl. 1975, S. 74. – *Varain*, Bedeutung (Fn. 8), S. 239, treibt es mit der Frage „Was sonst?" auf die Spitze. Kritisch gerade zu diesem Ausspruch und der einhergehenden Abblockung von Rechtfertigungsansätzen *Offe*, Legitimation (Fn. 22), S. 151. S. auch *Heun*, Mehrheitsprinzip (Fn. 7), S. 79; *Gusy*, Mehrheitsprinzip (Fn. 19), S. 335 und *Stern*, Staatsrecht I (Fn. 18), S. 611 f.

Literaturverzeichnis

Achterberg, Norbert: Die parlamentarische Verhandlung, Berlin 1979.

Achterberg, Norbert: Die Grundsätze der parlamentarischen Verhandlung, in: DVBl. 1980, S. 512–521.

Achterberg, Norbert: Parlamentsrecht, Tübingen 1984.

Anders, Georg: Zur Wahl des Bundespräsidenten, in: DÖV 1970, S. 253–257.

Anschütz, Gerhard: Die Verfassung des Deutschen Reichs vom 11. August 1919, 14. Aufl., Berlin 1933.

Arens, Heinz-Werner (Hrsg.): Geschäftsordnung des Schleswig-Holsteinischen Landtages, Kiel 1999.

v. Arnim, Hans Herbert: Mehrheitswahl und Partizipation, in: ZPol. 19 (2009), Sonderheft Wahlsystemreform, S. 183–210.

v. Arnim, Hans Herbert: Vom Mehrwert direkter Demokratie, in: Hermann K. Heußner/Otmar Jung (Hrsg.), Mehr direkte Demokratie wagen. Volksentscheid und Bürgerentscheid: Geschichte. Praxis. Vorschläge, 2. Aufl., München 2009, S. 39–53.

v. Arnim, Hans Herbert: Wahlgesetze: Entscheidungen des Parlaments in eigener Sache, in: JZ 2009, S. 813–820.

Axer, Georg: Die Kompetenz des Vermittlungsausschusses – zwischen legislativer Effizienz und demokratischer Legitimation – Dargestellt am Beispiel des Steuergesetzgebungsverfahrens, 2010.

Baach, Florian: Parlamentarische Mitwirkung in Angelegenheiten der Europäischen Union, Tübingen 2008.

Bachmann, Ulrich: Warum enthält das Grundgesetz weder Volksbegehren noch Volksentscheid?, in: Hermann K. Heußner/Otmar Jung (Hrsg.), Mehr direkte Demokratie wagen. Volksentscheid und Bürgerentscheid: Geschichte. Praxis. Vorschläge, 2. Aufl., München 2009, S. 103–112.

Backmann, Jan L.: Direktwahl der Ministerpräsidenten als Kern einer Reform der Landesverfassungen, Berlin 2006.

Bakker, Rainer: Verfassungswidrigkeit des Mehrheitswahlrechts, in: ZRP 1994, S. 457–459.

Baldus, Manfred: Eine vom deutschen Volk in freier Entscheidung beschlossene Verfassung – Zum Schicksal des Art. 146 GG nach Vorlage des Abschlußberichts der Gemeinsamen Verfassungskommission, in: KritV 76 (1993), S. 429–441.

Bartlsperger, Richard: Verfassung und verfassunggebende Gewalt im vereinten Deutschland, in: DVBl. 1990, S. 1285–1301.

Battis, Ulrich/Krautzberger, Michael/Löhr, Rolf-Peter: Baugesetzbuch – BauGB –, 9. Aufl., München 2005.

Beck, Volker/Schlikker, Michael: Zur Kontrolle der Geheimdienste durch Fragen der Abgeordneten und Fraktionen des Deutschen Bundestages, in: NVwZ 2006, S. 912–914.

Becker, Hans-Jürgen: Art. Mehrheitsprinzip, in: Adalbert Erler/Ekkehard Kaufmann/Dieter Werkmüller (Hrsg.), Handwörterbuch zur Deutschen Rechtsgeschichte, Berlin 1971 ff., Bd. III, Sp. 431–438.

Benda, Ernst: Konsens und Mehrheitsprinzip im Grundgesetz und in der Rechtsprechung des Bundesverfassungsgerichts, in: Hans Hattenhauer/Werner Kaltefleiter (Hrsg.), Mehrheitsprinzip, Konsens und Verfassung, Heidelberg 1986, S. 61–77.

Benda, Ernst/Klein, Eckart: Verfassungsprozeßrecht. Ein Lehr- und Handbuch, 2. Aufl., Heidelberg 2001.

Benz, Arthur: Abstimmungsverfahren im Bundesrat, in: Kommission von Bundestag und Bundesrat zur Modernisierung der bundesstaatlichen Ordnung (Hrsg.), Kommissionsdrucksache 0086, o. O. u. J., S. 1–4.

Berg, Hans-Joachim: Der Verteidigungsausschuß des Deutschen Bundestages, München 1982.

Berg, Wilfried: Die Verwaltung des Mangels, in: Der Staat 15 (1976), S. 1–30.

Berlit, Uwe: Soll das Volk abstimmen? Zur Debatte über direktdemokratische Elemente im Grundgesetz, in: KritV 76 (1993), S. 318–359.

Bettermann, Karl August: Opposition und Verfassungsrichterwahl, in: Herbert Bernstein/Ulrich Drobnig/Hein Kötz (Hrsg.), Festschrift für Konrad Zweigert zum 70. Geburtstag, Tübingen 1981, S. 723–746.

Blasche, Sebastian: Die Bedeutung des Art. 146 GG n. F. zwanzig Jahre nach der deutschen Wiedervereinigung, in: VR 2010, S. 377–383.

Blome, Thomas: Die „unechte" Vertrauensfrage im schleswig-holsteinischen Landesverfassungsrecht, in: NordÖR 2010, S. 230–233.

Bobbio, Norberto: Die Mehrheitsregel: Grenzen und Aporien (1981), in: Bernd Guggenberger/Claus Offe (Hrsg.), An den Grenzen der Mehrheitsdemokratie: Politik und Soziologie der Mehrheitsregel, Opladen 1984, S. 108–131.

Böckenförde, Ernst-Wolfgang: Demokratie als Verfassungsprinzip, in: Josef Isensee/Paul Kirchhof (Hrsg.), Handbuch des Staatsrechts der Bundesrepublik Deutschland, Bd. 2: Verfassungsstaat, 3. Aufl., Heidelberg 2004, § 24, S. 429–496.

Boehl, Henner Jörg: Verfassunggebung im Bundesstaat. Ein Beitrag zur Verfassungslehre des Bundesstaates und der konstitutionellen Demokratie, Berlin 1997.

Boettcher, Enno/Högner, Reinhard/Spilarewicz, Volkhard: Landeswahlgesetz, Bezirkswahlgesetz und Landeswahlordnung Bayern, 17. Aufl., Stuttgart 2008.

Borowski, Martin: Parlamentsgesetzliche Änderungen volksbeschlossener Gesetze, in: DÖV 2000, S. 481–491.

Brandt, Edmund: Die Bedeutung parlamentarischer Vertrauensregelungen. Dargestellt am Beispiel von Art. 54 WRV und Art. 67, 68 GG, Berlin 1981.

Braun, Klaus: Kommentar zur Verfassung des Landes Baden-Württemberg, Stuttgart 1984.

Bretzinger, Otto N. (Hrsg.): Staats- und Verwaltungsrecht für Baden-Württemberg, Baden-Baden 1991.

v. Brünneck, Alexander/Epting, F. Immanuel: Politische Gestaltungsrechte und Volksabstimmungen, in: Helmut Simon/Dietrich Franke/Michael Sachs (Hrsg.), Handbuch der Verfassung des Landes Brandenburg, Stuttgart 1994, § 22 (S. 339–353).

Bryde, Brun-Otto: Verfassungsentwicklung. Stabilität und Dynamik im Verfassungsrecht der Bundesrepublik Deutschland, Baden-Baden 1982.

Buchstein, Hubertus: Bausteine für eine aleatorische Demokratietheorie, in: Leviathan 37 (2009), S. 327–352.

Buchstein, Hubertus: Demokratie und Lotterie, Frankfurt 2009.

Bücker, Joseph: Verbindung der Vertrauensfrage mit einer Gesetzesvorlage. Spaltung des Abstimmungsergebnisses möglich?, in: ZParl. 3 (1972), S. 292–295.

Bücker, Joseph: Präsident und Präsidium, in: Hans-Peter Schneider/Wolfgang Zeh (Hrsg.), Parlamentsrecht und Parlamentspraxis in der Bundesrepublik Deutschland, Berlin 1989, § 27 (S. 795–807).

Bugiel, Karsten: Volkswille und repräsentative Entscheidung: Zulässigkeit und Zweckmäßigkeit von Volksabstimmungen nach dem Grundgesetz, Baden-Baden 1991.

Bülow, Erich: Die Entstehungsgeschichte des Art. 146 GG n.F., in: Klaus Stern (Hrsg.), Deutsche Wiedervereinigung. Die Rechtseinheit, Bd. I: Eigentum – Neue Verfassung – Finanzverfassung, Köln 1991, S. 49–53.

Burkiczak, Christian: Kanzlerwahl, Misstrauensvotum und Vertrauensfrage, in: Jura 2002, S. 465–468.

Burkiczak, Christian: Die verfassungsrechtlichen Grundlagen der Wahl des Deutschen Bundestages, in: JuS 2009, S. 805–809.

Bushart, Christoph: Verfassungsänderung in Bund und Ländern, München 1989.

Busse, Volker/Hofmann, Hans: Bundeskanzleramt und Bundesregierung. Aufgaben, Organisation, Arbeitsweise, 5. Aufl., Heidelberg 2010.

Butzer, Hermann: Immunität im demokratischen Rechtsstaat – Verfassungsgrundlagen und Parlamentspraxis des Deutschen Bundestages, Berlin 1991.

Butzer, Hermann: Der Bereich des schlichten Parlamentsbeschlusses. Ein Beitrag insbesondere zur Frage der Substitution des förmlichen Gesetzes durch schlichten Parlamentsbeschluß, in: AöR 119 (1994), S. 61–106.

Carstens, Christoph: Satzungsrecht und Mehrheitsprinzip in der Wohnungseigentümergemeinschaft, Frankfurt 2010.

Caspar, Johannes/Ewer, Wolfgang/Nolte, Martin/Waack, Hans-Jochen (Hrsg.): Verfassung des Landes Schleswig-Holstein, Kiel 2006.

Classen, Claus Dieter: Legitime Stärkung des Bundestages oder verfassungsrechtliches Prokrustesbett?, in: JZ 2009, S. 881–889.

Condorcet, Marie Jean Nicolas de Caritat: Vie de M. Turgot (1786), in: ders., Œuvres de Condorcet, hrsgg. v. M. F. Arago/A. Condorcet O'Connor, Bd. 5, Paris 1847 (ND 1968), S. 1–233.

Condorcet, Marie Jean Nicolas de Caritat: Lettres d'un bourgeois de New-Haven à un citoyen de Virginie (1787), in: ders., Œuvres de Condorcet, hrsgg. v. M. F. Arago/A. Condorcet O'Connor, Bd. 9, Paris 1847 (ND 1968), S. 3–93.

Condorcet, Marie Jean Nicolas de Caritat: Essai sur la constitution et les fonctions des assemblées provinciales (1788), in: ders., Œuvres de Condorcet, hrsgg. v. M. F. Arago/A. Condorcet O'Connor, Bd. 8, Paris 1847 (ND 1968), S. 115–659.

Condorcet, Marie Jean Nicolas de Caritat: Examen sur cette Question: Est-il utile de diviser une Assemblée Nationale en plusieurs chambres? (1789), in: ders., Œuvres de Condorcet, hrsgg. v. M. F. Arago/A. Condorcet O'Connor, Bd. 9, Paris 1847 (ND 1968), S. 333–364.

Condorcet, Marie Jean Nicolas de Caritat: Réflexions sur ce qui a été fait et sur ce qui reste à faire (1789), in: ders., Œuvres de Condorcet, hrsgg. v. M. F. Arago/A. Condorcet O'Connor, Bd. 9, Paris 1847 (ND 1968), S. 441–468.

Condorcet, Marie Jean Nicolas de Caritat: De la nature des pouvoirs politiques dans une nation libre (1792), in: ders., Œuvres de Condorcet, hrsgg. v. M. F. Arago/A. Condorcet O'Connor, Bd. 10, Paris 1847 (ND 1968), S. 587–613.

Conring, Hans Tjabert: Mehrheit und Verantwortung: die Entscheidungsverwurzelung im Gremium – Zugleich eine Besprechung von BGHZ 83, 35–37, in: ZevKR 54 (2009), S. 76–83.

Cronqvist, Lasse/Jun, Uwe: Verhältniswahl und Partizipation, in: ZPol. 19 (2009), Sonderheft Wahlsystemreform, S. 211–237.

Dach, R. Peter: Das Ausschußverfahren nach der Geschäftsordnung und in der Praxis, in: Hans-Peter Schneider/Wolfgang Zeh (Hrsg.), Parlamentsrecht und Parlamentspraxis in der Bundesrepublik Deutschland, Berlin 1989, § 40 (S. 1103–1130).

Daiber, Birgit: Die Umsetzung des Lissabon-Urteils des Bundesverfassungsgerichts durch Bundestag und Bundesrat, in: DÖV 2010, S. 293–303.

v. Danwitz, Thomas: Qualifizierte Mehrheiten für normverwerfende Entscheidungen des BVerfG?, in: JZ 1996, S. 481–489.

Dästner, Christian/Hoffmann, Josef: Die Geschäftsordnung des Vermittlungsausschusses, Berlin 1995.

De Tocqueville, Alexis: De la Démocratie en Amérique, Bd. 2, Paris 1848.

De Vattel, Emer: Le Droit des gens ou principes de la loi naturelle (1758), eingeleitet von Paul Guggenheim, Tübingen 1959.

Decker, Andreas: Änderung Europäischen Primärrechts und Plebiszit in Deutschland, in: BayVBl. 2011, S. 129–134.

Decker, Frank: Relative statt absolute Mehrheit? Zur Diskussion um die Abstimmungsregeln im Bundesrat, in: RuP 44 (2008), S. 213–216.

Degenhart, Christoph: Direkte Demokratie in den Ländern – Impulse für das Grundgesetz?, in: Der Staat 31 (1992), S. 77–97.

Degenhart, Christoph: Staatsrecht I: Staatsorganisationsrecht, 27. Aufl., Heidelberg 2011.

Degenhart, Christoph/Meissner, Claus (Hrsg.): Handbuch der Verfassung des Freistaates Sachsen, Stuttgart 1997.

Denninger, Erhard/Hoffmann-Riem, Wolfgang/Schneider, Hans-Peter/Stein Ekkehart (Hrsg.): Kommentar zum Grundgesetz für die Bundesrepublik Deutschland (Reihe Alternativkommentare), 3 Bde., 3. Aufl., Neuwied 2001 ff.

Depenheuer, Otto: Zufall als Rechtsprinzip?, in: JZ 1993, S. 171–180.

Deutscher Bundestag (Hrsg.): Bericht der Gemeinsamen Verfassungskommission, Bonn 1993.

Deutscher Bundestag/Bundesarchiv (Hrsg.): Der Parlamentarische Rat 1948–1949. Akten und Protokolle, Boppard am Rhein, Bd. 2: Der Verfassungskonvent auf Herrenchiemsee, bearbeitet von Peter Bucher, 1981; Bd. 14/1: Hauptausschuß, bearbeitet von Michael F. Feldkamp, 2009.

Dichgans, Hans: Vom Grundgesetz zur Verfassung, Düsseldorf 1970.

Dietlein, Max Josef: Der Dispositionsrahmen des Vermittlungsausschusses, in: NJW 1983, S. 80–89.

Dietlein, Max Josef: Vermittlung zwischen Bundestag und Bundesrat, in: Hans-Peter Schneider/Wolfgang Zeh (Hrsg.), Parlamentsrecht und Parlamentspraxis in der Bundesrepublik Deutschland, Berlin 1989, § 57 (S. 1565–1578).

Dolzer, Rudolf/Kahl, Wolfgang/Waldhoff, Christian/Graßhof, Karin (Hrsg.): Bonner Kommentar zum Grundgesetz, 17 Bde., Hamburg 1950–1988, Heidelberg 1989 ff.; Stand: 145. Lieferung April 2010.

Dreier, Horst: Das Majoritätsprinzip im demokratischen Verfassungsstaat, in: ZParl. 17 (1986), S. 94–118.

Dreier, Horst: Einheit und Vielfalt der Verfassungsordnungen im Bundesstaat, in: Karsten Schmidt (Hrsg.), Vielfalt des Rechts – Einheit der Rechtsordnung?, 1994, S. 113–146.

Dreier, Horst: Das Demokratieprinzip des Grundgesetzes, in: Jura 1997, S. 249–257.

Dreier, Horst: Landesverfassungsänderung durch quorenlosen Volksentscheid aus der Sicht des Grundgesetzes, in: BayVBl. 1999, S. 513–523.

Dreier, Horst: Berlin ist nicht Weimar. Das verfassungsrechtliche Problem einer Auflösung des Deutschen Bundestages, in: Neue Zürcher Zeitung Nr. 137 v. 15. Juni 2005, S. 35.

Dreier, Horst: Grundlagen und Grundzüge staatlichen Verfassungsrechts: Deutschland, in: Armin v. Bogdandy/Pedro Cruz Villalón/Peter M. Huber (Hrsg.), Handbuch Ius Publicum Europaeum, Bd. I: Grundlagen und Grundzüge staatlichen Verfassungsrechts, Heidelberg 2007, § 1 (S. 3–85).

Dreier, Horst: Verfassungsänderung, leicht gemacht, in: ZSE 2008, S. 399–407.

Dreier, Horst: Gilt das Grundgesetz ewig? Fünf Kapitel zum modernen Verfassungsstaat, München 2009.

Dreier, Horst: Rechtskolumne. Die drei gängigsten Irrtümer über die Weimarer Reichsverfassung, in: Merkur 63 (2009), Heft 727, S. 1151–1156.

Dreier, Horst (Hrsg.): Grundgesetz-Kommentar, Tübingen, Bd. 1, 2. Aufl. 2004; Bd. 2, 2. Aufl. 2006; Supplementum zu Bd. 2, 2007; Bd. 3, 2. Aufl. 2008; Supplementum zur 2. Aufl., 2010.

Dreier, Horst/Wittreck, Fabian: Repräsentative und direkte Demokratie im Grundgesetz, in: Lars P. Feld u. a. (Hrsg.), Jahrbuch direkte Demokratie 2009, Baden-Baden 2010, S. 11–39.

Driehaus, Hans-Joachim (Hrsg.): Verfassung von Berlin, 3. Aufl., Baden-Baden 2009.

Edinger, Florian: Abwahl einer Schriftführerin nach Austritt aus ihrer Fraktion. Zum Urteil des Verfassungsgerichtshofs des Saarlandes vom 3. Dezember 2007 – Lv 12/07, in: ZParl. 40 (2009), S. 155–160.

Edinger, Florian: Wahl und Besetzung parlamentarischer Gremien: Präsidium, Ältestenrat, Ausschüsse, Berlin 1992.

Ehmke, Horst: Verfassungsänderung und Verfassungsdurchbrechung, in: AöR 40 (1953/54), S. 385–418.

v. Eichborn, Johann-Friedrich: Die Bestimmungen über die Wahl der Bundesverfassungsrichter als Verfassungsproblem, Berlin 1969.

Eisel, Stephan: Plädoyer für die Mehrheitsregel, in: ZParl. 16 (1985), S. 576–580.

Engelken, Klaas: Neugliederung aufgrund von Volksbegehren nach Art. 29 Abs. 4 GG. Was kann das Volk fordern? Für welche Räume kommt ein Volksbegehren in Frage?, in: BayVBl. 1995, S. 556–559.

Engelken, Klaas: Ergänzungsband zu Braun, Kommentar zur Verfassung des Landes Baden-Württemberg, Stuttgart 1997.

Engelken, Klaas: Bayerischer Zipfel. Zugleich ein heiterer Nachklang zu BayVerfGH, BayVBl. 1999, 719, in: BayVBl. 2005, S. 270–271.

Engels, Dieter: Parlamentarische Untersuchungsausschüsse – Grundlagen und Praxis im Deutschen Bundestag, Heidelberg 1989.

Epping, Volker: Die Willensbildung der Bundesregierung und das Einwendungsausschlußverfahren, in: NJW 1992, S. 2605–2608.

Epping, Volker: Die Willensbildung von Kollegialorganen – Am Beispiel der Beschlußfassung der Bundesregierung –, in: DÖV 1995, S. 719–724.

Erbguth, Wilfried: Die Neugliederung des Bundesgebiets: eine Standortbestimmung, in: JZ 2011, S. 433–438.

Erichsen, Hans-Uwe: Die Verfassungsänderung nach Art. 79 GG und der Verfassungsbeschluß nach Art. 146 GG, in: Jura 1992, S. 52–55.

Ernst, Werner: Die Alternative: Neugliederung des Bundesgebiets, in: DVBl. 1991, S. 1024–1031.

Eschenburg, Theodor: Bundesrat – Reichsrat – Bundesrat, in: Bundesrat (Hrsg.), Der Bundesrat als Verfassungsorgan und politische Kraft, Bad Honnef 1974, S. 35–62.

Everling, Ulrich: Überlegungen zur Struktur der Europäischen Union und zum neuen Europa-Artikel des Grundgesetzes, in: DVBl. 1993, S. 936–947.

Fach, Wolfgang: Demokratie und Mehrheitsprinzip, in: ARSP 61 (1975), S. 201–222.

Feldkamp, Michael F.: Datenhandbuch zur Geschichte des Deutschen Bundestages 1994 bis 2003, Baden-Baden 2005.

Feuchte, Paul: Die bundesstaatliche Zusammenarbeit in der Verfassungswirklichkeit der Bundesrepublik Deutschland, in: AöR 98 (1978), S. 473–528.

Feuchte, Paul (Hrsg.): Verfassung des Landes Baden-Württemberg, Stuttgart 1987.

Fisahn, Andreas: Direkte Demokratie in Bremen, in: Andreas Kost (Hrsg.), Direkte Demokratie in den deutschen Ländern. Eine Einführung, Wiesbaden 2005, S. 98–112.

Fischer, Mattias G.: Art. 146 GG – Königsweg zur neuen Verfassung oder gegenstandslose Bestimmung im Grundgesetz?, in: MDR 1994, S. 440–441.

Fischer, Thomas: Strafgesetzbuch und Nebengesetze, 58. Aufl., München 2011.

Flaig, Egon: Die Mehrheitsentscheidung. Entstehung und kulturelle Dynamik, Paderborn 2013.

Forsthoff, Ernst: Lehrbuch des Verwaltungsrechts, Bd. I, 10. Aufl., München 1973.

Franke, Harald: Vom Seniorenkonvent des Reichstages zum Ältestenrat des Bundestages, Berlin 1987.

Franke-Polz, Tobias: Direkte Demokratie in Mecklenburg-Vorpommern, in: Andreas Kost (Hrsg.), Direkte Demokratie in den deutschen Ländern. Eine Einführung, Wiesbaden 2005, S. 148–162.

Franke-Polz, Tobias: Direkte Demokratie in Thüringen, in: Andreas Kost (Hrsg.), Direkte Demokratie in den deutschen Ländern. Eine Einführung, Wiesbaden 2005, S. 294–311.

Franz, Thorsten: Die Zukunft der deutschen Bundesstaatlichkeit: Verfassungsrechtliche Vorgaben für einen Systemwandel, in: ZParl. 35 (2004), S. 409–427.

Friauf, Karl Heinrich/Höfling, Wolfram (Hrsg.): Berliner Kommentar zum Grundgesetz, Berlin 2000 ff. (Stand: Januar 2011).

Friesenhahn, Ernst: Die Verfassungsgerichtsbarkeit in der Bundesrepublik Deutschland, Köln 1963.

Frowein, Jochen Abr./Meyer, Hans/Schneider, Peter (Hrsg.): Bundesverfassungsgericht im dritten Jahrzehnt. Symposion zu Ehren von Ernst Friesenhahn anläßlich seines 70. Geburtstages am 8. Januar 1972, Frankfurt 1973.

Fürnberg, Ossip/Knothe, Danko: Wahlsiege ohne Stimmenmehrheit: Auswirkungen von verstärktem „Lagersplitting" auf Mandatsverteilung und Koalitionsoptionen, in: ZParl. 40 (2009), S. 56–74.

Gärtner, Wolfram: Die Bildung des Bundeslandes Berlin-Brandenburg, in: NJW 1996, S. 88–91.

Geiger, Willi: Zur Reform des BVerfG, in: Theodor Maunz (Hrsg.), Vom Bonner Grundgesetz zur gesamtdeutschen Verfassung. Festschrift für Hans Nawiasky, München 1956, S. 211–236.

Geis, Max-Emanuel: Parlamentsausschüsse, in: Josef Isensee/Paul Kirchhof (Hrsg.), Handbuch des Staatsrechts der Bundesrepublik Deutschland, Bd. 3: Demokratie – Bundesorgane, 3. Aufl., Heidelberg 2005, § 54 (S. 853–880).

Geis, Max-Emanuel: Untersuchungsausschuß, in: Josef Isensee/Paul Kirchhof (Hrsg.), Handbuch des Staatsrechts der Bundesrepublik Deutschland, Bd. 3: Demokratie – Bundesorgane, 3. Aufl., Heidelberg 2005, § 55 (S. 881–908).

Gelberg, Karl-Ulrich: Die föderalistische Politik des bayerischen Ministerpräsidenten Dr. Hans Ehard und die Gründung der Bundesrepublik Deutschland 1946–1954, Düsseldorf 1992.

Genßler, Georg: Das d'Hondtsche und andere Sitzverteilungsverfahren aus mathematischer und verfassungsrechtlicher Sicht, Nürnberg 1984.

v. Gierke, Otto: Über die Geschichte des Majoritätsprinzipes, in: Schmollers Jahrbuch 39 (1915), S. 565–587 (S. 7–29).

Gloe, Markus: Direkte Demokratie – Das Beispiel Schweiz, in: Politische Bildung 38 (2005), S. 50–59.

Graf Vitzthum, Wolfgang: Der Spannungs- und der Verteidigungsfall, in: Josef Isensee/Paul Kirchhof (Hrsg.), Handbuch des Staatsrechts der Bundesrepublik Deutschland, Bd. 7, Heidelberg 1992, § 170 (S. 415–454).

Gramm, Christoph: Die Stärkung des Parlaments in der Wehrverfassung. Zu neueren Entscheidungen des Bundesverfassungsgerichts, in: DVBl. 2009, S. 1476–1480.

Grawert, Rolf: Verfassung für das Land Nordrhein-Westfalen, 2. Aufl., Wiesbaden 2008.

Greulich, Susanne: Länderneugliederung und Grundgesetz. Entwicklungsgeschichte und Diskussion der Länderneugliederungsoption nach dem Grundgesetz, Baden-Baden 1995.

Grimm, Christoph/Caesar, Peter (Hrsg.): Verfassung für Rheinland-Pfalz, Baden-Baden 2001.

Groß, Markus: Direktwahl ohne Stichwahl? – Einige Anmerkungen zur demokratischen Legitimation kommunaler Wahlbeamter, in: LKRZ 2010, S. 93–97.

Gruß, Torsten: Direkte Demokratie in Sachsen-Anhalt, in: Andreas Kost (Hrsg.), Direkte Demokratie in den deutschen Ländern. Eine Einführung, Wiesbaden 2005, S. 264–293.

Guggenberger, Bernd: Die neue Macht der Minderheit, in: Bernd Guggenberger/Claus Offe (Hrsg.), An den Grenzen der Mehrheitsdemokratie: Politik und Soziologie der Mehrheitsregel, Opladen 1984, S. 207–223.

Guggenberger, Bernd/Offe, Claus: Politik aus der Basis – Herausforderung der parlamentarischen Demokratie, in: Bernd Guggenberger/Claus Offe (Hrsg.), An den Grenzen der Mehrheitsdemokratie: Politik und Soziologie der Mehrheitsregel, Opladen 1984, S. 8–19.

Gusy, Christoph: Das Mehrheitsprinzip im demokratischen Staat, in: AöR 106 (1981), S. 329–354.

Gusy, Christoph: Parlamentarischer Gesetzgeber und Bundesverfassungsgericht, Berlin 1985.

Gusy, Christoph: Das Parlament als Wahlorgan, Gesetzgeber und Prozeßpartei im Verhältnis zum Bundesverfassungsgericht, in: Hans-Peter Schneider/Wolfgang Zeh (Hrsg.), Parlamentsrecht und Parlamentspraxis in der Bundesrepublik Deutschland, Berlin 1989, § 60 (S. 1619–1656).

Häberle, Peter: Das Mehrheitsprinzip als Strukturelement der freiheitlich-demokratischen Grundordnung, in: JZ 1977, S. 241–245.

Hartmann, Bernd J.: Volksgesetzgebung in Ländern und Kommunen – Eine Synopse der rechtlichen Grundlagen plebiszitärer Sachentscheidungen, in: DVBl. 2001, S. 776–785.

Hartmann, Dieter-Dirk: Volksinitiativen, Frankfurt/Main 1976.

Hasse, Lutz: Volksbegehren in guter Verfassung! Eine Replik auf den Beitrag von Koch/Storr „Das Plebiszit in Thüringen – eine Erfolgsgeschichte?" ThürVBl. 1/2009, S. 5 ff., in: ThürVBl. 2009, S. 73–77.

Hattenhauer, Hans: Zur Geschichte von Konsens- und Mehrheitsprinzip, in: Hans Hattenhauer/Werner Kaltefleiter (Hrsg.), Mehrheitsprinzip, Konsens und Verfassung, Heidelberg 1986, S. 1–22.

Hattenhauer, Hans/Kaltefleiter, Werner: Vorwort, in: Hans Hattenhauer/Werner Kaltefleiter (Hrsg.), Mehrheitsprinzip, Konsens und Verfassung, Heidelberg 1986, S. V–VI.

Häußler, Richard: Der Konflikt zwischen Bundesverfassungsgericht und politischer Führung. Ein Beitrag zu Geschichte und Rechtsstellung des Bundesverfassungsgerichts, Berlin 1994.

Heckel, Martin: Die Legitimation des Grundgesetzes durch das deutsche Volk, in: Josef Isensee/Paul Kirchhof (Hrsg.), Handbuch des Staatsrechts der Bundesrepublik Deutschland, Bd. 8: Die Einheit Deutschlands – Entwicklung und Grundlagen, Heidelberg 1995, § 197 (S. 489–555).

Heinig, Kerstin: Das Selbstauflösungsrecht des Sächsischen Landtages, Frankfurt/Main 2008.

Heinrichs, Johannes: Revolution der Demokratie, Berlin 2003.

Helms, Ludger: Wie entscheidungs- und reformfähig sind demokratische politische Systeme?, in: Horst Dreier/Friedrich Wilhelm Graf/Joachim Jens Hesse (Hrsg.), Staatswissenschaften und Staatspraxis, Baden-Baden 2011, S. 314–331.

Herdegen, Matthias: Strukturen und Institute des Verfassungsrechts der Länder, in: Josef Isensee/Paul Kirchhof (Hrsg.), Handbuch des Staatsrechts der Bundesrepublik Deutschland, Bd. 6: Bundesstaat, 3. Aufl., Heidelberg 2008, § 129 (S. 271–316).

Hermens, Ferdinand A.: Verfassungslehre, 2. Aufl., Köln 1968.

Hermes, Georg: Senat und Kammern, in: Peter Badura/Horst Dreier (Hrsg.), Festschrift 50 Jahre Bundesverfassungsgericht, Tübingen 2001, Bd. 1, S. 725–749.

Hermsdorf, Fred: Demokratieprinzip versus Erfolgswertgleichheit. Verfahren der Mehrheitstreue bei Parlamentswahlen, in: ZParl. 40 (2009), S. 86–95.

Herrmann, Klaus: Die außerparlamentarische Verfassungsänderung in Bayern, in: BayVBl. 2004, S. 513–520.

Herzog, Roman: Art. Mehrheitsprinzip, in: Roman Herzog/Hermann Kunst/Klaus Schlaich/Wilhelm Schneemelcher (Hrsg.), Evangelisches Staatslexikon, 3. Aufl., Stuttgart 1987, Bd. 1, Sp. 2108–2112.

Herzog, Roman: Aufgaben des Bundesrates, in: Josef Isensee/Paul Kirchhof (Hrsg.), Handbuch des Staatsrechts der Bundesrepublik Deutschland, Bd. 3: Demokratie – Bundesorgane, 3. Aufl., Heidelberg 2005, § 58 (S. 965–979).

Herzog, Roman: Zusammensetzung und Verfahren des Bundesrates, in: Josef Isensee/Paul Kirchhof (Hrsg.), Handbuch des Staatsrechts der Bundesrepublik Deutschland, Bd. 3: Demokratie – Bundesorgane, 3. Aufl., Heidelberg 2005, § 59 (S. 981–999).

Hesse, Konrad: Grundzüge des Verfassungsrechts der Bundesrepublik Deutschland, 20. Auflage, Heidelberg 1995.

Heun, Werner: Das Mehrheitsprinzip in der Demokratie, Berlin 1983.

Heun, Werner: Die Stellung des Bundespräsidenten im Licht der Vorgänge um die Auflösung des Bundestages, in: AöR 109 (1984), S. 13–36.

Heun, Werner: Normenkontrolle, in: Peter Badura/Horst Dreier (Hrsg.), Festschrift 50 Jahre Bundesverfassungsgericht, Bd. I: Verfassungsgerichtsbarkeit – Verfassungsprozeß, Tübingen 2001, S. 615–639.

Heun, Werner: Art. Mehrheitsprinzip, Mehrheit, in: Werner Heun/Martin Honecker/Martin Morlok/Joachim Wieland (Hrsg.), Evangelisches Staatslexikon, Neuausgabe, Stuttgart 2006, Sp. 1506–1509.

Heyer, Christian/Liening, Stephan: Enquete-Kommissionen des Deutschen Bundestages, 2. Aufl., Berlin 2004.

Hildebrand, Daniel: Und wenn nein, wie viele?, in: FAZ Nr. 120 v. 27. Mai 2010, S. 32.

Hillgruber, Christian: Die Herrschaft der Mehrheit – Grundlagen und Grenzen des demokratischen Majoritätsprinzips, in: AöR 127 (2002), S. 460–473.

Hillgruber, Christian: Der Nationalstaat in der überstaatlichen Verflechtung, in: Josef Isensee/Paul Kirchhof (Hrsg.), Handbuch des Staatsrechts der Bundesrepublik Deutschland, Bd. 2: Verfassungsstaat, 3. Aufl., Heidelberg 2004, § 32 (S. 929–992).

Hinkel, Karl Reinhard: Verfassung des Landes Hessen, Wiesbaden 1998.

Hirschmüller, Martin: Die Konferenzen der Ministerpräsidenten und Ressortminister der Länder der Bundesrepublik Deutschland, insbesondere die Rechtsnatur ihrer gemeinsamen Beschlüsse, Stuttgart-Zuffenhausen 1967.

Hoffmann-Riem, Wolfgang: Hilfsbeschlußfähigkeit von Kollegialorganen, in: NJW 1978, S. 393–397.

Höfling, Wolfram: Das Institut der Parlamentsauflösung in den deutschen Landesverfassungen, in: DÖV 1982, S. 889–894.

Höfling, Wolfram/Burkiczak, Christian M.: Das Mehrheitsprinzip im deutschen Staatsrecht, in: Jura 2007, S. 561–567.

Hofmann, Hasso: Legitimität und Rechtsgeltung. Verfassungstheoretische Bemerkungen zu einem Problem der Staatslehre und der Rechtsphilosophie, Berlin 1977.

Hofmann, Hasso: Langzeitrisiko und Verfassung. Eine Rechtsfrage der atomaren Entsorgung (1980), in: Hasso Hofmann, Verfassungsrechtliche Perspektiven. Aufsätze aus den Jahren 1980–1994, Tübingen 1995, S. 325–349.

Hofmann-Hoeppel, Jochen: Bürgerbegehren und Bürgerentscheid – Rechtstradition und Rechtspraxis eines plebiszitären Elements unter besonderer Berücksichtigung der Rechtslage in Bayern, in: BayVBl. 2000, S. 577–584 u. 617–623.

Hölscheidt, Sven/Limpert, Martin: Einsatz der Bundeswehr innen und außen, in: JA 2009, S. 86–89.

Hölscheidt, Sven/Menzenbach, Steffi: Referenden in Deutschland und Europa, in: DÖV 2009, S. 777–785.

Holste, Heiko: Alternativ-Stimme statt Stichwahl! Ein Ausweg aus dem kommunalen Direktwahl-Dilemma, in: ZRP 2007, S. 94–96.

Homann, Oliver: Die Zusammenarbeit der Fraktionen im Deutschen Bundestag, Berlin 2005.

Hömig, Dieter (Hrsg.): Grundgesetz für die Bundesrepublik Deutschland, 9. Aufl., Baden-Baden 2010.

Honnacker, Heinz/Grimm Gottfried: Geschäftsordnung der Bundesregierung. Ergänzungsheft, München 1980.

Höpker, Heinrich: Grundlagen, Entwicklung und Problematik des Mehrheitsprinzips und seine Stellung in der Demokratie, Köln 1957.

Hoppe, Werner/Schulte, Martin: Rechtliche Grundlagen und Grenzen für Staatsgebietsgrenzänderungen von neuen Bundesländern, in: DVBl. 1991, S. 1041–1048.

Horn, Hans-Detlef: Mehrheit im Plebiszit. Zur Voraussetzung eines Zustimmungsquorums bei Volks- und Bürgerentscheiden, in: Der Staat 38 (1999), S. 399–422.

Huber, Hans: Die Gesamtänderung der Verfassung. Ansätze für einen Vergleich zwischen Österreich, der Schweiz und der Bundesrepublik Deutschland, in: Horst Ehmke/Joseph H. Kaiser/Wilhelm A. Kewenig/Karl Matthias Meessen/Wolfgang Rüfner (Hrsg.), Festschrift für Ulrich Scheuner zum 70. Geburtstag, Berlin 1973, S. 183–209.

Hüglin, Thomas O.: Tyrannei der Mehrheit. Untersuchungen eines vernachlässigten Aspektes demokratischer Gesellschaftstheorien an Hand der politischen Ideengeschichte, Bern 1977.

Hüller, Thorsten: Herrschaft des Quorums? Ein Vorschlag zur Lösung eines Problems direkter Demokratie, in: ZParl. 37 (2006), S. 823–833.

Ipsen, Jörn: Staatsrecht I. Staatsorganisationsrecht, 16. Aufl. München 2004.

Ipsen, Jörn: Die Bundespräsidentenwahl 2010 – eine Nachlese, in: NdsVBl. 2010, S. 289–294.

Isensee, Josef: Idee und Gestalt des Föderalismus im Grundgesetz, in: Josef Isensee/Paul Kirchhof (Hrsg.), Handbuch des Staatsrechts der Bundesrepublik Deutschland, Bd. 4: Finanzverfassung – Bundesstaatliche Ordnung, Heidelberg 1990, § 98 (S. 517–690).

Isensee, Josef: Braucht Deutschland eine neue Verfassung? Überlegungen zur neuen Schlußbestimmung des Grundgesetzes, Art. 146, Köln 1992.

Isensee, Josef: Verfassungsreferendum mit einfacher Mehrheit. Der Volksentscheid zur Abschaffung des Bayerischen Senats als Paradigma, Heidelberg 1999.

Isensee, Josef: Vom Stil der Verfassung, Opladen 1999.

Isensee, Josef: Volksgesetzgebung – Vitalisierung oder Störung der parlamentarischen Demokratie? Zu den Grenzen der Weitung des plebiszitären Potenzials in der Thüringer Verfassung, in: DVBl. 2001, S. 1161–1170.

Isensee, Josef: Idee und Gestalt des Föderalismus im Grundgesetz, in: Josef Isensee/Paul Kirchhof (Hrsg.), Handbuch des Staatsrechts der Bundesrepublik Deutschland, Bd. 6: Bundesstaat, 3. Aufl., Heidelberg 2008, § 126 (S. 3–199).

Isensee, Josef: Demokratie ohne Volksabstimmung: das Grundgesetz, in: Bonner Rechtsjournal, Sonderausgabe 1/2009, S. 10–15.

Ismayr, Wolfgang: Parlamentarismus in Deutschland, 1998.

Ismayr, Wolfgang: Der Deutsche Bundestag, 2. Aufl., Opladen 2001.

Ismayr, Wolfgang: Bundestagspräsident und Präsidium, 3. Aufl., Berlin 2004.

Ismayr, Wolfgang: Ausschüsse, in: Deutscher Bundestag (Hrsg.), Stichwort, 2. Aufl., Berlin 2004.

Iwers, Steffen Johann: Entstehung, Bindungen und Ziele der materiellen Bestimmungen der Landesverfassung Brandenburg, Aachen 1998.

Jäger, Wolfgang: Art. Mehrheit, Mehrheitsprinzip, in: Staatslexikon. Recht-Wirtschaft-Gesellschaft, herausgegeben von der Görres-Gesellschaft, 7. Aufl., Freiburg 1985 ff., Bd. III, Sp. 1082–1085.

Jäger, Wolfgang: Art. Mehrheit, Minderheit, Majorität, Minorität, in: Geschichtliche Grundbegriffe, Bd. 3, Stuttgart 1982, S. 1021–1062.

Jakobs, Günther: Zur Stabilität von Konsens und zur Stabilisierung durch Konsens, in: Hans Hattenhauer/Werner Kaltefleiter (Hrsg.), Mehrheitsprinzip, Konsens und Verfassung, Heidelberg 1986, S. 23–60.

Jarass, Hans D./Pieroth, Bodo: Grundgesetz für die Bundesrepublik Deutschland. Kommentar, 11. Aufl. München 2010.

Jekewitz, Jürgen: Parlamentsausschüsse und Ausschußberichterstattung, in: Der Staat 25 (1986), S. 399–424.

Jekewitz, Jürgen: Wie im Bundesrat abgestimmt werden sollte. Eine Erwiderung auf Frank Decker, in: RuP 45 (2009), S. 23–28.

Jellinek, Walter: Das einfache Reichsgesetz, in: Gerhard Anschütz/Richard Thoma, Handbuch des Deutschen Staatsrechts, Bd. 2, Tübingen 1932, § 72 (S. 160–182).

Jellinek, Walter: Das verfassungsändernde Reichsgesetz, in: Gerhard Anschütz/Richard Thoma, Handbuch des Deutschen Staatsrechts, Bd. 2, Tübingen 1932, § 73 (S. 182–189).

Jellinek, Walter: Kabinettsfrage und Gesetzgebungsnotstand nach dem Bonner Grundgesetz, in: DÖV 1949, S. 381–385.

Jellinek, Walter: Kabinettsfrage und Gesetzgebungsnotstand nach dem Bonner Grundgesetz, in: VVDStRL 8 (1950), S. 3–19.

Jülich, Christian: Die Wahl des Bundespräsidenten, in: DÖV 1969, S. 92–97.

Jünemann, Klaus: Gesetzgebungskompetenz für den Strafvollzug im föderalen System der Bundesrepublik Deutschland. Eine Analyse anlässlich der Föderalismusreform 2006 unter besonderer Berücksichtigung der Ziele und Aufgaben des Strafvollzugs, Frankfurt/Main 2012.

Jung, Otmar: „Die rebellierende Vertretung“ (H. Nawiasky). Darf das Parlament ein vom Volk beschlossenes Gesetz (ohne weiteres) kassieren? Zum Vorgehen des Schleswig-Holsteinischen Landtags im September 1999 (Fall „Rechtschreibreform“), in: Andreas Bovenschulte/Henning Grub/Franziska Alice Löhr/Matthias von Schwanenflügel/Wiebke Wietschel (Hrsg.), Demokratie und Selbstverwaltung in Europa. Festschrift für Dian Schefold zum 65. Geburtstag, Baden-Baden 2001, S. 145–168.

Jung, Otmar: Direkte Demokratie und Föderalismus. Die grundsätzliche Mitwirkung der Länder bei der Volksgesetzgebung im Bund, in: Stefan Brink/Heinrich Amadeus Wolff (Hrsg.), Gemeinwohl und Verantwortung. Festschrift für Hans Herbert von Arnim zum 65. Geburtstag, Berlin 2004, S. 353–365.

Jung, Otmar: Direkte Demokratie auf Landes- und Kommunalebene, in: Politische Bildung 38 (2005), S. 24–39.

Jung, Otmar: Grundsatzfragen der direkten Demokratie, in: Andreas Kost (Hrsg.), Direkte Demokratie in den deutschen Ländern. Eine Einführung, Wiesbaden 2005, S. 312–366.

Jung, Otmar: Große dogmatische Darstellung der direkten Demokratie in den Bundesländern (Rezension zu *Johannes Rux*: Direkte Demokratie in Deutschland. Rechtsgrundlagen und Rechtswirklichkeit der unmittelbaren Demokratie in der Bundesrepublik Deutschland und ihren Ländern, Baden-Baden 2008), in: ZParl. 40 (2009), S. 474–476.

Jürgens, Gunther/Rehmet, Frank: Direkte Demokratie in den Bundesländern – Ein Überblick, in: Hermann K. Heußner/Otmar Jung (Hrsg.), Mehr direkte Demokratie wagen. Volksentscheid und Bürgerentscheid: Geschichte. Praxis. Vorschläge, 2. Aufl., München 2009, S. 197–233.

Jutzi, Siegfried: Demokratische und bundesstaatliche Probleme kleinerer Gebietsänderungen. Zur Auslegung von Art. 29 Abs. 7 und 8 GG, in: BayVBl. 1997, S. 97–99.

Kaltefleiter, Werner: Die Grenzen der Demokratie, in: Hans Hattenhauer/Werner Kaltefleiter (Hrsg.), Mehrheitsprinzip, Konsens und Verfassung, Heidelberg 1986, S. 137–150.

Kämmerer, Jörn Axel: Muss Mehrheit immer Mehrheit bleiben? Über die Kontroversen um die Besetzung des Vermittlungsausschusses, in: NJW 2003, S. 1166–1168.

Kaufmann, Matthias: Mehrheitsregel und Minderheitenschutz, in: Soraya Nour (Hrsg.), The Minority Issue: Law and the Crisis of Representation, Berlin 2009, S. 343–356.

Kelsen, Hans: Wesen und Entwicklung der Staatsgerichtsbarkeit, in: VVDStRL 5 (1929), S. 30–88.

Kelsen, Hans: Vom Wesen und Wert der Demokratie, 2. Aufl., Tübingen 1929 (Nachdruck: Aalen 1963).

Kelsen, Hans: Die Illusion der Gerechtigkeit. Eine kritische Untersuchung der Sozialphilosophie Platons, hrsgg. v. Kurt Ringhofer und Robert Walter, Wien 1985.

Kemmler, Klaus: Die Abstimmungsmethode des Deutschen Bundestages, Tübingen 1969.

Kempen, Bernhard: Bayerisches Verfassungsrecht, in: Ulrich Becker/Dirk Heckmann/Bernhard Kempen/Gerrit Manssen, Öffentliches Recht in Bayern, 4. Aufl., München 2008, S. 1–72.

Keunecke, Ulrich: Die gescheiterte Neugliederung Berlin-Brandenburg, Berlin 2001.

Kischel, Uwe: Amt, Unbefangenheit und Wahl der Bundesverfassungsrichter, in: Josef Isensee/Paul Kirchhof (Hrsg.), Handbuch des Staatsrechts der Bundesrepublik Deutschland, Bd. 3: Demokratie – Bundesorgane, 3. Aufl., Heidelberg 2005, § 69 (S. 1233–1283).

Kißler, Leo: Parlamentsöffentlichkeit: Transparenz und Artikulation, in: Hans-Peter Schneider/Wolfgang Zeh (Hrsg.), Parlamentsrecht und Parlamentspraxis in der Bundesrepublik Deutschland, Berlin 1989, § 36, S. 993–1020.

Klein, Hans Hugo: Indemnität und Immunität, in: Hans-Peter Schneider/Wolfgang Zeh (Hrsg.), Parlamentsrecht und Parlamentspraxis in der Bundesrepublik Deutschland, Berlin 1989, § 17, S. 555–592.

Klemmert, Oskar: Die Bildung und Veränderung der Bundesregierung nach dem Bonner Grundgesetz, Würzburg 1952.

Klink, Dieter: Bemerkungen zur Rolle von Parlamentspräsidenten in Politik und Gesellschaft, in: ZParl. 12 (1981), S. 436–437.

Kloepfer, Michael: Verfassungsänderung statt Verfassungsreform. Zur Arbeit der Gemeinsamen Verfassungskommission, Berlin 1995.

Kloepfer, Michael: Öffentliche Meinung, Massenmedien, in: Josef Isensee/Paul Kirchhof (Hrsg.), Handbuch des Staatsrechts der Bundesrepublik Deutschland, Bd. 3: Demokratie – Bundesorgane, 3. Aufl., Heidelberg 2005, § 42 (S. 389–424).

Kloepfer, Michael/Schärdel, Florian: Die Perspektiven der Volksgesetzgebung. Rechtsprobleme der künftigen Gestaltung von Volksentscheiden insbesondere am Beispiel Berlins, in: DVBl. 2008, S. 1333–1340.

Kluth, Winfried: Der Vermittlungsausschuß, in: Josef Isensee/Paul Kirchhof (Hrsg.), Handbuch des Staatsrechts der Bundesrepublik Deutschland, Bd. 3: Demokratie – Bundesorgane, 3. Aufl., Heidelberg 2005, § 60 (S. 1001–1029).

Knemeyer, Franz-Ludwig: Bayerisches Kommunalrecht, 12. Aufl., Stuttgart 2007.

Knöpfle, Franz: Richterbestellung und Richterbank bei den Landesverfassungsgerichten, in: Christian Starck/Klaus Stern (Hrsg.), Landesverfassungsgerichtsbarkeit, Teilband I: Geschichte, Organisation, Rechtsvergleichung, Baden-Baden 1983, S. 231–283.

Knöpfle, Franz: Zur Neuordnung der Organisation der Verfassungsgerichtsbarkeit in Bayern, in: VerwArch. 83 (1992), S. 213–228.

Koch, Michael H./Storr, Stefan: Das Plebiszit in Thüringen – eine Erfolgsgeschichte? Zur Entwicklung der sachunmittelbaren Demokratie in Thüringen, in: ThürVBl. 2009, S. 5–11.

Köchling, Peter: Verfassungsrechtliche Fragen, in: Wulf Damkowski (Hrsg.), Der parlamentarische Untersuchungsausschuß. Ein Handbuch für Wissenschaft und Praxis, Frankfurt/Main 1987, S. 23–31.

Köhler, Gerd Michael: Die staatsrechtliche Stellung des Präsidenten des Bayerischen Landtags, in: BayVBl. 1988, S. 33–40.

Köhler, Michael: Die Rechtsstellung der Parlamentspräsidenten in den Ländern der Bundesrepublik Deutschland und ihre Aufgaben im parlamentarischen Geschäftsgang, Berlin 2000.

Kopp, Max: Die Geltung des Mehrheitsprinzips in eidgenössischen Angelegenheiten vom 13. Jahrhundert bis 1848 in seiner Bedeutung für die alte Eidgenossenschaft, Winterthur 1959.

Kost, Andreas (Hrsg.): Direkte Demokratie in den deutschen Ländern. Eine Einführung, Wiesbaden 2005.

Kratzer, Jakob: Zustimmungsgesetze, in: AöR 38 (1951/52), S. 266–283.

Kratzer, Jakob: Parlamentsbeschlüsse, ihre Wirkung und Überprüfung, in: BayVBl. 1966, S. 365–370 u. 408–413.

Kraut, Stephan: Das Mehrheitsprinzip, in: Democracy in Politics and Social Life, Zürich 1997.

Kreuzer, Arthur: Zuständigkeitsübertragungen bei Verfassungsrichterwahlen und Immunitätsentscheidungen des Deutschen Bundestages, in: Der Staat 7 (1968), S. 183–206.

Kriele, Martin: Eine Sprengladung unter dem Fundament des Grundgesetzes, in: Die Welt Nr. 190 v. 16. August 1990, S. 5.

Kröger, Klaus: Richterwahl, in: Christian Starck (Hrsg.), Bundesverfassungsgericht und Grundgesetz. Festgabe aus Anlaß des 25jährigen Bestehens des Bundesverfassungsgerichts, Bd. 1, Tübingen 1976, S. 76–103.

Kröning, Volker/Pottschmidt, Günter/Preuß, Ulrich K./Rinken, Alfred (Hrsg.): Handbuch der Bremischen Verfassung, Baden-Baden 1991.

Kruis, Konrad: Die Stellung des Landtags in den Gesetzgebungsverfahren zur Änderung der Verfassung des Freistaates Bayern, in: BayVBl. 1973, S. 509–515 u. 550–553.

Krüper, Julian: Das Glück der größten Zahl – Zum Mehrheitsprinzip als Funktionsregel im Verfassungsstaat, in: ZJS 2009, S. 477–486.

Krüper, Julian: Kommunale Stichwahlen als demokratisches Wettbewerbsverbot. Zugleich eine Anmerkung zum Urteil des Verfassungsgerichtshofs Nordrhein-Westfalen vom 26. Mai 2009 (02/09), in: DÖV 2009, S. 758–764.

Kühling, Jürgen: Volksgesetzgebung und Grundgesetz – „Mehr direkte Demokratie wagen"?, in: JuS 2009, S. 777–783.

Künzel, Werner: Direkte Demokratie in Brandenburg, in: Andreas Kost (Hrsg.), Direkte Demokratie in den deutschen Ländern. Eine Einführung, Wiesbaden 2005, S. 75–97.

Kunzmann, Bernd/Haas, Michael/Bartlitz, Uwe/Baumann-Hasske, Harald: Die Verfassung des Freistaates Sachsen, Berlin 1993.

Lambrecht, Christoph: Die Stimmenthaltung bei Abstimmungen und die Nein-Stimme bei Wahlen, Frankfurt 1988.

Lang, Joachim: Spiegelbildlichkeit versus Mehrheitsprinzip, in: NJW 2005, S. 189–191.

Lange, Klaus/Jobs, A. Thorsten: Brauchen wir eine Verfassungsreform? Vom Beruf unserer Zeit zur Landesverfassungsgesetzgebung, in: Hans Eichel/Klaus Peter Möller (Hrsg.), 50 Jahre Verfassung des Landes Hessen. Eine Festschrift, Wiesbaden 1997, S. 445–476.

Langheid, Theo: Das qualifizierte Mehrheitswahlrecht, in: ZRP 1995, S. 94–99.

Lechner, Hans/Zuck, Rüdiger: Bundesverfassungsgerichtsgesetz. Kommentar, 6. Aufl., München 2011.

Leibholz, Gerhard/Hesselberger, Dieter: Die Stellung des Bundesrates und das demokratische Parteiensystem in der Bundesrepublik Deutschland, in: Bundesrat (Hrsg.), Der Bundesrat als Verfassungsorgan und politische Kraft, Bad Honnef 1974, S. 99–113.

Lemke-Müller, Sabine: Abgeordnete im Parlament: zur Parlamentskultur des Deutschen Bundestages in den neunziger Jahren, Rheinbreitbach 1999.

Lenski, Sophie-Charlotte: Paradoxien der personalisierten Verhältniswahl, in: AöR 134 (2009), S. 473–512.

Lenz, Carl Otto: Notstandsverfassung des Grundgesetzes. Kommentar, Frankfurt/Main 1971.

Lewald, Walter: Enquêterecht und Aufsichtsrecht. Eine verfassungskritische Studie, in: AöR 5 (1923), S. 269–326.

Ley, Richard: Die Auflösung der Parlamente im deutschen Verfassungsrecht, in: ZParl. 12 (1981), S. 367–377.

Ley, Richard: Die Wahl der Ministerpräsidenten in den Bundesländern. Rechtslage und Staatspraxis, in: ZParl. 41 (2010), S. 390–420.

Ley, Richard: Die Wahl der Ministerpräsidenten in Hessen, Rheinland-Pfalz und dem Saarland – Rechtslage und Staatspraxis, in: LKRZ 2011, S. 81–88.

Lieber, Hasso/Iwers, Steffen Johann/Ernst, Martina: Verfassung des Landes Brandenburg, Wiesbaden 2003.

Limbach, Jutta: Zur Wahl der Richter und Richterinnen des Bundesverfassungsgerichts, in: Matthias Herdegen/Hans Hugo Klein/Hans-Jürgen Papier/Rupert Scholz (Hrsg.), Staatsrecht und Politik. Festschrift für Roman Herzog zum 75. Geburtstag, München 2009, S. 273–279.

Linck, Joachim/Jutzi, Siegfried/Hopfe, Jörg: Die Verfassung des Freistaats Thüringen, Stuttgart 1994.

Linn, Susanne/Sobolewski, Frank: So arbeitet der Deutsche Bundestag. Organisation und Arbeitsweise – Die Gesetzgebung des Bundes, 23. Aufl., Rheinbreitbach 2010.

Lipinski, Uwe: Die Mehrheitsverhältnisse bei der Verfassungsrevision nach Art. 74 Abs. 4 BV, in: BayVBl. 2010, S. 589–594.

Litten, Rainer/Wallerath, Maximilian (Hrsg.): Verfassung des Landes Mecklenburg-Vorpommern, Baden-Baden 2007.

Locke, John: Zwei Abhandlungen über die Regierung, herausgegeben und eingeleitet von Walter Euchner, 6. Aufl., Frankfurt 1995.

Lorz, Ralph Alexander: Die Gefahr der Stimmengleichheit. Ein wenig beachteter Sprengsatz in der Konstruktion des BVerfG, in: ZRP 2003, S. 36–39.

Lovens, Sebastian: Der Bundestag zwischen Wahl und Entsendung zu seinem Präsidium: die Causa *Bisky*, in: ZParl. 39 (2008), S. 18–29.

Löwer, Wolfgang/Tettinger, Peter J.: Kommentar zur Verfassung des Landes Nordrhein-Westfalen, Stuttgart 2002.

Lüchinger, Stephan: Das politische Denken von Condorcet (1743–1794), Bern 2002.

Ludwig, Matthias: Trend oder Traum? Direkte Demokratie in Deutschland. Eine aktuelle Analyse am Beispiel der Bundesländer Bayern und Hamburg, Saarbrücken 2008.

Luhmann, Niklas: Legitimation durch Verfahren, Frankfurt/Main 1969 (unveränderter Nachdruck 1983).

Magiera, Siegfried: Parlament und Staatsleitung in der Verfassungsordnung des Grundgesetzes, Berlin 1979.

Mahnke, Hans Heinrich: Die Verfassung des Landes Sachsen-Anhalt, Berlin 1993.

Mahrenholz, Ernst Gottfried: Zur Änderung des durch Volksbegehren angenommenen Hamburgischen Wahlrechts in derselben Wahlperiode, in: NordÖR 2007, S. 11–18.

Maibaum, Achim: Der Ältestenrat des Deutschen Bundestages, Bochum 1986.

Majer, Diemut: Die Auswahl der Verfassungsrichter in Westeuropa und in den USA, in: Guido Jenny/Walter Kälin (Hrsg.), Die schweizerische Rechtsordnung in ihren internationalen Bezügen, Bern 1988, S. 161–227.

Majer, Diemut: Die Angst der Regierenden vor dem Volk, in: Hans Herbert v. Arnim, Direkte Demokratie. Beiträge auf dem 3. Speyerer Demokratieforum vom 27. bis 29. Oktober 1999 an der Deutschen Hochschule für Verwaltungswissenschaften Speyer, Berlin 2000, S. 27–50.

v. Mangoldt, Hermann/Klein, Friedrich: Das Bonner Grundgesetz, 2. Aufl., Berlin 1957 ff. (Bd. I: 1957; Bd. II: 1964; Bd. III: 1974).

v. Mangoldt, Hermann/Klein, Friedrich/Starck, Christian (Hrsg.): Das Bonner Grundgesetz, 3 Bde., 5. Aufl., München 2005.

Manow, Philip/Nistor, Martina: Wann ist ein Listenplatz sicher? Eine Untersuchung der Bundestagswahlen 1953 bis 2002, in: ZParl. 40 (2009), S. 603–620.

Martens, Rolf: Die Ministerpräsidentenkonferenzen, Würzburg 2003.

Masing, Johannes: Zwischen Kontinuität und Diskontinuität: Die Verfassungsänderung, in: Der Staat 44 (2005), S. 1–17.

Maunz, Theodor: Rechtsstellung der Mandatsträger, in: Bundesrat (Hrsg.): Der Bundesrat als Verfassungsorgan und politische Kraft, Bad Honnef 1974, S. 193–211.

Maunz, Theodor/Dürig, Günther u. a. (Hrsg.): Grundgesetz, 6 Bde., München 1962 ff. (Stand: 61. Ergänzungslieferung Januar 2011).

Maunz, Theodor/Schmidt-Bleibtreu, Bruno/Klein, Franz/Bethge, Herbert (Hrsg.): Bundesverfassungsgerichtsgesetz. Kommentar, 2 Bde., 2. Aufl. München 1985 ff. (Stand 34. Ergänzungslieferung Januar 2011).

Maurer, Hartmut: Staatsrecht I. Grundlagen, Verfassungsorgane, Staatsfunktionen, 6. Aufl., München 2010.

Mayer-Maly, Theo: Kann Mehrheit alles?, in: Herbert Haller/Christian Kopetzki/Richard Novak u. a. (Hrsg.), Staat und Recht. Festschrift für Günther Winkler, Wien 1997, S. 639–643.

Mayntz, Gregor: Dienst und Verantwortung für das Ganze: Das Präsidium des Deutschen Bundestages, in: Deutscher Bundestag (Hrsg.), Das Präsidium des Deutschen Bundestages, Berlin 2007, S. 2–7.

Meerkamp, Frank: Die Bedeutung von Eintragungsfristen beim Volksbegehren im Rahmen der Volksgesetzgebungsverfahren in den deutschen Ländern, in: ZParl. 41 (2010), S. 579–598.

Mehlhorn, Lutz: Der Bundespräsident der Bundesrepublik Deutschland und der Republik Österreich, Baden-Baden 2010.

Meinzolt, Friedrich: Die Stellung des Landtags in den Gesetzgebungsverfahren zur Änderung der Verfassung des Freistaats Bayern, in: BayVBl. 1974, S. 41–42.

Meissner, Claus: Der Landtag, in: Christoph Degenhart/Claus Meissner (Hrsg.), Handbuch der Verfassung des Freistaats Sachsen, 1997, § 10 (S. 291–324).

Meissner, Claus: Die Staatsregierung, in: Christoph Degenhart/Claus Meissner (Hrsg.), Handbuch der Verfassung des Freistaats Sachsen, 1997, § 11 (S. 325–356).

Meissner, Claus: Gesetzgebung, in: Christoph Degenhart/Claus Meissner (Hrsg.), Handbuch der Verfassung des Freistaats Sachsen, 1997, § 13 (S. 365–398).

Mels, Philipp: Bundesverfassungsgericht und Conseil constitutionnel. Ein Vergleich der Verfassungsgerichtsbarkeit in Deutschland und Frankreich im Spannungsfeld zwischen der Euphorie für die Krönung des Rechtsstaates und der Furcht vor einem „gouvernement des juges", München 2003.

Meyer, Hans: Demokratische Wahl und Wahlsystem, in: Josef Isensee/Paul Kirchhof (Hrsg.), Handbuch des Staatsrechts der Bundesrepublik Deutschland, Bd. 3: Demokratie – Bundesorgane, 3. Aufl., Heidelberg 2005, § 45 (S. 521–542).

Meyer-Goßner, Lutz: Strafprozessordnung. Gerichtsverfassungsgesetz, Nebengesetze und ergänzende Bestimmungen, 54. Aufl., München 2011.

Meyer-Teschendorf, Klaus G.: Territoriale Neugliederung nicht nur durch Bundesgesetz, sondern auch durch Staatsvertrag, in: DÖV 1993, S. 889–895.

Moelle, Henning: Der Verfassungsbeschluß nach Artikel 146 Grundgesetz, Paderborn 1996.

Möller, Hauke: Die verfassunggebende Gewalt des Volkes und die Schranken der Verfassungsrevision. Eine Untersuchung zu Art. 97 Abs. 3 GG und zur verfassunggebenden Gewalt nach dem Grundgesetz, Berlin 2004.

Morlok, Martin: Demokratie und Wahlen, in: Peter Badura/Horst Dreier (Hrsg.), Festschrift 50 Jahre Bundesverfassungsgericht, Tübingen 2001, Bd. 2, S. 559–608.

Morlok, Martin: Wahlrecht auf dem Prüfstand der Verfassungsgerichtsbarkeit: Zwei Entscheidungen des LVerfG Schleswig-Holstein, in: JZ 2011, S. 234–241.

Morstein-Marx, Fritz: Beiträge zum parlamentarischen Minderheitenschutz, Hamburg 1924.

Müller-Plantenberg, Urs: Mehrheit und Minderheiten zwischen Macht und Markt. Formen der Abwertung des Mehrheitsprinzips (1982), in: Bernd Guggenberger/Claus Offe (Hrsg.), An den Grenzen der Mehrheitsdemokratie: Politik und Soziologie der Mehrheitsregel, Opladen 1984, S. 297–310.

Münch, Fritz: Die Bundesregierung, Frankfurt/Main 1954.

v. Münch, Ingo/Kunig, Philip (Hrsg.): Grundgesetz-Kommentar, München, Bd. 1, 5. Aufl. 2000, Bd. 2, 4./5. Aufl. 2001, Bd. 3, 4./5. Aufl. 2002.

v. Mutius, Albert (Hrsg.): Kommentar zur Landesverfassung Schleswig-Holstein, Kiel 1995.

Nawiasky, Hans/Schweiger, Karl/Knöpfle, Franz (Hrsg.): Die Verfassung des Freistaates Bayern, 13. Aufl., München 2008, Stand: 14. Lieferung Juli 2008.

Nettesheim, Martin: Die Aufgaben des Bundespräsidenten, in: Josef Isensee/Paul Kirchhof (Hrsg.), Handbuch des Staatsrechts der Bundesrepublik Deutschland, Bd. 3: Demokratie – Bundesorgane, 3. Aufl., Heidelberg 2005, § 62 (S. 1073–1103).

Nettesheim, Martin: Die Bundesversammlung und die Wahl des Bundespräsidenten, in: Josef Isensee/Paul Kirchhof (Hrsg.), Handbuch des Staatsrechts der Bundesrepublik Deutschland, Bd. 3: Demokratie – Bundesorgane, 3. Aufl., Heidelberg 2005, § 63 (S. 1105–1113).

Neumann, Heinzgeorg: Die Verfassung der Freien Hansestadt Bremen, Stuttgart 1996.

Neumann, Heinzgeorg: Die Niedersächsische Verfassung, 3. Aufl., Stuttgart 2000.

Nicolaus, Helmut: Demokratie, Verhältniswahl & Überhangmandate. Eine Studie zum Wahlverfassungsrecht, Heidelberg 1995.

Nohlen, Dieter: Wahlsysteme der Welt. Daten und Analysen, München 1978.

Nohlen, Dieter: Wahlrecht und Parteiensystem. Zur Theorie und Empirie der Wahlsysteme, 6. Aufl., Opladen 2009.

Oeverhaus, Burghard: Der parlamentarische Untersuchungsausschuss. Eine Untersuchung seiner Funktion am Beispiel von politisch-ökonomischen Skandalen in Berlin, Berlin 2006.

Offe, Claus: Politische Legitimation durch Mehrheitsentscheidung?, in: Bernd Guggenberger/Claus Offe (Hrsg.), An den Grenzen der Mehrheitsdemokratie: Politik und Soziologie der Mehrheitsregel, Opladen 1984, S. 150–183.

Oldiges, Martin: Die Bundesregierung als Kollegium, Hamburg 1983.

Oldiges, Martin: Parlamentarische und plebiszitäre Gesetzgebung, in: Mitglieder der Juristenfakultät (Hrsg.), Festschrift der Juristenfakultät zum 600jährigen Bestehen der Universität Leipzig, Berlin 2009, S. 529–549.

Oppermann, Thomas: Das parlamentarische Regierungssystem des Grundgesetzes, in: VVDStRL 33 (1975), S. 7–58.

Ossenbühl, Fritz: Probleme der Verfassungsreform in der Bundesrepublik Deutschland, in: DVBl. 1992, S. 468–477.

Ossenbühl, Fritz: Verfahren der Gesetzgebung, in: Josef Isensee/Paul Kirchhof (Hrsg.), Handbuch des Staatsrechts der Bundesrepublik Deutschland, Bd. 3: Das Handeln des Staates, Heidelberg 1996, § 63 (S. 351–385).

Patzelt, Werner J.: Direkte Demokratie in Sachsen, in: Andreas Kost (Hrsg.), Direkte Demokratie in den deutschen Ländern. Eine Einführung, Wiesbaden 2005, S. 246–263.

Paudtke, Bernt: Das mehrheitsunfähige Parlament im Verfassungssystem des Grundgesetzes, Frankfurt/Main 2005.

Paulus, Petra: Direkte Demokratie in Rheinland-Pfalz, in: Andreas Kost (Hrsg.), Direkte Demokratie in den deutschen Ländern. Eine Einführung, Wiesbaden 2005, S. 204–227.

Peine, Franz-Joseph: Volksbeschlossene Gesetze und ihre Änderung durch den parlamentarischen Gesetzgeber, in: Der Staat 18 (1979), S. 375–401.

Pestalozza, Christian: Das neue Gesetz über den Bayerischen Verfassungsgerichtshof, in: NVwZ 1991, S. 1059–1062.

Pestalozza, Christian: Verfassungsprozeßrecht, 3. Auflage, München 1991.

Pfitzer, Albert: Organisation des Bundesrates, in: Bundesrat (Hrsg.), Der Bundesrat als Verfassungsorgan und politische Kraft, Bad Honnef 1974, S. 173–191.

Pieper, Stefan Ulrich: Verfassungsrichterwahlen. Die Besetzung der Richterbank des Bundesverfassungsgerichts und die Besetzung des Europäischen Gerichtshofes sowie des Europäischen Gerichtshofes für Menschenrechte und des Internationalen Gerichtshofes mit deutschen Kandidaten, Berlin 1998.

Pieroth, Bodo: Das Demokratieprinzip des Grundgesetzes, in: JuS 2010, S. 473–481.

Pieroth, Bodo/Schlink, Bernhard: Staatsrecht II: Grundrechte, 27. Aufl., Heidelberg 2011.

Pietzcker, Jost/Pallasch, Dirk: Verfassungswidrige Bundesverfassungsrichterwahl? – Ein Bericht über eine öffentlichrechtliche Hausarbeit, in: JuS 1995, S. 511–516.

Pietzner, Rainer: Grundgedanken, Entwicklung und Gegenwartsprobleme des parlamentarischen Regierungssystems in Deutschland, in: JA 1972, S. 453–464.

Platter, Julia: Das parlamentarische Untersuchungsverfahren vor dem Bundesverfassungsgericht. Eine Betrachtung zum Rechtsschutz vor und nach dem Erlaß des Gesetzes zur Regelung des Rechts der Untersuchungsausschüsse des Deutschen Bundestages (PUAG) und in Thüringen, Berlin 2004.

Posselt, Christian: Direkte Demokratie in Berlin, in: Andreas Kost (Hrsg.), Direkte Demokratie in den deutschen Ländern. Eine Einführung, Wiesbaden 2005, S. 60–74.

Preuß, Ulrich K.: Die Zukunft: Müllhalde der Gegenwart? (1981), in: Bernd Guggenberger/Claus Offe (Hrsg.), An den Grenzen der Mehrheitsdemokratie: Politik und Soziologie der Mehrheitsregel, Opladen 1984, S. 224–239.

Preuß, Ulrich K.: Landesregierung (Senat), in: Volker Kröning/Günter Pottschmidt/Ulrich K. Preuß/Alfred Rinken (Hrsg.), Handbuch der Bremischen Verfassung, Baden-Baden 1991, S. 335–352.

Puhl, Thomas: Die Minderheitsregierung nach dem Grundgesetz, Berlin 1986.

Pukelsheim, Friedrich: Bundeswahlgesetz – Nächste Etappe, in: DVBl. 2008, S. 889–897.

Pukelsheim, Friedrich/Maier, Sebastian: Parlamentsvergrößerung als Problemlösung für Überhangmandate, Pattsituationen und Mehrheitsklauseln, in: ZParl. 2008, S. 312–322.

Pukelsheim, Friedrich/Rossi, Matthias: Wahlsystemnahe Optionen zur Vermeidung negativer Stimmgewichte, in: JZ 2010, S. 922–929.

Rasch, Björn E.: Parliamentary Voting Procedures, in: Herbert Döhring (Hrsg.), Parliaments and Majority Rule in Western Europe, Frankfurt/Main 1995, S. 488–527.

Rathje, Jörn: Der Ermittlungsbeauftragte des parlamentarischen Untersuchungsausschusses, Frankfurt/Main 2004.

Rausch, Heinz: Der Bundespräsident. Zugleich eine Darstellung des Staatsoberhauptes in Deutschland seit 1919, München 1979.

Rehmet, Frank: Volksbegehrensbericht 2009 von Mehr Demokratie e.V., Berlin 2010, online verfügbar unter http://www.mehr-demokratie.de/volksbegehrensbericht.html (Stand: 12/2010).

Reich, Andreas: Verfassung des Landes Sachsen-Anhalt, Bad Honnef 1994.

Rein, Hans: Die verfassungsrechtlichen Kompetenzen des Bundespräsidenten bei der Bildung der Bundesregierung, in: JZ 1969, S. 573–578.

Rittner, Fritz: Demokratie als Problem: Abschied vom Parlamentarismus?, in: JZ 2003, S. 641–647.

Ritzel, Heinrich G./Bücker, Joseph/Schreiner, Hermann J.: Handbuch für die parlamentarische Praxis mit Kommentar zur Geschäftsordnung des Deutschen Bundestages, Neuwied 1989, Stand: Dezember 2008.

Robertson, Viktoria: Elemente der direkten Demokratie im Vertrag von Lissabon, in: Journal für Rechtspolitik 18 (2010), S. 133–145.

Roemer, Walter: Das Gesetz über das Bundesverfassungsgericht, in: JZ 1951, S. 193–199.

Roll, Hans-Achim: Der Ältestenrat, in: Hans-Peter Schneider/Wolfgang Zeh (Hrsg.), Parlamentsrecht und Parlamentspraxis in der Bundesrepublik Deutschland, Berlin 1989, § 28 (S. 809–828).

Roll, Hans-Achim: Geschäftsordnung des Deutschen Bundestages. Kommentar, Baden-Baden 2001.

Rothaug, Karl-Hans: Die Leitungskompetenz des Bundestagspräsidenten, Kassel 1979.

Rux, Johannes: Direkte Demokratie in Deutschland. Rechtsgrundlagen und Rechtswirklichkeit der unmittelbaren Demokratie in der Bundesrepublik Deutschland und ihren Ländern, Baden-Baden 2008.

Sachs, Michael: Das Grundgesetz im vereinten Deutschland – endgültige Verfassung oder Dauerprovisorium, in: JuS 1991, S. 985–991.

Sachs, Michael (Hrsg.): Grundgesetz. Kommentar, 5. Aufl. München 2009.

Saretzki, Thomas: Mehrheitsprinzip und Grundkonsens – eine Frage der Betonung?, in: ZParl. 16 (1985), S. 256–261.

Sartori, Giovanni: Selbstzerstörung der Demokratie? – Mehrheitsentscheidungen und Entscheidungen von Gremien (1975), in: Bernd Guggenberger/Claus Offe (Hrsg.), An den Grenzen der Mehrheitsdemokratie: Politik und Soziologie der Mehrheitsregel, Opladen 1984, S. 83–107.

Sattler, Andreas: Die Zuständigkeit der Senate und die Sicherung der Einheitlichkeit der Rechtsprechung (§§ 14, 16 BVerfGG), in: Christian Starck (Hrsg.), Bundesverfassungsgericht und Grundgesetz. Festgabe aus Anlaß des 25jährigen Bestehens des Bundesverfassungsgerichts, Bd. 1, Tübingen 1976, S. 104–141.

Schäfer, Friedrich: Der Bundestag. Eine Darstellung seiner Aufgaben und seiner Arbeitsweise, 2. Aufl., Opladen 1975.

Schäfer, Hans: Der Bundesrat, Köln 1955.

Schäfer, Hans: Der Vermittlungsausschuß, in: Bundesrat (Hrsg.), Der Bundesrat als Verfassungsorgan und politische Kraft. Beiträge zum fünfundzwanzigjährigen Bestehen des Bundesrates der Bundesrepublik Deutschland, Bad Honnef 1974.

Scharpf, Fritz W.: Die Handlungsfähigkeit des Staates am Ende des zwanzigsten Jahrhunderts, in: PVS 32 (1991), S. 621–634.

Scharpf, Fritz W.: Zur Theorie von Verhandlungssystemen, in: Arthur Benz/Fritz W. Scharpf/Reinhard Zintl (Hrsg.), Horizontale Politikverflechtung. Zur Theorie von Verhandlungssystemen, Frankfurt/Main 1992, S. 11–27.

Schenke, Wolf-Rüdiger: Die Bildung der Bundesregierung, in: Jura 1982, S. 57–66.

Scherer, Franziska: Zusammenarbeit im Bundesstaat seit 1871 – Die Ministerpräsidentenkonferenz von den Ursprüngen bis heute, Berlin 2009.

Scheuner, Ulrich: Das Mehrheitsprinzip in der Demokratie, Opladen 1973.

Schick, Rupert (Hrsg.): Die Bundestagspräsidenten, bearbeitet von Michael F. Feldkamp, 16. Aufl., München 2003.

Schindler, Peter: Datenhandbuch zur Geschichte des Deutschen Bundestages 1949 bis 1999, 3 Bde., Baden-Baden 2005, Bd. I: Kapitel 1–6, Bd. II: Kapitel 7–13, Bd. III: Kapitel 14–36.

Schlaich, Klaus: Die Funktion des Bundespräsidenten im Verfassungsgefüge, in: Josef Isensee/Paul Kirchhof (Hrsg.), Handbuch des Staatsrechts der Bundesrepublik Deutschland, Bd. 2: Demokratische Willensbildung – Die Staatsorgane des Bundes, Heidelberg 1987, § 49 (S. 541–584).

Schlaich, Klaus/Korioth, Stefan: Das Bundesverfassungsgericht. Stellung, Verfahren, Entscheidungen, 8. Aufl., München 2010.

Schliesky, Utz: Art. 44 GG – Zulässigkeit der Änderung des Untersuchungsgegenstandes gegen den Willen der Einsetzungsmehrheit, in: AöR 126 (2001), S. 244–270.

Schmalz, Hans-Joachim/Ewer, Wolfgang/v. Mutius, Albert/Schmidt-Jortzig, Edzard (Hrsg.): Staats- und Verwaltungsrecht für Schleswig-Holstein, Baden-Baden 2002.

Schmid, Carlo: Erinnerungen, Bern 1979.

Schmidt, Rolf: Überhangmandate – Ist ein Ausgleich verfassungsrechtlich geboten?, in: ZRP 1995, S. 91–94.

Schmidt, Thorsten Ingo: Die Entscheidung trotz Stimmengleichheit, in: JZ 2003, S. 133–138.

Schmidt-Bleibtreu, Bruno/Hofmann, Hans/Hopfauf, Axel (Hrsg.): Kommentar zum Grundgesetz, 12. Aufl., Köln 2011.

Schmitt, Carl: Verfassungslehre (1928), 8. Aufl., Berlin 1993.

Schmitt Glaeser, Walter: Die Stellung der Bundesländer bei einer Vereinigung Deutschlands, Berlin 1990.

Schmitt Glaeser, Walter: Das neue Gesetz über den Bayerischen Verfassungsgerichtshof, in: NVwZ 1992, S. 443–446.

Schmitt Glaeser, Walter: Grenzen des Plebiszits auf kommunaler Ebene, in: DÖV 1998, S. 824–831.

Schmitz, Michael: Mehrheitsprinzip und Berechnung qualifizierter Mehrheiten gemäß der Gemeindeordnung Nordrhein-Westfalen, in: VR 2008, S. 413–415.

Schneider, Hans: Die Regierungsbildung nach dem Bonner Grundgesetz, in: NJW 1953, S. 1330–1333.

Schneider, Hans: Gesetzgebung: ein Lehr- und Handbuch, 3. Aufl., Heidelberg 2002.

Schneider, Hans-Peter: Die vereinbarte Parlamentsauflösung. Zur Funktion des Art. 68 GG im parlamentarischen Regierungssystem, in: JZ 1973, S. 652–656.

Schneider, Hans-Peter: Die Ministeranklage im parlamentarischen Regierungssystem, in: ZParl. 16 (1985), S. 495–509.

Schneider, Hans-Peter/Zeh, Wolfgang: Koalitionen, Kanzlerwahl und Kabinettsbildung, in: Dies. (Hrsg.), Parlamentsrecht und Parlamentspraxis in der Bundesrepublik Deutschland, Berlin 1989, § 48 (S. 1297–1324).

Schneider, Herbert: Ministerpräsidenten. Profil eines politischen Amtes im deutschen Föderalismus, Opladen 2001.

Schneider, Michael: Beschlussfähigkeit und Beschlussfassung von Kollegialorganen, Bochum 2000.

Scholz, Rupert: Parlamentarischer Untersuchungsausschuß und Steuergeheimnis, in: AöR 105 (1980), S. 564–622.

Scholz, Rupert: Aufgaben und Grenzen einer Reform des Grundgesetzes, in: Peter Badura (Hrsg.), Wege und Verfahren des Verfassungslebens. Festschrift für Peter Lerche, 1993, S. 65–81.

Schreiber, Wolfgang: Kommentar zum Bundeswahlgesetz, 8. Aufl., Köln 2009.

Schröder, Meinhard: Das parlamentarische Regierungssystem, in: Jura 1982, S. 449–455.

Schröder, Meinhard: Bildung, Bestand und parlamentarische Verantwortung der Bundesregierung, in: Josef Isensee/Paul Kirchhof (Hrsg.), Handbuch des Staatsrechts der Bundesrepublik Deutschland, Bd. 3: Demokratie – Bundesorgane, 3. Aufl., Heidelberg 2005, § 65 (S. 1133–1157).

Schultes, Christoph: Die verfassungsändernde Volksgesetzgebung in Bayern. Eine Untersuchung zur Revision der Bayerischen Verfassung durch Volksbegehren und Volksentscheid, Frankfurt/Main 2006.

Schulze, Carola: Der Landtag, in: Helmut Simon/Dietrich Franke/Michael Sachs (Hrsg.), Handbuch der Verfassung des Landes Brandenburg, Stuttgart 1994, § 11 (S. 181–191).

Schulze-Fielitz, Helmuth: Theorie und Praxis parlamentarischer Gesetzgebung – besonders des 9. Deutschen Bundestages (1980–1983), Berlin 1988.

Schulze-Fielitz, Helmuth: Parlamentsbrauch, Gewohnheitsrecht, Observanz, in: Hans-Peter Schneider/Wolfgang Zeh (Hrsg.), Parlamentsrecht und Parlamentspraxis in der Bundesrepublik Deutschland, Berlin 1989, § 11 (S. 359–393).

Schulze-Fielitz, Helmuth: Die deutsche Wiedervereinigung und das Grundgesetz – Zur Theorie und Praxis von Verfassungsentwicklungsprozessen, in: Joachim Jens Hesse/Gunnar Folke Schuppert/Katharina Harms (Hrsg.), Verfassungsrecht und Verfassungspolitik in Umbruchsituationen. Zur Rolle des Rechts in staatlichen Transformationsprozessen in Europa, Baden-Baden 1999, S. 65–116.

Schümer, Anne-Louise: Die Stellung des Ministerpräsidenten in den Bundesländern im Vergleich, Frankfurt/Main 2006.

Schweiger, Karl: Verfassungsgericht und Plebiszit, in: BayVBl. 2002, S. 65–75.

Schweiger, Karl: Volksbegehren und „Volksinitiative" – Verfassungsrechtliche Vorprüfung von Anträgen auf ihre Zulassung – Zur jüngsten verfassungsgerichtlichen Rechtsprechung und zu ihrer Entwicklung, in: NVwZ 2002, S. 1471–1474.

Schwieger, Christopher: Volksgesetzgebung in Deutschland. Der wissenschaftliche Umgang mit plebiszitärer Gesetzgebung auf Reichs- und Bundesebene in Weimarer Republik, Drittem Reich und Bundesrepublik Deutschland (1919–2002), Berlin 2005.

Seiler, Christian: Der Untersuchungsausschuß an der Schnittstelle von Staatsinternum und -externum, in: AöR 129 (2004), S. 378–410.

Seybold, Jan: Die Stichwahl des Hauptverwaltungsbeamten – Abschaffung oder Beibehaltung?, in: DVP 2010, S. 411–413 u. 453–456.

Shugart, Matthew Soberg/Wattenberg, Martin P.: Conclusion: Are Mixed-Member Systems the Best of Both Worlds?, in: Matthew Soberg Shugart/Martin P. Wattenberg (Hrsg.), Mixed-Member Electoral Systems, Oxford 2005, S. 571–596.

Simmel, Georg: Exkurs über die Übereinstimmung (1908), in: Bernd Guggenberger/Claus Offe (Hrsg.), An den Grenzen der Mehrheitsdemokratie: Politik und Soziologie der Mehrheitsregel, Opladen 1984, S. 39–45.

Simon, Helmut/Franke, Dietrich/Sachs, Michael (Hrsg.): Handbuch der Verfassung des Landes Brandenburg, Stuttgart 1994.

Sinanovic, Ermin: The Majority Principle in Islamic Legal and Political Thought, in: Islam and Christian-Muslim Relations 15 (2004), S. 237–256.

Somek, Alexander: Das Mehrheitsprinzip in der Demokratie, in: Deutsche Zeitschrift für Philosophie 49 (2001), S. 397–420.

Spaemann, Robert: Technische Eingriffe in die Natur als Problem der politischen Ethik (1979), in: Bernd Guggenberger/Claus Offe (Hrsg.), An den Grenzen der Mehrheitsdemokratie: Politik und Soziologie der Mehrheitsregel, Opladen 1984, S. 240–253.

Starck, Christian: Die Begründung mit Stimmengleichheit erlassener Entscheidungen des Bundesverfassungsgerichts, in: Wilfried Fiedler/Georg Ress (Hrsg.), Verfassungsrecht und Völkerrecht, Köln 1989, S. 789–802.

Starck, Christian: Wahlen im demokratischen Verfassungsstaat, in: Herbert Haller/ Christian Kopetzki/Richard Novak u. a. (Hrsg.), Staat und Recht. Festschrift für Günther Winkler, Wien 1997, S. 1099–1113.

Starck, Christian/Weber, Albrecht (Hrsg.): Verfassungsgerichtsbarkeit in Westeuropa, Teilband 1, Baden-Baden 1986.

Steffani, Winfried: Mehrheitsentscheidungen und Minderheiten in der pluralistischen Verfassungsdemokratie, in: ZParl. 17 (1986), S. 569–586.

Steiger, Heinhard: Organisatorische Grundlagen des parlamentarischen Regierungssystems, Berlin 1973.

Steiger, Heinhard: Selbstorganisation und Ämterbesetzung, in: Hans-Peter Schneider/Wolfgang Zeh (Hrsg.), Parlamentsrecht und Parlamentspraxis in der Bundesrepublik Deutschland, Berlin 1989, § 25 (S. 763–771).

Steinberg, Rudolf: Organisation und Verfahren bei der Verfassungsgebung in den Neuen Bundesländern, in: ZParl. 23 (1992), S. 497–516.

Stern, Klaus: Das Staatsrecht der Bundesrepublik Deutschland, Bd. II: Staatsorgane, Staatsfunktionen, Finanz- und Haushaltsverfassung, Notstandsverfassung, München 1980.

Stern, Klaus: Das Staatsrecht der Bundesrepublik Deutschland, Bd. I: Grundbegriffe und Grundlagen des Staatsrechts, Strukturprinzipien der Verfassung, 2. Aufl., München 1984.

Sternstein, Wolfgang: Keine Macht für niemand!, in: Bernd Guggenberger/Claus Offe (Hrsg.), An den Grenzen der Mehrheitsdemokratie: Politik und Soziologie der Mehrheitsregel, Opladen 1984, S. 282–296.

Stolleis, Michael: Konzertierter Rufmord. Die Kampagne gegen Horst Dreier, in: Merkur 8/2008, S. 717–720.

Stourzh, Gerald: Vom Widerstandsrecht zur Verfassungsgerichtsbarkeit (1974), in: Gerald Stourzh, Wege zur Grundrechtsdemokratie, Wien 1989, S. 37–74.

Straßberger, Gudrun: Abstimmungspraxis und Abstimmungsrechtsgrundsätze in der Bundesrepublik Deutschland, München 1967.

Stuby, Gerhard: Hut ab vor dem Volk, aber Quoren müssen her! Anmerkungen zur Entscheidung des Bremer Staatsgerichtshofs vom 14. Februar 2000, in: Andreas Bovenschulte/Henning Grub/Franziska Alice Löhr/Matthias von Schwanenflügel/Wiebke Wietschel (Hrsg.), Demokratie und Selbstverwaltung in Europa. Festschrift für Dian Schefold zum 65. Geburtstag, Baden-Baden 2001, S. 243–255.

Stückrath, Birgitta: Art. 146 GG: Verfassungsablösung zwischen Legalität und Legitimität, Berlin 1997.

Thiele, Burkhard/Pirsch, Jürgen/Wedemeyer, Kai: Die Verfassung des Landes Mecklenburg-Vorpommern, Berlin 1995.

Thiele, Carmen: Regeln und Verfahren der Entscheidungsfindung innerhalb von Staaten und Staatenverbindungen, Berlin 2008.

Thiele, Carmen: Insitutionelle Änderungen des Bundesrates – Ein Beitrag zur Diskussion über eine Reform des föderalen Organs –, in: KritV 93 (2010), S. 168–189.

Thoma, Richard: Das Mehrheitsprinzip, in: Deutsche Literaturzeitung 40 (1919), Sp. 761–765.

Thoma, Richard: Das Reich als Demokratie (1930), in: Richard Thoma, Rechtsstaat – Demokratie – Grundrechte. Ausgewählte Abhandlungen aus fünf Jahrzehnten, hrsgg. v. Horst Dreier, 2008, § 12 (S. 282–300).

Thoma, Richard: Grundbegriffe und Grundsätze, in: Gerhard Anschütz/Richard Thoma, Handbuch des Deutschen Staatsrechts, Bd. 2, Tübingen 1932, § 71 (S. 108–159).

Thoma, Richard: Der Vorbehalt der Legislative und das Prinzip der Gesetzmäßigkeit von Verwaltung und Rechtsprechung, in: Gerhard Anschütz/Richard Thoma, Handbuch des Deutschen Staatsrechts, Bd. 2, Tübingen 1932, § 76 (S. 221–236).

Thoma, Richard: Rechtsgutachten betreffend die Stellung des Bundesverfassungsgerichts (1953), in: Richard Thoma, Rechtsstaat – Demokratie – Grundrechte. Ausgewählte Abhandlungen aus fünf Jahrzehnten, hrsgg. v. Horst Dreier, 2008, § 20 (S. 511–554).

Thomas, Heinz/Putzo, Hans: Zivilprozessordnung. Kommentar, 32. Aufl., München 2011.

Thum, Cornelius: Zur Ausgestaltung des Mehrheitsprinzips in der unmittelbaren Demokratie. Systematische Überlegungen zur Frage eines Quorums bei Bürger- und Volksentscheiden, in: BayVBl. 2000, S. 33–43 u. 74–79.

Tillmanns, Reiner: Zum Mehrheitserfordernis bei Abstimmungen über verfassungsändernde Gesetze, in: NVwZ 2002, S. 54–57.

Tripke, Daniel: Sind die Länder Berlin und Brandenburg neugliederungsreif nach Art. 118a GG?, Berlin 2009.

Troitzsch, Klaus G.: Volksbegehren und Volksentscheid: Eine vergleichende Analyse direktdemokratischer Verfassungsinstitutionen unter besonderer Berücksichtigung der Bundesrepublik Deutschland und der Schweiz, Meisenheim am Glan 1979.

Troßmann, Hans: Parlamentsrecht des Deutschen Bundestages, München 1967.

Tschentscher, Axel: Rechtsrahmen und Rechtspraxis der Bestellung von Richterinnen und Richtern zum Bundesverfassungsgericht, in: Jan-Reinhard Sieckmann (Hrsg.), Verfassung und Argumentation, Baden-Baden 2005, S. 95–113.

Varain, Heinz Josef: Die Bedeutung des Mehrheitsprinzips im Rahmen unserer politischen Ordnung, in: ZfP 11 (1964), S. 239–250.

Vaubel, Roland: Konsenspflicht aus ökonomischer Sicht: Die liberale Alternative, in: Hans Hattenhauer/Werner Kaltefleiter (Hrsg.), Mehrheitsprinzip, Konsens und Verfassung, Heidelberg 1986, S. 115–135.

Versteyl, Ludger-Anselm: Beginn und Ende der Wahlperiode, Erwerb und Verlust des Mandats, in: Hans-Peter Schneider/Wolfgang Zeh (Hrsg.), Parlamentsrecht und Parlamentspraxis in der Bundesrepublik Deutschland, Berlin 1989, § 14 (S. 467–476).

Vetter, Joachim: Die Parlamentsausschüsse im Verfassungssystem der Bundesrepublik Deutschland, Frankfurt/Main 1986.

Vogt, Peter: Das wäre Ihr Amt gewesen, in: Süddeutsche Zeitung Nr. 133 v. 14. Juni 2010, S. 14.

Vonderbeck, Hans-Josef: Die Minderheitenrechte im Deutschen Bundestag, in: ZParl. 6 (1975), S. 150–153.

Wahl, Rainer: Die Reformfrage, in: Peter Badura/Horst Dreier (Hrsg.), Festschrift 50 Jahre Bundesverfassungsgericht, Tübingen 2001, Bd. 1, S. 461–491.

Weber, Albrecht: Generalbericht: Verfassungsgerichtsbarkeit in Westeuropa, in: Christian Starck/Albrecht Weber (Hrsg.), Verfassungsgerichtsbarkeit in Westeuropa, Teilband 1, Baden-Baden 1986, S. 41–120.

Weber, Leo: Die Beschlußfassung der Volksvertretung, Würzburg 1951.

Wehling, Hans-Georg: Direkte Demokratie in Baden-Württemberg, in: Andreas Kost (Hrsg.), Direkte Demokratie in den deutschen Ländern. Eine Einführung, Wiesbaden 2005, S. 14–28.

Weis, Hubert: Regierungswechsel in den Bundesländern, Berlin 1980.

Wendt, Rudolf/Rixecker, Roland (Hrsg.): Verfassung des Saarlandes, Saarbrücken 2009.

Wessel, Franz: Der Einspruch des Bundesrats, in: DVBl. 1951, S. 499–501.

Wessel, Franz: Der Vermittlungsausschuß nach Artikel 77 des Grundgesetzes, in: AöR 38 (1951/52), S. 283–313.

Wiefelspütz, Dieter: Das Untersuchungsausschussgesetz, Baden-Baden 2003.

Wiefelspütz, Dieter: Redebeitrag, in: Deutsche Vereinigung für Parlamentsfragen e. V. (Hrsg.), Wahrheitssuche zwischen Recht und Politik – Was leistet das neue Untersuchungsausschussgesetz?, 2001, S. 17–23.

Wiegand, Hanns-Jürgen: Die Auseinandersetzung um die Einführung von Volksentscheiden auf der Bundesebene seit Beginn der neunziger Jahre, in: Hermann K. Heußner/Otmar Jung (Hrsg.), Mehr direkte Demokratie wagen. Volksentscheid und Bürgerentscheid: Geschichte. Praxis. Vorschläge, 2. Aufl., München 2009, S. 449–458.

Wienholtz, Ekkehard: Verfassung und Technologie – Zur Legitimation technologiepolitischer Entscheidungen durch Konsensprozesse, in: DÖV 1985, S. 136–146.

Willms, Günther: Kunstvolles Gleichgewicht? Zur Problematik der Richterwahl beim Bundesverfassungsgericht, in: NJW 1955, S. 1209–1211.

Wilrich, Thomas: Der Bundestagspräsident, in: DÖV 2002, S. 152–158.

Windthorst, Kay: Der Notstand, in: Markus Thiel (Hrsg.), Wehrhafte Demokratie. Beiträge über die Regelungen zum Schutze der freiheitlichen demokratischen Grundordnung, Tübingen 2003, S. 365–414.

Winterhoff, Christian: Verfassung – Verfassunggebung – Verfassungsänderung, Tübingen 2007.

Wipfelder, Hans-Jürgen: Die Verfassungsänderung im bundesdeutschen, österreichischen, schweizerischen und bayerischen Staatsrecht, in: BayVBl. 1983, S. 289–297.

Wittreck, Fabian: Die Verwaltung der Dritten Gewalt, Tübingen 2006.

Wittreck, Fabian: Direkte Demokratie und Verfassungsgerichtsbarkeit. Eine kritische Übersicht zur deutschen Verfassungsrechtsprechung in Fragen der unmittelbaren Demokratie von 2000 bis 2002, in: JöR 53 (2005), S. 111–185.

Wittreck, Fabian: Direkte Demokratie vor Gericht oder: Direkte Demokratie und Verfassungsgerichtsbarkeit – Ein gestörtes Verhältnis, in: Hermann K. Heußner/Otmar Jung (Hrsg.), Mehr direkte Demokratie wagen. Volksentscheid und Bürgerentscheid: Geschichte. Praxis. Vorschläge, 2. Aufl., München 2009, S. 397–415.

Wohlfarth, Jürgen: Direkte Demokratie im Saarland, in: Andreas Kost (Hrsg.), Direkte Demokratie in den deutschen Ländern. Eine Einführung, Wiesbaden 2005, S. 228–145.

Würtenberger, Thomas: Art. 146 GG n. F.: Kontinuität oder Diskontinuität im Verfassungsrecht?, in: Klaus Stern (Hrsg.), Deutsche Wiedervereinigung. Die Rechtseinheit, Bd. I: Eigentum – Neue Verfassung – Finanzverfassung, Köln 1991, S. 95–109.

Würtenberger, Thomas: Art. Organ, in: Staatslexikon. Recht-Wirtschaft-Gesellschaft, herausgegeben von der Görres-Gesellschaft, 7. Aufl. 1985 ff., Bd. IV, Sp. 195–198.

Wuttke, Horst: Verfassungsrecht, in: Schmalz, Hans-Joachim/Ewer, Wolfgang/v. Mutius, Albert/Schmidt-Jortzig, Edzard (Hrsg.), Staats- und Verwaltungsrecht für Schleswig-Holstein, Baden-Baden 2002, S. 19–52.

Zeh, Wolfgang: Das Ausschußsystem im Bundestag, in: Hans-Peter Schneider/Wolfgang Zeh (Hrsg.), Parlamentsrecht und Parlamentspraxis in der Bundesrepublik Deutschland, Berlin 1989, § 39 (S. 1087–1102).

Zeh, Wolfgang: Gliederung und Organe des Bundestages, in: Josef Isensee/Paul Kirchhof (Hrsg.), Handbuch des Staatsrechts der Bundesrepublik Deutschland, Bd. 3: Demokratie – Bundesorgane, 3. Aufl., Heidelberg 2005, § 52 (S. 769–806).

Zeh, Wolfgang: Parlamentarisches Verfahren, in: Josef Isensee/Paul Kirchhof (Hrsg.), Handbuch des Staatsrechts der Bundesrepublik Deutschland, Bd. 3: Demokratie – Bundesorgane, 3. Aufl., Heidelberg 2005, § 53 (S. 807–851).

Ziemske, Burkhardt: Ein Plädoyer für das Mehrheitswahlrecht, in: ZRP 1993, S. 369–372.

Zinn, Georg August/Stein, Erwin (Hrsg.): Verfassung des Landes Hessen, 2 Bde., Bad Homburg v. d. Höhe 1954 ff., Stand: 15. Lfg. 1991.

Zippelius, Reinhold: Zur Rechtfertigung des Mehrheitsprinzips in der Demokratie, Wiesbaden 1987.

Zivier, Ernst R.: Verfassung und Verwaltung von Berlin, Berlin 1990.

Zuck, Rüdiger: Politische Sekundärtugenden (III): Die Kunst, das Los zu werfen, in: NJW 1997, S. 297–299.

Sachwortverzeichnis